ROLF SCHIEBLER

4000 JAHRE GESCHICHTE

Das Volksbuch germanisch-deutscher Vergangenheit

TÜRMER-VERLAG
BERG 3 · STARNBERGER SEE

Schutzumschlag: H. O. Pollähne, Braunschweig
Karten: Kartographische Werkstatt Hattersheim

ISBN
3 87829 087 X

1985

Gesamtherstellung: Ebner Ulm

Inhaltsübersicht

Das Erste Deutsche Reich im Spätmittelalter 1273–1519 . 163

Sechs Könige aus verschiedenen Fürstenhäusern 1273–1347 163

Die Luxemburger (Lützelburger) Könige und Kaiser 1347–1437 mit der Residenz in Prag 171

Das Erste Deutsche Reich und Europa 1763–1806, dem Jahr der Reichsauflösung

Der Deutsche Bund 1815–1866 – Europa und Bismarcks Reichsgründung 1862–1871 341

Das Zweite Deutsche Reich unter der Weimarer Republik 1919–1933 . . . 457

Das Dritte Deutsche Reich 1933–1945 . . . 471

Die Entstehung des Großdeutschen Reiches 1935–1939 . . . 479

Vorwort:

Wohl und Wehe eines Volkes hängen vom Ablauf seiner geschichtlichen Ereignisse ab. Strahlende Erfolge wechseln mit demütigenden Niederlagen. Diese Schwankungen sind die Folge eines dauernden Kräfteausgleichs – fast immer in Verbindung mit opferreichen Kriegen.

Wie die germanischstämmigen Völker – und besonders das deutsche – diese vom Schicksal auferlegten Prüfungen überstanden und die dazwischenliegenden Friedenszeiten nutzten, berichtet das vorliegende Buch.

Der Leser erhält einen zusammenhängenden Überblick der Geschichte von den frühesten Anfängen bis 1982. Der Verfasser war dabei bemüht, folgendes zu beachten:

Genaue sachliche Darstellung in erzählendem Stile für jedermann

Genügend aufklärende Landkarten

So kurz wie möglich und so vollständig wie nötig

Reichlich ordnende Jahreszahlen

Beschreibung der wichtigsten kulturellen Entwicklungen

Klare deutsche Sprache

Gut überschaubares Inhaltsverzeichnis und ausführliches Register, um schnell nachschlagen zu können.

Bewunderung für das zähe, tapfere, fleißige und kulturschaffende deutsche Volk.

Weil Deutschland im Herzen Europas liegt – umgeben von zwölf fremdsprachigen Völkern – wurde zwangsläufig auch vieles über andere Länder berichtet.

Nachdem die *Germanen* bis vor 2000 Jahren sich ihren Lebensraum erobert zu haben schienen, wirkte sich aber bald die Mittellage ihres Landes aus:

Die *Nordgermanen* Skandinaviens waren auf Seefahrt eingestellt. Im 4. Jahrhundert ruderten Wikinger von der Halbinsel Jütland nach dem keltischen Britannien, eroberten Teile des Landes und germanisierten es. Nach 800 segelten skandinavische Normannen über die Ostsee, zogen zur oberen Wolga und bis in die spätere Ukraine. Damit legten sie den Grundstein zum Russischen Reich.

Teile der *Ostgermanen* verließen vom 2. Jahrhundert n. Chr. an während fast 200 Jahren wegen allmählicher Klimaveränderungen und damit verbundenen Ernährungsproblemen ihre Heimat und siedelten sich am Schwarzen Meer neu an. Der Hunnensturm 375 löste die Völkerwanderung aus, in deren Verlauf die Ostgermanen – nach Gründung von Zwischenreichen in Italien, Frankreich, Spanien und Nordafrika – untergingen, die letzten, die Langobarden, nach 400 Jahren.

Für die *Westgermanen* in Mitteleuropa – Deutsche mit Niederländern – erwies sich ihr Wohngebiet im Land in der Mitte als besonders schicksalhaft.

Im *Süden* hatten sie sich der Römer seit Julius Cäsar (geb. 100 v. Chr.) zu erwehren.

Aus dem *Osten* stürmten ab 375 die Hunnen und seit 568 die Awaren gegen Germanien. Das Deutsche Reich war 50 Jahre lang bis 955 Angriffsziel der Ungarn. 983 erfolgte der große Wendenaufstand bis zur Elbe, und 1241 mußte der wilde Mongolenangriff in Schlesien abgewehrt werden. Die Türken belagerten 1529 und 1683 die Stadt Wien. Die Russen fielen im Siebenjährigen Krieg 1756–1763 in Preußen und 1914 in Ostpreußen ein. 1945 eroberten sie Ostdeutschland, Berlin und Teile Mitteldeutschlands.

Im *Westen* versuchte Frankreich in langen Jahrhunderten deutsche oder deutschsprachige Gebiete zu erwerben. Das *„Politische Testament"* des französischen Kardinals *Richelieu* (gest. 1642) legte die bis 1945 geltende französische Außenpolitik wie folgt fest: Dauernde Einkreisung Deutschlands durch Bündnisse mit deutschen Teilstaaten sowie deren Nachbarvölkern, wobei diese mit deutschen Gebieten zu belohnen seien. Damit ergäbe sich die Möglichkeit, die Stärke Deutschlands zu überwinden und Frankreichs Grenzen nach Osten zu verschieben. Ludwig XIV. erlangte so Elsaß-Lothringen, und Napoleon schlug alle Gebiete links des Rheines und Norddeutschland bis Lübeck zu Frankreich. Das Deutsche Reich löste er auf.

Im *Norden* mischte sich Schweden in den Dreißigjährigen Krieg ein und erhielt für lange Zeit Pommern und die Mündungsgebiete der Oder, Elbe und Weser. Die alemannische Schweiz und die fränkisch/friesischen Niederlande schieden 1648 aus dem Reichsverband.

Die britische Regierung erklärte 1711 die *„Gleichgewichtspolitik Großbritanniens"* zum „Dogma": Keine Festlandsmacht sollte stärker werden, als England erträglich schien. Dadurch wurden die beiden germanischstämmigen Völker Großbritannien und Deutschland im 20. Jahrhundert zu erbitterten Feinden. Bismarcks *Kleindeutsches Reich* (ohne Österreich, die deutsche Schweiz und Luxemburg) war den Engländern – vor allem wirtschaftlich – bald zu mächtig.

Im folgenden Ersten Weltkrieg 1914–1918 konnten alle europäischen Feinde zusammen im Osten, Westen und Süden Deutschland nicht besiegen. Das gelang erst 1918 nach dem aktiven Eingreifen der USA bzw. der „Wallstreet", womit man die allmächtige, tonangebende Finanzmacht Amerikas bezeichnete. Waffen hatte sie bereits seit Kriegsbeginn in riesigen Mengen an Deutschlands Gegner geliefert.

Das Drama setzte sich im Zweiten Weltkrieg 1939–1945 fort, als das *Großdeutsche Reich* Hitlers durch das Bündnis USA-Großbritannien-UdSSR zur Kapitulation gezwungen wurde. Seine Zerschlagung war schon vorher beschlossen.

Für Deutschlands Mittellage galt im besonderen Maße, was allgemein für alle Staaten der Welt Naturgesetz zu sein scheint: Politik und Geschichte verlangen ununterbrochene Bemühungen, mit Schwierigkeiten von innen und außen fertig zu werden. Gelingt schließlich eine gewisse Stabilisierung, ist diese selten über mehrere Jahrzehnte aufrecht zu erhalten. Der Wandel der Kräfteverhältnisse schafft immer neue Situationen.

Die meisten deutschen Kaiser und Könige mit Fürsten und Städten, soweit diese zu ihnen hielten, waren immer zäh auf Zusammenhalt bedacht. Die zahlreichen Feinde rings um das Reich strebten natürlich das Gegenteil an. Es gelang Deutschland nicht, sein Staatsgebiet zu erhalten, denn dieses verkleinerte sich von Jahrhundert zu Jahrhundert beträchtlich. Nach einem verheißungsvollen Aufstieg des Bismarck-Reiches ab 1871 führten zwei Weltkriege schließlich 1945 zur Auflösung des Deutschen Reiches, weil die USA zu seinen Feinden gehört hatten.

Andererseits brachten die Weltkriege auch die Auflösung der Kolonialreiche, und Großbritannien, Frankreich, Japan wurden *zweitrangige Mächte.* Die USA und die Sowjetunion waren nun tonangebend in der Welt. *China* mit über einer Milliarde Einwohnern – mehr als die UdSSR, Europa und die USA zusammen – ist auf dem besten Wege, den technischen Anschluß zu erreichen. Eine neue Machtverschiebung kündigt sich damit bereits an.

Heute leben 88 Mill. deutschsprechende Menschen auf einem zusammenhängenden

Gebiet, jedoch geteilt in vier deutsche Staaten und fünf an Nachbarländer abgetretene Gebiete, also Richelieus politisches Testament in vollkommener Erfüllung.

Warum wurden 1945 die Pläne der Sieger, alle Reichsländer an die Nachbarn zu verteilen, nicht verwirklicht? West und Ost hegen tiefes Mißtrauen gegeneinander, weshalb Restdeutschland als Prellbock doch lieber erhalten bleiben mußte.

Tabelle des allgemeinen Zeitrahmens

Alter der Erde	4 bis 4,6 Milliarden Jahre
Einzeller-Lebewesen	vor weit über 1 Milliarde Jahren
Erste Säugetiere	vor 200 Millionen Jahren
Erste aufrecht gehende Menschen	vor 2–1 Million Jahren
Erste vernunftbegabte Menschen, Homo sapiens	vor 150000 Jahren
Altsteinzeit mit vier Eiszeiten und drei Warmzeiten. Die letzte Eiszeit endete um 10000 v. Chr. Etwa ab 150000 v. Chr. schlugen sich Menschen Faustkeile aus Feuerstein und verwendeten sie als Werkzeuge und Waffen; Felsenmalereien in Höhlen um 15000 v. Chr.	600000 bis 10000 v. Chr.
Mittelsteinzeit. Es entstanden bessere Werkzeuge und Harpunen aus Knochen und Stein	10000 bis 4000 v. Chr.
Jungsteinzeit. Man betrieb Hausbau, erfand den Hakenpflug, Rad und Wagen, den Einbaum. Es entstanden Kulturkreise (Stämme und Völker) in vielen Teilen der Welt unabhängig voneinander. Stein- und Hügelgräber mit Grabbeigaben.	4000 bis 1900 v. Chr.
Bronzezeit. Man schmolz Kupfer und Zinn aus Erz, mischte beide zu Bronze und fertigte daraus Geräte und Waffen.	1900 bis 800 v. Chr. (Im Mittelmeergebiet früher).
Eisenzeit. Mit einem Blasebalg blies man Luft in die Kohlenglut, gewann dadurch höhere Temperaturen, um nun auch Eisenerz auszuschmelzen. Das ergab härtere Werkzeuge, Haushaltsgegenstände und Waffen.	800 bis 0
Hallstattzeit = ältere Eisenzeit	800 bis 500 v. Chr.
Latènezeit = jüngere Eisenzeit	500 bis 0
Die geschichtliche Zeit: König Menes von Ägypten.	3200 v. Chr.
Hieroglyphen – Schrift in Ägypten	3000 v. Chr.
Keil-Schrift in Sumerien, Babylonien, Assyrien und Persien	2900 v. Chr.
Chinesische Schrift	1300 v. Chr.
Indische, persische und phönikische Schriften	1200 v. Chr.

Auftreten der indoeuropäischen Völker	
Griechen (Mykener) und kleinasiatische	Stämme ab 2000 v. Chr.
Älteste griechische Schrift	1000 v. Chr.
Süd-Italiker und mittelmeerische Stämme	1900 v. Chr.
Älteste lateinische Schrift	600 v. Chr.
Germanen in Nordeuropa	1900 v. Chr.
Kelten in Mitteleuropa	1900 v. Chr.
Runenzeichen waren keine Schreibschrift, sie wurden von Germanen und Kelten zu Kultzwecken benutzt.	100 n. Chr.
Erste germanische Schrift war die Gotische Schrift. Der gotische, arianisch-christliche Missionar Wulfila übersetzte die Bibel ins Gotische.	350 n. Chr.
Das Klassische Altertum	500 v. Chr. bis 500 n. Chr.
Das Mittelalter	500 n. Chr. bis 1500 n. Chr.
Die Neuzeit	seit 1500 n. Chr.

Nach der *„Geologischen Uhr"* gibt es den Homo sapiens erst seit 1,5 Sekunden: 12 Stunden sind 43 200 Sekunden. Diese entsprechen dem Erdalter von etwa 4,3 Milliarden Jahren. Eine Sekunde entspricht somit 100 000 Jahren. 150 000 Jahre – seit es etwa den denkfähigen Menschen gibt – sind also 1,5 geologische Sekunden.

So „jung" der Mensch erst ist, so „schnell" hat er sich – dank seines stark ausgebildeten Gehirns – zum Herrn über alle anderen Lebewesen erhoben. Eine kleine Anzahl von Menschen besitzt zusätzlich die Eigenschaft, anderen ihren Willen aufzwingen zu wollen, um Führungsmacht zu gewinnen.

Dieser Menschentyp übernimmt die Führung einer Sippe, eines Stammes oder Volkes. Das Verhältnis zwischen Volk und Führung regeln Gesetze. Sie entstehen aus dem Bedürfnis, bei einem gewissen Kulturstand das Zusammenleben auch in größeren Einheiten zu regeln.

Völker sind wie eigenständige Lebewesen, die durch Sprache und Kultur zusammengehören, gemeinsam aufbauen, kämpfen, siegen oder besiegt werden.

Die Qualität der Leistung eines Volkes scheint naturbedingt und vom Klima seines Wohngebietes abhängig zu sein: Wie in den kalten Polargebieten keine Palmen und in heißen Wüsten keine Eisbären gedeihen können, so ist auch die Leistungsfähigkeit des Menschen von Kälte und Hitze und damit von den Ernährungsmöglichkeiten abhängig.

Die Germanen bewohnten hauptsächlich Gebiete mit ausgeglichenen Witterungsverhältnissen, wo Tiere und Pflanzen gut gedeihen konnten und Hungersnöte selten waren. Zu Beginn der Eisenzeit trat in Germanien eine Klimaveränderung ein. Dasselbe geschah im 2. bis 6. Jahrhundert n. Chr. im Gebiet etwa zwischen Oder und Weichsel und weit nach Osten.

Wie alle bedeutenden Völker der Erde errangen sich die Germanen erst nach harten Kämpfen ihren Lebensraum, wußten ihn aber nicht voll zu behaupten. Dazu trug wesentlich die Mittellage der Germanen in Europa bei. Sie waren ohne natürliche Grenzen bedrängt von Westen, Süden und Osten. Die Hauptlast ihres Existenzkampfes hatten die Deutschen zu tragen. Ursprünglich stellten diese die Führung eines abendländischen Reiches, das auch zahlreiche nichtdeutsche Völker einschloß. Später kam es zu Grenzverschiebungen oder Teilungen – im 20. Jahrhundert zu Massenvertreibungen aus Ostdeutschland.

Wie im Vorwort erwähnt, bewohnen 88 Mill. Deutsche (ohne Ausländer) ein zusammenhängendes Sprachgebiet von nur knapp 500000 km^2, aufgeteilt in oder auf neun Staaten. Die Jahre 1919 und 1945 hatten den Verlust von etwa 185 000 km^2 an rein deutschem Siedlungsraum gebracht.

Das deutsche Volk ist im alten Europa nach den Russen das bei weitem zahlreichste. Die nächstgrößten Völker sind die Italiener mit gut 56, die Engländer mit über 51 und die Franzosen mit 44 Mill. Einheimischen – ohne Ausländer.

Die Germanen im Altertum um 2000 v. Chr.–um 500/1000 n. Chr.

Die Megalither oder Hünengrableute ab 10000 v. Chr.

10000 Jahre v. Chr. hatte die letzte Eiszeit die Gebiete des heutigen Norddeutschlands, Dänemarks, Südschwedens und Südnorwegens freigegeben. Die Nachkommen der Menschen, die vor dem Eis in wärmere Gebiete ausgewichen waren, kehrten zurück und wurden nach und nach seßhafte Bauern. Der Boden war fruchtbar, ausgedehnte Laub- und Nadelwälder beherbergten reichlich Wild.

Heute noch bestaunen wir die mächtigen Großsteingräber der Megalithiker, auch Hünengräber genannt, welche einst vielen Generationen als Sippengrüfte gedient hatten. Die Archäologen nannten sie Megalith-Gräber, und die Menschen dieser Zeit Megalithbauern. (Megalith aus dem Griechischen: megas Lithos = großer Stein)

Die Götter der Hünengrableute waren die *Wanen*, u. a. Freyr, Njörd oder Freyja.

In ganz Mitteleuropa herrschten in dieser vorgeschichtlichen Zeit etwa gleiche Lebensverhältnisse, und über mehrere Jahrtausende scheint unter den seßhaften Bauernstämmen Friede geherrscht zu haben. Sie können nicht sehr kämpferisch veranlagt gewesen sein.

Die Indoeuropäer oder Schnurkeramiker oder Streitaxtleute ab 2500 v. Chr.

Zur gleichen Zeit mit den Megalithbauern scheint im Osten ein Hirtenvolk gelebt zu haben, das zwar als Volk verschwand, aber in vielen Gebieten Europas und Asiens bleibende Spuren hinterlassen hat. Man sprach von Indoeuropäern (in Deutschland auch von *Indogermanen*).

In unserer Zeit gesellten sich zu den Archäologen, Grab- und Höhlenforschern, welche Tongefäße, Waffen ausgruben und Wandbilder fanden, noch die Sprachwissenschaftler. Diese (u. a. Franz *Bopp* aus Mainz, 1791–1867), wiesen die Verwandtschaft zwischen der indischen *Sanskritsprache* und den germanischen, persischen, slawischen, griechischen, keltischen, romanischen und anderen Sprachen nach, indem sie feststellten, daß für bestimmte Begriffe überall der gleiche Wortstamm gebraucht wurde. Es mußte also eine *indoeuropäische Ursprache* gegeben haben.

Typische Tongefäße mit Abdrücken geflochtener Schnüre sowie geschäftete Streitäxte (Steinbeil mit rundem Loch für einen Holzstiel) fand man in größerer Zahl in Gräbern der Steppenlandschaft des heutigen Südrußland, weshalb man auch von Schnurkeramikern oder Streitaxtleuten sprach, deren Wohngebiete nördlich des Schwarzen Meeres vermutet wurden. Die an Zahl geringeren Funde an der Weichsel und in Süddeutschland waren vermutlich Spuren der späteren Wanderungen dieser Indoeuropäer.

Kulturell waren sie anders entwickelt als die seßhaften Megalithvölker. Sie benutzten das Pferd als Reitpferd, das Rind als Zugtier, sie kannten Rad und Wagen, betrieben Handel, verwendeten das *Dezimalsystem*, das seinen Ursprung in Indien hatte, und erfanden schon eine Art Webstuhl. Ihre Waffen waren Pfeil und Bogen, Schleuder, Speer und die Streitaxt. Sie kämpften zu Pferde und auch mit Streitwagen. Viele Funde deuten auf kriegerische Einstellung hin. Ihre Wohnkultur dagegen war primitiv. Als Wanderhirten zogen sie immer wieder innerhalb ihres Lebensraumes bald weiter, weshalb sie sich mit einfachen Wohngruben usw. begnügten.

Um 2100 v. Chr. etwa, also gegen Ende der Jungsteinzeit (4000–1900 v. Chr.), begannen diese indoeuropäischen Stämme sich aus unbekannten Gründen nach allen Himmelsrichtungen auszudehnen. In den heutigen Ländern von Indien bis Spanien, von Skandinavien bis zum Mittelmeer unterwarfen sie mit ihrer überlegenen Bewaffnung die vorgefundene seßhafte, friedfertige Bevölkerung. Sie vertrieben oder vernichteten die besiegten Megalithbauern jedoch keineswegs, sondern siedelten sich zwischen diesen an. Land war reichlich vorhanden. Einerseits nahmen sie bewährte, praktische Lebensgewohnheiten an, andererseits brachten sie eine Menge zweckmäßige Errungenschaften mit und bereicherten auch die einheimischen Sprachen mit neuen Begriffen. Es fand allmählich eine Vermischung statt und damit die Bildung vieler Völker Europas und Asiens. Auch die Sprachen entstanden, wie sie im Kern noch heute bestehen. Diese Theorie ist von den meisten einschlägigen Wissenschaftlern anerkannt.

Die Indoeuropäer brachten auch den eigenen Götterkult mit in die neuen Länder. Ihr Göttergeschlecht waren die *Asen* mit deren Sitz in der Himmelsburg *Asgard*. Auch der Götterglaube paßte sich jeweils den neuen Verhältnissen an. Im warmen Griechenland z. B. wurde der Göttersitz nach dem sonnigen Olymp verlegt.

So entwickelten sich bis 2000 v. Chr. in ganz Europa gleichzeitig verschiedene Kulturkreise, die zwar gewisse Ähnlichkeiten aufwiesen, aber eigene Wege einschlugen. Begünstigt durch das wärmere Klima der Mittelmeergebiete, zeigten sich dort bald beachtliche Fortschritte, förderlich war dabei die bereits vorhandene – nicht indoeuropäische – Kultur der Kreter und anderer altmittelmeerischer Völker. Die Griechen waren dann die ersten Europäer, die sich eine Schrift schufen (um 1000 v. Chr.); die Römer folgten darin um 600 v. Chr.

Süd- und Nordeuropa wußten nicht viel voneinander. Doch der Handel brachte friedlichen Austausch. Erst als Sturmfluten an den Nordseeküsten – wie schon früher – große Landflächen unter Wasser setzten, zogen ganze Stämme (Kimbern und Teutonen 120 v. Chr.) landsuchend nach dem Süden, was zu ersten Zusammenstößen führte. Doch im weiteren Zeitverlauf befruchteten sich kulturell der Süden und der Norden gegenseitig.

Weit ältere Kulturkreise als die europäischen bestanden in Ägypten (seit 3200 v. Chr.) und Mesopotamien. Gleichzeitig bildeten sich in allen Erdteilen der Welt unabhängig voneinander weitere Kulturkreise, die allmählich ihre Länder erschlossen, später sich jedoch gegenseitig befruchteten, was allerdings meist mit kriegerischen Ereignissen verbunden war.

Die Germanen nach 2000–um 100 v. Chr.

Vor 2000 v. Chr. kamen indoeuropäische Stämme auch in die Wohngebiete des heutigen Mitteldeutschland, Norddeutschland, Jütland und Südskandinavien, wo sie sich festsetzten. Nach Jahrhunderten war die Vermischung auf die gleiche Art wie in anderen Ländern auch hier vollzogen, und zu Beginn der Bronzezeit, etwa 1900 v. Chr., war ein Volk mit eigener Sprache entstanden: die Germanen. Allerdings gab es diesen Sammelnamen für eine Anzahl von Stämmen gleicher Sprache und Lebensgewohnheiten noch lange nicht.

Doch sei hier vorweggenommen, wie es dazu kam: Der griechische Historiker *Poseidonios* (135–51 v. Chr.) verwendete in seinen Schriften die Bezeichnung „Germanen" erstmals im Unterschied zu Kelten, Skythen und anderen nördlich wohnenden Völkern. Vermutlich gab es in der Gegend des heutigen Bergischen Landes einen Volksstamm, der sich „Germanen" nannte, so wie es die Stämme der Cherusker, Chatten, Goten usw. gab. Dieser Volksstamm zog später westwärts über den Rhein, wo er sich *„Ubier"* nannte, die Vorbewohner des heutigen Flandern. Julius *Cäsar* (100–44 v. Chr.), dann der römische Geschichtsschreiber Cornelius *Tacitus* (um 50 bis 116 n. Chr.), ferner der ägyptische Geograph und Wissenschaftler Claudius *Ptolemäus* (2. Jh. n. Chr.), aber auch andere Historiker hatten sich seitdem des Namens „Germanen" bedient, also etwa seit dem Jahre 100 n. Chr. Übrigens verdanken wir den vorgenannten Männern – vor allem dem Tacitus – vieles von unserem Wissen über die alten Germanen. Diese selbst hatten keine Schreibschrift, nur Ritzungen meist religiöser Bedeutung. Sie konnten deshalb auf diesem Wege der Nachwelt nur wenig überliefern.

Aus Göttersage und Glauben der Germanen

In der Religion war eine Verschmelzung der Göttergeschlechter der *Wanen* und *Asen* nach erbittertem Kultkampf eingetreten. Die Sage erzählt vom *Wanenkrieg* mit seinen schicksalsträchtigen Folgen. Er endete mit einem Vergleich: Wanen und Asen bewohnten hinfort gemeinsam und gleichberechtigt die Burg Asgard. Der Ase Wotan (= Odin, der Odenwald erinnert vielleicht an ihn) blieb oberste Gottheit, der Allvater, und Frigg, seine treue beratende Gattin. Ihr Sohn war Baldur, der Licht- und Frühlingsgott. Heimdal bewachte die Brücke zwischen den Reichen der Götter und der Menschen, also zwischen Asgard und Midgard oder Himmel und Erde. Beide Reiche verband der Regenbogen. Das Wetter bestimmte Thor der Hammer (Donar), und Loki, der Gott der Tücke (der spätere Teufel), erschien in vielerlei Gestalt. Tyr (= Ziu) herrschte als Kriegsgott. Alle diese Götter waren Asen, während die Wanengötter wie Freyr oder Njörd ihre alten Aufgaben als Hüter des Feldes, des Hauses und der Tiere beibehielten. Die Wanin Freyja genoß eine Sonderstellung als Göttin der Liebe und Ehe.

Ein Teil der Götterburg Asgard war *Walhall*, die Heldenhalle Wotans. Zum Weltbild der Germanen gehörte die Überzeugung des unvermeidbaren Kampfes. So wünschten sich die Männer – wenn es ans Sterben ging – den Tod im Kampf oder bei der Jagd. Denn nur dann – so glaubten sie – könnten sie vom Allvater anerkannt werden. Die göttlichen Jungfrauen, die Töchter Wotans, die Walküren, würden sie sodann nach Walhall geleiten und ihre Vorfahren oder schon früher gestorbenen Freunde freudig empfangen. Wer den Strohtod starb, also daheim an einer Krankheit oder an Altersschwäche, ohne je Tapferkeit und Mut bewiesen zu haben, Mann oder Frau, kam in das Totenreich *Helheim*.

Infolge des Wanenkrieges war aber Asgard weitgehend zerstört worden. Nach Friedensschluß wurde das Geschlecht der *„Riesen"* beauftragt, die Burg bis zu einer bestimmten Zeit wiederaufzubauen. Die Arbeit wurde durch Lokis heimliche Tücke nicht rechtzeitig fertig, weshalb die Götter den vereinbarten Lohn verweigerten. Als

Lohn hatte man eine Tochter Wotans versprechen müssen. Durch den Betrug entbrannte der immerwährende Krieg zwischen Asgard und den Riesen. In sturmgepeitschten Nächten führte Wotan in wilder Jagd seine tapfersten Helden aus Walhall gegen den Feind. Doch der Sieg konnte niemals errungen werden.

Eines fernen Tages ging Baldurs unheilvoller Traum vom Untergang der Asen in Erfüllung, als Fenris, der gewaltige Wolf der Riesen, den Wotan verschlang. Damit war das Ende des sterblichen Göttergeschlechtes und der Untergang der bisherigen Weltordnung besiegelt; die *„Götterdämmerung"* war da. Auch die Riesen wurden im Endkampf vernichtet.

Doch das Schicksal waltete weiterhin durch die Entscheidungen der drei *Nornen*, der einzig unsterblichen Wesen, welche Vergangenheit, Gegenwart und Zukunft verkörperten. Sie wohnten am Fuße der heiligen *Weltesche*, die ihre mächtigen Äste beherrschend über alle vergänglichen Reiche der Götter, Menschen, Riesen, Zwerge und der Unterwelt ausbreitete.

Das aufkommende Christentum als neuer Versuch einer Weltordnung mußte letzten Endes von den Germanen als Entschluß der Nornen empfunden werden.

Über diese und andere religiöse Vorstellungen berichtet die *Edda*, eine Sammlung germanischer Götter- und Heldensagen. Der isländische Dichter Snorri *Sturluson* (1149–1241) hatte darin alles niedergeschrieben, was an Mythen seit altersher von Generation zu Generation in Erzählungen und Liedern am abendlichen Herdfeuer der germanischen Familien überliefert wurde.

Die Errichtung des germanischen Lebensraumes bis um 100 v. Chr.

Die Jahre zwischen 1900 und 800 v. Chr. dürften für Mittel- und Nordeuropa recht angenehm vergangen sein. Es herrschte mildes, fruchtbares Klima (wärmer als in unseren Jahrhunderten), und heute würde man sagen, daß der Lebensstandard anstieg. Von großen, verlustreichen Kriegsereignissen ist nichts bekannt, obwohl sich die Wohngebiete der Germanen wesentlich erweiterten: im Norden nach Mittelskandinavien, im Osten zum Unterlauf der Weichsel, im Westen zum Niederrhein, und nach Süden über Harz und Solling hinaus. Diese neubesiedelten Landschaften könnten Niemandsland gewesen sein.

Um 800 v. Chr. begann sich das Klima in Germanien zu verändern. Es wurde kühler und feuchter, was die Ernährungsbasis ungünstig beeinflußte. Gleichzeitig aber hatte man gelernt, Eisenerze zu verhütten, indem der *„Hochofen"* erfunden wurde. Auf die Bronzezeit folgte nun die Eisenzeit, und diese brachte bessere Geräte und Waffen. Das alles bewirkte Unruhe, und eine hektische Wanderbewegung der Stämme begann. Dabei breiteten sich die Germanen in den nächsten Jahrhunderten immer weiter aus, und etwa 100 v. Chr. war der größte Teil *Skandinaviens*, der *Rhein* von der Mündung bis zum Knie (beim heutigen Basel), sowie das Gebiet nördlich des Oberrheins und der *Donau* bis etwa zur heutigen Stadt Wien, ferner der Ober- und Unterlauf der *Weichsel* von germanischen Stämmen bewohnt. Auch Teile des späteren Ostpreußen waren von Skandinavien aus germanisiert worden.

Man muß sich vorstellen, auf welch enorm lange Zeit, etwa 1800 Jahre, sich diese Landnahme verteilte, fast so lange wie von der Zeitenwende bis heute.

Es ging dabei immer um Landflächen für die Ernährung, denn die Zeiten des milden und fruchtbaren Klimas waren ja vorbei. Die Bevölkerungszahl in dem ganzen weiten Gebiet wurde für die damalige Zeit auf etwa zwei Millionen geschätzt, d. h. nur etwa 1,5 Menschen je km^2 (heute in der Bundesrepublik Deutschland 250 je km^2). Die Kenntnisse über ergiebige Bodennutzung müssen gleich Null gewesen sein.

Keineswegs bestanden schon gezielte Pläne, ein organisiertes Reich zu erobern, wie zur gleichen Zeit das römische Imperium. Es gab nur germanische Stämme, die nach eigenen Interessen handelten und sich aus Ernährungsgründen oft erbittert bekämpften. Die keltischen Vorbewohner im Süden und Westen waren ebenfalls lose Stämme, wurden aber nur teilweise verdrängt. Der Kampf mit den *Kelten* ging in der Latène-Zeit (500 v. Chr.–0) mit wechselndem Erfolg hin und her, wobei die Kelten gleichzeitig nach Westen und Süden sowie über den Ärmelkanal nach England vordrangen und die dortige Bevölkerung unterjochten.

In den einst keltischen Gebieten des heutigen Mitteldeutschland ergab sich bald ein Zusammenleben von zurückgebliebenen Kelten und Germanen. Beider Lebensgewohnheiten und Kulturstand waren sehr ähnlich, vor allem die Sprache. Beide entstammten ja der Verschmelzung von Megalithbauern und Indoeuropäern, waren also von vornherein art- und stammverwandt. Der den Germanen fremde Kult der *Druiden-Priesterschaft* wirkte sich nicht als Hindernis aus, doch verschwanden diese Priester mit der Verschmelzung. Griechische und römische Geschichtsschreiber hatten ursprünglich alle Völkerschaften nördlich des Po und der Alpen, soweit deren Menschen hochwüchsig, blond und blauäugig waren, summarisch als „Kelten" bezeichnet. Sie hätten sie auch „Germanen" nennen können, was etwa von 100 n. Chr. an der Fall war.

Die benachbarten Slawen im Osten, ebenfalls lose Stämme indoeuropäischer Herkunft, hatten in der Bronzezeit gelegentliche Streifzüge in verschiedene Richtungen unternommen, waren aber im Süden auf die Kelten und im Westen auf die Germanen gestoßen und gestoppt worden. Der *Warthe-Fluß* war seit vorgeschichtlicher Zeit immer die westliche Grenze slawischer Stämme gewesen. Erst lange nach dem Hunneneinfall im Jahre 375 n. Chr., der die über 200 Jahre andauernde Völkerwanderung auslöste, ergaben sich hier Verschiebungen.

Lebensgewohnheiten und Sitten der Germanen um 100 v. Chr.

Die Germanen verehrten ihre Götter in offenen Hainen. Priester waren unbekannt. Priesterliche Aufgaben übernahmen Stammeshäuptlinge oder Fürsten. Den Göttern wurden Opfer vieler Art dargebracht, so Speise-, Getränke-, Tier- und *Menschenopfer*. Für letztere mußten die Unfreien oder Kriegsgefangene herhalten.

Große Stämme verwendeten für ihre Anführer die Bezeichnung Herzog, Fürst oder König. Ursprünglich konnte jeder König werden, der sich in Kriegszügen durch Tapferkeit, im Frieden durch Mut bei der Jagd oder durch Kraft und „Sportlichkeit" auszeichnete (Sprung über sechs Pferde). Man wählte ein Stammesoberhaupt auf Zeit meist nur für die Dauer eines Feldzuges. Allmählich entwickelte sich eine Art „Adel" oder „die Edlen", welche die Heerführung beanspruchten und auch ausübten.

Der Grundpfeiler der Stämme waren die *Sippen* mit ihren Familien. Sie hatten ihr allgemein anerkanntes Gewohnheitsrecht. Dieses gerecht ausgeübt zu wissen, war der Inbegriff der „Freiheit". Das *Thing* war die Versammlung der freien Männer. Frauen waren nur in Ausnahmefällen als Zeuginnen zugelassen. Der Thingplatz befand sich in einer geschützten Waldlichtung, an einer Quelle, neben gewaltigen Bäumen oder bei seltsamen Felsbildungen, in jedem Fall an einem Ort besonderer Ausstrahlung. Noch heute kann man an ehemaligen Thingplätzen die Eigenart des Ortes deutlich empfinden.

Unter Anrufung der Götter bei Vollmond unter Leitung des Häuptlings, Herzogs oder Königs stimmten die Männer, die stets mit ihren Waffen zum Thing erschienen, über Kampf oder Frieden ab und hielten auch Gericht. Dann forderten die Kläger z. B. Ersatz für Diebstahl oder Sühne für Mord. Die Anwesenden hörten Kläger und Beklagte an, der Häuptling schlug das Strafmaß vor, und darüber wurde abgestimmt. Für hinterhältige Verbrechen war die Todesstrafe üblich. Offener, freier Rechtfertigungsversuch wirkte strafmildernd. Der geschädigten Sippe wurde aber das *Fehderecht* zugestanden, d. h. das Recht auf Rache *(Blutrache)*, wenn sie mit dem Urteil nicht einverstanden war. Zu Unfreien wurden solche Leute erklärt, denen wegen Unehrenhaftigkeit oder Feigheit im Kampf die Rechte des freien Mannes abgesprochen waren.

Den waffenfähig gewordenen Jünglingen überreichte während eines Things der Vater oder der Fürst in feierlicher Form Schild und Lanze (Frame). Damit waren sie in den Kreis der Krieger aufgenommen.

Die Hauptwaffen waren die etwa 1,5 m lange *Frame* und der längere Wurfspeer, beide mit Eisenspitzen, das lange Hiebschwert, das Kurzschwert sowie Streitaxt, Wurfaxt und Keule. Dazu kam natürlich der runde Schild aus Eichenholz, lederbezogen oder blechbeschlagen, mit einem metallenen *Stoßbuckel* in der Mitte. Den Schild zu verlieren, galt als schwerer Schimpf. Ein Teil des Heeres war beritten und kämpfte mit Lanze und Hiebschwert. Jedermann hatte seine eigenen Waffen, wie er sie sich leisten konnte. Der ärmste Mann besaß nur Schild und Keule.

Die Haupttätigkeit der Männer bestand neben dem Wirken für Sippe und Stamm in der Jagd. Die Versorgung der Familie mit Wildbret war von entscheidender Bedeutung, ebenso der Fischfang an Flüssen, Seen oder Meeresküsten. Der Kampf in Verteidigung oder Angriff war aus Ernährungsgründen kaum vermeidbar. Man nahm das hin als den Willen der Götter und machte aus der Not eine Tugend. So konnten Ruhm und Ehre nur im Kampf und bei der Jagd erworben werden.

Zu den weiteren Mannespflichten gehörte die handwerkliche Tätigkeit. Besonders der Waffenschmied spielte im Leben der Germanen – auch in der Sage – eine bevorzugte Rolle. Auch Feld- und Hausgeräte waren anzufertigen. Den Wagenbau und den Hausbau tätigte der Mann, ebenso die Gerberei für die Lederherstellung. Spezialisierte Handwerker gab es selbstverständlich auch, wie z. B. den Schmied, die Töpfer, welche die Haushalte mit Tongefäßen versorgten, oder die Metallhüttenleute, die Bootsbauer und andere. Aber bei dem oft großen Abstand der Gehöfte voneinander war Geschicklichkeit des einzelnen lebensnotwendig. Auch das Kunsthandwerk stand in Blüte. Gürtelschnallen, *Fibeln*, Broschen, Schwertgriffe und Scheiden wurden oft in Vollendung angefertigt.

Die Ehefrauen und Mütter genossen große Verehrung. Bei alten Frauen wurde die „Weisheit des Alters" hoch gewertet, ja, man maß ihren Ratschlägen seherische Bedeutung bei, wobei sich sog. Aberglaube und Götterverehrung vielfach vermengten.

Wenn Krieg geführt werden mußte, zogen auch die jungen Frauen mit in den Kampf, schleppten Bündel von Wurfsperen für ihre kämpfenden Männer und spornten sie durch Zurufe an. Um die Verwundeten kümmerten sie sich liebevoll. So entstand verständlicherweise zwischen Mann und Frau ein besonders inniges Vertrauensverhältnis.

Kinderreichtum war der Stolz der Familie, und eine Frau mit vielen Kindern wurde hochgeachtet. Die Kindersterblichkeit war beträchtlich. Die Aufgaben der Frauen waren vielseitig. An erster Stelle stand naturgemäß die Kindererziehung. Knaben und Mädchen wuchsen in großer Freiheit und Ungebundenheit auf. Sie trieben „Sport", d. h. es wurde viel geschwommen und um die Wette gelaufen. Die Knaben übten sich in Weit- und Hochsprung, Speerwerfen, Steinstoßen und anderem. Schreiben, Lesen und Rechnen waren in Germanien noch lange unbekannt. Die ersten Schriftzeichen, die *Runen*, kamen viel später im 1. Jh. n. Chr. auf. Als Umgangsschrift war die Runenschrift nicht geeignet. Sie hatte mehr symbolische Bedeutung, wie z. B. bei Zauberformeln.

Die Mädchen wurden frühzeitig zu den Pflichten im Hause herangezogen, dazu gehörte das Spinnen, Weben und Nähen. *Spinnrocken, Webstuhl* und *Nähnadel* mit Öhr waren längst bekannt. Etwa vom 14. Lebensjahr an begann der Vater seinen Söhnen die Herstellung von Waffen sowie deren Handhabung für Jagd und Kampf beizubringen.

In die Feldarbeit teilten sich Mann und Frau. Das Füttern der Tiere im Stall und deren Pflege unterlag dem weiblichen Teil der Familie.

War eine Familie wohlhabend genug, so hielt sie sich ein oder mehrere Sklaven. Diese waren meist Kriegsgefangene aus nichtgermanischen Völkern. Sie wurden prinzipiell gut behandelt, nahmen die Mahlzeiten mit der Familie ein, wohnten aber für sich in einem Nebenhaus. Für Kriegsdienste kamen sie nicht in Frage.

Heiratsverträge schlossen die Eltern für die jungen Leute ab. Das war ein Geschäft nach Bauernart. Die Braut mußte mit Vieh oder Hausrat „bezahlt" werden. Andererseits beschenkte der Brautvater den Bräutigam mit Waffen.

Die Kleidung der Männer bestand aus langer oder kurzer Hose, von einem Gürtel gehalten, sowie einem Kittel mit halblangen Ärmeln. Im Winter trug man den Überwurfmantel, an einer Schulter durch eine Fibel geschlossen. Es war üblich, Lederschuhe am nackten Fuß zu tragen. Strümpfe und Unterwäsche waren noch unbekannt. Als Kopfbedeckung diente eine Wollmütze oder Lederkappe, im Kampf bei manchen Stämmen der Helm aus Leder, behörnt oder auch nicht. Meist aber kämpften die Germanen barhaupt und oft mit nacktem Oberkörper.

Die Frauenkleidung war das Hängekleid ohne Ärmel, dazu ein Gürtel mit metallener Schließe. Auch der Rock mit Kittel war „Mode". Im Sommer ließen junge Frauen an Festtagen eine Brust unbedeckt. Schulterbroschen und Gürtelschnallen aus Bronze waren üblich, für adelige Frauen auch aus Silber. Gold gab es nicht.

Körperpflege wurde hochgehalten. Die *Seife* war bekannt; sie soll in flüssiger Form eine germanische Erfindung sein. Alle pflegten ihr Haar sorgfältig, die Frauen trugen es schulterlang, die Männer kürzer. Kämme stellte man aus Knochen her. Die Haare schnitt man mit Messern, denn die *Schere* kam erst etwa 1400 n. Chr. auf. Der lange Bart war kaum üblich. Diese Sitte wechselte nach Zeit und Stammeszugehörigkeit. „Rasiermesser" aus Bronze und Eisen waren schon lange in Gebrauch.

Das *germanische Wohnhaus* war ein rechteckiger, schilfbedeckter Holzbau (Blockhaus oder Fachwerkbau) mit zunächst nur einem großen Wohnraum, dessen Boden mit

Lehm, Holz- oder Schieferplatten belegt war. Holzbretter und Steinplatten konnte man nur mühselig mit Äxten und Hämmern zurechthauen. Die Teilung des Hauses in zwei Räume mit einem dritten, offenen Raum unter Stützen kam später auf. Sägen waren unbekannt. Ziegel konnte man noch nicht herstellen. Entlang der Innenwände standen mit Fellen bedeckte breite Holzbänke, die tagsüber als Sitzplätze und nachts als Schlafstätten dienten.

Zu jedem Haus gehörte ein Backofen, denn Brot war zum Hauptnahrungsmittel geworden. Auf den Feldern wuchsen schon die gleichen Getreidearten wie heute. Ehe man Brot zu backen gelernt hatte, aß man *Grütze*, einen Brei aus zerstampften Körnern mit Milch. Wie bei heutigen älteren Gehöften befanden sich die Vorratsräume und Wasserbehälter direkt neben dem Wohnhaus, die Abfallgruben in weiterem Abstand.

Der Viehstall war vielfach an das Wohnhaus angebaut, so daß Stall und Wohnung ohne Trennwand ineinander übergingen. Die Tiere gehörten sozusagen zur Familie. Die Einteilung der Boxen für das Vieh war nicht viel anders als heutzutage. Allerdings war alles etwas enger, denn Pferde, Rinder, Schafe, Ziegen und Schweine waren damals wesentlich kleiner als die heutigen Züchtungen. Hunde gehörten natürlich zu den beliebten und notwendigen Haustieren. *Katzen* kamen erst etwa 400 n. Chr. aus Babylonien und Ägypten nach Europa.

In der Wohnraumdecke war ein Rauchabzug offengelassen, denn in der Mitte brannte am Boden das *Herdfeuer*. Dieses galt als heilig, und man ließ es das ganze Jahr über nicht ausgehen. Nur an einem bestimmten Tag im Wonnemond (Mai), wenn die Härten des Winters überstanden waren, wurde das Feuer gelöscht. Anschließend zogen sämtliche Bewohner des Dorfes und der umliegenden Höfe zu einem erhöht liegenden Platz, auf dem ein riesiger Scheiterhaufen errichtet war. Dort brachte man in ältesten Zeiten Menschenopfer, später Tieropfer durch Verbrennung dar, um die Götter für das kommende Jahr gnädig zu stimmen. Am brennenden Scheiterhaufen entzündeten die Familienoberhäupter sodann eine Fackel, womit sie zu Hause das Herdfeuer neu entfachten.

Noch heute werden in manchen Gegenden des deutschen Sprachgebietes am Dorfrand alljährlich im Mai Strohpuppen, als Hexen verkleidet, zur Stunde der Abenddämmerung auf großen Reisighaufen verbrannt. Die Jugend zieht anschließend mit brennenden Fackeln ins Dorf zurück.

Wenn es in Kriegszeiten einem verfolgtem Feind gelang, sich an den Herd irgendeines germanischen Hauses, gleich welchen Stammesgebietes, zu flüchten, stand er sofort unter dem Schutz der Götter und war gerettet. Der Herd war heilig und galt allerorts als neutrales Gebiet.

Die Felder bearbeitete man mit dem von Rindern gezogenen *Hakenpflug*, der die Oberfläche nur mehr oder weniger tief aufritzte. Der *Wendepflug* war noch unbekannt.

Zu jedem Bauernhof gehörte ein Feldstück für den blaublühenden Flachs, aus dessen Stengel man die Leinenfasern zu gewinnen wußte. Leinen oder *Linnen* war neben Wolle und Leder wichtigstes Material für Kleidung. Auch wuchs der Hanf in jedem Dorf, um grobe Säcke und Seile daraus herzustellen. Aus den Samen der Flachs- und Hanfpflanzen sowie aus Nüssen und Bucheckern preßte man Öl, welches die Ernährung entscheidend verbesserte.

Obstbäume gab es im damaligen kühlen Klima kaum. Auch benötigte man in den riesigen Sumpf- und Waldgebieten jede trockene Lichtung vorrangig für den Getreideanbau.

Die Germanen liebten es, Feste zu feiern und dazu ihren *Met* zu trinken. Ob die Herstellung des Mets – eines weinartigen Getränks aus gegorenem Honig mit Zutaten – zu den Pflichten der Frauen oder der Männer gehörte, sei dahingestellt, Tatsache ist jedenfalls, daß letztere ihm gern, oft und viel zusprachen.

Besonderen Grund zum Feiern gab es, wenn die Männer der Sippe von erfolgreicher *Jagd* heimkehrten. Vielleicht hatten sie einen mächtigen *Ur* erlegt, eines der riesigen Wild-Rinder, die damals in allen Wäldern ganz Germaniens in Herden heimisch waren. Man nannte sie auch *Wisente*. Auch Hirsche, Rehe, Hasen, Wildschweine, Bären, Wölfe, Füchse, Luchse und anderes Wild gab es. Aber die Jagd war mühselig und gefährlich. Oft ging es auf Leben und Tod, denn der Jäger mußte sich so nah an das Wild heranschleichen, daß er es mit Speer oder Dolch erlegen konnte. Pfeil und Bogen wären im dichten Unterholz der Wälder unbrauchbar gewesen. Das Fangen des Wildes in Fallgruben wurde auch betrieben.

Zum Schutze gegen wilde Tiere und räuberische Menschen wurde um das einzelne Anwesen oder das ganze Dorf ein starker Zaun von Schanzpfählen angelegt. Über dem Tor dieses Zaunes oder an den einzelnen Gehöften war es bei vielen Stämmen üblich, einen Pferdeschädel als Abwehrschutz gegen böse Geister anzubringen. Das Pferd, besonders der Schimmel, war den Germanen heilig. Noch heute sehen wir zuweilen am Giebel alter Bauernhöfe in Niedersachsen die zwei sich kreuzenden *Pferdeköpfe* aus Holz geschnitzt.

Das *Durchschnittsalter der Germanen* (und Kelten) zur Zeitenwende lag etwa bei knapp 30 Jahren. Manche Krankheit, die heute meist heilbar ist, bedeutete damals den sicheren Tod, so z. B. Lungen- oder Blinddarmentzündung, Infektion bei Verletzungen und Knochenbrüchen usw. Dazu kam der frühe Heldentod im häufigen Krieg. Die Heilkunde steckte noch sehr in den Anfängen. Man konnte zwar starke Blutungen durch Abbinden des verwundeten Armes oder Beines mildern, man kannte auch die heilende Wirkung von Umschlägen unter Verwendung von Öl, Quark und Kräutersud, aber von Operationen und Medikamenten wußte man nichts.

Das *Gräberfeld* lag am Dorfrand. Die Germanen begruben damals ihre Toten in rohen, mit Steinplatten umfaßten, nicht sehr tiefen Einzelgräbern, abgedeckt ebenfalls mit einer Platte. Das Ganze wurde mit Erde überdeckt. Als Grabbeilagen gab man den Toten meist ihre eigenen Waffen mit, den Frauen Gegenstände des Haushalts. Dazu kamen Tongefäße mit Wegzehrung für die Wanderung nach Walhall. Selbstverständlich wollten die Krieger auch ihre tapferen Frauen in Walhall wiedersehen. Erfolgreiche Heerführer, die im Krieg gefallen waren, begrub man zuweilen aufrecht auf ihrem Streitroß sitzend, bewaffnet mit Lanze und Schwert.

Eine andere Grabform als die der Germanen im heutigen Deutschland gab es in Skandinavien wie auch bei den Keltogermanen des heutigen Süddeutschland. Es war das sogenannte runde Hügelgrab mit einem Erd- oder Geröllwall ohne Steinplatten.

Leichenverbrennungen auf Scheiterhaufen hatte es zu allen Zeiten gegeben; das war auch später noch üblich, wie überhaupt der Bestattungskult recht unterschiedlich war. Es gab Einzel-, Gruppen-, Flach-, Hügel- und Urnengräber, Brandgruben und Skelettgräber.

Die Tragödie der Kimbern, Teutonen und Ambronen 123–101 v. Chr.

Von der Halbinsel Cimbrica, dem heutigen Jütland, brachte erstmals der griechische Seefahrer *Pytheas* Kunde in den Mittelmeerraum. Auf der Suche nach der Herkunft des beliebten, aber teuren *Bernsteins* war er mit der dortigen Bevölkerung, den Kimbern, in Berührung gekommen. Sein Bericht darüber um 320 v. Chr. war überhaupt die erste geschichtlich belegte Nachricht über einen germanischen Volksstamm, wenn wir von den Megalithern der Zeit vor 1200 v. Chr. absehen.

Um 125 v. Chr. suchten jahrelang schwerste Sturmfluten Jütland heim. Die fruchtbaren Äcker wurden von Salzwasser überflutet und dadurch unfruchtbar. Der Hunger zwang die Bauern zu dem schicksalsschweren Entschluß, ihr einst so ergiebiges Land zu verlassen und eine neue Heimat zu suchen. Um das Jahr 123 v. Chr. setzten sich drei benachbarte Stämme, die Kimbern, Teutonen und die Bewohner der heutigen Nordfriesischen Inseln, die Ambronen, in Marsch. Es war ein Treck von etwa 300000 Männern, Frauen und Kindern mit all ihrer beweglichen Habe, also Vieh, Wagen, Hausrat und vor allem Waffen. Zwischen Elbe und Oder ging es südwärts zur Donau, fast bis zur heutigen Stadt Belgrad. Doch überall fanden sie das Land bewohnt. Wo sie auftauchten, war man froh, wenn sie wieder verschwanden, denn um sich zu ernähren, mußten sie nehmen, was sie brauchten. Widerstand wurde mit Waffengewalt gebrochen, und zurück blieben oft geplünderte oder niedergebrannte Dörfer.

Alte Frauen, von denen man glaubte, daß sie aus dem Blut geopferter Menschen oder Tiere den Ratschlag der Götter erforschen könnten, wiesen den einzuschlagenden Weg. Somit wurde aus der südöstlichen Marschrichtung unvermittelt eine nordwestliche, zwischen Save und der Grenze des Römischen Reiches auf die Alpen zu.

Zehn Jahre lang schon dauerte die Wanderschaft, und die militärische Stoßkraft war durch viel Erfahrung enorm stark geworden. Rom befürchtete den Einfall der unheimlichen *„Barbaren"*. Unter dem Konsul P. *Carbo* wurde ein Heer entgegengeschickt. Die Kimbern wollten keinen Krieg und baten um Siedlungsland. Carbo machte zum Schein vage Zusagen und lockte sie in einen Hinterhalt. Bei *Noreia* (Nähe des heutigen Neumarkt in Kärnten) kam es 113 v. Chr. zum ersten Kampf zwischen Germanen und Römern. Die Römer wurden unter Verlust von Tausenden ihrer Bürgersoldaten in die Flucht geschlagen.

Rom geriet in Panik, aber völlig unerklärlich zogen die siegreichen Germanen nun nicht nach Italien, sondern über die Alpen nach Norden zurück. In *Miltenberg* am Main fand man 1878 eine 5 m lange, roh behauene Sandsteinsäule. Sie lag am Boden und hatte eine Inschrift, welche die einstige Anwesenheit der drei Stämme bezeugt: das ist der sogenannte *Teutonenstein*.

Weiter ging der Zug in Richtung des heutigen Heidelberg, dann südlich zum Rheinknie und bei Basel über den Strom, durch *Helvetien* bis an den Mittellauf der Rhone. Eine Abordnung der Kimbern wurde nach Rom geschickt, um wegen Ansiedlungsmöglichkeiten zu verhandeln. Dort bestaunte man die hochgewachsenen Männer aus dem Norden, behandelte sie aber herablassend freundlich. Schließlich schickte man sie mit der Empfehlung zurück, Land in *Hispania* zu suchen. Derweil wurde der Konsul J. *Silanus* mit vier Legionen an die *Rhone* geschickt. Die Römer überfielen die

Germanen 109 v. Chr., allerdings mit dem Ergebnis, daß sie weit schlimmer geschlagen wurden als bei Noreia.

Wieder nutzten die Germanen ihren Sieg nicht aus. Statt dessen suchten sie jahrelang weiter vergeblich in Südgallien nach Siedlungsland. Endlich entschlossen sie sich, nach Italien zu gehen.

Am Unterlauf der Rhone waren zur Abwehr drei römische Heere aufmarschiert. Im ersten Ansturm der Germanen wurde der Konsul A. *Scaurus* völlig besiegt, er selbst gefangengenommen. Weil er bei Verhandlungen durch Arroganz seine Gegner erzürnte, tötete ihn der spätere Kimbernkönig *Boiorix* (laut Bericht des Titus *Livius* gestorben 17 n. Chr.). Die beiden anderen Heerführer, Konsul M. *Maximus* und Prokonsul S. *Caepio*, verhöhnten ebenfalls die kimbrischen Unterhändler. Beleidigungen empfanden die Germanen als unerträglich, weshalb sie sofort den Angriff eröffneten. So kam es Anfang Oktober 105 v. Chr. bei *Arausio* zur vernichtenden Niederlage der Römer. 80000 Legionäre starben in der Schlacht, weitere 40000 gerieten in Gefangenschaft. Entsprechend einem Gelübde vor der Schlacht, im Falle des Sieges sämtliche Beute ihren Göttern zu opfern, mußten alle Gefangenen und Pferde durch Erhängen, Erschlagen oder Ertränken sterben. Erbeutete Waffen, Kleidung und Münzgeld wurden verbrannt oder in der Rhone versenkt.

Mit diesem ungeheuren Sieg wußten die Germanen noch immer nichts anzufangen. Niemand hätte sie mehr aufhalten können, nach Rom zu ziehen. Statt dessen vertaten sie die einzige Chance, ihr gesamtes Unternehmen doch noch zum Erfolg zu bringen, indem sie sich trennten. Die Kimbern marschierten entlang der Mittelmeerküste bis nach Nord-Hispania, dann kehrten sie um nach *Gallien* bis an die untere Seine, wo sie wieder mit den Teutonen und Ambronen zusammentrafen. Nach zwei Jahren trennten sie sich endgültig, um in zwei Heerzügen eigene, planlose Wege zu gehen.

In Rom herrschten derweil verheerende Zustände durch Streit, Korruption und Gesetzlosigkeit. Aus diesem Hexenkessel entstieg – sozusagen als Retter in der Not – ein Mann namens Gaius *Marius*. Er war einfacher Herkunft, ehrgeizig, schlau, unbestechlich. Wegen guter Erfolge als Feldherr in Afrika war er in Rom zum Konsul gewählt worden.

Marius stellte ein neues Heer auf und drillte es speziell zur Bekämpfung der „Barbaren". An der unteren Rhone wartete er auf die Teutonen und Ambronen, die nach einem Jahr anrückten. Der griechische Schriftsteller *Plutarch* (46 n. Chr.–125) hat die folgenden Ereignisse genau beschrieben: Die Germanen griffen sofort ungestüm an, doch Marius blieb in seiner festen Verschanzung, bis die Angreifer höhnend weiterzogen. Dann folgte er vorsichtig nach. An geeigneter Stelle ergriff er die günstige Gelegenheit, mit einigen Tausend Legionären die allzu arglosen Feinde zu umgehen, und griff nun von zwei Seiten an. Es entbrannte eine furchtbare Schlacht, die sich in viele erbitterte Einzelgefechte auflöste und zwei Tage andauerte. Selbst die Frauen schlugen mit Äxten und Keulen in den Wagenburgen auf die Römer ein, und ohne Schutz eines Schildes wurden sie umgebracht. Die größere Zahl von Kriegern entschied schließlich, und das waren die Römer. Plutarch berichtet von 100000 gefallenen und gefangenen Teutonen. Die Zahl der römischen Opfer muß der der Germanen gleich gewesen sein. Das geschah bei *Aquae Sextiae* im Jahre 102 v. Chr.

Teutobod, der Teutonenkönig, hatte nach heldenhaftem Kampf versucht, sich mit einem Rest seiner Krieger nach Norden durchzuschlagen, um möglicherweise auf die

Kimbern zu stoßen. Doch von romfreundlichen, gallischen Sequanern wurde er überwältigt und dem Marius ausgeliefert. Der aber ließ den Teutobod gut bewachen, er brauchte ihn noch.

In der Zwischenzeit waren die Kimbern entlang der Alpen und über den Brenner-Paß nach Süden gezogen. Ein römisches Heer unter dem Konsul *Catalus* wurde in die Flucht geschlagen, und in der fruchtbaren Po-Ebene schien endlich das langersehnte Siedlungsland gefunden zu sein.

Marius war über die Westalpen den Kimbern entgegengeeilt und forderte sie auf, das Land zu verlassen, anderenfalls er sie wie die Teutonen vernichten würde. Die Kimbern hatten – nach fast einem Jahr – von der Schlacht bei Aquae Sextiae tatsächlich noch nichts erfahren und waren höchst überrascht, als der gefesselte König Teutobod vorgeführt wurde und selbst von der Katastrophe berichtete.

Nun blieb wieder nur der Kampf, und stolz und siegesgewiß forderte der junge Kimbernkönig Boiorix die Römer auf, Ort und Tag der Schlacht zu bestimmen. Marius wußte diesen entscheidenden Vorteil wohl zu nutzen. In dem nun folgenden Zusammenprall ereilte die Kimbern das gleiche Schicksal wie die Teutonen und Ambronen. Sie kämpften den ganzen Tag mit dem Mut der Verzweiflung, und die Opfer auf beiden Seiten waren gewaltig. Auch hier verteidigten die Frauen ihre Wagenburgen, und als alles verloren war, brachten sich viele gegenseitig um, erhängten sich und ihre Kinder oder ließen sich von Pferden zu Tode schleifen. König Boiorix fiel im Kampf, und viele Edle, die überlebt hatten, stürzten sich ins Schwert. Plutarch berichtet, daß 70000 oder mehr Kimbern im Kampf fielen. Kinder unter einem bestimmten Alter wurden von den Römern getötet, 60000 Männer, Frauen und Jugendliche schleppten sie als Gefangene weg. Das geschah am 30. Juli 101 v. Chr. bei *Vercellae* am Oberlauf des Po.

Dies war das erste Auftreten germanischer Stämme in Europas Geschichte; es endete nach 20jähriger, ergebnisloser Landsuche. Um nicht zu verhungern, hatten sie kämpfen, siegen und rauben müssen. Der „Furor Teutonicus" lag den Römern noch lange in den Knochen. Von 300000 Germanen blieben 100000 übrig, jedoch nur als Sklaven, Sklavinnen oder totgeweihte Gladiatoren in römischen Arenen. König Teutobod und andere Edle wurden im Triumphzug des Marius in Rom der grölenden Menge zur Schau gestellt und anschließend getötet.

Diese Germanen haben ihre Seelen wahrlich teuer verkauft, denn mehr als 250000 Legionäre starben ebenfalls in diesen Kämpfen. Der römische Geschichtsschreiber Tacitus schreibt über die Kimbern und Teutonen in seiner „Germania": Sie haben fünf konsularische Heere vernichtet, fünf römische Heerführer besiegt oder gefangengenommen. Ungeheuer ist ihr Ruhm!

Ariovist der Swebenkönig (gest. um 54 v. Chr.), Orgetorix der Helvetier (gest. um 57 v. Chr.) und Julius Cäsar (100–44 v. Chr.)

Dieser König der germanischen Sweben, die südlich des Mains lebten, machte schon 30 Jahre nach dem Kimbernzug von sich reden, indem er als Gegenspieler des Julius Cäsar in Gallien auftrat.

Die keltischen Stämme der Häduer (westlich des Flusses Saône) und der *Sequaner* (östlich der Saône bis zum Schweizer Jura und Rhein) bekriegten sich, und letztere baten den mächtigen germanischen König Ariovist um Hilfe. Mit 15 000 Kriegern verstärkte dieser das Heer der Sequaner, über welches er den Oberbefehl übernahm. Nach jahrelangen Kämpfen kam es schließlich im Jahre 61 v. Chr. bei *Magedopriga* (nahe dem heutigen Belfort) zum entscheidenden Sieg des Ariovist und der Sequaner über die Häduer. Zum Dank traten die Sequaner das Gebiet an Ariovist ab, welches etwa dem heutigen Elsaß entspricht. In den folgenden Jahren besiedelte Ariovist außer dem Elsaß auch die Pfalz und Rheinhessen mit germanischen Stämmen, vor allem mit *Tribokern*, seinem eigenen Stamm.

Im Jahre 58 v. Chr. war der Prokonsul Julius Cäsar in Rom vom Senat zum Statthalter für die römische Provinz Gallia bestimmt worden. Diese bestand aus Oberitalien, der Provence an der unteren Rhone und einigen Gebieten nördlich davon. Die Bevölkerung bestand dort aus keltischen Stämmen. Im großen *Gallien*, also dem heutigen Frankreich, herrschten allgemeine Stammeskriege, was die Begehrlichkeit der Nachbarvölker erweckte, dort einzugreifen: Cäsar jedenfalls hatte die feste Absicht, ganz Gallien für das Römische Reich zu unterwerfen. Auch der Germane Ariovist hatte sich zum Ziel gesetzt, die keltischen Gebiete westlich des Ober- und Mittelrheines für die Sweben zu erobern, womit er zum mindesten den Römern in die Quere kam. Doch vorerst galt Ariovist noch von früher her offiziell als „Freund Roms".

Ein dritter Anwärter auf die Vorherrschaft über gallische Gebiete waren die keltischen *Helvetier*, die östlichen Nachbarn der Sequaner. Ihr Wohngebiet lag zwischen dem Kamm des Schweizer Jura und der Linie von der Ostspitze des Genfer Sees bis zur Westspitze des Bodensees, also etwa in der heutigen Deutschschweiz. Die Nordgrenze war der Hochrhein. Der höchste Stammesfürst der Helvetier hieß Orgetorix. Er bereitete die vollständige Auswanderung des helvetischen Volkes mit seiner gesamten Habe vor. Das Ziel war die Eroberung des südlichen Gallien. Andere helvetische Fürsten leisteten dem Orgetorix Widerstand und trieben ihn zum Selbstmord, um anschließend dessen Pläne trotzdem in die Wege zu leiten.

Die südwestlichen Nachbarn der Häduer riefen nun Cäsar zur Hilfe, und bei *Bibracte* (südwestlich Dijon) wurden im Frühjahr 58 v. Chr. die Helvetier so völlig besiegt, daß sie praktisch aus der Geschichte verschwanden. Cäsar selbst gibt in seinem Buch „Der gallische Krieg" folgende Zahlen an: 368 000 Helvetier mit Nachbarstämmen zogen aus. Davon waren 92 000 waffenfähig. 110 000 Überlebende, meist Frauen, Kinder und Greise, wurden zurückgeschickt. Cäsar wollte damit das weitere Nachrücken der Sweben nach Helvetien unterbinden. Die Sweben hatten nämlich sofort begonnen, von Norden her die verlassenen Gebiete zu besiedeln.

In der Zwischenzeit wanderten Ariovists Landsleute eifrig in die neuerworbenen linksrheinischen Gebiete ein, weshalb nun die Sequaner den Cäsar um Hilfe angingen. Dieser sah Gefahr für seine eigenen Pläne. In Eilmärschen zog er ins *„Elsaß"* und stand bald mit seinen Legionen dem Ariovist in der Nähe von „Colmar" gegenüber. Zwischen beiden Feldherren kam es zu einem Treffen. Jeder legte dar, mit welchem guten Rechte er in diesem Gebiet anwesend sei. Cäsar verlangte nicht die Räumung des „Elsaß" durch die Sweben, doch sollten keine weiteren germanischen Krieger über den Rhein kommen. Er wollte die kampfstarken Germanen nicht zu Feinden haben. Ariovist dagegen verlangte den Abzug Cäsars.

Man wurde sich nicht einig, und im Herbst des Jahres 58 v. Chr. kam es in der Nähe des heutigen *Mühlhausen* im Südteil des Elsaß zur Schlacht. Ariovist und Cäsar waren sich ebenbürtig. Die Schlacht stand lange auf des Messers Schneide, bis dann Ariovist langsam die Oberhand gewann. Nicht Cäsar, sondern sein Reiterführer Licinius *Crassus* entschied die Schlacht, da er dem in Auflösung befindlichen römischen Fußvolk entgegen Cäsars Befehl im letzten Augenblick zu Hilfe kam. So ging die Schlacht für die Sweben doch noch verloren, zumal die Römer mit 36000 Mann den 28000 Germanen überlegen waren. Ariovist entkam mit nur wenigen seiner Krieger über den Rhein. Cäsar vertrieb, seinem ursprünglichen Vorschlag entsprechend, auch jetzt nicht die bereits linksrheinisch angesiedelte germanische Bevölkerung.

Dem Ariovist hatte die verlorene Schlacht im eigenen Volke keinen Verlust an Ansehen gebracht. Er blieb der mächtige König und weitete seinen Einfluß sogar noch aus. Die germanischen Stämme der *Tenkterer* und *Usipeter*, die im heutigen Hessen und nördlich davon ansässig waren, wurden nach Nordwesten verdrängt und gingen über den Rhein, um sich dort neu anzusiedeln. Die ansässigen keltischen Stämme suchten und fanden bei Cäsar Hilfe, der Verhandlungen mit den Eindringlingen begann. Mitten in den laufenden Gesprächen fiel er jedoch 55 v. Chr. über die Tenkterer und Usipeter her und tötete an die 30000. *Plutarch* nennt noch weit höhere Zahlen an Opfern. Diese Tat des Cäsar brachte ihm in Rom noch große Schwierigkeiten, weil er einen Grundsatz römischer Politik mißachtet hatte: Verträge oder Verhandlungen durften unter keinen Umständen römischerseits durch militärische Aktionen gebrochen oder gestört werden. Doch Cäsar hatte sich nun ausgedehnte gallische Gebiete kampflos abhängig gemacht und außerdem das weitere Vordringen germanischer Stämme vorerst aufgehalten. Aber auch in diesen Gebieten blieben noch viele Germanen seßhaft, so wie im „Elsaß".

Ariovist war etwa 54 v. Chr. gestorben. Aber auch seine Nachfolger strebten mit Erfolg die swebische Vorherrschaft im Südwesten Germaniens und links des Rheines an.

Der gleiche Vorgang der Überschreitung des Rheinstromes durch germanische Stämme hatte sich schon vor längerer Zeit weiter nördlich etwa im Gebiet der späteren Stadt Köln vollzogen. Die neueingewanderten Stämme wie *Belger, Eburonen, Seguer, Kondruser* und andere befanden sich infolge von Aufständen gegen die Römer während und nach Cäsars gallischem Eroberungskrieg lange Zeit in Unruhe. Die Eburonen wurden dabei von den Römern regelrecht ausgerottet. Doch Cäsars Nachfolger Cajus *Octavianus* (63 v. Chr.–14 n. Chr.) siedelte einen Teil der rechtsrheinischen germanischen Ubier ab 39 v. Chr. im Gebiet der Eburonen wieder neu an. Octavianus war der Großneffe und angenommene Sohn des Cäsar. Im Jahre 27 v. Chr. wurde er unter dem Namen *Augustus* der erste römische Kaiser.

Bis etwa 30 v. Chr. war am gesamten linken Rheingebiet vom Schweizer Jura bis zur Mündung ein germanisch besiedelter Landstreifen entstanden. Dieser stand lange Zeit unter römischer Herrschaft, wobei sich römischer kultureller Einfluß nutzbringend auswirkte. Die linksrheinischen germanischen Stämme waren nun Bundesgenossen der Römer, im Westen gegen die (lt. Cäsar) „unzuverlässigen und wenig brauchbaren" Gallier, im Osten gegen Angriffe anderer germanischer Stämme.

Entlang des linken Rheinufers errichteten die Römer eine Reihe von Kastellen und Standlagern, woraus sich im Laufe der nächsten 100 Jahre Stadtsiedlungen entwickelten wie z. B.: Vetera Castra – ad sanctos *(Xanten)*, Colonia Agrippinensis *(Köln)*, Bonna *(Bonn)*, Ad confluentes *(Koblenz)*, Castell Mogontiacum *(Mainz)*, Civitas Nametum *(Speyer)*, Argentoratum *(Straßburg)*, Basilea *(Basel)* und viele andere.

Das von Cäsar eroberte Gallien wurde in verhältnismäßig kurzer Zeit romanisiert, während die linksrheinischen germanischen Stämme ihre Eigenständigkeit aufrechterhielten. In Gallien setzte sich das Latein neben den keltischen Mundarten durch, während die germanischen Mundarten beiderseits des Rheins etwa ab 600 zum Deutschen wurden. Nur am Niederrhein, wo die heutigen Flamen und Holländer das niederdeutsche Platt sprachen, bildete sich vom späten Mittelalter an eine eigene Sprache als Abspaltung vom Niederdeutschen aus. Französisch entwickelte sich erst seit etwa 900.

So entstand schon zu des Kaisers Augustus Zeit – also um das Jahr Null – westlich des Rheins und der Schelde eine Sprachgrenze.

Hermann der Cherusker (16 v. Chr.–um 21 n. Chr.), genannt Arminius

Kaiser Augustus hatte sich zum Ziel gesetzt, zur Sicherung des Römischen Reiches auch Germanien rechts des Rheines zu erobern und zu romanisieren genau wie Gallien. Zunächst veranlaßte er durch seinen Stiefsohn und Feldherrn N. C. *Drusus* in den Jahren 12–9 v. Chr. mehrere Feldzüge. Der letzte führte bis zur *Elbe*, wo Drusus an den Folgen eines Sturzes vom Pferd ums Leben kam. Sein Nachfolger und Bruder *Tiberius* nötigte verschiedenen germanischen Stämmen zwischen Rhein und Weser Bündnisverträge auf, wie den *Cheruskern, Chatten, Brukterern, Marsern, Angrivarern* und anderen. Auch gründete er Siedlungen und versuchte behutsam Recht und Sitten nach römischer Art einzuführen. Den Fürsten wurde angeboten, ihre Söhne in Rom oder anderen Städten des römischen Einflußgebietes (z. B. in Colonia Agrippinensis) erziehen zu lassen. Wer sich auf ihre Seite schlug, wurde mit römischem Bürgerrecht, Ritterwürde und anderen Vorzügen belohnt.

Der Hauptstamm in diesem Gebiet waren die Cherusker, die beiderseits der mittleren Weser lebten. Von ihren sechs Stammesfürsten war nur einer überzeugter Römerfreund: *Segestes*, der spätere Schwiegervater des Arminius. Der Stammesfürst *Sigimer* gehörte keineswegs zu den Römlingen; trotzdem ließ er seine Söhne Arminius und Flavus bei den Römern ausbilden.

Arminius lernte schnell die lateinische Sprache und wurde in römischer Strategie und Taktik ausgebildet. Bald gehörte er zur Heeresführung, und im zivilen Bereich lernte er die Methoden der römischen Diplomatie kennen. Sein Bruder *Flavus* machte sich von den Römern völlig abhängig, während Arminius durch und durch Germane blieb und sich das heimliche Ziel setzte, zu gegebener Zeit die Römer mit ihren eigenen Methoden zu bekämpfen, um eine Romanisierung Germaniens unbedingt zu verhindern.

Die Schlacht im Teutoburger Wald 9 n. Chr.: Im Jahre 7 n. Chr. ernannte Augustus seinen Verwandten P. Q. *Varus* zum Oberbefehlshaber und Statthalter im linksrheinischen Germanien sowie über die halb beherrschten rechtsrheinischen Gebiete. Er sollte das Land bis zur Elbe endgültig unterwerfen. Arminius, der kurz vorher bei der Niederwerfung eines großen Aufstandes in der römischen Provinz *Pannonia* (Ungarn) unter Tiberius beteiligt gewesen war, wurde nun dem Varus als Berater zwischen Römern und Germanen zugeteilt. Varus, ein selbstgefälliger, sorgloser Mann, hielt die Germanen für Menschen minderer Qualität und stellte sie den unterwürfigen Bewohnern des vorderen Orients gleich, die er als Statthalter von Syrien und Palästina einige Jahre zuvor ausgeplündert hatte. Auch in Germanien trieb er unberechtigt und rücksichtslos Steuern ein – teilweise in die eigene Tasche –, was für die Bevölkerung völlig ungewohnt war und sie deshalb unzufrieden und aufsässig machte. Wer dabei gegriffen wurde, mußte mit dem Tod oder mit Verschleppung rechnen.

Das war die Lage, die Arminius vorfand und ebenso tatkräftig wie schnell für seine Pläne auszunutzen gedachte. Varus befand sich mit seinem gesamten Heer im Sommerlager an der *Weser* (vermutlich in der Nähe der heutigen Städte Hameln oder Höxter). Arminius, als Vertrauter des Varus und Mittelsmann zu den Stammesfürsten, gelang es, die letzteren von den Erfolgschancen eines Aufstandes und seines Planes zur Vernichtung des römischen Heeres zu überzeugen: Im entferntesten, nördlichsten Stammesgebiet sollten die Cherusker in offenen Aufstand treten, um den Varus mit seinen Legionen aus dessen befestigtem Lager herauszulocken. Gleichzeitig seien auch die anderen Stämme in Bereitschaft für den allgemeinen Aufstand zu halten. An geeigneter Stelle sollten die in gewissem Abstand beidseitig des römischen Heerwurmes unbemerkt folgenden Germanen über die Legionen herfallen. Der stürmische Herbst sei die günstigste Jahreszeit.

Diesen Plan verriet Segestes dem Varus, aber Arminius konnte den Römer beschwichtigen und sein Vertrauen zurückgewinnen.

Anfang Herbst waren die Vorbereitungen der verbündeten Stämme abgeschlossen, und der Teilaufstand im Norden wurde in Szene gesetzt. Auf den Rat des Arminius beschloß Varus, sicherheitshalber mit dem gesamten Heer das feste *Sommerlager* zu verlassen und sich auf den Weg in die Winterquartiere am Rhein zu machen. Der nicht allzu gefährlich scheinende Aufstand im Norden sollte nebenbei niedergeschlagen werden.

Am ersten Morgen befand sich Arminius noch in Begleitung des Varus beim Heer, ehe er den Arglosen verließ, angeblich um seine Cherusker zur Vernunft zu bringen.

Noch an diesem Nachmittag begannen jedoch die ersten Überfälle, die im unwegsamen Gelände den Römern starke Verluste beibrachten. Der zweite Tag ließ bereits die Katastrophe erahnen, aber noch hätte Varus umkehren können. Warum er und seine römischen *Tribunen* (Führer) es nicht taten, wurde später von seinen Landsleuten dem unergründlichen Entscheid der Götter zugeschrieben. Der dritte Tag brachte in schmaler Schlucht und bei strömendem Regen die totale Vernichtung. Die Römer konnten sich in dieser verschlammten Einengung nicht genügend bewegen oder kämpfen und waren den Wurfspeeren der Germanen schutzlos ausgesetzt. Selbst die Flucht war unmöglich geworden, die meisten fielen, und nur wenige Gefangene wurden gemacht. Die Höhergestellten wurden von den Siegern den Göttern geopfert, die einfachen Legionäre als Sklaven auf die Höfe ins Landesinnere gebracht. Entkommen konnten keine 100 Mann. Als Varus erkannte, welches Schicksal seinem Heer beschieden war, tötete er sich selbst durch das Schwert, mit ihm mehrere seiner höchsten Tribunen. (Übrigens waren einst des Varus Vater und Großvater auf die gleiche Weise ums Leben gekommen.) Diesen Sieg im *Teutoburger Wald* erfocht Arminius im Herbst des Jahres 9 n. Chr.

Als Folge der *Varusschlacht* erhoben sich nun auch alle anderen rechtsrheinischen Stämme und vertrieben die Römer aus ganz Germanien.

Die drei *Legionen* des Varus, mit Troß etwa 30000 Mann, hatten als die bestausgebildeten und bewaffneten Elitetruppen des Römischen Reiches gegolten. Sie waren dazu bestimmt gewesen, Germanien bis zur Elbe zu unterjochen. Ihre Vernichtung erschütterte das Reich schwer: Die Germanen auch links des Rheines und die Gallier gerieten in Unruhe und teilweise in Aufruhr. Der Kaiser in Rom verstärkte seine Leibwache und entließ sicherheitshalber die bisher hochgeschätzten germanischen Leibwächter. Das ganze Römische Reich wurde eine Zeitlang in eine Art Ausnahmezustand versetzt. Der Verlust der Legionen verfolgte Augustus wie ein Alptraum. Der Triumphzug für den eine Woche vor der Varusschlacht siegreich aus Pannonien heimgekehrten Feldherrn Tiberius wurde verschoben. Statt dessen beauftragte ihn der Kaiser, wenigstens im linksrheinischen Germanien und in Gallien die Lage zu stabilisieren, was dann im nächsten Jahr auch gelang.

Außer Tacitus haben auch die römischen Geschichtsschreiber Velleius *Paterculus*, Tribun unter Tiberius, und später Dio *Cassius* (geb. 155 n. Chr.) und andere ausführlich über diese Ereignisse berichtet, aber eine genaue Ortsangabe, wo die Schlacht stattgefunden hatte, fehlte. So blieb es nicht aus, daß gerade in den letzten Jahrzehnten unserer Zeit immer neue Theorien über den Ort des Geschehens sowie des Sommerlagers aufgestellt wurden. Die möglichen Annahmen liegen zwischen Osnabrück und Hildesheim. Der Teutoburger Wald war wohl das wahrscheinlichste Schlachtfeld.

Arminius beabsichtigte, sofort nach der Schlacht die Gunst der Stunde zu nutzen. Zum Beweis seines Sieges schickte er dem Markomannen-König *Marbod* im heutigen Böhmen das abgeschlagene Haupt des Varus mit der Aufforderung, in die Länder südlich der Donau einzufallen. Er selbst wollte über den Rhein nach Gallien ziehen. So sollte Rom in die Zange genommen werden. Aber Marbod traute sich nicht zu, diesem kühnen Plan des Arminius Folge zu leisten. Auch die eigene Familie des Arminius zog nicht richtig mit, vor allem sein Schwiegervater, der Stammesfürst Segestes, blieb verfeindet. Dessen Haß hatte sich noch gesteigert, weil Arminius seine Tochter *Thusnelda*, die von ihrem Vater einem anderen versprochen war, mit ihrem Einverständnis entführt und geheiratet hatte.

Die Feldzüge des Römers Germanicus gegen Arminius 15–16 n. Chr.: In Rom waren die Eroberungspläne des rechtsrheinischen Germanien noch nicht endgültig aufgegeben worden. Vorerst sollte aber ein Rachefeldzug durchgeführt werden, womit Augustus den Feldherrn *Germanicus* (15 v. Chr.–19 n. Chr.) beauftragte. Während der Vorbereitungen starb Kaiser Augustus im Jahre 14, und Nachfolger wurde sein Stiefsohn *Tiberius* (gest. 37 n. Chr.), der Bruder jenes Drusus, der an der Elbe tödlich vom Pferd gestürzt war. Germanicus war der Sohn des Drusus.

Im Jahre 15 überfiel Germanicus mit vier Legionen das Land der *Chatten*, wo er alles tötete und verwüstete, wohin er kam. Nach diesem Rachefeldzug kehrte er zum Rhein zurück. Damit die Cherusker nicht zur Hilfe kommen konnten, hatte Germanicus diese im Norden durch vier weitere Legionen gebunden.

Zu gleicher Zeit belagerte Arminius den Stammsitz seines Schwiegervaters Segestes, um seine Gattin Thusnelda zu befreien, die durch List in die Gewalt ihres Vaters und Bruders geraten war. Germanicus kam dem Segestes auf dessen Begehren zu Hilfe. So geriet Thusnelda, die treu zu Arminius stand, in die Gewalt der Römer. Es wurde berichtet, daß sie ohne ein Wort der Klage ihre Gefangenschaft auf sich nahm, obwohl sie des Arminius Kind erwartete. Der Sohn kam in der Gefangenschaft zur Welt und erhielt den Namen *Thumelicus*.

Arminius rief nun zum allgemeinen Kampf gegen Germanicus und Segestes auf, und die gleichen Stämme, die sich im Jahre 9 erhoben hatten, verbündeten sich neu. Daraufhin schickte Germanicus die Hälfte seiner acht Legionen Fußvolk durch das Land der Brukterer, wobei wieder gemordet und verwüstet wurde. Außerdem kam sein Reiterheer von Norden durch Friesland, welches zur Zeit nicht feindlich gegen die Römer eingestellt war. Er selbst fuhr mit einer zahlreichen Flotte rheinabwärts, durch den *Drusus-Kanal* in die *Zuidersee*, entlang der Nordseeküste in die *Emsmündung* und den Fluß aufwärts. Etwa bei der heutigen Stadt Emsdetten vereinigten sich die drei Heeresteile. Alle acht Legionen marschierten nun zum Ort der Varusschlacht, um die Gebeine der gefallenen Römer des Jahres 9 zu begraben, was auch geschah.

Arminius befand sich mit seinen Kriegern nicht weit entfernt. Er griff an, zog sich zurück, griff wieder an, wußte das Gelände zu nutzen und brachte den Römern schwere Verluste bei. Germanicus und die Reiterei zogen sich deshalb auf schnellstem Weg in Richtung Ems und Rhein zurück. Er beabsichtigte, den Rachefeldzug für dieses Jahr abzubrechen. Der Unterfeldherr *Cäcina* geriet jedoch mit vier Legionen in Sumpfland und stand tatsächlich kurz vor der Vernichtung. Es war ihm vor Anbruch der Nacht gerade noch gelungen, eine Art Lager mit Schutzwall zu errichten, aber der nächste Tag mußte das Ende bedeuten. Arminius befahl, erst dann anzugreifen, wenn die Römer das Lager verlassen hatten, aber sein Oheim, der Stammesfürst *Inguiomer*, widersetzte sich den Anordnungen seines Neffen, griff mit seinen Kriegern beim Morgengrauen das Römerlager vorzeitig an und wurde nach schweren Verlusten zurückgeschlagen. Die Verwirrung der Germanen ausnutzend, brachen die Römer sofort auf, so daß es einer großen Zahl gelang, sich zur Ems durchzuschlagen.

Germanicus hatte dort inzwischen nur zwei seiner Legionen eingeschifft, um bei der Rückfahrt nicht das ganze Heer den gefährlichen Nordseestürmen auszusetzen. Seine anderen zwei Legionen sollten zur Nordseeküste und an dieser entlang marschieren, um erst in der ruhigen Zuidersee von den Schiffen aufgenommen zu werden. Dieser Marsch brachte Tausenden Legionären infolge von Flut und Sümpfen den Tod.

Der ganze Feldzug des Jahres 15 n. Chr. war für die Römer ein schwerer Fehlschlag, denn in unzähligen Einzelgefechten waren nochmals soviel Legionäre wie in der Varusschlacht umgekommen. Kaiser Tiberius beklagte das ganze Unternehmen schwer und gab dem Germanicus die Hauptschuld.

Um neu aufgekommene Unruhen im Reich zu beschwichtigen, gab Tiberius sein Einverständnis zu einem weiteren Kriegszug im Jahre 16. 100000 Legionäre wurden mit einer Flotte von 1000 Schiffen über die Nordsee in das Kampfgebiet gebracht, um das Heer nicht durch lange Fußmärsche vorzeitig zu ermüden. Kriegsgerät, Pferde, Verpflegung, alles mußte mit verfrachtet werden. Ganz Gallien wurde ausgeplündert, um all diese Dinge heranzuschaffen.

An der Weser trafen Römer und Germanen aufeinander. Über den Fluß hinweg fand ein *Streitgespräch* zwischen den Brüdern Arminius und Flavus statt. Flavus beschwor die Größe und Macht des Römischen Reiches. Bei einem Kampf hatte er ein Auge verloren, wofür er erhöhten Sold und eine Ehrenhalskette erhalten habe, wie er seinem Bruder erklärte. Arminius verspottete ihn mit den Fragen, ob solch billiger Lohn eines germanischen Fürsten würdig sei und ob dies wenige den Verrat an seinem Vaterlande und seinen Göttern rechtfertige. Sie gerieten beide in Zorn, und nur der Fluß zwischen ihnen verhinderte einen Zweikampf.

Arminius beging nunmehr den Fehler, von den Grundsätzen seiner Kriegführung abzuweichen, indem er sich den Römern in offener Feldschlacht stellte. Er wußte doch, daß die Römer besser bewaffnet, diszipliniert und geschult waren, während er mit seinen Germanen in der Ausnutzung des waldigen, bergigen und sumpfigen Geländes und möglichst noch regnerischen Wetters überlegen war. Ob ihn der Zorn über seinen Bruder zu falschem Entschluß verleitet hatte? Sein Temperament läßt diese Annahme zu. Jedenfalls verlor Arminius diese Schlacht bei *Idistaviso* (in der Nähe von Rinteln) unter schwersten Verlusten. Wohl kämpften die Germanen mit ihrer bekannten Tapferkeit, so daß die Römer ihren Sieg teuer erkaufen mußten. Den ganzen Tag lang bis zur Nacht wurde gekämpft, und Arminius selbst focht überall an entscheidender Stelle. Die Germanen zogen sich zur Nacht in die Berge zurück. Die Römer errichteten ein Siegesmal aus den Waffen der gefallenen Feinde. Dies beleidigte die Germanen derart, daß sie bereits am nächsten Tag die überraschten Römer erneut angriffen, woraus sich unweit der vorigen Kampfstätte am *Angrivarierwall*, dem Grenzwall zwischen den verbündeten Cheruskern und Angrivariern, eine neue Schlacht entwikkelte. Arminius war am Vortage verwundet worden, doch kämpfte er, so gut er es vermochte. Sein starrköpfiger, aber draufgängerischer Oheim Inguiomer verhielt sich gleich tapfer in beiden Schlachten. Die Verluste der Römer waren anfangs des Tages empfindlich, aber der Tag war für die Germanen verloren.

Germanicus selbst hatte sich ebenfalls im Kampf voll eingesetzt, war seinen Legionären überall durch Einsatz und Zuruf Vorbild gewesen und hatte durch diese Siege das Selbstvertrauen des Heeres wirksam gehoben.

Trotzdem empfanden die Römer ihre Erfolge nicht als Entscheidung, weil sich die Germanen keineswegs geschlagen gaben oder gar unterwarfen. Somit entschloß sich Kaiser Tiberius zur endgültigen Aufgabe des Eroberungskrieges in Germanien. Germanicus ging befehlsgemäß auf die Schiffe und trat die Rückfahrt an. Doch in der Nordsee geriet die Flotte in eine Sturmflut, wobei Hunderte von Schiffen mit vielen Tausend Römern im Meer versanken. Diese Katastrophe kam einer verlorenen großen Schlacht gleich, und Germanicus war nur mit Mühe davon abzuhalten, in den Freitod zu gehen.

Tiberius ermöglichte seinem Neffen eine „ehrenvolle" Rückkehr nach Rom, indem die Gesamtverluste von über sechs Legionen in den zwei Kriegsjahren dem Volk verheimlicht wurden. Er gestand dem Germanicus sogar einen *Triumphzug* zu, der von altersher nur den erfolgreichsten Feldherren gewährt wurde.

Hierbei geschah das kaum Glaubhafte: *Thusnelda*, des Arminius' Weib, ihr Söhnchen an der Hand, wurde mit vielen anderen Gefangenen dem sensationslüsternen und lärmenden Volk als Kriegsbeute vorgeführt. Ihr Vater Segestes aber saß mit auf der Ehrentribüne als sogenannter treuer römischer Bürger und schaute sich das Elend seiner Tochter tatenlos an. Über das weitere Schicksal Thusneldas und das Thumelicus ist nichts überliefert; es gibt nur verschieden auslegbare Vermutungen, die allerdings kaum Gutes ahnen lassen. In Florenz befindet sich eine wunderbare antike Marmorstatue *„Trauernde Germanin"* genannt. Man glaubt, daß in diesem Kunstwerk Thusnelda verewigt sei. Ein Marmorkopf, der sich im Britischen Museum in London befindet, stellt mit Sicherheit den *Thumelicus* im Alter von etwa 20–25 Jahren dar. Man vermutet, daß er in einer römischen Arena als *Gladiator* ums Leben kam.

Kampf zwischen Arminius und Marbod 17 n. Chr.: Nach dem Abzug der Römer strebte Arminius die Errichtung eines *Germanischen Reiches* an. Seinen bisherigen Verbündeten, den Chatten, Marsern, Brukterern und Angrivariern, schlossen sich im Osten die *Semnonen* (zwischen Elbe und Oder) sowie im Norden die *Langobarden* (zwischen Elbe und Weser) an. Im Süden beherrschte der Markomannenkönig Marbod ein starkes Reich, welches außer den Markomannen auch die *Quaden, Maristen,* Teile der Sweben, die *Hermunduren* und andere Stämme einschloß. Mit Rom verband Marbod ein Freundschaftsbündnis. Wie schon nach der Varusschlacht lehnte er die Pläne des Arminius ab, und so standen sich beide Heere gegenüber, anstatt gemeinsam gegen die Römer zu ziehen. Der Cheruskerfürst Inguiomer, der Oheim des Arminius, schlug sich mit einem großen Teil der Cherusker auf die Seite des Marbod, weil er sich seinem jugendlichen Neffen auch jetzt nicht unterordnen wollte.

Der Ort der nun beginnenden Schlacht im Jahre 17 ist unbekannt. Die Führer hielten vor dem Kampf, der Sitte entsprechend, aufmunternde Ansprachen an ihr Heer. Beide waren hervorragende Germanenfürsten, eigentlich wie geschaffen, das Germanische Reich gemeinsam zu errichten, aber Marbod fühlte sich an Rom gebunden. Die Schlacht wurde mit disziplinierten, sozusagen „modernen" Methoden geführt und stand lange unentschieden. Doch vor Beendigung des Kampfes zog sich Marbod zurück. Daraufhin fielen mehr und mehr verbündete Stämme von ihm ab, so daß ihm nur noch das Gebiet seines Stammes im heutigen Böhmen verblieb.

Trotz Marbods Treue zu Rom beabsichtigte nun Tiberius, das restliche Markomannenreich zu erobern: Ein Goten-Fürst, *Catualda* mit Namen, den Marbod Jahre vorher vertrieben und dessen Land er in Besitz genommen hatte, wurde von den Römern mit einem gutausgerüsteten Heer in den Kampf geschickt. Nach totaler Niederlage im Jahre 19 und von allen Freunden verlassen, bat Marbod bei Tiberius um Asyl. Es wurde ihm in Ravenna gewährt, wo er im Jahre 41 n. Chr. starb.

Arminius versuchte seine Pläne nach der Niederlage Marbods voranzutreiben. Aber die germanischen Stämme verstanden ihn nicht, und seine schlimmsten Feinde befanden sich in der eigenen Verwandtschaft, die seine kühne Überlegenheit nicht anerkennen wollte. Eine Familienverschwörung unter Anführung des Oheims *Inguiomer* führte schließlich um das Jahr 21 zu Arminius' Ermordung.

Die Bedeutung der Person des Arminius und seiner Kämpfe gegen die Römer war für die weitere Entwicklung Europas entscheidend. Die Romanisierung Germaniens, ähnlich der Galliens, war verhindert worden. Statt dessen wuchs Europa in ein Zeitalter hinein, in dem langsam unter gewaltigen Anstrengungen das Germanentum und schließlich ein Deutsches Reich lange Zeit den Ton angeben sollte.

Das großartige Denkmal des Arminius mit dem erhobenen zum Kampf auffordernden Schwerte, welches Ernst von Bandel (1800 bis 1876) im Teutoburger Wald bei

Detmold zwischen 1836 und 1875 errichtete, ist seit über 100 Jahren zu einem Wallfahrtsort der Deutschen und vieler Ausländer geworden.

Die Kämpfe zwischen Germanen und Römern nach Arminius' Tod bis zum Ende des Römischen Reiches 22 n. Chr.–476

Die Römer hatten es – auch links des Rheins – schwer, ihre Herrschaft über die germanischen Stämme am Rheindelta aufrechtzuerhalten. Kleinere Angriffe gingen hin und her, von stabilen Verhältnissen konnte nicht gesprochen werden.

Der Friesenaufstand 28 n. Chr.: Die Friesen an der Nordseeküste hatten schon seit Kaiser Augustus' Zeiten mit den Römern einen Neutralitätsvertrag, weshalb sie sich an der Erhebung des Arminius auch nicht beteiligt hatten. Diese Treue wurde von den Römern schlecht gelohnt, denn sie beuteten die Friesen schamlos aus. Sogar Frauen und Kinder verschleppten sie als Sklaven. Deshalb kam es im Jahre 28 n. Chr. zu dem blutigen Friesenaufstand. Nur mit schwersten Verlusten konnten die Römer die Erhebung niederschlagen. Wie *Tacitus* berichtete, hatten seitdem die Römer an den Friesen keine Freude und Freunde mehr.

Der Bataveraufstand 69 n. Chr.: Mit den germanischen Batavern, die im Rheindelta wohnten, hatten die Römer ebenfalls einen Bündnisvertrag, der recht und schlecht seit 80 Jahren bestand. Die Bataver waren zwar zu keinen Abgaben verpflichtet, doch mußten sie Krieger und Waffen stellen. Die *batavische Reiterei* war berühmt und gefürchtet, den Römern somit von großem Nutzen. Wieder ist es Tacitus, der von dem großen Bataveraufstand des Jahres 69 n. Chr. berichtet:

Unter Ausnutzung einer der vielen Staatskrisen in Rom, diesmal zur Zeit nach Kaiser *Neros* Tod 68 n. Chr., während der Regierung seines Nachfolgers *Vespasian* (gest. 79), rief der Bataver-Fürst Julius *Civilis* (sein germanischer Name ist leider nicht überliefert) mit zündenden Reden zum Abfall von der römischen Sklaverei auf. Der Aufstand griff rasch um sich, Friesen, Brukterer, Ubier, Treverer und die Stämme im Süden beidseits des Oberrheines schlossen sich an. Bald waren in schnellen Überfällen fast sämtliche Römerkastelle am Rhein und im umliegenden Gebiet, vor allem das wichtige *Trier*, im Handstreich genommen. Die Einnahme von *Mainz* und des Kastells *Windisch*, beim heutigen Schweizer Brugg an der Aare, gelang nicht. Teile der römischen Flotte im Rhein und in den Nordseehäfen gingen verloren, weil die Germanen in den gemischten Schiffsbesatzungen die Römer überwältigten. Nun begannen auch die Gallier aufsässig zu werden, und Rom geriet in größere Gefahr und Angst. In fieberhafter Eile wurden aus allen Teilen des Weltreiches Legionen herangeholt. Zu ihrem Glück hatten sie auch den geeigneten Feldherrn als Retter in der Not: Petilius *Ceralis*. Die Germanen waren nicht in der Lage, in kurzer Zeit ihre schnellen Erfolge abzusichern. Von Westen und Süden anrückend, eroberte Ceralis die Kastelle eines nach dem anderen zurück. Dem Bataver Civilis gelang es auch nicht, das strategisch entscheidende Trier zu halten, und so gingen auch Köln und Xanten wieder verloren. Noch ehe es aber zur letzten

Entscheidungsschlacht kam, verhandelten Ceralis und Civilis, denn ihre Heere waren total erschöpft. Der Friede wurde wiederhergestellt und sogar von beiden Seiten eingehalten.

Der Limes 84 n. Chr.–260: Den günstigen Augenblick ausnutzend, versuchten die Römer nun doch noch rechtsrheinische Gebiete Germaniens zu erobern. Zwischen Oberrhein, Untermain und oberer Donau gelang es dem Kaiser *Domitian* (gest. 96 n. Chr.) im Jahre 83 n. Chr. sich festzusetzen. Die neue Provinz (das *Dekumatenland*) wurde ab 84 durch den sogenannten Limes, einem Grenzwall zwischen Koblenz und Regensburg, abgesichert. Die Kaiser *Trajan* (gest. 117) und *Hadrian* (gest. 138) bauten ihn bis zum Jahre 135 großzügig aus.

Der Limes bestand aus einem durchlaufenden Graben mit von Palisaden bewehrtem Erdwall. 1000 Wachttürme – alle 500 m einer – und 100 Kastelle für die römische Besatzung, je eines etwa alle 5 km –, verteilten sich auf das 550 km lange Befestigungswerk.

Aber schon ab 150 griffen die Chatten an, und im *Markomannenkrieg* (166–170) durchbrachen die Germanen den östlichen Teil des Limes und drangen vorübergehend bis zur Adria im Römischen Reich ein. Kaiser *Marc Aurel* (gest. 180) konnte noch einmal die Lage wiederherstellen. Ab 212 bestürmten die *Alemannen* den westlichen Limes immer wieder in Abständen von mehreren Jahren. Die Verteidiger kamen oft in starke Bedrängnis und konnten sich nur durch herangeführte Verstärkungen behaupten. Es war ein dauernder Aderlaß für die Römer. 260 jedoch erlagen sie einem großangelegten alemannischen Angriff, der an mehreren Stellen zugleich erfolgte. Der Limes wurde überrannt und die Römer aus dem gesamten Dekumatenland endgültig vertrieben.

Teilung des Römischen Reiches in Westrom und Ostrom 395 – Ende Westroms 476

Innere schwere Nachfolgekämpfe in Rom, neue ständige Anstürme der Germanen im Norden und der *Parther* (persische Reiterstämme) im Osten sowie Religionskämpfe zwischen Götterglauben und Christentum erschütterten das Römische Reich mehr und mehr. Kaiser *Konstantin der Große* (gest. 337) verlegte 330 die Residenz von Rom nach Byzanz und anerkannte gleichzeitig das Christentum als neue Staatsreligion. Die Stadt Byzanz hieß seitdem *Konstantinopel.* Vor seinem Tode nahm er noch selbst den neuen Glauben an. In den Jahren 364–378 unter den Kaisern *Valentin I.* (gest. 375) und *Valens* (gest. 378) drangen Ostgermanen in das Reich ein. Somit war die Einheit nicht mehr zu halten, und mit Kaiser *Theodosius I.* Tod 395 zerbrach das Römische Reich endgültig in Westrom und Ostrom.

Das Weströmische Kaiserreich löste sich nun langsam auf, indem Spanien, Gallien, Britannien und Africa abfielen. Im Jahre 404 wurde anstelle von *Rom* die Stadt *Ravenna* zum Regierungssitz gemacht. Rom wurde die Stadt der Päpste. In Ravenna regierten noch jahrzehntelang weströmische Kaiser, doch waren sie bedeutungslos, lebten nur der Intrige und Korruption und waren vielfach von germanischen Reichsverwesern abhängig. Mit dem letzten Kaiser *Romulus Augustus* (gest. 476) erlosch das Weströmische Kaiserreich endgültig. Anstelle von Romulus wurde der germanische Feldherr *Odoaker* (433–493) aus dem Stamme der *Skiren*, einem Teilstamm der Goten, von den germanischen Söldnern – bisher in römischen Diensten – zum römischen König ausgerufen.

Das Byzantinische Kaiserreich 395–1454

Ostrom oder das Byzantinische Kaiserreich erlebte eine völlig eigene Entwicklung. Es besaß hohe Bedeutung in der Geschichte Europas und Kleinasiens. Die deutsche Geschichte hatte zu ihm später viele Berührungspunkte. Deshalb ist es zweckmäßig, hier einiges über Ostrom zu sagen:

Die alte Handelsstadt *Byzanz* am Bosporus, seit 330 Konstantinopel genannt, war seit 395 Hauptstadt des Byzantinischen Kaiserreiches. Das Reich umfaßte den Balkan südlich der Donau, *Illyrien*, Griechenland, den westlichen Teil der heutigen Türkei, Palästina und Ägypten. Später veränderten Neuerwerbungen oder Abtretungen die Grenzen dauernd. Das Reich, ein Völkergemisch, wurde von einer um den Kaiser organisierten Minderheit beherrscht, die in der Hauptsache aus griechischen Adeligen und Bischöfen bestand. Diese stellten das Beamtentum in Konstantinopel und in den Provinzhauptstädten. Die griechische Sprache war die Verkehrssprache im ganzen Reich, die Staatsreligion das morgenländische Christentum, auch griechisch-orthodox genannt. Der Vielvölkerstaat wurde durch die morgenländische Kirche kulturell zusammengehalten, obwohl innerhalb dieser Kirche viele Spaltungen und Richtungskämpfe stattfanden.

Die Anerkennung des Papsttums in Rom durch Konstantinopel war lange Zeit umstritten, bis 1054 die endgültige Trennung zwischen der morgenländischen und der katholischen Kirche vollzogen wurde.

Die Jahrhunderte der Völkerwanderung, die in die Anfangszeit des Reichs fielen, belasteten Byzanz empfindlich. Mehrmals geriet das Kaiserreich in schwerste Gefahr, aber es gelang immer wieder, die verschiedenen germanischen und asiatischen Angreifer gegeneinander auszuspielen. Durch Verträge, die nach Bedarf geschlossen und gebrochen wurden, das Stellen und Nehmen von Geiseln sowie eigene kriegerische Angriffe glückte es meistens, die Gefahren an der Nordgrenze des Reiches vorbeiziehen zu lassen.

Entstehung und Entwicklung der germanischen Großstämme vor und nach der Völkerwanderungszeit 100 n. Chr.–um 700

Die Urheimat der Germanen war – wie berichtet – seit der Jungsteinzeit um 2000 v. Chr. das südliche Skandinavien, das heutige Dänemark, Schleswig, Holstein und Teile von Niedersachsen. Von da aus erfolgte die Ausbreitung nach Norden bis zum Nordkap im heutigen Norwegen, nach Osten (von Schweden über die Ostsee und auch vom westlichen Festland aus) bis über die untere und obere Weichsel bzw. bis zur Warthe. Im Südosten war die Grenze die Donau, im Südwesten – über den Oberrhein hinweg – das Alpenvorland. Im Westen war der Rhein vom Knie bei Basilea bis an den Niederrhein um 100–200 km überschritten.

Dieses große mitteleuropäische Gebiet hatten sich die Germanen etwa bis zur Zeitenwende als zusammenhängenden Siedlungsraum geschaffen.

Seit 100 n. Chr. etwa bildeten sich aus einer großen Zahl kleiner Stämme wenige Haupt- oder Großstämme, sei es durch freiwilligen Zusammenschluß oder durch kriegerischen Zwang. Weil die Germanen noch keine eigene Schrift besaßen, ist über diesen Vorgang fast nichts bekannt. Zweifellos waren aber tatkräftige Männer am Werk. Berühmte Namen wie Teutonen, Kimbern, Cherusker, Brukterer, Chatten, Bataver und viele andere verschwanden, statt dessen tauchten wenige, aber neue Stammesnamen auf.

Drei Hauptgruppen benannte man nach ihren Wohngebieten: Nordgermanen, Ostgermanen und Westgermanen.

Die Nordgermanen

Ihre gemeinsame Bezeichnung war *Normannen* und als Seefahrer *Wikinger*.

Die Großstämme im heutigen Schweden hießen *Gauten* im Süden, *Waräger* im Mittelland, *Sveden* im Norden.

In Norwegen bildete sich der Großstamm der *Norweger*.

Die *Dänen* entstanden aus *Jüten, Angeln* und *Sachsen*.

Die Gauten, Waräger, Sveden

Teilstämme der Gauten waren schon lange vor der Zeitenwende über die Ostsee an die untere *Weichsel* gekommen, wo das bedeutende ostgermanische Volk der Goten entstand. Die im Süden von Skandinavien, in der Provinz *Götland* und auf der Insel *Gotland*, verbliebenen Gauten wuchsen langsam mit den Warägern und Sveden zum Volk der *Schweden* zusammen.

Im 9. Jahrhundert überquerten erneut schwedische Normannen die Ostsee und zogen zum Quellgebiet der *Wolga* und an die *Düna*, wo ihr König Rurik im Jahre 862 zum Fürsten von *Nowgorod* (= Holmgard) an der Nordspitze des *Ilmensees* ernannt wurde. Seine Nachkommen eroberten *Kiew* und unterwarfen bis 900 die meisten slawischen Stämme. Um 1000 nahmen sie das griechisch-morgenländische Christentum an. Der Waräger Rurik war somit zum Gründer des späteren Russischen Reiches geworden. Sein Geschlecht herrschte lange Zeit als Fürsten und Zaren und erlosch 1598 mit Zar Fedor I.

In Schweden setzte sich das Christentum erst nach hartem Widerstand Anfang des 11. Jahrhunderts durch. Zur gleichen Zeit wurde *Finnland* erobert. Die schwedische Herrschaft dauerte dort zwar Jahrhunderte (bis 1808), auch den christlichen Glauben nahmen die Finnen bald an, aber ihre Sprache und viele kulturelle Eigenschaften konnten sie sich erhalten. Die Finnen sind ein Mischvolk, entstanden aus *ostbaltischen* und nordischen (Cro-Magnon) Rassen.

Die Norweger

Die norwegischen Normannen gründeten um 900 erstmals ein starkes Königreich unter Harald *Harfagr*. Das veranlaßte mehrere bisher selbständige kleine Stämme, das Land zu verlassen, wobei ein Teil als Wikinger nach *Island* segelte. Diese Insel war schon um 700 von keltischen, bereits christlichen *Iren* entdeckt und besiedelt worden. Nach langen Kämpfen wurden die Kelten von den Wikingern besiegt, doch nahmen die Eroberer das Christentum an. Erst 100 Jahre später führte auch im Mutterland Norwegen König *Olaf der Heilige* (um 995–1028) mit strenger Gewalt das Christentum ein.

Die nordisch-germanische Kultur kam in Island zur höchsten Blüte. Die Dichter dort nannten sich die *Skalden* und bedienten sich des *Stabreimes*, einer Reimform, die auch in Südgermanien selbstverständlich war, bis der Endreim sie im 9. Jh. verdrängte. Der Stabreim ist die Bestlösung für Sprachen mit der Betonung auf der ersten Silbe. Er „reimt" am Zeilenbeginn und wiederholt möglichst viele gleiche Konsonanten auf engem Raum. Ein Beispiel: In *l*ieblichem *L*ichte *l*euchtet das *L*and. Die berühmteste Skalden-Dichtung des Snorri *Sturluson* (1149–1241) war die *Edda*, wie schon erwähnt, eine Sammlung germanischer Götter- und Heldensagen. Die isländischen Bischöfe förderten diese Dichtungen, waren also wesentlich duldsamer als ihre Kollegen im Frankenreich, die solch „heidnisches Teufelswerk" bekämpften.

Die *Wikinger* waren oft gefährliche Seeräuber, andererseits kühne Seefahrer. Um 985 entdeckte *Erik der Rote* von Island aus die *Färöer-Inseln* wie auch *Grönland*, welches seit vorgeschichtlicher Zeit von Eskimos dünn bewohnt war. Eine Anzahl Wikinger blieb zurück und siedelte als Fischer an den Küsten, denn das Innere war (und ist) unbewohnbar, weil eine bis zu 3000 m dicke Eisfläche das Land bedeckte. Die heutigen Grönländer sind ein Mischvolk aus Eskimos, Normannen und Dänen.

Auch Nordamerika wurde um das Jahr 1000 von dem Wikinger *Leif Erikson*, dem Sohn Eriks des Roten, entdeckt, doch nicht genutzt, weshalb es fast wieder in Vergessenheit geriet. Es handelte sich um *Neufundland*. Den südlich anschließenden fruchtbaren Küstenstreifen (nahe der heutigen USA-Stadt Boston) nannten die Wikinger *„Vinland"* = Weinland.

Schon um 800, also zur Zeit Karls des Großen, suchten norwegische und dänische Wikinger als Seeräuber die Nordseehäfen des Festlandes heim, fuhren die Flüsse hinauf, raubten, was sich fand, und töteten, was sich wehrte. So kamen sie auch in die *Seine-Mündung*. Das milde Klima und das fruchtbare Land gefiel ihnen so gut, daß sie blieben und ihre und andere Angehörige aus der Heimat nachholten. Trotz harter Abwehrkämpfe setzte der Normannenführer *Rollo* (gest. 933) es durch, daß das Land um die Seine-Mündung 911 von den Westkarolingern als Herzogtum *Normandie* anerkannt wurde. Es unterstand der französischen Krone und nahm das Christentum sowie die französische Sprache und Kultur an. Die Normannen romanisierten sich schnell und schufen eine starke Staatsgewalt in und außerhalb ihres Herzogtums. Diese französisierten Normannen eroberten ab 1066 die angelsächsische Insel und segelten ins Mittelmeer, wo sie 1085 das *Normannenreich* in Unteritalien und Sizilien gründeten. An den ersten Kreuzzügen nach Palästina nahmen sie führend teil.

Die Dänen

Die Reste der Kimbern und Teutonen, die in ihrer alten Heimat nördlich der Flensburger Förde geblieben waren, vermischten sich mit dem vom Niederrhein zugewanderten germanischen Stamm der *Euten* (Stadt Eutin in Holstein) und nannten sich dann Jüten. Ihr Wohngebiet war die Halbinsel Jütland. Südlich anschließend lebten die westgermanischen *Angeln*, wonach man die „Landschaft Angeln" zwischen Schlei und Flensburger Förde benannte.

Angeln und benachbarte Sachsen *(Angelsachsen)* eroberten etwa ab 350 die keltisch-*britannische* Insel. Nach etwa 100 Jahren beherrschten sie ein Gebiet, welches nun *England* (nach Angeln) hieß, also die britische Hauptinsel ohne *Wales* und *Schottland*. Der *Hadrianswall*, den der römische Kaiser Hadrian 122 n. Chr. (übrigens gleichzeitig mit dem *Limes* in Germanien) zwischen Britanniern und Schotten errichtete, war auch jetzt noch die Nordgrenze. Durch irische Mönche erfolgte die Christianisierung Englands im 6. Jahrhundert.

Um 800 entstand das 1. dänische Königreich unter *Godfred* (gest. 810). Es umfaßte Jütland, die dänischen Inseln und die südschwedische Provinz *Schonen*, ferner Teile des von Angeln und Sachsen bewohnten späteren *Schleswig*. Godfred erbaute den Grenzwall *Danewerk* in Schleswig zum Schutz gegen das Frankenreich Karls des Großen.

Etwa ab 860 segelten dänische Wikinger nach England, wo sie sich mit den Angelsachsen in schwere Kämpfe verwickelten. König *Alfred der Große* (849–901) besiegte und vertrieb schließlich die Dänen und führte anschließend sein Land zu bedeutendem Kulturstand.

Doch 150 Jahre später gelang dem Dänenkönig *Knut dem Großen* (995–1035) die Eroberung Englands, womit er König von Dänemark, Norwegen und England wurde.

Es sei hier noch eine interessante Begebenheit erwähnt, weil diese bis in unsere Tage Folgen hatte: Kaiser *Konrad II.*, der erste Salier-Kaiser im Deutschen Reich, trat an König Knut 1027 die Mark Schleswig zwischen Schlei und Eider ab, also etwa das heutige Land Südschleswig.

Doch bald nach Knuts Tod löste sich sein Reich auf. Norwegen fiel ab, ebenfalls England, wo angelsächsische Könige wieder die Herrschaft übernahmen.

Die noch unsicheren Verhältnisse in England nutzte der Normannenherzog Wilhelm von der französischen *Normandie* aus. Er segelte mit einem Heer über den Kanal und besiegte 1066 in der Schlacht von *Hastings* den König *Harold II.*

Wilhelm der Eroberer, wie er nun hieß, organisierte England nach der festen Ordnung der Normandie. Die Länder beiderseits des *Ärmelkanals* bildeten nun jahrhundertelang eine politische Einheit mit starkem Machtausdehnungsdrang auf dem Festland.

Bevölkerungsmäßig war in England folgendes geschehen: Die ursprünglich keltisch-britischen Einwohner waren von westgermanischen Angelsachsen vertrieben bzw. germanisiert worden. Dazu kamen nordgermanische Dänen. Nordgermanisch-norwegische Normannen, französisiert in der Normandie, vermischten sich mit dieser englischen Bevölkerung. Die daraus entstandenen Engländer entwickelten bis in unsere Tage eine vorwiegend germanische Kultur und Sprache mit allerdings spürbar romanischem Einschlag.

Die Ostgermanen und die Völkerwanderung ab 375

Die Trennlinie zwischen Ost- und Westgermanen verlief etwa entlang den Flüssen *Havel, Spree* und *Oder*. Nur die Langobarden lebten weiter westlich.

Die ostgermanischen Großstämme waren:
Goten beiderseits der Weichselmündung (später Ostro- und Wisigoten),
Gepiden und Rugier beiderseits der Oder-Mündung,
Langobarden zwischen Elbe und *Aller*,
Wandalen südlich der Goten zwischen Weichsel und Warthe,
Burgunder zwischen Warthe und Oder.

Die Goten

Wie berichtet, waren bis etwa 500 vor der Zeitenwende skandinavische Gauten-Stämme über die *Ostsee* gerudert und hatten sich beiderseits der Weichsel-Mündung angesiedelt. In den Jahren vor 200 n. Chr. begann sich im Gebiet der östlichen Ostsee das *Klima zu verändern*. Die Ernten wurden schlechter, von zweckmäßiger *Bodennutzung* hatte man keine Kenntnisse, und die Ernährung war nicht mehr gesichert. So begannen gotische Volksteile weiter südostwärts zu ziehen. Sie fanden geeignetes, von Slawen nur dünn besiedeltes Land und gründeten zwei mächtige Reiche.

Die Ostgoten oder Ostrogoten beherrschten das Gebiet vom nördlichen Schwarzmeerufer bis zur Ostsee, und die Verbindung zur alten Heimat bestand nach wie vor. Das Ostgotenreich erlebte unter seinem König *Ermanarich* um 375 den Höhepunkt seiner Macht.

Die Westgoten oder Wisigoten waren bis zur Mündung der Donau gezogen, wo sie sich ein neues Herrschaftsgebiet nördlich des großen *Donaubogens* im heutigen Südrumänien errichtet hatten. Ihr südlicher Nachbar war Ostrom, welches im Begriff stand, sich vom gesamtrömischen Reich zu trennen.

Etwa um 350 nahmen die Goten das *Christentum arianischen Bekenntnisses* an. *Arius von Alexandria* (gest. 336) lehrte, daß Christus ein Geschöpf gewesen sei, welches von Gott aus dem Nichts geschaffen wurde. Nach sittlicher Bewährung habe ihm Gott die Würde seines Sohnes verliehen. Der Arianismus hielt sich ab 300 fast 400 Jahre lang vor allem unter den Ostgermanen trotz mehrmaliger Verdammung durch Kirchenversammlungen.

Kulturell war die Oberschicht der Goten der griechischen und römischen ebenbürtig geworden. Das Kunst- und Schmuckhandwerk stand in höchster Blüte, und die germanischen Waffenschmiede waren berühmt. Auch war erstmals eine germanisch-*gotische Schrift* entstanden. Der Bischof *Wulfila* (311–383) (Ulfilas) in Konstantinopel, arianischer Missionar, nahm die *Bibelübersetzung* aus dem Griechischen *ins Gotische* vor. Dieses Werk ist das *älteste germanische Schriftzeugnis*, dessen Abschrift in Bruchstücken in *Wolfenbüttel* bei Hannover und im *„Codex argenteus"* in der schwedischen Universitätsbibliothek von *Uppsala* erhalten ist.

Der Hunnensturm: Im Jahre 375 stürmte ein ursprünglich aus den Steppen der Mongolei kommendes Reitervolk – die *Hunnen* – mit unwiderstehlicher Gewalt gegen das Reich der Ostgoten und besiegte König Ermanarich. Die Ostgoten gerieten z. T. in hunnische Hand, der andere Teil zog nach Westen ab, und die Hunnen setzten sich vorerst im eroberten Land fest. Dies gilt als Beginn der folgenschweren *Völkerwanderung.*

Die Westgoten

Bald danach drängten die Hunnen weiter nach Südwesten, und die Westgoten wichen nach Süden in das oströmische Kaiserreich aus. Im Jahre 378 kam es bei *Adrianopel,* dem heutigen Edirne in der europäischen Türkei, zu einer gewaltigen Schlacht zwischen Westgoten und Ostrom, dessen Kaiser *Valens* dabei fiel. Mit diesem Sieg eroberten die Westgoten neues Siedlungs- und Herrschaftsland in *Mösien,* also südlich der Donau im heutigen Bulgarien. Unter dem ersten byzantinischen Kaiser *Theodosius I.* (gest. 395) erzwangen die Westgoten durch ein Bündnis die byzantinische Reichsangehörigkeit.

Der Nachfolger des Theodosius brach das Bündnis und bekämpfte die Westgoten unter dem Vorwand, deren arianischen Christenglauben nicht dulden zu können.

Daraufhin zogen die Westgoten unter ihrem jungen König *Alarich I.* (um 370–410) aus Mösien ab, drangen in Griechenland ein und eroberten Athen, wo sie reichlich Tribute eintrieben. Alarich marschierte nun nach Norden durch Illyrien ins Weströmische Reich. In Oberitalien traf er 401 auf einen germanischen Feldherrn, den Wandalen *Stilicho* (um 365–408), und wurde an der*Etsch* von diesem schwer geschlagen. *Stilicho* war *Reichsverweser* für den unmündigen weströmischen Kaiser *Honorius* in Ravenna und später auch dessen Schwiegervater. Alarich I. geriet in schwere Bedrängnis und mußte sich in die Alpen, ins heutige Kärnten, zurückziehen. Das Land gefiel den Goten so gut, daß sie dort gern für immer geblieben wären. Aber Westrom ließ sich auf dieses Ansinnen nicht ein. Auf Betreiben Stilichos war 404 Ravenna zur Reichshauptstadt anstelle von Rom geworden. Ravenna, umgeben von Sümpfen und am Meer gelegen, schien geschützter als Rom.

Intrigen am Hof von Ravenna führten 408 zur Hinrichtung Stilichos, womit Alarichs einziger ernst zu nehmender Gegner ausgeschaltet war. So zogen die Westgoten, kaum daß sie Widerstand fanden, nach Italien und eroberten 410 *Rom,* welches sie zwar nicht zerstörten, aber plünderten. Wenn ein Volk gezwungen war, mit Frauen, Kindern, Vieh und sonstiger Habe zu wandern, war es alle Zeit auf Plünderungen angewiesen, um überleben zu können.

Noch im gleichen Jahr 410 starb Alarich in Süditalien im Alter von 40 Jahren. Im Flußbett des *Busento,* bewaffnet auf seinem Pferde sitzend, begruben ihn seine Goten bei *Cosenza.* (Der Dichter August von *Platen* hat um 1825 das wunderschöne Gedicht verfaßt: „Das Grab im Busento"). König Alarich I. war eine der hervorragendsten Persönlichkeiten seiner Zeit.

Die Westgoten kehrten unter ihrem neuen König *Athaulf* (gest. 415) um und zogen durch die italienische Halbinsel entlang der Westküste bis nach Südgallien. Athaulf führte des Kaiser Honorius' Schwester (Tochter Theodosius I.), *Galla Placidia* (um 390–450), als Geisel mit sich, heiratete sie aber. Doch schon zwei Jahre danach wurde er auf Betreiben des Honorius ermordet, dazu sein Sohn, den Galla Placidia geboren hatte.

419 gründete der neue König *Theoderich I.* (gest. 451) in Südgallien zwischen den Flüssen Loire und Garonne das *Tolosanische Reich* mit der Hauptstadt Tolosa (das heutige Toulouse). 450 eroberte Theoderich noch große Teile Spaniens dazu.

Inzwischen waren auch die Hunnen weiter nach Westen vorgedrungen. Ihr Machtzentrum befand sich nun im späteren Ungarn. 436 stießen sie bis über den Rhein vor und vertrieben die Burgunder, die sich seit 406 in der Gegend von Worms ein neues Königreich gegründet hatten. Als 445 der Hunnenkönig *Bleda* starb, übernahm sein Bruder *Attila* die Alleinherrschaft über das ausgedehnte Hunnenreich, welches sich von Südrußland am Schwarzen Meer bis an die Ostgrenzen Galliens ausdehnte. Attila plante, ganz Europa zu unterwerfen. So drang er 448 ins Byzantinische Reich ein und zwang Kaiser *Theodosius II.* (gest. 450) in Konstantinopel zu jährlichen Tributzahlungen.

Die Schlacht auf den Katalaunischen Feldern 451: Attilas nächstes Ziel war die Eroberung Galliens. Er stieß bis zur Stadt Troyes (südöstlich Paris) vor, wo sich ihm die Westgoten unter Theoderich I. im Bunde mit dem weströmischen Feldherrn *Aëtius* (um 390–454) mit einem Heer entgegenstellten. 451 kam es zur großen, opferreichen *Hunnenschlacht* auf den Katalaunischen Feldern, in der Attila gänzlich besiegt wurde. Aber König Theoderich fiel im Kampfe.

Die Stärke der Westgoten war durch diesen Sieg beträchtlich angewachsen, weshalb sie begannen, nun auch fast ganz *Spanien* zu erobern. Die Nordwestecke, die Provinz *Galicien,* fanden sie jedoch bereits von Germanen besetzt.

411 hatten nämlich auch die letzten Sweben ihre Urheimat im Havel-Spree-Gebiet unter dem Druck der allgemeinen Völkerwanderung verlassen und waren direkt nach Galicien gezogen. Sie beherrschten das Land 170 Jahre lang, bis sie 582 von den Westgoten unterworfen wurden.

Die Macht der Hunnen war nach der großen Schlacht in Gallien nun ein für allemal gebrochen, und Attila war mit dem Rest seiner Scharen nach Ungarn zurückgeflohen. 453 starb er. (Attila war der König *Etzel* in der germanischen Nibelungensage.) Das Hunnenreich zerfiel nun schnell, und die Hunnen wurden hinfort nur noch zu mehr oder weniger beliebten Söldnern in vieler Herren Ländern.

Die Westgoten wurden 507 von dem merowingischen Frankenkönig *Chlodwig I.* in der Schlacht bei *Poitiers* (südwestlich Orleans) geschlagen und damit zur Räumung Galliens gezwungen. König *Alarich II.* verlor in der Schlacht mit 23 Jahren sein Leben.

Den Westgoten verblieb nun noch ihr spanischer Besitz mit der Hauptstadt *Toledo.* Etwa um 600 wechselten sie vom arianischen zum katholischen Christentum über, um mit der einheimischen Bevölkerung auf religiösem Gebiet gleiche Verhältnisse zu schaffen.

Der Islam setzte sich in Spanien fest 711: Im Jahre 711 fielen über die Meerenge von Gibraltar die islamischen/arabischen Mauren in Spanien ein. Zwischen dem Feldherrn *Tarik* und dem letzten König der Westgoten, *Roderich,* kam es bei *Jerez de la Frontera* (Südspanien) zum erbitterten Endkampf. Der König fiel, und die Mauren siegten; die Dichter Emanuel *Geibel* und Felix Dahn haben in ergreifenden Schauspielen dieses Ereignisses gedacht.

Die Westgoten gingen nun allmählich in der einheimischen Bevölkerung auf, doch eine beträchtliche Anzahl von Burgen, Stadtmauern, Brücken und Straßen legen noch heute Zeugnis von ihrer 260 Jahre dauernden Herrschaft in Spanien ab.

Die Ostgoten

Die Ostgoten, die 375 von den Hunnen besiegt und vertrieben wurden, wobei ihr König Ermanarich ums Leben kam, gelangten erst wieder zu einer gewissen Handlungsfreiheit nach des Hunnenkönigs Attila Tod 453 und der dann schnellen Auflösung des Hunnenreiches. Unter vorerst byzantinischem Oberbefehl ließen sie sich ab 454 zwischen Donau und Drau nieder, also in der einst weströmischen Provinz *Pannonia* (Westungarn). Ihr König *Theoderich*, später *der Große* genannt (450–526), bekämpfte nun mit byzantinischer Unterstützung ab 488 den germanischen Usurpator König *Odoaker* (433–493) in Italien. Dieser hatte, wie bereits berichtet, den letzten weströmischen Kaiser, das Kind Romulus Augustus, in Ravenna 476 abgesetzt. Theoderich besiegte Odoaker 490, der sich jedoch nach Ravenna zurückziehen konnte. Nach dreijähriger Belagerung und der Friedenszusicherung Theoderichs gab er den Widerstand 493 auf. Beim darauffolgenden Versöhnungsmahl ermordete Theoderich mit eigener Hand den Rivalen Odoaker. Auch dessen Sohn und viele Gefolgsleute wurden dabei umgebracht.

Es folgten harte Kämpfe gegen eigene gotische Widersacher sowie andere germanische Stämme, aus denen Theoderich siegreich hervorging. Er beherrschte schließlich ein mächtiges Reich, welches außer Italien mit Sizilien auch Pannonia (Ungarn) sowie Dalmatien, das gesamte Alpenland und seit 510 auch die gallische Provence umfaßte. Hauptstadt war *Ravenna*.

Die Ostgoten bildeten im Reiche den Krieger- und Beamtenstand. Sie waren christlich-arianisch im Gegensatz zur römisch-katholischen Bevölkerung. Trotzdem regierte Theoderich glückhaft. Ein einflußreiches Papsttum bestand noch nicht. Der König versuchte erstmals, Germanentum, Römertum und Christentum zu einer kulturpolitischen Einheit zu verschmelzen. Schon lange hatte germanische Lebensart den römischen Kulturkreis beeinflußt, so wie es zuvor in umgekehrter Richtung der Fall gewesen war. Seine militärischen Erfolge sowie die mustergültige Organisation des Reiches brachten dem König den Namen Theoderich der Große ein.

Als *Geisel* aus fürstlichem Geschlecht hatte er in Konstantinopel eine vorzügliche Erziehung und Ausbildung genossen. Mit 21 Jahren bereits König geworden, verbündet mit Byzanz, errichtete er das Reich bis zu seinem 43. Lebensjahr. Ihm blieben noch 33 Regierungsjahre, ehe er 526 im hohen Alter von 76 Jahren starb.

Das prächtige *Grabmal Theoderichs des Großen* in Ravenna läßt ahnen, wie hoch ihn schon seine Zeitgenossen verehrt haben. Es ist ein Rundbau von etwa 14 m Durchmesser und 18 m Höhe mit einer flachen Kuppel, die aus einem einzigen Stein *(Monolith)* besteht. Der Mosaikfußboden ist ein berühmtes Kunstwerk. Fast 1300 Jahre später wurde dieser auf Befehl Napoleons I. herausgebrochen und als Kriegsbeute nach Paris gebracht.

Über das weitere Schicksal des Ostgotenreiches berichtete der zeitgenössische byzantinische Geschichtsschreiber *Prokop* (geb. um 490): *Amalaswintha*, die Tochter Theoderichs, war Regentin, bis sie 534 bei einer Verschwörung umgebracht wurde. Diese Gelegenheit benutzte der byzantinische Kaiser *Justinian I.* (483–565), beraten von seiner hochintelligenten, ehrgeizigen Gemahlin *Theodora* (gest. 548), die mit den Goten bestehenden Verträge zu brechen und in Sizilien und Süditalien einzufallen. Sein Feldherr *Belisar* (um 500–565), der in Tunesien 534 den letzten Wandalenkönig

Gelimer besiegt hatte, verdrängte die Goten bis Neapel, wo König Theodabad 536 kapitulieren wollte. Aber die Goten erschlugen ihn. Der neue König *Wittigis* (gest. um 540) rief nun den Frankenkönig *Chlotar I.* gegen Abtretung der gallischen *Provence* zu Hilfe. Die Franken vertrieben zwar den Belisar aus Ravenna, bis wohin dieser vorgedrungen war, beraubten und erschlugen aber die Goten wie Feinde. Mit reicher Beute zogen sie dann über die Alpen, um die Provence in Besitz zu nehmen.

Der Krieg in Italien ging weiter, und Belisar mußte sich nach Rom zurückziehen, wo ihn König Wittigis ein Jahr lang belagerte. Beide Heere, total erschöpft, schlossen schließlich einen Waffenstillstand. Belisar und Wittigis reisten 540 gemeinsam nach Konstantinopel zu Verhandlungen mit Kaiser Justinian. König Wittigis kam nie zurück, vermutlich hatte man ihn ermordet.

Nun hoben die Goten den *Totila* (gest. 552) auf den Schild, nachdem ein nachgiebiger Gegenkandidat *Erarich* umgebracht worden war. Totila war zwölf Jahre lang bei der Befriedung Italiens außerordentlich erfolgreich, zumal Byzanz mit einem Krieg gegen die Perser die Hände gebunden waren. Doch nach Abschluß dieser Kämpfe schickte Kaiser Justinian den Feldherrn *Narses* (gest. 573) mit einem mächtigen Heer, bestehend aus germanischen, hunnischen, persischen und griechischen Söldnern, nach Italien. Narses griff diesmal von Norden an, um die Goten nach Süden zu drängen, wo ein Ausweichen über das Meer nicht möglich war. In Mittelitalien kam es 552 bei *Gualdo Tadino* östlich des heutigen Perugia zur Schlacht, die die Goten verloren. Totila wurde durch den Speer eines auf byzantinischer Seite kämpfenden Germanen schwer verwundet, woran der König Stunden später starb.

Die Goten sammelten ihr äußerst geschwächtes Heer unter dem König *Teja* und zogen südwärts. Um sich vor Aufständen im eigenen Land zu sichern, wurden Gefangene aus früheren Kämpfen und Geiseln, die in verschiedenen Städten festgehalten wurden, nach allgemeinem Brauch getötet.

Narses ließ den Goten keine Atempause, und noch im gleichen Jahr 552 kam es am *Vesuv* zum Endkampf. Das kleine Gotenheer kämpfte gegen eine vielfache Übermacht mit dem Mut der Verzweiflung, mit einer bis auf den heutigen Tag in der Welt bewunderten Tapferkeit. Teja war ein gewaltiger Kämpfer, wie Prokop berichtet. In stundenlangem Kampf tötete er Dutzende von Feinden mit der Lanze. Wurde sein Schild von aufgefangenen feindlichen Wurfspeeren zu schwer, ließ er sich von seinem Waffenträger einen neuen reichen. Bei einem solchen Wechsel blieb seine Brust einen Augenblick lang ungedeckt, so daß ihn ein Speer ins Herz traf und auf der Stelle tötete. Obwohl die Feinde seine Leiche enthaupteten und siegestrunken den Kopf des Königs die Kampffront entlangtrugen, gaben die Goten nicht auf. Noch zwei Tage lang war ihre Schlachtlinie nicht zu durchbrechen. Am dritten Tag bot Narses – des eigenen ungeheuren Blutzolls überdrüssig – den Goten Waffenstillstand an. Während der Verhandlung erklärten sie stolz, lieber als freie Männer bis zum Ende kämpfen zu wollen als dem wortbrüchigen Kaiser zu dienen. Daraufhin gewährte ihnen Narses freien Abzug, und mit voller Bewaffnung zogen die letzten etwa 1000 Goten nach Norden ab.

Somit war durch Vertragsbruch, Mord, Bestechung und Krieg das Ostgotenreich wieder an Byzanz gekommen, doch die Ausplünderung war das einzige, was man damit anzufangen wußte.

Die Herrschaft Theoderichs hatte Italien mehr als eine Generation lang Ruhe und

Aufbau gebracht. Vorher herrschten dort seit über 200 Jahren Aufruhr, innere Machtkämpfe und Krieg gegen äußere Feinde. Der neue Wandel sollte das Land für weitere 1300 Jahre zum Spielball fremder und eigensüchtiger Interessen machen.

Die Gepiden und Rugier

Die Klimaveränderung im Ostseeraum mag sich langsam nach Westen geschoben haben, denn viele Gepiden und Rugier verließen erst um 280 n. Chr. ihre Heimat. Der Name der Insel Rügen erinnert noch an die Rugier. Schon die Durchquerung des Landes der südlich anschließenden Burgunder und dann der Wandalen erbrachte Kämpfe. Im neuen Siedlungsraum der Westgoten auf dem Balkan war es dasselbe, doch kam es zu einem Vergleich. Die Gepiden blieben im späteren Siebenbürgen und Südungarn. Doch als 375 die Hunnen anstürmten, wurde das Land 100 Jahre lang Durchzugsgebiet der Völkerwanderung. Das dezimierte die Gepiden stark, denn sie wurden immer wieder gezwungen, Krieger für und gegen alle zu stellen. 474 kam es mit Byzanz zu einem Bündnisvertrag, der ihnen ihr Gebiet bestätigte. Danach erlebten sie drei Generationen des Aufbaus, und es entwickelte sich das bedeutende Reich der Gepiden. Nordwestlich hatten sich die Langobarden niedergelassen. Im Jahre 567 erschienen im Osten die – den Hunnen verwandten, von anderen Turkstämmen verdrängten – *Awaren*. Diese verbündeten sich mit den *Langobarden* gegen die Gepiden, die in einer schweren Schlacht entscheidend besiegt wurden. Byzanz hatte den Vertrag mit den Gepiden nicht eingehalten, war nicht zu Hilfe gekommen, sondern heimliche Absprachen mit den Angreifern eingegangen.

Die Langobarden zogen nach Absprache mit Byzanz in Richtung Norden weiter, wobei sich ihnen eine Hälfte des geschlagenen Gepidenvolkes anschloß. Der Rest wanderte hilfesuchend nach Süden ins Byzantinische Reich ab. Da sie den geretteten Königsschatz mitbrachten, gab es wenigstens für einen Teil die Möglichkeit, sich freizukaufen, doch die meisten Männer landeten in byzantinischen Heeren, die Frauen in der Sklaverei. Der letzte Gepidenkönig war in der Schlacht gefallen und seine Tochter Rosamunde in awarische Gefangenschaft geraten. Sie wurde Gattin des Langobardenkönigs Alboin. Nachdem sie aus dem Totenschädel ihres Vaters hatte trinken müssen, ließ sie Alboin ermorden.

Die Langobarden

Etwa 500 Jahre vor der Zeitenwende waren sie von der Insel Gotland über die Ostsee in das Gebiet zwischen Unterelbe und Aller eingewandert. Die spätere Stadt Bardowick nördlich Lüneburg gibt Hinweis auf den Stammesnamen der Langobarden. Um 330 n. Chr. zogen Volksteile langsam südwärts. Um 490 befanden sie sich in Niederösterreich und um 500 in der ungarischen Tiefebene zwischen Theiß und Donau. 505 besiegten sie die nordgermanischen *Heruler*, welche um 250 n. Chr., direkt von Südschweden kommend, nach Nordungarn gezogen waren. So wurden die Langobarden Nachbarn der Gepiden.

Wie berichtet, besiegten sie diese 567 im Bündnis mit den Awaren. Doch Byzanz, das mit den Langobarden auch einen Vertrag abgeschlossen hatte, brach dieses Bündnis und wendete sich nunmehr den Awaren zu. Daraufhin zogen die Langobarden mit einem

Teil der geschlagenen Gepiden unter Führung des Königs *Alboin* nach Norditalien weiter. Dort gründeten sie ihr bis 773 bestehendes *langobardisches Königreich*. Nachdem sie die byzantinischen Herren Italiens vertrieben hatten, blieben sie und beherrschten 200 bewegte Jahre dieses Land.

Ursprünglich gehörten auch die Langobarden dem arianischen Christentum an wie alle ostgermanischen Stämme. Doch nach 600 wechselten sie unter dem König Agilulf zum Katholizismus über, um gleiche Verhältnisse zur Bevölkerung zu schaffen. Die Könige *Luitprand* (gest. 744) und *Aistulf* (gest. 757) eroberten Ravenna und fast ganz Italien. Von der Einnahme Roms jedoch erzwang 755 der Frankenkönig *Pippin der Kleine* die Herausgabe der Eroberungen. Der letzte Langobardenkönig *Desiderius* wurde 773 von *Karl dem Großen* besiegt, und fast ganz Italien kam unter fränkische Oberhoheit. Eine Tochter des Desiderius, Desiderata, war von 769 bis 771 Karls erste Gemahlin.

Die langobardische Sprache war bis zu dieser Zeit Verwaltungssprache. Doch langsam wurde sie bis etwa 1000 vom Romanischen abgelöst.

Die Lombardei sollte später für das im Norden entstehende Deutsche Reich von schicksalhafter Bedeutung werden.

Die Wandalen

Ihre Herkunft wird in Südnorwegen vermutet, von wo sie lange v. Chr. aufs Festland kamen. Im 1. Jahrhundert wanderten sie vom Netze-Warthe-Gebiet nach Schlesien. Ein Hauptstamm der Wandalen waren die *Silingen*, von denen sich der Name *Schlesien* ableitet.

Aber auch die Wandalen zogen weiter südwärts, und nach 170 befanden sie sich an der oberen Theiß in den Karpaten. Der Hunneneinfall 200 Jahre später zwang auch die Wandalen zu erneuter Wanderung.

In der Provinz *Rätien* (dem heutigen Südbayern und Tirol) vertrieb sie ausgerechnet ein wandalischer Stammesgenosse, der in weströmischen Diensten stehende Feldherr und Reichsverweser *Stilicho*. Nach Durchzug durch Südfrankreich drangen die Wandalen in Spanien ein, wo sie allerdings die Westgoten vorfanden und von diesen in harten Kämpfen teils aufgerieben und teils zur Zwangsansiedlung gezwungen wurden. 429 setzte König *Geiserich* (gest. 477) mit dem Rest der Wandalen nach Tanger in Afrika über und gründete ein Reich, welches die ehemalige römische Provinz Africa (Tunis und Ostalgerien) sowie die Inseln Sizilien, Sardinien, Korsika und die Balearen umfaßte. *Carthago* war die Hauptstadt. Begünstigt wurde die Staatsgründung durch die chaotischen Zustände, die in Nordafrika als Folge der Auflösung des Weströmischen Reiches entstanden waren. Dort nahm der Streit aus religiösen wie aus politischen Gründen genau wie in Italien selbst kein Ende.

Nordafrika war damals der Hauptlieferant an Getreide für Rom, weshalb König Geiserich ein wirksames Mittel gegen Byzanz in Händen hatte. Nachdem er in seinem Reich feste Ordnung hergestellt hatte, strebte er die Nachfolgemacht in Westrom an, welches zur Zeit aber gerade wieder von Byzanz beherrscht wurde. 455 segelte Geiserich nach Italien und besetzte Rom kampflos. Die Stadt wurde nicht zerstört, aber selbstverständlich geplündert, um das Heer zusammenzuhalten, denn einen geregelten Sold in Kriegszeiten kannte man noch nicht. Das Schlagwort „*Wandalismus*", welches auf die angebliche Zerstörungswut der Wandalen bei der damaligen Eroberung Roms zielte, ist erst im Jahre 1794 von einem französischen Bischof zu propagandistischen Zwecken geprägt worden.

Auch die Wandalen waren Arianer, die eingesessene Bevölkerung aber bestand aus Katholiken. Das hatte schwerste Religionskämpfe – Christen gegen Christen – zur Folge, welche den Hauptgrund zur Aushöhlung der wandalischen Herrschaft lieferten. Ferner war die Zahl der Wandalen als Oberschicht zu gering, um das große Reich mit den Inseln gegen die vielen zuwiderlaufenden inneren Interessen auf die Dauer zusammenzuhalten. Und schließlich war Byzanz der entscheidende äußere Gegner. Dennoch herrschten nach König Geiserichs Tod 477 in den folgenden 56 Jahren noch fünf Wandalenkönige.

Als in Konstantinopel Kaiser Justinian die Macht ausübte, hatten die geschwächten Wandalen ihren Meister gefunden. Der byzantinische Feldherr *Belisar* (im Bericht über die Ostgoten war von ihm und Kaiser Justinian bereits die Rede) griff im heutigen Tunesien den letzten Wandalenkönig *Gelimer* im Jahre 533 überraschend an. Der Krieg dauerte vier Monate, bis Gelimer im Gebirge ausgehungert wurde und Frieden schließen mußte. In Konstantinopel wurde er in einem Triumphzug dem Volke als eine besondere Siegestrophäe gezeigt, aber erstaunlicherweise am Leben gelassen. Man gab ihm in Kleinasien ein Gut, wo er schon im nächsten Jahre 534 starb.

100 Jahre lang bestand das Wandalenreich, eine zu kurze Zeit, um dauerhafte kulturelle Spuren zu hinterlassen.

Die Burgunder

Die Insel Bornholm war ihre Urheimat (Bornholm = Burgundaholm, Holm = Anhöhe, auch Insel). Sie kamen Jahrhunderte v. Chr. über die Ostsee aufs Festland und wurden im Gebiet zwischen Oder und Warthe seßhaft. Um 404 mußten sie unter dem Druck der Hunnen abwandern und zogen direkt nach Westen bis zum Rhein, wo sie zwischen dem heutigen Worms und Mainz ein Königreich gründeten. Aber schon 436 wurden sie von den Hunnen „eingeholt", und das kaum entstandene Königreich zerfiel nach verlorenem Kampf. Das *Nibelungenlied*, die Heldensage von Siegfried, Hagen, König Gunther, Kriemhild und dem Hunnenkönig Etzel = Attila berührt hier die geschichtlichen Ereignisse.

Der Rest des Burgundervolkes zog unter dem Druck der Hunnen nach Südwesten weiter und gründete 443 zwischen Genfer See und Rhone ein neues Königreich. Doch 534 wurde dieses von den Söhnen des Frankenkönigs Chlodwig I. (466–511) unterworfen und dem Frankenreiche eingegliedert.

Burgund (französisch auch *Arelat* genannt) spielte als deutsch-französisches Zwischenkönigreich in der späteren europäischen Geschichte eine bedeutende Rolle. Es breitete sich bis zum Jahre 1000 nach vielen Veränderungen zu einem räumlich großen Gebiet aus, welches von Basel bis Marseille reichte. 1032 wurde es durch Kaiser Konrad II. ein Teil des Hl. Röm. Reiches Deutscher Nation. Die germanisch-burgundische Sprache sprach man aber nur im nordwestlichen Teil, der sogenannten *Freigrafschaft Burgund* (französisch *Franche-Comté*). Die Hauptstadt war die spätere Freie Reichsstadt *Bisanz* (französisch *Besançon*); bis 1678 befand sie sich im Besitz der Habsburger, dann kam die Freigrafschaft endgültig an Frankreich. Bis etwa 1730 verschwand die deutsche Sprache zugunsten der französischen völlig.

Das also war das Schicksal der ostgermanischen Stämme. Trotz zähen und heldenhaften Kampfes war es ihnen nicht gelungen, auf die Dauer neues Siedlungsland zu finden. Wo sie für eine oder mehrere Generationen Fuß fassen konnten, bildeten sie zwar die überlegene Herrenschicht, doch die Feinde kamen von außen und dann mit großer Übermacht.

Die zahlenmäßige Unterlegenheit war die Ursache des schließlichen Untergangs der Ostgermanen. Doch überall in Europa haben sie ihre unauslöschlichen Spuren hinterlassen, und zwar nicht nur in vielen Bauwerken, Kunstgegenständen und anderen Kulturleistungen. Die Nachkommen der einst überlebenden Germanen, die in der Bevölkerung all dieser Länder aufgingen, fielen immer durch ihre Wesensart und äußere Erscheinung auf. Diese meist hellfarbigen und hochgewachsenen Menschen galten bis auf den heutigen Tag als zuverlässig und tüchtig.

Sehr verhängnisvoll für die Ostgermanen war das Abreißen der Verbindung zur alten Heimat gewesen. Zurückgeblieben war nur ein kleiner Teil der Bevölkerung, soweit ihn das Land wegen der Klimaänderung noch ernährte. Über 300 Jahre waren nun die Gebiete uninteressant, und als dann die Ernten durch mehr Feuchtigkeit und Sonne wieder ertragreicher wurden, war eine Rückkehr der Abgewanderten nicht mehr möglich. Sie waren aufgerieben oder Tausende von Kilometern weit entfernt. Die Slawen- und Baltenvölker dagegen wohnten in nächster Nachbarschaft. Ab 550 etwa zogen diese allmählich nach Westen, sowie die Ernährungsmöglichkeit das erlaubte. Die wenigen noch anwesenden Germanen stellten dabei kein ernstliches Hindernis dar.

Die Westgermanen

Sechs westgermanische Großstämme waren nach der Zeitenwende entstanden, deren Wohngebiete im Osten von der Unterelbe, Spree oder Oder, im Westen von einer Linie etwa 100–200 km links des Rheines begrenzt wurden.
Die Markomannen saßen ursprünglich am Main, später nannten sie sich Baiern.
Die Alemannen, erst Sweben, später Schwaben genannt, entstanden aus den Sweben an der Havel und den Semnonen zwischen Spree und Elbe, die ins spätere Südwestdeutschland zogen.
Die Franken saßen beiderseits des Niederrheins.
Die Sachsen saßen in Nordwestdeutschland.
Die Friesen, die an sich ein eigenständiges germanisches Volk bilden, bewohnten die Nordseeküste mit den Nordfriesischen Inseln, von der Elbmündung zur Unterweser und Zuidersee in den Niederlanden.

Die Thüringer wohnten zwischen Mittelelbe und Fulda und beiderseits der unteren Elbe bis zur Donau beiderseits Regensburg.

Die Markomannen

Ursprünglich besiedelten sie das Gebiet am oberen und mittleren Main, wo sie im Jahre 9 v. Chr. von dem römischen Feldherrn Drusus besiegt und verdrängt wurden. Der junge König Marbod führte seinen Stamm nach dem heutigen *Böhmen*, wo er eine keltogermanische Bevölkerung aus Resten der keltischen *Bojer* und germanischen

Teilstämmen der Sweben, Hermunduren und anderen vorfand, mit denen sich die Neuankömmlinge verbanden. Dieses Markomannenreich bestand bis in die Jahrzehnte nach 500. Dann mußte ein großer Teil der Bewohner unter dem Druck der Völkerwanderung „zurück" nach Südwest ausweichen, wo das Land *Baiern* entstand. Der Name „Böhmen" kommt von den keltischen Bojern, ebenso der Name „Baiern". Auch die vorübergehende Stammesbezeichnung *„Bajuwaren"* leitet sich daher ab. Infolge des Abzugs vieler Markomannen aus Böhmen drangen etwa ab 550 langsam slawische *Tschechen* dort ein.

Die Markomannen hatten schon lange, bevor sie das Land Böhmen aufgeben mußten, die Donau nach Süden überschritten und bis 525 die keltisch bewohnten, einst römischen Provinzen *Rätia* (östlich des Lech), Nord-*Noricum* sowie die nordwestliche Hälfte von *Pannonia* erobert und schon bis 568 sprachlich weitgehend germanisiert. Es entstand damals das Land Baiern, welches die bairisch-österreichischen Alpenländer bis zum Südtiroler Ort *Salurn* an der Etsch einschloß. Die drei genannten Provinzen waren schon nach dem Zusammenbruch Westroms abwechselnd von Ostgoten, Langobarden und anderen ostgermanischen Völkerschaften beherrscht worden.

Etwa unter dem Stammesherzog *Tassilo III.* begannen die Baiern bereits im Rahmen des Frankenreiches zur Zeit Karls des Großen 772 *Kärnten* und die *Steiermark* (Süd-Noricum) zu besetzen und zu germanisieren. Um die Stadt *Vindobona* in Pannonia (das spätere *Wien*) entstand zur gleichen Zeit die *(Bairische) Ostmark des Reiches.* Hier entwickelte sich bis etwa 840 die deutsche Sprachgrenze, entsprechend fast der heutigen österreichischen Süd- und Ostgrenze.

Die Alemannen

Zu *Ariovists* Zeiten, um 50 v. Chr., war der größte Teil der *Sweben,* die nördlich der Havel ansässig waren, ins heutige Baden-Württemberg gezogen. Der Rest der nördlichen Sweben, dazu die südlich angrenzenden *Semnonen* (zwischen Elbe und Havel), und Teilstämme der *Hermunduren* von der oberen Saale drängten vor 200 n. Chr. ebenfalls in Richtung Südwesten, vereinigten sich dort mit den bereits früher zugewanderten Sweben und bildeten den mächtigen Stamm der Alemannen. Diese nun griffen seit dem Jahre 212 den *Limes* zuerst im Gebiet von Mainz an, später an anderen Stellen. 260 überrannten sie die brüchig gewordene Grenzbefestigung endgültig, so daß die Römer die ganze rechtsrheinische Eroberung des Jahres 83 n. Chr., das sogenannte *Dekumatenland,* verloren.

Die Alemannen bevölkerten im 4. Jahrhundert auch den seit Julius Cäsar schon weitgehend germanisch gewordenen Teil Helvetiens südlich des Oberrheins stärker und germanisierten fast das ganze Gebiet der heutigen deutschsprachigen Schweiz. Die Grenze zum Gebiet der Markomannen im Osten war der *Lech.* Einer der südlichsten Orte, bis zu denen sich die deutsche Sprache zur Volkssprache entwickelte, war das heutige Dorf *Zermatt* am Matterhorn. Auch die seit Ariovist und Cäsar keltogermanische Provinz *Germania Superior,* zu der das Elsaß gehörte, germanisierten die Alemannen im 4. Jahrhundert gänzlich. Auch dort hatten sie die letzten Römer vertrieben. Um 400 reichte ihr Siedlungsgebiet vom Taunus bis zum *Gotthard* in der Schweiz und von den Vogesen bis zum Lech.

Die Franken

Dieser Großstamm war nach der Zeitenwende durch Zusammenschluß der Salier (im heutigen Flamland), der Brukterer, Sigambrer, Usinier, Ubier, Bataver und anderer Stämme am Niederrhein entstanden. Im Jahre 256 n. Chr. durchbrachen diese Franken den Limes an der Main-Mündung und fielen in Gallien ein. Auch Colonia wurde erobert. Etwa um 370 hatten die Römer auch die linksrheinische Provinz *Germania Interior* (am Niederrhein bis Bonn) endgültig aufgeben müssen. Damit war ganz Germanien von den Römern befreit.

Innerhalb Germaniens erweiterten sie ihr Siedlungsgebiet bis nach Nordbaden und in Richtung Südosten den Main entlang bis ins *Egerland*.

Die Franken sollten bald beginnen Weltgeschichte zu machen.

Die Sachsen

Zu gleicher Zeit wie die Franken war der Großstamm der Sachsen aus Chauken, Cheruskern, Angrivaren und anderen entstanden. Sie bewohnten etwa das heutige Land Niedersachsen. Auch die Angeln und Jüten gehörten teilweise dazu. Als Küstenbewohner waren sie gute Seefahrer und griffen schon im Jahre 286 Nordgallien von See her an. Auch auf die römische Inselprovinz Britannia setzten die Angelsachsen über, die sie schließlich im Jahre 449 zum großen Teil eroberten. Damit wurde die Germanisierung der keltischen Briten eingeleitet. Kämpfe zwischen Sachsen und Franken waren lang und erbittert, bis 804 die Entscheidung zugunsten der Franken ausfiel. Karl der Große war der Mann, der in über 30jährigem Kampf den Sieg über sie errang. Der germanisch-gläubige Sachsenherzog *Widukind* mußte zwar 785 der Übermacht Karls weichen und sich taufen lassen, aber der Freiheitskampf der Sachsen dauerte noch fast 20 Jahre, ehe sie aufgeben mußten und Frieden schlossen. Danach aber spielten die Sachsenkönige und Kaiser ab 919 eine entscheidende Rolle anfangs des ersten Deutschen Reiches.

Die Friesen

Sie stammten ursprünglich von der Halbinsel Jütland, hatten sich aber schon lange vor der Zeitenwende zwischen den Nordfriesischen Inseln und dem Rheindelta endgültig angesiedelt. Teilstämme der Bataver und der Chauken waren in ihnen aufgegangen. Vom *Friesen-Aufstand* gegen die Römer, ebenso vom *Bataver-Aufstand*, an dem sie beteiligt waren, wurde bereits berichtet. Die Friesen waren der kleinste der sechs westgermanischen Großstämme. Sie galten als tüchtige Seefahrer, aber auch als Schafzüchter und Wollweber. Daraus entwickelten sie einen bedeutenden Handel über See und zu Lande, wie Berichte aus den Jahren um 300 n. Chr. bezeugen. Ihre weitere Entwicklung ist eng mit Franken und Sachsen verknüpft.

Die Thüringer

Sie entstanden aus dem Zusammenschluß von Hermunduren und Teilstämmen zugewanderter Angeln und Warnern sowie Semnonen. Die Hermunduren waren einst im Zuge der germanischen Ausbreitung um 600 bis 700 v. Chr. im Süden auf keltische und im Osten an der Spree auf Reste illyrischer Stämme gestoßen. Das waren die Gebiete, die unter den heutigen Namen *Spreewald* und *Lausitz* bekannt sind: Lange vor der Zeitenwende waren vom Balkan her Illyrer (etwa vom heutigen Albanien) aus unbekannten Gründen nordwärts gewandert. Sie wurden *Sorben* genannt. Der Name Sorben deutet auf Serben hin und verrät damit ihre südliche Herkunft.

Das recht umfangreiche Gebiet der Thüringer reichte einst von der *Spree* bis zur Donau und von der *Fulda* bis zur mittleren Elbe.

An den Kämpfen gegen die Römer haben nur südliche Teilstämme von ihnen im Zusammenwirken mit Markomannen und Alemannen teilgenommen.

Als nach 400 die Burgunder nordöstlich des thüringischen Gebietes zum Rhein zogen, wurden auch die Thüringer bis an die Elbe zurückgedrängt. Später wichen sie infolge des Langobardenzuges bis zur fränkischen Saale aus. Also wurden auch westgermanische Ländereien während der Völkerwanderung durch erzwungenen Abzug menschenärmer.

Als dann zwischen 580 und 700 die slawische Westwanderung stattfand, zogen nicht nur in Böhmen und Mähren Tschechen ein, sondern auch in thüringisches Gebiet andere slawische Stämme, die den Sammelnamen *Wenden* bekamen. In Mecklenburg und Pommern waren es die slawischen *Liutizen, Heveller, Pomorzen und Kaschuben.* Viele weitere Namen spielten mit.

Die einschneidendste Auswirkung der Völkerwanderung bestand alles in allem darin, daß das große zusammenhängende Wohngebiet der West- und Ostgermanen etwa halbiert war, wobei die östliche Hälfte vorerst verlorenging.

Der größte Teil dieses Verlustes wurde allerdings später zurückgewonnen, doch dauerte dies fast zwölfhundert Jahre von 600 bis 1800. Die durch den Zweiten Weltkrieg 1945 erfolgte Westverschiebung westslawischer Völker ist wie jedes Wort der Geschichte kaum ihr letztes.

Das Frankenreich um 430–843 sowie das Werden des Erst. Deutschen Reiches bis 918

An den Wirren der Völkerwanderung hatten die Franken, deren Gebiet beiderseits des Rheines zwischen dessen Mündung und etwa der Stadt Mainz lag, zunächst keinen Anteil. Später boten sich jedoch aus diesen Vorgängen reichlich Vorteile an, besonders nachdem der Hunnensturm durch die Schlacht auf den Katalaunischen Feldern bei Troyes 451 zum Stillstand gekommen und der Hunnenkönig Attila drei Jahre später gestorben war.

Aus dem zu den Franken gehörenden Stamm der *Salier*, etwa im Gebiet der heutigen Flamen beheimatet, hatte sich ein Königsgeschlecht durchgesetzt, welches das fränkische Großreich aufzubauen begann; es trat damit die Nachfolge des Römischen Reiches an. Dieser Reichsgedanke ist wie im späteren Römerreich übernational, die Reichsidee abendländisch.

Im Frankenreich gab es zwei Herrschergeschlechter: Die Merowinger und nach einer Zwischenherrschaft ihrer Hausmeier die Karolinger.

Die Merowinger um 430–630/752

Sie benannten sich nach einem fränkischen Stammesfürsten *Merowech*. Gegen 430 ist ein König *Chlojo* geschichtlich nachgewiesen, dessen vermutlicher Sohn der König *Childerich I.* (gest. 482) war. Er hatte mehrere Söhne, der jüngste von ihnen hieß Chlodwig oder Chlodowech.

Chlodwig I. (466–511), König seit 482

Dieser fühlte sich zu großen Taten berufen, beseitigte deshalb seine älteren Brüder und machte sich bereits mit 16 Jahren zum König. Er war außerordentlich tatkräftig und erfolgreich; so wurde er zum Gründer des Frankenreiches, das von nun an 360 Jahre lang Europa entscheidend beeinflußte. Der fränkische Chronist *Gregor von Tours* (538 bis 594) berichtete ausführlich über die Merowinger.

Zunächst wandte sich Chlodwig nach Westen und besiegte 486 *Syagrius*, den letzten weströmischen Herrn der Provinz Aremorica im Norden Galliens zwischen Somme und Loire mit der Hauptstadt *Paris*. Syagrius, der zu den Westgoten nach Südgallien flüchtete, mußte später an die Franken ausgeliefert werden, die ihn umbrachten. Sein „Reich" im Norden Galliens überlebte das Weströmische Reich noch um neun Jahre.

493 vermählte sich Chlodwig mit der burgundischen Königstochter Chrodegilde (gest. 548), die gleich ihm höhere Vorstellungen hegte, wenn auch auf religiös-kirchlichem Gebiet. Die Burgunder hatten seinerzeit das katholische Christentum angenommen. Die Franken waren zu dieser Zeit noch Nichtchristen. Chrodegilde wollte ihren Mann und sein Volk jedoch dem Katholizismus zuführen. Als wenige Jahre später Chlodwig gegen die Alemannen zog und in der entscheidenden Schlacht *(Alemannenschlacht)* 496 am Oberrhein in große Bedrängnis geriet, soll er das Gelübde

getan haben, im Falle seines Sieges im Sinner seiner Gemahlin das *Christentum* in seinem Reiche einzuführen. Er siegte, und die Franken nahmen 498 den *Katholizismus* an. Chrodegilde wurde deshalb später heiliggesprochen. Chlodwig besiegte die Alemannen endgültig erst nach hartem Widerstand und gliederte deren nördliches Gebiet seinem Frankenreich ein. Den Alemannen verblieb nur die Südhälfte ihres Gebietes und dieses unter fränkischer Oberhoheit.

Im Jahre 500 suchte Chlodwig auch Burgund zu erobern, doch mußte er wegen energischer Gegenwehr sowie des Einspruchs seiner Gemahlin zugunsten ihres Heimatlandes diesen Plan aufgeben. So einigte man sich in einem Vertrag zu gegenseitigem Beistand.

Der Frankenkönig strebte schon lange ein Bündnis mit dem riesigen Westgotenreich in Gallien und Spanien an. Unter Zuhilfenahme der Heiratspolitik war deshalb 493 zwischen Chlodwigs Schwester und dem Westgotenkönig *Alarich II.* (484 bis 507) eine Ehe zustande gekommen. Doch das Mißtrauen untereinander war geblieben. So kam es 507 beim heutigen Poitiers zur Schlacht. Die Franken siegten gemeinsam mit den verbündeten Burgundern, und Alarich II. fiel im Kampf. Der gallische Teil des westgotischen Reiches, *Aquitanien,* das Land zwischen Loire und Garonne, kam an das Frankenreich. Die Westgoten mußten sich hinfort auf ihr in Spanien beherrschtes Gebiet beschränken. 511 starb Chlodwig mit 45 Jahren und hinterließ seinen vier Söhnen ein Reich, welches bereits die führende Macht in Europa geworden war.

Chlotar I. (gest. 561), König seit 511 zusammen mit seinen drei Brüdern

Obwohl sich die vier Söhne reichlich oft in den Haaren lagen und jeder in einem Teilgebiet selbstherrlich regierte, hielt das Reich zusammen. Die Stadt *Soissons* nordöstlich Paris war Hauptstadt. Man schloß ein Bündnis mit den Sachsen, griff gemeinsam die Thüringer an und besiegte sie 531. Der Hauptteil *Thüringens* kam ans Reich.

Noch zu Lebzeiten der Mutter Chrodegilde eroberten die Söhne nun doch das Land *Burgund,* welches 532 dem Frankenreich einverleibt wurde. Nach dem Tode seiner Brüder war Chlotar I. alleiniger König.

Bis 537 erwarb er von den Ostgoten die Provence in Südgallien, und das Reich erhielt dadurch Zugang zum Mittelmeer. 539 wurde durch Vertrag auch das Herzogtum *Baiern* Teil des Frankenreiches. Das war zu der Zeit, als Baiern die ursprünglich keltischen Alpenländer einschließlich Südtirols sprachlich zu germanisieren begann.

Im Jahre 561 starb Chlotar I. Er hatte das Erbe seines Vaters mächtig erweitert. Außer Sachsen und Friesland waren nun vier der sechs westgermanischen Großstämme, dazu Burgund und fast ganz Gallien, im Frankenreich vereinigt.

Doch nach Chlotars Tod fand sich unter seinen Nachfolgern 100 Jahre lang keine starke Persönlichkeit, die das Reich vor Erbteilungen und Bürgerkrieg bewahren konnte.

Die Fürsten der einzelnen Stämme erklärten schließlich ab etwa 650 ihre Länder zu sogenannten *Stammesherzogtümern.* Das bedeutete mehr oder weniger Selbständigkeit innerhalb des Reichsverbandes. Der König wurde also nur noch mit Einschränkung als oberster Herr anerkannt. Die Könige wollten diese Forderungen natürlich nicht anerkennen, denn trotz ihrer Schwäche und mangelnder Königsgewalt fühlten sie sich den Reichsinteressen fest verpflichtet.

Die Bildung der Stammesherzogtümer war für das Frankenreich und spätere Deutsche Reich von folgenschwerster Bedeutung und wurde zur Quelle nicht enden wollender Ärgernisse.

Die Hausmeier 630–752

Bei den Merowingern gab es neben dem König als ersten Beamten den sog. *Hausmeier (Majordomus)*, etwa in der Stellung des späteren Kanzlers. Er war Fürst, also vom höchsten Adel, Vorstand im königlichen Haushalt und oberster Heerführer im Reich. Unter den eingetretenen verworrenen Verhältnissen konnte es nicht ausbleiben, daß zwischen den schwachen Königen und ihren Hausmeiern Vormachtsstreitigkeiten ausbrachen.

Pippin der Ältere (gest. 640) und Pippin der Mittlere (gest. 714)

Unter dem Merowingerkönig *Dagobert I.* (gest. 639) übte die wirkliche Regierungsgewalt sein Hausmeier Pippin der Ältere aus. Sein Geschlecht war das der *Arnulfinger*. Nach langem Streit hatte er durchgesetzt, daß das Hausmeieramt als erblich anerkannt wurde.

687 wurde Pippin der Mittlere zum Hausmeier, dem es trotz ununterbrochener Kämpfe nur teilweise gelang, das Reich wieder enger zusammenzuführen. Lediglich das erneut nach voller Selbständigkeit drängende Herzogtum *Thüringen* zwang er 700 zurück in die Reichshoheit und gliederte es dem Herzogtum Franken an.

Karl Martell (um 689–741) beendete 732 das Vordringen des Islams durch den Sieg bei Tours und Poitiers

Pippins Sohn Karl Martell (= der Hammer) war der berühmteste Hausmeier (seit 717). Er kämpfte gleich seinem Vater um die Einheit des Reiches und bezwang 730 das aufsässige Stammesherzogtum der Alemannen. Nach langem, zähem Kampf unterwarf er auch die *Friesen*, deren Land er als Neuerwerbung dem Reiche zuführte. Gleichzeitig mußten die Friesen das Christentum annehmen.

Eine neue schwere Gefahr entstand dem fränkischen Reich von Spanien her und, allgemein gesagt, vom Islam.

Im Jahre 630 hatte der Prophet *Mohammed* (570–632) die bis dahin christliche Stadt *Mekka* in Arabien erobert und damit seiner Lehre dort endgültig zum Sieg verholfen. Der *Islam* breitete sich unter der grünen Fahne des Propheten in einem beispiellosen Siegeszug binnen weniger Jahrzehnte von Arabien nach Kleinasien und Nordafrika aus. *Allah* hieß Gott im Islam.

Ein moslemisches Heer setzte – wie berichtet – 711 bei der Meerenge von *Ceuta* nach *Gibraltar* in Spanien über, womit der Islam nun auch in Europa Fuß faßte. Die Moslems drängten weiter durch ganz *Spanien* bis nach Gallien vor und bedrohten das christliche Abendland schwer.

Dieser Gefahr begegnete Karl Martell erfolgreich, indem er 732 zwischen Tours und Poitiers in einer gewaltigen Schlacht die Araber entscheidend besiegte. Dieser Kampf, dem noch langwierige Feldzüge folgten, stand bereits unter dem machtmäßigen, kulturellen sowie religiösen Gegensatz von Christentum und Islam. In Südspanien konnten sich die Araber halten und gründeten 756 das *Kalifat von Córdoba*. Damit wurde dort eine 500jährige glänzende Kulturepoche (bis 1236) eingeleitet.

Die Entwicklung des Christentums und Papsttums bis etwa 750

Die Christen waren in den ersten Jahrhunderten in Rom und in weiten Teilen des Römerreichs wiederholt schwersten Verfolgungen ausgesetzt. Mit Vorliebe hetzte man in den römischen *Arenen* hungrige wilde Tiere auf sie oder ließ sie sich als *Gladiatoren* selbst umbringen, ein Schicksal, welches seit langen Zeiten schon vielen Kriegsgefangenen beschieden war. Die Volksmassen sollten auf diese Weise bei Laune gehalten werden.

Kriegsnot und Hunger hatten den über 3000 Jahre alten Glauben an die Götter der Römer, Griechen, Ägypter, Germanen, Kelten, Slawen usw. immer brüchiger werden lassen. Die Christen beteten einen einzigen Gott an und erhofften Gerechtigkeit und Frieden für alle. Unerschrockene Männer zogen – großen Gefahren zum Trotz – durch die Lande und predigten das Wort dieses neuen Gottes. Der *Märtyrertod* solcher Menschen, die sich – gleich *Christus* – nicht wehrten, wenn man sie umbrachte, hinterließ beim Volk tiefen Eindruck. Der alte Glaube war unglaubwürdig geworden. So nahm die Zahl der Christen in allen Volksschichten ständig zu, ebenso der Widerstand gegen die Peiniger. Der Kampf und die Auseinandersetzung waren lang und erbittert. Als sich schließlich Kaiser *Konstantin der Große* 337 bei seinem Tode taufen ließ, folgte im Römischen Reich ab 395 die Einführung des Christentums als *Staatsreligion*. Die Priester und Anhänger der alten Religion erlitten nun die gleichen Verfolgungen wie vorher die Christen. Wer nicht abschwor, verschwand in Kerkern oder wurde umgebracht.

Viele germanische Stämme traten zwischen 300 und 700 zum Christentum über, zuerst die Ostgermanen. Von den Westgermanen weigerten sich die Friesen lange, noch beharrlicher aber die Sachsen, die erst 785 und 804 zum neuen Glauben gezwungen wurden. Die Nordgermanen, also Norweger, Dänen, Isländer und Schweden folgten noch später, einige davon gar erst nach dem Jahr 1000, am allerspätesten in Europa die Balten im 13. und 14. Jahrhundert. Die germanischen Menschen blieben jedoch weitgehend bei ihren seit eh und je geübten religiösen Gewohnheiten, wenn auch oft wenigstens notdürftig christlich verbrämt. (Drei Beispiele von vielen: Julfest = Wintersonnenwende = Christi Geburt. Sommersonnenwende = Johannisfest. Die Wochentage benannte man nach germanischen Göttern oder Begriffen.) Die Germanen sahen wohl keine überzeugenden Gründe zu völliger Umstellung, denn der versprochene gerechte Frieden für alle blieb aus, und die Kriege tobten weiter.

Bonifatius (674–754) der „Apostel der Deutschen“: Im Jahre 716 traf in Friesland ein in der Provinz Wessex in Britannien geborener angelsächsischer Benediktinermönch ein, um dieses Volk aus seinem alten Glauben zum katholischen Christentum zu bekehren. Erfolglos. Es war der Mönch Winfried, Sproß einer vornehmen Familie, der 718 den Namen Bonifatius annahm. Papst Gregor II. schickte ihn als Missionar nach Thüringen, dann nochmals nach Friesland. 722 bekehrte er die Bevölkerung im späteren Hessen, nachdem er die Machtlosigkeit ihrer Götter „bewiesen" hatte: Vor den Augen einer Menschenmenge fällte er die *Donareiche*, das höchste Heiligtum des Gottes Donar (Thor), ohne daß der Gott gegen diese Freveltat einschritt. Erschüttert und enttäuscht ließ sich daraufhin viel Volk taufen.

Um 739 gründete Bonifatius das Bistum *Salzburg* in Baiern. Er selbst wurde der erste *Bischof*. Später ernannte ihn der Papst zum Erzbischof von Mainz sowie zum Bevollmächtigten (Legat) für das ganze Frankenreich. Er gründete zahlreiche Klöster und weitere *Bistümer*.

In Friesland, das nur halbherzig und unter Zwang das Christentum angenommen hatte, ereilte Bonifatius sein Schicksal: Bei einem dritten Besuch im Jahre 754 wurde er bei Dokkum im Norden der Niederlande mit über fünfzig Begleitern erschlagen. Seinen Leichnam überführte man in den Dom des von ihm gegründeten und geliebten Klosters *Fulda*.

Bonifatius wurde 80 Jahre alt und galt als der *Apostel der Westgermanen*. Seine *Klostergründungen* waren von entscheidender Wirkung, weil von ihnen die christlich-kulturelle Erschließung der germanischen Länder ausging. *Klosterschulen* gestalteten sich zu Brennpunkten von Wirtschaft und Bildung. Handwerklich geschickte, künstlerische und gelehrte Mönche bewahrten nach Möglichkeit die Kulturgüter der Antike und bereicherten sie im Laufe der Zeit durch neue Werke. Gleichzeitig bildeten sie die Bindeglieder vom Frankenreich zur *katholischen Kirche* in Rom.

Sylvester I. (gest. 325) erster allgemein anerkannter Papst: Das Papsttum hatte sich in den ersten Jahrhunderten nach Christi nur schwach entwickelt. Die Bischöfe von Rom erstrebten und erlangten aber allmählich eine Vorzugsstellung gegenüber allen anderen Bischöfen. Sie beriefen sich auf die Nachfolge der Apostel Petrus und Paulus (*Peter-Pauls-Tag* am 29. Juni). Beide sind wohl um das Jahr 65 in Rom unter Kaiser Nero hingerichtet worden. *Petrus* galt als erster Bischof von Rom, als von Christus eingesetztes Oberhaupt und somit als Papst der entstehenden katholischen Kirche. Die Anerkennung dieser Sonderstellung erforderte Jahrhunderte und wurde erst 325 auf dem Konzil von Nicaea (bei Konstantinopel) unter Kaiser Konstantin dem Großen beschlossen. Sie galt aber nur für das bereits in Auflösung befindliche Weströmische Reich. Der damalige Papst Sylvester I. (gest. 325) war das erste auch außerhalb der Stadt Rom anerkannte Kirchenoberhaupt. Die katholische Kirche selbst bezeichnet aber die vorausgegangenen 34 römischen Bischöfe seit Petrus auch schon als Päpste.

Die Bischöfe und Herrscher des Byzantinischen Reiches wollten jedoch den Papst in Rom als christliches Oberhaupt nicht anerkennen. So entwickelte sich in Konstantinopel die *morgenländische* oder *griechisch-orthodoxe* Glaubensrichtung.

Die Ostgermanen gehörten – wie berichtet – einer weiteren Richtung an, dem *Arianismus* der wie berichtet, zusammen mit diesen Völkern endete. Außerdem gab es viele Abspaltungen und Sekten, die meist bald wieder verschwanden.

Das Papsttum erlebte in den fast 4½ Jahrhunderten seit 325 bis zur Zeit der Karolinger viel Auf und Ab. Es kämpfte beharrlich um die Erweiterung seiner

Machtstellung, doch erst durch die Verbindung mit dem Frankenkönig Pippin dem Jüngeren sollte sich sein Ansehen beträchtlich erhöhen.

Die Karolinger 751–843/911/923

Pippin der Jüngere, genannt auch Pippin der Kleine (714–768), König seit 751

Pippin wurde nach dem Tode seines Vaters Karl Martell 741 Hausmeier, ein Amt, das er mit seinem älteren Bruder *Karlmann* teilte. Beide regierten das Reich unter dem Schattenkönig *Childerich III.* (gest. 754), dem letzten Merowinger. Karlmann verzichtete jedoch bald auf sein Amt und ging 750 als Mönch in das berühmte *Kloster S. Germano* in Mittelitalien (später Monte Cassino genannt), wo er 750 starb.

751 wurde Childerich von einigen Reichsfürsten und seinem Hausmeier Pippin abgesetzt und – entsprechend der damaligen Gepflogenheit – in ein Kloster verbannt. Pippin wurde zum König gewählt. Er war der letzte Hausmeier und als König der erste Karolinger. Der Name *„Karolinger"* allerdings kam erst zu Zeiten Karls des Großen auf, und zwar rückwirkend für alle Hausmeier vom Geschlecht der Arnulfinger.

Zu dieser Zeit befanden sich die Langobarden in Italien auf der Höhe ihrer Macht. König *Aistulf* (gest. 757) hatte im Kampf gegen Byzanz die *Exarchate Ravenna*, Genua und Süditalien erobert, also fast ganz Italien. Die Exarchate waren bisher zu Abgaben an die morgenländische Kirche nach Konstantinopel verpflichtet. Nun griffen die Langobarden aber auch die Stadt Rom an.

Der amtierende Papst Stephan II. (gest. 757) rief die Franken gegen die Langobarden zu Hilfe. Pippin zog also mit einem Heer nach Italien und zwang 756 König Aistulf, den Angriff auf Rom abzubrechen und die Exarchate an ihn abzutreten.

Beginn des Kirchenstaates 756: Die Päpste waren alle Zeit in Geldnot, weil sie nur die Stadt Rom besaßen, woraus ihnen nur geringe Abgaben zuflossen.

Der König gedachte deshalb das Papsttum aufzuwerten und gab 756 das nördlichste „Exarchat Ravenna" dem Papst zu Lehen. Doch die Kirche sprach sogleich von der *„Pippinschen Schenkung"*. Ein Lehen verpflichtet zur Treue und gegenseitiger Hilfeleistung, eine Schenkung dagegen zu nichts.

Jedenfalls verfügte das Papsttum nun über reichliche Einnahmen aus Grundbesitz, Straßenzoll und Steuern. Dieser Vorgang bedeutete praktisch die Gründung des Kirchenstaates.

Nach König Aistulfs Tod war 757 mit Hilfe König Pippins und des Papstes Stephan als neuer Langobardenkönig *Desiderius* (gest. 774) auf den Thron gekommen, so daß zwischen diesem, den Franken und den Päpsten vorerst gutes Einvernehmen herrschte.

Schon vor Pippins Regierungsantritt waren verschiedene Stammesherzöge erneut aufsässig geworden, allen voran die *Agilolfinger* in Baiern. Pippin zog gegen *Odilo* (gest. 748) zu Felde und siegte. Doch konnte sich Baiern trotzdem eine Sonderstellung mit gewisser Selbständigkeit erhalten. Auch in *Thüringen* und *Friesland* schlug Pippin Aufstände nieder, ehe sich beide endgültig mit der Zugehörigkeit zu Franken und damit zum Christentum abfanden.

Bonifatius war im dritten Jahr der Regierung Pippins in Friesland getötet worden.

Viele Jahre lang war der König auch in harte Kämpfe mit den südgallischen Provinzen Aquitanien und Provence verwickelt. Achtmal mußte er gegen Herzog *Waifar* ziehen, und erst als dieser von seinen eigenen Kampfgenossen umgebracht wurde, war der Friede hergestellt. Das Herzogtum Aquitanien mit der Provence bekannte sich erneut zum Frankenreich.

Noch zu Lebzeiten übertrug Pippin die Machtbefugnisse des Reiches auf seine zwei Söhne *Karlmann* und *Karl*. Beide erhielten die Königswürde, und jeder regierte in einer Reichshälfte. Sie waren aber zur Zusammenarbeit verpflichtet. Pippin starb 768. Seine 27 Regierungsjahre als Hausmeier und König waren ein ununterbrochener Kampf um die Einheit des Reiches gewesen.

Pippins Witwe Bertrada betrieb nun Heiratspolitik: Desiderius hatte zwei Töchter. Die eine, *Desiderata*, wurde Karls erste Gemahlin. Die andere, *Luitberge*, heiratete der (mit Karl fast gleichaltrige) Baiernherzog *Tassilo III.*, Odilos Sohn. Doch diese Familienbande hielten nur kurze Zeit, denn Karl verstieß Desiderata schon nach gut einem Jahr. Er konnte das, weil er seine Frau nur nach germanischem, nicht nach christlichem Recht geheiratet hatte.

Karl der Große (742–814), König seit 768, Kaiser seit 800

Der Geburtsort Karls war vermutlich die Burg *Heristall* (oder Herstal) an der Maas in der Nähe von Lüttich. Er unterstützte schon frühzeitig seinen Vater Pippin den Jüngeren als Heerführer bei der Festigung des Reiches. Sein Bruder und Regent der südlichen Reichshälfte Karlmann starb bereits nach drei Jahren, so daß Karl 771 Alleinherrscher wurde. Sein Reich entsprach an Ausdehnung etwa dem des Merowingers Chlotar I., als dieser gut 200 Jahre früher starb; nur war Karls Erbe wesentlich lockerer gefügt.

Es ist in der Geschichte kaum vorgekommen, daß ein Staatsgebilde von vier hervorragenden Herrschern hintereinander regiert wurde. Im Frankenreich geschah das mit Pippin dem Älteren, Pippin dem Mittleren, Karl Martell und Pippin dem Jüngeren. Und nun kam ein fünfter dazu, der sich den Namen Karl der Große erwerben sollte. Mit 26 Jahren wurde er König.

Er kannte die Schwierigkeiten, einen Vielvölkerstaat von solcher Ausdehnung zusammenzuhalten. Der Begriff von „Nationalstaaten", also Staaten gleicher Sprache, war zwar unbekannt, aber trotzdem waren Sprachgrenzen nicht geeignet, den Zusammenhalt zu fördern. Ferner war es ungeheuer schwer, die Sonderinteressen vieler Fürsten und Herzöge einem gemeinsamen starken Königtum unterzuordnen. Es gab im Frankenreich keine Hauptstadt, wie es z. B. Rom für das Römische Reich gewesen war oder Konstantinopel für das Byzantinische Reich. Auch bestand keine einheitliche, verbindende *Verwaltungssprache*, die wenigstens von allen Fürsten der Reichsländer gemeinsam gesprochen oder verstanden worden wäre. Ja, die meisten hohen Herren und sogar König Karl selbst konnten weder lesen noch schreiben. Man sprach die heimische Mundart, Karl die fränkisch-niederländische des Lütticher Gebietes.

Der Gedanke des „Christlichen Gottesstaates": Das *Lateinische* aber war die gemeinsame Sprache für Religion und Wissenschaft im ganzen Reich. Bischöfe und

Mönche predigten und lehrten in Kirchen und Klosterschulen in lateinischer Sprache. Dies gedachte der König als tragendes Gerüst für sein geplantes Staatsgefüge zu nutzen.

Ihm schwebte die Errichtung eines *Christlichen Gottesstaates* vor, dessen einigende Kraft im gemeinsamen Glauben der katholischen Kirche begründet sein sollte. Für diese Aufgabe konnte die Kirche gar nicht stark genug sein, weshalb ihr Oberhaupt, der Papst in Rom, vom König gefördert und beschützt werden mußte.

Schon Karls Vater Pippin hatte ähnliche Vorstellungen gehabt, weshalb er ja dem Papst das „Exarchat Ravenna" verliehen hatte. Der Gedanke des Christenstaates war nicht neu, denn im Byzantinischen Kaiserreich hatte die morgenländisch-christliche Kirche diese zusammenfassende Aufgabe schon seit langem übernommen. Nur die Anerkennung eines Papstes war den Patriarchen und Kaisern in Konstantinopel unbehaglich und erfolgte deshalb nie.

Natürlich dachte auch Karl nicht daran, sich dem Papst unterzuordnen. Es sollte eine Zusammenarbeit sein, wobei die seelsorgerischen Aufgaben Papst und Kirche unter dem Schutz des Königs zu erfüllen hätten. Die weltlichen Angelegenheiten sollten die Pflichten des Königs sein. Die Ernennung und Einsetzung der Bischöfe (die Investitur) mußten ihm selbst überlassen bleiben: Unter diesen des Lesens und Schreibens kundigen Männern eigneten sich viele zu Beamten und damals auch zu Heerführern. Der König war also auf ihre Mitarbeit und Treue angewiesen. Der Papst sollte nur seine Bestätigung erteilen. Diese Regelung war nicht nur für Karls Lebenszeit gedacht, sondern auch für alle seine Nachfolger.

König Karl und Papst *Stephan III.* (gest. 772) waren sich einig. 771 bestätigte Stephan Karls Scheidung von Desiderata. Stephans Nachfolger, Papst *Hadrian I.* (gest. 795), rief 774 König Karl um Hilfe, denn der Langobardenkönig *Desiderius* griff wie seine Vorgänger erneut Rom an. Von einer Aufwertung des Papsttums hielt er nichts.

Eroberung des Lombardischen Königreiches 774 – Die „Eiserne Krone": Karl besiegte 774 seinen einstigen Schwiegervater und nahm ihn gefangen. Desiderius verschwand in einem Kloster. Das gesamte Königreich der Langobarden verleibte Karl dem Frankenreich ein, also fast ganz Italien bis zur Grenze des Fürstentums *Benevent* (oder Unteritalien) südlich von Rom.

Desiderius war der letzte ostgermanische König des Langobardenreiches, welches bisher über 200 Jahre bestanden hatte. Alle Könige waren seit der Eroberung und Gründung durch Albion (gest. 572) mit der sogenannten *„Eisernen Krone"* gekrönt worden. Dieser Brauch ging nun auf die Frankenkönige als Beherrscher des Landes über wie auch später auf die meisten deutschen Könige und Kaiser. Als letztem Deutschen wurde 1838 Kaiser Ferdinand I. von Österreich in der Krönungsstadt Pavia südlich Mailand die „Eiserne Krone" aufs Haupt gesetzt. Die Krone besteht nur aus einem mit Edelsteinen besetzten Goldreif. Innen ist eine eiserne Versteifung eingearbeitet, die – der Sage nach – aus einem Nagel vom Kreuze Christi hergestellt sein soll. Die „Eiserne Krone" wird heute im Dom von *Monza* nördlich Mailand aufbewahrt.

776 wagte der Herzog von *Friaul/Istrien,* dem nordöstlichsten Herzogtum des Langobardenreiches, einen Aufstand gegen die Franken, den Karl aber schnell und hart niederschlug.

Nachdem die langobardische Gefahr von Rom abgewendet war, bestätigte Karl dem Papst Hadrian I. den *Kirchenstaat* erneut als Lehen und vergrößerte ihn noch durch

Perugia. Dadurch wurden die getrennten Provinzen um Rom und Ravenna ein zusammenhängendes Gebiet.

Herzog Tassilo III. von Baiern (um 741–794): Zwischen König Karl und seinem Vetter und einstigem Schwager, dem Baiernherzog Tassilo III. (um 741–794), schwelte seit Jahren ein Konflikt. Schon als Zweiundzwanzigjähriger hatte Tassilo 763 am Feldzug seines Onkels Pippin in Aquitanien teilgenommen, aber den Gehorsam verweigert, indem er im entscheidenden Augenblick mit seiner Heeresabteilung nicht in die Schlacht eingriff. Karl, der ebenfalls am Feldzug beteiligt war, konnte ihm diesen Verrat nicht vergessen, zumal Tassilo auch später seiner Bündnispflicht selten nachkam.

In Baiern allerdings widmete er sich erfolgreich der Verbesserung der inneren Ordnung und der allgemeinen Kulturförderung. In der Außenpolitik hatte er sogar Kärnten und die Steiermark seinem Land angegliedert und den Slowenen Bündnisverträge aufgenötigt.

Doch auch mit den Awaren (in Ungarn) schloß er einen Vertrag, und zwar mit deutlicher Spitze gegen Karl. Damit durchkreuzte er die Interessen des Reiches, dem Baiern ja selbst angehörte. Tassilo war für das Reich kein zuverlässiger Stammesherzog.

Die Situation spitzte sich weiter zu, als Tassilo versuchte, zwischen Karl und dem Papst einen Keil zu treiben, indem er den Papst als Schiedsrichter zu seinen Gunsten zu gewinnen versuchte, was dieser ablehnte.

Daraufhin wurde Tassilo aufgefordert, auf einem *Reichstag in Worms* zu erscheinen. Er kam nicht.

So sah sich Karl gezwungen, 787 mit einem Heer nach Baiern zu ziehen. Ehe es jedoch zu Kampfhandlungen kam, fielen die meisten bairischen Adeligen von Tassilo ab, so daß dieser an Karl sein *Herzogs-Zepter* übergab. Karl reichte es zurück, und Tassilo nahm es an. Die Rücknahme bedeutete nach Reichsgesetz die Unterwerfung unter den Willen des Königs.

Auf Grund erneuter Verfehlungen erfolgte 788 die Aufforderung an Tassilo, sich auf dem *Reichstag zu Ingelheim* a. Rh. (bei Mainz) zu verantworten. Die Reichsannalen (Jahrbücher) berichten von den schweren Anklagen, die Tassilo selbst eingestand. Man warf ihm alles vor, was er sich seit dem Verrat in Aquitanien während 25 Jahren dem Reich gegenüber hatte zuschulden kommen lassen. Die anwesenden Reichsfürsten beantragten einstimmig die Todesstrafe. Doch Karl begnadigte ihn, nachdem Tassilo auf Befragen darum gebeten hatte, sich *scheren lassen* zu dürfen. So mußte er die letzten sechs Jahre seines Lebens im Kloster verbringen. Er wurde 53 Jahre alt. Sein Sohn Theodo wurde gleichzeitig mit dem Vater abgeurteilt und verschwand ebenfalls in einem Kloster.

Karl löste noch im gleichen Jahr 788 Baiern als Stammesherzogtum auf und verband es eng mit dem Reich. Die Regierungsgewalt übertrug er seinem Schwager *Gerald,* einem tatkräftigen Alemannen.

Noch einmal gab es in Regensburg, der Hauptstadt Baierns, 792 eine Verschwörung von Adeligen gegen den Frankenkönig, die ausgerechnet Karls unehelicher Sohn, *Pippin der Bucklige* (769–811), maßgebend unterstützte: Da seine Mutter dem König nicht rechtmäßig angetraut war, hatte Pippin nur eingeschränkte Erbrechte, was ihn zur

Rebellion bewogen hatte. Die Zerschlagung des Aufstandes erfolgte schnell, und Pippin verbrachte den Rest seines Lebens hinter Klostermauern. Die Mitverschwörer richtete man öffentlich hin oder ließ sie in Kerkern verkommen.

Die Südostmission: 798 erhob Karl den fähigen, in der Klosterschule von Freising ausgebildeten Bischof *Arn* zum Erzbischof von Salzburg, wodurch diese bairische Stadt zu großer Bedeutung kam. Zielbewußt wirkte nun von hier aus die katholische Ostmission; sie bedeutete zugleich die *Germanisierung* Kärntens und der Steiermark.

Dieser Vorgang folgte etwa dem Vorbild, das *Bonifatius* 75 Jahre früher gegeben hatte: Man drang in ein „heidnisches" Land ein, predigte das Christentum und versuchte die Bevölkerung zu bekehren. Danach gründete man *Klöster* in den fast immer dünn besiedelten und unerschlossenen Gebieten. Auch militärischer Schutz war nun nötig, und an geeigneten Plätzen entstanden Lager, später Burgen. Die *Mönche* waren tüchtige, zähe Männer, die auch zu den Waffen greifen konnten, wenn es nötig war. Sie rodeten Wälder, entwässerten Sümpfe und machten die gewonnenen Böden zu Ackerland. Nun wurden Bauern und Handwerker aus dem Reich angesiedelt, und überall entstanden Dörfer und bald kleine Städte. In den *Klosterschulen* bildete man geeignete Leute – Neuzugezogene und Einheimische – für die Verwaltung aus.

Sprache und Schrift waren bald deutsch. Da es vorher in den neuen Gebieten keine Schrift gegeben hatte, verbreitete sich eben nur die deutsche Sprache. Die Fachausdrükke aus allen Gebieten des praktischen Lebens wurden allgemein eingeführt. Christliche Kirchen im Stil kleiner Kapellen entstanden in jeder Siedlung, wo außer Lateinisch auch in deutscher Mundart gepredigt wurde.

Wenn ein Land mit einem Netz von Klöstern überzogen werden konnte, ging die Germanisierung verhältnismäßig schnell vonstatten, oft schon in zwei Generationen. Bei der Notwendigkeit, starken Widerstand oder gar Aufstände überwinden zu müssen, dauerte es länger. Vielfach unterstützten die bekehrten heidnischen Fürsten sogar die Klöster, und wenn der Wohlstand sich spürbar verbesserte, begünstigten diese auch die Ansiedlung von Fachleuten aus dem Reich. Oft wurden die Fürsten dann auch zu *Reichsfürsten* erhoben, die sich bald dazugehörig fühlten und die Interessen ihrer Stämme mit den Reichsinteressen gleichstellten.

Auf ähnliche Weise sind zu allen Zeiten in vielen Teilen der Welt immer unterentwickelte Länder in fortgeschrittenere verwandelt worden. So entstanden die Lebensräume der Inder, der Russen und weiterer Völker. Andere Wege, Ländereien einzuverleiben, waren (und sind) die Ausrottung und Vertreibung der vorgefundenen Bevölkerung oder die neue Sprache und Kultur mit Gewalt einzuführen. Letztere Methoden wurden (und werden) auch bevorzugt angewendet, wenn die Eroberer sich auf niedrigerer Kulturstufe befanden als die überrannten Völkerschaften.

Karls Sachsenkriege 772–804: Das im Vergleich zum Frankenreich flächenmäßig kleine Stammesgebiet der Sachsen forderte den Karolingern die größten Anstrengungen ab, ehe die Rivalität zwischen beiden im Jahre 804 zugunsten der Franken entschieden war.

Die *Sachsen* waren als einstige Eroberer Britanniens kühne Seefahrer und eine bedeutende Macht, nach wie vor ihren alten Göttern verbunden. Ein Angriff der Christen war ein Angriff auf ihre Freiheit, wie die Germanen sie verstanden. Eine

Unterwerfung mußte ihnen unerträglich erscheinen. Entsprechend lange dauerte der Kampf.

Im Zuge immer wiederkehrender Grenzstreitigkeiten eroberte Karl 772 die *Eresburg* (südlich Paderborn), eine sächsische Grenzfestung. Dabei wurde das benachbarte germanische Heiligtum, die *Irminsul*, zerstört, was Zorn und Widerstand der Sachsen erst recht entfachte.

Der langjährige Gegenspieler Karls war der Sachsenfürst *Widukind*. Er betrieb gegen die Franken Kleinkrieg, indem er überfallartig angriff und sich wieder zurückzog, dem Feind aber keine Ruhe gönnte; trotzdem faßte Karl in Sachsen Fuß, und 777 konnte er *einen Reichstag in Paderborn* abhalten, auf dem sich bereits einige sächsische Edle taufen ließen. Karl plante, nun ganz Sachsen zu erobern, doch Widukind hatte genug Anhänger unter den freiheitlich gesinnten Bauern. Es gelang ihm, das Heer eines fränkischen Feldherrn im Gebiet von *Deister und Süntel* zu besiegen und große Teile davon zu vernichten. Daraufhin zog der König 782 selbst mit einem Heer zur Weser, wo er unter den Edlen und Bauern, die sich nicht taufen ließen, ein Blutgericht veranstaltete: Die Reichsannalen berichteten, daß die in Paderborn getauften Edlen selbst ihre aufständischen Stammesgenossen an Karl ausgeliefert hätten. Mit dem *Blutgericht bei Verden* an der Aller ließ er über 4000 Sachsen auf grausamste Art umbringen.

Auch in Regensburg stellte Karl – wie berichtet – zehn Jahre später mit der Hinrichtung der aufständischen bairischen Adeligen erneut unter Beweis, daß er im angeblichen Namen des Christengottes grausame Rache zu nehmen wußte.

Empört über das Blutbad an der Aller, welches in den Augen der Sachsen mit ehrlichem Kampf nichts mehr gemein hatte, griffen sie erneut zu den Waffen. Daß Widukind seinen Grundsatz aufgab, große Schlachten zu vermeiden, mochte in der Überzeugung begründet gewesen sein, bald eine Entscheidung herbeiführen zu müssen, denn schon viele Sachsen waren übergelaufen. Jedenfalls kam es 783 bei den späteren Städten Detmold und Osnabrück zu Schlachten, in denen die Sachsen besiegt wurden. *Widukind* geriet in Gefangenschaft.

Der geleistete Blutzoll hatte das ganze Land erschöpft; der Herzog soll sich von seinen Göttern verlassen gefühlt und nun 785 aus Überzeugung Christentum und Taufe angenommen haben. Genaues über sein weiteres Schicksal ist nicht bekannt, doch in der Sage blieb er bis heute unvergessen. Karl hat ihn ob seines zehnjährigen, tapferen Widerstandes geachtet, weshalb er ihm bei der Taufe persönlich den *Sachsenspiegel* überreichte, eine lateinisch geschriebene Zusammenfassung des geltenden Sachsenrechtes. Damit erkannte Karl einen Großteil dieser Gesetze für das ganze Reich an. (*Eike von Repkow* aus Anhalt übertrug den Sachsenspiegel zwischen 1225 und 1235 nach neuer Zusammenfassung ins Niederdeutsche. Der Sachsenspiegel ist die reinste germanisch-deutsche Rechtsquelle.)

Nun begann Karl das Sachsenland auf seine Art kulturell zu erschließen. Überall entstanden Klöster und Burgen. Paderborn, Osnabrück, Minden und Münster wurden Bischofssitze. Die Provinz Sachsen schien nun ein fester Bestandteil des Reiches zu werden.

Doch die nördlichen und ostelbischen sächsischen Stämme, die noch kaum von der Neuordnung erfaßt waren, hatten sich von dem Schock der Niederlage Widukinds erholt, und 793 brach dort erneut ein Aufstand aus. Ein fränkisches Heer wurde an der Unterweser vernichtet. Karl mußte erneut anrücken, aber die Sachsen wichen aus und verlegten sich wieder auf den Kleinkrieg. Dieser forderte den Franken großen Aufwand ab, und der Erfolg war gering. Der König versuchte es mit Milde und Versprechungen, doch als auch das nichts half, verbündete er sich mit den benachbarten slawischen *Abodriten*, ein „Sündenfall" wie der Tassilos III. mit den Awaren. So hatten die Sachsen nun an zwei Fronten zu kämpfen. Da aber in der Politik nichts umsonst ist, mußte sich Karl verpflichten, den Slawen das sächsische Land östlich der Elbe abzutreten, was nach dem endgültigen Sieg 804 auch geschah. Der nördlichste Teil Sachsens war Südschleswig, und die Grenze gegen Dänemark verlief von der Eidermündung zum heutigen Eckernförde. Der Ostteil des späteren Holstein hieß *Wagrien*. Dieses Gebiet zwischen den späteren Städten Kiel und Lübeck sowie das Land um Lauenburg mußte Karl den Abodriten überlassen.

Viele tausend Sachsen wurden von dort in den Westen vertrieben oder kamen um. Damals entstanden im Frankenreich Siedlungen wie Sachsenhausen bei Frankfurt oder Lützelsachsen an der Bergstraße, Sachsenburg in Kärnten und viele andere. Sächsische Frauen gab es im Überfluß, denn ihre Männer waren gefallen. Wenn sie sich nicht taufen ließen, landeten sie auf dem *Sklavenmarkt in Wirten (Verdun)*, wo neben europäischen auch arabische und byzantinische Aufkäufer auf blonde Ware warteten.

Die schwer geschwächte Provinz Sachsen konnte nun endgültig dem Frankenreich eingegliedert werden. Karls Bündnis mit den Slawen kostete ihn zwar die ostelbischen sächsischen Gebiete, doch hatten alle slawischen Stämme östlich der Elbe und der Saale die Hoheit der Frankenkönige anerkennen müssen.

Nicht weit von der Gegend, in der 800 Jahre zuvor die Römer erfolglos gegen Arminius gekämpft hatten, brauchte Karl 30 Jahre, um die sächsischen Nachkommen der Cherusker endgültig zu bezwingen. Allerdings beabsichtigte er nicht, den Sachsen Tribute aufzuerlegen und sie auszubeuten, sondern er machte sie zu einem gleichberechtigten christlichen Mitglied des großen Frankenreiches.

Karls Spanienfeldzug gegen die Mauren 778 und gegen Aquitanien 781 – Die Spanische Mark 801–803: Karls kriegerische Unternehmungen führten in alle Himmelsrichtungen und fanden vielfach zu gleicher Zeit statt:

Anläßlich des *Reichstages von Paderborn* 777 war auch der *Wali Suleiman* (Statthalter) von Barcelona, mit orientalischem Gepränge erschienen. Bei dieser Gelegenheit bat er den König um Unterstützung gegen seinen islamischen Glaubensgenossen, den Kalifen von Córdoba.

So zog 778 Karl mit einem großen Heer über die Pyrenäen – zum Schein gegen Córdoba im Süden Spaniens. Doch drang er in *Barcelona* ein, wo er Suleiman und viele andere gefangennahm. Anschließend wandte er sich nach Westen gegen die Stadt *Zaragoza* am mittleren Ebro, die er jedoch nicht erobern konnte. Dagegen gelang ihm nördlich davon die Einahme von *Pamplona* mit vielen Burgen und Ländereien. Der König beabsichtigte, den Gebietsstreifen zwischen den Pyrenäen und dem Ebro einschließlich Barcelonas und Pamplonas als *„Spanische Mark"* dem Frankenreich anzugliedern.

Auf dem Rückmarsch geriet sein Heer im Tal von *Roncesvalles* nördlich von Pamplona in einen Hinterhalt, den die Söhne Suleimans gelegt hatten. Karl erlitt hier die schwerste Niederlage seines Lebens. Zwar konnte sich das Hauptheer in Sicherheit bringen, aber die Nachhut wurde völlig vernichtet. Viele kamen um, auch der Führer der Nachhut, Pfalzgraf *Roland* (Hruodlandus) von der Britannie, den der König besonders ins Herz geschlossen hatte. Roland ging Jahrhunderte später durch zwei Rolandslieder (deutsch und altfranzösisch) in den Sagenkreis um Karl den Großen ein.

Der ganze Spanienfeldzug erwies sich als Mißerfolg, und Karl ging nie mehr persönlich nach Spanien.

Während des Feldzuges gebar ihm seine zweite Gemahlin, die Alemannenprinzessin *Hildegard*, die ihn bis nach Aquitanien begleitet hatte, Zwillingsknaben. (Hildegard war bei der Hochzeit 15 Jahre alt. Sie starb im Alter von 25 Jahren und wurde in den zehn Ehejahren Mutter von neun Kindern.)

Einer der Zwillinge starb nach zwei Jahren, der andere, Ludwig (der spätere König *Ludwig der Fromme*) wurde als Dreijähriger von Papst Hadrian I. gesalbt und zum König von Aquitanien erhoben, wodurch das südgallische Herzogtum zum Königreich wurde. Damit sollten die Edlen dieses Landes zu treuen *Paladinen* des Reiches werden.

Der junge König Ludwig bekam mit 20 Jahren Gelegenheit, sich in der benachbarten „Spanischen Mark" erste Sporen zu verdienen. 797 war nämlich in Aachen bei König Karl wieder ein Wali von Barcelona erschienen, weil Streitigkeiten unter den Mauren Spaniens ausgebrochen waren. Dadurch kamen die spanischen Pläne Karls wieder in Gang. Entscheiden konnten nur die Waffen, und Ludwig wurde beauftragt, ein aquitanisches Heer, das von fränkischen Abteilungen durchsetzt war, aufzustellen. 801 kam es zur Besetzung Barcelonas, und nach einem weiteren Feldzug waren die arabischen Herren der Mark gezwungen, nach *Aachen* zu kommen und dem inzwischen zum Kaiser gekrönten Karl zu huldigen. Somit wurde die „Spanische Mark" 803 ein Teil des Frankenreiches. Auch der Kalif von Córdoba mußte die vollendete Tatsache anerkennen.

Von nun an gehörten islamische Gesandte zum Bild des Aachener Hofes, und Karl war von dem Wissensstand und der Kultur dieser Männer außerordentlich beeindruckt und beeinflußt.

Karls Awaren-Feldzüge 791 und 795 – Die Awaren- und Slowenenmission ab 803 – Kärnten und Steiermark um 810 endgültig fränkisch und bald deutschsprachig: Die unsicheren Grenzen im Südosten des Reiches veranlaßten Karl, nun auch gegenüber den *Awaren* klare Verhältnisse herzustellen. Das awarische Reich umfaßte das spätere Rumänien, Ungarn, Serbien, Bosnien und im Norden die Slowakei. Es stellte zwischen dem fränkischen und dem byzantinischen Reich einen Machtfaktor dar, der, wie der Fall des Baiernherzogs Tassilo gezeigt hatte, durch Bündnisse leicht Aufstände und Unruhe veranlassen konnte. Auch war die Erwerbung *Kärntens* und der *Steiermark* vom Jahre 772 noch keineswegs endgültig gesichert. Karl bereitete den Feldzug gegen die Awaren sorgfältig vor. Von der langobardischen Provinz *Friaul* aus griff er 791 an. Doch die Awaren leisteten kaum Widerstand.

Der Angriff erfolgte unter dem Befehl von Karls und Hildegards Sohn *Pippin*, dem er die langobardische Königskrone gegeben hatte. (Nicht zu verwechseln mit Karls erstem unehelichen Sohn Pippin dem Buckligen.) Den weiteren Awarenfeldzug überließ Karl allein Pippin, der 795 erneut angriff. Aber wieder fand kein Kampf statt. Die Awaren, einst wilde Reiter aus Innerasien und Sieger über die *Gepiden*, deren Land sie 567 in Besitz genommen hatten, waren in 225 Jahren ohne wesentliche kriegerische Ereignisse reich, aber kampfuntüchtig geworden. So wie sie einst den Germanenstamm der

Gepiden ausgeraubt und vertrieben hatten, wurde das Land nun von den Franken geplündert. Wie *Einhard von Seligenstadt* (770–840), der berühmte Biograph Karls des Großen, berichtete, wurden beträchtliche Schätze erbeutet, wie die arm zu nennenden Franken sie noch nirgendwo vorgefunden hatten. In Aachen, dem Herrschersitz, sammelte sich viel Gold und Silber an.

Mit den nichtchristlichen Awaren wurde noch einige Jahre lang verhandelt, bis sie 803 das Christentum annahmen und sich unterwarfen.

Vom Erzbistum *Salzburg* aus konnte nunmehr die *Awarenmission* nach Osten im Sinne Karls eifrig vorangetrieben werden. Eine volle oder teilweise Angliederung des Awarenlandes ans Frankreich hatte Karl nicht im Sinn. Er begnügte sich damit, das Gebiet zwischen Donau und *Drau* tributpflichtig zu machen. Die Awaren erkannten Karls Oberhoheit über diesen Landesteil an.

Außerdem wurden 803/805, wie erwähnt, mit dem endgültigen Sieg über die Sachsen und nun auch über die Awaren Hoheitsverträge mit allen östlichen Slawenstämmen abgeschlossen, also mit Abodriten, Sorben, Tschechen, Slowaken, Slowenen und Kroaten.

Ebenfalls von Salzburg aus machte die *Slowenenmission* nach Süden Fortschritte, so daß die *Ostmark*, *Steiermark* und *Kärnten* endgültig für das Frankenreich gesichert werden konnten. Ansässige awarische Beamte wurden vertrieben, statt dessen zogen bairische Mönche und Siedler nach, die das Land christianisierten und germanisierten.

Karls „Gottesstaat" und die Kaiserkrönung 800 in Rom – Die Pfalz in Aachen – Die Dänische Mark: Zwischen Byzanz, dem verbündeten südlichen Nachbarn der Awaren, und dem Frankenreich ergaben sich keine Reibungspunkte, zumal Byzanz und die Araber in ständigem Streit lagen. Daß Karl den *Kaisertitel* erworben hatte, gefiel dem Kaiser in Konstantinopel zwar nicht, aber nach einigen Jahren mußte er ihn anerkennen. Im Inneren stritt man sich bereits seit 726 mit verbissenem Für und Wider um die Bilderverehrung in den Kirchen. *Bilderstürmer* vernichteten viele hervorragende Kunstwerke. Die Auseinandersetzungen um diesen *„Ikonen-Kult"* dauerte 117 Jahre (bis 843) und erschütterte den Zusammenhalt des Kaiserreiches ernstlich.

Karl hatte nun die Grenzen seines Reiches und auch die Einflußgebiete im Osten und Südosten festgelegt. Vor allem aber war ihm sein Plan gelungen, im gesamten Reich das katholische Christentum zu verankern und damit den *„Christlichen Gottesstaat"* zu schaffen.

König Karl war fast sein ganzes Mannesleben als Krieger tätig gewesen. Alljährlich im Frühjahr hatte er an einem geeigneten Ort sein Heer auf dem *„Märzfeld"* oder *„Maifeld"* versammelt. Von da aus zog man in wochenlangen Märschen dem Feind entgegen.

Allerdings kannte man nicht mehr die 80000 oder 100000 Mann starken Heere vergangener Jahrhunderte. Im höchsten Fall betrug die Stärke 10000 Mann Fußvolk und 3000 Reiter, meist aber weniger. Die Bewaffnung war zwar noch ähnlich wie früher, doch die Qualität weit besser. Vor allem wußte man härteren Stahl für Schwerter, Lanzenspitzen, Schilde und Helme herzustellen, was geringeres Gewicht ermöglichte und damit weit bessere Beweglichkeit. Auch kannte man bereits den *Harnisch* aus dünnem Stahlblech, meist als Schulter- und Brustschutz; die Reiter hatten zusätzlich den Oberschenkelschutz. Der *fränkische Krieger* war bestens bewaffnet und hervorragend ausgebildet. Das alles, gepaart mit der bekannten germanischen Tapferkeit, machte den erfolggewohnten fränkischen Krieger bei seinen Feinden allgemein gefürchtet.

Nach Beendigung eines Feldzuges pflegte Karl seine weltlichen und geistlichen Fürsten auf einem *Reichstag* in eine geeignete Stadt zu berufen. Dabei beriet man über Friedensbedingungen oder weitere kriegerische Notwendigkeiten. Auch Gericht wurde gehalten, wie z. B. seinerzeit über Tassilo oder Pippin den Buckligen. Neue Gesetze über die innere Organisation standen zur Beratung an. Dabei entwickelten sich mit der Zeit die sogenannten *„Kapitularien"*, die feste Rechtsordnung Karls, gültig für das ganze Reich.

Die Erfahrung hatte es Karl mehr und mehr als großen Mangel empfinden lassen, daß ihm keine feste Residenz zur Verfügung stand. Gesandte aus aller Welt und er selbst mußten hierhin und dorthin reiten, um sich zu treffen. So entschloß er sich, 796 die kleine Stadt *Aachen* (das alte römische Aquae Grani), die unweit von seinem Geburtsort Heristall am Nordrand der Eifel lag, zum Mittelpunkt des Frankenreiches auszubauen. Die *Aachener heißen*, schwefelhaltigen Kochsalz*quellen*, in denen zu baden dem älter werdenden König und seinem Gefolge nach wochenlangen Ritten schon oft Erholung gebracht hatte, mag bei der Wahl des Ortes eine Rolle gespielt haben.

Jedenfalls begann eine Zeit emsigen Bauens, dessen Hauptwerk Karls großartige *Pfalzkapelle* war. Dieser Kuppelbau war damals erstmalig nördlich der Alpen. Er ist das achteckige Mittelstück des Aachener Domes, dem in späterer Zeit nach und nach die heutige Form gegeben wurde. In der Kapelle ließ Karl, sechs Stufen erhöht, seinen *Thronsessel* errichten, ein wuchtiger eichener Kastensitz, umkleidet von Marmorplatten.

Die Päpste in Rom hatten König Karl während seiner Regierungszeit stets unterstützt und aufgewertet, und das gegenseitige Verhältnis war gut. Im Jahre 800 reiste Karl nach Rom, wo er am Weihnachtstag von Papst *Leo III.* zum Kaiser gekrönt wurde. Damit erkannte der Papst den fränkischen Kaiser als ersten Beschützer der christlich-katholischen Kirche an und gleichzeitig erneut dessen Recht, die geeigneten *Bischöfe* und *Äbte* (Klostervorsteher) selbst auszuwählen und zu ernennen. Der Kaiser hatte die höchste weltliche Würde über Könige und Herzöge des Reiches und wurde vom Klerus als Nachfolger der weströmischen Kaiser betrachtet. Hingegen wurde dem Papst als Oberhaupt der katholischen Christenheit letzte Entscheidung in geistlich-dogmatischen und kirchenorganisatorischen Angelegenheiten zuerkannt. Das alleinige *Recht der Kaiserkrönung* wollte Leo III. auch in Zukunft für die Päpste beanspruchen, was aber Karl für seine Nachfolger nicht anerkannte.

Der Kaiser überließ von nun an die Durchführung abschließender, kriegerischer Auseinandersetzungen seinen Feldherren. In Aachen hielt er Hof. Bald war Aachen in aller Munde gleich Rom und Konstantinopel. Gesandte aus aller Welt, kirchliche Würdenträger und Edle des Frankenreiches sowie Gelehrte und Künstler von Rang und Namen kamen nach Aachen zum Hofe Kaiser Karls.

Neben dem Baumeister der Pfalz und Pfalzkapelle, *Odo von Metz*, lebte der universal gebildete *Einhard von Seligenstadt* am Hofe Karls. Einhard, auch als Baumeister tätig, wurde der Vertraute des Kaisers und schrieb später dessen Lebensgeschichte (*Vita Caroli Magni*). Aus England berief Karl den angelsächsischen Wissenschaftler Alkuin (733–804) in sein Reich und zeitweise auch nach Aachen. Er beriet Karl in den grundlegenden Gedanken des geplanten christlichen Gottesstaates, gründete Schulen und war Lehrer an der Klosterschule von Tours.

In den Aachener Hofwerkstätten entstanden Werke der Schmiedekunst, Bildhauer- und Steinmetzarbeiten sowie Malereien für die Kaiserpfalz und die Häuser der Edlen. Die Goldschmiede bekamen Aufträge vom Hof (z. B. *Stephansbursa, Kanne Karls* des Großen) und vom Adel.

Die *Schatzkammern* des Kaiserhofes waren berühmt. Karl war ungeheuer reich geworden, denn die besten Beutestücke seiner siegreichen Feldzüge kamen nach Aachen. Das war kein Raub, sondern seit altersher Recht und Gepflogenheit aller siegreichen Herrscher. So kamen langobardische, gotische, awarische und maurische Kunstschätze in Karls wohlbehütete Gewölbe. Ferner war es üblich, das Gesandte fremder Völker wertvolle Geschenke überbrachten. Auch Sammlungen von Waffen aller Art, Bibliotheken, antike Kunstwerke wie Fibeln, Gürtel und Schmuckstücke aus Gold oder Silber mit Edelsteinen, Reliquien, Kultgeräte, golddurchwirkte Prunkmäntel, Münzen vieler Länder, überhaupt Wertgegenstände aus aller Welt waren gehortet. Der Kaiser zeigte allen Besuchern stolz seine Schätze und war überaus großzügig mit Gegengaben.

Vom Abschluß des Awaren-Unternehmens bis zu seinem Tod blieben dem Kaiser noch zehn Jahre, ohne daß er hätte größere Kriege führen müssen. Nur einmal noch, 810, bedrohten die Dänen Karls Nordgrenze. Der Dänenstaat hatte sich unter dem König *Godfred* gerade gebildet, und zum Schutze gegen die Franken war ein 17 km langer Schutzwall *„Danewerk"* zwischen Treene und Schlei errichtet worden. Godfred wagte nun einen Angriff gegen die Franken in der Absicht, sein Land nach Süden zu erweitern. Der Kriegszug mißlang, und der König fiel. Obwohl die Dänen noch keine Christen waren, verzichtete Karl auf einen größeren Gegenschlag. Er ließ lediglich das Landstück zwischen dem bisherigen Grenzfluß *Eider* und dem „Danewerk-Wall" besetzen und der *„Dänischen Mark"* (= Westholstein) angliedern.

Der Kaiser nutzte die friedlichen Jahre eifrig, im ganzen Reich neue Bauernsiedlungen anzulegen, denn die Bevölkerungszahl nahm allgemein zu. So kamen viele einstige Krieger zu Landbesitz. Auch das Straßennetz wurde dichter, es war zwar holprig, staubig oder schlammig, doch geeignet für Kaufmannswagen, die den Handel zwischen Städten und Dörfern betrieben, sowie für Reiterstaffetten und *„Königsboten"*. Die regelmäßige Verbindung aller Herzogtümer und Grenzmarken mit der Herrscherzentrale Aachen wurde somit im wesentlichen gewährleistet.

Überall fand ein kräftiger Wirtschafts- und Wohlstandsaufschwung statt, woran alle Völker des Reiches teilhatten, ob germanischer, gallischer, romanischer, arabischer, slawischer oder awarischer Herkunft.

Die militärische Sicherung der Reichsgrenzen erfolgte durch *Wehrburgen*, die in allen Marken schon bald nach Karls Regierungsantritt erbaut wurden. Die Edlen aller Landesteile hatten jederzeit persönlich zur Verfügung zu stehen, wenn der Kaiser rief. Es war genau vorgeschrieben, wie viele wehrhafte Männer sie aufbieten mußten und welche Bewaffnung zu stellen war. Das richtete sich nach Bevölkerungszahl, Ausdehnung und Wohlstand der Gebiete. Um allen gerecht zu werden, wurde abgewechselt. Junge Männer, die schnell Mönche werden wollten, um dem Kriegsdienst zu entgehen, hatten wenig Chancen, im Kloster aufgenommen zu werden, denn dort wurden sie streng auf geistige Eignung geprüft. Die Äbte mußten außerdem beim Bischof Rechenschaft über die Zahl ihrer Mönche ablegen.

Kaiser Karl hatte seinen Staat fest in der Hand. Kein Herzog dachte mehr an Aufstand oder Ungehorsam. Das *Frankenreich* bildete eine echte Einheit. Das Verhältnis zwischen Kaiser und Papsttum war gut geregelt und schien auch für die Zukunft gesichert. Das Christentum und die katholische Kirche verdankten dem Kaiser einen gewaltigen Aufschwung.

Kaiser *Karl der Große* starb 814 im Alter von 72 Jahren. Zur Grabstätte hatte er seine Pfalzkapelle in Aachen bestimmt. Heute könnte man ihn als den Gründer des *Abendlandes* und den ersten Herrscher Europas bezeichnen. Nicht nur wir Deutschen empfinden ihn als einen der Unseren, auch die Franzosen sehen in ihm ihren einstigen Herrscher *Charlemagne*. Ja, sie haben sogar ihrem Lande den Namen Frankreich (La France) gegeben, also nach dem germanischen Großstamm der Franken, dem Karl angehörte. Die Italiener haben allerdings diese enge Verbundenheit nie recht finden können, doch auch sie haben ihn allezeit als *Carlo Magno* (*Carolus Magnus*, lat.) anerkannt.

Wie Karl ausgesehen hat, weiß man nicht genau. Doch hat man sich aus gewissen Bemerkungen in den Schriften Einhards und anderer Geschichtsschreiber ein Bild über seine Erscheinung machen können: Er soll eine majestätische Erscheinung von über 190 cm gewesen sein, in Auftreten und Sprechweise unbedingt überzeugend, mit strengen, aber gütigen Gesichtszügen. Als Mann mit einmaliger Ausstrahlung wirkte er auf Männer und Frauen ungemein anziehend. Karl war fünfmal rechtmäßig verheiratet und hatte weitere fünf (bekannte) nicht angetraute Frauen. Man weiß von 18 Kindern. Karl sorgte dafür, daß diese meistens *Äbte* oder *Äbtissinnen* wurden.

Laut seinem Testament löste der Kaiser fast den gesamten Reichtum seiner Schatzkammern durch Schenkungen an Erzbistümer, Klöster, Städte und die Armen auf. *Einhard von Seligenstadt* dürfte der Testamentsvollstrecker gewesen sein. Von all diesen Schätzen ist heute nicht mehr allzuviel vorhanden, denn viele der Klöster und Städte wurden im Verlauf der späteren Jahrhunderte gebrandschatzt. Doch immer wieder (bis heute) tauchte da und dort eine Handschrift, eine Waffe oder ein Schmuckstück auf, welches von der Wissenschaft einwandfrei als aus der Zeit Karls stammend erkannt werden konnte.

Karls Sammlung über das Germanentum: Leider entstand aus Karls Nachlaß schon bald nach seinem Tod ein unersetzlicher Verlust: In seiner Bibliothek befand sich eine Sammlung von Unterlagen über alles, was bis zu seiner Zeit vom gesamten Germanentum bekannt war. Er hatte eifrig sammeln lassen, wessen er habhaft werden konnte. Er selbst wußte viel über seine eigenen Vorfahren und deren Taten. Alles hatte er aufschreiben lassen. Natürlich war manches über vorchristliches Brauchtum darunter. Karls Sohn und Nachfolger, Ludwig der Fromme, ließ auf Betreiben christlicher Eiferer die ganze Sammlung vernichten, um dieses „Teufelswerk" ein für allemal aus der Welt zu schaffen. Die Toleranz früherer Mönche, die bemüht waren, die Werte des Altertums zu erhalten und mit dem Christentum zu verquicken, war also bedenklicher Unduldsamkeit gewichen.

Zum Glück wurde später, vor allem in unserer Zeit, mit modernen wissenschaftlichen Mitteln vieles über unsere germanischen Vorfahren neu erforscht, so daß der Verlust zweifellos gemildert werden konnte. Doch riesengroß ist er noch immer.

Ludwig der Fromme (778–840), König und Kaiser seit 813

Das altgermanische Recht, wonach dem Tüchtigsten im Stamme die Königswürde zustand, war im Frankenreich durch das Erbrecht abgelöst worden. Danach erbten alle Söhne aus rechtmäßigen Ehen dieselben Rechte:

Bereits die Söhne Chlodwigs I. wurden alle zu gleichrangigen Königen erhoben, und jeder gebot über einen Teil des Reiches. Bei Uneinigkeit sollte der Älteste oder die Mehrheit entscheiden. Doch bald gerieten sie sich in die Haare.

Bei den Merowingern brachten Bruderzwiste in späterer Zeit das Reich in Machtlosigkeit und schließlich zur Auflösung.

Der erste Karlmann verzichtete jedoch rechtzeitig zugunsten seines tüchtigen Bruders Pippin des Jüngeren, indem er freiwillig ins Kloster ging.

Bei Pippins Söhnen mußte sich Karl erst mit dem Bruder, dem zweiten Karlmann, auseinandersetzen, der aber nach drei Jahren verstarb.

Warum Karl der Große keine Änderung der *Erbordnung* herbeiführte, blieb rätselhaft, denn die Macht dazu dürfte er besessen haben. Im Gegenteil, er plante bereits, wie er sein Reich unter den drei Söhnen Karl, Pippin und Ludwig aufteilen könnte. Zwar hatte er den Kaisertitel für das Reich neu geschaffen, und der Kaiser sollte über allen anderen, auch den Königen stehen. Aber diese Regelung setzte voraus, daß der Kaiser auch die höchsten Fähigkeiten besaß.

Doch die Söhne Karl und Pippin starben vor dem Vater, und nur Ludwig blieb am Leben, den der kränkelnde Kaiser 813 in Aachen zum Mitregenten erhob. Ludwig war damals 35 Jahre alt.

Doch dieser war kein Karl der Große, wohl guten Willens, aber als Herrscher über ein so mächtiges Reich zu schwach. Obwohl sein Vater ihn bereits zum Kaiser gemacht hatte, ließ er sich aus Frömmigkeit von Papst *Stephan IV.* nochmals krönen, womit er der Kurie das wichtige *Krönungsrecht* freiwillig überließ. Das heikle Problem der Thronfolge wollte er schon im dritten Jahr seiner Regierung mit seinen drei Söhnen folgendermaßen regeln:

Lothar, 22 Jahre alt, sollte Mitkaiser und Nachfolger werden, Pippin, 20 Jahre alt, König in Aquitanien und Ludwig, 11 Jahre alt, König in Baiern und Kärnten.

Ludwig des Frommen erste Gemahlin starb 818, und 823 gebar seine zweite Gemahlin, die bairische Grafentochter *Judith*, einen Sohn Karl. Judith verlangte bald, daß die geplante Erbordnung außer Kraft gesetzt werden sollte, damit auch ihr Sohn gebührend bedacht werde. Die drei älteren Söhne aus erster Ehe widersetzten sich, und 833 standen sich bei *Kolmar* im Elsaß auf dem sogenannten *„Lügenfeld"* die Heere des Vaters und der drei Söhne gegenüber. Doch es kam nicht zur Schlacht, weil des Kaisers Heerführer zu den Söhnen überliefen. Ludwig der Fromme wurde als Gefangener an Lothar ausgeliefert. Dieser zwang seinen Vater in der Kirche von Soissons öffentlich abzudanken, ein Sündenbekenntnis, Schwert und Königskleidung abzulegen und sich im *Büßergewand* in Klosterhaft abführen zu lassen. Die Stiefmutter Judith wurde nach Italien verbannt.

Aber bald befreiten die Brüder Pippin und Ludwig den Vater und setzten ihn wieder als Kaiser in Amt und Würden ein. Der Streit zwischen Vater und Sohn Lothar ging weiter, bis man sich schließlich bereitfand, doch eine neue Erbteilung auszuhandeln.

838 starb Pippin und im Jahre 840 auch der Vater, Ludwig der Fromme, nachdem er seinen aufsässigen Söhnen verziehen hatte.

Der Reichsteilungsvertrag von Verdun 843 unter Ludwigs drei Söhnen: Nun ging der Hader zwischen Lothar und den Brüdern Ludwig und Karl weiter. Schließlich kam es 842 bei *Fontanetum* (zwischen Paris und Dijon) zur Schlacht, in welcher Lothar besiegt wurde. Bei Straßburg einigten sich Ludwig und Karl in aller Öffentlichkeit auf zukünftiges gemeinsames Vorgehen („*Straßburger Eide*"); sie zwangen Lothar zur Reichsteilung.

Lothar I. (795–855), König und Kaiser von Mittelfranken seit 843 Ludwig der Deutsche (806–876), König von Ostfranken seit 843 Karl der Kahle (823–877), König von Westfranken seit 843, Kaiser seit 875

Im Vertrag von Verdun (Wirten) wurde das Frankenreich in drei Teile aufgeteilt: *Westfranken, Mittelfranken* und *Ostfranken.*

Lothar I. erhielt die Kaiserwürde und bekam den mittleren Reichsteil, bestehend aus Mittelitalien, der Lombardei mit Friaul, der Provence, Burgund mit der Westschweiz, alles linksrheinische Land vom Elsaß bis zur Rheinmündung (später *Lotharingien* genannt) und Friesland.

Karl der Kahle (Judiths Sohn) wurde König über Aquitanien, die „Spanische Mark" und Flandern; er erhielt also den Westteil des Frankenreiches, aus dem sich später das Land Frankreich entwickelte. Die Bretagne, die Halbinsel im Nordwesten, blieb selbständig, erhielt sich teilweise ihre keltische Sprache und Kultur bis heute und kam erst 1532 durch Heirat an Frankreich. Die *Bretonen* waren im 5. und 6. Jahrhundert aus Cornwall in Britannien infolge angelsächsischen Druckes über den Kanal gekommen.

König *Ludwig der Deutsche* erhielt den Ostteil des Frankenreiches, also die Stammesherzogtümer Sachsen, Franken mit der Rheinpfalz, Alemannien mit der Schweiz östlich der Aare, Baiern mit der Ostmark und Kärnten einschließlich der Halbinsel Istrien. Auch die *Lehenshoheiten* über die slawischen Ostgebiete bis zur unteren Oder, also die Nordmark, die Sorbische Mark, Böhmen, Mähren, die Pannonische Mark vom awarischen Reich (Ungarn), Kroatien und Dalmatien bekam Ludwig der Deutsche. Allerdings waren diese Lehensgebiete mit großen Unsicherheiten belastet.

Die drei Brüder herrschten völlig selbständig in ihren Ländern, keiner hatte mehr das Recht, über die anderen zu bestimmen, auch der Kaiser nicht. Wie lange man sich daran hielt, stand allerdings auf einem anderen Blatte.

Jedenfalls hatte man das Frankenreich ohne Rücksicht auf Sprachgrenzen geteilt. Gebiete gleicher Sprache waren zwar im damaligen Bewußtsein noch nicht wichtig, doch war die Grundlage zu den mitteleuropäischen *Nationalstaaten* Deutschland, Frankreich und Italien gelegt. Der bis heute nicht beendete Grenzstreit sollte bald beginnen.

Da Ludwig König über die meisten deutschsprachigen Herzogtümer geworden war, erhielt er später den Beinamen „der Deutsche". Deshalb konnte er auch als der erste deutsche König angesehen werden, obwohl das politische „Deutsche Reich" zu seiner Zeit noch nicht bestand, sondern sich erst langsam entwickelte. Zunächst sprach man noch von Ostfranken.

Das Wort *„deutsch"* gab es übrigens damals nicht. In der fränkischen und alemannischen Mundart sprach man von *„teutsch"*. Das Stammwort war *„diot"* = Volk oder Gemeinschaft, auch Heeresgemeinschaft. In der latinisierten Form *„theodisce"* wurde das Wort erstmals in einer Rechtsurkunde von 786 verwendet. Die Italiener sagen heute „Tedesco", wenn sie von einem Deutschen sprechen. Das erste Teutsche Reich bis 1806 war von den Teutschen bewohnt. Erst danach schrieb und sprach man rückwirkend und zukünftig vom Deutschen Reich und den Deutschen.

Auch Frankreich als Nation gab es nicht, das war vorerst noch Westfranken, obwohl auch Karl der Kahle als erster König von Frankreich zu bezeichnen war.

Als Kaiser Lothar I. 855 starb, wurde Mittelfranken unter dessen drei Söhnen aufgeteilt, und zwar in Italien, die Provence und Lotharingien (= Lothringen zwischen Genfer See und Schelde-Mündung an der Nordsee).

Doch als 863 Karl von der Provence und 869 Lothar II. von Lotharingien starben, erhoben ihre Oheime Ludwig der Deutsche und Karl der Kahle Ansprüche auf die frei gewordenen Gebiete.

Der Teilungsvertrag von Mersen 870: In Mersen (dem heutigen Maastricht in den Niederlanden) einigte man sich darauf, daß Ost-Lotharingien an Ostfranken und West-Lotharingien sowie der Nordteil der Provence (= Hoch-Burgund) an Westfranken kamen.

Als auch Ludwig, der dritte Sohn Lothars I., König von Italien, 875 starb, setzte es Karl der Kahle durch, daß er den Neffen in Italien beerbte und bald danach von Papst *Johannes VIII.* (gest. 882) in Rom zum Kaiser gekrönt wurde.

Ludwig der Jüngere (um 835–882), König seit 876

Karl der Kahle erhob nun unter Mißachtung des Vertrages von Mersen wieder Anspruch auf ganz Lotharingien. Die Waffen mußten entscheiden. Doch während der Vorbereitung des Kriegszuges starb 876 Ludwig der Deutsche im Alter von 70 Jahren. Dessen Sohn, König Ludwig der Jüngere, traf kurz danach bei *Andernach* auf seinen Oheim Karl den Kahlen und schlug ihn vernichtend. Karl hatte sich übernommen, und er mußte auch erleben, daß sich sein Sohn und die Edlen des Landes gegen ihn stellten. 877 starb er.

Vertrag von Ribémont 880: Nunmehr beherrschte König Ludwig der Jüngere neben den ererbten deutschen Herzogtümern auch ganz Lotharingien, was er sich 880 im Vertrag von Ribémont (nördlich Paris) von den Nachfolgern Karls des Kahlen bestätigen ließ.

Die Provence (= Nieder-Burgund) und Hoch-Burgund wurden selbständige Königreiche. Eine Generation später erfolgte 934 die Wiedervereinigung zum Königreich *Burgund* (französisch = Arelat).

Zwischen Deutschland und Frankreich war eine Grenzlinie entstanden, die bis 1648 nach mehreren Anfechtungen und kleineren Änderungen in der Hauptsache Bestand hatte. Beträchtliche Gebiete, die heute französischsprachig sind, waren bis 1648 deutschsprachig oder noch bis ins 18. Jahrhundert zweisprachig.

Ludwig der Jüngere bezwang bald die unruhigen Stammesherzöge in seinem Ostreich und sorgte für Ordnung und Zusammenhalt. Leider starb dieser tüchtige König schon nach sechsjähriger Regierungszeit 882 im Alter von 47 Jahren.

Karl der Dicke (839–888), König seit 876, Kaiser von 881–887

Er war der Bruder Ludwigs des Jüngeren und hatte von seinem Vater Ludwig dem Deutschen das Stammesherzogtum Alemannien geerbt, ebenso den Königstitel wie sein älterer Bruder.

Ohne sein Zutun ergab es sich, daß das gesamte Frankenreich Karls des Großen noch einmal für etwa 15 Monate unter seinem Zepter vereinigt wurde. Das kam folgendermaßen zustande:

Als 877 Karl der Kahle starb, ging dessen italienischer Besitz an einheimische Fürsten über. Doch durch Erbschaft gelangte die nun lombardische, nicht mehr langobardische Königskrone mit den übrigen Teilen Italiens, die zu Mittelfranken gehört hatten, 879 an Karl den Dicken. Und da auch die Kaiserwürde dazugehörte, erfolgte 881 die Kaiserkrönung durch Papst Johannes VIII. in Rom. Da es weiterhin auch in Westfranken drunter und drüber ging, sahen sich die dortigen Edlen veranlaßt, dem Karolinger Karl dem Dicken 885 ihre Königskrone anzutragen. Damit war tatsächlich das Reich des Urgroßvaters wieder beisammen.

Karl der Dicke war krank, träge und unfähig. Im Süden bedrängten die *Sarazenen* Italien, im Norden unternahmen immer wieder „heidnische" Normannen von der *Normandie* an der Seine-Mündung aus Raubzüge nach Aquitanien und zum Niederrhein. Schon 881 hatten sie Trier, Lüttich, Aachen und Köln gebrandschatzt, doch waren sie von Ludwig dem Jüngeren 881 in der Schlacht von *Saucourt* an der Somme-Mündung schwer geschlagen worden. 885 tauchten die Normannen wieder auf und belagerten die Stadt Paris, die sich tapfer verteidigte. Zwar rückte Karl endlich – nach über einem Jahr – mit einem Entsatzheer an, aber es kam nicht zum Kampf, weil Karl den Abbruch der Belagerung dadurch erreichte, daß er den Normannen Burgund zur Plünderung überließ.

Aus Empörung darüber wurde der unfähige Kaiser auf einer Reichsversammlung 887 abgesetzt. Ruhmlos starb er wenige Monate danach.

Arnulf von Kärnten (850–899), König seit 887, Kaiser seit 896 und sein Sohn Ludwig das Kind (893–911), König seit 900, unmündig

Ludwig der Deutsche hatte außer Ludwig dem Jüngeren und Karl dem Dicken noch einen dritten Sohn, *Karlmann* (gest. 880). Obwohl dieser der älteste Sohn war, kam er aus gesundheitlichen Gründen für Regierungsgeschäfte nicht in Frage. Doch hatte Karlmann einen Sohn Arnulf, der seit des Vaters Tod die Markgrafschaft Kärnten besaß. Er war schließlich der einzige Erbe in Ostfranken, denn seine Oheime waren kinderlos geblieben.

Arnulf wurde mit 37 Jahren König, war tüchtig und erfolgreich, betrieb aber keine fränkische Großreichspolitik mehr, sondern beschränkte sich auf den Osten und Süden. Den Westteil überließ er den sich dort streitenden Parteien.

In der ruhmreichen Schlacht bei *Löwen* besiegte Arnulf 891 die erneut eingefallenen *Normannen* so entscheidend, daß diese hinfort keine Angriffe mehr nach Osten wagten.

895 zog Arnulf nach Italien, erwarb die lombardische Königskrone und den übrigen italienisch-fränkischen Besitz. 896 krönte ihn der Papst in Rom zum Kaiser des Ostfränkischen Reiches, welches hinfort für sich und Italien die Kaiserwürde beanspruchte. Der Westteil begnügte sich seitdem mit dem Königtum.

Gegen Kaiser Arnulf traten nun im Osten sehr bedrohliche Gegner auf: Ab etwa 850 hatten slawische Fürsten aus Slowaken, Tschechen und anderen Volksteilen das *Großmährische Reich* errichtet. Dadurch waren die Hoheitsverträge dieser Stämme mit dem Frankenreich hinfällig geworden.

Nunmehr drangen seit 895 aus Südrußland wilde *Magyaren-Scharen* – selbst von türkischen Nomaden verdrängt – ins Gebiet der Awaren ein und gründeten das *Ungarische Reich.* Mit diesen verbündete sich Arnulf gegen das Großmährische Reich.

Doch 899 starb der Kaiser, erst 49 Jahre alt, und sein einziger Sohn war ein sechsjähriges Kind.

Ludwig das Kind stand unter der Vormundschaft des Erzbischofs *Hatto von Mainz* und anderer Geistlicher. Das waren zwar gutgesinnte Männer, die aber den kriegerischen Aufgaben nicht gewachsen waren. Ohne deren erfolgreiche Bewältigung hatte aber ein Binnenstaat, der das fränkische Ostreich ja nun geworden war, kaum Überlebenschancen.

Das war bald zu spüren, denn die Ungarn hielten sich nach Arnulfs Tod keineswegs mehr an den Bündnisvertrag, sondern begannen mit regelmäßigen, verheerenden Plünderungszügen nach Baiern, Kärnten und Thüringen. Niemand war zur Hand, der sie daran gehindert hätte. 908 zerstörten die Ungarn das Großmährische Reich und waren somit zu einer beachtlichen Macht emporgestiegen.

Als Ludwig das Kind endlich ins Mannesalter kam, starb er plötzlich mit 18 Jahren. Damit war im Ostreich das Geschlecht der Karolinger erloschen.

Aber auch im Westreich wurde 898 ein junger Mann von 19 Jahren König, der der letzte Karolinger überhaupt sein sollte, denn er starb kinderlos. Das war *Karl der Einfältige* (879–929). 923 setzten ihn die französischen Fürsten ab und hielten ihn bis zu seinem Tode gefangen. In seine Regierungszeit fiel 911 die endgültige Anerkennung der *Normandie* als westfränkisches Herzogtum. Wie berichtet, nahmen diese Normannen gleichzeitig das Christentum an.

Das Frankenreich hatte also fast 500 Jahre lang die Geschicke Europas bestimmt oder beeinflußt. Nach vielen Wechselfällen war ein Großreich entstanden, welches als Religion nur das Christentum duldete. Damit ergab sich eine Kulturentwicklung, die aus der Verschmelzung griechischen, römischen, germanischen und christlich/jüdischen Gedankengutes entstanden war.

Die europäischen *Nationalstaaten* organisierten sich erst sehr allmählich innerhalb ihrer Sprachgrenzen, die allerdings aufgrund angeblicher historischer Ansprüche gegenseitig nie unbedingt anerkannt wurden. Daraus entstand bis zum heutigen

Tage eine nicht enden wollende Kette von politischen und kriegerischen Auseinandersetzungen, die den weiteren Ablauf der europäischen Geschichte maßgeblich mitbestimmten.

Das Erste Deutsche Reich im Hochmittelalter, 911–1254

Der Frankenkönig 911–918

Konrad I. (gest. 918), Deutscher König seit 911

Den Beginn der Geschichte des Deutschen Reiches kann man auf das Jahr 843 festlegen, als im Teilungsvertrag von Verdun (= Wirten) König Ludwig der Deutsche den Ostteil des Frankenreiches erhielt. Ebenso wäre das Jahr 896 gerechtfertigt, als sich König Arnulf von Kärnten in Rom zum Kaiser des Ostfränkischen Reiches krönen ließ.

Doch mit dem Tode des letzten Karolingers im Ostreich, Ludwig das Kind, galt das Frankenreich als endgültig erloschen, zumal der wirklich letzte Karolinger, Karl der Einfältige (gest. 929) vom Westreich, keinen erblichen Nachfolger zu erwarten hatte.

Es ging im Gebiet der Deutschen nicht um einen Nationalstaat, sondern um die Fortsetzung des römischen Kaisertums, um einen christlichen Staat ohne nationale Grenzen, um einen Staat vieler Nationen. Wir nennen ihn hier zwar „Erstes Deutsches Reich", doch trug er diesen Namen nie. Er hieß „Das Reich". Erst im 15. Jahrhundert kam die Bezeichnung „Heiliges Römisches Reich Deutscher Nation" auf. Es gehörten ihm außer den meisten Deutschen alle Tschechen und lange auch viele Italiener, Franzosen und Teile anderer Völker an. Doch Europa hatte den nur teilweise richtigen Eindruck, dieses Reich der Mitte sei ein Reich der Deutschen.

Der Beginn der Staaten Deutschland und Frankreich war für beide denkbar ungünstig. In Frankreich ging es drunter und drüber, und im Deutschen Reich mußte ein geeigneter König gefunden werden, der in der Lage war, die furchtbare *Ungarnplage* zu beseitigen.

Die vier deutschen Stammesherzöge von Sachsen, Franken, Baiern und Schwaben wählten 911 einen der Ihren zum neuen König, den Franken Konrad I. Doch dieser hatte nicht die Fähigkeit, sich durchzusetzen. Sein schroffes Wesen traf allseitig auf Widerstand, so daß der lothringische Graf *Reginar* den Austritt aus dem Deutschen Reich und seine Grafschaft als zu Frankreich gehörig erklärte. Konrad erkannte das zwar nicht an, aber etwas dagegen zu tun, war er auch nicht fähig. Am kritischsten verhielt sich Herzog Heinrich von Sachsen, ein Mann, der feste Vorstellungen hatte, wie man der Schwierigkeiten Herr werden könnte. Doch Konrad war nicht geeignet, die Vorschläge Heinrichs zu verwirklichen.

Als Konrad nach sieben Jahren schwer erkrankte, schlug er auf dem Totenbette großherzig als Nachfolger eben diesen seinen Widersacher, den Herzog Heinrich, vor, wohl ahnend, daß eine solch starke Persönlichkeit die Kraft haben würde, innere Zwietracht und äußere Feinde zu bezwingen.

Konrad hatte seinen Bruder *Eberhard* veranlaßt, auf die Nachfolge zu verzichten. Es wurde erzählt, daß Herr Heinrich gerade am *Vogelherde* saß (beim Finkenfang), als man ihm Eberhards Verzicht durch einen Boten mitteilte. Das bedeutete, daß er König werden würde. Bei der Königswahl übergab Eberhard an Heinrich die *Reichskleinodien*, Krone, Schwert, Zepter und den Krönungsmantel mit den goldenen Spangen in feierlicher Form.

Die Sachsenkönige und -kaiser, 919–1024, die Ludolfinger

Heinrich I. (876–936), Deutscher König seit 919

Dieser erste Sachsenkönig wurde nur von den Sachsen und Franken gewählt. Beide Stammesherzogtümer waren in den vergangenen 100 Jahren unter Förderung und Schutz der Kirche zu einer politischen Einheit zusammengewachsen. Heinrich trat ein schweres Erbe an, doch war er fest entschlossen, zuerst die Einigkeit der deutschen Herzogtümer wiederherzustellen, denn nur dann waren die äußeren Feinde zu bezwingen. Er ging dabei klug, vorsichtig und schrittweise vor. Um sich nicht allzusehr über die Herzöge zu erheben, lehnte er sogar den Kaisertitel ab. Er stärkte aber beharrlich seine *Königsmacht*, indem er den Herzögen beschränkte Sonderrechte zugestand, andererseits jedoch unbedingte *Reichstreue* verlangte und aufgrund seiner Persönlichkeit auch erhielt.

Im Gegensatz zu Konrad, seinem Vorgänger, war Heinrich von ruhigem, ausgeglichenem Wesen. Er überlegte sorgfältig, bereitete seine Unternehmungen genauestens vor, um dann auch des Erfolges sicher sein zu können. Im Verhandeln war er geduldig und zäh.

Als festeste Stütze konnte sich Heinrich auf den *Klerus* verlassen. Freilich war es auch die immerwährende *Ungarnnot*, die Herzöge und Bischöfe zur Königstreue anhielt, denn in Uneinigkeit konnten sie gegen diesen Feind nichts ausrichten. Hinzu kam, daß die germanischen Stämme in den vergangenen 80 Jahren eben doch schon eine Zusammengehörigkeit mit gemeinsamer Sprache (von den Mundarten abgesehen) und Kultur entwickelt hatten. Die wichtige lothringische Frage galt es unbedingt zu lösen: Nach langen Verhandlungen wurde die gesamte Grafschaft Lotharingien (das linksrheinische Land zwischen der Schelde-Mündung und Burgund) in ein Herzogtum umgewandelt, und Graf *Giselbert*, der Sohn des abtrünnigen Grafen Reginar, in den Herzogsstand erhoben. Frankreich war handlungsunfähig und mußte das ihm so leicht zugefallene große Gebiet wieder aufgeben.

Heinrichs Siege über die Slawen, Ungarn und Dänen 928–934: Nun wurde die schwierige Hauptaufgabe, die Verhinderung der Ungarneinfälle und der *slawischen Raubzüge*, gemeinsam angegangen. Durch einen glücklichen Zufall konnten die Sachsen einen bedeutsamen magyarischen Edlen als Gefangenen einbringen. Gegen dessen Auslösung handelte Heinrich einen *neunjährigen Waffenstillstand* ein, der aber nur für das Herzogtum Sachsen galt. Außerdem mußte das Reich alljährlich *Tribut* zahlen. Immerhin bekam Heinrich dadurch wenigstens gegen die ebenfalls räuberischen Slawen im Osten freie Hand. Er hatte bald nach Abschluß des Waffenstillstandes begonnen, sein Heer, besonders aber die Reiterei umzuschulen. Dabei übernahm er die Kampfart der Ungarn und verbesserte sie noch. In den Kämpfen gegen die Slawen erprobte er die neue Taktik. 928 besiegte seine Reiterei bei der Stadt *Brennabor*

(Brandenburg) in einer *Winterschlacht auf den* zugefrorenen *Havelseen* den slawischen Stamm der Heveller, der beidseitig der Havel siedelte. Schon im nächsten Jahr 929 unterwarf er südlich davon die slawischen *Daleminzer* im Gebiet der späteren *Thüringischen Ostmark* und errichtete an der Elbe Burg- und *Markgrafschaft Meißen.* Die *Tschechen* (im Lande Böhmen) ereilte noch 929 das gleiche Schicksal, nachdem das Kastell *Prag* erobert worden war. Heinrich beließ jedoch die slawischen Fürsten in Amt und Würden, verpflichtete sie aber zu *Tributzahlungen*, womit sie seine Oberhoheit wie schon unter Karl dem Großen anerkannten.

Zur Christianisierung dieser dünn besiedelten heidnischen Gebiete machte Heinrich vorerst keine Anstalten, denn dazu fühlte er sich noch nicht stark genug.

Die Ungarn unternahmen derweilen regelmäßig weiter ihre Raubzüge in Deutschland außer in Sachsen. Wo sie hinkamen, stahlen sie das Vieh und sonstiges Hab und Gut der Bauern. Wenn diese nicht fliehen konnten oder sich wehrten, wurden sie erschlagen; junge Frauen und Mädchen verschleppte man nach Niederbrennung der Gehöfte. Not und Armut wurden immer unerträglicher. Die meist wohlhabenden Klöster waren bevorzugte Beuteobjekte und leicht einzunehmen. So wurde 926 auch das durch seine missionarische und wissenschaftliche Arbeit berühmt und führend gewordene Kloster *St. Gallen* südlich des Bodensees schwer gebrandschatzt. Zwar ließ König Heinrich eifrig Ortschaften und Klöster mit Schutzmauern umgeben und *Wehrburgen* errichten. Aber nicht alles konnte zu gleicher Zeit geschehen.

Endlich, im letzten Jahr des Waffenstillstandes, verweigerte Heinrich die Tributzahlung an die Ungarn. Prompt fielen diese in Thüringen ein, in der Absicht, nach Sachsen zu reiten, um den verweigerten Tribut auf ihre Art einzuziehen. Aber Heinrich trat ihnen 933 im thüringischen *Unstrut-Tal* entgegen und schlug in einer erbitterten Schlacht das feindliche Heer so entscheidend, daß die Ungarn sich zu Lebzeiten Heinrichs nicht mehr nach Deutschland wagten.

In Schleswig hatten die Dänen wieder über die Grenzlinie des Danewerks hinweg angegriffen. 934 besiegte Heinrich auch diese, wodurch die *Mark Schleswig* auf lange Zeit fester Bestandteil des Deutschen Reiches blieb.

König Heinrich hatte nun erfolgreich in Deutschland so klare Verhältnisse geschaffen, daß er als Europas mächtigster Monarch galt, zumal in Frankreich und Italien völlig verworrene Zustände herrschten.

Im Jahre 936 starb König Heinrich, 60 Jahre alt, in der thüringischen Kaiserpfalz *Memleben.* Sein Grab befindet sich in der Krypta der Stiftskirche zu Quedlinburg, neben ihm seine Gemahlin *Mathilde*, die Heilige (gest. 968). Sie überlebte ihn also um 32 Jahre. Mathilde war die Mutter Ottos des Großen.

Otto I. der Große (912–973), Deutscher König seit 936, Kaiser seit 962

Von seinem Vater, König Heinrich I., zum Nachfolger vorgeschlagen, wählten die deutschen Fürsten 936 den 24jährigen Otto in der Aachner Kaiserpfalz zum deutschen König. Otto saß auf dem Thron Karls des Großen, alle Edlen des Reiches huldigten ihm, das Volk jubelte und wünschte ihm Heil und Segen. Der Erzbischof *Hildebert von Mainz* als der Höchstgestellte im deutschen Klerus überreichte die *Reichskleinodien* und salbte ihn. Darauf setzte der Erzbischof von Köln Otto die Königskrone aufs Haupt. Nach feierlichem Dankgottesdienst tafelte der junge König mit Bischöfen und Volk, wobei die Herzöge bedienten. So begann unter scheinbar günstigsten Vorzeichen Ottos Regierung.

Aber der König war jung, und wie überall und zu allen Zeiten wurde bei jedem Regierungswechsel der neue Herrscher erst einmal auf mögliche Schwächen getestet, um daraus Vorteile zu ziehen.

Doch Otto hatte feste Vorstellungen von einem starken Königtum. Schon die „Verfassung" des Frankenreiches kannte das *Lehens-Wesen*. Das bedeutete, daß Steuer-, Zoll-, Nutzungs- und andere Rechte vom König an Gemeinden oder Personen auf Zeit oder Lebenszeit verliehen werden konnten. Auch ganze Stammesgebiete wurden an Herzöge als Herzogtümer verliehen. Grundsätzlich fiel mit dem Tod des Lehensnehmers das Lehen an den König als Lehensgeber zurück. Die Herzöge strebten die Erblichkeit des Lehens an, was die Königsrechte einschränken mußte. Als nach Chlotars Tod 561 die Macht des merowingischen Königtums langsam verfiel, hatten sich – wie berichtet – die Herzöge schließlich zu *„Stammesherzögen"* erklärt, was weitgehende Unabhängigkeit vom Reich bedeutete und die Erblichkeit des Lehens selbstverständlich einschloß. Die Könige gaben jedoch niemals ihr Recht auf Vergabe oder Einziehung der Lehen auf.

Die Lehensvergabe und -annahme verpflichtete zu gegenseitiger Treue und Hilfeleistung. Wenn das Reich in Gefahr geriet, mußten die Herzöge Heeresdienste leisten und Krieger stellen, was einige aus Mangel an Gemeinsinn zu verweigern trachteten. So ergab sich für Jahrhunderte immer wieder ein Tauziehen zwischen Herzögen und Königen oder Kaisern.

König Otto verlangte also nichts anderes als die Einhaltung der Verfassungsrechte aus dem ehemaligen Frankenreich und erkannte die selbstangemaßten Rechte der Stammesherzöge nicht an, wie das auch Karl der Große nicht getan hatte.

Aufstand der Herzöge von Baiern, Lothringen, Franken sowie mit Ottos Brüdern Heinrich und Thankmar. Schlacht bei Bonn 939: Diese Forderungen gingen einigen Herzögen zu weit. Trotz Treueschwur und Huldigung erhob sich der bairische Herzog *Eberhard*; der Lothringer *Giselbert* beging Verrat, indem er mit Frankreich ein Bündnis vorbereitete; und den alten Franken *Eberhard* reute es plötzlich, daß er 20 Jahre früher zugunsten Heinrichs I. auf die deutsche Königskrone verzichtet hatte. Auch Ottos jüngerer Bruder, Heinrich, beteiligte sich am Aufstand, weil er folgenden Rechtsanspruch auf den Königsthron vertrat: Als Otto geboren wurde, war der Vater noch nicht König. Als aber er, Heinrich, zur Welt kam, war der Vater inzwischen gekrönt worden. Also sei er der rechtmäßige Königssohn und Erbe.

Doch der größte Teil des Adels im Reich hielt zum König, so daß Otto dem Aufstand entgegentreten konnte: Der Baier mußte bald (938) die Waffen strecken und wurde ins Kloster verbannt.

Der alte Eberhard von Franken erschien nicht zum einberufenen Gerichtstag, sondern verbündete sich erneut mit dem Lothringer Giselbert, Ottos Bruder Heinrich und Ottos Stiefbruder Thankmar, der auch noch abtrünnig geworden war. Diese alle zogen in der Nähe von *Bonn* ein mächtiges Heer zusammen. Doch Otto überfiel sie während des Rheinüberganges und schlug sie 939 gänzlich. Thankmar und Eberhard verloren kämpfend ihr Leben, und Giselbert ertrank im Rhein. Heinrich wurde gefangengenommen, doch nach dessen erneutem Treueschwur vom großherzigen

Bruder begnadigt. Otto gab ihm sogar das freigewordene Herzogtum Lothringen als Lehen.

Noch einmal wurde Heinrich zum Verräter, als er einem *Mordplan gegen Otto* beitrat. Das Komplott wurde vorzeitig aufgedeckt und die Verschwörer nach Gerichtsverhandlung hingerichtet. Nur die Mutter der Brüder, Mathilde, verhinderte die Vollstreckung an Heinrich. Zum Weihnachtsfest 941, welches der König in Frankfurt beging, drängte sich während des Gottesdienstes im Dom unerwartet Heinrich im *Büßergewande* vor, warf sich dem Bruder zu Füßen und bat um Gnade. Otto half ihm auf, gab ihm die Friedensumarmung und verzieh.

Der König nahm nun eine Neuverleihung der Herzogtümer vor, und zwar an Männer seiner Familie, auf deren Zuverlässigkeit er glaubte bauen zu können: Lothringen gab er seinem Schwiegersohn, dem Franken *Konrad dem Roten*. Schwaben bekam sein ältester Sohn *Liudolf*. Von nun an wurde Alemannien nur noch „Herzogtum *Schwaben*" genannt. Baiern verlieh er erstaunlicherweise an seinen aufsässigen Bruder Heinrich. Sachsen und Franken behielt Otto selbst.

Aufhebung der Stammesherzogtümer, die Herzöge bekamen Pfalzgrafen zugeordnet: Gleichzeitig mit diesen Maßnahmen hob er die alten Stammesherzogtümer auf und beschränkte ihre Rechte auf *Herzogtümer*, die streng dem Lehensrecht entsprachen und dem König direkt unterstanden. Den Herzögen wurden *Pfalzgrafen* – dem König verantwortliche Hofbeamte – zugeordnet.

Die Pfalzgrafen saßen in den *Pfalzburgen*, die über das Reich verteilt bestanden oder neu errichtet wurden. Wenn der König mit Gefolge und Mannschaften in seinem Reich von Land zu Land zog, um nach dem Rechten zu sehen, ritt er von Pfalz zu Pfalz. Diese hatte er mit Dörfern und Wäldern großzügig ausgestattet, so daß die zahlreiche Begleitung des Königs für die Dauer des Besuches ernährt werden konnte. Wo noch keine Pfalzburg vorhanden war, mußte eine Stadt die Unterkunft und kostspielige Verpflegung übernehmen. Als Gegenleistung erhielten oder erhandelten sich diese Städte dann meist irgendwelche Sonderrechte.

Eine Hauptstadt in der Mitte des Reiches gab es nicht, was immerhin den Vorteil hatte, daß der König in allen Landesteilen persönlich erscheinen mußte, um den Kontakt zu Adel und Volk enger zu gestalten. Ein *Königsbesuch* war allerdings immer eine großartige und festliche Angelegenheit.

Die Stadt *Aachen* lag zwar im Mittelpunkt des ehemaligen Frankenreiches, aber für das kleinere Deutsche Reich zu weit am Rande. Als Bistum und *Krönungsstadt* erlangte diese Stadt jedoch hervorragende Bedeutung. 33 deutsche Könige wurden im Laufe der Geschichte in Aachen gekrönt. Der letzte war König Ferdinand I. im Jahre 1531. Danach wurde *Frankfurt am Main* Krönungsstadt.

Zu den Hauptstützen des Königtums machte Otto nach Karls des Großen Vorbild wieder die Bischöfe und Reichsäbte, die er ja nach eigener Wahl einsetzen konnte. An Bischofssitze und *Abteien* vergab er großzügig Ländereien, Zollrechte und andere Vergünstigungen. Erzbischöfe und Bischöfe wurden zu *Reichsfürsten* erhoben, die über Land und Streitkräfte verfügten. Natürlich leisteten sie gleich den weltlichen Fürsten und Grafen im Ernstfall auch Kriegsdienst. Trat ein geistlicher Herr durch Tod ab, gab es keine Erbstreitigkeiten, sondern der König ernannte einen neuen geeigneten Mann.

Otto gründete 937 zum Zwecke der *Wendenmission* in *Magdeburg* ein Kloster, das er 968 in ein Erzbistum umwandelte. Für die deutsche *Wiederbesiedelung des Ostens* und dessen *Christianisierung* sollte Magdeburg von großer Bedeutung werden.

Ottos Sohn Liudolf übte Verrat 953: So glaubte König Otto nun mit der Einsetzung von getreuen geistlichen Herren, zuverlässigen Pfalzgrafen und ausgewählten Herzögen sein Reich im Inneren wohlgeordnet zu haben. Die äußeren Angelegenheiten wollte er jetzt endgültig regeln.

Doch er hatte sich geirrt, indem er die Herzogtümer den falschen Verwandten zu Lehen gegeben hatte. Als 953/954 die Ungarn im Osten wieder einen Raubzug begannen, zettelten nämlich gleichzeitig Ottos ehrgeiziger Sohn Liudolf im Süden und der von Frankreich angestiftete *Konrad der Rote* im Westen einen Aufstand an.

Beide Unternehmen mißlangen, weil sich das ganze Land entrüstet gegen die Verräter stellte. Liudolf und „der Rote" mußten sich unterwerfen. Otto ließ – wie immer – Milde walten, aber die Herzogtümer wurden ihnen abgenommen. Lothringen übernahm Ottos jüngster Bruder Bruno (gest. 965), der bereits Erzbischof von Köln war. Auf seinen Vorschlag hin teilte Otto im Jahre 959 das große Herzogtum in die zwei Herzogtümer *Nieder-* und *Oberlothringen*. Die Grenze verlief etwa zwischen Bonn und Reims. Schwaben bekam der Herzog *Burchard II.* (gest. 973), ein getreuer Lehensmann. Burchard vermählte sich später mit der Tochter des bairischen Herzogs Heinrich (Ottos zweimal aufsässigem Bruder), der gebildeten Herzogin *Hadwig vom Hohentwiel* (gest. 994). Viktor von *Scheffel* (1826–1886) aus Karlsruhe erzählte in seinem Roman *„Ekkehard"* von damaligen geschichtlichen Ereignissen im Gebiet des Klosters St. Gallen.

18 Jahre hatte Otto benötigt, das Reich im Innern zu ordnen und ihm zum ersten Mal eine *„Reichsverfassung"* zu geben. Diese Grundordnung sollte nun Gültigkeit für Jahrhunderte haben, wenn sie auch immer wieder von seiten der Herzöge angefochten wurde.

Ottos Sieg über die Ungarn auf dem Lechfeld bei Augsburg 955: 955 belagerte ein ungarisches Heer die Stadt Augsburg. Unter Bischof *Ulrich von Augsburg* (890–973) verteidigte sich die Stadt standhaft, bis Entsatz durch ein *Reichsheer*, angeführt von König Otto, eintraf. Auf dem Lechfeld südlich der Stadt wurden die Ungarn 955 so gründlich besiegt und vernichtet, daß sie nie wieder gegen Deutschland die Waffen erhoben.

Die (*bairische*) *Ostmark* (Nieder- und Oberösterreich zwischen Böhmen/Mähren und Kärnten, beiderseits der Donau von Linz bis Preßburg an der ungarischen Grenze) war damit endgültig gesichert und entsprach gegen Ungarn der heutigen Sprachgrenze.

Mit der Vertreibung der Ungarn war einer – mit Unterbrechungen – fast 50jährigen furchtbaren Notzeit, vergleichbar dem späteren 30jährigen Krieg, ein Ende gesetzt. In Erinnerung an diese denkwürdige Schlacht auf dem Lechfeld wurde später das herrliche *Ulrichsmünster zu Augsburg* errichtet.

Böhmen wurde christlich und Herzogtum unter Oberhoheit des Reiches 950: Der junge Herzog *Wenzel I.* von Böhmen aus dem Hause der böhmisch-tschechischen *Przemysliden* hatte schon 929 die Lehenshoheit Heinrichs I. unter gleichzeitiger Förderung des Christentums anerkannt. Doch sein deutsch- und christenfeindlicher

Bruder *Boleslaw* ermordete den erst Neunzehnjährigen im gleichen Jahre. Wenzel wurde später heiliggesprochen; er ist der Schutzheilige Böhmens. Herzog Boleslaw war bei Ottos Regierungsantritt in Aufstand getreten, hatte sich aber unterwerfen müssen. Ein erneuter Aufruhr 950 endete mit seiner Niederlage; Otto zwang ihn endgültig zur Huldigung, Anerkennung der Oberhoheit des Reiches und Annahme des westlichen Christentums.

Ostdeutsche Wiederbesiedelung mit Hilfe der Markgrafen Gero und Billung ab 937: In der *Mark Meißen* hatte Otto den außerordentlich aktiven Markgrafen Gero (gest. 965) schon 937 eingesetzt. Er hatte immer wieder eingefallene Slawen vertrieben. Als diese im Jahre 955 unter Ausnutzung des Ungarneinfalles auch einen Raubzug begannen, siegte Gero an der *Recknitz* in Mecklenburg entscheidend. Danach lud er die mehrmals eidbrüchig gewordenen slawischen Führer und Fürsten nach Meißen zu Verhandlungen ein und ließ sie während eines Mahles alle umbringen.

Im Norden an der Ostsee wirkte gleichzeitig ein sehr entschlossener Markgraf, Hermann Billung, der eifrig neue Burgen, Klöster und Dörfer errichtete. (Das alte sächsische Geschlecht der Billunger starb 1106 aus.)

Nun wurde es möglich, daß sich von *Magdeburg* aus Christentum und deutsche Kultur in den dünnbesiedelten slawisch-heidnischen Gebieten ausbreiten konnten. Dies war um so leichter, als ja nie alle germanischen Bewohner in der Völkerwanderungszeit restlos verschwunden waren.

König Otto betrieb die ostdeutsche Wiederbesiedlung als großangelegtes politisches Unternehmen in der Absicht, die einst ostgermanischen Länder weitgehend zurückzugewinnen und unter die Obhut des Reiches zu nehmen. Die Ostgrenze schob Otto bis zur Oder und zum Bober vor und schloß südlich davon Böhmen und Mähren ein. Schlesien gehörte damals noch nicht zum Deutschen Reich.

Otto wurde König der Lombardei 952 – Kaiserkrönung in Rom 962: Seit Kaiser Arnulfs Tod im Jahre 899, der ja auch die lombardische Krone besaß, herrschte ununterbrochener Streit um die Königsmacht in der Lombardei, also in Italien. Scheinkönige aus Frankreich, Italien und Burgund wechselten dort in schneller Folge. Otto aber betrachtete sich als allein rechtmäßigen Erben Arnulfs und damit auch der Lombardei. Er gedachte seine Ansprüche geltend zu machen.

Mitten in den Vorbereitungen zu seinem ersten Italienzug erreichte ihn der Hilferuf einer im Zuge der verworrenen Zustände in Not geratenen italienischen Königswitwe und burgundischen Königstochter. Es handelte sich um die junge, schöne und geistvolle *Adelheid* (931–999).

Mit 17 Jahren war sie die Gemahlin des aus Westfrankreich stammenden italienischen Königs Lothar geworden, der aber drei Jahre später starb. Ein Urenkel Ludwigs des Frommen, Markgraf *Berengar von Friaul*, hatte sich nun zum König von Italien erklärt und die Witwe, um deren möglichen Erbansprüchen vorzubeugen, gefangengesetzt.

Bei Ottos Ankunft huldigte ihm der lombardische Adel und widerstrebend auch Berengar. Man war froh, endlich den jahrelangen Hader um die Macht beendet zu sehen. Ottos erste Gemahlin war verstorben, und kurz entschlossen heiratete er 951 die von ihm befreite erst zwanzigjährige Adelheid. Damals war Otto 39 Jahre alt.

952 ließ er sich in *Pavia*, der lombardischen Krönungsstadt, die *„Eiserne Krone"* aufs Haupt setzen. Anschließend kehrte er nach Deutschland zurück.

Bald schickte der König den Erzbischof von Mainz nach Rom, um mit dem Papst über die Kaiserkrönung zu verhandeln. Doch das führte zu nichts, denn im päpstlichen Lager herrschte Streit, Bestechung und politisches Ränkespiel um den nächsten Papstanwärter. So kam es, daß ein achtzehnjähriger ehrgeiziger Mann 955 auf den Papstthron geschoben wurde. Trotz vieler Widersacher gelang es diesem *Johannes XII.*, seine Stellung bis 963 zu halten, allerdings nur mit König Ottos Hilfe, der 961 erneut mit Heeresmacht vor Rom erschien und des Papstes Gegner bezwang. 962 fand Ottos *Kaiserkrönung* statt. Dabei bestätigten sich Kaiser und Papst fast die gleichen Abmachungen, die einst zwischen Karl dem Großen und Leo III. getroffen wurden:

Die römische Kaiserwürde stand nur den deutschen Königen zu. *Krönung und Salbung* erfolgten durch die Hand der Päpste. Die Kaiser erwählten Bischöfe und Äbte, die Päpste bestätigten die Wahl. Die Kaiser waren verpflichtet, Kirche und Päpste unter ihren Schutz zu stellen. Im Gegensatz zu Karl hatte Otto also das alleinige Krönungsrecht der Päpste anerkannt.

Doch kaum hatte Kaiser Otto I. Rom verlassen, um den inzwischen treubrüchig gewordenen *Berengar* zu bekämpfen, stellte sich der bestochene Johannes XII. auf die Seite von Ottos Gegnern. Sofort kehrte Otto nach Rom zurück, veranlaßte 963 den Zusammentritt einer *Synode*, auf welcher der Papst abgesetzt und *Leo VIII.* gleichzeitig neugewählt wurde. Doch die Anhänger des Johannes verjagten den neuen Papst aus Rom, der im Heere Ottos Schutz suchen mußte.

In Rom hatte man zwar Johannes nicht wieder eingesetzt, statt dessen aber noch einen Gegenpapst. Die Kaiserlichen drangen daraufhin in Rom ein, ergriffen den Gegenpapst und verbrachten ihn in ein norddeutsches Kloster. Leo VIII. wurde wieder eingesetzt, verstarb aber schon nach wenigen Monaten Anfang 965.

Römer und Kaiser einigten sich nun auf einen neuen Mann, *Johannes XIII.*, der guten Willens war und sein kirchliches Amt sehr ernst nahm.

Otto kehrte nach Deutschland zurück. Doch schon bald kamen erneut schlechte Nachrichten aus Rom: Gegner hatten Johannes XIII. in Haft genommen. 967 zog nun Otto zum dritten Mal nach Italien, befreite den Papst und ließ die Aufrührer hinrichten. Der Kaiser mußte noch bis 971 in Italien bleiben, um die Verhältnisse dort dauerhaft zu regeln.

Das Papsttum wurde nochmals durch Vergrößerung des Kirchenstaates gestärkt, was Otto gerechtfertigt erschien, solange ein Papst wie Johannes XIII. (gest. 972) im Amt war. Als Beschützer der Kirche und des Papsttums und als Inhaber der lombardischen Königskrone beherrschte er automatisch auch Italien mit Rom bis zum süditalienischen Herzogtum *Benevent*, dessen Zugehörigkeit unklar war.

Streit um Süditalien mit Byzanz seit 970: Hier aber traf Otto auf die Interessen des Byzantinischen Reiches. Der Kaiser in Konstantinopel war nicht gesonnen, den Deutschen als Herr über Rom anzuerkennen. Byzanz forderte selbst die Herrschaft über Benevent und die Stadt Rom. Dort bestanden zwei Parteien, die eine für Byzanz, die andere für Otto, dazwischen der Papst.

In Konstantinopel herrschten wie meist Thronstreitigkeiten, und 969 war dort wieder ein Kaiser gestürzt worden. Dessen Nachfolger und Otto einigten sich auf eine

Halbheit, indem Benevent und Rom nur in lose Abhängigkeit zum Deutschen Reich kamen, wobei Byzanz ein beschränktes Mitspracherecht zugesprochen wurde. Der Zankapfel blieb also für die Zukunft erhalten.

Um den Frieden zwischen den zwei Kaiserreichen vorerst zu besiegeln, wurden in Rom 972 der siebzehnjährige Sohn Ottos und Adelheids (der spätere *Otto II.*) mit der byzantinischen Prinzessin *Theophano* (gest. 991) vom Papst in der Peterskirche feierlich getraut. Beide waren an geistigen und körperlichen Vorzügen gleichwertige Ehepartner.

Der glanzvolle Reichstag zu Quedlinburg 973: Mit der Überzeugung, nun dem Deutschen Reich nach innen und außen eine starke und feste Stellung in Europa geschaffen zu haben, kehrte Otto nach Sachsen zurück.

Als er zu Ostern 973 in Quedlinburg einen Reichstag abhielt, huldigten ihm alle deutschen Herzöge sowie die Italiener, Polen und Böhmen. Gesandte aus Dänemark, Burgund, Frankreich, Spanien, England, Byzanz, Ungarn, Rußland, arabischen und anderen Ländern waren erschienen, um dem damals mächtigsten Herrscher Europas ihre Anerkennung zu bezeugen. Die Quedlinburger Tage hatten die Aachener Tage Karls des Großen wiedererstehen lassen, nur galt diesmal die Ehre Otto dem Großen, dem Kaiser und König des Ersten Deutsches Reiches.

Otto hatte das Werk der harten, zielbewußten 85 Jahre dauernden Bemühungen Arnulfs von Kärnten und Heinrichs I. vollendet. Weite Gebiete des einst ostgermanischen Ostens waren zurückgewonnen, und ein Netz von deutschen Klöstern, Burgen und Siedlungen verbreitete dort deutsche Sprache und Christentum.

Trotz der dauernden kriegerischen Auseinandersetzungen hatte Otto Zeit gefunden, Kultur, Kunst und Bauwesen eifrig zu fördern. So entstanden an vielen Stellen des Reiches Kirchen, Klöster und Burgen im *romanischen Baustil.* Man sprach später von der *„Ottonischen Renaissance"*.

Kurz nach dem glanzvollen Quedlinburger Reichstag weilte Otto I. in der Kaiserpfalz von *Memleben* an der Unstrut. Am 7. Mai 973 während einer Vesper in der Klosterkirche verstarb er plötzlich ohne vorherige Krankheit im Alter von 61 Jahren. (Sein Vater Heinrich I. war ebenfalls in Memleben gestorben.) Im *Magdeburger Dom* fand Otto der Große die letzte Ruhestätte. Sein *Reiterstandbild* wurde später auf dem alten Markt dieser Stadt errichtet.

Dem Deutschen Reich war von vornherein das Schicksal auferlegt, außer einem Küstenstreifen an Nord- und Ostsee ein *Binnenstaat* zu sein, umgeben von fast immer feindlichen Völkern. Diese waren einzeln zwar dem deutschen Volke stets unterlegen, aber miteinander verbündet jederzeit eine tödliche Gefahr.

Die weitere Geschichte Deutschlands berichtet nun, wie gut oder schlecht Volk und Führung dieses gefährliche Schicksal zu meistern wußten. Jedenfalls war es bis auf den heutigen Tag ein ununterbrochener schwerer Lebenskampf, wiederholt sogar ein Ringen ums Überleben.

Otto II. (955–983), Deutscher König seit 961, Kaiser seit 967

Im Alter von 18 Jahren schon mußte der neue König die Nachfolge seines Vaters antreten. Dieser hatte zwar unter Ausnutzung der damals gerade günstigen Umstände dafür gesorgt, daß schon 967 der zwölfjährige Knabe von Papst Johannes XIII. zum Kaiser gekrönt worden war, womit er seinem Nachfolger die Schwierigkeiten der eigenen Kaiserwahl in jedem Falle ersparen wollte. Die Königskrönung Ottos II. war bereits 961 in Aachen erfolgt. Auch die glänzende Ehe mit der byzantinischen Prinzessin Theophano hatte der Vater 972 durchgesetzt.

Trotz dieser vorsorglichen Maßnahmen entstanden Otto II. im Reich Schwierigkeiten, die er aber in den ersten Jahren seiner Regierung bereinigen konnte:

Da gab es in Baiern einen Herzog *Heinrich der Zänker*, wie er in die Geschichte einging. Er war der Sohn von Ottos I. Bruder Heinrich, der nach zweimaligem Eidbruch endlich ruhig geblieben war. Heinrich der Zänker wollte zu seinem Herzogtum Baiern noch das verwaiste Herzogtum Schwaben haben, denn der zuverlässige Herzog *Burchard* dort war gestorben. Natürlich konnte Otto II. wegen der ausgewogenen Machtverteilung unter den Herzogtümern des Reiches Baiern und Schwaben nicht in eine Hand geben. Daraufhin zettelte der Zänker eine Verschwörung mit Hilfe Polens und Böhmens an. Doch die Aufrührer unterlagen, und der Zänker verlor 976 infolge des Spruches eines *Fürstengerichtes* sein Herzogtum.

Aufteilung des Herzogtums Baiern in Österreich, Kärnten und Rest-Baiern 977: Baiern war sowieso flächenmäßig das größte Herzogtum im Reich geworden, nachdem Otto I. 952 nach der Befreiung Adelheids die Markgrafschaft Friaul/Verona/Istrien zu Baiern geschlagen hatte. Baiern reichte also bis zur *Adria*.

Belehrt durch die immer wieder von Baiern veranlaßten Aufstände bei jedem Thronwechsel, entschloß sich Otto II. 977, das Herzogtum Baiern aufzuteilen:

Die Markgrafschaft Ostmark (Nieder- und Oberösterreich) erhielt der *Babenberger* Fürst *Luitpold von Schweinfurt*, womit die Babenberger für etwa 270 Jahre die Herren in Österreich wurden.

Ferner entstand das Herzogtum Kärnten aus den Marken Kärnten, Steiermark, Krain, Istrien, Friaul und Verona.

Das Kernland Baiern behielt das spätere Nord- und *Südtirol* bis *Salurn*.

Die Verhältnisse in Baiern und Kärnten wechselten in den nächsten 26 Jahren laufend, und auch der Zänker trat nach Ottos II. Tod wieder mit Forderungen hervor.

Aber erst als des Zänkers Sohn Heinrich II. König und Kaiser des Reiches geworden war, wurde Kärnten endgültig selbständiges Herzogtum. Die langobardischen Marken Friaul und Verona trennte man 995 wieder von Kärnten ab und machte sie zu selbständigen Markgrafschaften.

Otto II. gründete 975 das *Bistum Prag*, wodurch auch in Böhmen der kirchliche Einfluß des bairischen Bistums Regensburg ausgeschaltet wurde. Das bedeutete zwar eine weitere Schwächung Baierns, dafür aber eine Stärkung Böhmens, was dem Reich in der Zukunft nicht gerade förderlich sein sollte.

Auch mit Frankreich traten 978 wieder Differenzen auf: Der dortige König *Lothar* besetzte Aachen. Ein Heer Ottos vertrieb die Franzosen bis vor *Paris*. Lothar mußte seine Hoffnungen auf das Herzogtum Niederlothringen endgültig aufgeben.

In Rom herrschte weiterhin der übliche Streit, und eine der Adelsparteien hatte den amtierenden Papst *Benedikt VII.* (gest. 983) vertrieben. Otto II. folgte also seiner Pflicht als *Beschützer von Kirche und Papst* und zog 980 mit einem Heer nach Italien. Schnell war die Ruhe wieder hergestellt und der Papst zurückgekehrt.

Die Katastrophe in Süditalien bei Cotrone 982: Otto hatte sich nun zum Ziel gesetzt, auch *Süditalien* ganz und ohne Einschränkungen unter den Schutz des Reiches zu stellen, weil die *Sarazenen* im Bund mit Byzanz von Sizilien aus in Raubzügen *Apulien* und Benevent heimsuchten. Der Feldzug verlief anfangs erfolgreich, doch in Kalabrien im äußersten Süden wurde Ottos Heer 982 bei *Cotrone* schwer geschlagen, und er selbst konnte sich nur schwimmend auf ein Schiff retten. Seine süditalienischen Pläne waren damit zunichte gemacht. Doch sofort ging er daran, einen zweiten Feldzug vorzubereiten.

In Rom ließ er seinen erst dreijährigen Sohn von den anwesenden deutschen und italienischen Herzögen und Grafen zum König *Otto III.* wählen. Da der Papst gestorben war, veranlaßte er die Einsetzung eines ihm genehmen Nachfolgers.

Nun sollte der Aufbruch seines Heeres nach Apulien beginnen, als Otto II. 983 plötzlich starb. Er verschied in den Armen seiner byzantinischen Gemahlin.

Der große Wendenaufstand 983: Der Tod des erst 28jährigen Königs war für das Reich eine Katastrophe. Seine Abwesenheit von Deutschland, ferner den Verlust der Schlacht von Cotrone hatten die Slawen im Osten zu einem großen Aufstand benutzt, zum sogenannten Wendenaufstand von 983. Die zu schwach besetzten Burgen, Klöster und Siedlungen wurden schnell überrannt, und fast alle schon stark deutsch bewohnten Gebiete zwischen Oder, Saale und Elbe sowie zwischen Erzgebirge und Ostsee gingen vorerst verloren, davon Mecklenburg, Nord- und Ostmark für etwa 150 Jahre.

Zweifellos hatte der junge Kaiser versäumt, den Osten des Reiches genügend abzusichern, ehe er dem vertriebenen Papst zu Hilfe eilte. Die umsichtigen Markgrafen Gero und Hermann Billung waren schon seit vielen Jahren tot. Gleichwertige Nachfolger fehlten.

Kaiser Otto II. wurde in einem steinernen Sarkophag in der Gruft der damaligen *Peterskirche zu Rom* beigesetzt. Trotz seines Mißgeschicks galt er als ein Mann, dessen Veranlagungen zu den größten Hoffnungen berechtigten. Das Schicksal berief ihn viel zu jung ab, mitten im Kampf um die Anerkennung seiner Königsmacht.

Otto III. (980–1002), Deutscher König seit 983, Kaiser seit 996

Drei Jahre alt war das Kind, als es deutscher König wurde. Der Baiernherzog *Heinrich der Zänker* erschien wieder auf der politischen Bühne, brachte das Kind in seine Gewalt und beanspruchte die Regentschaft mit dem Hintergedanken auf eigene Königswürde. Aber in Deutschland war das Erbrecht des Königssohnes weit stärker verwurzelt, als der Zänker vorausgesetzt hatte, und das Verantwortungsgefühl vieler Fürsten und besonders der Bischöfe verhinderte Umsturz und vielleicht Auflösung des Reiches. Der Zänker steckte zurück und mußte sich letzten Endes mit dem um Ostmark, Kärnten und den lombardischen Provinzen verkleinerten Herzogtum Baiern begnügen.

Die Regentschaft für das Kind übernahm Ottos II. Mutter, die vortreffliche

Byzantinerin *Theophano*. Ihre große Hilfe in der Politik war der Erzbischof *Willigis von Mainz* (gest. 1011), und das Reich konnte vor weiteren äußeren Gefahren beschützt und die innere Ordnung vorerst gewahrt bleiben. Leider starb Theophano, erst 35 Jahre alt, im Jahre 991. Nun übernahm die tüchtige Großmutter, Witwe Ottos I., Kaiserin *Adelheid*, die Regentschaft praktisch bis zu ihrem Tode 999.

Mit 14 Jahren übergab man Otto III. wenigstens nach außen hin die Regierung. Man fieberte förmlich danach, endlich wieder einen rechtmäßigen König in Erscheinung treten zu lassen. Otto III. war aufgrund seiner Veranlagung und Erziehung Idealist, ein altkluger, frommer Schwärmer. Mit 16 Jahren zog er nach Italien in die lombardische traditionelle Königsstadt *Pavia* zur Huldigung und Krönung.

In Rom war der Papst gestorben, und Otto setzte zum ersten Mal einen Deutschen als neuen Papst ein. Dieser *Gregor V.* war ein junger Verwandter Ottos, ebenfalls Idealist mit dem frommen Ziel, Kirche und Papsttum über allen Parteienstreit zu erheben. Gregor krönte Otto III. 996 zum Kaiser.

Doch bald stellte eine rebellierende Partei des römischen Adels einen Gegenpapst auf, und Gregor V. wurde verjagt. Otto schlug den Aufstand nieder, ließ den Anführer enthaupten und setzte Gregor erneut ein, der aber 999 starb. Der Nachfolger, ein Freund Ottos, *Sylvester II.*, Franzose, schien dem römischen Intrigenspiel besser gewachsen zu sein, obwohl von ähnlich schwärmerischer Gesinnung wie Otto.

Des jungen Königs Schwärmereien und folgenschwere Entschlüsse seit 999: Der König plante, *Rom* als *„Stadt des Kaisers"* zur Hauptstadt von Italien und Deutschland zu machen. Wegen des römischen Papsttums sollte Italien die Vorrangstellung bekommen, Deutschland dachte er sich als Nebenland.

Otto III. verehrte Karl den Großen fast unnatürlich. Er ließ Karls *Sarkophag* öffnen und soll nach inbrünstigem Gebet persönlich Skeletteile als *Reliquien* entnommen haben. Auch wünschte er, dereinst neben Karl beigesetzt zu werden. Ottos Erzieher waren neben den zwei wohlmeinenden, gebildeten Frauen mehrere Erzbischöfe gewesen, woraus sich seine ausgeprägte Frömmigkeit erklären ließ. Die Stärke eines tatkräftigen Mannes, der mitten im gefahrvollen Leben stand, war ihm nie eigen.

In Rom lernte er den ehemaligen tschechischen Bischof *Adalbert von Prag* kennen, einen unsteten Mann, weltfremd und christlich-asketisch. Sein Einfluß auf Otto war groß. Adalbert ging in ein griechisches Kloster, dann wieder nach Prag, sodann als Missionar nach Ungarn und schließlich zu dem heidnischen baltischen Stamm der *Pruzzen* im Gebiet des späteren *Ostpreußen*, wo er 997 erschlagen wurde. (Preußen wurde erst vom 13. Jahrhundert bis 1287 vom Deutschen Ritterorden christianisiert, deutsch kultiviert und besiedelt.)

Durch den überbetonten christlichen Einfluß in Ottos Umgebung ließ er sich zu einem grundsätzlichen, sehr folgenschweren politischen Fehler überreden:

Wie in vorhergehenden Kapiteln schon ausführlich berichtet, ging die deutsche Wiederbesiedelung und sprachlich-kulturelle Durchdringung des Ostens Hand in Hand mit der Christianisierung der nichtchristlichen Bevölkerung. Die Leitung der Organisation erfolgte von den besonders dazu errichteten Erzbistümern Salzburg und Magdeburg aus.

Das polnische Gnesen wurde selbständiges Erzbistum 1000: Was tat nun Otto III.?

Im Büßergewand wallfahrte er nach dem polnischen Gnesen (50 km östlich der späteren Stadt Posen), um am Grabe seines väterlichen Freundes Adalbert zu beten. Sein anderer Freund, der französische Papst Sylvester II., schlug vor, in Gnesen ein selbständiges Erzbistum zu errichten und dem Herzog *Boleslaw I.* von Polen (gest. 1025) die Königswürde anzutragen. Boleslaw I. war der Sohn des Herzogs *Mieszko* (gest. 992), eines polonisierten Skandinaviers, zugleich des ersten Vertreters aus dem polnischen Geschlecht der *Piasten*.

Kein Plan von derartig politisch weittragender Bedeutung war damals ohne die Zustimmung eines deutschen Kaisers und Königs durchführbar. Aber der zwanzigjährige Otto stimmte in religiöser Begeisterung zu, ohne seine weltlichen Pflichten dem Reich gegenüber zu berücksichtigen und den Gegnern solcher Pläne Gehör zu schenken.

Otto III. entließ also Polen im Jahre 1000 aus der deutschen Oberhoheit und dem Verband der deutschen Erzbistümer, was aus der Sicht des Reiches mit dem Ziel der Rückgewinnung der ehemals ostgermanischen Gebiete unverantwortlich war. Boleslaw I. nahm natürlich sofort das Christentum an und betrieb die Christianisierung Polens nunmehr unter Vermeidung deutschen Einflusses vom Erzbistum Gnesen aus.

Boleslaw war für Polen ein sehr erfolgreicher Herrscher, der vom damaligen polnischen Stammland zwischen *Warthe* und *Bug* her im Nordwesten Mecklenburg, Pommern und Teile von Ostpreußen besetzte, im Osten Kiew mit Teilen der *Ukraine*, im Süden Böhmen, Mähren (die aber im Reichsverband blieben) und im Westen die Niederlausitz mit Schlesien an sich riß. 1025 setzte er sich die Königskrone aufs Haupt, die ihm Papst Sylvester II. mit Ottos III. Billigung schon im Jahre 1000 geschickt hatte. Doch gleich danach starb Boleslaw I., und die beherrschten Gebiete gingen zum größten Teil bald wieder verloren. Erbstreitigkeiten brachten einen langanhaltenden Zerfall Polens bis hin zu dem Erneuerer des polnischen Staates, *Kasimir dem Großen* (1309 bis 1370), dem Letzten der Piasten.

Das ungarische Gran (Esztergom) wurde selbständiges Erzbistum 1001: In *Ungarn* geschah zu gleicher Zeit etwas Ähnliches wie in Polen: Der Herzog Wojk wurde Christ, nahm die vom Papst Sylvester II. angebotene Königskrone (*Stephanskrone*) dankbar an und gründete das Erzbistum Gran (Esztergom). Im Jahre 1001 wurde er der erste christliche ungarische König *Stephan I.* Um seine Zugehörigkeit zum Westen besonders zu bekunden, heiratete er eine bairische Prinzessin. Nach seinem Tode 1038 wurde er heiliggesprochen und der Schutzheilige Ungarns.

Der spätere König *Geza II.* (1141–1161) forderte schon damals für die großen, sehr dünn besiedelten Gebiete Ungarns deutsche Siedler an. So kamen die *„Siebenbürger Sachsen"*, die aber nicht aus Sachsen, sondern vom Niederrhein und aus dem Moselland stammten, in das Land Siebenbürgen mit der Hauptstadt *Hermannstadt.* 70 Jahre später siedelten die Ungarn mit Hilfe des Deutschen Ritterordens nochmals Deutsche im *Burzenland (Kronstadt)* sowie in der *Zips (Leutschau)* an. Der Vollständigkeit halber sei noch erwähnt, daß die *„Banater- oder Donau-Schwaben"* (von der Mosel, vom Elsaß und anderen deutschen Gebieten) erst nach 1718 angesiedelt wurden. Durch die Türkenkriege war die Bevölkerung dort fast ausgestorben. Das Banat sowie das *Batscherland (Batschka) (Neusatz)* lag zwischen Donau und *Theiß*. Diese damals vorwiegend von Deutschen besiedelten *Sprachinseln* im ehemaligen Ungarn genossen jahrhundertelang *Selbstverwaltung*. Erst in unserer Zeit wurde Ungarn so verkleinert, daß diese deutschen Siedlungsinseln an mehrere Balkanstaaten gerieten. Die Gesamtzahl der Balkandeutschen betrug 1939 etwa zwei Millionen.

Zurück zu Otto III.: Unter seiner verworrenen Politik war es unvermeidbar, daß die Macht des Reiches sich aufzulösen begann. Süditalien sagte sich ganz los, in Rom brach gegen die Kaiserlichen ein Aufstand aus, im Osten waren die Siedler verraten und verkauft, die deutschbewußten Herzöge, Grafen und Bischöfe protestierten. Es war bezeichnend für Otto, daß er während seines letzten Aufenthaltes in Italien als *Reichsverweserin* für Deutschland eine Frau einsetzte, eine Tante, die Äbtissin *Mathilde von Quedlinburg*. Die Ordnung in Rom herzustellen, gelang ihm nicht. Auf der Flucht starb er im Januar 1002, noch nicht 22 Jahre alt, in der Nähe von *Viterbo*, nördlich Rom. Mühsam nur gelang es den Resten seines Heeres, sich mit dem Leichnam des glücklosen Kaisers nach Deutschland durchzuschlagen. Sein Wunsch, in der Nähe Karls des Großen beigesetzt zu werden, wurde erfüllt. Sein Grab befindet sich unter dem Aachener Dom.

Otto III. war unverheiratet und somit ohne Thronfolger.

Heinrich II. (973–1024), Deutscher König seit 1002, Kaiser seit 1014

Es war wohl ein Glück für Deutschland, daß Otto III. früh starb, denn sein Nachfolger war eine Persönlichkeit, stark genug, um das Reich zu retten und wieder auf feste Füße zu stellen. Er war der letzte der sächsischen Kaiser aus dem Geschlecht der *Ludolfinger*.

Die Verhältnisse, die er antraf, waren denen sehr ähnlich, die 83 Jahre zuvor der erste Sachsenkönig, der Urgroßvater Heinrich I., angetroffen hatte.

Heinrich II. war der Sohn des Zänkers und nach diesem seit 995 Herzog von Baiern geworden. Als einziger rechtmäßiger Anwärter in der sächsischen Königsfolge wurde er im Alter von 29 Jahren in Aachen zum König gekrönt wie seine vier Vorgänger auch. Er hielt sich an die Grundsätze Ottos I., und neben echter Frömmigkeit war er von zähem Pflichtbewußtsein dem Reich gegenüber erfüllt.

Vorerst regelte er die Angelegenheiten seines eigenen bairischen Herzogtums, so wie es für das Reich am vorteilhaftesten erschien. Kärnten wurde endgültig als eigenes Herzogtum und die Ostmark den *Babenbergern* bestätigt. Er gründete 1007 das *Bistum Bamberg*, womit er gleichzeitig die Kirchenorganisation Baierns im Reichsinteresse auf neue Füße stellte, indem er viele unzuverlässige Bischöfe und Äbte – meist Verwandte – durch königstreue Männer ersetzte.

Heinrichs Gemahlin, *Kunigunde von Lützelburg* (= Luxemburg), konnte nicht verhindern, daß ihre Brüder, die Grafen von Lützelburg, in den Herzogtümern Nieder- und Oberlothringen Sonderinteressen vertraten. In Holland und Flandern mußte Heinrich kämpfen, ohne eindeutige Ergebnisse durchsetzen zu können.

Hingegen gewann er ohne Mühe die deutsche Anwartschaft auf das Königreich *Burgund* (Arelat). 934 war dieses durch Wiedervereinigung von Hoch- und Niederburgund mit der Hauptstadt Arles neu entstanden. Der dortige König *Rudolf III.* war kinderlos und hatte dem verwandten deutschen König Heinrich II. das Erbrecht eingeräumt.

In Rom stritten sich wieder die Parteien. Papst Sylvester II. war 1003 gestorben. Seitdem hatte es in neun Jahren bereits wieder fünf Päpste und Gegenpäpste gegeben.

Benedikt VIII. (gest. 1024) wurde von Heinrich unterstützt und konnte sich zwölf Jahre lang halten. Zwischen beiden bestand gutes Einvernehmen.

Nachdem Heinrich II. die Königswürde der Lombardei in Pavia erhalten hatte, krönte ihn 1014 der Papst in Rom zum Kaiser.

Während der Krönungszeremonie schenkte der Papst dem Kaiser eine goldene Kugel, auf der ein Kreuz befestigt war. Das kostbare Kleinod bestand aus Gold, besetzt mit Edelsteinen, und war der berühmte *„Reichsapfel"*, der seitdem zu den *Reichskleinodien* der deutsch-römischen Kaiser gehörte. Diese wurden von 1424 bis 1796 in Nürnberg aufbewahrt, seitdem in Wien. In Aachen, der Königs-Krönungsstadt, befinden sich in der Schatzkammer die Reichskleinodien als getreue Nachbildungen von gleich wertvollem Material.

In Oberitalien schaffte Heinrich II. sichere Verhältnisse durch Neueinsetzung von Bischöfen deutscher Nationalität. In *Unteritalien* beanspruchten Byzantiner, Sarazenen, der Papst und das Deutsche Reich den Vorrang, letztere beide in Übereinstimmung. Doch immer wieder neu ausbrechende Kämpfe verhinderten eine klare Entscheidung.

Bei diesen Kampfhandlungen trat in Apulien erstmals eine Schar normannischer Ritter in Erscheinung, *Jerusalem-Pilger*, die auf der Heimfahrt in die Normandie südlich des Vesuvs zwischengelandet waren und sich sofort in christlicher Begeisterung am Kampf gegen die muslimischen Sarazenen beteiligten.

Aber Heinrichs II. langwierigster Kampf spielte sich im Osten ab. Mit den *Wenden*, also den Abodriten, Hevellern, Sorben usw., wäre er bei seinem entschlossenen Vorgehen leicht fertig geworden, aber der Polenkönig *Boleslaw I.* war ein gleichwertiger Gegner. Am Wendenaufstand von 983 war Polen nicht beteiligt gewesen, doch als Boleslaw 992 an die Regierung kam, nahm er den Wenden *Pommern* und *Mecklenburg* und den Tschechen ihr ganzes Gebiet *Böhmen* und *Mähren* ab.

Der Frieden von Bautzen zwischen Heinrich II. und Boleslaw I. 1018: Heinrich drang gleich nach seinem Regierungsantritt nach Osten vor, besetzte das Dreieck zwischen den Flüssen *Saale, Elbe* und *Eger*, ebenso das *Erzgebirge* (= *Miriquidi*) und traf 1003 auf Boleslaws Widerstand. Die Kämpfe dauerten mit Unterbrechungen 15 Jahre, bis sich Heinrich und Boleslaw 1018 im Frieden von Bautzen einigten:

Boleslaw erhielt Mähren und behielt Schlesien sowie den östlichen Teil der Lausitz und nördlich davon Pommern.

Alles Land östlich der Unterelbe bis zur Oder, also die *Mark der Billunger* und Teile der *Nordmark*, kamen erneut unter die Oberhoheit des Reiches. Die westliche Lausitz und die Mark Meißen wurden wieder feste Bestandteile Deutschlands, und Böhmen wurde ebenfalls wieder der deutschen Oberhoheit unterstellt.

Versuch einer Kirchenreform auf der Synode von Pavia ab 1018: In den letzten Jahrzehnten waren Päpste oft nur fragwürdige Figuren, die hin und her geschoben, abgesetzt, vertrieben oder durch einen *Gegenpapst* in Frage gestellt wurden. Das *Zölibat* (Verbot der Priesterehe) fand wenig Beachtung. Papst-, Bischofs- und Abtwahlen waren vielfach zu Familienangelegenheiten geworden, wobei *Simonie* (käufliche Erlangung von Kirchenämtern oder -rängen) allgemein üblich war. Diese Zustände herrschten vor allem in Rom selbst und in den außerdeutschen Ländern.

Eine durchgreifende Kirchenreform war also dringend nötig. So widmete sich nun Kaiser Heinrich II. als *Beschützer der Kirche* in Zusammenarbeit mit dem sehr frommen und um das Wohl der Kirche besorgten Papst Benedikt VIII. dieser Aufgabe. Gleich nach dem Frieden von Bautzen begann 1018 eine Synode in Pavia um grundlegende Bestimmungen zur Ausschaltung der kirchlichen Mißstände zu erarbeiten. Ein Freundschaftsabkommen von 1023 zwischen Papst und Kaiser, dem auch Frankreich beitrat, sollte die Einberufung eines *Konzils* herbeiführen, um die Beschlüsse von Pavia in Kraft zu setzen.

Doch daraus konnte nichts werden, denn 1024 starb Papst Benedikt VIII. und kurz danach auch Kaiser Heinrich II. Er war 51 Jahre alt. Was Heinrich in den 22 Jahren seiner Regierungszeit für die Wiederherstellung des schwer angeschlagenen Reiches und für die eng daran gebundene Kirchenordnung getan hatte, war von entscheidender Bedeutung.

Kaiser Heinrich II. und seine Gemahlin Kunigunde (gest. 1033) wurden in der Gruft des *Bamberger Domes* beigesetzt. Bamberg war Heinrichs II. Residenz. Tilman *Riemenschneider* (1460–1531) schuf später einen herrlichen Kalkstein-Sarkophag, eine *Tumba*, welche die Gebeine des Herrscherpaares selbst nicht umschloß, weil sie Aufstellung über der eigentlichen Grabstätte im Mittelschiff des Domes fand. Durch die spätere Heiligsprechung des Kaiserpaares war Heinrich II. der einzige deutsche Kaiser, der je diese höchste kirchliche Ehrung erlangte.

Die Reformbewegung von Cluny und ihre Auswirkungen 910–etwa 1150

Ähnliche kirchliche Mißstände, wie sie lange vor und nach der Jahrtausendwende in Europa herrschten, waren immer wieder aufgetreten, so auch bereits in den Jahren um 500.

Ein Kirchenmann namens *Benedikt von Nursia* (um 480–um 542), also aus Umbrien in Italien, hatte sich die Lebensaufgabe gestellt, die verkommenen Sitten zu verbessern. Er gründete um 530 in der Nähe von Neapel das berühmte Kloster *S. Germano*, auch Montecassino genannt, dessen erster Abt er wurde. Dieses Benediktinerkloster war das Mutterkloster des abendländischen Mönchtums.

Benedikts Grundsätze waren Verinnerlichung durch eifrigen Gebetsdienst, Schweigsamkeit, Besitzlosigkeit, Keuschheit, Gehorsam, Ordnung und Reinlichkeit. Die Ernährung war fleischlos und asketisch, Handel und handwerkliche Arbeit waren nicht erlaubt.

Wohl fand sich allmählich eine beträchtliche Anhängerschaft zusammen, und viele Benediktinerklöster wurden in Europa gegründet. Aber all diese Grundsätze zusammen einzuhalten, war unmöglich, der Mensch mußte schließlich arbeiten, um leben zu können. Deshalb lockerten die Klöster allmählich ihre strengen Bestimmungen, was aber bewirkte, daß sie in den folgenden Jahrhunderten langsam verkamen.

Deutschland war das einzige Land in Europa, wo die Klöster praktische, dringende Aufgaben gefunden hatten, nämlich besiedeln und christianisieren sowie in Schulen Bildung und Wissenschaft fördern. Dabei mußten die Mönche fleißig in Landwirtschaft und Handwerk arbeiten, denn es gab niemand, der bettelnde Mönche hätte ernähren können. Die klösterlichen Verfallserscheinungen gingen von Rom aus und waren dementsprechend in Italien am stärksten. Aber auch Frankreich und England standen keineswegs nach, und die negativen Auswirkungen nahmen bedenkliche Formen an.

910 gründeten nun fromme französische Benediktinermönche das Kloster Cluny bei Mâcon an der Saône, mit dem Ziel der Erneuerung alter Ideale, jedoch in realistischerer Form. Das Kloster wurde dem Papst direkt unterstellt, um jede weltliche Einwirkung auszuschließen. Die Ausstrahlung Clunys war enorm, und die vorbildlich handelnden Mönche wurden bald von den meisten Klöstern zur Reformierung angefordert. Der Papst hatte 931 dem Abt *Odo von Cluny* die Genehmigung erteilt, andere vorhandene Klöster seinem Kloster zu unterstellen. Neugründungen im Geiste Clunys fanden statt, unter anderen 934 auch das weitbekannte *Kloster Einsiedeln* bei Schwyz im Herzogtum Schwaben. Die Äbte von Einsiedeln wurden später deutsche *Reichsfürsten.*

Das wurden auch die des Benediktinerklosters St. Gallen in Schwaben südlich des Bodensees. St. Gallen erfuhr jedoch kaum Beeinflussung durch Cluny, einmal weil es in ordentlichem Zustand war, und vor allem, weil es sich mit Vorrang der Wissenschaft widmete, was bei Cluny kaum auf dem Programm stand. Berühmte Mönche von St. Gallen waren die drei *Ekkehards* zwischen 950 und 1060, ferner *Notker Balbulus* um 900 und *Notker Labeo* um 940.

Im Schwarzwald übernahm hingegen das Kloster *Hirsau* die Reformbewegung und wurde zum Mittelpunkt einer *Kongregation* (Verein) von weit über 100 anderen Klöstern.

Auch in Frankreich, England und Spanien vollzog sich eine Erneuerung des Klosterlebens im Sinne Clunys.

Diese allgemeine klösterliche Neubelebung übte auf *Otto III.*, seinen tschechischen Freund *Adalbert von Prag* und den französischen Papst *Sylvester II.* großen Einfluß aus, woraus sich Ottos eilige Neugründungen der Erzbistümer Gnesen und Gran in Polen bzw. Ungarn erklären ließen. Auch Papst Benedikt VIII., Kaiser Heinrich II. und der französische König standen unter diesem Einfluß, als sie die Kirchenreform planten.

Das europäische, adelige Rittertum ab dem 11. Jahrhundert: Langsam – nach Jahrzehnten – brachte Cluny spürbare Sittenwandlung durch die Entstehung des europäischen christlichen Rittertums. Dieses ging besonders von Frankreich aus, weil dort die Verrohung und der moralische Verfall des Adels am meisten fortgeschritten war. Doch spielten bei diesem Wandel starke Einflüsse aus dem maurisch-westgotischen Spanien eine oft führende Rolle. Die Cluny-Mönche prangerten im ganzen Lande, in Kirchen, bei Menschenansammlungen und bei allen möglichen Gelegenheiten systematisch den Adel in seiner Verkommenheit an. So bildete sich aus außerchristlichen und mönchischen Einflüssen der edle mittelalterliche Ritterstand, eine *Adelsgenossenschaft*, die Selbstzucht, christliche Barmherzigkeit und Treue zum Lehensherrn pflegte. Das Ethos des Adels gipfelte auch aus guter Überlieferung in *Frauenverehrung, Minnesang* und beim ritterlichen Waffenhandwerk im *Turnier.* Die Ritter bewahrten untereinander Anerkennung in ganz Europa, also über Staatsgrenzen hinweg. Höchste Blüte und Ausdrucksform erlangte das Rittertum zur Zeit des ersten *Kreuzzuges* und in den *Ritterorden* (*Johanniter, Tempelherren, Deutscher Orden* und andere).

Die Gotik ab dem 11. Jahrhundert: In der Baukunst schließlich entwickelte sich – nach dem *romanischen Baustil* – die Gotik, die, um 1200 von Frankreich ausgehend, sich bald in Europa verbreitete. Die hoch aufragenden Türme der Dome mit den Spitzbögen in Fenstern und Toren waren in ihrer Großartigkeit eine Neuheit. In Deutschland entstanden später außer den gotischen Kirchen überall herrliche Rathäuser, Burgen und Schlösser im gotischen Baustil, der jahrhundertelang bestimmend blieb.

Einen für Europas Geschichte entscheidenden Nachteil hatte die Bewegung von Cluny allerdings: Die Kaiser und Könige hatten bisher die kirchlichen Würdenträger selbst bestimmt, weil diese ihre wichtigsten Mitarbeiter waren und das Reich einten. Das galt seit Karl dem Großen. Cluny und seine Kongregationsklöster unterstanden aber dem Papst direkt, der somit die Äbte selbst einsetzte. Natürlich versuchten die Päpste nun bald das Einsetzungsrecht auch für die Bischöfe zu erzwingen. Die Könige in ganz Europa erkannten das aber keineswegs an und beharrten ihrerseits auf dem Ernennungsrecht von Bischöfen und Äbten.

Unter Mißachtung der schon 200 Jahre bestehenden und oft bestätigten Regeln brach schließlich *Papst Gregor VII.*, ein Langobarden-Nachfahre, der von 1073–1085 im Amt war, den verhängnisvollen 50jährigen *Investiturstreit* vom Zaun. (Investiturrecht = Ernennungsrecht.) Da es den Päpsten dabei – wenn auch nicht ausschließlich – um reine Macht über die weltlichen Fürsten ging, versündigten sie sich gegen den Geist von Cluny. Dieser schleppte sich zwar noch einige Jahrzehnte hin, doch nach dem ergebnislosen und verlustreichen Kreuzzug nach Palästina von 1189 bis 1192 verebbte „Cluny" bald ganz.

Die Frankenkönige und -kaiser, die Salier 1024–1125

Konrad II. (990–1039), Deutscher König seit 1024, Kaiser seit 1027

Das sächsische Königs- und Kaisergeschlecht der Ludolfinger war 1024 mit Kaiser Heinrich II. im direkten Mannesstamme ausgestorben, denn die Ehe zwischen Heinrich und Kunigunde war ohne Sohn geblieben.

Für Konrad II. schien Erbrecht gegeben, weil sich unter seinen Vorfahren eine Tochter Kaiser Ottos I. befand, womit also Blutsverwandtschaft vorhanden war. Konrad stammte aus dem fränkischen Teilstamm der Salier, den Vorfahren der heutigen Holländer und Flamen. Auch schon die Merowinger waren Salier gewesen. Doch nur die deutsch-fränkischen Herrscher, beginnend mit Konrad II., nannten sich „salische Könige".

Konrad II. wurde im Alter von 34 Jahren auf den deutschen Königsthron gehoben, in Mainz gewählt und in Aachen gekrönt. Nach dem erfolgreichen Kaiser Heinrich II. war Konrad II. ein weiteres Himmelsgeschenk für das Deutsche Reich, klug, hart, zielbewußt und pragmatisch, ein sachlicher Staatsmann besten Formats. Als Hauptaufgabe betrachtete er die Stärkung der Königsmacht. Den Überspitzungen der Bewegung von Cluny stand er sehr zurückhaltend gegenüber. Er blieb immer Realist. Selbstverständlich jedoch arbeitete er – wie seine Vorgänger – mit treuen Klerikern eng zusammen, so z. B. mit Bischof *Wazo von Lüttich* oder dem Abt *Poppo von Stablo* sowie dem Abt von *St. Gallen*.

Unter den weltlichen Vasallen wählte er bei Neuverleihungen die Herzöge sehr sorgfältig aus.

Bald war Konrad genötigt, nach Süden über die Alpen zu ziehen. Wie all seinen Vorgängern blieb auch ihm die Aufgabe nicht erspart, im rebellischen Italien für Ruhe zu sorgen. 1026 erschien er in der Lombardei und bezwang die Stadt Pavia, die diesmal das Zentrum eines Aufstandes bildete. Man hatte die dortige Kaiserpfalz überfallen und in Brand gesteckt. In Mailand huldigten ihm die lombardischen Städte, und Konrad wurde mit der „Eisernen Krone" zum König von Italien gekrönt. Die Kaiserkrönung fand anschließend (1027) in Rom durch Papst Johannes XIX. statt.

Wie Südschleswig an Dänemark kam: Bei den Krönungsfeiern war auch der mächtige Dänenkönig *Knut der Große* anwesend. Er kannte Konrads augenblickliche Schwierigkeiten und zeigte eindringlich sein Interesse an der *Mark Schleswig* zwischen Schlei und Eider. Er meinte, daß dieses Land ja in der Familie bliebe, wenn Konrads Sohn, der spätere *Heinrich III.*, seine Tochter *Gunhild* zur Gemahlin nähme. Darauf einigte man sich, und 1027 kam Südschleswig an Dänemark.

Burgund kam 1032 ans Reich: Das Königreich Burgund (Arelat) wurde 1032 Teil des Reiches, nachdem König *Rudolf III.* dort ohne Erben gestorben war. Die burgundische Königskrone hatte er noch vor seinem Tod sicherheitshalber an Konrad II. nach Deutschland geschickt.

Wie berichtet, übertrug seinerzeit König Rudolf III. das Erbrecht auf Burgund an König Heinrich II. Natürlich ging so einem bedeutenden Vorgang jahrelanger Streit voraus. Der französische Graf *Odo von der Champagne* (Hauptstadt Reims) erhob Anspruch auf Burgund, und der französische König Robert sowie andere Fürsten unterstützten ihn. Die Franzosen vertraten den Standpunkt, daß nur Heinrich II. persönlich Anrecht auf Burgund gehabt habe, nicht aber sein Nachfolger und das Deutsche Reich. Doch sie konnten sich nicht durchsetzen, zumal die Jahrhunderte dauernde, nie endende Rivalität im französischen Adel die Königsmacht völlig lähmte. Graf Odo versuchte zwar Burgund kriegerisch zu erobern, aber Konrad II. besiegte ihn gründlich.

Ferner erhob ein Stiefsohn Konrads II., der Herzog *Ernst von Schwaben*, Ansprüche. Konrads zweite Frau Gisela war eine Schwester König Rudolfs von Burgund. In erster Ehe war sie mit einem Schwabenherzog verheiratet gewesen, woraus jener Sohn Ernst stammte. Dessen Ansprüche waren zwar weit hergeholt, trotzdem stritt er zäh und gab keine Ruhe, bis er, in die Reichsacht getan, 1030 in einem Gefecht ums Leben kam.

Doch sofort mit Beginn seiner Regierungszeit, nach Heinrichs II. Tod, als die verschiedenen Rivalen um Burgund auftraten, hatte Konrad II. Stadt und Land *Basel*, welche zu Burgund gehörten, als Pfand unter seinen Schutz genommen, um damit seinen Ansprüchen energisch Ausdruck zu verleihen. Immerhin war das Kernland Burgund einst von den germanischen Burgundern im Rhone-Saône-Gebiet gegründet worden, und der Norden, also *Hochburgund*, war deutschsprachig, andere Landesteile gemischtsprachig. Im Westen und Süden sprach man französisch.

Das neugewonnene Land war von beträchtlicher Ausdehnung zwischen Basel und Marseille bzw. dem Gotthard und der Loire. Für das Reich war es von großer strategischer Bedeutung, denn nun war die Möglichkeit gegeben, auch über die westlichen Alpenstraßen nach dem immer unruhigen Italien zu gelangen. Bisher stand nur der Weg durch das Etschtal in Südtirol zur Verfügung, der nördlich *Verona* am südlichen Alpenaustritt an einer engen Schlucht leicht gesperrt werden konnte.

1034 wurde Konrad II. in *Peterlingen* (Payerne) im heutigen Schweizer Kanton Waadt zum burgundischen König gekrönt.

Die Ostgrenze des Reiches wurde nach 1029 wieder Oder und Bober – Böhmen und Mähren kamen 1030 zum Reich: Während dieser Geschehnisse um Italien und Burgund konnte der Kaiser auch im Osten bedeutende Erfolge erzielen. Nach dem Tode des polnischen Königs Boleslaw I. 1025 zerfiel dessen Reich schnell durch Erbteilungen, und Konrad II. gliederte die ganze *Lausitz* zwischen Elbe und Bober 1029 wieder fest dem Reiche an, nachdem die östliche Lausitz seit 1018 *(Frieden von Bautzen)* unter polnischer Herrschaft gestanden hatte.

Auch den östlichen Teil von Brandenburg, das Gebiet von *Lebus* westlich der Oder, gliederte Konrad 1029 wieder dem Reich an.

Mähren wurde 1030 mit dem Herzogtum *Böhmen* vereinigt und Bestandteil des Deutschen Reiches. Gleichzeitig erkannte *Polen* für sich die *Oberhoheit* des Deutschen Reiches, wie sie bereits zu den Zeiten Ottos I. und II. bestanden hatte.

Damit waren für längere Zeit alle Schäden beseitigt, die dem Reich durch den Wendenaufstand von 983 entstanden waren.

Konrads Neuregelung des Lehenswesens in der Lombardei und in Unteritalien 1036–1038: 1036 rief der niedere Adel in der *Lombardei* den Kaiser gegen den geistlichen und weltlichen Hochadel zu Hilfe. Dieser verleibte sich systematisch die Lehen des übrigen Adels ein, sei es durch Erbbetrug oder Gewalt. Konrad griff hart zu, tat mehrere Bischöfe in die Reichsacht, vor allem den streitsüchtigen *Erzbischof von Mailand*, welchen Papst *Benedikt IX.* (gest. 1045) zusätzlich mit dem Kirchenbann belegte. Konrad erließ Gesetze, die das *Lehensrecht* eindeutig festlegten und den niederen Adel schützten.

Mit gleich starker Hand klärte er ähnliche Zustände in Süditalien. Dabei belehnte er erstmals einen Normannen, den Fürsten *Rainulf*, mit einem Gebietsstreifen bei Neapel.

Diese Vorkommnisse in Italien zeigten deutlich, daß die Ideale von Cluny dort wenig Anklang gefunden hatten.

Nachdem Kaiser Konrad II. 1037 in Italien wieder die Ordnung hergestellt hatte, reiste er nach Deutschland zurück. Das Reich stand nun festgefügt, nach innen und außen abgesichert, wie einst unter Otto dem Großen, jedoch jetzt durch das Königreich Burgund vergrößert. Der deutsche Kaiser beherrschte die drei Königreiche Deutschland, Burgund und die Lombardei mit anderen Teilen Italiens. Probleme mit Ungarn gab es zur Zeit nicht, und das Verhältnis zu König *Stephan I.* war gut. Polen stand unter Lehenshoheit des Reiches. Frankreich war in seiner inneren Zerstrittenheit kein gefährlicher Gegner, Dänemark befreundet und Süditalien vorerst befriedet. Auch mit Papst Benedikt IX. bestand Einverständnis.

Kaiser Konrad II. war mit 49 Jahren noch jung, was auf weitere erfolgreiche Arbeit hoffen ließ. Doch plötzlich starb er am 4. Juni 1039 in *Utrecht* im südlichen Friesland.

Die Geschichte bescheinigt diesem tatkräftigen Mann, das mittelalterliche Deutsche Kaiserreich zu einem Höhepunkt geführt zu haben. Im *Dom zu Speyer* befindet sich sein Grab.

Heinrich III. (1017–1056), Deutscher König seit 1039, Kaiser seit 1046

Schon als 11jähriger Knabe war er in Aachen auf Veranlassung seines Vaters Konrad II. vorsorglich zum König gesalbt worden. Mit 22 Jahren kam er an die Regierung. Erstmalig fand ein deutscher König bei seiner Thronbesteigung keine widerstrebenden Herzöge vor. Auch die lombardische und die burgundische Königskrone wurden ihm nicht streitig gemacht, der dortige Adel huldigte ihm anstandslos.

Heidnische Aufstände in Polen und Ungarn – Nach Polen 1030 nun auch Ungarn 1045 unter deutscher Lehenshoheit: Im Osten allerdings war Heinrich III. zu Kriegshandlungen gezwungen. In Polen und Ungarn saß das Christentum keineswegs fest im Sattel, denn die alten Volksreligionen waren noch lebendig. In Polen wurden die Nachfolger Boleslaws I. durch einen Aufstand vorchristlicher Elemente vertrieben, wobei gleichzeitig das polnische Königtum wieder verlorenging. Das Erzbistum *Gnesen* war praktisch handlungsunfähig, denn ohne Verbindung zum Deutschen Reich konnte die Christianisierung eben nicht durchgeführt werden.

Gleichzeitig versuchte der böhmische Herzog *Bretislav*, durch geheime Kontakte mit Polen und Papst Benedikt IX. – hinter dem Rücken Heinrichs III. – das Bistum Prag zum Erzbistum zu erheben, um damit nach dem Vorbild von Polen und Ungarn zur Zeit Kaiser Ottos III. die Königskrone auch für Böhmen zu gewinnen. Also zog Heinrich III. gegen Prag, siegte und zwang Herzog Bretislav zum Lehenseid. Für Polen setzte er den vertriebenen Herzog *Kasimir* wieder ein, der mit Hilfe Heinrichs den Heidenaufstand niederschlug und das Christentum in seinem Lande allmählich festigte.

Größere Schwierigkeiten hatte Heinrich III. mit Ungarn. König Stephan I. war 1038 kurz vor Kaiser Konrad II. gestorben, und bald danach gewannen alte vorchristliche Bestrebungen auch dort wieder die Oberhand. Ungarische Heerhaufen, die schwer zu stellen waren, durchzogen raubend und mordend das Land. Heinrich kam den ungarischen Christen zu Hilfe, und ein Kleinkrieg zog sich jahrelang hin.

Schließlich sammelten die aufständischen Ungarn ein großes Angriffsheer, doch Heinrich, obwohl zahlenmäßig weit unterlegen, griff es an und siegte. Das war die Schlacht von *Menfö an der Raab* westlich Budapest im Jahre 1044.

Nach dem Kampf bei der Siegesfeier erschien König Heinrich nicht als strahlender Held vor seinem erfolgreichen Ritterheer, sondern im *Büßergewand*, sank mit allen Kriegern auf die Knie und bei dem Anstimmen des *„Kyrie eleison“* (Herr, erbarme dich) wurde ein Feldgottesdienst eingeleitet. So fand der verinnerlichende Geist von Cluny unter Heinrich III. starken Niederschlag. Auch die späteren Kreuzritter hatten sich solchen Stil zum Vorbild genommen.

Nun setzte Heinrich in Ungarn den verjagten rechtmäßigen Nachfolger Stephans I. wieder ein, und dieser König Peter bemühte sich, die christliche Ordnung zu festigen. Zum Zeichen der Anerkennung der deutschen Lehenshoheit und Herrschaft über Ungarn überreichte Peter dem deutschen König die *„Goldene Lanze“*.

Aus idealistischer Gesinnung und frommer Begeisterung über die Rückführung Ungarns zum Christentum sandte der erst 29jährige Heinrich III. die „Goldene Lanze“ dem Papst als Geschenk nach Rom.

Zwar wurde König Peter 1046 bereits wieder gestürzt, aber sein Nachfolger hielt das Verhältnis zu Reich und Christentum aufrecht.

Heinrichs III. Idealismus erfuhr nun bald einige realistische Korrekturen, und zwar ausgerechnet durch die Päpste, mit denen er noch keine Erfahrungen gesammelt hatte. Papst Benedikt IX. hatte immerhin erstaunlich lange zwölf Jahre den päpstlichen Stuhl innegehabt. Doch eine römische Adelspartei kaufte für gutes Bestechungsgeld einen Gegenpapst, der freilich nur einige Monate überdauerte. Schnell verkaufte nun auch Benedikt IX. sein Amt an einen Gregor. Der Gegenpapst, ein Sylvester, wurde wieder hervorgeholt, ebenso der Verkäufer Benedikt. Es ging wild durcheinander, reine Simonie.

Nun hatte König Heinrich III. seines Amtes als Beschützer des Papstes und der Kirche zu walten. Doch welchen Papst sollte er beschützen? Auf zwei kurzfristig einberufenen Synoden bei Rom setzte er alle drei ab, dazu einige Bischöfe, soweit sie in die Händel verwickelt waren. Heinrich III. ging nicht zimperlich mit diesen Leuten um. In einer Verordnung (Edikt) stellte er Simonie unter die Strafe der *Reichsacht*.

Heinrich wollte nun einen Deutschen als Papst sehen und veranlaßte, daß der Bischof Luitger von Bamberg gewählt wurde. Er nannte sich *Klemens II.* Das war im Jahre 1046.

Dieser zweite Papst deutscher Herkunft (in 1000 Jahren!) krönte Heinrich III. 1046 zum Kaiser. Es hatte sich schon mehrmals als zweckmäßig erwiesen, die Neuwahl eines Papstes gleichzeitig mit der Kaiserwahl zu verbinden. Man wußte nie, wie lange ein Papst im Amt blieb, und die Könige kamen oft nur nach Rom, um die Streitigkeiten zwischen dem dortigen Adel und den Päpsten aus der Welt zu schaffen. Ein Zug nach Italien war keine Kleinigkeit und beanspruchte viel Zeit, Aufwand sowie persönliche Anstrengungen für alle Teilnehmer. Diese bildeten oft ein ganzes Heer, das mehr oder weniger schwere Kampfhandlungen durchzustehen hatte, so daß viele die Heimat nie wieder sahen.

Doch Papst Klemens II. starb schon im nächsten Jahr. Ihm zu Ehren wurde im Bamberger Dom eine *Tumba* (Grabdenkmal) aufgestellt.

Der nächste Papst war auf Vorschlag Kaiser Heinrichs III. wieder ein Deutscher, der sich *Damasus II.* nannte. Aber schon nach wenigen Monaten war auch er tot.

Einrichtung der Kardinalsordnung beim Vatikan 1050/1059: Jetzt wurde auf Heinrichs Betreiben der vierte deutsche Papst gewählt, *Leo IX.*, bisher Bischof von Toul, der frühere Graf Bruno von Egisheim im Elsaß, ein Verwandter des Kaisers. Er saß von 1048 bis 1054 auf dem päpstlichen Stuhl und war einer der bedeutendsten Kirchenreformatoren:

Von weittragender Bedeutung war das von ihm eingerichtete *Kardinalswesen* als kirchliche Regierungsbehörde. Der Papst ernannte die Kardinäle selbst. Ihm schwebte vor, daß nur die Kardinäle einen neuen Papst wählen sollten, und zwar aus ihren eigenen Reihen, um den korrupten römischen Adel auszuschließen.

Seit 1059 (also nach Leos Tod) wurde den Kardinälen dieses Recht auch bindend zugestanden. Doch wie die Zukunft zeigen sollte, wurde damit nicht viel erreicht, denn leider war der Kardinalsrang keine Gewähr für Unbestechlichkeit.

Doch der deutsche Papst Leo IX. glaubte an den guten Geist von Cluny. Er ging sogar soweit, zu betonen, daß auch ein Kaiser nicht das Recht habe, Päpste vorzuschlagen oder gar einzusetzen. Das sei innere Angelegenheit der Kirche. Der Kaiser habe nur die Pflicht, die Kirche und die vom Klerus gewählten Päpste zu beschützen. Und da er selbst ja auch von Kaiser Heinrich III. ernannt worden sei, könne er die Ernennung nur annehmen, wenn seine Wahl von den Bischöfen bestätigt würde. Auch über die *Investitur* der Bischöfe und Äbte hatte Leo IX. von den Kaisern abweichende Ansichten.

Dieser deutsche Papst meinte es bitter ernst mit den kirchlichen Rechten, bei denen er glaubte, sich auf die Abmachung zwischen Karl dem Großen und dem damaligen Papst Leo III. berufen zu können. Dabei wandte er sich bedenkenlos gegen die Rechte, die die Kaiser beanspruchten.

Heinrich III. meinte: Wenn der deutsche König Kirche und Papst beschützen soll, kann er nicht dulden, daß Päpste ihn bekämpfen, wie das laufend geschehen sei. – Ein neuer Streitpunkt war also heraufbeschworen worden.

Leo IX. reiste eifrig durch ganz Europa und berief überall Synoden ein, auf denen er schärfstens gegen Simonie und *Priesterehe* predigte. In diesen Punkten deckten sich seine Ideen mit denen des Kaisers. Doch mit den bereits erwähnten kirchlichen Rechtsansprüchen entstand dem Kaiser beträchtlicher Ärger, denn hie und da begannen einige Bischöfe den bisher üblichen Eid zu verweigern. In anderen europäischen Ländern war es das gleiche.

Diese Unruhe benutzten sogleich die Ungarn, wieder aufsässig zu werden, und die Oberhoheit des Reiches in Frage zu stellen.

In Oberlothringen bekriegte Herzog *Wilhelm der Bärtige* seinen Bruder, den Herzog *Gozelo* von Niederlothringen, in dessen Gebiet sich der Graf von *Hennegau* und andere Grafen von dem Bärtigen aufwiegeln ließen. Der Bärtige wollte Herzog beider Lothringen werden. Heinrich III. gelang es nicht, dort Ruhe herzustellen. Im Gegenteil wuchs die Gefahr weiter, als der Bärtige 1054 die Witwe des ermordeten Markgrafen von *Tuszien* (Toskana), Beatrix, heiratete und damit seinen Einfluß auf Italien auszudehnen gedachte. Dort Unzufriedenheit gegen die Kaiser zu schüren, war schon immer nicht allzu schwierig gewesen.

Ganz im Süden waren die *Normannen* immer mächtiger geworden, indem sie auf Kosten von Byzanz *Apulien* eroberten. Als sie nach Benevent vordrangen, mußte Papst Leo IX. selbst zu den Waffen greifen. Dabei geriet er aber in normannische Gefangenschaft und starb dort 1054.

Sein Nachfolger wurde wieder ein Deutscher, und zwar Gebhard von Eichstätt, der bisher des Kaisers Kanzler gewesen war. Als Papst *Viktor II.* half er dem Kaiser, der 1055 mit einem Heer nach Italien kam, in Tuszien Ordnung zu schaffen. Beatrix wurde nach Deutschland in ein Kloster verbannt und Tuszien geteilt. Als sie jedoch dem Kaiser Treue geschworen hatte, durfte sie wieder nach Italien heimkehren. Der Bärtige hatte keine Gelegenheit gehabt einzugreifen. Er starb auch bald, womit sich die Verhältnisse in Lothringen von selbst beruhigten.

Doch auch die Slawen in *Mecklenburg* benutzten die Schwierigkeiten des Kaisers und wagten einen Aufstand. Das entgegengeschickte Heer wurde dabei 1056 zurückgeworfen. Trotzdem hatte der Aufstand seine Kraft verloren, so daß er verebbte.

Unerwartet starb Kaiser Heinrich III. im gleichen Jahr 1056. Er wäre der Schwierigkeiten bestimmt Herr geworden, denn er war tatkräftig, klug und gebildet. Wo sein ausgeprägter Sinn für friedlichen Ausgleich nicht zum Ziele führte, konnte er auch hart auftreten. An den Kämpfen nahm er meist persönlich teil und wußte tapfer das Schwert zu führen. Der Tod ereilte ihn im Alter von 39 Jahren. Seinen Behauptungskampf mußte auch er führen.

Daß die Kirche infolge der Reformen von Cluny innerlich erstarkte, war zwar im

Sinne des Kaisers Heinrich III. gewesen, und er hatte die Reformen eifrig unterstützt. Aber daß das Machtstreben der Päpste und Bischöfe überspitzte Formen annahm, war eine Begleiterscheinung, mit der sich die weltlichen Herrscher auseinandersetzen mußten. Den Sohn Heinrichs III., den späteren Kaiser *Heinrich IV.*, sollte bald die ganze Wucht dieses Geschehens treffen. – Kaiser Heinrich III. ruht im Dom zu *Speyer* neben seinem Vater, Kaiser Konrad II.

Endgültige Trennung der morgenländischen von der katholischen Kirche 1054: Es muß hier ein wichtiges Ereignis erwähnt werden, weil es für das Christentum die endgültige *Kirchenspaltung* zwischen katholischer und morgenländischer (orthodoxer) Kirche brachte: Wie bereits berichtet, wurde die Anerkennung des Papstes durch den christlichen Osten nie erreicht. Das byzantinische Kaiserreich, welches der christlichen-morgenländischen Richtung anhing, hatte allezeit dem Papsttum und dessen politischen Möglichkeiten mißtraut. In Konstantinopel herrschte Cäsaropapismus, der Kaiser war also Herr der Kirche. Der Katholizismus ging aber einer Periode des Papocäsarismus entgegen, in der der Papst Herr aller weltlichen Herrscher sein wollte. Als Karl der Große die Päpste aus verhältnismäßiger Bedeutungslosigkeit mächtig heraushob, machte Byzanz nicht mit. Die nun im 11. Jahrhundert vorangetriebene katholische Kirchenreform mit erhöhten Forderungen des *Papsttums* schockierte die *Patriarchen* und den Kaiser in Konstantinopel derart, daß 1054 die Trennung für unwiderruflich erklärt wurde.

Heinrich IV. (1050–1106), Deutscher König seit 1056, Kaiser seit 1084

Sechs Jahre alt war das Kind, als der Vater starb. Das Erbkönigtum war als Selbstverständlichkeit anerkannt, so daß die Thronsetzung in Aachen schon einen Monat nach des Vaters Tod stattfand. Die Regentschaft übernahm die Mutter, die Kaiser-Witwe *Agnes* (gest. 1077), eine französische Prinzessin. Es gelang ihr vorerst, das Reich zusammenzuhalten, doch bald empörte sich der *weltliche* und *geistliche Adel*, um mehr Einfluß auf die Regierung zu erzwingen. Der Erzbischof *Anno von Köln* ließ den zwölfjährigen Heinrich nach Köln entführen, die Mutter fühlte sich dieser Gewaltpolitik nicht gewachsen und ging ins Kloster. Der Vormund des jungen Königs, Erzbischof *Adalbert von Bremen*, veranlaßte die Übergabe der Regierungsgeschäfte an den erst vierzehnjährigen Knaben.

Der junge König zeigte sich bald sehr selbstbewußt und vertrat schroff seine Rechte. Trotz ansprechendem Äußeren, guter Bildung, Intelligenz und bester Absichten nahm man ihn in seiner Jugendlichkeit nicht für voll. Die Bestrebungen der alten Stammesherzöge nach Eigenständigkeit wurden wieder lebendig. Als daraufhin Heinrich IV. das sächsische Herzogtum selbst in Besitz nehmen wollte, Burgen als Stützpunkte errichtete, diese aber nicht mit Sachsen, sondern Schwaben belegte, wurden die Einheimischen aufsässig. Graf *Otto von Northeim* sammelte 1074 ein Heer und zog gegen die neu erbaute *Harzburg*, aus der dem König gerade noch die Flucht gelang.

Heinrich suchte nun nicht die Verständigung mit den Erzbischöfen, sondern hielt sich an die rheinischen *Städte*, die wegen zuviel kirchlicher Bevormundung zum König hielten.

Hier trat erstmals in Deutschland eine neue Macht in Erscheinung: Das *Bürgertum*, welches sich in den Städten herausbildete und sich deutlich zum Gegengewicht gegen das weltliche und geistliche Fürstentum entwickelte.

Der Aufstand der Sachsen drohte auch auf andere Teile Deutschlands überzugreifen. Doch jetzt bewies Heinrich, daß er dazugelernt hatte, denn von Worms aus entwickelte er eine wirksame diplomatische Tätigkeit und zog die wichtigsten Bischöfe und Fürsten auf seine Seite. Nun konnte er den aufständischen Otto von Northeim mit einem *Reichsheer* stellen und 1075 bei *Homburg an der Unstrut* besiegen. Die Herzöge gaben ihren Widerstand auf, und der erst 25jährige König Heinrich IV. schien das Reich fest in der Hand zu haben.

Papst Gregor VII. (gest. 1085) und Heinrichs Gang nach Canossa 1077 – Der Investiturstreit 1073–1122: Doch nun zog von Rom her ein Gewitter auf: Seit Papst *Stephans IX.* Tod 1058 (er war der sechste deutsche Papst, und von den 302 Päpsten, die es bis in unsere Zeit gab, war nur noch *Hadrian VI.*, 1522–1523, Deutscher), gab es nur insgesamt sieben deutsche Päpste in der Geschichte des Abendlandes.

Nach Stephan IX. regierten in Rom binnen 15 Jahren schon wieder fünf Päpste einschließlich der Gegenpäpste. Von ihnen war Alexander II. zwölf Jahre im Amt. 1073 wurde Gregor VII. zum Papst gewählt, also der langobardische Mönch *Hildebrand*, der schon den deutschen Papst Leo IX. eifrig beraten hatte. Ein Zeitgenosse nannte Gregor VII. einen *„heiligen Satan"*. Mit kompromißlosem Fanatismus betrieb er eine Kirchenreform, die mit den Grundsätzen von Cluny nichts mehr gemein hatte. Für sich und die Kirche stellte er nichts weniger als *Weltherrschaftsforderungen* auf:

Geistliche Ämter dürfe nur der Papst verleihen (Investitur). Alle *Laien* (Nichtgeistliche), auch die Kaiser verfielen dem Bann, wenn sie diese *Doktrin* nicht anerkannten und ihr zuwider handelten. Ferner bezeichnete er alle christlichen Länder als Eigentum der katholischen Kirche. Als deren Stellvertreter beanspruchte er die Lehenshoheit über alle weltlichen Fürsten, also über Grafen, Herzöge, Könige und Kaiser, die der Papst absetzen könnte, wenn sie sich ihm nicht unterwarfen. Andererseits dürfe niemand den Papst richten.

Diese Grundsätze legte Gregor VII. in seiner Schrift *„Dictatus Papae"* fest, und 1078 ließ er sie auf einer Synode zu kirchlichem Recht erklären. Die Kirche hatte somit die seit Karl dem Großen gültigen Verträge einseitig aufgekündigt.

Die Wirkung in Europa war verheerend. Sofort entstanden zwei Parteien. Klerus und Adel bekannten sich je mit einem Teil zu ihren Königen, mit dem andern zum Papst. Es war keine Reformation, es war eine Revolution.

Der Initiator, Papst Gregor VII., kam aus der ursprünglich kircheninternen Reformbewegung von Cluny. Sein Hauptgegenspieler wider Willen war der deutsche König Heinrich IV., der den Bestand des Reiches zu verteidigen hatte. Außerdem war er der Höchstgestellteste der europäischen Könige mit dem Anspruch auf die Kaiserkrone.

Als Heinrich die Forderungen Gregors vernahm, dachte er natürlich nicht daran, diese anzuerkennen. Er ernannte Äbte und Bischöfe wie bisher. Als ihm daraufhin der Papst mit dem *Bann* drohte, schrieb er eine kämpferische Entgegnung: Als *„König von Gottes Gnaden"* forderte er den *„falschen Mönch"* auf, vom angemaßten päpstlichen Stuhl herabzusteigen. Gleichzeitig wurde Gregor auf einer von Heinrich in Worms einberufenen Bischofssynode 1076 kurzerhand für abgesetzt erklärt.

Die Antwort Gregors kam prompt: Er belegte den König mit dem *Kirchenbann*, untersagte ihm alle Regierungsgeschäfte und entband seine geistlichen und weltlichen Untertanen vom Treueid. Die deutschen und lombardischen Bischöfe, soweit sie als treue Anhänger Heinrichs bekannt waren, wurden gleich mit in den Bann getan.

So etwas hatte es in der Geschichte noch nicht gegeben. Seit Karl dem Großen, also seit fast 300 Jahren, war es Tradition, daß Reich und Kirche zusammenarbeiteten. Unausbleibliche Differenzen waren letzten Endes immer behoben worden. Aber ein König des Reiches im Kirchenbann, das schien unglaublich.

Bald bekam Heinrich die Wirkung zu spüren, denn das Reichsgefüge begann zu wanken. Eine Anzahl Äbte und Bischöfe sagte sich vom König los. Dies empörte die königstreuen Kirchenmänner, die sich allezeit als Stützen des Reiches empfunden hatten und die Mehrheit bildeten.

Anders die weltlichen Herzöge, denen die kirchliche Reform im Grunde gleichgültig war. Sie sahen sofort wieder eine Gelegenheit, ihre Macht zu erweitern. Sie trafen sich in der Königspfalz *Trebur* am Mittelrhein und stellten dem König ein Ultimatum: Innerhalb eines Jahres solle er Mittel und Wege finden, sich vom Bann zu lösen; gelinge ihm das nicht, gelte er automatisch als abgesetzt. In Augsburg solle dann auf einem Reichstag – unter Mitwirkung des Papstes – ein neuer König gewählt werden, nicht auf Grund des Erbrechtes, sondern nach altem „germanischem Recht" der Bestgeeignete – was die Herzöge sich eben darunter vorstellten.

Daraufhin zog König Heinrich mit einem kleinen Heer nach Italien, um mit dem Papst zu verhandeln. Doch ohne sich an die im Ultimatum festgesetzte Jahresfrist für die Problemregelung zu halten, sperrten die Baiern und Schwaben den Weg nach Verona. Heinrich mußte deshalb den zeitraubenden Weg über Burgund und den Mont Cenis westlich Turin nehmen.

Gregor befand sich seinerseits bereits auf der Reise nach Deutschland, um mit den Herzögen zusammenzutreffen. Als er vom Anmarsch des Königs hörte, zog er sich – über Heinrichs Absichten im unklaren – in die Berge des *Apennin* nach der Felsenburg *Canossa* in der Nähe von Modena zurück, dem Sitz der ihm verbündeten Markgräfin *Mathilde von Tuszien* (1046–1115).

König Heinrich IV. erschien mitten im schneereichen Winter barfuß und im *Büßergewand* vor dem Burgtor. Es war der Januar des Jahres 1077. Der König bat den Papst um Lossprechung vom Bannfluch. Gregor durchschaute den politischen Schachzug Heinrichs sofort und wies ihn ab. Doch als der König am nächsten und übernächsten Tag im gleichen Gewand erneut um Einlaß und Vergebung bat, mußte Gregor VII. einlenken und den Bann lösen.

Heinrich war damals 27 Jahre alt und Gregor 57. Über dieses Geschehen ist bis auf den heutigen Tag enorm viel geschrieben worden. Die einen sahen darin eine unglaubliche Erniedrigung des deutschen Königtums, die anderen lediglich einen geschickten Schritt Heinrichs im Rahmen eines gefährlichen, politischen Spieles. Die Bußfertigkeit des Königs entsprach freilich der damaligen Gepflogenheit und brachte ihm sogar den Ruf eines wahrhaft frommen Mannes ein. Trotzdem sollte der in die Welt gesetzte Streit in Zukunft für Kaisertum und Papsttum entscheidend negative Folgen haben.

Der Kampf war zwar nicht beendet, doch hatte Heinrich nicht nur eine dringend nötige Atempause erlangt, sondern sein Königtum im Inneren und Äußeren gefestigt. Trotzdem wurde im Volksmund dieser *„Canossa-Gang"* sprichwörtlich, wenn man sagen wollte, daß jemand „zu Kreuze kriechen" mußte.

Rudolf von Rheinfelden (gest. 1080), erster deutscher Gegenkönig von 1077 bis 1080: Der Kirchenbann war nun aufgehoben und damit das Ultimatum der deutschen Herzöge erfüllt und gegenstandslos geworden. Aber dessen ungeachtet wählten sie 1077 – unter Mitwirkung einiger Bischöfe – einen *Gegenkönig*, der sich allerdings verpflichten mußte, für seine Nachfolger keine Erbansprüche zu stellen. Dieser Wahl-Gegenkönig war der Herzog von Schwaben, Rudolf von Rheinfelden (gest. 1080). Gegenpäpste hatte es schon viele gegeben, aber ein Gegenkönig in Deutschland war erstmalig. Natürlich hatte Papst Gregor VII. die Hand im Spiele, denn Heinrich IV. war und blieb sein Gegner.

In Deutschland brach nun ein Bürgerkrieg aus, der jahrelang anhielt und im Lande große Zerstörungen verursachte. Die Herzöge stritten sich bald miteinander, und schließlich hielten nur noch Sachsen und Schwaben zum Gegenkönig, während alle anderen wieder auf Heinrichs Seite traten. Die Städte, der niedere Adel und fast alle Bischöfe und Äbte hatten dem König die Treue gehalten. So stellte sich das ganze weitere Geschehen als ein Komplott der Sachsen und Schwaben im Bunde mit Gregor VII. dar. Dabei hatte der Papst ja ganz andere Ziele im Auge als die aufsässigen Herzöge. In einer Schlacht, die zwischen König und Gegenkönig bei *Hohenmölsen* nahe Halle a. d. Saale im Jahre 1080 geschlagen wurde, fiel Rudolf von Rheinfelden.

Der Bürgerkrieg zog sich trotzdem noch lange hin. 1081 hatten die sächsischen und schwäbischen Widersacher des Königs einen neuen Gegenkönig gewählt, den Grafen *Hermann von Salm*. Dieser konnte 1086 bei *Bleichfeld* nördlich Würzburg einen Sieg über Heinrich erringen, trat aber 1088 ab und zog sich von den Auseinandersetzungen zurück. Damit hatte Heinrich IV. vorerst in Deutschland wieder die Oberhand gewonnen.

Der König mußte gleichzeitig nach innen und außen fechten. Papst Gregor VII. hatte 1080 über Heinrich erneut den Bann verhängt, weil dieser nicht daran dachte, auf seine Rechte zu verzichten und ungenehme Bischöfe und Äbte gegen getreue auszuwechseln. Nun aber wurde in *Brixen*/Südtirol auf einer Bischofsversammlung Ende 1080 Gregor VII. für abgesetzt erklärt und der Bischof Wibert von Ravenna als *Klemens III.* (gest. 1100) zum Gegenpapst gewählt.

Um dieser Wahl Nachdruck zu verleihen, zog Heinrich mit Heeresmacht nach Italien, wo er bei Adel und Klerus über beträchtlichen Anhang verfügte. Dagegen hatte Gregor dort viele Feinde, weil dieser „heilige Satan" bedenkenlos über ganze Landstriche, Städte, Klöster und Einzelpersonen den Kirchenbann verhängte, wenn ihm nicht bedingungsloser Gehorsam für seine überspitzten Ideen zuteil wurde. 1083 drang Heinrich nach längerer Belagerung in Rom ein, wo nun auch der Gegenpapst Klemens III. endlich in den Vatikan einziehen konnte. Eine seiner ersten Handlungen war die Kaiserkrönung Heinrichs IV.

Noch gab Gregor nicht auf, und sobald Heinrich Rom verlassen hatte, rief er die *Normannen* aus Apulien zu Hilfe, die aber in Rom hauptsächlich plünderten. Daraufhin erhob sich geschlossen der römische Adel und vertrieb die Normannen einschließlich Gregor. Im Mai 1085 starb dieser in Salerno, verlassen von allen einstigen Anhängern. Später wurde er heiliggesprochen, allerdings erst 530 Jahre danach.

Heinrichs IV. Familie wendete sich ab 1091 gegen ihn: Dem Kaiser jedoch war es nicht vergönnt, das Reich zur Ruhe zu bringen. Der Gegenpapst Klemens III. konnte sich in Rom nicht durchsetzen. Neue Päpste wurden gewählt, die aber alle in der Investitur nicht nachgaben, während Heinrich IV. die Rechte der Königsmacht ebenfalls nicht preisgab. Allerdings fand er in seiner Haltung Unterstützung bei den Königen von Frankreich und England, die ebenfalls strikt an ihrem Investiturrecht festhielten.

1091 mußte Kaiser Heinrich IV. abermals mit einem Heer nach Italien ziehen. In der Lombardei erreichte ihn die Nachricht, daß sein ältester Sohn *Konrad* (schon 1087 in Aachen zum König gekrönt) und sogar seine eigene Gemahlin, *Eupraxia*, eine Russin, sich den Gegnern in verleumderischer Weise angeschlossen hatten. Dadurch fielen nun auch in Italien viele seiner Anhänger ab, so daß er sich dort trotz jahrelanger erbitterter Kämpfe, die bis 1098 andauerten, nicht mehr halten konnte.

1099 wurde in Rom *Paschalis II.* zum neuen Papst gewählt, der sein Amt bis 1118 bekleidete. Er hatte sich mit vier Gegenpäpsten auseinanderzusetzen. Klemens III., der die Kaiserkrönung vorgenommen hatte, starb 1100.

Heinrich IV. suchte nun mit Paschalis II. eine Einigung zu erreichen, doch verhängte dieser abermals den Kirchenbann über den Kaiser, weil er im Investiturstreit nicht nachgab – einfach nicht nachgeben konnte. Das *Schisma* (die Spaltung des Papsttums in Päpste und Gegenpäpste) setzte Paschalis schwer zu, und er machte dafür Kaiser Heinrich verantwortlich. Allzu ernst wurde der erneute Bann nun nicht mehr genommen, denn viele hohe Geistliche hielten trotzdem zum Kaiser.

Seinen ungetreuen Sohn Konrad hatte er verstoßen, dafür Heinrich, seinen zweiten Sohn, 1099 in Aachen als König *Heinrich V.* krönen lassen. Doch als dieser 24 Jahre alt war, ließ auch er sich zum Werkzeug der Gegner seines Vaters mißbrauchen und veranlaßte dessen Gefangennahme. Er begründete diese Maßnahme damit, daß ein Kaiser im Kirchenbann für das Reich untragbar sei.

Aber Heinrich IV. konnte nach Lothringen entfliehen, wo er genug Anhang hatte, um kriegerisch gegen seinen Sohn vorzugehen. Sogar bei König Philipp I. von Frankreich fand er Hilfe. Doch noch ehe es zu einer Entscheidung zwischen Vater und Sohn kam, starb Kaiser Heinrich IV. plötzlich im August 1106 in Lüttich. Er war 56 Jahre alt.

Ein tragisches tapferes Leben war beendet, aufgerieben in ununterbrochenem zähem Kampf um die Rechte der deutschen Königsmacht, gegen päpstliche Machtansprüche und egoistische deutsche Herzöge, schließlich sogar gegen seine Söhne und die eigene Frau.

Kaiser Heinrichs IV. Ruhestätte befindet sich auch im Dom zu *Speyer* neben Vater und Großvater. Aber sechs Jahre hatte sein Sarg in einer ungeweihten Kapelle stehen müssen, ehe der Tote mit seinen Vätern vereinigt wurde.

Der Erste Kreuzzug 1096–1099 und das Königreich Jerusalem: Ein sehr wichtiges Ereignis muß hier nachgetragen werden: Von 1088–1099 amtierte in Rom Papst *Urban II.*, unter dessen Amtszeit außer dem Investiturstreit noch ein anderes

Problem heranreifte. Es war dies die christliche Idee eines Kreuzzuges ins *„Heilige Land"*.

Ursprünglich lag dem Kreuzzugsgedanken der Wunsch zugrunde, das Land Palästina, die Wirkungsstätte und das Grab Christi, dem Islam zu entreißen. Der Gedanke entwickelte sich aus der Kirchenreform der Mönche von Cluny. Eine *Wallfahrt nach Jerusalem* war allmählich für viele fromme Menschen in Europa zu einem Herzensbedürfnis geworden, was zu dem Plan führte, das Land von den Moslems kriegerisch zu befreien.

Palästina war im Jahre 63 v. Chr. unter römische Herrschaft gekommen und bis 395 n. Chr. auch geblieben. Dort lebte Christus. Nach der Römerherrschaft gehörte das Land zum Byzantinischen Kaiserreich. Doch 636 wurde es vom sich stürmisch ausbreitenden Islam erobert.

Manche Päpste forderten nun den Kreuzzug mit Nachdruck und machten ihn zu einer Prestigefrage, so auch Papst Urban II. Kaiser Heinrich IV. war am Zustandekommen des ersten Kreuzzuges (1096–1099) nicht beteiligt; er hatte andere Sorgen. Aber viele europäische Ritter, vor allem Spanier, Franzosen und süditalienische Normannen sammelten sich bei Rom zu einem Kreuzfahrerheer. Der Herzog von Niederlothringen, *Gottfried von Bouillon* (um 1060–1100), einer der Führer, verpfändete voller Begeisterung seine Grafschaft Bouillon in den Ardennen an den Bischof von Lüttich, um eine Heeresgruppe aufstellen und finanzieren zu können.

Mit dem päpstlichen Segen ausgestattet zog das Heer nach *Bari*, setzte über das Adriatische Meer nach *Durazzo* in *Albanien* und marschierte durch Nordgriechenland nach Konstantinopel. Bis dahin hatten sich die Kreuzfahrer auf christlichem Gebiet bewegt, doch in Kleinasien trafen sie bald auf die muslimischen *Seldschuken*, die den größten Teil der heutigen Türkei, Persien, Syrien und Palästina beherrschten. Die Kreuzritter, die ohne sinnvolle Planung, dafür aber mit romantisch-religiöser Begeisterung losgezogen waren, erlitten durch dieses Turkvolk furchtbare Verluste.

Trotzdem eroberten sie 1099 die Stadt Jerusalem. Unter Gottfried von Bouillon entstand das *Königreich Jerusalem*, welches von den Seldschuken anerkannt werden mußte. Es umfaßte Palästina, den Libanon sowie die Städte *Antiochia* und *Edessa*. Dieses Königreich bestand als christlich beherrschter Staat bis 1187, allerdings unter dauernder Bedrohung und mit schwindendem Umfang.

Heinrich V. (1081–1125), Deutscher König seit 1106, Kaiser seit 1111

So verwerflich Heinrichs V. Untreue gegenüber dem Vater war, so erstaunlich mutet es an, daß er den Kampf seines Vaters in gleicher Weise fortsetzte. Heinrich V. ernannte seine geistlichen Mitarbeiter wie bisher üblich, ohne den Papst zu fragen. Es gab in dieser Frage keine andere erkennbare Lösung.

Die Kirche war völlig gespalten, und Papst Paschalis II., des Streites müde, zeigte sich endlich kompromißbereit, zumal schon wieder drei Gegenpäpste nacheinander (ohne Mitwirkung Heinrich V.) aufgetreten waren.

Als König Heinrich mit Heeresmacht in Rom erschien, um dem Papst zu Hilfe zu kommen, wurde zunächst verhandelt. Paschalis schlug vor, daß in Zukunft alle Bischöfe auf jede Art von *Regalienrechten* (also weltlichen Hoheitsrechten) und die Könige auf das Investiturrecht verzichten sollten. Als dieser Vertragsentwurf bekannt wurde, erhoben die Bischöfe schärfsten Widerspruch. Solche Weltfremdheit ihres Papstes war unglaublich, denn manche kirchlichen Würdenträger Europas hatten schon seit Jahrhunderten neben geistlichen auch weltliche Ämter inne. In Deutschland waren die meisten Erzbischöfe sogar Reichsfürsten. Der Papst gab sich beleidigt und wollte keinesfalls nachgeben.

Bald kam es in Rom zu Straßenkämpfen zwischen Päpstlichen, Adeligen und Königlichen. Heinrich V. mußte schließlich den Papst in *Schutzhaft* nehmen. Unter solchen Umständen fand 1111 die Kaiserkrönung statt. Als Heinrich nach Deutschland zurückkehrte, war der Investiturstreit nach wie vor ungelöst. Zu Hause hatte er alle Hände voll zu tun, um die Risse, die Adel und Geistlichkeit in streitende Parteien teilte, einigermaßen zu kitten.

Die Mathildischen Güter in Tuszien ab 1115: Nochmals zog der Kaiser 1116 nach Italien, um das Problem der sogenannten Mathildeschen Güter zu klären. Mit der Markgräfin Mathilde (1046–1115) war ihr Geschlecht ausgestorben, und vor ihrem Tod hatte sie das reiche Land Tuszien (Toskana mit der Hauptstadt Florenz, das Hauptland der *Etrusker* im Altertum) den Päpsten vererbt. Von Anfang an hatte sie im Investiturstreit gegen die Kaiser Partei ergriffen, und Papst Gregor VII. fand auf ihrer Burg Canossa Zuflucht. Weil die tuszischen Markgrafen das Land vom Kaiser zu Lehen bekommen hatten, konnte Heinrich V. – wie auch schon sein Vater – diese Vererbung an die Päpste natürlich nicht anerkennen. Durch Verhandlungen wurde jedoch nichts Endgültiges erreicht. Zwar ließ Heinrich V. die reichen Güter von treuen Adeligen und Geistlichen verwalten, doch Paschalis beanspruchte die Einnahmen für den *Heiligen Stuhl.* In den weiteren Auseinandersetzungen erkannte der Kaiser einen der Gegenpäpste an, worauf ihn Paschalis in den Bann tat. Doch da Paschalis starb, wurde der Bannfluch hinfällig.

Ende des Investiturstreites 1122: Die Ansprüche, die Paschalis gestellt hatte, waren bescheiden geworden und mit denen Gregors VII. nicht vergleichbar. Deshalb war mit Frankreich 1104 und England 1107 im Investiturstreit ein Kompromiß zustande gekommen, der folgende Regelung enthielt: Die Kirche schlägt den Anwärter auf das geistliche Amt vor. Bei der Wahl ist der König oder sein Vertreter anwesend. Vor der Weihe hat der Gewählte dem König den Treueid zu leisten. Mit dieser Regelung erklärte man sich auf beiden Seiten zufrieden.

Der Investiturstreit zwischen dem Reich und Rom wurde 1122 mit dem *Wormser Konkordat* beendet. Papst *Kalixt II.* (gest. 1124), der frühere Graf Guido von Burgund, und Kaiser Heinrich V. einigten sich wie folgt: Kirchenvertreter wählen die neuen Bischöfe und Äbte in Anwesenheit des Königs oder seiner Vertrauten. Bei unklarem Wahlausgang entscheidet der König. Da die Kirchenvertreter je zur Hälfte vom Papst und vom König bestimmt wurden, war es nicht möglich, einen dem König ungelegenen Mann zu wählen. Die Belehnung der Neugewählten mit weltlichen Rechten und Pflichten erfolgte erst nach der Amtseinführung und dem Treueid.

Praktisch blieb also alles beim alten. Es hatte sich letzten Endes für die deutschen Kaiser zunächst gelohnt, hart zu bleiben, wobei der pflichtbewußte Heinrich IV. verbissen den Hauptanteil des Kampfes auf sich genommen hatte. Auf dem Laterankonzil (Bischofsversammlung im *Lateranpalast* von Rom) 1123 erklärten Papst Kalixt

II. und die Bischöfe die getroffenen Abmachungen als *bindendes Kirchenrecht.* Man atmete in ganz Europa auf, daß die Spaltung, die mitten durch das katholische und weltliche Europa ging, nach 50 Jahren endlich vorüber war.

Frankreich und England hatten weniger zu leiden gehabt, aber das deutsche Königtum war zugunsten der Herzogsmacht empfindlich geschwächt worden. Die Bischöfe hatten noch am treuesten zu den deutschen Königen gehalten, wenn es auch Ausnahmen nach wie vor gab. Der ewige Streit zwischen den Päpsten und dem römischen Adel sowie den Königen ging weiter wie bisher, und Gegenpäpste waren gang und gäbe. Die Päpste entsprachen *mittelalterlichen Machthabern* genau wie die weltlichen Herren.

Infolge der Lähmung der Königsmacht hatte der Sachsenherzog *Lothar von Supplinburg* begonnen, selbständige Politik zu betreiben. Er baute seine Macht zielstrebig aus, bekämpfte in Mecklenburg und in der Lausitz die slawischen Liutizen sowie Wenden und betrieb dort eifrig mit Hilfe der Klöster und Äbte deutsche *Wiederbesiedelung.* Da er aber auch gegen Heinrich V. auftrat, gab es Bürgerkrieg, und 1115 hatte der König eine empfindliche Niederlage bei *Welfesholz* (50 km nordwestlich Halle a. d. Saale) hinzunehmen.

Heinrichs V. Regierung brachte keine Erfolge. Polen und Ungarn kündigten ihm mit Unterstützung des Papstes die Lehensoberhoheit auf, und dadurch bedingte Kriegszüge waren Fehlschläge. Böhmen blieb als einziges östliches Land in loser Verbindung zum Deutschen Reich. Auch das Verhältnis zu Frankreich war gespannt.

Mitten aus ungelösten Aufgaben, erst 44jährig, berief der Tod Heinrich V. im Jahre 1125 ab. Neben Konrad II., Heinrich III. und Heinrich IV. wurde auch Heinrich V. im Dom zu *Speyer* beigesetzt. Damit war das Geschlecht der fränkischen oder salischen Kaiser erloschen.

Der Sächsische König 1125–1137

Lothar III. von Supplinburg (um 1075–1137), Deutscher König seit 1125, Kaiser seit 1133

Es lag auf der Hand, daß nun der Supplinburger zum neuen deutschen König gewählt wurde, der Sitte gemäß in Aachen und diesmal in Anwesenheit päpstlicher Abgesandter. Von Anfang an bestand zu dem neuen Papst *Honorius II.* (gest. 1130) ein gutes Verhältnis. Papst und König waren gleich starke Persönlichkeiten. Bis zu Honorius' Tod herrschte somit in Italien Frieden.

In Deutschland stand auch Lothar vor der unumgänglichen Aufgabe, die innere Stabilität wiederherzustellen. Neue Geschlechternamen waren auf dem Plan erschienen, vor allem die *Staufer*, deren Stammsitz die Burg *Hohenstaufen* in Schwaben war. Zwei Neffen Kaiser Heinrichs V., die Schwaben Friedrich und Konrad von Staufen, hätten bei Anwendung des Erbrechts König werden können. Die meisten Herzöge aber waren der Salier und ihres Anhanges überdrüssig. Sie setzten diesmal das Wahlrecht zugunsten Lothars durch. Der Herzog von Burgund erkannte diese Wahl vorerst nicht an und bequemte sich zur Huldigung erst nach Jahren. Auch der Böhmenherzog weigerte sich anfangs und mußte gezwungen werden.

Ein Gegner Lothars war anfangs auch der *Askanier Albrecht von Ballenstedt* (bei Quedlinburg), der Ansprüche auf das Herzogtum Sachsen erhob, aber nicht durchsetzte. Erst später, 1134, als Lothar die Ostgebiete neu organisierte, gab er dem Askanier die Nordmark zwischen Elbe und Oder, die seitdem den Namen *„Mark Brandenburg"* erhielt.

Neugründung vieler Zisterzienser-Klöster ab 1100 zur Christianisierung und deutschen Besiedelung des Ostens: Ebenfalls 1134 bekam *Konrad von Wettin* (von der Stammburg *Wettin* nördlich von Halle a. d. Saale) die *Thüringische Ostmark*, das Land zwischen Saale und Bober, also die Markgrafschaft Meißen mit der Lausitz. Das alte Thüringen gehörte nicht dazu. Auch diese Ostmark wurde jetzt so systematisch wie auch Brandenburg christianisiert und deutsch besiedelt. Das Land nahm unter Mitwirkung der neuentstehenden Zisterzienser-Klöster deutsche Kultur und Sprache an. Dieser Vorgang war ja bereits unter König Heinrich I. ab 920 eingeleitet, aber in den vergangenen 210 Jahren – wie berichtet – mehrfach unterbrochen und teilweise rückgängig gemacht worden.

Im Südosten, also in der alten Ostmark des Reiches (Österreich) sowie in Kärnten, der Steiermark und Slowenien war die *Wiedergermanisierung* ja bereits im 8. Jahrhundert von Baiern aus betrieben worden und hatte keine wesentlichen Unterbrechungen oder Rückschläge erlitten.

Der *Zisterzienser-Orden* – 1098 aus dem *Benediktiner-Orden* hervorgegangen – vertrat fast die gleichen Grundsätze, doch waren bei den Zisterziensern vor allem praktische Regelungen für *Laienbrüder* neu aufgenommen worden. Laienbrüder waren Mönche ohne Priesterweihe, die alle Arbeiten in Feld, Wald und Haus verrichteten. In Gebieten, in denen von Klöstern aus Waldrodungen, Wegebau usw. im großen Stile betrieben wurde, war somit die Art des Zisterzienserklosters bestens geeignet. Kein Wunder, daß überall im deutschen Osten solche Klöster entstanden wie z. B.:

In Mecklenburg: Doberan, Eldena, Dorgun.
In Vorpommern und Brandenburg: Bergen auf Rügen, Lehnin, Chorin.
In der Thüringer Ostmark: Dobrilugk, Neuzella, Nimbschen, Altzella, Pforta.
Östlich der Oder (einige Jahrzehnte später) in Hinterpommern, Pommerellen und Schlesien: Marienwalde, Kolbatz, Oliva bei Danzig, Pardies, Leubus, Trebnitz, Rauden in Oberschlesien.

Aber auch in Süddeutschland: Goldenkron bei Budweis, Ebrach im Steigerwald, Maulbronn, Bebenhausen in Württemberg, Salem am Bodensee, usw.

Zuweilen wurde für die Zisterziensermönche auch der Name *Bernhardinermönche* verwendet. Dieser Name bezog sich auf den aus französisch-burgundischem Adel stammenden Kirchenlehrer *Bernhard von Clairvaux* (1091–1153). Er wurde 1115 erster Abt des Zisterzienserklosters von Clairvaux und hatte großen Einfluß auf kirchliche und weltliche Machthaber. Er predigte eindringlich die Pflicht der Christen, *Kreuzzüge gegen alle Heiden* zu unternehmen, nicht nur im Orient, auch gegen die slawischen Wenden und die baltischen Stämme, wie *Pruzzen, Litauer, Letten* und *Esten*, eine Aufgabe, die bald der deutsche Ritterorden übernehmen sollte.

Später veranlaßte Bernhard von Clairvaux den zweiten Kreuzzug in das Königreich Jerusalem, der das Vordringen des Islams dort eindämmen sollte, der aber unter schwersten Opfern erfolglos blieb. Bernhard war im Wesen und auch äußerlich eine Art

Mensch wie Gregor VII., der als klein und häßlich beschrieben wurde. Ein kritischer Mönch seiner Zeit sagte über Bernhard: „Ein in Liebe und Haß rasender Mann."

König Lothar mußte ab 1131 nun auch in Italien lange und fruchtlose Kämpfe durchstehen, nachdem in Rom Papst Honorius II. gestorben war.

Im Kardinalskollegium herrschte bitterer Parteienstreit, so daß an einem Tag gleich zwei neue Päpste gewählt wurden. *Innozenz II.* soll würdevoll und besten Willens gewesen sein. Der Gegner *Anaklet II.*, Abkömmling eines getauften Juden, war reich und damit mächtig.

Anaklet rief den Normannenherzog *Roger II.* aus Süditalien nach Rom, der Innozenz nach Frankreich verjagte und Anaklet Schutz gewährte. Als Gegenleistung salbte er Roger II. zum König von Neapel. Doch der einflußreiche Abt Bernhard von Clairvaux stand auf der Seite des Papstes Innozenz, der auch bald von Frankreich, England und dem Deutschen Reich anerkannt wurde.

Lothar führte 1133 Innozenz im Schutze eines Heeres nach Rom zurück, wo die Kaiserkrönung diesmal in der *Laterankirche* vorgenommen werden mußte, weil die zuständige Peterskirche mit dem angrenzenden Stadtteil Roms von den Normannen besetzt war.

Kaiser Lothar und Innozenz begannen bald neue Verhandlungen wegen der *Mathildischen Güter* in Tuszien mit dem Ergebnis, daß dem Kaiser das Nutzrecht, doch nicht das Besitzrecht bestätigt wurde. Er nahm diese Güter, Gebietsteile von Tuszien, vom Papst zu Lehen, was eine Umkehr der bisherigen Besitzverhältnisse bedeutete und sich später als schlechte Regelung für das Reich herausstellte.

Bei Kaiser Lothars Rückkehr nach Deutschland erlebte er überall einen herzlichen Empfang. Nach den schweren Jahren unter Heinrich IV. und V. empfand man die neugeschaffene Ordnung als Erlösung.

Das alte Geschlecht der *Welfen* begann zu Lothars Zeiten deutlicher ins Blickfeld der Geschichte zu treten. Die Familie stammte aus Schwaben. Die zweite Gemahlin Kaiser Ludwigs des Frommen und Mutter Karls des Kahlen, der bei der Teilung von Verdun (Wirten) König von Westfranken wurde, war eine Welfin. Die Könige von Burgund waren bis zu Kaiser Konrad II. ebenfalls Welfen, und 1055 starb Herzog *Welf III.* von Kärnten, womit das Geschlecht im Mannesstamme ausstarb. Das jüngere Haus der Welfen, Welf-Este genannt, entstand durch Heirat zwischen einer Schwester Welfs III. und dem italienischen Fürsten Azzo aus der Stadt Este unweit von Ferrara. Beider Sohn wurde 1070 der Baiernherzog *Welf IV.* Wenn weiterhin von „Welfen" die Rede ist, so sind es Mitglieder des Hauses Welf-Este. Ein Welfe und zuverlässiger Parteigänger Lothars war übrigens von Anfang an der Herzog von Baiern, *Heinrich der Stolze* (gest. 1139), ein Nachkomme Welfs IV. Heinrich der Stolze heiratete Lothars Erbtochter.

Lothars Reichstag zu Merseburg 1135: Der Reichstag in Merseburg südlich Halle wurde zu einer Darstellung seiner Macht, denn außer den Herzögen – auch *Friedrich von Schwaben*, der Staufer, war anwesend –, den Grafen und Adeligen waren Papst Innozenz II., viele italienische Fürsten, Erzbischöfe und Äbte aus allen Teilen des Reiches anwesend. Boleslaw III. von Polen, König Erik von Dänemark und böhmische Fürsten huldigten ihm als Vasallen. Es war erstaunlich, wie Lothar in nur zehn Jahren das zerstrittene und schwer gefährdete Deutsche Reich wieder zur ersten Macht Europas geführt hatte.

Doch ein Ausruhen war bisher noch keinem deutschen Kaiser beschieden gewesen: Die süditalienischen Normannen im Bunde mit Gegenpapst Anaklet beherrschten wieder ganz Rom, und Innozenz verlor dort viele seiner Anhänger. Also zog Lothar 1136 erneut mit einem Heer nach Rom und zwang den normannischen König *Roger II.*, ihn als Lehensherrn anzuerkennen. Die italienischen Verhältnisse schienen einigermaßen geklärt, als Lothar nach Deutschland zurückkehrte.

Unterwegs auf dem Marsch durch die Alpen starb der Kaiser an Erschöpfung in einem Südtiroler Bauernhaus. Man brachte seinen Leichnam nach *Königslutter* bei Braunschweig, wo er im dortigen Kaiserdom beigesetzt wurde. Kaiser Lothar der Supplinburger wurde 62 Jahre alt. Schon 1139 starb sein Freund, der Welfe und Baiernherzog Heinrich der Stolze. Auch er fand im gleichen Dom seine letzte Ruhestätte.

Die Schwabenkönige und -kaiser 1138–1254/1268, die Staufer

Konrad III. (um 1093–1152), Deutscher König seit 1138

Dieser Mann war nach Kaiser Heinrichs V. Tod schon einmal neben seinem Bruder Friedrich von Staufen als Königsanwärter im Gespräch gewesen, aber man hatte Lothar von Supplinburg vorgezogen. Das war damals ein Glück für Deutschland gewesen, denn Konrad III. war nach Begabung, Geschick und Durchsetzungsvermögen nicht von Lothars Format.

Als Konrad III. 1138 gewählt wurde, starb kurz danach in Rom der Gegenpapst Anaklet. Innozenz II. amtierte noch bis 1143. Danach gab es wieder drei Päpste mit Gegenpäpsten, deren letzter, *Eugen III.*, von 1145 bis 1153 den Heiligen Stuhl innehatte, also im Hauptteil der Regierungszeit Konrads III. wirkte.

Die Gegnerschaft zwischen Staufern und Welfen seit 1138: Im Reich traten für Konrad sogleich Schwierigkeiten mit dem Welfen *Heinrich dem Stolzen* auf. Dieser war der mächtigste Herzog in Deutschland, denn neben seinem bairischen Herzogtum hatte er beim letzten Italienfeldzug Kaiser Lothars noch das Herzogtum Tuszien zusätzlich als Lehen bekommen. Auch über das Herzogtum Sachsen aus Lothars Erbe (als dessen Schwiegersohn) verfügte „der Stolze" seit 1137. Solche Machtfülle in einer Person tat nach Meinung der anderen Herzöge dem Reich nicht gut, weshalb man sich für den Staufer entschied.

Heinrich der Stolze – tatsächlich von stolzem, herrischem Wesen – verweigerte die *Huldigung*. Da er die rechtmäßige Königswahl trotz guten Zuspruchs nicht anerkennen wollte, verhängte Konrad III. über ihn die *Reichsacht*. Dadurch wurden die Herzogtümer Heinrichs frei.

Baiern übernahm 1138 der bisherige Markgraf der Ostmark, Leopold von Babenberg, der aber schon Monate danach verstarb. Sein Bruder *Heinrich Jasomirgott* wurde Leopolds Nachfolger.

Das Herzogtum Sachsen erhielt im gleichen Jahr der Askanier *Albrecht der Bär* (um 1100–1170), der ja seit 1134 bereits Markgraf der Nordmark war. Doch als 1139 Heinrich der Stolze plötzlich starb, sollte Albrecht das sächsische Herzogtum dessen zehnjährigem Sohn überlassen, der es von seiner Mutter, der Tochter Kaiser Lothars III., letzten Endes geerbt hatte. Dieser Knabe war der Welfe *Heinrich der Löwe* (1129 bis 1195), der noch viel von sich reden machen sollte. Die Fehde zwischen Welfen und Askaniern endete damit, daß Albrecht auf Sachsen verzichtete und sich mit der Nordmark begnügte, wo er allerdings außerordentlich erfolgreich wirkte.

Weil aber der Stauferkönig Konrad III. den Askanier ursprünglich unterstützt hatte, blieb ein folgenschwerer Zwiespalt zwischen Staufern und Welfen. Mit den Rufen *„Hie Welf!"* und *„Hie Waibling!"* gab man seiner Parteizugehörigkeit Ausdruck. Mit Waibling waren die Staufer gemeint, nach der schwäbischen Burg Waiblingen an der Rems, einer der staufischen Stammburgen. In Italien, wo sich später der Streit dieser zwei Geschlechter fortsetzte, wurden aus den Welfenanhängern die *„Guelfen"*, und die Anhänger der Staufer nannten sich *„Ghibellinen"* (aus „Waiblingen" entstanden). Die Guelfen waren vor allem Anhänger des Papstes.

In den Machtkampf zwischen Welfen und Staufern fiel 1140 auch die Einnahme der in Welfenbesitz befindlichen Burg *Weinsberg* bei Heilbronn durch König Konrad III.: Die Familien der umliegenden Dörfer hatten sich beim Anmarsch des königlichen Heeres in die Burg geflüchtet. Als durch eine lange Belagerung Hungersnot ausbrach, gewährte der König den Frauen und Kindern freien Abzug, wobei sie mitnehmen durften, „was ihnen lieb und wert sei". Als dann die Frauen ihre Männer auf dem Buckel durch das Burgtor schleppten, blieb dem verdutzten Konrad nichts anderes übrig, als zu seinem königlichen Wort zu stehen. Der Kampf allerdings war beendet, und die Burg wurde zerstört. Die Ruine hieß seitdem Burg *Weibertreu*.

In Rom brach 1143 eine blutige Revolution des Volkes gegen Klerus und Adel aus. Der Anführer war ein Bruder des verstorbenen Gegenpapstes Anaklet. Die Aufrührer ernannten ihn zum „Patrizius" einer neugebildeten Regierung, die man *„Volks-Senat"* nannte und die sich im *Kapitol*, der alten römischen Burg, festgesetzt hatte. Der streitbare Papst Lucius II. fiel im Straßenkampf. Sein Nachfolger war der bereits erwähnte Papst Eugen III.

Die Revolution wurde auch außerhalb der Stadt Rom unterstützt, vor allem durch den Propst *Arnold von Brescia*, einem fanatischen Kämpfer gegen den verweltlichten Klerus. Er verlangte das besitzlose, reine Christentum. Reichtum stehe nur den Fürsten zu, die das Volk daran teilhaben lassen sollten. In Rom richtete er wütende Angriffe gegen Papst und Kardinäle und verlangte die Unterordnung der Kirche und des Papsttums unter die Staaten. Es kam soweit, daß der „Volks-Senat" im Kapitol dem deutschen König Konrad III. den Wunsch unterbreitete, nach Rom zu kommen und von dort aus ein neu entstehendes Römisches Reich, gemeint war das ganze christliche Europa, zu regieren.

Diese überspitzten Wünsche hatten zur Folge, daß der Papst Arnold von Brescia in den Bann tat. *Bernhard von Clairvaux* ließ ihn auch noch vertreiben. Vor Papst Eugen III. (1145–1153) tat Arnold Abbitte, wurde aber bald danach rückfällig.

Konrad zog nicht nach Rom und half weder dem revolutionären „Volks-Senat" noch dem Papst. So hatte er auch keine Gelegenheit, zum Kaiser gekrönt zu werden.

Der Zweite Kreuzzug nach Palästina 1147–1149: Papst Eugen III. unterstützte eifrig Bernhard von Clairvaux im Bemühen, einen zweiten Kreuzzug zustande zu bringen. Sie wollten die Stadt *Edessa*, die dem Königreich Jerusalem an die Seldschuken verlorengegangen war, zurückerobert sehen, weil sie um den Bestand dieses gesamten christlichen Vorpostens im Orient bangten. Frankreichs König *Ludwig VII.* war von Bernhard bereits zur Teilnahme genötigt worden. Ludwig hatte ein schweres Verbrechen zu sühnen: Er hatte eine Kirche, in der Flüchtlinge Schutz gesucht hatten, brutal niederbrennen lassen. Schließlich gelang es Bernhard, auch König *Konrad III.* mit religiösen Argumenten derart zu bedrängen, so daß sich dieser unter Tränen zur Teilnahme verpflichtete.

In Regensburg sammelten sich 1147 die deutschen Kreuzfahrer. Viele Männer des hohen Adels mit Gefolge fanden sich ein, darunter Konrads Neffe, der junge Herzog *Friedrich*, der spätere Kaiser *Barbarossa*, der mit damals 25 Jahren gerade durch den Tod seines Vaters das Herzogtum Schwaben geerbt hatte. Auch der Babenberger Herzog *Jasomirgott* von Baiern, ferner Bischof *Otto von Freising* (1114–1158), Philosoph und Geschichtsschreiber Barbarossas, sowie viele andere waren dabei.

Der Zug ging die Donau entlang, teils zu Schiff. Böhmen, Ungarn, Kroaten und Serben schlossen sich unterwegs an. Östlich Konstantinopel teilte sich das Heer bei *Nicäa*. Die eine Hälfte, die den kürzesten Weg durch die kleinasiatische Halbinsel nehmen wollte, wurde bald von den *Seldschuken* angegriffen, besiegt und unter schwersten Verlusten zurückgeschlagen. Ein Rest nur gelangte zurück nach Nicäa, wo er sich mit den französischen und englischen Kreuzfahrern, die inzwischen ebenfalls auf dem Landweg eingetroffen waren, vereinigte. Gemeinsam zog man nun nach *Attalia* im Südwesten der heutigen Türkei und von dort mit Schiffen nach *Antiochia*. Die andere Heereshälfte unter Konrad III. segelte von Nicäa direkt nach *Akka*.

Durch Uneinigkeit zwischen den Königen Konrad III. und Ludwig VII. wurde der Kriegsplan umgestoßen, und statt Edessa im Norden zu befreien, schickte man sich an, *Damaskus*, welches zum Reich der Seldschuken gehörte, zu erobern. Doch der Emir dieser Stadt und der christliche *König von Jerusalem* verhandelten ohne Wissen der Kreuzfahrer und schlossen einen Vertrag, der praktisch den ganzen Kreuzzug überflüssig machte. Völlig zerstritten und von Seuchen heimgesucht, segelten daraufhin ganze Heeresgruppen – jede für sich – nach Europa zurück.

In Sizilien gingen der französische König Ludwig VII. und der süditalienische Normannenkönig Roger II. gegen den Staufer Konrad III. ein Bündnis ein, dem sich auch gleich ein Onkel Heinrichs des Löwen anschloß, um welfische Belange auf diese Weise gegen den eigenen deutschen König besser durchsetzen zu können.

Kaum aber waren die Christen 1149 aus Palästina abgezogen, als auch schon moslemische Seldschuken Antiochia und Damaskus zurückeroberten und die Christen dort vertrieben oder erschlugen. Statt Edessa zurückzugewinnen, war nun vom ganzen christlichen Königreich nur noch die Stadt Jerusalem mit Teilen Palästinas geblieben.

Der Mißerfolg wurde in Europa dem Abt *Bernhard von Clairvaux* angelastet, der diesen Kreuzzug mit größtem Aufwand zustande gebracht hatte, ohne allerdings selbst daran teilzunehmen. Doch dieser redegewandte Mann war allen Anwürfen gewachsen. Er habe seine Pflicht getan, meinte er, die Heerführer hätten versagt. Letzteres konnte man ihm nicht widerlegen.

Es hatte sich eingebürgert, daß alle Kämpfe gegen Nichtchristen mit dem von Bernhard geprägten Wort „Kreuzzug“ benannt wurden. So fand im gleichen Jahr 1147, als der zweite Kreuzzug nach Antochia begann, ein Kreuzzug gegen die Mauren in Spanien statt: Engländer, Deutsche und französische Normannen befreiten die Stadt *Lissabon* und damit Süd-Portugal von den Moslems.

Mecklenburgs, Brandenburgs, Pommerns endgültige Christianisierung mit deutscher Kultur 1128–1167: Heinrich der Löwe und Albrecht der Bär waren nicht mit nach Palästina gezogen, hatten aber im Verein mit den Dänen, die von See her eingriffen, einen *Kreuzzug gegen die heidnischen Slawenstämme* der Abodriten und Wenden in Mecklenburg sowie gegen die zum letzten Mal aufständischen Liutizen in der Nordmark erfolgreich durchgeführt. Den Realisten Heinrich und Albrecht lagen ihre ständig bedrohten Ostgrenzen näher am Herzen als ein kaum erreichbares Königreich Jerusalem. Heinrich gründete die Bistümer Mecklenburg, Ratzeburg und Oldenburg, Albrecht erreichte, daß er vom Hevellerfürsten *Pribislaw* zum Erben von *Brennabor* (Brandenburg) eingesetzt wurde. Schon 1150 trat der Erbfall ein.

All diese Gebiete waren menschenarm, und die Besiedlung mit niederdeutschen Bauern und Handwerkern wurde nun mit verstärkter Anstrengung und mit Unterstützung der Zisterzienser-Klöster derart vorangetrieben, daß Mecklenburg und die *Mark Brandenburg* bis an die Oder wieder zu Ländern mit germanischer – also deutscher – Sprache und Kultur wurden.

Albrecht der Bär und Heinrich der Löwe hatten in fast 20 Jahren – bis 1150 bzw. 1167 – in ihren Marken endgültige Verhältnisse geschaffen. Die Stadt *Berlin*, die später (um 1230) in Brandenburg gegründet wurde, führt in ihrem Wappen den Bären bis zum heutigen Tag als Erinnerung an Albrecht. Über Heinrich den Löwen wird später berichtet.

Die Christianisierung in Pommern (*Pomorjaner* = Am Meere) vollzog sich friedlicher: Die Bekehrung der slawischen Pommern zu Anfang der Regierung König Lothars von Supplinburg durch Bischof *Otto von Bamberg* (um 1060–1139) in den Jahren 1124 bis 1128 war ähnlich abgelaufen wie einst die Bekehrung der Germanen durch Bonifatius. Deshalb galt Otto von Bamberg als der *„Apostel Pommerns"*. Seine Heiligsprechung erfolgte 1189. Er gründete das Bistum Kammin an der Odermündung, von wo aus allmählich Pommern deutsch besiedelt und kulturell durchdrungen wurde. Dessen ungeachtet blieb das slawische Herzogshaus der *Pomoranen* im Amt als Lehensnehmer. Nach anfänglichem Widerstreben nahmen diese Herzöge ebenfalls deutsche Sprache und Kultur an und wurden 1181 zu *Reichsfürsten* erhoben, bis das Geschlecht 1637 ausstarb.

Pommern bestand aus zwei Teilen. Der westliche Teil zwischen der Insel Rügen bis zur Odermündung hieß später *Vorpommern*, östlich schloß sich *Hinterpommern* oder Ostpommern bis über die spätere Stadt Stolp hinaus an. Das anschließende *Pomerellen* (das spätere Westpreußen) mit der Stadt *Danzig* reichte bis zur unteren Weichsel.

Friedrich I. Barbarossa = Rotbart (um 1122–1190), Deutscher König seit 1152, Kaiser seit 1155

Friedrich galt als der berühmteste Held und Ritter seiner Zeit. Bischof *Otto von Freising*, Biograph Friedrichs in den ersten sechs Regierungsjahren, hat ihn als kraftvollen, männlichen Typ von gut mittlerer Größe mit rötlichem Haar (daher Rotbart = Barbarossa) beschrieben, als Mann mit offenen, angenehmen Gesichtszügen, ruhigem, sicherem Auftreten sowie mit klarer, überzeugender Sprechweise. Er war entschlußkräftig, tapfer im Kampf mit dem Schwerte, gütig, hart, gerecht, alles in allem ein wahrer König. In der Politik dachte er realistisch, Bildung erschien ihm gut, wenn sie praktischen Zwecken diente, religiöse Überspitzungen lehnte er ab.

1147 erbte er von seinem Vater das Herzogtum Schwaben, und 1152 wurde er als Neffe Kaiser Konrads III. einstimmig von den deutschen Herzögen zum König gewählt und in Aachen gekrönt.

Im ersten Jahr seiner Regierung erließ er ein *Reichsfriedensgesetz*, welches für die Zukunft ein Rechtsverfahren bei Lehensstreitigkeiten vorschrieb. Damit beabsichtigte er, den Herzögen einerseits Sicherheit vor königlicher Willkür zu geben, andererseits die Herzöge bei überzogenen Ansprüchen in die Schranken zu verweisen. Gleichzeitig wurden im neuen Gesetz Meuchelmord, Betrug und andere Verbrechen unter strengere Strafe gestellt als bisher, vor allem ohne Rücksicht auf die Herkunft der Person.

Besonders am Herzen lag ihm, den Streit zwischen Staufern und Welfen ein für allemal beizulegen, zumal er beide Geschlechter in sich vereinigte: Vom Vater her war er Staufer, von Mutters Seite Welfe. So verlieh er 1156 das Herzogtum Baiern seinem sieben Jahre jüngeren Freund und Vetter *Heinrich dem Löwen*, gab es also den Welfen zurück. Der bisherige Baiernherzog, ein Vetter Heinrichs des Löwen, Herzog *Jasomirgott* von Babenberg, wurde dadurch abgefunden, daß die ihm bereits unterstehende Ostmark zum Herzogtum Österreich aufgewertet wurde.

Die Einsetzung hoher geistlicher Würdenträger betrieb Friedrich I. sofort nur im Reichsinteresse. Dadurch geriet er bald in Schwierigkeiten mit dem Papsttum.

Streit ohne Ende mit den Päpsten und den lombardischen Städten ab 1153: Der Investiturstreit hatte mit dem Wormser Konkordat 1122 zwar eine Regelung gefunden, die Kaiser und Papst damals befriedigten. Aber jetzt legte jeder die Bestimmungen anders aus, zumal Papst Eugen III. sich während der Regierung Konrads III. nicht an den Wortlaut gehalten hatte. Der König war nicht dagegen angegangen. So entstanden im Reich allmählich erneut zwei Parteien im Klerus, die eine für den Kaiser, die andere für den Papst.

Papst Eugen III. gab notgedrungen nach. Man schloß in Konstanz einen Vertrag, wonach sich Friedrich verpflichtete, den Papst aus seiner verzweifelten Lage gegen die Normannen in Apulien und den römischen *„Volks-Senat"* zu befreien. Die Gegenleistung sollte die Investitur in Friedrichs Sinne und die Kaiserkrönung in Rom sein. Doch – wie erwähnt – starb Eugen III. noch während Friedrichs Vorbereitungen.

Ein neuer Feind war Friedrich I. in einigen lombardischen Städten entstanden, die unter *Mailands* Führung die Huldigung verweigerten. Normannen und Franzosen stärkten ihnen den Rücken. Mailand war durch Handwerk und Handel als Teil des Reiches und durch dessen Förderung wohlhabend geworden. Nun plante man jedoch einen selbständigen Städtebund. Mailand wendete gegen Städte, die sich ihm nicht anschließen wollten, Gewalt an. Die *Lombardei* war aber seit Jahrhunderten ein Teil des Reiches, hatte also Anspruch auf den Schutz durch den deutschen König oder Kaiser.

Im September 1154 zog nun Friedrich mit Heeresmacht nach Italien, wo er in der alten Königsstadt *Pavia* trotz des Widerstandes der Stadt Mailand zum lombardischen König gekrönt wurde. Friedrich zog nach Rom weiter, wo der neue Papst *Hadrian IV.* (gest. 1159) nun den Stuhl Petri innehatte. Hadrian bestand auf den traditionellen

Zeremonien bei den Feierlichkeiten der Kaiserkrönung, die 1155 stattfand. Friedrich half dem Papst nach alter Sitte beim Besteigen und Führen des Pferdes, allerdings nicht ohne zu betonen, daß er damit keinerlei Vorrang des Papstes anerkenne.

Der „Volks-Senat" in Rom lehnte den englischen Papst ab (Hadrian war der einzige Papst englischer Herkunft), und hatte sich erboten, die Kaiserkrönung durch das Stadtoberhaupt vornehmen zu lassen. Doch Friedrich hielt sich an die alte Form der Krönung durch den Papst in der Peterskirche.

Es sei hier ein Ereignis erwähnt, welches zeigt, wie wenig zimperlich man zu handeln wußte, wenn es galt, religiöse Gegner auszuschalten. Es war schon die Rede von dem fanatischen Propst Arnold von Brescia, einem Mitglied des „Volks-Senats", der zu dieser Zeit in Rom schwer gegen Simonie und sonstige Entartungen des Klerus wetterte, denn trotz der Reformen von Cluny hatte sich nichts gebessert. Hadrian forderte von Friedrich als Schirmherr der Stadt Rom, den Propst an die päpstliche *Präfektur* (Polizei) auszuliefern. Das geschah auch; er wurde gehängt und seine Leiche verbrannt. Der *„Volks-Senat"* verlor damit seinen wichtigsten Mann und löste sich bald danach von selbst auf.

Wie so mancher seiner Vorgänger sollte auch Friedrich I. in Italien viel Energie und Zeit vergeuden müssen: Der Kaiser war nach Deutschland zurückgekehrt. Solange Friedrich in Italien gewesen war, hatten der römische Adel und die süditalienischen Normannen Ruhe bewahrt. Doch bald erreichten den Kaiser beunruhigende Nachrichten, daß Papst Hadrian mit den Normannen über den Kopf des Kaisers hinweg einen den Absprachen von Konstanz zuwiderlaufenden Vertrag abgeschlossen hatte: Danach wurden die süditalienischen Provinzen Apulien und Sizilien vom Papst dem normannischen König *Wilhelm*, dem Nachfolger seines Vaters Roger II., zu Lehen gegeben. Das Recht der Lehensvergabe dieser Gebiete hatte aber nach früheren Verträgen nur der deutsche König. Friedrich berief deshalb 1157 in *Bisanz* (Besançon), der Hauptstadt des nördlichen Burgund, einen Reichstag ein, bei dem der krasse Gegensatz zwischen Kaiser und Papst offen zutage trat. Der Vertreter der Kirche in Bisanz war Kardinal *Roland*, ein zäher, schlauer Kirchenmann. Im Laufe der Verhandlungen bezog er sich auf die alte Behauptung Gregors VII., daß der Kaiser das Reich vom Papst zu Lehen erhalten habe.

In Bisanz erschien auch erstmals Friedrichs *Reichskanzler Rainald von Dassel* (um 1120–1167) in der großen Politik. Er war seit 1159 Erzbischof von Köln und galt mit Recht als überzeugter Verfechter der Pläne Friedrichs und als sein getreuer Berater. Er starb schon 23 Jahre vor Friedrich. Bis heute wird er bei Freunden des Reiches als eine herausragende Persönlichkeit geachtet, beim Klerus dagegen gilt er als ungut.

In Bisanz wurde ein neuer Italienzug beschlossen und sofort in die Tat umgesetzt. Friedrich besiegte die Stadt *Mailand*, die sich erneut zum Treueid bequemte.

Der Kaiser beabsichtigte nun, das lombardische Städte-Problem gesetzlich neu zu regeln, und berief 1158 einen *Reichstag nach Roncaglia* (nahe Piacenza) ein. Aus ganz Italien erschienen Vertreter, und *Bologna* schickte seine besten Rechtsgelehrten, um die zukünftige Ordnung aller lombardischen Stadt- und Landgemeinden sowie des weltlichen und geistlichen Adels gerecht zu regeln. Natürlich handelte es sich hauptsächlich um die Verteilung der Steuereinnahmen und Regalien. Die großen Städte gingen nun mancher Einnahmen verlustig. Da sie seit langem gewöhnt waren, zu nehmen, was ihnen beliebte, hatten sie bei den Verhandlungen zäh auf das

Gewohnheitsrecht gepocht. Doch mußten sie sich widerwillig fügen, vor allem Mailand und Genua.

Der römische Adel hielt zur Zeit zum Kaiser, weil er glaubte, damit seine Einnahmen vor zu hohen Kirchenabgaben bewahren zu können. Der Papst seinerseits wollte nicht auf solche Einkünfte verzichten, weshalb er sich gegen Friedrich stellte. Papst Hadrian beabsichtigte sogar, den Kaiser mit dem Kirchenbann zu belegen. Doch ehe es soweit kam, starb er 1159.

Das Konklave wählte nun ausgerechnet den Kardinal Roland zum neuen Papst, der sich *Alexander III.* nannte. Er saß von 1159 bis 1181 auf dem päpstlichen Stuhl. Jedoch konnte er sein Amt keineswegs unangefochten ausüben, denn gleichzeitig mit ihm wurde von gegnerischen Kardinälen der Gegenpapst *Viktor IV.* eingesetzt, der bis 1164 amtierte. Solange Alexander lebte, traten noch drei weitere Gegenpäpste auf. Dieses *Schisma* währte 22 Jahre und war gekennzeichnet durch erbitterten allseitigen Kampf und Streit.

Friedrich erkannte Viktor IV. als rechtmäßigen Papst an und ließ 1160 auf einem Konzil in Pavia Alexander III. absetzen, der seinerseits den Kirchenbann über den Kaiser verhängte. Mailand, natürlich Alexanders Parteigänger, erhob sich erneut gegen Friedrich, und mit Waffengewalt unterjochte es Städte und Ländereien in der Lombardei.

Mailand brach erneut den Treueid – Zerstörung 1162: So war Friedrich gezwungen, zum vierten Mal nach Italien zu ziehen. Er hungerte die Stadt Mailand aus, die schließlich 1162 aufgab. Die Stadtmauern wurden zerstört, die Stadt selbst geplündert und größtenteils niedergebrannt, der Hauptteil der Bevölkerung vertrieben und auf dem Lande angesiedelt. Die Oberhäupter und einige hundert reiche Kaufleute ließ der Kaiser als Geiseln gefangennehmen. Dieses harte Strafgericht veranlaßte alle nord- und mittelitalienischen Städte, soweit sie sich dem Aufstand angeschlossen hatten, zur Aufgabe jeden Widerstandes und Erneuerung des Treueides. Papst Alexander floh nach Frankreich, von wo aus er mit König Ludwigs II. Hilfe die nordostitalienischen Städte Venedig, Padua und Verona zum erneuten Widerstand gegen den Kaiser aufstachelte. Natürlich knüpfte er auch Verbindungen zu den Normannen in Süditalien an und sogar zu Byzanz.

In Deutschland selbst war der Klerus mehr denn je in zwei Parteien gespalten, weshalb Friedrich mit unbeugsamer Strenge alle seine Gegner in kirchlichen Ämtern gegen treue Mitarbeiter auswechselte, wobei Erzbischof Rainald von Dassel sein unermüdlicher Helfer war.

Papst Viktor IV. verstarb 1164, und die kaisertreuen Kardinäle wählten *Paschalis III.* zum neuen Papst, der bis 1168 im Vatikan residierte. 1166 führte Friedrich den fünften Feldzug in Italien, um Alexander aus Rom zu vertreiben, wohin dieser vorübergehend zurückgekehrt war. Der römische Adel hatte wieder einmal mit Hilfe massiver Bestechungen die Partei gewechselt. Bei *Tusculum* östlich Rom kam es 1167 zu einer erbitterten Schlacht, in der die Römer geschlagen und zur Unterwerfung genötigt wurden. Alexander floh in Verkleidung zu den Normannen.

Somit schienen in Italien eindeutige Verhältnisse hergestellt zu sein. Doch im Sommer 1167 griff in Friedrichs Heer eine *Malaria-Epidemie* um sich, die den größten Teil der Soldaten dahinraffte. Auch der Kanzler Rainald von Dassel wurde ein Opfer der Seuche, ein schwerer Verlust für den Kaiser.

Der Lombardische Städtebund 1167: Als die Kunde von dieser Katastrophe in Italien bekannt wurde, erhoben sich die norditalienischen Städte mit Unterstützung Alexanders erneut und bildeten den gegen den Kaiser gerichteten Lombardischen Städtebund, dem alle Städte von Bedeutung zwischen Pavia und *Venedig* angehörten, freiwillig oder erzwungenermaßen, wie z. B. das stets kaisertreue *Cremona.*

Der Kaiser war mit dem bescheidenen Rest seines Heeres unter schwersten Bedingungen über die Alpen durch Burgund nach Süddeutschland abgezogen. Dort wurde er als Sieger empfangen. Die Seuche, die das Heer vernichtet hatte, lastete ihm niemand an, im Gegenteil, dieser Schicksalsschlag mußte gemeinsam überwunden werden. So konnte sich Friedrich zu Hause der Förderung des allgemeinen Wohlstandes und der Gesetzgebung widmen, ebenso wie den Verhältnissen an den östlichen Reichsgrenzen.

Der Kaiser suchte nun mit England zu einem Freundschaftsbündnis zu gelangen, nachdem Frankreich eindeutig gegen ihn Stellung bezogen hatte, denn Ludwig VII. und Papst Alexander unterstützten weiterhin den Lombardischen Städtebund, der allerdings in sich uneins war.

In England liefen zur Zeit dramatische Vorgänge ab: König *Heinrich II.* (1133–1189), erster König aus dem Hause *Anjou-Plantagenet,* war durch Erbschaft und Heirat Herr über England, die französische Normandie und große Teile Westfrankreichs geworden. Er war der Sohn des französischen Grafen Gottfried von Anjou und der englischen Erbtochter Mathilde, der letzten aus dem normannischen Königshaus (der erste war Wilhelm der Eroberer gewesen). Die Bezeichnung „Plantagenet" ergab sich, weil Gottfried als Helmschmuck einen Ginsterbusch trug, lateinisch: planta genista.

Heinrich vertrat wie Kaiser Friedrich auch ein starkes Königtum gegenüber den Machtansprüchen der Kirche. Seinen persönlichen Freund und Kanzler Thomas *Becket* (um 1118–1170) machte er zum *Erzbischof von Canterbury.* Doch kaum hatte dieser das Amt angetreten, trat er in Gegensatz zu seinem König und nahm die Partei des Papstes Alexander III. Der nun unvermeidliche Bruch nötigte Becket zur Flucht nach Frankreich, wo er Schutz bei Ludwig VII. fand. Nach England zurückgekehrt, wurde er 1170 von Anhängern Heinrichs II. in der Kirche ermordet. Bald darauf setzte sich in England eine Bewegung zugunsten der Kirche und damit Alexanders durch, der sich auch der König beugen mußte. Mit Frankreichs König kam er zu einem Vergleich, und so zerschlugen sich die Bündnispläne Kaiser Friedrichs I. Im Gegenteil, Heinrich wurde sein erklärter Gegner, wenn auch nicht auf dem Schlachtfeld.

Des Kaisers Versuche, mit den Lombarden und Alexander einen Ausgleich zu finden, scheiterten trotz der Uneinigkeit im Städtebund. Doch hatten sie an strategisch wichtiger Stelle, am Ende eines alten Überganges von Burgund nach Italien, östlich *Turin* eine Burg errichtet und diese trotzig *„Alessandria"* – nach dem Papst – benannt. Die Mailänder waren ebenfalls dabei, ihre stark zerstörte Stadt wieder aufzubauen.

Heinrichs des Löwen Treubruch und Entmachtung 1174/1179: So entschloß sich Kaiser Friedrich zu seinem sechsten Italienzug, um die Verhältnisse mit Waffen zu entscheiden. 1174 belagerte er die Festung Alessandria monatelang erfolglos, weil sein Heer zahlenmäßig für eine Erstürmung nicht ausreichte. Er sandte Boten an seinen Vetter Heinrich den Löwen und forderte Verstärkung an. Heinrich und Friedrich trafen sich auf halbem Wege im *Engadin* (in der Schweiz), wo Heinrich versuchte, den Kaiser zu erpressen. Er forderte auf Kosten anderer Fürsten weitere Sonderrechte, obwohl er im Reich neben dem Kaiser schon der mächtigste Fürst war. Als Friedrich die Forderungen empört ablehnte, verweigerte Heinrich seine Hilfe trotz seiner Verpflichtungen als *Lehensmann* dem Kaiser und dem Reich gegenüber. Damit löste er eine Tragödie aus, die das Geschehen wiederholte, das sich 400 Jahre zuvor zwischen dem Baiernherzog *Tassilo III.* und Karl dem Großen zugetragen hatte.

Friedrich brach die Belagerung ab, zog nordwärts, und 1176 kam es bei *Legnano* westlich Mailand zwischen ihm und den Lombarden zu einer Schlacht, in der Friedrich empfindlich geschlagen wurde. Daraufhin mußte der Kaiser 1177 in Venedig einem Frieden zustimmen, der keineswegs seinen Vorstellungen entsprach. Dem lombardischen Bund wurden zwar nur Teilzugeständnisse gemacht, aber Friedrich erkannte nun Alexander als rechtmäßigen Papst an, dazu dessen Oberhoheit über die Gebiete des Kirchenstaates. *Tuszien* einschließlich der *Mathildischen Güter* behielt der Kaiser. Der Bann über Friedrich wurde gelöst, wozu er den dafür üblichen Kniefall tat. Die Investitur erfolgte in Zukunft im Sinne des Kaisers.

Alexander sah sich als Sieger, und um diesen Sieg zu untermauern, berief er 1179 ein *Konzil* ein, wobei die Papstwahl neu geregelt wurde, um die dauernde Einsetzung von Gegenpäpsten zu unterbinden. Danach bedurfte es in Zukunft im *Konklave* der Kardinäle mindestens zwei Drittel aller Stimmen, um einen Papst für gewählt zu erklären. Tatsächlich gab es erst 150 Jahre später wieder einen Gegenpapst, danach in den nächsten 120 Jahren sogar mehrere, doch seit 1449 nie mehr.

In Deutschland wurde der Kompromiß-*Frieden von Venedig* begrüßt, denn die Zweiteilung des Klerus war damit beendet. Als nun die Auseinandersetzung mit Heinrich dem Löwen begann, standen alle Herzöge des Reiches fest zu Kaiser Friedrich I.

Dieser war bereit, seinem treulosen Vetter zu verzeihen, zumal er in dem „Löwen" die wichtigste Stütze des Reiches in Nordostdeutschland sah. Albrecht der Bär von der Mark Brandenburg war 1170 gestorben.

Aber der „Löwe", der außer über die Herzogtümer Baiern und Sachsen auch über das neugewonnene Mecklenburg verfügte, hatte sich durch Überheblichkeit, willkürliche Vertragsbrüche und Gewaltakte fast alle deutschen Fürsten zu Feinden gemacht. Der nun mehrfachen Aufforderung, vor Gericht zu erscheinen, leistete er nicht Folge, und so wurde ihm 1179 in Abwesenheit der Prozeß gemacht.

Einstimmig wurde über ihn die *Reichsacht* verhängt, und die Herzogtümer Sachsen, Baiern und Mecklenburg wurden frei. Nun endlich erschien der Welfe, warf sich vor Friedrich zu Boden und bat um Gnade. Daraufhin beließ ihm der Kaiser nur noch den welfischen Hausbesitz *Braunschweig-Lüneburg*, den er allerdings erst nach zehnjähriger Verbannung wieder übernehmen durfte.

Seit 1190 versuchte er nochmals seine Stellung aufzubessern. Doch für Kaiser *Heinrich VI.*, den Nachfolger Friedrich I., war der einstige „Löwe" kein ernst zu nehmender Partner mehr. 1195 starb Heinrich der Löwe mit 66 Jahren. Er und seine englische Gemahlin Mathilde fanden ihr Grabmal im Dom zu Braunschweig. Im Hof der von ihm erbauten Braunschweiger Herzogsburg Dankwarderode steht 5 Meter hoch auf steinernem Sockel ein mächtiger bronzener Löwe, den Heinrich dort aufstellen ließ. Einst hatte er einem jungen Löwen das Leben gerettet, weshalb ihm das Tier fortan treu anhing. Es bekam später Gelegenheit, Gleiches mit Gleichem zu vergelten, als es seinen Herrn aus schwerer Gefahr erretten konnte. So erzählt es die Sage.

Im Jahre 1158 hatte Heinrich der Löwe die Stadt *München* gegründet, und seitdem gab es neben dem Braunschweiger Löwen auch den Bairischen Löwen, den das Land Bayern bis heute im Wappen führt. Auch der Ausbau der 1143 gegründeten Stadt *Lübeck* gemeinsam mit unternehmungsfreudigen Kaufleuten war sein Werk, vor allem aber die Christianisierung und Einführung der deutschen Kultur und Sprache in *Mecklenburg*.

Die Herzogtümer des Reiches wurden 1180 geteilt, um die Macht der Herzöge zu schmälern: Kaiser Friedrich I. hatte durch die Erfahrung mit seinem Vetter wie fast alle seine Vorgänger erneut erleben müssen, daß die Herzöge gar zu leicht dazu neigten, ihre Macht gegen die Interessen des Reiches zu mißbrauchen. Deshalb entschloß er sich zur Teilung der Herzogtümer Sachsen und Baiern. So entstanden eine Menge Grafschaften, Teilherzogtümer, Bistümer, Abteien, Königsgüter, Reichsstädte und Reichsländer sowie neue Hausgüter der Staufer, Wettiner, Babenberger und anderer Geschlechter.

Das Restherzogtum Sachsen gab er den Erben Albrechts des Bären, das Restherzogtum Baiern (Altbayern genannt) ging an die *Wittelsbacher*. Eine ähnliche Entwicklung bahnte sich auch in den anderen deutschen Herzogtümern Schwaben, Lothringen und Franken an, ebenso in Burgund und in Italien.

1180 kam es mit Dänemarks König *Knut IV.* zu einem – allerdings umstrittenen – Vertrag, wonach *Schleswig* nördlich der Eider und die Insel *Rügen* Dänemarks Oberhoheit zugesprochen wurden.

Die Herzöge von Pommern und Schlesien wurden 1181 Reichsfürsten: Pommern erhob der Kaiser zum Herzogtum, und, wie bereits berichtet, machte er die pommerschen Herzöge zu *Reichsfürsten*.

Schlesien, das Land beiderseits der mittleren und oberen Oder, löste der Kaiser schon 1163 aus dem zerrütteten Polen, erhob es zum selbständigen Herzogtum als Mitglied des Deutschen Reiches. Die dortigen Herzöge, die schlesischen *Piasten*, wurden ebenfalls *Reichsfürsten*. Das Geschlecht starb 1675 aus.

In Italien war 1181 Papst Alexander III. gestorben. Danach herrschte im Lande allseitig Kriegsmüdigkeit, so daß 1183 der *Friede von Konstanz* geschlossen werden konnte. Er war ein Kompromiß: Die strenge Ordnung von *Roncaglia* wurde wesentlich gelockert, indem die lombardischen Städte einen Teil der Regalien zurückerhielten und sich mehr oder weniger selbst überlassen wurden. Allerdings leisteten sie Friedrich als dem Kaiser des Reiches und König der Lombardei den Treueid. In *Piemont* (nördlich Genua), in Tuszien (Hauptstadt *Florenz*) und in der *Romagna* (Hauptstadt Bologna) behielt Friedrich die Lehenshoheit. Dort unterhielt er befestigte Plätze und Burgen, die mächtigen sogenannten *Barbarossaburgen*, die man an vielen Stellen in Italien noch heute, meist hoch auf den Bergen, stehen sieht.

Im Königreich Sizilien-Apulien kam es zwischen Kaiser Friedrich I. und dem Normannenkönig Wilhelm II. im Jahre 1184 zu einer Absprache mit gleichzeitiger *Verlobungsfeier* zwischen Friedrichs I. Sohn *Heinrich* (dem späteren Heinrich VI.) und *Konstanze* (1152–1198), der Schwester Wilhelms. Der neue Papst *Lucius III.* (gest. 1185) war einverstanden.

Somit befand sich Friedrich I. auf dem Höhepunkt seines Lebenswerkes. Das Reich schien nach allen Seiten hin durch geregelte Verträge mit den Nachbarn gesichert, und im Inland herrschte Ruhe. Das glanzvolle *Pfingstfest 1184 in Mainz* zeigte ihn als den strahlenden Sieger nach mehr als zwei Jahrzehnten härtester Kämpfe. Er wurde in Anwesenheit der Großen ganz Europas bei Ritterspielen und Volksfesten als der große Held seiner Zeit gefeiert.

Doch auch bei ihm zeigte sich, daß einem deutschen Kaiser kein langes Verweilen gegönnt war.

In Rom hatte man 1185 als neuen Papst *Urban III.* (gest. 1187) gewählt, einen erklärten Feind des Kaisertums. Durch die Heirat der normannischen Prinzessin Konstanze mit dem Kaisersohn fürchtete Urban den Verlust des päpstlichen Einflusses in Süditalien und die Gefährdung des Kirchenstaates. Sogleich begann er mit dem alten Intrigenspiel in der Lombardei. Daraufhin ließ Friedrich zur Sicherheit seinen 21jährigen Sohn Heinrich in Pavia von dem dortigen Adel zum lombardischen König krönen. Als Urban seinen Segen verweigerte, zog Heinrich mit einem Heer in den Kirchenstaat und begann dort des Papstes Einkünfte selbst einzuziehen. Im Gegenzug bereitete Urban den Kirchenbann gegen Kaiser und Sohn vor, worüber er aber 1187 plötzlich starb. Damit war der seit 1185 gestörte Frieden wiederhergestellt, denn der nächste Papst *Klemens III.* hatte andere Sorgen, zu deren Behebung er den Kaiser dringend benötigte.

Der Dritte Kreuzzug nach Palästina 1189–1191 – Tod Kaiser Friedrichs I. 1191: Im *Königreich Jerusalem* hatten schon seit Jahrzehnten Zustände der Verwahrlosung überhand genommen. Die Küstenstädte betrieben zwar einen beträchtlichen Handel im Mittelmeerraum und unterhielten feste Beziehungen zu ägyptischen und seldschukischen Händlern, aber die Ordensritter waren untereinander zerstritten, denn der König *Amalrich* war schwach. Das Königreich verdankte seine Existenz nur noch der Uneinigkeit der Moslems. Diese bekämpften sich gegenseitig, weil die Kalifen von Bagdad gegen die eigennützigen Emire in den Provinzen machtlos waren.

Schließlich gelang es dem ägyptischen *Sultan Saladin* (1138–1193), die Provinzen Libyen, Palästina und Syrien zu besiegen und einen großen neuen Staat zu gründen. Danach erklärte er dem christlichen Königreich Jerusalem den *„Heiligen Krieg"*. Alle Kriege des Islams gegen die *„Ungläubigen"*, wie man dort die Christen nannte, waren „Heilige Kriege".

1187 kam es am *See Genezareth* zu einer Schlacht, bei der die *„Hüter des Heiligen Grabes"*, die Ritter des Templer-Ordens, trotz tapferster Gegenwehr geschlagen wurden. Als Todfeinde des Islam wurden sie sämtlich umgebracht und König Amalrich gefangengenommen. Die überlebenden Kämpfer im christlichen Heer, die keine Ordensritter waren, ließ man frei. Saladin galt allgemein als ein Herrscher von edler und tapferer Wesensart. (In *Lessings* Theaterstück *„Nathan der Weise"* ist Sultan Saladin eine der Hauptpersonen.)

Der Verlust Jerusalems wurde in Europa allgemein als eine Erniedrigung des christlichen Rittertums empfunden. So kam es, daß gerade Kaiser Friedrich I. als erhabenster Ritter Europas für die Rückeroberung Palästinas eintrat und einen dritten Kreuzzug (1189–1192) empfahl. Das ganze Abendland wurde von einem religiösen Eifer erfaßt.

Anfang 1189 versammelte sich der deutsche Adel – die Ritterschaft aller Ränge – mit vielen Bischöfen und Äbten in Süddeutschland zu einem mächtigen Kreuzritterheer und zog unter der Führung Kaiser Friedrichs I. auf dem Landweg nach Konstantinopel.

Die Byzantiner waren alles andere als begeistert, und so mußten die Bedingungen für Durchzug und Ernährung des Heeres langwierig ausgehandelt werden. Das morgenländisch-christliche Konstantinopel hatte wenig Verständnis für die katholischen Kreuzzüge. Schließlich zogen die Kreuzritter unter dauernden, doch erfolgreichen Kämpfen gegen die Seldschuken quer durch die heutige Türkei in Richtung auf *Seleucia*, wo das Flüßchen *Saleph* gegenüber der Insel *Zypern* ins Mittelmeer mündet.

Völlig überraschend geschah hier das Unglück: Der *Kaiser ertrank* am 10. Juni 1190 beim Bad im *Fluß Saleph*. Vermutlich traf ihn ein Herzschlag, und es ist nicht bekannt, ob seine Leiche gefunden wurde. So kennt man auch keine Grabstätte.

Nur wenige Ritter waren Augenzeugen des Unfalls. Das Heer war erschüttert, denn Friedrich war außerordentlich beliebt gewesen, weil seine überlegene Führung allgemeine Sicherheit verbreitete. Außerdem soll er sich trotz seiner 68 Jahre in bester körperlicher Verfassung befunden haben. Die Menschen waren zu dieser Zeit abergläubisch, auch der nie ganz verdrängte germanische Götterglaube wurde gerade bei so einem Vorfall besonders lebendig: Der Kaiser ist gar nicht tot, glaubten viele, oder er ist bei den Kampfgöttern und führt uns von dort aus. Später entstand dann die *„Kyffhäusersage"*, die sich mit ihm und seinem Enkel, Kaiser Friedrich II., verwob. Danach solle der Kaiser zurückkehren, wenn die Zeit dafür gekommen sein wird.

Die Führung des Kreuzzuges übernahm nun ein Sohn des toten Kaisers, *Friedrich von Schwaben*. Unter dauernden Gefechten mit Sultan Saladins Scharen gelangte das stark angeschlagene Kreuzritterheer schließlich vor die Stadt *Akka* in Palästina, um diese zurückzuerobern. Zu allem Übel brach eine Seuche im Heer aus, der auch Friedrich von Schwaben zum Opfer fiel.

Endlich landeten 1191 die englischen und französischen Kreuzfahrer, die sich in Sizilien eingeschifft hatten, vor Akka, woraufhin die belagerte Stadt kapitulierte. Zuvor hatte sich der Führer der Engländer, König *Richard I.*, eines schweren Verbrechens schuldig gemacht: Als nämlich die Übergabe nicht programmgemäß erfolgte, ließ er fast 3000 islamische Geiseln und Gefangene kurzerhand vor den Stadtmauern umbringen.

Das *Königreich Jerusalem* konnte nicht wiederhergestellt werden. Saladin ließ den Christen nur einen schmalen Küstenstreifen mit den *Seestädten* Joppe (= Jaffa), Akka, Thyrus (= Sur) und Saida. Er tat dies nur, weil auch er am Seehandel mit Europa interessiert war.

Der ganze dritte Kreuzzug war ein Fehlschlag, und das *„Heilige Grab"* in Jerusalem blieb in den Händen Saladins, der aber großzügig Pilgern freien Zugang gestattete. Trotzdem verschwanden die meisten Christen, soweit sie in moslemische Gefangenschaft geraten waren, auf den Sklavenmärkten.

Von der einstigen religiösen Begeisterung der Kreuzzügler war nichts geblieben. Die meisten Opfer hatten die Deutschen gebracht, die Franzosen segelten, kaum daß sie gekommen waren, und ohne gekämpft zu haben, wieder ab. Ihr König *Philipp August* war Realist; er hielt es für zweckmäßiger, eine Erbschaft in Flandern zu sichern und deshalb schleunigst heimzukehren: Der Graf von Flandern war plötzlich verstorben.

Im Küstenstreifen, der den Christen verblieb, war Bestechung gang und gäbe geworden. Man stritt sich um die wenigen Verwaltungsposten, und König konnte sich keiner mehr nennen. Der letzte offizielle König wurde verjagt, ein anderer ermordet. Später blieb nur noch die Stadt Akka als Sitz des Templer-Ordens. 1291 mußte auch dieser nach Zypern abziehen.

König Richard I. von England bekam schlechte Nachrichten von Hause. Sein Bruder Johann hatte die Macht an sich gerissen und eine Willkürherrschaft errichtet. Deshalb segelte Richard Ende 1192 nach Venedig, um von dort aus den schnelleren Landweg zu benutzen. Das war unklug, denn Herzog *Leopold von Österreich* nahm Richard gefangen, weil dieser den Herzog vor Akka gröblich beleidigt hatte. Nach einigen Monaten lieferte Leopold den König an Barbarossas Nachfolger *Heinrich VI.* aus. *„Löwenherz"*, wie Richard auch genannt wurde, hatte diesen Beinamen ursprünglich von den Damen erhalten, die er wegen seines glänzenden Aussehens und seines abenteuerlichen Ritterlebens leicht zu erobern wußte. Da er aber auch sonst ein Draufgänger war und später in England wieder Ordnung herzustellen wußte, ging er endgültig als König Richard Löwenherz (1157–1199) in die Geschichte ein.

Heinrich VI. (1165–1197), Deutscher König seit 1190, Kaiser seit 1191

Als Kaiser Friedrich Rotbart starb, war Heinrich VI. 25 Jahre alt. Er hatte bereits jahrelang mit dem Vater eng und erfolgreich zusammengearbeitet sowie die Regierungsgeschäfte vor dem Kreuzzug, an dem er nicht teilnahm, übernommen. Heinrich war einer der erfolgversprechendsten deutschen Herrscher. Er war ein klarer, nüchterner Rechner, zielbewußt, streng und von überzeugender Ausstrahlung. Sein Ziel war die Absicherung des Reiches als erste Macht Europas. Der Papst sollte unter seinem Schutz stehen, nicht umgekehrt. Das *Wormser Konkordat* bestand für ihn nur in der Auslegung seines Vaters: Welche Kirchenfürsten sich zum Wohle des Reiches als Mitarbeiter eigneten, hatte nur der Kaiser zu entscheiden und zu verantworten.

Nach dem dritten Kreuzzug starb sein Schwager, Normannen-König Wilhelm II. von Sizilien. Die Schwester Konstanze, Heinrichs VI. Gemahlin, war Erbin. Doch ohne diesen klaren Rechtsanspruch zu beachten, wurde in Süditalien mit Hilfe des Papstes *Klemens III.* unter Zustimmung des englischen Königs Richard Löwenherz ein Adeliger namens *Tankred* als König ausgerufen. Heinrich VI., der mit Heeresmacht im Begriffe war, Tankred zu vertreiben, um das sizilianische Erbe seiner Frau anzutreten, mußte vor Neapel umkehren, weil im Heer eine Seuche ausbrach. Deshalb blieb diese Frage vorerst in der Schwebe.

Papst Klemens III. starb 1191, und sein Nachfolger *Zölestin III.* (gest. 1198) krönte im gleichen Jahr Heinrich VI. in Rom zum Kaiser.

In Deutschland war – wie berichtet – 1190 der Welfe *Heinrich der Löwe* aus zehnjähriger Verbannung zurückgekehrt, wurde sofort wieder eidbrüchig und wiegelte einige der norddeutschen Fürsten auf. Auch mit König *Knut IV.* verbündete er sich, aber der Däne übte vorsichtige Zurückhaltung. Schließlich fand er noch Unterstützung in Englands Regenten *Johann*, der ihm jährlich 100000 Shilling in Silber zusagte, bis er wieder fest im Sattel sitze.

Wie erwähnt, hatte der österreichische Herzog Leopold seinen seit vier Monaten Gefangenen *Richard Löwenherz* anfangs 1193 an Heinrich VI. ausgeliefert. So blieb dem Engländer keine andere Wahl, als sich den „Vorschlägen" Heinrichs VI. zu beugen: Richard solle nach England zurückkehren, um dort seine Belange gegen den

Bruder Johann durchzusetzen. Danach sei die Zahlung von jährlich 100 000 Schilling an den Kaiser zu leisten und bis auf weiteres dessen Lehenshoheit anzuerkennen.

Da Richard sein Wort hielt, war auch dem Aufstand Heinrichs des Löwen der Boden entzogen. So kam es zwischen Staufern und Welfen zum Ausgleich. Der „Löwe" blieb in Braunschweig-Lüneburg, wo er im August 1195 starb.

Süditalien wurde 1194 Teil des Reiches: Nun zog Kaiser Heinrich VI. erneut nach Italien, um Süditalien endgültig in Besitz zu nehmen. Es kam aber nicht zu Kämpfen, denn 1194 starb Tankred. Der nächste König von Sizilien, eben Heinrich, stand sozusagen vor der Tür. Niemand wagte es mehr, sich gegen ihn zu stellen. In *Palermo* wurde Kaiser Heinrich VI. feierlich zum König von Sizilien gekrönt. Das Königreich umfaßte ganz Süditalien, also Benevent, Apulien und die Insel.

Dieses Ereignis wurde in Europa und sogar in Byzanz als großartiger Erfolg des deutschen Kaisers gewertet und anerkannt. Der Streit um Süditalien zwischen Deutschland, den Päpsten, den Normannen und Byzanz hatte seit Generationen schwerste Opfer gekostet. Heinrich VI. befand sich nicht nur persönlich auf dem Gipfel seiner Macht, sondern das Reich hatte den Höhepunkt erreicht.

Einen Schönheitsfehler enthielt die Neuerwerbung Süditaliens aber dennoch: Aus früheren Verträgen konnten die Päpste ebenfalls Hoheitsrechte nachweisen. Deshalb machte Heinrich sein Angebot: Wenn sich der Papst zum Verzicht bereit erkläre, wolle er, der Kaiser, einen neuen Kreuzzug zur Befreiung des Heiligen Grabes unternehmen.

Es ging hin und her, und Zölestin III. wollte sich noch nicht festlegen. Doch 1197, mitten während der Verhandlungen und der Vorbereitungen für den Kreuzzug, wurde ein *Aufstand in Palermo* in Szene gesetzt mit dem Versuch der Ermordung des Kaisers, dem dieser knapp entkam. Heinrichs Rache war gnadenlos: Nach der Niederwerfung des Komplotts ließ er sämtliche Verschwörer sofort hängen, köpfen oder rädern.

Der Erfolg eines Kreuzzuges erschien außerordentlich günstig. Einmal war 1193 Sultan Saladin gestorben, und sein Reich befand sich seitdem in Auflösung. Außerdem stand dem Kaiser die vollständige sizilianische Flotte für die Überfahrt nach Palästina zur Verfügung.

Ferner hatten Heiratsverhandlungen zwischen den beiden Kaiserhäusern in Deutschland und Konstantinopel zum Erfolg geführt. Heinrichs Bruder und eine byzantinische Prinzessin, die möglicherweise die Erbin des ganzen östlichen Kaiserreiches werden konnte, hatten geheiratet. Die Zukunft ganz Europas, Kleinasiens und Palästinas konnte eine völlig andere Entwicklung nehmen. Der kluge, energische Heinrich VI. wäre zweifellos der Mann gewesen, eine solche Zukunft zu gestalten. Seine *kühnen Pläne* zielten in diese Richtung.

Doch das Schicksal hatte anders entschieden: Ein tödliches Fieber befiel ihn plötzlich, und am 28. September 1197 verstarb er in *Messina* auf Sizilien. Eine der erfolgversprechendsten Herrschergestalten der deutschen Geschichte war im jugendlichen Alter von 32 Jahren mitten aus kühnen, gutdurchdachten Unternehmungen herausgerissen worden. Im Dom von *Palermo* wurde er beigesetzt.

Dieses Geschehen traf das Reich wie ein Schlag aus heiterem Himmel. Die Erfolge Heinrich VI. waren noch keineswegs abgesichert, und niemand konnte in die Bresche springen. Im Gegenteil: Alle negativen Kräfte von innen und außen wurden frei und sollten sehr bald zur Auswirkung kommen.

Philipp von Schwaben (1180–1208), Deutscher König seit 1198 (Staufer) – Otto IV. von Braunschweig (um 1174–1218), Gegenkönig seit 1198, Kaiser von 1209–1212 (Welfe)

Philipp von Schwaben war der jüngste Sohn Kaiser Rotbarts; er galt als maßvoll und verantwortungsbewußt. Anfangs 1198 wurde er – mit 18 Jahren – zum Nachfolger seines Bruders Heinrich VI. gewählt, jedoch nur von einem Teil der Herzöge, denn die Welfen benutzten die Gelegenheit, sofort wieder ihren Familienzwist gegen die Staufer auszuspielen; wider die Interessen des Reiches, verstand sich. Da auch der neue Papst *Innozenz III.* (gest. 1216) das Reich lieber schwach statt stark sehen wollte, wählten – mit seiner Rückendeckung – die deutschen Welfenanhänger den Sohn Heinrichs des Löwen unter dem Namen Otto IV. zum Gegenkönig. Sein Oheim war König *Richard Löwenherz* von England, der die Lehenshoheit Kaiser Heinrichs VI. hatte anerkennen müssen, womit er allerdings *Reichsfürst* geworden war. Damit stand ihm eine gewisse Mitbestimmung bei der Königswahl zu. Was lag für ihn näher, als sich gegen die Staufer – seine Bezwinger – zu stellen und den Welfen zu wählen! Daß dieser 24jährige Mann ungeeignet war, mochte dem Engländer auch recht sein. Otto war für Deutschland fast ein Ausländer, hatte außer einem Rest deutschen Blutes noch italienisches, französisches und englisches in sich und war in England aufgewachsen.

Der neue Papst Innozenz III., der auch noch in dem verhängnisvollen Jahr 1198 gewählt wurde, vertrat die nun 125 Jahre alte Theorie der päpstlichen Oberherrschaft über alle Fürsten einschließlich der Kaiser, die sämtlich Vasallen der Kirche bzw. der Päpste seien. Er erweiterte seine Ansprüche sogar noch, indem er verkündete, der Papst sei der *„Stellvertreter Gottes auf Erden"*. So unrealistisch solche Gedanken waren, so fanatisch vertrat sie Innozenz, ohne Rücksicht auf schlimmste Folgen für das Reich, ganz Europa und schließlich für die Kirche selbst.

Deutschland war also nun tatsächlich zerrissen und hatte zwei Könige, was gleichbedeutend mit völliger Lähmung war, denn es brach ein jahrelanger verheerender Bürgerkrieg aus, der auch auf Italien übergriff: *Hie Welf – Hie Waiblingen* bzw. *Guelfen* gegen *Ghibellinen.*

In Norditalien gewann Otto mit des Papstes Hilfe die Oberhand, aber in Deutschland hatte sich nach zehnjährigem Kampf Philipp endlich durchgesetzt, und es gab ein großes Aufatmen. Fast alle deutschen Fürsten unterstützten ihn nun, sogar König Philipp August von Frankreich. Auch Papst Innozenz III. mußte einlenken. Für Otto IV. waren keine Chancen mehr erkennbar. Doch da geschah das Unglaubliche, daß im Jahre 1208 der König Philipp von Schwaben in *Bamberg* von einem Wittelsbacher Pfalzgrafen ermordet wurde, und zwar aus rein privaten Gründen.

Der erst 28jährige tapfere König Philipp fand sein Grab im Dom zu *Speyer* neben den einstigen vier kampferprobten salischen Kaisern Konrad II. sowie Heinrich III., IV. und V.

Während der zehn Bürgerkriegsjahre hatte der Papst mit Hilfe seiner italienischen Anhänger den *Kirchenstaat* beträchtlich erweitert: Dieser reichte nun vom unteren Po bis südlich Rom. Ein breiter zusammenhängender Streifen von Meer zu Meer schnitt die Lombardei und Tuszien vom übrigen Italien ab. Die Stadt Rom, die nach Heinrichs VI. Tod ohne kaiserlichen Schutz war, hatte sich dem Papst bedingungslos unterworfen. Das Königreich Sizilien war schon 1198 – nach Kaiser Heinrichs VI. plötzlichen Tod – unter seine Oberhoheit gekommen. Somit beherrschte das Papsttum ganz Mittel- und Süditalien und hatte den Höhepunkt seiner weltlichen Macht erreicht. In Sizilien hatte sich folgendes zugetragen:

Die Kaiserwitwe *Konstanze* war sogleich nach dem Tod ihres Gemahls ein Spielball des normannischen Einflusses geworden; sie war ja selbst Normannin. Weil der dortige Adel dem Papst gerade wohlgesinnt war, übertrug er auf Innozenz die Lehenshoheit über das ganze Königreich Sizilien. Selbstverständlich wurde dieser Vorgang später von Konstanzes Sohn *Friedrich II.* nicht anerkannt, denn dieser war der rechtmäßige Erbe.

Konstanze folgte im Tod bereits ein Jahr später ihrem Manne. Doch kurz davor hatte sie noch eine recht diplomatische Verfügung getroffen: Sie bestimmte den Papst Innozenz III. zum *Vormund* über ihren noch nicht ganz vierjährigen Sohn Friedrich. Der Papst konnte diese Christenpflicht natürlich nicht ablehnen, obwohl er damit zwangsläufig den Staufer Friedrich als Nachfolger seines Vaters Heinrich VI. anerkannte. Somit geriet er in Gegensatz zum deutschen Gegenkönig Otto IV., auf dessen Seite er ja bisher gestanden hatte. Nun, Friedrich war noch ein Kind, man würde ihn zu formen wissen.

Nach König Philipps Ermordung wurde nun Otto IV. auch von dessen bisherigen Gegnern, wenn auch halbherzig, als rechtmäßiger deutscher König anerkannt. *Otto IV.* zog also nach Rom, wo er 1209 von Papst Innozenz III. zum Kaiser gekrönt wurde, allerdings gegen bedeutende Zugeständnisse, die Gebiete des Kirchenstaates und Siziliens betrafen. Die Anerkennung des *Wormser Konkordates* sollte Otto in der päpstlichen Auslegung bestätigen.

Nunmehr aber betrieb Kaiser Otto IV. auf einmal deutsche Politik, was der Papst zu seinem Mißfallen zur Kenntnis nehmen mußte. Um seinerseits den welfisch-staufischen Streit zu beenden, heiratete Otto IV. *Beatrix*, die Tochter des ermordeten Königs Philipp. Ferner ließ er den Papst wissen, daß er dessen erpreßte Zugeständnisse nicht mehr anerkenne und vor allem das Recht des Reiches auf das Königreich Sizilien wiederherzustellen gedenke. Und schon bald marschierte er mit einem Heer in Apulien ein.

Innozenz verhängte über Otto IV. sogleich den Kirchenbann. Das tat er immer als erstes, wenn etwas nicht nach seinem Willen ging. Auch König Philipp war von ihm gebannt worden, ebenso wie posthum (nach dem Tode) auch dessen Vater Heinrich VI. Da bei solcher Gelegenheit immer gleich alle engeren Mitarbeiter ebenfalls dem Bann verfielen, nahm das niemand mehr ernst, und die Wirkung war gering.

Erster wirksamer Eintritt Frankreichs in die europäische Politik und Ausschaltung der Welfen 1214: Jetzt nahm der Papst Verbindung mit König *Philipp August von Frankreich* auf, der bisher wegen seiner stauferfreundlichen Haltung von ihm bekämpft worden war. Philipp Augusts Todfeind war König *Johann von England*, der Bruder und Nachfolger von König Richard Löwenherz. Die Engländer hatten in Frankreich große Gebiete verloren, beanspruchten diese aber noch immer.

Da der Papst nun die Welfen als Feinde betrachtete, inszenierte er in Deutschland ein Komplott gegen Otto IV. mit dem Erfolg, daß die deutschen Fürsten den Kaiser 1212 für abgesetzt erklärten. Statt dessen wählten sie das staufische Mündel des Papstes, den Sohn Heinrichs VI. und der Konstanze, der inzwischen 18 Jahre alt geworden war, zum neuen König Friedrich II. Konstanzes Rechnung, die sie kurz vor ihrem Tod aufgestellt hatte, war damit aufgegangen.

Sofort kehrte Otto IV. nach Deutschland zurück, um zu retten, was er noch retten zu können glaubte. Der Krieg brach erneut aus, und 1214 kam es bei *Bouvines* (nahe Lille) zu einer Entscheidungsschlacht zwischen Ottos deutschen Anhängern, verstärkt durch die verbündeten Engländer, und einem französischen Heer unter Führung König Philipp Augusts. Otto IV. setzte sich im Kampf zwar voll ein, aber die Schlacht ging verloren. Mit diesem Ereignis trat Frankreich erstmals als ernst zu nehmende Macht im militärisch-politischen Kräftespiel Europas wirksam in Erscheinung. Das französische Königsgeschlecht der *Kapetinger*, welches einst 987 mit *Hugo Capet* den Thron bestieg, hatte sich mit Philipp August II. im eigenen Lande erfolgreich behauptet.

König Johann von England verlor bis 1206 fast allen Festlandsbesitz an Frankreich. 1213 mußte er die Lehenshoheit des Papstes Innozenz III. anerkennen sowie diesem jährlichen Tribut zahlen. Zuletzt hatte er auch noch die Schlacht von Bouvines mit verloren. So ging er also als „König *Johann ohne Land*" in die Geschichte ein. 1216 starb er.

In Deutschland hatten die Welfen endgültig ausgespielt, und Otto zog sich entmachtet auf die *Harzburg* zurück, wo er 1218 starb.

Letzte Chance zur Wiedervereinigung der beiden christlichen Kirchen 1202–1204 unter Papst Innozenz III.: Seit dem Jahre 1198 bis zu seinem Tode 1216 bestimmte die Geschicke Europas praktisch Papst *Innozenz III.* Was Kaiser Heinrich VI. geplant hatte, versuchte nach dessen Tod nun der Papst zu erreichen, wenn auch unter päpstlicher Flagge. Es ist bereits beschrieben worden, wie er die Herrschaft über Mittel- und Süditalien erreichte und mithalf, das Deutsche Reich durch Bürgerkrieg vorerst auszuschalten.

Im Südosten Europas und in Kleinasien reiften entscheidende Umwälzungen heran. Das *Byzantinische Kaiserreich* befand sich in Auflösung, wodurch dort eine bunte, dauernd wechselnde Staatenwelt entstand. Die Kaiser in Konstantinopel versuchten verzweifelt, den Zerfall zu verhindern. Der alte Kaiser Isaak *Angelos* und sein Sohn *Alexios* waren vom Kaiserbruder gestürzt und gefangengesetzt worden, wobei der Vater auch noch brutal geblendet wurde. Der Sohn konnte entkommen und in Rom um Hilfe bitten. Er versprach die Wiederangliederung der morgenländischen an die katholische Kirche, also Anerkennung des Papstes. Das war im Jahre 1201.

Innozenz III. bereitete gerade einen neuen Kreuzzug vor und warb eifrig um Teilnehmer und Geld. 10 Prozent seiner eigenen Einnahmen wollte er beisteuern. Sein Ehrgeiz konnte sich mit dem verlorenen christlichen Königreich Jerusalem nicht abfinden. Doch die Aussichten auf Wiedervereinigung der gespaltenen Christenheit verleiteten ihn, das Kreuzfahrerheer statt nach Palästina nach Konstantinopel zu schicken, um dort Alexios und seinen Vater wieder auf den Thron zu setzen.

Die Regelung der Überfahrt des Heeres auf dem Seewege mußte der Papst dem 94 Jahre alten Dogen *Dandolo von Venedig* überlassen, weil nur Venedig über die erforderliche Anzahl von Schiffen verfügte. Diese Stadt war in den letzten Jahrzehnten zum bedeutendsten Handelsplatz Europas aufgestiegen und beherrschte den Hauptteil des Mittelmeergeschäftes. Dandolo forderte für die Zurverfügungstellung der Flotte einen solch hohen Preis, daß ihm der Papst den Bann androhte. Schließlich erlangte der gewiegte Kaufmann die Abtretung von Handelsmonopolen in wichtigen Häfen der Adriaküste an Venedig.

1202 segelten die Kreuzfahrer entlang der griechischen Küsten nach *Konstantinopel.* Kaum war die Stadt erobert und der alte Kaiser mit Sohn wieder eingesetzt, als ein erneuter Aufstand losbrach, der nur unter schwersten Verlusten niedergeschlagen werden konnte. Dabei richteten die päpstlichen Christen so schwere Greuel an, daß sie sich für alle Zeiten dort verhaßt machten.

Die europäischen Ritter – Deutsche hatten diesmal nicht teilgenommen – gründeten nun 1204 das sogenannte *„Lateinische Kaiserreich"*, welches aus der Hauptstadt Konstantinopel mit Umland und etwa dem heutigen Griechenland bestand. Das Staatsgebilde war kaum lebensfähig und wurde 1261 von *Michael VIII.* (gest. 1282), dem Gründer des letzten byzantinischen Herrscherhauses Paläologus, von Nicäa aus erobert.

Schwer gelichtet segelten die Reste der Kreuzfahrer nach Italien zurück. Dieser vierte Kreuzzug von 1202 bis 1204 war also keiner gewesen, weil Christen gegen Christen gekämpft hatten. Für Papst Innozenz war das Unternehmen ein schwerer Fehlschlag, denn von einer Wiedervereinigung der beiden christlichen Kirchen war nicht mehr die Rede.

In Spanien spielte sich seit Jahrhunderten der Kampf zwischen den islamischen Mauren, die die südliche Hälfte des Landes beherrschten, und den nördlichen christlichen Königreichen Kastilien, Leon, Portugal, Navarra und Aragon ab. Gerade in diesen Jahren bahnte sich eine Wende zugunsten der Christen an, und 1212 wurden in der blutigen Schlacht von *Navas de Tolosa* die Mauren schwer geschlagen. Dieser Sieg machte den Mißerfolg des vierten Kreuzzuges wett, und das Ansehen des Papstes war wieder aufgebessert.

Die Forderung, daß die Fürsten ihre Länder unter die *„Lehenshoheit des Papstes"* zu stellen hätten, hatte er bei einigen Staaten tatsächlich durchsetzen können. Im Königreich Sizilien war ihm das ja bereits 1198 gelungen, und 1212 mußten auch Portugal und Aragon in Spanien einwilligen. Bald danach folgten – allerdings begrenzt – Kroatien, Bulgarien, Ungarn und Polen. Wie berichtet, folgte 1213 schließlich auch England. Die praktische Bedeutung dieser Lehensherrschaften war allerdings einseitig und bestand aus Zahlungen in die päpstlichen Kassen.

Sozusagen auf dem Höhepunkt seiner Macht berief 1215 Papst Innozenz III. ein allgemeines *Konzil nach Rom* ein. Das war ein Ereignis, wie es glänzender kaum je stattfand. Über 1200 der höchsten Kirchenbeamten und viele Abgesandte der weltlichen Fürsten Europas erschienen. Der Papst sprach eindringlich das Gewissen aller Christen an, forderte Reinheit von Glauben und Lebenswandel und verlangte schließlich einen neuen Kreuzzug nach Jerusalem. Dieser wurde dann unter dem Eindruck seiner Persönlichkeit auch beschlossen. Aber ehe es soweit kam, starb Innozenz III. im Jahre 1216, 55 Jahre alt. Man sagt, das Papsttum habe unter ihm den Gipfel seiner weltlichen Macht erreicht.

Friedrich II. (1194–1250), Deutscher König seit 1212, Kaiser seit 1220

Schon als zweijähriges Kind hatte ihm sein Vater Heinrich VI. die Anwartschaft auf die deutsch-römische Königsnachfolge gesichert, und im Jahre 1212, also im Alter von 18 Jahren, war er, wie berichtet, unter Mitwirkung seines Vormundes Papst Innozenz III. bestätigt worden.

Schon mit vier Jahren hatte ihn seine Mutter auch zum König von Sizilien krönen lassen. Friedrich war in Palermo frei und unbeschwert aufgewachsen. Vater und Mutter waren ja schon in seinem vierten Lebensjahr gestorben, doch wohnte er im Königsschloß und erhielt eine gute Ausbildung. Am liebsten trieb er sich aber mit anderen Jungen in der Stadt herum, woran ihn niemand hinderte.

So war er sehr früh auch mit den ansässigen Arabern (*Sarazenen*) in Kontakt gekommen, bald auch mit arabischen gebildeten Kaufmannsfamilien und Gelehrten. Dort erfuhr er eine Menge über Mathematik und Astronomie, wovon seine christlichen Lehrer – es waren Mönche – keine Ahnung hatten. Im Gegenteil, sie betrachteten Friedrichs Interesse für *arabische Wissenschaft* und Kunst mit größtem Mißtrauen, zumal die Sarazenen außerdem noch Muslims waren. Seinem Vormund in Rom kam das natürlich zu Ohren, und da diesem gleichzeitig gemeldet wurde, daß Friedrich hervorragend begabt sei, ahnte Innozenz III. bald, daß mit dem zukünftigen König zu rechnen sein würde.

Auf Betreiben des Papstes kam 1208 zwischen dem damals erst vierzehnjährigen Jüngling und der 24jährigen Witwe *Konstanze von Aragon* (1184–1222) eine recht bedenkliche politische Ehe zustande. Doch beide achteten und liebten sich sehr, und 1211 wurde ein Sohn Heinrich geboren.

Papst Innozenz III. ließ sich um 1211 vom unmündigen Friedrich den Besitz von Süditalien bescheinigen: Von Politik hatte der junge Staufer keine Ahnung, und noch ehe er volljährig war und sein Königsamt antrat, ließ sich deshalb der Papst von ihm alles bestätigen, was er in den letzten 13 Jahren an Gütern, Ländern und „Rechten" – zu Recht oder Unrecht – erworben hatte. Dazu gehörte auch die Anerkennung der *Lehenshoheit* des Papstes über Sizilien, was für diesen natürlich ein besonders heikles Thema war, weil ja Friedrich das Königreich von seinen Eltern geerbt hatte. Die seinerzeitigen Abmachungen mit der Mutter Konstanze waren mehr als fragwürdig gewesen. Da Friedrich noch unmündig war, als sich Innozenz die Bestätigungen von ihm geben ließ, hatten sie rechtlich keine Gültigkeit und stellten mindestens einen Mißbrauch der päpstlichen Vormundschaft dar.

Doch zwischen beiden gab es vorerst keine Probleme. 1215 reiste Friedrich mit Konstanze nach Deutschland, wo er in Aachen die deutsche Königskrone erhielt. Bei der Krönung gab er das von den Bischöfen geforderte *Versprechen ab, einen Kreuzzug nach Palästina durchzuführen.*

Friedrich entstammte zwar dem deutschen Geschlecht der Staufer, war aber in Süditalien aufgewachsen und liebte seine Heimat. Er war ein universaler Geist mit guter Bildung. Zunächst galt es, die Verwaltung in Deutschland so zu ordnen, daß er auch von Sizilien aus die Zügel des Reiches in Händen halten konnte. Er wollte unbedingt nicht nur Norditalien fest an das Reich gebunden sehen, sondern auch sein Königreich Sizilien, wie es der Vater Heinrich VI. durchgesetzt hatte. Der König hielt sich in Deutschland vorerst an die Bischöfe, denen er finanzielle und weltliche *Sonderrechte* einräumte, so daß diese praktisch zu Landesherren in ihren Lehensgebieten wurden. Das ging auf Kosten der Kronrechte.

Friedrich II. machte das Königreich Sizilien/Apulien zu einem modernen Musterstaat: Innozenz III. war 1216 gestorben, und ihm folgte der Papst *Honorius III.* (gest. 1227). Als nun Friedrich II. 1220 nach Italien zurückkehrte, ließ er sich vom neuen Papst in Rom zum Kaiser krönen, wobei er auch von diesem an das gegebene Kreuzzugsversprechen gemahnt wurde. Doch der Kaiser machte sich vordringlich und zielbewußt daran, das sehr verkommene Königreich Sizilien/Apulien zu einem strenggeführten *Beamtenstaat* neu zu organisieren. Er war tolerant gegen alle, ob Süditaliener, Griechen, Normannen oder die von der Kirche schwer angefeindeten Sarazenen. Justiz, Finanzen und eine schlagkräftige Militärmacht einschließlich Kriegsflotte entstanden unter seiner absoluten Herrschaft. In Apulien errichtete er die starke Festung und Stadt *Lucera,* in der er einen großen Teil der Sarazenen zusammenzog und zu seinen zuverlässigsten Soldaten machte.

Von diesem nach ganz neuen Gesichtspunkten geordneten Staat aus gedachte Friedrich Italien und Deutschland zu regieren, obwohl Sizilien am äußersten Ende dieses größten europäischen Staatsgebildes lag.

In *Palermo* hielt der Kaiser freizügig und großartig Hof, der bald Treffpunkt für Gelehrte und Wissenschaftler aus der christlichen und arabischen Welt wurde. Er war offen für das Geistesleben aller Richtungen. 1224 gründete er die *Universität Neapel.* Ferner ließ er unfruchtbare Gebiete bewässern, baute Kanäle, Städte, Burgen und schrieb ein Buch über die *Falkenjagd.* Er interessierte sich für alles und kümmerte sich um jedes.

Bald war Friedrich II. weit über die Grenzen des Reiches berühmt und im Volke seiner südlichen Heimat außerordentlich beliebt und geachtet, vom hohen Adel und besonders von der Kirche aber mißtrauisch belauert. Dem Klerus paßte es gar nicht, daß er die ansässigen Araber nicht nur nicht verfolgte, sondern sogar voll anerkannte.

Friedrichs II. Kreuzzug 1228–1229 – Rückkehr als König von Jerusalem für 10 Jahre: Papst Honorius III. erinnerte in der Zwischenzeit ständig an den versprochenen Kreuzzug, doch Friedrich schob diesen immer wieder hinaus. Er wußte, daß die früheren Kreuzzüge Fehlschläge mit verheerenden Opfern gewesen waren, und suchte vorerst nach erfolgversprechenden anderen Möglichkeiten, das Königreich Jerusalem neu zu errichten. Schon aber begannen Mönche durch Italien zu ziehen und den Kaiser als *„Antichrist"* zu beschimpfen. Schließlich verpflichtete sich dieser 1225 in einem Abkommen zur Durchführung des Kreuzzuges im Sommer 1227, anderenfalls er dem Kirchenbann verfallen solle.

Friedrich war seit drei Jahren verwitwet und trat nun in Eheverhandlungen mit dem *Patriarchen von Jerusalem.* Das führte schließlich zur *Ferntrauung* mit der vierzehnjährigen *Isabella von Brienne,* der einzigen Erbanwärterin auf das Königreich Jerusalem, wenn dieses wiederhergestellt werden würde. Anschließend kam Isabella nach Apulien. – Doch starb sie bereits zwei Jahre später bei der Geburt eines Sohnes, des späteren Königs *Konrad IV.*

Im Frühjahr 1227 starb Honorius III., und sein Nachfolger wurde Papst *Gregor IX.*

(gest. 1241), ein ehrgeiziger, über 85 Jahre alter unduldsamer Mann. Er verlangte unter Bannandrohung vom Kaiser sofortigen Beginn des Kreuzzuges. Das war eine völlig unverständliche Forderung, denn das Heer war in *Brindisi* bereits dabei, sich einzuschiffen. Doch kurz nach der Abfahrt brach eine Seuche aus, die viele der Kreuzfahrer und den Kaiser selbst befiel. So kehrten die Schiffe notgedrungen um. Gregor aber bezichtigte Friedrich der Lüge und verhängte den Bann. Der Kaiser blieb dem Papst nichts schuldig und sprach ihm das Recht der Bannung rundweg ab. Einige Monate später segelten die Kreuzfahrer endgültig in Richtung Akka ab. Gregor tobte und verbot dem Patriarchen von Jerusalem und den Ordensrittern in *Akka* jegliche Hilfeleistung. Sogar mit dem Sultan in Kairo, der Herr über Palästina war, versuchte er ein Bündnis gegen Friedrich zuwege zu bringen.

Doch es kam im Morgenland nicht zum Krieg. Friedrich war schon früher mit dem Sultan in Verbindung getreten. Beide kannten sich von Palermo her, wo sie Jugendfreunde gewesen waren. Nach kurzen Verhandlungen kam folgender *Vertrag von Akka* zustande: Der Sultan trat auf die Dauer von zehn Jahren einen Küstenstreifen mit Verbindungsstraßen zu den drei heiligen Stätten Jerusalem, Nazareth und Bethlehem an die Christen ab. Zur Besiegelung des Vertrages zog Friedrich nach Jerusalem, wo er sich in der Grabkirche selbst die *Krone von Jerusalem* aufs Haupt setzte. Der Patriarch hatte sich nicht getraut, die Krönung eines im Kirchenbann befindlichen Herrschers vorzunehmen.

Friedrich hatte kampflos eine Krone gewonnen und der Kirche freien Zugang zu den christlichen heiligen Stätten in Palästina gesichert. Sein Heer segelte ohne Verluste heimwärts. Das war der erfolgreiche fünfte Kreuzzug von 1228 bis 1229.

Doch als Friedrichs Heer in Süditalien eintraf, herrschte dort Krieg, denn päpstliche Truppen waren in Apulien eingedrungen und standen im Kampf mit den kaiserlichen Garnisonen. Friedrich griff sofort ein, vertrieb die Päpstlichen und besetzte im Gegenzug Teile des Kirchenstaates. Die Welt hatte also eine einmalige „Komödie" erlebt: Ein christliches Kreuzfahrerheer mußte das Oberhaupt der christlichen Kirche besiegen. Der Führer der erfolgreichen Kreuzritter befand sich im Bann, weil der Kreuzzug nach Ansicht des Papstes ein halbes Jahr zu spät begonnen und nicht mit christlichem Opfermut, sondern unblutig auf diplomatischem Wege zum Erfolg geführt habe.

Gregor IX. mußte schließlich die Unhaltbarkeit seiner Einstellung einsehen, er lenkte ein und löste den Kaiser vom Bann.

Im Reich entstand Zwist zwischen Städten und Fürsten ab 1230, dem Friedrichs Sohn Heinrich zum Opfer fiel: Der älteste Sohn Friedrichs und Konstanzes, *Heinrich VII.* (1211–1242), war schon 1220 im Alter von neun Jahren zum deutschen König gewählt worden, um die Nachfolge der Staufer zu sichern. 1230 ernannte ihn der Vater zu seinem Vertreter in Deutschland, also zum *Reichsverweser*. Sogleich wurde der junge König in ein gefährlich gewordenes Problem verwickelt:

Im Deutschen Reich waren nämlich in den letzten Jahrzehnten die *Städte* immer reicher, aber nicht mächtiger geworden. Die alten Herzogtümer dagegen versuchten ihre Macht aufrechtzuerhalten. Es hatte ihnen schon nicht gefallen, daß ihre ursprünglichen Lehen von früher fünf auf jetzt siebzehn Herrschaftsgebiete aufgeteilt worden waren. Nun verlangten auch noch die Städte mehr Rechte, die natürlich auf Kosten der

Herzöge und Grafen gehen mußten. Diese stellten nun ihrerseits beim Kaiser die Forderung, ihre Macht zu erweitern, und zwar nach dem Vorbild, wie sie den geistlichen Herren 1220 von Friedrich zugestanden worden war.

Der Kaiser stellte sich auf die Seite der Fürsten und erfüllte 1232 deren Wünsche, allerdings wieder auf Kosten der eigenen deutschen Königsrechte. Friedrichs Sohn Heinrich, der Reichsverweser, hatte sich jedoch auf die Seite der Städte gestellt, mußte nun aber auf Geheiß des Vaters diese Politik aufgeben.

Die Städte konnten mit der Regelung von 1232 keineswegs zufrieden sein, denn sie bedeutete zweifellos einen Rückschritt, und die innere Kraft, welche das aufblühende Handwerk, die Kunst und der Handel entwickelte, wurde empfindlich gehemmt. Der allen Dingen aufgeschlossene Friedrich erkannte das sehr wohl, aber vorerst waren ihm die Hände gebunden, denn die Umstände in Italien zwangen ihn, die deutschen Verhältnisse im Augenblick so stabil wie möglich zu halten. Der ungeduldige junge Heinrich aber geriet bald nach des Vaters Rückkehr nach Sizilien ins Netz der unruhig gewordenen Städte. Statt dort seinen Einfluß mäßigend einzusetzen, trat er im Bunde mit ihnen in offenen *Aufstand gegen seinen Vater*. Friedrich mußte sofort nach Deutschland zurückkehren, wo er schnell und nachhaltig die Ruhe wieder herstellte. Heinrich wurde in *Martirano* im tiefen Süden Italiens gefangengesetzt, wo er 1242 starb.

Für die deutschen Fürsten und Geistlichen war Friedrich ein bequemer Kaiser geworden, nachdem er ihnen die geforderten Rechte abgetreten hatte. Deshalb hielten sie vorerst auch zu ihm.

Mit England schloß er ein Bündnis, welches durch seine dritte Ehe mit einer englischen Prinzessin besiegelt wurde.

Neue Kriege zwischen Papst mit der Lombardei und dem Kaiser ab 1237: Anders sah es in Italien aus, wo der Kampf um die Vormachtstellung zwischen Papst- und Kaisertum wieder voll entbrannt war. Die lombardischen Städte, von Papst Gregor IX. angestiftet, empörten sich erneut. Doch in der Schlacht von *Cortenuova* 1237 schlug sie der Kaiser schwer. Aber der fanatische Gregor verhinderte den Erfolg der eingeleiteten Vergleichsverhandlungen mit Mailand und verbündete sich mit Genua, welches über eine schlagkräftige Kriegsflotte verfügte. *Genua* hoffte die konkurrierende Stadt *Pisa*, die zum Kaiser hielt, ausschalten zu können. In der *Seeschlacht von Meloria*, einer Insel vor Pisa, besiegte 1241 Friedrichs unehelicher Sohn *Enzio* (1224–1272) – erst 17 Jahre alt – die genuesisch/päpstliche Flotte. (Enzio = Heinz)

Dadurch konnte Friedrich II. die Insel *Sardinien* erobern, die bisher päpstliches Lehen war, und setzte seinen Sohn Enzio 1242 dort als König ein. Der Papst verhängte erneut den Kirchenbann über den Kaiser, und in ganz Italien führte ein Teil der Kirche eine wilde Hetze gegen diesen. Doch Friedrich zahlte mit gleicher Münze heim, indem er die Kriegstreiberei des Papstes anprangerte. Bald flackerte in ganz Italien der Krieg auf. Die Bettelmönche, die der Papst für seine Propaganda rücksichtslos einsetzte, wurden eingesperrt oder hingerichtet, wo sie den Kaiserlichen in die Hände fielen.

Das Christentum zerfleischte sich nicht nur in Italien, es wurde auch von außen hart bedrängt: So waren die ausgehandelten zehn Jahre für die Dauer des *Königreichs Jerusalem* abgelaufen, und die Muselmanen hatten das Land kriegerisch wieder in Besitz genommen.

Der Mongolensturm und sein Ende mit der Schlacht bei Wahlstadt in Niederschlesien 1241: Auch im Osten war für das Christentum eine gefährliche Macht entstanden. Der Mongolenfürst *Dschingis-Khan* (1155–1227) hatte das riesige Mongolen-Reich gegründet, indem er der Reihe nach alle Länder der Mongolen, Tataren, Chinesen, Turkestanen und 1223 auch große Teile Rußlands eroberte. Seine Söhne setzten die Kriegszüge in Kleinasien gegen die Seldschuken und im Norden gegen die Russen fort. Schließlich stürmten sie nach Westen und überrannten Ostpolen.

Herzog *Heinrich der Fromme von Breslau* zog in aller Eile ein Ritterheer aus Schlesiern, Thüringern, Baiern, Österreichern und Polen zusammen und trat bei *Wahlstatt* (in der Nähe des späteren Liegnitz in Niederschlesien) 1241 einem riesigen Mongolenheer entgegen. Die Schlacht war die blutigste, die man seit Jahrhunderten erlebt hatte. Das Ritterheer kämpfte buchstäblich fast bis zum letzten Mann, und auch der Herzog von Breslau fiel. Aber wie berichtet wurde, verloren die Mongolen ein vielfaches an Menschen. Das war auch für sie das Ende des Kriegszuges, und der Rest ihres Heeres zog nach Osten ab. Eine andere Version besagt, daß der Tod ihres Groß-Khans sie zur Heimkehr in die Mongolei zwang.

Später wandten sich die Asiaten nach Südwesten und erreichten den Gipfel ihrer Macht 1258 mit der Eroberung von Bagdad. Ende des Jahrhunderts begann der Zerfall dieses Reiches, das immerhin nach vielem Auf und Ab noch 200 Jahre überdauerte, um etwa 1470 für immer bedeutungslos zu werden.

Nachdem also 1241 die Mongolengefahr abgewendet war, woran teilzunehmen Kaiser Friedrich II. gar keine Möglichkeit gehabt hatte, mußte er sich in Italien nach wie vor mit Lombarden und Päpsten herumschlagen. Wieder gab es zwei Parteien: Die *Guelfen* für die Päpste, die *Ghibellinen* für die Staufer.

Im Jahre 1241 starb Gregor IX. im Alter von fast 100 Jahren. Das Papsttum war nun für die nächsten zwei Jahre zerstritten, gelähmt und handlungsunfähig. 1243 kam ein genuesischer Adliger auf den päpstlichen Stuhl, der sich *Innozenz IV.* (gest. 1254) nannte und der wieder den Weg Gregors einschlug. Der Kaiser hoffte auf Frieden und versprach die Wiederherstellung des Kirchenstaates, wenn er die Anerkennung für Sizilien erhalte. Doch Innozenz IV. wollte mehr und setzte den Hebel wieder bei den *lombardischen Städten* an, die den Krieg aufs neue begannen.

Papst Innozenz IV. (gest. 1254) erklärte den Kaiser für abgesetzt und verlangte von den Herzögen unter Banndrohung Neuwahl: Vorsichtshalber täuschte der Papst eine erzwungene Flucht vor und reiste von Rom nach *Lyon*, wo er, obwohl auf Reichsgebiet, französischen Schutz durch Ludwig IX. von Frankreich genoß. Innozenz berief 1245 ein *Konzil in Lyon* ein, auf dem er den Kaiser in noch nie dagewesener Weise beschuldigte und beschimpfte, in den Bann tat und für abgesetzt erklärte. Die Herzöge des Reiches forderte er auf, einen neuen König zu wählen, und wer weiterhin zum Kaiser stehe, solle ebenfalls dem Bann verfallen sein und seiner Lehen verlustig gehen.

Der Kaiser war aufs äußerste empört und suchte nun eine endgültige kriegerische Lösung. Er zog mit einem Heer nordwärts; die nächstliegende lombardische Stadt, die er 1246 nehmen wollte, war *Parma*. Aber es gelang ihm nicht, diese starke Festung zu erstürmen. Die Belagerung zog sich lange hin, und den Eingeschlossenen gelang sogar ein für die Kaiserlichen verlustreicher Ausfall. Schließlich mußte Friedrich unverrichteter Dinge abziehen.

Aufruhr in Deutschland, Süditalien und der Lombardei ab 1246 – Tod Friedrichs II. 1250: Da erreichten ihn 1246 beunruhigende Nachrichten aus Deutschland. Die Papstpartei hatte dort einen Gegenkönig aufgestellt, den thüringischen Landgrafen *Heinrich Raspe* (gest. 1247) von der Wartburg. Zwar hatte dieser Abtrünnige und sein geringer Anhang kaum Erfolg, aber das Geschehen bewirkte, daß auch in Süditalien Unruhen ausbrachen, so daß Friedrich vorerst in Sizilien die Lage wiederherstellen mußte. Schon anfangs 1247 starb Heinrich Raspe, und der Aufruhr in Deutschland war damit erledigt.

Doch der Papst arbeitete verbissen weiter gegen den Kaiser, und dieser hatte alle Hände voll zu tun, in Italien mehrere Aufstände zu ersticken. Sein tüchtiger Sohn *Enzio* half dem Vater in der Lombardei mit gutem Erfolg. Doch 1249 geriet er bei einem Gefecht vor *Bologna* in Gefangenschaft. Enzio wurde dort fast 23 Jahre lang als wichtiger politischer Gefangener festgehalten. An Befreiung konnte Friedrich in dem einen Jahr, das er noch lebte, nicht denken. Man hat Enzio in Bologna eine würdige Grabstätte gegeben.

Trotz aller Schwierigkeiten neigte sich die Waage nun doch zugunsten des Kaisers. Doch wieder entschied das Schicksal anders: Kaiser Friedrich II. starb Ende des Jahres 1250 nach kurzer Krankheit in *Fiorentino* in Apulien, 56 Jahre alt. Der Bischof von Palermo hatte ihn auf dem Sterbebette vom Kirchenbann gelöst und ihm die Sakramente erteilt. Die übliche Frage, ob er seine Sünden bereue, war von Friedrich bejaht worden.

Dieser ganz normale Vorgang, wie er sich bei jedem Sterbenden abspielte, wurde nun von Innozenz IV. so ausgelegt, als habe der Kaiser eingesehen, daß der Papst in allem im Recht gewesen sei. Innozenz ging weiter – allerdings vergeblich – gegen das Reich vor, um bei Friedrichs Nachfolger die Lehenshoheit zu erzwingen.

Kaiser Friedrich hatte eine erstaunliche Anzahl bester Eigenschaften in sich vereinigt: Er war Feldherr und Diplomat mit zähem Durchhaltevermögen, phantasievoll und wißbegierig, Förderer von Kunst und Wissenschaft, Bauherr von Burgen und Städten, ferner kritisch, undogmatisch, tolerant und gerecht. Man bezeichnete ihn später als den *„ersten Renaissance-Menschen"*.

Seine „aufgeklärte, absolute Regierungsweise" setzte sich in Europa erst Jahrhunderte später durch, und in vollkommenster Weise bei einem preußischen König, der auch Friedrich II. hieß, bei Friedrich dem Großen.

Für das Deutsche Reich brachte des Kaisers Regierung trotzdem keine nachhaltigen Erfolge, weil er das Unglück hatte, drei Päpste als Gegner zu haben, die rücksichtslos durchzusetzen versuchten, Lehensherren über alle Fürsten Europas zu werden.

Von seinen 38 Regierungsjahren verbrachte Friedrich 17 in Italien. In Deutschland genoß er die gleiche Verehrung wie in Italien. Hier wie dort verwob sich sagenhaft seine Gestalt mit der Kaiser Rotbarts, seines Großvaters, zu einem gerechten Herrscher, der zum Wohle der Völker wiederkommen werde.

Friedrichs II. Grab befindet sich nach seinem Wunsch im Dom von *Palermo* neben dem Vater *Heinrich VI.* und seiner ersten Gemahlin, *Konstanze von Aragon*, der Frau, die er geliebt hatte.

Konrad IV. (1228–1254), Deutscher König seit 1250 – Manfred (1231–1266), König von Sizilien seit 1258 – Konradin (1252–1268), der kleine Konrad, Herzog von Schwaben

Schon den Knaben hatte der Vater Friedrich II. 1237 zum König Konrad IV. wählen lassen, in der Absicht, den Staufern die Erbfolge zu sichern. Eine Krönung in Aachen hatte nicht stattgefunden. Konrad erbte laut *Friedrichs II. Testament* das ganze Deutsche Reich einschließlich des Königreichs Sizilien.

Konrad IV. jüngerer Halbbruder Manfred (1231–1266) war im Testament als Regent für Sizilien bestimmt worden.

Das Reich war zerstritten, und der 22jährige Konrad IV. war keine Persönlichkeit mit Durchsetzungsvermögen. Es gab nach Heinrich Raspes Tod seit 1248 noch einen deutschen Gegenkönig von des Papstes Innozenz IV. Gnaden, *Wilhelm von Holland* (1227–1256), der sogar in Aachen gekrönt wurde; um ihn kümmerte sich niemand, und er lebte als Graf von Holland in seiner Grafschaft. Beim Versuch, sein Herrschaftsgebiet innerhalb des Reiches zu erweitern, fiel er 1256 in Friesland.

Weil in Deutschland jeder tat, was ihm nützlich erschien, und weil die Fürsten mit den Städten vielfach in Fehde lagen, kam es 1252 zu dem sogenannten *„Rheinischen Städtebund"*. Ihm gehörten neben *Zürich* und *Basel* sowie *Aachen* und *Köln* fast alle Städte an, die entlang und in der Nähe des Rheines lagen. Es gelang dem Bund in seinem Gebiet, in den folgenden zwei verheerenden, kaiserlosen Jahrzehnten eine wirksame Ordnung aufrechtzuerhalten.

In Italien waren wieder bürgerkriegsähnliche Zustände eingetreten. Hier bestimmte kein Kaiser mehr, und auch die Päpste waren ohne Autorität. Jeder kämpfte gegen jeden, nicht nur die Städte, sondern auch die adeligen Familien untereinander, die Guelfen als Papstanhänger und die Ghibellinen als Anhänger des Kaisertums.

Die Päpstlichen waren wieder nach Apulien marschiert, wo ihnen Manfred entgegentrat. So entschloß sich Konrad IV. ebenfalls zum Zug nach Sizilien, um seinem Bruder zu Hilfe zu kommen.

Aber 1254 starb Konrad IV. in *Lavello* in Apulien, nicht weit von Fiorentino, wo sein Vater gestorben war. Nun bestand im ganzen Reich nicht einmal mehr die Andeutung einer ordnenden Kraft, denn Konrads IV. Sohn, *Konradin*, der Erbanwärter auf das ganze Reich, war erst drei Jahre alt. – Im Dezember 1254 starb auch Papst Innozenz IV.

Manfred, der Oheim Konradins und Regent von Sizilien, war tüchtig. Er beabsichtigte, ganz Italien zu einem Königreich zu vereinigen. Um für solche Pläne seine Autorität zu erhöhen, machte er sich vorerst 1258 zum König von Sizilien/Apulien. Er hatte schnell Erfolg, denn mit den Städten Rom und Genua schloß er Bündnisse. In Tuszien verjagte er 1260 die Guelfen und setzte überall seine Vertrauten ein. So schien sich in Italien ein Staat zu entwickeln, der dem geplagten Land die dringend nötige Ordnung bringen konnte, und zwar wieder unter der Herrschaft eines Staufers.

Der neue Papst *Alexander IV.* (gest. 1261) stellte sich nicht gegen Manfred, aber sein Nachfolger *Urban IV.* (gest. 1264) wurde von stauferfeindlichen Kardinälen gewählt. Dieser wollte den neuen italienischen Staat unbedingt verhindern und bot deshalb dem französischen Grafen *Karl von Anjou* (1220–1285), dem Bruder König Ludwigs IX. von Frankreich, das Königreich Sizilien als Lehen an. Karl hatte schon 1246 durch Heirat die Grafschaft Provence an der Rhonemündung erworben und nahm gerne dieses Angebot des Papstes zusätzlich an. Außerdem brachte es ihm auch den Königstitel ein. Allerdings mußte er sich das Land erst noch erobern. Im Jahre 1266 kam es bei *Benevent* zur Schlacht zwischen Manfred und Karl. Manfred fiel im Kampfe, und Karl von Anjou siegte.

Aber der neue Herr machte sich und die Franzosen in Sizilien durch verbrecherisches, räuberisches Verhalten schnell und gründlich verhaßt. Unter anderem ließ er auch die drei Kinder des gefallenen Manfred – unter ausdrücklicher Gutheißung Urbans IV. – in Verliese sperren und dort elend verkommen. Der sarazenische Bevölkerungsteil im Lande wurde systematisch ausgerottet. So blieb es nicht aus, daß bald der Ruf nach der staufischen Herrschaft immer dringlicher wurde.

Konradin hatte inzwischen das 15. Lebensjahr erreicht, und die *Ghibellinen* in ganz Italien forderten ihn auf, mit Heeresmacht seine Rechte zu erkämpfen. Eine frühere Krönung zum Deutschen König hatte der Vater versäumt und später die Päpste verhindert. Also marschierte er 1267 mit 3000 Rittern von Süddeutschland aus über die Alpen. Verstärkt durch italienische Anhänger, zog er in Rom ein, wo er vom Volk jubelnd begrüßt wurde. Papst *Klemens IV.* (gest. 1268), der mit dem Wüterich Karl von Anjou keineswegs zufrieden sein konnte, verhielt sich aber neutral.

Im August 1268 kam es bei *Tagliacozzo* östlich von Rom in den *Abruzzen* zur Schlacht mit den Franzosen, die für Konradin verlorenging. Sein Heer wurde versprengt, und er selber fand mit einem Freund und Verwandten bei einem ghibellinischen Anhänger in *Neapel* Unterschlupf. Doch dieser verriet gegen Kopfgeld die beiden jungen Männer und lieferte sie an Karl von Anjou aus. Am 29. Oktober 1268 wurden beide mit mehreren Anhängern in Neapel auf dem Marktplatz *öffentlich enthauptet.*

Konradin war 16 Jahre alt, und mit ihm erlosch das Geschlecht der Staufer, welches 130 Jahre lang die Geschichte des Deutschen Reiches bestimmt hatte.

Rückblick auf die rund 500 Jahre von den Karolingern bis zu den Staufern

Gleichzeitig mit den politischen Vorgängen in diesem halben Jahrtausend war eine bedeutende kulturelle Entwicklung in Gang gekommen. Diese stellte sich im Deutschen Reich sozusagen als Ergebnis der kriegerischen Bemühungen gerade in den letzten 100 Jahren deutlich dar. Großartige Bauwerke in Stadt und Land entstanden für jedermann sichtbar. Das *Zunftwesen,* eine feste soziale Ordnung für alle Handwerkszweige, und die *Deutsche Hanse,* ein mächtiger Bund von Handelsstädten über die Grenzen sowie die Ost- und Nordsee hinweg, organisierten sich. Und darüber hinaus entstand an der baltischen Ostseeküste der *Deutsche Ordensstaat.*

Das politisch-kriegerische Geschehen

Die ganze Zeit war durch das Verhältnis zwischen Kaisertum und Papsttum gekennzeichnet. Karl der Große errichtete den übernationalen *„Gottesstaat"* unter dem einigenden Mantel des Christentums. Deshalb erhob er das bis dahin machtlose

Papsttum in Rom zu erhöhtem Ansehen, indem er es unter seinen Schutz stellte, reichlich mit Regalien und anderen materiellen Mitteln wie weltlichen Gebieten (Kirchenstaat) ausstattete und ihm gleichzeitig das Recht einräumte, den deutschen König in Rom zum Kaiser zu krönen. Bischöfe und Äbte machte der Kaiser neben den Herzögen zu seinen wichtigsten Mitarbeitern, weshalb er sich das Recht vorbehielt, diese Männer selbst auszuwählen und einzusetzen, und zwar nach den Erfordernissen des Reiches.

Der christliche Einheitsstaat Karls hielt sich nur zu seinen Lebzeiten. Durch die erbrechtlich bedingten Reichsteilungen entwickelten sich erst später und langsam die *„Nationalstaaten"* Europas, worunter das Deutsche Reich mit dem Anspruch auf die Kaiserwürde den Ton angab. Dieses Reich beherrschte aber nicht nur die deutschsprechenden, sondern auch französisch- und italienischsprachige Länder. Auch das war vielfach die Folge von Erbschaften oder Heiratspolitik, was völlig rechtmäßig und allgemein anerkannt war. Die Menschen dachten oder fühlten keineswegs deutsch, französisch oder italienisch, denn ein sogenanntes Nationalbewußtsein war noch nicht entwickelt. Dies kam gerade erst mit dem Ende der bisher beschriebenen hochmittelalterlichen Kaiserzeit auf, man kann sagen, etwa seit dem Jahre 1200.

Anders war das Verhältnis zu den slawischen Völkern. Drei Gesichtspunkte waren hier maßgebend: Erstens sollten diese „heidnischen" Völker christianisiert werden. Zweitens benötigte man dazu deutsche Mönche und Siedler, die sich den Slawen kulturell und in praktischen Dingen des Lebens weit überlegen erwiesen hatten. Drittens bestand das Bestreben, die sehr dünn besiedelten, einst ostgermanischen Länder, in denen auch immer noch deutliche Reste der vorher germanischen Bevölkerung verblieben waren, dem Reich *rückzugewinnen*.

Das partnerschaftliche Verhältnis zwischen Kaiser- und Papsttum hielt seit Karl dem Großen in der Hauptsache trotz mancher Streitigkeiten. Es zerbrach unter Papst Gregor VII. (1073–1085) und Kaiser Heinrich IV.

Jetzt stellte der Papst entgegengesetzte Thesen auf: Der Papst ist der Herr der christlichen Welt, er verleiht die Länder an die Fürsten, und die kirchlichen Würdenträger dürfen nur von ihm eingesetzt werden (*Investiturstreit*). Ein Kaiser habe zwar weiterhin Kirche und Papst vor inneren und äußeren Feinden zu schützen, aber nur solch ein Kaiser, der dem Papst genehm und willfährig sei. Die Päpste Innozenz III., Gregor IX. und Innozenz IV. hatten diese Forderungen noch deutlicher und schärfer formuliert, und schon Innozenz III. beanspruchte die Anerkennung des Dogmas, daß der Papst der Stellvertreter Gottes auf Erden sei. (Die Erweiterung auf das Unfehlbarkeits-Dogma erfolgte erst 650 Jahre später, 1870, und war auch mehr für den inneren Zusammenhalt der katholischen Kirche gedacht.

Solche *Weltherrschaftsansprüche* – kein Kaiser hätte sie je anerkennen können – zerrissen Europa, besonders aber das Deutsche Reich in zwei Parteien, in Kaiser- und Papstanhänger. Dabei gerieten manche Kaiser und Könige sowie ihre Parteigänger in schwere Gewissenskonflikte, soweit sie neben ihrer Treue zum Reich auch gläubige Christen waren. Es entwickelten sich Kriege ohne Ende, und auch die Kreuzzüge nach Palästina, die doch einem christlichen Ideal dienen sollten, wurden von den Parteien für ihre Zwecke mißbraucht.

Das Kaiserreich Byzanz stand von vornherein der Aufwertung des Papsttums skeptisch gegenüber. Mit seiner morgenländisch-christlichen Kirchenordnung erkannte es den Papst nie an. Außerdem machten die ständig erhöhten Forderungen des Papsttums eine Wiedervereinigung der beiden christlichen Kirchen unmöglich.

Ursprünglich gehörte Süditalien nicht zum Reichsgebiet, auch nicht zum Herrschaftsbereich der Päpste oder zum Kirchenstaat. So wurde der besondere *Zankapfel* das Königreich Sizilien/Apulien. Die Päpste wollten das Land beherrschen, mindestens aber das Recht auf Lehenshoheit anerkannt wissen. In Verbindung mit dem Kirchenstaat hätte ihnen dies beträchtliche weltliche Macht, d. h. reiche Einkünfte aus ganz Süd- und Mittelitalien, gesichert.

Das Reich aber hatte ältere Ansprüche auf Süditalien, und zwar schon aus der Zeit der christlich-germanischen Reiche der Ostgoten und der Langobarden, welche beide zeitweise ganz Italien beherrschten. Damals spielte das Papsttum politisch noch keine erstrangige Rolle. Weiter ergaben sich für die staufischen Kaiser Erbrechte auf Süditalien und damit schließlich die Notwendigkeit, das Christentum und das Reich mit seinem Mittelmeerhandel gegen den Islam zu schützen.

Die Moslems bedrohten nämlich Europa im Südosten von Kleinasien her und im Südwesten in Spanien. Nach Sizilien unter normannischer und staufischer Herrschaft hatten sie sich nicht mehr gewagt, obwohl sie dort vorher längere Zeit die Herren gewesen waren.

Die süditalienischen Seestädte Palermo, Neapel und Brindisi verbanden das Reich mit dem ganzen Mittelmeerraum und bedurften deshalb eines besonderen Schutzes, den nur der Kaiser übernehmen konnte.

Das lombardische Königreich in Norditalien war seit Otto dem Großen (aus fränkischem Erbe) fester Bestandteil des Reiches. Unter dessen Schirm entwickelten sich die norditalienischen Hafenstädte Genua, Pisa und Venedig, im Inland die lombardischen Städte Mailand, Brescia, Cremono, Verona und andere zu reichen Handwerks- und Handelsplätzen. Sie unterhielten enge Verbindungen zu den gleichzeitig aufblühenden süddeutschen Städten wie Augsburg, Nürnberg, Regensburg, Wien usw.

Das Römisch-Deutsche Reich bildete die bedeutendste Wirtschaftsmacht der damaligen Zeit, und das Mittelmeer war die Verbindung zur südöstlichen Welt.

Die Seefahrt hatte durch die Entwicklung des Schiffbaues gerade in den Jahren zwischen 1100 und 1200 bedeutende Fortschritte gemacht. Im Altertum, zur Zeit der Wikinger und bis zu Beginn der Kreuzzüge wurden die Schiffe durch Ruderer gesteuert, wobei das vorhandene einzige Segel nur bei günstiger Windrichtung zu Hilfe genommen werden konnte. Jetzt hatte man Schiffe entwickelt, mit deren Segeln man manövrieren konnte.

Erst jetzt waren die Massenheere der Kreuzfahrer sicherer übers Meer zu befördern. Die so entstandenen Flotten bestanden aus Handels- und Kriegsschiffen zugleich. Heinrich VI. hatte weitschauend genügend moderne Schiffe bauen lassen, um im Mittelmeer militärisch und wirtschaftlich führend werden zu können.

Die kulturelle Entwicklung bis 1254

Was war in diesen fünf Jahrhunderten in Europa und im Deutschen Reich für den wirtschaftlichen Fortschritt geschehen? Es gab eine Aufwärtsentwicklung in allen Lebensbereichen. Die Zeiten des nur Sattwerdenmüssens waren überwunden. Man hatte gelernt, den Sumpfwäldern und den sandigen Ebenen des Nordostens fruchtbaren *Kulturboden* abzuringen, wobei Mönche und Siedler den Hauptbeitrag leisteten. So nahm auch die *Bevölkerungszahl* im Reich ständig zu. Um das Jahr 1250 gab es 9–10 Millionen Menschen allein im deutschsprachigen Raum. Die Wiedergewinnung der alten germanischen Ostgebiete war – trotz schwerer Rückschläge – über die Oder hinaus fortgeschritten. Gleichzeitig wurden diese Ländereien *christianisiert.*

Die Städte: Wenn es ursprünglich nur Dörfer und Kleinsiedlungen gegeben hatte, so waren nun Städte entstanden, die durch emsigen Handwerksfleiß immer mehr Auftrieb bekamen. Mit einer Abtei, einer Burg, Brücke oder Furt an geeigneter Stelle hatte es oft angefangen, und rundherum siedelten sich mehr und mehr Menschen an, die meist aus den Dörfern kamen. Irgendwann entstanden *Stadtmauern* mit Wachtürmen und festen Toren zum Schutz gegen Angreifer im Kriegsfalle oder gegen Räuberbanden, die es im Auf und Ab der Zeitläufte immer wieder gab.

Ein stetig enger werdendes Straßennetz erleichterte den Handel der Städte untereinander. Der wachsende *Wohlstand* förderte das Kunsthandwerk, welches seine Aufträge von Adel, Kaufleuten, Dombauern und Klöstern bekam. Schmuck- und Haushaltsgegenstände, wertvolle Monstranzen und Weihgefäße, herrliche Skulpturen, Statuen und Denkmäler (*Reiter von Bamberg, Ute zu Naumburg* usw.), schmiedeeiserne Tore und vieles mehr zeugen noch heute von der damaligen Kunstfertigkeit.

Kaiserburgen und Reichsstädte: Stolze Kaiserburgen entstanden überall, so in Aachen, Nürnberg, Eger, Nimwegen, Ingelheim, mit der Hohkönigsburg im Elsaß, in Goslar, Wimpfen, mit der Wartburg in Gelnhausen, ferner in Nord- und Südtirol (die gewaltige Burg *Beseno bei Rovereto*), in der Krain, in Kärnten, der Steiermark, in Böhmen, Schlesien, der Mark Meißen, in der Lausitz, in Brandenburg, Mecklenburg, Pommern, Schleswig usw. Diese Burgen waren z. T. aus den Pfalzen, also aus Königsgut entstanden. Hier wohnten die Kaiser und Könige mit ihrem Gefolge, wenn sie sich auf den häufigen Reisen durchs Land befanden. Zu Füßen solcher oft reichseigenen Burgen hatten sich Städte gebildet, die sogenannten Reichsstädte. Sie waren reichsunmittelbar, d. h. dem Kaiser direkt unterstellt. Orte in Herrschaftsgebieten der Herzöge und Grafen nannten sich im Gegensatz dazu *Landstädte.*

Bauwesen: Die Kirchenarchitektur nahm damals einen gewaltigen Aufschwung. Neben dem *romanischen Baustil* (breit angelegte Bauwerke mit Rundbögen) entwickelte sich, von Nordfrankreich ausgehend, der *gotische Baustil* (hochstrebend mit Spitzbögen). Überall in deutschen Landen begann der Bau dieser herrlichen gotischen *Dome,* so in Köln, Ulm, Straßburg, Freiburg, Basel, Wien, Breslau, Regensburg, Prag, Frankfurt und vielen anderen Städten. Aber wie es in Zeiten wirtschaftlichen Aufschwungs zu gehen pflegte – einst wie heute –, wurde in den damaligen Bauhütten, wie die zuständigen Genossenschaften hießen, weit über die finanziellen Möglichkeiten hinaus geplant. So ging das Geld immer wieder aus, weshalb diese gotischen Dome oft erst nach fünf bis sechs Jahrhunderten fertiggebaut werden konnten.

Rittertum, Dichtung, Minnesang: Schon vorher war im geistigen Leben etwas Neuartiges entstanden: die ritterliche Kultur mit der höfischen Dichtung und dem Minnesang. Von Andalusien angeregt, traten in Spanien die ersten *Minnesänger* auf, in Frankreich nannten sie sich *„Troubadours"*. Es waren meist Ritter aus niederem Adel. Als Dichter und Sänger zogen sie von Burg zu Burg und verbreiteten außer den neuesten Begebenheiten auch in Liedern das Lob hochstehender Frauen, die durch frommen, reinen Lebenswandel Bewunderung genossen. *Elisabeth von der Wartburg* war der Inbegriff einer solchen verehrten *„Frouwe"*. Es wird noch mehr von ihr berichtet. Auch die Heldentaten der Krieger wurden besungen. Die Sänger dichteten und vertonten ihre Lieder selbst und begleiteten ihren Gesang mit *Leier, Harfe* oder *Fiedel.* Auf den Burgen wurden sogenannte *Sängerwettstreite* veranstaltet. Berühmt dafür war die *Wartburg* der *Landgrafen von Thüringen*, aber auch in Wien, Bamberg, Meißen und später auch an schlesischen Höfen pflegte man diesen Brauch eifrig. Die Opern *„Tannhäuser"* – der Sängerwettstreit auf der Wartburg sowie *„Parzifal"* von Richard Wagner berichteten von damaliger Zeit. Viele Minnesänger waren unsterblich geworden, so der bedeutendste Lyriker des Mittelalters, der „frohgemute" *Walther von der Vogelweide* (um 1170 – um 1230). Vermutlich stammte er aus Südtirol, wo in *Bozen* auf dem Waltherplatz wieder sein Denkmal steht, das Mussolinis Gefolgsleute 1923 entfernt hatten. Ein Dichter und Sänger von gleicher Bedeutung war der „düstere" *Wolfram von Eschenbach* (um 1170 – um 1220) aus der Nähe von *Ansbach.* Er ist der Dichter des Epos *„Parzival"*, entstanden auf Burg *Wildenberg* bei *Amorbach* im Odenwald.

Eine große Zahl von Dichtungen vieler Minnesänger ist uns erhalten geblieben.

Das gesellschaftliche Leben auf den Burgen schloß neben Dichter- und Sängerwettstreiten auch das ritterliche *Turnier* ein, welche man bei besonderen Anlässen veranstaltete. Auch hier waren nur Adelige zugelassen. Dabei fanden Einzel- oder Gruppenkämpfe zu Pferde statt, mit Schild und Schwert oder Lanze. Schwere Verwundungen oder gar tödlicher Ausgang bei solchen Ritterkampfspielen waren keine Seltenheit. Längs des Turnierfeldes waren Tribünen für die Ritterdamen und vornehme Zuschauer errichtet. Die Siegespreise, meist wertvolle Waffen, wurden von den edelsten Damen überreicht, oftmals verbunden mit Huldbeweisen, welche in einem Lächeln oder persönlich angefertigten, kunstvoll bestickten Bändern oder Tüchern bestanden.

Philosophie: Der Scholastiker Albertus Magnus (um 1200–1280): Der bedeutendste Gelehrte seiner Zeit war der Bischof von Regensburg, Albert Graf von Bollstädt aus Lauingen an der Donau in Schwaben, genannt Albertus Magnus. Durch seine Schriften fanden die Werke des griechischen Philosophen *Aristoteles* (389 v. Chr. – 322 v. Chr.), Schüler *Platos* (427 v. Chr. – 347 v. Chr.), Lehrer *Alexander des Großen* (356 v. Chr. bis 323 v. Chr.), Eingang in die christliche Gedankenwelt. Das waren verbindende Erkenntnisse über Logik, Metaphysik, Seele, Geist und Politik, wie sie vielfach noch heute im Abendland Gültigkeit haben. Albertus Magnus ist einer der Gründer der Scholastik, der mittelalterlichen christlichen Theologie, entstanden durch Aufnahme antiken, griechischen und arabischen Gedankengutes. Ein Schüler des Albertus Magnus war der berühmte italienische Denker *Thomas von Aquino* (um 1225–1274) aus der Nähe von Neapel, der die Scholastik zum Höhepunkt führte. Es gab viele solcher Kirchenlehrer, die alle von Universität zu Universität durch Europa reisten und ihre Lehren verbreiteten. Oft waren es Mönche aus den Bettelorden der *Dominikaner, Franziskaner* und anderer, die in den Klöstern zu Wanderpredigern ausgebildet worden waren.

Das Zunftwesen etwa ab 1150–1811

Schon seit Kaiser Friedrich Barbarossas Zeiten entwickelte sich die Organisation des *Handwerks* – die *Zünfte oder Gilden.* Ursprünglich waren besonders die Kunsthandwerker von ihren Auftraggebern, den Adeligen und reichen Kaufherren (Patriziern), abhängig. Gegen deren Widerstand taten sich nun alle Handwerksberufe unter Führung ihrer Meister zusammen. Auch Gelehrte bildeten Zünfte oder schlossen sich Zünften an, zu denen ihr Tätigkeitsfeld paßte. Alle Zünfte zusammen betrieben eine gemeinsame Politik, die man als „Mittelstandspolitik" bezeichnen konnte.

Den selbständigen Handwerksbetrieben war eine sozial gesicherte Grundlage dadurch gewährleistet, daß die Gesellen gute Löhne erhielten. Das setzte aber voraus, daß die Qualität der Erzeugnisse erstklassig war. Die Vorschriften, die die Zünfte dafür erlassen hatten, waren streng und unterlagen der Kontrolle der Zunftvorsteher. Also wurde der *Qualitätsbegriff* schon vor 800 Jahren geprägt und immer weiter gesteigert; er hat die deutsche Wertarbeit bis in unsere Tage in der ganzen Welt sprichwörtlich gemacht.

Im Laufe der Jahrhunderte gewannen die Zünfte immer mehr an Bedeutung. Ihre Rechte wurden in den Zunftrollen oder Zunftbriefen festgelegt und vom Rat der Städte bestätigt. Der Wohlstand wurde zum Reichtum, und in den Städten entstanden überall die großartigen *Zunfthäuser,* die mit den *Rathäusern* wetteiferten. Zwischen Flensburg und Zürich oder Aachen und Königsberg oder Breslau können wir sie noch heute bewundern. Prächtige *Zunftwappen* hingen über den Eingängen, wie auch die einzelnen Handwerksmeister stolz ihre *Zunftschilder* – oft wahre Kunstwerke – an ihren Häusern anbrachten, ein Brauch, der sich bis in unsere Tage erhalten hat.

Es konnte nicht ausbleiben, daß die Zünfte ihren Anteil an der Stadtherrschaft forderten und nach langen Kämpfen gegen die *Patrizier* auch durchsetzten.

Die Zunftbräuche (die in unserem Jahrhundert teilweise neu auflebten) wurden mit großem Ernst betrieben: Die Lehrlingsausbildung war streng und sorgfältig. Feierlich war die *Freisprechung der Gesellen.* Diese hatten eine Anzahl von Dienstjahren nachzuweisen, um sich das Recht zu sichern, als *Meister* in die Zunft aufgenommen zu werden. Meistens gingen die Gesellen 2–3 Jahre lang auf *Wanderschaft,* d. h. sie wanderten quer durch Deutschland, arbeiteten irgendwo bei einem Meister mehrere Monate lang, um dann weiterzuziehen. Die *Hamburger Zimmerleute* sind diesem Brauch bis heute treu geblieben. So mancher tüchtiger Geselle blieb dann für immer bei einem Meister, wenn dieser keinen Sohn hatte, dafür aber eine hübsche Tochter, die den Wandergesellen nicht mehr loslassen wollte und ihm die Einheirat ermöglichte.

Meister zu werden, war nicht leicht, es mußte ein schwieriges Meisterstück erarbeitet werden, welches dann von allen Meistern der Zunft sehr kritisch beurteilt wurde. Ein selbständiger Handwerksmeister durfte nur eine begrenzte Anzahl von Mitarbeitern beschäftigen – z. B. in Lüneburg nur zwei Gesellen und einen Lehrling.

Übrigens gab es in den anderen europäischen Ländern ebenfalls eine Art Zunftwesen, allerdings weit weniger durchorganisiert.

Leider erstarrte viel später das Zunftwesen in Vorschriften, so daß es für junge Leute immer schwerer wurde, sich selbständig zu machen. Die eingesessenen Handwerksmeister strebten eine Monopolstellung an. Das gab harte Auseinandersetzungen. Etwa ab 1800 wurde deshalb die *Gewerbefreiheit* gesetzlich eingeführt, z. B. 1811 in Preußen. 1868 verloren in ganz Deutschland die Zünfte ihre Vorrechte. Im Deutschen Reich nach 1871 wurde statt dessen eine allgemeine Gewerbeordnung eingeführt. In unserem Jahrhundert entstand schließlich das *Innungswesen*, welches sich aus der alten Zunft- und der neuen Gewerbeordnung entwickelte. Es sicherte dem Handwerk neben der *Industrie* seinen erneut aufstrebenden außerordentlich wichtigen Platz. Wie zu allen Zeiten galt bis heute: „Handwerk hat goldenen Boden."

Die Deutsche Hanse nach 1200–1618

Parallel zum Zunftwesen entstand nach älteren Anfängen im 13. Jahrhundert in Norddeutschland eine Genossenschaft von Kaufleuten. Die Bewegung ging von der Stadt *Soest* in Westfalen aus. Trotz der Schwierigkeiten, in denen sich Kaiser Friedrich II. befand, und trotz der Auflösungserscheinungen des Reiches in der Zeit des *Interregnums* (kaiserlose Zeit) blühten *Handwerk* und *Handel* mächtig auf.

Die deutsche Vormachtstellung im *Ostseehandel* und der damit verbundene Schiffsbau bewirkte, daß die Seestadt *Lübeck* die Führung der Hanse etwa ab 1260 übernahm. Sie war kein bloßer Städtebund, sondern eine Organisation, die in vielen Städten sogenannte *Hanse-Kontore* unterhielt. Bald wurde ein großer Teil des Inlandhandels und praktisch der gesamte Seehandel über diese Kontore abgewickelt, die sich mit der Zeit in vielen Ländern etablierten. Die wichtigsten Kontore in Deutschland befanden sich in den Hafenstädten Lübeck, Hamburg, Bremen, Rostock, Stettin, auch in Köln, Soest, Frankfurt am Main und in vielen anderen Städten. Im späteren deutschen Ordensstaat errichteten u. a. *Danzig, Thorn, Kulm* usw. Hanse-Kontore, auch die Städte *Riga* in Lettland und *Dorpat* in Estland. Weitere Kontore befanden sich in *Amsterdam*, in *Nowgorod* am Ilmensee in Rußland; in *Visby* auf der schwedischen Insel Gotland war es der *Petershof*, im norwegischen *Bergen* die *„Deutsche Brücke"*, in *London* der *„Stahlhof"*. Es kamen neue Städte dazu, und manche traten aus.

Die Hanse unterhielt eine eigene Handels- und *Kriegsflotte*, stellte deshalb eine mächtige Seemacht dar und gab sich ihre eigene Verfassung. Wer als Seemann angeheuert werden wollte, hatte schwere körperliche Prüfungen zu bestehen. Die berühmten *Hansekoggen* waren seit Erfindung des Schießpulvers mit Kanonen bestückt. Das Schießpulver war eine Neuerfindung des Freiburger Mönches Berthold *Schwarz* (um 1350). In China kannte man es schon früher.

Die Hanse betrieb im großen Stile auch den *Heringsfang* vor der Südspitze von *Schonen* (Südschweden), welches damals zu Dänemark gehörte. Dadurch geriet die Hanse in Konflikt mit dem dänischen König *Waldemar IV. Atterdag* (gest. 1375). Es kam zum Seekrieg, den die Hanse gewann. Im *Frieden von Stralsund* von 1370 erhielt sie alle Fang- und Handelsrechte bestätigt. Nun beherrschte die Hanse 150 Jahre lang unangefochten den Nordhandel und stellte in dieser Zeit im Ostseeraum eine maßgebende politische Macht dar.

In den Jahren 1389 bis 1395 wurde die erst 30 Jahre alte Stadt *Stockholm* von den Dänen belagert. Um Lebensmittel (Vitalien) in die Stadt zu bringen, hatten sich auf Gotland die sogenannten *Vitalienbrüder* unter den Führern Klaus *Störtebeker* und *Godeke Michels,* einem Norddeutschen und einem Schweden, organisiert. Mit kühnen Manövern verstanden sie es, immer wieder die Seeblockade zu durchbrechen, so daß Stockholm durchhalten konnte.

Danach waren die Vitalienbrüder beschäftigungslos geworden, weshalb sie sich in der Ostsee auf die *Seeräuberei* verlegten. Als sie 1398 vom Deutschen Orden von ihrem Stützpunkt auf Gotland verjagt wurden, betrieben sie die Seeräuberei nunmehr in der Nordsee weiter, wo sie der Hanse großen Schaden zufügten. 1401 konnten die Hamburger Hansekoggen vor *Helgoland* die Seeräuber stellen und besiegen. Die Anführer wurden hingerichtet. Klaus Störtebeker aber blieb durch Lieder und Sagen als Held unvergessen.

Die Blütezeit der Hanse dauerte bis zur Reformation. Wegen politischer und religiöser Streitigkeiten zwischen Dänemark, Schweden und Lübeck sagte sich Skandinavien 1536 von der Hanse los. Nowgorod war schon vorher ausgeschieden. Die Holländer wurden nun die große Konkurrenz der Hanse. Elisabeth von England kündigte 1598 die hanseatischen Vorrechte auf, und der „Stahlhof" wurde geschlossen. In den folgenden Jahrzehnten bis zum Beginn des Dreißigjährigen Krieges 1618 löste sich die Hanse auch in Deutschland auf. Nur die Hansastadt Lübeck, Hansastadt Hamburg und Hansastadt Bremen erinnern noch an diese einzigartige Handelsmacht.

Der Deutsche Ritterorden und sein Ordensstaat 1198–1410

Wirksamkeit des Ordens in Palästina 1198–1210 und in Ungarn 1211–1225: Im Jahre 1189 war in Bremen und Lübeck ein Krankenpflegerorden entstanden, dessen adelige Mitglieder am dritten Kreuzzug nach Palästina teilnahmen. 1198 wurde von diesen in Akka der geistliche Deutsche Ritterorden gegründet. Die Mönche traten in einem weißen, langen Überwurfmantel mit schwarzem Kreuz auf, den sie auch im Kampf über der Rüstung trugen. Es war eine ähnliche Organisation wie der schon bestehende französische *Tempelherrenorden* oder der älteste, schon 1111 von Kaufleuten im christlichen Königreich Jerusalem gegründete *Johanniterorden,* später nach seinem Umzug auf die Insel Malta *Malteserorden* genannt. Alle diese Orden hatten ursprünglich ihren Sitz in Palästina, speziell in Akka, beteiligten sich an Kampfhandlungen und übernahmen die Krankenpflege an den Verwundeten. Sie waren also die ersten „Sanitätstruppen".

Der Deutsche Ritterorden gewann später große Bedeutung, wo es galt, heidnische Gebiete zu christianisieren, wobei er aber gleichzeitig das Deutschtum verbreitete. So berief der ungarische König 1211 nach dem vierten Kreuzzug den Orden nach *Siebenbürgen.* Die Ordensritter verließen Akka und gründeten im Burzenland *Kronstadt* und „die *dreizehn Dörfer*", die mit herbeigerufenen Deutschen besiedelt wurden.

Entstehung des Ordensstaates an der Ostsee 1226–1410: 1226 rief der nordpolnische Herzog von *Masowien* die Ordensritter zu Hilfe gegen das „heidnische" Volk der baltischen *Pruzzen* (Preußen). Unter dem Hochmeister (Höchster Mann im Ordensstaat) *Hermann von Salza* (1173–1239) wurde zuerst das *Kulmerland* übernommen und von dort aus Stück um Stück Preußen unterworfen und damit der Deutsche Ordensstaat gegründet. Die Pruzzen lebten damals noch nach ihren alten Gebräuchen, indem sie Menschenopfer darbrachten und kranke Kinder und Greise töteten.

Hermann von Salza war ein Freund Kaiser Friedrichs II. und lange Zeit sein wichtigster Mithelfer und Berater. Sein früher Tod war für den Kaiser und das Reich ein schwerer Verlust. Was für Friedrich I. der Kanzler *Rainald von Dassel* gewesen war, bedeutete für Friedrich II. Hermann von Salza.

Bis 1283, also in fast 60 Jahren, eroberten die nachfolgenden Hochmeister ganz Ostpreußen und 1308 auch *Pomerellen*, den Westteil des späteren Westpreußen. Schon ab 1274 war ein langjähriger Kampf gegen die *Litauer*, die auch mit den *Polen* in ständigem Streit lagen, in Gang gekommen. Seit 1309 war die *Marienburg* an der Nogat, dem östlichen Mündungslauf der Weichsel, Hauptsitz des Ordensstaates und der Hochmeister, der obersten Herren des Deutschen Ordensstaates. Überall entstanden Neugründungen von Städten und Dörfern, die sich mit Siedlern aus Deutschland bevölkerten. Thorn, Kulm, Danzig, *Elbing*, *Königsberg* u. a. wurden bedeutende Handelsstädte. Die einheimische baltische Bevölkerung nahm nach Gründung mehrerer Bistümer bald das Christentum, die deutsche Sprache und deutsche Kultur an. Das versumpfte Land wurde weitgehend zu ertragreichem Bauernland umgestaltet.

Der Einfluß des Ordensstaates reichte mit der Zeit immer weiter nach Nordosten bis nach Kurland (Westteil von Lettland, genannt nach dem baltischen Stamm der Kuren). Die spätere lettische Hauptstadt Riga an der Dünamündung war schon 1201 als deutsche Stadt von Bischof *Albert von Livland* gegründet worden. Livland war der Nordteil von *Lettland*, genannt nach dem finnisch-baltischen Stamm der Liven. Auch *Dorpat* in *Estland* war schon 1224 von deutschen Kreuzfahrern erobert und zu einer christlichen Stadt geworden. Es kam später an Dänemark und wurde 1346 vom Deutschen Orden den Dänen abgekauft, übrigens zusammen mit ganz Estland. Unter dem Hochmeister *Winrich von Kniprode* (gest. 1382) erreichte der Deutsche Ordensstaat seinen Höchststand an Macht und Blüte, nachdem ab 1380 auch noch Westlitauen *(Schamaiten)* erobert wurde. 1410 begann mit dem Verlust der Schlacht bei *Tannenberg* gegen Litauen/Polen der Zerfall.

Inquisition ab 1226 und Hexenverfolgung ab 1484 in Europa bis etwa 1800

Während die weltliche Macht alles in allem ein befriedigendes Ergebnis in den letzten Jahrhunderten erzielt hatte, wobei das Christentum allgemeine Verbreitung fand, war die kirchliche Macht infolge bedenklicher Mängel des Papsttums immer wieder in folgeschweren Zwiespalt geraten. Mehrmals hatten deshalb innerkirchliche Kräfte von sich aus Reformversuche unternommen. Die bedeutendsten waren die Erneuerungsbestrebungen von *Cluny*.

So war Mitte des 12. Jahrhunderts eine neue Bewegung entstanden, eine streng asketische Sekte, die sich allmählich in Süd- und Westeuropa spürbar ausbreitete. Das waren die *Katharer*, in Frankreich auch *Albigenser* genannt. Einige Jahrzehnte später, um 1180, hatte der angesehene Lyoner Kaufmann Petrus Valdes seinen Besitz aufgelöst und damit eine ähnliche religiöse Bewegung gegründet und finanziert. Sie nannte sich nach ihrem Gründer *Waldenser.*

Diese Sekten schickten *Laienprediger* durchs Land, wendeten sich gegen den Ungeist in der katholischen Kirche und forderten das reine Christentum. Die Päpste, die immer deutlicher als weltliche Fürsten auftraten, sich gleichzeitig aber als *„Stellvertreter Gottes auf Erden"* bezeichneten, erweckten den besonderen Unwillen der Sektenbrüder, die den Papst als *„Antichrist"* bezeichneten. So kam es zu immer heftigeren Auseinandersetzungen, und 1184 wurden die Sekten mit allen Mitgliedern von Papst *Lucius III.* gebannt, weshalb diese nun als Geheimbünde gegen die Kirche weiterwirkten.

Die Kirche beschuldigte die Geheimbündler offen der *Häresie-Ketzerei,* und in Spanien, Frankreich, Italien und schließlich auch in Deutschland wurde die Inquisition organisiert. Sogenannte *Ketzermeister* wurden ernannt, welche die Ketzer aufzuspüren und zu verurteilen hatten. Während die *Ketzergerichte* aus Geistlichen bestanden, übernahm die Vollstreckung der Urteile die staatliche Obrigkeit. Diese war zwar weltlich, aber in den geistlichen Bistümern eben nicht rein weltlich. Und vor allem in den Bistümern fanden die Ketzerprozesse statt.

Papst *Honorius III.* hatte die Inquisition 1226 eingeführt. Papst *Gregor IX.* machte sie zur rechtlichen päpstlichen Einrichtung, und 1232 bestimmte er die *Dominikaner* zu päpstlichen Inquisitoren. Der erste deutsche Ketzermeister war seit 1227 der Dominikaner *Konrad von Marburg* (gest. 1233), der sechs Jahre lang über „Schuldige" und Unschuldige „Recht" sprach. Er soll den Standpunkt vertreten haben, daß alle denunzierten Personen zu foltern und zu töten seien. Wenn unter hundert nur ein Schuldiger sei, sei damit ein gutes Werk getan. Nachdem er Tausende hatte umbringen lassen, wurde er schließlich 1233 selbst ermordet.

Der erste deutsche Ketzermeister war ab 1230 Beichtvater der heiligen Elisabeth: Es ist kaum zu glauben, daß dieser Mann zu gleicher Zeit der *Beichtvater* der bald nach ihrem Tod heiliggesprochenen Landgräfin *Elisabeth von Thüringen* (1207–1231) war. Ihr Mann, Landgraf Ludwig, hatte sich am Kreuzzug Kaiser Friedrichs II. beteiligt und war dabei umgekommen. Der schon erwähnte *Heinrich Raspe,* der neue Landgraf von Thüringen, vertrieb Elisabeth mit ihren Kindern von der *Wartburg,* und sie fand in Marburg ausgerechnet bei dem dort amtierenden Ketzermeister Zuflucht. Elisabeth war im tiefsten Herzen fromm, lebte ganz der Andacht, der Mildtätigkeit und Krankenpflege. Im Volk wurde sie schon zu Lebzeiten wie eine Heilige verehrt. Den Beinamen heilige Elisabeth, unter dem sie in die Geschichte eingegangen ist, trug sie bestimmt zu Recht. Der Deutsche Ritterorden, der Elisabeth als *Schutzheilige* annahm, ließ über ihrem Grab in Marburg die Elisabethkirche errichten.

Das Hexenwesen ab 1484: Die Inquisition wurde durch religiöse Eiferer auch auf das Hexenwesen ausgedehnt. Hexen galten als mit dem Teufel im Bunde. Die Betroffenen, Frauen und Männer, waren alle Opfer von Denunziation. Dadurch setzte eine Hochflut von Hexenprozessen ein, die meist damit endeten, daß die Menschen gefoltert und dann lebendig auf dem *Scheiterhaufen* verbrannt wurden. Mit *Religion* hatte das nichts zu tun, es war *Aberglaube,* lief aber unter einem religiösen Deckmantel. Inquisition und Hexenwahn dauerten etwa 600 Jahre lang an und liefen erst nach 1800 endgültig aus, in den Ländern der Reformation aber schon gleich nach deren Durchsetzung. Die Zahl der Opfer wird in Europa auf 8–9 Millionen geschätzt. Dieses Geschehen war die Ursache ständiger Bedrohung und Angst in der Bevölkerung. Es hing vom jeweiligen Inquisitor, Ketzermeister oder dem Landesherrn ab, wie ruhig die Menschen schlafen konnten.

Inquisition und Hexenwahn dauerten etwa genauso lange, wie an den gotischen Domen gebaut wurde. Solche Zwiespältigkeit wird schon in der Person des Papstes Gregor IX. selbst deutlich: Auf der einen Seite verfolgte er Katharer, Albigenser und Waldenser, die ursprünglich Bettelorden waren und das reine Christentum predigten, dieses aber auch beim Papst persönlich voraussetzten und forderten. Andererseits genoß der Bettelorden der Franziskaner Gregors besondere Förderung. Alle diese Orden hatten die gleiche Zielsetzung, aber Gregor war der Mitbegründer der Franziskaner, ehe er Papst wurde. Der Name „Franziskaner" kam jedoch von *Franziskus von Assisi* (1182–1226), der den Orden gegründet hatte. Schon 1228 sprach ihn Gregor IX. heilig. Franz von Assisi ist der Schutzheilige Italiens.

„Die kaiserlose, die schreckliche Zeit", das Interregnum 1254–1273 mit den drei Scheinkönigen

„Wehe dem Land, des König ein Kind ist!" Dieser Bibelspruch hatte sich in der bisherigen deutschen Geschichte schon mehrfach bestätigt: Als Arnulf von Kärnten starb, war sein Nachfolger Ludwig ein Kind von sechs Jahren. Otto III. war drei Jahre alt, als sein Vater starb. Friedrich II. verlor seinen Vater im Alter von vier Jahren. Heinrich IV. wurde mit sechs Jahren König. Die verheerenden Folgen wurden beschrieben. Und nun war *Konradin* beim Tode seines Vaters ebenfalls erst drei Jahre alt.

Im Deutschen Reich hatte ja Konradin als Staufer und Erbe des Reiches Anrechte auf den Königsthron, aber der Vater war nicht mehr dazu gekommen, das Kind rechtzeitig zum König krönen zu lassen. Natürlich hatte Konradin Anhänger, die ungeduldig auf seine Volljährigkeit warteten. Aber die meisten Fürsten und Grafen fühlten sich im derzeitigen Schwebezustand recht wohl, konnten sie doch im trüben fischen und Vorteile für sich herausholen. Es schien so, als ob keiner mehr eine starke Königsgewalt erstrebe. Nach *Konrad IV.* war zwar noch Gegenkönig *Wilhelm von Holland* im Amt, aber der kümmerte sich um nichts.

Nach dessen Tod 1256 beeilte man sich keineswegs, einen neuen König zu küren. Als nach einem Jahr endlich gewählt wurde, bestand Uneinigkeit, weshalb man gleich zwei Ausländer zu Scheinkönigen ernannte: *Alfons X. von Kastilien* (gest. 1274) war der eine und *Richard von Cornwallis* (gest. 1272) der andere. Beide betrachteten sich keineswegs als Gegner; deshalb gab es auch keinen Streit oder gar Krieg. Der Titel als deutscher König brachte ihnen auch keine wesentlichen Vorteile ein. Alfons war zweifellos ein hervorragender Spanier, erfolgreich gegen die Mauren und der gelehrteste Fürst seiner Zeit. Wie er zu der Ehre kam, König des Deutschen Reiches zu werden, hat ihn selbst am meisten erstaunt. Jedenfalls kam er nie nach Deutschland. Der zweite war ein Neffe des Königs Richard Löwenherz von England. Er hielt sich nur gelegentlich als Gast in Deutschland auf, denn die erschreckenden Zustände im Land veranlaßten ihn, immer schnell wieder auf die englische Insel zurückzukehren.

Zehn Jahre nach der Wahl der beiden Scheinkönige – gekrönt wurden sie nie – lief das bereits beschriebene Drama Konradins bis zu seiner Hinrichtung 1268 ab.

Die Raubritter 1254–1276: Dieses Interregnum gebar in Deutschland das berüchtigte *Raubrittertum:* Überall im Land gab es Burgen, jeweils bewohnt von einer Ritter-Familie und einigen Dutzend Reisigen mit Angehörigen. Für diese Leute gab es keine Pflichten mehr, die sie früher dem König und Kaiser gegenüber erfüllten. Sie hatten das jederzeit aus Überzeugung getan, weshalb dieser mittlere und untere Adel zu den getreuesten Gefolgsleuten der Kaiser gehörte. Doch jetzt wußten diese Ritter nicht mehr, wie sie satt werden sollten, und zogen deshalb auf Raub aus. Kaufmannszüge wurden überfallen, wobei die Kaufleute und Fuhrmänner umgebracht wurden. Doch damit war die Beute noch nicht sicher, denn andere Raubritter lagen irgendwo auf der Lauer, um den Raub in ihre Hände zu bekommen. So gab es Kampf und weitere Opfer.

Die Kaufleute lebten in den Städten. Dort stellte man nun ganze Geleitzüge zusammen, die von einer gut bewaffneten Mannschaft beschützt wurden. Städtebünde wie der erwähnte *Rheinische Städtebund* konnten sich so etwas leisten. Das war schlecht für die hungrigen Raubritter, weshalb sich diese auch zusammentaten. Mit solch einem verstärkten Aufgebot konnten sie ganze Dörfer und sogar kleine Städte überfallen, ausrauben und niederbrennen. Mord, Vergewaltigung und Entführung waren an der Tagesordnung. So bildeten sich aus den Überlebenden der gebrandschatzten Ortschaften notgedrungen Räuberbanden, die es in jeder Beziehung den Raubrittern gleichtaten.

Die geistlichen Herren erhoben zwar ihre Stimmen in den Stadtkirchen im Sinne der Christenheit, aber wenn auf dem Lande ein Bettelmönch predigte und gefaßt wurde, knüpfte man ihn am nächsten Baum auf.

Die Gerichte waren machtlos, im Gegenteil, sie fügten dem Elend noch neues hinzu, indem sie die von der Inquisition übergebenen „Ketzer" folterten und „bestraften", wobei Rädern, Vierteilen oder Verbrennen üblich war.

Eine weitere Geißel der damaligen Zeit waren verschiedenartige *Seuchen* wie *Pest* und *Cholera.* Die überfüllten Städte kannten keine *Hygiene,* und der Unrat, der sich in den Straßen häufte, war eine der Krankheitsursachen, so daß der Tod grausame Ernte hielt.

Das also war aus des Reiches Herrlichkeit in Deutschland und in Italien geworden. Nicht fünf oder zehn Jahre dauerte diese hoffnungslose kaiserlose Zeit, sondern 20 Jahre, vielerorts eine ganze Generation.

Das Erste Deutsche Reich im Spät-Mittelalter 1273–1519

Endlich muß den geistlichen und weltlichen Herren doch das Gewissen geschlagen haben, denn die einflußreichsten Fürsten entschlossen sich, einen neuen deutschen König zu wählen.

Durch die Aufteilung der alten Herzogtümer war in Deutschland eine immer größer werdende Anzahl kleinerer Herzogtümer, Erzbistümer und Grafschaften entstanden. Dem Range nach stand das nur teilweise deutschsprechende Königreich Böhmen sogar an erster Stelle.

Die Kurfürsten ab 1273 und die „Goldene Bulle" von 1356: Ähnlich wie seinerzeit in Rom das *Kardinalskollegium* mit dem Recht entstanden war, den Papst zu wählen, hatte sich nun in Deutschland in den Jahrzehnten nach Konrad IV. das *Kurfürstenkolleg* (Kur-Kür-Wahl) herausgebildet, mit dem Recht, den deutschen König zu wählen. Es bestand aus den Inhabern der drei wichtigsten Erzbistümer von Mainz, Köln und Trier sowie den Inhabern von vier weltlichen Kurfürstentümern, und zwar dem Pfalzgrafen bei Rhein in Heidelberg, dem Herzog von Sachsen in Wittenberg, dem Markgrafen in Brandenburg und seit 1290 dem König von Böhmen in Prag. Diese sieben Kurfürsten beanspruchten also das alleinige Königswahlrecht (Kurrecht), weil ein Wahlrecht aller Landesherren des Reiches nie zu brauchbaren Ergebnissen führen konnte. Die Sonderstellung der Sieben wurde aber erst über 80 Jahre später durch Kaiser Karl IV. in der sogenannten Goldenen Bulle von 1356 endgültig rechtlich festgesetzt, jedoch im Laufe der Jahrhunderte noch mehrmals geändert. In der Goldenen Bulle wurde *Frankfurt am Main* zur *Stadt der Königswahl* bestimmt. Die *Stadt der Königskrönung* blieb aber nach wie vor *Aachen* bis zum Jahre 1531.

Sechs Könige aus verschiedenen Fürstenhäusern 1273–1347

Rudolf von Habsburg (1218–1291), Deutscher König seit 1273

Im Jahre 1273 wurde Graf Rudolf von Habsburg von den Kurfürsten zum deutschen König gewählt und in Aachen gekrönt. Er war im Südwesten des Reiches, in der heutigen Nordschweiz, als tüchtiger Landesherr aufgetreten und hatte in seinem Gebiet schon längst eine Ordnung geschaffen, wie man sie für das ganze Reich herbeiwünschte.

So ging er zuerst energisch gegen das *Raubrittertum* vor, indem er mit kleinen, extra ausgebildeten Heeresabteilungen Burg für Burg belagerte und zur Übergabe zwang. Wer Widerstand leistete, wurde nach Einnahme und Zerstörung der Burg gehängt. In wenigen Jahren war diese Landplage überwunden. Die Raubritter hatten schließlich aufgegeben und wurden bald wieder zu brauchbaren Vasallen des Königs.

Ottokar II. König von Böhmen (gest. 1278): Die Fehden der höheren Landesherren gingen aber weiter, und nur eine überzeugende Königsmacht konnte Abhilfe schaffen. Als Hauptgegner Rudolfs I. trat nun der König von Böhmen, Ottokar II., auf. Sein Großvater Ottokar I. hatte – wie berichtet – vom Stauferkönig Philipp von Schwaben 1198 die erbliche Königswürde erhalten; damit war das böhmische Königshaus der tschechischen *Přzemysliden* zu deutschen *Reichsfürsten* geworden, die sich auch als solche fühlten und danach handelten, indem sie im großen Stile deutsche Siedler ins Land riefen. Ottokar II., der Sohn einer staufischen Mutter, hatte die Zeit des Interregnums eifrig genutzt, seine Macht innerhalb des Reiches beträchtlich zu erweitern. So brachte er 1251, als die Babenberger ausgestorben waren, deren Herzogtum Österreich an das Königreich Böhmen.

Als Burg und Stadt *Königsberg* 1255 in Ostpreußen vom Deutschen Ritterorden gegründet wurde, war König Ottokar II. anläßlich eines Kreuzzuges gerade anwesend. Ihm zu Ehren erhielt die Stadt den Namen Königsberg.

Ottokar II. kämpfte 1261 erfolgreich gegen König *Bela IV.* von Ungarn, der in die Steiermark eingedrungen war. So kam auch die Steiermark an Böhmen. 1266 nahm er auch das *Egerland* mit der Stadt Eger, welches vorher zum *Vogtland* gehört hatte, in Besitz. 1269 wurden die Herzogtümer Kärnten und Krain durch Aussterben der bisherigen Inhaber frei. Ottokar nahm das ganze Gebiet gewaltsam in Besitz, und es war niemand mächtig genug, ihn daran zu hindern.

Seine tüchtigste Hilfe war der Bischof *Bruno von Olmütz* im Lande Mähren. Überall wurden deutsche Siedler ins Land geholt und neue Städte gegründet. So blieb auch dieser Teil des Reiches von den Verheerungen des Interregnums verschont.

Auf diese Weise hatte Ottokar als Reichsfürst überragende Macht erlangt, denn sein Gebiet reichte nun von der Eger bis zur Adria. Deshalb glaubte er auch Rudolf I. bei dessen Königswahl seine Anerkennung verweigern zu können. Doch war Rudolf eifrig bemüht, in Deutschland die Königsmacht wieder aufzurichten.

Verhandlungen mit Ottokar blieben ergebnislos, so daß er der Reichsacht verfiel. Es kam zum Kampf mit dem Ergebnis, daß sich Ottokar 1276 unterwerfen und auf Österreich, die Steiermark, Kärnten und Krain verzichten mußte. Doch 1278 wagte er einen erneuten Aufstand, der zur Schlacht bei *Dürnkrut* auf dem *Marchfeld* (östlich Wien) führte. Ottokar II. wurde besiegt und auf der Flucht getötet. Das Königreich Böhmen übernahm nun sein Sohn *Wenzel II.* (gest. 1305), mit dem das Geschlecht der Přzemysliden ausstarb. Franz *Grillparzer* hat 1825 in seinem Bühnenstück *„König Ottokars Glück und Ende"* diese Tragödie dichterisch dargestellt.

König Rudolf I. hatte es schwer, sich als König in Deutschland durchzusetzen, denn die Fürsten waren in der kaiserlosen Zeit sehr selbständig geworden. Das Reich war für viele nebensächlich, und die Gefahren, die von außen aufzogen, wollten sie möglichst nicht zur Kenntnis nehmen.

Die *Habsburger* waren von altersher Schwaben und hatten ihre Güter im *Elsaß* und im *Breisgau.* Im Laufe der letzten 350 Jahre war auch die deutschsprachige *Schweiz* großenteils habsburgisches Land geworden. Kurz nach dem Jahre 1000 hatte der habsburgische Bischof *Werner von Straßburg* westlich von Zürich im Aargau die *Habichtsburg* (= Habsburg) errichtet.

In den vergangenen Jahrhunderten beruhte die deutsche Königsmacht auf der Autorität über alle anderen weltlichen und geistlichen Fürsten, allgemein sichtbar gemacht durch die sich über alles erhebende Kaiserkrönung. Nun aber war seit König Rudolf I. die Größe des eigenen Besitzes zum Maßstab der Königsmacht geworden. Zwar war der habsburgische Besitz in Schwaben beträchtlich, aber er hatte doch nicht genügend Gewicht, um dem König den nötigen Rückhalt zu sichern.

Beginn der habsburgischen Hausmacht ab 1278: Deshalb ging Rudolf systematisch daran, sich und seinen Nachkommen eine beträchtliche habsburgische Hausmacht aufzubauen. Die Gelegenheit war günstig, da er ja soeben seinen Gegner Ottokar II. bezwungen hatte. Die Herzogtümer *Österreich, Steiermark und Krain* gab er 1282 seinen Söhnen Rudolf und Albrecht zu Lehen, womit er den Grundstock für die spätere Donaumonarchie Österreich legte, allerdings ohne eine solche Entwicklung geplant oder vorausgesehen zu haben. Im Gegenteil: Rudolfs Gedanken zielten auf eine Wiederherstellung der alten Verhältnisse, wenigstens im Rahmen des Möglichen.

Die Päpste in Rom und ihre Anhänger hatten sich seit 200 Jahren verbissen bemüht, den Einfluß der deutschen Kaiser zu bekämpfen und abzuschütteln. Deshalb hatten sie sich auch mit den Franzosen verbündet. Doch bald wurde ihnen klar, daß sie sich verrechnet hatten. Die Franzosen betrieben nämlich in Süditalien rücksichtslos ihre Machtpläne, so daß man immer mehr den früheren Schutz der deutschen Kaiser zurückersehnte. So war die Wahl Rudolfs I. auch von Papst *Gregor X.* (gest. 1276) gewünscht und eifrig betrieben worden.

Vertreibung der Franzosen aus Sizilien durch die „Sizilianische Vesper" 1282 und Süditaliens weitere Entwicklung: Karl I. von Anjou, der König in Süditalien geworden war, führte ein derart grausames und ausbeuterisches Regiment, daß es in Palermo und ganz Sizilien zu dem blutigen Volksaufstand kam, der unter dem Namen „Sizilianische Vesper" in die Geschichte einging. Karl wurde von der Insel Sizilien vertrieben, und es blieb den Franzosen nur noch Benevent und Apulien auf dem Festland.

Die Insel kam nun unter die Herrschaft des Spaniers *Pedro III.*, König von Aragon. Pedro betrachtete sich als Erben des Königreichs Sizilien, weil er die Tochter *Manfreds von Staufen* geheiratet hatte. Der Aufstand in Sizilien war von ihm mit Hilfe der Ghibellinen tatkräftig unterstützt worden. 1285 starben Pedro und auch Karl. Die Festlandsprovinzen blieben bei Frankreich, die Insel bei Spanien. Erst 1442 eroberte König *Alfons V.* von Aragon das Festland und vereinigte das Königreich wieder, welches seitdem nicht mehr Königsreich Sizilien hieß, sondern *Königreich Neapel.* Ab 1815 nannte man es *„Königreich beider Sizilien"*. 1861 schloß es sich dem neuerstandenen Königreich Italien an.

In Italien kamen und gingen infolge des Streits der Parteien im Laufe eines Jahres drei und bis zu Rudolfs I. Tod 1291 nochmals fünf Päpste. Rudolf war aufgefordert worden, nach Rom zu kommen, um die Kaiserkrone zu empfangen. Der Widerstand der deutschen Fürsten verhinderte solche Pläne. Er hatte sich damit begnügen müssen, wenigstens die Reichsrechte in Italien nicht aufzugeben.

An den Westgrenzen hatte er große Mühe, in Lothringen bei Wirten (Verdun) und in Burgund die Stadt Lyon und andere Gebiete dem Reich zu erhalten, weil die Franzosen mit Bestechung die Abtrennung zu erreichen versuchten, teilweise mit Erfolg.

Es fehlte immer an Geld. Die Unterhaltung des Heeres sowie die Neuordnung in den seiner Hausmacht eingegliederten südöstlichen Herzogtümern erforderten kostspieligen Aufwand. Das von ihm eingeführte Steuersystem drückte die Städte seiner Länder sehr, woraus ihm beträchtliche Gegnerschaft erwuchs.

Mitten in vollster Ausübung seiner Herrscherpflichten starb König Rudolf I. im Jahre 1291, immerhin im für damalige Zeiten recht hohen Alter von 73 Jahren. Die letzten 18 Jahre seines Lebens hatte er sich mit Erfolg bemüht, die deutsche Königsmacht nach den 20 Jahren der Auflösung so gut wie möglich wiederherzustellen. In Deutschland wurde seiner stets mit großer Dankbarkeit gedacht. Auch er fand seine Ruhestätte im Dom zu *Speyer* wie schon vier seiner Vorgänger.

Adolf von Nassau (um 1250–1298), Deutscher König seit 1291 – Albrecht I. von Habsburg (um 1250–1308), Deutscher König seit 1298

Die erwähnte Dankbarkeit gegenüber Rudolf I. ist eine Tatsache. Nur einige Jahre vor und nach seinem Tod war nichts davon zu spüren. Wegen seines strengen Steuersystems wählten die Fürsten zu Rudolfs Nachfolger nicht dessen Sohn Albrecht, sondern 1292 den „unbegüterten" Grafen Adolf von Nassau, von dem die Fürsten eine schwache Regierung erhofften. Der neue König merkte sogleich, daß er mit seiner bescheidenen Grafschaft am Rhein nichts ausrichten konnte. Also war er darauf bedacht, genau wie sein Vorgänger sich eine *Hausmacht* zu schaffen. Die Gelegenheit schien sich 1294 mit der Landgrafschaft *Thüringen* und der *Mark Meißen* anzubieten, wo durch das Aussterben einer Wettiner Nebenlinie ein Besitzwechsel fällig war. Das brachte ihn in Gegensatz zu den Kurfürsten, die solchen Machtzuwachs des Königshauses und damit der Reichsgewalt nicht hinnehmen wollten. Deshalb erklärten sie Adolf für abgesetzt und wählten nun doch Rudolfs Sohn Albrecht zum Nachfolger.

Da Adolf seine Absetzung nicht hinnahm, mußten die Waffen entscheiden, und 1298 kam es bei *Göllheim* westlich Worms zur Schlacht. Tapfer kämpfend verlor Adolf Schlacht und Leben im Alter von 48 Jahren.

Albrecht I. war ein Mann von strengem, finsterem Wesen, gerecht und zielstrebig; er strebte ebenfalls die Verbesserung der Königsmacht an. Gleichzeitig betrieb er die Vergrößerung der habsburgischen Hausmacht.

Große Erfolge waren ihm in den ersten neun Regierungsjahren noch nicht beschieden, denn es war alles noch in Fluß. Doch 1308 wurde er infolge eines Familienstreites von seinem eigenen Neffen ermordet. Albrecht I. war als deutscher König vielversprechend gewesen und gerade deshalb bei den Kurfürsten mit Mißtrauen bedacht worden.

Grundsätzlich war zu damaliger Zeit das Kurfürstenkolleg eine Einrichtung, deren Hauptaufgabe darin zu bestehen schien, kein starkes Königtum aufkommen zu lassen. Die Vielzahl von kleinen Herrschaftsgebieten, deren Abgrenzung Ursache dauernder Streitigkeiten und ewigem Wechsel unterworfen war, bewirkte, daß das Verständnis für eine beherrschende Königsgewalt immer weiter verdrängt wurde. Ein kleinliches, selbstsüchtiges Denken hatte um sich gegriffen, und der Sinn für das deutsche Kaiserreich war verlorengegangen. Trotzdem war allen bewußt, daß es ganz ohne einen König nicht ging. Man hatte deshalb das Kurfürstenkolleg anerkannt. Mit der Zeit sollte sich diese Ordnung auch bewähren, doch war es noch lange nicht soweit.

Heinrich VII. von Luxemburg (Lützelburg) (um 1275–1313), Deutscher König seit 1308, Kaiser seit 1312

Die Kurfürsten wählten in Frankfurt und krönten in Aachen 1308 getreu ihrer Denkart wieder einen vermeintlich machtlosen Grafen zu ihrem neuen König. Heinrich VII. war aber ein gebildeter, diplomatisch handelnder Mann, der feste Vorstellungen von seinen Königspflichten hatte. Er kannte die verworrenen Verhältnisse in Deutschland, die allein schon das aus Flecken bestehende Bild der Landkarte offenbarte. Er gedachte vorerst den Kaisertitel zu erwerben, was im aufgesplitterten Deutschland seinen Eindruck nicht verfehlen würde. In Italien waren die Aussichten günstig, denn es gab dort zahlreiche Kaiseranhänger.

Der größte italienische Dichter des Mittelalters, *Dante Alighieri* (1265–1321), auch ein vorzeitiger Renaissance-Mensch ähnlich Kaiser Friedrich II., überdies der Träger eines langobardischen Namens, war ein glühender Verehrer des deutschen Kaisertums und erhoffte sich durch dessen Wiederherstellung Glück, Ordnung und lohnenswertes Leben für die Menschen Europas. Durch sein offenes kämpferisches Auftreten für seine Überzeugungen hatte er mehrmals Vertreibung, Verbannung und Verfolgung seitens der Päpste, seiner Heimatstadt Florenz und der Franzosen zu erdulden.

Die Franzosen, die in Süditalien und Rom die Herren geworden waren, hatten die gleichen Konflikte mit den Päpsten wie vorher die deutschen Könige und Kaiser. Deshalb lösten sie das Problem auf drastische Weise, indem sie 1309 kurzerhand den Papst *Klemens V.* nötigten, Rom zu verlassen und nach *Avignon*, welches seit 1273 in päpstlichem Besitz war, umzuziehen. So wurde für sieben Jahrzehnte Avignon der Sitz der Päpste, die dort vollkommen unter französischem Einfluß standen. Als Nebenerscheinung dieses Exils entwickelte sich im Papstpalast von Avignon ein lockeres Hofleben, welches alle anderen in den Schatten stellte.

König Heinrich VII. zog also 1310 mit einem Ritterheer nach Italien und wurde in Pavia mit der *„Eisernen Krone"* des langobardischen Königreiches gekrönt. Daraufhin ritt er weiter nach Rom, wo er 1312 vom römischen Adel und Volk in der Laterankirche die Kaiserkrone erhielt. Die alten Zeiten des römisch-deutschen Kaisertums schienen neuerstanden. Doch auch die alten Gegner rüsteten sich zum Widerstand. Die *Guelfen*, früher die Anhänger der Welfenherzöge, heute die der Päpste und Franzosen, wurden von König *Robert von Neapel* aus dem Hause Anjou angeführt. Heinrichs VII. Heer stand gerade zum Angriff gegen Robert bereit, als ihn plötzlich 1313 der Tod dahinraffte. Damit wurde wieder durch höhere Gewalt ein Unternehmen vereitelt, welches zu besten Hoffnungen berechtigt hatte.

Der erst 38jährige Kaiser Heinrich VII. fand sein Grab im Dom zu *Pisa*. Mit diesem Luxemburger war ein deutsches Fürstengeschlecht erstmals auf den Thron gelangt, welches später 90 Jahre lang die deutschen Könige und Kaiser stellen sollte.

Breslau wurde 1230 deutsche Stadt, Schlesien kam 1335 zum Reich und war bis 1370 voll deutschsprachig: Auch Heinrich VII. hatte sich bemüht, eine Hausmacht aufzubauen. Ihm war gelungen, daß der böhmische Adel seinen sechzehnjährigen Sohn *Johann von Luxemburg* (1296–1346) zum König von Böhmen wählte. Gleichzeitig vermählte sich dieser mit der letzten Prinzessin der *Přzemysliden*, ihrer *Erbtochter*. Johann hielt tatkräftig sein böhmisches Königreich zusammen und erweiterte es noch, indem er 1315 das *Egerland* zurückerlangte, welches Ottokar II. 1276 hatte aufgeben müssen. Ferner erwarb er 1320–1330 die *Oberlausitz* mit *Bautzen* und *Görlitz*. Breslau war seit etwa 1230 eine deutsche Stadt, von den Mongolen 1241 gebrandschatzt und später vorübergehend den polnischen Piastenherzögen zugesprochen. Johann erwarb 1335 Stadt und Landschaft *Breslau* endgültig für das Deutsche Reich, dazu die Lehenshoheit über die restlichen schlesischen Gebiete.

Zu dieser Zeit verlief die deutsche *Sprachgrenze in Schlesien* entlang der Oder. Östlich davon wohnte deutsch-polnische *Mischbevölkerung*, die auch hier bald deutsche Kultur und Sprache annahm. Seit etwa 1370 bestand die endgültige Sprachgrenze, die erst 1945 zusammenbrach.

Ludwig IV. von Wittelsbach, der Baier (1287–1347), Deutscher König seit 1314, Kaiser seit 1328 – Friedrich der Schöne von Österreich (1286–1330), Gegenkönig von 1314–1330

Nach dem Tode Kaiser Heinrichs VII. von Luxemburg wäre dessen umsichtiger Sohn Johann, der König von Böhmen, ein erfolgversprechender Anwärter auf den deutschen Königsthron gewesen. Aber die Kurfürsten wollten es anders. Nun kam der Habsburger Friedrich, der Sohn König Albrechts I. und Herzog von Österreich, in die engere Wahl. Sein Gegenkandidat war der Wittelsbacher Ludwig, Herzog von Oberbaiern und der Pfalz.

Für Ludwig IV. entschied sich die Mehrzahl der sieben Kurfürsten. Noch war das *Mehrheitsprinzip* nicht Gesetz, und so wählten 1314 drei Kurfürsten Friedrich den Schönen zum *Gegenkönig*. Auf einen *Bürgerkrieg* mehr oder weniger kam es den Beteiligten wohl nicht an, denn der schwelte nun acht Jahre lang dahin, bis es 1322 bei *Mühldorf* am Inn zur Entscheidungsschlacht kam. Der Wittelsbacher siegte und konnte den Habsburger gefangennehmen. Später erfolgte zwischen beiden ein Vergleich, doch starb Friedrich im Jahre 1330.

In diesen Jahren versuchte Frankreich aus der Schwäche des Reiches Kapital zu schlagen, indem sich der französische Avignon-Papst *Johannes XXII.* in die deutschen Angelegenheiten einmischte. Der Papst beschuldigte Ludwig IV. der Amtsanmaßung, denn nur der Papst habe das Recht, den deutschen König zu ernennen oder durch Salbung zu bestätigen. Er verhängte über Ludwig den Bann, und dieser bezeichnete den Papst als Ketzer unter Hinweis auf die unchristlichen Zustände in Avignon. In Italien standen die Avignon-Päpste ebenfalls in schlechtem Ruf. Ein Ratgeber Ludwigs, *Marsilius von Padua*, verfaßte eine Streitschrift wider den Papst, welche dessen Pflichtvergessenheit schonungslos geißelte. Das unwürdige Schauspiel aus der Zeit vor 100 Jahren zwischen Papst Gregor IX. und Kaiser Friedrich II. wiederholte sich. Das feste Auftreten Ludwigs gegen den Papst ergab, daß die französischen Könige ihre Hoffnung, selbst den deutschen Königsthron mit Hilfe der deutschen geistlichen Kurfürsten zu erringen, aufgeben mußten.

Das Ende des alleinigen Rechtes der Päpste, die römisch-deutschen Kaiser zu krönen durch die Fürstenversammlung von Rense 1338: Als Antwort auf die päpstlich-französischen Angriffe zog Ludwig mit einem kleinen, gutgerüsteten Heer nach Rom, wo ihn seine ghibellinischen Anhänger 1328 zum römisch-deutschen Kaiser krönten.

Zur gleichen Zeit ließ er in Rom den Gegenpapst *Nikolaus V.* aufstellen, der den Bann über Ludwig löste. Nikolaus starb 1330.

Schon Kaiser Heinrich VII. war in Rom von Volk und Adel – und nicht vom Papst – gekrönt worden. Der alte Vertrag zwischen Karl dem Großen und Papst Leo III., später erneuert von Otto dem Großen und Papst Johannes XII., war seit Gregor VII. mehr und mehr hinfällig geworden. Seit die Päpste in Avignon amtierten, hatte sich der letzte Vertragspunkt, wonach nur der Papst die Kaiserkrönung in der Stadt Rom vorzunehmen hatte, ebenfalls erledigt. Neue Entwicklungen bestimmten nunmehr das Geschehen.

In Italien waren die Hoffnungen, die ganze Halbinsel, also auch Neapel, wieder unter einem römischen Kaiser vereint zu sehen, durch die Anwesenheit Ludwigs mächtig angewachsen. Doch Ludwig mußte nach Deutschland zurück, um dort die Lage zu beruhigen, denn Papst Johannes XXII. hatte nichts anerkannt und die geistlichen Kurfürsten mit dem Ziel unter Druck gesetzt, anstelle des gebannten Ludwig einen anderen König zu wählen. Endlose Verhandlungen führten zu nichts.

Doch nun hielt Kaiser Ludwig IV. 1338 in Rense bei Koblenz eine Fürstenversammlung ab, auf der eindeutig erklärt wurde, daß ein von den deutschen Kurfürsten gewählter König keine päpstliche Bestätigung mehr benötige. Anschließend wurde auf einem *Reichstag in Frankfurt* die Erklärung von Rense wiederholt mit der feierlichen Verkündung, daß Würde und Gewalt des römisch-deutschen Kaisers nicht vom Papsttum stammten, sondern direkt von Gott allein.

Dieser bedeutungsvolle Vorgang war nichts anderes als eine endgültige Aufkündigung des längst wirkungslosen Vertrages vom Jahre 800 zwischen Kaiser und Papst. Adel, Klerus, Städte und Volk atmeten auf, daß endlich von deutscher Seite Klarheit geschaffen worden war. Eine innere Abkehr vom Papsttum war im ganzen Deutschen Reich spürbar geworden.

Natürlich wühlte der französische Papst besonders beim deutschen Klerus weiter. Zwar war in Deutschland das Machtwort gesprochen, aber von der Richtigkeit des nun eingeschlagenen Weges mußte sich so mancher erst noch überzeugen lassen. Ludwig der Baier hatte deshalb Mühe, sich im Reich durchzusetzen und zu behaupten. So versuchte er seinen Einfluß durch *Hausmachtpolitik* zu stärken. Schon 1323 erwarb er die *Mark Brandenburg* für sein *Wittelsbacher* Haus, weil die Askanier ausgestorben waren. 1340 fiel ihm durch Erbschaft auch Niederbaiern zu, so daß Ober- und Niederbaiern wieder zu einem Herzogtum vereinigt wurden, dem er 1324 noch Tirol angliedern konnte. 1346 kam das Gebiet der Rheinmündung an die Wittelsbacher, also die Grafschaften *Holland, Seeland* und südlich anschließend der *Hennegau.* Das war den Fürsten eine zu starke Machtentfaltung. Einige Kurfürsten gaben dem Drängen des Papstes *Klemens VI.* (gest. 1352) in Avignon nach und wählten 1346 tatsächlich einen Gegenkönig, nämlich den Sohn des Luxemburger Königs Johann von Böhmen, den späteren *Karl IV.*

Im Jahre darauf starb Kaiser Ludwig der Baier, was man trotz seiner energischen Regierungsweise als Glück bezeichnen konnte, denn dadurch blieb dem Reich ein Bürgerkrieg erspart. Der Kaiser war 60 Jahre alt geworden. In der Münchener Frauenkirche fand er seine letzte Ruhestätte.

Die Päpste in Avignon unter französischem Einfluß 1309–1378 und das Schisma 1378–1423

Der zerstörerische Streit zwischen den Päpsten und den deutschen Kaisern war beiden Parteien zum Verhängnis geworden. Die unmittelbaren Auswirkungen in Deutschland und in Rom wurden beschrieben. Jedenfalls waren die Päpste nun völlig unter französischen Einfluß geraten, und Papst *Klemens V.*, 1305–1314 im Amt, mußte Rom verlassen und nach Avignon übersiedeln. Klemens und die folgenden fünf Päpste bis *Urban V.* (gest. 1370) waren lauter Franzosen, die den Königen in Paris hörig waren. Päpste und Könige sorgten ganz einfach dafür, daß immer eine Mehrheit französischer Kardinäle ernannt wurde, womit die Papstwahl im französischen Sinne gesichert war. Es gab höchstens 20 Kardinäle, darunter keinen Deutschen. Einige Italiener und Spanier wurden zum Schein der Rechtmäßigkeit nur geduldet.

Der französische König *Ludwig IX.* (1214–1270) hatte 1248–1250 und 1270 den sechsten und siebenten Kreuzzug mitgemacht. Der sechste endete mit seiner vierjährigen Gefangennahme, der siebente mit seinem Tod. So wurde er später heiliggesprochen. Trotz all dieser Fehlschläge war es den verschiedenen Kreuzritterorden immer noch gelungen, ihren Sitz in Akka in Palästina zu halten. Als aber *Akka* 1291 endgültig an die Muslims verlorenging, bezogen die Ritterorden – wie berichtet – andere Stützpunkte. Der französische Tempelherrenorden aber zog sich nach Frankreich zurück, wo er mit Sonderrechten und außerordentlichem Reichtum weiter bestand, doch keine rechte Aufgabe mehr zu erfüllen hatte. Der nächste König *Philipp IV.* hatte derweil Krieg in Flandern sowie um *Lyon* geführt und damit diese Stadt 1307 endgültig an Frankreich gebracht. Schon 1301 hatte er die französische Grenze in der Grafschaft *Bar le Duc* zwischen Verdun (Wirten) und Toul (Tull) bis an die Maas vorgeschoben. Mit diesen Erfolgen war der Höhepunkt der französischen mittelalterlichen Königsmacht erreicht. Aber finanziell war der König am Ende.

Um diesem Mißstand abzuhelfen, mußte nun der reiche *Templer-Orden* herhalten: König und Papst Klemens V. schlossen ein schändliches Komplott und beschuldigten die frommen Templer der *Häresie.* Fast alle wurden 1312 der Inquisition überantwortet, von den Geistlichen verurteilt und von der weltlichen Macht hingerichtet. Unter Folterqualen wurden Geständnisse erpreßt, denen die Verbrennung auf dem Scheiterhaufen folgte. 40 bis 50 Ritter wurden an manchen Tagen auf diese Weise ermordet, ihre Güter aber zugunsten des Königs und der Kurie eingezogen, der Orden vom Papst schließlich aufgehoben.

In Avignon entstand ein *päpstlicher Hof,* der an Aufwand, Verschwendung und *sittenlosem Lebenswandel* alles Bisherige in den Schatten stellte. Man war unter sich, denn das Kardinalskollegium rekrutierte sich zum größten Teil aus der Verwandtschaft der französischen Päpste. Geld wurde in ganz Europa durch willfährige Bischöfe aus dem Volk gepreßt und nach Avignon gebracht. Ganze Scharen von Geistlichen, Äbten, Mönchen, Adeligen und Rittern in allen Ländern, die dieses Treiben nicht mitmachten und offen anprangerten, wurden mit dem Kirchenbann belegt. Der Bann hatte jedoch keinerlei Wirkung mehr, weder bei den Betroffenen noch beim Volke. Im Gegenteil, viele päpstliche Steuereintreiber wurden von der empörten Menge verjagt, verprügelt und manchmal erschlagen.

Der innere Abfall der Völker vom Papsttum nahm so bedenkliche Formen an, daß nun den Päpsten in Avignon angst und bange wurde. Einer versuchte deshalb die Mißstände abzubauen, aber erst 1368 kehrte sein Nachfolger *Urban V.* (gest. 1370) nach Rom zurück.

Während dieser sechs Jahrzehnte waren Rom und der Kirchenstaat schutzlos dem alten Parteienstreit und wildesten Ausschreitungen ausgeliefert. Kein deutscher Kaiser kümmerte sich mehr um die dortigen Verhältnisse, und viele Einwohner flohen aus der Stadt Rom, so daß ganze Stadtteile verödeten.

Doch kaum war Urban V. in Rom angekommen, als ihn seine Gegner wütend befehdeten. Urbans Anhänger waren machtlos, und die französischen Kardinäle beorderten ihn 1370 nach Avignon zurück, wo er im gleichen Jahr starb. Erst 1377 bezog der nächste Papst *Gregor XI.* (gest. 1378) endgültig wieder den Vatikan in Rom. Damit war die fast siebzigjährige *„Babylonische Gefangenschaft"* der Päpste, wie man den Aufenthalt in Avignon auch genannt hat, beendet.

Nicht beendet aber war der Streit, der nun zwischen französischen und italienischen Kardinälen erst richtig aufflammte, als Gregor XI. starb. Die Italiener setzten 1378 die Wahl eines Kardinals aus Neapel durch, der sich *Urban VI.* (gest. 1389) nannte. Mit inquisitorischer Strenge und ohne das geringste diplomatische Geschick wollte er alle eingenisteten Mißstände in der ganzen katholischen Kirche Europas ausrotten. Das empörte die französischen Kardinäle derart, daß sie wieder in Avignon im gleichen Jahr einen französischen Gegenpapst, *Klemens VII.* (gest. 1394), aufstellten.

Damit war das *große Kirchen-Schisma* des Spätmittelalters eingeleitet. Auf der Seite Roms standen fast das ganze Deutsche Reich, also Süd- und Norddeutschland, der Deutsche Ordensstaat, ferner Nord- und Mittelitalien, England, Schweden, Polen und Ungarn. Zu Avignon hielten Frankreich, der französisch sprechende Teil des Deutschen Reiches, Süditalien, Spanien, Schottland, Dänemark und Norwegen. Die katholische Kirche in ganz Europa verfiel zusehends der Gesetzlosigkeit und Willkür. Beide Päpste wurden von den Gegnern und den Häretikern als Antichristen verschrien. Die Saat der Maßlosigkeit Gregors VII., Innozenz III. und IV. und Gregor IX. war aufgegangen. Der Schaden konnte auch nie mehr behoben werden, und das Elend, das in Europa, besonders aber in Deutschland auf dieses Konto noch kommen sollte, war unermeßlich, wie wir später lesen werden.

Das Schisma dauerte von 1378 bis 1423, also 45 Jahre. Auf einem *Konzil zu Pisa* 1410 versuchte man das Ende der Spaltung dadurch herbeizuführen, daß man beide Päpste in Rom und Avignon für abgesetzt erklärte und dafür einen neuen Papst ernannte, was aber kaum zur Kenntnis genommen wurde. So gab es in den Jahren 1410–1415 gleichzeitig drei Päpste.

Die Luxemburger (Lützelburger) Könige und Kaiser 1347–1437 mit der Residenz in Prag

Karl IV. (1316–1378), Deutscher König seit 1347, Kaiser seit 1355

Die Krönung dieses Königs von Böhmen auch zum deutschen König erfolgte zwar erst 1349, doch wurde er von allen Kurfürsten sogleich anerkannt. Er war wieder ein Herrscher aus dem Hause Luxemburg wie schon sein Großvater Heinrich VII. Karls

Vater, König *Johann von Böhmen*, war 1346 in der Schlacht von *Crécy* nördlich von Abbeville an der Somme gefallen. Obwohl fast erblindet, hatte sich dieser am Kampf beteiligt, und zwar auf französischer Seite gegen die Engländer, die siegten. Das gehörte bereits in das Kapitel des sogenannten Hundertjährigen Krieges zwischen England und Frankreich, von dem noch die Rede sein wird.

Karl war hochgebildet und hing der *scholastischen Philosophie* an. Außerdem war er ein geschickter Diplomat. Leider verwendete er diese wertvollen Eigenschaften nur einseitig, den Kampf vermied er vollständig, so daß er in der äußeren Politik auf Verzicht setzte. Karls Stützen waren vorerst die *Städte*, die er förderte, wo er konnte. So blühten in dieser Zeit Handwerk, Handel, Kunst und Wissenschaft mächtig auf. Der Wohlstand veranlaßte die Städte, großartige Bauwerke zu errichten, in denen die Ratsherren, an der Spitze die Bürgermeister, ihre Versammlungen abhielten. So entstanden in diesem Jahrhundert die herrlichen gotischen Rathäuser, die mit ihren prächtigen Sälen und Türmen noch heute der Stolz vieler Städte sind. König Karl IV. förderte den *Handel* zwischen den Städten des Binnenlandes und denen der Hanse im Norden sowie den Städten in Süddeutschland und Italien. Der zunehmende Reichtum förderte auch den Weiterbau der 100 Jahre zuvor begonnenen gotischen Dome.

Karls Residenz war die Stadt *Prag*, wo er zur Welt gekommen war. Auch hier entstand ein Dom, der *St. Veitsdom* in der deutschen Altstadt, die schon 1255 kurz nach des Staufers Konrad IV. Tod eigenes Stadtrecht erhalten hatte. Karl erbaute einen neuen Stadtteil, die Prager Neustadt, und gründete 1348 dort die erste deutsche Universität im Reich, das *Carolinum*.

Kaiser Friedrich II. hatte zwar schon 1224 in Neapel, das damals zum Deutschen Reich gehörte, eine Universität gegründet, jedoch eine italienische. Prag erhielt ein eigenes Erzbistum, nachdem es aus dem Verband des Erzbistums Mainz gelöst worden war.

So wurde Prag zum damaligen Mittelpunkt des Deutschen Reiches, und ganz Böhmen erfreute sich glänzender Förderung. Die deutsche Kultur und Sprache war dort allgemein beherrschend und tonangebend, ohne jeden Zwang. Karl IV. war in Böhmen geachtet und beliebt. Er galt hier wie im Ausland als Friedensfürst.

Zu den Reichsfürsten verstand er mit Diplomatie ein gutes Verhältnis herzustellen und lange Zeit zu bewahren, obwohl er die Städte bevorzugt förderte. Gleichzeitig war er eifrig bemüht, seine Hausmacht zu erweitern. Außer Böhmen, Mähren und dem Egerland besaß er die Oberhoheit über *Schlesien;* 1369 erwarb er die *Niederlausitz* und 1373 gar noch die *Mark Brandenburg* mit der Neumark. Dieses ganze zusammenhängende Gebiet, dazu noch im Westen Holland und der Hennegau war innerhalb des Reiches die stärkste Machteinheit, wie sie normalerweise die anderen Fürsten zur Rebellion getrieben hätte.

Karl IV. hatte aber beizeiten das Augenmerk der maßgebenden sieben Kurfürsten auf deren Sonderrechte gelenkt, indem er ihnen in der sogenannten *„Goldenen Bulle von 1356"* das alleinige Recht der Königswahl nunmehr gesetzlich für alle Zeiten bestätigte. Sie war als Verfassungsgesetz des alten Deutschen Reiches von größter Wichtigkeit. Die so oft dem Reich verhängnisvoll gewordene Wahl von Gegenkönigen sollte hinfort unmöglich gemacht werden. Karl dürfte daran gedacht haben, daß er selbst 1346 als Gegenkönig zu Ludwig IV. aufgestellt worden war.

Aber auch dieses gutgemeinte Gesetz war das Produkt von Kompromissen: Die

Fürsten und Grafen, die keine Kurfürsten waren, hatten ihr Einverständnis zur „Goldenen Bulle" nur gegen Steuerrechte in den Städten verkauft. Der Einspruch der Städte führte zu endlosen Verhandlungen, die ihnen aber keine Erleichterung aus der Abhängigkeit vom Adel einbrachten. Doch gelang es Karl IV., die Städte immer wieder zu beschwichtigen, obwohl sie mit Aufstand drohten.

Die Ghibellinen in Italien träumten vom römisch-deutschen Kaiserreich. Sie forderten Karl IV. mehrmals auf, nach Rom zu kommen, um das große Reich neu auszurufen, allen voran der italienische Dichter und Gelehrte Francesco *Petrarca* (1304–1374). 1354 zog Karl endlich mit kleinem Heer über die Alpen nach Rom, und 1355 krönte ihn ein Abgesandter des Avignoner Papstes zum Kaiser.

Kaum aber hatte er den Kaisertitel, als er sich mit seinem Gefolge auf den Rückmarsch nach Deutschland machte und damit seine ghibellinischen Anhänger bitter enttäuschte. Diese rächten sich, indem sie ihn des Verrats bezichtigten und beschimpften, wo immer er vorbeikam. Kaiser Karl IV. erklärte nun offen, daß es ihm allein auf die Kaiserkrone angekommen sei, die deutsch-römische Kaisermacht dagegen sei ohnehin nur gering.

Karl IV. verlieh 1363 die Freigrafschaft Burgund an die Franzosen: Im Westen des Reiches verlangte der französische König *Johann II.* (gest. 1364) die Freigrafschaft Burgund mit der Hauptstadt *Bisanz.* Karl verlieh ohne weiteres 1363 das ganze Gebiet an Philipp, den Sohn Johanns II. Zwar blieb Burgund im Reichsverband, und Philipp wurde Reichsfürst, aber das deutsch- und gemischtsprachige Land war nun französischem Einfluß preisgegeben. Es war das *Kerngebiet des alten Burgunderreiches,* welches im Jahre 436 von dem ostgermanischen Stamm gegründet worden war, also vor mehr als 900 Jahren. Karl IV. gab es dem Franzosen *„um des Friedens willen"*, obwohl er das gar nicht nötig hatte, denn Frankreich war schwach, drei Jahre zuvor von England schwer geschlagen und zur Abtretung großer westlicher französischer Gebiete gezwungen worden. Übrigens hatte 1301 König *Albrecht I.* ähnlich verfahren, als er die westliche Hälfte der Grafschaft Bar le Duc südlich Verdun der französischen Lehenshoheit unterstellte. Doch war dies französischsprachiges Gebiet.

1378 starb Kaiser Karl IV. mit 62 Jahren in Prag, wo er im St. Veitsdom beigesetzt wurde. Seine 32jährige Regierungszeit hatte keinen Krieg erlebt, dafür aber dem Deutschen Reich empfindliche Schwächung im Süden und Westen eingebracht. Kein Wunder, daß er im Ausland als *„Friedensfürst"* gepriesen wurde. Die Hausmacht der Luxemburger innerhalb des Reiches hatte Karl allerdings wesentlich vergrößert.

Der Schwäbische Städtebund 1376–1388 und der Städtekrieg 1386–1388

Im Reich hatten im späten Mittelalter seit Kaiser Friedrich II. statt des deutschen Königs zunehmend die Fürsten die Geschicke bestimmt, aber auch die Städte und die selbständige Organisation der Hanse.

Die wichtigsten Fürstengeschlechter waren die *Wittelsbacher, Askanier, Wettiner, Welfen, Habsburger, Luxemburger* und *Hohenzollern* geworden; daneben gab es eine große Zahl von Grafen und anderen Adeligen. Seit der wachsenden wirtschaftlichen Bedeutung der *Land-* und *Reichsstädte* trat der politische Gegensatz zu den Fürsten immer stärker hervor. Die deutschen Könige schwankten dazwischen hin und her.

Wie berichtet, hatte während der Regierung Karls IV. dieser Konflikt zu jahrelangen erfolglosen Verhandlungen geführt. So kam es 1376 zur Gründung des Schwäbischen Städtebundes. Auch der alte *Rheinische Städtebund* aus der kaiserlosen Zeit wurde neugegründet, ferner ein weiterer, der *Elsässische Städtebund.*

Alle zusammen, dazu auch bedingt die *Hanse-Städte* verbündeten sich nun mit dem Ziel, ihre schon erworbenen, aber seit 1356 von den Fürsten wieder stark eingeschränkten Rechte mit Gewalt zurückzugewinnen. Dies führte zum Städtekrieg, der in die Regierungszeit König Wenzels des Nachfolgers Karls IV. fiel.

Es war übrigens das letzte Mal, daß der alte Stamm der Alemannen oder der Schwaben gemeinsam auftrat. Im Süden waren es die *eidgenössischen Städte* wie Luzern, Bern, Zug, Zürich und andere, im Westen die *elsässischen* wie Kolmar, Mülhausen, Straßburg usw., und schließlich fast alle *Städte in Baden und Württemberg.*

Die Bünde hatten hochgesteckte Ziele: Völlige *Unabhängigkeit vom weltlichen oder geistlichen Adel* sowie weitgehende *Autonomie* innerhalb des Reiches. Das bedeutete, daß man nur gewillt war, Steuern an die eigene Stadt und zu deren Gunsten abzuführen. Solche Forderungen wollten die Fürsten keinesfalls anerkennen, zumal die Abgaben der Städte für sie eine erstklassige Einnahmequelle darstellten. Die treibenden Kräfte der Städte waren die *Patrizier* mit den *Zünften,* die infolge ihres Reichtums selbstbewußt auftraten. Das Königtum war schwach und betrachtete die Auseinandersetzung mehr aus der Ferne.

Die Eidgenossen begannen sich ab 1386 langsam aus dem Reichsverband zu lösen: Der Städtekrieg wurde in verschiedenen Gegenden mit wechselndem Erfolg ausgetragen. Im Süden kam es zu einer ersten schweren Schlacht, 1386 bei *Sempach* nördlich Luzern. Das Heer der Eidgenossen bestand aus Städtern und Bauern, der Gegner war ein habsburgisches Ritterheer unter Führung des Herzogs *Leopold III.* von Österreich (1351–1386).

Für Leopold ging es um die Herrschaft über den alten Habsburger Hausbesitz in der Schweiz. In der Schlacht bei Sempach marschierten zwei breite Reihen feindlicher Kämpfer mit vorgestreckten Lanzen aufeinander zu, um dann, sich gegenüberstehend, eine Weile zu verharren. Nun soll, so erzählt der Volksmund, der Landmann *Winkelried* aus Unterwalden seine eigene Waffe zu Boden geworfen und mit beiden Armen eine Menge feindlicher Speere zusammengerafft und sich in die Brust gestoßen haben. In die entstandene Bresche drangen nun seine Kameraden vor und rollten die feindliche Linie nach beiden Seiten auf. Durch diesen Opfertod wurde die Schlacht für die Eidgenossen gewonnen, Herzog Leopold verlor kämpfend sein Leben. Zwei Jahre später besiegten die Glarner bei *Näfels* 1388 ebenfalls ein habsburgisches Heer. Damit hatten sich die Eidgenossen ihre Unabhängigkeit gegen die Habsburger Fürsten gesichert. Diesen gelang es nicht mehr, die weitere Ausbreitung der Eidgenossenschaft in den nächsten Jahrzehnten zu verhindern, womit die langsame Ablösung der Schweiz vom Deutschen Reich sich anbahnte.

Während also der Städtekrieg den Südschwaben entscheidende Erfolge brachte, weil

Stadt- und Landbevölkerung gemeinsam gegen die Fürsten kämpfte, setzten sich im nördlichen Schwabenland die Fürsten durch. Hier waren nämlich die Städte auf sich allein angewiesen, während die zahlreiche Landbevölkerung den Fürsten zur Verfügung stand. 1388 siegten diese bei *Döfflingen* westlich Stuttgart, und bald danach wurden bei *Worms* die elsässischen und rheinischen Städte geschlagen. Der vereinigte Städtebund mußte aufgelöst werden, und die Hanse erlitt damit eine erste spürbare Niederlage. Trotzdem blieben die Städte, was sie waren, aber ihre hochgesteckten Ziele großer Unabhängigkeit mußten sie mit Ausnahme der Eidgenossen aufgeben.

Wenzel (1361–1419), Deutscher König 1378–1400/1410 – Ruprecht von der Pfalz (1352–1410), Deutscher König seit 1400

Wenzel war der Sohn Kaiser Karls IV. Er vernachlässigte die Reichspflichten nach innen und außen gänzlich, und sogar in seinem Hausmachtbereich als König von Böhmen war er ein wankelmütiger Regent. Zu seiner Untüchtigkeit kam noch ein mißtrauischer, grausamer Charakter. Zum Beispiel ließ er den Vertreter des Erzbischofs von Prag, den General-Vikar *Johannes von Nepomuk* (gest. 1393), foltern und in der Moldau ertränken, weil dieser sich als *Beichtvater* der Königin dem König gegenüber weigerte, das Beichtgeheimnis zu brechen.

Der Streit zwischen Fürsten und Städten war ihm gleichgültig, und so griff er auch im Schwäbischen Städtekrieg nicht ein.

Obwohl die Kurfürsten bei der Königswahl darauf bedacht waren, keine zu starke Persönlichkeit zu wählen, erschien ihnen Wenzels Untätigkeit nun doch nicht tragbar. Der Krieg hatte dem Deutschen Reich starken Schaden zugefügt. Daß auch im Papstschisma der König keinen Finger rührte, brachte besonders die geistlichen Fürsten, die dauernd mit Lösungsvorschlägen hervortraten, gegen den König auf. Der größte Teil der deutschen Bischöfe bekannte sich zu den römischen Päpsten. Der König aber entschied sich weder für Rom noch für Avignon, obwohl er in seiner Stellung als König des Deutschen Reiches starken Einfluß ausüben konnte.

So traten die vier rheinischen Kurfürsten 1400 zusammen und erklärten Wenzel für abgesetzt, wählten aber einen von ihnen, den Kurfürsten *Ruprecht von der Pfalz*, zum neuen König. Wenzel erkannte diese Entscheidung nicht an, denn als König von Böhmen und Herr in Brandenburg, was beides er nach wie vor blieb, verfügte er über zwei Kurfürstenstimmen. Auch bekannte sich der Kurfürst von Sachsen weiterhin zu Wenzel.

So war das Deutsche Reich in einen West- und einen Ostteil gespalten. Zum Glück erwies sich Ruprecht ebenso unfähig wie Wenzel, denn durch beider Unentschlossenheit kam es zu keiner Kraftprobe.

Offiziell gehörte Italien, besonders die *Lombardei*, noch immer zum Reich. Das Herzogtum Mailand hatte auf Kosten benachbarter Gebiete wieder Ausdehnungsbestrebungen. Denen wollte König Ruprecht entgegentreten und zog mit einem Heer über die Alpen. Das Unternehmen, das einzige, zu dem er sich aufraffte, wurde ein Fehlschlag. *Mailand* setzte seine Ziele durch, weshalb dort zusätzlich gespannte Verhältnisse entstanden.

1410 starb Ruprecht. Sogleich wählten die Kurfürsten getreu ihrer Uneinigkeit zwei neue Könige. Ein Teil, darunter Wenzel selbst, wählte seinen jüngeren Bruder

Sigismund von Luxemburg, der andere einen Vetter von Sigismund, Jobst von Mähren aus einer luxemburgischen Nebenlinie. Doch dieser starb schon wenige Monate nach der Wahl, so daß Sigismund nun unangefochten die deutsche Königskrone innehatte.

Sigismund von Luxemburg (1368–1437), Deutscher König seit 1410, Kaiser seit 1433

Seine 27jährige Regierungszeit war außerordentlich bewegt, teilweise erfolgreich, im ganzen aber brachte sie einen weiteren *Verfall der deutschen Königsmacht* und damit des Reichsgefüges.

Zunächst war Sigismund als deutscher König auch der mächtigste Reichsfürst: Neben Böhmen besaß er auch Brandenburg und war schon 1387 durch Heirat mit der ungarischen Prinzessin Maria *König von Ungarn* geworden, der er auch bis zu seinem Tode blieb. Durch Ungarn kam er erstmals mit der aufstrebenden *Türkenmacht* in Konflikt. 1396 trafen nämlich bei *Nikopolis* an der unteren Donau ein ungarisches und ein türkisches Heer aufeinander. Sigismund wurde schwer geschlagen, doch die Türken fühlten sich noch nicht stark genug, ihren Sieg auszuwerten.

Zwei Jahre nach der erwähnten erfolglosen Belagerung Stockholms durch die Dänen war es diesen bereits 1397 gelungen, die drei Länder Dänemark, Schweden und Norwegen zur Zeit der dänischen Königin *Margarete* (gest. 1412) in einem *skandinavischen Großreich* zu vereinigen. Dadurch entstand der Deutschen Hanse beträchtliche Gegnerschaft, zumal Dänemark aus wirtschaftlichen Gründen schon immer der Hanse feindlich gesinnt war. Da aber Dänemark in der Folgezeit selbst große Schwierigkeiten mit dem Zusammenhalt der skandinavischen Union hatte, gelang es der Hanse, sich schließlich zu behaupten. König Sigismund konnte durch diplomatisches Eingreifen dabei einiges tun.

In der *Mark Brandenburg* herrschten seit der schwachen Regierung König Wenzels dauernd Grenzstreitigkeiten mit den benachbarten Herzogtümern und Grafschaften. Der *Burggraf von Nürnberg, Friedrich* (1372–1440) aus dem Hause *Hohenzollern,* war mit König Sigismund befreundet, weil Friedrich bei der Königswahl seinen Einfluß für ihn geltend gemacht hatte. Als Gegenleistung setzte Sigismund den Burggrafen schon 1411 zum erblichen *Statthalter in Brandenburg* ein.

Friedrich von Hohenzollern wurde 1415 Kurfürst von Brandenburg: Auf dem *Konzil zu Konstanz* 1414–1418 erhielt 1415 Friedrich von Hohenzollern die Kurfürstenwürde für Brandenburg, und 1417 erfolgte endgültig die feierliche Belehnung. Dieser Vorgang sollte für die weitere deutsche Geschichte von allergrößter Bedeutung werden.

Was Friedrich als erstes in Brandenburg veranlassen konnte, tat er sofort. Er bezwang den aufsässigen *märkischen Adel,* befriedete die unruhigen Städte, vor allem *Berlin,* und sicherte endgültig die Grenzen des Kurfürstentums.

Beginn des Verfalles des Deutschen Ordensstaates 1411/1466: In Litauen herrschte der erfolgreiche Großfürst *Jagiello* (gest. 1434), der mit seinem Volk 1386 das Christentum angenommen hatte, damit er die polnische Erb-Königin *Jadwiga* heiraten konnte, wodurch sich Litauen mit Polen zu einem mächtigen christlichen Staat vereinigte.

Den Ordensrittern im bisher so erfolgreichen *Deutschen Ordensstaat* war in Litauen nun ihr Betätigungsfeld, die Bekehrung der Heiden, entzogen. Statt dessen beschäftigten sie sich nunmehr mit *Handel,* wodurch sie in Konkurrenz zu den Städten ihres Landes gerieten, die fast alle *Hanse-Kontore* unterhielten. Das ergab langjährige Streitigkeiten. Da die Städte auch hier wie im ganzen Reich in Gegensatz zum Adel standen, suchten sie Rückendeckung beim litauischen König Jagiello. Der Ritterorden saß damit zwischen zwei Stühlen.

Unter Ausnutzung dieser Situation fiel Jagiello mit einem starken Heer der nun vereinigten Litauer und Polen in den Ordensstaat ein. Bei *Tannenberg* kam es 1410 zur erbitterten Schlacht, in welcher die Ordensritter eine schwere Niederlage erlitten. Die Marienburg, der Hauptsitz des Ordens, konnte allerdings von den Angreifern nicht erobert werden. Der Hochmeister *Heinrich von Plauen* (gest. 1429), der Verteidiger der Marienburg, versuchte schließlich durch Verhandlungen mit Jagiello sowie mit den Städten, einen ehrenvollen Frieden zu erreichen.

Doch die Ordensritter setzten Heinrich von Plauen 1423 widerrechtlich ab, widerrechtlich deshalb, weil die Hochmeister auf Lebenszeit gewählt waren. Die Ritter konnten ihm nicht verzeihen, daß er den Ersten *Thorner Frieden von 1411* eingegangen war, in welchem die Landschaft *Schamaiten* (etwa das heutige Litauen) an Groß-Litauen abgetreten werden mußte. 30 Jahre zuvor hatten die Ordensritter das Gebiet erobert und christianisiert. Heinrich hatte als Herr des Ordensstaates auch versucht, im Inneren Ausgleich mit den Städten herbeizuführen, doch die herrischen Ritter vereitelten jede vernünftige Lösung. Der innere Zwist schwelte weiter.

Es sei hier vorweggenommen, daß 1454 der *Dreizehnjährige Krieg* zwischen dem Ordensstaat und Litauen-Polen ausbrach, der im Zweiten *Thorner Frieden 1466* erst die empfindlichen Verluste für den Orden brachte: Ganz *Pomerellen* mit der Weichselmündung, ferner *Kulm* und *Thorn* sowie das *Ermland* mußten abgetreten werden. *Danzig* selbst wurde Freistaat, allerdings unter polnischer Hoheit. Kurland, Livland, Estland verblieben beim Orden.

Auf den Ersten Thorner Frieden 1411 hatte König Sigismund noch keinen Einfluß nehmen können, weil er gerade erst König geworden war, als die Schlacht bei Tannenberg verlorenging. Am Zweiten Thorner Frieden 1466 war der übernächste deutsche König und Kaiser Friedrich III. nicht gewillt, im Sinne des Reiches einzugreifen, obwohl es zu seinen Königspflichten gehört hätte, den Reichsfürsten Hilfe zu leisten. Die Hochmeister des Ordensstaates galten als Reichsfürsten, obwohl der Ordensstaat nicht zum Reich gehörte.

Doch vorerst befinden wir uns noch 50 Jahre früher: Schon bald nach der endgültigen Anerkennung als deutscher König – die Krönung fand erst 1414 in Aachen statt – widmete sich Sigismund energisch der Kirchenfrage, d. h. der *Beendigung des Papstschismas.*

Das Konzil von Konstanz 1414–1418 – Verbrennung des Johannes Hus 1415: In Rom und in Avignon saßen je ein Papst, die sich gegenseitig nicht anerkannten. Also wurde auf Veranlassung Sigismunds – wie schon erzählt – ein dritter anstelle beider Päpste ernannt, der das Konzil von Konstanz einberief und sich verpflichtet hatte, nach erfolgreicher Einigung wieder abzutreten. Dieser „Konzilpapst" *Johannes XXIII.* wurde von Intrigen hin- und hergerissen. Schließlich stellte er das Konzil durch Flucht aus der Stadt Konstanz in Frage. Doch wurde er wieder „eingefangen" und dadurch zur weiteren Mitarbeit gezwungen. Der Papst in Rom war 1415 gestorben, und der Papst in Avignon erklärte sich schließlich bereit, nichts mehr gegen den in Rom neugewählten Papst *Martin V.* (gest. 1431) zu unternehmen. Der französische König Karl VI. zog sich dadurch aus der Affäre, daß er die Erklärung seines Avignoner Papstes guthieß. Dieser hielt dann zwar noch bis zu seinem Tode sechs Jahre in Avignon weiter Hof, trat aber als Papst nicht mehr in Erscheinung.

Die Beendigung des 45 Jahre andauernden Papstschismas brachte König Sigismund und dem Deutschen Reich kurzzeitig eine beträchtliche Aufwertung in ganz Europa ein, weil das Reich dadurch erneut als Beschützer des Papsttums und Ordner der katholischen Kirche in Erscheinung trat.

Aber das Papsttum selbst versagte erneut. Martin V. verschob die geplante umfassende Kirchenneuordnung, wegen der man ihn gewählt hatte, von Jahr zu Jahr. Er war dieser Aufgabe nicht gewachsen und mußte deshalb schon 1424 zwei neue Gegenpäpste hinnehmen. Erst 1431 trat unter Papst *Eugen IV.* (gest. 1447) eine gewisse Beruhigung um den päpstlichen Stuhl ein, doch mußte auch er sich seit 1439 wieder mit einem Gegenpapst – dem letzten überhaupt – auseinandersetzen.

König Sigismund konnte direkt in Rom nicht eingreifen, weil er sich im Reich, und zwar in Böhmen, einem schwerwiegenden Problem gegenübergestellt sah:

In Prag machte nämlich der tschechische Rektor der Karls-Universität, Johannes *Hus* (um 1369–1415), der gleichzeitig Prediger und Kirchenlehrer war, in aufrührerischer Form viel von sich reden. Wie so mancher Idealist in den Jahrhunderten zuvor trat auch er gegen die Verweltlichung der Kirche auf und verlangte vom Klerus die Einhaltung der biblischen Grundsätze. Er tat dies in zahlreichen Schriften und als wortgewandter Prediger an seiner Prager Kirche. Im Volk gewann er großen Zulauf, und selbst König Wenzel und der Erzbischof von Prag begünstigten ihn anfangs. Gleichzeitig förderte Hus die *tschechische Sprache*, die damals fast am Verschwinden war. Dadurch wurde ein *tschechisches Nationalbewußtsein* entwickelt. So kam es bald zu Zwischenfällen und Ausschreitungen zwischen deutschen und tschechischen Studenten, was es bisher dort noch nicht gegeben hatte. Es kam so weit, daß ein großer Teil der *deutschen Studenten* und Professoren der Prager Karls-Universität unter Protest auszog und ins Wettiner Land übersiedelte, wo die *Universität in Leipzig* 1409 gegründet wurde. Angeblich soll Johannes Hus diese Entwicklung keineswegs beabsichtigt haben.

Doch seine Angriffe gegen die Kirche wurden immer massiver, so daß bald Beschwerden beim Erzbischof eingingen, der sich schließlich von ihm abwandte. Nach mehreren vergeblichen Ermahnungen wurde über Hus 1410 der Kirchenbann verhängt.

1414 beorderten ihn Papst und Kaiser vor das Konzil von Konstanz, und König Sigismund sagte ihm *freies Geleit* zu, d. h. bewaffneten Schutz für die An- und Abreise. Auf dem Konzil bekräftigte Hus seine Ansichten und stellte sich teilweise gegen die Kirchengesetze, obwohl diese – wenn auch nur theoretisch – anerkennenswert waren. Trotz des freien Geleits wurde er vom Kirchengericht nach den Gesetzen der Inquisition als Ketzer zum Tode durch Verbrennen verurteilt. Die weltliche

Obrigkeit hatte das Urteil zu vollstrecken, und so wurde Johannes *Hus* 1415 in Konstanz öffentlich verbrannt.

Solche Hinrichtungen waren zu damaliger Zeit in ganz Europa keine Seltenheit, und allgemein pflegte man danach zur Tagesordnung überzugehen. Anders allerdings reagierten die Anhänger des Johannes Hus in Böhmen, die sogenannten *Hussiten.* Ihnen ging es um religiöse Grundsätze, wobei sie sich untereinander keineswegs einig waren.

Die Hussitenkriege 1420–1437: Jedenfalls verlangten nun die Hussiten, die ganz Böhmen beherrschten, von König Sigismund für Böhmen die Anerkennung einer Reihe von *kirchlichen Sonderrechten* und Grundsätzen, wie Freiheit der Predigt, Spendung des Laienkelches, Armut der Geistlichen und Bestrafung der Todsünden durch weltliche Gerichte.

König Sigismund war natürlich für die Gewährung solcher Wünsche gar nicht zuständig, das war Angelegenheit der Kirche und des Papstes in Rom. Als er das den Hussiten klarmachen wollte, lehnten diese seine Anerkennung als König von Böhmen ab und begannen den Hussitenkrieg mit einem Aufruhr in Prag, wobei einige kaiserliche Beamte durchs Fenster geworfen wurden (Erster Fenstersturz von Prag 1419). Dieser *Religionskrieg* wurde von den Tschechen mit nationalistischem Fanatismus ohnegleichen geführt. Die radikalsten Hussiten nannten sich *Taboriten.* Ihr Heerführer namens *Žižka* (gest. 1424) schlug Sigismund 1420 bei *Prag* und 1422 bei *Deutsch-Brod* in Ostböhmen. Auch 1426 bei *Außig* an der Elbe, 1427 und 1431 bei Mies bzw. Taus, beide in Westböhmen, siegten die Hussiten. In zahlreichen Raubzügen verwüsteten sie Städte und Dörfer im heutigen Land Sachsen und in der Lausitz, wovon noch in unseren Tagen viele Dokumente und Erzählungen berichten.

Nachdem der Bürgerkrieg elf Jahre lang gewütet hatte, wobei die Hussiten nie gefaßt werden konnten, war aber schließlich auch ihre Kraft erschöpft, und auf einem *Konzil zu Basel* kam es 1431 zu Verhandlungen und einem Vergleich: Die Kirche gestattete – nur für Böhmen – den Gebrauch des *Laienkelches,* das hieß, daß beim Abendmahl der Geistliche den Weinkelch den Gemeindemitgliedern zum Trunk reichte, während bisher nur der Priester stellvertretend für die Gemeinde den Wein trank.

Der Glaubensgrundsatz, daß Brot *(Hostie)* und Wein sich während des Abendmahls wirklich in Leib und Blut Christi verwandeln, war schon 1215 auf einer Lateransynode in Rom unter Papst Innozenz III. festgelegt worden. Bis heute galt die Abendmahlsfeier in den meisten christlichen Glaubensgemeinschaften als Höhepunkt des Gottesdienstes. Dabei herrschten alle Zeit verschiedene Auffassungen über Verwandlung oder Bedeutung von Wein und Brot.

Die Hussiten hatten jedenfalls die für sie wichtigste ihrer Forderungen durchgesetzt, doch die fanatischen Taboriten wollten mehr und fügten sich nur widerwillig.

Im Jahre 1433 reiste König Sigismund nach Italien, wo er in Pavia die lombardische Königskrone erhielt. In Rom krönte ihn Papst Eugen IV. zum Kaiser. Die alten Zeiten schienen wiedererstanden zu sein, aber der Eigensinn der deutschen Fürsten und Grafen brachte kein Verständnis mehr für ein mächtiges und stolzes Reich auf. Sie fühlten sich wohler in ihren kleinen Herrschaftsbereichen. Zwar hatten zu Anfang des Hussitenkrieges einige deutsche Fürsten zaghaft Verstärkung für Sigismund geschickt, und an der verlorenen Schlacht bei *Taus* 1431 hatten sich auch ausländische Kampfverbände beteiligt. So sprach man sogar von einem „Kreuzheer" gegen die böhmischen Ketzer. Aber im ganzen war Sigismund auf sich selbst angewiesen, und die Finanzierung seines Heeres mußte er aus den Gebieten seiner Hausmacht bestreiten. Die *Reichsfürsten* kümmerten sich um nichts, was im Osten geschah, sei es im Ordensstaat, in Polen oder Böhmen.

Und gerade in Böhmen begannen die Hussiten erneut den Krieg. Doch diesmal gelang Kaiser Sigismund in der Schlacht bei *Böhmisch-Brod* 1434 der entscheidende Sieg. Auf dem *Landtag von Iglau* unterwarfen sich die Hussiten, und 1436 erhielt Sigismund die Anerkennung als König von Böhmen.

Sigismund hatte sich 16 Jahre lang am Hussitenkrieg aufgerieben. Wie mehrmals schon versuchte er nun nochmals eine *Reichsreform* in Angriff zu nehmen. Seinem diplomatischen Geschick wäre ein Erfolg zuzutrauen gewesen. Aber da erfolgte in Böhmen ein erneuter Hussitenaufstand. Mitten in den Vorbereitungen zu Gegenmaßnahmen starb der 69jährige Kaiser Sigismund im Dezember 1437 in *Znaim*/Südmähren. Das einzige, was man diesem Mann „vorwerfen" konnte, war seine Glücklosigkeit.

Das Geschlecht der Luxemburger oder der Lützelburger (nach der Burg Lützelburg genannt), wie man früher sagte, hatte fünf deutsche Könige und Kaiser gestellt, vier davon in stetiger Folge von 90 Jahren. Mit Sigismund war das Geschlecht im Mannesstamme erloschen.

Die Habsburger Könige und Kaiser 1438–1519

Albrecht II. (1397–1439), Deutscher König seit 1438

Albrecht war Herzog von Österreich und durch Heirat mit der Erbtochter Elisabeth des Kaisers Sigismund Schwiegersohn und Erbe geworden. Mit den Königskronen von Böhmen und Ungarn sowie mit der böhmischen Kurfürsten- und Königswürde war die habsburgische Hausmacht so entscheidend gestärkt, daß die anderen sechs Kurfürsten ihn, Albrecht II., zum deutschen König wählen mußten. Auch die Türkengefahr, die Ungarn erneut bedrängte, ließ keine andere Entscheidung zu, zumal Albrecht ein energischer Fürst war, der mit 41 Jahren auch reichlich über Erfahrung verfügte.

Er begann sofort ein Heer aufzustellen, um gegen die *Türken* zu ziehen. Doch im Herbst 1439 starb er plötzlich nach noch nicht zweijähriger Regierungszeit.

Friedrich III. (1415–1493), Deutscher König seit 1440, Kaiser seit 1452

Friedrich war der Vetter König Albrecht II. und schon mit neun Jahren Herzog von Steiermark, Kärnten und Krain geworden. 1440 wurde er mit 25 Jahren in Frankfurt zum König gewählt und bald auch in Aachen feierlich gekrönt. Der jähe Tod des vielversprechenden Königs Albrecht II. war schon ein schwerer Verlust für das Reich, aber die schwache Persönlichkeit Friedrichs III. sollte noch größeren Schaden bringen. „Des Heiligen Römischen Reiches Erzschlafmütze" blieb ihm als wenig schmeichelhafter Beiname.

Seine zehn ersten Regierungsjahre sah er tatenlos zu, wie sich Städte und Adel befehdeten. Wohlmeinende Männer auf beiden Seiten bedrängten Friedrich dauernd, endlich die *Reichsreform*, die seit 200 Jahren überfällig war, in Angriff zu nehmen, doch leider ohne jeden Widerhall. Friedrich hatte auch keinen tüchtigen Kanzler zur Seite, weder vom weltlichen noch geistlichen Lager. Desto mehr lag ihm die Kaiserkrönung am Herzen.

Letzte Kaiserkrönung 1452 in Rom durch einen Papst: In Rom stritten sich noch immer Papst und Gegenpapst, bis endlich *Nikolaus V.*, ein Freund des *Humanismus*, der den letzten Gegenpapst überlebt hatte, Papst wurde. 1448 schloß er mit König Friedrich III. das *Wiener Konkordat* ab, welches ihn als rechtmäßigen Papst anerkannte, was auch von den anderen europäischen Staaten schließlich bestätigt wurde. Im Konkordat war auch Friedrichs III. Kaiserkrönung abgesprochen, die 1452 in Rom stattfand. Friedrich trat dort mit übertriebenem und geschmacklosem Pomp auf, was ihm eine Menge Spott einbrachte.

Auf zwei Tatsachen soll hier hingewiesen werden: Friedrichs III. Kaiserkrönung war die letzte, die in Rom durch einen Papst vorgenommen wurde. Nur bei Kaiser Karl V. bestätigte Papst Klemens VII. in *Bologna* 1530 Karls Kaisertitel, indem er die päpstliche Krönung nachträglich und letztmalig vornahm.

Ende des Byzantinischen Reiches 1453 – Die Türkei trat damit als Großmacht auf: Die Tatenlosigkeit des Kaisers mußte die Nachbarländer buchstäblich gegen das Reich herausfordern. Im Jahre 1453 hatte der türkische Sultan *Mohammed II.* (1430–1481) die Stadt *Konstantinopel* erobert und damit dem längst machtlosen Byzantinischen Kaiserreich den Todesstoß versetzt. Der türkische Druck gegen den Balkan wurde immer stärker, doch vom Deutschen Reich kam den Balkanvölkern keine Hilfe.

Der 1439 verstorbene deutsche König Albrecht II., der auch König von Ungarn gewesen war, hatte einen nachgeborenen Sohn *Ladislaus V.* (1440–1457), der also der rechtmäßige Erbe der ungarischen Königskrone war. Ein Pole wurde Verweser, doch fiel dieser im Kampf gegen die Türken 1444 in der Schlacht von *Warna* am Schwarzen Meer in Bulgarien. Sein Nachfolger als Verweser war ein Ungar, der die Türken mit einigem Erfolg abwehren konnte.

Der ungarische König Matthias Corvinius (1443–1490): Der Sohn des letzten Verwesers war Matthias I. Corvinus, den 1458 die ungarischen Edlen zum König wählten, nachdem der habsburgisch-luxemburgische Ladislaus V. 1457 mit 17 Jahren gestorben war.

Matthias war enorm erfolgreich. In Böhmen hatten nach dem Tode des Ladislaus die Tschechen 1458 einen eigenen König gewählt, den Hussiten *Podiebrad* (gest. 1471). Er geriet mit der katholischen Kirche in ernsten Konflikt, und über ihn wurde der Bann verhängt.

Nun trat der Ungar Matthias Corvinus als Gegenkönig auf den Plan und eroberte ganz Böhmen, Mähren, Schlesien und die Lausitz. Mit des Papstes Unterstützung wurde Matthias 1469 anerkannter König von Böhmen und damit Kurfürst im Deutschen Reich. Zehn Jahre später, 1479, gab er Böhmen an die Habsburger, also an *Friedrich III.* zurück, welcher ihm dafür das Herzogtum Schlesien und die Markgrafschaft Mähren, die beide im Reichsverband verblieben, abtreten mußte. Doch schon 1480 fiel der Ungar in Österreich ein und besetzte die Stadt Wien.

Matthias strebte ein großes ungarisches Reich an und eroberte von hier aus die habsburgischen Lande Steiermark und Krain. Es kam so weit, daß man ihm 1485 im *Stephansdom von Wien* huldigte, nachdem Friedrich III. geflohen war. Das Königreich Ungarn war zu einem mächtigen und weitausgedehnten Land geworden. Matthias war außer einem hervorragenden Politiker auch ein guter Heeresorganisator und, was nun einmal zu einem großen Manne gehört, er tat manches für die Kultur. Er war der Gründer der *Universität Preßburg*, und in der Stadt Ofen (Stadtteil von Ofenpest = Budapest) stiftete er die berühmte Bücherei, die sogenannte „*Corvina*." Sein Hof war Treffpunkt anerkannter Gelehrter.

Der deutsche Kaiser Friedrich III. hatte all diesen Ereignissen tatenlos zugesehen.

Das Verhängnis, welches den *Deutschen Ordensstaat* mit dem Zweiten Thorner Frieden 1466 traf, so daß dessen Gebiet – wie berichtet – zur guten Hälfte an Litauen-Polen verlorenging und der Rest unter polnische Oberhoheit geriet, fiel ebenfalls in die Regierungszeit Kaiser Friedrich III., ohne daß dieser eingeschritten wäre.

Die *Eidgenossen* verdrängten die Habsburger ganz aus ihrem Gebiet und strebten völlige Selbständigkeit an, also Trennung vom Reich. Dadurch wurde dort auch die Hausmacht der Habsburger weiter beträchtlich geschwächt, also Friedrichs eigener Besitzstand. Doch wieder geschah nichts; er nahm die Verluste als gegeben hin. Daß dabei auch das Reich, dessen Kaiser er war, immer weiter herunterkam, schien ihn nicht zu interessieren.

Französische Herzöge von Philipp der Kühne (gest. 1404) bis Karl der Kühne (gest. 1477) errichteten 1363–1477 das französisch- deutsche Zwischenherzogtum Bourgogne/Burgund (Neuburgund) von der Freigrafschaft Burgund bis West-Friesland: Das alte *Königreich Burgund*, auch Arelat genannt, hatte sich schon längst in deutsche und französische Teilherzogtümer und Grafschaften aufgelöst, allerdings offiziell noch immer im Rahmen des Deutschen Reiches, weshalb vielfach französische Herzöge gleichzeitig deutsche Reichsfürsten waren.

Westlich anschließend an die deutsche Freigrafschaft Burgund bestand auf französischem Gebiet das Herzogtum *Bourgogne*. 1363 hatte es der König Johann II. von Frankreich seinem Sohn Philipp dem Kühnen (gest. 1404) gegeben. Wie berichtet, gab der deutsche Kaiser Karl IV. im gleichen Jahr die Freigrafschaft gleich noch dazu, jedoch nur als Lehen. Diese wurde nun in *Franche-Comté* (= französische Grafschaft) und die Hauptstadt *Bisanz* in *Besançon* umbenannt, obwohl die Bevölkerung deutsch im Osten und sonst gemischtsprachig war. Allerdings blieb die Stadt vertragsmäßig als Freie Reichsstadt unter kaiserlicher Hoheit. Philipp dem Kühnen schwebte die Bildung eines großen französisch-deutschen Herrschaftsgebietes von Burgund bis zur Rheinmündung vor, ähnlich dem einstigen Herzogtum Lothringen, nur noch durch die Freigrafschaft und West-Friesland vergrößert. 1384 erwarb er durch Heirat zu diesem gedachten Gebilde *Flandern* und *Artois*.

Sein Sohn *Philipp der Gute* (gest. 1467) kämpfte im „*Hundertjährigen*" englisch-französischen Krieg auf englischer Seite gegen seinen eigenen König *Karl VII.* (gest. 1461). Dadurch und unter Ausnutzung der politischen Gebundenheit Kaiser Sigismunds in Böhmen konnte Philipp die Gebiete Holland, Seeland, Hennegau, *Limburg*, *Brabant* und die *Pikardie* zwischen 1429–1433 in Besitz nehmen. Durch die Gleichgültigkeit Kaiser Friedrichs III. kam 1443 auch das Kernland von Luxemburg an

Philipp. Alles zusammen trug nun den Namen *„Herzogtum Burgund"* (= *Neuburgund*).

Philipps Sohn, *Karl der Kühne* (gest. 1477), war besonders ehrgeizig und versuchte die Gebiete zwischen den einzelnen Teilen dieses Herzogtums ebenfalls zu erobern. So kämpfte er nach allen Seiten, gegen *Ludwig XI.* von Frankreich, gegen das Erzbistum Köln und im Süden gegen die Eidgenossen. Er eroberte zwischen 1467 und 1475 die Grafschaft *Arnheim* am Niederrhein, das Herzogtum *Geldern*, das Bistum *Lüttich*, das Herzogtum *Bar*, alle entlang der Maas, und schließlich 1475 auch das Kerngebiet Lothringens um die Stadt *Nanzig (Nancy)*. Am Rheinknie bei Basel besetzte er das *Oberelsaß* mit Mühlhausen sowie den *Breisgau* bis *Waldshut* am *Hochrhein* als Pfänder gegen das Deutsche Reich.

Die Eidgenossen hatten sich gegen Karl den Kühnen mit Frankreich und Lothringen verbündet. 1476 erlitt Karl bei *Grandson* und bei *Murten* (nördlich des Genfer Sees) zwei schwere Niederlagen. Im Januar 1477 wurde er bei *Nanzig* zum dritten Mal von den Eidgenossen besiegt und auf der Flucht getötet.

Kaiser Friedrich III. tat bei all diesen Ereignissen auch wieder nichts. Aber er hatte einen Sohn von Format. Dieser spätere Kaiser *Maximilian I.* sah eine hervorragende Möglichkeit, das ganze zusammengeraubte Gebiet in seine Hand zu bekommen: Karl der Kühne hatte keinen Sohn, aber eine Erbtochter *Maria*. Kurz entschlossen heiratete Maximilian gleich nach Karls Tod diese Tochter, womit das ganze Herzogtum beiderseits der deutsch-französischen Grenze an den Habsburger Hausbesitz kam. Die bisherige Reichsgrenze blieb davon unberührt. Nach altem, in ganz Europa anerkanntem Fürstenrecht gehörte dem Mann, was seine Gemahlin an Ländereien durch Erbschaft besaß.

Jetzt wurde Friedrich III. zum ersten Mal aktiv, wenn auch gegen die Reichsinteressen: Weil der französische König Ludwig XI. verständlicherweise über die burgundische Erbschaft erbost war, gab ihm der Kaiser das französische Herzogtum Bourgogne zurück, von dem aus 1363 die Entwicklung begonnen hatte. Um ihn weiterhin zu beschwichtigen, beließ er auch den *französischen Einfluß in der* deutschen *Freigrafschaft Burgund*.

Im Jahre 1490 starb in Ungarn der König Matthias Corvinus im Alter von 47 Jahren. Damit war auch der Traum vom ungarischen Großreich ausgeträumt, denn alle seine Eroberungen gingen verloren, weil ein tüchtiger Nachfolger fehlte. So gewann Friedrich III. ohne Mühe mit seines Sohnes Hilfe die Herzogtümer Steiermark, Kärnten und Krain zurück, und die österreichischen Lande waren bald wieder frei von ungarischer Besatzung.

Immerhin war somit diesem tatenlosen Kaiser das Glück hold gewesen, zumal er auch einen tüchtigen Sohn hatte.

Als Friedrich III. 1493 im Alter von 78 Jahren und nach 53jähriger Regierungszeit in Linz an der Donau starb, verfügten die Habsburger über eine Hausmacht, die Neuburgund und die Niederlande, Österreich mit der Steiermark, Kärnten, Krain und Tirol sowie das sogenannte Vorderösterreich = Teilgebiete in Schwaben einschloß. Damit war die Hausmacht der Habsburger so bedeutend geworden, daß die deutsche Königsnachfolge diesem Geschlecht weiterhin gesichert war. Die Königswahl durch die Kurfürsten war fortan nur noch eine feierliche Bestätigung dieser Erbfolge. Von 1438 bis 1806, also in 368 Jahren, stellte Habsburg ohne Unterbrechung 18 deutsche Kaiser.

Maximilian I. (1459–1519), Deutscher König seit 1486, Kaiser seit 1508

Maximilian übernahm mit 34 Jahren das alleinige Reichsregiment, nachdem er bereits seit sieben Jahren mit dem Vater zusammengearbeitet hatte.

Die Fürsten, die Städte und eine große Zahl von Grafen und Adeligen wollten in ihren Gebieten die Herren sein und sich keiner Obrigkeit unterordnen. Andererseits brauchten sie einen König, der für ihre Sicherheit sorgen sollte. Aber mit Geld in eine Reichskasse und mit Kriegern für ein Reichsheer beizusteuern, weigerten sie sich. Es herrschte ein kleinliches, *partikularistisches* Denken, und ein deutsches Nationalgefühl gab es kaum. Daß aber trotzdem ein gewisser Zusammenhalt bestand, war einigen wenigen zu verdanken, welche die Gefahren von außen klar erkannten.

In Frankreich und England hatten solche auflösende Verhältnisse jahrhundertelang geherrscht, doch seit 1453, dem Ende des sogenannten 100jährigen Krieges zwischen beiden Staaten, entwickelten sich langsam *Zentralgewalten in Paris und London.*

Frankreich bedrängte nun das Reich in zunehmendem Maße.

Maximilian war zweifellos eine hervorragende Persönlichkeit, gebildet, diplomatisch, „modern denkend", überzeugter *Humanist* und noch erfüllt von der Großartigkeit der hochmittelalterlichen Kaiserzeit. Man nannte ihn „den *letzten Ritter*". Dementsprechend war er auch eine allzeit einsatzbereite Kämpfernatur, obwohl er kein Feldherr war. Schon zu Lebzeiten seines Vaters war er 1486 im Alter von 27 Jahren zum deutschen König gewählt worden. Den Kaisertitel nahm er 1508 an, wie gesagt, als erster ohne päpstliche Krönung in Rom, sondern nur Bestätigung in Bologna.

Versuche einer Reichsreform 1495–1512 – Widerstand der Schweizer und der Schwabenkrieg 1499, der praktisch die Loslösung der Schweiz vom Reich bedeutete: Sehr bald begann er mit dem energischen Versuch der Reichsreform, was für ihn gleichbedeutend mit der Stärkung der Reichsgewalt war. Nach langwierigen Verhandlungen berief er 1495 in Worms einen Reichstag ein, wo er den Fürsten eine Reichssteuer, den *„Gemeinen Pfennig"* abtrotzte. Der *„Allgemeine Landfrieden"*, der das *Fehderecht* sowie das *Faustrecht* endgültig abschaffte, wurde ebenfalls beschlossen. Uneinig waren sich Kaiser und Fürsten über die damit verbundene *Obergerichtsbarkeit.* Die Fürsten setzten ein *Reichskammergericht* unter ihrer Oberaufsicht durch.

Der „Gemeine Pfennig" ging nur schleppend ein, und die Eidgenossen verweigerten ihn ganz. Sie befürchteten, daß die Gelder den Habsburgern zugute kommen könnten, die in den Augen der Schweizer ihre Erbfeinde waren. Sie lehnten die *Beschlüsse von Worms* ganz ab.

Weil das Reichskammergericht in der Schweiz und auch in anderen Gebieten nicht funktionierte, setzte der König 1497 einen *„Reichshofrat"* ein, der von ihm abhängig war.

Die *Schweizer* forderten erneut und verstärkt ihre Selbständigkeit und waren die zähesten Gegner einer Reichsordnung. So kam es 1499 zum *Schwabenkrieg:* Maximilian hatte im Gegensatz zu den Schweizern kein geschultes Heer und wurde deshalb in mehreren Gefechten besiegt.

Dieses Ergebnis des Schwabenkrieges besiegelte letzten Endes die Loslösung der Schweiz vom Deutschen Reich, wenn auch die staatsrechtliche Anerkennung erst 150 Jahre später erfolgte.

1500 fand ein *Reichstag in Augsburg* statt. Es ging um die Steuer. Womit sollte Maximilian ein Heer finanzieren? Er hielt den Fürsten die Machtlosigkeit im Schwabenkrieg vor Augen, von dessen Ergebnis man natürlich betroffen war. So beschloß man, anstelle des „Gemeinen Pfennigs" ein *Reichsheer* aufzustellen, welches aus Kontingenten aller Landesteile bestehen sollte. Doch wurde auch daraus nichts, weil sich manche Fürsten nicht daran hielten, woraufhin sich auch die anderen weigerten.

Doch versuchte Kaiser Maximilian I. alles, um trotz der übergroßen Schwierigkeiten eine Reform durchzusetzen. Er verhandelte weiter.

Auf dem Reichstag zu Augsburg 1500 setzten die Fürsten die Schaffung eines *„Reichsregimentes"* durch, einer Art Regierung, die aus 20 fürstlichen Mitgliedern bestand. Das funktionierte überhaupt nicht, weil die Städte und praktisch der Kaiser selbst ausgeschaltet waren. Nach zwei Jahren löste sich das „Reichsregiment" selbst wieder auf.

Im Jahre 1512 schlug der Kaiser vor, das Reich in zehn Kreise etwa gleichen Umfanges einzuteilen. Diese *„Kreiseinteilung"*, die aber noch nicht das ganze Reichsgebiet umfaßte, wurde sogar durchgeführt. Es war ein kühner Plan, der bei erfolgreicher Durchführung ungeahnte Zukunftsmöglichkeiten gebracht hätte. Aber der Widerstand und zahllose kleinliche Interessen machten auch diese Reform zunichte. So blieben zum Schaden des Deutschen Reiches alle Reformbemühungen des Kaisers letzten Endes erfolglos.

Frankreich trat als dauernder Gegner des Reiches und Italiens auf: Doch während dieser Bestrebungen war der Kaiser außenpolitisch sehr tätig. Es wurde schon berichtet, daß er durch die Heirat mit der burgundischen Erbtochter Maria unter anderen die Niederlande für Habsburg gewann. Zum Reich gehörten sie ohnehin. Frankreich versuchte zweimal vergeblich die Niederlande für sich zu erobern.

Auch die Vertreibung der letzten Ungarn aus Österreich, die nach dem Tode des Matthias Corvinus erfolgte, hatte Maximilian schon zu Lebzeiten seines Vaters erreicht.

König *Karl VIII.* (gest. 1498) von Frankreich versuchte ab 1494 Italien zu erobern. Er erhob nicht nur Erbansprüche auf Neapel, sondern auch auf Mailand. *Maximilian zog deshalb nach Italien,* um die Zugehörigkeit der Herzogtümer *Tuszien* und *Mailand* zum Deutschen Reich zu verteidigen. Gegen Frankreich kam ein Bündnis zustande, dem die italienischen Teilstaaten Venedig, Mailand und der Kirchenstaat unter Papst *Alexander VI.* (gest. 1503), und das Deutsche Reich angehörten. Vor allem aber traten die Spanier *Ferdinand von Aragon* (1452–1516) und *Isabella von Kastilien* (1451 bis 1504) dem Bündnis später bei.

In Frankreich war Karl VIII. gestorben, und seine Nachfolger *Ludwig XII.* (gest. 1515) sowie *Franz I.* (gest. 1547) setzten die Angriffe fort.

Nach Papst Alexander VI. folgte der streitbare Papst *Julius II.* (gest. 1513), der persönlich an Kampfhandlungen teilnahm. Er bediente sich mit Erfolg des schweizerischen Heeres, welches drei Jahre lang den Hauptkampf gegen die Franzosen im Raume von Mailand führte. 1512 und 1513 siegten die Schweizer, doch 1515 wurden sie geschlagen. Die kampftüchtigen Schweizer ließen sich auch in Zukunft von fremden Mächten als Mietsoldaten *(Reisläufer)* in Sold nehmen, je nach Bedarf vom Papst, von Franzosen oder Italienern. Die heutige *„Schweizer Garde"* des Vatikans in Rom ist ein unkriegerisches Überbleibsel aus dieser Zeit. Nach Julius II. folgte Papst *Leo X.* (gest. 1521) aus dem Hause der *Medici*, der hochgebildete Renaissancepapst und Förderer der Künste und Wissenschaften, danach Papst *Hadrian VI.* (1459–1523) aus Utrecht. Er war der letzte deutsche Papst und Erzieher Kaiser Karl V.

Der Krieg in Italien dauerte mit wechselndem Erfolg, veränderten Bündnissen und mit Unterbrechungen 31 Jahre bis 1525 an. Damals war Maximilian schon seit sechs Jahren tot, und der Sieger in der entscheidenden Schlacht von *Pavia* 1525 war sein Enkel *Karl V.* Jedenfalls endete der Versuch Frankreichs, in Italien die Vorherrschaft zu erringen, mit einem totalen Mißerfolg. Statt dessen hatten Spanien und das Reich unter dem deutsch-spanischen Kaiser Karl V. den entscheidenden Einfluß über die gesamte Halbinsel gewonnen.

Übrigens war dies bereits das zweite Scheitern Frankreichs in Italien, nachdem – wie berichtet – der Franzose *Karl von Anjou* ab 1266 einen ersten Versuch, Italien zu erobern, unternommen hatte. Dieser endete ja damit, daß Frankreich ausschied und ganz Italien in noch mehr Kleinstaaten zerfiel.

Durch Heiratspolitik kündigte sich ab 1496 das habsburgische Großreich an: 1496 heirateten der Sohn Maximilians und Marias, *Philipp der Schöne* (gest. 1506), und *Johanna*, die Tochter der spanischen Majestäten Ferdinand und Isabella. Philipp und Johanna waren die Eltern der Brüder und späteren Kaiser *Karl V.* und *Ferdinand I.* Die Mutter erhielt den Beinamen „Johanna die Wahnsinnige" (gest. 1554), weil sie infolge des frühen Todes ihres Gemahls schwermütig wurde. Aus dieser ehelichen Verbindung sollte durch Erbschaft bald schon das deutsch-spanische, habsburgische Großreich entstehen.

Diplomatische Erfolge im Osten 1516: Zurück zu Maximilian: Auf diplomatischem Gebiet erzielte der Kaiser einen weiteren bedeutsamen Erfolg: Er erlangte 1516 die Vormundschaft über den zehnjährigen König *Ludwig II.* von Ungarn und Böhmen (gest. 1526) aus dem polnischen Hause der *Jagiellonen.* Als dieser dann bei *Mohacs* 1526 (in Südungarn) gegen den Sultan *Sulaiman II.* (1495–1566) Schlacht und Leben verlor, kehrte Böhmen wieder zum Deutschen Reich und zur Habsburger Hausmacht zurück. Ungarn erhielt teilweise ebenfalls habsburgischen Einfluß.

Kaiser *Maximilian I.* hatte sich oft und gern in *Augsburg* aufgehalten. Als er nach seinem letzten Besuch 1518 die Stadt verließ, tat er folgenden, ahnungsvollen Ausspruch:

„Nun gesegne dich Gott du liebes Augsburg und alle frommben Bürger darinnen. Wohl haben Wir manchen guten Mut in dir gehabt, doch nun werden Wir dich nicht mehr sehen."

Im Januar 1519 starb Kaiser Maximilian I. in Wels/Oberösterreich im Alter von 60 Jahren. In der Hofkirche zu *Innsbruck* hat man ihm bald nach seinem Tode das wunderbare Ehrenmal errichtet, welches unter dem Namen *„Maximiliansgrabmal"* bekannt ist. Der Hauptteil ist ein Marmorsarkophag mit der knienden Kaisergestalt. 28 überlebensgroße Erzstandbilder seiner Vorfahren (seit König Artus 1000 Jahre zuvor) umgeben ihn. Berühmte Künstler wie der Nürnberger Bronzegießer Peter *Vischer* (gest. 1529) oder der Landshuter Bildhauer Hans *Leinberger* (gest. um 1530) haben daran mitgearbeitet.

In einer Chronik „*Weißkunig*" und einem sinnbildlichen (allegorischen) Gedicht „*Teuerdank*", entstanden 1514 bzw. 1517, sind die Lebensereignisse Maximilians I. geschildert. Grabmal, Chronik und Gedicht beruhen auf eigenen Entwürfen des Kaisers.

Rückblick auf die rund 250 Jahre von Rudolf von Habsburg bis Maximilian I. 1519

Die hochmittelalterliche Kaiserzeit beruhte ursprünglich auf einer starken Königs- und Kaisergewalt. Die Ursache ihres Zerfalls war der Streit mit dem nach weltlicher Macht strebenden Papsttum. Zwar hatten die Kaiser die Kirche mächtig gefördert und gestützt, doch die Päpste erhoben bald den Anspruch der geistlichen über die weltliche Macht. Als „Stellvertreter Gottes auf Erden" seien sie die Lehensherren der Kaiser. Daraus wieder ergebe sich das Recht der Päpste, die Kaiser zu ernennen oder abzusetzen.

Natürlich lehnten die Kaiser solche Anmaßungen ab. Der endlose Streit und Kampf warf beide Parteien zu Boden, doch ohne sie zu zerstören:

Die Päpste mußten vorübergehend aus Rom abziehen und sich unter französischem Einfluß in der Stadt Avignon für über 70 Jahre in die „*Babylonische Gefangenschaft*" begeben. Dann folgte das 45jährige Papst-*Schisma*.

Die Kaiser aber hatten ihre zentrale Macht verloren, die Reichsfürsten und Grafen waren selbständiger geworden, und das Reich war größeren Gefahren ausgesetzt.

Das politisch-kriegerische Geschehen

Der Schock, den das Reich getroffen hatte, äußerte sich zuerst in zunehmender Lockerung des inneren Zusammenhaltes. Das Lehenswesen bestand nicht mehr, und somit verfügte der Kaiser über kein *Reichsheer*. Das war das Grundübel. Viele Fürsten fühlten sich nicht mehr verpflichtet, dem Kaiser kriegerische Hilfe zu leisten, wenn das Reich in Not geriet. Deshalb waren die Kaiser gezwungen, sich eine große Hausmacht zu schaffen, also die Verfügungsgewalt über so viele Reichs- und andere Gebiete wie möglich. Das bedeutete entsprechend hohe Steuereinnahmen und damit die Möglichkeit, ein schlagkräftiges Heer aufzustellen. Dieses konnte dann nicht nur zur Aufrechterhaltung oder Herstellung der inneren Ordnung eingesetzt werden, sondern vor allem gegen Angreifer von außen. Beide Notwendigkeiten waren seit eh und je keinem Kaiser erspart geblieben.

So ergab es sich von selbst, daß die Kaiser *Hausmachtpolitik* und *Reichspolitik* zugleich betreiben mußten. Es muß den meisten Kaisern bescheinigt werden, daß sie je nach Fähigkeit das Wohl des gesamten Reiches nie außer acht ließen trotz des ewigen Widerstandes aus egoistischem Denken der *Stände*, also der weltlichen und geistlichen Fürsten sowie der Städte. Ebenso ist es aber Tatsache, daß es im Reich immer verantwortungsbewußte Menschen aus weltlichen und geistlichen Kreisen gab, die den Kaiser tatkräftig unterstützten. Diesem Umstand war es zu verdanken, daß das Reich trotz aller Schwierigkeiten zusammenhielt. Da aber diese Unterstützung zeitweise nicht ausreichte, vor allem dann, wenn die Persönlichkeit des Kaisers, wie z. B.

Friedrichs III., zu wünschen übrig ließ, war leider eine Entwicklung wie die im *Deutschen Ordensstaat* nicht zu verhindern.

Die *Schweizer Eidgenossenschaft* strebte die Herauslösung aus dem Deutschen Reich an trotz der 1200jährigen Zugehörigkeit zum alemannischen bzw. schwäbischen Volksstamm, also trotz gleicher Hochsprache, Mundart und Kultur. Welch überragende Rolle hatte z. B. Kloster und Stadt *St. Gallen* in der deutschen Kulturentwicklung gespielt! Der Bruch beruhte auf dem immer stärker werdenden Haß auf das eigene Fürstengeschlecht der Habsburger, deren Stammburg die Habichtsburg an der Aare war. Die ursprünglich notwendige aber oft rücksichtslose Steuereintreibung hatte den Stein ins Rollen gebracht, und der Gang der Dinge konnte nicht mehr aufgehalten werden. Die Steuergelder waren im Reichsinteresse dringend nötig, und sie wurden in allen habsburgischen Gebieten eingezogen, weshalb dort in der kaiserlosen Zeit kein Raubrittertum aufkommen konnte. Aber dafür hatten damals die Schweizer wenig Verständnis, wie so manch anderer auch nicht. Die Wilhelm-Tell-Sage berichtet von der falschen Behandlung der Bevölkerung am Vierwaldstättersee durch die habsburgischen Landvögte.

Bedenklich und folgenschwer war die Duldung des *französischen Einflusses in Hochburgund.*

Der Unermüdlichkeit und Ausdauer mancher Kaiser war schließlich doch Erfolg beschieden. Das war vor allem im Osten der Fall, als zum Ende der Regierungszeit Kaiser Maximilians I. Böhmen, die Lausitz, Schlesien und ganz Österreich endgültig wieder an Habsburg fielen und damit erneut feste Bestandteile des Reiches wurden.

Trotzdem nahm die *Einengung deutschen Einflusses* in der Mitte Europas langsam und stetig seinen verhängnisvollen Lauf.

Die Nachbarvölker

Die mehr oder weniger feindlichen Nachbarvölker des Reiches waren mit gleichen inneren Schwierigkeiten belastet. Wenn man die Geschichte all dieser Völker studiert, so muß man feststellen, daß es dort weit schlimmer als in Deutschland zuging. Innere Zwietracht, Betrug, Verrat, Mord, Machtkämpfe ohne Ende gehörten jahrhundertelang zur Tagesordnung. Nur war – damals wie heute – ein in der Mitte Europas gelegenes Land wie Deutschland, umgeben von einem Dutzend andersgearteter Völker, weit größeren Gefahren ausgesetzt als die Randvölker. Deshalb hätte es in Deutschland stets besonders ausgeprägter Einigkeit bedurft, um stark zu bleiben.

Frankreich: Die *Westgrenze des Reiches* zu Frankreich war brüchiger geworden. Lothringen verlor schon 1301 kleinere Gebiete an der oberen Maas. 1328 war in Frankreich das Königshaus der Kapetinger ausgestorben, das 987 den Karolingern des Westreiches gefolgt war. Nun regierten seit 1329 die Könige des Hauses *Valois* (bis 1589).

Das alte *Königreich Burgund (Arelat)* beiderseits der Rhone hatte sich bis Anfang des 14. Jahrhunderts in Herzogtümer und Grafschaften aufgelöst, und zwar in *Hochburgund,* die mittleren *Lande der Eidgenossen, Savoyen* mit der Hauptstadt Turin, die *Dauphiné* mit Lyon und Grenoble sowie die *Provence* bis zur Hafenstadt Marseille.

Die Dauphiné kam 1349, die Provence 1481 endgültig an Frankreich. Immerhin handelte es sich bei diesen Ländern großenteils um französisches Sprachgebiet, und in der Provence sprach man Provencalisch. Bedenklicher für das Reich war die Entwicklung in den deutschsprachigen und gemischtsprachigen Teilen der Freigrafschaft Burgund mit der Stadt Bisanz. In der Zeit zwischen 1363 und 1476 war dort unter französischen Herzögen auch die französische Sprache stark geworden. Auch nachdem 1477 das Land an die Habsburger kam, erfolgte dort weiterhin die *Verdrängung der deutschen Sprache*. Obwohl die Stadt noch bis 1648 freie deutsche Reichsstadt war, hieß sie schon lange zuvor nur noch Besançon. Das ganze Gebiet der *Burgundischen Pforte* zwischen Schweizer Jura und Wasgenwald (Vogesen) wurde bis etwa 1700 gänzlich französisiert.

Das ehemalige linksrheinische Herzogtum Lothringen von Basel bis zur Rheinmündung hatte sich – genau wie das Königreich Burgund südlich davon – zur gleichen Zeit in viele kleine Herrschaftsgebiete aufgelöst. Daraus war nun wieder in fast demselben Gebiet ein zusammenhängendes Herzogtum entstanden, welches die Namen „Neuburgund", „Herzogtum Burgund" erhielt. Es war dies ein Land beiderseits der deutsch-französischen Grenze unter der Herrschaft französischer Herzöge. Dieses *Neuburgund* kam 1477 durch Heirat an die Habsburger.

England – Frankreich: Der englische König *Eduard III.* aus dem Hause *Anjou-Plantagenet* erhob wegen seiner französischen Abstammung Anspruch auf den französischen Thron und begann 1337 Krieg, der dann zum sogenannten *„Hundertjährigen Krieg"* 1337–1453 wurde. Es gab zwar keine andauernden Kämpfe, doch entbrannten diese immer wieder aufs neue mit wechselnden Erfolgen. Zeitweise beherrschte England fast ganz Westfrankreich. Zusätzlich suchten mehrfach verheerende Bürgerkriege Frankreich heim. Einmal gab es erbitterte Kämpfe zwischen den Herzögen von *Orleans* und von Bourgogne, die Nebenlinien des Königshauses Valois entstammten. Dann gab es nicht endenwollende Auseinandersetzungen zwischen dem Adel und den Bürgern der Städte.

Die Wende im Krieg gegen England brachte 1429 die *„Jungfrau von Orléans", (Jeanne d'Arc,* 1412 – 1431); das siebzehnjährige Bauernmädchen spornte im Kampf um die Stadt Orléans ihre Landsleute so überzeugend an, ritt auch im Kampf voran, daß die Engländer in dieser Schlacht besiegt wurden. Ein französischer Ritter verriet sie jedoch zwei Jahre später den Engländern. Ein geistliches Gericht verurteilte sie als „Zauberin", und 1431 erlitt sie den Feuertod. Obwohl Johanna trotz ihrer Frömmigkeit als *„Ketzerin"* starb, wurde sie durch Papst Benedikt XV. heiliggesprochen – allerdings erst 1920, also nach dem Ersten Weltkrieg.

König *Karl VII. der Siegreiche* (gest. 1461) beendete schließlich den 100jährigen Krieg gegen Englands schwachsinnigen König *Heinrich VI.* (gest. 1471), indem er die Engländer 1453 endgültig vom Festland vertrieb. Er und sein Nachfolger *Ludwig XI.* (gest. 1483) stärkten nun nach Aufhebung des Lehenswesens durch moderne Gesetzgebung die Macht der Krone entscheidend. Das war der Beginn des *Absolutismus*, der sich schnell in Europa ausbreitete.

Italien: In Italien gehörte nur noch ein Teil des Nordens zum Reich, nämlich die Hälfte des alten langobardischen Königreiches, das Herzogtum *Mailand, Savoyen* mit der Hauptstadt Turin und die Republik *Genua.*

Die Toskana *(Tuszien)* mit der Hauptstadt Florenz und der Hafenstadt Pisa war unter loser Reichshoheit teilweise Habsburger Besitz, ansonsten praktisch eine selbständige Republik geworden, in der sich allerdings die ansässigen Adelsgeschlechter untereinander ständig bekämpften.

In Florenz versuchte ein Dominikaner-Mönch, der durch zündende Predigten gegen die allgemeine Sittenlosigkeit enormen Einfluß im Volk gewann, einen *„demokratischen Ordnungsstaat"* zu errichten. Nach der Vertreibung der Fürsten Medici nahm er selbst entscheidend an der politischen Neugestaltung der Stadt teil, was ihm seine Zugehörigkeit an einer vornehmen Adelsfamilie ermöglichte. Doch als er auch gegen den Ungeist am päpstlichen Hof in Rom Stellung nahm und dort die Einhaltung streng kirchlicher Grundsätze verlangte, paßte er gar nicht mehr in die leichtsinnige Lebensart des damaligen Italien. Papst *Alexander VI.* ließ ihn als Ketzer durch ein Inquisitionsgericht zum Tode auf dem Scheiterhaufen verurteilen. Der Mönch Girolamo *Savonarola* (1452–1498) wurde öffentlich auf dem Marktplatz von Florenz verbrannt.

Venedig von Bergamo bis Triest einschließlich der Provinz Friaul und Verona hatte sich zur völlig unabhängigen Republik – ebenfalls nach harten inneren Kämpfen – entwickelt. Dabei löste sich Venedig in der ersten Hälfte des 15. Jahrhunderts ganz aus dem Reichsverband und betrieb eigene recht bedeutende Politik.

Was in Mittel- und Süditalien vor sich ging, geschah ebenfalls ohne Einfluß des Deutschen Reiches.

Die Auseinandersetzungen mit dem Papsttum hatten zur Folge, daß sich Deutschland – von Rom enttäuscht – zusehends abwendete. Nicht nur in Deutschland, sondern in ganz Europa erlebte das *Papsttum immer stärkeren Verlust an Ansehen,* wozu die Zustände in Avignon ein Übriges taten.

Mit der Macht des alten deutschen Kaisertums war auch viel vom Ansehen der Päpste verlorengegangen. Hätten beide zusammengehalten wie zu Zeiten Karls des Großen und Ottos des Großen, wäre die Entwicklung Europas völlig andere Wege gegangen.

Der Wahn der *Inquisition* mit den dazugekommenen *Hexenverfolgungen* – beide im Namen Gottes durchgeführt – bewirkten, daß in ganz Europa viele Menschen der katholischen Kirche überdrüssig wurden. Die Männer, die den folgenschweren Bruch herbeiführen sollten, waren am Ende der hier beschriebenen Geschichtsperiode bereits geboren.

Dänemark: An der Grenze zu Dänemark waren verwickelte Verhältnisse eingetreten: Die deutsche Grafschaft *Holstein,* welche von Hamburg-Altona bis zur *Eider* und den Städten Rendsburg und Kiel reichte, war im Besitz der deutschen Grafen von *Schauenburg (Schaumburg).* 1386 kam durch Erbschaft auch das ganze Herzogtum *Schleswig* (das deutschsprachige *Südschleswig* und das dänischsprachige *Nordschleswig)* zwischen den Flüssen Eider und Königsau ebenfalls an die Schauenburger. Schleswig war aber dänisches Hoheitsgebiet; 1460 wählten die schleswig-holsteinischen Stände als dänischen König *Christian I.* (gest. 1481) aus dem Hause *Oldenburg,* nachdem der letzte Schauenburger gestorben war. Der schlaue Christian gelobte nun, daß ganz Schleswig und Holstein allezeit zusammenbleiben sollten, *„up ewig ungedeelt"*, natürlich unter dänischer Herrschaft. Da sich für diese Entwicklung der Kaiser

Friedrich III. in keiner Weise interessierte, kam somit das Land *Schleswig-Holstein* zwischen dem Flüßchen Königsau und der Stadt Altona 1410 unter dänische Herrschaft (bis 1815). Dabei blieb allein Holstein noch im Reichsverband.

Litauen-Polen: Am labilsten waren die Grenzverhältnisse im Nordosten des Reiches geworden. Vom Deutschen Ordensstaat war nicht mehr viel übriggeblieben, nachdem vor allem Pomerellen (Westpreußen mit Danzig, Kulm und Thorn) im Zweiten *Thorner Frieden 1466* an Litauen verlorenging, dazu in Ostpreußen das Ermland mit Elbing und die Marienburg. Der Rest kam sogar noch unter polnische Oberhoheit.

Ungarn: In Böhmen hatten im 15. Jahrhundert verheerende Bürgerkriege – die *Hussitenkriege* – jahrzehntelang gewütet, nachdem 1415 Johannes Hus in Konstanz den Tod auf dem Scheiterhaufen erleiden mußte. Große Teile der Lausitz, Schlesiens und vor allem der Wettinischen Gebiete im heutigen Land Sachsen waren schwer heimgesucht worden. Danach gerieten Böhmen, Schlesien, die Lausitz und ganz Österreich einschließlich Kärnten und Krain vorübergehend unter ungarische Herrschaft. Der Ungarnkönig *Matthias Corvinus* war wie ein Meteor mächtig aufgeglüht. Doch mit seinem Tod 1490 war die Gefahr bald behoben, und *Westungarn* gelangte sogar in den Besitz der Habsburger.

Das Türkische Reich: Doch eine andere Gefahr für Europa und das Deutsche Reich entwickelte sich im Südosten zu bedrohlicher Größe: Die moslimische Türkei. 1453 war Konstantinopel, die Hauptstadt des alten byzantinischen Kaiserreiches, durch Sultan *Mohammed II.* (1430–1481) erobert worden, womit das Kaiserreich Byzanz endgültig erloschen war.

Im Jahre 395 aus dem östlichen Teil des römischen Weltreiches hervorgegangen, hatte *Byzanz* eine über 1000jährige Geschichte mit glanzvollen Hoch- und bedrückenden Tiefpunkten durchlebt. Die vergangenen 400 Jahre entsprachen einem langsamen Absterben, und das Ende war der Fall von Konstantinopel, wobei der letzte Kaiser *Konstantin IX.* im Kampf gegen Mohammed II. den Tod fand.

Seit 1453 war somit *Konstantinopel* Hauptstadt des mächtig aufstrebenden Osmanischen Reiches geworden. Sultan *Osman I.* (gest. 1326) hatte 1288 das türkische Reich gegründet. Die bereits erwähnte Schlacht bei *Warna* in Bulgarien 1444 bedeutete den letzten gescheiterten Kreuzzug des christlichen Abendlandes gegen das Vordringen der islamischen Türken nach Europa. Das vereinigte christliche Heer von Ungarn, Deutschen, Polen und anderen war dort von den „Ungläubigen" vernichtet worden.

Bald geriet Ungarn mit Siebenbürgen bis auf den Streifen Westungarns, der den Habsburgern 1526 zufiel, unter türkische Herrschaft.

Die wirtschaftliche und kulturelle Entwicklung – Früh- und Hochrenaissance bis 1519

So bedrückend die politischen Verhältnisse in Deutschland waren, so erstaunlich mutet der kulturelle Fortschritt an, der überall kraftvoll voranschritt. Es schienen zwei getrennte Welten zu sein: Hier der immerwährende Streit der Stände, also weltlicher und geistlicher Fürsten mit den Städten, dort der unermüdliche Fleiß der Handwerker, Künstler und Gelehrten. Die *Zünfte* als produzierender Teil der Wirtschaft hatten sich zur wohlstandsfördernden und sozial gerechten Organisation mächtig entwickelt. Die *Deutsche Hanse* beherrschte – später zusammen mit den Niederländern – den Seehandel Nordeuropas.

Innerhalb zweier Jahrhunderte erschloß die Hanse die große *Seehandelsstraße der Ostsee,* gestützt auf die Wirtschaft des weiten Hinterlandes im Reich, Skandinavien, dem Deutschen Ordensland und Nordrußland.

Der andere bedeutende europäische *Seeweg, des Mittelmeeres* als Bindglied zum Orient, wurde zunehmend von den Republiken Venedig, Genua sowie vom Seehafen Pisa in der Toskana beherrscht. Das Reich unterhielt auf dem Landweg beste Handelsbeziehungen zu diesen Mittelmeerhäfen.

Augsburg, Zürich, Straßburg, Nürnberg, Köln, Ulm, Regensburg, Prag, Wien, *Leipzig als Messestadt* (seit 1270) und andere *Städte waren bedeutende Bindeglieder zwischen Mittelmeer und Ostsee oder Nordsee.* Hier kreuzten sich die Handels- und *Salzstraßen,* die nach allen Himmelsrichtungen in die Länder Europas und des Orients führten. Die Handelsstädte Nord-, Mittel- und Süddeutschlands sowie der Lombardei arbeiteten wirtschaftlich in idealer Ergänzung zusammen.

Die Patriziergeschlechter der *Fugger* und der *Welser* in Augsburg waren zur Zeit um 1500 die bedeutendsten Handels- und Bankhäuser Europas. Die reichen Fugger finanzierten die Unternehmungen der Kaiser und Päpste, indem sie hohe Darlehen zur Verfügung stellten. Den Welsern wurde später von Kaiser Karl V. als Sicherheit gegen bedeutende Summen die *spanische Kolonie Venezuela* in der neuentdeckten Welt überlassen.

Wenn den Fürsten und Städten in ihren politischen Händeln kleinliches Denken vorgehalten werden konnte, so mußte zweifellos den damaligen Männern der Wirtschaft das Gegenteil bescheinigt werden. Diese legten schon lange vor 1500 den Grundstock für die spätere *deutsche Wirtschaftsmacht,* die bis heute trotz schwerster politischen Wirren und trotz des Verlustes zweier Weltkriege in unserem Jahrhundert ungebrochen blieb. So gefährlich die zentrale Lage des Deutschen Reiches alle Zeit in politischer Beziehung war, so vorteilhaft konnte sie sich für die Wirtschaft auswirken, weil hier ein erfindungsreiches und fleißiges Volk wohnt.

Der allgemeine Wohlstand kam in erster Linie den Städten zugute, was diese in ihren *Baudenkmälern* stolz zu zeigen wußten. Die seit langem in Bau befindlichen Dome verschlangen Unsummen, aber es wurde an ihnen immer weitergebaut, genau wie auch Zunft- und Rathäuser sowie andere Gebäude entstanden. Viele neue Städte waren gegründet worden, und die deutsche Bevölkerung hatte auf 15–16 Millionen zugenommen.

Im ganzen Reich waren zahlreiche neue schöne *Burgen* entstanden, die heute noch guterhalten oder als Ruinen überall weit sichtbar auf Bergeshöhen thronen. Oft wurden diese Burgen Mittelpunkt von Landstädten, die um den Burgberg herum entstanden. Ein besonders gut sichtbares Beispiel dafür gab die herrliche Stadt *Salzburg.*

In rein ländlichen Gegenden sah es allerdings weniger erfreulich aus: Die Fürsten hatten sich in ihren vielen Händeln sowie im Schwäbischen Krieg zwar als die Mächtigeren durchgesetzt (außer in der Schweiz), doch die Bauern mußten bezahlen. Von altersher herrschte die sogenannte *Leibeigenschaft,* ein Rechtszustand, der die Bauern vom adeligen Grundherren abhängig hielt, d. h. zu Abgaben und *Frondiensten* verpflichtete. Je nach Einstellung der Herrschaft war dieser soziale Zustand mehr oder weniger erträglich. Die Habsburger hatten es zeitweise rücksichtslos so weit getrieben, daß es in der *Schweiz* zum Bündnis zwischen Land- und Stadtbevölkerung kam mit dem Ergebnis der weitgehenden Lossagung vom Reich. Auch in anderen Teilen Süd- und Mitteldeutschlands nahm die Bauernnot bedenklich zu, so daß sich bald die Spannung in den *„Bauernkriegen"* entladen sollte.

Der *Bergbau* hatte sich in Deutschland zu einem bedeutenden Wirtschaftszweig entwickelt. *Salzbergwerke* kannte man schon lange, aber mit der Bevölkerungszunahme wurde das Salz immer wichtiger, so daß sogenannte Salzstraßen zu Lande und auf Flüssen weit über die Grenzen des Reiches hinaus wichtigste Handelswege wurden. Salzabbau unter Tage betrieb man in vielen Teilen des Reiches, denn es fanden sich genug Steinsalzlager. Auch der Erzbergbau auf Zinn, Blei, Silber, Nickel, Kupfer stand im *sächsischen Erzgebirge (dem Miriquidi)* schon 1180 in Blüte. Die Silbergewinnung bei *Freiberg in Sachsen* erfreute sich damals besonderer Ergiebigkeit. Kein Wunder, daß sich Wohlstand im Lande ausbreitete und der Wettiner Markgraf von Meißen den Beinamen *„Otto der Reiche"* (gest. 1190) erhielt.

Die gleichen Erze fand und verhüttete man später auch im *Harz* in mehr als 60 Gruben. Heute sind dort die meisten erschöpft. Nur im *Rammelsberg bei Goslar,* in der *Grube „Hilfe Gottes"* vor Bad Grund und in *Mansfeld,* dem Kupferabbaugebiet, herrscht noch Bergbau mit alter Tradition. Als vor 1500 im Erzgebirge Blei- und Silbergruben unergiebig geworden waren, übersiedelten viele Bergleute, soweit sie nicht im Zinn- und Kupferbergbau Arbeit fanden, nach dem Harz, wo sie und ihre Nachkommen noch jahrhundertelang traditionsgemäß unter Tage ihr Brot verdienten.

Eisenerz fand sich in vielen Teilen des Reiches, ebenso *Kohle* in großen Mengen. Deshalb entstanden nahe diesen Fundstätten auch mit der Zeit die immer wichtiger werdenden einschlägigen Handwerksbetriebe. Die Kriegswaffen hatten seit der Erfindung des *Schießpulvers* ein wesentlich anderes Gesicht bekommen. Die vor 1400 neu entstandenen Landsknechtheere waren mit *Feuerbüchsen* und *Kanonen* ausgerüstet. Solch neuartiges Kriegsgerät wurde zum größten Teil aus Eisen hergestellt, natürlich auch in Mengen die Kanonenkugeln.

Die *Glockengußtechnik* kam ebenfalls zur Bedeutung, obwohl sie schon seit etwa 1100 bekannt war. Das *Bronze*-Material war eine Legierung von etwa drei Vierteln Kupfer und knapp einem Viertel Zinn; sie ergab den besten Klang. In die Türme der Dome und Kirchen hängte man nun mehrere aufeinander abgestimmte Glocken. Die berühmte *„Maria Gloriosa"* im Erfurter Dom wurde 1497 gegossen und ist wohl die älteste erhaltene Glocke Deutschlands.

Die Geisteswissenschaft des 14. Jahrhunderts gebar die Lebensanschauung des *Humanismus.* Diese Bewegung ging von Italien aus und wurde von Dichtern, Wissenschaftlern und Staatsmännern getragen. Mit dem Humanismus wollte man der griechischen und römischen Philosphie nacheifern, sie in die Gegenwart übertragen und ein Musterbild menschlicher Vollkommenheit schaffen. Berühmte Humanisten in Italien waren u. a. *Petrarca* (1488–1374), *Boccaccio* (1313–1375), in Deutschland Ulrich von *Hutten* (1488–1523) aus Fulda, *Erasmus von Rotterdam* (1465–1536), Jakob *Wimpheling* aus Schlettstadt im Elsaß (1450–1528), Johann *Reuchlin* (1455–1522) aus Pforzheim, Willibald *Pirkheimer* (1470–1530) aus Nürnberg und andere. Kaiser *Maximilian I.* förderte den Humanismus eifrig. Die europäischen Humanisten bekannten sich betont zur jeweiligen Eigenart ihrer Völker und vertraten ein überzeugtes Nationalbewußtsein.

Der Humanismus hatte die *Philosophie* aus der Vormundschaft der Kirche befreit, womit er in Gegensatz zur *Scholastik* trat. Zwar hatte diese bereits die griechische Philosophie des *Aristoteles* in das christliche Gedankengut aufgenommen, aber noch ganz im Sinne des alles überwachenden Christentums. Der Humanismus stieß die Tür zur Neuzeit im gesamten Denken und Handeln der Völker Europas weit auf.

Aus der Theorie des Humanismus entstand, sozusagen in der Praxis, die *Renaissance*, also die Wiedergeburt antiker Lebensauffassung. Das zeigte sich bald und eindrucksvoll in den schönen Künsten, die bis 1500 einen überzeugenden Höhepunkt erreichten. In der Baukunst wurde die hochstrebende Gotik abgelöst, indem der neue *Renaissance-Baustil* mehr in die Breite ging, und statt der spitzen Türme baute man Kuppeln. Großartigste Ausführung fand diese Bauweise beim neuen *Petersdom in Rom*, der bedeutendsten Kirche des katholischen Christentums.

Die *Hagia Sophia* in Konstantinopel, das großartigste Bauwerk der Morgenländischen Kirche, wurde schon 530–537 errichtet. Nach 1453 bauten sie die Türken in eine Moschee um. Heute ist sie ein Museum.

In Deutschland entstanden nun überall außer Kirchen auch prächtige weltliche Bauten im Renaissance-Baustil: So die Schlösser von Landshut in Bayern oder Brieg in Schlesien, eine Menge Rat- und Bürgerhäuser wie in Löwen in Brabant, Rothenburg ob der Tauber, Lemgo in Niedersachsen, Altenburg in Thüringen, in Breslau, Basel und Zürich in der Schweiz, in Danzig usw. Auch die *Fachwerkhäuser* von Dinkelsbühl, Miltenberg, Hildesheim, Kolmar im Elsaß und vielen anderen Städten stammen aus jener Zeit. All diese Bauwerke sind so durch und durch deutsch, daß man sie nirgendwo auf der Welt in dieser Art findet.

Die *Bildhauer* arbeiteten nicht mehr ausschließlich für die Kirchen, sondern stellten nun auch *Reiterstandbilder* oder Personen über wuchtigen Sockeln inmitten von Märkten oder Plätzen auf. Auch kunstvolle Grabmäler entstanden außerhalb der Kirche. Wie im Altertum schuf man nun auch Bildwerke, die den Menschen unbekleidet darstellten, was seit 1500 Jahren undenkbar gewesen war.

Die *Malerei*, die sich fast völlig auf religiöse Motive beschränkt hatte, zeigte nun den Menschen in seiner natürlichen Umgebung, und die Landschaft wurde mit großer Genauigkeit im Bild festgehalten. Zu den *Temperafarben* (feingemahlene bunte Mineralien, vermischt mit Ei oder dem Käsestoff der Milch), kamen die *Ölfarben* (mineralische oder pflanzliche Farbstoffe, vermischt mit Ölen als Bindemitteln), die plastischere Wirkungen ermöglichten.

Um 1430 erfanden in Deutschland bedeutende Künstler die *Kupferstechkunst*. Das waren der Elsässer Martin *Schongauer* (1445–1491), Albrecht *Dürer* (1471–1528) aus Nürnberg und andere. Diese beiden waren ebenso berühmte Maler, wie z. B. Mathias

Grünewald (um 1475 1528) aus Aschaffenburg, die Augsburger Hans *Holbein*, Vater und Sohn (um 1465–1524) bzw. (1498–1553) und Lucas *Cranach* (1472–1533) aus Kronach in Franken. Der Bildhauer Tilman *Riemenschneider* (1460–1531) aus Osterode am Harz verwendete für seine Kunstwerke vorwiegend Holz, denen er durch Farben zusätzlich Leben verlieh. Veit *Stoß* (um 1445–1533) aus Nürnberg schuf für die deutsche Gemeinde im damals noch weithin deutschen *Krakau* wunderbare Altarschnitzereien, Sandsteinreliefs, Kupferstiche und Gemälde für Nürnberg und andere Städte.

Kunst und Wissenschaft waren von jeher international, wenn auch mit nationalen Schwerpunkten. So wie deutsche Künstler die Kupferstecherei erfanden und zu höchster Vollendung brachten, so griffen Italiener die uralte Kunst des *Mosaik* und des *Commesso* wieder auf. Mosaik ist die Zusammensetzung von kleinen bunten Steinwürfeln auf einer glatten Kittfläche. Die Commessotechnik benutzte unregelmäßige bunte Steinplättchen, die genau zusammengefügt wurden. Man verwendete Quarz-Edelsteine wie Chalzedon, Amethyst, Achate, ferner Lapislazuli, Malachit, auch Feldspate und Kalksteine. Am Schluß wurden die Bildflächen poliert, so daß man die Stoßstellen beim Commesso nicht mehr erkennen konnte. Es entstanden kostbarste Kunstwerke. In Florenz gründete 1588 die berühmte kunstsinnige Familie der *Medici* eine Werkstatt für Commesso-Arbeiten, die weltberühmt wurde und noch heute besteht.

In Italien herrschten die widersprüchlichsten Verhältnisse von ganz Europa: Auf der einen Seite rücksichtslose und sittenlose Gewaltherrschaft von Fürsten und Päpsten, andererseits Kunstförderung einmaliger Art durch dieselben Männer. Bekannte Renaissance-Menschen dieser Zeit waren die *Borgia*, Orsini, Colonna und Farnese in Rom, die Medici in Florenz oder die Visconti und *Sforza* in Mailand.

Die berühmtesten italienischen Renaissance-Künstler aber waren Donato *Bramante* (1444–1514), *Leonardo da Vinci* (1452–1519), *Michelangelo* Buonarroti (1475–1564) und *Raffaelo* Santi (1483–1520), der 99 Jahre alt gewordene Florentiner *Tizian* Vecelli (1477–1576), der Karl V., Heinrich VIII. sowie viele Könige und Päpste seiner Zeit malte, ferner Allegri *Correggio* (um 1490–1534) und andere.

Im Jahre 326 war in Rom unter Kaiser Konstantin dem Großen und Papst Silvester I. die alte *Peterskirche* über dem Grab des Apostels Petrus eingeweiht worden. 1506 ließ Papst *Julius II.* diesen Bau abreißen und mit dem Neubau des *Petersdomes* beginnen, den Bramante entworfen hatte. Nach seinem Tod leiteten Raffael, Michelangelo und andere den Weiterbau. Die genannten Künstler waren fast alle Maler, Bildhauer und Baumeister in einer Person. Leonardo war auch noch Forscher und Erfinder.

Für die *Musik* hatte sich seit dem Hochmittelalter durch die Erfindung neuartiger Instrumente ein wesentlich erweitertes Wirkungsfeld aufgetan. Die Minnesänger bedienten sich zur Begleitung noch einfacher Saiteninstrumente wie *Leier*, *Fiedel* und *Harfe*. Doch ausgangs des späten Mittelalters war durch Weiterentwicklung des antiken *Hackbretts* (indisches Saiteninstrument), auch *Czimbal* genannt, das *Cembalo* entstanden. Es war schon ein Tasteninstrument, wobei die waagerecht angeordneten Saiten durch entsprechende mechanische Übertragung mit Federkielen angerissen wurden, daher der Name Kielklavier. Eine Abart mit senkrechten Saiten hieß *Spinett*. Das Cembalo war der Vorläufer des späteren *Flügels*, das Spinett der des *Klaviers*. Doch wurden bei beiden die Saiten nicht mehr angerissen, sondern mit kleinen Hämmerchen angeschlagen, also *Hammerklaviere*.

Als *Blasinstrument* kannten die Germanen die *Luren*, schwere Trompeten, aus Bronze hergestellt. Auch die aus Holz oder Rohr gefertigten *Flöten* waren schon im frühesten Altertum als Hirtenflöten bekannt. Die Aulos-Schalmei, eine *Doppelflöte*, benutzten die alten Griechen längst. Doch bis zum Ende des Mittelalters gab es wesentlich verfeinerte Abarten wie *Querflöte, Oboe, Klarinette* und andere.

Auch die *Orgel*, die man schon etwa 250 v. Chr. in Alexandria baute, entwickelte sich zwischen 1300 und 1500 zur heutigen Grundform mit Gebläse. Seit etwa 1400 kannte man die Art Orgelmusik, wie wir sie noch heute spielen. Das *„Buxheimer Orgelbuch"* von 1470 überlieferte kunstvolle Orgelwerke.

Eine solche Entwicklung wäre allerdings ohne die *Noten* nicht möglich gewesen. Um 800 erfand man die Vorläufer der Noten, die sogenannten *Neumen*, 100 Jahre später die *Notenlinien*. Der berühmte St. Gallener Mönch und Dichter *Notker Balbulus* (gest. 912), der Stotterer, dichtete Texte für geistliche Gesänge (Sequenzen) und war entscheidend an der Suche nach einer geeigneten *Notenschrift* beteiligt. Bis 1500 war man der modernen Notenschrift sehr nahe gekommen. Nun wurde es möglich, Melodien festzuhalten. 1455 entstand das sogenannte *„Lochumer Liederhandbuch"*, eine Sammlung alter deutscher Volkslieder und Gesänge in mehreren Stimmen.

Auch *Dichtung* und deutsches Schrifttum hatten Fortschritte gemacht und traten seit 1480 stark in Erscheinung. Den hochmittelalterlichen Höhepunkt der Dichtung, verbunden mit Gesang, erreichten einst die adeligen *Minnesänger*. Doch nun traf man überall in den Städten Bürgerliche an, die ebenfalls ihre Dichtungen im Gesang vortrugen. Nürnberg war die führende Stadt der *„Meistersinger"*, und Hans *Sachs* (1494–1576) war einer der bekanntesten seiner Zeit.

Die Geschichtsschreiber der Könige und Kaiser hatten ihre Aufzeichnungen vorwiegend in Latein vorgenommen. Nun kam die deutsche Sprache in vielfältigen Schriften zu Worte. Volkslieder-Texte fanden weite Verbreitung, und das volkstümliche *Schauspiel* in Form von Fasenachts-, Oster- und Weihnachtsspielen kam überall auf. Ein wichtiger Ausgangsort war auch hier wieder die Stadt *Nürnberg*. In *Straßburg* verfaßte 1494 der Dichter und Humanist Sebastian *Brant* (1457–1521) das satirische „Narrenschiff", und 1497 erschien die Komödie „Henno" von dem bereits erwähnten Johann *Reuchlin*. Dieser bedeutende Universitätsgelehrte wirkte in Ingolstadt und Tübingen, wo er die ersten Lehrbücher für Altgriechisch und Althebräisch schuf.

Von entscheidender Bedeutung für die weitere Verbreitung des Schrifttums war aber erst die Erfindung der *Buchdruckerkunst* durch Johann *Gutenberg* in Mainz (um 1396 bis 1468). Eigentlich hieß er Henne Gensfleisch und entstammte einem Mainzer Patriziergeschlecht. Etwa 1430 stellte er in Straßburg Gußbuchstaben, eine Druckerpresse und Druckproben her. Um 1450 gründete er in Mainz mit geliehenem Geld die erste Druckerei, aus der fünf Jahre später die berühmte *„Gutenbergbibel"* in lateinischer Schrift erschien. Geld zu verdienen, verstand der Erfinder aber nicht, denn die Leihsumme konnte er dem Buchhändler Johann *Fust* (um 1400–um 1466) nicht zurückzahlen. So übernahm Fust die Druckerei in eigener Verantwortung. Erneute Versuche Gutenbergs, einen Betrieb zu errichten, scheiterten. Schließlich lebte er von einer bescheidenen Rente, die ihm der Erzbischof von Mainz bewilligt hatte.

Welch ungeheure Bedeutung Gutenbergs Erfindung nicht nur in Deutschland, sondern in Europa und schließlich in der ganzen Welt erlangte, ist ja hinreichend bekannt. Doch damals war es für die europäischen Völker die erste Möglichkeit, das

Schrifttum in ihren eigenen Sprachen weiten Bevölkerungsschichten zugänglich zu machen. Die Zeiten, in denen fleißige Mönche mühselig Abschriften anfertigten, waren vorbei, dafür aber wurde nun in den Klosterschulen vielen Menschen das Schreiben und Lesen beigebracht.

Die Buchdruckerei war die zweite ganz große technische Erfindung des Spätmittelalters. Die erste war 100 Jahre früher die Neuerfindung des *Schießpulvers* – wie bereits erwähnt – durch Berthold *Schwarz* aus Freiburg. Die dadurch eingeleitete Umwälzung im Kriegswesen war bedeutend. Waffen wie Speer, Schwert, Spieß, Pfeil und Bogen, Schild und Schleudergeräte, die seit dem Altertum im Gebrauch waren, wichen nun den Feuerwaffen, z. B. den Feuerbüchsen und Kanonen. Zur Zeit des Todes von Kaiser Maximilian I. 1519 war dieser Wechsel bereits weitgehend vollzogen.

Trotz aller kulturellen Fortschritte war aber die *medizinische Wissenschaft* wenig vorangekommen. Gegen die drei schwersten Volksseuchen, hervorgerufen durch Bazillen und Viren, deren Existenz noch lange unbekannt blieb (bis Ende des 19. Jahrhunderts), gab es keine Hilfe: Die schlimmste dieser Krankheiten, die *Pest*, war schon im 3. Jahrhundert in Ägypten bekannt. Sie kam über die Türkei nach Europa, wo sie in den letzten Jahrzehnten des 15. Jahrhunderts zu wüten begann:

Mit dem Anwachsen der Städte nahm auch der Unrat zu, der sich hinter den Häusern und in Nebengassen anhäufte. Die Abwässer flossen durch die Straßen, dazwischen tummelten sich Schweine und Hühner. Der Begriff der *Hygiene* war unbekannt. Im Unrat lebten die Ratten. Das Ganze war die ideale Brutstätte für den Pest-Bazillus, der sich über Rattenflöhe auf den Menschen übertrug. Alle paar Jahre nahm die Krankheit furchtbare Ausmaße an, die in den Städten Tausende von Menschen dahinraffte. Die Pest in Wien, Breslau, Hamburg, London und fast allen Städten Europas erreichte Höhepunkte, die bis heute unvergessen blieben. Die Kirche erklärte den heiligen Sebastian (römisch-christlicher Märtyrer um 300) neben vielen anderen zum Hauptschutzheiligen gegen die Pest. Gebet war das einzige Mittel des Volkes gegen die Seuche. Wer es sich leisten konnte, flüchtete aufs Land, wodurch die Krankheit dort oft eingeschleppt wurde.

Der *Cholera*-Bazillus verbreitete sich von Indien aus oftmals bis Europa, wo er zeitweise gleich der Pest seine Opfer forderte.

Die *Pocken* (Schwarze Blattern), eine Viruskrankheit, waren die dritte Menschheitsgeißel. Auch sie kam von Indien über China und Persien ins Mittelmeergebiet und nach Europa. Außer vielen Todesfällen hinterließ sie stets häßliche Entstellungen im Gesicht durch Pockennarben.

Mit diesen furchtbaren Seuchen sollte Europa noch Jahrhunderte leben müssen.

Das Erste Deutsche Reich vom Beginn der Neuzeit 1492–1740

Die 10 Kaiser, welche in dieser Zeit regierten, gehörten alle dem Hause Habsburg an, ebenso die 5 Kaiser bis zur Auflösung des 1. Deutschen Reiches im Jahre 1806.

Die Entdeckung Amerikas und die Entschleierung der Ozeane

Wie berichtet, kamen schon die *Wikinger* um 985 unter Erik dem Roten erstmals bei ihren Seefahrten über den Atlantik bis *Grönland.* Sein Sohn *Leif Erikson* erreichte etwa im Jahre 1000 als erster die nordamerikanische Insel *Neufundland* an der Mündung des kanadischen St.-Lorenz-Stromes. Noch weitaus frühere Atlantik-Überquerungen scheinen heute wahrscheinlich.

Der Venezianer *Marco Polo* (1254–1324) begann mit Vater und Bruder 1271 eine Forschungsreise auf dem Landweg durch Südrußland bis nach *China* zur Stadt *Kambaluk* (Peking), von wo sie erst 1292 die Rückreise auf dem Seewege antraten. Sie fuhren auf chinesischen Booten in Küstennähe durch das *Südchinesische Meer.* Der Weg führte weiter durch die Sundastraße zwischen Java und Sumatra, den Bengalischen Golf nach Vorderindien, die Straße von Ormus in den Persischen Golf, weiter auf dem Landwege über Persien nach Trapezunt am Schwarzen Meer und von hier zu Schiff durch den Bosporus und das Mittelmeer nach Venedig. 1298 geriet Polo in genuesische Gefangenschaft, wo er einem schreibkundigen Mitgefangenen seinen Reisebericht diktierte. So verdankt Europa dem Marco Polo seine ersten geographischen Kenntnisse über den Fernen Osten. Polos Beschreibungen wurden lange Zeit in Zweifel gezogen, weil die Europäer Chinas fremdartige, hochentwickelte Kultur nicht begreifen konnten. Ähnliche Einstellung zu Indien und Scythae (Südrußland) hatten die Völker des östlichen Mittelmeeres im Altertum auch schon gehabt, ohne daß durch Forschungsreisende Licht in das Dunkel gekommen wäre. Ebenso wußten die Völker des Fernen Osten nichts von Europa, denn Entdeckerfahrten waren von dort aus nicht erfolgt.

Nach Polos Reisen geschah lange Zeit nichts zur weiteren Aufhellung des Erdballs. Erst im 15. Jahrhundert segelten die *Portugiesen* die Westküste Afrikas entlang bis Guinea und wagten sich in weiteren Fahrten auf den *Atlantik.* Dabei entdeckten sie 1432 die unbewohnten Azoren und 1460 die Kapverdischen Inseln. Der portugiesische König *„Heinrich der Seefahrer"* (1394–1460) förderte diese Fahrten sehr, ohne selbst je zur See gefahren zu sein. Er gründete die erste *Seefahrtsschule* der Welt, wo Seeoffiziere in Navigation nach den Gestirnen und nach dem Kompaß ausgebildet wurden. Die Chinesen hatten bereits im 3. Jahrhundert n. Chr. den *Kompaß* erfunden, der in Europa etwa seit 1200 neu entwickelt wurde.

1472 gelangte der deutsche Seefahrer *Dietrick Pinning* (geb. um 1430) aus Hildesheim von Island aus zur Insel Neufundland, ohne daß daraus Folgen entstanden. 1474 sollen Portugiesen zur brasilianischen Küste *in Südamerika* gekommen sein, was aber die Regierung in Lissabon vorerst geheimhielt.

Die erste Umsegelung der *Südspitze Afrikas* gelang 1487 dem Portugiesen Bartholomäus *Diaz* (um 1450–1500).

In *Nürnberg*, schon damals ein glänzender Kulturmittelpunkt, hatte der Seefahrer, Kaufmann und Geograph Martin *Behaim* (um 1460–1507) zum ersten Mal 1491 einen *Globus* angefertigt. Natürlich stellte dieser nur ein Fragment dar, denn der größte Teil des Erdbildes war noch unbekannt. Aber er setzte die *Erde als Kugel* voraus.

Das Rätselraten um die Erdgestalt war damals in aller Munde, vor allem bei den Seefahrern und Entdeckern. Viele maßgebende Leute, vorwiegend in kirchlichen Kreisen, stellten sich die *Erde noch immer als Scheibe* vor. Im Altertum war den *Ägyptern* die Kugelform der Erde und ihre Zugehörigkeit zu einem *Planetensystem* längst bekannt. Darauf beruhte auch die Wahl des Apfels als Symbol der Weltherrschaft Christi. Der Ägypter Claudius *Ptolemäus* (2. Jahrhundert n. Chr.) schuf das *„Ptolemäische Weltsystem"*, wonach er die Erde als feststehenden Mittelpunkt annahm. Trotz Übersetzung seiner Schriften ins Latein wurde solches Wissen in Europa nicht zur Kenntnis genommen. Im Denkgebäude des Christentums hatte die Wissenschaft keinen rechten Platz, sie galt als „Teufelswerk". Da in Europa die Kirche universal alles Denken beherrschte, war es kein Wunder, daß der *„erste Renaissance-Mensch"*, der Staufer Kaiser Friedrich II., der für die arabische fortschrittliche Wissenschaft großes Interesse hegte, bei den Päpsten zutiefst als Antichrist verhaßt war.

Im Ermland, welches, wie berichtet, durch den Zweiten Thorner Frieden 1466 vom Deutschen Ordensland an Polen abgetreten werden mußte, wurde im Jahre 1543 das astronomische Werk veröffentlicht, welches den Namen trug: Das *Kopernikanische Weltsystem*. Der deutsche Astronom und Humanist Nikolaus *Kopernikus* (1473 bis 1543) aus Thorn wurde mit diesem Werk zum Begründer der modernen astronomischen Wissenschaft. Er hatte erkannt, daß die Sonne der Mittelpunkt und die Erde nur einer der Planeten ist, die sich um die Sonne bewegen. Sein Werk hatte er bereits 1507 beendet. Da er aber Mitglied und dann Domherr des Kapitels des Bistums *Frauenburg* war, konnte er infolge der erwähnten Einstellung des Klerus zur Wissenschaft das „umstürzlerische Werk" erst kurz vor seinem Tode veröffentlichen.

Im Jahre 1492 rüstete der Genuese Christoph *Kolumbus* (um 1447–1506) zu einer Seefahrt nach Indien, welches ja im Osten lag. Wenn die Erde eine Kugel war, mußte Indien auch in Westrichtung erreichbar sein. Vielleicht war dieser Seeweg nach Indien einfacher als der gefahrvolle lange Landweg. Bei der spanischen Königin *Isabella von Kastilien* fand er Gehör und Geld für seine Pläne, und so segelte er im Herbst 1492 in spanischen Diensten mit drei Karavellen, darunter der „Santa Maria" als Flaggschiff, nach Westen ab. Nach 70 nicht allzu stürmischen Tagen sichtete er eine Inselgruppe (die späteren *Bahamas*), zwei Tage danach die großen Inseln, die bald die Namen *Kuba* und *Haiti* erhielten. Bis zu seinem Tode glaubte Kolumbus, irgendwo vor Indien gelandet zu sein, weshalb er die Eingeborenen *„Indianer"* nannte. Er hatte aber Mittel-Amerika entdeckt.

Dem Portugiesen *Vasco da Gama* (1469–1524) gelang es 1497/98 erstmals, nach Umsegelung Afrikas den bis dahin unbekannten *Indischen Ozean* zu überqueren und *Südindien* zu erreichen.

Nun stritten sich Spanien und Portugal um die Besitzrechte zu den neuentdeckten Ländern, und die Regierungen in Toledo und Lissabon wandten sich mit Beschwerden an Papst Alexander VI. Dieser fällte schließlich den *Schiedsspruch* von 1494, der eine Trennlinie von Nord nach Süd festlegte. Gebiete westlich davon sollten den Spaniern zukommen, östliche Länder jedoch den Portugiesen. Die Linie führte mitten durch das spätere Brasilien, etwa entlang dem *46. westlichen Längengrad.* (Eine Gradeinteilung der Erde kannte man bereits.) In Südamerika haben sich Spanier und Portugiesen in etwa an den Schiedsspruch gehalten, und so kam es, daß später in Uruguay, Argentinien, Chile, Peru, Equador, Kolumbien, Venezuela, Mittelamerika und Mexiko die spanische Sprache heimisch wurde, in Brasilien aber die portugiesische.

Im Jahre 1500 erfolgte die Inbesitznahme *Brasiliens* durch den Portugiesen Alvarez *Cabral* (um 1460–um 1520): Auf einer Indienfahrt zwangen ihn Stürme zu einem unfreiwilligen Abstecher nach Südamerika. Dabei nahm er das Land für seinen König in Besitz, und wenige Jahre danach begann die portugiesische Besiedlung der Küstengebiete, die östlich der päpstlichen Trennlinie lagen. Daraus entwickelte sich Portugals größte Kolonie Brasilien, neunzigmal so groß wie das Mutterland.

Auf Grund des päpstlichen Schiedsspruches setzten sich später die Portugiesen auch in *Westafrika* und im *Fernen Osten* fest, so in Ceylon, Java, Goa in Indien und anderen Plätzen.

Etwa 1505 hatte der Florentiner Seefahrer *Amerigo Vespucci* von mehreren Fahrten berichtet, die er in den Jahren 1497 bis 1504 über den Atlantik gemacht haben wollte, so daß er einige Jahre lang als der wahre Entdecker des neuen Erdteils galt. Doch bevor seine Behauptungen als teilweise unwahr erkannt wurden, hatte der Kartograph Martin *Waldseemüller* (um 1470–um 1520) aus Radolfszell am Bodensee auf seiner neuen Weltkarte in Abwandlung des Vornamens des Italieners den Namen „Amerika" verwendet. Und dabei blieb es für alle Zeiten.

Schließlich wagte der Portugiese Fernao *Magalhaes* (um 1480–1521) in spanischen Diensten die *erste Weltumsegelung* (1519–1522): Von Spanien aus erreichte er mit fünf Schiffen Südamerika und fuhr die Küste südwärts entlang. Ohne zu wissen, daß er fast die Südspitze des Erdteils erreicht hatte, fand er endlich eine Durchfahrt, die nach ihm den Namen Magalhaes-Straße (auch *Magellanstraße*) erhielt. Er geriet in ein ungeheures Meer, den *Pazifik*, das er bis zu den Philippinen durchsegelte. Diese erste Überquerung dauerte viele Monate und entsprach fast der halben Weltumsegelung. Weil die See zufällig verhältnismäßig ruhig war, erhielt der Pazifik den Namen *„Stiller Ozean"*.

Auf einer der Philippinen-Inseln wurde er bei der Aufnahme von Lebensmitteln und Trinkwasser mit anderen seiner Kameraden von Eingeborenen erschlagen. Drei der fünf Schiffe waren bereits im Atlantik und Pazifik verlorengegangen, und nun ging bei schweren Stürmen ein viertes unter. Nur dem kleinsten Segelschiff gelang die Heimfahrt, vorbei an der Insel Ceylon und um die Südspitze Afrikas.

Niemand in Spanien hatte noch mit ihrer Heimkehr gerechnet, und von den 265 Männern, die ausgezogen waren, kehrten nach drei Jahren nur 18 zurück. Als die Heimkehrer von der Inselgruppe berichteten, auf der Magalhaes umkam, erklärte Spanien diese zur eigenen Kolonie. Den Namen *Philippinen* bekam sie nach dem spanischen König *Philipp II.* Diese so verlustreiche Fahrt brachte der spanischen Krone trotzdem noch reichlichen Gewinn, der alle entstandenen Kosten überstieg: Die von den Gewürzinseln südlich der Philippinen mitgebrachten Gewürze konnten in Spanien zu höchsten Preisen verkauft werden.

Weil die erste Weltumsegelung nun endlich den unwiderlegbaren Beweis erbracht hatte, daß die Erde eine Kugel ist, verstummten bald alle Verfechter der Scheiben-

Theorie. Weiterhin erlaubte die nun bessere Kenntnis der Weltmeere, daß Martin *Behaim* seinen Globus wesentlich vervollständigen konnte.

Seit Kolumbus (1492) hatten die Spanier nacheinander alle Inseln und das Festland rund um den *Golf von Mexiko* in Besitz genommen, freilich mit Ausnahme des Landes *Mexiko* selbst. Hier fanden sie erstmals echten Widerstand, denn das dortige Aztekenreich war ein festgefügtes Staatsgebilde.

Der Konquistator (Eroberer) Hernando *Cortez* (1485–1547) eroberte mit nur wenigen hundert Soldaten 1519 bis 1521 in harten Kämpfen dieses Reich und gründete dort die Kolonie Neu-Spanien. In den darauffolgenden 20 Jahren besetzten die Spanier auch die nördlich anschließenden Gebiete (Nieder- und Oberkalifornien) im Kampf gegen die dortigen Indianer.

Nach Süden erweiterte der Konquistator Francisco *Pizarro* (um 1475–1541) das spanische Kolonialgebiet, indem er 1531 bis 1533 in Peru das Inkareich – ebenfalls mit geringer Streitmacht – besiegte. Anschließend erfolgte die Inbesitznahme weiterer Ländereien Südamerikas einschließlich Chiles. Die vorgefundenen recht weit entwikkelten Kulturen wurden zerschlagen, das Priestertum ausgerottet und das Christentum mit Feuer und Schwert eingeführt.

1516 hatten spanische Seefahrer die La-Plata-Mündung entdeckt, dort 1536 die Stadt Buenos Aires („Gute Lüfte") und die Kolonie *Argentinien* gegründet. Der Name entstand, weil man glaubte, viel Argentum = Silber zu finden.

Die Kriegszüge in Mittel- und Südamerika wurden mit großer Grausamkeit geführt. Vor allem Pizarro überbot alle anderen an Freveltaten. Es war ein sehr ungleicher Kampf, denn den Feuerwaffen der Spanier hatten die einheimischen Indios nichts Gleichwertiges entgegenzusetzen.

Die Reiche der Azteken und der Inka standen bei der Ankunft der Spanier auf dem Höhepunkt ihrer Macht und hatten einen Kulturstand erreicht, der in mancher Beziehung (z. B. Astronomie) den der Europäer übertraf. Sie waren aber auch selbst grausame Beherrscher anderer Indiostämme, die dazu herhalten mußten, dem Sonnen- und Mondgott ihrer Bezwinger zu Tausenden geopfert zu werden. Der Reichtum der mexikanischen Azteken an Silber und der peruanischen Inkas an Gold war nach europäischen Verhältnissen gewaltig, und die Spanier raubten, was sie nur konnten. So manches Schiff mit reichen Gold- und Silberschätzen gelangte nach Spanien. So konnten in Spanien eine große Anzahl herrlicher Schlösser und Kirchen finanziert werden.

Der letzte Aztekenkönig, *Montezuma*, wurde 1520 durch Intrigen und Wortbruch des Cortez getötet, und *Atahualpa*, der letzte Inkakönig in Peru, ebenfalls. Pizarro hatte ihm gegen Preisgabe des sagenhaften Inkaschatzes das Leben versprochen und ihn dann doch 1533 hinrichten lassen. Aber auch Pizarro endete durch Mord im Machtkampf, der unter den Spaniern im reichen Peru jahrelang tobte.

Karl V. (1500–1558), Deutscher König und Kaiser 1519–1556 Martin Luther (1483–1546) und die Protestantische Kirchen-Reformation ab 1517

Kaiser Maximilians I. einziger Sohn, *Philipp der Schöne*, und die Erbtochter Johanna (die später „wahnsinnig" wurde) des spanischen Königspaares Ferdinand von Aragón und Isabella von Kastilien hatten geheiratet – übrigens eine echte Liebesheirat. Wie berichtet, entstammten dieser Ehe zwei Söhne: Karl, geboren zu Gent in Flandern, deutsch und spanisch erzogen, sowie Ferdinand, in Mittelspanien geboren, spanisch erzogen.

Als 1504 Isabella starb, machte *Ferdinand von Aragón* seinen Schwiegersohn Philipp zum Regenten von Kastilien. Doch Philipp starb plötzlich im Jahre 1506.

Nun vereinigte Ferdinand von Aragón Kastilien und Aragón, welches er schon 1492 nach Vertreibung der letzten Mauren aus Granada um Südspanien vergrößert hatte. Nachdem er mit großer Härte auch die aufsässigen Bischöfe und den spanischen Adel bezwungen und den Franzosen das Herzogtum *Hoch-Navarra (Baskenland)* in den Westpyrenäen entrissen hatte, war die Geburtsstunde der vereinigten *spanischen Nation* im Jahre 1512 gekommen. 1503 schon hatte der erfolgreiche Spanier die Franzosen bei Neapel besiegt, wo diese sich seit acht Jahren festgesetzt hatten. Hinfort wurde das *Königreich Neapel* einschließlich der Inseln Sizilien und Sardinien vom spanischen Königreich verwaltet.

1516 starb König Ferdinand von Spanien, worauf sein Enkel durch Erbschaft als *Karl I.* mit 16 Jahren spanischer König wurde.

Karl I. König von Spanien und Neapel/Sizilien wurde 1519 als Karl V. auch Deutscher König und Kaiser: Als 1519 Kaiser Maximilian I. starb, beerbte ihn derselbe Karl und wurde in Frankfurt von den Kurfürsten zum deutschen König und Kaiser Karl V. gewählt. Zu Aachen folgte 1520 in feierlicher Zeremonie die Krönung.

Seiner endgültigen Bestätigung 1520 in Aachen war noch ein politisches Tauziehen vorausgegangen, weil Gegenanwärter vorhanden waren, und in Deutschland „verfassungsmäßig" noch immer das Wahlrecht galt. In der Praxis hielt man sich aber längst an das Erbrecht. Den Kurfürsten *Friedrich der Weise* von Sachsen (1463–1525) hätten die national denkenden Humanisten und die Anhänger Luthers am liebsten als Kaiser gesehen. Doch Friedrich lehnte ab. Seine eigenen fürstlichen Standes- und Landesinteressen sowie sein zauderndes Wesen ließen ihn vor einer solchen Aufgabe zurückschrekken. Ferner bewarb sich sehr eifrig König *Franz I.* von Frankreich (1494–1547), der als Herzog von Mailand auch Reichsfürst war. Die mächtige habsburgische Hausmacht setzte sich letzten Endes durch, und der streng katholische Karl wurde gewählt, wobei ihn Papst *Leo X.* voll unterstützte.

Karl V. war der mächtigste und reichste europäische Fürst, und sein Machtbereich war enorm. Vom spanischen Großvater Ferdinand hatte er 1516 die Königreiche Spanien und Neapel/Sizilien und Sardinien geerbt, ferner die Kolonien um den Golf von Mexiko. Von seinem Großvater Maximilian I. erbte er den gesamten habsburgischen Hausbesitz in Österreich und in Westdeutschland. Dazu war er nun mit seiner Wahl zum deutschen König und Kaiser auch noch Herr des ganzen Deutschen Reiches geworden. Und zu all dem kam weiterer Überseebesitz durch die Entdeckungen des

Magalhaes in Südamerika, so im Pazifik die Philippinen und andere Inselgruppen. Kein Wunder, daß Karl V. aussprechen konnte: *„In meinem Reiche geht die Sonne nicht unter!"*

Mit Karl V. begann für Europa die *Neuzeit*, obwohl sich diese bereits in den letzten Jahrzehnten sehr deutlich durch die *Renaissance* und den *Humanismus* angekündigt hatte. Schließlich trugen auch die großen Entdeckungen der Seefahrer dazu bei, die Zeit der *Aufklärung* herbeizuführen. Und bald sollten schwerwiegende Ereignisse auch das kirchliche Leben und damit die Politik Europas erschüttern und verändern.

Martin Luthers Reformation ab 1517: In *Eisleben* am Südharz, in Thüringen, kam im Jahre 1483 Martin Luther (1483–1546) als Sohn eines Bergmanns zur Welt. Die Familie besaß auch einen *Erbzinshof*, auf dem eine jährliche Pflichtabgabe lag. Die Eltern erzogen die Kinder streng und fromm. Weil Martin intelligent und wissensdurstig war, kam er mit fünf Jahren nach Mansfeld, später nach Magdeburg und Eisenach zur Schule und bald auch auf die Universität Erfurt. Schon mit 22 Jahren wurde er Magister (Hochschullehrer).

Auf Grund eines Gelübdes trat er aber im gleichen Jahr als Mönch ins Kloster der *Augustiner*-Eremiten von *Erfurt* ein, wo er 1507 die *Priesterweihe* empfing. In den nächsten Jahren hielt er in Erfurt und Wittenberg theologisch-philosophische Vorlesungen. Nach einer Romreise wurde er *Doktor und Professor für Bibelkunde* in Wittenberg.

Nach 1512 reifte in ihm die Erkenntnis, kirchenreformatorisch tätig werden zu müssen. Er meinte, daß Vergebung von Schuld (Ablaß) nicht durch Gebet, Beichte und materielle Buße erreicht werden kann, sondern daß der Mensch für schuldhaftes Verhalten unbedingt einzustehen habe. Nur die Gnade Gottes und der Glaube könnten das Gewissen entlasten, nicht aber der Ablaßbrief eines Beichtvaters, Predigers, Kardinals oder des Papstes.

Am 31. Oktober 1517 schlug Martin Luther seine *„95 Thesen über den Ablaß"* an das Tor der *Wittenberger Schloßkirche* und forderte damit zur öffentlichen Disputation auf.

Schon drei Wochen danach wußte ganz Europa von Luthers Angriff auf das Ablaß-Dogma der katholischen Kirche. Die *Druckerpressen*, die Tausende von Flugblättern schnell herstellen konnten, und das *Postwesen*, welches in den letzten hundert Jahren von den Ständen, Kaufmannsgilden, Universitäten und vor allem von der kaiserlichen Post zu einem immer engmaschigeren Netz von Posthalterstellen mit berittenen Boten ausgebaut worden war, hatten ihre Leistungsfähigkeit bei dieser besonders wichtigen Angelegenheit unter Beweis gestellt. Die Wirkung der Thesen war durchschlagend, obwohl unterschiedlich: Die Kirche war empört, die Stände waren geteilter Meinung, und das Volk zollte Beifall.

Das Ablaßwesen diente dazu, den enorm kostspieligen Neubau des Petersdoms in Rom und den aufwendigen Lebenswandel des Klerus zu bezahlen. Eine Schar von *Ablaßpredigern* durchschwärmte ganz Europa und trieb Gelder ein, indem sie bei reichlicher Zahlung Vergebung aller Sünden versprach. Auf öffentlichen Plätzen wurde für den Ablaß gepredigt; daß die Leute zahlten, war die Folge von Versprechungen, Bedrohung, Unwissenheit, Aberglauben und Angst. Ein besonders berüchtigter Ablaßprediger war Johann *Tetzel* (gest. 1519) aus Pirna in Sachsen. Spötter riefen ihm nach:

„Sobald das Geld im Kasten klingt,
die Seele in den Himmel springt!"

Allmählich durchschauten mehr und mehr Menschen dieses ungute Spiel; Empörung machte sich überall breit, und so mancher Prediger wurde verprügelt.

1518 eröffnete die Kirche gegen Luther einen Prozeß wegen *Ketzerei.* Vor einem *päpstlichen Legaten* sollte er sich verantworten, aber er unterwarf sich nicht. Unter Bannandrohung ließ man ihm noch Zeit zum Widerruf. Der Professor Johann *Eck* (1486 bis 1543) aus dem österreichischen Burgenland trat gegen Luther mit theologischen Schriften auf, was 1519 zu der *„Leipziger Disputation"* (öffentlicher Rechtsstreit) führte. Dabei griff Luther nicht nur die katholische Auffassung des Ablaßdogmas an, sondern auch das Dogma, daß ein Papst der „Stellvertreter Gottes" auf Erden sei. Auch die „Unfehlbarkeit der Konzilien" bestritt er. Im Jahr darauf brach Luther endgültig mit der Katholischen Kirche, indem er die *Bannandrohungsbulle* vor dem Stadttor von Wittenberg öffentlich verbrannte.

1521 erschienen *Luthers drei* richtunggebende *Reformationsschriften:* „An den christlichen Adel deutscher Nation", „Von der Freiheit eines Christenmenschen" und „Von der babylonischen Gefangenschaft der Kirche".

Es muß hier daran erinnert werden, daß Luther nicht der erste war, der eine *Kirchenreform* anstrebte, und mancher hatte sie mit dem Tode bezahlt (Hus, Savonarola). Auch die Bewegung von *Cluny* strebte einst innere Reinigung der Kirche an, ohne allerdings das Papsttum in Zweifel zu ziehen.

Luther hatte jedoch theologisch untermauerte Reform-Notwendigkeiten vorzuweisen, die vor allem im praktischen Zusammenleben der Menschheit begründet waren. Er fand in allen Schichten vieler Nationen großen Beifall, weil man weitgehend der Mißstände wie *Inquisition, Hexenverbrennung* und *Sittenverfall* des höchsten Klerus überdrüssig war. Dabei war aber das Christentum weitgehend festverwurzelt, und die Mehrzahl war echt gläubig, allen voran Martin Luther selbst.

Im Januar 1521 verhängte Papst Leo X. (gest. Dez. 1521) den *Bann über Luther. Leo X.* war jener widersprüchliche, hochgebildete, kunstliebende, verschwenderische Renaissancepapst aus dem Hause Medici, der in ganz Europa die Ablaßbriefe verkaufen ließ.

Das war die kirchliche Situation, die Karl V. bei seinem Regierungsantritt 1519 vorfand.

Der König hatte vorerst in Spanien gegen die Schwierigkeiten anzukämpfen, die zwischen den Ständen immer größer wurden. Gleich nach König Ferdinands Tod witterte – wie überall und zu allen Zeiten bei einem Regierungswechsel – jede Seite eine Chance und Vorteile. Vor allem verlangte das spanische Bürgertum endlich Mitspracherechte in den *Cortes* (Volksvertretung). Im April 1521 kam es vor der spanischen Königsstadt *Toledo* zur kriegerischen Entscheidung, die zu Ungunsten des Bürgertums ausfiel. Für lange Zeit wurde damit in Spanien das *absolutistische Regierungssystem* zementiert.

Schon kurz vor der spanischen Entscheidung hatte Karl V. einen *Reichstag nach Worms* einberufen, um die deutschen Verhältnisse im Rahmen seines Gesamtreiches zu regeln. Die humanistisch-nationalen Kreise Deutschlands versprachen sich weit mehr, als zu erwarten war. Vor allem erhofften sie mit der Vorladung Martin Luthers nach Worms einen Durchbruch nicht nur der Kirchenreform, sondern auch für die allgemeine *Reichsreform.*

An eine neue Kirche dachte vor Luthers Auftritt in Worms niemand, und für Karl V.

war dieser Mann nur eine lästige Nebenerscheinung. Aber alle hatten sich in Luther getäuscht, denn er war weder Humanist noch Nationalist und stellte auch keine nur vorübergehende Schwierigkeit für die katholische Kirche dar. Er war ein überzeugter Kirchenreformator mit längst durchdachten und in seinen Schriften fest umrissenen Richtlinien.

Als die katholischen Kirchenvertreter am 18. April 1521 auf dem Wormser Reichstag schroff und unnachgiebig Luthers Widerruf verlangten, antwortete dieser unerschrokken und stolz vor den anwesenden Mächtigen des Reiches und der Kirche doch gleichzeitig demütig vor Gott mit etwa folgenden Worten:

„Hier stehe ich! Ich kann nicht anders.
Gott helfe mir! Amen."

Der junge König Karl V. war lediglich erstaunt über soviel Standfestigkeit, und notgedrungen verhängte er die *Reichsacht* über den Wittenberger, was völlige Rechtlosigkeit für diesen bedeutete. Jeder hätte ihn straffrei töten können. Doch wagte niemand, sich an ihm zu vergreifen. Im Gegenteil: Auf dem Rückweg nach Wittenberg ließ ihn sein Landesherr, Kurfürst *Friedrich der Weise*, in Sicherheit bringen.

Luther lebte nun ein Jahr lang versteckt auf der *Wartburg* bei Eisenach, und im März 1522 kehrte er nach *Wittenberg* zurück, um von dort aus die religiösen Wirren in seinem Sinne zu ordnen. Als Geschenk für das Kirchenvolk brachte er die *Bibelübersetzung* (das Neue Testament) in deutscher Sprache mit. Er hatte es auf der Wartburg aus dem Latein übersetzt. Jeder Deutsche sollte endlich in der Lage sein, das Wort Gottes direkt aus der Bibel selbst zu lesen und zu hören. Luther predigte trotz Acht und Bann wieder in der Schloßkirche, allerdings nun in Deutsch.

Das übersetzte Neue Testament wurde in großen Mengen gedruckt und überall verbreitet. Luthers Art, den Kirchendienst abzuhalten, ahmten viele Pfarrer in ganz Deutschland nach. Es war die neue *Gottesdienstordnung*, wie sie noch heute *in allen evangelischen Kirchen* des In- und Auslandes üblich ist. – Die Evangelisch-Lutherische Kirche war entstanden.

Im gleichen Jahr setzte sich Luther auch über das Zölibat hinweg und heiratete die ehemalige Nonne Katharina von Bora (1499–1552) aus der Nähe von Leipzig. Sie schenkte ihrem Mann drei Söhne und drei Töchter. Schon die morgenländische Kirche von Konstantinopel kannte kein Zölibat, genau wie die frühere arianisch-christliche Kirche, der die ostgermanischen Völker angehört hatten. Die katholische Kirche selbst hatte übrigens erst seit der Bewegung von Cluny das Zölibat endgültig zur bindenden Vorschrift gemacht. Die evangelische Kirche lehnte von Anfang an das Zölibat als unnatürlich ab, und wie Luther gingen die meisten Pfarrer nun Ehen ein.

Auch die prächtigbunte *Amtstracht* der katholischen Priester verschwand bei den protestantischen Pfarrern zugunsten schwarzer *Talare*. Die innere *Ausstattung der Gotteshäuser* war denkbar einfach, und jeder überflüssige Prunk, so z. B. das vergoldete Heiligenbild, wurde meist entfernt. Der fast 1000 Jahre alte Bilderstreit flammte wieder auf, und in der reformierten Kirche der Schweiz und der Niederlande kam es vielfach zum *Bildersturm*, wobei neben geschmacklosem Tand leider auch hervorragende Kunstwerke verlorengingen.

Die *Heiligenverehrung* paßte ebenfalls nicht mehr in den Rahmen und schied aus dem evangelischen Gedankengut.

Dem *Mönchtum* wurde keine Berechtigung mehr zuerkannt, und die Klöster wurden aufgelöst. Den oft reichen Besitz der Klöster zogen die einzelnen Länder meist zugunsten der Landesherren oder der Städte ein. Das hatte eine Flut von Prozessen zur Folge, da die Besitzverhältnisse oft schon vorher unklar waren. Das von Kaiser Maximilian I. 1495 errichtete *Reichskammergericht* mit Sitz in Speyer war hoffnungslos überlastet.

Ein ganz wesentlicher Grundsatz der evangelischen Kirche war die *Nichtanerkennung des Papstes* als Oberhaupt (wie in der morgenländischen Kirche). Als maßgebend für das Wort Gottes galt allein die *Bibel*, und darin stand nichts von einem Papst.

In den Jahren 1526 bis 1530 war Luther entscheidend an der Einrichtung der *kursächsischen Landeskirche* beteiligt, die dann Vorbild für alle anderen evangelischen Gebiete wurde. Der gelehrte und volkstümliche Dr. Martin Luther war eifrig schöpferisch tätig: Er schuf den *Katechismus*, übersetzte bis 1534 auch das *Alte Testament der Bibel*, verfaßte Schriften, dichtete und vertonte viele *Choräle*, die zuerst in seiner Wittenberger Kirche und bald überall gesungen wurden. Das Kirchenlied *„Ein feste Burg ist unser Gott"* wurde buchstäblich zum *„Kampfgesang"*, der das Kirchenvolk in Begeisterung versetzte. Die Kirchen waren brechend voll, und die Menschen empfanden ihre Zeit als einen Aufbruch in die Freiheit. Wo die Reformation Fuß gefaßt hatte, wagte sich keine *Inquisition* mehr hervor (mit einer kurzfristigen Ausnahme unter Calvin in Genf). Auch Hexenverbrennungen waren nur noch in katholischen Gebieten denkbar. Die Reformation hatte sich unglaublich schnell ausgebreitet, so daß bis 1524 praktisch *fast ganz Deutschland evangelisch* geworden war.

Der 31. Oktober, der Tag des Anschlags der 95 Thesen in Wittenberg 1517, wurde seitdem in allen evangelischen Gemeinden und Ländern der Welt als das *Reformationsfest* gefeiert.

Philipp Melanchthon (1497–1560) überreichte Karl V. 1530 auf einem Reichstag in Augsburg seine protestantische Bekenntnisschrift „Confessio Augustana": Ein weiteres einschneidendes Ereignis in der lutherischen Kirche erfolgte 1530: Philipp Melanchthon aus der Pfalz, Martin Luthers engster Mitarbeiter, hatte die sogenannte Augsburgische Konfession (Confessio Augustana), die grundlegende Bekenntnisschrift der lutherischen Kirche, in deutscher und lateinischer Sprache verfaßt. Auf dem Reichstag zu Augsburg 1530 wurde diese Kaiser Karl V. überreicht.

In Süddeutschland hielten einige Bischöfe, Bürgermeister und Fürsten entgegen der Volksmeinung weiterhin zum Katholizismus, besonders die Habsburger und Wittelsbacher, so daß es schon 1524 zum *katholischen Bündnis von Regensburg* gekommen war.

Der Erzbischof von Köln, *Hermann von Wied* (1477–1552) schwankte lange, und ab 1540 bekannte er sich endgültig zur Reformation. Doch Karl V. zwang ihn zur Abdankung und setzte in Köln einen Wittelsbacher Erzbischof ein. Auch die Erzbistümer Mainz und Trier blieben katholisch, obwohl der Reichsritter Franz von *Sickingen* (1481–1523) eifrig bemüht war, dieses Gebiet der Reformation zuzuführen. Als Feldhauptmann kämpfte er ursprünglich für Kaiser Maximilian I. und dann für Karl V. Er war ein Freund Ulrichs von Hutten, Humanist wie dieser und bald Anhänger der Reformation. 1522 griff er als Führer eines evangelischen Reichsritterbundes den Kurfürsten von Trier an, doch blieb der Angriff erfolglos. Beim Gegenangriff mußte er sich auf seine Burg *Landstuhl*, nahe Zweibrücken, zurückziehen. Während der Belagerung wurde er tödlich verwundet.

Huldrich Zwingli (1484–1531) aus St. Gallen und der Abendmahlsstreit 1529: Die Kirchenspaltung mitten durch Deutschland bahnte sich damals schon an. Doch auch die *Reformation* selbst verfiel sehr bald der Uneinigkeit: Am Wallfahrtsort *Einsiedeln* bei Schwyz wirkte als Pfarrer der einstige Feldprediger Huldrich Zwingli. Er hatte 1513 bis 1515 an mehreren Schlachten teilgenommen und war als Humanist ein Freund des Erasmus. Ohne von Luther zu wissen, strebte er von sich aus eine Reform der Kirche an und begann in diesem Sinne zu predigen. Über die Thesen von Wittenberg erfuhr er 1517 und sah, daß sie seinen Ansichten voll entsprachen. Seit 1519 wirkte er am Münster in *Zürich*, und 1523 führte er die Reformation offiziell im Lande ein. Zwischen Luther und Zwingli kam es aber zu Meinungsunterschieden, vor allem in der Abendmahlsauffassung.

Abendmahl und *Taufe* waren die zwei einzigen *Sakramente* (christliche Eide) des Protestantismus entgegen den sieben im Katholizismus. Luther sagte: Wein und Brot sind beim Abendmahl Christi Blut und Leib. Für Zwingli bedeuteten sie das nur. Eine Einigung kam nicht zustande, so daß es ab 1529 einen lutherischen und einen reformierten Protestantismus gab.

Jean Calvin (1509–1564) Franzose, und sein strenger „Calvinismus“: Seit 1536 wirkte als evangelischer Pfarrer in Genf der Franzose Jean Calvin (1509–1564). Im Jahre zuvor hatte er aus Paris flüchten müssen, wo er für die Reformation eingetreten war. In Genf wies man ihn schon nach zwei Jahren wegen zu strenger Grundsätze aus. Er fand Zuflucht in der Reichsstadt Straßburg, dem Mittelpunkt des deutschen Humanismus, die die Reformation schon seit 1523 eingeführt hatte. Dort kam er auch mit Philipp Melanchthon zusammen. Zwar waren beide überzeugte Humanisten, doch in kirchlich-dogmatischen Fragen traten Gegensätze auf. Calvin legte gewisse Bibelstellen so aus, daß Gott vorausbestimmt habe, welche Menschen selig oder verdammt sein sollten *(Prädestinationslehre)*. Daraus ergab sich eine weitere Abendmahlsdeutung, nämlich die der „geistigen Vorstellung“. Wegen dieser und anderer Unterschiede ergab sich eine dritte Richtung des Protestantismus: Der Calvinismus.

Calvin war 1541 von seinen Anhängern nach Genf zurückgerufen worden. 14 Jahre lang wurde dort zwischen Katholiken und Calvinisten hart gerungen, wobei es Verbannungen und Hinrichtungen gab, sogar von calvinistischer Seite aus. 1555 hatte sich Calvin endgültig durchgesetzt und führte die letzten neun Jahre seines Lebens unangefochten sein sittenstrenges geistliches Regiment.

Stadt und Land Genf hatten sich bereits 1526 politisch mit der Eidgenossenschaft verbündet; dabei galt Genf als sogenannter „zugewandter Ort“. Dieser Tatbestand machte es 1549 den Zwinglianern und Calvin leichter, sich trotz ihrer Abendmahls-Gegensätze zu einigen und die *Schweizerische Reformierte Kirche* zu gründen. Der Abendmahlsritus wurde je nach Landschaft verschieden gehandhabt. Der Sinn des Abendmahles lag in der Erinnerung an das letzte Mahl Christi im Kreise seiner Jünger.

Schon 20 Jahre früher hatte der junge Landgraf *Philipp von Hessen* (1504–1567) bei einem Religionsgespräch 1529 in Marburg versucht, den *Abendmahlstreit* zwischen Luther und Zwingli zu schlichten. Doch blieben beide unnachgiebig, so daß die *Spaltung des Protestantismus* nicht mehr aufzuhalten war.

Leider hatte sich die Reformation auf das schwergeprüfte Verhältnis zwischen den Eidgenossen und dem übrigen Deutschen Reich nicht, wie zu hoffen gewesen war, vereinigend, sondern im Gegenteil noch zunehmend trennend ausgewirkt.

Die Schweizer Katholiken wehrten sich gegen die weitere Ausbreitung der Reformation nach Süden, und so kam es 1531 zum *Kappeler Krieg*. Die Züricher Protestanten wurden besiegt, und Zwingli, der als Feldprediger teilgenommen hatte, fiel in der Schlacht. Die südlichen deutschen Kantone wie Luzern, Schwyz und andere blieben damit katholisch.

Doch zurück zu Kaiser Karl V.: Er war überzeugter, gläubiger Katholik, der sich dem Papsttum eng verbunden fühlte. Der Reformation stand er deshalb von Anfang an feindlich gegenüber. Er hatte den Reichstag zu Worms 1521 mit dem *Wormser Edikt* beendet. Danach sollten alle vom katholischen Glauben Abtrünnigen der Reichsacht verfallen. Durchführen konnte Karl das Edikt allerdings nie, denn der größte Teil Deutschlands wäre betroffen gewesen. So ließ er den Dingen vorerst freien Lauf.

Karls dauernde Kriege mit König Franz I. von Frankreich 1521–1529/1544. – Die Türken 1529 erstmals vor Wien: Karl hatte Sorgen mit der Rückgewinnung des Herzogtums *Mailand*, welches die Franzosen seit 1515 in Besitz genommen hatten. Papst Leo X. sagte Karl V. seine Unterstützung zu, wobei die Städte Parma und Piacenza mit zugehörigen Landgebieten dem Kirchenstaat zugeschlagen werden sollten. Dazu kam es jedoch durch den Tod Leos 1521 nie.

Mit Englands König *Heinrich VIII.* (1491–1547) schloß Karl V. ein Stillhaltebündnis.

König Franz I. von Frankreich veranlaßte einen Raubzug in das Herzogtum Lützelburg und bald danach einen Angriff auf Nordspanien. Aus Spanien wurden die Franzosen schnell vertrieben. Karl schickte ein *Landsknechtsheer* unter dem schwäbischen Feldhauptmann (General) Georg von *Frundsberg* (1473–1528) nach Norditalien. Bei *Bicocca* wurden die Franzosen besiegt und aus Mailand vertrieben. Die Schweizer Landsknechte hatten diesmal als Söldner auf französischer Seite gekämpft. Entschieden war mit diesem Sieg jedoch noch nichts.

Nach Papst Leos X. Tod folgte auf deutschen Wunsch der ehemalige Erzieher Karls V., Hadrian von Utrecht, – wie schon berichtet –, der letzte Papst deutscher Abstammung. *Hadrian VI.* (gest. 1523) war völlig fehl auf dem apostolischen Stuhl. Er erstrebte nämlich ernstlich die sittliche Erneuerung der Kirche und wurde deshalb in Rom mitleidig bestaunt und verlacht. Man atmete auf, als er schon nach einem Jahr starb. Sein Nachfolger wurde mit Karls Unterstützung der Mediceer *Klemens VII.* (gest. 1534), der wieder recht gut in seine Zeit paßte. Ein Avignonpapst hatte sich auch schon Klemens VII. genannt.

Franz I. war trotz seiner Niederlage bei Bicocca nun erst recht aktiv geworden. Ihm gelang ein Geheimvertrag mit Papst Klemens VII., weil dieser mehr versprach, als Karl schon Leo X. mit den Abtretungen an den Kirchenstaat zugesagt hatte.

König Heinrich VIII. von England löste sein Bündnis mit Karl V. wieder auf, weil sein Kanzler, der Kardinal *Wolsey* (1472–1530), nicht Papst geworden war, was die Engländer mit Karls Hilfe erhofft hatten.

So führte Franz I. 1524 erneut ein gutgerüstetes Heer in die Lombardei, zumal er glaubte, daß Karl V. anderweits gebunden sei. Sorgen hatte der Kaiser fürwahr genug: Der Glaubensstreit machte dem Reich schwer zu schaffen. Dazu war 1524 der *Bauernkrieg* ausgebrochen.

Ferner war Karls Schwager, König *Christian II.* aus Dänemark, verjagt worden. Sein anderer Schwager – polnischer Herkunft –, König *Ludwig II.* von Ungarn und Böhmen, stand im Entscheidungskampf gegen die Türken.

Doch Karl betrieb seine Gegenmaßnahmen mit kühlem Kopf. Die Franzosen, wiederum verstärkt durch Schweizer Söldner, hatten sich vor Pavia an den kaiserlichen Verteidigern verbissen und konnten die Stadt nicht nehmen. Von Norden marschierte ein deutsches Landsknechtsheer an, wieder unter Georg von Frundsberg, und von Westen die Spanier zum Entsatz von *Pavia.* Dort kam es 1525 zur großen Entscheidungsschlacht, in der das französische Heer im Februar 1525 vernichtet und König Franz I. gefangen wurde. Nach einem Jahr Gefangenschaft unterschrieben Franz und Karl 1526 den *Frieden von Madrid.* Danach verzichtete Franz auf das Herzogtum Mailand sowie auf weitere Bemühungen, die Vorherrschaft in Norditalien und im Königreich Neapel anzustreben. Das war der zweite Krieg zwischen Karl V. und Franz I. von Frankreich.

Doch kaum wieder in Freiheit erklärte Franz den Vertrag als Erpressung und damit für ungültig. Ermuntert fühlte er sich durch den Türkensieg 1526 bei *Mohacs* mitten in Ungarn, wobei der ungarische König Ludwig II. gefallen war.

Zwischen allen europäischen Staaten, der Türkei, den nordafrikanischen *Korsaren* (Seeräubern) und dem Vatikan kam nun eine hektische diplomatische Tätigkeit in Gang.

Karl hatte seinem jüngeren Bruder *Ferdinand* schon 1522 in den österreichischen Habsburger Erblanden als Regent eingesetzt. Durch den Tod des Schwagers Ludwig II. beanspruchte jetzt Ferdinand für Habsburg die freigewordenen Königreiche Böhmen und Ungarn. Er erhielt 1526 Böhmen mit Schlesien und Westungarn. Die Türken beanspruchten und besetzten den östlichen Hauptteil Ungarns. Während dieser Auseinandersetzung erschienen die *Türken erstmals vor Wien* und belagerten die Stadt im Herbst 1529 drei Wochen lang. Graf Niklas *Salm* war der erfolgreiche Verteidiger und konnte die Angreifer verjagen.

Nicht nur den Franzosen war Karl V. in Europa zu mächtig, sondern auch den Engländern. Deshalb inszenierte Heinrich VIII. von England mit seinem schlauen Kanzler, Kardinal Wolsey, ein Bündnis gegen Karl V., ohne selbst daran teilzunehmen, die sogenannte *„Heilige Liga von Cognac"* im Jahre 1526. Sie kam zwischen Frankreich, dem Kirchenstaat, Florenz, Mailand und Venedig zustande. Die Verbündeten konnten bald die Stadt Neapel, nicht aber das Königreich besetzen. Doch die vereinigten Spanier und Deutschen, – der 54jährige Frundsberg war zum letzten Mal dabei –, zogen nach Italien und besiegten die Liga bei Rom. Die Stadt wurde erobert und nach gültigem Soldatenbrauch schwer geplündert. Papst Klemens VII. war nach *Orvieto* geflohen, unterwarf sich Karl V. und wurde dafür als Papst bestätigt.

Trotz dieser Erfolge zog sich der Krieg in Italien noch zwei Jahre hin. Der genuesische Admiral und Staatsmann *Andrea Doria* (1468–1560), mit Karl V. zeitlebens eng verbündet, nahm 1528 von See her die Stadt *Genua* den Franzosen weg und erschien schließlich mit seiner Flotte vor *Neapel.* Das deutsch-spanische Heer bestürmte die

Stadt vom Land aus, und die durch Seuchen geschwächten Franzosen ergaben sich. Die Flotte des Andrea Doria hatte eine Flucht der Franzosen verhindert.

Nun bereitete Karl einen Angriff auf Frankreich direkt vor. Doch ehe er dort einfiel, bequemte sich Franz I. 1529 zum *Frieden von Cambrai*, der im wesentlichen dem von Madrid des Jahres 1526 entsprach, wonach die spanischen Habsburger in Italien die Vormacht behielten. So endete der dritte Krieg zwischen Karl V. und Franz I.

Der Bauernkrieg 1525–1526: Während dieser italienischen Ereignisse war in Mittel- und Süddeutschland der große Bauernkrieg von 1524 und 1525 ausgebrochen. Der Adel hatte teilweise die Mißachtung und Ausbeutung der Bauern maßlos übertrieben. In den österreichischen Alpenländern, Schwaben, dem Elsaß, in Mainfranken und Thüringen kam es fast gleichzeitig mit heftiger Gewalt zum Aufstand. Die Bauern forderten Ermäßigung ihrer Abgaben an den Adel, *Aufhebung der Leibeigenschaft* sowie *freie Jagd und Fischfang.*

Auch mancher gerecht denkende Adelige schloß sich dem Aufstand an, so der fränkische Ritter *Götz von Berlichingen* (1480–1562), der ihn freilich bald wieder verließ, und Ritter *Florian Geyer* (gest. 1525). Letzterer strebte eine realistische Reform der Probleme an, weshalb er von radikalen Bauern erschlagen wurde. Der thüringische evangelische Prediger *Thomas Münzer* (1489–1525) versammelte die unzufriedenen Bauern und Bergleute zu einem Heer, und 1525 kam es bei *Frankenhausen* nördlich Erfurt zu einer blutigen Schlacht gegen fürstliche Landsknechte. Die Aufständischen verloren entscheidend. Münzer geriet in Gefangenschaft, wurde verurteilt und enthauptet.

Die Bauern hatten Hunderte von Burgen und Klöstern niedergebrannt, dabei die Burgbewohner und Mönche erschlagen. Die Adeligen rächten sich nun, indem sie alle Bauern, die sich am Krieg beteiligt hatten, und viele andere dazu, umbrachten. Es herrschte fast zwei Jahre lang ein sinnloses Morden, das unzählige rauchende Trümmer und Ruinen hinterließ. Am Ende war der Aufstand für die Bauern ein völliger Fehlschlag.

Diese waren im Zuge der Reformation – die ja wie ein kirchlicher Aufstand wirkte – zu ihrem Aufstand ermuntert worden. Außerdem hatte sich seit 1520 die Sekte der *„Wiedertäufer"* weit ausgebreitet und war in *Zürich* besonders stark. Sie erkannte weder evangelische noch katholische Dogmen an und erstrebte das Reich Gottes auf Erden durch Neugestaltung der sozialen und politischen Verhältnisse. Thomas Münzer hatte engen Kontakt zu den Wiedertäufern unterhalten, die Martin Luther als *„Schwarmgeister"* bezeichnete. Luther verurteilte den Bauernkrieg und die Art seiner Niederwerfung aufs schärfste.

Der Kaiser hatte sich persönlich nicht am Kampf in Italien beteiligt und auch in den Bauernkrieg nicht eingegriffen. Er war mit der Diplomatie beschäftigt. Dazu gehörte auch seine 1526 in Spanien glänzend gefeierte Hochzeit mit *Isabella von Portugal.* Portugal war damals die beherrschende Handels-Seemacht im Gewürzhandel mit den neuentdeckten Inseln im Pazifik. Der Ehe zwischen Karl und Isabella entstammte der Sohn und spätere spanische König *Philipp II.*

„Das Heilige Römische Reich Deutscher Nation", eine Bezeichnung, die kurz vor 1500 aufkam: Der *Frieden von Cambrai* 1529 hatte auch Papst Klemens VII. endlich

zur Loyalität gegenüber Karl gezwungen. So kam es noch ein letztes Mal zur *Kaiserkrönung* durch einen Papst. Doch zog Karl nicht nach Rom, sondern Klemens nach *Bologna*, wo 1530 die Frankfurter Krönung durch den Papst wiederholt wurde.

Die Kaiser seit Karl dem Großen nannten sich *„Römische Kaiser"*, um das Recht und die Pflicht auf den Schutz der Stadt Rom zu betonen. Seit Otto dem Großen galt der Titel *„Deutsch-Römischer Kaiser"*, um das alleinige deutsche Recht auf die Kaiserkrönung in Rom und die Herrschaft über Italien zu betonen. Die Päpste sagten dagegen *„Römisch-Deutscher Kaiser"*, um ihr alleiniges Krönungsrecht hervorzuheben.

Seit Kaiser Maximilian I. kam neben der Bezeichnung *„Reich der Deutschen"*, die seit dem 11. Jahrhundert existierte, wegen der Verbindung zur römisch-katholischen Kirche auch der Name „Heiliges Römisches Reich Deutscher Nation" auf. Mit dem alten römischen Reich hatte das also nichts zu tun. Karl V. betonte durch seine nochmalige Kaiserkrönung in Bologna seitens des Papstes seine Treue zum Katholizismus trotz der protestantischen Reformation. Die Protestanten benutzten nur den Namen *„Deutsches Reich"* und *„Deutscher Kaiser"*.

1530 sah es kurzzeitig so aus, als könne sich Karl V. bleibender Erfolge erfreuen. Doch solches Glück war bis jetzt kaum einem Herrscher längere Zeit beschieden gewesen, am wenigsten den deutschen Kaisern.

Seit Sultan *Mohammed II.* 1453 mit der Einnahme Konstantinopels sozusagen der Nachfolger des Byzantinischen Kaiserreiches geworden war, eroberten die Türken in Vollzug dieser Tatsache nacheinander die meisten Gebiete, die einst Byzanz beherrscht hatte, also Kleinasien, Palästina, Syrien, Mesopotamien, Ägypten, Nordafrika, Griechenland, den Balkan mit dem späteren Bulgarien, Rumänien und seit dem Sieg Sultan *Solimans II.*, des Prächtigen (1495–1566) 1526 bei Mohacs auch das Land Siebenbürgen und den größten Teil Ungarns. Auch die *Perser* besiegte Soliman. Mit der Erringung der *Seeherrschaft im Mittelmeer* gelangte das osmanische Reich unter Soliman II. zum Gipfel seiner Macht.

Die islamischen Türken hatten eine erstaunlich hohe Kulturstufe erreicht, wovon ihre herrlichen *Moscheen*, deren jede in etwa sieben Jahren vollständig erbaut wurde, Zeugnis ablegten. Gegen die unterworfenen Christen waren sie einigermaßen duldsam, und diese konnten ihre religiösen Gebräuche ziemlich frei ausüben. Politische Intrigen oder gar Aufstandsversuche wurden allerdings erbarmungslos bestraft.

Durch Westungarn lief also – wie berichtet – zwischen den Machtblöcken des christlichen Deutschen Kaiserreiches und dem muslimischen türkischen Sultanstaat eine gemeinsame Grenze. Die dreiwöchige Belagerung Wiens 1529 durch die Türken veranlaßte Karl V., im Reich möglichst eindeutige Verhältnisse zu schaffen, indem er seinen energischen Bruder Ferdinand anfangs 1531 zum Deutschen König *Ferdinand I.* krönen ließ. Es war ihm gelungen, die Mehrheit der immer wankelmütigen Kurfürsten von der Notwendigkeit dieser Königswahl zu überzeugen. Nur der protestantische Kurfürst *Johann der Beständige* (1468–1532), der seinem Bruder Friedrich dem Weisen 1525 nachgefolgt war, stimmte dagegen.

Die *Königskrönung Ferdinands I. in Aachen* fand mit besonderer Feierlichkeit statt, so als hätte man geahnt, daß es dort die letzte sein würde. Im ehrwürdigen Krönungssaal des *Aachener Rathauses* waren, beginnend mit Otto dem Großen, 33 deutsche Könige gekrönt worden.

Einen Monat nach Ferdinands Krönung kam, gegen die katholikenfreundliche

Politik Karls V. und gegen das Bündnis von Regensburg nach mehrjährigen Verhandlungen der *Schmalkaldische Bund der Protestanten* von 1531 zustande. (Schmalkalden liegt südlich Eisenach in Thüringen.) Unter Führung des sächsischen Kurfürsten Johann des Beständigen und des hessischen Landgrafen Philipp hatten sich fast alle deutschen protestantischen Fürstentümer, Grafschaften und Städte verbündet. Auch das protestantische Dänemark trat bei. Das Bündnis wurde aber politisch hochgefährlich für Kaiser und Reich, als auch das wittelsbachische, katholische Baiern mitmachte, weil diesem Habsburg so mächtig erschien. Es sah ganz nach Bürgerkrieg aus.

Diese Lage nutzten die Türken, um das Reich erneut zu bedrohen. Luther erkannte die Gefahr sehr wohl und warnte allgemein vor den *„türkischen Räubern"*. Unter dem Druck der gemeinsamen Gefahr schlossen Karl V. und die Protestanten 1532 den *Nürnberger Religionsfrieden.* Bis zu einem Konzil oder dem nächsten Reichstag sollten alle Streitigkeiten ruhen. Dann sollte das gesamte Glaubensproblem geregelt werden.

Karl hatte ein gewaltiges deutsches Heer aus allen Teilen des Reiches aufgeboten, welches unter seiner Führung den Osmanen entgegentrat. Es kam zu einem *Reitergefecht bei Wien,* in dem deutsche *Reisige* (bestbewaffnete Reiterei) die gefürchteten schnellen türkischen Reiter vollständig besiegten. Daraufhin verzichtete Sultan *Soliman II.* auf eine Entscheidungsschlacht mit Karl V., dessen Streitmacht nicht viel weniger als 100000 Mann betrug. Solimans „Krieg" bestand nun darin, daß er mordend und plündernd durch die Steiermark und Südwestungarn nach dem Balkan abzog.

Karls Feldzug in Tunesien 1535: Des Sultans starke Kriegsflotte im Mittelmeer unterstand dem algerischen Admiral in türkischen Diensten, *Barbarossa.* Jahre vorher war dieser ein gefürchteter Korsar gewesen. Er hatte dem Sultan bereits ganz Tunesien erobert, und nun bedrohte er das spanische Süditalien.

Jetzt hielt Frankreich die Zeit für günstig und schloß 1534 ein *Bündnis, Franz I./Barbarossa,* um mit dessen Flotte Genua zu erobern. Als nächstes Ziel hatte Franz das Königreich Neapel vorgesehen.

Doch Karl V. handelte schnell. Mittels der Flotte seines Admirals *Andrea Doria* (1468–1560) landete er mit einem deutsch-spanischen Heer in Tunis und eroberte 1535 die nördliche Hafenstadt *Goletta.* Anschließend besiegte er Barbarossas Besatzungssoldaten im ganzen Land. Gefangene pflegte man nicht zu machen, denn Christen wie Muselmanen bezeichneten sich gegenseitig als *„Ungläubige"*, die umzubringen Gott bzw. Allah zur Ehre gedeihen müsse. Barbarossa aber war entkommen.

Karl hatte also die Türken an den Grenzen des Reiches sowie im Mittelmeer abgeschlagen. Zur gleichen Zeit befand sich Soliman mit Persien erneut im Kriegszustand, und so kam ihm Frankreichs Angebot, auch mit ihm ein Bündnis abzuschließen, recht gelegen. Ein *Kriegsabkommen Solimans mit Franz* wurde 1536 getroffen, vorerst noch getarnt als Handelsvertrag, denn Franz I. brach damit den Vertrag von Cambrai 1529 zwischen ihm und Karl V. Außerdem verriet er damit gleichzeitig seine christlich-katholische Kirche an die Muslims.

Die Grafschaft Mömpelgard fiel 1534 durch Verrat an Frankreich: Derweil waren im Reich die Wirren unvermindert weitergediehen: In Schwaben hatte der katholische Herzog *Ulrich* (1487–1550), herrschsüchtig und verschwenderisch, aufs grausamste schon 1514 den Bauernaufstand des *„Armen Konrad"* niedergeschlagen, einen Bund, der sich als erster gegen die Ausbeutungspraktiken des Adels erhoben hatte. Eifersucht und Überheblichkeit trieb Ulrich zum Mord an dem Ritter Hans von Hutten. Schließlich überfiel er ohne Grund 1519 die Reichsstadt *Reutlingen*. In allen Ständen Schwabens hatte er Zorn und Haß auf sich gezogen, so daß er sich nur durch die Flucht retten konnte. Sein Herzogtum fiel daraufhin an die österreichischen Habsburger.

Landgraf *Philipp von Hessen* war mit dieser Entwicklung keineswegs einverstanden und wartete auf eine günstige Gelegenheit, eine Änderung herbeizuführen. Durch den *Türkenkrieg* waren Karl V. und sein Bruder Ferdinand I. voll gebunden. Philipp und Ulrich schmiedeten nun folgenden Plan: Philipp solle die habsburgischen Festungsbesatzungen in Schwaben angreifen. Gelinge deren Vertreibung, könne Ulrich auf seinen Herzogssitz zurückkehren, allerdings unter öffentlicher Reue über seine früheren Untaten. Um aber seine Reue unter Beweis zu stellen, müsse er im ganzen Herzogtum die Reformation einführen. Das Herzogtum umfaßte viele unzusammenhängende Gebiete, die nicht im Besitz der Habsburger waren. Seit der Reformation führte sich der Name *Württemberg* nach der Stammburg der Grafen von Wirtenberg bei Untertürkheim am Neckar mehr und mehr ein.

Die Kosten des kriegerischen Unternehmens sollte aber Franz I. von Frankreich gegen Abtretung der kleinen Grafschaft Mömpelgard zwischen Basel und Bisanz aus württembergischem Besitz tragen. Auf diesen Plan ging der französische König sofort ein. Philipp griff an und besiegte 1534 bei *Lauffen* nicht weit von Heilbronn die Habsburger. Die weiteren Ereignisse liefen planmäßig ab.

Durch diesen Verrat fiel also Mömpelgard (Montbéliard) an die französische Krone. Der Roman „Lichtenstein" von Wilhelm *Hauff* (1802–1827) berichtet über diese Vorgänge.

Franz I. verbündete sich 1535 mit den Türken – Flandern mit Dünkirchen kam 1538 an Habsburg: 1535 starb der letzte Herzog *Sforza* von Mailand. Franz I. ließ die Tarnung um den türkisch-französischen Pakt fallen und verlangte für seinen Sohn das Herzogtum Mailand. Nach der Ablehnung dieser Forderung durch Kaiser Karl eröffnete *Franz I. 1536 den vierten Krieg gegen das Reich,* indem er in Savoyen einfiel. Gleichzeitig bedrohten die Türken Westungarn. Im Gegenzug griff Karl Frankreich an, im Süden die Provence und im Norden mit Richtung auf Paris.

Doch der Krieg brachte keine Entscheidungen und erlahmte allmählich. Durch Vermittlung des neuen Papstes *Paul III.* (gest. 1549) kam es zwar zu keinem Frieden, doch zum *Waffenstillstand von Nizza* 1538. Jede Seite behielt vorerst, was sie gerade besetzt hatte. Zwischen Karl und Franz fand sogar ein persönliches Gespräch statt. Franz versprach, auf den Pakt mit den Türken zu verzichten. Ja, er mußte Habsburgs Besitz (seit 1484) von ganz Flandern mit Dünkirchen und Gent, das *Artois,* Utrecht, *Westfriesland* und *Groningen* bestätigen. Dieses Land bedeutete damals für das Reich einen wichtigen Wirtschafts- und Machtfaktor. Die *flandrische Tuchherstellung,* der Handel über Land und See in Verbindung mit einer ansehnlichen Flotte waren führend in ganz Europa. Die zahlreiche Bevölkerung lebte in üppigem Reichtum, wovon noch heute viele spätgotische Prachtbauten Zeugnis ablegen.

Das vergrößerte, zusammenhängende Gebiet der späteren Niederlande, Belgien und Luxemburg (außer Geldern und dem Bistum Lüttich) erhielt den gemeinsamen Namen *„Niederlande"* wie schon im Mittelalter. Sie waren in habsburgischem Besitz und Teil des Deutschen Reiches. Die Grafschaft Flandern, die bisher noch nie zum Deutschen Reich gehört hatte, war somit seit 1538 eine Neuerwerbung.

Sultan Soliman II. hatte seit 1536 in Erfüllung seines Paktes mit Franz I. die deutschen Grenzen angegriffen und Raubzüge durchführen lassen, wobei schwer gehaust wurde. Das veranlaßte die deutschen Fürsten und Städte sofort zur Zurückstellung ihrer inneren Händel, denn die berechtigte alte Panik vor den wilden Angriffen der Hunnen, Ungarn, Mongolen oder Türken saß allen deutschen Menschen zutiefst in den Knochen. Besonders beunruhigend wirkte die Niederlage, die ein Feldhauptmann König Ferdinands I. 1537 bei *Esseg an der Drau* in Ungarn durch türkische *Janitscharen* (türkische Kerntruppen) erlitt. Aber Konsequenzen zogen die Türken aus diesem Sieg nicht; sie beschränkten sich auf Raubzüge. Mit ähnlichen Räubereien von See her beunruhigte Admiral *Barbarossa* Süditalien. Er besiegte 1538 eine vereinigte genuesisch- venezianische Flotte südlich *Korfu*, ohne die Städte danach direkt anzugreifen. Er handelte halb im eigenen, halb in des Sultans Interesse.

Karls mißglückter Feldzug nach Algerien 1539 – Fünfter und letzter Krieg Franz I. gegen Karl V. 1543–1544 – Das Herzogtum Geldern kam 1544 an die Habsburger Niederlande: An den Küsten *Algeriens* waren seit etwa 1510 spanische Niederlassungen gegründet worden. Diese lagen in ständigem Streit mit den Algeriern, somit auch mit Barbarossa. Karl versuchte ihn vergeblich für sich zu gewinnen, so daß er den Entschluß faßte, eine kriegerische Lösung zu finden. Im Oktober 1539 landete er – ungenügend vorbereitet – mit einem Heer in Nordafrika, wo er von Barbarossa blutig zur Rückkehr gezwungen wurde. Herbststürme vergrößerten Karls Niederlage noch beträchtlich.

Durch dieses Ereignis ermutigt, wagte Franz I. den fünften Krieg gegen Karl. In der Lombardei versuchte er erneut Mailand in seine Hand zu bekommen, wobei er sich wieder bei der Türkei absicherte. Gleichzeitig wollte er die Vergrößerung der Habsburger Niederlande doch noch rückgängig machen, indem er sich mit Herzog *Wilhelm von Geldern* gegen Karl verbündete und in die Niederlande einfiel. Dänemark und Schweden unterstützten ihn dabei. Doch kaum erschien Karl 1543 mit seiner Reiterei in *Geldern*, als das Komplott zusammenbrach. Herzog Wilhelm büßte seinen Verrat gegen den Kaiser, indem er sein Land an die habsburgischen Niederlande abtreten mußte, wodurch diese nochmals wesentlich aufgerundet wurden.

Karls Armee vertrieb nun die Franzosen aus dem Lande und marschierte nach Frankreich. Bei *Chateau-Thierry* an der Marne, 60 km östlich Paris, bat Franz um Friede, den ihm Karl großmütig gewährte. So kam es 1544 zum *Frieden von Crépy*. Franz verzichtete endgültig auf Machtansprüche in Italien. Der Süden blieb unbestritten unter spanischer Oberhoheit, Norditalien unter der des Deutschen Reiches. Auf die Niederlande nahm Franz keinen Einfluß mehr. Obwohl Frankreich 23 Jahre lang keine Ruhe gegeben hatte und schließlich in fünf Kriegen besiegt war, ließ ihm Karl seinen Besitzstand und in Savoyen sogar noch beträchtlichen Einfluß.

Karl hatte niemals die Absicht, Frankreich auch nur zu schmälern. Er sah es lediglich als Pflicht an, als gewählter spanischer König und deutscher Kaiser den Besitzstand Spaniens und Deutschlands zu erhalten. In Flandern geboren und dort teilweise aufgewachsen, waren aber die Niederlande für ihn Herzensangelegenheit. Zusammen mit dem ihm mehrmals verbündeten englischen König *Heinrich VIII.* hätte er den unbotmäßigen Franz I. beizeiten in die Schranken weisen können, denn auch Heinrich VIII. befand sich dreimal im Krieg gegen Franz.

König Heinrich VIII. von England gründete 1534 die Anglikanische Staatskirche, die den Papst nicht anerkannte: Zwischen politischem Kräftespiel der europäischen Staaten und persönlichen Interessen geriet Heinrich VI. mehrmals in Zwiespalt. Sein erster Kanzler, der Kardinal *Wolsey*, sollte und wollte entscheidenden Einfluß im Vatikan gewinnen. Aber Karl verhinderte, daß Wolsey Papst wurde. Heinrichs erste Gemahlin, *Katharina von Aragon* (gest. 1536), schenkte ihm zwar eine Tochter, aber keinen Sohn. Deshalb und wegen seiner Geliebten *Anna Boleyn* (gest. 1536) wollte er die Scheidung vom Papst in Rom erzwingen. Wolsey als Papst hätte natürlich die Scheidung bewilligt, die anderen Päpste aber nicht. So benutzte Heinrich VIII. die Scheidungsangelegenheit dazu, die Lösung der englischen Kirche von Rom und Papst vorzunehmen. Da ihm Luther ebenfalls nicht zusagte, errichtete er die Anglikanische Staatskirche, zu deren Haupt er sich durch die *Suprematsakte* von 1534 ernennen ließ. Sein damaliger Kanzler *Thomas More* (1478–1535), Humanist, befreundet mit Erasmus von Rotterdam, war als überzeugter Katholik ein Gegner der Kirchentrennung, weshalb er in entschiedenen Gegensatz zu seinem König geriet. Als er sich mit der nun errichteten Anglikanischen Staatskirche nicht abfinden und den König gar als deren Oberhaupt nicht anerkennen wollte, wurde Thomas More 1535 enthauptet. 1935 sprach ihn der Vatikan heilig.

Die neue Kirche erlaubte natürlich die Scheidung, und Heinrich heiratete Anna Boleyn. Sie gebar ihm auch keinen Sohn, dafür aber eine Tochter, die spätere Königin *Elisabeth I.* Anna war bildschön und lebensfroh, der gewalttätige Heinrich dick, unansehnlich und eifersüchtig. Bald bezichtigte er sie des Ehebruchs, und ohne diesen beweisen zu können, ließ er Anna 1536 im Tower enthaupten. Heinrich VIII. war sechsmal verheiratet, aber Kinder bekam er keine mehr. Seine fünfte Gemahlin, *Katharina Howard* (gest. 1542), war 22 Jahre alt, als auch sie wie Anna Boleyn hingerichtet wurde, ebenfalls wegen angeblicher ehelicher Untreue.

Der Schmalkaldische Krieg 1546–1547: Das große Kirchenproblem Deutschlands war nach wie vor ungeregelt. Karl V. gedachte nicht, die Reformation so ohne weiteres anzuerkennen, zumal diese im spanischen Teil seines Reiches keinen Fuß fassen konnte. Eine feste Vorstellung, wie der Konflikt zu lösen sei, hatte er nicht. Einerseits war er frommer, überzeugter Katholik, der die Mängel und Auswüchse der Kirche recht kritiklos als unvermeidliche menschliche Schwächen hinnahm. Andererseits wußte er als Realist genau, daß viele Fürsten am kirchlichen Wirrwarr nur interessiert waren, um Vorteile herauszuschlagen. Der Kaiser sah sich als Repräsentant des Reiches und meinte es ernst damit. Da er gleichzeitig Habsburger und damit der mächtigste Fürst mit der weitaus größten Hausmacht war, glaubte er der egoistischen Fürsten Herr werden zu können.

Der *protestantische Bund von Schmalkalden* mußte nach Karls Ansicht zerschlagen werden, möglichst unkriegerisch auf diplomatischem Wege. Danach würde sich vieles zum Besseren wenden lassen.

Entsprechend der Grundhaltung der Fürsten herrschte im Schmalkaldischen Bund Zwietracht, außerdem war man wechselnd für oder gegen den Kaiser. Untereinander trug man laufend Fehden aus. Am bedenklichsten war die Zwietracht unter den Wettinern, dem Kurfürsten *Johann von Sachsen*, und seinem Vetter, dem Herzog *Moritz von Sachsen* (1521–1553) aus Freiberg.

Die wettinischen Länder waren 1485 bei der Leipziger Vereinbarung zwischen den Brüdern Ernst und Albert aufgeteilt worden. Die *Ernestiner* bekamen Thüringen und den Kurfürstentitel, die *Albertiner* mit Sitz auf der Albrechtsburg in Meißen wurden Herzöge von Sachsen. Es ist dies das spätere Königreich Sachsen mit den Städten *Dresden, Leipzig* und *Chemnitz;* mit dem alten Herzogtum Sachsen, dem heutigen Niedersachsen, hatte es gebietlich nichts zu tun.

Der Albertiner Herzog Moritz war außerordentlich ehrgeizig, kannte keine Skrupel und strebte selbst die Kurfürstenwürde an, die sein Vetter, der Ernestiner Johann, innehatte. Also schlug er sich, obwohl Protestant, auf die katholische Seite.

Nachdem viele Einigungsgespräche zwischen den Konfessionen fehlgeschlagen waren, brach 1546 der *Schmalkaldische Krieg* aus. Den evangelischen Schmalkaldern standen die Katholiken von Österreich, Salzburg, Mainz sowie die abtrünnigen evangelischen Braunschweiger und albertinischen Sachsen gegenüber. Vorerst gab es nur Plänkeleien, doch 1547 kam es bei *Mühlberg* an der Elbe nördlich Meißen zur Schlacht. Die Katholiken siegten mit tatkräftiger Unterstützung des evangelischen Herzogs Moritz. Kurfürst Johann von Sachsen sowie Landgraf Philipp von Hessen gerieten in Gefangenschaft. Johann mußte daraufhin die Kurwürde an seinen Vetter Moritz abtreten, dazu Nordthüringen mit Wittenberg und Torgau. Philipp blieb fünf Jahre lang Karls Gefangener.

Kurz vor Beginn des Schmalkaldischen Krieges war Martin *Luther* 1546 im Alter von 72 Jahren gestorben. Er war weder Politiker, noch hatte er ursprünglich die Gründung einer neuen Kirche im Sinne gehabt. Er wollte die katholische Kirche lediglich reformieren, weil er als frommer Idealist des Glaubens war, die Kirchenmißbräuche verringern zu können. So entglitten ihm die Zügel bald, und es bildete sich tatsächlich die *Evangelisch-Lutherische Kirche*, allerdings nun mit Luthers tatkräftiger Hilfe.

Die Politik hatte sich sehr schnell dieser Umwandlung bemächtigt, denn die Reformation bot manchem Fürsten die Handhabe, unter dem Schutz „edler" Religiosität, gegen Papst, Kaiser und habsburgische Hausmacht zum eigenen Vorteil aufzutreten. Ein solcher Mann war der – mit des Kaisers Gnaden – neuernannte Kurfürst Moritz von Sachsen.

Durch die Zerschlagung des Schmalkaldischen Bundes war die Macht Kaiser Karls V. im Reich weiter beträchtlich gewachsen, und er hatte die feste Absicht, die von seinem Großvater Maximilian I. angestrebte *Reichsreform* endlich durchzusetzen. Außerdem war 1547 sein ewiger Feind und steter Friedensstörer, der König Franz I. von Frankreich, im 53. Lebensjahr gestorben. Mit dessen Nachfolger *Heinrich II.* (gest. 1559), hoffte er besser auszukommen.

Der protestantische Kurfürst Moritz von Sachsen verriet Karl V. und trat die Reichsstädte und Bistümer Metz, Tull (Toul) und Wirten (Verdun) an Frankreich ab: So gutgläubig, wie sich Karl V. immer Franz I. gegenüber verhalten hatte, vertraute er auch Moritz von Sachsen, dem Protestanten, den er für seinen Bundesgenossen in Sachen des Reiches hielt.

Jedenfalls war manchen Fürsten beider Konfessionen die kaiserlich-habsburgische

Macht unbequem. Doch blieben die meisten halbherzig. Anders Kurfürst Moritz von Sachsen: Vorsichtig strebte er zuerst die Versöhnung mit den protestantischen Fürsten, die er vor dem Schmalkaldischen Krieg verraten hatte, mit Erfolg an. Das Stillhalteversprechen des Nürnberger Religionsfriedens von 1532 war nach dem Krieg im *„Augsburger Interim"* 1548 erneuert worden. Das protestantische Magdeburg weigerte sich jedoch beizutreten, weshalb Moritz die Stadt im Auftrag des Kaisers dazu zwingen sollte. Doch kam es zu Geheimabsprachen, und Moritz betrog den Kaiser mit einer vorgetäuschten Kapitulation Magdeburgs. Schließlich plante er sogar einen Aufstand: Im Januar 1552 schloß er mit Frankreich den *geheimen Vertrag von Chambord.* Danach gewährte der katholische König Frankreichs, Heinrich II., den protestantischen Aufwieglern gegen den katholischen Kaiser finanzielle Hilfe, allerdings nur für Abtretung der alten Reichsstädte und Bistümer *Metz, Toul (Tull) und Verdun (Wirten).* Gleich danach schlugen die Verbündeten evangelischen Fürsten los. Karl wurde vollständig überrascht, konnte aber gerade noch entkommen und sich nach dem habsburgischen Österreich zurückziehen. Bis Innsbruck drang Moritz mit den Aufständischen nach, und gleichzeitig besetzten die Franzosen die westdeutschen Bistümer.

Damit war das Übergewicht Karls V. im Reich gebrochen, doch blieb er Kaiser, denn die Halbherzigen wollten es mit ihm nicht ganz verderben.

Der Kaiser war von diesem Verrat aufs tiefste getroffen, doch wollte er wenigstens einige Ordnung wiederherstellen. Von Villach in Kärnten aus begannen nun er und sein Bruder Ferdinand Verhandlungen, welche zu den *„Passauer Abmachungen"* vom August 1552 führten. Danach mußte der Kaiser Protestanten und Katholiken nebeneinander gewähren lassen. Die Abtretung der westlichen Bistümer Toul, Metz und Verdun erkannte Karl selbstverständlich nicht an, wie auch die von Mömpelgard nicht. Doch hatten die Franzosen in diesen Gebieten sofort Besatzungen eingerichtet. Es gelang dem Kaiser trotz kriegerischer Anstrengungen nicht, die Eindringlinge zu vertreiben.

Kurfürst *Moritz* und der hohenzollernsche Markgraf von Kulmbach-Bayreuth, *Albrecht Alcibiades* (gest. 1557), befehdeten sich heftig. Bei *Sivershausen* wurde der Kulmbacher 1553 besiegt, doch konnte er nach Frankreich fliehen, wo er bald mit 35 Jahren starb. Aber auch Moritz selbst endete an einer tödlichen Verwundung in diesem Gefecht, erst 32 Jahre alt. Der *„Judas von Meißen"*, wie ihn viele Leute nannten, hatte Kaiser und Vaterland verraten, welches dadurch uralte Reichsländer verlor. Manche Protestanten hielten ihn für einen Kämpfer zugunsten der Reformation, obwohl er alles war, nur nicht fromm. Diese Reichsländer seien französischsprachig, rechtfertigte sich Moritz. Nun, das stimmte nicht, denn es herrschte dort einwandfrei seit etwa 1000 Jahren Zweisprachigkeit. Kein Kaiser hatte je die Bevölkerung gezwungen, nur deutsch zu sprechen. Die *Franzosen aber französisierten systematisch* jedes Gebiet, in welchem sie sich als Herren fühlten.

Der Augsburger Religionsfriede von 1555: Karl V. erkrankte und bereitete seinen Rücktritt vor. Auf dem Reichstag von Augsburg 1555, dem König Ferdinand I. vorstand, wurde endlich der Augsburger Religionsfriede ausgehandelt, und Karl, der sich in den Niederlanden aufhielt, genehmigte die Abmachungen ohne weiteres: Lutheranern und Katholiken wurde Gleichberechtigung und der bisherige *Besitz an*

Kirchengütern zugestanden. Die wichtigste Bestimmung aber war, daß die Landesfürsten in ihren Gebieten die uneingeschränkte Kirchenhoheit besaßen. Das hieß: Wie die *Religion des Herrn, so die Religion des Volkes.*

Der Vatikan in Rom hatte wenig Einfluß auf den Religionsfrieden nehmen können, zumal im gleichen Jahr hintereinander drei Päpste den Heiligen Stuhl bestiegen.

Die Reformation hatte gesiegt – wie es schien. Aber die katholische Kirche war zäh und gedachte keineswegs, sich kampflos mit den Tatsachen abzufinden. Die Weichen für eine *Gegenreformation* waren bereits gestellt. Deutschland steuerte langsam auf die größte Katastrophe seiner Geschichte zu.

Abdankung Karls V. 1556 und sein Testament: Im Jahre 1556 legte Kaiser Karl V. alle seine Ämter nieder und dankte ab. Was ihn dazu zwang, waren körperliche Erschöpfung und tiefste seelische Enttäuschung. Besonders für Deutschland hatte er seine Kräfte aufgerieben.

Obwohl Karl fromm katholisch war, empfand er Martin Luther nicht als persönlichen Feind. Doch fand er keine Antwort auf die Frage, wem solche *„Weltverbesserung"* nützen sollte.

Innerlich war Karl durch und durch auf Frieden eingestellt. Doch ausgerechnet er mußte 15 Kriege (ohne die überseeischen in der Neuen Welt) im In- und Ausland durchfechten. Karl war kein Renaissancefürst wie seine rachsüchtigen, absolutistisch regierenden Gegenspieler Franz I. und Heinrich VIII. oder auch die meisten der prachtliebenden sieben Päpste, die er erlebte. Im Gegenteil, Karl war immer bereit zu verzeihen, so daß er zuweilen weltfremd wirkte.

Man weiß nicht, ob Karl die Schriften seines Zeitgenossen, des Florentiners Nicolo *Machiavelli* (1469–1527) schon kannte. Dieser Geschichtsschreiber und Staatsmann stellte sich eine Führergestalt vor, die ein geeintes Italien, frei von fremden Mächten, schaffen wollte. Um dieses Ziel zu erreichen, sollten alle Mittel wie Treulosigkeit, Wortbruch, Grausamkeit usw. zugebilligt werden. Solche Grundsätze, allgemein *„Machiavellismus"* genannt, paßten vielleicht zu manchem von Karls Gegnern wie z. B. Franz I., bestimmt aber nicht für Karl V.

Karl hatte ursprünglich beabsichtigt, das gesamte deutsch-spanische Reich seinem Sohn *Philipp II.* (1527–1598) zu vererben, nachdem er ihm 1555 bereits die spanische Königskrone gegeben hatte. Karl kämpfte zäh um die Durchsetzung dieser Pläne. Philipp, damals 29 Jahre alt, galt bereits als strenger, eigenwilliger Herrscher, der absolutistisch regierte und betont streng katholisch auftrat. Die deutschen Kurfürsten lehnten Philipp jedoch einmütig ab, die katholischen, weil sie keinen selbstbewußten Kaiser über sich dulden wollten, die evangelischen aus dem gleichen Grund, und schon gar nicht einen Mann, der die *„Inquisition"* für nützlich erachtete. Auch Papst *Paul IV.* lehnte Philipp als deutschen Kaiser ab, obwohl dieser der *„katholischste Fürst"* der Zeit war. Rom wollte wie immer schon unter allen Umständen kein starkes Kaisertum.

Also teilte Karl V. sein Weltreich in eine *deutsch-habsburgische* und eine *spanisch-habsburgische* Linie auf:

Sein Bruder *Ferdinand I.*, seit 1531 bereits deutscher König, bekam das Deutsche Reich mit dem Kaisertitel, welches die Habsburger Besitzungen Österreich, Kärnten, Steiermark, Krain, Böhmen, Schlesien, Tirol, Breisgau und Vorderösterreich einschloß. Dazu kam noch außerhalb der Reichsgrenzen Westungarn.

Seinem Sohn Philipp II. gab er außer Spanien die reichen überseeischen Kolonien Mexiko, Peru usw., ferner das Königreich Neapel mit Sizilien und Sardinien sowie das Herzogtum Mailand, also die Lombardei, die Karl nach der Vertreibung der Franzosen in habsburgischen Besitz genommen hatte, wenn auch in den Grenzen des Deutschen Reiches. Weiterhin erhielt Philipp den größten Teil des Habsburger Hausbesitzes im Westen des Reiches, nämlich die *Lombardei*, die Grafschaften *Burgund, Luxemburg* und vor allem die *Niederlande*, die Karl während seiner Regierungszeit so wesentlich vergrößert hatte.

Die Gesichtspunkte, nach denen Karl diese Zerreißung des habsburgischen Hausbesitzes vornahm, sind unerklärlich. Wie konnte er die westlichen Provinzen dem fernen Spanien übergeben? Diese verblieben nur theoretisch im Verband des Deutschen Reiches. Aber nichts konnte den Kaiser daran hindern, denn es gab in Deutschland kein Gesetz, welches Reichsbesitz über Hausmachtbesitz gestellt hätte. Niemand war mit dieser Lösung gedient, seinem Sohn am wenigsten. Wie sollte Spanien diese Gebiete auf die Dauer halten können? Auch die Kirchenspaltung gab keine Rechtfertigung, denn nur der Norden der Niederlande war evangelisch geworden. Selbst für die habsburgische Hausmacht insgesamt waren keine Vorteile zu erkennen. Mit welcher Berechtigung konnte also Karl ein Jahr später in seinen Erinnerungen schreiben, daß er es mit Deutschland immer gut gemeint habe? – Folgende Erklärung wäre denkbar: Vielleicht hatte Karl seinem Sohn Philipp im Reich so viel Einfluß sichern wollen, daß dieser nach dem Ausscheiden seines Onkels Ferdinand I. doch noch das *spanisch-deutsche Großreich* wiederherstellen konnte. Denn als Habsburger und Besitzer so wichtiger Reichsgebiete war Philipp in jedem Falle einer der einflußreichsten Reichsfürsten.

Nachdem also Karl V. seine Nachfolge bestimmt hatte, zog er sich freiwillig 1556 zum Bergkloster *San Juste* in Westmittelspanien zurück, von wo aus er die weiteren Geschehnisse in Europa genau beobachtete. In seinem Landhaus nahe dem Kloster lebte er abwechselnd als Herr, der gute Speisen und Getränke zu würdigen wußte, dann aber wie ein Mönch in dunklem Gewande, der betend auf sein Ableben wartete. Im September 1558 starb Kaiser Karl V. im Alter von 58 Jahren. Er war zweifellos ein Fürst eigenster Prägung gewesen, ein Mann mit einem Machtbereich, wie ihn Europa und die Welt in dieser Ausdehnung bisher noch nicht erlebt hatte.

Für Deutschland wirkte sich Kaiser Karls Regierung leider sehr negativ aus, besonders die Aufteilungsregelung, denn die mehrfach erwähnten Reichsländer im Westen gingen dadurch bald verloren.

Die Ausbreitung des Protestantismus: Und was hatte Martin *Luther*, der andere herausragende Mensch am Beginn der Neuzeit, Deutschland und der Welt hinterlassen? In erster Linie einen neuen Zweig des Christentums, die neue protestantische Kirche. Wie der Name sagt, entstand sie aus Protest gegen Mißstände in der katholischen Kirchenhierarchie. Eine Kirchenreform war schon seit Jahrhunderten fällig gewesen, also nannte man den Vorgang auch die *„Reformation"*. Und weil die Grundsätze nunmehr dem biblischen Evangelium nach Luthers Übersetzung entsprachen, war die *Evangelisch-Lutherische Kirche* entstanden. Abspaltungen wie die *Reformierte Kirche* der Zwinglianer und Calvinisten, letztere in Frankreich *„Hugenotten"* genannt, oder die *Anglikanische Staatskirche* Englands sowie verschiedene spätere Sekten wie *Baptisten, Methodisten, Presbyterianer* und andere, soweit sie sich vom Papsttum lossagten, sind alle ihrem inneren Gehalt nach evangelisch.

In ganz Europa drang die Reformation vor: Schweden, Finnland, Norwegen und Dänemark wurden evangelisch-lutherisch, dazu das deutsche Sprachgebiet zu 60 %. Die Nordschweiz, die nördlichen Niederlande, Schottland, anfangs auch Teile von Frankreich übernahmen die reformierte Richtung, England die anglikanische. Nordamerika wurde später zu zwei Drittel evangelisch (Baptisten, Methodisten, Lutheraner, u. a.). Außerdem lebten Protestanten in fast allen Ländern der Welt.

Der Süden Europas blieb katholisch, vor allem Spanien und Portugal mit ihren Kolonien in Amerika und Asien, Italien, letzten Endes auch Frankreich, ferner Kroatien, Ungarn, Polen und im Nordwesten die Insel Irland.

Die *morgenländischen Christen* besiedelten Griechenland, Serbien, Bulgarien, Rumänien, Rußland.

Knapp ein *Drittel der Menschheit ist heute christlich,* davon etwa 43 % katholisch, 32 % evangelisch und 25 % morgenländisch. Das gestörte Verhältnis des Kommunismus zum Christentum stellt allerdings solche Prozentzahlen in Frage.

Diese drei Konfessionen kämpften nun jahrhundertelang untereinander erbittert um ihren Einfluß. Das Deutsche Reich wurde dabei entsetzlich heimgesucht, wie noch berichtet werden wird.

Natürlich hat Luther diese Katastrophe nicht voraussehen können. Der allgemeine Protest lag damals in der Luft.

Eine wichtige Begleiterscheinung in Luthers Wirken hat sich allerdings außerordentlich fruchtbar für Deutschland ausgewirkt: Durch seine *Bibelübersetzung* und deren allgemeine Verbreitung gab er den entscheidenden Anstoß zur Durchsetzung der *deutschen Umgangs- und Schriftsprache.* Allein zu seinen Lebzeiten sind über eine Million Bibeln gedruckt worden, die in alle Winkel des deutschsprachigen Raumes gelangten. Bisher gab es in den Kanzleien der Fürstentümer die verschiedenartigsten Ausdrücke und Schreibweisen für gleiche Begriffe, was oft zu leidigen Irrtümern führte. Luthers Bibel, in der fast alle Ausdrücke der Umgangssprache vorkommen, diente sozusagen als eine Art Wörterbuch. Luther benutzte für seine Übersetzungen die kursächsische Kanzleisprache und Schrift, die auch seine Muttersprache war. Außerdem prägte er viele neue Wortschöpfungen.

Die Leute, die sich mit Sprachproblemen beschäftigten, saßen in Leipzig, weshalb allmählich diese Stadt in Deutschland führend für die Buchdruckerei und die dortige Universität ein Mittelpunkt der Wissenschaften und des deutschen Schrifttums wurde.

Was die allgemeine Durchsetzung dieser *Neuhochdeutschen Sprache,* wie sie heißt, an Einigungswirkung bis heute in Deutschland hervorrief, übertraf alle bisherigen politischen und kriegerischen Einheitsbestrebungen. Aus dieser Erkenntnis erwuchs für die Zukunft die Pflicht, überall, wo Deutsch gesprochen wird, diese Muttersprache rein zu halten und das Eindringen von *Fremdwörtern* weitgehend zu vermeiden.

Ferdinand I. (1503–1564), Deutscher König seit 1531, Kaiser seit 1556 – Beginn der Gegenreformation 1555 unter Papst Paul IV., dem „Schrecklichen Papst"

Ferdinand war Spanier; als er schon 1522 von seinem Bruder Karl V. als Regent die österreichisch-habsburgischen Erblande zugewiesen bekam und in Wien einzog, nahm er von Anfang an seine Aufgabe recht ernst. Vor allem bemühte er sich, die deutsche Sprache schnell zu erlernen, die er dann neben der spanischen gut beherrschte. Wie bereits berichtet, erwarb er schon 1526 Böhmen und Schlesien sowie Westungarn zurück. Nach Vertreibung der Türken 1529 vor Wien konnte er sich in Westungarn behaupten, mußte aber das restliche Ungarn dem Sultan überlassen. 1531 wurde er auf Karls Betreiben in Aachen zum Deutschen König gewählt. Wir schon erwähnt, war dies die letzte Königskrönung in Aachen.

In seinen gesamten Erblanden hatte er mit der Zeit eine vorbildliche Verwaltungsordnung eingeführt. Im Gegensatz zu seinem Bruder Karl förderte er den Ausgleich mit den Protestanten, und der *Augsburger Religionsfriede* von 1555 war zum Hauptteil sein Werk. Nach Karls Tod übernahm er mit dem Einverständnis der Kurfürsten als Kaiser das Deutsche Reich.

Sofort stand er einem Problem gegenüber, welches von ihm als Deutsch-Römischer Kaiser für das Reich eine Entscheidung abverlangte, die tiefgreifende Folgen in sich barg. Es ging um die Gegenreformation. Sollte er sie in Deutschland zulassen oder nicht? Er, der selbst Katholik war, unterlag dem Druck der katholischen Kirche, indem er entgegen seiner früheren Einstellung die Gegenreformation im Reich duldete und bald auch tatkräftig unterstützte.

Wie kam es zur Gegenreformation, die von 1555 bis 1648, dem letzten Jahr des 30jährigen Krieges, dauerte?

Der Jesuitenorden; gegründet 1534: Die Reformation Luthers, Zwinglis und Calvins hatte – wie erzählt – der katholischen Kirche schwersten Abbruch getan. Daraufhin stiftete der Spanier Ignatius von *Loyola* (um 1493–1566) den Jesuitenorden (= Gesellschaft Jesu), der sich zum Ziel setzte, die christlichen Tugenden zu fördern, der Ausbreitung der Reformation Einhalt zu gebieten, den geläuterten Katholizismus erneut auszubreiten und die Macht der katholischen Kirche wiederherzustellen. Die Ordensbrüder erhielten eine straffe theologisch-wissenschaftliche Erziehung. Der Orden wurde nach *militanten (kämpferischen) Grundsätzen* organisiert mit einem auf Lebenszeit gewählten General an der Spitze. Loyola war ursprünglich Offizier gewesen und nach einer schweren Verwundung Asket und später Priester geworden. Papst Paul III. bestätigte 1540 den Jesuitenorden, der sich allmählich in ganz Europa, später in der ganzen Welt ausbreitete. Den Jesuitenklöstern wurden Schulen angeschlossen, in denen die Söhne der Bürger eine gymnasiale, ausgezeichnete Schulbildung erhielten – in katholischem Sinne, versteht sich.

In Zusammenarbeit mit der Jesuitenbewegung hoffte Papst Paul III., die kirchliche Einheit auf diplomatischem Wege wiederherzustellen, weshalb er auch ein Vermittlungsgespräch mit *Philipp Melanchthon* suchte, was aber zu nichts führte. Nun eröffnete er im Bistum Trient südlich Bozen 1545 das *Tridentinische Konzil,* welches mit jahrelangen Unterbrechungen bis 1563 tagte. Während dieser Kirchenversammlung legte man die Glaubenssätze deutlicher fest, und die *päpstliche Allmacht* erfuhr erneute Bestätigung. Vor allem aber wurden die zahlreichen Mißbräuche nun offen aufgedeckt und auch weitgehend abgestellt, was schließlich zu einer echten religiösen Erneuerung führen sollte. Doch kamen diese inneren Reformen leider Jahrzehnte zu spät, denn an eine *Kircheneinheit* war nicht mehr zu denken.

So beschloß das Konzil, die abtrünnigen Länder dem Katholizismus zurückzugewinnen, wenn nötig mit Gewalt und mit Mitteln der Inquisition. Damit war die Gegenreformation und neuer Mißbrauch schlimmsten Ausmaßes eingeleitet. Die *Träger der Gegenreformation* waren die Päpste, der Jesuitenorden, das Königreich Spanien und in Deutschland hauptsächlich die *Habsburger* und *Wittelsbacher.*

Papst *Paul IV.* (1555–1559 im Amt), der frühere Kardinal Caraffa, der *„schreckliche Papst"*, wie man ihn nannte, ging mit maßloser Härte gegen Protestanten, Humanisten und alle vor, die sich nicht bedingungslos seinen neuen „biblischen Dogmen" unterwarfen, soweit sie sein Arm erreichte. Wehe dem, der ihn, den Papst, in Frage zu stellen wagte. In Spanien wurden Tausende Menschen jeden Standes durch den *Großinquisitor* nach grausamsten Folterungen auf den Scheiterhaufen gebracht. Das gleiche geschah in Italien, Frankreich, Ungarn und Polen. In diesen Ländern wurde der Protestantismus gnadenlos ausgelöscht. Papst Paul IV. ließ ein fortlaufendes Verzeichnis einrichten, welches für Katholiken verbotene Schriften und Bücher enthielt, den sogenannten *„Index"*. Er wurde fast bis zum heutigen Tag weitergeführt.

Als Paul IV. 1559 starb, erhob sich das Volk von Rom, stürmte den Sitz der Inquisition und verjagte die *„Hunde des Herrn"*. Die Leiche des Papstes mußte vor dem Volke in den Kellern des Petersdomes versteckt werden, und erst sieben Jahre später wagte Pius V. (gest. 1572), selbst einstiger Großinquisitor, die öffentliche Beisetzung. Trotzdem beherrschte die Inquisition die katholischen Länder weiter, sie war dort fester Bestandteil des kirchlichen und weltlichen Lebens geworden, strenger denn je und noch jahrhundertelang.

In Deutschland war der maßgebende Mann der Gegenreformation der Jesuitenpater Petrus *Canisius* (1521–1597) aus Nimwegen im Rheindelta, später Lehrer an der Universität in Ingolstadt in Baiern. Er besaß die volle Unterstützung Kaiser Ferdinands I. wie die der Habsburger überhaupt, ebenso die der Wittelsbacher und der geistlichen Kurfürsten von Mainz, Köln und Trier. Canisius ahmte Martin Luther nach, indem er religiöse Schriften und Katechismen in deutscher Sprache verfaßte und verbreitete. Er versuchte nach den Regeln seines Ordens durch beispielhafte Lebensführung sowie Wort und Schrift zu überzeugen. Andererseits ließ er, wo das nicht gelang, mit Hilfe der Inquisition wirksam nachhelfen, wodurch allerdings die „beispielhafte Lebensführung" gleich wieder in Frage gestellt war. Die Katholiken nannten Canisius den *„zweiten Apostel der Deutschen"* (der erste war Bonifatius). Sein Erfolg bestand darin, daß die Ausbreitung der Reformation in Deutschland zum Stillstand kam und protestantische Zellen im Süden und Westen des Reiches größtenteils ausgelöscht wurden.

Kaiser Ferdinand I. starb 1564 in Wien. Was er für das Deutsche Reich tat, war rückblickend zwiespältig. Außenpolitisch hatte er gegen die Türken bedeutende Erfolge zu verzeichnen, und die Verwaltung seiner Habsburger Besitzungen war vorbildlich. Durch den Augsburger Religionsfrieden von 1555 war es erstmals in einem europäischen Lande möglich geworden, daß beide christliche Konfessionen gleichberechtigt nebeneinander leben konnten. Leider förderte aber Ferdinand die Gegenreformation, die mit Hilfe der Inquisition evangelisch gewordene Länder wieder gewaltsam an Rom binden sollte. Das konnte unmöglich gutgehen.

Maximilian II. (1527–1576), Deutscher König seit 1562, Kaiser seit 1564

Ferdinand I. hatte bei günstiger Gelegenheit dafür gesorgt, daß die Kurfürsten seinen 35jährigen Sohn 1562 in Frankfurt zum Deutschen König Maximilian II. wählten. Königskrönungen fanden nicht mehr in Aachen statt. Der Frankfurter Dom war hinfort Krönungsstätte der Deutschen Könige und Kaiser. Bei dieser Regelung blieb es auch in Zukunft bis zum Ende des Ersten Deutschen Reiches 1806.

Somit war die 793 als Kaiserpfalz gegründete, im 13. Jahrhundert zur Freien Reichsstadt erhobene, 1356 durch die „Goldene Bulle" für die Königswahl bestimmte Stadt, 1562 schließlich zur *Krönungs- und Kaiserstadt Frankfurt* am Main geworden.

Gleich zu Beginn seiner Regierung war Maximilian II. um Ausgleich der Konfessionen bemüht. Erschwert wurde ihm dieses Bemühen aber von beiden Seiten: Für die Protestanten war er eben Katholik, und die Katholiken verdächtigten ihn der Untreue mit der heimlichen Absicht, zum Protestantismus übertreten zu wollen. Obwohl er innerlich tatsächlich der Reformation zuneigte, konnte er sich einen Übertritt aus politischen Gründen nicht leisten. Ferdinand hatte den habsburgischen Hausbesitz der deutschen Linie an seine drei Söhne vererbt und aufgeteilt. Maximilian II. hatte Ober- und Niederösterreich sowie das Königreich Böhmen mit Schlesien und Westungarn bekommen. Der größte Teil Böhmens und Schlesiens war zwar protestantisch, aber Österreich und Westungarn katholisch. Die anderen Habsburger Gebiete, Kärnten, Steiermark, Krain, Tirol, Voralberg sowie Vorderösterreich hatten seine Brüder geerbt. Unter Vorderösterreich verstand man die vielen kleinen Ländereien an der oberen Donau und dem oberen Neckar, im Breisgau, Sundgau und die Reichsstädte im Elsaß. Auch diese Gebiete waren vorwiegend katholisch geblieben. Ein Übertritt Maximilians II. zum Protestantismus mußte größte Schwierigkeiten innerhalb der Habsburger Fürstenfamilie, besonders mit der streng katholischen spanischen Linie hervorrufen. Bei genauer Einhaltung der Bestimmungen des Augsburger Religionsfriedens hätten dann mit ihrem Herrn auch die Einwohner von Österreich und Westungarn protestantisch werden müssen, was bei dem Stand der Gegenreformation kaum durchführbar gewesen wäre.

Unter den evangelischen Fürsten herrschte Mißtrauen und Uneinigkeit. Die Ernestinischen (thüringischen) Sachsen verlangten von den Albertinern (den Meißenern) die Kurwürde zurück, weshalb sie zum Kaiser hielten. Andererseits nahm der Kurfürst von der Pfalz, *Friedrich der Fromme* (1515–1576), keine Rücksicht auf Kaiser und Reich, sondern strebte einen protestantischen Bund aller Lutheraner und Calvinisten an. Um diesen Plan auch den Schweizer Calvinisten schmackhaft zu machen, hielt es der Pfälzer für zweckmäßig, statt wie bisher lutherisch nun calvinistisch zu werden, was er 1561 vollzog.

Derweil wurde die *Gegenreformation* eifrig weiterbetrieben, weshalb die Stimmung im Reich immer gereizter wurde.

1573 wählte ein Teil des polnischen Adels Maximilian II. auch zum König von Polen. Das dortige Königtum war bereits seit 150 Jahren praktisch machtlos, und die sogenannte „*Schlachta*", die Vertretung des Adels im polnischen Reichstag, bestimmte das Geschehen. Da sich der Adel jedoch selbst ununterbrochen befehdete, war Polen politisch gelähmt. Doch gestatteten es die verworrenen Verhältnisse in Deutschland Maximilian II. nicht, sich Polen zu widmen, um sich dort durchzusetzen. Die polnische Krone war deshalb für ihn nur von nebensächlicher Bedeutung.

Maximilian II. starb 1576 in Regensburg, ohne daß seine Bemühungen um religiösen Ausgleich Erfolg gehabt hätten.

Rudolf II. (1552–1612), Deutscher König und Kaiser seit 1576 – Matthias (1557–1619), Deutscher König und Kaiser seit 1612

Maximilian II. hatte seine Base geheiratet, die Tochter Karls V. Aus dieser Ehe gingen die Brüder Rudolf und Matthias sowie die Tochter *Anna* (1549–1580) hervor. Anna wurde die *vierte Gemahlin König Philipps II.* von Spanien, dem Sohne Karls V. Da Heiratspolitik seit alters her betrieben wurde und weil die Habsburger weitverstreute Besitzungen und Interessen hatten, bot sich Verwandtenheirat vielfach von selbst an.

Kaiser Rudolf II. setzte die Ausgleichspolitik seines Vaters keineswegs fort, sondern ließ die Gegenreformation gewähren. Das heizte die ungute Stimmung in Deutschland weiter an. Außerdem wurde immer deutlicher, daß Rudolf zunehmend seelisch gestört und kaum noch zu irgendeiner Entscheidung fähig war. Am liebsten lebte er als Einsiedler auf der Prager Königsburg, dem *Hradschin.* Aber zum Abdanken konnte er sich ebenfalls nicht entschließen. So mußte es zwangsläufig zu schweren Auseinandersetzungen mit seinem Bruder Matthias kommen. (Der Dichter Franz *Grillparzer* (1791 bis 1872) beschrieb in seinem Trauerspiel „Bruderzwist im Hause Habsburg" diese Streitigkeiten.)

Aufruhr der Protestanten in Siebenbürgen 1604 und Böhmen 1609 gegen die Jesuiten: Das Land Siebenbürgen war autonomer Teil Ungarns und im Gegensatz zu Ungarn von den Türken weitgehend unabhängig. Siebenbürgen war lutheranisch geworden. Wegen der Tätigkeit der Gegenreformation mit Folter und Scheiterhaufen kam es dort 1604 zu einem *Aufstand* gegen die vordrängenden Katholiken. Die moslemischen Türken unterstützten den Aufstand, was ihnen gleichzeitig Gelegenheit zu Raubzügen gab. Kaiser Rudolf II. sah tatenlos zu, weil er sich nicht entscheiden konnte, zugunsten welcher Seite er seinen Einfluß geltend machen sollte.

Auch im protestantischen Böhmen nahm die Aufruhrstimmung gegen die grausam vorgehenden Jesuiten gefährliche Formen an. So mußte Rudolf, um den Frieden zu wahren, den böhmischen Ständen erneut Religionsfreiheit in den „*Majestätsbriefen von 1609*" bestätigen.

Gründung der „Protestantischen Union" 1608 und der „Katholischen Liga" 1609: Schon im Jahre 1608 war es unter kurpfälzischer, calvinistischer Führung zur Gründung der schon lange angestrebten „Protestantischen Union" gekommen. 1609 rief daraufhin der Wittelsbacher Herzog *Max I.* (1573–1651) von Bayern die „Katholische Liga" ins Leben. Die Entstehung dieser beiden gegensätzlichen Lager beleuchtete bereits die äußerst gefährliche Situation.

Des Kaisers Bruder Matthias war seit dem Tode seines Vaters Maximilian II.

Statthalter in Österreich. Zwischen 1608 und 1611 zwang er seinen Bruder, die habsburgischen Hoheitsrechte der Reihe nach in Österreich, Ungarn, Mähren und schließlich auch Böhmen an ihn abzutreten. Als 1612 Kaiser Rudolf II. in Prag starb, übertrugen die Kurfürsten auch die deutsche Königs- und Kaisermacht auf Matthias.

Die wirkliche Politik machte aber nicht Matthias, sondern sein Berater, der Bischof von Wien, Kardinal Melchior *Khlesl* (1553–1630). Er war der damals führende Kopf der Gegenreformation im Habsburger Machtbereich des Kaisers. Andererseits täuschte er Verständigungsbereitschaft mit den protestantischen Fürsten vor. Seine zwiespältige Taktik zwischen Inquisition und Verständigung führte dazu, daß dem Kaiser die Zügel völlig entglitten.

Der Zweite Fenstersturz zu Prag 1618 war der Beginn des Dreißigjährigen Krieges: Am 23. Mai 1618 kam es in Prag zum offenen Aufstand der protestantischen Stände. Man stürmte das Rathaus und warf drei kaiserliche Ratsherren durchs Fenster, deren Leben durch den Sturz auf einen Misthaufen gerettet wurde. Dieser Zweite Prager Fenstersturz war der Auftakt zum Dreißigjährigen Krieg. Der Erste Prager Fenstersturz am 30. Juli 1419 hatte übrigens 199 Jahre zuvor die blutigen Hussitenkriege eingeleitet. (In unserem 20. Jahrhundert sollte es 1948 noch einen Dritten Prager Fenstersturz geben.) Der Aufstand breitete sich allmählich in Böhmen weiter aus. 1619 starb Kaiser Matthias in Wien.

Der spanisch-habsburgische König Philipp II. (1527–1598) und die europäischen Staaten

Spanien: Wie berichtet, hatte Philipp II. seinen Vater Karl V. 1555 reich beerbt. Wenn er auch die deutsche Kaiserkrone nicht bekam, so galt er doch anfangs als tonangebendster Fürst in Europa.

Seine überseeischen Besitzungen waren laufend durch spanische Seefahrer vermehrt worden, und große Mengen exotischer Waren, Silber und Gold erreichten Spanien. Viele Schiffe allerdings gerieten irgendwo im Atlantik *Piraten* in die Hände, neben französischen vor allem englischen. Daraus entwickelte sich mit der Zeit ein echtes politisches Problem.

Vorerst konnte sich Philipp aufgrund seines Reichtums den Bau des gewaltigen und teuren Barock-Königsschlosses *Escorial* nördlich von Madrid leisten. Die quadratische Anlage von 210 m Seitenlänge schloß außer den Wohnungen für König und Hof eine doppeltürmige Kirche mit zusätzlicher Kuppel – die gleiche wie bei St. Peter in Rom – sowie ein Kloster mit umfangreicher Bibliothek ein. Philipp verlegte die Residenz vom alten berühmten Toledo nach Madrid, weshalb dort ebenfalls großangelegte Bautätigkeit in Gang kam.

Gleichzeitig war Philipp die beherrschende Gestalt der *Gegenreformation,* die er aus innerer Berufung betrieb, denn er war strenggläubiger Katholik. In Spanien war die *Inquisition* geradezu volkstümlich. Hier richtete sie sich nicht gegen die evangelischen Ketzer, denn es gab keine. Aber die *maurisch-islamischen* sowie die scheinchristianisierten *jüdischen „Ketzer"* – die gläubigen Juden waren 1492 aus Spanien vertrieben worden – waren sehr verhaßt, weil beide das wirtschaftliche Geschehen stark beeinflußten: Die Mauren waren tüchtige Handwerker und billige Arbeitskräfte für den

Landadel, die scheinschristlichen Juden Händler, die den christlichen Handwerkern den Gewinn schmälerten. So waren Konkurrenz und Neid der Grund, weshalb in Spanien die Scheiterhaufen nicht erloschen. Die geistlichen Inquisitionsgerichte waren eifrig bemüht, jeder Denunziation nachzugehen, und wer in ihre Hände geriet, konnte sich im günstigsten Falle nur noch retten, wenn er bereit war, zum christlich-katholischen Glauben überzuwechseln, wovon man notgedrungen eifrig Gebrauch machte.

Spaniens Vormacht in Europa wurde durch Siege über Frankreich und die türkische Flotte im Mittelmeer noch weiter ausgebaut, besonders aber durch den Gewinn von *Portugal mit dessen gesamtem Kolonialbesitz.* Doch brachte Philipps überhebliche Betreibung der Gegenreformation den Verlust der nördlichen Niederlande. Als dann gar noch ein Versuch mißlang, Englands Piraterie durch einen Angriff auf die Insel mit der „Armada" zu unterbinden, war die spanische Großmacht entscheidend angeschlagen. Was sich im einzelnen abspielte, wird in diesem Kapitel noch genauer beschrieben.

Im Herbst des Jahres 1598 starb Philipp II. von Spanien mit 71 Jahren. Einst der größte Mann Europas, dann glücklos in vielen Unternehmungen, waren er und sein Land trotz des riesigen Kolonialbesitzes fast zur Bedeutungslosigkeit herabgesunken.

Skandale um seinen ältesten Sohn *Don Carlos* (1545–1568) sowie um die Fürstin *Eboli* (1540–1592), die gleichzeitig die Geliebte des Königs und seines Ministers Pérez war, hatten dem Ansehen Philipps II. schwer geschadet. (Friedrich *Schiller* dichtete das Trauerspiel „Don Carlos".)

Der Niedergang Spaniens war eingeleitet und lief unter seinen – vorerst noch habsburgischen – Nachfolgern unaufhaltsam weiter.

Frankreich: Wegen der spanischen Vorherrschaft in Italien und den Niederlanden kam es zum Krieg mit dem französischen König *Heinrich II.*, der im Bunde mit dem Papst *Paul IV.* stand. In der Schlacht bei *St.-Quentin* 1557 (an der Grenze zu den Niederlanden) siegte Philipp entscheidend. Später wurden die Franzosen bei *Gravelingen* in der Nähe von Dünkirchen abermals geschlagen. Nun erst waren für Philipp II. die ererbten Besitzungen in Italien und den Niederlanden gesichert.

Der *Frieden von Cambrésis* 1595 wurde in Paris durch Philipps Verheiratung mit Isabella von Valois, der Tochter von Frankreichs König Heinrich II. besiegelt. Alle Feindschaft war vergeben und vergessen. Doch gab es Grund zur Trauer, denn bei den Ritterspielen, die man zur Feier des Tages hielt, nahmen auch die Könige teil, und der 40jährige Heinrich II. wurde durch einen Lanzenstich in den Kopf getötet.

Die Hugenotten und die Bluthochzeit in der Bartholomäusnacht 1572: In Frankreich herrschte nach des Königs Tod mit Unterbrechungen *Bürgerkrieg.* Religionskriege zwischen Katholiken und Hugenotten wechselten mit politischen Machtkämpfen zwischen Feudaladel und Bürgertum ab. Religion, Politik und Privatinteressen vermischten sich gründlich, wobei Fanatismus, Glaubenseifer, Inquisition, Verrat und andere Leidenschaften für Greuel schlimmsten Ausmaßes sorgten. Das Königtum stand hilflos dazwischen.

Der spanische König Philipp II. war aus machtpolitischen Gründen natürlich daran interessiert, daß sich die Staatseinheit Frankreichs allmählich auflöste.

Die Hugenotten, die in der Wirtschaft großen Einfluß besaßen, gewannen immer mehr an Boden. Der Admiral *Gaspard de Coligny* (1519–1572) hatte ihre Führung übernommen. Die Anführer der französischen Katholiken waren die Herzöge von *Guise*, die ihren Sitz nahe der Grenze zu den katholisch gebliebenen spanischen Niederlanden hatten, weshalb dort bald Geheimkontakte zu den Spaniern entstanden.

Colignys Einfluß bei Hofe wuchs, und er versuchte den König *Karl IX.* (gest. 1574) zum Übertritt ins Hugenottenlager zu bewegen. Es kam vorerst so weit, daß der König sein Einverständnis zur Vermählung seiner Schwester *Margarete von Valois* (1553 bis 1615) mit dem Hugenotten *Heinrich von Navarra* (1553–1610) gab. (Das französische Nieder-Navarra grenzte an das spanische Ober- Navarra. Beide Teile entsprachen etwa dem heutigen Baskenland.) Doch die fanatisch katholische Mutter der Braut und des Königs, *Katharina von Medici* (1519–1589), wurde zum Werkzeug der Einsprüche des spanischen Königs Philipp II., des Papstes *Gregor XIII.* (gest. 1585) und des Herzoges von Guise.

Zwar kam es nicht zur Verhinderung der Hochzeit, dafür aber zu einem teuflischen Komplott. Alle führenden Hugenotten wurden geladen, mit der Versicherung, daß die Hochzeit ein großes Verbrüderungsfest werden solle. Obwohl im ganzen Lande Gerüchte über Verrat umliefen, kamen viele Hugenotten nach Paris, allerdings zur Sicherheit mit reichlichem Gefolge.

Die Hochzeit verlief ruhig und festlich, so daß die Gerüchte verstummten. Doch in der Nacht des nächsten Tages brach die Hölle los. Die vielen Quartiere, die man den Hugenotten, über ganz Paris verteilt, zugewiesen hatte, wurden plötzlich und gleichzeitig überfallen, und es begann ein wildes Gemetzel. Organisation und Überraschung waren voll gelungen, so daß es kaum zu Gegenwehr kam. 20000 Menschen sollen in jener Nacht des *Bartholomäustages* (24. August) 1572 umgebracht worden sein. Die Angaben über die Zahl der Opfer schwanken allerdings nach oben und unten beträchtlich, doch steht fest, daß die damals führenden etwa 3000 Hugenotten einschließlich Golignys ermordet wurden. Heinrich von Navarra und seine eben angetraute Gemahlin blieben verschont. Diese *„Pariser Bluthochzeit"*, wie sie auch genannt wird, fand in der Weltgeschichte nach Plan und Durchführung kaum ihresgleichen, und ausgerechnet eine Frau war die Urheberin. Im Vatikan, in Madrid und Paris feierte man das Ereignis als großen Sieg der Gegenreformation.

Trotzdem gaben die Hugenotten keineswegs auf. Seit 1562 hatten sie sich schon in drei Bürgerkriegen recht und schlecht behaupten können, doch bis 1586 sollten noch fünf weitere *Hugenottenkriege* folgen. Ihr Anführer wurde nach der „Bluthochzeit" Heinrich von Navarra.

Der Herzog von Guise gründete 1576 eine katholische Liga, mit deren Hilfe er den neuen, schwachen König *Heinrich III.* (1551–1589), Nachfolger seines verstorbenen Bruders Karl IX., mehr und mehr entmachtete. 1588 schaffte sich der König Luft, indem er den Herzog von Guise ermorden ließ. Heinrich kämpfte erfolglos gegen die Hugenotten, verbündete sich aber schließlich mit ihnen gegen die Liga. 1589 wurde auch er von einem Anhänger der Liga umgebracht, womit das Königshaus Valois erlosch.

Der Hugenottenführer Heinrich von Navarra wurde 1589 Frankreichs König Heinrich IV. (1553–1610) und trat zum Katholizismus über: Die französische Krone fiel an den Hugenottenführer Heinrich von Navarra, denn seine Gemahlin war die Erbschwester der letzten beiden Könige. Er kam 1589 als erster aus der kapetingischen

Nebenlinie der Bourbonen als Heinrich IV. auf den Pariser Thron. (Der letzte Kapetinger starb 1830.)

Philipp II. von Spanien intrigierte eifrig gegen Heinrich IV. im Bunde mit den anderen Katholiken des In- und Auslandes. Aber Heinrich IV. war ein Mann von ausgeprägtem diplomatischem Geschick. Als er erkannte, daß auf die Dauer in Frankreich ohne die Katholiken nicht zu regieren war, trat er 1593 zum Katholizismus über, womit er die allgemeine Anerkennung als König von Frankreich erreichte. 1598 setzte er das *Edikt von Nantes* (an der Loire in Westfrankreich) durch, welches den Hugenotten freie Religionsausübung zusicherte. Eine wichtige Bestimmung des Gesetzes räumte ihnen das Recht ein, ihre etwa 200 festen Plätze, also Burgen und Städte, mit eigener Besatzung zu sichern. Diese waren über das ganze Land verteilt, und die Festung und Stadt *La Rochelle* an der Westküste war der Hauptstützpunkt der Hugenotten.

Heinrich IV. gelang es nun, in Frankreich die wirkliche Macht an sich zu bringen und ein absolutes Königtum neu zu errichten. Auch sein Kampf gegen Hunger und Not im zerrütteten Lande brachte gute Erfolge, und das Versprechen, *„jeder Bauer sonntags sein Huhn im Topf"*, konnte er weitgehend einlösen. Die Erfolge im Inland ermutigten ihn, einen Eroberungskrieg gegen Habsburg bzw. das Deutsche Reich zu planen. Doch mitten in den Vorbereitungen wurde er von einem katholischen Fanatiker, der in Heinrich IV. immer noch den einstigen Hugenotten sah, 1610 ermordet.

Türkei: Im östlichen Mittelmeer hatten die Türken die Seeherrschaft errungen, nachdem sie 1566 die Inselgruppe der *Kykladen* mit Naxos, Santorin usw. und 1571 *Zypern* den Venezianern abnehmen konnten. Auch Malta griffen die Türken an, allerdings vergebens, denn der Johanniterorden verteidigte unter seinem Großmeister *La Valetta* die Insel erfolgreich. König Philipp II. zog 1571 seine bedeutende Flotte, verstärkt durch maltesische, venezianische, genuesische und päpstliche Schiffe, am Golf von Korinth zusammen.

Bei *Lepanto* gegenüber von Patras kam es zu einer Seeschlacht mit den Osmanen, die vollständig besiegt wurden. Der Admiral der christlichen Flotte war *Johann von Österreich* (Juan d'Austria), ein Halbbruder Philipps II. Er war der uneheliche Sohn Karls V. und der Regensburger Bürgerstochter *Barbara Blomberg* (1547–1578). Schon ein Jahr zuvor hatte Johann einen Aufstand der maurischen Morisken bei *Granada* in Südspanien niedergeschlagen, so daß er nun als einer der erfolgreichsten Mitarbeiter Philipps galt.

Portugal: Philipps II. Ruhm erreichte seinen Höhepunkt, als er 1581 das an Kolonien reiche Portugal mit Spanien vereinigen konnte: Portugals Königshaus war im Mannesstamme ausgestorben, und da Philipps Mutter diesem Hause entstammte, konnte er Erbrechte geltend machen und auch kriegerisch erfolgreich durchsetzen. Die *Vereinigung* Portugals mit Spanien bestand 60 Jahre lang, bis portugiesische Fürsten einen Aufstand wagten und einen der Ihren zum neuen König von Portugal ausriefen. Diese neue Unabhängigkeit erkannte Spanien erst 1668 an. Danach gingen beide Länder wieder eigene Wege.

Die Niederlande: Im Jahre 1567 versuchte Spaniens neuer Generalkapitän in den

Niederlanden, der Herzog *Alba* (1507–1582), das Land mit allen Mitteln durch Katholisierung zu einer spanischen Provinz zu machen. König Philipp dachte sich dieses Gebiet als spanisch denkenden und handelnden Stützpunkt in Mitteleuropa, der durch eine starke Flotte ans Mutterland gebunden sein sollte. Er war an solche Gedankengänge durch die Kolonien seines Weltreiches gewöhnt. *Philipp II.* herrschte absolutistisch und war eine strenge, düstere Persönlichkeit, keineswegs beliebt bei Fürsten und Volk. Ein sehr ähnlich gearteter Mensch war der Herzog von Alba.

Daß man mit den selbstbewußten Niederländern nicht wie mit Eingeborenen überseeischer Länder umgehen durfte, konnten sich Philipp und Alba nicht vorstellen.

Die Niederländer hatten mit Geschick und Fleiß ihr Land zu einem der wohlhabendsten und volkreichsten in Europa entwickelt. Sie gehörten zur großen germanischen Völkerfamilie und waren deshalb von Anfang an ein Teil des Deutschen Reiches, welches sogar von den Niederlanden aus seinen Anfang genommen hatte. Und jetzt wollten die „armen Spanier", die erst seit wenigen Jahrzehnten ein Staat waren und deren dünne Oberschicht durch Ausplünderung Mexikos und Perus zu Emporkömmlingen geworden war, Spanier aus den Niederländern machen. Daß Karl V. seinerzeit die Niederlande an Spanien gab, stellte sich nun als Fehlentscheidung heraus, denn dort griff man zu den Waffen.

Aufstände der Niederländer gegen den spanischen Statthalter Herzog Alba von 1566–1581: Die nördlichen Niederlande waren protestantisch, womit sie unter anderem die *Inquisition* ausgeschaltet hatten. Herzog Alba führte sie wieder ein. Der Provinzstatthalter der südlichen, katholisch gebliebenen Landesteile Flandern und Artois war Graf *Egmont* (1522–1568). Er stand als Katholik anfangs treu zur spanischen Herrschaft und war sogar ein erfolgreicher Feldherr des Königs. Als nun im Norden die Gegenreformation tätig wurde, lehnten sich Nord und Süd gemeinsam dagegen auf, und es kam 1566 zu den schweren Unruhen des *protestantischen Bildersturmes*, die Herzog Alba mit größter Härte niederschlug. Die katholischen Führer des Aufstandes wurden verhaftet und die Grafen Egmont, Montigny, Hoorn und andere in Brüssel 1568 hingerichtet. *(Goethe* schrieb das *Trauerspiel „Egmont".)*

Der Aufstand aber ging nun erst recht weiter. Die Freiheitskämpfer gründeten die Organisation der *Geusen,* die zu Lande kämpften. Die *Wassergeusen* führten Seekrieg gegen spanische Schiffe. Die politische Führung übernahm nun seit 1568 der protestantische Statthalter, Graf *Wilhelm von Nassau-Dillenburg* (1533–1584). Er hatte in den Niederlanden mehrere Herrschaftsgebiete geerbt, ebenso das kleine Fürstentum *Orange* in Südfrankreich, weshalb er auch *Wilhelm von Oranien* hieß.

Die calvinistischen Provinzen Holland und Seeland übertrugen ihm 1572 die Statthalterschaft. 1574 kam es zu der Schlacht um die holländische Stadt Leiden, die von den Spaniern belagert, aber nicht genommen werden konnte. Bei diesen Kämpfen fielen Wilhelms Brüder Ludwig und Heinrich von Nassau. Der Aufstand griff nun auch auf die südlichen Provinzen über, kam aber dort nicht zum Erfolg.

Die Nördlichen Niederlande sagten sich unter Wilhelm von Nassau Oranien 1581 von Spanien los: Die sieben Nordprovinzen schlossen sich 1579 in der *Utrechter Union* zusammen und sagten sich 1581 ganz von Spanien und den Habsburgern los. So verlor Philipp II. Die Hälfte der Niederlande im gleichen Jahr, als er Portugal gewann. Den erfolgreichen Kriegszug dort führte der Herzog *Alba.* 1582 starb er mit 75 Jahren. – 1584 wurde Wilhelm von Nassau in Delft von einem Katholiken ermordet.

1588 entstanden endgültig unter der Führung seines Sohnes, des Statthalters *Moritz von Nassau* (1567–1628), die „Vereinigten oder Nördlichen Niederlande". Die Staatshoheit war das Militär mit dem *Statthalter* an der Spitze (= Generalkapitän) sowie die Vertretung der Stände (= Staaten) aus den sieben Provinzen. Das Abgeordnetenhaus nannte sich sinngemäß „die Generalstaaten".

Der Kampf ging noch elf Jahre erbittert und mit wechselndem Erfolg weiter. Nachdem schließlich auch die letzte spanische Festung erobert war, kam es 1609 zum Waffenstillstand. Zwar brachen diesen die Spanier 1621, doch konnten sie an den Tatsachen nichts mehr ändern. Wohlgemerkt: All diese niederländischen Ereignisse fanden statt, ohne daß der Kaiser in Wien irgendwie eingriff, obwohl die Niederlande Teil des Reiches waren.

Erst am Ende des Dreißigjährigen Krieges, im Frieden von Münster 1648, erkannten Spanien und die deutschen Habsburger die volle Unabhängigkeit der Nördlichen Niederlande an. Und weil die Habsburger deutsche Kaiser waren, mußten sie den Verzicht nicht nur für ihren Hausbesitz aussprechen, sondern gleich mit für das Deutsche Reich: Bei dieser Gelegenheit wurden den Niederlanden zu ihren sieben protestantischen noch zwei katholische Provinzen zugesprochen: *Brabant* und *Limburg,* die sogenannten *„Generalitätslande".* Dieser Staat entsprach gebietsmäßig etwa den heutigen Niederlanden.

Der südliche Teil der Niederlande, etwa das spätere Land Belgien, blieb in spanisch-habsburgischem Besitz und nach wie vor im Verband des Deutschen Reiches.

England: Die zweite Gemahlin König Philipps von Spanien war seit 1554 die englische Königin *Maria I.,* die *„Blutige",* auch die „Katholische" genannt (1516 bis 1558). Sie war die Tochter Heinrichs VIII. und der Katharina von Aragón. Sie versuchte unter dem Einfluß ihres Gemahls England zum Katholizismus zurückzuführen, richtete dort die Inquisition wieder ein und ließ Hunderte von Protestanten verbrennen. Das war zur Zeit des „schrecklichen Papstes" Paul IV. Nach ihrem Tode kam 1588 Marias Halbschwester, *Elisabeth I.* (1533–1603), die Tochter Heinrich VIII. und der Anna Boleyn, auf den englischen Thron. Durch die *„Uniformitätsakte"* von 1559 wurde die Anglikanische Staatskirche bestätigt und nun umgekehrt die Katholiken rachsüchtig verfolgt.

Maria Stuart (1542–1587): Die schottische katholische Königin Maria Stuart (1542–1587) war durch Heirat Königin von Frankreich, doch schon mit 18 Jahren Witwe geworden. Im calvinistischen *Schottland* war Maria Stuart wegen düsterer Machenschaften unbeliebt, und als sie gar den Mörder *(Lord Bothwell)* ihres zweiten Gatten *(Lord Darnley)* heiratete, wurde sie von den protestantischen Lords als schottische Königin abgesetzt. Die 26jährige Maria floh ausgerechnet zur englischen Königin Elisabeth I. nach London, die sie gefangensetzte. Maria hatte nämlich gewisse Ansprüche auf den englischen Thron erhoben, die ihr Elisabeths Feindschaft eingebracht hatten.

Nach 19jährigem Hausarrest soll Maria eine katholische Verschwörung geplant haben. Sie wurde deshalb angeklagt und zum Tode verurteilt. Elisabeth gewährte keine

Gnade, und so erfolgte die Hinrichtung im Londoner Tower durch das Schwert. (Trauerspiel von Friedrich *Schiller, „Maria Stuart"*.)

Elisabeths leitender Staatsmann war William *Cecil* alias Lord Burleigh (1520–1598), ein Mann mit festen Vorstellungen vom Machtausbau des englischen Staates. Elisabeth war gleichen Sinnes. Die spanische Macht war ihnen zu groß geworden, besonders nachdem das spanische Kolonialreich sich gerade erst 1581 durch das portugiesische gewaltig vergrößert hatte.

England war bisher an der Erforschung der Weltmeere nicht beteiligt gewesen, doch nun fand es Geschmack an überseeischen Besitzungen:

Englands erste Kolonie Virginia in Nordamerika 1584: Nordamerika war ein unerforschtes Gebiet, wo die Spanier noch wenig Besitzrechte besaßen. Der englische Seefahrer und Freibeuter Sir Walter *Raleigh* (um 1552–1618) landete 1584 in Nordamerika und gab der gesamten Ostküste den Namen Virginia (= Jungfrau) zu Ehren seiner „jungfräulichen" Königin Elisabeth, die damals immerhin schon 51 Jahre alt war. Die Besiedlung der Kolonien begann allerdings erst gut 20 Jahre später. *Jakob I.* – Nachfolger Elisabeths – ließ Raleigh unrechtmäßig hinrichten.

Der andere bedeutende englische Seefahrer, der in Verbindung mit eifriger Seeräuberei auch die zweite Erdumsegelung durchführte, war Sir Francis *Drake* (um 1540–1596). Beide Männer und viele andere unternahmen mit größeren Flottenverbänden regelmäßig *Freibeuterfahrten* gegen spanische Schiffe, und zwar auf Veranlassung oder mit Duldung der englischen Regierung.

Gleichzeitig unterstützte England die aufständischen Niederländer mit Kriegsschiffen und Geld. Damit war der Krieg gegen Spanien eingeleitet. Die englischen Kaperfahrten führten bis in die *Karibische See*, und der Atlantik wurde für spanische Schiffe immer unsicherer und verlustreicher. Diese beherrschten deshalb keineswegs mehr die Meere wie in den letzten Jahrzehnten.

Die Vernichtung der Spanischen „Armada" 1588: Daraufhin beschloß König Philipp II., seine Flotte zusammenzuziehen, wesentlich zu verstärken und gegen England einzusetzen. Es war eine Riesenflotte von mehr als 150 großen Schiffen, bestückt mit Kanonen, die unter dem Namen „Armada" im Jahre 1588 Richtung England segelte. Die *Hinrichtung* der katholischen *Maria Stuart* 1587 war von *Philipp II.* als persönliche Beleidigung empfunden worden, zumal er sich um ihre Begnadigung persönlich bemüht hatte. Der Gewaltakt hatte die Vorbereitung des Seekrieges gegen Elisabeth I. wesentlich beschleunigt.

Philipps Ziel war es, in England zu landen. 30000 Soldaten befanden sich an Bord seiner Kriegsschiffe, die zusammen mit über 2000 Geschützen bestückt waren. Eine weitere Armee stand in den spanisch-niederländischen Häfen bereit, um im geeigneten Augenblick nach der Insel überzusetzen. Ganz England geriet in Alarm, als dort die spanischen Pläne bekannt wurden. Francis Drake wagte einen Überfall im südspanischen Hafen von *Cádiz*, wo er allerhand Schaden anrichtete. An der südenglischen Küste wurde eine Armee zur Abwehr verteilt. Die verbündeten *Wassergeusen* blockierten die Häfen der spanischen Niederlande, um dort die spanische Armee zu binden.

Weiterhin versammelten nun auch die Engländer fast 200 kleine, leichtbewegliche, gutbewaffnete Schiffe unter dem Befehl des (katholischen) Admirals Lord *Howard*.

Den großen spanischen Seglern, die vor *Calais* und *Gravelingen* angekommen waren, wurde beträchtlich, aber nicht entscheidend zugesetzt. Der spanische Admiral *Medina Sidonia*, ein Mann ohne Seekriegserfahrung, verließ bei schlechtem Wetter vorzeitig die Festlandshäfen. Kaum auf freier See, geriet die gesamte spanische Flotte in einen Sturm, der sie nach Norden abtrieb. Die englischen Schiffe hatten sich vor dem Unwetter an ihren Küsten in Sicherheit bringen können. Die Armada jedoch wurde immer weiter durch die Nordsee getrieben. Die meisten Schiffe gingen mit ihren je 200 Mann verloren. Einem bescheidenen Rest der stolzen Armada nur gelang es, Schottland zu umsegeln und 1589 ruhmlos nach Spanien zurückzukehren. – Philipp nahm diese entscheidende Niederlage als Gottesurteil hin.

England beherrschte nun die Seewege nach den spanischen Kolonien. Kaum ein *Goldschiff* erreichte mehr spanische Häfen, und König Philipp ging das Geld aus. So wäre jetzt eigentlich für die Engländer der Weg frei gewesen, ein eigenes Kolonialreich nach den Plänen von Elisabeths Kanzler Burleigh zu errichten, doch beschränkte sich Englands Tätigkeit in Übersee noch immer auf Seeräuberei.

In Nord- und Ostsee konnte aber England die Seeherrschaft mit den Niederlanden und der *Deutschen Hanse* teilen. Die Vorrechte der Hanse in London wurden deshalb aufgehoben.

Ferner trieb man die Eroberung des katholisch gebliebenen *Irlands* voran, nachdem bisher nur die Ostküste der Insel unter Englands Einfluß gestanden hatte. Die zähen Iren gaben sich jedoch nicht geschlagen. 1598 starb Burleigh. Seine Nachfolger hatten es mit der launischen Elisabeth schwer. Einer ihrer Günstlinge, der junge Robert *Essex* (1567–1601), wurde als Statthalter in das unruhige Irland entsandt, wo er es für richtig fand, einen Waffenstillstand auszuhandeln. Als er daraufhin von seinem Posten enthoben wurde, wagte er gegen Elisabeth einen Aufstand, der fehlschlug. Man nahm ihn gefangen, und die gekränkte, eitle 68jährige Elisabeth ließ den 34jährigen in London hinrichten. 1603 starb Elisabeth, womit das Haus Tudor erlosch.

Großbritannien entstand 1603 durch Zusammenschluß von England, Wales und Schottland: Kurz vor ihrem Tod hatte sie widerstrebend den Sohn Maria Stuarts, *Jakob I.* (1566–1625), als Nachfolger anerkennen müssen. Da Jakob bereits König von Schottland war, entstand somit aus England, Wales und Schottland endgültig der Staat Großbritannien. Jakob suchte einen Ausgleich mit den Katholiken, den diese aber durch die sog. *„Pulververschwörung"* 1605 vereitelten. Der König sollte mit dem gesamten Parlament in die Luft gesprengt werden. Doch wurde der Anschlag vorzeitig verraten.

Der Dreißigjährige Krieg (1618–1648) – Ferdinand II. (1578–1637), Deutscher König und Kaiser seit 1619 – Ferdinand III. (1608–1657), Deutscher König und Kaiser seit 1637

Mit dem zweiten Prager *Fenstersturz* im Mai 1618 hatte – wie berichtet – der große Aufstand in Böhmen begonnen. Kaiser Matthias und sein Kardinal *Khlesl* wollten einlenken, um Zeit zu gewinnen. Doch der Vetter des Kaisers, Herzog Ferdinand von Steiermark, Kärnten und Krain verhinderte jeden Vergleich. Ferdinand – von Jesuiten erzogen – hatte in seinem Gebiet die *Gegenreformation* mit großer Strenge durchgeführt und gedachte den Aufstand in Böhmen niederzuschlagen und damit dort endgültig den Protestantismus auszurotten. 1619 war Kaiser Matthias gestorben. Ferdinand erbte dadurch auch die Herrschaft in ganz Österreich sowie die Königskronen von Böhmen und Westungarn. Die Kurfürsten wählten ihn gleichzeitig zum Deutschen König und Kaiser Ferdinand II.

Der „Winterkönig" Friedrich V. von Böhmen 1619: Die böhmischen, protestantischen Stände (Fürsten und Städte) erkannten den streng katholischen Ferdinand II. zwar als Deutschen Kaiser an, nicht aber als böhmischen König. Statt dessen wählten sie das Haupt der protestantischen Union, den Kurfürsten Friedrich von der Pfalz – einen Wittelsbacher – als Friedrich V. (1596–1632) zum böhmischen König.

Obwohl Friedrich keinerlei Erbrechte auf Böhmen besaß, nahm er – gegen den Rat anderer protestantischer Fürsten – diese Königswürde an.

Der Kaiserliche Feldherr Graf von Tilly (1559–1632) aus Brabant besiegte 1620 und 1623 die Protestantische Union: Kaiser Ferdinand verfügte noch über kein Heer, erhielt jedoch schnelle Hilfe von dem Wittelsbacher Herzog *Max von Baiern*, dem Führer der katholischen Liga, dessen Feldherr Johann Graf von Tilly war. Ferner halfen der Papst, Polen und die spanischen Habsburger mit Geld. 1620 kam es bei Prag zur *Schlacht am Weißen Berge* zwischen der Union und der Liga. Beide Parteien wurden von Wittelsbachern geführt, was typisch für die Zerrissenheit des Reiches war. Die konfessionelle Spaltung ging eben auch durch die Familien.

Die Feldherren der Union wurden entscheidend besiegt, und der böhmische Aufstand fand sein Ende. Friedrich V. war nur einen Winter lang König und erhielt deshalb nachträglich den Spottnamen „Winterkönig". Tilly zog gleich weiter nach der Kurpfalz, wo die Liga 1621 erneut über die Union siegte. Damit verlor Friedrich auch die Pfalz und die Kurwürde. In Brandenburg fand er Zuflucht und später in den reformierten Niederlanden. Er starb, fast vergessen, 1632 in Mainz.

In den Jahren 1622 und 1623 wurde die Union weiterhin bei *Wimpfen* am Neckar, bei *Frankfurt-Höchst* und bei *Stadtlohn* im Münsterland von Tilly geschlagen. Übrigens hatte das lutherische *Kursachsen* die protestantische Union im Stich gelassen, weil Friedrich von der Pfalz calvinistisch war und weil diesem die Krone des benachbarten Böhmen nicht zustand.

Kaiser Ferdinand II. hatte nach diesem Feldzug in Deutschland an Macht beträchtlich gewonnen. In Böhmen zog die Inquisition ein und waltete grausig ihres Amtes. Damit war Böhmen für die Reformation verloren und bald wieder katholisch geworden. Gleichzeitig aber hatte dieser Wandel einen starken Niedergang des *tschechischen Nationalbewußtseins* zur Folge, und die deutsche Kultur und Sprache schien sich endgültig in diesem Lande durchzusetzen. Auch die bisherige staatsrechtliche Selbständigkeit Böhmens wurde beseitigt, und es bestand in Zukunft Personalunion zwischen dem Kaiser in Wien und dem König von Böhmen in Prag.

Erst seit etwa 1820 entstand eine neue tschechische Nationalbewegung, weil es die Habsburger unterlassen hatten, das Land zielbewußt und endgültig dem Deutschtum zuzuführen, obwohl beide seit Jahrhunderten eine gemeinsame Entwicklung durchgemacht hatten. Viel Not und Elend wäre dem Volke erspart geblieben.

Generalissimus Albrecht von Wallenstein (1583–1634) aus Böhmen und Tilly besiegten die Union bis 1628 gänzlich: Gleich bei Beginn des böhmischen Aufstandes 1618 war ein Protestant namens Albrecht von Waldstein, bekannt unter dem Namen „Wallenstein", zum Katholizismus übergetreten. Damit gewann er das Vertrauen des Kaisers. Nach der Niederschlagung des Aufruhrs und unter Ausnutzung der entstandenen chaotischen Zustände konnte Wallenstein bis 1625 weitausgedehnte Ländereien billig erwerben. Diese Gebiete um *Reichenberg und Friedland* südlich der sächsichböhmischen Grenze hatten die Größe eines Herzogtums, weshalb ihm auch der Titel eines *Herzogs von Friedland* zuerkannt wurde.

Auf eigene Kosten warb 1625 Wallenstein ein Heer von 40000 Mann an, welches er dem Kaiser zur Verfügung stellte. Zum obersten Generalissimus ernannt, begann er erneut den Krieg gegen die protestantische Union und siegte 1626 bei Dessau. Gemeinsam mit Tilly zog Wallenstein weiter nach Norddeutschland, um gegen den protestantischen Dänenkönig *Christian IV.* (gest. 1648) zu kämpfen. Dänemark war neben Spanien der erste außerdeutsche Staat, der sich in den Religionskrieg des Reiches einmischte, doch wurde Christian 1626 bei *Lutter* nahe Goslar geschlagen.

Den Kaiserlichen fiel ganz Norddeutschland zu. Doch die Stadt *Stralsund* in Vorpommern belagerten sie vergeblich, und die zähen Verteidiger zwangen Wallenstein zum Abzug. Damit war sein Plan gescheitert, in der Ostsee eine kaiserliche Seemacht zu errichten, um damit das protestantische Schweden von einer Einmischung fernzuhalten.

Wallenstein betrieb zweifellos Reichspolitik. Dafür gab ihm der Kaiser das Fürstentum *Sagan* in Nordschlesien und auch das bedeutende Herzogtum Mecklenburg.

Der Protestantismus in Deutschland war besiegt, weil er keinen Heerführer in seinen Reihen gehabt hatte, der einem Tilly oder Wallenstein ebenbürtig oder überlegen gewesen wäre. Kaiser Ferdinand II. erließ nun das *„Restitutionsedikt"* von 1629, wonach der *Passauer Vertrag* von 1552 aufgehoben wurde und alle protestantischen Kirchengüter, die vor der Reformation katholisch gewesen waren, wieder zurückgegeben (= restituiert) werden sollten. Das wäre der Anfang des endgültigen Sieges der Gegenreformation in ganz Deutschland gewesen. Aber dazu kam es nicht.

Den katholischen Fürsten der Liga war nicht nur Wallenstein zu mächtig geworden, sondern auch der Kaiser. Sollte das alte deutsche mächtige Kaisertum wiedererstehen? Unmöglich in den Augen der Fürsten, gleich welcher Konfession. Also mußten Kaiser und Feldherr getrennt werden. Auf dem *Kurfürstentag von Regensburg 1630* gelang es der Liga unter Führung des Herzogs Max von Baiern, beim Kaiser die *Entlassung Wallensteins* durchzusetzen. Der schwankende Ferdinand II. schenkte dunklen Verdächtigungen von angeblichem Verrat des Generalissimus Gehör. Auch erkannte er nicht die günstige Stunde, die der Reichseinheit und damit dem Kaisertum gerade geschlagen hatte. Wallenstein erhielt auf entehrende Weise seine Entlassung, und Tilly wurde sein Nachfolger.

In gut 100 Jahren, also seit den Tagen des Königs *Gustav Wasa* (1495–1560), war *Schweden* langsam zu einer Macht emporgestiegen, mit der Europa rechnen mußte. Finnland stand seit etwa 1200 unter Schwedens angenehmer Vormundschaft. *Schweden* und *Finnland* führten 1527 die Reformation ein.

Der König von Schweden, Gustav II. Adolf 1594–1632) rettete 1631/1632 den deutschen Protestantismus: 1611 war der erst siebzehnjährige Gustav II. Adolf, der

Enkel Gustav Wasas, auf den schwedischen Thron gekommen. Dieser ungemein tüchtige König hatte in den ersten 18 Jahren seiner Regierung in drei Feldzügen gegen Dänemark, Rußland und Polen die Länder *Karelien* an Finnlands Ostgrenze, *Ingermanland* zwischen dem Ladogasee und Estland sowie *Livland* (Ostlettland) erobert. Die Ingern und Liven waren finnische Volksstämme, und Gustav Adolfs Ziel war, alle *Finnenstämme* rings um den Finnischen Meerbusen zu vereinigen, was ihm auch gelang. Die schwedische Reichsverwaltung brachte er in mustergültige Ordnung, und sein Heer hatte er so organisiert und bewaffnet, daß er es zwar klein, aber wendig und schlagkräftig halten konnte. Außerdem stand ihm in dem Kanzler Graf Axel Oxenstierna (1583–1654) eine hervorragende Hilfe zur Seite. Als besonderer Charakterzug wurde an Gustav Adolf gepriesen, daß er ein überzeugter, gläubiger Lutheraner war, bereit, seine Macht für den evangelischen Glauben auch einzusetzen.

1631 landete Gustav Adolf mit seinem Heer in Pommern, um den deutschen Protestanten zur Hilfe zu kommen. Es war für ihn ein echter Religions- und Glaubenskrieg. Daß das katholische Frankreich, dem die Macht des deutschen Kaisers ebenfalls bedrohlich erschien, das protestantische Schweden mit Hilfsgeldern gegen den katholischen Kaiser unterstützte, gehörte zur Politik.

Des Schwedenkönigs Kriegszug in Deutschland war ein glänzender Siegeslauf. Aus den norddeutschen Provinzen vertrieb er die Katholiken, setzte die von Wallenstein verjagten protestantischen Herzöge erneut ein und schloß mit diesen sowie mit den Kurfürsten von Brandenburg und Sachsen Bündnisse. Damit hatte der Friedländer sein Herzogtum Mecklenburg schon nach zweijährigem Besitz verloren. Durch diese Entwicklung ermutigt, erhob sich die protestantische Stadt *Magdeburg* gegen die kaiserliche Besatzung. Doch Tilly und sein Reitergeneral Graf von *Pappenheim* (1594–1632) besetzten die Stadt im Sturm und plünderten sie gründlich, um sie dann noch fast völlig niederzubrennen.

Bald danach, im September 1631, standen sich die Schweden und die Kaiserlichen unter Tillys Führung vor *Breitenfeld bei Leipzig* erstmals gegenüber. Diese Schlacht wurde zu einer schweren Niederlage für Tilly. Kaiser Ferdinand II. geriet dadurch in höchste Not, so daß er *Wallenstein bat, den Oberbefehl erneut* zu übernehmen. Der Feldherr nahm an, erhielt weitgehende Vollmachten und vervollständigte in großer Eile das schwer angeschlagene Heer.

In der Zwischenzeit zogen die Schweden nach Baiern weiter, und Tilly versuchte sie aufzuhalten. Im April 1632 traf Tilly bei *Rain* (an der Mündung des Lechs in die Donau) auf Gustav Adolf und wurde erneut besiegt. Vor allem aber wurde *Tilly* schwer verwundet, woran er starb. Das war ein unersetzlicher Verlust für den Kaiser.

Gustav Adolfs Tod bei Lützen 1632: Gustav Adolf befand sich nun wieder auf dem Marsch von Baiern nach Norden, als er im November 1632 bei Lützen westlich Leipzig auf Wallensteins neues Heer traf. Es war eine Entscheidungsschlacht, das wußten beide Heerführer. Gustav Adolfs Armee marschierte unter dem Gesang des Martin-Luther-Liedes *„Ein feste Burg ist unser Gott"* in den Kampf. Wallenstein wurde geworfen, aber nicht vernichtet, weil eine Verfolgung unterbleiben mußte. Das Schicksal hatte nämlich der seit über 20 Jahren stets sieggewohnten schwedischen Armee den schwersten Schlag versetzt, der sie treffen konnte: *Gustav Adolf war gefallen*, 38 Jahre alt. Auf kaiserlicher Seite waren die Verluste beträchtlich, vor allem aber erlitt der vielversprechende General *Pappenheim* eine *tödliche Verwundung*.

Den Oberbefehl des schwedischen Heeres übernahm nun der Feldmarschall Johan Banér (1596–1641). Die deutsche protestantische Armee befehligte Herzog *Bernhard von Weimar* (1604–1639). Schweden sowie die west-, mittel- und süddeutschen protestantischen Fürsten taten sich nun im Frühjahr 1633 zum *„Heilbronner Bund"* zusammen, und der Schwede *Oxenstierna* übernahm die politische Führung, nicht nur in Schweden, sondern auch im protestantischen Deutschland. Die neue schwedische Königin war Gustav Adolfs Tochter und Erbin *Christine* (1626–1689). Da sie erst sieben Jahre alt war, stand sie unter der Vormundschaft des Kanzlers.

Wallenstein wußte von der Unmöglichkeit, die Reformation je wieder rückgängig zu machen. So suchte er aufgrund seiner Vollmachten nach einer Verständigung mit den Protestanten. Seine Verhandlungspositionen konnte er spürbar stärken, als er im Oktober 1633 das schwedische Heer bei *Steinau an der Oder* in Nordschlesien besiegte. Ein Frieden wäre zu diesem Zeitpunkt die beste Lösung für Deutschland gewesen. Warum sollten Protestanten und Katholiken nicht weiter zusammenleben können wie in den fast 80 Jahren seit dem Augsburger Religionsfrieden von 1555? Doch was sollte Wallenstein gegen die fanatischen Wortführer der Gegenreformation, die unversöhnlichen Jesuiten, die Päpste in Rom und die spanischen Habsburger ausrichten? Letztere hielten den schwankenden Vetter Ferdinand II. unter Druck wie auch die eigene katholische Liga unter ihrem Wortführer Herzog Max von Baiern. Kein Wunder, daß Wallenstein, der verzweifelt nach einer Möglichkeit zur Rettung des Reiches suchte, sogar die Sterne um Rat befragte.

Wallenstein verfiel wegen seiner Friedenssuche der Reichsacht und wurde 1634 in Eger ermordet: Seine Gegner verdächtigten ihn beim Kaiser erneut des Hochverrats und behaupteten, daß Wallenstein sogar die Kaiserkrone anstrebe.

Obwohl ein solches Vorhaben wegen des Kurfürsten-Systems unmöglich zu verwirklichen war, glaubte der ewig unsichere Ferdinand II. diese Beschuldigung und verhängte die Reichsacht über Wallenstein.

Daraufhin wurde Wallenstein im Stadthaus der Stadt *Eger* neben der alten Kaiserburg zusammen mit treuen Offizieren von gedungenen Obersten seines Stabes bei Nacht *überfallen und ermordet*. Das war Ende Februar 1634. (Trauerspiel von Friedrich *Schiller*.)

Wie weit der Kaiser von dem Mordplan wußte und was Wallensteins Pläne wirklich waren, blieb Geheimnis. Seine Güter jedenfalls teilten die Gegner eiligst unter sich auf.

Die Hauptpersonen der ersten Hälfte des Dreißigjährigen Krieges waren nun alle tot: Der Winterkönig, Gustav Adolf, Tilly, Wallenstein. Der Schwedenkönig war der Retter des deutschen Protestantismus und wurde bis heutigen Tages von den Lutheranern im ganzen Lande, von Volk wie Fürsten, als Befreier verehrt. Als Feind betrachteten ihn die Katholiken, denn er fiel mit Heeresmacht gegen sie ins Reich ein. Solch gegensätzliche Einstellung war der Fluch der Religionsspaltung in Deutschland. Um es vorwegzunehmen: Die weitere unselige Auseinandersetzung brachte in den nächsten 14 Jahren keinerlei Vorteile mehr, weder für die eine noch für die andere Seite. Den einzigen Gewinn hatte am Anfang des Krieges die Partei der Gegenreformation mit der

Niederwerfung des böhmischen Aufstandes und der folgenden Katholisierung nach dem Grundsatz von 1555: Wie die Religion des Landesherrn, so die der Bevölkerung.

Ein halbes Jahr nach Wallensteins Ermordung griff ein großes kaiserlich-bairisch-spanisches Heer unter Führung des *Erzherzogs Ferdinand* (des späteren Kaisers Ferdinand III.) und des italienischen Feldherrn Graf *Matthias Gallas* (1584–1647) die deutsch-schwedischen Protestanten an. Deren Führung hatte Herzog Bernhard von Weimar. Bei *Nördlingen* in Bayern wurden die Lutheraner 1634 verlustreich geschlagen und vertrieben, doch nicht ausgeschaltet.

Alle Schlachten dieses Krieges endeten nur mit Vertreibungen, weshalb es nie zu einer Entscheidung oder zum Ende kam. Immerhin schloß man nun doch einen Teilfrieden, den *Frieden von Prag* Mai *1635* zwischen dem Kaiser, Kursachsen und Kurbrandenburg, wobei der Kaiser den immer hin und her pendelnden Sachsen die Lausitz aus habsburgischem Besitz abtreten mußte. Welche Ironie: Der Kaiser war den Weg Wallensteins nach Friedenssuche gegangen.

Die protestantische Seite war nun so geschwächt, daß sich Frankreich, welches an der Fortdauer des Krieges auf deutschem Boden natürlich interessiert war, als dritte ausländische Macht gegen den Kaiser einschaltete – vorerst mit Geldmitteln. *Bernhard von Weimar* trat in französische Dienste und kämpfte am Oberrhein gegen die Kaiserlichen. Dieser Feldzug endete 1638 mit der Einnahme der rechtsrheinischen Stadt *Breisach*, die nun von den Franzosen besetzt wurde, obwohl sie am Kampf nicht teilgenommen hatte. Im Jahr darauf starb der Weimarer.

Kaiser Ferdinands II. Tod 1637 – Nachfolger sein Sohn Ferdinand III.: 1637 starb Kaiser Ferdinand II. in Wien mit 59 Jahren, sein Sohn, Erzherzog Ferdinand, wurde Nachfolger als Kaiser Ferdinand III.

„Erzherzog" war bereits seit dem Jahre 1359 die Bezeichnung der Habsburger Prinzen. Seit die Habsburger Kaiser geworden waren, war dies der offizielle Titel für alle Kaisersöhne. Die Töchter hießen dementsprechend Erzherzogin.

Beiden Fredinands gingen echte Führungseigenschaften ab, obwohl gerade in dieser schlimmen Zeit eine starke Persönlichkeit dringend nötig gewesen wäre. Während der Vater unentschlossen und wankelmütig war, verdeckte der Sohn sein Unvermögen durch Vorspiegelung von Härte, die zum großen Teil kirchlichem und spanischem Einfluß entsprang. Die Folge war nutzlose Verlängerung des Kampfes.

Der Krieg wogte hin und her: Zweimal mußte der schwedische Feldherr *Banér* bis nach Pommern ausweichen, doch schlug er die Kaiserlichen 1636 bei *Wittstock* in Nordwest-Brandenburg und verdrängte sie 1638 bis Prag und 1641 bis Regensburg. Im gleichen Jahr starb er in *Halberstadt*. Sein Nachfolger wurde der schwedische Feldherr Graf *Torstenson*, (1603–1651). Er besiegte die Kaiserlichen im November 1642 wieder bei *Breitenfeld* und 1645 bei *Jankau* in Mähren.

Frankreich verbündete sich 1642 mit Schweden: Die Franzosen überfielen Süddeutschland, doch zwischen 1643 und 1645 wurden diese von den Kaiserlichen unter dem bairischen General Johann von *Werth* (um 1600–1652) in vier Schlachten bei Tuttlingen, Freiburg, Mergentheim und Alersheim bei Nördlingen geschlagen. Aber im Herbst 1646 drang ein vereinigtes französisch-schwedisches Heer unter den Generälen Henri de *Turenne* (1611–1675) und Graf von *Wrangel* (1613–1676) erneut nach Schwaben und Bayern vor und richtete dort verheerende Verwüstungen an. Vor *Zusmarshausen bei Augsburg* wurden die Baiern im Mai 1648 entscheidend ausgeschaltet. Schweden zogen unter der Führung des schwedischen Grafen von *Königsmark* (1600–1663) weiter bis *Prag*, wo in einer letzten Kampfhandlung die Kaiserlichen im Oktober 1648 nochmals geschlagen wurden. 30 Jahre zuvor hatte am gleichen Ort dieser furchtbarste Krieg begonnen, der bis dahin Deutschland heimgesucht hatte.

Am 24. Oktober 1648 wurde in Münster in Westfalen der *Westfälische Frieden* geschlossen.

Der Westfälische Frieden von 1648

Seit dem Prager Teilfrieden von 1635 zwischen Kaiser, Kursachsen und Brandenburg war dieses nördlichste Kurfürstentum bestrebt, sich aus dem Krieg herauszuhalten.

1641 hatte Kurfürst *Friedrich Wilhelm von Brandenburg* (1620–1688) (der Große Kurfürst) ein Jahr nach seinem Regierungsantritt Friedensversuche unternommen, indem er einen *Waffenstillstand Brandenburg/Schweden* schloß. 1645 erfolgte eine gleiche Abmachung *Kursachsen/Schweden.* 1647 kam es gegen den Willen des Kaisers zwischen Baiern und Schweden mit Frankreich zu einer Friedensabmachung, die aber bald von französisch-schwedischer Seite gebrochen wurde – wie oben beschrieben.

Kaiser *Ferdinand III.* versuchte verbissen die Reichsrechte zu wahren, indem er bei weiteren Friedensverhandlungen allein als Friedenssprecher für das Reich aufzutreten trachtete, nicht die einzelnen Kurfürsten oder Fürsten für sich ohne den Kaiser. Es muß ihm hoch angerechnet werden, daß er nicht nur als Habsburger Reichsfürst, sondern als Deutscher Kaiser auftrat, um den Zusammenhalt des Reiches unbedingt zu retten.

Es gab eine Vielzahl in- und ausländischer Interessengruppierungen, die alle aus einem Friedensschluß Vorteile schlagen wollten. Die katholische Seite hatte unter sich 1642 Vorverhandlungen in *Münster in Westfalen* aufgenommen, also Kaiser, Papst, Franzosen, Italiener, Spanier und Ungarn. Gleichzeitig saßen in *Osnabrück* die deutschen Protestanten, Schweden, Dänen und Niederländer mit des Kaisers Vertretern am Verhandlungstisch. Während nun jahrelang gefeilscht wurde, war der Krieg bis zur völligen Erschöpfung weitergegangen.

Frankreich, sein Staatsmann Kardinal Armand de Richelieu (1585–1642) und dessen „Politisches Testament": König Ludwig XIII. (1601–1643) hatte einen ungemein wertvollen Staatsmann zur Seite, den Kardinal und Herzog Armand von Richelieu. Er nutzte den Religionskrieg in Deutschland zugunsten Frankreichs aus, wie und wo er konnte. Wie berichtet, ging er, obwohl katholischer Kardinal, auch Bündnisse mit Protestanten ein. Er beschritt den gleichen Weg wie einst König Franz I. gegen Kaiser Karl V.: Franz und Richelieu schlossen beide Bündnisse mit den Türken gegen das Reich.

Richelieu begründete Frankreichs Außenpolitik der nächsten Jahrhunderte, die bis in unsere Tage Gültigkeit hatte. In seinem „Politischen Testament" legte Richelieu die einzuschlagende Politik dem Sinne nach folgendermaßen fest: Die Ausweitung Frankreichs ist nur nach Osten möglich. Um das zu ermöglichen, muß sich Frankreich gegen das Deutsche Reich mit dessen Nachbarn in allen Himmelsrichtungen verbünden. Das immer starke Reich ist nur durch Einkreisung kriegerisch zu bezwingen.

Ferner muß verhindert werden, daß das Reich je wieder zu einer zentral geführten Macht wird wie einst zur Zeit des mittelalterlichen Kaisertums. Im Gegenteil, das Land muß möglichst in Teilstaaten aufgegliedert bleiben, wobei dann Frankreich Bündnisse mit solchen Staaten abschließen muß. Deutsche Gebiete sind nach Kriegen an Nachbarländer abzutreten, damit immer Spannungen aufrechterhalten bleiben. Auch innerhalb dieser Teilstaaten sind Gebiete hin- und herzuschieben. Auf diese Weise kann das Reich jederzeit machtlos gehalten werden, und Frankreich kommt in die Lage, sich zu vergrößern und Europas erste Macht zu werden. Dieses „Testament" war reiner *„Machiavellismus"*, nach dem in der Politik jedes Mittel erlaubt ist.

Richelieu handelte genau nach diesen Grundsätzen. So verhinderte er nach Möglichkeit einen allgemeinen Friedensschluß, denn je länger die Kriegsdauer, desto nachteiliger für Deutschland. Keinesfalls durfte das deutsch-spanische Habsburger Machtgefüge bestehen bleiben, weshalb Richelieu auch Krieg gegen Spanien führte. In Frankreich jedoch setzte er das *absolute, zentrale Königtum* durch, indem er den widerspenstigen Hochadel bekämpfte und schließlich bezwang. Auch gegen die *Hugenotten* ging er vor, und als er deren Hauptstützpunkt *La Rochelle* 1628 erobern konnte, verloren sie alle Sonderrechte, die ihnen einst König Heinrich IV. zugestanden hatte. Eine Glaubensspaltung – wie in Deutschland – wollte Richelieu in Frankreich unbedingt vermeiden.

Nach seinem Tode 1642 übernahm dessen „Schüler", der Kardinal Jules *Mazarin* (1602–1661), die Staatsgeschäfte und verhinderte weiterhin den Frieden in Deutschland. 1643 starb auch König Ludwig XIII., und sein sohn *Ludwig XIV.* (1638–1715) wurde mit fünf Jahren König. Bei Mazarin waren das Kind und der Staat in guten Händen. Doch wie immer und überall benutzten Adel und Städte die Gelegenheit des Königswechsels zum Aufmucken.

Nach Richelieus Tod hatte sich bald im Untergrund eine Bewegung gegen das absolute Königtum gebildet, die sogenannte *„Fronde"*; sie führte 1648 offen zu einem Aufstand, der fünf Jahre dauern sollte. Die Außenpolitik Frankreichs kam ebenfalls in Schwierigkeiten, besonders als in Rom 1644 der habsburg- und spanienfreundliche Innozenz X. (gest. 1655) zum Papst gewählt wurde.

Jedenfalls hatte es Mazarin auf einmal recht eilig, in Deutschland zum Friedensschluß zu kommen, und am 24. Oktober 1648 fand im Rathaus zu Münster in Westfalen im sogenannten *„Friedenssaal"* die Unterzeichnung statt. Was war das Ergebnis?

Der eigentliche Sieger war Frankreich. Der Kaiser in Wien mußte endgültig die Abtretung der Gebiete von *Toul und Verdun* anerkennen. Das Bistum *Metz* , welches aus sechs nicht zusammenhängenden Gebieten bestand, wurde den Franzosen ebenfalls zugesprochen und bildete sechs französische *Exklaven* (Gebietssplitter) innerhalb der Reichsgrenzen.

Weil diese einst gemischtsprachigen Gebiete seit fast 100 Jahren, also seit drei Generationen, unter französischer Besetzung gestanden hatten, sprach man dort nur noch französisch, mit Ausnahme von Stadt und Land Metz. Dieses spätere Reichsland Lothringen war ursprünglich rein deutsch – nun aber gemischtsprachig.

Ferner mußte der Kaiser auf den deutsch-habsburgischen Hausbesitz im Südelsaß, im *Sundgau*, verzichten, ferner auf die rechtsrheinische Stadt *Breisach* mit zugehörigem Umland. Sogar die *zehn Freien Reichsstädte des Elsaß*, Mühlhausen, Kolmar, Münster, Türkheim, Schlettstadt, Oberehnheim, Straßburg, Hagenau, Weißenburg und Landau bekamen je einen französischen Verwaltungsbeamten. Die Pariser Unterhändler hatten in Münster fanatisch um diese Städte gekämpft. Doch blieb das Verhältnis zum Deutschen Reich als dessen Freie Reichsstädte noch erhalten. Die *Freigrafschaft Burgund* blieb zwar im Reichsverband, aber nach wie vor unter französischem Einfluß, obwohl in spanisch-habsburgischem Besitz. Die Grafschaft *Mömpelgard* kam wieder an Württemberg.

Die Nördlichen Niederlande: Sie erlangten 1648 ihre volle Unabhängigkeit von den spanischen Habsburgern und vom Deutschen Reich. Eines der ältesten westgermanisch-fränkisch-friesischen Reichsgebiete war somit aus dem Reichsverband ausgeschieden. Die Generalitätslande, also Brabant und Limburg mit der Stadt Maastricht, obwohl beide katholisch, wurden – wie schon berichtet – dem protestantischen Land angegliedert. Die *Spanischen Niederlande,* also das spätere *Belgien* mit den Grafschaften Hennegau und Artois, verblieben beim Reich in spanisch-habsburgischem Besitz.

Die Schweiz: Die Eidgenossen setzten ebenfalls die Anerkennung als selbständiger Staat durch, und das Land kehrte dem Deutschen Reich endgültig den Rücken. Zwar war es damals noch keineswegs ein festgefügtes Staatsgebilde, aber der Baseler Bürgermeister Hans *Wettstein,* der die Eidgenossen bei den Friedensverhandlungen in Münster vertrat, erreichte die Anerkennung durch den Kaiser allerdings mit tatkräftiger Unterstützung der Franzosen. Auch hier war ein Teil des uralten westgermanisch-alemannischen Stammes dem Deutschen Reich abtrünnig geworden.

Schweden: erhielt 1648 das norddeutsche *Vorpommern* (zwischen Stettin und Stralsund) mit der Insel *Rügen* zugesprochen sowie die Bucht von *Wismar* und das evangelische Herzogtum *Bremen.* Da diese Gebiete alle im Reichsverband blieben, wurden die *Könige von Schweden zu Reichsfürsten.*

Nachdem Schweden jetzt die Odermündung beherrschte, ferner den Finnischen Meerbusen, war es zur maßgebenden Macht in der Ostsee geworden. Die *Deutsche Hanse löste sich endgültig auf,* und auch der *niederländische Ostseehandel* kam gegen Schweden nicht mehr auf. Da Schweden durch den Besitz des Herzogtums Bremen die Mündung der Elbe und der Weser überwachte, war den Niederländern in der Nordsee handelsmäßig das Hinterland weitgehend versperrt. So erschlossen sich die Holländer bald andere wichtige Seewege nach Übersee.

Italien: Im Süden gehörten Savoyen, Piemont, Mailand und Venedig, also das ganze ehemalige *lombardische Königreich,* nicht mehr zum Deutschen Reich, auch nicht die Toskana. Das Herzogtum Mailand sowie das Königreich Neapel blieben wie bisher in spanisch-habsburgischem Besitz.

Die Ostgrenzen: Dort hatte sich von Pommern bis zur Adria nichts verändert – wie übrigens auch nichts gegen Dänemark.

Großbritannien: Während all diese Ereignisse abrollten, war es erstaunlich, daß England darauf kaum Einfluß nahm. Dies hatte seinen Grund in schwerwiegenden inneren Auseinandersetzungen: Das parlamentarische Regierungssystem, welches dort schon stark ausgeprägt war, befand sich in hartem Gegensatz zum *absoluten Königtum.* Das Parlament stützte sich auf die Anglikanische Kirche, das Königtum auf die Katholiken.

Schon 1376 war die heute noch gültige Grundform der Volksvertretung mit Ober- und Unterhaus entstanden.

Die Stuart-Könige, die 1603 auf die letzte Tudor-Königin Elisabeth I. folgten, bemühten sich im Gegensatz zum Parlament, weiterhin absolutistisch zu regieren, und suchten gleichzeitig den Ausgleich mit den Päpsten in Rom.

Wie aber sah es im Inneren des Deutschen Reiches aus? 1618 war es ein blühendes, aufstrebendes Land gewesen. 1648 boten große Landesteile ein Bild der Verwüstung und Hoffnungslosigkeit. Die durchziehenden Heere hatten all die Jahre das Land wie Heuschrecken kahl gefressen. Die Bevölkerung war in Wälder und Höhlen geflüchtet, wenn die Schweden, Franzosen, Spanier, Ungarn und die Landsknechte der Liga oder der Union auftauchten. Kamen die verstörten Menschen dann zögernd in ihre Dörfer zurück, fanden sie ihre Höfe niedergebrannt und das Vieh weggetrieben. Die Städte hatten sich dank ihrer Schutzmauern verteidigen können, doch viele wurden erstürmt und gnadenlos geplündert und gebrandschatzt. Wehe dann den Einwohnern! Die Soldateska raubte, mordete, vergewaltigte und quälte. Große Teile Deutschlands waren heimgesucht worden, und zu allem Elend wüteten verheerende Seuchen. Es hatte kein Ende nehmen wollen.

Zu Anfang des Krieges wohnten im Reich etwa 19 Millionen deutsche Menschen, am Ende waren es nur noch 11 Millionen. Die unvermeidlichen Betrüger und Kriegsgewinnler trieben Schwarzhandel, denn das Handwerk lag in den betroffenen Gebieten darnieder. Jeder Warenaustausch über Land war aus Mangel an Gütern und wegen Räuberei zum Stillstand gekommen, wie auch die Seefahrt der Hanse durch Freibeuterei. Hans Jakob *Grimmelshausen* (um 1620–1676), kaiserlicher Regimentsschreiber und Dichter, hat in seinem Roman *„Der abenteuerliche Simplicissimus"* ein ungeschminktes Zeitbild hinterlassen.

Der Krieg war ursprünglich ein Religionskrieg gewesen, aber was war für die Konfessionen herausgekommen? Außer der Katholizierung Böhmens und einiger verstreuter kleinerer Gebiete hatte die Gegenreformation nur noch erreicht, daß die weitere Ausbreitung des Protestantismus vorerst zum Stillstand gekommen war. Die Bestimmungen des *Augsburger Religionsfriedens* von 1555 mußten aber erneut anerkannt werden und blieben nun ein für allemal in Kraft. Die Gegenreformation gab ihren kriegerischen Kampf gegen „Irrlehren und Ketzerei" auf. Der *Jesuitenorden* blieb zwar weiter bestehen, war aber bei den Protestanten in aller Welt verpönt und selbst von den Päpsten unterschiedlich beurteilt. Papst *Klemens XIV.* z. B. hob ihn 1773 sogar auf. *Pius VII.* stellte ihn 1814 wieder her.

Es sollte sich übrigens erweisen, daß die Staaten mit zweierlei Konfessionen genausogut oder schlecht funktionierten wie die mit nur einer. Das ganze mörderische Geschehen des Dreißigjährigen Krieges war also konfessionell betrachtet ein Wahn. Er hatte sich viel eher als imperialistischer Krieg europäischer Mächte auf deutschem Boden ausgewirkt.

Das Kulturzeitalter des Barock vor 1600–1740

Die Barock-Kunst ging, wie auch schon die Renaissance, von Italien aus und drang in Europas Baukunst, Malerei, Dichtung, Musik, Philosophie und überhaupt allgemein in das Bewußtsein der Menschen ein. Das wirkte sich weiter aufklärend aus, was wiederum Forschung und Wissenschaft vorantrieb.

Im *Barock-Bauwesen* erschienen jetzt weiträumige Gebäude mit geschwungenen Treppen und reichem, kraftbetonendem Schmuckwerk innen und außen, oft überladen wirkend. Lorenzo Bernini (1598–1680) war einer der italienischen Baumeister, die der Stadt Rom viel barockes Gepräge gegeben haben. Der *Escorial*, das spanische Königsschloß bei Madrid, ist strenger Frühbarock. In Deutschland entstand das Kloster *Weingarten* nördlich des Bodensees als eine der vielen im Stil vollkommensten Barockbauten. Wien, Prag, Dresden, Augsburg sowie viele andere deutsche Städte errichteten solche prächtige Bauwerke. Der Augsburger Elias *Holl* (1573–1646), der Wiener *Fischer von Erlach* (1656–1723), Balthasar *Neumann* (1687–1753) aus Eger, um nur einige zu nennen, waren bedeutende Baumeister der Barockzeit.

Die Ausführung berühmter Bauten zeigte oft den Übergang verschiedener Stile, z. B. von der Romantik zur Gotik, von der Renaissance zum Barock. So wurde in Dresden der berühmte *Zwinger* des sächsischen Baumeisters Daniel *Pöppelmann* (1662–1736) schon in einer Abart des Barocks, im *Rokoko*, geschaffen. Auch Andreas *Schlüter* (um 1664–1714) aus Danzig (oder Hamburg?) hat besonders in Berlin, später im neuentstandenen russischen St. Petersburg den norddeutschen Barock aus der Spätrenaissance entwickelt und in Bauten und Denkmälern verwirklicht.

Die *Barock-Malerei* dieser Zeit hatte einen ihrer bedeutendsten Vertreter in Peter Paul *Rubens* (1577–1640) aus Antwerpen in Flandern. In ganz Europa hat dieser Künstler und Weltmann seine Werke hinterlassen. Anthonis van *Dyck* (1599–1641) und Jakob *Jordaens* (1593–1678) entstammten ebenfalls flämischen Familien. Der leidenschaftliche *Rembrandt van Rhijn* (1606–1669) aus Amsterdam, Frans *Hals* (um 1582–1666) aus Mecheln, Jan *Vermeer* aus Delft (1632–1675) waren die berühmtesten Niederländer. Adam *Elsheimer* (1578–1610) aus Frankfurt malte seine Barockbilder auf Kupferplatten, Vater und Sohn Matthäus Merian aus *Basel* (1593–1650 bzw. 1621 bis 1687) schufen eine große Sammlung europäischer Städteansichten in Form von Kupferstichen.

Die *Barock-Dichtung* war vom Gegensatz der Diesseitsfreude und Jenseitssehnsucht geprägt. *Grimmelshausen* (um 1620–1676) schrieb philosophisch in diesem Sinne. Paul *Gerhardt* (1607–1676), der große evangelische Kirchenlieddichter, verewigte gleiche Empfindungen in seinen schlichten Liedern, die bis heute in allen evangelischen Gottesdiensten gesungen werden. In England schuf William Shakespeare (1564–1616) Lustspiele und seine tragischen Dramen zwischen Renaissance- und Barockstil. Er gilt als größter englischer Theaterdichter.

In der *Barock-Musik* entwickelten sich im Barockzeitalter das geistliche Konzert, das *Oratorium* sowie die weltliche *Kantate* und die *Oper*. Alle Arten ermöglichten Chor- und Sologesang mit Orgel- oder Orchesterbegleitung. Auch *Sinfonien* und *Sonaten* als Orchestermusik kamen auf. Heinrich *Schütz* (1585–1672) aus Thüringen war der große Wegbereiter dieser musikalischen Entwicklung in Deutschland. Johann Sebastian *Bach* (1685–1750) aus Eisenach in Thüringen, wohl der universalste Tonmeister dieser Zeit, führte die Barockmusik auf ihren Höhepunkt. Außerdem hatte er viele Möglichkeiten musikalischer Weiterentwicklung aufgezeigt. In der geistlichen Musik schuf er großartige Werke, die seinem evangelisch-gläubigen Wesen entsprangen. Georg Friedrich *Händel* (1685–1759) aus Halle an der Saale, im gleichen Jahr wie Bach geboren, war der andere große deutsche Barockmusiker. Seine Oratorien, deren Stoffe er der Bibel entnahm, galten bald als unübertreffliche Werke feierlicher Musik, die weit über das rein kirchliche hinauswirkten.

Was die *Naturwissenschaften* betraf, so schien es, als ob das Barockzeitalter ein weites Tor aufgestoßen hätte, durch welches sich nun lange aufgestaute, bisher unbekannte Kräfte frei über Europa auszubreiten begannen: In Italien fand der Physiker und Astronom Galileo *Galilei* (1564–1642) aus Pisa grundlegende Gesetze der Physik (Pendelgesetze, hydrostatische Waage, freier Fall, Thermometer). Er baute ein Fernrohr, mit dem er die Form der Mondoberfläche, die Zusammensetzung der Milchstraße, die Monde des Planeten Jupiter, die Venus und die Sonnenflecke entdeckte. Die katholische Kirche eröffnete 1615 gegen Galilei einen *Inquisitionsprozeß*. Er durfte seine Forschungsergebnisse nicht veröffentlichen. Als er aber das *„Kopernikanische Weltsystem"* auf Grund eigener Forschungen bestätigt fand, schrieb er darüber. Der nun folgende zweite *Inquisitionsprozeß* zwang ihn 1633 zu öffentlichem Abschwören. Er war klug genug, dies zu tun, denn statt als Ketzer verbrannt zu werden, konnte er weiterforschen und erfinden. Schließlich stand die Erde eben nicht still, *„und sie bewegt sich doch"*, wie er am Ende seines Lebens ausgesprochen haben soll.

Aus Weil der Stadt bei Stuttgart stammte der Astronom und Mathematiker Johannes *Kepler* (1571–1630). Er war der Erforscher der Planetenbewegungen um die Sonne (der „drei Keplerschen Gesetze") Er verbesserte das astronomische Fernrohr wesentlich und verfaßte grundlegende astronomisch-mathematische Schriften. Einige Jahre lang stand er in der Stadt *Sagan* (Lausitz) in Wallensteins Diensten, der eifrig die Astronomie förderte.

Ein anderer berühmter Physiker war Otto von *Guericke* (1602–1686). Er war Bürgermeister seiner Heimatstadt *Magdeburg* seit 1646 und betrieb den Wiederaufbau nach Tillys Zerstörungswerk des Jahres 1631. Guericke galt als der Begründer der neuzeitlichen Naturwissenschaft. Die Erforschung des luftleeren Raumes, die Bestimmung des Gewichtes der Luft, die Erfindung der Luftpumpe und des Barometers, das Erkennen der Wetterabhängigkeit vom Luftdruck, all das war sein Werk. Auch eine erste Elektrisiermaschine erfand er. Auf dem Reichstag zu Regensburg 1654 führte er zur Belustigung der hohen Herren und des Volkes seinen berühmten Versuch mit den *„Magdeburger Halbkugeln"* vor: Aus zwei großen, gut zusammenpassenden metallenen, hohlen Halbkugeln pumpte er mit seiner erfundenen Luftpumpe Luft aus. Gegen die Saugkraft des entstandenen luftverdünnten Raumes wurde die Zugkraft von je acht Pferden, die an einen Ring jeder Halbkugel gespannt waren, vergeblich eingesetzt. Erst als der Physiker durch eine Schrauböffnung wieder Luft in den Hohlraum einströmen ließ, flogen die Kugelhälften mit lautem Knall auseinander, wobei sich die Pferde überkugelten.

Einer der bedeutendsten Naturforscher und Mathematiker war der Engländer Isaac *Newton* (1643–1727). Die Planetenbewegungen erklärte er mit seinen *„Gravitationsgesetzen"*. Er entwickelte die „drei Bewegungsgesetze der Mechanik", fand den Einfluß der Masse des Mondes auf Ebbe und Flut, zerlegte experimentell das weiße Licht in seine

Spektralfarben und versuchte, das Wesen des Lichtes zu deuten. In der Mathematik erarbeitete er die Regeln der Differential- und Integralrechnung; das geschah unabhängig von Leibniz, dem das gleiche gelang.

Die *Philosophie* bekam, angeregt von den Naturwissenschaften, also von Mathematik und Astronomie, eine neue Richtung. Sie machte den Versuch, alle Probleme des Leibes und auch die der Seele durch wissenschaftliches Denken zu erklären. Der französische Denker René *Descartes* (1596–1650) schuf auf dieser Grundlage das Lehrgebäude des *Cartesianismus* und beeinflußte damit drei Generationen lang Europas philosophisches Denken. Er war auch der Schöpfer der analytischen Geometrie.

Gottfried Wilhelm Freiherr von *Leibniz* (1646–1716), in Leipzig geboren, war der größte und vielseitigste Geist des damaligen Europas. Er war Mathematiker und erfand die Differential- und Integralrechnung. Ferner wirkte er als Physiker, Alchimist, Geschichts- und Sprachforscher, Rechtsgelehrter, Politiker, Theologe und schließlich als Philosoph. Mit fast allen bedeutenden Gelehrten Europas führte er regen Briefwechsel in der damals üblichen lateinischen Sprache, nur merkwürdigerweise nicht mit Isaac Newton in England, dessen Existenz ihm unbekannt war. Leibniz war der letzte Gelehrte, der noch in seinem Gehirn alles speichern konnte, was bis zu seiner Zeit an Wissen bekannt war, und außerdem steuerte er noch viel Neues dazu bei. In Berlin gründete er die *„Akademie der Wissenschaften"*, deren Präsident er 1700 wurde. In Paris hielt er sich eine längere Zeit am Hofe Ludwig XIV. auf, wo er versuchte, den König von dessen Raubzügen in Deutschland und seinen Bündnissen mit der Türkei abzuhalten.

Leibniz trat Descartes mit einem eigenen philosophischen Denkgebäude entgegen: Nicht die einseitige, wissenschaftlich belegbare Erklärung der Dinge allein könne der Weisheit letzter Schluß sein, denn der menschliche Geist reiche nicht aus, um alles, was existiert, erfassen zu können. Was darüber hinausgeht, liege im unbestrittenen vorhandenen Gebiet der *Metaphysik* (jenseits der Physik). Jedes Lebewesen bestehe aus Seele und Leib. Wenn es stirbt, sterbe nur der Körper. Die Seele aber entweiche dorthin zurück, von wo sie kam, ins Reich der Metaphysik. Dies müsse also ebenfalls berücksichtigt werden. Mit religiösem Glauben könne versucht werden, die Kontakte zur Metaphysik zu finden. – Soweit Leibniz – dem Sinne nach.

Dabei legte er sich keineswegs auf die christliche Religion allein fest, im Gegenteil, die Seelenwanderung, die im Christentum keinen Platz findet, spielte in seiner Philosophie eine gewichtige Rolle.

Außer durch Kunst und Wissenschaften wurde Europa noch um einige scheinbare Nebensächlichkeiten bereichert:

Da war vor allem die *Kartoffel*, welche Spanier um 1560 aus Peru mit in die „Alte Welt" brachten, wo sie sich nur zögernd einbürgerte. 1621 erfolgten erste Anpflanzungen in Deutschland. Doch dauerte es noch 100 Jahre, bis sie sich als Volksnahrungsmittel durchsetzte. Dadurch kam es trotz des starken Bevölkerungszuwachses zu keiner größeren Hungersnot mehr.

Auch die *Tomate* kam aus Südamerika etwa zur gleichen Zeit, doch nur als geschätzte Zierpflanze. Erst etwa 1870 entdeckte man bei uns ihren Wert als Frucht und Gemüse.

Im 17. Jahrhundert führte man aus Abessinien und Arabien *Kaffee* ein. Im armen Preußen verbot Friedrich der Große das Kaffeebrennen als unnötigen Luxus und schickte seine *Kaffeeriecher* durch die Straßen. Wer beim Rösten erwischt wurde, mußte kräftig zahlen.

Der *Kakao* kam ebenfalls aus Peru und Mexiko, später aus Westafrika. Er durchlief in Deutschland den gleichen Weg wie der Kaffee, bis auch er zur Selbstverständlichkeit wurde.

In diesem Kapitel konnte nur kurz das Wichtigste angedeutet werden. Sehr viele bedeutende Menschen in Europa haben zur aufgeklärten Kulturentwicklung der Barockzeit beigetragen, doch nur wenige davon sind hier erwähnt worden. *„Kulturgeschichte"* ist ein Wissensgebiet, welches an Umfang der *„Geschichte"* gleichkommt und ausführlich nur gesondert beschrieben werden kann.

Im Deutschen Reich war aber das Erstaunlichste, daß trotz des Dreißigjährigen Krieges und seiner langanhaltenden, schlimmen Nachwirkungen viele hervorragende Menschen unbeirrt zur europäischen Kulturentwicklung beitrugen. Kaum war die Kriegsfurie vorübergebraust oder die Pestseuche abgeebbt, als sich auch schon neuer Lebenswille erhob und es die Menschen mit unglaublicher Tatkraft an den Wiederaufbau trieb. Wie ein Schwungrad, das sich, einmal in Bewegung gesetzt, kraftvoll weiterbewegt, entstanden auf allen Gebieten des praktischen Lebens, der Kultur und der Politik Leistungen, die nicht nur aus der Katastrophe heraushalfen, sondern weit darüber hinaus in die Zukunft wiesen. Doch brauchte das damals noch seine Zeit, denn für das Tempo unseres 20. Jahrhunderts bestanden nur geringe Voraussetzungen.

Leopold I. (1640–1705), Deutscher König und Kaiser seit 1658

Das „Heilige Römische Reich Deutscher Nation" bestand nach dem Dreißigjährigen Krieg fast nur noch dem Namen nach. Das Kaisertum war zur Scheineinrichtung geworden und verfügte nur noch über wenig Autorität. Statt dessen bestimmte eine Unzahl von Herrschaften, Grafschaften, Herzogtümern, Kurfürstentümern und Reichsstädten das Geschehen, deren Gebiete zu weitgehend selbständigen Staatsgebilden geworden waren. Das deutsche Nationalbewußtsein schien erloschen. Die Saat *Richelieus* war üppig aufgegangen, wofür die Unterhändler in Münster zielbewußt gesorgt hatten.

Trotzdem bestand die Einrichtung der Kaiserwahl durch die *Kurfürsten* noch immer, und man hatte seit 1648 statt bisher sieben nun acht Kurwürden eingerichtet, und zwar: Mainz, Trier, Köln, Brandenburg, Sachsen, Böhmen, Baiern und die Pfalz. 1692 kam als neunte noch Hannover dazu.

Der „Immerwährende Reichstag" 1663 in Regensburg errichtet: Der Zusammenhalt des Reiches sollte durch diese und andere lockere Einrichtungen aufrechterhalten werden. So errichtete man 1663 in Regensburg den „Immerwährenden Reichstag": Nachdem zur Kaiserzeit des Hochmittelalters nach Bedarf Hoftage in irgendeiner Stadt abgehalten wurden, wozu der Kaiser die Lehensfürsten des Reiches zusammenrief, entwickelten sich später die Reichstage. In einer Reichsstadt oder einem Bischofssitz versammelten sich die Kurfürsten, die weltlichen und geistlichen Landesfürsten sowie später auch die Vertreter der Reichsstädte um den Kaiser.

Der „Immerwährende Reichstag" in Regensburg war eine Einrichtung, in welcher neben dem Kaiser die *„Stände"*, also Kurfürsten, Reichsfürsten (weltliche und geistliche) und Reichsstädte ihre nach Rängen gegliederten festen Plätze innehatten. Die Aufgaben des Regensburger Reichstages beschränkten sich auf das *Empfehlen von Gesetzen*, die im ganzen Reichsgebiet angewendet werden sollten, z. B. im Gerichtswesen, im Straßenrecht, bei Zollerhebungen zwischen den Ländern usw.

Die wichtigsten Sachgebiete wie Kriegswesen und Außenpolitik waren aber dem eigenen Ermessen der Länder überlassen, worauf diese eifersüchtig größten Wert legten.

Kaiser *Ferdinand III.* war im Alter von 49 Jahren 1657 in Wien sorgengeplagt gestorben. Erst ein Jahr später wählten die Kurfürsten seinen zweiten Sohn *Leopold I.* zum Nachfolger. Es kann vorausgeschickt werden, daß er ein tüchtiger und erfolgreicher Herrscher war, denn unter ihm wurde *Österreich zu einer europäischen Großmacht*, hervorgegangen aus dem habsburgischen Hausmachtbesitz. Der größte Teil davon gehörte zum Deutschen Reich, dessen zersplitterte Fürstentümer eigene Interessen verfolgten. So ergab es sich zwangsläufig, daß diese Landesherren, vor allem im Westen und Nordosten, weitgehend allein mit äußeren Feinden fertig werden mußten.

Leopold konnte zwar ein schlagkräftiges Heer unterhalten, doch bekam er auch finanzielle Unterstützung von den zahlreichen *Reichsstädten*, die ihm nach wie vor direkt unterstanden (*reichsunmittelbar*). Dazu kamen noch Reichsfürsten, die freiwillig zum Kaiser und zur Reichsidee standen. Beide Helfer erhielten vom Kaiser als Gegenleistung wirtschaftliche Sonderrechte, z. B. bei Steuer- und Zolleinnahmen, so daß zwischen Kaiser, Reich und der Habsburger Hausmacht eine enge Interessengemeinschaft bestand.

Frankreichs „Raubkriege" unter Ludwig XIV. (1638–1715) – Die Niederlande – Großbritannien: Mazarin hatte zwei Jahre vor seinem Tod erfolgreich Krieg gegen den spanischen König *Philipp IV.* (1605–1665) geführt. Im *Pyrenäenfrieden* von 1659 mußte die Provinz *Roussillon* in Nordostspanien und von den spanischen Niederlanden das *Artois* und das deutschsprachige *Diedenhofen* von Luxemburg an Frankreich abgetreten werden.

Nach Mazarins Tod hatte Ludwig XIV. mit 23 Jahren selbst die Führung der Staatsgeschäfte in Frankreich übernommen. Sein neuer Minister *Colbert* (1619–1683) brachte mit bestem Erfolg die französische Wirtschaft und die innere Verwaltung in Ordnung und verhalf dem absoluten Königtum zum Höchststand. Gleichzeitig ernannte der König den jungen Marquis de *Louvois* (1641–1691) zum Kriegsminister, der das französische Heer zur stärksten Kriegsmacht Europas ausbaute.

Ludwig XIV. verfolgte von vornherein das Ziel, Frankreich nach Osten zu vergrößern. Der *„Rhein als Grenze"* schwebte ihm vor. So begann er 1667 seinen „ersten *Raubkrieg"* gegen die spanischen Niederlande, auch *„Devolutionskrieg"* genannt. Da seine Gemahlin eine spanische Prinzessin war, hatte er Erbrechte geltend gemacht, nachdem deren Vater, König Philipp IV., 1665 gestorben war. Die Stadt Lille und ein Teil des *Hennegaus* waren Ludwigs Kriegsbeute.

Die Niederlande hatten sich während ihres Unabhängigkeitskampfes gegen Spanien zu Europas größter Handels- und Seemacht emporgeschwungen. Zwar ging der Nordhandel an Schweden verloren, doch gründeten sie ein weltweites Kolonialreich: Die Portugiesen, die damals unter spanischer Herrschaft standen, wurden von den Holländern aus *Ceylon* und dem Malaiischen Archipel (*Indonesien*) vertrieben. Auch im Kapland *(Südafrika)*, an der *Goldküste* in Westafrika, auf *Curaçao* vor Venezuela und südlich davon in *Guayana (Surinam)* setzten sie sich fest. In Nordamerika war die holländische Kolonie und Stadt *Neu-Amsterdam (das spätere New York)* 1614 gegründet worden. Das geschah alles vor und während der Statthalterschaft *Wilhelms II. von Oranien* (1626–1650).

Dabei war es immer wieder zum Seekrieg mit England gekommen. Die Admirale *Tromp* (1597–1653) und *de Ruiters* (1607–1676) besiegten zwar englische Flotten mehrfach, trotzdem erlangte England langsam die Übermacht zur See.

Nach Wilhelms II. Tod weigerten sich die durch die Kolonien schnell reich und überheblich gewordenen holländischen Kaufleute, einen neuen Statthalter anzuerkennen, nachdem sie schon mit Wilhelm II. dauernd Streit gehabt hatten. *„Statthalter"* war der Titel für das niederländische Staatsoberhaupt und stammte noch aus der Zeit Karls V., wo der höchste Verwaltungsbeamte so hieß.

Ab 1650 leitete Jan *de Witt* (1625–1672) die Politik. Obwohl Ludwig XIV. die Spanischen Niederlande überfallen hatte und auch Holland bedrohte, wollten die Kaufleute keine Gelder für ein starkes Heer bewilligen. Trotzdem erreichte de Witt durch Bündnispolitik, daß Ludwig seinen „ersten Raubkrieg" abbrach.

Ludwig XIV. begann nach de Witts Tod seinen „zweiten *Raubkrieg*", den *„Holländischen Krieg"* (1672–1679). Die holländische Kaufmannspartei berief in ihrer Not nun doch *Wilhelm III. von Oranien* (1650–1702), den nachgeborenen Sohn Wilhelms II., mit 22 Jahren zum Statthalter. Bald nach seiner Berufung verlangte und erhielt er die Erbstatthalterschaft (dieser Titel bestand bis 1795). Wilhelm III. war eine bemerkenswerte Persönlichkeit, die zum großen Gegenspieler Ludwig XIV. werden sollte. 1688 wurde Wilhelm III. – wie berichtet – auch König von Großbritannien.

Die Franzosen waren – kurzzeitig mit England im Bunde – durch die Spanischen Niederlande nach Holland eingefallen, doch konnte Wilhelm sie vertreiben, und der Krieg zog sich in Flandern sieben Jahre hin. Wilhelm brachte ein Bündnis zwischen den Niederlanden, Österreich, Spanien und Brandenburg gegen Frankreich zustande. Ludwig verbündete sich erneut mit der Türkei gegen Österreich und mit Schweden gegen Brandenburg.

Der „Holländische Krieg" endete 1679 im *Frieden von Nymwegen* trotz des europäischen Bündnisses erfolgreich für Ludwig XIV. Er bekam endgültig die *Freigrafschaft Burgund (Franche Comté)* mit der Stadt Bisanz (Besançon), nicht aber Stadt und Land Mömpelgard, welche im Westfälischen Frieden 1648 an Württemberg zurückgegeben worden war. Auch den ganzen *Hennegau* mit Stadt und Land Cambrai bekam Ludwig. Alle diese Erwerbungen stammten aus spanisch-habsburgischem Besitz.

Frankreich raubte die elsässischen Reichsstädte mit Straßburg 1680 und 1681: Ausnahmsweise hatte ein Jahr lang Frieden geherrscht, als sich Frankreich unvermittelt 1680 neun von den zehn elsässischen Reichsstädten gewaltsam aneignete, ebenso in Lothringen die Städte Saarbrücken und Zweibrücken, ferner die Stadt Mömpelgard. Unter der Bezeichnung *„Reunionen"* (Wiedervereinigung dieser Städte mit dem schon 1648 abgetretenen Landgebieten) bemäntelte Ludwig diesen „dritten *Raubkrieg*". 1681 überfiel er schließlich auch die Freie Reichsstadt Straßburg, ohne sich diesmal die Mühe einer Begründung zu geben.

Kaiser *Leopold I.* in Wien konnte gegen Ludwigs „Raubkriege" nichts unternehmen.

Zwar gehörte er dem europäischen Bündnis gegen Ludwig XIV. an, aber sein Heer, welches gegen die Franzosen eingesetzt werden sollte, wurde im Südosten benötigt, denn die Türken rückten bedrohlich die Donau aufwärts gegen Wien.

So war das Elsaß mit der Stadt Straßburg für 190 Jahre dem Deutschen Reich verlorengegangen.

Der Pfälzische Erbfolgekrieg 1685–1697: 1685 bis 1697 führte Ludwig den Pfälzischen Erbfolgekrieg, nachdem die mit ihm verbündeten Türken in Österreich eingefallen waren und damit den Kaiser dort festhielten. Es war sein „vierter *Raubkrieg*": Ludwigs Bruder, der Herzog von Orleans, vermählt mit der Prinzessin *Liselotte von der Pfalz* (1652–1722), hatte Erbansprüche auf Teile der Pfalz erhoben. Liselottes Großvater war der einstige „*Winterkönig*" von Böhmen und Kurfürst von der Pfalz bei Beginn des Dreißigjährigen Krieges.

Den französischen Erbansprüchen traten sofort Kaiser Leopold I., Spanien und Wilhelm III. von Oranien entgegen, ebenso Großbritannien, seit Wilhelm 1688 König von England geworden war.

Ohne bewaffnete Gegner vorzufinden, fielen die Franzosen 1689 in die Pfalz ein, die sie sinnlos verwüsteten. Der General Graf *Mélac* besorgte dieses Mordkommando gründlich, und die Niederbrennung von Stadt und Schloß *Heidelberg*, wo Liselotte aufgewachsen war, machte ihn verhaßt und unvergessen. In Heidelberg tragen noch heute bösartige Hunde den Namen „Mélac". Viele der schönen Burgen am Rhein wurden damals zu Ruinen.

Dieser Krieg zog sich mit Unterbrechungen zwölf Jahre hin und wurde teilweise in den Spanischen Niederlanden mit wechselndem Erfolg ausgetragen. In der Seeschlacht am *Kap de la Hague* im Ärmelkanal verloren 1692 die Franzosen ihre Flotte gegen die Holländer und Engländer, so daß sich Ludwig nun auf Verhandlungen einlassen mußte. Im *Frieden von Rijswijk* bei Den Haag 1697 verzichtete Ludwig auf alle Pfälzer und rechtsrheinischen Pläne. Das auf der Landkarte arg zerstückelte Lothringen, welches die Franzosen schon seit 1672 bzw. 1680 besetzt hielten, mußte er räumen und ans Reich zurückgeben. Doch Metz und den größten Teil des Elsaß, vor allem Straßburg, konnte er behalten.

Die Türken 1683 zum zweiten Mal vor Wien: 1683 waren die seit 1672 mit Frankreich verbündeten Türken vor Wien erschienen und belagerten die Stadt, womit für Habsburg und das Deutsche Reich eine sehr bedrohliche Lage entstand. Die erste türkische Belagerung Wiens 154 Jahre früher hatte auch schon auf Grund eines französisch-türkischen Zusammenspiels stattgefunden.

Der Wiener Bürgermeister Andreas von *Liebenberg* (1627–1683) und sein Stadtkommandant Graf Rüdiger von *Starhemberg* (1638–1701) verteidigten die Stadt im Sommer 1683 neun Wochen lang, bis endlich das erwartete Entsatzheer eintraf. Wenige Tage zuvor war Andreas von Liebenberg gestorben. Der kaiserliche Feldherr Herzog *Karl von Lothringen* (1643–1690) befehligte dieses starke Heer aus Österreichern und Aufgeboten aus dem ganzen Reich sowie den gerade verbündeten Polen (König Johann *Sobieski III.*, gest. 1696). Am 12. September 1683 kam es zur Schlacht am *Kahlenberg* vor Wien, in welcher die Türken schwer geschlagen und vertrieben wurden.

Kaiser Leopolds siegreiche Feldherren Karl von Lothringen, Ludwig von Baden (Türkenlouis) und Prinz Eugen im Türkenkrieg 1683–1699: Im 16 Jahre dauernden Türkenkrieg, der sich anschloß, war Herzog Karl von Lothringen (1643–1690) oberster Feldherr des Kaisers. 1675 war er durch Erbschaft Herzog von Lothringen geworden, doch konnte er dort seine Herrschaft nicht ausüben, solange die Franzosen sein Land besetzt hielten (bis 1697). Sehr erfolgreich kämpfte er gegen die Türken: 1686 erstürmte er *Ofen* (Budapest), ein Jahr später siegte er bei *Mohacs* an der Donau, wo einst Sultan Soliman II. 1526 fast ganz Ungarn gewonnen hatte.

Als Karl von Lothringen erkrankte, wurde er von Markgraf Ludwig Wilhelm I. von Baden (1655–1707) abgelöst. Dieser erhielt den Beinamen *„Türkenlouis"*. Er besiegte die Türken 1689 bei *Nissa* (Nisch) und 1691 bei *Slankamen* nördlich Belgrad.

Der dritte hervorragende Feldherr des Kaisers Leopols I., der berühmte Prinz Eugen von Savoyen (1663–1736), war französisch-italienischer Abkunft und Verwandter des Kardinals Mazarin. Ludwig XIV. hatte ihn wegen seiner kleinen Gestalt als Offizier abgelehnt. Er wurde später Reichsmarschall des Kaisers in Wien, ein Titel, der erstmals verliehen wurde.

Es war damals und auch noch viel später allgemein üblich und anerkannt, daß sich adelige Abkömmlinge in irgendeinem europäischen Land anwerben lassen konnten, selbst wenn dieses dem Vaterland feindlich gesinnt war. Allerdings mußten solche Männer dem neuen Landesherren den Treueid leisten. Die Gegenleistung war uneingeschränkte Aufnahme in die neue Gemeinschaft mit gleichen Rechten und Pflichten. Ein Beispiel hierfür war Prinz Eugen.

Dieser war als 20jähriger Offizier bereits an der Schlacht am Kahlenberg beteiligt gewesen, ebenfalls entscheidend bei Mohacs. Den Endsieg im Türkenkrieg errang Prinz Eugen 1697 bei *Zenta* über Sultan *Mustafa II.*, der wegen seiner Niederlagen auf Betreiben seiner Janitscharen (damals die Kerntruppe) 1703 vergiftet wurde.

Der lange Türkenkrieg endete im Jahre 1699 mit dem *Frieden von Karlowitz* bei Belgrad. Die Türkei mußte an Österreich die Länder *Ungarn* und *Siebenbürgen* mit Ausnahme des Banats nördlich Belgrad abtreten. Die Republik *Venedig*, die sich auch zeitweise im Krieg gegen die Türken beteiligt hatte, gewann vorübergehend die südliche griechische Halbinsel *Peloponnes*. Während dieser Kriegshandlungen wurde übrigens 1687 der berühmte antike Parthenon-Thempel auf der *Akropolis* von Athen zerstört: Die Venezianer beschossen den Tempel von ihren Schiffen aus, weil die Türken darin große Mengen Pulver gelagert hatten. Dabei kam es zu einer gewaltigen Explosion.

Mit dem Erwerb der *ungarischen Krone* und des autonomen *Siebenbürgen* hatten die Habsburger alte Ansprüche durchgesetzt. Doch trotz vieler Anhänger in Ungarn fanden sie vor allem in Siebenbürgen Widerstand. Dort war vor allem unter den Deutschen der Protestantismus vorherrschend, und weil Leopold I. streng katholisch war, duldete er, daß die Kirche in die Praktiken der *Gegenreformation* zurückfiel und die Siebenbürger Lutheraner wie die ungarischen Calvinisten hart verfolgte. Dadurch war bereits von Anfang an der Keim für langwierige Schwierigkeiten gelegt.

Der Spanische Erbfolgekrieg 1701–1713: InSpanien war 1700 der letzte Habsburger König *Karl II.* gestorben. Unter dem Druck Ludwig XIV. hatte er, der ohne männlichen Nachfolger war, Ludwigs Enkel, den Bourbonen *Philipp V.* (1683–1746), zum Erben des spanischen Reiches eingesetzt. Frankreich und Spanien zusammen ergaben aber ein politisches Übergewicht der Bourbonen, denn Ludwig der XIV. war ja auch Bourbone. Andere europäische Mächte waren genausowenig bereit, eine solche Machtballung hinzunehmen, wie einst unter Karl V. die habsburgische deutsch-spanische.

Kaiser Leopolds I. zweiter Sohn, Erzherzog Karl, wurde deshalb mit Unterstützung Kataloniens zum habsburgisch-spanischen Gegenkönig ausgerufen und zog in Barcelona ein. Das übrige Spanien hielt aber zu Philipp V.

So kam es denn von 1701 bis 1713 zu dem erbitterten Spanischen Erbfolgekrieg um das reiche, in Europa verzweigte Erbe der spanischen Habsburger.

Philipp V. sowie Ludwig XIV. wurden ihres Lebens nicht mehr froh:

Unter Führung *Wilhelms III.* der Niederlande kam erneut ein Bündnis zwischen Holland und England (den sogenannten Seemächten), sowie Österreich und dem Herzogtum *Savoyen-Piemont* zustande. Die Kurfürsten von Baiern und Köln, beide Wittelsbacher, schlugen sich aber auf die französisch-spanische Seite.

Man erlebte also erneut, daß die religiösen Gegensätze in Europa und im Deutschen Reich keine entscheidende Rolle mehr spielten, denn das katholische Österreich war im Bunde mit den Protestanten, und das katholische Baiern stellte sich gegen die einst konfessionell eng verbündeten Habsburger.

1704 crrang Prinz Eugen westlich Donauwörth bei *Höchstädt* in Baiern einen ersten großen Sieg. Sein Heer, durch englische Einheiten unter dem Feldherrn und Staatsmann Herzog von *Marlborough* (1650–1722) verstärkt, besiegte eine französisch-bairische Armee. Danach wurde ganz Baiern von den Österreichern besetzt.

Im gleichen Jahr eroberte eine englisch-niederländische Flotte im Kampf gegen Philipp V. von Spanien den Felsen von *Gibraltar* an der strategisch wichtigen Meerenge vom Atlantik zum Mittelmeer. Seitdem saßen die Engländer (bis heute) dort fest. Vertreibungsversuche seitens der Spanier mißlangen. Europa hat hier also noch eine Kolonie.

Wilhelm III. war 1702 gestorben und 1705 auch Kaiser *Leopold I.* in Wien. Beide hervorragende Persönlichkeiten hatten Europas damalige Geschicke bleibend mitgeformt. Wilhelms entscheidende Tat war, Frankreichs gefährlichem Ausdehnungsdrang erfolgreich entgegenzutreten. Leopold gelang es, die Türken aus dem Deutschen Reich zu vertreiben, wodurch er gleichzeitig mit der österreichisch-ungarischen Vereinigung eine neue europäische Großmacht schuf.

Joseph I. (1678–1711), Deutscher König und Kaiser seit 1705

Leopolds ältester Sohn und Nachfolger war Joseph I., der mit 27 Jahren Kaiser wurde und mitten im Spanischen Erbfolgekrieg sein Amt antrat.

Die „Englische Gleichgewichtspolitik" ab 1711 und der Frieden von Utrecht 1713: Der englische Staatsmann und Feldherr John Marlborough (1650–1722) eroberte 1706 gegen Ludwig XIV. die Spanischen Niederlande durch die Schlacht bei *Ramillies* nördlich Namur. Die Österreicher besiegten im Herbst 1706 unter dem Prinzen Eugen bei *Turin* in Savoyen/Piemont die Spanier, womit Habsburg die Herrschaft in Norditalien wieder an sich riß. Die Franzosen fielen erneut in den Spanischen Niederlanden ein, wurden aber 1706 und 1709 vom Prinzen Eugen und von Marlborough schwer und entscheidend geschlagen.

König *Ludwig XIV.* war durch seine „Raubkriege" finanziell und in Folge des Siegeszuges seiner Gegner militärisch am Ende und mußte in Friedensverhandlungen eintreten. Er war schon bereit, auf die gestellten Bedingungen alle geraubten Gebiete zurückzugeben, einzugehen, als ihm 1710 ein politischer Umschwung in England zu Hilfe kam:

Marlborough, der die herrschende Partei gegen Ludwig XIV. im Londoner Parlament anführte, wurde 1711 gestürzt. Im Parlament gab nun die sog. *„Friedenspartei"* den Ton an, die bereit war, auf die Früchte der glänzenden Siege Marlboroughs und des Prinzen Eugen zu verzichten.

Die Friedenspartei hatte ganz andere Hintergedanken: In Großbritannien war der außenpolitische Begriff der „Gleichgewichtspolitik" zum Programm der Zukunft herangereift. Das bedeutete: Auf dem Festland durfte keine Nation so mächtig werden, daß sie stärker als Großbritannien war. Gelang das einer Festlandsmacht trotzdem, hatte sich England mit dem oder den schwächeren Staaten gegen den Stärkeren zu verbünden und diesen zu bekämpfen, bis das Gleichgewicht – was sich eben England darunter vorstellte – wiederhergestellt war.

Da nun Ludwig XIV. besiegt war, glaubte die Regierung in London, daß das Deutsche Reich zu mächtig werden könnte; sie verhinderte also, daß Ludwig die meisten seiner geraubten Gebiete räumen mußte.

Europa und besonders das Deutsche Reich hatte sich nun in Zukunft mit zwei Prinzipien auseinanderzusetzen: erstens mit den Regeln des *Richelieu-Testaments* und zweitens mit der englischen *„Gleichgewichtspolitik"*.

Wenn wenigstens Teile Deutschlands in Frieden leben wollten, hatte es also auf eine Vereinigung aller deutschbesiedelten Länder zu verzichten. Andere Teilgebiete mußten dann in Not oder Fremdherrschaft verbleiben. Denn käme eine deutsche Einheit wieder zustande, wäre Deutschland politisch, wirtschaftlich und kulturell allen anderen europäischen Staaten weit überlegen. Sich einer derartigen *„Verzichtspolitik"* erfolgreich zu erwehren, war und ist für Deutschland als Binnenstaat eine ungeheuer schwere, geradezu schicksalhafte Aufgabe.

Auf Österreich und damit auf das Deutsche Reich kam unerwartet ein weiteres Verhängnis zu, als Kaiser Joseph I. 1711 viel zu früh starb. Die glänzend verlaufenden Kriegsanstrengungen blieben letzten Endes auch dadurch ohne entscheidenden Erfolg. Der Kaiser war plötzlich in Wien im Alter von knapp 33 Jahren verschieden, womit eine tatkräftige und erfolgreiche Regierungstätigkeit jäh abbrach. Zum Nachfolger wurde im gleichen Jahr sein Bruder als Kaiser *Karl VI.* gewählt, derselbe Erzherzog Karl, der in Katalonien als spanischer Gegenkönig zu dem Bourbonen Philipp V. aufgestellt worden war.

1713 endete der Spanische Erbfolgekrieg mit dem *Frieden von Utrecht*. Danach wurde Philipp V. als König von Spanien einschließlich Kataloniens anerkannt, und das spanische Kolonialreich blieb ihm voll erhalten. Die Spanischen Nebenlande, also das Königreich Neapel, das Herzogtum Mailand und die Spanischen Niederlande (das spätere Belgien) in den gegenwärtigen Grenzen, kamen an die Habsburger, also an Österreich und damit an das Deutsche Reich zurück.

Das Herzogtum Savoyen/Piemont mit der Hauptstadt Turin, welches sich seit Jahrzehnten in französischer Abhängigkeit befunden hatte, mußten die Franzosen räumen. Das Herzogtum wurde dann 1720 mit der Insel Sardinien zum selbständigen *„Königreich Sardinien"* erhoben. Savoyen schied damit aus dem Verband des Deutschen Reiches aus, zu dem es seit fast 700 Jahren gehört hatte.

Schließlich wurden im Utrechter Frieden *Gibraltar* und die Baleareninsel *Menorca* den Engländern als Flottenstützpunkte zugesprochen. Ferner kamen die nordamerikanischen Kolonien Neufundland und Akadien (Neubraunschweig und Neuschottland) an England und damit das gesamte *Mündungsgebiet des St.-Lorenz-Stromes.*

Frankreich aber behielt das *Elsaß* sowie Teile von *Lothringen* und von *Flandern,* also den Hauptteil der Gebiete seiner ersten drei Raubkriege.

Das Haus Habsburg und das Deutsche Reich unter Kaiser Karl VI. hatten Bedenken gegen diese Regelungen, besonders wegen des Elsaß. Doch erkannte Habsburg im März und das Reich im September 1714 durch die *Abkommen von Rastatt und von Baden bei Zürich* schließlich doch den Utrechter Frieden an.

Als Ludwig XIV. 1715 starb, war Frankreichs Vorherrschaft in Europa gebrochen. Sein Ziel, Frankreichs Ostgrenzen bis zum Rhein vorzuschieben, hatte er nicht annähernd erreicht. Aber am Oberrhein im Elsaß war ihm das – trotz des Kriegsverlustes – auf diplomatischem Wege noch gelungen. Doch wie die Zukunft weisen sollte, war dieser Gewinn weder für Frankreich noch für Deutschland eine endgültige Lösung. Immerhin gehörte das *Elsaß* seit den Zeiten des Swebenkönigs *Ariovist,* also seit 60 v. Chr., zu Germanien und später als kulturell bedeutendes Land zum Deutschen Reich. Für dieses war es einfach unmöglich, sich mit einem solchen Verlust abzufinden. Andererseits hielten die Franzosen später das Elsaß mit einem kaum faßbaren Fanatismus fest.

Ludwig XIV. galt auch wegen des Gewinns des Elsaß für die Franzosen als König der Könige, als der *„Sonnenkönig"*.

Ludwig XIV. hatte ein außerordentlich aufwendiges Leben geführt, womit er zum Entsetzen seiner Minister half, die Staatsfinanzen zu ruinieren. Sein auf Pump gebautes herrliches Barockschloß *Versailles* wurde zum Mittelpunkt des europäischen Geisteslebens, ebenso aber auch zum Vorbild eines lotterhaften *Mätressen-Unwesens.* Ganz Europa einschließlich mancher deutscher Einzelstaaten versuchte ihm nachzueifern, baute ebenfalls teure Schlösser und hielt sich Geliebte nach französischem Muster. Wie eine Krankheit breitete sich auch die *französische Sprache* an allen Höfen Europas von Lissabon bis St. Petersburg aus. Es galt als vornehm, französisch zu sprechen, auch wenn man das grausigste Kauderwelsch von sich gab. (Welsch = romanisch, italienisch, französisch.) Diese „Mode" hielt sich mehr als 150 Jahre und wurde sogar von der wohlhabenden Kaufmannschaft und von den Beamten übernommen. Nur das Volk in Stadt und Land blieb mehr oder minder verschont.

Karl VI. (1685–1740), Deutscher König und Kaiser seit 1711

Die Türken 1716–1718 auf dem Balkan weiter zurückgeschlagen: Kaum war der Spanische Erbfolgekrieg mit dem Frieden von Utrecht abgeschlossen, als es einen neuen *Türkenkrieg (1716–1718)* durchzufechten galt. Wieder errang der Reichsmarschall *Prinz Eugen* glänzende Erfolge. 1718 besiegte er die Türken bei *Peterwardein* nördlich

Belgrad entscheidend. Damit kam das *Banat* zu Ungarn. Auch die *Walachei* im südlichen Donaubogen sowie Teile von *Serbien* und *Bosnien* mußten die Türken an Österreich-Ungarn abtreten.

Karl VI. war der letzte Habsburger im Mannesstamme. Er hatte noch keine Nachkommen, als er sich bereits mit 28 Jahren entschloß, seine Nachfolge zu regeln. Der Spanische Erbfolgekrieg wie andere Beispiele auch veranlaßten ihn, rechtzeitig vorzusorgen. Deshalb verkündete er 1713 die sogenannte *„Pragmatische Sanktion"*, ein Hausgesetz der Habsburger, welches die Unteilbarkeit der habsburgischen Erblande bestimmte, ferner festlegte, daß das erstgeborene Kind, männlich oder weiblich, die Nachfolge antreten sollte. Gegenüber den bisher üblichen Gepflogenheiten war die „Pragmatische Sanktion" neuartig und vielen Seiten unwillkommen, denn trotz der verwandtschaftlichen Verflechtung der europäischen Fürstenhäuser untereinander blieb nach dieser Regelung nichts mehr zu erben. So bedurfte es natürlich der Anerkennung der Verwandtschaft, das hieß vieler europäischer Mächte.

Karl VI. bekam 1717 als einziges Kind eine Tochter, die später so berühmte *Maria Theresia* (1717–1780).

Kurfürst Friedrich August I. von Sachsen, der Starke (1670–1733) wurde 1697 König von Polen: In Dresden, der kursächsischen Hauptstadt, regierte seit 1694 der Wettiner Kurfürst Friedrich August I. der Starke. Dieser war auf politischem Gebiet ein sehr zielbewußter Mann. Obwohl die Kurfürsten von Sachsen von Anfang an die Hauptstützen des Protestantismus im Reich gewesen waren, trat er 1697 zum Katholizismus über, um den freigewordenen polnischen Königsthron in Besitz nehmen zu können. Er wurde also 1697 König von Polen.

August der Starke beteiligte sich 1700 am *Nordischen Krieg* (1700–1709), von dem später noch die Rede sein wird. Jedenfalls wurde Sachsen/Polen von den Schweden besiegt, und August verlor 1706 im *Frieden von Altranstedt* (westlich Leipzig) sein Königreich Polen. Als jedoch der Schwedenkönig *Karl XII.* vom russischen Zaren *Peter dem Großen* (1672–1725) bei *Poltawa* in der Ukraine 1709 entscheidend besiegt wurde, bekam das verbündete Sachsen Polen zurück. Nun erfreute sich Sachsen/Polen einer Reihe von Jahren relativer Ruhe, zumal es mit Österreich, Rußland und dem nördlichen Nachbarn Brandenburg/Preußen in gutem Einvernehmen stand.

Als prachtliebender Barockmensch baute August nun seine Residenz *Dresden* zu einer der schönsten Städte des Deutschen Reiches aus. Der Ursprung dieser Stadt an der Elbe ging auf eine Burg zurück, die die Markgrafen von Meißen vor 1200 errichtet hatten. Die Stadt, die sich neben dieser Burg entwickelte, wurde durch eine erste Urkunde von 1206 bestätigt. Seit 1485 war Dresden Sitz der wettinisch-albertinischen Landesherren. Schon der Vorgänger August des Starken entwickelte ein prunkvolles Hofleben, welches August und auch dessen Sohn üppig weiterbetrieben. August der Starke ließ die protestantische *Frauenkirche* mit der mächtigen Kuppel errichten sowie den berühmten *Dresdner Zwinger.* Er legte in seiner Schatzkammer bereits den Grundstein zu einer Sammlung weltberühmter Kunstschätze, die später im sogenannten *„Grünen Gewölbe"* aufbewahrt wurden. Für eine Million Reichstaler (Silbermünze) kaufte der Kurfürst den berühmtesten *grünen Diamanten, den sog. „Dresden"* von 41 ct. Gewicht (5 ct = 1 g).

Der Kurfürst legte gern Proben seiner Körperkraft ab, indem er Hufeisen aufbog,

Eisenrohre mit der Hand zusammendrückte und ähnliches. Anekdoten über ihn entstanden in großer Zahl.

Außerdem war er nicht nur der bekannteste Nachahmer des Pariser Mätressen-Unwesens, sondern er übertraf dieses bei weitem. Er soll so viele Kinder gezeugt haben wie das Jahr Tage hat, was sicher übertrieben, aber bezeichnend ist. Seine berühmtesten Geliebten waren *Aurora von Königsmarck* (1662–1728) aus Stade bei Hamburg und die Gräfin *Cosel* (1680–1765). Weil Letztere versuchte, sich in die Politik einzumischen, verbannte August sie auf die Burg Stolpen, ihrem Geburtsort östlich Dresden. Nach Augusts Tod blieb sie freiwillig dort, wo sie im Alter von 85 Jahren starb.

Der Polnische Thronfolgekrieg 1733–1738: Im Jahre 1733 starb August der Starke in Warschau, was ganz Europa auf die Beine brachte und den fünfjährigen Thronfolgekrieg auslöste. Sofort bildeten sich zwei Parteien: Der Sohn August des Starken, Kurfürst *August II.* (1696–1763), wurde von Rußland, dem Kaiser Karl VI. und einem Teil des polnischen Adels im Anrecht auf die polnische Krone unterstützt. Frankreich, im Bunde mit der anderen Hälfte des polnischen Adels, setzte 1733 im Handstreich den Polen *Stanislaus I.* (1677–1766) in Warschau auf den Thron. Dieser war bereits im Nordischen Krieg schon einmal von 1704 bis 1709 als Gegenkönig zu August dem Starken mit schwedischer Hilfe zum polnischen König ernannt worden. Doch schon 1734 vertrieben ihn die Russen, und August II. wurde König von Polen.

Doch Frankreich setzte mit Spaniens Hilfe den Krieg fort, und zwar nun am Rhein und in Italien, bis es 1738 zu den *Friedensschlüssen von Wien* kam, die einem kläglichen Kuhhandel gleichkamen.:

Stanislaus fand man mit dem Herzogtum *Lothringen* ab, welches nach seinem Tode an Frankreich fallen sollte. Der rechtmäßige Herzog von Lothringen, *Franz Stephan* (1708–1765), wurde mit dem Großherzogtum *Toskana* bedacht, und Österreich trat schließlich das Königreich *Neapel/Sizilien* an die spanischen Bourbonen ab.

Kaiser Karl VI. opferte 1738 für seine „Pragmatische Sanktion" das Reichsland Lothringen: Weshalb ließ sich Kaiser Karl VI. in Wien und Herzog Franz Stephan in *Nanzig (Nancy)* auf solch einen Handel ein? Franz Stephan war seit zwei Jahren mit Karls VI. Erbtochter Maria Theresia vermählt, und Kaiser Karl VI. opferte das Land Lothringen sowie das Königreich Neapel, um von Frankreich und Spanien die Zustimmung zu seiner „Pragmatischen Sanktion" und damit der Erbfolge seiner Tochter zu erkaufen.

Verlust der meisten Eroberungen von 1718 auf dem Balkan an die Türken 1736 bis 1739: Außerdem stand Kaiser Karl VI. im Süden wieder unter schwerem Druck, denn er befand sich in einem erneuten *Türkenkrieg,* den er verlor. Der Gewinn des Türkenkrieges – 20 Jahre zuvor – ging fast ganz wieder verloren: Bosnien, Serbien, die Walachei kamen wieder an das türkische Sultanat zurück, und nur das Banat blieb bei Österreich-Ungarn.

So war das Ergebnis der Regierung Kaiser Karl VI. ausgesprochen negativ. Er starb 1740 in Wien. Die Hoffnung, die Nachfolge seiner Tochter gesichert zu haben, erwies sich als Täuschung, und die vorausgebrachten Opfer an Ländern waren umsonst: Spanien und Frankreich dachten nämlich gar nicht daran, ihre Zusagen einzuhalten, und Maria Theresia mußte nach harten Kriegen weitere Abtretungen hinnehmen. Frankreich erhoffte den baldigen Tod von Stanislaus, dem neuen Herzog von Lothringen, der aber starb erst 1766 im Alter von 89 Jahren. Doch damit hatte Frankreich nun auch das uralte Reichsland Lothringen an sich gebracht. Maria Theresia wurde trotzdem niemals Kaiserin.

Österreichs und Preußens Aufstieg zu europäischen Großmächten innerhalb des Ersten Deutschen Reiches 1640/1740–1815

Im Rahmen der aufgelockerten Ordnung des Deutschen Reiches nach der hochmittelalterlichen Kaiserzeit versuchten nicht nur die Habsburger sich eine wirksame Hausmacht zu errichten. Das strebten auch andere Fürstengeschlechter an, wie z. B. die Luxemburger, allerdings ohne Dauerhaftigkeit. Dagegen betrieben die Hohenzollern als Kurfürsten von Brandenburg die gleiche Politik mit wachsendem Erfolg, woraus sich dann allmählich eine Rivalität zu den Habsburgern entwickelte. Das führte im Laufe der Jahrhunderte zu **zwei** deutschregierten Großmächten:

So entwickelte sich die Monarchie Österreich-Ungarn, ein Vielvölkerstaat, dessen Bevölkerung nur zu einem Drittel bis zu einem Viertel deutschstämmig war. Der große Rest setzte sich aus Ungarn, Tschechen, Slowaken, Polen, Slowenen, Kroaten, Serben, Italienern sowie anderen Minderheiten zusammen. Regiert wurde das Reich von den Habsburger Deutschen Kaisern in *Wien*.

Der andere Staat war Preußen, seit 1701 Königreich, aus dem später das Deutsche Kaiserreich von 1872 entstehen sollte. Preußens Bevölkerung bestand ursprünglich nur aus Deutschen, und erst unter Friedrich d. Gr. kam eine kleine polnische Minderheit dazu. Der Mittelpunkt war *Berlin*, Herrscher waren die Hohenzollern.

Nach wie vor vereinte aber das Deutsche Reich bis 1806 seine alten Kurfürstentümer, Herzogtümer, Grafschaften und Reichsstädte. Der für die noch vorhandenen Gemeinsamkeiten *„Immerwährende Reichstag"* tagte wie bisher seit 1663 in Regensburg. Den Vorsitz führte der König und Kaiser oder sein Vertreter. Starb der Kaiser, wählten die geistlichen und weltlichen Kurfürsten (seit 1356 sieben an der Zahl, seit 1648 acht und seit 1692 neun) einen neuen deutschen König und Kaiser, und das war seit 1438 immer ein Habsburger. Auch der König von Preußen blieb als Kurfürst von Brandenburg mit Sitz und Stimme im Kurfürstenkollegium. Die Grenzen des Deutschen Reiches schlossen aber große Teile des Habsburger Reiches nicht mit ein, so Ungarn, Serbien usw. Dasselbe galt auch für Ostpreußen später noch Westpreußen und Posen.

Brandenburgs Entwicklung zum preußischen Staat bis 1763

Der Kern des preußischen Staates war die Markgrafschaft Brandenburg zwischen mittlerer Elbe und Oder. Werfen wir vorerst einen Blick in die Vergangenheit, um die Gesamtentwicklung zu überschauen, auch wenn wir uns wiederholen.

Vor der Zeitwende bis Ende des 2. Jahrhunderts n. Chr. lebte in diesem Gebiet der Germanenstamm der *Semnonen* im Verband des Volkes der *Sweben*. Dann begann zusammen mit vielen anderen germanischen Stämmen bis zur Weichsel und darüber hinaus, vor allem mit den Ostgermanen, die allmähliche Abwanderung nach dem Süden, weil sich das Klima langsam so verändert hatte, daß die Ernähhrungsgrundlage mehr und mehr verlorenging. Der Hunneneinfall 375, mit dem die sogenannte Völkerwanderung begann, führte zu einer Beschleunigung der Wegwanderung, und nur ein Teil der Bevölkerung blieb zurück, soweit eben die Natur Nahrung spendete. Jahrhundertelang war dann das ostgermanische Land *menschenarm*. Erst als sich das Klima wieder günstiger gestaltete, besiedelten etwa ab 700, im Süden schon ab 600 baltische und slawische Stämme langsam von Osten her das Land bis zur Linie Elbe – Saale – Bairisch/Böhmischer Wald – Donau.

Die germanischen *Franken* waren zu dieser Zeit im Westen mit dem Aufbau des großen *Merowingerreiches* beschäftigt, doch drängten auch sie bald nach Osten, um die ehemals germanischen Ostgebiete zurückzugewinnen. Die mächtigen *Karolinger* machten schon um 800 unter *Karl dem Großen* die Länder etwa bis zur Oder lehensabhängig. Kaiser *Otto der Große* schob ab 936 den Machtbereich des Deutschen Reiches wieder bis zur Linie östlich Wien – obere Oder (ohne Schlesien) – zur Odermündung vor, und Pommern wurde lehensabhängig. Nach 940 war vom Markgrafen Gero unter anderem auch das Brandenburger Gebiet zurückerobert worden. Überall in diesen Ostgebieten wurde mit Hilfe christlicher *Klöstergründungen* die deutsche *Kultur und Sprache* eingeführt.

Doch als 983 Kaiser Otto II. mit 28 Jahren starb und kein Kaiser regierte, erfolgte der große *Wendenaufstand*, der die Gebiete östlich Elbe und Saale vorübergehend unter slawische Herrschaft brachte. Erst unter den Stauferkaisern wendete sich das Blatt erneut, und ab 1136 bis 1157 besiegte der Askanier *Albrecht der Bär* die Wenden und nannte sich Markgraf von Brandenburg. Auch *Heinrich der Löwe* bekämpfte weiter nördlich in Mecklenburg mit großem Erfolg die Wenden.

Albrechts Nachfolger vergrößerten Brandenburg weiter nach Osten, und in den nächsten 100 Jahren bestand dann das Land von West nach Ost aus der Altmark westlich der Elbe, dem Havelland, der Uckermark, der Niederlausitz und der Neumark östlich der Elbe.

Um 1270 wurde Brandenburg zu einem der sieben *Kurfürstentümer* erhoben, welche nun die deutschen Könige wählten. Als das Haus der Askanier 1320 ausstarb, kam das Land an die bairischen Wittelsbacher, danach an die Luxemburger. Während dieser Zeit wurde Brandenburg über Generationen durch innere Wirren schwer heimgesucht, was den Verlust der Lausitz an Sachsen und der Neumark 1402 an den Deutschen Orden zur Folge hatte.

Friedrich I. von Hohenzollern (1372–1440), Kurfürst seit 1417 und seine Nachfolger bis 1640

1415 übertrug der letzte Luxemburger, Kaiser *Sigismund*, das Land Brandenburg an seinen Freund Friedrich, den *Burggrafen von Nürnberg* aus dem Hause Hohenzollern. Diese waren Schwaben und hatten ihre Stammburg Hohenzollern (um 1050 erbaut) im Südwesten der Schwäbischen Alb, nicht weit vom Stammsitz der Stauferkaiser.

Seit Friedrich I. führten alle Nachfolger den Titel Kurfürst von Brandenburg und ab 1701 zusätzlich *König in und bald von Preußen*. Sie waren in laufender Folge Angehörige des Hauses Hohenzollern, auch die Kaiser des Zweiten Deutschen Reiches seit 1871.

Friedrich I. bezwang nun mit Härte den dauernd aufsässigen märkischen Adel, vor allem die rauhen *Quitzows*. Sein Nachfolger und Sohn *Friedrich II. der Eiserne* (1413 bis 1471), beugte in sechsjährigem Kampf auch die Städte, besonders *Berlin*, unter seine landesherrliche Gewalt. Die *Neumark* erwarb er 1455 zurück, als sich der *Deutsche Orden* mit Litauen/Polen in aussichtslosem Krieg befand.

Der Rest des katholischen Deutschen Ordensstaates, der 1466 nach dem Zweiten *Thorner Frieden* dem Orden noch verblieb, wurde in das *Herzogtum Preußen* (Ostpreußen ohne das Ermland) umgewandelt. Dabei trat der Hochmeister Markgraf *Albrecht von Brandenburg* (gest. 1568) mit seinem Herzogtum Preußen 1525 zum Protestantismus über. Das Land war nun Besitz eines Hohenzollern, aber kein Teil von Brandenburg, weil Albrecht dem selbständigen fränkischen Zweig *Ansbach/Bayreuth* der Hohenzollern angehörte. Übrigens hatte Martin Luther den Markgrafen bei der religiösen Umwandlung beraten. Um dazu auch das Einverständnis des Königreiches Litauen/Polen zu erhalten, unterstellte man den Rest des Ordensstaates ihrer Lehensoberhoheit. Dabei machte sich der Nordteil des Ordensstaates, also Kurland und Livland (Lettland) sowie Estland, unabhängig. Doch gerieten 1561 Kurland unter polnische Lehenshoheit, Livland ganz an Polen und Estland an Schweden. Damit war der Deutsche Ordensstaat aufgelöst. Allerdings verblieb in Estland, Lettland und in geringerem Maße in Litauen eine starke deutsche Minderheit, die trotz dauerndem politischen Wandel bis 1945 kulturell die Oberschicht stellte.

Schon 1539 hatte Kurfürst *Joachim II.* (1505–1571) in Brandenburg die *Reformation* eingeführt. 74 Jahre später trat sein Nachfahre Kurfürst Johann-Sigismund (gest. 1619) von der lutherischen zur reformierten Kirche über, um in Westdeutschland die Grafschaften *Kleve und Mark* mit der Hauptstadt Hamm sowie *Ravensberg* mit der Hauptstadt Bielefeld für Brandenburg übernehmen zu können. Schließlich erbte Johann-Sigismund 1618 aus der Ansbach/Bayreuther Verwandtschaft auch das Herzogtum Preußen, welches allerdings noch immer mit dem Makel der polnischen Oberhoheit behaftet war.

Somit bestand nun Brandenburg aus einer Menge nicht zusammenhängender Gebiete, verteilt über den ganzen Norden des Reiches, vom linksrheinischen Kleve bis Pommern und der Provinz Ostpreußen im Osten (bis zur *Memel*) noch weit über die Reichsgrenze hinaus.

Friedrich Wilhelm, der Große Kurfürst (1620–1688), Kurfürst seit 1640

Mitten im Dreißigjährigen Krieg wurde im Alter von 20 Jahren in Brandenburg ein Mann Kurfürst, der feste Vorstellungen und Pläne hatte, sein Land aus der Mittelmäßigkeit herauszuführen. Mag sein, daß ihm der von äußeren Einflüssen abhängige Vater *Georg Wilhelm* (1595–1640) kein gutes Leitbild gewesen war. Wohl war es dem Vater gelungen, sein Land weitgehend aus den Wirren des langen Krieges herauszuhalten – das bedeutete schon viel. Doch war „des Heiligen Römischen Reiches Streusandbüchse", wie das wenig fruchtbare Brandenburg spöttisch genannt wurde, erbärmlich arm und schwer vernachlässigt.

Zuerst überzeugte der Kurfürst die Landstände – oft mit recht drastischen Mitteln – von der Notwendigkeit, sich seinen Plänen zu unterwerfen. Dazu gehörte eine absolutistische Regierungsweise, für die er die notwendige starke Persönlichkeit als Voraussetzung mitbrachte. Sodann stellte er ein kriegstüchtiges Heer auf, das ihm erlaubte, die kriegführenden Parteien von seinem Lande fernzuhalten.

1648 kam Hinterpommern östlich der Odermündung an Brandenburg: Die Existenz der kleinen Armee allein genügte schon, um im *Westfälischen Frieden* von 1648 mitzureden und das Land Hinterpommern mit dem Bistum *Cammin* östlich der Odermündung bis zur Stadt *Stolp* für Brandenburg zu gewinnen. Fener erhielt er das Fürstentum *Minden* an der Weser, anschließend an die bereits brandenburgische kleine Grafschaft Ravensberg. Das in ein geistliches Fürstentum umgewandelte *Halberstadt* bekam er ebenfalls, dazu die Anwartschaft auf das Herzogtum Magdeburg. Dieses berühmte Erzbistum, welches Mittelpunkt der Mission für die deutsche Kultur östlich der Oder seit Kaiser Otto dem Großen war, wurde im Westfälischen Frieden endgültig aufgelöst und in ein weltliches Herzogtum umgewandelt. Die Stadt Magdeburg hatte schon 1524 die Reformation eingeführt, später dann auch das ganze Erzstift, welches seitdem von protestantischen Administratoren (Verwaltern) regiert wurde. Nach dem Tode des letzten Administrators kam dann *Magdeburg* endgültig an Brandenburg.

Vorpommern westlich der Odermündung blieb 1648–1815 schwedisch – Schlacht bei Fehrbellin 1675: Der Große Kurfürst nahm am Schwedisch-Polnischen Krieg (1655–1660) teil, zuerst auf schwedischer Seite in der Hoffnung, das Land Vorpommern westlich der Odermündung für seine Hilfe zu bekommen. Bei Warschau wurde *Polen* 1656 geschlagen; es *mußte endlich auf* die *Lehenshoheit über Ostpreußen verzichten.* Doch *Vorpommern* gab der Schwedenkönig *Karl X.* (1622–1660) nicht heraus.

Als dieser im Jahr darauf gegen Dänemark antrat und Südschweden eroberte, entstand ein Bündnis zwischen dem Deutschen Kaiser Leopold I., dem Großen Kurfürsten, Dänemark, Polen und den Niederlanden. (1657). Zu Lande und zur See wurde Karl X. besiegt, doch rettete Frankreichs politisches Eingreifen unter Mazarin den schwedischen König, der somit Südschweden und Vorpommern behalten konnte.

Der Kurfürst wollte nicht verzichten und trat dem europäischen Bündnis im *„Holländischen Krieg"* von 1672 bis 1679 gegen Ludwig XIV. bei, der im Bunde mit Schweden stand. Im Verlauf dieser Auseinandersetzung drangen die Schweden weit nach Brandenburg ein.

Bei *Fehrbellin* kam es 1675 zur Schlacht, die dem Großen Kurfürsten einen glänzenden Sieg und großen Ruhm einbrachte. Der Held des Tages war der alte Generalfeldmarschall Georg von *Derfflinger* (1605–1695), der trotz zahlenmäßiger Unterlegenheit des brandenburgischen Heeres mit seiner Reiterei die Entscheidung brachte. Ganz Vorpommern konnte der Kurfürst nun erobern und besetzen. Trotzdem gelang es ihm nicht, in den *Friedensschlüssen von Nimwegen bzw. St-Germain* 1679 Vorpommern zu behalten. Dem armen Brandenburg fehlte es an Geld, um eine größere Armee aufzustellen und in die Waagschale werfen zu können. Vorpommern blieb den Schweden.

Der Kurfürst gründete 1683 den kolonialen Stützpunkt Groß-Friedrichsburg in Westafrika (–1717 preußisch): Der große Kurfürst war voller Tatendrang und baute eine Kriegsflotte, nicht nur um diese möglicherweise gegen Schweden einzusetzen, sondern um koloniale Stützpunkte in *Westafrika* an der Goldküste zu gründen. So setzte sich neben Portugal, England, Holland und Dänemark ab 1683 auch Brandenburg dort fest, was zur Errichtung der Küstenfestung Groß-Friedrichsburg (im heutigen Ghana) führte. Der Enkel des Großfürsten, König Friedrich Wilhelm I. von Preußen, verkaufte 34 Jahre später die Kolonie (1717) an die Holländer.

Massenansiedlung von Hugenotten in Brandenburg ab 1685: Als im Jahre 1685 Ludwig XIV. von Frankreich das *Edikt von Nantes* aufhob, das seit 1598 den *Hugenotten* Religionsfreiheit zugesichert hatte, begannen großangelegte Verfolgungen, und die Hugenotten flüchteten zu Hunderttausenden nach Deutschland und Holland. Der Kurfürst erließ das *Potsdamer Edikt* von 1685, womit er die gesetzliche Grundlage zur Ansiedlung der Hugenotten in Brandenburg, besonders in Berlin, schaffte. Das durch den Dreißigjährigen Krieg menschenarm gewordene Brandenburg nahm die Hugenotten, die meist aus dem Handwerker- und Kaufmannsstand kamen, mit offenen Armen auf.

Im Jahre 1688 starb der Große Kurfürst im Alter von 68 Jahren in *Potsdam.* Einige Jahre später wurde auf der „Langen Brücke" in Berlin das prächtige *Reiterstandbild des Großen Kurfürsten* errichtet, geschaffen von dem Bildhauer und Baumeister Andreas *Schlüter* (1664–1714).

Friedrich III. (1657–1713), Kurfürst seit 1688, als Friedrich I. erster König in Preußen seit 1701

Friedrich war der Sohn des Großen Kurfürsten. Einige der Grundsätze des brandenburgisch-preußischen Staates waren vor und nach ihm: Sparsamkeit, Bescheidenheit und Ordnung. Der neue König aber liebte prunkvollen Aufwand und ließ zuweilen Mißwirtschaft aufkommen. Wenn er sich dabei entsprechend der europäischen „Mode" den Hof Ludwig XIV. als Vorbild genommen haben sollte, so mußte seine Hofhaltung immer noch als maßvoll bezeichnet werden.

Kurfürst *August der Starke* von Sachsen leistete sich in Dresden zur gleichen Zeit an Verschwendung weit mehr als Friedrich.

Der Kurfürst von Brandenburg krönte sich 1701 zum König in Preußen: In der Außenpolitik allerdings hatte Friedrich feste Vorstellungen, die der Besserstellung Brandenburgs im Deutschen Reich und in Europa dienten. So war seine *Selbstkrönung* im ostpreußischen Königsberg am 18. Januar 1701 zum „König in Preußen" ein geschickter Schachzug, da er gleichzeitig Kurfürst von Brandenburg blieb. Weil Ostpreußen nicht zum Reich gehörte, konnten ihm der Kaiser in Wien und die anderen Fürsten des Reiches das Recht auf den Königstitel nicht absprechen. Man nahm es erstaunt, aber lächelnd zur Kenntnis. Friedrichs Nachfolgern kam der Königstitel dann sehr zustatten. Ein König von Preußen verfügte nun über den *zweithöchsten Rang im Reich* nach dem Kaiser, und die preußischen Könige wußten damit etwas anzufangen.

Im übrigen unterstützte Friedrich die kaiserliche Politik Leopolds I. gegen Ludwig XIV. von Frankreich eifrig, womit er ein zuverlässiger Reichsfürst war.

Auf kulturellem Gebiet tat er vieles unter Mithilfe seiner zweiten Gemahlin, der hannoverschen Prinzessin *Sophie Charlotte.* Das einmalig schöne Schloß im Park von Berlin-*Charlottenburg* wurde ihr zu Ehren erbaut und erhielt auch wie später der ganze Stadtteil ihren Namen. Auch die *Universität Halle* gründete Friedrich 1694, und auf

Vorschlag des berühmtesten Gelehrten seiner Zeit, Gottfried Wilhelm *Leibniz*, 1700 die *Akademie der Wissenschaften* in Berlin, dessen erster Präsident Leibniz wurde.

Das preußische Königreich war also 1701 ohne großes Aufheben aus der Taufe gehoben worden. Daß der Name „Preußen" gewählt wurde und nicht „Brandenburg", hatte sich – wie gesagt – aus taktischen Gründen ergeben.

Der Stamm der alten *Pruzzen*, von dem sich das Wort Preußen ableitete, war ein baltischer Volksstamm, der sich etwa 600 n. Chr., also einige Jahrhunderte nach Abzug der Goten, zwischen Weichsel- und Memelmündung angesiedelt und hartnäckig gegen die Christianisierung gewehrt hatte. Erst dem Deutschen Orden gelang im 13. Jahrhundert die Unterwerfung, woraufhin sich dort Christentum mit deutscher Kultur und Sprache durchsetzte. Große Mengen von Siedlern aus Nord- und Westdeutschland, die damals in das menschenarme Land gerufen wurden, sogen die geringe Zahl der Pruzzen bald auf und bildeten hinfort die deutsche, ostpreußische Bevölkerung.

Friedrich Wilhelm I., der Soldatenkönig (1688–1740), König von Preußen und Kurfürst von Brandenburg seit 1713

Stettin wurde 1720 von Schweden an Preußen abgetreten: Schon bald nach Regierungsbeginn trat 1715 der 27jährige König in den schon Jahre währenden *Nordischen Krieg* gegen Karl XII. von Schweden ein, und zwar als Verbündeter von Rußland, Sachsen und Dänemark. Dabei eroberten die Preußen endlich das langersehnte *Vorpommern.* Doch im *Frieden von Stockholm* 1720 bekam Friedrich Wilhelm nur die östliche Hälfte südlich des Flüßchens Peene mit der Stadt *Stettin.*

Im Westen des Reiches versuchte der König den preußischen Besitz von Kleve und Mark durch das Herzogtum Jülich/Berg (Bergisches Land) beiderseits des Rheins mit der Stadt Düsseldorf zu gewinnen. Die Möglichkeit dazu ergab sich durch einen bald zu erwartenden Erbfall. Aber die Habsburger in Wien verhinderten diese Pläne. Hätte Friedrich Wilhelm über eine starke Armee verfügt, wäre er allein schon durch deren Vorhandensein in Pommern und auch Westdeutschland zum Ziele gelangt.

Der König schuf das „Preußische Beamtentum" und die „Preußische Militärordnung" ab 1720: Doch eine solche Armee war teuer, und Preußen war arm. So beschloß der König, seine Staatsverwaltung grundlegend neu zu organisieren. Die Ideen dazu verdankte er seinem Charakter, der sich von dem seines Vaters grundlegend unterschied. Friedrich Wilhelm war sparsam, hart und sachlich. So wurde er zum Schöpfer des berühmt gewordenen „Preußischen Beamtentums", dessen Mitglieder er zu unbedingter Pflichttreue erzog. Die Finanzwirtschaft regelte er im Sinne des Merkantilismus = strenges, gerechtes Steuersystem. 1723 schuf er auch als oberste Verwaltungsbehörde das preußische Generaldirektorium. Bestechung war in Preußen bald nicht mehr denkbar, was in ganz Europa als völlig neuartig belacht oder bewundert wurde.

Nun war die Grundlage geschaffen, um auch das dringend notwendige *„Preußische Heer"* zu finanzieren, welches er nach und nach auf über 80000 Soldaten brachte. Die Offiziere stellte der unbedingt treue Landadel von Brandenburg, Ostpreußen und den westdeutschen Gebieten. Der König machte das Heer zum wichtigsten Instrument seines Staates. Für jeden möglichen Feind sollte eine militärische Aktion gegen Preußen ein existenzgefährdentes Abenteuer bedeuten. Friedrich Wilhelm empfand Preußen – schon wie sein Großvater und Vater – als maßgebendes norddeutsches Gegengewicht zu den süddeutschen Habsburgern.

Sein gutgerüstetes, strenggedrilltes Heer brachte Friedrich Wilhelm den Namen „der Soldatenkönig" ein.

Die Methoden der *Anwerbung von Soldaten* waren damals in Europa nicht die vornehmsten: Werber machten sich im In- und Ausland in den Kneipen der Städte und Dörfer an trinkfreudige junge Burschen heran und spendierten Schnaps oder Bier. Bei ausreichender Trunkenheit des „Opfers" oder mit Hilfe glänzender Versprechungen und reichlichem Handgeld war es leicht, eine Unterschrift – oft nur drei Krakel oder Kreuze – unter den Werbezettel zu bekommen. Der Mann ging dann meist ohne Umstände mit. Überlegte er es sich später anders, gelang eine Flucht nur selten. Die preußischen Werber galten damals als sehr erfolgreich. Doch eines war erstaunlich: Wer dann ins preußische Heer eingereiht war, fühlte sich in der herrschenden Ordnung meist bald wohl und dazugehörig. Er wurde zwar streng ausgebildet, aber gerecht behandelt, bekam immer reichlich Verpflegung, zweckmäßige Einkleidung und wenig, aber regelmäßig Sold. Wegen der vielfach ärmlichsten Verhältnisse zu Hause kannten die meisten Angeworbenen solche Fürsorge nicht, und auch in anderen Armeen gab es diese Sicherheit keineswegs. So war Fahnenflucht im preußischen Heer eine Seltenheit.

Die „Langen Kerls": Die Sparsamkeit des Königs hatte jedoch eine schwache Stelle: die berühmten „Langen Kerls", für die er eine merkwürdige Vorliebe hatte. Die Soldaten dieser Regimenter durften nicht kleiner als 70 preußische Zoll sein = 183 cm. Solche hochgewachsenen Männer waren damals – bei Durchschnittsgröße 165 cm – selten, und um diese zu bekommen, griff der König bereitwillig schon tiefer in die Tasche.

Friedrich Wilhelm förderte Handwerk, Handel, die Bauern und sonstige Unternehmer eifrig. Die Wirtschaft lief gut. Dafür mußten ausnahmslos von allen reichlich Steuern bezahlt werden. Doch man wußte, daß man für eine gute Sache zahlte, und bald kam in allen Schichten der Bevölkerung die Grundstimmung auf, daß es eine Ehre sei, Preuße zu sein.

Friedrich Wilhelm war mit der hannoverschen Prinzessin *Sophie Dorothea* (1687 bis 1757) vermählt. Das Königspaar lebte am Hofe in Potsdam bürgerlich bescheiden, streng evangelisch und bekam sechs Kinder. Der König schlug nur dann kräftig über die Stränge, wenn sein *„Tabakskollegium"* zusammenkam, alte Haudegen und Soldaten. Dann wurde wild gesoffen und gelärmt wie in der primitivsten Dorfkneipe.

Der Konflikt zwischen König und Kronprinz Friedrich 1728–1730: Sinn für Kunst ging dem König gänzlich ab – im Gegensatz zur Königin. Der älteste Sohn Friedrich schlug darin der Mutter nach. Dieser verfaßte Gedichte und liebte das Flötenspiel. Das brachte den Vater in Zorn, denn er konnte sich seinen Nachfolger nicht anders vorstellen, als er selbst war. So kam es zwischen beiden zu schweren Konflikten. Auch die anderen Geschwister hatten nichts zu lachen, und die Mutter versuchte die Kinder vor dem oft maßlos strengen Vater zu schützen.

Der junge Friedrich war dem Vater an Geist und Intelligenz weit überlegen, was er unbewußt und bald auch bewußt zeigte. Prügel und andere Demütigungen mußte er daraufhin zuweilen hinnehmen. Friedrichs Freundeskreis war dem Vater zuwider, denn er hielt diese Gesellschaft für oberflächlich und nichtsnutzig, womit er auch nicht ganz unrecht hatte.

Die Situation spitzte sich immer mehr zu, weshalb der achtzehnjährige Kronprinz ernsthafte *Fluchtpläne* schmiedete. Das lief auf Fahnenflucht hinaus, denn er war Soldat und Offizier. Sein acht Jahre älterer Jugendfreund, der Leutnant Hermann von *Katte* (1704–1730), unterstützte den Kronprinzen, und sie beabsichtigten, gemeinsam zu fliehen.

Die Flucht war bereits im Gange, als beide entdeckt und verhaftet wurden. Das kurz danach einberufene *Kriegsgericht* verurteilte nach geltendem Recht beide zum Tode. Als das Urteil bekanntwurde, verwendeten sich viele Fürstenhäuser Europas für die Verurteilten, und die Mutter Sophie Dorothea warf sich ihrem Mann zu Füßen und bat um Gnade. Die Vollstreckung des Urteils am Kronprinzen mußte zweifellos politische Folgen haben, und so ließ sich der König schließlich doch herab, den Sohn zu begnadigen. Der Leutnant *Katte* aber *wurde* in der Festung Küstrin *enthauptet*, und Friedrich mußte von seinem Kerker aus zusehen.

Dieses Erlebnis bewirkte, daß sich Friedrich dem Willen des Vaters voll unterwarf, indem er den verlangten Behördendienst in Landratsämtern leistete sowie das Militärwesen von Grund auf erlernte. So kam es schließlich zu einer Art Aussöhnung. Und siehe da: Friedrich durfte das alte kleine Schloß *Rheinsberg* 100 km nördlich Potsdam als Kronprinzensitz erneuern lassen und beziehen. Ab und zu veranstaltete er nun dort unangefochten Flötenkonzerte, wobei auch eigene Kompositionen aufgeführt wurden. Sein Buch *„Antimachiavell"* begann er in Rheinsberg. Im übrigen aber wurde Friedrich vorerst Soldat, und das mit Leib und Seele.

Die Vertreibung der Protestanten aus Salzburg 1731/32: Im Salzburger Land, in Österreich, gab es einen unglaublichen Rückschlag in die *Praktiken der Gegenreformation:* der dortige Erzbischof Graf von *Firmian* konnte sich nicht damit abfinden, daß in seinem Erzbistum eine große Zahl Protestanten wohnte. Er forderte sie unter Drohungen auf, katholisch zu werden. Das geschah unter Berufung auf den Augsburger Religionsfrieden von 1555, der ja bestimmte, daß die Religion der Bevölkerung die des Landesherrn zu sein hatte. Diese Bestimmung war infolge des überall stattfindenden kleinen, aber dauernden Bevölkerungsaustausches unhaltbar geworden. Die *Salzburger Protestanten* gerieten in Unruhe, die der „Gottesmann" als Aufstand auslegte. Kurzerhand bestimmte er: Das Übel mit der Wurzel auszurotten, deshalb haben die unvermögenden Protestanten binnen einer Woche, die Handwerker und Besitzer von Haus und Geschäft in drei Monaten das Land zu verlassen. Nichtbefolgung ist mit den schwersten Strafen der Inquisition einschließlich des Todes zu ahnden.

Unter größter Aufregung aller evangelischen Länder vertrieb der Bischof über 20000 Salzburger Protestanten nach Norddeutschland. König Friedrich Wilhelm I. lud sie ein, in sein Land zu kommen. Der größte Teil der Flüchtlinge fand in Preußen, vor allem in Ostpreußen, eine neue Heimat. Es vollzog sich damit etwa der gleiche Vorgang wie 1685 mit den Hugenotten unter dem Großen Kurfürsten.

1740 starb der erst 52jährige König Friedrich Wilhelm I. in Potsdam mit der Gewißheit, sein Königreich einem tüchtigen Nachfolger zu hinterlassen. Der Soldatenkönig fand seine Ruhestätte in der *Garnisonskirche zu Potsdam* in einem schmucklosen eisernen Sarg.

Rußland und sein Eintritt in die europäische Politik bis 1741

Das heutige Mittelrußland war nach der derzeitigen Meinung vieler Wissenschaftler in der Bronzezeit, also nach 1900 v. Chr., von indoeuropäischen wandernden oder seßhaften Stämmen besiedelt.

Ab 700 v. Chr., am Anfang der Eisenzeit, kam infolge von Klimaveränderungen Unruhe in das Bevölkerungsgefüge. Das war zur Zeit, als sich auch in Mitteleuropa aus dem gleichen Grund die Germanen auf der Suche nach nahrungsgebendem Land ausbreiteten. Dabei wurden keltische Stämme nicht nur nach Westen und Süden, sondern auch nach Osten verdrängt, die nun ihrerseits Land suchten. Soweit sie dabei in östliche Gebiete gerieten, wurden sie mit der Zeit von den dortigen Völkern aufgesogen.

Zwei Jahrhunderte v. Chr. ruderten aus Skandinavien warägische *Normannen* über die Ostsee und setzten sich im östlichen Ostseegebiet fest. 100 v. Chr. waren Normannen dort unangefochten die Herren geworden.

Zwischen 650 bis etwa zur Zeitwende lebten nördlich des Schwarzen Meeres die nordwestiranischen Skythen. Dort trieben sie jahrhundertelangen Handel mit den Griechen, die an den Küsten Kolonien gegründet hatten. Beiden Seiten kam der sich entwickelnde eifrige Tauschhandel – der Hauptartikel war Getreide – sehr zugute. Doch blieben Skythen und Griechen in der Ukraine nicht allein, denn seit etwa 200 v. Chr. drückten Turkvölker aus der Mongolei nach Westen. Das warf die Nordiraner der mittelasiatischen Steppen durcheinander. Sie suchten und fanden Wege nach Westen. Diese *Sarmaten* beherrschten nun Teile der Ukraine und den Nordkaukasus bis zum Auftreten der Goten westlich des Dnjepr.

Im 2. Jahrhundert nach der Zeitwende begann die große Abwanderung der Goten von der Weichsel und der mittleren Ostseeküste. Wieder waren klimatische Veränderungen die Ursache dieser Bewegung, die erst am Schwarzen Meer zum Stillstand kam. Die Sarmaten leisteten wenig Widerstand, und die Goten errichteten ein blühendes Reich, das seinen Höhepunkt um 370 unter ihrem König *Ermanarich* erreichte.

375 stürmten die im Laufe von 500 Jahren von der Mongolei zur Ukraine vorgedrungenen Hunnen durch Südrußland. Die Goten wurden besiegt und mußten sich nach Westen zurückziehen. Die Hunnen siegten sich schließlich zu Tode und verschwanden als Volk nach wenigen Jahrzehnten.

Im 7. Jahrhundert breiteten sich die *Ostslawen*, die zwischen anderen Völkern auf leichten Böden gesessen hatten, nach Nordosten aus und unterwarfen das ganze Gebiet östlich von Polen bis zur mittleren Wolga ostwärts des späteren Moskau. Es war in der Waldsteppe und Taiga vorher von Finno-Ugriern bewohnt. Diese wichen großenteils nach Nordwesten aus und machten sich im nördlichen Küstengebiet der Ostsee seßhaft. Vom späteren Riga zum späteren Danzig siedelten baltische Völker.

Die *Normannen*, die sich vor der Zeitenwende im Gebiet des späteren Petersburg festgesetzt hatten und seitdem dort ein dauerndes Auf und Ab erlebten, machten sich anfangs des 9. Jahrhunderts wieder stark. Neue Scharen kamen von Schweden, und unter *Rurik*, dem warägischen Führer *Rus* (= Ruderer), unterwarfen sie große Teile

Nordwest- und Mittelrußlands. Der germanische Name „Rus" gab später dem Reich den Namen *Rußland.*

862 wurde Rurik zum Fürsten von *Novgorod* (des späteren Naugard) an der Nordspitze des Ilmensees) erhoben. Seine Nachkommen sicherten sich bei den slawischen *Ukrainern* im Jahre 900 die Stadt *Kiew* und später die Herrschaft über alle anderen slawischen Stämme Rußlands. Großfürst *Wladimir* (von „Waldemar") *der Heilige* (gest. 1015) suchte freundschaftliche Beziehungen zum Byzantinischen Kaiserreich, heiratete eine Kaisertochter und nahm um das Jahr 1000 das *morgenländische Christentum* an. Seitdem gehörte Rußland diesem christlichen Zweig an, der gerade dort eine eindrucksvolle Kultur entwickelte. Der Mittelpunkt des Reiches war Kiew.

Es folgten nun 100 Jahre der Schwäche und Aufsplitterung, so daß Rußland für die Mongolen unter *Dschingis-Khan* (1155–1227) ab 1223 zur leichten Beute wurde. Er verleibte den östlichen Teil seinem mongolischen Weltreich (von Peking bis zum Schwarzen Meer) ein, während die *Ukraine* und *Weißrußland* an das Großfürstentum Litauen fielen.

Bald begann Rußland sich neu zu organisieren, wenn auch vorerst noch unter mongolisch-turko-tatarischer Oberherrschaft. Die Stadt *Moskau* wurde ab 1325 Reichsmittelpunkt, nachdem der Großfürst von Kiew und auch das Kirchenoberhaupt, der *Metropolit*, dorthin übersiedelt waren.

1480 gelang dem Großfürsten *Iwan III.* (1440–1505) die Befreiung vom tatarischen Joch. Gleichzeitig vergrößerte er das Moskowitische Reich, wie man es auch nannte, beträchtlich nach Osten. Im Süden betrieb er Heiratspolitik, indem er die Nichte des letzten byzantinischen Kaisers heiratete. *Byzanz* hatte 1453 mit der Eroberung Konstantinopels durch den türkischen Sultan *Mohammed II.* aufgehört zu bestehen. Mit Erbansprüchen begründeten die Moskowiter hinfort ihr Streben zum Schwarzen Meer, wo sie allerdings auf den Machtbereich der Türken stießen.

Iwan IV. der Schreckliche (1530–1584) erklärte 1547 das Moskowiterreich zum Zarenreich (= Kaiserreich) und nahm den Zarentitel (d. h. den byzantinischen Cäsarentitel) an. Zuerst schuf er ein stehendes Heer, die sogenannten *Strelitzen.* Er war außerordentlich erfolgreich und dehnte Rußland weiter nach Osten und Südosten aus. Im Kampf gegen die *Tataren* eroberte Iwan die Stadt *Astrachan* am Kaspischen Meer sowie Mittelrußland bis zum *Ural.* Darüber hinaus stieß er erstmals weit nach *Sibirien* hinein. Im Westen unternahm er Vorstöße nach *Polen/Litauen* und erhob Anspruch auf die *Ostseeprovinzen,* die von den Schweden beherrscht wurden.

Die Rückständigkeit in vielen der menschenarmen russischen Gebiete versuchte er zu mildern, indem er deutsche Handwerker und Bauern an verschiedenen Stellen ansiedelte. Künstler und Gelehrte lud er an seinen Hof in Moskau ein.

Besonders am Anfang seiner 43jährigen Regierungszeit hatte er mit dem selbstsüchtigen Widerstand vieler *Bojaren* zu kämpfen. Das waren die Großgrundbesitzer und Adeligen, die am Hofe Einfluß und Macht besaßen. Iwan IV. ging schließlich mit maßloser Strenge gegen diese und andere innere Gegner vor, was ihm den Beinamen „der Schreckliche" eintrug.

Sein Sohn und Nachfolger, Zar *Fjodor I.* (gest. 1598), war der letzte Herrscher aus dem Hause der Rurikiden, der *Waräger.* Dieses Normannengeschlecht schwedischer Herkunft regierte also in der langen Zeit von 736 Jahren.

Nach 15 Jahren wilder Thronstreitigkeiten kam 1613 *Michael III.* (gest. 1645) als erster Zar aus dem Hause *Romanow* auf den Thron. Die Romanows regierten im Mannes- und Frauenstamme bis zum Jahre 1917.

Sein Nachfolger Zar *Alexei* (gest. 1676) erweiterte Rußland beträchtlich. In Polen eroberte er 1667 eine Reihe von Provinzen einschließlich der Ukraine und im Norden die Stadt *Smolensk*. Ganz *Sibirien* kam entlang der chinesischen Nordgrenze bis zum *Ochotskischen Meer* (nördlich Japan) in russischen Besitz. Während dies alles geschah, tobte im Deutschen Reich der Dreißigjährige Krieg.

Peter I. der Große (1672–1725), jüngster Sohn des Zaren Alexei, übernahm nach seinen zwei Brüdern 1689 die Alleinherrschaft mit erst 17 Jahren. Peter suchte den kulturellen Anschluß an Mitteleuropa und begab sich 1697/98 nach Holland und England, um zu lernen, wie Schiffe gebaut wurden. Die Oper „Zar und Zimmermann" von Albert *Lortzing* nimmt darauf Bezug.

Doch wurde er eilig zurückgerufen, als die *Strelitzen* in Aufstand traten. Mit blutiger Strenge schlug er den Aufstand nieder, indem er die maßgebenden Offiziere hinrichten ließ. Die Strelitzen-Einheiten löste er auf.

Im *Nordischen Krieg* gegen Schweden 1700–1721 verbündete sich Peter mit Sachsen/Polen und Dänemark. Doch der erst 18 Jahre alte Schwedenkönig *Karl XII.* besiegte die Russen 1700 bei *Narwa* im Norden Estlands.

Peter organisierte nun seine Armee nach modernen westlichen Richtlinien. Als Karl XII. 1709 in der Ukraine erschien, wurde er in der Entscheidungsschlacht bei *Poltawa* von Peter geschlagen und zur Flucht in die Türkei gezwungen.

Im *Friedensschluß von Nystad* 1721 mußte Schweden die für Rußland ungemein wichtigen Provinzen Livland, Estland, Ingermannland und Karelien abtreten. Nun hatte Rußland Zugang zur Ostsee, und nachdem Peter auch eine Flotte aufgebaut hatte, sprach Rußland in diesem Gebiet ein gewichtiges Wort. Die Großmachtstellung Schwedens war gebrochen und auf Rußland übergegangen. Peter nahm nun den Titel *„Kaiser aller Reußen"* an. Peter neigte zu Grausamkeit, wie er schon im Strelitzenaufstand unter Beweis gestellt hatte. So kannte er auch keine Gnade, als sein eigener Sohn *Alexei der Jüngere* reformfeindliche, also altrussische Ansichten vertrat. Da der Jüngere nicht nachgeben wollte, mußte er 1717 nach Italien fliehen, kehrte aber bald zurück. Wegen Fahnenflucht und Gehorsamsverweigerung wurde er zum Tode verurteilt. Im Gefängnis mußte er harte Folter über sich ergehen lassen, woran der 28jährige starb. Er wäre der rechtmäßige Thronfolger gewesen.

Peter hatte 1703 am östlichsten Punkt des Finnischen Meerbusens an der Newamündung eine Festung errichten und daneben die prächtige Stadt *St. Petersburg* erbauen lassen, wohin er 1712 die Residenz verlegte. Bis 1917 blieb St. Petersburg – zuletzt unter dem Namen Petrograd – russische Hauptstadt.

Seit Iwan III. war die russische Politik auf Vergrößerung von Land und Macht ausgerichtet, und zu Peters I. Zeit, also 250 Jahre später, war allein das europäische Rußland mit über 5 Millionen km^2 an Landfläche größer als das ganze übrige Europa zusammen. Dazu kam noch Sibirien, das asiatische Rußland östlich des Urals, mit über 15 Millionen km^2. Diese 20 Millionen km^2 machten Rußland zum größten Reich der Welt. Es beherrschte 13 % der Landfläche der Erde, die etwa 150 Millionen km^2 beträgt.

Die Bevölkerung war allerdings sehr gering und die Armut groß, so daß Rußland vorerst nicht mehr als jede andere Macht im Kräftespiel Europas und der Welt darstellte.

1725 starb Peter der Große, und seine Gemahlin wurde Nachfolgerin als Zarin *Katharina I.* (1684–1727). Sie war die Tochter eines lettischen Bauern, hatte zunächst einen schwedischen Dragoner geheiratet, wurde die Geliebte des russischen Fürsten Menschikow sowie bald auch die des Zaren Peter, der sie 1712 heiratete. 1724 zur Zarin gekrönt, überließ sie nach Peters Tod die Regierungsgeschäfte ihrem alten Freund Menschikow. 1727 starb sie bereits im Alter von 41 Jahren.

Die Günstlingswirtschaft setzte sich unter den nächsten drei Nachfolgern fort. 1733 bis 1738 wollte Frankreich im europäischen *Polnischen Thronfolgekrieg* Stanislaus in Warschau als König sehen. Doch die Russen vertrieben diesen russischen Thronanwärter, der dann von Kaiser Karl VI. in Wien – wie berichtet – mit dem Herzogtum Lothringen entschädigt wurde.

1741 wurde in St. Petersburg ein Zar gestürzt, der noch fast ein Kind war und von der Adelspartei gern als Spielball mißbraucht worden wäre. Das Militär setzte ihn jedoch ab und rief statt dessen die Tochter Peters des Großen und Katharinas I. zur Zarin aus. Es war dies die 32jährige *Elisabeth Petrowna* (1709–1762). Sie betrieb zwar ebenfalls eifrig Günstlingswirtschaft, doch traf sie meist eine nützliche Wahl, die ihrem Land zugute kam.

An ihrem Hof wimmelte es von Franzosen, die dort Einfluß suchten oder hatten. Da es ja Mode geworden war, an allen Höfen Europas, also auch in St. Petersburg, französisch zu sprechen, taten sich die Gäste aus Paris recht leicht. Für Wissenschaft und Kunst hatte die Zarin ein offenes Ohr, und so gründete sie die Universität von Moskau und die „Akademie der Schönen Künste" in St. Petersburg.

Im Konzert der europäischen Mächte spielte sie eifrig mit, wie wir bald sehen werden.

Die Österreichischen Erbfolgekriege (1740–1748)

Wie sah es 1740 in Europa aus? König Friedrich Wilhelm I. war in Potsdam gestorben. Nachfolger wurde sein Sohn Friedrich II. In Wien hatte man auch Kaiser Karl VI. zu Grabe getragen. Kurz vorher war es den Türken gelungen, ihm seine Eroberungen von 1718 auf dem Balkan wieder abzunehmen. Schweden hatte seine Großmachtstellung an Rußland abtreten müssen. Dort herrschte eine jahrelange Schwächeperiode, die erst mit der energischen Zarin Elisabeth ihr Ende nahm. – Kurfürst August II. von Sachsen hatte sich nach dem Tode seines Vaters August des Starken 1733 im Bunde mit Rußland die polnische Königskrone 1734 erst neu erkämpfen müssen. – Frankreich litt unter der schweren Verschuldung, die Ludwig XIV. hinterlassen hatte, und sein Sohn *Ludwig XV.* (1710–1774) noch leichtsinnig vergrößerte.

In England waren die welfischen, protestantischen Kurfürsten aus dem Hause Hannover/Braunschweig/Lüneburg durch Erbschaft auf den Thron gekommen. Sie regierten gleichzeitig als Kurfürsten in ihrem deutschen Kurfürstentum und als Könige in Großbritannien. König *Georg II.* (1683–1760) war wie schon sein Vater *Georg I.* (1660–1727) kein absoluter Herrscher mehr. Die Politik machte das *Parlament in London*, also die nur adeligen Abgeordneten aus allen Teilen des Landes. William, der ältere *Pitt* (1708–1778), begann im Unterhaus eine maßgebende Rolle zu spielen.

Die beiden Könige Georg I. und II. fühlten sich als Deutsche, und England kam erst an zweiter Stelle, was die Engländer aber duldeten, zumal beide Könige das Parlament regieren ließen. Die Partei, die dort die Mehrheit hatte, stellte auch die Regierung, entweder die *Tories* oder die *Whigs*. England hatte begonnen, sein Weltreich aufzubauen. Gibraltar und die Baleareninsel Menorca im westlichen Mittelmeer waren englische Stützpunkte geworden.

1735 hatte Kaiser Karl VI. zu Gunsten einer spanisch-bourbonischen Nebenlinie auf Neapel verzichtet, um die Nachfolge seiner Tochter Maria Theresia zu sichern. Auch sein Verzicht auf Lothringen im gleichen Jahr zugunsten Frankreichs nach dem Tode des ehemaligen Polen-Königs Stanislaus (der erst 1766 starb) erfolgte aus eben diesem Grunde.

Maria Theresia (1717–1780), Erzherzogin von Österreich, Königin von Ungarn und von Böhmen seit 1740

Aufgrund der *„Pragmatischen Sanktion"* wollte Maria Theresia im Oktober 1740 die Regierung in allen habsburgischen Erbländern übernehmen. Aber die europäischen Mächte dachten gar nicht daran, die junge Erbtochter anzuerkennen und bestritten ihre Rechtmäßigkeit. Nur die alten österreichischen Erblande sowie Ungarn und Böhmen hielten von Anfang an treu zu ihr. Andere Nachbarmächte hofften, daß sich Maria Theresia schwach erweisen würde, um vom großen habsburgischen Kuchen möglichst viel abschneiden zu können. Maria Theresia mußte sich ihre Stellung erst erkämpfen und war bereit, den Fehdehandschuh aufzunehmen. Der Erbfolgekrieg sollte bald beginnen.

Friedrich II. der Große (1712–1786), König von Preußen und Kurfürst von Brandenburg seit 1740

So beschloß der junge König von Preußen Friedrich II. das schon lange von Brandenburg beanspruchte Land *Schlesien* für den preußischen Staat zu gewinnen. Seine Ansprüche beruhten auf *Erbverträgen*, die 1524 der brandenburgische Kurfürst *mit den* durch Heirat verwandten schlesisch-polnischen *Piasten-Herzögen* von *Jägerndorf* (in Oberschlesien), *Brieg*, *Wohlau* (bei Breslau) und *Liegnitz* (in Niederschlesien) abgeschlossen hatte. Zur Zeit des Großen Kurfürsten war 1675 der Erbfall eingetreten, nachdem der letzte der Piasten gestorben war.

Doch Friedrich Wilhelm hatte damals weder über genügend Macht noch Geld verfügt, um seine Ansprüche durchsetzen zu können: Im gleichen Jahr hatte er zwar die Schlacht bei Fehrbellin gegen die Schweden gewonnen, und vorher war ihm die Abschüttelung der polnischen Lehensoberhoheit über Ostpreußen gelungen. Auch die Anwartschaft auf das Herzogtum Magdeburg besaß er. Das alles, dazu die starke Persönlichkeit des Kurfürsten, war den Habsburgern schon zuviel gewesen, und so hatten sie 1675 kurzerhand die vier freigewordenen schlesischen Herzogtümer besetzt. Zum Ausgleich gab Wien an Brandenburg nur den kleinen Bezirk *Schwiebus* östlich Frankfurt an der Oder. Doch hinter dem Rücken des Großen Kurfürsten ließen sich habsburgische Unterhändler vom noch nicht volljährigen Kurprinzen Friedrich schriftlich bestätigen, daß bei dessen späterem Regierungsantritt Schwiebus wieder an Wien zurückzugeben sei. Irgendeine bescheidene materielle Gegenleistung an den lebenslustigen jungen Mann ließen sich die Wiener diesen heimlichen Handel auch noch kosten. Als dieser dann 1701 Kurfürst wurde, erschienen die Habsburger sofort auf dem Plan, und Kaiser Leopold I. ließ das Ländchen wieder für Habsburg einziehen.

Diese Vorgänge hielt nun Friedrich II. den Wienern unter die Nase. Gleichzeitig bot er aber ein Bündnis zwischen Preußen und Österreich an, allerdings gegen nachträgliche Überlassung Schlesiens. Was der König anzubieten hatte, war eine erstklassig ausgebildete und ausgerüstete Armee von über 80000 Mann und sich selbst als einen Partner, dessen bestens organisierter, schuldenfreier Staat auch noch über volle Kassen verfügte.

Österreich war schlecht gerüstet und verschuldet. Zudem war Maria Theresia keineswegs allgemein anerkannt. Doch in Wien empörte man sich über diesen leichtsinnigen 28 Jahre jungen Menschen, der sogar einmal wegen Fahnenflucht zum Tode verurteilt worden war. Galt dagegen die mit 23 Jahren noch jüngere, recht lebensfrohe *Maria Theresia* nun als tapfer und großartig, als sie *Friedrichs II. Bündnisvorschlag* ablehnte, oder war sie hochfahrend und töricht?

Der 1. Schlesische Krieg 1740–1742: Friedrich marschierte also im Dezember 1740 mit seiner Armee nach Schlesien, ohne Widerstand zu finden. Die Festungen ergaben sich kampflos, und im Januar 1741 war er bereits in *Breslau.* Wohin er kam, bejubelte ihn die Bevölkerung zu seiner eigenen Überraschung. Die Schlesier waren in der Mehrzahl protestantisch, und so hatten sie noch immer Unterdrückungen durch die Wiener und schlesischen katholischen Herren zu erdulden. Friedrich öffnete die Gefängnisse und ließ die „Ketzer" frei. Außerdem war Schlesien von Wien immer vernachlässigt worden: schlechte Straßen, keine Wirtschaftsförderung, doch reichliche Steuern waren die Schlesier gewöhnt.

Nun verkündete Friedrich absolute *Glaubensfreiheit* und versprach Unterstützung, wo sie gebraucht wurde. Um es vorwegzunehmen: Protestanten und Katholiken kam es zugute, daß der drückende Gewissenszwang ein- für allemal beendet war. Schlesien wurde bald eine blühende Provinz, und die Schlesier fühlten sich nach wenigen Jahren ganz und gar als Preußen.

Doch soweit war es zunächst noch nicht. Das Land mußte nun erst verteidigt werden: Von Böhmen her marschierte im April 1741 ein österreichisches Heer über das *Riesengebirge,* und bei *Mollwitz* an der Oder südlich Breslau kam es zur ersten Schlacht. Die österreichische Reiterei griff an und trieb Friedrichs Kavallerie im ersten Ansturm in die Flucht. Der König floh mit, und die Schlacht schien für ihn verloren.

Doch die Infanterie, die dem Befehl des Generalfeldmarschalls Graf von *Schwerin* (1684–1757) aus Vorpommern unterstand, trat erst jetzt an. Nun mußte sich zeigen, ob die vom Soldatenkönig erdachte und eingedrillte *Kampfart* brauchbar war. Im Gleichschritt marschierten die Preußen, *Karree neben Karree,* jedes 100 Mann, in breiter Front an. Kommando „knien", Kommando „schießen", Kommando „weitermarschieren". Ohne auf die Verluste zu achten, die das feindliche Feuer verursachte, schoben sie sich auf die österreichischen Linien zu, denen beim Zusammentreffen nur die Flucht blieb. Selbst die feindliche Reiterei war gegen diese Art des Angriffs hilflos. Solche Kriegführung war neu, darauf wußte man sich noch nicht einzustellen.

Dieses System hatte man zwar in Preußen auf den Exerzierplätzen beobachtet, aber nur verlacht. Jetzt war die Wirkung bewiesen, doch der Vorsprung nicht so leicht aufzuholen.

König Friedrich, der seine erste siegreiche Schlacht nicht einmal miterlebte, hat sich ein Leben lang über seine kopflose Flucht geschämt. Doch sollte es das erste und letzte Mal sein, daß er vor irgend etwas floh.

Noch gaben sich die Österreicher nicht geschlagen und versuchten, die Reste ihres Heeres zu sammeln und zu ergänzen. Doch Friedrich trieb sie durch *Mähren und Böhmen.*

Um Maria Theresia schneller zum Frieden zu zwingen, ging Friedrich mit Frankreich ein Bündnis ein. Erst im Mai 1742 bei *Chotusitz* östlich Prag konnte der König die österreichische Armee zum Kampf stellen. Er siegte überlegen. Nun mußte Maria Theresia auf Schlesien verzichten, was im *Frieden von Berlin* Juni 1742 besiegelt wurde.

Der König wurde in Berlin jubelnd begrüßt und gefeiert, als er mit der siegreichen Armee in der Hauptstadt einzog. Doch nach kurzer Siegesfeier ging er sofort daran, Schlesien nach preußischen Regeln zu organisieren und seine gegebenen Versprechen einzulösen.

Karl VII. (1697–1745), Deutscher König und Kaiser seit 1742

Maria Theresia hatte es außerdem eilig gehabt, den Schlesischen Krieg zu beenden, weil der Kurfürst *Karl Albrecht von Baiern,* selbst ein Habsburger, Anspruch auf das gesamte habsburgische Erbe und den Kaisertitel erhoben hatte.

Die Kurfürsten wählten ihn noch im gleichen Jahr 1742 in Frankfurt zum Deutschen Kaiser Karl VII. Diese Wahl erkannte Maria Theresia natürlich nicht an, und da sie nun in Schlesien nicht mehr gebunden war, trat sie Karl VII. entschlossen entgegen, als dieser in Österreich einfiel.

Krieg zwischen Österreich und Baiern 1743: Karl VII. war schon 1741 ein Bündnis mit Frankreich und Spanien gegen Habsburg eingegangen. Maria Theresia fand nun aber Unterstützung in England/Hannover, den Niederlanden und in Sachsen.

Die Baiern marschierten auf Wien, und die Franzosen eroberten Prag. Doch die Österreicher konnten das Blatt wenden, indem sie die Franzosen aus Böhmen und die Baiern aus Oberösterreich verjagten und selbst ganz Baiern besetzten. Der verbündete englisch/hannoversche König Georg II. besiegte 1743 in Westdeutschland ebenfalls die Franzosen, die über den Rhein flüchteten.

Der 2. Schlesische Krieg (1744–1745: Durch ihre militärischen Erfolge gegen Baiern und Frankreich ermutigt, beschloß Maria Theresia nun auch Schlesien zurückzuerobern. Zu diesem Zwecke erneuerte sie das Bündnis mit Sachsen. Friedrichs Geheimdienst, der übrigens der beste in ganz Europa war, meldete aus Wien von entsprechenden militärischen Vorbereitungen. Der König kam deshalb den Österreichern zuvor, indem er im August 1744 in Böhmen eindrang und *Prag* eroberte. Doch bald merkte er, daß seine Gegner die preußische Schlachtordnung angenommen hatten und nun auch über Kriegserfahrungen verfügten. Friedrich verlor zwar keine Schlacht, mußte sich aber verlustreich aus Böhmen zurückziehen. Sein Gegner war der österreichische Marschall von *Traun* (1677–1748), der ein sehr geschickter Taktiker war.

Maria Theresia geriet ganz in Siegesstimmung, und weil sie ihrem angetrauten „Franzl" den Siegeslorbeer zuschieben wollte, berief sie den Marschall ab und gab ihrem Gemahl den Oberbefehl. Friedrich war ein Fuchs und stellte seinem neuen Gegner eine Falle: Er spielte dem Feind falsche Meldungen über seinen Standort zu, zündete des nachts eine große Menge Biwakfeuer neben unbesetzten Zelten an. Franz fand den Platz vorzüglich, marschierte in unmittelbare Nähe und gedachte am nächsten Tag anzugreifen. Mit dem ersten Morgengrauen fielen aber die Preußen, die sich in der Nacht bereitgestellt hatten, von den Seiten über die ahnungslosen Österreicher und Sachsen her und schlugen sie gänzlich. Das war der berühmte Sieg bei *Hohenfriedberg* südlich Liegnitz am 4. Juni 1745.

Franz und der Rest seiner österreich-sächsischen Armee entkam über das Gebirge nach Böhmen. Friedrich verfolgte sie und ließ ihnen keine Ruhe. Ende September 1745 bei *Soor* nicht weit von der Elbe-Quelle wollte Franz ein Gebirgstal, in welchem Friedrichs Heer die Nacht verbrachte, beidseitig abriegeln, weshalb er seine Streitmacht in zwei Hälften teilen mußte. Den Preußen war nichts verborgen geblieben. Noch im letzten Dunkel der Nacht griffen sie überraschend erst die eine Hälfte des Feindes an, die der Übermacht schnell erlag. Ehe die zweite Hälfte erfuhr, was geschehen war, ereilte sie das gleiche Schicksal.

Doch Maria Theresia gab noch immer nicht auf, denn sie erwartete Hilfe von der Zarin *Elisabeth* in Rußland, die tatsächlich ein Heer bereitgestellt hatte. Auch die verbündeten *Kursachsen* verfügten noch über eine gute Armee.

So marschierte Friedrich eilig in Richtung Dresden. Der Feldmarschall Fürst *Leopold von Anhalt* (1676–1747), *der Alte Dessauer*, bekam den Befehl, mit seinen Regimentern von Dessau sofort ebenfalls nach Dresden zu marschieren. 20 km vor der Stadt traf diese am 15. Dezember 1745 bei *Kesselsdorf* auf das sächsische Heer, und es kam zu einer erbitterten, blutigen Schlacht. Die Sachsen lagen gut gedeckt auf einer verschneiten Anhöhe und feuerten mit zahlreichen Kanonen in die preußischen Karrees, ohne eigene Verluste zu erleiden. Als sie glaubten, der Feind sei bereits entscheidend geschwächt, verließen sie ihre gute Deckund und stürmten den Hang abwärts. Doch dieser Angriff kam zu früh, und die durch ihre bisherige Wehrlosigkeit in Zorn geratenen preußischen Soldaten rächten sich erbittert und vernichteten die sächsische Infanterie. Die Artillerie auf der Anhöhe fiel anschließend in preußische Hände.

Das war der entscheidende Sieg. Friedrich und der Dessauer besetzten Dresden. – Rußland mischte sich nun beser nicht mehr ein, und am Weihnachtstag 1745 bestätigte Maria Theresia im *Frieden von Dresden* Preußens Besitz von Schlesien.

Der „Alte Dessauer" stand im 70. Lebensjahr, als er die Schlacht von Kesselsdorf schlug. Sein hohes Alter hatte den Haudegen nicht gehindert, mitten unter seinen Soldaten zu kämpfen. Als einst enger Freund des Soldatenkönigs und Mitglied der Tabaksrunde war er der wichtigste Mithelfer bei der Neuorganisation des preußischen Heeres gewesen. Im Spanischen Erbfolgekrieg war er schon unter Prinz Eugen und bei der Eroberung Stettins in Vorpommern 1715 gegen Schweden entscheidend beteiligt. Im Jahre 1747 starb dieser tüchtige Mann in seiner Heimatstadt, im deutschen Volke bis heute unvergessen, ebenso wie sein Stoßgebet in der kritischsten Stunde der Schlacht von Kesselsdorf:

„Herrgott, hilf mich, und wenn de mich nich helfen willst, so hilf auch den andern nich. Dann wirste schon sehn!"

Franz I. (1708–1765), Deutscher König und Kaiser seit 1745

Im Januar 1745 war Kaiser Karl VII. gestorben. Sein Sohn verzichtete auf den Anspruch, Erbe Habsburgs und Deutscher Kaiser zu werden. Wien schloß mit Bayern den *Frieden von Füssen* (April 1745) und räumte Baiern.

Im September 1745 einigte sich die Mehrzahl der Kurfürsten, Maria Theresias Gemahl zum neuen Kaiser zu wählen.

Der gerade bei Soor besiegte Franz eilte also nach Frankfurt, wo er – natürlich ohne die Stimme Brandenburgs – als Franz I. Deutscher Kaiser wurde. Franz ergriff Zepter und Reichsapfel und schwenkte beides lachend hoch wie ein Sieger nach dem Ringkampf. Die Szene soll sehr geschmacklos gewirkt haben. Franz behielt den Kaisertitel bis zu seinem Tode 1765.

Obwohl in Wien Mitregent, war sein Einfluß praktisch gleich Null, denn alles machte seine zähe, rührige Gemahlin. Daß ihr geliebter Franz deutscher Kaiser wurde, war ihr die Erfüllung eines Herzenswunsches, zumal sie als Frau nie Kaiserin werden konnte.

Die *„Pragmatische Sanktion Karls VI."* sah eine mögliche weibliche ungeteilte Erbfolge nur für die Länder des habsburgischen Besitzes vor, nicht aber für den Kaisertitel. Nach dem *„salischen Erbrecht"*, hervorgegangen aus ältestem germanischen Volksrecht der Merowinger des 6. Jahrhunderts, gab es nur den König, aber nie eine Königin. Daran hielten die Kurfürsten weiter fest, und eine Änderung wäre undenkbar gewesen.

Franz hatte in Wien Langeweile, zumal er als Heerführer völlig versagt hatte und im Felde nicht zu gebrauchen war. So machte er sich das Leben auf andere Weise angenehm: In den Reihen der Hofdamen seiner Gemahlin befand sich die hübsche Gräfin *Auersperg*. Die machte er zu seiner Geliebten. Maria Theresia, die dem Frauentyp angehörte, der sich körperlich und geistig im Zustand der Schwangerschaft am wohlsten fühlte, trug ihrem Mann seine eheliche Untreue nicht nach und schenkte ihm trotzdem etwa alle 15 Monate ein Kind, bis es 16 waren.

Es muß allerdings gesagt werden, daß man zu damaliger Zeit an vielen Höfen Europas in dieser Beziehung sehr großzügig dachte, und Wien gehörte auch dazu. Maria Theresias einzige Reaktion war, daß sie nach „Franzls" Tod 1765 die Auersperg vom Hof entfernte.

Der Krieg in den Österreichischen Niederlanden (Belgien) 1745/46 und der Frieden von Aachen 1748: Maria Theresia war immer noch nicht anerkannt, und der Erbfolgekrieg ging weiter. Der Feldherr König *Ludwigs XV.* von Frankreich war *Graf Moritz von Sachsen* (1696–1750), ein Sohn Augusts des Starken und der Gräfin Aurora von Königsmarck. 1745/46 eroberte er durch die Schlachten von *Fontenoy* 1745 und *Rocourt* 1746 vollständig die habsburgischen Niederlande. Nun kam Zarin Elisabeth den Österreichern zu Hilfe und schickte ein russisches Heer über Österreich, Tirol und Württemberg an den Oberrhein. Zu Kämpfen mit Frankreich kam es zwar nicht mehr, wohl aber zu Verhandlungen und zum *Frieden von Aachen* im Oktober 1748. Danach trat Maria Theresia Parma-Piazenca aus habsburgischem Hausbesitz an die spanischen Bourbonen ab. Frankreich räumte Belgien, und Maria Theresia erlangte endlich allgemeine Anerkennung in der Erbfolge der habsburgischen Länder innerhalb und außerhalb des Deutschen Reiches. Den Kaisertitel behielt ihr Gemahl Franz I. Das *Elsaß und das Erbrecht auf Lothringen verblieben bei Frankreich.*

Friedrich der Große

König Friedrich II. war zum berühmtesten Feldherrn in Europa geworden. Die Engländer und Franzosen nannten ihn als erste „The Great King, bzw. „Frédéric le Grand". Für Maria Theresia war er aber „Das Monstum".

Friedrich begann nun eine vorbildliche Aufbauarbeit im Sinne seines Vaters, jedoch nicht unter dessen totalem Absolutismus, sondern im Geiste eines von Friedrich selbst entwickelten menschlichen *„aufgeklärten Absolutismus"*. Überall in Preußen und der neuen provinz Schlesien wurden Kanäle gebaut, Sümpfe entwässert und Land urbar gemacht. Der Oderbruch allein wurde bald eine neue fruchtbare Provinz. Neue Siedlungen entstanden in Mengen.

Im gesamten Königreich Preußen verkündete Friedrich die allgemeine Glaubens- und Gewissensfreiheit. *(„In meinem Staate kann jeder nach seiner Fasson selig werden.")* Die Folter verschwand aus dem Rechtswesen, und er bereitete das allgemeine *preußische Landrecht* vor (das spätere Bürgerliche Gesetzbuch). Er verbot strengstens alle Härten der bäuerlichen Erbuntertänigkeit und leitete die Aufhebung der Leibeigenschaft ein. Von seinen Beamten verlangte er unbedingten Gehorsam, Sparsamkeit und Gerechtigkeit. Er strafte hart, wo er Mangel an Pflichtbewußtsein oder gar Bestechung feststellte. So mancher Übeltäter verlor seinen Posten oder landete ohne Rücksicht auf adlige oder bürgerliche Herkunft im Gefängnis. Viele Betriebe wurden gegründet, und man kaufte im Ausland keine Wollstoffe und Wolltücher mehr, die man nun im Lande selbst herstellte. Die Kartoffel gedieh im Sandboden Brandenburgs, in Schlesiens dunklen Böden und im entwässerten *Oderbruch* nördlich Frankfurt bestens. Der König ritt persönlich überallhin, inspizierte und ordnete an. Wehe, wenn im nächsten Jahr nicht alles so war, wie er es befohlen hatte. Friedrich bezeichnete sich nicht als Herr im Lande, sondern er betonte eindeutig: *„Ich bin der erste Diener meines Staats!"* Er lebte und arbeitete streng nach diesem Grundsatz.

Vor allem aber sorgte er für ein erstklassig geschultes und ausgerüstetes Heer, welches jederzeit schnell einsatzbereit sein mußte. Ein Staat vom Range des bedeutend gewordenen Preußen hatte immer auf der Hut zu sein.

Außer Dienst war Friedrichs Lieblingsaufenthalt das Schloß *Sanssouci* bei Potsdam. Der Baumeister Georg von *Knobelsdorf* (1699–1753) hatte dieses liebenswürdige Rokoko-Schloß nach Friedrichs Vorschlägen 1746/47 erbaut. Dort traf sich ein Kreis geistvoller Freunde. In froher, gelöster Atmosphäre wurden *Flötenkonzerte* gegeben, Gedichte vorgetragen und philosophische Gespräche geführt. Die Zusammenkünfte bei Friedrich, dem *„Philosophen von Sanssouci"*, wie man ihn bald nannte, erlangten Berühmtheit, und zu den Besuchern gehörten bedeutende Gelehrte, Schriftsteller und Musiker wie Johann Sebastian *Bach* u. a.

Der französische Dichter *Voltaire* (1694–1778) war häufiger Gast und lebte von 1750 bis 1752 am Hofe Friedrichs. Der König und Voltaire hatten gegenseitig Gefallen an ihrem kritischen, geistvollen und oft witzigen Gedankengut gefunden. Als jedoch

Voltaire unter Ausnutzung des Vertrauensverhältnisses Finanzskandale begann, jagte ihn der König empört davon. Doch verzieh er ihm bald.

Friedrich dichtete und komponierte selbst, u. a. den berühmten *„Hohenfriedberger Marsch"*. Auch vollendete er das kritische Buch *„Der Antimachiavell"*, welches eine Entgegnung auf das Werk *„Il principe"* des Staatsdenkers Machiavelli darstellte. Der Florentiner hatte sich 1513 vorgestellt, daß ein Fürst, der Italien einigen wolle, berechtigt sei, mit allen Mitteln, auch denen des Verrats und der Grausamkeit, zu Werke zu gehen. Ferner verfaßte Friedrich noch weitere interessante, wichtige Schriften, z. B. eine „Geschichte Brandenburgs", eine „Geschichte seiner Zeit", dann kriegswissenschaftliche Abhandlungen sowie mehrere politische Testamente. Friedrich schrieb vieles in französischer Sprache, und auch seine Gespräche mit ausländischen Besuchern wurden – der Sitte gemäß – französisch geführt, – in schlechtem Französisch, wie berichtet wurde.

So war auf allen Gebieten des praktischen Lebens und der Kunstpflege spürbarer Fortschritt zu verzeichnen. Als sich Wohlstand und Sicherheit mehr und mehr ausbreiteten, anerkannte auch sein Volk die große Leistung des Königs. Nun nannte man ihn nicht nur in England und Frankreich, sondern auch in Preußen und schließlich im ganzen Deutschen Reich, sogar in Österreich: „Friedrich der Große".

Die Ehe Friedrichs war schlecht. Seine Gemahlin, die braunschweigische Prinzessin *Elisabeth Christine* (1715–1797), hatte er auf Befehl seines Vaters geheiratet. Seit Friedrichs Regierungsantritt lebten beide getrennt. Die Königin wohnte seitdem auf Schloß Niederschönhausen bei Berlin-Pankow. Ihre Zusammenkünfte beschränkten sich auf das unumgänglich Notwendigste. Zu einer Zeit, da sich die Königin wohl noch Hoffnungen auf eine erträgliche Ehe machte, warf sie ihm einmal vor, daß er sich nicht um sie kümmere. Doch Friedrich hatte geantwortet „Madame, unsere Ehe wurde nicht im Himmel geschlossen, sondern im Schlosse von Sanssouci." Die Ehe blieb kinderlos.

Mit seiner drei Jahre älteren Schwester *Wilhelmine von Bayreuth* (1709–1758) hatte der König ein ausgesprochen gutes Verhältnis. Sie war seit 1731 mit dem Markgrafen Friedrich von Brandenburg-Bayreuth vermählt. Zwischen den Geschwistern herrschte ein lebhafter Briefwechsel, der erhalten geblieben ist. Als den König im Oktober 1758 mitten im Siebenjährigen Krieg die Nachricht vom Ableben seiner Lieblingsschwester erreichte, traf ihn das zutiefst. Zwei Tage zuvor hatte er die Schlacht bei Hochkirch verloren.

Sein Bruder *August Wilhelm* (1722–1758) war schon im Januar 1758 gestorben. Im Falle von Friedrichs Tod wäre er Thronfolger geworden. Die Brüder hatten sich überworfen, weil August Wilhelm als Heerführer versagte, weshalb ihn Friedrich nach Berlin zurückschickte.

Der jüngste Bruder war Prinz *Heinrich* (1726–1802), ein erfolgreicher General und zuverlässiger Helfer des Königs im Kriege. Trotzdem kam es zwischen beiden zum Zerwürfnis, denn Friedrichs Genialität vermochte der Bruder oft nicht zu verstehen.

Seine Schwester *Luise Ulrike* (1720–1782) wurde – wie berichtet – 1751 Königin von Schweden, als ihr Gemahl Adolf Friedrich (gest. 1771) aus dem Hause Holstein-Gottorp den schwedischen Thron bestieg. Ihr Sohn war Gustav III., der bei einem Maskenball 1792 in Stockholm ermordet wurde. Luise Ulrike vertrat den aufgeklärten Absolutismus wie ihr Bruder Friedrich II. Gustav III. glaubte bei dem aufsässigen schwedischen Adel damit nichts zu erreichen, weshalb er mit absoluter Strenge regierte. Das führte allmählich zum Streit zwischen Mutter und Sohn. Luise Ulrike und Friedrich standen gut und sachlich zueinander. Sicher hätte Friedrich das westliche Vorpommern mit der Insel Rügen den Schweden leicht abnehmen können. Er unterließ es jedoch, um Schweden nicht auch noch gegen sich auf den Plan zu rufen, aber auch aus Rücksicht auf seine Schwester.

Dann wohnte in Berlin noch die Schwester Prinzessin *Amalie* (1723–1787), die Friedrich um ein Jahr überlebte. Ihr Verhältnis beruhte auf gegenseitiger Achtung und gelegentlichen Besuchen in Berlin bzw. Sanssouci bis ins hohe Alter.

Im Jahre 1744 war an Friedrich eine recht gute Erbschaft gefallen, die seinen Einfluß in Nordwestdeutschland spürbar verstärkte. Es war das Fürstentum *Ostfriesland* zwischen der Ems-Mündung und dem Herzogtum Oldenburg mit der Stadt Emden und der ostfriesischen Inselkette von Borkum bis Wangeroog. Die Fürsten von Ostfriesland gehörten zu dem alten Geschlecht der *Cirksena*, das seit Jahrhunderten die Landesherren stellte. 1744 starb der letzte dieses Hauses, und durch Erbverwandtschaft mit den Hohenzollern kam das Land an Preußen.

Friedrich gliederte seit dem Ende des II. Schlesischen Krieges also auch Ostfriesland seinem preußischen Königreich ein.

Der Siebenjährige oder 3. Schlesische Krieg (1756–1763)

Es war ein europäischer Krieg. Soweit deutsche Länder darin verwickelt waren, ging es um Schlesien zwischen Österreich und Preußen. Den größeren Rahmen aber bildete eine Auseinandersetzung zwischen England und Frankreich um überseeischen *Kolonialbesitz in Nordamerika*. Unter dem hannoverisch/englischen König *Georg II.* bestimmte seit 1756 der englische Staatsmann William *Pitt der Ältere* (1708–1778) die Politik. Es bildeten sich in Europa zwei Interessengruppen:

Österreich und Rußland waren bereits seit 1746 verbündet. Maria Theresias neuer Minister, Anton Graf von *Kaunitz* (1711–1794), geboren in Wien, erstrebte seit 1753 ein Dreierbündnis Österreich-Rußland-Frankreich mit dem Ziel, Schlesien zurückzugewinnen. Frankreich war bisher als Österreichs Erbfeind aufgetreten.

Als Friedrich den Lauf der Dinge erkannte, vereinbarte er im Januar 1756 mit William Pitt in England die *„Neutralitätskonvention von Westminster"*, die für den Kriegsfall Hilfsgelder an Preußen vorsah. Frankreich, das bisher mit Preußen verbündet war, sich seit 1855 aber mit England um Nordamerika im Kolonialkrieg befand, benutzte die „Neutralitätskonvention" dazu, von Preußen abzuspringen und im Mai 1756 die *„Dreierkoalition"* des Ministers Kaunitz gegen Friedrich abzuschließen. Im Jahr darauf trat auch noch Schweden bei. Friedrichs Schwester, die schwedische Königin Luise Ulrike, konnte das nicht verhindern. Sachsen begrüßte den Bund mit deutlicher Sympathie für Wien.

Das offen erklärte Kriegsziel dieses Bundes war die Aufteilung Preußens bis auf das alte Brandenburg mit Hinterpommern. Schlesien sollte zurück an Österreich kommen, dazu einige der preußischen Gebiete in Westdeutschland, andere an Frankreich. Das östliche Vorpommern mit Stettin war den Schweden wieder zugedacht, und Ostpreußen den Russen.

29. August 1756: Der Angriff des Bundes gegen Preußen war für den Sommer 1756 vorgesehen, verzögerte sich aber.

Friedrichs Geheimdienst erfuhr alles, und um nicht von allen Seiten gleichzeitig angegriffen und erdrückt zu werden, blieb ihm keine andere Wahl, als dem Feind zuvorzukommen.

Am 29. August 1756 marschierte er nach Sachsen, wo in *Pirna* an der Elbe südlich Dresden die sächsische Armee eingeschlossen wurde. Sogleich näherte sich in Böhmen ein österreichisches Ersatzheer, welches Friedrich bei *Lobositz* an der Elbe Anfang Oktober 1756 abfing und besiegte. Daraufhin kapitulierte Pirna, und Sachsen wurde zur Neutralität verpflichtet.

Im Januar 1757 berief Kaiser Franz I. den *Immerwährenden Reichstag in Regensburg* ein, der Preußen verurteilte und die „Reichsexekution" beschloß. Das bedeutete, daß eine Armee aus Soldaten vieler Reichsländer aufgestellt wurde, die Preußen zur Aufgabe zwingen sollte. Daß Preußen eingekreist war und ganz offiziell vernichtet werden sollte, nahm der Reichstag nicht zur Kenntnis. Am *Reichsheer* beteiligten sich in der Hauptsache die süddeutschen Staaten, die unter österreichischem Druck standen. Hessen/Kassel, Braunschweig und Hannover, welches ja mit England identisch war, unterstützten Friedrich. Die Reichsarmee trat kaum in Erscheinung und war ein wenig brauchbares Anhängsel der österreichischen Armee.

1757: Der König schloß im Frühjahr 1757 nach schwersten Kämpfen die Stadt *Prag* ein, in die sich das österreichische Hauptheer mit 50000 Mann zurückgezogen hatte. Seine Armee war gleichstark. 12000 Ausfälle an Toten und Verwundeten hatte es vor Prag auf jeder Seite gegeben, und das preußische Heer mußte den Tod des Feldmarschalls *Schwerin*, des Siegers von Mollwitz 1740, beklagen.

Der österreichische Marschall *Daun* (1705–1766) rückte von Osten mit einer weiteren Armee an mit dem Ziel, Prag zu befreien. Friedrich zog ihm mit nur einem Drittel seiner Belagerungsarmee entgegen.

Bei *Kolin* traf er im Juni 1757 auf den doppelt so starken Österreicher. Zu spät erkannte Friedrich, daß er – gegen den Rat seines Bruders Heinrich – zu wenige Einheiten von Prag mitgenommen hatte. An der gefährlichsten Stelle stürzte er sich mit einigen Dutzend Soldaten ins Kampfgetümmel, um die Schlacht zu wenden. Vergeblich, die Übermacht des Feindes war zu groß. Es blieb nur noch die Flucht. Vor Prag sammelten sich bei der Hauptarmee alle, die davongekommen waren. Friedrich gab die Belagerung Prags auf und räumte ganz Böhmen.

Prinz Heinrich riet nun, einzulenken und Schlesien zurückzugeben. Trotz seiner Niedergeschlagenheit erklärte ihn Friedrich für wahnsinnig. Die Differenzen zwischen beiden nahmen von jetzt an laufend zu.

Als die Nachricht aus Ostpreußen eintraf, daß die preußische Armee von 30000 Mann unter General *Lehwald* im August von 90000 Russen bei *Jägersdorf* zum Rückzug gezwungen worden war und große Teile Ostpreußens unter der russischen Soldateska furchtbar zu leiden hatten, herrschte in des Königs Umgebung und überall in Preußen schwerste Hoffnungslosigkeit.

Im September wurde General von *Winterfeld* (1703–1757) aus Vorpommern, einer der engsten Vertrauten des Königs, in einem Gefecht bei *Görlitz* tödlich verwundet.

Doch nicht genug der Hiobsbotschaften: Eine Heeresgruppe von 3000 ungarischen

Reitern und *Panduren* aus Krain tauchte im Oktober 1757 vor Berlin auf. Die Stadt zahlte dem ungarischen Grafen *Hadik* 180000 Taler, und die Ungarn zogen wieder ab.

Die Franzosen besiegten im Juli 1757 bei *Hastenbeck* an der mittleren Weser ein hannoversches Heer und beabsichtigten, über Sachsen nach Preußen einzudringen. Als Friedrich von dem Plan erfuhr, zog er den Franzosen sofort entgegen. Mit 20000 Soldaten einschließlich Reiterei traf er bei *Roßbach* (in der Nähe von Gera in Sachsen) im November auf den Feind. Die überraschten Franzosen wurden von der Reiterei des Generals Friedrich Wilhelm von *Seydlitz* (1721–1773) aus Kleve am Niederrhein völlig durcheinandergebracht und dadurch zur leichten Beute der Infanterie. Der König und Seydlitz hatten diese neuartige Angriffsart ausgedacht, die hier bei Roßbach erfolgreiche Anwendung fand. Die 80 km weite Verfolgung durch die Seydlitzschen Reiter bewirkte, daß die französische Armee zerstreut wurde.

Zu gleicher Zeit mußten die Russen Ostpreußen aufgeben. Ihre Armee war völlig demoralisiert, und General Lehwald hatte diesmal leichtes Spiel, den Feind zu verjagen.

Friedrich hatte im Westen und Osten Luft bekommen. Doch in Schlesien besiegten die Österreicher Ende November unter Erzherzog *Karl* (1712–1780), einem Bruder von Kaiser Franz I., den Herzog von *Bevern* aus Tecklenburg bei Münster in Westfalen. Breslau und die meisten schlesischen Festungen ergaben sich daraufhin kampflos.

Der König war empört und eilte nach Schlesien, wo er die versprengten Teile der geschlagenen schlesischen Armee einsammelte und seine Roßbach-Armee dadurch auf 30000 Mann brachte. Alle Generäle der Bevern-Armee ließ er festnehmen, sowie sie eintrafen. Ein Kriegsgericht entschied später über sie: Die meisten wurden degradiert.

Das Land war gefroren und verschneit. Der König teilte alle Strapazen mit seinen Soldaten und schlief – wie diese – nur wenige Nachtstunden am Biwakfeuer.

Westlich Breslau traf er auf die österreichische 90000 Mann starke Armee unter Prinz Karl. Friedrich wußte, daß für ihn am nächsten Tag die Entscheidung des ganzen Krieges auf dem Spiel stand. So war er zu allem entschlossen. Die Ansprache an seine Generäle am Vorabend der Schlacht bei *Leuthen* wurde weltberühmt.

Am 5. Dezember 1757 vor Morgengrauen formierte Friedrich seine Armee zum Angriff gegen die Österreicher im Osten. Der schon längst berühmte General Hans von *Zieten* (1699–1786) aus Ruppin bei Potsdam befehligte die Reiterei, und *Moritz von Anhalt*, der Sohn des alten Dessauers, die Infanterie. Die österreichische Stellung war etwa 12 km breit und verlief in nordsüdlicher Richtung. Ihr rechter Flügel lag im Flachland hinter einem bewaldeten Höhenzug, der linke Flügel mit starker Artillerie auf einer Anhöhe. Zwischen beiden Hügeln hindurch erstreckte sich Flachland nach Westen, wo die Preußen aufmarschierten. Zur Abriegelung dieser Stelle waren einige österreichische Infanterieregimenter aufgestellt.

Beim Beginn des preußischen Angriffs nahm die österreichische Artillerie den anrückenden preußischen rechten Flügel unter schwerstes Feuer, was Friedrich vorausgesehen hatte. Deshalb nahm er diesen Flügel zurück, so daß eine schräge Schlachtordnung entstand. Erzherzog Karl deutete diese Bewegung als Unentschlossenheit und konzentrierte sich nun auf die Mitte, wo er Friedrichs Hauptangriff erwartete.

Während dort die Schlacht in vollem Gange war, umritten die Zieten-Husaren im Süden in weitem Bogen eine bewaldete Erhöhung und griffen den österreichischen linken Flügel und dessen Artillerie ungestüm von der Seite und von hinten an. Die ganze österreichische Front wurde in kurzer Zeit nach Norden aufgerollt und die

Schlacht bei Leuthen am 5. Dezember 1757 zu einem der großartigsten Siege Friedrichs, und das trotz seiner zahlenmäßigen Unterlegenheit von 1:3.

1758: Schlesien kam nun schnell wieder fest in preußische Hand, und Maria Theresia gedachte Frieden zu schließen. Doch Zarin Elisabeth in Petersburg ermunterte weiter zum Krieg. Sie und Maria Theresia haßten den preußischen König über alles. Friedrich hatte sich nämlich mit grimmigen Humor über die *„drei Unterröcke"*, gegen die zu kämpfen er gezwungen sei, ausgesprochen. Darüber fühlte sich die stolze Habsburgerin in Wien als fromme Mutter von 16 Kindern entehrt, die Zarin in Petersburg beleidigt, und nur Madame *Pompadur* (1721–1764) in Paris, die Geliebte König Ludwigs XV., soll sich über diesen Ausdruck amüsiert haben. Sie hatte übrigens ihren König maßgebend in den Dreierbund gegen Preußen gedrängt.

Der Krieg ging also weiter, und Friedrich empörte sich über „diese Lumpen von Herrscherinnen und Herrschern, die diese entsetzlichen Schlächtereien noch nie gesehen haben". Es half nichts, die Russen marschierten im August 1758 in der Brandenburger Neumarkt ein.

Bei *Zorndorf* an der Warthemündung in die Oder kam es zu einer blutigen Schlacht mit dem Erfolg, daß die Reste des russischen Heeres nach Osten abzogen. Seydlitz, Mortiz von Anhalt/Dessau und Friedrich selbst waren die Männer des Tages. Nach diesem zwölfstündigen Ringen äußerte Friedrich, daß man die toten Russen erst noch umwerfen müsse. So zäh hatten sie gekämpft.

Im Oktober 1758 traf der König bei *Hochkirch* in der Nähe von Bautzen auf Marschall Daun. Dieser galt als Zögerer, weshalb Friedrich leichtsinnig an ungünstiger Stelle biwakierte. Feldmarschall Jakob *Keith* (1696–1758), schottischer Flüchtling und Freund Friedrichs, riet dringend zum Platzwechsel. Trotz harter Auseinandersetzungen verwarf der König Keiths Bedenken. Noch in der Nacht griffen die Österreicher an, und die überraschten Preußen wurden bis Mittag schwer geschlagen. Keith war gefallen, und Moritz von Anhalt/Dessau erlitt eine schwere Verwundung. Der König fühlte sich voll verantwortlich und dachte an Selbstmord. Doch er mußte den *„Seiltanz"*, wie er diesen Krieg nannte, weiter durchstehen.

In Westdeutschland ging der Kampf ebenfalls hin und her. Der preußische Feldmarschall Herzog *Ferdinand von Braunschweig* (1721–1792), der Bruder von Friedrichs Gemahlin, hatte seit 1757 den Oberbefehl über das hannoversch/englische und hessische Heer. Er kämpfte gegen französische Übermacht, taktierte geschickt und siegte im Sommer 1758 bei *Krefeld* und im Sommer 1759 bei *Minden* an der Weser, wodurch er den Feind im Westen festhielt.

Im Januar und Oktober 1759 starben Friedrichs Bruder, der Thronfolger Prinz *August Wilhelm* in Berlin, und seine Schwester, die Markgräfin *Wilhelmine* in Bayreuth. Solche Nachrichten belasteten Friedrichs Stimmung schwer.

1759: Das Jahr 1759 schien für Preußen das Ende zu bedeuten: Die Russen waren wieder in die Neumark eingebrochen, und der österreichische Marschall Freiherr von *Laudon* (1717–1790), war ungehindert ebenfalls nach Norden marschiert, wo sich in der Nähe Frankfurts a. d. Oder beide Heere vereinigten. Friedrich eilte, aus Sachsen kommend, in Richtung *Berlin*, um seine Hauptstadt zu schützen.

Bei *Kunersdorf* griff im August 1759 der König die erdrückende Übermacht an.

Anfangs ging alles gut, und beinahe schien es wie bei Leuthen auszugehen. Auch hier war ein seitliches Aufrollen im Gange, doch der zügige Angriff blieb in der schier undurchdringlichen Masse des russischen Fußvolkes stecken. Die Schlacht wurde zur verlustreichsten seines Lebens. Was sich von den Preußen retten konnte, brach rechts und links aus. Von 40000 Mann waren 30000 verwundet, tot oder desertiert.

Irgendwo sammelten sich ganze 10000 Mann wieder um den König. Aber das schon genügte, den feindlichen Heerführern Angst einzujagen, denn ihre Verluste waren ungeheuer gewesen. Die Russen zogen wieder nach Osten und die Österreicher nach Süden ab. Berlin blieb ungeschoren, womit sich also für Friedrich die Niederlage von Kunersdorf doch als Erfolg darstellte, wenn auch als teuer erkaufter.

In Sachsen stand noch eine letzte intakte preußische Streitmacht von 12000 Mann unter dem General von *Finck* (1718–1767). Er sollte die Stadt Dresden schützen. Aber bei Maxen südlich Pirna wurde er Ende November 1759 von Österreichern umzingelt, worauf er kampflos die Waffen streckte. Scherzhaft sprach man später vom *„Fincken-fang bei Maxen"*. Nach dem Krieg allerdings mußte er sich vor einem Kriegsgericht verantworten. Er wurde unehrenhaft entlassen und zu einem Jahr Festungshaft verurteilt.

1760: Das Jahr 1760 brachte vorerst kaum Kämpfe. Beide Seiten waren total erschöpft. Zwar zogen die Österreicher nach Schlesien, aber die Festungen und die Stadt Breslau konnten sie nicht nehmen, weil die Verteidiger kampflose Übergabe ablehnten. Der Verteidiger von Breslau war Graf von *Tauentzien* (1710–1791). Als der österreichische General die Kapitulation Breslaus forderte, andernfalls er „das Kind im Mutterleib nicht schonen würde", antwortete Tauentzien, „daß weder er noch seine Soldaten schwanger seien".

Friedrichs Kassen waren leer. England und Preußen hatten bei Beginn des Krieges ja die „Neutralitätskonvention" abgeschlossen, und der König hatte regelmäßig die zugesagten Hilfsgelder erhalten. Die Gegenleistung bestand darin, die französische Armee in Europa festzuhalten. So hatte England 1760 den Überseekrieg in Nordamerika gewonnen.

Im gleichen Jahr starb in London König Georg II., und sein Enkel *Georg III.* (1738 bis 1820) wurde Nachfolger. Obwohl dieser auch Kurfürst von Hannover war, dachte er nur noch im Interesse Englands, ganz im Gegensatz zu seinen zwei Vorgängern. Das Haus Hannover regiert in England übrigens noch heute.

Jedenfalls stellte das Parlament auf Betreiben Georgs III. die Zahlungen an Friedrich ein, was diesen zu den abfälligsten Äußerungen über das *„perfide"* (heimtückische) *England* veranlaßte. William Pitt wurde vom Parlament entlassen. Damit wiederholte sich der gleiche Vorgang wie im Jahre 1711, als das Londoner Parlament den Herzog von Marlborough entließ, damit die europäischen Verbündeten verriet und um die Früchte des siegreichen Krieges gegen Ludwig XIV. brachte.

Friedrich brauchte eine neue Armee, die ohne Geld nicht aufgestellt werden konnte. Das Nächstliegende war, im besetzten Land Sachsen hohe Kriegsabgaben zu erheben. Da Friedrich, obwohl erst 48 Jahre alt, bereits den Beinamen „der alte Fritz" hatte, zahlten die Sachsen mit der sprichwörtlich gewordenen Bemerkung: *„Alles für 'n Alten Fritzen"!* Das hieß – auf Nimmerwiedersehen.

Ja, Friedrich schien alt geworden zu sein. Abgemagert, in schlotternder Uniform, gicht- und sorgengeplagt, oft appetitlos trafen ihn ausländische Unterhändler an. Aber das täuschte nur, denn der König war hellwach. Er hatte sich entschlossen, nun auch das zu tun, was die Feindmächte schon längst getan hatten und was er immer entrüstet abgelehnt hatte: er zog das umlaufende Geld, alles gute *Silberthaler*, ein, ließ sie einschmelzen und mit dem halben Silbergehalt neu prägen. Die zwei Bankhäuser Ephraim sowie Isaak und Itzig, die das Münzwesen als streng überwachtes Monopol besaßen, hatten für schnellste Durchführung gesorgt, allerdings sollte nach gewonnenem Krieg der alte Münzwert wiederhergestellt werden.

Jedenfalls hatte Friedrich in wenigen Monaten wieder ein Heer von 100000 Mann aufgestellt und sogar notdürftig ausgebildet. Auch die Feinde hatten sich neu formiert und Österreich und Rußland je 80000 Mann auf die Beine gebracht.

Die Österreicher lagen in Schlesien, wohin Friedrich im Sommer 1760 marschierte. Vor *Liegnitz* trafen beide Mitte August aufeinander. Die Marschälle *Daun* und *Laudon* waren je mit der halben österreichischen Armee einige Kilometer voneinander entfernt. In der Nacht wendete der König seinen alten Trick mit den unbemannten Lagerfeuern an, und Laudon marschierte sogleich los. Doch ehe noch der Morgen graute, wurde er unerwartet von der Flanke angegriffen, geworfen und besiegt. Daun war ebenfalls in der Nacht von der anderen Seite herangerückt, aber noch nicht in die gedachte Angriffsstellung gelangt. Plötzlich sah auch er sich von vorn und der Seite angegriffen, so daß alles durcheinander geriet und sich in wilde Flucht auflöste. Diesen Sieg von Liegnitz im August 1760 errang Friedrich bei schwerem Schaden für den Feind ohne große eigene Verluste.

Doch sammelten sich die Österreicher wieder und gedachten den Feldzug endlich durch die Einnahme *Berlins* zu beenden. In knapp zwei Wochen erreichten sie die 350 km entfernte Hauptstadt. Friedrich folgte in Eilmärschen. Das österreichische und russische Heer hatten sich unterwegs vereinigt, seitdem aber mächtig in die Länge gezogen, denn als die ersten Feinde im September vor dem erschreckten Berlin auftauchten, waren die letzten noch 100 km entfernt. Als sie nun erfuhren, daß sich Friedrich mit geordneter Armee in der Nähe befand, gaben sie in panischer Angst ihren Berlinplan auf und machten kehrt.

Daun marschierte nach *Torgau* an der Elbe und wußte, daß ihm Friedrich folgte. Er hatte genug Zeit, sich in günstigem Gelände sicher zu verschanzen. Anfang November in den Mittagsstunden griff der König an. Sein Umgehungsmanöver wurde von Daun erkannt, und die Artillerie richtete in den preußischen Linien schweren Schaden an. Friedrich, der sich mitten im Kampfgewühl befand, wurde mehrmals das Pferd getötet wie so oft schon in früheren Schlachten. Der Angriff blieb stecken. General *Zieten* hatte längst den Befehl, mit seiner Reiterei einzugreifen, doch er kam nicht. Der Befehl war nicht zu ihm gelangt. Friedrich gab die Schlacht verloren und brach den Angriff ab. Daun war leicht verwundet und dachte deshalb nicht an Verfolgung, zumal es Nacht geworden war. Aber er fühlte sich als Sieger.

Zieten wunderte sich über das Abklingen des österreichischen Artilleriefeuers, erkannte die Lage und griff nun aus eigenem Antrieb den Gegner bei völliger Dunkelheit ungestüm von der Flanke her an. Die Österreicher, die den Kampf schon abgebrochen hatten, wurden völlig überrascht und schwer geschlagen. Die ganze Artillerie fiel in preußische Hand. Die neurekrutierten preußischen Soldaten hatten sich großartig geschlagen.

Ganz Europa stand kopf unter dem Eindruck der neuerlichen Siege Friedrichs. Der preußische König galt als der größte Feldherr aller Zeiten, wurde bejubelt und bewundert, aber helfen wollte ihm keiner. Der Krieg war für die Außenstehenden ein atemraubendes, interessantes Schauspiel geworden.

Maria Theresia und Elisabeth saßen in Wien und Petersburg in sicheren warmen Nestern und ließen aus ihrer luxusüberladenen Umgebung heraus die Puppen weiter tanzen. Friedrich empörte sich, daß Maria Theresia die ungeheueren Verluste an Menschen beweinte und ganz öffentlich im *Wiener Stephansdom* um den Sieg betete, aber keinen Frieden machte.

1761: Im Frühjahr 1761 marschierte Friedrich mit der Hälfte seines noch 60000 Mann starken Heeres nach Schlesien. Je 15000 Soldaten standen außerdem gegen Ost und West auf der Wacht. Der Feind ging ihm aus dem Weg und wagte keine Schlacht mehr. Nicht weit von Leuthen und der Stadt Schweidnitz bezog der König das Lager von *Bunzelwitz,* welches er nach allen Seiten hin sicher befestigte. Hier wartete er den ganzen Sommer und Herbst über ab, schickte und empfing Kuriere nach und aus vielen Ländern, schrieb Briefe, verfaßte Gedichte und philosophische Abhandlungen.

Im Oktober 1761 gelang dem Marschall Laudon die Einnahme der preußischen Festung *Schweidnitz* durch Handstreich. Sonst fanden in diesem Jahr keine Kampfhandlungen mehr statt.

Die österreichischen, russischen und preußischen Heere waren nach sechs Jahren Krieg völlig ausgelaugt. Der König schwankte zwischen Hoffnungslosigkeit und möglichen Erfolgschancen neuer Pläne. Nachrichten aus Petersburg berichteten vom schlechten Gesundheitszustand der Zarin Elisabeth.

1762: Im Januar durcheilten Europa zwei Nachrichten, die für Friedrich nichts anderes bedeuteten als den Sieg in diesem mörderischen Krieg: Zarin *Elisabeth* war gestorben, und Nachfolger auf dem Zarenthron wurde *Peter III.* (1728–1762), geboren in Kiel als Sohn des Herzogs von Hollstein/Gottorp und einer Großfürstin aus dem Hause Romanow. Er war von jeher ein glühender Bewunderer Friedrichs, bot sofort den Frieden an und war sogar bereit, die russische Armee, die in Schlesien stand, dem König zur Verfügung zu stellen.

Friedrich erwachte schlagartig aus seiner erzwungenen Untätigkeit. Es galt, die günstige Stunde zu nutzen, denn die ganze Angelegenheit hatte einen Haken: Peter war geistig beschränkt, was allgemein bekannt war. Wie lange er deshalb als Zar in Rußland anerkannt werden würde, blieb ungewiß. Andererseits wußte man von Peters Gemahlin *Katharina,* die eine Verwandte des alten Dessauers und Tochter des Fürsten von Anhalt/Zerbst war, daß sie außerordentlich ehrgeizig und sehr ernst zu nehmen sei. Die Gesandten am Hofe in Petersburg hatten über die dortigen Verhältnisse regelmäßig an ihre Regierungen Bericht erstattet.

Die Veränderungen in Rußland wurden in Wien mit größter Bestürzung aufgenommen, aber Maria Theresia und ihr Minister Kaunitz dachten um nichts in der Welt an Frieden. Mitte Juli 1762 wurde in Petersburg Zar *Peter III.* durch eine Palastrevolution von Katharina *gestürzt.* Ihr sieben Jahre jüngerer Geliebter, der Graf *Orlow* (gest. 1808), erdrosselte dabei den Zaren. Die neue Herrscherin hieß *Katharina II.*

(1729–1796), später die Große genannt. Was würde sie tun? Das fragte man sich in Wien, Berlin und überall.

Um der Zarin die Lust an einer möglichen Kriegsteilnahme zu nehmen, brauchte Friedrich nochmals militärische Erfolge. Also raffte er sich auf und griff Ende Juli 1762 Marschall Daun vor *Burkersdorf* bei Breslau an. Er siegte im ersten Ansturm und verjagte in wenigen Wochen alle Österreicher aus Schlesien. Ende Oktober 1762 brach *Prinz Heinrich* bei *Freiberg in Sachsen* 50 km westlich Dresden auch den letzten sächsischen Widerstand.

1763 – 15. Februar, Frieden von Hubertusburg: Als nun Katharina eindeutig ihr Desinteresse am Krieg zeigte, blieb auch Maria Theresia schweren Herzens – wie sie sagte – nichts anderes übrig, als zu verhandeln. Gut drei Monate später unterschrieben Preußen, Österreich und Sachsen am 15. Februar 1763 den Frieden von Hubertusburg (bei Oschatz in Sachsen). Ohne zusätzliche Gebietsforderungen, wie es bei Siegen sonst allezeit üblich war und ist, ließ sich Friedrich lediglich den Besitz Schlesiens bestätigen. Es gab keine Grenzverschiebungen.

Der Siebenjährige Krieg war der bisher härteste und verlustreichste Krieg der Neuzeit. Mehrere Hunderttausend Soldaten aus Österreich, Ungarn, Sachsen, Preußen, Hannover, Rußland und Frankreich hatten ihr Leben verloren, und viele mehr kehrten als Krüppel heim.

Der *Friede von Paris* im *Nordamerikanischen Kolonialkrieg* wurde ebenfalls im Februar 1763 unterzeichnet. Die Franzosen waren dort die großen Verlierer. Ganz *Louisiana östlich des Mississippi* von der Mündung bis zu den nördlichen Seen (Michigan-Ontario-Eriesee usw.) sowie Kanada entlang des St.-Lorenz-Stromes waren an die Engländer verlorengegangen. Das französische Mutterland hatte durch die Kolonial- und Festlandskriege sowie durch die verschwenderische Mißwirtschaft Ludwig XV. schwer gelitten. Frankreichs Grenzen in Europa blieben aber unangetastet.

Der Sieger war England, denn der Zugewinn auf sein nordamerikanisches Kolonialreich war gewaltig. Es erhielt von Spanien auch die Halbinsel *Florida* im Süden von Nordamerika, und zwar im Tausch gegen die von Frankreich gerade eroberten riesigen Teile von *Louisiana, die* westlich *des Mississippi* lagen. 1800 kaufte Napoleon diesen spanischen Anteil zurück, verkaufte ihn aber bereits 1803 wieder an die USA, weil er dringend Geld für seine Kriege benötigte.

Die „Siegesfeiern" in Berlin: Ende März 1763 kehrte Friedrich heim. Berlin wollte ihn mit Jubel, Musik und Girlanden empfangen. Die Menschen standen geduldig den ganzen Tag, bis es Nacht wurde. Doch Friedrich war nicht zum Feiern aufgelegt, er war heimlich, müde und erschöpft, an einer Stelle in die Stadt geritten, wo ihn niemand erwartete. Er hatte seine Berliner vergeblich ausharren lassen. Erst am nächsten Tag ließ er sich zwei Stunden lang in einem einfachen Zweispänner durch die Stadt fahren, grüßte mit seinem Dreispitz nach beiden Seiten und hinauf zu den vollbesetzten Fenstern der Häuser. Sein Lächeln gab zu erkennen, daß er auch Dankbarkeit empfunden haben muß, denn sieben Jahre lang hatte nicht nur er durchgehalten, sondern tapfer und opferbereit auch die Menschen in Berlin und ganz Preußen.

Am Nachmittag besuchte er in Pankow die Königin. Er hatte seine Gemahlin eine Ewigkeit nicht gesehen, und auch dieser Besuch war nur eine unumgängliche Höflichkeit. Als sie ihm entgegentrat, blieb er – schmal und ausgemergelt in abgetragener Uniform – einige Schritte vor ihr stehen und begrüßte sie mit den Worten: *„Madame sind korpulenter geworden."* Über das weitere Gespräch ist nichts bekannt.

Schon am nächsten Tag begann für den König die Arbeit: 4 Uhr aufstehen, 5 Uhr Frühstück, 6 Uhr Empfang der Ministerialbeamten. So hatte er vor dem Krieg seinen Tagesdienst begonnen, so ging es jetzt nach siebenjähriger Unterbrechung weiter.

Das Erste Deutsche Reich und Europa 1763–1806, dem Jahr der Reichsauflösung

Joseph II. (1741–1790), Deutscher König und Kaiser seit 1765

Schnell lief der Wiederaufbau in den betroffenen Kriegsgebieten an. Die Kriegsschäden in Österreich waren gering und mit denen in Preußen, vor allem in Schlesien nicht zu vergleichen. Das Kriegsgeschehen hatte sich vorwiegend in Preußen abgespielt. Mit vorausseherischer Klarheit und Zweckmäßigkeit durchdachte und bestimmte Friedrich, was notwendig war. Alles ging von seinem Kopf aus, und die Ausführung klappte hervorragend. Bürgermeister, Dorfschulzen und Landräte arbeiteten zusammen, und wer nicht geeignet war, wurde eiligst ausgewechselt. Es war ein gutfunktionierendes Räderwerk.

Was hatte Friedrich 1760 versprochen, als er die Silbermünzen einschmelzen und auf den halben Wert neu prägen ließ? Die Bankhäuser bekamen jetzt Auftrag, den umgekehrten Vorgang einzuleiten. Sowie der wirtschaftliche Erfolg durch Fleiß und Sparsamkeit eintrat, erschienen auch wieder neue *Silberthaler zu vollem Wert.* In wenigen Jahren hatte das „arme Preußen" die gesündeste Wirtschaft und Währung in ganz Europa, und die Staatsfinanzen waren geordnet.

Besonders am Herzen lag dem König das Wohl seiner Soldaten, die mit ihm gekämpft hatten. Die *Invaliden* brachte er in vielen neuen Betrieben unter, für die er Gelder bereitstellte. Ehemalige Korporale machte er zu Schulmeistern in den Dorfschulen, andere nahm er in die Stadt- und Landpolizei auf.

Seit dem Ende des Dreißigjährigen Krieges hatte die Aufstellung von *Polizeieinheiten* (Gendarmerie) in Europa begonnen. Durch die zerrütteten Verhältnisse nach diesem Kriege war damals – besonders im Deutschen Reich – eine solche Einrichtung zur Erlangung der Ordnung ein dringendes Bedürfnis. Die wiedereinsetzende Bevölkerungszunahme mit der Ausweitung der Verwaltungsaufgaben machte die Polizei zu einer bleibenden Notwendigkeit. In Preußen war sie vorbildlich.

Trotz seiner Strenge und Unerbittlichkeit, die der König bei der Durchführung aller Staatsaufgaben walten ließ, war er tolerant und gerecht. Er kümmerte sich um jede größere Gerichtsverhandlung. Dabei neigte er dazu, den einfachen Mann zu bevorteilen. So hatte er manchem Strolch geholfen, der ihn dann im Rückfall enttäuschte. Sprichwörtlich war seine Sparsamkeit, die er von allen verlangte und sich selbst auferlegte.

Damals verbreitete sich das Kaffeetrinken in Europa. Diesen Luxus verbot Friedrich in Preußen, weil das Land für solche Einfuhr kein Geld hatte. Er ließ sogenannte *Kaffeeriecher* durch die Straßen spionieren. Wer beim Kaffeerösten erwischt wurde, mußte empfindliche Strafe zahlen.

Friedrich verbrachte seine seltenen geruhsamen Tage auf Schloß Sanssouci. Er lud sich Gäste zu musikalischen und dichterischen Veranstaltungen ein, aber leibliche Genüsse hielten sich dabei sehr in Grenzen, und die Zahl der Dienerschaft war auf ein Mindestmaß beschränkt.

So lebte Friedrich als Vorbild und war im Lande ungeheuer volkstümlich und beliebt.

Der König hielt die *Armee* auf dem besten Stand bei einer Stärke *von 200 000 Mann*. Niemand hätte gewagt, sich mit Preußen anzulegen, solange er lebte. Friedrich war im Ausland zugleich geachtet und gefürchtet. Mißtrauisch beobachtete er die Ereignisse in Europa, jederzeit bereit, Preußens Interessen zu wahren.

Katharina II. (1729–1796), Zarin von Rußland seit 1762: Katharina stammte aus Deutschland. Als deutsche Fürstentochter im kleinen Anhalt-Zerbst aufgewachsen, war sie mit 16 Jahren an den Zarenhof gekommen, um mit dem deutsch-russischen Thronfolger Peter vermählt zu werden. 15 Jahre lang standen sie und Peter dann unter der Fuchtel der Zarin Elisabeth. Katharina erlernte die russische Sprache und Lebensweise und fühlte sich bald selbst als Russin. Die zügellose Sittenlosigkeit, die ihr Elisabeth vorlebte, übernahm sie ausgiebig. Als dann ihr geistig beschränkter Gemahl 1762 Zar Peter III. wurde, sorgte sie dafür, daß er schon nach einem halben Jahr gestürzt wurde, um dann selbst Zarin zu werden. Die geplante Ermordung Peters hätte sie verhindern können, tat es aber nicht. Als Zarin wurde sie bald „die Große" genannt, denn Rußland nahm unter ihrer Regierung an Macht und Ausdehnung beträchtlich zu. Auch die Förderung der Wirtschaft lag ihr am Herzen, wozu sie deutsche Handwerker und Bauern herbeirief. So wurden aus Mitteldeutschland weit über 100 000 Menschen an der unteren Wolga bei *Saratow und Samara* angesiedelt. 1914 war dort die Zahl der Wolgadeutschen auf über 600 000 angewachsen. Kriege gegen das Reich und Österreich führte Katharina nicht. Ihre deutsche Herkunft soll sie nie vergessen haben.

Im *Türkenkrieg (1768–1774)* eroberte Katharina einen Teil der *Nordküste des Schwarzen Meeres* zwischen *Bug* und *Dnjepr*, später (1787–1792) die ganze Küste bis zum *Dnjestr* und die Halbinsel *Krim*. Ihr ehrgeiziges Ziel, den *Bosporus* zu erreichen, gelang ihr allerdings nicht annähernd.

Dafür aber gedachte sie sich an Polen schadlos zu halten. König von Polen war der Sohn Augusts des Starken, der Gegner Preußens und sächsischer Kurfürst August II. (gest. 1763), gewesen. Der letzte polnische König war dann seit 1763 *Stanislaus II. Poniatowski* (gest. 1795). Er war einer der zahlreichen Geliebten der Zarin, von ihr eingesetzt und völlig abhängig. Das bekam seinem Lande schlecht, denn es wurde bald mehrmals geteilt und ging mit seinem Tode 1795 als Staat völlig unter.

Vor der ersten Teilung war *Polen allerdings ein Vielvölkerstaat* von einer Ausdehnung größer als das Deutsche Reich. Nur etwa ein Fünftel der Fläche bewohnten Polen, der große Rest bestand aus Ukrainern, Weißrussen, Esten, Letten und Litauern und im Westen auch Deutschen. Dieser Staat war als Zufallsgebilde zwischen dem sich streitenden Westen und dem aufkommenden Osten entstanden. Seit 1587 fast immer waren Nicht-Polen die Könige im Lande gewesen. Innere Adelsaufstände, Revolten der mehr oder weniger beherrschten Völker oder Kriege, die sich die Nachbarstaaten auf dem Gebiet Polens lieferten, wechselten dauernd ab und veränderten die Grenzen. Die Bevölkerung lebte in erbärmlicher Armut und Verwahrlosung stumpf dahin, wovon nur die deutsche Minderheit abstach, weil diese ihrem Wesen nach mit Fleiß die Ordnung so gut wie möglich aufrechterhielt.

Nachdem nun auch Rußland zu einer bedeutenden Macht geworden war, konnte es nur mehr eine Frage der Zeit sein, wann das schwankende und unsichere Staatsgebilde, welches man Polen nannte, in seiner derzeitigen Form verschwinden mußte.

Die 1. Teilung Polens 1772: Katharina wollte am liebsten das ganze Gebiet dem Russischen Reich einverleiben, was natürlich sofort Österreich und Preußen auf den Plan rief. In Berlin und Wien hatte man keineswegs die Absicht, ganz Polen von der Landkarte verschwinden zu lassen. Schließlich einigte man sich auf folgende Lösung: Rußland bekam die Provinz Weißrußland, also das riesige Gebiet östlich der Flüsse Düna und Dnjepr. Galizien mit der Stadt Lemberg, fast so groß wie Weißrußland, ging an Österreich. Das kleinste Stück, bestehend aus Pommerellen *(= Westpreußen)* mit dem *Netze-Distrikt,* das *Ermland,* die Städte *Bromberg, Kulm, Danzig* und *Elbing,* wurden preußisch. Bis auf Bromberg gehörte das alles seit 1309 dem Deutschen Ordensstaat. In Stadt und Land Danzig war 1772 die Bevölkerung rein deutsch und in Pommerellen gemischt.

Schon 1740 hatte der erwähnte, mit Frankreichs Hilfe kurzfristig eingesetzte polnische König Stanislaus I. zu einer Zeit, da er schon lange kein König mehr war, bei Friedrichs Regierungsantritt versucht, mit dessen Unterstützung den polnischen Thron doch noch wiederzugewinnen. Als Gegenleistung hatte er die überwiegend deutsch besiedelte Provinz Westpreußen (Pommerellen und Danzig) angeboten. Doch konnte Friedrich damals nicht darauf eingehen, weil Rußland ablehnte. Bis 1772 hatte sich allerdings einiges geändert.

1766 war übrigens Stanislaus I. im hohen Alter gestorben. Es sei hier nochmals erinnert, daß er Herzog von Lothringen geworden war, nachdem er Polen nicht hatte halten können. Infolge der schon beschriebenen Länder-Schieberei erbte nun Frankreich sang- und klanglos das uralte deutsche Herzogtum *Lothringen.* Friedrich konnte daran nichts ändern, denn er war voll mit dem Osten beschäftigt.

Für Friedrich war nun Westpreußen ein ungeheuer wichtiger Gewinn, denn die Provinz Ostpreußen war jetzt mit dem übrigen Staat fest verbunden.

Sofort begann der König in der neuerworbenen Provinz den großen, fast unbewohnten *Netze-Distrikt,* ein Sumpfgebiet von etwa 100 km Länge und 50 km Breite, trockenzulegen; er gewann damit in wenigen Jahren ein fruchtbares Land. Tausende von deutschen Bauern wurden in vielen neuerrichteten Dörfern angesiedelt. Die übrige vielfach verkommene Provinz machte er in wenigen Jahren zu einem Musterland. Noch nie war es den Menschen dort so gut gegangen.

Bald nach dem Ende des Siebenjährigen Krieges 1765 war Maria Theresias Gemahl, Kaiser Franz I., gestorben. Die Kurfürsten – diesmal auch Friedrich in seiner Eigenschaft als Kurfürst von Brandenburg – wählten 1765 den ältesten Sohn von Franz und Maria Theresia als *Joseph II.* (1741–1790) zum Deutschen Kaiser. Die Mutter erkannte ihn zugleich als Mitregenten in den habsburgischen Erblanden an, wobei er bald die bestimmende Kraft wurde.

Joseph II. war außerordentlich aktiv und voller Pläne. Die Erweiterung der habsburgischen Macht betrieb er eifrig. Auch war er Anhänger des *aufgeklärten Absolutismus,* worin er Friedrich zu übertreffen trachtete. Im Inneren versuchte er eine überstürzte Reformpolitik, weshalb er mit seiner Mutter oft in Gegensatz geriet. Sie war für ein maßvolleres Vorgehen. Immerhin waren sich beide einig über die Neuordnung der Verwaltung in Österreich und Böhmen, beim Verbot der Folter und bei der Milderung der bäuerlichen Leibeigenschaft, was alles in Preußen von Friedrich schon längst eingeleitet worden war.

Mit der 1. Teilung Polens zeigte sich Joseph II. sehr einverstanden, während sich

Maria Theresia „aus moralischen Gründen"zuerst dagegen spreizte, schließlich aber mitmachte. Dies veranlaßte Friedrich zu der spöttischen Bemerkung: *„Sie weinte, aber sie nahm."*

1775 erreichte Joseph II. von der Türkei die Abtretung des *Buchenlandes (Bukovina)*, das sich südöstlich an *Galizien* anschließt. Joseph ließ Siedler aus dem Reich kommen, die dort eine ergiebige Landwirtschaft aufbauten.

Friedrich II. vereitelte die Inbesitznahme Baierns durch die Habsburger 1778/79 und 1785: 1777 starb in Baiern die Wittelsbacher Linie aus, was Joseph II. zu dem Versuch verleitete, einen Teil Baierns dem habsburgischen Besitz zuzuschlagen. Das führte wieder einmal zu einem *Erbfolgestreit, dem Bairischen* (1778/79), der zum Glück unblutig verlief: Joseph besetzte Niederbaiern und die Oberpfalz, also etwa ganz Baiern nördlich der Donau, außerdem das sog. *Innviertel* mit der Stadt *Braunau* südlich des Inn. Doch Friedrich, der von Joseph auch überrascht worden war, erklärte sofort den Krieg und setzte sein Heer nach Süden in Bewegung. Daraufhin räumte Joseph kampflos die besetzten bairischen Gebiete. Im *Frieden von Teschen* in Oberschlesien 1779 erhielt Österreich zwar das Innviertel, aber Friedrich hatte Baiern gerettet.

Der Hauptanwärter auf das bairische Erbe, Kurfürst *Karl Theodor* (1724–1799) von der Pfalz, wurde nun auch Kurfürst von Baiern. Seitdem gehörte die linksrheinische Pfalz zu Baiern.

1780 starb Maria Theresia in Wien 63 Jahre alt. 40 Jahre lang hatte sie maßgeblich die Geschichte Europas und besonders des Deutschen Reiches beeinflußt. Es war ihr Schicksal, daß diese zweifellos bedeutende Frau den größten Teil ihrer Energie im Kampf um Schlesien gegen Friedrich den Großen verbrauchte, anstatt sich mit ihm zu einigen.

1785 versuchte Joseph nochmals Baiern zu erwerben, und zwar durch Austausch gegen die habsburgischen Niederlande (Belgien). Dieses Geschäft schlug er dem Kurfürsten Karl Theodor vor, und der sollte auch dazu noch die Königswürde erhalten. Abermals trat Friedrich gegen solche Pläne auf, indem er den sog. *„Fürstenbund"* zusammenbrachte, der aus den meisten deutschen Reichsfürsten bestand und der diese Hausmachtpolitik Kaiser Josephs innerhalb des Reiches blockierte. Wieder hatte Friedrich Baiern erhalten.

Friedrichs des Großen Tod 1786: Friedrich starb im August 1786 in seinem Schloß Sanssouci im Alter von 74 Jahren. Er hatte Preußen zu einer der europäischen Großmächte emporgekämpft und erarbeitet. Durch seine Heldentaten entstand ein neues deutsches Nationalbewußtsein, zwar noch ohne klar erkennbares Ziel, doch ahnungsvoll in allen deutschbesiedelten Teilen des Reiches.

An Bewunderern hat es ihm bis zum heutigen Tage im In- und Ausland nie gefehlt. Eine große Zahl von Anekdoten laufen seit 200 Jahren über diesen außerordentlichen Herrscher im Volke um, die Kunde von seiner Menschlichkeit und Beliebtheit geben.

Friedrichs letzte Lebensjahre waren durch eine sich steigernde Vereinsamung gekennzeichnet. Seine alten Mitstreiter und Generäle waren fast alle nicht mehr am Leben. Mit Bruder Heinrich verband ihn nichts mehr. Nur sein Leibdiener – und die geliebten *Windspiele*, eine kleine Windhundrasse, waren bei ihm geblieben. Nach ihrem Tode ließ er die Hunde unter den Platten der Terrasse von Sanssouci begraben.

Trotzdem hatte er die Staatsgeschäfte eifrig von Sanssouci aus weiterbetrieben. Z. B. brachte er noch wenige Monate vor seinem Tode den „Fürstenbund" gegen Josephs unsichere Baiernpläne zusammen. „Es ist nicht wichtig, wie ich lebe, wohl aber daß ich tätig bin!" so sagte er.

Friedrich der Große fand seine Ruhestätte in der Potsdamer *Garnisonskirche* neben seinem Vater, dem Soldatenkönig. Beide liegen in einfachen unscheinbaren Särgen, wie sie auch persönlich anspruchslos gelebt hatten. Das Schicksal gönnte ihnen in Potsdam keinen Frieden, denn 1944 im Zweiten Weltkrieg mußten ihre Särge nach der Schloßkapelle der Stammburg ihres Geschlechts auf *Schloß Hohenzollern* hoch über der Schwäbischen Alb überführt und in Sicherheit gebracht werden. Die Kapelle wurde bei einem Erdbeben 1978 stark beschädigt, doch bald wieder hergestellt.

Kaiser Josephs II. großangelegte Reformpläne für die Habsburger Länder: Joseph wurde 1788 durch ein Bündnis mit Rußland in einen erfolglosen Türkenkrieg verwickelt. Es ging den Russen um weiteres Vordringen am westlichen Schwarzen Meer, dem Kaiser um Absicherung seiner Reformpläne.

Er verfolgte das weitgesteckte Ziel, aus seinem Reich einen zentralistisch verwalteten Staat mit deutscher Staatssprache zu formen. Auch gründete er in den neuerworbenen Gebieten überall deutsche Siedlungen.

Im *„Toleranzpatent"* von 1781 hatte er schon Religionsfreiheit verkündet und von 2000 Klöstern ein Drittel aufgehoben. Die dadurch freigewordenen Kloster- und Kirchengüter verfielen der *Säkularisation*, das bedeutete die Umwandlung in weltlichen Besitz. Der Papst in Rom, *Pius VI.*, (gest. 1799) protestierte. Er versuchte überhaupt gegen den reformfreudigen Joseph mit uralten Argumenten anzugehen und stellte Forderungen wie zu Zeiten des Investiturstreites im Mittelalter. Joseph drohte dagegen mit dem Schisma, also mit Kirchenspaltung. Aber die katholische Kirche mitsamt dem Papsttum war kraftlos geworden. Viele Italiener sehnten den Kaiser herbei, als hätte es nie den mörderischen Streit zwischen dem Papsttum und den deutschen Kaisern 600 Jahre früher gegeben. Diesmal tat der Papst einen „Canossagang" und suchte einzulenken. 1784 schloß man ein *Konkordat*. In diesem Vertrag überließ der Papst dem Kaiser die Wahl seiner kirchlichen Mitarbeiter endgültig, und der Kaiser stellte daraufhin die Auflösung der Klöster ein. Katholische Aufstände in Ungarn sowie im mittelbelgischen Brabant brachen nach Abschluß des Konkordats von selbst zusammen.

Joseph II. starb plötzlich 1790 im Alter von erst 49 Jahren in Wien. Leider kam sein Tod viel zu früh, denn sein Werk stand erst am Anfang. – Weitere sechs Jahre später *1796 verstarb* auch Zarin *Katharina II.* die Große in Zarskoje Selo bei St. Petersburg.

Friedrich Wilhelm II. (1744–1797), König von Preußen und Kurfürst von Brandenburg seit 1786

Der neue preußische König Friedrich Wilhelm II. war der Sohn von Friedrichs des Großen Bruder, des Thronfolgers August Wilhelm, der während des Siebenjährigen Krieges 1758 starb. Der *„Dicke Wilhelm"*, wie man den König nannte, war das Gegenstück zu seinem großen Oheim: Träge, faul, verschwenderisch, sittenlos. Zweimal war er rechtmäßig verheiratet, und zweimal ließ er sich zur linken Hand trauen. (Julie v. Voß und Gräfin Dönhoff). Auch einige Geliebte hielt er sich in aller Öffentlichkeit (u. a. Wilhelmine Enke). Dabei war er gutmütig und wurde kräftig von den Weibern ausgenutzt und von den Männern geschröpft.

Auch kamen nach französischem Vorbild Salons auf, von Damen aufgezogen, wie z. B. von Henriette Herz, einer Rahel Levin oder einer Dorothea Veit, Tochter des jüdischen Denkers Moses *Mendelssohn.*

Friedrich der Große hatte seinen Nachfolger kennengelernt. So war es verständlich, daß er an der Zukunft schier verzweifelte, wenn er sich seine geordneten Finanzen und die beste Armee Europas unter diesem Neffen vorstellte. 57 Millionen Reichsthaler an Staatsgeldern hinterließ Friedrich, damals eine ungeheure Summe.

Die Französische Revolution 1789–1794

In Paris war 1774 auf den leichtlebigen Ludwig XV. dessen Enkel als *Ludwig XVI.* (1754–1793) französischer König geworden. Er wurde mit Maria Theresias jüngster Tochter *Maria Antoinette* (1755–1793) vermählt – er im Alter von 16, sie mit 15 Jahren. Ludwig XVI. war nicht klüger als sein Vorgänger und lebte genauso leichtsinnig weiter.

Um sich an England zu rächen, unterstützte er die Amerikaner im Unabhängigkeitskrieg gegen England, was die französischen Staatsfinanzen noch mehr zerrüttete.

Maria Antoinette gefiel das lockere Leben am Pariser Hof sehr, weshalb sie die Ermahnungen ihrer Mutter aus Wien zur Mäßigung in den Wind schlug. Sie geriet in den Betrugsskandal, der als *„Halsbandaffäre"* in die Geschichte einging: Ein Kardinal Prinz Rohan war bei Hofe in Ungnade gefallen. Eine Gräfin und der berüchtigte italienische Abenteurer Graf *Cagliostro* (gest. 1795) veranlaßten den Kardinal zu dem Plan, die Königin mit einem enorm kostbaren Halsband zu bestechen, um die Gunst bei Hofe zurückzuerlangen. Die Gräfin und Cagliostro jedoch hatten die Diamanten des Schmuckstückes für die eigene Tasche nach England verkauft. Als dann der Lieferant des Halsbandes bei Hofe die Bezahlung forderte, kam der Schwindel auf. Der Kardinal, die Gräfin und der Italiener wurden verhaftet. Maria Antoinette hatte von dem Spiel kaum eine Ahnung gehabt. Aber in Frankreich wirbelte der Skandal ungeheuren Staub auf, und das Volk glaubte der schon längst unbeliebten Königin kein Wort. Nach fast 100jähriger Mißwirtschaft war der beschriebene Betrugsfall nur einer der letzten Tropfen, die das Faß zum Überlaufen bringen sollten.

Am 14. Juli 1789 brach in Paris die große Revolution mit der *Erstürmung der Bastille*, des Staatsgefängnisses, aus. Man wollte die armen, ungerecht festgehaltenen Gefangenen befreien. Aber man fand keine. Es sollen nur drei oder vier Verbrecher eingesessen haben. Eine andere Quelle berichtete sogar nur von einem Einzigen. Trotzdem ist der *14. Juli* seitdem der *Nationalfeiertag der Französischen Republik.*

Der *„Dritte Stand"* gab nun den Ton an, und unter Führung des Grafen *Mirabeau* (gest. 1791) wurde ein *Nationalkonvent* (parlamentarische Versammlung) errichtet. Mirabeau verfolgte eine gemäßigte Richtung unter Beibehaltung einer *konstitutionellen Monarchie.* Das hieß, daß die Königsrechte vom Willen der Volksvertretung in einer Verfassung festgelegt werden sollten, ähnlich dem parlamentarischen englischen Vorbild. Ludwig XVI. bestätigte alles, was man von ihm verlangte. Zuerst wurden die *„Menschenrechte"* verkündet, also *„Gleichheit, Freiheit, Brüderlichkeit"*, wie es überall als Kampfruf ertönte. Das hatte zur Folge, daß alle Vorrechte des Adels und der Geistlichkeit aufgehoben und die reichen *Kirchengüter verstaatlicht* wurden. Papst *Pius VI.* in Rom war völlig machtlos. In Österreich war die katholische Kirche mit dem Konkordat wesentlich glimpflicher davongekommen.

Im April 1791 starb Graf Mirabeau, und sofort regten sich im Nationalkonvent die *„Girondisten"*, die statt der Monarchie die Republik anstrebten. Die Radikalisierung nahm überhand, weshalb im Juli ein *Fluchtversuch* der königlichen Familie unternommen wurde.

Wegen sehr dilettantischer Ausführung wurden die Flüchtlinge jedoch erkannt und mit Schimpf und Schande unter dem Gejohle des Pöbels ins königliche Schloß, die Tuilerien, zurückgebracht, wo sie hinfort unter strengem Hausarrest standen. Trotzdem konnten Geheimverhandlungen mit dem Wiener Hof aufgenommen werden, wobei Maria Antoinette die treibende Kraft war. Der König aber blieb völlig apatisch.

In Wien und Berlin beschloß man, militärisch einzugreifen und „den Spuk in Paris hinwegzufegen". Als man dort von derartigen Vorbereitungen hörte, erklärte *Frankreich im April 1792 an Österreich den Krieg.*

Um den König endgültig loszuwerden, erfolgte im August der *Sturm auf die Tuilerien.* Ludwig XVI. wurde abgesetzt und die *Republik* ausgerufen. Anschließend verurteilte ihn der Nationalkonvent als *„Monsieur Capet"* wegen Hochverrats zum Tode. „Capet" sollte der bürgerliche Name Ludwigs als Nachkomme des ersten französischen Königs Hugo Capet (gest. 996) aus dem Hause der Capetinger sein.

Im Januar 1793 fand die öffentliche *Hinrichtung durch die Guillotine* (Fallbeil) statt. Im Oktober des gleichen Jahres holte man auch *Maria Antoinette* aus dem Massengefängnis, wo sie seit Monaten eingesperrt worden war. Der Schinderkarren brachte sie unter dem Gejohle des Mobs zur Richtstätte und Enthauptung.

Im Nationalkonvent wurden die Girondisten durch die noch radikaleren *„Jakobiner"* ab September 1793 schwer bedrängt und schließlich überstimmt. Die maßgebenden Männer im Jakobinerklub waren die Revolutionäre *Marat* (1793 erstochen), *Danton* (1794 geköpft) und der Anwalt *Robespierre* (1794 enthauptet).

Die erste große Bluttat verübten diese Ultralinken 1792 mit den *„Septembermorden"*: Alles, was gewagt hatte, andere politische Ansichten zu äußern, als die Jakobiner sie hören wollten, steckte man in Gefängnisse. Jetzt war die Bastille mit Menschen überfüllt. Im September wurden Tausende von Adeligen, Priestern, Kaufleuten, Handwerkern und Arbeitern hingerichtet. Das sog. Revolutionstribunal täuschte echte Prozesse vor, „verurteilte" aber jeden Tag eine bestimmte Anzahl von Opfern, wobei diese willkürlich von Listen abgezählt wurden. Nur durch Bestechung gelang es, einzelne Personen auszulassen.

Ein Arzt namens Guillotin machte sich durch die Erfindung des Fallbeils unsterblich: Es sollte sicher, schnell und „human" töten, was auch tatsächlich der Fall war, denn andere Hinrichtungsarten wie Hängen, Köpfen durch das Schwert, Verbrennen, Erschießen usw. waren oft mit Quälereien verbunden.

Anfangs 1793 waren im Nationalkonvent nach einer „Wahl" die Jakobiner unbestritten tonangebend, was bewirkte, daß man nun auch fast alle Abgeordneten und Anhänger der Girondisten, soweit man sie fand, unter die Guillotine schleppte.

Marat fiel als führender Jakobiner im Juli 1793 aus, weil ihn eine Fanatikern im Bade erstochen hatte. Doch Danton und Robespierre machten sich die Führungsrolle streitig.

Einer mußte fallen. Im April 1774 endete Danton unter dem Fallbeil. Nun war *Robespierre der Diktator Frankreichs.* Er hielt großartige Reden und verfaßte programmatische Schriften, die auf dem Gedankengut des Dichters Jean Jacques *Rousseau* (1712–1778) beruhten.

In vielen Gebieten Frankreichs begannen nun Aufstände gegen die Jakobinerherrschaft, die Robespierre durch Massenhinrichtungen niederzuhalten suchte. Doch Ende Juli 1794 kam es auch zu einer Verschwörung im Konvent, und schon am nächsten Tag rollte Robespierres Kopf in den Korb neben dem Fallbeil.

Damit war die Schreckensherrschaft des Jakobinerklubs beendet. In fast zwei Jahren hatte man Zehntausende von Menschen hingerichtet.

Im Konvent herrschten nun die gemäßigten *„Republikaner"*. Ordnung und Wirtschaft im Lande waren zusammengebrochen. Zu Beginn der Revolution hatte man 1790 neues Papiergeld herausgegeben, die sogenannten *„Assignaten"*. Sie waren in beliebigen Mengen gedruckt worden, ohne daß schließlich noch der geringste Gegenwert vorhanden war. Das bedeutete totale Inflation oder *Staatsbankrott.* Der Konvent erarbeitete und verkündete im Herbst 1795 eine neue Verfassung: Ein *Direktorium von fünf Mitgliedern* bildete die Regierung.

An den europäischen Höfen hatte sich Schrecken und Empörung erhoben, als in Frankreich die Republik ausgerufen und die Hinrichtung des französischen Königspaares bekanntwurde. Das Volk außerhalb Frankreichs jedoch zeigte kaum Interesse oder gar Aufregung: „Was sollte es schon schaden, wenn so ein verlotterter Monarch, seine leichtsinnige Frau und der zahlreiche Anhang umgebracht wurden? An anderen Höfen herrschten ja ähnliche Verhältnisse wie in Paris nun schon seit 100 Jahren. Auch der *‚Dicke Wilhelm'* in Berlin ist nicht besser." Solche Auffassungen machten in Europas Völkern die Runde.

Aber den Preußen und den Deutschen steckte der Geist Friedrichs noch in den Knochen. Sie eigneten sich nicht zu Revolutionären.

Leopold II. (1747–1792), Deutscher König und Kaiser seit 1790

Kaiser Joseph II. in Wien hatte zwar noch die Anfänge der Revolution von Paris erlebt, aber schon ein halbes Jahr später, im März 1790, war er gestorben. Der Bruder folgte als Kaiser Leopold II. Seine Aufgabe bestand zunächst darin, die ungarischen und belgischen Kirchen-Unruhen beizulegen, indem er einen Teil der übereilten Reformen seines Bruders rückgängig machte. Auch aus dem Türkenkrieg, in den sich Joseph im Bunde mit Rußland hatte verwickeln lassen, konnte er sich mit Geschick 1791 herauslösen.

Als Leopold von der mißglückten Flucht der Familie seiner Schwester aus Paris und von deren Hilferufe hörte, erkannte er, daß dort wirklich grundlegend gefährliche Entwicklungen im Gange waren. Mit Preußens König Friedrich Wilhelm II. schloß er – wie gesagt – ein Bündnis mit dem Ziel, auf kriegerischem Wege der Revolution ein Ende zu bereiten und das Königtum in Frankreich zu retten. Doch wenige Wochen danach im März 1792 starb Kaiser Leopold II. in Wien, so daß er die französische Kriegserklärung vom April 1792, die Ausrufung der Republik in Paris sowie die Hinrichtung seiner Schwester nicht mehr erlebte.

Franz II. (1768–1835), letzter Deutscher König und Kaiser von 1792 bis 1806 – Kaiser von Österreich seit 1804 als Franz I.

Der neue Kaiser war ein Enkel Maria Theresias. Noch einmal erfolgte in Frankfurt eine Wahl durch die Kurfürsten. Kaiser Franz II. sollte der letzte Kaiser des Ersten Deutschen Reiches sein.

Der 1. Koalitionskrieg gegen das revolutionäre Frankreich 1792–1797 und die Friedensschlüsse von Basel 1795 und Campoformio 1797: Bei seinem Regierungsantritt befanden sich Österreich und Preußen als Verbündete im Kriegszustand mit Frankreich. Dieser 1. Koalitionskrieg gegen die Französische Republik begann mit dem Einmarsch einiger preußisch-österreichischer Regimenter nach Frankreich. Bei Valmy westlich Verdun wurde eine revolutionäre gleichgroße Einheit eingeschlossen und bombardiert. Nach dieser mehrstündigen *„Kanonade von Valmy"* im September 1792 zogen die Verbündeten wieder ab. Warum? Die Franzosen hatten einen Ausfall gewagt. Deshalb hielt es der Befehlshaber, der alt gewordene Herzog *Ferdinand von Braunschweig*, für richtig, sich besser auf nichts Gefährliches einzulassen. Was war in sechs Jahren aus Friedrichs herrlicher Armee geworden? Europa wollte es nicht glauben, und die Französische Republik hatte einen „gewaltigen Sieg" errungen.

1793 traten dem österreichisch-preußischen Bündnis auch England, die Niederlande und Spanien bei, alle in der Hoffnung, mit Übermacht die Franzosen zu besiegen.

In dieser Zeit führte Frankreich die allgemeine *Wehrpflicht* ein, und der General Graf *Carnot* (gest. 1823) stellte große *Volksheere* auf. Das geschah alles unabhängig von den unglaublichen und blutigen Vorgängen in Paris und anderen Städten Frankreichs.

Im Juni 1794 griffen die Franzosen an und eroberten in wenigen Monaten das habsburgische Belgien, die Niederlande und schließlich alle Ländereien entlang des linken Rheinufers.

Im April 1975 schloß König *Friedrich Wilhelm II.* von Preußen mit Frankreich den *Sonderfrieden von Basel.* Darin wurde Frankreich die *Rheingrenze* zugestanden, und Preußen verzichtete auf seine westrheinischen Besitzungen Kleve, Geldern und Krefeld.

Kaiser Franz jedoch kämpfte weiter. Daraufhin drangen die Franzosen 1796 unter den Generälen Jourdan und Moreau über den Rhein weiter nach Deutschland vor. Doch Erzherzog *Karl*, Sohn Leopolds II., schlug sie im Juni bei *Wetzlar*, im August bei *Amberg*, im September bei *Würzburg* und trieb sie über den Rhein zurück.

Unter dem Zwang dieser Mißerfolge ernannte das Direktorium in Paris den erst 27-jährigen Offizier *Napoleon Bonaparte* zum General. Dieser beabsichtigte, in einem neuen Feldzug durch Norditalien in Österreich einzudringen. Im Sommer 1796 zog er durch das habsburgische Herzogtum Mailand, besiegte die Österreicher im Herbst in vier Schlachten und konnte im Februar 1797 die wichtige Festung *Mantua* zur Übergabe zwingen. Der Weg nach Österreich war frei.

Bei Leoben in der Steiermark gab Kaiser Franz II. im April auf. Man verhandelte bis in den Herbst und schloß den *Frieden von Campoformio* im Oktober 1797. Österreich mußte darin auch den französisch-preußischen Frieden von Basel anerkennen, das hieß, den Rhein als französisch-deutsche Grenze. Österreich gab Belgien und das Herzogtum Mailand/Mantua, also die Lombardei, auf. Die Adelsrepublik Venetien wurde geteilt, und das Gebiet westlich der Etsch kam unter französichen Machtbereich. Dafür erhielt Österreich den östlichen Teil von Venetien mit der Stadt *Venedig,* der Halbinsel *Istrien,* der Stadt *Triest* und *Dalmatien,* einen Streifen zwischen der Adriaküste und der Westgrenze des türkischen Reiches.

So war die Republik *Venetien* sang- und klanglos als Staat untergegangen. Seit dem 10. Jahrhundert hatte sie – ursprünglich unter den Namen „Republik von San Marco" – eine bedeutende Rolle im Mittelmeergebiet gespielt, vorübergehend unter Oberhoheit des Deutschen Reiches. Damit endete der 1. Europäische Koalitionskrieg gegen das revolutionäre Frankreich mit dessen überragendem Sieg. Der Traum *Ludwigs XIV.*, die Rheingrenze zu gewinnen, war erfüllt und darüber hinaus auch die Eroberung der gesamten Niederlande sowie der Lombardei zwischen den Flüssen Etsch und Po.

Werfen wir einen Blick zurück in die Vergangenheit: All diese Gebiete, die das revolutionäre Frankreich mit einem einzigen Anlauf überrannte und eroberte, waren Länder, die das Erste Deutsche Reich 800 Jahre lang erbittert und mit wechselndem Erfolg verteidigt hatte.

Bonaparte kam fürwahr mit vollen Händen nach Paris zurück.

Den gesamten deutschen Fürstenbesitz links des Rheins zog Frankreich ein. Um aber die betroffenen Adelsfamilien trotzdem bei der Stange zu halten, sorgte Napoleon für deren Entschädigung: Viele rechtsrheinische geistliche Fürstentümer und Reichsstädte wurden enteignet und deren Ländereien auf dem Wege der *Säkularisierung* den bisher linksrheinischen Herren übereignet. 1803 bestätigte der Regensburger Reichstag diesen Vorgang *(Reichsdeputations-Hauptschluß).*

Doch zurück nach Preußen und zu seinem merkwürdigen König Friedrich Wilhelm II.: 1791 starb die Nebenlinie der Hohenzollern in der Markgrafschaft *Ansbach/Bayreuth* aus. Erbe war der König von Preußen. Gegen das neue Frankreich hatte dieser schnell aufgegeben, und zwar aus guten Gründen: Einerseits gab es keinen brauchbaren Heerführer in seiner Armee, andererseits hatte er die Möglichkeit, im Osten auf unkriegerische Weise neue Provinzen zu gewinnen. – Polen stand – wie berichtet – völlig unter russischem Einfluß.

Die 2. Teilung Polens 1793: Katharina II. schlug 1793 Preußen diese erneute Teilung vor, worauf *Friedrich Wilhelm II.* sofort einging. Die Zarin nahm die gesamte *Ukraine,* die bis zum Schwarzen Meer reichte, und gründete die Stadt *Odessa.* Außerdem nahm sie sich den Rest von *Weißrußland* und Teile von *Schwarzrußland* zwischen der Düna und dem Pripjet. Preußen bekam *Posen,* in dessen Westteil schon viele Deutsche wohnten, sowie das *Wartheland.*

Die 3. Teilung Polens 1795: Als Katharina ihren Günstling Stanislaus Poniatowski, den sie zum letzten König von Polen gemacht hatte, durch einen anderen Geliebten ablöste, verfügte sie die endgültige Auflösung Polens, und zwar diesmal im Einverständnis mit Österreich und Preußen. Litauen mit Kurland und dem Rest von Weißrußland mit der Stadt Brestlitowsk kamen an Rußland. Preußen erhielt *„Neu-Ostpreußen"* zwischen Ostpreußen und der Weichsel mit Stadt und Land *Warschau.* Österreich schließlich nahm den Rest von Polen beiderseits der oberen Weichsel, *„Kleinpolen"* genannt.

Unter diesen Umständen fiel Friedrich Wilhelm II. der Verlust von Kleve, Geldern und Krefeld links des Rheins nicht schwer. Allein das ererbte Ansbach/Bayreuth war dreimal so groß. Und nun waren noch die neuen Ostgebiete dazugekommen, nicht kleiner als die Hälfte seines bisherigen Königreiches.

Ein Jahr nach Polens Auflösung starb Katharina II. – Als auch Friedrich Wilhelm II. 1797 in Berlin das Zeitliche segnete, mußte er in Preußen als erfolgreicher König anerkannt werden. Außerdem hatte er als Lebenskünstler, umgeben von schönen Frauen, die 57 Millionen Thaler der Staatskasse gerade restlos verjubelt. Beliebt war er im Volke auch, denn er war freundlich und großzügig zu jedermann. Daß er mit nur 53 Lebensjahren abtrat, war gut für ihn, denn was hernach kommen sollte, war nicht dazu angetan, Freude zu bereiten. Doch wohlgemerkt: Friedrich Wilhelm war schuldlos an den folgenden Ereignissen. Und wenn die preußische Staatskasse gefüllt gewesen wäre, hätte sich nur der Feind ob einer solchen Beute ins Fäustchen gelacht.

Friedrich Wilhelm III. (1770–1840), König von Preußen seit 1797, Kurfürst von Brandenburg bis 1806

In dieser Zeit trug die Hauptsorge um Österreich und das Deutsche Reich, soweit davon überhaupt noch gesprochen werden konnte, Kaiser *Franz II.* in Wien. Die Gebietsverluste des Reiches und an habsburgischem Besitz im Westen und Süden waren enorm. Andererseits hatte es Landgewinne an der östlichen Adria und in Polen außerhalb der Reichsgrenzen in beträchtlichem Ausmaße gegeben. Die verlorenen reichen und hochentwickelten westrheinischen Länder konnten aber durch die erbärmlich armen und rückständigen polnischen und dalmatinischen Provinzen nicht ausgeglichen werden. Diese sahen nur auf der Landkarte nach etwas aus. Was sollte Österreich mit *Galizien* anfangen, wo nur feindlich gesinnte Polen wohnten? Die Zeiten, in denen die ehemals ostgermanischen, dann slawisch-heidnischen Länder mit Hilfe von Klöstern und deutschen Mönchen oder Ordensrittern urbar gemacht und der deutschen Kultur zurückgewonnen wurden, waren längst vergangen. Es bestand kein starkes Reich mehr, welches ähnliche Vorhaben absichern konnte. Die Herrschaft über solche Gebiete konnte nicht von langer Dauer sein.

Vor den gleichen Problemen wie Österreich stand auch Preußen mit dem neugewonnenen südlichen Wartheland, Neu-Ostpreußen und Warschau. Nicht so allerdings mit der Provinz Posen, wo schon viele Deutsche seit altersher lebten.

Der neue preußische König Friedrich Wilhelm III. war weder ein Mann wie Friedrich der Große, der sich mit Pioniergeist der neuen Provinzen oder wenigstens Posens angenommen hätte, noch so leichtlebig wie sein Vater.

Man hatte große Hoffnungen auf ihn gesetzt, denn er war gebildet und ordnungsliebend. Äußerlich gut aussehend, hatte er sich 23jährig mit der schönen, siebzehnjährigen Prinzessin *Luise von Mecklenburg-Strelitz* vermählt. Doch wurde bald deutlich, daß der junge König unsicher, entschlußlos und sogar melancholisch war. Er ließ alles laufen wie bisher, und sein Vater hatte vieles verkommen lassen. Die überaltete Armeeführung in Ordnung zu bringen, wäre das Wichtigste gewesen. Friedrich Wilhelm III. tat gar nichts.

Trotzdem wirkte sich seine Entschlußfähigkeit vorerst nicht negativ für Preußen aus. In der 2. *Koalition*, die sich 1798 gegen Napoleon bildete, blieb er neutral, ein Zustand, den er bis 1805 aufrechterhalten konnte. Ganz im Gegensatz zum König war Königin

Luise (1776–1810) von einzigartiger Wirkung in Preußen und ganz Deutschland. Sie wurde bald zum Symbol des nationalen Durchhaltens und zum Inbegriff der *„deutschen Frau"*. Der *Luisenbund*, der später gegründet wurde, war über ganz Deutschland verbreitet und bestand 120 Jahre nach ihrem Tode noch immer.

Napoleon Bonaparte (1769–1821)

Für Frankreich war mit Bonaparte ein neuer Stern aufgegangen. Dabei war er gar kein Franzose. Er wurde in *Ajaccio auf der Insel Korsika* geboren und entstammte einer Patrizierfamilie. Seine Muttersprache war die italienische Mundart der dortigen Bevölkerung. Korsika lebte seit dem Altertum und dem Mittelalter unter wechselnder Fremdherrschaft. Ab 1300 war es im Besitz der Adelsrepublik Genua. Dauernde Aufstände der Korsen führten 1768 zum Verkauf der Insel an Frankreich unter Ludwig XIV. Die korsische Nationalpartei leistete aber auch gegen die Franzosen Widerstand, und während der Französischen Revolution stand sie im Bund mit den Engländern, die die Insel 1793–1796 besetzt hielten. Napoleon selbst hatte sich auf die französische Seite geschlagen, gehörte schon mit 16 Jahren der Armee an und wurde Artillerieoffizier. Wie er sich im Italienfeldzug zur Zeit der Revolution bewährte, ist bereits beschrieben worden.

Nach dem *Frieden von Campoformio* 1797 setzte England den Krieg gegen Frankreich allein fort, denn Spanien und das besetzte Holland waren zum Bunde mit Frankreich gezwungen worden. Auf der englischen Insel konnten die Franzosen nicht landen, weil ihre Flotte trotz des holländischen Zuwachses an Schiffen nicht ausreichte.

Der englische Staatsmann W. *Pitt der Jüngere* (1759–1806) und Admiral Lord Nelson (1758–1805) waren vorerst die Hauptgegenspieler des revolutionären Frankreichs und Napoleons. König Georg III. von England und Kurfürst von Hannover konnte froh sein, diese beiden Männer zur Seite zu haben, denn er selbst war durch und durch Engländer geworden, aber starrköpfig, hochfahrend und unzuverlässig.

Napoleons ägyptisches Abenteuer 1798: Zwischen Frankreich und England ging es nun um die Vorherrschaft zur See im Mittelmeer, für die Franzosen vorerst um die Störung der englischen Seeverbindung nach Indien. Die englischen Mittelmeerstützpunkte waren *Gibraltar*, die Baleareninsel *Menorca* und ab 1800 auch *Malta*. Im Einverständnis mit dem Direktorium in Paris segelte Napoleon 1798 mit einem beträchtlichen Heer nach *Ägypten*, in der Absicht, dort Unterägypten und die Stadt Suez am Roten Meer zu erobern. Von dort aus sollten französische Schiffe den englischen Seeverkehr, der um Südafrika nach Bombay führte, angreifen. Ein recht abenteuerlicher Plan Napoleons. Ägypten war in türkischem Besitz, aber das Land stand praktisch unter der Herrschaft der ägyptischen *Mamelucken*, der damals hohen Beamtenschaft. In der *Pyramidenschlacht* besiegte im Juli 1798 Napoleon die Ägypter. Auf dem Lande siegte der Korse scheinbar immer, er war das nächste Feldherrngenie nach Friedrich dem Großen. Auch bis *Syrien* marschierte Napoleon, wo er die Türken, die ihm in die Flanke fallen wollten, erfolgreich bekämpfte.

Anders sah es zur See aus, denn schon im August 1798 vernichtete Admiral *Nelson* die ankernde französische Mittelmeerflotte bei *Abukir* östlich Alexandria. Napoleon konnte ohne Schiffe den Nachschub für die Armee und die Verbindung mit Frankreich nicht aufrechterhalten.

Der 2. Koalitionskrieg gegen Frankreich 1798–1802: In Europa hatte die französische Ausdehnungspolitik die 2. Koalition gegen Frankreich zur Folge, die von Zar *Paul I.* angeführt wurde. Rußland, Österreich, England, die Türkei, Neapel und der Kirchenstaat hatten sich zusammengefunden. Preußen blieb – wie gesagt – neutral.

Wieder besiegte Erzherzog *Karl* (1771–1847) die Franzosen mehrfach, diesmal am Oberrhein und bei *Zürich.* Auch in Italien siegten die Verbündeten, und die Franzosen mußten das Land räumen.

Als Napoleon in Ägypten diese Nachrichten erhielt, verließ er kurz entschlossen seine Armee und segelte nach Frankreich. Nur ein Rest der Soldaten traf später nach und nach zu Hause ein, wie sich gerade eine Möglichkeit zur Rückfahrt ergab, der Großteil kam um. Die ganze Expedition des *ägyptischen Abenteuers* war ein schwerer, verlustreicher Fehlschlag geworden.

Napoleon machte sich 1799 zum Ersten Konsul – Krieg in Italien und Baiern 1800/1801: Kaum war Napoleon in Paris eingetroffen, stellte er die erschreckende Hilflosigkeit und Unfähigkeit des Direktoriums fest. Er fuhr wie ein Gewitter dazwischen, stürzte die Regierung, machte sich im November 1799 zum Ersten Konsul und ließ sich auf *zehn Jahre* die volle Gewalt bestätigen.

Anschließend führte er die französische Armee nach Italien, wo er im Juni 1800 bei *Marengo* (am Po südlich Mailand) ein Koalitionsheer unter österreichischer Führung besiegte. Im Dezember 1800 wurde die Koalition bei Hohenlinden in Oberbaiern von dem französischen General Moreau endgültig geschlagen. Im *Frieden von Lunéville,* Februar 1801, mußten die Abmachungen von Campoformio bestätigt werden. Der *Frieden zwischen England und Frankreich folgte 1802.*

Napoleon widmete sich nun der Organisation Frankreichs: Das Rechtwesen bekam eine neue Ordnung *(„Code Napoleon“).* Ein *„freier Bauernstand“* wurde ins Leben gerufen. Die Kirche, die während der Revolution abgeschafft worden war, stellte er durch ein *Konkordat mit dem Papst Puis VII.* (gest. 1823) wieder her, allerdings ohne Rückerstattung der einst enorm reichen Kirchengüter. Die Einteilung des ganzen Landes in *Departements,* welche schon die Revolution vorgenommen hatte, blieb bestehen. *Josef Fouché* (1759–1820), vor der Revolution im Dienste König Ludwig XVI., während der Revolution Anhänger des Grafen Mirabeau, dann Jakobiner und führender Mann der Schreckensherrschaft unter Robespierre, organisierte nun für Napoleon das Polizeiwesen und rief eine strenge *Geheimpolizei* ins Leben. Napoleon brachte die Armee auf den neuesten Stand seiner Kriegserfahrungen.

Napoleon krönte sich 1804 zum Kaiser der Franzosen und 1805 mit der „Eisernen Krone“ der Lombardei: Im August 1802 ernannte er sich zum *„Lebenslänglichen Konsul“*, womit er die uneingeschränkte Macht übernahm. Als er Frankreich nach seinen Vorstellungen geordnet hatte, krönte er sich im Mai 1804 zum *„Erblichen Kaiser“* (Empereur). Die Krönung fand im Dezember 1804 in Anwesenheit von Papst Pius VII. in Paris statt. An kaiserlichem Prunk, Erhebung hoher Beamter und Generäle zu einem neuen *„Napoleonischen Adel“* sowie Errichtung aufwendiger Bauten in Paris

(z. B. Arc de Triomphe) fehlte es nun nicht. Und schließlich setzte er sich nach 1805 in Pavia die *Lombardische Königskrone* („Eiserne Krone") aufs Haupt. Er nannte sich nun auch König von Italien.

Es war erstaunlich, in welch kurzer Zeit Napoleon unter Preisgabe der revolutionären „Ideale" das weitausgedehnte französische Kaiserreich geschaffen hatte. An den europäischen traditionellen Herrscherhöfen rümpfte man über diesen Emporkömmling zweifelnd die Nasen. Das politische Gleichgewicht war gestört, Frankreich erschien übermächtig.

1803 war der Krieg gegen England neu entflammt, der vorläufig damit endete, daß Napoleon das Kurfürstentum *Hannover* besetzte, welches ja dem englischen König *Georg III.* gehörte.

Der 3. Koalitionskrieg gegen Frankreich und der Frieden von Preßburg 1805: 1805 entstand die 3. Koalition gegen Frankreich, in der sich England, Österreich, Rußland und Schweden zusammentaten. Preußen war wieder nicht dabei, obwohl es eine Armee von 150000 Mann besaß.

Napoleon zog nach Süddeutschland, besiegte im Oktober 1805 bei *Ulm* die Österreicher und besetzte *Wien* im November. Bei *Austerlitz* in Mähren schlug er Anfang Dezember 1805 die russisch-österreichische Hauptarmee entscheidend. Diese Schlacht ging als die *„Dreikaiserschlacht"* in die Geschichte ein (Kaiser Franz II., Zar Alexander I., Kaiser Napoleon I.). Österreich mußte im Frieden von Preßburg Ende Dezember 1805 auf Ostvenetien verzichten, welches zur Lombardei kam, zu deren König sich Napoleon gerade gemacht hatte. Triest und Dalmatien kamen als Illyrische Provinzen unter französische statt bisher österreichische Hoheit.

Auch *Tirol* ging verloren, und zwar kam der Nordteil mit *Innsbruck, Meran* und *Brixen* an Baiern und der Süden mit *Bozen* und *Trient* an die Lombardei. Die deutsch-italienische Sprachgrenze bei *Salurn* zwischen Bozen und Trient fand keine Berücksichtigung. Dadurch entstand das *Südtirol-Problem.*

Schließlich mußte Österreich auch noch auf die verstreuten habsburgischen Besitzungen in Baiern und Württemberg, die den Sammelnamen *„Vorderösterreich"* trugen, endgültig verzichten.

Die 3. Koaliton war also auf dem Festland von Napoleon schnell zerschlagen worden. Doch zur See war er wieder erfolglos. Eine Landung auf der Insel England konnte er nach wie vor nicht durchführen, obwohl er 1805 eine Landungsarmee am Ärmelkanal zusammengezogen hatte. Englische Schiffe blockierten erfolgreich die französischen Häfen.

Der englische Admiral Nelson (1758–1805) schaltete die französische Flotte endgültig 1805 bei Trafalgar aus: Ende Oktober 1805 traf die verbündete französisch-spanische Flotte bei Trafalgar von Cádiz in Südwestspanien auf die englische unter Admiral Nelson. Es wurde der größte Sieg Nelsons, der über 100 Jahre Englands Seeherrschaft in der Welt sicherstellte. Bei der Besetzung Korsikas 1793 verlor Nelson im Kampf ein Auge, bei einem mißglückten Seegefecht vor Teneriffa den rechten Arm und bei Trafalgar in Südspanien 1805 das Leben. Er gilt als größter Seeheld seines Landes.

Napoleons Reformen in Frankreich hatten in anderen Völkern großen Eindruck gemacht, so daß er überall Bewunderer, ja sogar begeisterte Anhänger fand. In Deutschland wollten viele in ihm den großen Einiger Europas sehen.

Doch da er gleichzeitig rücksichtslose Gewaltherrschaft über die Nachbarvölker ausübte, ja, diese regelrecht ausplünderte, um seine Kriege zu finanzieren, ferner viele tausend Männer einzog und in seine Armeen preßte, erzeugte er gleichzeitig Haß gegen sich und Frankreich. Die allgemeinen Illusionen zerstoben bald.

Die Auflösung des Ersten Deutschen Reiches 1806 – Der Rheinbund

Nach der Besetzung Hannovers 1803 faßte Napoleon alle west- und süddeutschen Fürsten im sog. Rheinbund unter französischer Schutzherrschaft zusammen. Außer acht kleinen Herrschaftsgebieten gehörten dem Bund bald auch die Großen an, nämlich Baiern, Württemberg, Baden und sogar Sachsen mit Thüringen, zumal Napoleon diese Länder kräftig aufwertete und vergrößerte:

Napoleon machte 1806 Baiern, Württemberg und Sachsen zu Königreichen: Baiern erhielt ganz Franken mit Nürnberg, bald auch Ansbach und Bayreuth, ferner Schwaben mit Augsburg und Kempten und schließlich Salzburg, Vorarlberg und den Nordteil von Tirol mit Innsbruck, Meran und Brixen, nicht aber Bozen. Und obendrein wurde der bairische Kurfürst 1806 als *Maximilian I. König von Baiern* erhoben.

Dem Land Württemberg gab Napoleon eine Unzahl kleiner Herrschaftsgebiete, selbständige oder aus habsburgischem Besitz, wie Heilbronn, Ulm, Reutlingen und andere. Auch in Stuttgart saß nun kein Kurfürst mehr, sondern seit 1806 *Friedrich I. König von Württemberg.*

Schließlich entstand ebenfalls aus über einem Dutzend Graf- und Herrschaften das *Großherzogtum Baden* mit Heidelberg, Mannheim, Karlsruhe und Freiburg. Der erste Großherzog war Karl Friedrich von Baden.

1806 ernannte Napoleon den sächsischen Kurfürsten *Friedrich August I. zum König von Sachsen.* Das neugeschaffene Herzogtum Warschau unterstellte der Korse nach dem Tilsiter Frieden von 1807 ebenfalls dem sächsischen König.

Anfang August 1806 erklärten die Rheinbundstaaten auf Befehl Napoleons ihren Austritt aus dem Deutschen Reich. Als am 6. August 1806 Kaiser Franz II. die deutsche Kaiserkrone niederlegte, war das *Ende des Ersten Deutschen Reiches* besiegelt. Seit Ludwig dem Deutschen 843 hatte das Reich mit glänzenden Höhepunkten und bitteren Erniedrigungen 963 Jahre kämpfend und kulturell aufbauend durchlebt.

Obwohl Preußen außerhalb der Kriege stand, hatte Napoleon unter Mißachtung dieser Neutralität schon 1803 die westlichen preußischen Gebiete kurzerhand besetzt. Auf die Proteste aus Berlin hin entschädigte er *Friedrich Wilhelm III.* mit anderen deutschen Gebieten wie Erfurt, Goslar und einigen hannoverschen Städten. Ja, Napoleon gab ihm schließlich das ganze Kurfürstentum *Hannover.* Allerdings verlangte er von Preußen, alle seine Ostseehäfen für englische Schiffe zu sperren.

Napoleons „Kontinentalsperre" gegen Großbritannien ab 1801/1806: Weil Napoleon England militärisch nicht fassen konnte, verfolgte er schon seit 1801 den Plan, den Inselstaat wirtschaftlich auf die Knie zu zwingen; er verlangte von den europäischen Staaten, jeden Handel mit England einzustellen. Es war dies die sogenannte „Kontinentalsperre" (beginnend 1801, vertraglich ab 1806). Heute würde man von „Sanktionen" sprechen. Das war wieder ein sehr abenteuerlicher Plan Napoleons wie seinerzeit das ägyptische Unternehmen. Handel bringt bekanntlich allseitig Vorteile, also wurden die Handelspartner Englands und jetzigen zwangsverbündeten Napoleons ebenfalls geschädigt. Der *Schmuggel* war dann für viele Existenzen die einzige Überlebenschance; er nahm deshalb auch nie gekannte Ausmaße an. Zu überwachen war eine solche Sperre praktisch nicht, und die Wirkung gegen England mußte gering sein. Trotzdem konnte Napoleon mit der Zeit die meisten Staaten des Festlands, wenigstens nach außen hin, zwingen, die Sperre mitzumachen. *Dänemark* war einer der ersten. Im Gegenzug überfiel der englische Admiral Nelson im April 1801 den Hafen von *Kopenhagen* und vernichtete einen Teil der dänischen Flotte. Nach einem zweiten englischen Überfall 1807 schloß sich Dänemark nun erst recht der Kontinentalsperre an.

Das Fiasko von Jena und Auerstedt Oktober 1806 und Preußens Zusammenbruch – Der Frieden von Tilsit 1807: Als sich *Preußen* aus eigenen Wirtschaftsinteressen weigerte, die Kontinentalsperre mitzumachen, geriet es nun auch in Krieg mit Napoleon. Im Oktober 1806 erschien dieser unerwartet schnell vor Jena an der Saale. Die Preußen waren bereits vorher mit 75000 Mann, davon 10000 Berittenen, bei Auerstedt und mit einer etwa gleichgroßen Armee 20 km südlich bei Jena angekommen. Doch sie hatten noch nicht Stellung bezogen, weil der König und der Oberkommandierende, der fast 80jährige Herzog *Ferdinand von Braunschweig*, die Franzosen erst später erwarteten.

Die Infanterie der preußischen Hauptarmee war etwa zweimal, die Reiterei und Artillerie sogar dreimal so stark wie die französische.

Der 34jährige Prinz von Preußen *Louis Ferdinand* (1772–1806), Großneffe Friedrichs des Großen, in den Augen vieler Landsleute eine Zukunftshoffnung Preußens, doch mehr Musiker als Soldat, war Befehlshaber der preußischen Vorhut. Bei *Saalfeld*, 40 km südlich Jena, geriet er am 10. Oktober in einen Hinterhalt der Franzosen und wurde besiegt. Er fiel dabei im Kampf.

Die sog. Doppelschlacht bei Jena und Auerstedt am 14. Oktober 1806 war keine Schlacht, bei der die Preußen etwa nach tapferem Kampf besiegt worden wären. Nein, die ganze riesige Armee wurde noch im Schlaf der Morgendämmerung von allen Seiten gleichzeitig überrannt. Es begann und endete in einer einzigen kopflosen Flucht. *Friedrich Wilhelm III.* hatte sogar die *Königin Luise* mit nach Auerstedt gebracht. Beide entgingen nur knapp der Gefangennahme.

Als Napoleon später in der Potsdamer *Garnisonskirche* die Ruhestätte Friedrich des Großen besuchte, tat er den Ausspruch: *„Wenn du noch lebtest, stünde ich nicht hier!"*

Viele Festungen in Preußen ergaben sich nun kampflos. Die stärkste von allen, *Magdeburg*, tat aus ihren fast 1000 Kanonen keinen Schuß, als der französische Marschall *Ney* mit geringer Heeresmacht erschien. Der Festungskommandant war schließlich auch schon älter als 70 Jahre. Der Stadtkommandant von Berlin, ein Graf von der *Schulenburg*, ließ in den Straßen folgende Mitteilung anschlagen: *„Der König hat eine Battaille verloren. Ruhe ist die erste Bürgerpflicht."* Dann floh er. Was sollten sie auch tun, diese alten Herren, ohne Befehle, ohne König, von dem niemand wußte, wo er steckte. Friedrich Wilhelm floh nach Osten, erst nach *Küstrin*, dann immer weiter, bis er in *Tilsit* im Memelland an die äußerste Grenze seines Königreiches gelangte. Die

Königin Luise hatte sich auf der Flucht schwer erkältet und schien dem Tode nahe. Man fror erbärmlich, denn an solch eine Flucht hatte niemand gedacht.

Napoleon durcheilte 1807 ganz Preußen, und wo einige Städte wirklichen Widerstand leisteten, ließ er Belagerungstruppen zurück und zog weiter.

Die Stadt und Festung *Kolberg* an der pommerschen Ostseeküste ergab sich nicht. Dort befehligte ein Offizier namens *Gneisenau* (1738–1824), und der tapfere Anführer der Bürgerwehr, Joachim *Nettelbeck* (1738–1824), unterstützte ihn tatkräftig. Auch die Festung *Graudenz* an der Weichsel hielt stand. In Schlesien dachten die Festungen *Glatz, Cosel* und *Silberberg* nicht an Übergabe. Sie hielten bis zum Friedensschluß durch.

Bei *Preußisch-Eylau* nahe Königsberg stellte sich 1807 noch einmal ein preußisch-russisches Heer den Franzosen entgegen. Napoleon brach den blutigen, verbissen geführten Kampf ab. Darauf verließen auch die Russen das Schlachtfeld, und die Preußen allein konnten an eine Verfolgung des Feindes nicht denken.

Napoleon erschien in *Tilsit* und verlangte Friedensverhandlungen in rüdestem Befehlston. Nicht der König, sondern *Königin Luise* empfing den Kaiser. Die Art ihres Auftretens veranlaßte diesen zu höflicherer Tonart. schließlich begannen die Verhandlungen zwischen Kaiser und König, d. h. der Kaiser bestimmte: Alle preußischen Gebiete westlich der Elbe mußten nunmehr vertraglich abgetreten werden. Ebenso Ansbach/Bayreuth, ferner die ehemals polnischen Gebiete, die durch die 2. und 3. Teilung an Preußen gefallen waren, also die Provinzen Posen und Warschau. Westpreußen blieb dem König erhalten, allerdings geschmälert durch Bromberg, Kulm und einen Teil des Netzegebietes, welches Friedrich der Große entsumpft und fruchtbar gemacht hatte. Aus all diesen Gebieten entstand neu das *„Herzogtum Warschau"*, wozu das in der 3. Teilung an Österreich gefallene Westgalizien kam. In etwa entsprachen die Grenzen dieses Herzogtums der polnischen Sprachgrenze, allerdings mit bedeutenden deutschsprachigen Minderheiten. Friedrich Wilhelm III. mußte im *Frieden von Tilsit* Juli 1807 alles anerkennen.

Das „Königreich Westfalen" 1807 – Frankreichs Annexionen in Deutschland und Italien: Nun gründete Napoleon westlich der Elbe für seinen jüngsten Bruder *Jerome Bonaparte* (1784–1860) das *Königreich Westfalen* aus den Ländern Braunschweig, Hannover, Kurhessen und den westelbischen preußischen Gebieten. In Kassel residierte dieser nichtsnutzige „König" unter dem Spottnamen „Bruder Lustick". Im Lande ging alles drunter und drüber.

Ende 1807 besetzte Napoleon auch *Portugal,* und im Mai 1808 zwang er das bourbonische Königshaus in *Spanien* zur Abdankung. Als neuen König setzte er in Madrid seinen ältesten Bruder *Joseph Bonaparte* ein. Der Grund, beide Länder anzugreifen, bestand in deren Weigerung, sich an der *Kontinentalsperre* gegen England zu beteiligen.

Übrigens sorgte Napoleon sehr für alle seine Geschwister. Ein dritter Bruder, *Ludwig Bonaparte,* wurde König in Holland, ein vierter italienischer Fürst, durch Heirat eine von *Napoleons Schwestern* Großherzogin der Toscana, die zweite Königin von Neapel und die dritte Herzogin von Guastella in Oberitalien. Die seit 1785 verwitwete Mutter der acht Bonaparte-Kinder, *Lätitia* (1750–1836), lebte in Paris am Hofe ihres Sohnes, des Kaisers. Sie traute dem Bestand des schwindelerregenden Aufstieges ihrer Familie keineswegs und stellte in ihrem korsischen Dialekt immer wieder die Frage: „Ob das wohl von Dauer sein wird?" (*„Provure que ca dure?"*)

Napoleon verleibte seinem Kaiserreich alle linksrheinischen Gebiete mit Belgien ein, 1810 sogar Holland, Friesland, Bremen, Hamburg und Lübeck. Damit beherrschte er die deutschen Nordseehäfen und erhielt Zugang zur Ostsee.

1798 hatte Napoleon in der Schweiz die sogenannte *„Helvetische Republik"* gegründet. Das war das alte Gebiet ohne die Kantone Mülhausen, Neuenburg, Teile von Basel, Wallis und das Veltlin am Comersee. 1803 brach ein Aufstand gegen die republikanische Regierung in Bern aus, der Napoleon veranlaßte, die Schweiz mit 19 Kantonen als losen Staatenbund wiederherzustellen. Die Stadt *Mülhausen* blieb bei Frankreich und kam *an das Elsaß.* Die beiden calvinistischen und französischsprachigen Gebiete Genf und Neuenburg behielt Frankreich ebenfalls. Den Kanton Veltlin schlug Napoleon zu seinem lombardischen Königreich.

Schließlich wurden im Nordwesten von Italien die Gebiete um Turin, Piacenza Parma und Genua französische Provinzen, ebenso die Toscana. 1808 besetzten französische Truppen Rom und den *Kirchenstaat.* Papst *Pius VII.* verhängte über Napoleon den *Kirchenbann,* worauf ihn Napoleon kurzerhand gefangennehmen und nach Frankreich abführen ließ. Er war fünf Jahre lang in Gefangenschaft, der gleiche Papst, der 1804 in Paris bei Napoleons Kaiserkrönung mitgewirkt hatte.

Napoleons Macht und Einfluß über fast ganz Italien war Wirklichkeit geworden. Nur Sizilien und Neapel gehörten dem von ihm in Madrid abgesetzten spanischen Bourbonenkönig, der englischen Schutz genoß.

Die deutschen Fürsten hatten sich fast alle dem Willen Napoleons gebeugt, die Rheinbundfürsten wurden sogar seine Bundesgenossen und kämpften mit ihm gegen die 3. Koalition. Den wichtigsten Fürsten hatte Napoleon eine Unzahl der kleinen Herrschaftsgebiete und fast alle geistlichen Fürstentümer sowie Reichsstädte zugeteilt.

Das Bild Restdeutschlands nach 1807: Nachdem also das Erste Deutsche Reich aufgehört hatte zu bestehen, war auch die letzte verbindende Körperschaft des *„Immerwährenden Reichstages"* in Regensburg verschwunden. Der *Kurfürstentitel* verschwand, denn es gab keinen König und Kaiser mehr zu wählen.

Statt des Reiches bestanden nun folgende 21 deutsche Staaten, die nicht mehr aneinander gebunden waren:

Kaiserreich Österreich.
Die Königreiche Preußen, Baiern, Württemberg, Westfalen und Sachsen.
Die Großherzogtümer Baden, Hessen, Frankfurt, Berg, Würzburg.
Die Herzogtümer Nassau, Mecklenburg und Anhalt.
Die Fürstentümer Isenburg, Waldeck, Lippe.
Thüringen setzte sich wie bisher aus mehreren kleinen Herzogtümern zusammen.
Außerdem bestand noch die Republik Schweiz, die zu 70% deutsch war.

Das waren alle miteinander nur noch wenige Herrschaftsgebiete gegen mehr als 200 vor 1800.

West-Vorpommern mit der Insel Rügen blieb schwedisch, Schleswig und Holstein dänisch, Nordwest- und West-Deutschland französisch.

Nur eines hatte dieser Scherbenhaufen noch gemeinsam: Die deutsche Sprache und Kultur, damit aber die große Chance für eine erneute gemeinsame Zukunft.

Befreiungsversuche 1809 in Spanien, Portugal, Österreich, in Tirol durch Andreas Hofer und in Preußen durch Ferdinand von Schill

Kaiser *Franz II.* war nach der Niederlegung der deutschen Kaiserkrone 1806 noch Herr über die habsburgischen Lande, soweit sie ihm verblieben waren. Sein Titel lautete jetzt: Kaiser *Franz I.* von Österreich. Er und seine Minister gedachten sich mit der Demütigung durch Napoleon nicht abzufinden und begannen im Frühjahr 1809 erneut den Krieg. Leider zu früh, denn Preußen, welches sich von seiner Niederlage noch nicht erholt hatte, mußte fernbleiben.

Kaiser Franz I. hielt den Zeitpunkt für geeignet, weil gerade in *Spanien* ein Aufstand gegen den verhaßten, unfähigen König Joseph Bonaparte ausbrach. Die Spanier verlangten die Freilassung des von Napoleon gefangengehaltenen Bourbonen *Ferdinand VII.* und dessen Einsetzung als König, nachdem sein Vater Karl IV. 1808 von Napoleon zur Abdankung gezwungen worden war.

Auch in *Portugal* erhob sich das Volk gegen die Franzosen. Ein englisches Heer unter General *Wellington* (1769–1852) landete 1809 in Portugal und führte zusammen mit den aufständischen Portugiesen und Spaniern Krieg gegen verschiedene napoleonische Marschälle.

Erzherzog *Karl* drang mit einem österreichischen Heer in Baiern ein, das nun mit Frankreich verbündet war. Doch bei *Landshut* wurde er im April in mehreren Gefechten von den Franzosen besiegt, und drei Wochen danach zogen diese in *Wien* ein. Doch Ende Mai kam es westlich Wien bei *Aspern und Eßling* zu einer blutigen zweitägigen Schlacht, in welcher Erzherzog Karl Napoleon besiegte. Das war dessen erste Niederlage. Doch gelang es dem Erzherzog nicht, seinen Sieg auszunutzen, und sechs Wochen später wurde er ganz in der Nähe im Juli bei *Wagram* entscheidend besiegt.

Im April 1809 begann auch der Freiheitskampf der Tiroler unter Führung des Volkshelden *Andreas Hofer* (1767–1806). Er besiegte im Mai am *Berg Isel* die Baiern in zwei Gefechten und im August ein französisches Heer. Franzosen und Baiern mußten daraufhin Tirol räumen. Andreas Hofer erwartete in Innsbruck Entscheidungen aus Wien. Kaiser Franz jedoch war besiegt worden und mußte sich im Oktober 1809 den Frieden von Schönbrunn diktieren lassen.

Nun fielen die Franzosen im November erneut in Tirol ein, Andreas Hofer erlag diesmal der Übermacht. In einer Berghütte hielt er sich verborgen. Ein Landsmann verriet den Schlupfwinkel, wo ihn ein französisches Kommando gefangennahm und nach der Festung *Mantua* in Napoleons lombardischem Königreich brachte. Im Februar 1810 wurde dort Andreas Hofer im Alter von 43 Jahren erschossen. Er war Bauer und Gastwirt in St. Leonhard im Südtiroler Passeiertal gewesen. Seine Volkstümlichkeit ist bis heute ungebrochen, und neben *Walther von der Vogelweide* ist er Symbol des Südtiroler Widerstandes gegen die derzeitige italienische Unterdrückung. Das Andreas-Hofer-Denkmal auf dem Berg Isel ist alljährlich Ziel Tausender freiheitlich gesinnter Menschen aus dem gesamten deutschsprachigen Raum.

Und wie sah das *Friedensdiktat von Schönbrunn* aus? Österreich verlor an Baiern das

Gebiet östlich des Inn von Passau bis Braunau sowie das gesamte Land Salzburg. Südtirol, Krain, und der letzte Zugang zum Mittelmeer ging an die Lombardei verloren.

Die Erbitterung über Napoleons demütigende Friedensdiktate hatten auch im übrigen Deutschland und vor allem in Preußen hohe Wellen geschlagen und die nationalen Empfindungen entfacht. Als Österreich 1809 den Befreiungskrieg gegen Napoleon begann, hätten gern viele Soldaten in Preußen zu gleicher Zeit losgeschlagen.

Bei der Verteidigung von Kolberg hatte sich auch ein Reiteroffizier hervorgetan, der junge Ferdinand von *Schill* (1776–1809). Er stammte aus Wilmsdorf bei Dresden. Angesichts der Erhebung der Österreicher und Tiroler begann auch er auf eigene Faust mit seinem Husarenregiment den Kampf gegen die französische Besatzung in Preußen. Er war der Meinung, daß Preußens Eintritt in den Krieg täglich zu erwarten sei. Anfangs hatte er auch Erfolge und konnte verschiedene französische Einheiten zerschlagen. Aber bei dem Versuch, Ende Mai 1809 die Stadt *Stralsund* in Schwedisch-Pommern, die von Franzosen besetzt war, zu erstürmen, traf er auf beträchtliche Übermacht. Im verbissenen Straßenkampf verlor Ferdinand von Schill sein Leben mit 33 Jahren, und das Regiment mußte sich nach schweren Verlusten ergeben. Die elf überlebenden Offiziere wurden in die Festung *Wesel* am Niederrhein gebracht und Mitte September 1809 auf Befehl Napoleons erschossen.

So war dieses heldenhafte Schillsche Unternehmen genauso gescheitert wie der mutige Befreiungsversuch Österreichs und der Aufstand Andreas Hofers, alle im gleichen Jahr 1809.

Der neue Außenminister in Wien unterstützte Napoleons Wunsch, eine Habsburger Erzherzogin zu heiraten: Der Kaiser in Wien hatte 1810 den Fürsten Klemens von *Metternich* (1773–1859) zum neuen Außenminister ernannt. Er entstammte einem alten rheinischen Adelsgeschlecht und wurde in Koblenz geboren. Für ihren von Napoleon eingezogenen linksrheinischen Besitz war die Familie mit Landbesitz in Schwaben entschädigt worden. Metternich begab sich schon mit etwa 25 Jahren in österreichische Dienste, und nun als Außenminister suchte er Annäherung an Napoleon. Das gelang ihm leicht, weil er Napoleons Heiratspläne unterstützte:

Napoleon hatte sich nämlich von seiner ersten Gemahlin Josephine *Beauharnais* scheiden lassen, weil die Ehe kinderlos geblieben war. Auf dem Gipfel der Macht gedachte er seine mit dem Ruch der *Emporkömmlinge* (Parvenüs) behaftete Dynastie dadurch aufzuwerten, daß er eheliche Bindung an eines der ältesten Herrschergeschlechter Europas – die Habsburger – suchte. Er verlangte also die Hand der Erzherzogin *Marie Louise* (1791–1847), der Tochter des Kaisers Franz I.

Über dieses Ansinnen war Franz natürlich empört, hatte doch dieser Napoleon ein Drittel der habsburgischen Länder geraubt und gerade wieder Abtretungen diktiert. Auch der Verlust der deutschen Kaiserkrone durch die endgültige Auflösung des Deutschen Reiches war Napoleons Werk gewesen. Aber zu einem klaren „Nein" konnte sich Franz nicht durchringen. Metternich unterstützte den Heiratsplan, und die 19jährige Erzherzogin mußte die Ehe mit dem 41jährigen Napoleon 1810 eingehen. Gleichzeitig wurde der Kaiser in Wien gezwungen, sämtliche Landverluste und die Reichsauflösung nochmals ausdrücklich zu bestätigen.

Marie Louise selbst nahm die Sache nicht allzu tragisch. Die jüngste Tochter ihrer Urgroßmutter, *Maria Antoinette*, war auch schon Königin von Frankreich gewesen.

Man hatte dieser Bedauernswerten dort zwar den Kopf abgeschlagen, aber so schlimm mußte es ja nicht gleich wieder kommen. Vorerst war sie also Kaiserin von Frankreich, die ihre Pflicht tat und 1811 einen Sohn gebar. Gleich bei der Geburt erhielt dieser den Titel *„König von Rom"*, sein Vorname war *Napoleon* (1811–1832).

Preußens Erneuerung ab 1807

Nach dem *Frieden von Tilsit* 1807 fühlte sich ganz Preußen aufs schwerste gedemütigt. Zwar hatte sich König *Friedrich Wilhelm III.* mit den Ereignissen abgefunden, aber nicht so *Königin Luise*, die jungen Generäle des preußischen Heeres, die Professoren und Studenten der Universitäten und letztlich die ganze Bevölkerung. Der Geist Friedrichs des Großen lebte in einer durchgreifenden inneren Erneuerung mächtig auf.

Die drei Reformgesetze des Staatsministers Freiherr vom und zum Stein (1757 bis 1831) von 1807–1808: Der leitende Minister in Berlin war seit 1807 der Freiherr vom und zum Stein, geboren in Nassau an der Lahn. Schon seit 1780 stand er in preußischem Staatsdienst, wo er sich durch seine fortschrittlichen Gedankengänge bei der überalterten Bürokratie unbeliebt gemacht hatte. Nun schuf er an der Schaltstelle des Staates energisch, meist ohne die Einsicht des ewig schwankenden Königs drei grundlegende Reform-Gesetze: Das erste hob 1807 die *bäuerliche Erbuntertänigkeit* endgültig auf. Das zweite betraf die Städteordnung und verkündete 1808 die *Selbstverwaltung und Selbstverantwortung aller Gemeinden.* Kurz danach brachte das dritte Gesetz die *einheitliche Staats-Verwaltung* durch Schaffung eines neuzeitlichen preußischen Ministeriums. Diese Reformen setzten sich später in ganz Deutschland durch und gelten im Prinzip noch heute.

Als 1809 Österreich den neuen Krieg gegen Napoleon vorbereitete, fanden Geheimverhandlungen mit Preußen statt. Ein Brief des Freiherrn gelangte in Napoleons Hände, der sofort vom preußischen König die *Entlassung Steins* forderte und Ende 1808 durchsetzte. Stein konnte sich einer Verhaftung auf Wunsch Napoleons durch die Flucht nach Prag entziehen. 1812 trat er in den Dienst des Zaren *Alexanders I.*, wo er die große 4. Koalition gegen Napoleon vorbereitete.

Staatsminister Karl August von Hardenberg (1750–1822) ab 1810: Nachfolger Steins in Preußen wurde 1810 auf Verlangen Napoleons wieder der frühere Staatsminister Karl August von Hardenberg (1750–1822) aus Gifhorn nördlich Braunschweig. Im letzten Jahrzehnt des vergangenen Jahrhunderts hatte er die preußischen Markgrafschaften Ansbach und Bayreuth verwaltet. Sodann war er bis 1806 in Berlin des Königs Staatsminister und der geistige Urheber der Neutralitätspolitik und sogar Anhänger Napoleons gewesen. Schon den *Frieden von Basel* 1795 mit Frankreich schloß er als preußischer Bevollmächtigter ab, womit er die Abtretung aller linksrheinischen Gebiete an Frankreich guthieß. Erst Napoleons weitere rücksichtslose Raubpolitik in Deutschland ließ ihn umschwenken und zum Feind Napoleons werden, wovon dieser allerdings nichts ahnte.

Hardenberg führte Steins begonnene Reformen zielstrebig weiter. Vor allem wurden die Bauern nach jahrhundertelangen Bestrebungen nun wirklich freie Eigentümer ihrer

Höfe. Zusätzlich erließ Hardenberg 1811/12 Gesetze im Sinne des Liberalismus und der *Gewerbefreiheit.* Auch die *Juden in Preußen erhielten die staatsbürgerlichen Rechte.* Die ursprünglich hervorragende Organisation der Zünfte hatte sich verhärtet und wurde nun nach etwa 650jährigem Bestehen aufgelöst. Damit verschwanden sehr hemmende Schranken in der zeitgemäßen Entwicklung des Handwerkertums.

In der auswärtigen Politik verfolgte Hardenberg mit viel diplomatischem Geschick das gleiche Ziel wie vom Stein aus seinem Exil heraus: nämlich die geheime Vorbereitung zur Erhebung gegen Napoleon.

Die Heeresreform der Generäle Gerhard von Scharnhorst (1755–1813) und Graf Neidhardt von Gneisenau (1760–1831) ab 1807: Im preußischen Heer befand sich ein Offizier von außergewöhnlichem Format. Es war dies der General Gerhard von Scharnhorst. Als Sohn eines Wachtmeisters in Bordenau westlich Hannover geboren, durch Heirat *Freibauer* (frei von der Abgabenpflicht) geworden, im Kurfürstentum Hannover zum Artillerieoffizier ausgebildet, trat er 1801 in preußische Dienste, um dem immer weiter vordringenden Machtbereich Napoleons zu entgehen. 1804 wurde er infolge hervorragender Leistungen in der Heeresverwaltung geadelt; bald kam er in den Generalstab des Herzogs von Braunschweig. Doch war es ihm nicht möglich, sich mit seinen schon damals drängend vorgebrachten Heeresreformvorschlägen bei dem alten Herrn und beim König durchzusetzen. Bei Jena und Auerstedt geriet er in französische Gefangenschaft. Durch Auswechslung kam er aber schon nach wenigen Wochen wieder frei und organisierte in aller Eile den Widerstand, so daß Scharnhorst bei *Preußisch-Eylau* zusammen mit den Russen Napoleon zum Abbruch der Schlacht zwingen konnte.

Nach dem Tilsiter Frieden hatte ihn der König 1807 auf Vorschlag des Freiherrn vom Stein zum Minister für Kriegswesen und zum Chef des Generalstabes ernannt. Sofort leitete Scharnhorst grundlegende Heeresreformen nach eigenen genialen Plänen ein: Die Auswahl des Offiziersnachwuchses erfolgte nach Leistung, gleich, ob die Männer bürgerlich oder adeliger Herkunft waren. Im Heer wurde die Prügelstrafe abgeschafft. Im Tilsiter Vertrag war die Stärke der preußischen Armee auf 42000 Mann festgesetzt worden, womit im Ernstfalle nicht viel anzufangen war. So führte Scharnhorst die pflichtgemäße Kurzausbildung ein, womit er eine Reserve schuf, die jederzeit einberufen werden konnte. Dieses *„Krümpersystem"*, wie er es nannte, war neu und wurde später (bis heute) in allen Heeren Europas eingeführt. Das Wort „Krümper" bedeutete soviel wie „zusätzlich". Auch die Aufstellung der *„Freiwilligen Jäger"* und der *„Landwehr"* (der älteren Reservejahrgänge) betrieb er tatkräftig. So wurde Scharnhorst zum Schöpfer des *„Preußischen Volksheeres"* und der *„Allgemeinen Wehrpflicht"*.

Sein wichtigster Mitarbeiter war der General Graf Neidhardt von Gneisenau. Er wurde in Torgau in Sachsen geboren und entstammte einem alten österreichischen Grafengeschlecht. Schon 1786 trat er in preußische Militärdienste. Wie berichtet, verteidigte er 1807 erfolgreich die Stadt Kolberg gegen die Franzosen, und nach dem Tilsiter Frieden wirkte er entscheidend an der inneren Erneuerung Preußens mit. Wir werden noch von seinen Taten als Heerführer im bald beginnenden Befreiungskrieg lesen.

Königin Luise war im Juli 1810 im Alter von 34 Jahren gestorben. Sie hatte

Scharnhorst und Gneisenau eifrig unterstützt. Im Schloßgarten zu *Charlottenburg* hat man dieser tapferen, vorbildlichen Frau ein *Mausoleum* errichtet. Ihr Sarkophag ist ein Kunstwerk des Bildhauers Christian Daniel *Rauch* (1777–1857), der u. a. auch das *Reiterstandbild Friedrichs des Großen* schuf, welches in Berlin 1982 wieder Unter den Linden, also im Ostteil der Stadt – nach der Entfernung 1945 –, am alten Platz aufgestellt wurde.

Napoleon war trotz seiner Siege nicht Herr über ganz Europa, denn England war für ihn unbesiegbar, weil er keine starke Flotte besaß. In Spanien kämpfte der englische General *Wellington* (1769–1852) mit Unterstützung von zahlreichen einheimischen Aufständischen mit geschickter Taktik und Erfolg gegen die Franzosen. So glaubte Napoleon nur durch Verschärfung der *Kontinentalsperre* England doch noch zum Frieden zwingen zu können.

Statt dessen aber weigerte sich *Alexander I.* ab 1812, weiterhin die Kontinentalsperre mitzumachen, eine Entscheidung, an der Freiherr vom *Stein* beteiligt war.

Napoleons Rußlandfeldzug von 1812: Rußlands Ausscheiden ließ in Napoleons Augen die Handelssperre wirkungslos erscheinen. Deshalb bereitete er den Rußlandfeldzug vor. Er stellte die *„Große Armee"* mit 600 000 Soldaten zusammen. Österreich und Preußen mußten Hilfskorps stellen. Im Sommer 1812 wälzte sich dieses gewaltige Heer nach Rußland. Der Zar wurde Mitte August bei *Smolensk* und Anfang September bei *Borodino* besiegt. Mitte September zog Napoleon in *Moskau* ein.

Statt aber dort einen verhandlungswilligen Zaren vorzufinden, war die Stadt fast menschenleer, und die Russen legten in allen Stadtteilen Brände. So kam es zum großen *Brand Moskaus.* Die Masse der französischen Armee fand in den Ruinen keine Unterkünfte mehr, die Verpflegung wurde immer knapper, und als Mitte Oktober der russische Winter einsetzte, mußte Napoleon den Rückzug antreten. Die verfolgenden Kosakenschwärme verursachten ihm schwerste Verluste. Der Übergang an der *Beresina* mittels dreier Pionierbrücken ausgangs November 1812 bedeutete das Ende. Die Massen stauten sich am Ostufer, und die russische Artillerie hielt grausige Ernte. Zwei der überlasteten Brücken brachen über dem eisigen Fluß zusammen, und als auch die dritte einstürzte, wurden über 100 000 zurückbleibende Soldaten eine leichte Beute der Russen. Kleine Gruppen, die über die Beresina gekommen waren, versuchten sich nach Westen durchzuschlagen. Nur wenige überlebten und fanden total ausgehungert und zerlumpt in Deutschland Rettung.

Das *preußische 16 000 Mann starke Hilfskorps* stand während des ganzen Feldzuges unter dem Kommando des Generals Ludwig Graf *Yorck von Wartenburg* (1759–1830) aus Potsdam. Er hatte sich so weit wie möglich aus den Kampfhandlungen herausgehalten und auf dem Rückweg selbständig einen nördlicheren Weg gewählt. So blieb ihm die Katastrophe an der Beresina erspart. Ende Dezember konnte er sein Korps kaum geschwächt nach Ostpreußen zurückführen. Ähnlich hatte Feldmarschall Fürst Karl Philip zu *Schwarzenberg* (1771–1820), der Führer des *österreichischen Hilfskorps* von ebenfalls 16 000 Mann, weit im Süden gehandelt und seine Soldaten zurückgebracht.

Yorcks „Konvention von Tauroggen" Dezember 1812 – General Karl von Clausewitz (1780–1831): Am 30. Dezember schloß Yorck auf eigene Initiative und Verantwortung die „Konvention von Tauroggen", einen Neutralitätsvertrag zwischen

Rußland und Preußen. Er mußte anschließend des Königs Einverständnis und Unterschrift mit rauhen Worten und schweren Vorwürfen buchstäblich erzwingen.

Die Verhandlungen um die Konvention hatte auf russischer Seite eine außerordentlich interessante Persönlichkeit geführt, der preußisch-russische General Karl von Clausewitz aus der Oberlausitz. Er war schon als junger Offizier enger Mitarbeiter Scharnhorsts gewesen, ging 1812 (gleichzeitig mit dem Freiherrn vom Stein) in russische Dienste, um den Zaren für die 4. Koalition gegen Napoleon zu gewinnen. 1814 trat er wieder in preußische Dienste als Generalstabschef einer Armee. Schließlich ernannte ihn der König zum Direktor der Kriegsschule in Berlin, wo er auch als Militärschriftsteller über die Grundsätze der Kriegführung schrieb. Sein Hauptwerk *„Vom Kriege"* wurde von bleibender Bedeutung bis zum heutigen Tage. 1831 starb Clausewitz bei einer Choleraepidemie in Breslau, der übrigens auch Gneisenau erlag. Im gleichen Jahr starb auch der Freiherr vom Stein auf seinem Schloß in Westfalen.

Als für Napoleon an der Beresina klar wurde, daß die „Große Armee" verloren war, verließ er sein Heer (wie einst schon einmal in Ägypten) und fuhr eiligst mit wenigen Begleitern im Pferdeschlitten nach Preußen und von dort weiter nach Paris. Sofort stampfte er ein neues Heer aus dem Boden. Auch die Besatzungstruppen in Deutschland zog er zusammen, denn er rechnete in Preußen mit einem Aufstand. Der ließ auch nicht lange auf sich warten.

Die Befreiungskriege 1813–1815

Yorcks Konvention von Tauroggen gab das Signal zur *allgemeinen Erhebung*, und dem Freiherrn vom Stein gelang es schließlich, den übervorsichtigen Zaren Alexander I. zum Bündnis mit Preußen zu veranlassen. Hardenberg legte König Friedrich Wilhelm III. den berühmten *„Aufruf an mein Volk"* vom 17. März 1813 zur Unterschrift vor, der, in *Breslau* und dann in ganz Preußen verbreitet, eine unglaubliche Begeisterung hervorrief: Überall strömten die jungen Menschen, voran die Studenten, zu den Sammelstellen, wo sich eine ganze Anzahl Freiwilligenkorps bildeten. Die Aufgabe dieser *„Freikorps"* bestand darin, selbständig feindliche Bewegungen zu stören sowie Besatzungen aus Stützpunkten zu vertreiben.

Die Lützowschen Jäger 1813: Das berühmteste Freikorps war die *„Schwarze Schar"* (3000 Mann) des Freiherrn von Lützow (1782–1834), der auch der sächsische Dichter *Theodor Körner* (1791–1813) angehörte. Sein Gedicht *„Lützows wilde Jagd"* wurde allgemein bekannt. Andere seiner Gedichte und Gesänge wurden 1814 in dem Büchlein *„Leyer und Schwert"* veröffentlicht. Schon im ersten Gefecht erlitt er eine Verwundung. Gleich nach seiner Wiederherstellung meldete er sich bei seinem Korps zurück. Doch Ende August 1813 fand Körner bei *Gadebusch* in Mecklenburg den Heldentod mit nur 22 Jahren. Seine Kameraden begruben ihn in der Nähe unter einer alten Eiche.

Auch der Brandenburger Friedrich Ludwig *Jahn* (1778–1852), der später so berühmte *Turnvater*, und dessen Freund, der Magdeburger Mathematiker Friedrich *Friesen* (1784 – 1814), ebenso der schlesische Dichter Freiherr von *Eichendorff* (1788–1857) und andere waren Offiziere im Lützowschen Freikorps.

Scharnhorst hatte im März 1813 die Reserven einberufen und mit der stehenden

Truppe zu einem Heer vereinigt. Die Franzosen räumten eilig Berlin sowie andere Plätze, um ebenfalls eine neue Armee aufzustellen. Bei *Großgörschen* westlich Leipzig und bei *Bautzen* kam es zu den ersten Kämpfen. Das vereinigte preußisch-russische Heer wurde im Mai von den zahlenmäßig überlegenen und kampferprobten Franzosen zwar geworfen, aber nicht vernichtet. Es konnte sich nach Schlesien zurückziehen.

Ein zweimonatiger *Waffenstillstand* gab beiden Seiten Zeit, sich neu zu formieren.

Die 4. Koalition gegen Frankreich 1813: Bei Großgörschen war *Scharnhorst verwundet* worden, doch begab er sich trotzdem nach Prag zu Verhandlungen wegen des europäischen Bündnisses gegen Napoleon. Mitten in den Gesprächen starb Scharnhorst Ende Juni 1813. Er wurde in Deutschland (bis heute) zum Inbegriff kämpferischen Freiheitswillens.

Die Koalition gegen Frankreich kam nun zwischen Preußen, Rußland, Österreich und Schweden schnell zustande. Sie konnte knapp 500000 Soldaten gegen etwa 450000 französische Truppen ins Feld führen. Letztere bestanden zu mehr als der Hälfte aus Deutschen, Holländern und Italienern. Der ganze Rheinbund einschließlich Sachsens, das Königreich Westfalen und die linksrheinischen Gebiete mußten für Napoleon Hilfstruppen stellen. Napoleons Hauptmacht stand im Raume von Dresden.

Die Verbündeten bildeten drei Hauptarmeen: Die *Böhmische Armee* stand unter dem Befehl des österreichischen Feldmarschalls Fürst Karl zu *Schwarzenberg* (1771 bis 1820). Sein Stabschef war Marschall Graf von *Radetzky* (1766–1858). – Die *Schlesische Armee* befehligte der preußische Feldmarschall Fürst Leberecht von *Blücher* (1742–1819). Er stammte aus Rostock in Mecklenburg, war als Reitergeneral schon an den französischen Revolutionskriegen und auch bei Auerstedt beteiligt gewesen. Als entschiedener Feind Napoleons gehörte er zum Kern der Erneuerer und war eifriger Mitarbeiter Steins und Scharnhorsts. Sein Stabschef, General von *Gneisenau*, legte – unterstützt von Radetzky – den nun beginnenden Herbstfeldzug von 1813 strategisch fest. – Die *Nordarmee* schließlich befehligte der schwedische Kronprinz Jean Baptiste *Bernadotte* (1763–1844), ein Franzose bürgerlicher Herkunft, der unter Napoleon zum General aufgestiegen war. Seine Gemahlin war seit 1798 die ehemalige Braut Napoleons, Désirée Clary, eine Marseiller Kaufmannstochter. 1806 von Napoleon zum Fürsten erhoben, stieg Bernadotte 1809 zum schwedischen Kronprinzen auf. Das Ganze war ein politisches Spiel Napoleons gewesen mit dem Ziel, in Zukunft auch Schweden an der Kontinentalsperre gegen England zu beteiligen. Doch Bernadotte war für Napoleon eine Enttäuschung, denn er vertrat hinfort die Interessen Schwedens und führte nun sogar eine Armee gegen seinen einstigen Herrn und Förderer. Die Nordarmee bestand allerdings in der Hauptsache aus Brandenburger Soldaten.

Im Sommer 1813 war der zweimonatige Waffenstillstand beendet, und neue Kampfhandlungen begannen im August mit einem Sieg Blüchers an dem Flüßchen *Katzbach* in Schlesien, womit die Franzosen aus Schlesien vertrieben wurden. Napoleon versuchte zur gleichen Zeit Berlin zu nehmen, aber bei *Großbeeren* und bei Dennewitz schlugen Truppen der Nordarmee unter General von *Bülow* (1755–1816) aus Mecklenburg die Angriffe zurück. Am gleichen Tag des Sieges an der Katzbach erlitt vor *Dresden* die Böhmische Armee unter Schwarzenberg eine Niederlage. Der französische General *Vandamme*, der die fliehenden Österreicher verfolgte, wurde aber vom preußischen General Friedrich von *Kleist* (1762–1823) bei *Nollendorf und Kulm* im Erzgebirge abgefangen, schwer geschlagen und gefangengenommen.

Anfang Oktober erzwang Blücher bei Wartenburg nördlich Torgau den Elbübergang. Nun marschierte Schwarzenberg von Süden, Bernadotte von Norden und Blücher von Osten in Richtung Leipzig, wohin sich Napoleon mit der Masse seiner Armee zurückgezogen hatte.

Die Völkerschlacht bei Leipzig Oktober 1813: Vom 16. bis 19. Oktober 1813 tobte hier die Völkerschlacht bei Leipzig, die mit Napoleons entscheidender Niederlage endete. Der Korse floh mit dem Rest seines Heeres nach Westen.

Das unnatürliche Gebilde des Rheinbundes fiel sofort auseinander. Schon während der Völkerschlacht war die sächsische Armee zu den Verbündeten übergelaufen, allerdings erst nachdem König *Friedrich August I.* (1750–1827) in Gefangenschaft geraten war. Bei *Hanau* schlug Napoleon am 31. Oktober noch ein kleines bairisch-österreichisches Korps in die Flucht. Das bisherige Rheinbundmitglied Baiern hatte schnell noch versucht, Napoleon anzugreifen.

In Norddeutschland vertrieb *Bülow* die Franzosen aus den Hansestädten, aus Friesland und den Niederlanden. Alle Festungen in Preußen, Westfalen und dem übrigen Deutschland ergaben sich der Reihe nach. Am 13. Januar 1814 streckten die Franzosen in der Festung *Wittenberg* an der Elbe als letzte die Waffen vor General Bogislaw Graf *Tauentzien* (1760–1824) aus Potsdam, einem erfolgreichen Korpsgeneral der Nordarmee.

Damit schien der erste Teil des Befreiungskrieges abgeschlossen. Gneisenaus Kriegsplan, Napoleon mit drei Armeen in die Zange zu nehmen, war glänzend gelungen, und innerhalb knapp fünf Monaten war ganz Deutschland östlich des Rheins vom napoleonischen Spuk befreit.

100 Jahre später wurde am 19. Oktober 1913 im Gedenken an diese große Befreiungsschlacht das berühmte *Völkerschlachtdenkmal in Leipzig* eingeweiht.

Doch war der Krieg noch nicht endgültig gewonnen. Napoleon war schon wieder dabei, in Frankreich eine neue Armee aufzustellen. Bei den Verbündeten aber regte sich bereits gegenseitiges Mißtrauen. Vor allem wollten die Russen kein allzu starkes Preußen sowie Österreich entstehen lassen. Metternich in Wien hatte es sehr wohl zur Kenntnis nehmen müssen, daß die österreichische Armee unter Schwarzenberg die geringsten Erfolge errungen hatte. Für jedermann sichtbar war die Hauptarbeit von den Preußen getan worden. Auch für *Metternich* durfte der preußische Staat nicht zu stark aus diesem Kampf hervorgehen. Deshalb drängte er auf Friedensschluß.

Gneisenau und Blücher verlangten jedoch energisch die Fortsetzung des Krieges, bis Napoleon endgültig besiegt sei. Die Nachrichten aus Frankreich gaben ihnen recht, und so blieb das Bündnis erhalten. Auch England suchte die endgültige Entscheidung. In Spanien, wo General *Wellington* kämpfte, war der französische Widerstand angesichts der Niederlagen in Rußland und bei Leipzig ebenfalls zusammengebrochen. So konnte Wellington im Frühjahr 1814 in Südfrankreich eindringen.

Die *Schlesische Armee* unter Blücher und Gneisenau überschritt in der Neujahrsnacht 1813/14 bei *Kaub* den zugefrorenen Rhein. In Erinnerung an diesen Vorgang wurde später dort ein *Blücherdenkmal* errichtet, und eine Gedenktafel bezeichnet das Haus, in dem Gneisenau sein Stabsquartier errichtet hatte.

Bei *Basel* ging Schwarzenbergs Böhmische Armee ebenfalls über den Rhein, setzte den Vormarsch aber nur zögernd fort. Blücher forderte Eile, was ihm den Namen *„Marschall Vorwärts"* einbrachte. Eine vorübergehende Vereinigung beider Heere wurde nur kurzzeitig aufrechterhalten, weil Schwarzenberg für Blüchers Vorstellungen zu schwerfällig operierte. Das Schlachtenglück wechselte: Blücher siegte am 1. Februar 1814 bei La Rothière, Napoleon Mitte Februar in mehreren Treffen in der Champagne, dann im März wieder Blücher bei Laon. Nun marschierten die Verbündeten auf *Paris.* Napoleons Widerstand war schwach, und am 30. März kapitulierte die Stadt.

Napoleons Abdankung und Verbannung nach der Insel Elba April 1814: Am 6. April 1814 dankte Napoleon ab und wurde auf die Insel Elba verbannt. Den Kaisertitel durfte er behalten.

Man erlebte bei den nun folgenden *Friedensverhandlungen in Paris,* daß die Verbündeten keineswegs die Absicht hatten, Frankreich irgendwie zu bestrafen. Napoleon war eben ein Emporkömmling gewesen, der über ganz Europa zwar furchtbares Unglück, Millionen Menschen den Tod gebracht, enorme deutsche und italienische Landgebiete dem französischen Kaiserreich einverleibt und rücksichtslos ausgeplündert hatte, aber nun schließlich besiegt war. Die französischen Grenzen von 1792 konnten also ohne weiteres beibehalten werden. Das bedeutete, daß Lothringen, das Elsaß und die südbelgischen Gebiete bei Frankreich verblieben.

Die Franzosen hatten einen außerordentlich tüchtigen Unterhändler, den Herzog von *Talleyrand* (1754–1838). Er war ursprünglich Bischof, dann bei Beginn der Revolution Anhänger des Grafen Mirabeau, später Girondist gewesen. Vor den Jakobinern hatte er sich rechtzeitig in Sicherheit gebracht. Im Direktorium war er wieder Außenminister, ebenso bei Napoleon bis 1807. Vom hemmungslosen Landraub Napoleons hielt er nichts, und er sah das Scheitern des Kaiserreiches voraus, weshalb er sich zurückzog. Nach Napoleons Abdankung sorgte Talleyrand dafür, daß die Bourbonen zurück auf den Thron kamen.

Der Bruder des hingerichteten Ludwig XVI. hatte seine Ansprüche längst angemeldet, und als *Ludwig XVIII.* (1755–1824) erkannten ihn die europäischen Herrscher als neuen König sogleich an. Talleyrand, der sich jedem Regime geschickt angepaßt hatte, erklärte seinen Kritikern: *„Hochverrat ist eine Frage des Datums."* Obwohl er sehr bestechlich war, behielt er die Interessen Frankreichs stets im Auge. An Zähigkeit und Verhandlungsgeschick übertraf er alle Gegener.

Staatsminister *Metternich* stand ihm nur wenig nach, aber die Gegensätze zwischen Österreich und Frankreich waren geringer als die zwischen Preußen und Frankreich.

Preußen sah sich nun verpflichtet, das *Elsaß und Lothringen* selbst zu *beanspruchen,* sozusagen im Namen des früheren Deutschen Reiches. Doch der preußische Minister *Hardenberg* kam gegen Talleyrand, Metternich und Zar Alexander I. nicht auf. Der Freiherr vom Stein konnte an den Friedensverhandlungen leider nicht teilnehmen, weil er kein Ministerium innehatte. Er wäre der einzige gewesen, der die Rückgabe des Elsaß und Lothringens hätte durchsetzen können.

Am 30. Mai 1814 kam es zum Ersten *Frieden von Paris.* Frankreichs Grenzen blieben die vom Jahre 1792. Über die Neuordnung des übrigen Europas sollte später verhandelt werden.

Der Wiener Kongreß 1814 und 1815

So trat am 18. September 1814 unter dem Vorsitz Metternichs der Wiener Kongreß zusammen. Es war eine glänzende Versammlung bei zeitweiliger Anwesenheit fast aller Staatsoberhäupter Europas sowie ihrer Staatsminister und Botschafter. Die Einwohner Wiens betrachteten den Kongreß als ein lange anhaltendes Volksfest, denn der Kriegsdruck war endlich gewichen. Allmählich arteten die Verhandlungen aber in eine üble politische Feilscherei aus. All die kleinen Herren in Deutschland, Italien und anderswo wollten entschädigt werden und Extravorteile herausholen. Es gab kein Ende, und man redete schon ein halbes Jahr.

Napoleon kehrte im März 1815 von Elba nach Frankreich zurück – Die 100 Tage: Plötzlich traf die Nachricht in Wien ein, daß Napoleon am 14. März 1815 von Elba nach Frankreich zurückgekehrt sei. Der Kongreß war zuerst wie gelähmt, dann stob er auseinander. Der einst von Napoleon aufgrund hervorragender Leistungen zum Marschall und Fürsten erhobene ehemalige Handwerkersohn Michel *Ney* (1769–1815) sollte mit seinem Korps Napoleon entgegentreten. Doch Ney, dem die Bourbonenherrschaft in Frankreich nicht geschmeckt hatte, trat sofort auf die Seite seines früheren Kaisers und stellte ihm seine Soldaten zur Verfügung. Gemeinsam marschierte man in wenigen Tagen, ohne Widerstand zu finden, nach Paris, von wo *Ludwig XVIII.* inzwischen geflohen war.

Napoleon wurde nun einhellig von den Verbündeten förmlich geächtet. Das bedeutete, daß er mit keinerlei persönlicher Rücksichtnahme mehr rechnen konnte.

Bei Brüssel zog *Wellington* ein englisch-deutsch-niederländisches Heer von 90000 Mann zusammen. Bei Lüttich sammelten *Blücher* und Gneisenau eine preußische Armee von 110000 Mann.

Napoleon zog nun in Eilmärschen mit 125000 Soldaten nach Belgien, um dort nach Möglichkeit beide gegnerischen Heere einzeln zu besiegen. – Unabhängig davon erschienen die Russen am Mittelrhein und die Österreicher am Oberrhein.

Die Schlacht bei Waterloo oder Belle-Alliance Juni 1815: Im Juni trafen bei *Ligny* (westlich Lüttich) Blücher und Napoleon aufeinander. Die Franzosen warfen die Preußen im ungestümen Angriff, doch *Gneisenau* verhinderte eine Katastrophe durch rechtzeitiges Zurückweichen. Dabei näherte er sich bis auf 12 Kilometer der Armee Wellingtons. Napoleon verfolgte Gneisenau nicht, sondern marschierte direkt nach Norden gegen Wellington, dessen Vorhut mit Marschall Ney bereits in Kämpfe verwickelt war. Am 18. Juni trafen in der Frühe bei Waterloo (südlich Brüssel) beide Heere voll aufeinander. Es kam zu einer langanhaltenden verbissenen Schlacht mit wechselnden Chancen. Gegen Nachmittag geriet Wellington in deutlichen Nachteil, so daß er in seiner Bedrängnis ausrief: *„Ich wünschte, es würde Nacht, oder die Preußen kämen!"*

Blücher und Gneisenau hatten erst gegen Mittag von der Schlacht Meldung bekommen und setzten sofort Reiterei und Infanterie in Marsch. Bei strömendem Regen legten sie die 12 km in zwei Stunden zurück und erschienen gegen 4 Uhr auf einer Anhöhe, von der aus das Schlachtfeld gut zu überschauen war. In Eile stellte Blücher seine Reiterei zum Angriff auf, und allen voran reitend stieß er bei dem Flecken

Belle-Alliance den überraschten Franzosen in die Flanke. Kurz danach griff auch Gneisenaus Infanterie an, und nach einer Stunde war die Schlacht beendet und die französische Armee völlig geschlagen. Napoleon rettete sich durch die Flucht.

Napoleons I. endgültige Abdankung Juni 1815: In *Rochefort* an der Garonne-Mündung ergab er sich den Engländern, und am 22. Juni dankte Napoleon endgültig ab, und zwar zugunsten seines vierjährigen Sohnes, der aber niemals anerkannt wurde. Kaiser Napoleons Herrschaft der letzten *100 Tage* war beendet. Am 3. Juli 1815 besetzten die Verbündeten die Stadt Paris zum zweiten Mal.

Gleich nach der Schlacht bei Waterloo oder Belle Alliance, wie sie Blücher nannte, weil sich in diesem Dorf der Kampf entschieden hatte, war *Ludwig XVIII.* nach Paris zurückgekehrt.

Dort kamen nun nochmals die wichtigsten Unterhändler der europäischen Staaten zusammen. Preußen versuchte erneut, die Frage *Elsaß und Lothringen* ins Gespräch zu bringen. Doch *Talleyrand* jammerte mit großem schauspielerischem Talent den Versammelten vor, daß man doch dem bedauernswerten Frankreich nach der zwölfjährigen napoleonischen Gewaltherrschaft und den ungeheuren Menschenopfern nicht auch noch Provinzen abverlangen könne. Er rührte die Versammelten fast zu Tränen und hatte damit das Elsaß und Lothringen für Frankreich gerettet. Man hatte ins Feld geführt, daß es keinen Staat Deutschland mehr gab, zu dem das Elsaß und Lothringen hätten zurückkehren können. Es gab nur viele deutsche Staaten. Die preußischen Generäle, die den letzten Feldzug gewonnen hatten, gerieten in Zorn, als sie von dieser Misere hörten, aber ihr König war ohne Rückgrat. Auch versuchte der Freiherr vom *Stein* außerhalb der Pariser Verhandlungen die Neugründung des Deutschen Reiches unbedingt durchzusetzen, aber Metternich, Zar Alexander I. und natürlich Frankreich verhinderten dies.

Der Wiener Kongreß beschloß im Juni 1815 die Errichtung des „Deutschen Bundes": Am letzten Tag des Wiener Kongresses am 8. Juni 1815, also noch vor dem Sieg bei Waterloo, war die sogenannte *„Bundesakte"* unterzeichnet worden. Darin hatte man vereinbart, daß statt des alten Deutschen Reiches der „Deutsche Bund" errichtet werden sollte, ein loses Staatengefüge ohne gemeinsame Volksvertretung. In Frankfurt am Main sollte lediglich ein *„Ständiger Bundestag"* errichtet werden, bestehend aus den Gesandten aller deutschen Einzelstaaten.

Die Neuordnung Europas und Ausscheiden der südlichen Niederlande (Belgien) aus dem Deutschen Bund: So kam es am 20. November 1815 zum Zweiten *Frieden von Paris,* der die Beschlüsse des Wiener Kongresses zur Neuordnung Europas bestätigte. Besonders in Mitteleuropa veränderten sich danach die Grenzen wieder wesentlich:

Der Deutsche Bund entstand also wie beschlossen: Ihm gehörte im Westen auch das Großherzogtum *Luxemburg* an, welches damals etwa doppelt so groß war wie das spätere nur deutschsprachige Luxemburg. Dagegen schloß er im Süden *Südtirol mit Trient* und *Krain mit Triest* wieder ein. Die Nord- und Ostgrenzen waren die gleichen wie vor 1806.

Außerhalb der Grenzen des Deutschen Bundes gehörten zu Preußen östlich von Pommern und Schlesien die Provinzen *West- und Ostpreußen mit Danzig, dem*

Ermland, den Städten Thorn, Bromberg, Kulm, Graudenz schließlich die Provinz *Posen mit Gnesen*.

Was vom Herzogtum Warschau des Jahres 1807 übriggeblieben war, verleibte sich Rußland als sogenanntes *„Kongreßpolen“* ein und behielt es gut 100 Jahre bis 1918.

Zur österreichisch-ungarischen Monarchie kehrten *Dalmatien*, die Halbinsel *Istrien, Venetien*, die *Lombardei mit Mailand, Parma, Modena und* die *Toskana* zurück, dies alles ebenfalls nicht im Bereich des Deutschen Bundes.

Aus dem *Königreich Neapel* verjagten die Österreicher den König von Napoleons Gnaden, und der vorherige *Ferdinand I.*, ein spanischer Bourbone, kam wieder auf den Thron. Weil zu Neapel auch Sizilien gehörte, nannte man nun diese Monarchie auch *„Königreich beider Sizilien“*.

Der *Kirchenstaat* entstand neu unter Papst Pius VII. mit Habsburgs Hilfe, weshalb Wien und Rom in bestem Einverständnis standen. Österreich besaß nun wieder die Vorherrschaft in Italien.

Werfen wir schnell einen Blick 1000 Jahre zurück: Damals herrschten in Italien nacheinander die deutschen Herrschergeschlechter der Franken, Sachsen, Salier, Staufer in Zusammenarbeit mit den Päpsten. Kaiser- und Papsttum zerbrachen, als die Päpste Weltherrschaftsansprüche stellten. 550 Jahre lang war dann das Land – immer wechselnd – Spielball zwischen Franzosen, Päpsten, Spaniern, Deutschen und einheimischen Fürsten.

Nun jedoch war tatsächlich wieder ein deutschstämmiger Kaiser, *Franz I.*, Herr im Lande, und 1838 wurde sogar sein Sohn und Nachfolger nochmals mit der *„Eisernen Krone“* der Lombardei gekrönt.

Innerhalb des Deutschen Bundes hatte der Wiener Kongreß viele *Grenzverschiebungen* beschlossen: Bayern gab an Österreich Tirol, Vorarlberg, Salzburg und das Innviertel zurück, erhielt aber die linksrheinische Pfalz sowie Mainfranken (das bisherige Ansbach-Bayreuth) von Preußen. Dieses bekam die nördliche Hälfte des Königreiches Sachsen mit Wittenberg, Torgau und Kottbus, ferner endlich (!) *Vorpommern* also Schwedisch-Pommern mit Stralsund, Greifswald und die Insel Rügen, sodann Westfalen und das gesamte linksrheinische Gebiet von Saarlouis bis Kleve. Preußen wurde also wesentlich erweitert und zum größten Staat im Deutschen Bund.

Baden und Württemberg blieben, wie sie Napoleon gebildet hatte, und Österreich verzichtete dort endgültig auf seine ehemaligen vielen kleinen Gebiete (die *Vorlande* oder Vorderösterreich).

Hannover, welches noch immer mit dem englischen Königshaus verbunden war, wurde zum *Königreich* erhoben und um das ehemals preußische Ostfriesland sowie an seiner Südgrenze um einige Städte und Gebiete bereichert.

Holstein und *Schleswig* verblieben unter dänischer Herrschaft, und von Hannover kam sogar noch *Lauenburg* dazu. Aber Holstein und Lauenburg gehörten zum Deutschen Bund wie früher zum Deutschen Reich. Die Grenze zwischen Dänemark und dem Bund blieb die Eider mit der Stadt Rendsburg.

Dann wurden noch die Großherzogtümer Mecklenburg und Oldenburg wiederhergestellt.

Im Gebiet zwischen Mittelrhein und Mittelelbe, also in *Hessen* und *Thüringen*, blieben noch etwa ein Dutzend kleiner Herrschaftsgebiete und preußische, bayrische sowie hannoversche Gebietssplitter (Exklaven) erhalten.

Belgien und Holland wurden als *Königreich Vereinigte Niederlande* vereint, und Frankreich gab ein Landstück am Westufer der Maas zurück. König wurde der Sohn des letzten oranischen Erbstatthalters der Niederlande, der vor Napoleons Besitzergreifung im Amt war. Er nannte sich *Wilhelm I.* (gest. 1843) und war gleichzeitig der Großherzog von Luxemburg (Personalunion). Im Krieg 1806/7 hatte er als preußischer General gegen Napoleon gekämpft.

Durch Gründung der Vereinigten Niederlande schied damit auch noch *Belgien aus dem Deutschen Bund* aus, nachdem Holland wie auch die Schweiz schon im Westfälischen Frieden 1848 dem Deutschen Reich verlorengegangen waren.

Die *Schweiz* bekam von Frankreich die geraubten Kantone zurück, womit sie die noch heute gültigen Grenzen erhielt.

Das Fürstentum *Liechtenstein* am Ostufer des Oberrheins zwischen der Schweiz und Österreich, welches seit 1719 bestand, gehörte zum Deutschen Bund. Die Fürsten von Liechtenstein, ein altösterreichisches Adelsgeschlecht, regieren in diesem Zwergstaat von gegenwärtig 18000 Einwohnern mit der Residenz in Vaduz bis heute.

Das Königreich Savoyen mit Turin und Genua (das alte Herzogtum Piemont), zwischen der Schweiz und dem Mittelmeer, auch *Königreich Sardinien* genannt, seit die Insel Sardinien dazu gehörte, wurde den Franzosen wieder abgenommen und neu errichtet. – Die Insel *Korsika* blieb bei Frankreich.

In Spanien kam der Sohn des spanischen Bourbonen Karl IV., der von Napoleon zugunsten seines Bruders vertrieben worden war, 1814 als König *Ferdinand VII.* (gest. 1833) in Madrid auf den Thron.

In Portugal wurde *Johann VI.* (gest. 1826) aus dem Hause Bragança als König eingesetzt. Er hatte bereits für seine geisteskranke Mutter, die 1807 vor Napoleon flüchten mußte, die Regentschaft geführt.

Als weiteres Kuriosum überlebten noch zwei winzige Staaten die Neuordnung in Europa: Das Fürstentum *Monaco* mit jetzt etwa 23000 Einwohnern an der französischen Riviera wurde bis heute von dem Fürstengeschlecht der *Grimaldi*, einem mittelalterlichem genuesischem Adelsgeschlecht, regiert. Schließlich blieb noch in den Pyrenäen, von 3000 m hohen Bergen umschlossen, zwischen Spanien und Frankreich, mit heute etwa 14000 Einwohnern, der Freistaat *Andorra* mit sechs Dörfern und vielen Berghöfen bestehen.

So war denn Europa nach den Beschlüssen des Wiener Kongresses und dem Zweiten Pariser Frieden „neu geordnet". Der Friede hätte nun für alle Zeiten gesichert sein sollen, nachdem der machtbesessene Korse Bonaparte ausgeschaltet war.

Napoleons Verbannung 1815 auf die Südatlantik-Insel St. Helena – Tod 1821: Die letzten sechs Jahre seines Lebens verbrachte Napoleon als Gefangener auf der englischen Insel St. Helena im Südatlantik, wohin ihn die Engländer verbannt hatten. Er wurde dort nicht sehr freundlich behandelt, worüber er mehrmals glaubte, sich beklagen zu müssen. Im Mai 1821 starb er im Alter von erst 52 Jahren. 1840 überführten die Franzosen seine sterblichen Überreste von St. Helena nach Paris, wo er im *Invalidendom* endgültig beigesetzt wurde.

Napoleons 28 Jahre seines Wirkens, besonders die 12 Jahre der absoluten Herrschaft seit 1802, hatten in Europa niemand einen Gewinn gebracht, am wenigsten seinem „eigenen" Volke: Die französische Jugend erlebte einen Aderlaß, von dem sie sich nie mehr erholte: 1790 war Frankreich mit 24 Millionen Einwohnern der volkreichste Staat Europas gewesen gegen 22 Millionen im Deutschen Reich. 1935 lebten in Frankreich 39 Millionen Franzosen, während im stark verkleinerten Deutschland und Österreich die deutsche Bevölkerung auf 73 Millionen angewachsen war, wozu noch 6–7 Millionen in abgetretenen Gebieten und als Streudeutschtum kamen.

Als Napoleon 1815 abdanken mußte, tat er das – wie berichtet – zugunsten seines damals vierjährigen Sohnes, den er dabei zum Kaiser *Napoleon II.* (1811–1832) ausrief, was aber niemand zur Kenntnis nahm. Danach wurde das Kind in Wien unter der Obhut seines Großvaters Franz I. erzogen. Nach einem böhmischen Herrschaftsgebiet, das ihm zugewiesen wurde, hieß er hinfort *Herzog von Reichstadt.* Er starb schon im Alter von 21 Jahren. Seine Mutter Marie Louise hatte sich um ihren Sohn wenig gekümmert. Sie erhielt nach Napoleons Sturz die italienisch-habsburgischen Herzogtümer Parma, Piazenca und Guastalla.

Die Ehegatten hatten sich seit der Abdankung Napoleons nicht mehr gesehen. Doch gleich nach seinem Tod vermählte sich *Marie Louise* zur „linken Hand" mit ihrem Oberhofmeister, dem Grafen *Neipperg,* und nach dessen Tod mit dem Grafen *Bombelle.* Eine *Ehe zur „linken Hand"* (morganatische Ehe = nicht standesgemäß) wurde zwar allgemein in Kreisen des Hochadels anerkannt, doch zog sie den Verlust gewisser Standesvorrechte, besonders in der Erbfolge, nach sich.

Die kulturelle Entwicklung um 1750–1885

Die „Goethezeit" 1750–1830: Das Wort „Goethezeit" war zu einem Kulturbegriff geworden, der sich aus den Abschnitten *„Sturm und Drang"*, *„Klassik"* und *„Romantik"* gebildet hatte.

Wir erzählten vom schwungvollen, fast trotzigen Eigenleben der geistig-kulturellen Kräfte im und nach dem Dreißigjährigen Krieg. Auch die späteren Kämpfe und der Siebenjährige Krieg geboten solchem Geschehen keinen Einhalt. Im Gegenteil, *Friedrich der Große* als hervorragendstes Vorbild des *aufgeklärten Absolutismus* gab in Deutschland und Europa zukunftweisende Impulse. Kaiser *Joseph II.* in Wien setzte Friedrichs Gedankengänge fort, was endlich zur Bauernbefreiung und allgemein zu duldsamer Denkweise führte. Auch die katholische Kirche gab das System der *Inquisition* auf, was im Volke das Gefühl einer Befreiung hervorrief und dem Katholizismus selbst eine innere Erneuerung brachte.

Die *deutsche Dichtung* erlebte im Goethezeitalter den bisherigen Höhepunkt überhaupt. Johann Wolfgang *Goethe* (1749–1832) war Deutschlands größter Dichter, der heute noch die gleiche Wirkung ausübt wie zu seinen Lebzeiten. In Frankfurt am Main geboren, studierte er in Leipzig und Straßburg Rechtswissenschaft. In Straßburg – das ganze Elsaß war trotz französischer Verwaltung damals vollkommen deutsch – lernte Goethe den fünf Jahre älteren Ostpreußen Johann Gottfried *Herder* (1744 bis 1803) kennen. Dieser erweckte im 22jährigen Goethe das Verständnis für die Großartigkeit der Dichtungen des griechischen Altertums bis zu Shakespeare und für das altgermanisch-keltische Gedankengut des Quedlinburgers Friedrich Gottlieb *Klopstock* (1724–1803) in Verbindung mit dem Christentum.

1771 kam Goethe nach Frankfurt zurück und war dort kurzfristig in einer Rechtsanwaltspraxis tätig. 1772 dichtete er den *„Götz von Berlichingen"*. Dann praktizierte er fünf Monate lang beim Reichskammergericht in Wetzlar. Als 25jähriger schuf er sein Bühnendrama *„Faust"* (Urfaust), an dem er sein Leben lang arbeitete. Es ist seine unsterblichste Dichtung, alle Zeit von gleichbleibender Wirkung auf junge wie erwachsene Menschen. Ende 1775 übersiedelte er nach *Weimar* in die Dienste des jungen Ernestinischen Wettiners Herzog *Karl August* (1757–1828). Die Freundschaft zwischen beiden machte Weimar jahrzehntelang zum Mittelpunkt des deutschen Geisteslebens. Seine Ämter im Herzogtum Sachsen-Weimar als Legationsrat für die auswärtige Diplomatie und als Präsident der Finanzkammer machten ihn zur rechten Hand des Herzogs bis 1788. Von da an behielt er noch die Oberaufsicht über die wissenschaftlichen Institute in *Jena* sowie über das Hoftheater.

Goethe zog auch Herder nach Weimar, und der Schwabe Friedrich *Schiller* (1759 bis 1805) wurde 1789 Professor für Geschichte und Philosophie in Jena, leider vorerst ohne Besoldung. Erst 1794 kam es zwischen Goethe und Schiller zu geistiger Annäherung und schließlich zu echter Freundschaft und Zusammenarbeit. Sie faßten das Ziel, eine neue deutsche Kulturrichtung zu gründen, was ihnen auch voll und ganz gelang. 1799 übersiedelte Schiller ebenfalls nach Weimar.

In den elf Freundschaftsjahren der beiden deutschen Dichter entstanden die schönsten Schauspiele, Dichtungen und Werke der Philosophie. Schiller war ein ungeheuerer Arbeiter, und seine Werke umfassen viele Bände. Er wurde zum „Dichter der Freiheit", was sich in seinen heißblütigen *Dramen* „Die Räuber", „Don Carlos", „Wilhelm Tell", „Johanna von Orleans" und anderen niederschlug. Leider starb Friedrich Schiller schon mit 46 Jahren an schwerer Krankheit, hervorgerufen durch frühere harte Entbehrungen. Seine letzte Ruhe fand er in der *Fürstengruft in Weimar.*

Goethes Freundschaft mit dem Herzog hielt bis zu dessen Tode 1828. Danach blieb Goethe weiter in Weimar, arbeitete an seinen dichterischen Werken sowie an physikalisch-wissenschaftlichen Problemen der *Farbenlehre* und anderem.

Goethes Leben wurde durch die Ereignisse seiner Zeit vielseitig beeinflußt: Der Siebenjährige Krieg war das große Geschehen seiner Kindheit. Mit 16 Jahren erlebte er 1765 als Augenzeuge die Kaiserkrönung Josephs II. im Frankfurter Dom. Die Person Friedrichs des Großen und Preußens Aufstieg hielten auch ihn in Atem. Als Goethe 40 Jahre zählte, brach die Französische Revolution aus. 1792 war er beobachtender Zeuge der „Kanonade von Valmy" und 1793 der Befreiung von Mainz durch die Preußen. Napoleons kometenhafter Aufstieg beeindruckte ihn sehr, doch blieb er kritisch und zurückhaltend. Beide begegneten sich 1808 beim *Fürstenkongreß in Erfurt.*

Österreichs und Preußens Zusammenbruch, die Auflösung des Deutschen Reiches, der Wiener Kongreß und schließlich die erste Zeit Metternichs und des Deutschen Bundes, das alles fiel in Goethes Leben.

Soldatisch war sein Wesen nicht, er war Künstler durch und durch. So mutet es merkwürdig an, daß er zur Musik kaum ein Verhältnis hatte. Seine Reise nach Italien, wo er sich 1786–1788 aufhielt, führte ihn durch die großartige Bergwelt der Alpen. Doch hat er diese mit keinem Wort erwähnenswert gefunden.

Zeitlebens regten ihn die Bekanntschaften mit schönen und geistvollen Frauen zu großartigen Werken an.

Goethe formte und dichtete im Rahmen der verschiedenen Kunstepochen seines Lebens, vor allem des „Sturm und Drangs", der „Klassik" und „Romantik".

Er starb im Frühjahr 1832 in Weimar im Alter von 83 Jahren. Auch er wurde in der *Fürstengruft* neben Schiller und dem Herzog Karl August beigesetzt. Vor dem Nationaltheater in Weimar steht das Goethe-Schiller-Denkmal zur Erinnerung an Deutschlands größte Dichter.

Andere berühmte Dichter der „Goethezeit" waren: Heinrich von *Kleist* (1777–1811), *Jean Paul* (1763–1825), Friedrich *Hölderlin* (1770–1843), Freiherr von *Eichendorff* (1788–1857), die Märchensammler Jakob *Grimm* (1785–1863) und Wilhelm *Grimm* (1786–1859), Ludwig *Uhland* (1787–1862), Wilhelm *Hauff* (1802–1827), Friedrich *Rückert* (1788–1866), Jeremias *Gotthelf* (1797–1854), Heinrich *Heine* (1797–1856), Annette von *Droste-Hülshoff* (1797–1848), Franz *Grillparzer* (1791–1872), Gustav *Schwab* (1792–1850– und viele mehr. Sie alle schufen die schönsten Liederverse, Gedichte, Sagen oder Märchen, schrieben Romane und Erzählungen, die in Schulen und Häusern des deutschsprachigen Raumes gelehrt und gelesen wurden und werden. In irgendeinem der deutschen Länder zwischen Ostpreußen und der Schweiz, Kärnten und Elsaß-Lothringen oder Südtirol und Schleswig wurden diese Dichter geboren. Sie alle trugen dazu bei, einen Kulturstand von erstaunlicher Höhe zu erreichen. Die hochdeutsche Sprache war die Sprache der „Dichter und Denker" geworden.

Auch in der *Malerei und Bildhauerei* drückte sich der Geist der „Goethezeit" aus. Peter *Cornelius* (1783–1867) schuf Zeichnungen zu „Faust" und der Nibelungensage sowie großartige Wandmalereien aus der Mythologie. Caspar David *Friedrich* (1774 bis 1840) war der größte „romantische" Natur- und Landschaftsmaler. Ganz herrliche Denkmäler schuf der Berliner Gottfried *Schadow* (1764–1850), so das Viergespann (die Quadriga) auf dem Brandenburger Tor in Berlin, das Lutherdenkmal in Wittenberg, das liebenswürdige Marmorbildwerk der Kronprinzessin Luise und ihrer Schwester in Berlin und vieles andere. Christian Daniel *Rauch* (1777–1857), geboren in Arolsen westlich Kassel, war Meister der „klassizistischen" Bildhauerei und schuf Marmor- und Bronzedenkmäler vieler berühmter deutscher Männer. In Berlin Unter den Linden steht eines seiner schönsten Werke, das Reiterstandbild Friedrichs des Großen. Nach dem Zweiten Weltkrieg wurde es 1946 auf Befehl der Sowjetrussen weggebracht, doch 1981 stellte man es am alten Platz wieder auf!

In der *Baukunst* entstanden viele Prachtbauten, auch Museen oder Theater im Stil des *„Klassizismus"*. Vorbild waren griechische antike Bauten mit dorischen, jonischen oder korinthischen Säulen und Kapitellen. Karl Friedrich *Schinkel* (1781–1841) erbaute u. a. in Berlin die „Neue Wache" und das „Alte Museum". Leo von *Klenze* (1784–1864) schuf bei Regensburg die prächtige Ruhmeshalle *„Walhalla"* hoch über der Donau. Die berühmtesten deutschen Männer und Frauen seit Armin dem Cherusker wurden (und werden) hier in Gedenktafeln oder Marmorbüsten verewigt.

Und was hatte sich im Bereich der *Musik* getan? Im Anschluß an die beiden großen Meister Johann Sebastian *Bach* und Georg Friedrich *Händel*, die neben kirchlicher auch weltliche Musik komponierten, führten ihre Nachfolger das deutsche Musikschaffen auch mit Sinfonien, Konzerten, Opern, Tänzen und Liedern zur absoluten Weltgeltung: Joseph *Haydn* (1732–1809), Österreicher, war Sohn eines Schmiedemeisters und bildete sich selbst aus. 30 Jahre lang war er Kapellmeister beim Fürsten *Esterhazy* in Eisenstadt im Burgenland und in Wien, ohne daß dieser ahnte, welches Genie er beschäftigte. In London wurde er später begeistert gefeiert, und nun, erst mit 60 Jahren, auch in Wien voll anerkannt. Das Oratorium „Die Schöpfung" ist sein Hauptwerk. Die Kaiserhymne „Gott erhalte Franz den Kaiser" vertonte er 1797 zu Ehren Franz II., des letzten Kaisers des Ersten Deutschen Reiches. Die Melodie wählte *Hoffmann von Fallersleben* (1798–1874), geboren bei Lüneburg, für sein *„Deutschlandlied"*, das er als Patriot im Exil auf der Insel Helgoland 1841 dichtete.

Wolfgang Amadeus *Mozart* (1756–1791) wurde in Salzburg geboren und von seinem Vater Leopold *Mozart* (1719 – 1787), einem Augsburger Tonsetzer, ausgebildet. Wolfgang Amadeus war ein Wunderkind, das schon mit sechs Jahren auf Konzertreisen des Vaters mit seinem Klavierspiel die Zuhörer begeisterte. Mit 13 Jahren wurde er erzbischöflicher Konzertmeister in Salzburg. Seit 1781 lebte er unabhängig in Wien, wo er ein Jahr später heiratete. Seine Konzertreisen und Opernaufführungen in Wien, Prag und Berlin brachten zwar glänzende Erfolge, aber zuwenig Geld, um seine Familie ernähren zu können. Gesundheitlich war er anfällig. Schon zu seinen Lebzeiten galt er als einer der fantasiereichsten und schöpferischsten Tonkünstler, aber man ließ ihn fast verhungern. Er war ungeheuer fleißig, und was er in seinem kurzen Leben von 35 Jahren geschaffen hat, ist kaum zu glauben. In einem ganzen Buch, dem sogenannten *„Köchel-Verzeichnis"*, hat der Tonsetzer Köchel alle Werke Mozarts geordnet aufgeführt. Mozart war ein liebenswürdiger, heiterer Mensch, der aber zu den materiellen Notwendigkeiten des Lebens nie ein Verhältnis fand. Als er 1791 in Wien starb, hatte seine Witwe *Constanze* geb. Weber (Base des Carl Maria von Weber) nicht das Geld, sein Begräbnis zu bezahlen. So bekam Mozart ein *Armengrab*, dessen Lage man nur vermutet. Seine Werke aber sind unsterblich, denn in aller Welt kennt man die Melodien aus seinen Opern „Figaros Hochzeit", „Don Juan", „Die Zauberflöte" und anderen. Als letzte Komposition entstand sein „Requiem" („Ewige Ruhe gib ihnen"). In wunderbarer Weise erkennt man darin die vergangenen Hoffnungen, die Not seines Lebens und die Gewißheit des Eingangs in die glückvolle Ewigkeit.

Carl Maria von *Weber* (1786–1826) war Kapellmeister in Breslau und später in Prag. In Dresden wurde er Leiter des Deutschen Opernhauses, welches er zu einer weltberühmten Kunststätte, die sie heute noch ist, ausbaute. Auch Weber komponierte viele Opern, worunter der „Freischütz" und „Oberon" die bekanntesten sind. Auch die Melodie „Den König segne Gott" aus seiner „Jubelouvertüre" ging durch die Welt. Mit seinen zündenden Männerchören zu Theodor *Körners* vaterländischen Dichtungen machte sich Carl Maria von Weber zum Sänger des nationalen Gedankens in Deutschland.

Ein ganz großer, ein „Gewaltiger", wie man sagt, war Ludwig van *Beethoven* (1770 bis 1827). In Bonn geboren, stammte er aus einer Musikerfamilie, die einst aus Flamland einwanderte. In ärmlichen, unsicheren Verhältnissen aufgewachsen, nahm man ihn mit 14 Jahren bereits als Mitglied ins kurfürstliche Orchester in Bonn auf. 1827 war er einige Monate Schüler bei Mozart in Wien. Adelige Herren bemühten sich um seine Übersiedelung in die österreichische Hauptstadt. Doch damit er nicht wie Mozart behandelt werden konnte, folgte er erst nach vertraglicher Absicherung 1792 dem Ruf. Er kam schnell zu Ansehen, denn seine Werke hatten durchschlagenden Erfolg.

Auch Beethoven geriet in den Bann Napoleons und wollte ihm ursprünglich seine Sinfonie „Eroica" (Heldensinfonie) widmen. Doch als sich Napoleon zum Kaiser ernannte, die freiheitsverkündende Republik also verriet, wandelte sich Beethovens Bewunderung in Abscheu.

Seine neun Sinfonien und die einzige Oper „Fidelio" stellen etwas Einmaliges dar. Im übrigen komponierte er „Klassisches" und „Romantisches" in Vollkommenheit.

Die Tragik seines Lebens war ein Gehörleiden, das sich schon frühzeitig ankündigte und allmählich, 1819, zur Taubheit führte. Nun komponierte er am Klavier, ohne etwas zu hören. Die wunderbare „Missa solemnis" (ernst-feierliche Messe) ist in vollkommener Taubheit entstanden. So wandelte er sich von einem lebensfrohen, leidenschaftlichen zu einem eigenwilligen, verschlossenen Sonderling mit grimmigem und oft dämonischem Humor, was sich auch in seinen Werken niederschlug. Beethoven starb 1827 im Alter von 57 Jahren in Wien, wo er auch begraben wurde.

In Wien lebte das Musikgenie Franz *Schubert* (1797–1828). Auch er hatte in 15 Jahren ein Riesenwerk hinterlassen. Große Verbreitung erlangten seine romantischen Lieder durch Vertonung der schönsten Gedichte aus der „Goethezeit". Viele davon sind zu Volksliedern geworden, deren Melodien jedermann in Deutschland kennt, oft ohne zu wissen, daß sie von Franz Schubert stammen. Außer einer Menge von Ouvertüren, Kammermusik, Sonaten, Kirchenwerken usw. hat er auch acht herrliche Sinfonien komponiert, zuletzt die berühmte *„Unvollendete"*. Franz Schubert war ein liebenswerter Mensch, ohne aber in der Liebe sein Glück zu finden. Dies drückte sich in vielen seiner Werke deutlich aus. Oft von Krankheit und materieller Not geplagt, mußte er schon im Alter von 31 Jahren sterben, ebenfalls als einer der Unsterblichen.

In Zwickau in Sachsen kam Robert *Schumann* (1810–1856) zur Welt. Ganz und gar Romantiker, entstanden seine Werke aus Stimmung und Gefühl. Auch er hatte sich in allen Arten der Komposition versucht und großartige Werke hinterlassen. Nebenbei war er Musikschriftsteller und Mitherausgeber einer Fachzeitschrift. Dabei trat er als „stets vornehmer Kritiker" auf.

Tragisch war sein Ende. Er verfiel in geistige Umnachtung, und seine letzten zwei Lebensjahre mußte er in einer Nervenklinik verbringen. Seine Gattin Klara geb. *Wieck* (1819–1896), selbst eine hervorragende Klaviervirtuosin, hatte schon zu Lebzeiten ihres Mannes und nach seinem Tode noch 40 Jahre lang bei vielen Konzerten in aller Welt seine Werke bekanntgemacht.

Mehrere berühmte *Philosophen* wirkten zu dieser Zeit im Deutschen Reich. Der Ostpreuße Immanuel *Kant* (1724–1804) lebte als Professor in Königsberg. Als Sohn eines pietistischen Sattlers wurde er einer der größten Denker Deutschlands und der Welt. Im Rahmen seines Philosophiegebäudes stellte er die Theologie dem Vernunftdenken (Rationalismus) gegenüber. Obwohl das Vernunftdenken schon im alten Griechenland von *Plato* (427 v. Chr.–347 v. Chr.) als Teilgebiet der Philosophie durchdacht worden war, beherrschte es erst wieder die Zeit des Absolutismus (2200 Jahre später). Kant wies die alten Ansprüche der Theologie sowie die des neuen Vernunftdenkens in ihre Schranken. (Leibniz war übrigens auch schon dem reinen Vernunftdenken entgegengetreten, indem er die *Metaphysik* = Jenseitslehre ins Spiel brachte.) Kant stellte eine allgemeingültige Sittenlehre auf, in welcher er die *Pflichterfüllung* in den Mittelpunkt rückte.

Die Auswirkung der Kantschen Philosophie auf die Geisteshaltung großer Teile der Weltbevölkerung war – bis heute – bedeutend. Die Macht des kirchlichen

Dogmatismus wurde schwer angeschlagen, statt dessen entsprechend protestantischer Lehre die Selbstverantwortung des einzelnen Menschen hervorgehoben.

Großen Einfluß gewann der Stuttgarter Georg Wilhelm Friedrich *Hegel* (1770 bis 1831). Für ihn waren die geistigen Schöpfungen der Menschen das Wesentliche in der Welt. Nur die *„absolute Vernunft"* befähigte zu solchen Leistungen. Auf dieser Grundregel baute er seine allumfassende Natur-, Religions-, Kunst-, Rechts- und Geschichtsphilosophie auf.

Das gesamte wissenschaftliche Denken des 19. Jahrhunderts wurde von seinen Lehren durchdrungen, wobei diese auf allen Gebieten ungeheuere Fortschritte machte. Mit seinem Werk *„Der Staat"* wirkte er auf das allgemeine Staatsdenken.

Nicht allen Philosophen gelang es, größere Anhängerschaft und Einfluß zu gewinnen: Arthur *Schopenhauer* (1788–1860), geboren in Danzig, glaubte, daß der „Wille" eine Art Zwingkraft allen Seins sei. Der Intellekt sei der Diener des „Willens", und nur der echte Künstler, Philosoph oder Heilige könne sich vom „Willen" befreien. Für alle anderen Menschen sei der Lebenswille grund- und ziellos. Damit kam Schopenhauer für den Großteil der Menschheit zu einer pessimistischen Weltanschauung.

Ganz andere Gedanken entwickelte Friedrich Wilhelm *Nietzsche* (1844–1900), geboren als Sohn eines Pfarrers in Lützen bei Leipzig. Er war der große Kritiker des 19. Jahrhunderts: Das Christentum sei eine die natürlichen Lebenstriebe schwächende Religion. Die aufkommende Form der Industrialisierung fördere die Volk und Rasse zerstörende Vermassung. Der Liberalismus züchte die Sittenlosigkeit. Der marxistische Sozialismus sei nur der Aufstand der sklavisch Minderwertigen. Die bürgerliche Moral sei Heuchelei.

So verlangte er nicht weniger als die *„Umwertung aller Werte"*. Die freie Entfaltung der schöpferischen Persönlichkeiten sei der Sinn der Geschichte, die ihren Inhalt im Kampf der Völker, Rassen und Stände untereinander finde. Daraus ergebe sich der *„Wille zur Macht"* als letzter Urtrieb der Menschheit. Es werde ein Typus Mensch in weiterer Zukunft heraufkommen – prophezeite Nietzsche –, der alles Große und Starke anstrebe und dabei weder Kampf noch Leid scheue.

Es war kein Wunder, daß Nietzsche bei Kirche und Teilen des Bürgertums auf stärkste Ablehnung stieß. Trotzdem veranlaßten seine Lehren in aller Welt das Neuüberdenken der allgemeinen Lebensphilosophie.

Man muß sich fragen, auf welche Weise eine philosophische Richtung in der Allgemeinheit wirksam werden konnte: Nun, der Philosoph verbreitete seine Erkenntnisse durch Schriften, Zeitungen und Vorträge an Universitäten (neuerdings wirksam durch die Massenmedien). Die Studenten wurden zum Teil Lehrer, welche das Gedankengut an ihre Schüler weitergaben. Auf diese Weise bildeten sich Richtlinien für Wissenschaft, öffentliches Leben, allgemeine Erziehung und schließlich Gesetzgebung heraus. Der Philosoph betrieb also eine Art *„Grundlagenforschung" für das geistige Verhalten der Menschheit.*

Im Ausland, wie England, Italien oder Frankreich, kam der kulturelle Fortschritt ebenfalls mächtig voran, wobei die *italienische Musik* besonders hervorstach. Dort war die Kunstform der Oper schon vor 1600 entstanden, anfangs mit kleinem Orchester und mit gesprochenen Texten. Claudio *Monteverdi* (1567–1643) führte den Chor, das gesungene Lied und den Sprechgesang bei verstärktem Orchester ein. Francesco *Cavalli* (1602–1676) komponierte dann leichte Opern in geschlossener Gesangsform mit der *kleinen Arie. In Neapel entstand allmählich die sogenannte Buffo-Oper, auch „komische Oper"* genannt, deren heitere, volksverbundene Handlung keine Tragik enthielt. Diese italienische Opernform setzte sich auch bald in anderen Ländern durch. Gioacchino *Rossini* (1792–1868) war der große Meister der Buffo-Oper.

Daß in Italien die Kirchenmusik mit *Motetten, Kantaten* und *Oratorien* besonders gepflegt wurde, erklärte sich schon aus dem päpstlichen Rom, welches sich frühzeitig zum Mittelpunkt kirchlicher Musik machte.

Die Biedermeierzeit 1830 – um 1850 und der „Poetische Realismus" 1830 – um 1885: Die „Goethezeit" glitt schon während Goethes letzten Lebensjahren in das Biedermeier hinüber. Vor allem prägte es seinen besonderen Stil in der *Möbelkunst* und der sonstigen Wohnkultur sowie in der Damen- und Herrenmode. In dieser Beziehung war das eine Fortentwicklung des französischen *„Empire-Stils"* der Napoleon-Epoche, hervorgegangen aus dem *Louis-Seize-Stil Ludwigs XVI.* Der deutsche Biedermeiergeschmack strahlte Gediegenheit und schlichte Behaglichkeit aus, unter Verwendung echten und dauerhaften Materials.

Auch in der *Malerei* fand dieser Zeitstil seine unsterblichen Meister, allen voran den Münchener Carl *Spitzweg* (1808–1885). In aller Welt wurden seine liebenswürdigen und humorvollen Kleinstadtbilder bekannt. – In der *Dichtung* der Zeit offenbarte sich Gemessenheit und Ehrfurcht vor den Dingen, die als gut oder auch nützlich gelten. Viele der vorher schon genannten Dichter haben die Biedermeierzeit literarisch mitgeprägt, und andere führten sie zum Höhepunkt. Der schwäbische evangelische Pfarrer und Lehrer Eduard *Mörike* (1804–1875) schrieb damals seine schönsten Novellen und Gedichte. Der *Musiker* Hugo *Wolf* (1860–1903) aus der Steiermark oder der Hamburger Johannes *Brahms* (1833–1897) vertonten später manche dieser Dichtungen.

Der *Roman* wurde das Lieblingskind des Biedermeier und besonders des *„Poetischen Realismus"*. Er war das geeignete Mittel, Gedanken aller Richtungen ins Volk zu tragen.

Der *„Realismus"* war an sich eine uralte Weltanschauung, die die Wirklichkeit berücksichtigte. Es gab zu allen Zeiten „Realisten" im Gegensatz zu Idealisten, Optimisten und Pessimisten.

Der „Poetische Realismus" in Deutschland war eine Geistesrichtung, die die Wirklichkeit des Lebens mit geistig-religiösen Dingen verbinden wollte. Der Magdeburger Dichter Karl *Immermann* (1796–1840) zeigte in Romanen, Geschichten und Trauerspielen solche Gedanken auf, womit er sich strikt von der Romantik abkehrte. Der Schweizer evangelische Pfarrer Jeremias *Gotthelf* (1797–1854) schrieb wuchtige Bauernromane aus seiner Voralpen-Heimat, wie der Holsteiner Gustav *Frenssen* (1863–1902) vom Meer und den Küstenbewohnern. Adalbert *Stifter* (1805–1868) aus Böhmen schrieb seine großartigen Erziehungsromane. Der Schlesier Gustav *Freytag* (1816–1895), Victor von *Scheffel* (1826–1886) aus Karlsruhe, Felix *Dahn* (1834–1912) aus Hamburg und viele andere schufen geschichtliche Romane. Gottfried *Keller* (1819–1890) aus Zürich beschrieb die Entwicklung junger Menschen zur Lebensreife. Der teilweise sozialkritische Gesellschafts- und Sittenroman erlebte seine Blüte in Deutschland u. a. mit dem Brandenburger Theodor *Fontane* (1819–1898), in England mit Charles *Dickens* (1812–1870), in Frankreich mit Honoré de *Balzac* (1799–1850), in Rußland mit Fedor *Dostojewski* (1821–1881) und dem Grafen Leo *Tolstoi* (1828–1910).

Beginn des Industriezeitalters um 1750–1885: Neben Kunst und Philosophie gab es in Europa in den Kulturgebieten der Technik und Naturwissenschaften wie Physik, Chemie, Mathematik, Medizin und Biologie so beachtliche Fortschritte, daß man von einem Aufbruch sprechen mußte.

Die Bevölkerung nahm laufend zu, und das Handwerk konnte mit den bisherigen Mitteln den Bedarf nicht mehr allein befriedigen. So entwickelte sich der *Maschinenbau:*

Die Handweberei wurde schon im ältesten Altertum in Ägypten mit dem einfachen *Webstuhl* betrieben, und auch die Germanen benutzten ihn schon um 1000 v. Chr. Im Laufe der Jahrhunderte hatte man gelernt, Webereien mit kunstvollen Mustern in allen Farben herzustellen. Aus Persien und China kam die *Seidenweberei* über die Mittelmeerländer nach Spanien, wo sie sich besonders hoch entwickelte. Die *Leinenweberei* ohne Muster vom groben zum feinsten Linnen wurde vor und im Mittelalter besonders in Germanien und Skandinavien betrieben. Im Mittelalter war Süddeutschland führend in der Woll-, Baumwoll- und Seidenweberei, besonders in *Augsburg* und *Regensburg.* Tuche aus dem Nordwesten des Reiches, aus *Flandern,* waren weltberühmt. Italiener erfanden um 1250 die *Samtweberei* mit den Rohstoffen Seide, Wolle und Baumwolle. In Frankreich (Lyon) webte man um 1650 *Seiden-Tapeten* mit reicher Ornamentik, die von allen europäischen Höfen gekauft wurden. Das alles war Handwerkerarbeit.

1784 erfand der englische Mechaniker (ursprünglich Pfarrer) Edmund *Cartwright* (1743–1823) den ersten *mechanischen Webstuhl,* eine der großen Erfindungen der Neuzeit. Es dauerte noch 40 Jahre, bis dieser im großen Stile zum Einsatz kam, vor allem in der Stadt *Manchester.* Baumwolle eignete sich besonders gut für den mechanischen Webstuhl, und so fand der Manchesterstoff (= gerippter Baumwollsamt) schnell in aller Welt seine Liebhaber. In den europäischen Staaten entstanden nun überall Webereien, dazu Spinnereien, beides in Form von *Fabriken,* welche das Weberhandwerk langsam verdrängten. Nur noch im Kunsthandwerk behaupteten sich wenige Heimweber bis in unsere Tage.

Eine ähnliche Umwälzung bahnte sich an, als 1830 der Wiener Schneidermeister Joseph *Madersperger* (1768–1850) die erste *Nähmaschine* baute. Das selbständige *Schneiderhandwerk* übernahm sie sofort, büßte aber allmählich seine überragende Stellung zugunsten von Kleiderfabriken ein.

Weil die Nähmaschinen auch in der Schuhherstellung schnell Eingang fanden, erging es den *Schuhmachern* ähnlich wie den Schneidern. Den *Sattlern* schien das gleiche Los beschieden, als Pferd und Kutsche durch das Auto abgelöst wurden. Doch brauchte man weiterhin viele Sattler für die Innenausstattung der Autos.

Eine der ganz großen Erfindungen, ähnlich der des Schießpulvers und der Buchdrukkerpresse, war die erste *Dampfmaschine* von James *Watt* (1736–1819) im Jahre 1769. Die Konstruktion der Dampfmaschine war der Vorläufer aller Arbeitsmaschinen mit Zylinder, Kolben und Pleuelstange, wozu später auch die Automobil- und Flugmotoren gehörten. Ihr Hauptanwendungsgebiet fand sie aber vorerst in den *Dampflokomotiven* für den Eisenbahnverkehr: Die Fortbewegungsmöglichkeit auf Schienen kannte man seit dem Altertum, vorzugsweise in Bergwerken. Gußeiserne Schienen wurden um 1750 gegossen. Mit der Erfindung des Walzwerkes 1820 entstanden aus glühenden Stahlblöcken Schienen aus Stahl. Schon seit 1804 versuchten nun mehrere Mechaniker eine Zugmaschine für den Schienenweg zu bauen, aber erst 1829 lieferte der Engländer Georg *Stephenson* (1781–1848) die erste brauchbare Lokomotive, angetrieben durch eine Dampfmaschine von der Bauart nach James Watt. Ihre Grundkonstruktion blieb erhalten, bis *elektrische Lokomotiven* aufkamen.

In Essen an der Ruhr hatte 1811 der Mechaniker Friedrich *Krupp* (1787–1826) ein kleines *Stahlwerk* gegründet, welches unter seinen Nachfolgern zu Weltgeltung gelangte. Im *Ruhrgebiet*, wo auch Kohle in reichen Mengen in der Erde lagerte, entstand in einigen Jahrzehnten eine gewaltige Industrie, die später auch die Herstellung schwerer Waffen für Deutschlands Armee betrieb. Das *sächsische Maschinenbaugebiet* um *Chemnitz, Leipzig* und *Dresden* stand nicht nach, und alles, was man an Maschinen, Geräten und Fahrzeugen jeder Art benötigte, konnte man bald in Sachsen bekommen. Auch *Berlin* entwickelte sich zu einer bedeutenden Industriestadt. Der aus Breslau stammende Zimmermann und Maschinenbauer August *Borsig* (1804–1854), der 1837 die erste Berliner Eisengießerei und 1847 eine Maschinenfabrik gründete, die sich später zu den berühmten Borsigwerken entwickelte, war einer der vielen Industriepioniere Berlins.

Auch in Württemberg, Österreich, Bayern, der Schweiz, Schlesien, Königsberg, Stettin, Hamburg, Bremen, Emden, Hessen, in den Ländern links des Rheins, so im Elsaß, in der Pfalz und am Niederrhein, entstanden Industrien, wobei die Küstenstädte sich auf den *Schiffsbau* spezialisierten, andere auf Textilmaschinen, Werkzeugmaschinen, Landmaschinen, Lokomotiven, Fahrzeuge usw. Überall taten sich Ingenieurausbildungsstätten in Form *Höherer Technischer Lehranstalten* für die Praktiker oder *Technischer Hochschulen* für Theorie und Forschung auf. Ein Industriezweig zog andere nach, so daß ganz Deutschland mit der Zeit zu einem der bedeutendsten Industriestaaten der Welt wurde.

Bald hatte man gelernt, mittels Legierungen und Härteverfahren hochwertige Stahlsorten zu erzeugen, die man zur Herstellung praktischer Geräte für den täglichen Gebrauch in Millionen von Haushalten, aber auch in Handwerk und Industrie dringend benötigte. Die Qualitätsansprüche nahmen schnell zu. Das Bergische Land nahm sich dieses Industriezweiges besonders an. In der Stadt *Solingen* gab es die besten Schneidwaren der Welt, wie Messer, Scheren usw. Das benachbarte *Remscheid* spezialisierte sich auf Sägen jeder Ausführung, und die umliegenden Ortschaften lieferten Werkzeuge, Schlösser, Schnallen, Rasierapparate und sonstige Kleinmetallwaren.

Karl Friedrich *Gauß* (1777–1855) aus Braunschweig bereicherte die *Erdkunde* wesentlich. Er war Physiker, Mathematiker und Sternforscher, der all diese Wissenschaften beherrschte und wesentlich weiterentwickelte. Er erforschte u. a. den Erdmagnetismus und erkannte die Erdkugel als einen Magneten mit Nord- und Südpol. Er schuf zusammen mit dem Geographen Krüger das Gauß/Krügersche System der *Landkartendarstellung* des Weltbildes.

Allmählich waren seit dem Mittelalter Landkarten entstanden und der erste Atlas zusammengestellt worden: So gründete in Nürnberg der Kartenstecher Johann *Homann* (1663–1724) schon 1702 einen Kartenverlag, wobei er die Europa- und Weltkarte des Gerhard *Kremer* (1512–1584) aus Flandern, auch als *„Mercator"* bekannt, dem Wissen seiner Zeit anpaßte. In Deutschland begann man nach 1800 allmählich das ganze Land genau zu vermessen, woraus dann das große Kartenwerk der *Meßtischblätter* im Maßstab 1 : 25000 entstand (Topographische Karten).

Große Fortschritte in der Physik brachten die Erkenntnisse auf dem Gebiet der

Elektrizität. Die Grundlagen dafür erforschten u. a. der Italiener Alessandro *Volta* (1745 1827), der Franzose André *Ampère* (1775–1836), der Engländer Michael *Faraday* (1791–1867) und der Deutsche Werner *Siemens* (1816–1892) aus Hannover. 1847 wurde in Berlin die Firma Siemens und Halske gegründet, die erstmals unterirdische Telegraphenlinien baute. Den ersten *Telegraphen* hatte 1840 der Amerikaner Samuel *Morse* (1791–1872) erfunden. Sein Strich-Punkt-Alphabet eroberte die ganze Welt.

Siemens erfand 1866 die erste *Dynamomaschine*, also den Elektromotor, eine der durchschlagendsten Erfindungen der modernen Zeit. Es gab bald Elektromotoren zum Antrieb für Walzwerkanlagen, Werkzeugmaschinen, Haushaltsgeräte und vieles mehr.

Eine weitere der ganz großen Erfindungen gelang dem Physiklehrer Philipp *Reis* (1834–1874) aus Gelnhausen in Hessen. Er baute den ersten elektrischen Fernsprecher, den er *Telephon* nannte. Der Amerikaner Graham *Bell* (1847–1922) verbesserte es entscheidend. In den folgenden Jahrzehnten gab es kaum ein Dorf in der zivilisierten Welt, welches nicht dem internationalen Telefonnetz angeschlossen war.

Die Fortschritte in der Physik förderten auch die *Feinmechanik*, die im Meßgerätebau (u. a. Thermometer, Barometer, Strom- und Spannungsmesser, Uhren) immer wichtiger wurde.

Die *Optik* war auf die Feinmechanik angewiesen, und der Thüringer Carl *Zeiss* (1816–1888) aus Weimar gründete 1846 in Jena seinen weltberühmten Betrieb für optische und feinmechanische Erzeugnisse; er schuf Ferngläser für die Schiffahrt, das Militär und die Jägerei, Mikroskope für wissenschaftliche Forschungen sowie Lupen und *Brillen* für jedermann. Brillengläser schliff man schon im Altertum aus dem Mineral *Beryll*, woher auch der Name „Brille" kam. Man verwendete farblosen Beryll. (Grüner Beryll ist der teuerste Edelstein, nämlich Smaragd, der blaue heißt Aquamarin.) Carl Zeiss schliff seine Gläser aus Glas, was auf große Schwierigkeiten in bezug auf Genauigkeit des Sehbildes stieß. Sein späterer Mitinhaber Ernst *Abbé* (1840–1905) aus Eisenach, Professor in Jena, löste das Problem, indem er Geräte konstruierte, mit denen er wissenschaftlich berechnete konkave (hohle) und konvexe (erhabene) Oberflächen ganz genau schleifen konnte. Um einwandfreies homogenes (innerlich gleichartiges) Material für optische Gläser zu bekommen, gründete er später in Jena mit dem Chemiker und Glastechniker Otto *Schott* (1851–1935) die Jenaer Glaswerke.

Die ersten *Fernrohre* mit Glaslinsen für die Seefahrt waren ab 1600 von Niederländern hergestellt worden. *Galilei* entwickelte Fernrohre, die sich zur Himmelsbeobachtung eigneten, indem er Linsen mit entsprechenden Brennweiten schliff.

Ernst Abbé brachte als Neukonstruktion die *Prismenfernrohre* auf den Markt. Sie zeichneten sich dadurch aus, daß im Sehfeld keine Verzerrungen auftraten.

Von den alten Ägyptern kam die *Chemie* durch die Araber im Frühmittelalter nach Europa. Die chemischen Kenntnisse waren im Altertum schon beträchtlich und von arabischen Gelehrten weiter ausgebaut worden. Der Staufer-Kaiser *Friedrich II.*, anfangs des 13. Jahrhunderts, der in Sizilien enge Beziehungen zur arabischen Wissenschaft unterhielt, war von deren Können außerordentlich beeindruckt, denn Europa lag hierin noch weit zurück.

Später entwickelte sich in Europa die *Alchemie*, eine Tätigkeit, die auf wenig Wissen, teilweise echter Forschung, oft nur auf Hoffnung und Aberglauben, vielfach auch auf

Scharlatanerie beruhte. Ernsthafte Naturforscher, z. B. der Schwabe *Albertus Magnus* (um 1200–1280) oder der Arzt *Paracelsus* von Hohenheim (1493–1541) aus dem Kanton Schwyz, waren auch Alchemisten. Für letzteren bestanden alle Stoffe aus Salz, Schwefel, Quecksilber und Metall, zu denen noch als fünfter Stoff ein Binde- bzw. Lösungsmittel gehörte, die sogenannte *„Quintessenz"* (Quint = fünf) oder „Alkahest" genannt. Wer diesen Stoff herstellen könne, habe den *„Stein der Weisen"* und damit das Lebenselixier gefunden. Auch könne man damit alles „Metall" in Gold verwandeln.

Nun begannen europäische Fürsten Geld für die Alchemie auszugeben, in der Hoffnung, schnell zu Gold und anderen Werten zu kommen. Gauner verkauften an junge Mädchen oder Burschen gefärbtes Wasser als Liebeselixier oder an hoffnungsvolle Kranke als Heilmittel.

Nach Berlin kam um 1700 ein Apothekerlehrling namens Johann Friedrich *Böttger* (1682–1719) aus Schleiz im damals sächsischen Vogtland. Dort war er in den Verruf eines „Goldmachers" geraten und floh nach Dresden zu seinem Landesherren *August dem Starken.* Der traute dem Burschen auch nicht so recht, setzte ihn gefangen, überließ ihm aber Geräte für alchemistische Versuche. Böttger war keineswegs ein Betrüger, jedoch von der Überzeugung besessen, eines Tages Gold machen zu können. Aus seinen Versuchen kam schließlich ein schönes, braunes Steinzeug heraus. Weitere Bemühungen führten 1708 endlich zu dem hervorragenden Erzeugnis, welches als *Meißener Porzellan* berühmt wurde. Es war zwar kein Gold, aber goldeswert. Jedenfalls befriedigte den Kurfürsten das Ergebnis sehr, und 1710 gründete er die Meißener Porzellanmanufaktur.

Porzellan stellten die Chinesen schon seit dem 7. Jahrhundert her. Ab etwa 1300 kam es als Einfuhrware nach Europa. Die Holländer versuchten in Delft seit 1670 das chinesische Erzeugnis ebenfalls herzustellen, wobei aber nur ein weniger festes Steingut, das *„Delfter"*, zustande kam. In Spanien entstand auf der Insel Mallorca etwa zur gleichen Zeit ein ähnliches Material unter dem Namen *„Majolika"*. Bald erzeugten viele Betriebe in Europa *Steingut,* welches in riesigen Mengen benötigt wurde, zumal die Haltbarkeit gering war. Das gute, feste, europäische *Porzellan* aber hatte Böttger erfunden. Es wurde in den folgenden Jahrzehnten vielfach nachgeahmt.

Glas- und Porzellanindustrie gelangten mit der Zeit zu gleichgroßer Bedeutung, und die Fabrikationsbetriebe siedelten sich dort an, wo man das Rohmaterial fand (Quarz, Kaolin usw.), wie z. B. in *Selb in Bayern,* zwischen Hof und dem Egerland oder in der sächsischen Lausitz.

Die *Phönizier* des Altertums kannten bereits das Glasschmelzen. Bei den Ausgrabungen der Stadt *Pompeji,* die im Jahre 79 n. Chr. bei einem Ausbruch des Vesuvs meterhoch von heißer Flugasche verschüttet wurde, fand man in einigen Häusern Glasgefäße und Glasscheiben für Fenster. Mehr als 1000 Jahre ruhte dann das Interesse und Wissen vom *Glas,* bis sich ab 1100 die Stadt Venedig seiner annahm. Aber Glasfenster waren noch jahrhundertelang ein kaum erschwinglicher Luxus. Erst 1688 erfand ein Franzose ein rentables Gießverfahren, so daß etwa ab 1700 *Fensterscheiben* allgemein üblich wurden.

Die Chemie als Wissenschaft und Industriezweig nahm im 19. Jahrhundert ungeahnte Ausmaße an. Der Pariser Chemiker Antoine *Lavoisier* (1743–1794), in der Französischen Revolution hingerichtet, war einer der Begründer der exakten wissenschaftlichen

Chemie. U. a. wies er experimentell nach, daß Wasser kein Grundstoff ist, sondern aus den zwei Gasen Wasserstoff und Sauerstoff besteht. Der englische Chemiker und Physiker John *Dalton* (1766–1844) entdeckte mehrere grundlegende chemische Gesetze. Auch die *Atomtheorie* als Basis aller weiteren Forschungen in Physik und Chemie stellte er auf. Die Tätigkeit des Heidelbergers Robert *Bunsen* (1811–1899) war von größter Tragweite: Er erfand die Herstellung von Aluminium und Magnesium, die Galvanik, den Bunsenbrenner, das Eiskaloriemeter, zeigte die chemische Analyse (Zerlegung) von Gasen auf und vieles mehr. Die Spektralanalyse (Verfahren zur Grundstoffbestimmung) entwickelte er zusammen mit dem Königsberger Physiker Robert *Kirchhoff* (1824–1887). Friedrich *Runge* (1795–1867) aus Hamburg entdeckte das Koffein, das Atropin sowie das Anilin und anderes. Die *Farbenindustrie* bekam entscheidenden Auftrieb, als der Hesse Friedrich Wilhelm *Hofmann* (1818–1892) den Steinkohlenteer, der bei der Leuchtgasgewinnung als „lästiges" Nebenprodukt auftrat, für die Farben- und *Heilmittelindustrie* voll verwertete. Das gab den entscheidenden Anstoß zur Weiterentwicklung der organischen Chemie als Ergänzung zur anorganischen.

In der Chemie entstand mit den Jahren eine Art Wettlauf zwischen Deutschland, den USA, England, Frankreich und anderen Staaten. Doch um 1900 kamen z. B. 75% der Welterzeugung in Teerfarben aus dem Deutschen Reich, bei anderen chemischen Produkten lagen die Verhältnisse ähnlich.

1904 gründete der Chemiker und Wirtschaftsführer Carl *Duisberg* (1861–1935) aus Barmen eine Interessengemeinschaft der drei größten deutschen Chemiewerke: Bayer in Leverkusen, Farbwerke Höchst bei Frankfurt, Badische Anilin- und Sodafabrik in Ludwigshafen. Allmählich schlossen sich viele andere bedeutende Firmen an, woraus dann die Firma *I. G. Farbenindustrie AG.* entstand, das zeitweise größte Unternehmen Deutschlands, welches alles herstellte, was die chemische Wissenschaft anzubieten hatte. Gemeinsame Forschung sicherte ihr Weltpatente, die sie praktisch vor jeder Rivalität absicherte.

Biologie ist die Lehre vom Leben, also Menschenkunde (Anthropologie), Tierkunde (Zoologie) und Pflanzenkunde (Botanik). Der französische Biologe und Chemiker Louis *Pasteur* (1822–1895) schuf die Grundlagen der *Bakteriologie,* also das Wissen über die Kleinstlebewesen, die vielfach tödliche Krankheitserreger sind. 1849 hatte der Tierarzt Franz Aloys *Pollender* (1800–1879) erstmals im Mikroskop einen Bazillus entdeckt, den des tödlichen Milzbrandes. Pasteur entwickelte Impfstoffe gegen Milzbrand, Tollwut und anderes. *Impfungen* waren in Arabien schon seit Jahrhunderten bekannt, aber erst der englische Landarzt Edward *Jenner* (1749–1825) schuf das grundlegende ungefährliche Impfverfahren gegen *Pocken,* das heute noch gilt.

In Budapest lebte der Österreicher Ignaz *Semmelweis* (1818–1865), Professor der Geburtshilfe an einem dortigen Krankenhaus. Die Sterblichkeit der Wöchnerinnen wegen des *Kindbettfiebers* war erschreckend. Semmelweis ahnte, daß die Ursache an den Ärzten selbst liegen mußte, die bei Untersuchungen vor und während der Entbindung die Frauen infizierten. Kein Mensch wußte etwas von *Hygiene* und von *Bakterien.* Aber Semmelweis wusch sich die Hände mehrmals vor jeder Untersuchung, und das verlangte er auch von seinen Mitarbeitern. Und siehe da, die Sterbeziffer nahm sofort ab. Leider konnte er sich nicht durchsetzen. Man entließ ihn sogar aus seiner Stellung. Die Wöchnerinnen erkrankten wieder wie vorher.

Semmelweis starb bald aus Verzweiflung. Erst Jahre später konnten ihm die Bakteriologen recht geben. Semmelweis ging als „Retter der Mütter" in die Geschichte ein.

Der Durchbruch im Aufspüren von Bakterien gelang erst dem deutschen Arzt und Forscher Robert *Koch* (1843–1910) aus Clausthal im Harz mit seiner systematischen Methode der Mikroskopie. Er entdeckte u. a. 1882 den *Tuberkelbazillus* und 1883 auf einer Forschungsreise den *Cholera-Erreger*.

Kochs wissenschaftlicher Gegner war der berühmte Arzt Rudolf *Virchow* (1821 bis 1903) aus Pommern. Als erfolgreicher Zellforscher und Professor für pathologische Anatomie (Lehre von den Krankheitsursachen) in Berlin stellte er beharrlich die Existenz von Bakterien in Abrede, obwohl Koch von den Ergebnissen seiner langjährigen und mühseligen Forschungen in der Fachpresse berichtet hatte. Eine Zeitlang galt Virchow als der *„Medizinpapst"*, dessen Ansichten von vielen für „unfehlbar" gehalten wurden. Bei einer Zusammenkunft der damals bekanntesten Ärzte und Forscher hatte Koch eine Reihe von Mikroskopen aufgestellt, die den unwiderlegbaren Beweis von vorhandenen Tuberkelerregern zeigten. Koch erhielt eine begeisterte Ovation. Doch Virchow, der den Sturz von seinem „päpstlichen Thron" nicht verwinden konnte, verließ wortlos den Raum.

Für die *Heilmittelkunde* waren die *Pharmazeuten* zuständig. Die ersten *Apotheker* Europas waren Mönche, die Tees, Salben und Wässerchen selbst zusammenmischten. Sie verwerteten dabei uralte Erfahrungen der Bauern und Kräuterweiblein. Nachdem die geheimnisumwitterte Alchemie von der wissenschaftlichen Chemie ersetzt worden war, entstand nun die Medikamentenfabrikation im großen Stile. Über Ärzte und Apotheken gelangten nun vielerlei Heilmittel an die Patienten.

Die Zeiten waren längst vorbei, in denen Heilkünstler wie z. B. Johann Andreas *Eysenbarth* (1661–1727) aus Niederbayern von Ort zu Ort zogen und ihre Kunst anpriesen. Trotz geringer Möglichkeiten nahmen diese Männer oft gewagte operative Eingriffe vor, die aufgrund ihrer geschickten Hände vielen Kranken halfen. 1846 hatten Ärzte in den USA die Einatmungs-*Narkose* (Äther und Chloroform) entdeckt, um die Patienten bei Operationen in Bewußtlosigkeit zu versetzen. Doch seit Carl Ludwig *Schleich* (1859–1922) aus Stettin die weniger gefährliche *örtliche Betäubung* (Lokal-Anästhesie) durch Einspritzen einer speziellen Lösung erfunden hatte, erlebte die Chirurgie bedeutende Fortschritte.

Was in diesem Buch über die gesamte Kulturentwicklung, also über Dichtung, Malerei, Bildhauerei, Baukunst, Musik, Philosophie, Industrieentwicklung und über die Naturwissenschaften wie Physik, Chemie, Biologie und Medizin gesagt wurde, konnte nur ein lückenhafter Überblick sein. In Wirklichkeit war an diesen Fortschritten ein Heer hervorragender Menschen beteiligt, welches vielen Völkern einen breitgestreuten Kultur- und Wohlstand ermöglichte.

Die Vereinigten Staaten von Amerika (= United States of America = USA)

Nachdem Sir Walter *Raleigh* (1552–1618) Teile der Ostküste Nordamerikas 1585 zu englischem Besitz erklärt hatte, entstand in *Virginia* 1607 die erste englische Kolonie. Die ersten *„Pilgerväter"*, puritanische, calvinistische Auswanderer, die mit dem Schiff *Mayflower* (Maiblume) von England kamen, gründeten 1620 die Kolonie *Massachu-*

setts nördlich *Nieuwe Amsterdam* (das spätere *New York).* Schließlich umfaßten bis 1748 13 Kolonien die ganze zusammenhängende Ostküste von der Insel Neufundland nördlich der Mündung des St.-Lorenz-Stromes bis zur Halbinsel Florida im Süden, doch ohne diese selbst.

Wie berichtet, hatten die Engländer während des Siebenjährigen Krieges (1756 bis 1763) in Nordamerika einen erbitterten Kolonialkrieg gegen Frankreich geführt und gewonnen. Dadurch wurde das Hinterland der Ostküstenkolonie bis zum Mississippi ausgedehnt und 1763 vertraglich anerkannt. Auch ganz *Kanada* war in englischen Besitz gekommen.

Der Unabhängigkeitskrieg 1775–1783 – Unabhängigkeitserklärung am 4. Juli 1776: König *Georg III.* in London betrieb zusammen mit der Parlamentsmehrheit unkluge Kolonialpolitik, indem ab 1765 das Mutterland erhöhte Steuern von seinen Kolonien verlangte. Die selbstbewußten Großgrundbesitzer in Amerika lehnten das schärfstens ab. London gab nicht nach und schickte Truppen über den Atlantik. Die tonangebenden Puritaner in Massachusetts veranlaßten 1774 den Zusammentritt eines *„Kontinentalkongresses"* der 13 Kolonien in *Philadelphia.* Man beschloß die Aufstellung eines Freiwilligenheeres unter Führung des Virginiers George *Washington* (1732–1799). Der Unabhängigkeitskrieg war außerordentlich verlustreich und von wechselndem Erfolg für beide Seiten. Bald nach seinem Beginn erklärten sich die 13 Kolonien am 4. Juli 1776 für unabhängig, und der „Kontinentalkongreß" gab sich vorläufig eine von Thomas *Jefferson* (1743–1826) erstellte *Verfassung.* Der 4. Juli ist seitdem in den USA Nationalfeiertag. Die Unabhängigkeit wurde von England nicht anerkannt, und neue Heere kamen über den Ozean. Ein großer Teil dieser Armeen bestand aus deutschen Söldnern, die von den hessischen Kurfürsten Friedrich II. und Wilhelm I. zu Tausenden an England verkauft worden waren, um in Kassel Prachtbauten wie das Schloß Wilhelmshöhe errichten zu können. Auch andere deutsche Fürsten beteiligten sich skrupellos an diesem Geschäft. George Washington war kein talentierter Feldherr; er wurde besiegt und mußte die wichtigsten Häfen und Städte preisgeben.

Der preußische Offizier Friedrich Wilhelm von *Steuben* (1730–1794) aus Magdeburg, der sich schon im Siebenjährigen Krieg in Schlesien ausgezeichnet hatte, trat 1777 freiwillig in die Armee Washingtons ein. Sofort begann er das buntzusammengewürfelte und undisziplinierte Heer von Grund auf neu zu organisieren und die Soldaten auszubilden. Schon die erste Generalprobe bestätigte Steubens Nützlichkeit, als bei *Saratoga Springs* 200 km nördlich New York im Oktober 1777 ein englisches Heer besiegt wurde. Daraufhin ernannte ihn Washington zum Generalinspektor der amerikanischen Armee. Steuben war entscheidend an mehreren Schlachten beteiligt und aktiv bis zum endgültigen Sieg. Die Stadt *Steubenville* im Bundesstaat Ohio südlich des Eriesees trägt seinen Namen. Fast in jedem größeren Ort der USA gab es bald eine Steuben-Street, und die *„Steubengesellschaft"* ist die kulturpolitische Vereinigung der Deutschamerikaner.

Die Amerikaner schlossen ein Bündnis mit Frankreich, welches ein Hilfsheer schickte. 1781 besiegten die Generäle Steuben und der Franzose *Lafayette* (1757–1834) die Engländer entscheidend bei *Yorktown.* 1783 mußte England die Unabhängigkeit der USA anerkennen.

Die Kriegsverschuldung verursachte innerhalb der 13 ehemaligen Kolonien einen sechsjährigen Streit. Schließlich einigte man sich im *„Verfassungskonvent"*, dem George Washington vorstand, auf die endgültige Verfassung, in der auch verankert war, daß die Schulden der Regierung vom Staat zu übernehmen seien. 1789 wurde George Washington einstimmig zum ersten Präsidenten gewählt.

Ausrottung der Indianer in den USA: Seit sich die Engländer in Nordamerika festgesetzt hatten, begann die Leidenszeit der Ureinwohner dieses Erdteils. Die Indianer wurden aus den englischen Kolonien vertrieben und, wo sie sich wehrten, ausgerottet. Die streng christlich-evangelischen Puritaner fanden das durchaus in Ordnung. Sie unterschieden sich von den Methoden der christlich-katholischen Spanier in Mexiko und Peru nur dadurch, daß sie von vornherein darauf aus waren, das neue Land als ihr alleiniges Eigentum zu betrachten. Indianer hatten zu verschwinden, Vermischung kam nicht in Frage. Die spanischen Greueltaten gegen die Indios beschränkten sich hingegen hauptsächlich auf die Anfangszeit der Eroberungen, später trat dort eine Vermischung ein, und soweit die Einheimischen den katholischen Glauben annahmen, wurden sie geduldet und anerkannt.

Im nordamerikanischen Kolonialkrieg hatten die Engländer mit Hilfe von Indianern die Franzosen ausgeschaltet. Im Unabhängigkeitskrieg revanchierten sich die Franzosen, indem sie ihrerseits Indianer auf die Engländer hetzten, und zwar im Bunde mit den US-Amerikanern, deren Väter als Kolonialengländer vorher deren Gegner gewesen waren.

Als die ersten Europäer um 1600 nach Nordamerika gekommen waren, wohnten dort nach Schätzungen 15 Millionen Indianer. Es blieb etwa eine halbe Million übrig, die später sogenannte *Reservate* zugewiesen bekam, welche aber von den Weißen nach Bedarf eingeengt wurden. Andererseits gaben sich die US-Bürger betont christlich, damals wie heute. Alle christlichen Glaubensbekenntnisse einschließlich der Sekten gehörten bald zum amerikanischen Lebensstil.

Das westliche Drittel der heutigen USA vom Pazifik bis etwa einschließlich des Felsengebirges der Rocky Mountains war damals spanisches Kolonialland, also von Texas und Colorado bis Kalifornien. Zwischen diesem Gebiet und den 13 englischen Kolonien lag *Louisiana,* fast so groß wie Europa. Ganz Louisiana war von einigen französischen Forschern 1681 als *französischer Besitz* erklärt worden. Zahlreiche französische Siedler gab es allerdings in diesem riesigen Land nur an der Mississippi-Mündung, wo sie 1718 die Stadt *New Orleans* gegründet hatten. Nach dem Siebenjährigen Krieg 1763 ging ganz Louisiana für Frankreich verloren und wurde aufgeteilt. Wie berichtet, erhielten die englischen Kolonien alles Land östlich des Stromes; seit 1783 war es Teil der USA geworden. Das westlich des Mississippi gelegene Gebiet kam an Spanien, mit Stadt und Hinterland New Orleans.

Napoleon verkaufte 1803 West-Louisiana an die USA: 1800 erwarb Napoleon I. das 1763 an Spanien abgetretene West-Louisiana käuflich zurück. Doch schon 1803 verkaufte er es bereits wieder an die USA, um aus Geldnöten herauszukommen. Napoleon war zweifellos ein guter Eroberer, aber kaufmännisches Denken lag ihm fern. Da er alles und jedes zu diktieren pflegte, bestimmte er auch den Preis für Louisiana, zu handeln gab es nichts, basta! Für die USA-Unterhändler, die nach Paris gekommen waren, dauerte deshalb die Unterredung nur Minuten. Schnell unterschrieben sie den Kaufvertrag, denn sie wären bereit gewesen, auch das Fünffache und mehr zu bezahlen.

Die Erwerbung Kanadas mißlang 1812–1818, doch Norddakota kam an die USA: Ab 1812 versuchten die USA und ihr Präsident Madison den Engländern auch Kanada abzunehmen. Der Krieg war für beide Seiten verlustreich und endete 1818 lediglich mit der Abtretung von Norddakota (westlich der großen Seen) an die USA.

Spanien verkaufte Florida 1819 an die USA: 1819 kaufte Präsident *Monroe* die spanische Halbinsel Florida. Dieser Präsident stellte 1823 die sogenannte *„Monroe-Doktrin"* auf, die besagte, daß sich keine europäische Macht mehr in innere Angelegenheiten Nord- und Südamerikas einmischen dürfe, wohingegen die USA sich aus europäischen Streitigkeiten herauszuhalten hätten.

Wirtschaftlich hatten die Südstaaten in den USA die Führung übernommen. Ihre Macht beruhte u. a. auf den *Baumwollplantagen*, die in immer größeren Ausmaßen angelegt wurden. Das Klima war für das Gedeihen der Baumwolle das denkbar beste, und New Orleans war der Hauptausfuhrhafen. Die Schiffe fuhren in alle Welt, weshalb auch der Schiffbau mächtig aufblühte. Die riesigen Landgebiete waren allerdings sehr dünn besiedelt, und es fehlte überall an Arbeitskräften.

Der Sklavenhandel nach Amerika ab 1680–1865: Schon die Engländer hatten über 2 Millionen Sklaven aus Afrika in die Kolonien gebracht, doch entwickelte sich der Sklavenhandel erst nach 1800 im großen Stile. Ganze Flotten brachten Tausende von Negern aus Afrika über den Atlantik. Man organisierte regelrechte Überfälle auf ahnungslose afrikanische Dörfer. Junge Menschen beiderlei Geschlechts wurden auf Schiffen wie Vieh zusammengepfercht. Die Seefahrt überlebte oft nicht die Hälfte, und was gestorben oder todkrank war, warf man kurzerhand über Bord. In den Häfen der Südstaaten entstanden Sklavenmärkte. Erst auf den Farmen und Werften kam die *„Schwarze Ware"* in annähernd menschenwürdige Verhältnisse. Aber die Neger blieben rechtlos und vom guten Willen ihrer Herren abhängig. Doch allmählich entwickelte sich eine gewisse Ordnung und Zusammenarbeit. Nach dem Sezessionskrieg fand die Sklaverei 1865 ein Ende.

Das Wohlstandsgefälle zwischen den Süd- und Nordstaaten führte dauernd zu Reibereien, wobei der ärmere Norden, der keine Neger beschäftigte, die Sklavenfrage als Streitpunkt vorschob. Der Norden nahm überhaupt eine andere Entwicklung als der Süden. Schon bald nach 1803 hatte die Landnahme über den Mississippi hinweg im *„Wilden Westen"* begonnen.

In Europa war bekanntgeworden, welch ungeheure Ländereien der Besiedlung harrten. Es fehlte dort an Menschen. So kamen nun viele *Einwanderer-Schiffe* mit Pionieren und Abenteurern aus England, Schottland, Irland und immer mehr auch aus Deutschland, wo denkbar unsichere politische Verhältnisse herrschten. Die Deutschen siedelten vorerst in Dorfgemeinschaften im Mittleren Westen, später im ganzen Land. Auch Italiener, Franzosen, Schweden, Norweger, Dänen, Russen, Polen und andere Europäer wanderten ein. Doch eines war eigenartig: In Europa bekämpften sich die Nationalitäten seit eh und je, in Amerika stritten sie nicht, denn sie waren gezwungen, alle am gleichen Strang zu ziehen. Das Land, in das sie eindrangen, gehörte ja schließlich den Indianern, und die wehrten sich mit aller Kraft. Trotzdem war es von vornherein ein ungleicher Kampf, denn was konnten schon Pfeil und Bogen gegen Gewehre und die überall entstehenden Militär-Forts ausrichten! Zwar verkauften Geschäftemacher auch an die Indianer Feuerwaffen, aber die Überlegenheit der Weißen blieb immer beträchtlich.

Einverleibung mexikanischer Gebiete 1845–1848: Mexiko (bis einschließlich Kalifornien) hatte sich 1821 vom spanischen Mutterland losgesagt, doch herrschte seitdem dort Bürgerkrieg. Die Bevölkerung bestand aus Mexikanern, also den Nachkommen der spanischen Eroberer, den sogenannten Kreolen, Indios und Mischlingen. Weitere Einwanderer aus USA und Europa bildeten im Gebiet von Texas bis Kalifornien eine Minderheit, welche – der unsicheren Zustände müde – ab 1836 den Anschluß an die USA erstrebte.

1845/47 kam es deshalb zum *Krieg zwischen Mexiko und den USA.* Die Mexikaner wurden ohne allzu heftige Kampfhandlungen vollständig geschlagen. Laut dem *Frieden von Guadalupe* 1848 gelangten Texas, Neu Mexiko, Colorado, Arizona, Utah, Nevada und Kalifornien in den Besitz der USA. Eine gewaltige Kriegsbeute so groß wie Spanien, Frankreich und Deutschland zusammen. Der Zug nach dem Westen nahm nun erst die ungeahnten Ausmaße mit all seinen Greueln an.

Kanada mußte 1846 große Gebiete an den Nordwesten der USA abtreten: Streitigkeiten mit dem englischen Kanada waren mehrmals heftig neu entflammt. 1846 endete der Grenzkrieg mit der Abtretung der riesigen Gebiete von *Oregon* im Nordwesten, d. h. der späteren Bundesstaaten Washington, Oregon und Idaho vom englischen Kanada an die USA.

Damit hatte sich dieser Staat in etwa 70 Jahren, also in nur zwei Generationen zu einem Land von knapp 8 Millionen km^2 ausgebreitet. An Rohstoffen fand sich dort alles, was in der Welt gebraucht wurde, dazu unermeßliche landwirtschaftliche Nutzflächen.

Doch entscheidend war, daß die USA keinen Nachbarstaat hatten, der wirtschaftlich oder militärisch auch nur annähernd mit ihnen konkurrieren konnte. So blieben den USA erbitterte Existenzkriege, wie sie die Völker Europas seit ihrem Bestehen ununterbrochen führen mußten, erspart. Ungehindert konnten die Amerikaner ihren Staat in kurzer Zeit aufbauen. Kein Wunder, daß sie selbst ihr Land als *„Gottes eigenes Land"* („God's own country") bezeichneten.

Der Sezessionskrieg 1861 – 1865: Nur einmal bestand die Gefahr einer Spaltung, als der Sezessionskrieg ausgefochten wurde: Im Süden hatte die demokratische Partei eine entscheidende Mehrheit, und die meisten US-Präsidenten waren bisher *Demokraten* gewesen. Im November 1860 wurde der *Republikaner* Abraham *Lincoln* gewählt, der sich als entschiedener Gegner der Sklaverei bezeichnete. Nach diesem Wahlergebnis bildeten elf Südstaaten den Sonderbund der *„Konföderierten Staaten von Amerika"*. Das bedeutete Krieg, der im April 1861 ausbrach und vier Jahre lang erbittert in blutigen Schlachten geführt wurde. 1862 verkündete Lincoln die allgemeine *„Sklavenbefreiung"*. Der Sieg des Nordens vernichtete den vorherrschenden Reichtum der südstaatlichen Großfarmer. Im Norden aber war während des Krieges eine Rüstungsindustrie entstanden, die das Industriezeitalter in den USA einleitete. Lincoln wurde im letzten Kriegsjahr als Präsident wiedergewählt, im April 1865 aber von einem Südstaatler erschossen.

Die USA kauften Alaska 1867 von Rußland: Zar Alexander II. (gest. 1881) war wegen des verlorenen Krimkrieges (1853–1856) seines Vaters Nikolaus I. (gest. 1855) in empfindliche Geldnot geraten, und dringende Reformen in ganz Rußland verschlangen weitere Summen. So sah er sich 1867 schließlich gezwungen, den russischen Besitz im nördlichsten Amerika, Alaska, an die USA zu verkaufen. Der Zar und auch die Amerikaner ahnten damals nichts von den verborgenen Bodenschätzen dieses eis- und schneereichen Landes. Die USA kamen wieder einmal spottbillig zu einem riesigen Landbesitz von über 1,5 Millionen km^2 Größe.

Als 1869 bis 1877 der siegreiche Heerführer der Nordstaaten im Sezessionskrieg, Simpson *Grant*, Präsident der USA wurde, blühte eine schrankenlose Parteienherrschaft der Republikaner auf, verbunden mit wildester Korruption. Während der Amtszeit seines Nachfolgers bis 1881, des Präsidenten Birchard *Hayes*, versuchte der 1849 eingewanderte Rheinländer Carl *Schurz* (1829–1906) als Innenminister durch entsprechende Gesetze die verkommene Bürokratie zu reformieren. Doch nach ihm ging es im alten Stil weiter, gleich, welcher der beiden Parteien, Republikaner oder Demokraten, der Präsident angehörte. Die Besserstellung der Neger wurde teilweise wieder rückgängig gemacht, so daß die *Rassenfrage* ungelöst blieb, übrigens im Grunde bis in unsere Tage.

Das „Land der unbegrenzten Möglichkeiten": Die Industrialisierung machte trotz aller Mißstände gewaltige Fortschritte, gleichzeitig mit der Erschließung scheinbar unerschöpflicher Rohstoffquellen. Das Land lockte weiterhin Millionen von Einwanderern an, von denen viele tatsächlich ihr Glück machten. Eine große Anzahl aber verkam im Elend, sei es durch Tod bei den Indianerkämpfen, in den Slums der Großstädte oder als Opfer der Korruption und des Verbrechertums.

Trotz des schnell wachsenden Reichtums herrschte infolge fehlender sozialer Gesetzgebung in weiten Kreisen des Volkes erschütternde Armut, worunter besonders die Neger in den Großstädten zu leiden hatten. Wirtschaftskrisen mit starker Arbeitslosigkeit wechselten mit Zeiten der Hochkonjunktur. Die Parteiführer waren – damals wie heute – von Interessengruppen abhängig. Laut Verfassung bestanden die zwei Einrichtungen der Bundesländer- und Volksvertretung: *Senat* und *Kongreß*. Der Präsident war vielfach auf Bestechung der Abgeordneten oder der Senatoren angewiesen, um bei den Abstimmungen über seine Gesetze Mehrheiten zu erreichen.

Schon sehr bald entwickelten sich Gruppen des Großkapitals, welches die Rüstungsindustrie, das Bank- und Zeitungswesen sowie die Schlüsselindustrien des Landes beherrschte. Eine beschränkte Anzahl jüdischer Familien kam dabei allmählich zu ungeheurem Einfluß und Macht vor allem im Bank- und Zeitungswesen. Sie bildeten eine Vereinigung, der nur streng ausgesuchte jüdische Mitglieder angehörten. Eine weitere Organisation nichtjüdischer Großkapitalisten von ähnlich starkem Einfluß auf die Wirtschaft war zu gleicher Zeit entstanden. Beide Finanz-Machtblöcke hielten sich gesellschaftlich völlig getrennt voneinander. Wenn es aber, wie z. B. in Kriegen, um weltpolitische Machteinflüsse und Geschäfte ging, fanden sie stets gemeinsame Wege. Beide Organisationen zusammen wurden das, was man später in übertragenem Sinne unter dem Begriff *„Wallstreet"* verstand, weil sich in der New Yorker Wallstreet ihre Hauptgeschäftsstellen niedergelassen hatten. Ohne ihr Einverständnis ging in den USA nichts mehr.

Staatsbetriebe kannte man in den USA nicht. Es gab nur *Privatunternehmen*, die allerdings ungeahnte Ausmaße annehmen konnten und sich zu *Trusts* erweiterten. John *Rockefeller* (1839–1937) z. B. wurde zum „Petroleumkönig" der USA, der den größten Teil der Ölindustrie beherrschte. Als er mit 98 Jahren starb, galt er als reichster Mann der Welt mit einem Privatvermögen von vielen Milliarden Dollar. Auch die Eisenbahngesellschaften waren stets Privatunternehmen.

An großen Erfindern fehlte es den USA nicht. Einer der Erfolgreichsten war Thomas *Edison* (1847–1931). Er erfand u. a. die elektrische Kohlen-Fadenlampe, den Eisen-Nickel-Akkumulator, das Grammophon und vieles mehr. Der Amerikaner Graham *Bell* (1847–1922), der das Telefon verbesserte, gründete ab 1876 die Fernsprechindustrie, die mithalf, das Weltgeschehen nachhaltig zu beeinflussen.

Der amerikanische *Dollar* begann bald über die Grenzen hinaus zu wirken, nachdem die USA – unter Aufgabe der Monroe-Doktrin – Ausdehnungspolitik, also *Imperialismus* betrieben: 1897 wurden die Hawaiinseln – 35 Breitengrade südlich Alaska – mitten im Pazifischen Ozean in Besitz genommen. Sie waren unter einem einheimischen König selbständig gewesen. Später gründeten die Amerikaner hier die Stadt Honolulu mit dem 1941 berühmt gewordenen Kriegshafen Pearl Harbor.

Die USA übernahmen die spanischen Kolonien in der Karibik und im Pazifik 1897/98: Die spanischen Kolonien in Süd- und Mittelamerika hatten sich schon im ersten Drittel des 19. Jahrhunderts für selbständig erklärt, und nur *Kuba* und *Portorico* – zwei der großen Antilleninseln – waren noch im spanischen Besitz geblieben. 1897 benutzte der USA-Präsident *Mac Kinley* (1901 ermordet) einen Kreolenaufstand auf Kuba zum Eingreifen mit dem Ziel, beide Inseln zu annektieren. Kuba wurde aber 1902 „selbständiger" Staat. Schließlich mußte Spanien 1898 auch noch seine letzte Kolonie im Pazifik an die USA abtreten, nämlich die Inselgruppe der *Philippinen* zwischen Japan und dem holländischen Indonesien. Erst 1946 wurden die Philippinen eine selbständige Republik. Auch die Insel Guam in der Marianengruppe nahm Amerika 1898 in Besitz und baute sie seitdem zum pazifischen Flottenstützpunkt aus.

Der Bau des Panama-Kanals 1881–1914: 1903 veranlaßten die USA die Loslösung *Panamas* von Kolumbien. Die Landenge von Panama (etwa 80 km) hatte nämlich wirtschaftliche Weltgeltung bekommen. Es sollte der Panama-Kanal gebaut werden, um den Atlantik mit dem Pazifik zu verbinden. Der Franzose Ferdinand de *Lesseps* (1805–1894) gründete eine Gesellschaft, die 1881 den Kanalbau begann. Es wurde ein totaler technischer und finanzieller Fehlschlag, der 1903 den sogenannten Panamaskandal auslöste. Nun übernahmen die USA die Kanalzone und vollendeten den Bau bis August 1914.

Die Vereinigten Staaten waren zu Beginn des 20. Jahrhunderts nicht nur die einzige Großmacht im panamerikanischen Raum, sondern eine Weltmacht ersten Ranges geworden.

Die *Bevölkerung in den USA war um die Jahrhundertwende zu 24% deutschen Ursprungs,* aber die deutschen Einwanderer hatten in der Politik dieses Landes keinen wesentlichen Einfluß erlangt. Leider haben sich die USA sogar gegen das Deutsche Reich gestellt, so daß die Niederringung Deutschlands im Ersten Weltkrieg nur durch die Einmischung Amerikas in Europa möglich wurde. Den Zweiten Weltkrieg hätte es ohne den ersten Weltkrieg nicht gegeben.

Veränderungen in den europäischen Kolonialreichen 1703 – um 1880

England: Für Großbritannien war der *Verlust nordamerikanischer Kolonien* ein schwerer Schlag gewesen, doch gelang es, große Teile Kanadas als Dominion für die englische Krone zu erhalten. Auch hatte sich England an *Australien und Neuseeland* bald schadlos halten können, wo es sich seit 1788 festsetzte. Der englische Weltumsegler und Forscher James *Cook* (1728–1779) beeinflußte die geographisch-politischen Kenntnisse und Verhältnisse im australischen Raum entscheidend, nachdem er Ostaustralien entdeckt hatte.

Schon 1605 waren erstmals holländische Seefahrer auf nordaustralisches „Festland" gestoßen. Cook vermutete, daß Australien ein Inselkontinent sei und nicht mit einer gewaltigen Landmasse zusammenhänge, die bis zum Südpolargebiet seit dem Mittelalter angenommen wurde.

Cook entdeckte in der Südsee auch mehrere Inselgruppen, die er unter englische Hoheit stellte. In Australien gründeten die Engländer später mehrere Kolonien, die sich alle im Jahre 1900 im Rahmen des Britischen Weltreiches zu einem Bundesstaat zusammenschlossen.

James Cook wurde 1779 bei seiner zweiten Weltumsegelung auf einer Hawaiinsel von Eingeborenen erschlagen, als er Trinkwasser und Lebensmittel aufnehmen wollte. Ihm erging es wie Fernando *Magalhaes,* dem berühmten ersten Weltumsegler, der 1521 auf der Philippineninsel Matan das gleiche Schicksal erlitt.

In Südamerika gewann England 1814 die westliche Hälfte von *Guayana* östlich von Venezuela. Die andere Hälfte Guayanas teilten sich die Niederlande mit Frankreich. In der *Karibik* hatte England schon 1655 die Insel *Jamaika* im Kampf gegen Spanien erobert und 1797 auch die meisten der kleinen *Antilleninseln* nördlich Venezuela. Die vor der Südspitze Südamerikas liegenden *Falklandinseln* nahm England 1833 gegen argentinischen Einspruch in Besitz.

In *Indien* setzten sich als erste Europäer die *Portugiesen* an einigen Hafenplätzen fest, nachdem *Vasco da Gama* 1498 den Seeweg dorthin entdeckt hatte. 120 Jahre später wurden sie von Niederländern und Engländern verdrängt. Den Portugiesen blieb schließlich nur noch der Hafen *Goa* an der Westküste. Die Holländer besetzten die Insel *Ceylon* an der Südspitze Indiens, die Engländer jedoch die Häfen *Bombay, Madras* und *Kalkutta.* Zur bedeutendsten englischen Handelsgesellschaft wurde dort die 1600 gegründete *Ostindische Kompanie,* die oberhoheitliche Funktionen für Großbritannien ausübte.

Auch die Franzosen hatten in Indien zur Zeit Ludwigs XIV. Hafenplätze in Besitz genommen, aber 1763 an die Ostindische Kompanie verloren.

In den Jahrzehnten bis 1849 führte die Kompanie ununterbrochen Krieg in Indien und unterwarf der Reihe nach den ganzen *indischen Subkontinent,* also etwa die heutigen Staaten *Pakistan, Indien, Bangladesch* und das anschließende *Südburma.* Die Insel *Ceylon* hatte sie bereits 1798 den Holländern abgenommen.

Der Kampf der einheimischen Bevölkerung gegen die Engländer war zäh und verbissen. Ein großer *Aufstand in Delhi* 1857 bis 1858 stellte die englische Herrschaft sogar in Frage. Die blutige Niederwerfung hatte die Auflösung der Ostindischen Kompanie zur Folge, und die englische Krone übernahm hinfort die Verwaltung.

Zur Sicherung seines Kolonialreiches in Indien, Australien, Neuseeland und vielen pazifischen Inseln „brauchte" England Seestützpunkte, weshalb es 1819 *Singapur*, 1839 *Aden* im Süden Arabiens und 1841 *Hongkong* im Süden Chinas besetzte.

Das englische Kolonialreich hatte sich schon bis Mitte des 19. Jahrhunderts weltweit ausgebreitet und eine Größe von etwa 25 Millionen km^2 erreicht, mehr als 120mal so groß als das Mutterland. Auch die beherrschte Einwohnerzahl war um achtmal größer als die Großbritanniens. Es war ein Weltreich von bisher noch nie erreichter Größe. Und es sollte noch weit umfangreicher werden.

Rußland: Es beherrschte ein fast gleich großes, aber *zusammenhängendes Riesenreich* mit mehr als 50 verschiedenen Völkerschaften. Die Gebiete ihres Imperiums nannten die Zaren nicht Kolonien, obwohl es auf das gleiche herauskam. Das *Russische Reich* hatte aber einen politisch wesentlichen Nachteil: Es besaß keine Häfen, die das ganze Jahr über eisfrei waren, um immer Zugang zu den Weltmeeren zu haben. *Archangelsk* und *Wladiwostok* waren kaum sieben und *St. Petersburg* acht Monate eisfrei. Außerdem blockierte die Ostsee den Weg zum Atlantik. So drängte – bis heute – die russische Politik immer weiter nach Westen, aber auch nach Süden, um zum *Indischen Ozean* zu gelangen. Seit der Besetzung *Afghanistans* in unseren Tagen (1979) trennen die Sowjetunion von diesem Ziel nur noch 450 km.

Die *Niederlande:* Auch die Holländer besaßen zu dieser Zeit große Kolonien, vor allem das ausgedehnte Inselreich von *Indonesien*, also Sumatra, Java, Borneo, Celebes usw. Ferner besaßen sie in Südamerika Niederländisch-Guayana *(Surinam)*. Die südafrikanische *Kapkolonie* war von 1652 bis 1806 holländisch. Die Einwanderer dort nannten sich *Buren* (Bauern). Schon 1806 hatten die Engländer den Holländern das Kapland genommen. Die Buren zogen bald weiter und gründeten mehrere unabhängige Freistaaten, die die Engländer später ebenfalls besetzten, nachdem sie sich zuerst Natal angeeignet hatten (1843). Der *Oranjefreistaat* sowie *Transvaal* hielten sich bis zum *Burenkrieg* (1899–1902). Dieser wurde von den Briten mit größter Härte geführt, wobei sie erstmals *Konzentrationslager* einrichteten, in denen die burische Zivilbevölkerung grausamste und opferreiche Behandlung erdulden mußte. Ohm *Krüger* (1825 bis 1904), Nachkomme eines norddeutschen Einwanderers, war der tragische Held des verlorenen Burenkrieges in Transvaal, nachdem er im Krieg 1880/81 die Engländer besiegt hatte.

Spanien: Dessen überseeischer Besitz war – wie schon berichtet – mit der Zeit verlorengegangen: Seit 1810 begannen die *Kreolen* (die in Südamerika geborenen Spanier), sich vom Mutterland zu trennen. Sie führten 13 Jahre lang erbitterte Befreiungskriege. Im Süden kam es zu ersten Aufständen. *Paraguay* setzte 1814 seine Anerkennung als selbständiger Staat durch, *Argentinien* 1816, *Chile* 1818, *Uruguay* endgültig 1828. Simon *Bolivar* (1783–1830), geboren in *Caracas* in Venezuela, hieß der große Freiheitskämpfer im Norden Südamerikas. Ihm schwebte die Vereinigung aller spanischen Kolonien rund um das portugiesische Brasilien vor. Unter größtem persönlichem Einsatz befreite er nacheinander *Kolumbien* 1819, *Venezuela* und *Panama* 1821, *Equador* 1822. Diese vier Staaten verband er zu den *„Vereinigten Staaten von Südamerika"*, deren erster Präsident er wurde.

Doch gelang ihm die Zusammenhaltung nur mit diktatorischen Mitteln, nicht anders, als die spanischen Gouverneure oder Vizekönige vorher auch in den einzelnen Staaten regiert hatten.

Mit Bolivars Hilfe erlangten auch *Peru* 1824 und *Bolivien* 1825 ihre Eigenstaatlichkeit. Letzteres wurde nach ihm benannt.

Kurz vor seinem Tode mußte Bolivar den Plan von den spanisch sprechenden „Vereinigten Staaten von Südamerika" aufgeben. Schon auf den Tod krank, dankte er 1830 ab. Die Staaten, denen er als Präsident vorgestanden hatte, trennten sich sofort wieder. Nur Panama blieb bei Kolumbien.

Portugal: Auch dieses Land verlor nicht nur seine indischen Niederlassungen, sondern auch die riesige Kolonie *Brasilien* von 8,5 Millionen km² Größe, die Hälfte von ganz Südamerika: König *Johann VI.* von Portugal war 1808 vor Napoleon nach seiner brasilianischen Kolonie geflüchtet. Um das Land dem möglichen Zugriff Frankreichs zu entziehen, machte er es vom Mutterland unabhängig. Nach Napoleons Tod 1821 kehrte Johann VI. nach Portugal zurück und wollte Brasilien in der alten Kolonialabhängigkeit sehen. Daran hatten die portugiesischen Kreolen, die Brasilien beherrschten, kein Interesse mehr; sie riefen den Sohn Johanns 1822 als *Pedro I.* zum Kaiser von Brasilien aus. Trotz dauernder innerer Unruhen und Kriege mit Nachbarstaaten erfolgten laufend Masseneinwanderungen aus Europa. Auch aus Deutschland kamen fast eine Million Handwerker, Bauern und Kaufleute. Das Kaisertum wurde 1889 gestürzt; Brasilien wurde Republik. Aufruhr, Putsche und Krisen blieben aber nach wie vor an der Tagesordnung.

Trotzdem machten die wirtschaftlichen Verhältnisse in Brasilien wie in den meisten süd- und mittelamerikanischen Staaten unaufhaltsam Fortschritte, denn die Erde barg dort Rohstoffe in Hülle und Fülle. Allerdings blieben die sozialen Verhältnisse katastrophal, und es standen märchenhafter Reichtum weniger Großgrundbesitzer den völlig verarmten Massen gegenüber. In Brasilien sprach man Portugiesisch, in all den anderen süd- und mittelamerikanischen Staaten jedoch Spanisch. Beide Sprachen sind wegen der schnellen Bevölkerungszunahme auf dem besten Wege, *Weltsprachen* zu werden wie Englisch, Deutsch und Französisch.

Frankreich: Sein Kolonialreich in Nordamerika war nach 1763 in den USA aufgegangen. In Mittel- und Südamerika besaß Frankreich die kleinen Antilleninseln *Gouadelupe* und *Martinique* und einen Teil von *Guayana* – die berüchtigte Strafkolonie – schon seit dem 17. Jahrhundert. 1842 besetzten die Franzosen einige der Inseln von Polynesien im Pazifik, vor allem die größte, *Tahiti.*

Türkei: Der *türkische Vielvölkerstaat* (man sprach auch hier nicht von Kolonien) hatte es seit dem Tode des erfolgreichen Sultans *Suleiman II.* (1566) schwer, ihren Besitzstand zu erhalten. In Europa gingen allmählich alle besetzten Länder verloren: Ungarn und Siebenbürgen 1699 an Österreich, die Halbinsel Krim 1774 und später weitere nördliche Küstengebiete des Schwarzen Meeres sowie gewisse Hoheitsrechte an den Donaufürstentümern Moldau und Walachei (dem späteren Rumänien) an Rußland. Weiterhin erklärte sich auf dem Balkan Serbien 1812 nach achtjährigem Kampf für selbständig, dann Griechenland 1829 ebenfalls nach sieben Jahren Kampf.

Als die Russen im *Krimkrieg* (1853–1856) Konstantinopel und die Dardanellen erobern wollten, erklärten Frankreich und England auf seiten der Türkei an Rußland den Krieg, um dessen Vordringen ins Mittelmeer zu verhindern. Rußland und auch die Türkei verzichteten bei Friedensschluß auf ihre Ansprüche in *Rumänien*, welches 1856 endgültig selbständiger Staat wurde. 1877/78 kam es wegen Bulgarien erneut zu einem russisch-türkischen Krieg.

Die Friedensregelung auf dem Balkan wurde damals auf dem *Berliner Kongreß 1878* unter dem Vorsitz Bismarcks gefunden: Bulgarien wurde ebenfalls selbständig, zwar an Ausdehnung nicht so umfangreich, wie Rußland gewünscht hatte, doch erkannte die Türkei nun die Selbständigkeit aller vorwiegend christlichen Balkanstaaten endgültig an. Bosnien mit der Herzegowina, dem Hinterland des österreichischen Küstenstreifens Dalmatien, kam praktisch an Österreich-Ungarn, obwohl es rein formal bis 1908 türkisch blieb. Das zu drei Vierteln islamische *Albanien* blieb türkisch. Es sagte sich erst 1912 von der Türkei los und wurde allgemein als „Fürstentum Albanien" anerkannt.

Die Türkei hatte aber auch in Nordafrika Verluste hinzunehmen. In ihrer Provinz *Ägypten* übten seit 1517 in wechselnd starker Abhängigkeit von der Türkei die *Mameluken* (höchste Beamte) die Macht aus. Nach Napoleons mißglücktem ägyptischem Feldzug hatte der türkische Statthalter und spätere Vizesultan *Mohammed Ali* (gest. 1849) die Mameluken-Beis ermorden lassen und das Land fester an die Türkei gebunden. Unter seinem übernächsten Nachfolger *Ismail Pascha* erbaute der Franzose Ferdinand *Lesseps* bis 1869 den *Suezkanal* in skandalumwitterter, an Menschen opferreicher zehnjähriger Bauzeit. Der italienische Komponist Giuseppe *Verdi* erhielt den Auftrag, für die Kanal-Einweihung ein Musikwerk zu komponieren. So entstand die großartige Oper *„Aida"* mit einer Handlung aus der altägyptischen Geschichte.

Die Engländer waren gegen den Bau des Kanals gewesen, jedoch einmal vorhanden, erweckte er wegen des stark verkürzten Seeweges nach Indien deren Begehrlichkeit. Bald kam die Mehrheit der *Kanalaktien* in englische Hände, denn der Vizekönig Ismail Pascha verkaufte ihnen das ägyptische Aktienpaket, um sein leichtsinniges Leben weiterführen zu können. 1879 wurde er deshalb verjagt.

Einen türkisch-ägyptischen Aufstand 1882 in Alexandria gegen die Europäer benutzten die Engländer dazu, militärisch einzugreifen. Der Kampf war lang und verlustreich. Die Franzosen stellten sich auf die türkische Seite, doch 1904 mußten sie auf ihre Interessen am Nil verzichten. *Ägypten* wurde dem *englischen Weltreich* eingegliedert, was 1914 auch die Türkei anerkannte.

Algerien hatte sich im Abwehrkampf gegen Spanien 1518 unter türkische Oberhoheit geflüchtet, die indessen meist nur dem Namen nach bestand. Algerische Häfen waren jahrhundertelang Schlupfwinkel muslimischer Seeräuber gegen Handelsschiffe christlicher Nationen. Die *Franzosen eroberten 1830 Algeriens Hafenstädte*, ohne daß die Türken als Oberherren eingreifen konnten. Im Inland trafen die Eindringlinge auf den hartnäckigen Widerstand des Emirs von Mascara, *Abd el Kader*, der sich erst 1847 geschlagen gab.

Die Insel *Kreta* war für die Mittelmeerschiffahrt von großer Bedeutung. Etwa 400 Jahre lang im Besitz Venedigs, vertrieben die Türken 1669 die Italiener und beherrschten selbst die Insel. Im 19. Jahrhundert versuchten die Kreter in mehreren Aufständen die Unabhängigkeit zu erzwingen. Mit griechischer Hilfe erlangte die

Insel 1898 endlich die Selbstverwaltung und kam 1913 zu Griechenland. Die 400000 Kreter sprechen eine eigene Sprache, doch ist das Griechische Amtssprache.

Auch *Syrien* und Arabiens Randgebiete waren ab 1818 von Ägpten aus erobert worden und damit unter türkische Herrschaft gekommen. Zwischen Türken und Arabern bestanden dauernde Gegensätze. Die Engländer arbeiteten deshalb eifrig mit diplomatischen und militärischen Mitteln an der Zersetzung des türkischen Einflusses. Der Erste Weltkrieg beseitigte seit 1916 dort die letzten türkischen Stützpunkte.

Damit könnte eigentlich das Kapitel über die Kolonialreiche vorerst abgeschlossen werden, wenn nicht die Aufteilung Afrikas zu beschreiben wäre. Dies wird jedoch an geeigneter Stelle nachgeholt.

Aber auch der sechste Erdteil, die *Antarktis* rund um den Südpol, war lange Zeit geheimnisumwittert, und was die Gebiete im *Nördlichen Eismeer* verbargen, ließ den Forschern keine Ruhe. So soll hier darüber berichtet werden.

Die Polargebiete vorwiegend von Männern aus Völkern germanischen Ursprungs erforscht

Daran nahmen Skandinavier und Engländer einen wesentlichen Anteil. Das Seefahrerblut ihrer normannischen Vorfahren hatte sich bei vielen bis in unsere Tage vererbt. Doch auch Deutsche und Amerikaner trugen viel zu diesen Erforschungen bei.

Der dänische Seeoffizier in russischen Diensten Vitus *Bering* (1680 – 1741) hatte im Jahre 1728 bewiesen, daß Ostsibirien und Alaska nicht zusammenhängen, sondern durch eine Meerenge von 90 km getrennt waren. Er hatte zufällig wärmere Witterung angetroffen und die später nach ihm benannte *Beringstraße* in beiden Richtungen durchsegelt. Seitdem suchten die Seefahrer nach einem Weg vom Atlantik durch das Nordmeer in den nördlichen Pazifik, zumal diese Strecke kaum ein Viertel der um die Südspitze Afrikas betrug. James Cook versuchte es in umgekehrter Richtung im Jahre 1778. Zwei Möglichkeiten boten sich an:

Die erste war die *„Nordöstliche Durchfahrt"*, welche östlich Grönland, vorbei an Spitzbergen entlang der sibirischen Nordküste, durch die Beringstraße in den Pazifik führte. Diese Fahrt gelang erst 1878/79 dem schwedischen Polarforscher Otto *Nordenskjöld* (1869–1928) erstmals.

Zweitens war die *„Nordwestliche Durchfahrt"* denkbar, d. h. westlich Grönland durch die Baffin-Bay – oder einen benachbarten Weg der nordkanadischen Inselwelt – entlang den Nordküsten Kanadas und Alaskas durch die Beringstraße zum Pazifik. Der Norweger Roald *Amundsen* (1872–1928) schaffte im Rahmen einer vierjährigen Polarreise 1903 bis 1906 diese Route.

Beide Seewege erwiesen sich für die regelmäßige Benutzung wegen laufender Veränderungen der Treibeismassen im Nordmeer als nicht brauchbar. Auch die Beringstraße traf man nur selten eisfrei an.

Der Norweger Fridtjof *Nansen* (1861–1903) durchquerte 1888 mit fünf Gefährten mittels Hundeschlitten die Eiswüste *Grönlands* von Ost nach West. Dabei stellte er fest, daß dort selbst die höchsten Gebirge noch unter einer 1200 m dicken Eisschicht liegen.

Der Berliner Geophysiker Alfred *Wegener* (1880–1930) führte mehrere Forschungsreisen in Grönland durch. Von der letzten kehrte er nicht mehr zurück. Wegener ist übrigens der Begründer der sogenannten *„Verschiebungstheorie"*, wonach die sechs Erdteile ursprünglich eine Einheit gebildet hatten, jedoch im Laufe der Erdgeschichte durch „Driften" auseinanderrückten.

Um 1830 hatte der internationale Wettlauf zum *Nordpol* begonnen, ohne lange Zeit zum Erfolg zu führen. Doch fand 1831 der Engländer Sir John *Ross* (1777–1856) den südlichen magnetischen Pol bei Boothia in der nordkanadischen Inselwelt. Wenn allgemein vom Nord- oder Südpol gesprochen wird, so meint man die *geographischen Pole*. Die *magnetischen Pole* bestehen unabhängig von den geographischen. Die Erde ist ein Magnet, dessen Feldlinien halbkreisförmig entlang der Erdoberfläche zwei gegenüberliegende Punkte verbinden, eben die magnetischen Pole. Dabei befindet sich der magnetische Südpol in der nördlichen Erdhälfte, der magnetische Nordpol etwa gegenüber.

1893 bis 1896 versuchte Nansen mit seinem Schiff „Fram" zum Nordpol zu gelangen. An den Eisgrenzen verließen er und ein Gefährte das Schiff und zogen mit Hundeschlitten über das dick gefrorene Eis weiter. Bei 86° 4', also etwa 400 km vom Pol entfernt, mußten sie umkehren. Doch konnten die Forscher die Vermutung bestätigen, daß sich der Nordpol weit ab vom Land inmitten des Meeres befindet.

Der Schwede Salomon *Andree* (1854–1897) und zwei Begleiter versuchten den Pol 1897 mit einem Freiballon zu erreichen. Das Unternehmen scheiterte. 33 Jahre später fand man die Leichen der drei Männer im ewigen Eis von Spitzbergen in einem Zustand, als wären sie soeben gestorben.

Erst 1909 gelang es dem amerikanischen Polarforscher Robert *Peary* (1856–1920), mit Hundeschlitten über das Eis den Nordpol zu erreichen.

Viele opferreiche Versuche waren vorausgegangen, die aber wegen Unkenntnis der Wetter- und Eisverhältnisse scheiterten.

An der Erforschung des Südpolargebietes, also der eisbedeckten Landmasse der Antarktis, waren ebenfalls Forscher aus vielen Ländern, oft die gleichen wie im Nordpolarraum, beteiligt:

Nach der Vermutung James Cooks 1775, daß die Antarktis ein eigener Kontinent ist, und nach dessen erster Umsegelung 1819–1821 durch den dänischen Seefahrer von *Bellinghausen* (1778–1852) durchfuhr 1823 der britische Walfänger James *Wedell* die große nördliche Meeresbucht (Wedell-Meer). Der Engländer Sir James *Ross* (1800 bis 1862) – ein Neffe von John Ross – fand 1841 auf einer Antarktis-Forschungsreise die südliche Bucht (Ross-Meer) und den 3800 m hohen, tätigen Vulkan *Mt. Erebus*.

Der Kampf gegen die Schneewüsten, um den *Südpol* zu erreichen, begann 1894. Während 15 Jahren versuchten es acht Expeditionen, darunter die *„Gauß-Expedition"* 1902 bis 1905. (Karl Friedrich *Gauß* [1777–1855] aus Braunschweig war einer der erfolgreichsten Mathematiker, Physiker, Geographen und Astronomen.) Die Deutschen forschten in der Ost-Antarktis und nannten den Sektor zwischen dem 80. und 100. Längengrad *„Kaiser Wilhelm II.-Land"*. 1911 leitete der Münchener Forschungsreisende Wilhelm *Filchner* (1877–1957) die 2. deutsche Antarktis-Expedition, die das Schelfeis des Wedell-Meeres untersuchte *(Schelf-Eis* = flaches vereistes Meer).

Erst Mitte Dezember 1911 erreichte der Norweger Roald *Amundsen* (1872–1928) mit *Hundeschlitten* den Südpol, der auf einer Ebene von 2800 m Höhe liegt. Er kam damit dem Engländer Robert *Scott* (1868–1912) um fünf Wochen zuvor. Scott und seine Begleiter erfroren auf dem Rückweg wegen Mangel an Nahrungsmitteln. Man fand später die Männer und Scotts Tagebuchaufzeichnungen in einem tiefverschneiten Zelt.

Mit Hilfe der Motor-Fliegerei und der Fotografie versuchte man nach dem 1. Weltkrieg in den Nord- und Süd-Polargebieten schneller zu Forschungsergebnissen zu gelangen: Der Italiener Umberto *Nobile* (geb. 1885) und Roald Amundsen überflogen 1926 erstmals in einem Luftschiff den Nordpol. Bei einer zweiten solchen Expedition 1928 – ohne Amundsens Teilnahme – strandete Nobile unterwegs. Daraufhin startete Amundsen – allein – mit einem Flugzeug, um Nobile zu finden. Von diesem Flug kehrte er nicht zurück und blieb verschollen. Nördlich Spitzbergen wurden die Italiener bald danach von einem russischen Eisbrecher gerettet.

Der Amerikaner Richard *Byrd* (1888–1957) flog 1926 von Spitzbergen aus zum Nordpol und zurück. Während einer Forschungsreise in der Antarktis überflog er 1929 auch den Südpol mit dem Flugzeug.

Das Fliegen in diesen Gegenden war damals eine Pionierleistung. Heute ziehen fahrplanmäßige Passagierflugzeuge von New York nach Peking, oder von Deutschland nach Alaska ruhig und sicher über den Nordpol, wobei der Pilot vielleicht im Lautsprecher bekanntgibt, wann der nördlichste Punkt der Erde gerade überflogen wird.

An verschiedenen Stellen der Polargebiete unterhalten heute mehrere Staaten gutausgebaute wissenschaftliche Beobachtungs- und *Forschungsstationen:* Im Norden auf Grönland, dem norwegischen Spitzbergen, dem russischen Sewernaja Semlia, in Nordkanada, und im Süden an mehreren Plätzen der Antarktis, dort auch die BRD.

Verschiedene Staaten gingen nach dem Ersten Weltkrieg an die politische *Aufteilung des antarktischen Erdteils.* Da dieser ziemlich kreisrund ist, wurde die Aufteilung vorläufig wie bei einem Kuchen vorgenommen: Chile und Argentinien, deren Südspitzen nur gut 1000 km vom äußersten Zipfel des Antarktisfestlandes entfernt liegen, kamen Großbritannien ins Gehege. Ferner hatten Australien, Neuseeland, Norwegen, die USA, Rußland, Frankreich, Belgien, Japan und Südafrika Ansprüche angemeldet, die sich gebietsmäßig aber vielfach überschnitten. Deutschland bekam nichts. Eigentlich wären nun handfeste Kolonialkriege fällig gewesen, zumal reiche Bodenschätze in der Antarktis vermutet wurden. Wenn sich Kriege schon nicht immer lohnten, so hier bestimmt nicht, denn der größte Teil des Landes ist mit einer Eisschicht bis zu 3500 m Mächtigkeit überdeckt.

Der Deutsche Bund 1815–1866 – Europa und Bismarcks Reichsgründung 1862–1871

Fürst Metternichs Politik gegen die deutsche nationale Einigung

Das Erste Deutsche Reich war – wie beschrieben – 1806 durch Frankreichs Eroberungen erloschen, doch nach Napoleons Ausschaltung im Befreiungskrieg 1813 hatte man auf dem Wiener Kongreß 1814–15 die Grenzen Mitteleuropas neu festgelegt. Das für Deutschland wichtige Ergebnis war die Gründung des Deutschen Bundes, dessen Grenzen etwa die gleichen waren wie die des Deutschen Reiches vor der Französischen Revolution, nur daß nun auch noch das habsburgische Belgien ausgeschieden und zusammen mit Holland zum „Königreich der Vereinigten Niederlande" geworden war. Das deutschsprachige *Elsaß-Lothringen* hatte Frankreich behalten können.

Der Deutsche Bund stellte gebietsmäßig keine bessere Lösung dar als das Deutsche Reich vor 1806. Nicht einmal die preußischen Ostgebiete waren endlich einbezogen worden. Auch innerlich war er nur ein loser Staatenbund von 39 Herrschaftsgebieten, und zwar ein Kaiserreich, vier Königreiche, 30 Herzogtümer, Fürstentümer und Grafschaften sowie vier Freie Städte (Lübeck, Hamburg, Bremen und Frankfurt a. M.) Einen deutschen Kaiser, der wenigstens dem Namen nach über allem stand, gab es nicht mehr, somit auch keine Kurfürsten, kein Reichskammergericht in Wetzlar und keinen Immerwährenden Reichstag in Regensburg. Nur noch die *gemeinsame deutsche Sprache und Kultur* blieben als Bindemittel, welche sich allerdings in den nächsten Jahrzehnten als die entscheidende und einigende Kraft erweisen sollten. Doch bedurfte es einer herausragenden Persönlichkeit, um das Einigungswerk zu verwirklichen, – und diese war bereits geboren.

Vorerst jedoch war man an die *„Bundesakte"* gekettet. In Frankfurt a. M. tagte der *„Ständige Bundestag"*, bestehend aus den Gesandten der deutschen Einzelstaaten. Der Präsident war auf Dauer ein Österreicher von Metternichs Gnaden, der im Bund ein geeignetes Mittel sah, alle Einigungsbestrebungen im Keim zu ersticken.

In Wien saß Kaiser *Franz I.* von Österreich auf dem Kaiserthron, und *Friedrich Wilhelm III.* in Berlin war König von Preußen.

Daß Preußen als bedeutende Macht aus den Befreiungskriegen und dem Wiener Kongreß gebietsmäßig wesentlich vergrößert hervorging, war jedoch keineswegs das Verdienst des Königs. Er hatte sich wie immer passiv verhalten. Die Provinz Posen war zurückgekommen, neu dazu das nördliche Sachsen, endlich auch das schwedische Vorpommern sowie Westfalen und das Rheinland zu beiden Seiten des Stromes. Damit fiel Preußen die lebenswichtige *Verteidigung der deutschen Westgrenze* gegenüber Frankreich zu, eine nationale Pflicht, die es mit Tapferkeit und Erfolg zum Wohle Deutschlands erfüllen sollte. Die zahlreichen kleinen Herzogtümer der Vergangenheit in Westdeutschland waren dieser Aufgabe nicht gewachsen gewesen, und die Habsburger, die einst viele Reichsgebiete südlich und westlich des Rheines besaßen, schon gar nicht, einer der Gründe, derentwegen ja die Schweiz, Burgund, die Niederlande, das Elsaß, Lothringen und nun auch Belgien dem Reich der Reihe nach verlorengingen.

Der Staatskanzler des preußischen Königs war seit 1810 Fürst *Hardenberg* und blieb es bis zu seinem Tode 1822. Er hatte auf dem Wiener Kongreß zäh um Preußens Machtstellung verhandelt.

Schon dort trat der maßgebende Unterhändler Wiens, Fürst *Metternich, als Preußens Gegenspieler* auf, der unter allen Umständen dessen Macht zu begrenzen suchte. Er war es auch, der dem Kaiser Franz I. in Wien die Preisgabe aller deutsch-habsburgischen Gebiete am Rhein empfahl. In Koblenz geboren, entstammte er einem alten Adelsgeschlecht von der Mosel. Metternich gab jede Politik im Sinne einer deutschen Einigung auf, bekämpfte sie erbittert und sah *Österreichs Zukunft auf dem Balkan sowie in Norditalien.* Dort war Österreich die beherrschende Kraft, als hätten die seit dem frühen Mittelalter ununterbrochenen Machtkämpfe zwischen den deutschen Kaisern und den Päpsten, Franzosen oder Spaniern nie stattgefunden. Das Gebiet des alten germanisch-lombardischen Königreichs stand also noch immer – oder wieder – unter deutscher Herrschaft.

1821 ernannte Kaiser Franz I. den Fürsten Metternich zum Staatskanzler in Wien. Durch seine persönliche Ausstrahlung, sowie unnachgiebige reaktionäre Politik blieb er bis 1848 auf diesem Posten. Das Kaiserreich festigte er in allen Teilen durch eine starke *Polizeigewalt,* mit deren Hilfe er jede nationale und liberale Regung im österreichischen Vielvölkerstaat unterdrückte. Er war der starke Mann seiner Zeit und wurde von allen europäischen Regierungen als solcher anerkannt, nicht aber vom deutschen Volk, bei dem er verhaßt war.

Im Bundestag gab Metternich bald den Ton an, nachdem Hardenberg als einziger ebenbürtiger Staatsmann 1822 gestorben war. Die Versammlung in der traditionellen Königs- und Kaiserwahl-Stadt *Frankfurt* bestand aus den 39 Gesandten der Einzelstaaten. Eine parlamentarische Volksvertretung gab es nicht. Gleich zu Anfang einigte man sich, dem österreichischen Kaiser Franz erneut die deutsche Kaiserkrone anzutragen, doch dieser lehnte auf Betreiben Metternichs ab, beanspruchte daraufhin aber den Vorsitz im Frankfurter Bundestag für Österreich. Damit war Metternich ein Trick gelungen, von dem er Vorteile gegenüber Preußen erhoffte.

Die „Burschenschaften" ab 1815: Im Volke breiteten sich nationale und freiheitliche Bestrebungen immer stärker aus. Man fühlte sich um den Lohn der Befreiungskriege betrogen. Die politische „Burschenschaft", eine Vereinigung mehrerer Studentenverbindungen, die 1815 von *Jena* ausging, strebte unter den Leitworten *„Ehre, Freiheit, Vaterland"* ein vereinigtes Deutschland an, womit sie aber auf den Widerstand der Fürsten und damit der einzelnen Bundesregierungen stieß.

Der Schriftsteller August von *Kotzebue* (1761–1819), aus Weimar stammend, mehrfach in russischem Staatsdienst, jahrelang wegen politischer Umtriebe nach Sibirien verbannt, Gegner Napoleons, verspottete in seinem Wochenblatt die deutsche nationalbegeisterte Jugend. Bei den Burschenschaften wurde er als *Reaktionär* gehaßt und als Polizeispitzel verdächtigt. In Mannheim erdolchte ihn der Student Karl Ludwig *Sand* (1795–1820) aus Wunsiedel im nordbayrischen Fichtelgebirge. Sand war ein religiös-nationaler Schwärmer, der seine Tat nicht bereute, sondern sich als Vorkämpfer für Deutschlands Einigung fühlte. Er wurde verurteilt und in Mannheim öffentlich durch das Schwert hingerichtet. Er wollte als Held sterben nach dem „Vorbild seiner germanischen Vorfahren", wie er sagte. Sauber gekleidet und mit gepflegtem Haar betrat er stolz die Richtstätte.

Die Demagogenverfolgungen ab 1819: Diese Hinrichtung hatte schwerwiegende Folgen, denn Metternich und die Bundesregierungen benutzten sie dazu, die sogenannten *„Karlsbader Beschlüsse"* von 1819 in Kraft zu setzen: Sie ermöglichten schärfstes Vorgehen gegen die „demagogischen Umtriebe" der freiheitlichen und nationalen Bewegung innerhalb des Deutschen Bundes. Die Universitäten wurden hinfort streng überwacht, und die Presse unterlag schärfster Zensur. „Demagoge" ist das griechische Wort für Volksverführer. Die nationale Bewegung wurde also als Volksverhetzung hingestellt, und es begannen die sogenannten „Demagogenverfolgungen".

Viele der besten deutschen Männer wurden ihre Opfer, wovon nur einige hier genannt werden können. Der Turnvater Friedrich Ludwig *Jahn* (1778–1852) aus Lanz in Preußen an der mecklenburgischen Grenze kam für sechs Jahre 1819–1825 ins Gefängnis. Er war der berühmte Begründer des Turnwesens, der in der *Hasenheide* bei Berlin den ersten *Turnplatz* Deutschlands und damit ganz Europas und der Welt überhaupt einrichtete. Jahn dachte sich das Turnen als einen Beitrag zur körperlichen Ertüchtigung der Jugend und zur inneren Erneuerung Deutschlands. Er hatte schon im Befreiungskrieg dem *Lützowschen Freikorps* angehört und stand in seiner Eigenschaft als Lehrer in enger Beziehung zur Burschenschaft.

1832 fand das *„Hambacher Fest"* in der Pfalz statt, eine große Volksversammlung der national-demokratischen Bewegung. Dieses Ereignis nutzte der Frankfurter Bundestag auf Metternichs Veranlassung zur strengsten Unterdrückung der Presse- und Versammlungsfreiheit. Eine neue Verhaftungswelle setzte ein.

August Heinrich *Hoffmann von Fallersleben* (1798–1874), Dichter und Sprachforscher, ging 1841 ins Exil auf die damals englische Insel Helgoland, wo er das *„Deutschlandlied"* dichtete. Das Lied sollte zeigen, was Wunsch und Programm der damaligen nationalen Bewegung war, nämlich die Vereinigung aller deutschen Stämme zu einem Reich von der Maas bis an die Memel, von der Etsch bis an den Belt. Ernst Moritz *Arndt* (1769–1860) von der Insel Rügen, Dichter und Geschichtsprofessor in Greifswald und später in Bonn, verlor 1821 bis 1840 das Lehramt wegen seiner deutschen Gesinnung. Schon seine leidenschaftlichen Liedertexte und Schriften hatten viel zur Erhebung gegen Napoleon beigetragen. Den Mecklenburger Dichter Fritz *Reuter* (1810–1874) traf sogar das Todesurteil. Durch Einsprüche erreichte er Begnadigung zu lebenslanger Festungshaft und schließlich 1840 Freilassung nach sieben Jahren. Friedrich Gustav *Schiebler* (1819–1903), Kaufmann in Frankenberg in Sachsen, trat seit 1840 unerschrocken für eine *Deutsche Reichsverfassung* ein und wurde nach 1849 zu sieben Jahren Zuchthaus verurteilt, aber nach einem Jahr wieder freigelassen. Er war einer von Tausenden Bürgern, die unter Gefährdung ihrer familiären und beruflichen Existenz für die nationale und freiheitliche Sache eintraten. Das waren Männer aus allen Berufen und Ständen, Handwerker, Kaufleute, Akademiker, Studenten, Künstler, Bauern und Angehörige des unteren Adels. Die meisten Fürsten, Grafen und Landjunker waren die Gegner im Lande. Das Ausland schaute gelangweilt zu, wie unter Metternichs Regie 30 Jahre lang die besten Männer als „Demagogen" verfolgt, verjagt oder eingekerkert wurden.

Zar Alexander I. hatte 1815 ein Bündnis zwischen Rußland, Österreich und Preußen veranlaßt, die sogenannte *„Heilige Allianz"*. Der Zweck war, die Beschlüsse des Wiener Kongresses für alle Zeiten aufrechtzuerhalten. Der Reihe nach schlossen sich die anderen „Christlichen Mächte" Europas dieser Allianz an. Die einmal festgelegten Grenzen der 39 Bundesstaaten sollten für alle Zeiten bestehen bleiben.

Österreich, das mächtigste Bundesland, belauerte das große Preußen voller Mißtrauen, damit es ja keine zu engen Gemeinsamkeiten mit anderen Bundesländern eingehen sollte. Doch Metternich in Wien konnte sich auf den König in Berlin verlassen, der sich getreu an die Richtlinien der „Heiligen Allianz" hielt. Die Regie führte im Hintergrund der Zar von Rußland, erst Alexander I., der 1825 im Alter von 48 Jahren starb, dann dessen Bruder Nikolaus I., der bis 1855 regierte. Bei der ursprünglichen Planung hatten aber die Fürsten die Rechnung ohne das Volk in Deutschland gemacht, und die Zeiten hatten sich geändert. Wie lange konnte wohl die Unterdrückung aufrechterhalten werden?

Friedrich List (1789–1846), der Deutsche Zollverein und die Eisenbahnen: Von einer ganz anderen Seite her geschah in Deutschland etwas, was auf die zukünftige Einigung von größter Wirkung werden sollte. Unabhängig von den politischen Machenschaften entwickelte sich – wie berichtet – die industrielle Wirtschaft. Sie warf Probleme auf, die niemand voraussehen konnte.

Die europäischen Nationen standen sich bald als Konkurrenten gegenüber. Also erhob man *Schutzzölle.* Auch innerhalb des Deutschen Bundes umgaben sich alle Einzelstaaten mit *Zollgrenzen.* Wer z. B. von Leipzig nach Frankfurt auf dem kürzesten Weg reiste, kam durch die sächsische, preußische, thüringische, bayrische und hessische Kontrolle, wobei Handelsware jedesmal zu verzollen war. So kletterten die Preise auf Höhen, die niemand bezahlen konnte. Der innerdeutsche Handel war also schwer belastet.

In Tübingen lehrte ab 1817 der junge Professor Friedrich *List* (1789–1846) aus Reutlingen Volkswirtschaft. Er verlangte die Abschaffung der Binnenzölle im Deutschen Bund und forderte die Gründung eines „Zollvereins", womit er nicht nur die Handelsschranken beseitigen, sondern auch der Einigung Deutschlands die Wege ebnen wollte. 1820 entzog ihm die württembergische Regierung die Professur, und zwei Jahre danach erfolgte seine Verurteilung zu Festungshaft wegen angeblich staatsfeindlicher Hetze. Gegen das Versprechen, nach Amerika auszuwandern, ließ man ihn frei. Dort war er Landwirt sowie Redakteur einer deutschen Zeitung und kehrte 1830 als amerikanischer Konsul für das Land Baden zurück.

Preußen mit seinem unzusammenhängenden Staatsgebiet mußte an der Beseitigung der Zollschranken besonders interessiert sein. Auf Veranlassung Lists gelang dem preußischen Finanzminister Friedrich von *Motz* (1775–1830) aus Kassel erstmals der Abschluß eins *Zollvertrages zwischen Preußen und Hessen-Darmstadt.*

List erkannte die Bedeutung der aufkommenden Eisenbahnen für die angestrebte Einheit und entwarf ein Eisenbahnnetz für ganz Deutschland. Er sagte: „Das Eisenbahnsystem und der Zollverein sind siamesische Zwillinge". Infolge unermüdlichen Verhandelns mit mißtrauischen, kleinstaatlich denkenden Ministern, doch unterstützt durch einsichtige Wirtschaftler sowie Veröffentlichung zahlreicher nationalökonomischer (= volkswirtschaftlicher) Schriften gelang ihm endlich der Durchbruch. 1834 konnte er den „Deutschen Zollverein" gründen, dem vorerst zehn Bundesländer angehörten. Die meisten anderen traten bald ebenfalls bei.

Im folgenden Jahr wurde die erste *Eisenbahnlinie* zwischen *Nürnberg und Fürth* eröffnet, und bald danach folgte die Strecke *Dresden-Leipzig*, deren Bau Lists persönlichem zähem Einsatz zu danken war. Beide Linien brachten schnell finanziellen Erfolg, weshalb man in mehreren Bundesländern Eisenbahngesellschaften ins Leben rief. So entstand in Deutschland in wenigen Jahren ein beachtliches Schienennetz, welches sich laufend erweiterte.

Als am 1. Januar 1834 die Schlagbäume an den Binnengrenzen fielen, war der Grundstein zu Deutschlands späterer wirtschaftlicher und politischer Weltgeltung gelegt. Leider aber auch zur Zweiteilung, denn Österreich schloß sich als einziges Bundesland dem Zollverein nicht an. Metternich war intelligent genug, um die politische Bedeutung des *Zollvereins* für die gesamte deutsche Zukunft zu überschauen, aber er war ein Feind Deutschlands. Im Zollverein sah er eine Art „großpreußischen" Unternehmens. Er begann seine „Demagogenverfolgung" aufs neue in verschärfter Form und würgte zunächst alle Hoffnungen auf eine Vereinigung der deutschen Länder weiterhin rücksichtslos ab. Zwar konnte er die spätere Einigung nicht verhindern, aber Österreich blieb, freilich nicht ohne Preußens Zutun, mit kurzer Unterbrechung (1938–1945) bis zum heutigen Tag außerhalb.

Friedrich List reiste mehrmals nach Wien und Budapest, um die wirtschaftliche Verständigung für den ganzen Deutschen Bund und die der österreichischen Monarchie angeschlossenen Länder doch noch durchzusetzen. Aber Metternich sorgte dafür, daß List überall abgewiesen wurde und auch in keinem Bundesland mehr eine Professur erhielt. In Augsburg, seiner letzten Wohnstadt, verfaßte er weitere grundlegende wirtschaftspolitische Werke. Doch von Nahrungssorgen gequält, krank und enttäuscht, machte er Ende 1846 in Kufstein seinem Leben mit 57 Jahren selbst ein Ende.

Ferdinand I. (1793–1875), Kaiser von Österreich von 1835–1848 – Friedrich Wilhelm IV. (1795–1861), König von Preußen seit 1840

1835 starb Kaiser Franz I. im Alter von 67 Jahren. Als letzter Kaiser Franz II. des Ersten Deutschen Reiches und erster Kaiser Franz I. der österreichischen Monarchie hatte er eine außerordentlich bewegte Regierungszeit erlebt. Als Mensch galt er als pflichttreu und fleißig, gleichzeitig aber auch als kalt und kleinlich.

Sein Sohn und Nachfolger, Kaiser Ferdinand I., war krank und geistig zurückgeblieben, weshalb die Regentschaft von seinem Oheim, dem Erzherzog Ludwig, zusammen mit Metternich und dem Grafen Anton von *Kolowrat* (1778–1861) übernommen wurde. Erzherzog Ludwig trat kaum in Erscheinung; die Politik machten die beiden anderen Herren. Vorerst gab weiterhin Metternich den Ton an. Doch mit seinen harten Polizeipraktiken geriet er langsam, aber unaufhaltsam in Gegensatz zu den immer mehr nach Freiheit strebenden Völkern des Reiches.

Die deutsche Sprache in der ganzen Monarchie – schon vor Kaiser *Joseph II.* seit 1781 als *Verwaltungssprache* eingeführt – hatte sich als einigendes Bindemittel zweifellos bewährt. Doch gab es in allen Reichsteilen Schulen, in denen jeweils in der Landessprache unterrichtet wurde. Irgendwelche Verbote der Muttersprachen waren undenkbar, und auch bei den Gerichten bediente man sich selbstverständlich der jeweiligen Heimatsprache. Wien verlangte aber, daß *hohe Beamte die deutsche Sprache* beherrschten und die nächsthöheren zufriedenstellend damit zurechtkamen.

So waren die Statthalter, Landräte, oberste Richter und hohe Polizeibeamte in der Regel deutsche Österreicher.

Aber gerade das wollten die Vertreter der Völker abgeändert wissen. Sie wünschten einheimische Männer auf diesen Posten; das hieß in den meisten Fällen sich selbst. Kolowrat und andere einflußreiche Politiker befürworteten schließlich eine Auflockerung der bestehenden Ordnung, doch Metternich blieb starr dagegen. Er war überzeugt, daß die zwölf Völker der Monarchie nur durch seine strengen Regelungen zusammenzuhalten seien.

In Berlin starb *Friedrich Wilhelm III.* 1840. Das einzige, was dieser Hohenzollern-König aus eigenem Antrieb erreicht hatte, war 1817 die Gründung der *„Protestantischen Union"*. Das war der Zusammenschluß von Lutheranern und Reformierten in Preußen. Sein einflußreichster Helfer war hierbei der evangelische Philosoph, Geistliche und Professor an der Universität Berlin, Friedrich Ernst Schleiermacher (1768 bis 1834) aus Breslau. Immerhin war es seitdem bedeutungslos geworden, ob sich ein Mensch in Preußen – und später in ganz Deutschland – Lutheraner oder Reformierter nannte, er war eben Protestant. Nur kleine protestantisch-religiöse Minderheiten blieben weiterhin als freikirchliche Abspaltungen außerhalb der Union.

Neuer König in Preußen wurde ab 1840 sein Sohn *Friedrich Wilhelm IV.* Er war hochgebildet und hing der *Pietistischen Weltanschauung* Schleiermachers an, d. h. einer einfachen, lebensnahen Herzensfrömmigkeit im protestantischen Sinne, wie sie u. a. von der *„Herrnhuter Brüdergemeine"* in Sachsen gepflegt wurde. In der Politik blieb er unentschlossen, fast hilflos, von Männern entgegengesetzter Ansichten abhängig und hin und her gerissen.

Frankreich: In Paris war nach Napoleons Sturz wieder ein Bourbone König geworden, *Ludwig XVIII.* (1755–1824), der Bruder des unter der Guillotine gestorbenen Ludwig XVI. Er erließ eine neue Verfassung, welche die französische Kaisermonarchie abschaffte und das alte Königtum wiederherstellte (die *„Restauration"*). Er veranlaßte die Einkerkerung oder Hinrichtung einiger früherer Anhänger Napoleons, regierte aber ansonsten schwach. *„Die Bourbonen haben nichts vergessen, aber auch nichts dazugelernt"*, sagte man. Ludwigs Nachfolger wurde sein Bruder als *Karl X.* (1757–1836). Seine Einstellung war völlig reaktionär, und er glaubte das absolute Königtum des vergangenen Jahrhunderts wiederherstellen zu können. Die liberalen Bestrebungen, die nun in ganz Europa zum Durchbruch drängten, verstand er überhaupt nicht und unterdrückte sie in seinem Lande wie Metternich im Deutschen Bund. So gärte es in Frankreich bedenklich, und die Männer des Widerstandes scharten sich um den Herzog von Orléans, *Louis Philippe* (1773–1850). Schon 1789 war der junge Herzog der noch gemäßigten Revolution beigetreten, floh aber zur Zeit der jakobinischen Schrekkensherrschaft nach Österreich. Nach 25 Jahren abenteuerlichen Lebens kehrte er 1817 nach Paris zurück und stand seitdem in Gegensatz zu seinen entfernt verwandten Vettern Ludwig und Karl.

In der nur drei Tage dauernden Julirevolution von 1830 wurde Karl zur Abdankung gezwungen. Als letzter Bourbone kam Louis Philippe, der *„Bürgerkönig"*, auf den Thron. Er regierte zwielichtig, einerseits im Sinne des liberalen Bürgertums, andererseits im konservativen Geist.

Bald war man in Frankreich auch seiner überdrüssig, und die Unzufriedenheit schwelte weiter. Im Februar 1848 brach die republikanische Revolution aus, und Louis Philippe floh nach England. Die Zweite *französische Republik* wurde ausgerufen. Im Juni 1848 brach der *Pariser Arbeiteraufstand* aus. Noch saß vielen Bürgern die Angst der Jakobinerherrschaft von 1793/94 im Nacken, so daß sie zusammen mit dem Militär den Aufstand blutig niederschlugen, ehe er überhandnahm. Im Dezember 1848 wählte die bürgerliche Nationalversammlung in Paris den Neffen Kaiser Napoleons I. zum Staatspräsidenten. Dieser *Louis Napoleon* hatte in den vergangenen 18 Jahren schon dreimal vergeblich gegen den „Bürgerkönig" geputscht und sechs Jahre in Kerkerhaft verbracht. Kaum war er Präsident, geriet er in Gegensatz zum französischen Parlament. In einem opferreichen Staatsstreich löste er im Dezember 1851 das Parlament auf, regierte ein Jahr lang diktatorisch und ließ sich im Dezember 1852 aufgrund einer allgemeinen Volksabstimmung zum Kaiser *Napoleon III.* (1808–1873) ausrufen. Er war offiziell der Sohn von Napoleons I. Bruder Louis Napoleon, der vorübergehend König von Holland war. Gerüchteweise soll Napoleon III. aber einem Liebesverhältnis seiner Mutter *Hortense* geborene Beauharnais mit einem holländischen Admiral entstammen.

England: William *Pitt der Jüngere* hatte 1800 die volle staatsrechtliche Angliederung Irlands an Großbritannien, also an England und Schottland vollzogen. Seitdem hieß das Land: *„Vereinigtes Königreich von Großbritannien und Irland"*. König Georg III. und das Parlament gerieten trotz des riesigen Kolonialreiches und trotz des Sieges über Napoleon I. in ernste finanzielle und politische Krisen. Die konservativen *Tories,* die seit Pitts Tod 1806 die Mehrheit im Parlament besaßen, verhinderten nun 25 Jahre lang alle notwendigen Reformen. Doch 1829 mußten sie die Entrechtung der katholischen Minderheit aufheben und 1832 durch die *„Reformbill"* das korrupt mißbrauchte Wahlrecht ändern. Damit war die Macht der alten Parlamentsaristokratie gebrochen, und das *Bürgertum zog als Teilhaber ins Unterhaus* ein. Statt der früheren zwei rein aristokratischen Parteien der *Tories* und *Whigs* entstanden nun die *Konservativen und die Liberalen.* Letztere sorgten für *Abschaffung der Sklaverei* in den Kolonien. Das *Freihandelssystem* (= wirtschaftlicher Liberalismus, d. h. freier Ein- und Ausfuhrhandel ohne Zoll und andere Beschränkungen) kam allmählich auch zum Durchbruch.

1837 war Königin *Viktoria* (1819–1901), Enkelin Georgs III., als letzte englische Regentin aus dem Hause Hannover auf den Thron gekommen. Sie war außerordentlich volkstümlich, stellte den angeschlagenen Ruf des Königshauses wieder her und verstand es, die parlamentarische Regierungsweise, wie sie durch die „Reformbill" von 1832 eingeführt worden war, zu festigen.

Viktoria regierte 64 Jahre lang, doch die Hauptschwierigkeiten fielen in die ersten zehn Jahre: Durch die schnelle Industrialisierung waren gerade in England unhaltbare soziale Mißstände in den Arbeitermassen eingetreten. Die demokratische Arbeiterbewegung, die 1838 bis 1848 unter dem Namen *„Chartismus"* auftrat, verlangte erstmals die Übernahme der Staatsgewalt durch die Arbeiterklasse. Diese Bewegung verlief sich 1848 ergebnislos. Der Schriftsteller Charles *Dickens* (1812–1870), der selbst in ärmlichen Verhältnissen aufgewachsen war, beschrieb die damaligen Zustände. Seine Erzählungen und Romane trugen viel zur Bewußtmachung dieser Situation bei.

Viktoria heiratete ihren Vetter, den deutschen Prinzen *Albert* (gest. 1861) aus Coburg. Er war der Sohn des neuen Königs *Leopold I.* von Belgien. Albert blieb zeitlebens Befürworter der deutschen Einheitsbewegung, so daß sich auch Viktoria nicht dagegen stellte und ihren Einfluß entsprechend auf die Regierung übertrug.

Italien: Auf der Halbinsel regte sich das *Einheitsbestreben* gegen die österreichische Herrschaft im Norden, den Kirchenstaat in Mittelitalien und die spanischen Bourbonen im südlichen Königreich beider Sizilien. In *Neapel* brach der liberale Aufruhr von 1820 aus, der aber keine wesentliche Lockerung des dort herrschenden harten Absolutismus brachte.

Spanien: Auch in Madrid war 1820 ein Aufstand gegen die streng absolutistisch-klerikale Regierung des Königs ausgebrochen, allerdings nur mit dem gleichen Ergebnis wie in Neapel. Der Verlust des größten Teiles der spanischen Kolonien brachte zusätzliche Unruhe ins Volk, welches 1834 endlich eine *liberale Verfassung* erzwang. In der bourbonischen Königsfamilie gab es heftige Thronstreitigkeiten, und um die baskischen und andere Pyrenäen-Provinzen brachen Bürgerkriege aus. Fast 100 Jahre lang versank Spanien – mit nur kurzen Unterbrechungen – in Uneinigkeit und Machtlosigkeit. Monarchie, Republik, Diktatur, Liberalismus, Linkssozialismus und Demokratie stritten um die Führung im Lande. Das Ergebnis war, daß das einstmals mächtige Spanien in hoffnungslose Armut absank.

Portugal: In Lissabon geschah ähnliches wie in Madrid; auch hier lähmten jahrzehntelange Machtkämpfe jede Entwicklung. Das *portugiesische Kolonialreich* hatte sich bis auf das kleine *Goa* an Indiens Westküste und das nicht viel größere Pachtgebiet *Makao* in Südchina aufgelöst, nachdem das riesige *Brasilien* vom Mutterland 1822 abgefallen war. Trotz späteren Neuerwerbs großer Kolonien in Afrika blieb Portugal noch bis Anfang des 20. Jahrhunderts Opfer innerer Parteikämpfe.

Schweden: König *Karl XIV.* Johann (gest. 1844) regierte in Stockholm konservativ, wenn auch in gemäßigter Weise. Er war der ehemalige Marschall Bernadotte in Napoleons Armee. Unter seiner Regentschaft blieb Schweden von Unruhen verschont, trotzdem berief sein Sohn und Nachfolger *Oskar I.* (gest. 1859) angesichts der europäischen Revolten 1848 erstmals ein liberales Ministerium ein und anerkannte die *konstitutionelle Monarchie* in Schweden. Sie besteht – nach späterer weiterer Einschränkung der Königsrechte – noch heute.

Norwegen: Da *Norwegen, 1814 aus dänischer Herrschaft entlassen,* sofort an die *schwedische Krone* gekommen war (bis 1905), aber seine recht freiheitliche Sonderverfassung mit Landesparlament in Oslo behalten hatte, gab es auch dort keine inneren politischen Aufregungen.

Holland und Belgien: Die *Vereinigten Niederlande* brachen bereits 1830 infolge einer konfessionellen Revolte wieder auseinander. Die Holländer waren vorwiegend protestantisch, die Flamen aber katholisch, ebenso die Wallonen. Obwohl die Flamen nach Sprache und Kultur den Holländern viel näher standen als den französisch sprechenden Wallonen, wirkten sich konfessionelle Bindungen damals noch stark genug aus, um *Belgien wieder von Holland zu trennen.* Belgiens neuer König wurde

1831 *Leopold I.* (1790 – 1865) aus dem Hause Sachsen-Coburg, welches bis heute in Brüssel regiert. In Holland blieb nach wie vor *Wilhelm I.* (gest. 1840) aus dem Hause Nassau König. Das Haus stellte hinfort die Könige bzw. Königinnen.

Luxemburg: Der katholische Teil des Großherzogtums Luxemburg hatte sich 1830 dem belgischen Aufstand angeschlossen, denn die *westliche Hälfte* des kleinen Landes war wallonisch bevölkert und strebte zu Belgien. 1839 erfolgte seine Abtretung. Der Rest von *Luxemburg verblieb im Deutschen Bund* und wurde nach dessen Auflösung 1867 selbständig, womit es einer beabsichtigten Inbesitznahme durch Frankreich entging. *Luxemburg gehörte bis 1918 zum deutschen Zollverband.* Die *Personalunion mit den Niederlanden* blieb während all dieser Vorgänge erhalten, d. h. die Könige der Niederlande waren gleichzeitig Großherzöge von Luxemburg, bis 1890 die Personalunion aufgelöst wurde. Die neuen Großherzöge entstammten bis heute einem Nebenzweig der Nassauer Linie.

Holland, Luxemburg und Belgien legten sich nach ihrer Trennung Verfassungen zu, die den Liberalen genügten. Sie führten das *konstitutionelle System* ein, d. h. Staatshaushalt, Gesetzgebung und Verwaltung waren nicht mehr alleinige Angelegenheit des Königs, sondern an die Mitwirkung und Zustimmung der Volksvertretung und der Regierung gebunden. Das kam dem späteren Parlamentarismus schon sehr nahe.

Schweiz: Die Liberalen im Land fanden heftigen Widerstand in den katholisch-konservativen drei Urkantonen Schwyz, Uri, Unterwalden sowie in Luzern, Zug, Freiburg und Wallis. Diese bildeten 1845 einen Sonderbund, der die Einheit der Schweiz praktisch zerstörte. Doch bereits 1847 erzwangen eidgenössische Truppen im sogenannten *„Sonderbundkrieg"* die Wiederherstellung der Schweiz. Im September 1848 gab sie sich die demokratisch-liberale *Schweizer Verfassung,* die das Land in einen Bundesstaat mit Parteiensystem umwandelte. Bern wurde Bundeshauptstadt. Diese Verfassung, deren Grundsätze noch heute gelten, wurde in den späteren Jahrzehnten mehrmals verbessert, vor allem erlangten auch die einzelnen Kantone für sich das demokratische Prinzip. Die *„dauernde Neutralität" der Schweiz* in allen europäischen Konflikten, die schon 1815 verkündet worden war, wurde erneut bestätigt.

Ungarn: Das Königreich, welches in Personalunion mit Österreich lebte, genoß zwar weitgehende Selbstverwaltung mit eigenem Landtag, war aber letzten Endes von Metternichs Regie abhängig. Schon bald nach dem Wiener Kongreß regten sich die nationalen Reformer zuerst im gemäßigten Liberalismus, dann aber ab 1840 wesentlich radikaler. Lajos von *Kossuth* (1802–1894), Rechtsanwalt, trat im Budapester Landtag als zündender Redner auf und strebte völlige Unabhängigkeit von Wien an. Gleichzeitig beanspruchte er die Herrschaft über die serbischen, kroatischen, slawonischen, slowakischen und rumänischen Gebiete sowie über die großen deutschen Sprachinseln in Siebenbürgen, im Banat, der Batschka, Zips und anderswo, weil all diese verwaltungsmäßig Ungarn angeschlossen waren. Dabei bestand die Bevölkerung des ganzen Landes nicht zur Hälfte aus Ungarn; das Land war also ein Vielvölkerstaat.

Die nationalliberalen, demokratischen Revolutionen in Europa 1848/49

Fast in ganz Europa bestanden heftige Gegensätze zwischen liberal-nationalen Bewegungen und den mehr oder weniger absolutistischen Regierungen. Gegen die Unterdrückung hatte es – wie berichtet – hier und dort Aufstände gegeben, die aber meist niedergeschlagen werden konnten. Ohne daß gemeinsames Handeln geplant war, schien sich aber jetzt eine geheime unterschwellige Verbindung gesponnen zu haben, denn 1848 brachen in vielen Ländern wenige Tage hintereinander Aufstände mit anfänglichem Erfolg aus:

Am 13. März 1848, also einen Monat nach Ausrufung der *Zweiten Republik in Paris*, erhob sich *in Wien die Revolution.* Metternich wurde sofort gestürzt, ohne daß er versucht hätte, dagegen anzugehen. Der längst aller Verantwortung enthobene Kaiser *Ferdinand I.* mußte abdanken. In den österreichischen *norditalienischen Herzogtümern* kam es zur nationalen Erhebung, und auch der Landtag in *Budapest* erklärte die Absetzung der Habsburger als ungarische Könige. Kossuth, das Haupt der Revolte, wurde in der neugewählten Regierung Minister. Im *Königreich Neapel* erhob sich ein blutiger *Volksaufstand.*

Am 18. März 1848 griff *in Berlin* das liberale Bürgertum zu den Waffen. Unter schwarz-rot-goldenen Fahnen lieferte es blutige Straßenkämpfe, so daß die königlichen Truppen auf Befehl Friedrich Wilhelms die Stadt verließen. Er wollte kein Blutvergießen. Danach ritt er mit der schwarz-rot-goldenen Kokarde am Hut durch die Straße „Unter den Linden" und verkündete: *„Preußen geht fortan in Deutschland auf!"* Weiterhin gab er seine Zustimmung zur Wahl einer Nationalversammlung und zur Liberalisierung der preußischen Verfassung. Anschließend vergingen Monate der Unschlüssigkeit, bis im Oktober 1848 das Militär wieder in Berlin einrückte.

In den süddeutschen Staaten Bayern, Württemberg und Baden bestanden schon seit Jahren konstitutionelle Verfassungen mit liberalem Einschlag. Doch in München, Stuttgart und Karlsruhe mußten unter dem Druck des aufständischen Bürgertums weitere liberale Zugeständnisse gemacht werden. Gleiches geschah in Sachsen, Hessen und den meisten anderen Bundesländern.

Im Königreich *Hannover* waren Verfassungskämpfe bereits seit vielen Jahren im Gange. Hier regierte seit 1837 König *Ernst August* (1771–1851). In London geboren, trug er als englischer Prinz den Titel *„Herzog von Cumberland"*. Er war ein Sohn des englischen Königs Georg III. aus dem Hause Hannover und auch der Onkel der englischen Königin Viktoria, die ebenfalls 1837 auf den Thron gekommen war. Gleichzeitig hatte man die *Personalunion zwischen England und Hannover nach 123jährigem Bestand aufgehoben.*

Schon 1833 war in Hannover ein liberales Staatsgrundgesetz in Kraft getreten, welches Ernst August sogleich aufhob. Er gedachte konservativ zu regieren, weshalb der Streit um liberale Rechte bis zu seinem Tode kein Ende nahm.

Die erste Großdeutsche Nationalversammlung in der Frankfurter Paulskirche Mai 1848–Juni 1849: So wie König Friedrich Wilhelm IV. in Preußen mußten auch die Regierungen in Österreich und den anderen Ländern des Deutschen Bundes die Wahl für eine gemeinsame deutsche Volksvertretung zulassen. Das ging außerordentlich schnell vonstatten, denn schon Mitte Mai 1848 traten die Vertreter des gesamten deutschen Volkes zur ersten Großdeutschen Nationalversammlung in der Frankfurter Paulskirche zusammen. 568 Abgeordnete aus allen Teilen des Deutschen Bundes und den preußischen Ostprovinzen waren rechtskräftig gewählt worden, lauter Männer von Rang und Namen. Manche der einst Eingekerkerten, Vertriebenen oder Entrechteten, so der Turnvater Jahn, Arndt, Uhland u. a., gehörten dazu, ferner Dichter, Gelehrte, Professoren, Pastoren, Kaufleute, hohe Beamte, Industrielle, Bankleute. Es handelte sich nicht nur um eine Auslese des Bürgertums, denn auch Adelige und Bauern waren mit 90 Abgeordneten vertreten. Der Arbeiterstand war noch nicht beteiligt. Parteien gab es nicht, man wollte einmütig das Deutsche Reich auf nationalliberaler Grundlage neu errichten.

Trotz vieler hochgelehrter Reden ergab sich keine Einigkeit über die Erreichung dieses Zieles. Die einen wünschten sich ein Deutsches Reich mit einem österreichischen, andere mit einem preußischen Kaiser. Auch die Republik als Staatsform wurde vorgeschlagen. Der Präsident des Paulskirchenparlaments, Heinrich Freiherr von *Gagern* (1799–1880), aus Bayreuth stammend, schlug schließlich die Gründung des Deutschen Reiches mit einem provisorischen Reichsverweser vor. Der Erzherzog *Johann* (1782–1859), einst Feldherr gegen Napoleon, in den Alpenländern sehr volkstümlich, von liberaler Gesinnung, mit einer Bürgerlichen verheiratet, deshalb vom Wiener Hof nur unter Vorbehalt geduldet, wurde unter großem Jubel in Frankfurt zum *Reichsverweser* gewählt.

Das Reich war damit neu gegründet. Der nordbayrische Fürst Karl zu *Leiningen* (1804–1856) aus Amorbach stellte ein Reichsministerium auf, dem er vorstand.

Das Ganze war aber ein totgeborenes Kind, denn die *Bundesfürsten* hielten sich abwartend zurück. Der Reichsverweser verfügte über kein Heer, keine Verwaltungsordnung, vor allem über kein Recht, Steuern einzuziehen, war also ohne Macht und Geld. Einige Abgesandte der Nationalversammlung reisten nun in die Residenzen der Bundesfürsten, andere in die Hauptstädte der europäischen Staaten, um für Mitarbeit bzw. Anerkennung zu werben. Nur wenige Kleinstaaten erkannten die Frankfurter Regierung an, Frankreich, England und Rußland aber nicht. Der Zar lehnte diese *„Rebellenregierung"* brüsk ab. Die Großmächte wollten von einem vereinigten Deutschland nichts wissen. Wozu hatte man sich denn jahrhundertelang angestrengt, das Deutsche Reich zu schwächen und schließlich – mit Hilfe deutscher Fürsten – zu zerstören? Der alte Kardinal Richelieu würde bestimmt aus seiner ewigen Ruhe aufgescheucht.

Der Reichsverweser war – wie gesagt – als Provisorium gedacht. In der Paulskirche wurde deshalb nach einer endgültigen Lösung gesucht, und man rang nun um eine *Reichsverfassung*. Die Österreicher verlangten eine *„Großdeutsche Lösung"* unter Einschluß auch der nichtdeutschen Gebiete der österreichischen Monarchie. Die nördlichen Länder hielten lediglich das *„Kleindeutsche Reich"* ohne Österreich-Ungarn für durchführbar, weil das Ausland niemals ein so großes mächtiges Reich dulden würde. Nur ein Bündnis des „Kleindeutschen Reiches" mit Österreich-Ungarn schien dem Präsidenten von Gagern und seinen Anhängern möglich. Es stand auch die *„Deutschvölkische Lösung"* zur Verhandlung. Das glaubte Wien ablehnen zu müssen, weil dann das Schicksal seiner fremdsprachigen Völkerschaften ungewiß bliebe.

Endlich im Frühjahr 1849 verabschiedete die Frankfurter Versammlung mit großer Mehrheit gegen die Stimmen Österreichs eine kleindeutsche, liberale Reichsverfassung, wählte Friedrich Wilhelm IV. von Preußen zum Kaiser von (Klein-)Deutschland und schickte eine Abordnung nach Berlin, um dem König die deutsche Kaiserkrone anzutragen.

Friedrich Wilhelm IV., der natürlich über das Hin und Her in der Paulskirche wie auch alle anderen Fürsten genau unterrichtet und mehrmals um seine Meinung befragt worden war, hatte betont, daß doch in Wien bereits ein Kaiser vorhanden sei, dem auf Grund jahrhundertelanger Tradition die deutsche Krone zustehe. Er blieb aber all die Monate unschlüssig und ließ die Nationalversammlung im unklaren. Nun am 3. April 1849 vor die Entscheidung gestellt, verließ ihn jeder Mut zu einer historischen Tat. *Friedrich Wilhelm IV. lehnte Kaisertitel und Reichsverfassung ab* und erklärte, daß er ein solches Angebot nur von seinen fürstlichen Standesgenossen entgegennehmen könne.

Die Nationalversammlung war aufs tiefste betroffen, denn man hatte keineswegs mit einer Absage gerechnet. Hätte die Versammlung aber den Habsburger in Wien erwählt, so wäre vermutlich auch von dort eine Absage gekommen. Den Fürsten paßte es einfach nicht, daß die Einigung aus dem Volke, also von „unten" kommen sollte. Manche wollten überhaupt keine Einigung, wie sie fast tausend Jahre immer wieder bekundet hatten.

Trotz des zerredeten Jahres in der Paulskirche wäre die Stunde noch immer günstig gewesen, denn in Frankreich ging es drunter und drüber, und in Russisch-Polen gab das Volk keine Ruhe. Auch in Wien war die Machtstellung der Habsburger noch schwer erschüttert.

Die vom Volke lang erhoffte Chance, alle deutschen Länder unter einem Zepter zu vereinigen, wurde aber vertan, denn der Schwung des Jahres 1848 verpuffte.

Der Zorn entlud sich nun in *neuen Aufständen: In Dresden* kam es zu den sog. sächsischen Maiunruhen von 1849, die durch Militär niedergeschlagen wurden. *Baden* erlebte eine schwere Revolte der radikalen Linken, die den Karlsruher Hof zur Flucht zwang. Erst ein zu Hilfe gerufenes preußisches Korps stellte die Ruhe wieder her. Auch in der *Bayrischen Pfalz* wurde Militär gegen die Radikalen eingesetzt.

Die Frankfurter Nationalversammlung löste sich Ende Mai 1849 auf, nachdem die preußischen und österreichischen Abgeordneten ausgezogen waren. Das *„Rumpfparlament"*, d. h. die Parlamentarier der meisten anderen Bundesstaaten, tagten in Stuttgart weiter. Im Juni 1849 wurde dort auch dieser Rest mit Gewalt zerstreut.

Der *Deutsche Bund* trat nun in seiner alten Form in Frankfurt unter österreichischer Führung wieder in Kraft. Die Landesfürsten hatten sich von ihrem Schrecken erholt, die *Bundesregierungen wurden weitgehend entliberalisiert*, die Reaktion blühte üppig auf, und die Teilnehmer der letzten Unruhen von 1849 landeten als *„Demagogen"* in Gefängnissen oder flüchteten ins Ausland.

Franz Joseph I. (1830–1916), Kaiser von Österreich seit 1848

In Österreich erhob mitten in den Revolutionswirren Fürst Felix zu *Schwarzenberg* (1800–1852) den 18jährigen Erzherzog *Franz Joseph I.*, der ein Neffe des gerade abgedankten Kaisers Ferdinand I. war, im mährischen Olmütz auf den Kaiserthron. Bald danach konnte der Monarch in Wien einziehen.

Fürst Schwarzenberg stellte die Ordnung in Österreich wieder her 1848/49: Wie erwähnt, bedrohten 1848 in den österreichischen Ländern von Norditalien, Ungarn, Böhmen und selbst in Wien Aufstände das habsburgische Staatsgefüge. Doch dem neuen Staatsminister Felix von Schwarzenberg standen zwei tüchtige Feldmarschälle zur Seite. Der 82 Jahre alte Graf *Radetzky,* (1766 – 1858) der schon gegen Napoleon gekämpft hatte, war noch immer der Oberkommandierende in Norditalien. Als in Mailand der Aufstand ausbrach, hatte er die Stadt vorerst räumen müssen, doch besiegte er im Juli 1848 bei *Custozza* westlich Verona die Italiener und konnte kurz danach Mailand zurückerobern. Doch erst im Frühjahr 1849 gelang es ihm, die Revolte endgültig niederzuschlagen.

In Prag unterdrückte schon im Juni 1848 der 61jährige Feldmarschall Alfred Fürst zu *Windischgraetz* (1787–1862) einen tschechischen Aufstand. Im Oktober erstürmte er auch das aufständische Wien, so daß Fürst Schwarzenberg dort wieder die Regierung einrichten konnte.

Bei dieser Gelegenheit kam es – wegen Teilnahme am Aufstand – in Wien zur standrechtlichen Erschießung des linksliberalen Politikers und Abgeordneten der Nationalversammlung in Frankfurt, Robert *Blum* (1807–1848) aus Köln. Die Empörung darüber schlug in der Paulskirche verständlicherweise hohe Wellen.

Danach eroberte Windischgraetz die Stadt *Budapest* zurück. Doch gaben Kossuth und der General Görgey den Kampf nicht auf und zogen sich nach Osten bis an die Theiß zurück. Von dort aus griff Görgey im Mai erneut an und eroberte Budapest. Ein vereinigtes österreischisch-russisches Heer konnte schließlich im August 1849 bei *Komorn* westlich Budapest die Ungarn besiegen, die daraufhin den Kampf aufgaben. Kossuth floh in die Türkei und kehrte nicht mehr nach Ungarn zurück. Bis zu seinem Tod 1894 kämpfte er vom Ausland aus für die ungarische Unabhängigkeit.

Ungarn verlor nun seinen eigenen Landtag und wurde der zentralen Herrschaft Wiens unterstellt.

So hatte im Spätsommer 1849 Fürst Schwarzenberg die ganze Monarchie wieder fest in der Hand, wobei mit Rußland ein gutes Einvernehmen herrschte. Beide Länder waren Vielvölkerstaaten, die nur durch streng *absolutistische Regierungsweise* zusammengehalten werden konnten. Für liberales Gedankengut, das auf selbständige Staaten hinauslaufen mußte, war also kein Raum. Im deutschen Österreich ging auch die katholische Kirche als feste Stütze der Monarchie gegen Liberalismus und Demokratie scharf vor.

Die „Olmützer Punktation" 1850: Der preußische General Joseph von *Radowitz* (1797–1853), Minister und Vertrauter Friedrich Wilhelms, Abgeordneter der aufgelösten Nationalversammlung, versuchte Ende 1849, doch noch eine *„Kleindeutsche Union"* durch freiwilligen Zusammenschluß Preußens mit einigen nord- und mitteldeutschen Fürsten zustande zu bringen. Sogar die Frankfurter Reichsverfassung, allerdings im konservativen Sinne umgeformt, sollte als Grundlage dienen. Friedrich Wilhelm bejahte dieses Unternehmen.

Doch energisch trat diesen Bestrebungen der österreichische Staatsminister *Schwarzenberg* (übrigens ein Neffe des Karl Philipp von Schwarzenberg aus der Napoleonzeit) entgegen, der sich auf russische Unterstützung berufen konnte.

Der preußische König gab wieder einmal schnell und ängstlich die vorher gebilligten

Pläne auf, und in der „Olmützer Punktation" vom November 1850 verzichtete Preußen auf eine „Kleindeutsche Union". Dieser Verzicht wurde in Preußen und anderen Bundesländern als außerordentlich demütigend empfunden und hatte zur Folge, daß die Einigungsbestrebungen nun erst recht nicht einschliefen. Leider setzte sich aber auch ein *Feindschaftsempfinden gegen Österreich* fest, welches mehr und mehr als der eigentliche Gegner der deutschen Einigung angesehen wurde.

Als Schwarzenberg im Gegensatz zu seinem Vorgänger Metternich nun die Absicht hatte, *Österreich dem deutschen Zollverein* anzugliedern, vereitelte Preußen diesen Plan, was zwar eine Art Racheakt, aber – mit Blick auf die Zukunft – keine glückliche Tat war.

Rußland und „Kongreß-Polen" in Personalunion seit 1815: Das Herzogtum Warschau war 1815 an Rußland gefallen. Zar Alexander I. erhob danach „Kongreß-Polen", wie es auch genannt wurde, zum Königreich mit eigener Verfassung, Verwaltung und Armee. König war Alexander. Zwischen Rußland und Polen bestand also Personalunion. Infolge eines schweren Aufstandes gegen den Zaren verlor Polen 1831 jedoch alle seine Vorrechte und wurde seitdem als russische Provinz streng absolutistisch regiert.

1846 und 1848 revoltierten die Polen nicht nur in „Kongreß-Polen", sondern auch im Ostteil der preußischen Provinz Posen sowie im österreichisch-polnischen Westteil Galiziens. Doch wurden diese Aufstände bald niedergeschlagen. Sie hatten aber zur Folge, daß von preußischer Seite her die Neugründung eines polnischen Staates ins Gespräch gebracht wurde. Österreich war nicht interessiert und Rußland schon gar nicht, weshalb solche Pläne bald wieder in Vergessenheit gerieten.

Dänemark und Schleswig-Holstein 1848–1852: Die zwei Herzogtümer Schleswig und Holstein bildeten seit 1386 eine selbständige Einheit, die unter dem Namen Schleswig-Holstein *„Up ewig ungedeelt"* bleiben wollte, aber in Personalunion mit Dänemark stand. Seit dem Wiener Kongreß 1815 gehörte auch noch das kleine Herzogtum *Lauenburg* dazu, das südlich an Holstein grenzte.

Nordschleswig zwischen der Flensburger Förde und einer Westostlinie nördlich der Insel Sylt war dänisch, *Südschleswig* (sowie Holstein und Lauenburg) deutschsprachig.

Die Grenze zwischen Südschleswig und Holstein verlief von der Nordsee entlang dem Flüßchen *Eider* vorbei am Nordrand der Städte *Rendsburg* und *Kiel* zur Ostsee.

Kompliziert waren die Verhältnisse, weil Holstein zum Deutschen Reich, seit 1815 zum Deutschen Bund gehörte, Nord- und Südschleswig ohne Rücksicht auf die Sprachgrenze aber zu Dänemark.

Die dänischen Nationalliberalen wünschten nun die Auflösung des selbständigen Herzogtums Schleswig-Holstein, ohne den Willen der Bevölkerung zu achten, die „ungedeelt" bleiben wollte. Die *„Eiderdänen"*, wie man sie nannte, gedachten ganz Schleswig bis zur Eidergrenze dem dänischen Staat einzuverleiben, obwohl Südschleswig deutschsprachig war.

Gegen diese Bestrebungen erhob der Deutsche Bund Einspruch. Als König *Christian VIII.* 1848 starb, setzte jedoch sein Nachfolger *Friedrich VII.* (gest. 1863) im Einvernehmen mit den dänischen Nationalliberalen kurzerhand eine Verfassung in

Kraft, welche den Wünschen der „Eiderdänen" entsprach. Dagegen lehnten sich die Schleswig-Holsteiner auf und baten Preußen um militärische Unterstützung.

So kam es zum ersten *Deutsch-Dänischen Krieg* von 1848 bis 1851, zu dessen Beginn der preußische General Friedrich von *Wrangel* (1784–1877) die Dänen aus ganz Schleswig vertrieb. Doch nun traten Österreich und England auf den Plan, was Friedrich Wilhelm IV. veranlaßte, die Schleswig-Holsteiner im Stich zu lassen und sich aus dem Konflikt zurückzuziehen. So wurde im Juli 1849 das schleswig-holsteinische Heer bei *Fredericia* im Norden und im Sommer 1850 vor *Idstedt* südlich Flensburg besiegt. Auf Betreiben Österreichs entwaffnete ein Heer des Deutschen Bundes Anfang 1851 die Schleswig-Holsteiner und lieferte ganz Schleswig den Dänen aus, womit sich die „Eiderdänen" vorerst durchgesetzt hatten.

Doch 1852 bestimmte das *„Londoner Protokoll"* u. a. die Wiederherstellung des Herzogtums Schleswig-Holstein in Personalunion mit dem dänischen König. So blieb alles beim alten bis zum Tode Friedrichs VII. im Jahre 1863.

Mit seiner beschämenden Politik in dieser Frage hatte Ministerpräsident Otto von *Manteuffel* (1805–1882) dem preußischen Staat eine neue Blamage aufgebürdet, nachdem er schon die *„Olmützer Punktation"* unterschrieben hatte. Er blieb trotzdem Ministerpräsident bis 1858 und sorgte für erzreaktionären Kurs. Unterstützt wurde er von einer „Kamarilla" (intrigante Hofpartei) unter Führung des Generals Leopold von *Gerlach* (1790–1861), der als Adjutant des immer unberechenbarer werdenden Königs mit diesem machen konnte, was er wollte. Schließlich mußte *Friedrich Wilhelm IV. 1857 für geisteskrank erklärt* werden. Er starb im Januar 1861 auf Schloß Sanssouci.

Sein Bruder, der *„Prinz von Preußen"*, hatte schon 1858 die Regentschaft übernommen. 1861 wurde dieser als *Wilhelm I.* König von Preußen.

Wilhelm I. (1797 – 1888), König von Preußen seit 1861, Deutscher Kaiser seit 1871 – Otto von Bismarck (1815–1898), preußischer Ministerpräsident seit 1862, und die Gründung des Zweiten Deutschen Reiches (1862–1871)

Der Hohenzollernkönig Wilhelm I., zweiter Sohn der Königin Luise und Friedrich Wilhelm III., war ein energischer, zielbewußter Mann, gerecht denkend, fromm und von freiheitlicher Gesinnung, soweit Preußens Wohl nicht geschädigt wurde. Schon als Prinzregent eröffnete er die *„Neue Ära"*, eine gemäßigt liberale Richtung. Manteuffel und Gerlach wurden sofort entlassen. Kurz danach ernannte er den Generalfeldmarschall Albrecht von *Roon* (1803–1879) zum Kriegsminister. Der König und der General waren sich einig, daß die Zeit der preußischen Demütigungen durch Österreich beendet werden mußte. Voraussetzung für eine erfolgversprechende preußische Politik konnte nur innere Stärke, feste Haltung sowie eine Neuorganisation des Heeres als Machtinstrument sein. Roon war für letzteres der richtige Mann.

Die Regierungsgewalt in Preußen (wie in den Ländern des Deutschen Bundes) hatte – im Gegensatz zu England – nach wie vor der hohe Adel, nicht die Mehrheit in den Abgeordnetenhäusern. Die Ausnahme war aber die *„Steuerbewilligung"*. Dieses wichtige Recht des Landtags hatte man in allen Verfassungen erneut bekräftigt.

Das aber war nun die Ursache, weshalb im preußischen Abgeordnetenhaus ein schwerer Konflikt ausbrach. Die von König Wilhelm I. für nötig erachtete *Heeresre-*

form kostete viel Geld, und die eingereichten Steuergesetze wurden von der Mehrheit abgelehnt. Sie bestand aus den *„Liberalen"* und der *„Fortschrittspartei"*. Die *„Konservativen"* waren in der Minderheit. In harten Redeschlachten pochten die Gegner der Heeresreform auf ihr Recht, die Gelder zu verweigern. Dieses Mitspracherecht beruhte tatsächlich auf dem altgermanischen *„Gesetz der Unantastbarkeit des Besitzes"*. Dabei mißachteten die Abgeordneten aber das gleich alte *„Gesetz der unbedingten Pflicht zur Verteidigung"* und, wenn es sein mußte, auch zum Angriff.

Wilhelm I. drohte mit Rücktritt, doch Roon empfahl dem König, einen Mann in die Regierung zu berufen, der schon weit bekannt, von den Linken bestgehaßt und von vielen Nationalgesinnten als große Hoffnung angesehen wurde. Der König hatte sich seiner schon als preußischen Gesandten im Ausland bedient.

Das war *Otto von Bismarck,* geboren am 1. April 1815 in Schönhausen an der Elbe in der Altmark (westlich der Stadt Brandenburg).

Anfang Oktober 1862 ernannte ihn der König nach einigem Zögern und Bedenken zum preußischen Ministerpräsidenten und Außenminister. Sofort nahm Bismarck im Abgeordentenhaus energisch den Kampf um die Heeresreform auf. Er versuchte mit allen Mitteln der Redekunst von deren Notwendigkeit zu überzeugen. Umsonst! Man sah eine Möglichkeit, sich endlich einmal durchzusetzen, wenn auch am falschen Objekt. Es war eigentlich nur eine Demonstration des Hasses gegen die regierenden Konservativen. Aber Bismarck war nicht der Mann, der vor solcher Unsachlichkeit aufgab. Er zahlte mit sachlicher Münze heim, indem er nun das Schwergewicht auf den Text der preußischen Verfassung legte. *(Verfassungskonflikt).*

Der Verfassungskonflikt zwischen Regierung und Opposition im preußischen Abgeordnetenhaus ab 1862: Alle Verträge oder Verfassungen können bekanntlich in gewissem Rahmen verschieden ausgelegt werden, (weshalb man heute ein *Bundesverfassungsgericht* hat). Bismarck legte die Verfassung also anders aus als der Landtag, und die Steuergesetze für die Heeresreform wurden auf Grund der Regierungsgewalt und Notwendigkeit in Kraft gesetzt. Da half auch die wütende Aufwallung des Abgeordneten der Fortschrittspartei Rudolf *Virchow* („Medizinpapst") nichts, der eine Rede mit dem Ausruf beendete: *„Keinen Pfennig für diese Regierung!"*

Um es gleich vorwegzunehmen: Der Verfassungskonflikt schwelte trotz allem, was in den nächsten Jahren geschah, weiter. Aber Bismarcks Erfolge in der Außenpolitik überzeugten schließlich, so daß sich viele der Abgeordneten von den Liberalen und der Fortschrittspartei trennten und 1866 die neue *„ Nationalliberale Partei"* gründeten. Mit dieser und einem Teil der Konservativen fand Bismarck lange Jahre die notwendige Unterstützung, wenn es um den Staathaushalt ging. Aber Bismarck suchte und fand auch bei anderen wichtigen Entscheidungen die Mehrheiten im Abgeordnetenhaus und später im Reichstag, obwohl er kraft der Verfassung nicht darauf angewiesen war. Diese Entscheidungsgepflogenheit war übrigens auch nach Bismarck bis 1918 gültig.

Bismarck: Otto von Bismarck entstammte dem Landadel. Die Familie besaß zwar zwei Güter, *Schönhausen* in der Altmark und *Kniephof* in Hinterpommern, doch waren beide recht heruntergekommen. Die Eltern liebten ein frohes Leben, so daß auch der junge Otto mit dem 5 Jahre älteren Bruder Bernhard eine unbeschwerte Jugend verbrachte. Als Jurastudent zog er den Paukboden und damit die Fechtkunst dem

Hörsaal vor. Bei den Damen war der hochgewachsene (195 cm), sich völlig frei gebende junge Mann sehr beliebt, doch erst mit 32 Jahren heiratete er die neun Jahre jüngere Johanna von *Puttkamer* (1824–1894) aus Gut *Reinfeld* in Hinterpommern.

Es war Liebe auf den ersten Blick, und die Ehe war zeitlebens glücklich. Nach seiner Verheiratung verlief Bismarcks Leben zielbewußt in Richtung des Aufbaus. Zuerst stellte er die Rentabilität der beiden Familiengüter wieder her und setzte zuverlässige Verwalter ein.

In Kniephof war Bismarck als Herr des Rittergutes automatisch auch *Landrat* seines Kreises und kam so über die Verwaltung mit hohen Beamten in Berührung. Als Mitglied der Konservativen Partei – ohne rein konservativer Gesinnung zu sein – ließ er sich in keine Schablone drängen und war sach- und zweckbezogen. Ihm lag liberales Denken aus rein menschlicher Vernunft heraus. Aber die liberale Revolution von 1848/49 galt für ihn wegen ihrer Planlosigkeit von vornherein als zum Scheitern verurteilt. Nationales Denken war ihm Selbstverständlichkeit, und schon als Student äußerte er einem amerikanischen Kommilitonen gegenüber, daß Deutschland sicher in den nächsten 25 Jahren vereint sein würde. Nun, es dauerte zehn Jahre länger, aber der Amerikaner war begeistert, daß sein lebenslanger Freund Bismarck der Einiger wurde.

Bismarck drängte nach 1849 ungestüm in die große Politik, doch König Friedrich Wilhelm IV. hatte Angst vor solchen tatkräftigen Menschen. Da Bismarck aber nicht zu übergehen war, ernannte er ihn 1851 zum preußischen *Bundestagsgesandten in Frankfurt*. Der österreichische Gesandte, der den Vorsitz im Bundestag innehatte, gewöhnt, von vielen hofiert zu werden, legte bei Bismarcks Antrittsbesuch betonte Arroganz an den Tag. Der Österreicher war recht erstaunt und entrüstet, daß der Preuße mit Jovialität antwortete, sich setzte, eine Zigarre anzündete und die gemütliche Atmosphäre lobte.

1859 – nach acht Jahren – berief ihn der neue Regent Wilhelm als preußischen *Gesandten nach Petersburg*. Mit der geschicktesten Diplomatie gelang es Bismarck beim Zaren *Alexander II.* (1818–1881) und dessen Regierung, die preußische und russische Politik weitgehend aufeinander abzustimmen. Seine Erfolge veranlaßten den inzwischen König gewordenen Wilhelm I. im Frühjahr 1862, Bismarck nun den schwierigen *Botschafterposten in Paris* zu übertragen. Im Oktober 1862 berief ihn dann der König zum preußischen *Ministerpräsidenten* in Berlin.

Frankreich und Kaiser Napoleon III. – Der Krimkrieg 1854–1856: Hier hatte sich Ende 1852 Napoleon III. zum Kaiser der Franzosen ernannt, der Macht- und Ausdehnungspolitik nach altem französischen Vorbild betrieb. 1853 heiratete er die spanische Gräfin *Eugenie de Montijo* (1826–1920) und erhob sie zur Kaiserin. Sie hatte schon einige Affären hinter sich, und ihr Ruf war deshalb nicht der beste. Doch war sie von außerordentlicher Schönheit und Intelligenz. Streng katholisch-kirchlich eingestellt, brachte sie beträchtliche Unterstützung des politischen Katholizismus mit. Ihr abenteuerlicher Ehrgeiz deckte sich weitgehend mit dem Napoleons.

Als zwischen der Türkei und Rußland der Krimkrieg ausbrach, unterstützte Frankreich die Türkei wie übrigens England auch: Rußland hatte die türkischen Fürstentümer Moldau und Walachei (das spätere *Rumänien)* nördlich des unteren Donaubogens besetzt. England und Frankreich sandten eine Flotte in die Ostsee und zerstörten auf den damals russischen *Ålandsinseln* (vor Stockholm) die strategisch wichtige Sperrfestung. Eine zweite Flotte landete auf der Schwarzmeerhalbinsel *Krim* ein Heer, welches den russischen Kriegshafen *Sewastopol* nach einjähriger Belagerung eroberte. Die Türken griffen im *Kaukasus* an, konnten die Russen dort aber nicht schlagen. Als sich Österreich unter dem Druck der Ereignisse auch noch gegen seinen alten Bundesgenossen Rußland zu stellen drohte, lenkte der Zar ein. Im *Frieden von Paris von 1856* gab er das Donaudelta an die Türkei zurück und verzichtete auf eine eigene Schwarzmeer-Kriegsflotte.

Italiens Einigung und der Italienisch-Österreichische Krieg 1859 – Viktor Emanuel II. 1861 König von Italien: In Italien hatten die Einigungsbestrebungen genau wie in Deutschland mächtig an Boden gewonnen. Die Lombardei und Venetien waren 1848, wie berichtet, gegen Österreich in Aufstand getreten, der vom Feldmarschall *Radetzky* niedergeschlagen wurde. In Rom verkündeten die Führer der Einheitsbewegung, Giuseppe *Mazzini* (1805–1872) und Giuseppe *Garibaldi* (1807–1882), die italienische Republik. Die Fürsten und der Papst als Herr des Kirchenstaates riefen ein französisches Heer zu Hilfe. Rom fiel im Sommer 1849, und kurz danach waren alle Aufständischen besiegt. In ganz Italien begann eine Zeit der härtesten Reaktion mit Ausnahme des Königreiches *Savoyen-Sardinien* (= Piemont).

Dort war *Viktor Emanuel* (1820–1878) seit 1849 König. Er betrieb eine Politik, die Italien mit Hilfe der Liberalen einigen sollte. Dabei stand ihm als Minister der norditalienische Graf Camillo di *Cavour* (1810–1861) zur Seite. Dieser beschritt einen indirekten Weg zur Einigung, indem er Piemont immer größer machte. Die Hauptstadt war Turin. Es gelang ihm, *Napoleon III.* für die Einigung Italiens zu gewinnen, weil er als Preis die Abtretung der Stadt Nizza einschließlich Umland sowie die Provinz Savoyen, zwischen dem Genfer See und Grenoble an Frankreich versprach. Es kam zu einem Bündnis zwischen Frankreich und Piemont gegen Österreich. Im Krieg von 1859 wurde das österreichische Heer im Sommer bei *Magenta* und drei Wochen danach bei *Solferino* entscheidend besiegt. Österreich mußte die Lombardei an Piemont abtreten. Im Großherzogtum Toskana und in den Herzogtümern Parma und Modena wurden durch Aufstände die österreichischen Satellitenfürsten verjagt, und auch der größte Teil des Kirchenstaates schüttelte die päpstliche Herrschaft ab. Im Königreich Neapel-Sizilien stürzte Garibaldi in einer kühnen Revolte die spanischen Bourbonen. Überall erschien piemontesisches Militär, und Graf Cavour ließ Volksabstimmungen durchführen, mit dem Erfolg, daß sich all diese Gebiete zu Teilen des piemontesischen Staates erklärten. Venetien blieb weiterhin bei Österreich.

Im Frühjahr 1861 wurde Viktor Emanuel II. zum König von Italien ausgerufen. Drei Monate danach starb Cavour mit 51 Jahren, ohne noch sein Werk ganz vollendet zu sehen.

Napoleon III. hatte bereits 1860 Savoyen und Nizza in Besitz genommen. Vorhergegangen war eine Volksabstimmung, die trotz der mehrheitlich italienischen Bevölkerung für Frankreich günstig ausging. Die Französisierung erfolgte in den nächsten Jahrzehnten mit den bewährten Methoden.

Napoleon III. beging den *„Wortbruch von Rom"*, indem er auf Betreiben der papsttreuen Kaiserin Eugenie die Stadt Rom mit dem Rest des Kirchenstaates vertragswidrig militärisch besetzt hielt, so daß *Florenz 1865 zur vorläufigen Hauptstadt*

Italiens erklärt werden mußte. Turin lag zu weit abseits und kam deshalb als Regierungssitz nicht in Frage.

Als 1866 Österreich und Preußen wegen Schleswig-Holstein in Krieg gerieten, verbündeten sich Italien und Preußen. Obwohl die Österreicher im Sommer 1866 bei *Custozza* (Nähe Verona) und bald darauf in der Seeschlacht von *Lissa* in der Adria die Italiener besiegten und der österreichische Admiral Wilhelm von *Tegetthoff* (1827 bis 1871) die italienische Flotte zerschlug, wurde im *Frieden von Wien* vom Oktober 1866 nun auch die Provinz Venetien an Italien abgetreten.

Als dann 1870 der Deutsch-Französische Krieg ausbrach, benutzten die Italiener die Gelegenheit, nun auch Rom und den Restkirchenstaat von französischer Besatzung zu befreien. *Rom wurde 1870 sofort zur Hauptstadt erklärt.* Italien war fast 1400 Jahre lang Spielball fremder und einheimischer weltlicher Mächte sowie des Papsttums gewesen und nun als einheitlicher Staat neu entstanden.

Papst *Pius IX.* (1792–1878) erhielt die volle diplomatische und finanzielle Unabhängigkeit zugesichert, doch nahm er eine unversöhnliche und feindselige Haltung gegenüber dem neuen liberalen italienischen Staat ein und erklärte sich als *„Gefangener im Vatikan"*. Mit 32 Jahren Amtszeit erlebte er die längste Regierungszeit aller bisherigen 299 Päpste (mit Gegenpäpsten).

1848 war Pius IX. aus Rom vor dem Volksaufstand nach Gaeta (zwischen Rom und Neapel) geflohen und 1850 zurückgekehrt. 1854 hatte er das Dogma von der *„Unbefleckten Empfängnis Mariä"* verkündet. 1864 erklärte er in einer *Enzyklika* (päpstliches Rundschreiben an die ganze katholische Kirche) den Naturalismus, Liberalismus, Rationalismus und Pantheismus als die „hauptsächlichen Irrtümer unserer Zeit". Da diesen zeitfremden Ansichten von vielen Seiten, auch von Teilen des Klerus, deutlich widersprochen wurde, erhob der Papst 1870, um die Kritik aus den eigenen Reihen zum Schweigen zu bringen, auf dem von ihm einberufenen „Vatikanischen Konzil" die *„Unfehlbarkeit des Papstes"* zum Dogma.

Während all dieser Ereignisse, bei denen Napoleon III. mehr oder weniger die Hand im Spiel hatte, stieg sein Ansehen im In- und Ausland beträchtlich: im Krimkrieg war er auf der Siegerseite gewesen ebenso wie in den Einigungskriegen Italiens. Diese Parteinahme hatte Frankreich zwei Provinzen eingebracht, was den Schönheitsfehler des „Wortbruches von Rom" in französischen Augen unwichtig erscheinen ließ. Österreich und Spanien waren erneut gedemütigt und in Nord- bzw. Süditalien durch Eingreifen Napoleons endgültig ausgeschieden. Kein Zweifel, Napoleon III. war der mächtigste Mann Europas.

Das mexikanische Abenteuer Napoleons III. und Franz Josephs 1863–1867: Mexiko: Sollte Napoleon III. wirklich blutsmäßig ein Bonaparte gewesen sein, so hatte er auch deren Übermaß an Machthunger geerbt. Er mischte sich – wie berichtet – massiv in Mexiko ein, um die Größe seines Kaisertums weltweit erscheinen zu lassen. Der mexikanische Volksheld und liberale Staatspräsident Benito *Juarez* (1806–1872) hatte 1861 die Zinszahlungen aus den Auslandsschulden seiner korrupten Vorgänger eingestellt. Frankreich war Hauptgläubiger. Trotz der Siege von Magenta und Solferino über Österreich kam es zwischen den Kaisern Franz Joseph und Napoleon zu einem Ausgleich – mit Spitze gegen Rußland und Preußen. Man einigte sich auf Napoleons Vorschlag, den Bruder von Franz Joseph, Erzherzog *Maximilian* (1832–1867) zum

Kaiser von Mexiko zu machen. Napoleon schickte ein Heer über den Atlantik, welches Juarez veranlaßte, sich aus der Hauptstadt zurückzuziehen, und Maximilian wurde 1864 zum Kaiser ausgerufen.

Die drei Kaiser in Wien, Paris und Mexiko hatten die Lage völlig falsch eingeschätzt, denn das Volk wollte von dem neuen Herrn nichts wissen. Nur der katholische Klerus war Maximilians Stütze. Napoleon schwebte mit Mexiko ein Gegengewicht zu den USA vor.

Der rechtmäßige Präsident Juarez verstand es deshalb leicht, die Nordamerikaner zu veranlassen, die französische Armee zum Abzug zu zwingen. Juarez nahm daraufhin 1867 den verratenen, schutzlosen Maximilian gefangen und ließ ihn standrechtlich erschießen. Er war noch nicht ganz 35 Jahre alt. Seine junge Gemahlin wurde vor Kummer trübsinnig.

Dieses Abenteuer schadete Napoleon außerordentlich, denn seine „Gloire" war schwer angeschlagen. Der Emporkömmling wurde nun allgemein wegen seines wiederholten Verrats und Wortbruchs verachtet, und die republikanische Opposition in Frankreich bekam spürbaren Auftrieb.

Der zweite Deutsch-Dänische Krieg 1864: Bismarck war also ein Jahr nach der Ausrufung Viktor Emanuels zum König von Italien Botschafter in Paris geworden. Ehe er dann im Herbst 1862 preußischer Ministerpräsident und Außenminister wurde, fand er genügend Gelegenheit, Napoleon genau kennenzulernen.

Als Botschafter in Petersburg hatte er für seine Pläne bereits vorgebaut und eine langanhaltende Freundschaft mit Rußland angeknüpft. Die Ereignisse in Italien beobachtete Bismarck genau, ohne sich einzumischen. Das mexikanische Abenteuer hielt er von Anfang an für töricht und sinnlos.

In Dänemark starb ein Jahr nach Bismarcks Amtsantritt Ende 1863 der kinderlose König *Friedrich VII.* Der neue König, *Christian IX.* (gest. 1906), aus der Glücksburger Nebenlinie des dänischen Königshauses, wiederholte im Verein mit den *„Eiderdänen"* entgegen dem *Londoner Protokoll* von 1852 die Einverleibung ganz Schleswigs in den dänischen Staat. Daraufhin erhob Friedrich von Augustenburg (gest. 1880) aus einer anderen Nebenlinie Erbansprüche auf ganz Schleswig-Holstein-Lauenburg. Es standen sich also der *Glücksburger* und der *Augustenburger* gegenüber. Letzterer pochte auf das alte Recht: *„Up ewig ungedeelt"*. Der Deutsche Bund unterstützte ihn.

Jetzt veranlaßte Bismarck ein Vorgehen des Deutschen Bundes, und ein gemeinsames preußisch-österreichisches Heer marschierte in Holstein, welches Teil des Deutschen Bundes war, auf. Nachdem Kopenhagen ein Ultimatum vom Januar 1864 abgelehnt hatte, begann der Krieg. England, welches schon nach dem ersten Deutsch-Dänischen Krieg Schleswigs Einverleibung durch Dänemark abgelehnt hatte, verharrte auch jetzt auf diesem Standpunkt, mischte sich aber nicht ein. Bismarcks gutes Verhältnis zu Rußland trug erste Früchte, denn der Zar blieb neutral. Frankreich war gerade mit Mexiko beschäftigt.

Der Generalstabchef und Planer des Feldzuges, General Graf Helmuth von *Moltke* (1800–1891) aus Parchim in Mecklenburg, entwarf den Kriegsplan entsprechend seiner neuartigen Strategie: Der Feldherr ritt nicht mehr an der Spitze des Heeres in den Kampf, sondern leitete von einem *Stabsquartier* aus alle Bewegungen. Die *Generalstabskarte* und der vorher genau durchgearbeitete *Kriegsplan* galten als Grundlagen.

Ein genau durchorganisiertes *Ordonnanzwesen* mit einer großen Zahl von Meldereitern sicherte dem Oberkommando beste Kontrolle aller Bewegungen. (Zwar hatte Philipp *Reis* aus Gelnhausen in Hessen, den *Fernsprecher* bereits erfunden, aber die praktische Auswertung im militärischen und zivilen Bereich begann erst nach 1877.)

Moltkes Armee besetzte in wenigen Wochen ganz Schleswig sowie die Halbinsel Jütland. Bereits im April erfolgte nach hartem Kampf die Erstürmung der *Düppeler Schanzen*, der beherrschenden Festungsanlage am Ostufer Nord-Schleswigs. Ende Juni fand der Übergang der preußischen Truppen nach der Insel *Alsen* statt, womit praktisch der Krieg beendet war. Ende Oktober 1864 trat Dänemark im Wiener Frieden ganz Schleswig an Preußen und Österreich ab, ebenso alle Rechte an Schleswig-Holstein und Lauenburg.

Die Verwaltung wurde nun aber nicht dem Herzog von Augustenburg übertragen (sein Familienschloß stand auf der Insel Alsen), weil dessen Ansprüche zu hoch geschraubt waren. Nach langem Feilschen einigte sich Bismarck mit Wien im *Vertrag von Gastein* 1865 auf folgende vorläufige Lösung: Ganz Schleswig wurde von Preußen verwaltet, Holstein von Österreich, und Lauenburg kam an Preußen. Die Wiener Regierung war eifersüchtig bestrebt gewesen, das ganze Schleswig-Holstein unter keinen Umständen Preußen zu überlassen. Die Zeiten, in denen die Habsburger – wie andere Fürstenhäuser auch – Gebiete besaßen, die weit vom eigentlichen Kernland entfernt lagen, waren zwar vorbei, weil solche Gebiete auf die Dauer nicht zu halten waren, aber Österreich hatte auf Holstein bestanden, weil es jede Machterweiterung Preußens fürchtete.

Seit dem Tode des Fürsten Schwarzenberg 1852 *schwankte die Politik Wiens* dauernd. Der eine Staatsminister wollte den Vielvölkerstaat *zentralistisch* regieren, der nächste *föderalistisch* (= jeder Volksteil mit teilweiser Selbständigkeit), dann wieder liberal oder gemischt. In der Außenpolitik herrschte die gleiche Ziellosigkeit: Der alte Bundesgenosse Rußland war im Krimkrieg verlorengegangen, Frankreich hatte Italien geholfen, den Österreichern die Lombardei und die Toskana abzunehmen, dann aber machten Wien und Paris gemeinsame Sache im mexikanischen Abenteuer. Wien konnte den Italienern ihre Einigung nicht verzeihen. So wollte man wenigsten mit Hilfe der Vorherrschaft im Deutschen Bund die deutsche Einigung verhindern. Warum eigentlich? Der Kaiser Franz Joseph, ein liebenswerter Pessimist, war ohne Meinung, und seine Minister hatten auch keine.

Der Deutsche Bruderkrieg von 1866 und Auflösung des Deutschen Bundes: Wegen der Verwaltung von Schleswig durch Preußen und von Holstein durch Österreich kam es zu dauernden Reibereien. Schleswig-Holstein war immer noch *ein* Herzogtum trotz der Besitzteilung. Nun verlange Bismarck auch Holstein für Preußen. Österreich gab nicht nach und war bereit, es auf einen Krieg ankommen zu lassen. Wien zog die süddeutschen Bundesstaaten sowie Sachsen und Hannover auf seine Seite, Bismarck schloß ein Bündnis mit den norddeutschen Kleinstaaten und Italien.

Am 14. Juni 1866 fand in Frankfurt eine Bundestagsversammlung statt, auf der es zum großen Bruch kam. Es war die letzte Versammlung des Deutschen Bundes. Am nächsten Tag begann der Krieg.

Zum Glück dauerte dieser Feldzug nur sechs Wochen: *Moltke* hatte auch diesen

Kriegsplan genial ausgearbeitet. Den Gegnern war entgangen, daß er bereits in Schleswig eine neue Strategie angewandt hatte:

Preußen griff von Schlesien und Sachsen aus mit drei Armeen Böhmen an. Die Elbarmee marschierte von Torgau über Dresden und Zittau, die Niederschlesische Armee von Görlitz über das nördliche Sudetengebirge und die Schlesische Armee von Landeshut und Glatz über die östlichen Sudeten.

Die österreichische Nordarmee unter General Ludwig von *Benedek* (1804–1881), die sich mit sächsischen Truppen vereinigt hatte, wurde Ende Juni in mehreren Gefechten zurückgeschlagen. Schon am 3. Juni kam es bei *Königgrätz* (Sadowa) zur Entscheidungsschlacht. Benedek hatte starke Verteidigungsstellungen bezogen, und Moltke griff nur mit der Elbarmee und der Niederschlesischen Armee an. Die Schlacht war lang und erbittert, und als sich ein Gleichstand herausgebildet hatte, ließ Moltke die in Reserve befindliche Schlesische Armee eingreifen. Kurz danach war die Schlacht gewonnen. Das Kampfgeschehen wurde auf preußischer Seite von einem Hügel aus durch Moltke, König Wilhelm, Bismarck, den *Kronprinzen Friedrich* und andere beobachtet. In der Phase der Unentschiedenheit vom König befragt, was er jetzt zu tun gedenke, gab Moltke die Antwort: *„Majestät werden heute nicht nur die Schlacht, sondern auch den Feldzug gewinnen."* Für den als *„großer Schweiger"* bekannten Moltke waren diese Worte schon ein beachtlich langer Satz. Aber der Feldherr wußte, was er sagen konnte. Es lief alles nach Plan wie ein Uhrwerk. *„Getrennt marschieren, vereint schlagen"* war einer seiner strategischen Grundsätze. An diesem Tag hatte sich seine Richtigkeit klar bestätigt.

Schon am 27. Juni war auch die hannoversche Armee auf dem Marsch nach Süden mit der Vorhut der *preußischen Mainarmee* in Gefechtsberührung gekommen. Die Vorhut zog sich kämpfend zurück, und die Hannoveraner, die es mit der ganzen preußischen Armee zu tun zu haben glaubten, liefen bei *Langensalza* nordwestlich Erfurt in die gestellte Falle. Es kam zum Glück zu keiner großen opferreichen Schlacht; die Hannoveraner streckten die Waffen. Die Mainarmee drang mit getrennten Korps in Frankfurt und im Bayrischen Franken ein und besiegte zwischen dem 4. und dem 26. Juli alle süddeutschen Streitkräfte.

Das mit Preußen verbündete Italien war mit mehreren Korps in *Venetien* einmarschiert, und die Österreicher konnten die Provinz nicht verteidigen, weil die militärische Hauptmacht in Böhmen besiegt war, der Rest aber nach Wien eilte, um die Hauptstadt zu schützen. Die letzten Österreicher zogen aus Italien im Juli 1866 ab, die Südarmee mußte gegebenenfalls auch zur Verteidigung Wiens eingesetzt werden. Zur gleichen Zeit war die preußische Hauptarmee wieder in drei Säulen durch Böhmen und Mähren in Richtung Wien marschiert, und die Vorhuten befanden sich schon 30 km nördlich und östlich der Stadt.

König Wilhelm wollte Wien besetzen, ohne Pläne zu haben, wie es dann weitergehen sollte. Bismarck hingegen hatte feste Vorstellungen. Vorerst gedachte er einen *Norddeutschen Bund* zu gründen, der Einzelverträge mit den süddeutschen Staaten abschließen sollte. Eine weitere Demütigung Österreichs war zwecklos. Die *Großdeutsche Lösung* war von ihm aufgegeben worden, und das *Kleindeutsche Reich* sollte nun geschaffen werden.

So standen die klaren Gedankengänge Bismarcks den unsicheren des Königs und auch des Kronprinzen schroff entgegen. *Bismarck verlangte einen sofortigen Frieden mit*

Wien. Trotz tagelanger, dringender Vorstellungen Bismarcks befahl der König den Weitermarsch. So blieb dem Ministerpräsidenten keine andere Möglichkeit, als mit Rücktritt zu drohen. Daraufhin kam es noch einmal zu einer Aussprache zwischen ihm und dem Kronprinzen, die diesen schließlich überzeugte. Friedrich brachte es dann fertig, seinen Vater doch noch umzustimmen.

So wurde am 26. Juli der *Waffenstillstand von Nikolsburg* 70 km nördlich Wien abgeschlossen. Kaiser *Franz Joseph* atmete auf, ein bitterer Kelch war ihm erspart geblieben. Der endgültige *Frieden von Prag* am 23. August 1866 war für Österreich immer noch hart genug, aber bei weitem nicht tödlich.

Das Ergebnis war folgendermaßen: Österreich trat Venetien an Italien ab; von weiteren Gebietsverlusten blieb es verschont. An italienischsprachigen Gebieten blieben nur noch die Halbinsel Istrien und die Stadt Triest sowie Stadt und Land Trient anschließend an Südtirol. Mit Triest behielt Österreich einen Hafen am Mittelmeer.

Preußen gegenüber mußte Wien der *Auflösung des Deutschen Bundes* und der Gründung des Norddeutschen Bundes zustimmen. In Schleswig-Holstein gab Wien sein Mitspracherecht auf; das Land kam zu Preußen und damit zum Norddeutschen Bund, also auch das dänischsprachige Nordschleswig. Die vier mitteldeutschen Staaten Hannover, Kurhessen, Hessen-Nassau und Frankfurt, die Preußen bekämpft hatten, kamen endgültig zu Preußen. Damit war dieser Staat zu einem zusammenhängenden Gebiet von Aachen bis Memel zusammengewachsen. Die ebenfalls gegnerischen süddeutschen Staaten und Sachsen behielten ihre alten Grenzen.

Der Norddeutsche Bund von 1867: Sofort ging Bismarck an die Schaffung des Norddeutschen Bundes, bestehend aus ganz Preußen, also endlich auch Ost- und Westpreußen sowie Posen, die als Außenprovinzen nicht zum Deutschen Bund und vorher nicht zum Reich gehört hatten, den kleinen nord- und mitteldeutschen Staaten sowie Sachsen. Es wurde also das gesamte deutsche Gebiet nördlich des Maines – außer Luxemburg – zu einem Bund vereinigt. Mit den drei süddeutschen Staaten Bayern (einschließlich der linksrheinischen Pfalz), Württemberg und Baden schloß der Norddeutsche Bund geheime *Schutz- und Trutzbündnisse* ab. Bismarck verfaßte 1867 eine *Norddeutsche Bundesverfassung,* die auch die liberalen und nationalen Gedanken der Reichsverfassung von 1849 enthielt: Danach war der König von Preußen Bundesoberhaupt und Oberbefehlshaber eines Bundesheeres. Er ernannte den Ersten Staatsminister. Im Bundesrat saßen die Vertretungen der einzelnen Länderregierungen und im Bundestag die Abgeordneten der Parteien, die über alle Ländergrenzen hinweg bestanden und nach dem allgemeinen, gleichen und direktem Wahlrecht gewählt wurden. „Allgemeines Wahlrecht" bedeutete, daß jeder wählen konnte, der im Besitz der bürgerlichen Ehrenrechte und der vollen Handlungsfähigkeit war. „Gleiches Wahlrecht" besagte, daß alle abgegebenen Stimmen gleichen Wert hatten. „Direktes Wahlrecht" bedeutete, daß der Abgeordnete unmittelbar und nicht über Mittelsmänner gewählt wurde. Man sieht, daß es sich um eine Verfassung handelte, die mit unserer heutigen große Ähnlichkeit aufwies.

Hauptgegner der deutschen Einigung war Frankreich. *Napoleon III.* stellte sich auf den Standpunkt, daß er für sein Einverständnis mit der Gründung des Norddeutschen Bundes unbedingt gebietsmäßig entschädigt werden müsse, so wie bei der Einigung Italiens mit Savoyen und Nizza geschehen war. Die Schlacht von Königgrätz hatte man in Paris mit gemischten Gefühlen zur Kenntnis genommen. Man verkündete dort drohend: *„Revanche pour Sadow!"* (= Rache für Sadowa, einem Dorf bei Königgrätz). Napoleon schickte also den französischen Botschafter in Berlin, den Grafen *Benedetti* (gest. 1900) ins preußische Hauptquartier mit der *Forderung Napoleons III. auf Abtretung der ganzen bayrischen Pfalz und Hessen links des Rheins.*

Benedetti, der Bismarcks Temperament sehr gut kannte, traute sich nicht, das Schriftstück persönlich zu überreichen. Es war auch ihm zuviel der Unverschämtheit. Doch blieb Bismarck erstaunlich ruhig. Noch war der Frieden mit Österreich nicht unterzeichnet. So ließ er nur sagen, daß solche Forderungen höchstens an einen Besiegten gestellt werden könnten. Napoleon glaubte aus dieser Antwort eine Drohung herauslesen zu können, steckte deshalb zurück und redete sich vorerst damit heraus, indem er die ganz Angelegenheit als ein Mißverständnis hinstellte.

Luxemburg gehörte dem Norddeutschen Bund nicht an, wohl aber noch dem deutschen Zollverein, außerdem lag in der Festung der Hauptstadt eine preußische Besatzung zum Schutze gegen französische Überraschungen. 1867 verlangte Napoleon nun ganz offen die Angliederung des deutschsprachigen Luxemburg an Frankreich und drohte andernfalls mit Krieg. Bismarck nahm den Fehdehandschuh damals nicht auf, sondern schaltete England ein. So kam es im *Vertrag von London 1867* zur Neutralisierung des Großherzogtums, und die preußische Besatzung zog ab.

Weitere Versuche Napoleons, Land und Festung *Landau* westlich des Rheins gegenüber Karlsruhe als Entlohnung für sein Stillhalten zu erzwingen, wurden von Bismarck ebenfalls abgelehnt, indem er Benedetti erklärte, daß deutsche Gebiete nicht abgetreten werden könnten.

Bismarck war schlau und vorsichtig. Weil Frankreich die Hauptklippe war, die es bei der Vereinigung Deutschlands zu umschiffen galt, hatte er mit der Erwähnung „deutscher Gebiete" vage angedeutet, daß sich Frankreich möglicherweise an „nichtdeutsche Gebiete" halten könne, wie z. B. Teile der französischsprachigen Provinz Wallonien in Belgien. Das hätten aber Belgien, die Niederlande und vor allem England nicht zugelassen.

Im *Frieden von Wien 1866* war festgelegt, daß die süddeutschen Staaten südlich des Mains selbständig bleiben sollten. Es war aber damit diesen drei Ländern keineswegs verboten, sich einem neuen Deutschen Reich freiwillig anzuschließen. Napoleon III. legte den Vertrag in seinem Sinne derart aus, daß eine Überschreitung der *„Mainlinie"* für ihn den Kriegsfall bedeute.

Nun versuchte Napoleon gegen den Norddeutschen Bund ein Kriegsbündnis mit Österreich und Italien zustandezubringen. Doch sah Italien dazu für sich keinen Grund. Anders in Wien: Dort war ein Preußenhasser erster Klasse Außenminister geworden, der sächsische Graf von *Beust* (1809–1886). Vorher seit 1849 Minister in Dresden, hatte er 1866 auf die österreichische Karte gesetzt und verloren. Weil er auch gegen die Beteiligung Sachsens im Norddeutschen Bund auftrat, wurde er entlassen, dafür aber in Wien willkommen geheißen. Als Protestant in Wien schien er auf dem falschen Platz zu sein, und der ungarische nationale Staatsmann Graf *Andrassy* (1823–1890) warnte den Grafen Beust, das Amt anzunehmen. Andrassy war 1849 wegen seiner Teilnahme am großen ungarischen Aufstand zum Tode verurteilt worden, doch konnte er ins Ausland entkommen; nach Aufhebung des Urteils kam er 1858 zurück und trat wieder in die Politik ein.

Die Österreichisch-Ungarische, Kaiserlich-Königliche (K. + K.) Doppelmonarchie von 1868: Aber gerade Beust und Andrassy gelang der Ausgleich des meist gespannten Verhältnisses Wien – Budapest. Kaiser Franz Joseph hatte bis 1866 immer noch versucht, hauptsächlich deutsche Politik zu machen, doch nun nach Königgrätz und der Auflösung des Deutschen Bundes war der Rückhalt deutscher Staaten für Österreich verloren. Beust und Andrassy machten dem Kaiser klar, daß die Zukunft des Staates auf dem Balkan lag und daß das Kernproblem in der Einigung mit Ungarn lag.

Die habsburgische Monarchie gab sich erst ab 1868 die staatsrechtliche Bezeichnung Österreich-Ungarn. Kaiser Franz Joseph war Kaiser von Österreich und König von Ungarn, weshalb man nun auch von der K. und K.-Monarchie sprach oder von der Österreichisch-Ungarischen Doppelmonarchie. Dieser Staat sollte 50 Jahre bis 1918 Bestand haben. Dabei waren beide Teile von vornherein durch viele Minderheiten belastet, deren Bevölkerungszahl zusammengenommen die des deutschen wie des ungarischen Staatsvolkes bei weitem übertraf. Die deutschen Gebiete Österreich, Tirol, Sudetenland und zahlreiche Sprachinseln waren nach Ausdehnung und Einwohnerzahl nur etwa ein Viertel des Ganzen.

Kaiser Franz Joseph war wegen seines ritterlichen Wesens außerordentlich volkstümlich und in aller Welt hochgeachtet, doch ließ ihn das aufsässige, auseinanderstrebende Völkergemisch seines Lebens nicht froh werden. Daß der Staat trotzdem jahrzehntelang zusammenhielt, war hauptsächlich der Persönlichkeit dieses Kaisers in Wien zu verdanken.

Österreich-Ungarn entsprang keinem festen Plan. Der Staat hatte sich zufällig aus der Abwehr der islamischen Macht ergeben, die den Balkan erobert hatte und danach das Deutsche Reich und das Christentum bedrohte. Die Türken konnten zurückgedrängt werden, und die ausgeplünderten, befreiten Balkanländer begaben sich vorerst gern unter den Schutz des Deutschen Reiches.

Das Fürstengeschlecht der Habsburger, welches im Süden herrschte und gleichzeitig viele Kaiser des Ersten Deutschen Reiches gestellt hatte, war wegen der Uneinigkeit der Fürsten und der Religionsspaltung gezwungen, seine Hausmacht zu stärken, um das deutsche Kaisertum aufrechtzuerhalten. So kam es zu der ausführlich geschilderten allmählichen Entfremdung zwischen den Habsburgern und den übrigen Reichsfürsten und schließlich zum Staat Österreich-Ungarn.

Die Gemahlin Franz Josephs wurde 1854 die siebzehnjährige bayrische Wittelsbacher Prinzessin *Elisabeth* (1837–1898). Sie war eine der schönsten Frauen ihrer Zeit, und damals sprach ganz Österreich und Deutschland von ihr mit dem Kosenamen „Sissi". Doch wurde die Ehe unglücklich, weil sich zwei gänzlich unterschiedliche Charaktere verbunden hatten. Bald nach der Geburt einer Tochter und später des einzigen Sohnes *Rudolf* (1858–1889) begann die Kaiserin ein unstetes Reiseleben. 1898 wurde sie in Genf im Alter von 61 Jahren von einem italienischen Anarchisten erdolcht. Schon neun Jahre zuvor hatte Erzherzog Rudolf in *Mayerling* bei Wien seine Geliebte und sich selbst erschossen. Obwohl er mit einer belgischen Prinzessin vermählt war, liebte er ein ungebundenes Leben.

Die „Emser Depesche" vom 13. Juli 1870 und der Französisch-Deutsche Krieg 1870/71: In Madrid saß die Bourbonin *Isabella II.* (1830–1904) seit 1833 auf dem spanischen Thron, ein Kind, dessen Mutter 15 Jahre lang mehr schlecht als recht die

Regentschaft führte. Ab 1851 übernahm Isabella die Geschäfte, d. h. in Wirklichkeit herrschten die gleichen klerikalen und absolutistischen Männer wie bisher, während sie selbst durch sittenlosen Lebenswandel ein schlechtes Beispiel gab. Liberale Aufstände, Parteikämpfe und Thronstreitigkeiten *(Karlistenkrieg)* waren an der Tagesordnung, so daß Spanien auseinanderzubrechen drohte. Im Herbst 1868 schließlich wurde Isabella durch liberale Generäle gestürzt und außer Landes gejagt. Der General *Serrano* übernahm die provisorische Regentschaft.

Madrid suchte nach einem neuen Königshaus. So wurde anfangs 1870 dem schwäbischen Erbprinzen *Leopold von Sigmaringen* die spanische Krone angeboten.

Sofort erhoben Frankreichs Chauvinisten und die französische Presse lautstarken Protest. Man sprach allzu laut von Frankreichs Einkreisung durch die Deutschen, was niemals geduldet werden dürfe.

König Wilhelm und Bismarck berieten das Für und Wider Mitte März 1870 ausführlich in einem Kronrat. Der Tatbestand einer Einkreisung Frankreichs wurde dabei nicht als gegeben angesehen, und man beschloß, der Sache ihren Lauf zu lassen. Für allzuwichtig hielt man sie nicht, zumal die meisten deutschen Fürstenhäuser doch längst mit fast allen europäischen Königsgeschlechtern versippt und verschwägert waren, ohne daß sich daraus für Frankreich Gefahren ergeben hätten. In Frankreich und Spanien hatten ja auch 130 Jahre lang Könige aus dem Hause Bourbon geherrscht.

„Warum denn die *Einkreisungshysterie?*" – versuchte eine besonnene französische Zeitung die aufgeputschte Atmosphäre in Paris zu beruhigen.

Da Bismarcks Ziel die Errichtung des Zweiten Deutschen Reiches war, interessierte ihn Spanien nicht. Napoleon dagegen erhob dauernd Gebietsforderungen und drohte mit Krieg gegen den Norddeutschen Bund. Deshalb hatten Bismarck, König Wilhelm, Moltke und Roon sicherheitshalber das Militär für den Ernstfall auf bestem Stand gehalten. Moltke war Generalstabchef.

Ganz Frankreich kochte tatsächlich bereits in einer Art von Kriegstaumel. Napoleon verlangte, daß Leopold die angetragene spanische Königskrone ablehne, was dieser nach etwa achttägigem Zögern und schließlichem Anraten König Wilhelms und Bismarcks auch tat. Leopold stand sowieso von Anfang an dem Unternehmen skeptisch gegenüber. Europa atmete auf und sah den Frieden erhalten.

Doch Frankreich verlangte eine echte politische Demütigung des Norddeutschen Bundes, die nämlich nach Leopolds Absage keineswegs eingetreten war. Der britische Botschafter war im Gegenteil erstaunt, daß Paris die Angelegenheit nicht als erledigt betrachten wollte.

Napoleon brauchte den Krieg, um eine Neugründung des Deutschen Reiches zu verhindern und den Norddeutschen Bund wieder zu zerschlagen. Es war *Napoleons III.* *„Flucht nach vorn"*, um Frankreichs Ruf als erste Festlandsmacht wiederherzustellen. Auch die ehrgeizige Kaiserin *Eugenie*, umgeben von fanatischen „Ratgebern", heizte dem Kaiser entsprechend ein.

Wilhelm I. befand sich in *Bad Ems* zur Kur, als er vom französischen Botschafter *Benedetti* auf der Kurpromenade angesprochen wurde. Benedetti eröffnete dem König eine neue Forderung Napoleons, nämlich eine Erklärung, daß König Wilhelm „nie wieder" seine Zustimmung geben dürfe, wenn die Kandidatur des Hohenzollern auf den spanischen Thron erneut zur Sprache kommen sollte. Wilhelm erklärte, daß er gar nicht zuständig sei, Verzicht oder Nichtverzicht sei Sache Leopolds. Immer wieder erschien Benedetti, um dem König die geforderte Verzichterklärung abzunötigen. Schließlich verweigerte Wilhelm jede weitere Unterredung.

Der Legationsrat *Abeken*, Mitarbeiter Bismarcks und Verbindungsmann zwischen ihm und dem König in Ems, sandte nun in dessen Auftrag an den Kanzler einen zusammenfassenden, recht ausführlichen Bericht über die Emser Vorkommnisse nach Berlin. Das war die sogenannte *„Emser Depesche"*. Sie endete damit, daß es der König Bismarck anheimstelle, die neue französische Forderung und ihre Zurückweisung den Gesandten in Berlin und der Presse mitzuteilen.

Bismarck hatte am 13. Juli 1870 Moltke und Roon zu einer Besprechung zu sich geladen, als die Depesche eintraf. Man kam übereinstimmend zu der Ansicht, daß Frankreich wirklich den Krieg wolle. Bismarck fragte die Generäle nach dem Stand der preußischen Armee. Die Antwort war äußerst günstig.

Am 14. Juli veröffentlichte Bismarck die Depesche in der Presse, zwar nicht im vollen Umfange, aber völlig den Tatsachen entsprechend. Natürlich wurde nicht nur in Deutschland, sondern auch überall im Ausland die Anmaßung Napoleons mit Empörung zur Kenntnis genommen.

In Frankreich aber fühlte man sich blamiert und beleidigt, weil man von Berlin keine „Genugtuung" bekommen hatte. In der Kammer wurde unter dem Jubel der Abgeordneten die Mobilmachung verkündet. Nur der liberale Republikaner Adolphe *Thiers* (1797–1877) mahnte diesmal zur Besinnung, wenn auch vergeblich. 30 Jahre früher war er bereits Ministerpräsident gewesen, aber 1840 gestürzt worden, weil er einen Krieg mit dem Ziel beginnen wollte, das gesamte linke Rheinufer zu gewinnen.

Bismarck benötigte keinen Krieg, aber Frankreich hatte ihm durch seine provozierenden Forderungen die Kriegserklärung aufzwingen wollen, denn *wer den Krieg erklärt, galt als Friedensbrecher.* Aber den Gefallen tat ihm Bismarck nicht. Er antwortete lediglich mit der Veröffentlichung der „Emser Depesche".

Jetzt verloren die *Franzosen* die Nerven und *erklärten am 19. Juli 1870* dem Norddeutschen Bund den *Krieg.*

Das Recht lag einwandfrei auf deutscher Seite, einmal wegen der französischen Kriegserklärung und dann wegen des Rechts auf Vereinigung. Frankreich versuchte später – und tut es noch heute – den Text der veröffentlichten Depesche als gefälscht hinzustellen, womit Frankreichs Ehre angegriffen worden sei. Es hatte aber gar keine französische Depesche, die gekürzt wiedergegeben worden wäre, existiert, sondern eine innerdeutsche, die genausogut von vornherein hätte kürzer gehalten werden können.

Sofort nach der Pariser Kriegserklärung stimmten die *Parlamente von München, Stuttgart und Karlsruhe* mit etwa 70%iger Mehrheit für die *Waffenbrüderschaft* mit den Norddeutschen. Die Welle des nationalen Einigungswillens fand kein Hindernis mehr, und das Deutschlandlied erklang in allen Städten und Dörfern.

In der bayrischen Pfalz sammelten sich eilig drei Armeen aus allen deutschen Ländern unter dem Oberbefehl *Moltkes.* Die Befehlshaber waren der preußische General von *Steinmetz* (1796–1877) aus Schlesien, Prinz *Friedrich Karl* von Hohenzollern (1828–1885) – Enkel der Königin Luise – und der preußische *Kronprinz Friedrich,* die alle bereits in den Kriegen von 1864 und 1866 erfolgreich gewesen waren.

Auf französischer Seite standen die Marschälle *Mac Mahon* (1808–1893) und

Bazaine (1811–1888) als Führer zweier Armeen. Der französische Kriegsplan sah fürs erste die Eroberung von Saarbrücken und Landau vor, und zwar von der Festung Metz in Lothringen bzw. von Weißenburg an der elsässisch-pfälzischen Grenze aus.

Zum ersten Gefecht kam es am 4. August bei Weißenburg zwischen Mac Mahon und dem Kronprinzen Friedrich. Die Franzosen wurden geworfen und zwei Tage später 25 km weiter westlich in der Schlacht von *Wörth* besiegt. Am gleichen Tag siegte auch General von Steinmetz bei *Spichern* in einer blutigen Schlacht über Bazaine, der sich nach der ebenfalls verlustreichen Schlacht bei Colomby in die Festung *Metz* zurückziehen mußte. Moltke ließ die Festung südlich umgehen und griff nun in östlicher Richtung die Armee Bazaines an, die Metz nach Westen verlassen wollte. Bei *Mars la Tour*, Vionville, Gravelotte und St. Privat, alle westlich Metz, fanden erbitterte Kämpfe mit dem Ergebnis statt, daß Bazaine seine Durchbruchsversuche aufgab und sich wieder in die Festung Metz zurückziehen mußte. Am 19. August wurde diese vom Prinzen Friedrich Karl eingeschlossen.

Die Schlacht bei Mars la Tour und Vionville war für die deutsche Armee die verlustreichste des ganzen Krieges. Die Entscheidung wurde hier zum letzten Mal durch den Einsatz der Reiterei erzielt. Die moderne Waffentechnik schaltete den *Kavallerieangriff* wegen der hohen Verluste aus, besonders später nach der amerikanischen Erfindung des Maschinengewehrs im Jahre 1883.

Mac Mahon mit seiner angeschlagenen Armee, zu der sich auch Napoleon III. begeben hatte, versuchte erfolglos die Festung Metz zu entsetzen. Er wurde vom Kronprinzen Friedrich in mehreren Gefechten abgedrängt, wobei es am 16. August auch zur Belagerung der Festung *Toul* kam. Auf halbem Wege nach Paris schwenkte der Marschall nach Norden in der Absicht ein, in großem Bogen nordöstlich von Metz wieder in die dortigen Kämpfe einzugreifen.

Kaiser Napoleons Gefangennahme in der Festung Sedan September 1870: Inzwischen hatte Moltke eine neue vierte Armee, die sächsische *Maasarmee*, befehligt vom Kronprinzen *Albert von Sachsen* (1828–1893), aufgestellt. Die Maasarmee vom Osten und die Armee des Kronprinzen Friedrich vom Süden drängten Mac Mahon immer weiter nach Norden, und bei der Festung Sedan an der belgischen Grenze wurde er am 1. September entscheidend geschlagen. Wer nicht gleich in Gefangenschaft geriet, flüchtete in die Festung. Am 2. September schon kapitulierte Sedan mit 90000 Mann, darunter auch der Kaiser Napoleon III. Am 23. September fiel die Festung Toul. Am 27. Oktober gab auch Bazaine auf, und Metz streckte mit 175000 Mann die Waffen. Damit war das kaiserliche Frankreich besiegt und Napoleon III. gefangen.

Inzwischen waren die beiden deutschen Armeen von Sedan über Reims nach *Paris* marschiert, ohne auf Widerstand zu stoßen. Seit dem 19. September wurde die Stadt belagert.

Léon Gambetta rief im September 1870 die Dritte Französische Republik aus – Fortsetzung des Krieges: Eigentlich wäre der Krieg mit der Kapitulation von Metz nach genau 100 Tagen beendet gewesen, doch die Republikaner unter Führung von Léon Gambetta (1838–1882), Sohn eines Italieners aus Genua, hatten am 4. September die Republik ausgerufen, die Stadt Paris zur Festung erklärt und ganz Frankreich zu weiterem Widerstand aufgefordert. Man hob in wenigen Wochen mehrere *Massenhee-*

re des allgemeinen *Volksaufgebotes* aus, die nun versuchten, Paris zu Hilfe zu kommen, vergeblich allerdings, denn trotz zahlenmäßiger Überlegenheit war ihr militärischer Wert gering.

So mußten die deutschen Armeen noch vier Monate lang kreuz und quer durch Frankreich ziehen, um in mehr als 20 Gefechten die Volksheere zu besiegen. Den Franzosen gelang im gesamten Krieg kein einziger Sieg, aber mit dem ihnen eigenen Fanatismus wollten sie nicht aufgeben. Am 28. Januar endlich *kapitulierte Paris*, nachdem die Forts rings um die Stadt seit dem 5. Januar mehrmals von Artillerie unter schweres Feuer genommen worden waren.

In der Burgundischen Pforte erhob sich im Januar 1871 nochmals hartnäckiger Widerstand, so daß eine weitere deutsche Armee unter dem General Edwin Freiherr von *Manteuffel* (1809–1885) aus Dresden aufgestellt werden mußte. Er zwang die letzte französische Volksarmee zu einer Entscheidung zwischen Kampf oder *Übertritt in die neutrale Schweiz*. Sie wählte den Weg in die Schweiz, wo 85 000 Franzosen entwaffnet wurden. Die letzte Kriegshandlung war die Übergabe der Festung *Belfort* am 16. Februar 1871, die seit Anfang November 1870 tapferen Widerstand geleistet hatte.

Am 26. Februar 1871 folgte der *Waffenstillstand von Versailles* und am 10. Mai 1871 der endgültige *Frieden von Frankfurt*.

Mit der Verzögerung des Kriegsendes hatte Gambetta das Eingreifen fremder Mächte zu Frankreichs Gunsten erhofft. Doch in Paris war eine blutige *Revolte der „Kommune"* ausgebrochen, die erst nach acht Wochen gemeinsam von den ansonsten hoffnungslos zerstrittenen Parteien niedergeschlagen werden konnte.

Bismarck hatte es eilig, denn er wollte die Gunst der Stunde für die Einigung Deutschlands nicht verstreichen lassen. Das deutsche Volk war längst gewonnen, aber mit der Wankelmütigkeit mancher Fürsten und eines Teiles des katholischen Klerus mußte er rechnen. Auch dem Ausland war nicht zu trauen, aber von dort drohte zur Zeit keine Gefahr. Es herrschte nämlich in Europa ein politischer Zustand, wie er zu Deutschlands Gunsten seit Jahrhunderten nicht vorgelegen hatte.

Rußland blieb deutschfreundlich und neutral. Zar *Alexander II.* betrieb in Asien Ausdehnungspolitik, und wegen der riesigen Provinz Turkistan im Norden Afghanistans und Pakistans waren Spannungen zu England entstanden, welches Indien bedroht sah.

England hatte – trotz seines gewaltigen Weltreiches – parteipolitische Probleme. Ministerpräsident William *Gladstone* (1809–1898) versuchte auch das ewig aufsässige katholische Irland zu befrieden, was aber mißlang. Zwar stand England der deutschen Einigung sehr mißtrauisch gegenüber, aber der zögernde Gladstone war dem tatkräftigen Bismarck kein ernsthafter Gegner.

In Österreich bestimmte zwar in diesen Monaten der preußenfeindliche *Beust* die Geschicke, doch die innerpolitischen Schwierigkeiten mit den slawischen Völkerschaften ließen nicht zu, daß er kriegerische Einmischung im französisch-deutschen Krieg hätte wagen können.

Italien mußte Bismarck dankbar sein, denn erst 1870 bekam es Gelegenheit, seine Einigung durch die Besetzung Roms zu vollenden. Wie berichtet, hatte ja Napoleon III. im Bunde mit Papst Pius IX. die Stadt mit Provinz besetzt gehalten.

Bismarck sah die einmalig günstigen Umstände und wußte „Fortunas Mantelzipfel" rechtzeitig zu fassen, „ehe die Glücksgöttin vorbeischwebte", wie er sagte.

König Wilhelm I. und viele der deutschen Fürsten waren im Schloß von *Versailles* außerhalb der belagerten Stadt Paris, also noch mitten im Krieg, versammelt. Bismarck erklärte, wie er sich den Bau des Zweiten Deutschen Reiches vorstellte:

Die Verfassung des Norddeutschen Bundes wird auf die süddeutschen Länder ausgedehnt und zur Reichsverfassung umgeformt. Über allen Ländern steht der Kaiser als Oberbefehlshaber des Reichsheeres. Der König von Preußen erhält den erblichen Kaisertitel. Die Könige und Fürsten gebieten weiterhin entsprechend den liberalen Verfassungen ihrer Landesregierungen und Landtage. Der Reichstag ist die gemeinsame Volksvertretung des föderalistischen Staatsgefüges mit Sitz in der Reichshauptstadt Berlin.

König *Ludwig II.* von Bayern (1845–1886), in Versailles nicht anwesend, stellte die einzige Unsicherheit bei der Reichsgründung dar, was die Anerkennung des Kaisers betraf. Bayerns Stimme als zweitgrößtes Reichsland hatte beträchtliches Gewicht. Ludwig schwankte hin und her, forderte mehr oder weniger Sonderrechte, war aber im Grunde an jeder Politik gänzlich uninteressiert. Obwohl erst 25 Jahre alt, lebte er in romantischer Versponnenheit.

Nach mehreren Verhandlungen zwischen dem Verbindungsmann Ludwigs, dem bayrischen Grafen *Holnstein*, und Bismarck kam Übereinstimmung zustande, indem der Graf vorschlug, Bismarck möge doch selbst den Entwurf einer endgültigen Abmachung erstellen. Bismarck tat dies auf der Stelle. Einige Tage später erhielt König Wilhelm „Bismarcks Brief" von Ludwig fast wörtlich abgeschrieben und unterzeichnet. Darin schlug Ludwig in aller Form den König von Preußen als Deutschen Kaiser Wilhelm I. vor.

Damit war dem Verlangen Wilhelms entsprochen, daß ihm die Kaiserwürde zuerst von den Fürsten angetragen werden müsse. Weil 1849 die Fürsten nicht beteiligt waren, hatte ja sein Bruder Friedrich Wilhelm IV. abgelehnt.

Wenige Tage danach trat auch der Reichstag in Berlin zusammen, der nach dem Beitritt der süddeutschen Staaten das wiedererstandene Deutsche Reich mit unbeschreiblichem Jubel begrüßte. Dieselbe Abordnung (!), die schon 1849 die Kaiserkrone im Auftrag des Paulskirchenparlaments in Berlin angeboten hatte, schickte der Reichstag diesmal zu König Wilhelm.

Doch Wilhelm fand nun wirklich noch ein Haar in der Suppe: Er sah einen Unterschied zwischen der Bezeichnung *„deutscher Kaiser"* und *„Kaiser von Deutschland"*. Er verlangte die letztere, obwohl in allen Schriftstücken „deutscher Kaiser" stand. Bismarck konnte keinen Unterschied erkennen und weigerte sich, eine Änderung vornehmen zu lassen, weil es Wochen gedauert hätte, bis der Vorgang in allen Kanzleien der deutschen Landeshauptstädte abgeschlossen gewesen wäre. So blieb diese Angelegenheit vorerst in der Schwebe.

Die Kaiserproklamation und Ausrufung des Zweiten Deutschen Reiches am 18. Januar 1871 in Versailles: Am 18. Januar 1871, also noch im Krieg, traten im Spiegelsaal des Schlosses Versailles die Großen des neuen Deutschen Reiches zur feierlichen *Kaiserproklamation* zusammen. Der *Großherzog von Baden* verlas die von Bismarck verfaßte Ausrufung des Zweiten Deutschen Reiches und endete mit einem Hoch auf *„Kaiser Wilhelm I."*, womit der Streit um den Titel umgangen worden war.

Anschließend schritt der Kaiser von Fürst zu Fürst sowie von General zu General und den Anwesenden des Reichstages und bedankte sich durch Handschlag. An Bismarck aber ging er wortlos vorbei.

Es ist bezeichnend für den Kanzler, daß er, der das ja alles zuwege gebracht hatte, großzügig über diesen Vorfall hinwegging. Natürlich war sich auch Wilhelm dessen bewußt, und beim anschließenden Festmahl holte er den Dank an seinen Kanzler gebührend nach.

Was war nun das Ergebnis des *Friedensschlusses von Frankfurt* am 10. Mai 1871? Frankreich mußte die Errichtung des Zweiten Deutschen Reiches anerkennen. Als Siegespreis gewann Deutschland das Elsaß und einen Teil von Lothringen zurück. Beide Länder zusammen wurden als Reichsland *Elsaß-Lothringen* dem neuen Deutschland angegliedert. Ferner zahlte Frankreich eine *Kriegsentschädigung von 5 Milliarden Franken in Gold.*

Kaiser *Napoleon III.*, der bei der Kapitulation von Sedan Anfang September 1870 in deutsche Gefangenschaft geraten war, verbrachte diese bis zum Friedensschluß auf Schloß *Wilhelmshöhe* bei Kassel; danach lebte er in seinen letzten 1½ Lebensjahren in England. Seine Gemahlin *Eugenie* hatte sich geweigert, ihn wiederzusehen, weil sie es unverzeihlich fand, daß er nicht im Kampf gefallen war. Auch sie lebte in England und starb erst 1920 im Alter von 94 Jahren.

Die Familie von Bismarck gehörte ursprünglich dem Landadel an. Nach dem Sieg Preußens über Dänemark hatte König Wilhelm 1865 Otto von Bismarck in den *Grafenstand* erhoben, womit ein finanzielles Staatsgeschenk verbunden war. Davon erwarb Bismarck das Rittergut *Varzin* in Pommern.

Auf Grund der Reichsgründung verlieh ihm nun der Kaiser 1871 den *Fürstentitel*, und der Reichstag verband damit eine Schenkung, den sog. *Sachsenwald mit Schloß Friedrichsruh.* Es war dies ein 70 km^2 großes Forstgebiet mit Landwirtschaft im Herzogtum Lauenburg östlich von Hamburg. Seitdem wurde Friedrichsruh der Wohnsitz der Fürstenfamilie. Bismarck nahm Fürstentitel und Sachsenwald ungern an. Er meinte, daß dadurch sein persönlicher Aufwand notgedrungen nur repräsentativer und teurer werde.

Das Deutsche Reich war also wieder neu erstanden. Außer *Elsaß-Lothringen* im Westen gehörte dazu auch der größte Teil ehemals *ostgermanischer Länder* der Goten, Gepiden und anderer Stämme, der im Laufe vieler Jahrhunderte zurückgewonnen worden war. Dazu gehörten Ostpreußen, Westpreußen, Posen und das Wartheland. Doch Österreich, Tirol und Deutsch-Böhmen blieben außerhalb.

Bismarck hatte sich mit der *Kleindeutschen Reichsgründung* begnügen müssen. Das *Großdeutsche Reich*, also die Vereinigung aller deutschsprachigen Länder, blieb der Zukunft vorbehalten.

Das Zweite Deutsche Kaiserreich u. die Österreichisch-Ungarische Monarchie 1871–1918

Seit 1871 bestanden nun in Mitteleuropa zwei deutsche Großmächte: Das Zweite Deutsche Reich Bismarcks unter dem *Hohenzollern Kaiser Wilhelm I.* war etwa 543 000 km² groß und mit 43 Millionen Deutschen besiedelt. An Minderheiten gab es nur 4 %, und zwar 30 000 Dänen, 30 000 Litauer, 100 000 Franzosen und 1,5 Millionen Polen. In den Gebieten, in denen Minderheiten wohnten, herrschte eine überwältigende Mehrheit des Deutschtums mit Ausnahme der Provinz Posen, wo ½ Million Deutsche und 1 Million Polen lebten. Im westlichen Posen waren die Deutschen in der Mehrheit.

Ganz anders sah es in der Österreichisch-Ungarischen Monarchie unter dem *Habsburger Kaiser Franz Joseph I.* aus. Das ganze Land hatte eine Größe von etwa 675 000 km² mit fast 52 Millionen Einwohnern. Aber nur 13 Millionen davon waren Deutsche, und davon lebten nur neun Millionen in den geschlossenen deutschen Siedlungsgebieten von Österreich und dem Sudetenland auf etwa 115 000 km². Die restlichen vier Millionen waren über das ganze übrige Land verstreut, zwar vielfach in rein deutschen Städten und Dörfern, in Siebenbürgen, im Banat, der Batschka und anderen Gebieten sogar in ganzen Kleinprovinzen. Die Habsburger Kaiser und besonders Maria Theresia hatten einst diese deutschen Bauern und Handwerker angesiedelt, um die durch die Türken kriegsverwüsteten und menschenleeren Ländereien neu zu kultivieren. Das übrige Völkergemisch sah so aus: 10,5 Millionen Ungarn, 6 Millionen Tschechen, 5,6 Millionen Serben und Kroaten, 5 Millionen Polen, 4 Millionen Ukrainer, 3,3 Millionen Rumänen, 2 Millionen Slowaken, 1,4 Millionen Slowenen, 0,8 Millionen Italiener und 0,4 Millionen andere. All diese Völker hatten ihre eigene Sprache, doch war Deutsch die allgemeine Verwaltungssprache. Noch im 17. Jahrhundert wurde dieses Völkergemisch mit härtester Gewalt von den Türken beherrscht, dazu noch weitere 20 Völker in Kleinasien und rund um das östliche Mittelmeer. Die Türken pflegten die geringsten Selbständigkeitsbestrebungen sofort im Keime zu ersticken, so daß sich lange Zeit nichts regte, bis der türkische Staat allmählich von innen heraus an politischer Schwäche zerbröckelte.

Die Wiener Regierungen herrschten weit liberaler fast 200 Jahre lang. Die Doppelmonarchie litt aber in erster Linie unter russischen und westeuropäischen Einwirkungen, welche die einzelnen Völker zu Aufständen ermunterten. Entscheidend jedoch war schließlich der *Erste Weltkrieg*, der die Auflösung der Doppelmonarchie in mehrere selbständige Staaten zur Folge hatte. Davon faßte aber jeder wieder mehrere Volksgruppen und Minderheiten zusammen, so daß die Unzufriedenheit blieb.

Dem neuen Deutschen Reich entstanden von Anfang an äußere und innere Feinde. Wir werden sehen, wie es – nun *Reichskanzler* – *Bismarck* verstand, mit den Schwierigkeiten meisterhaft fertigzuwerden und das Mißtrauen der Nachbarmächte abzubauen, obwohl das Reich immer mächtiger wurde.

Saturierung: Bismarck erklärte von vorne herein die „Saturation", was besagte, daß Deutschland „gesättigt" sei, also in Europa keine Gebietsansprüche mehr stelle. So rührte er auch nicht an der Selbständigkeit des rein deutschen kleinen Großherzogtums Luxemburg, welches seit dem Londoner Vertrag von 1867 in Neutralität verharrte.

Elsaß-Lothringen ab 1871: Frankreich allerdings blieb ein *unversöhnlicher Feind*, weil es seine Vormachtstellung auf dem europäischen Festland abgetreten und obendrein Elsaß-Lothringen wieder verloren hatte.

Die Französisierung in diesem alten und nun wieder neuen Reichsland war nicht schlagartig zu beenden, wenn auch die deutsche Sprache anstelle der französischen wieder zur Verwaltungssprache geworden war. Die Landbevölkerung hatte sich sowieso ihr Deutschtum, althergebrachte Sitten und Gebräuche fest bewahrt. Die infolge der Industrialisierung zahlreicher gewordene Stadtbevölkerung war aber schon längst zweisprachig und an den französischen Lebensstil vielfach gewöhnt. Besonders das wohlhabende Bürgertum der *„Notabeln"* gab sich weiterhin franzosenfreundlich. Seine Partei nannte sich *„Protestler"*. So sahen sich die deutschen Statthalter anfangs beachtlichen Schwierigkeiten gegenüber. Mit dem Heranwachsen der neuen Generation änderte sich das allerdings, und 1911 konnte ein eigenes Landesparlament eingerichtet werden. Die Bevölkerung wählte nun die gleichen Parteien, die es im Reich gab. Das Protestlertum war schon in den neunziger Jahren allmählich verschwunden, und zur Jahrhundertwende hatten Straßburg, Metz und die anderen ehemaligen Reichsstädte wieder rein deutschen Charakter angenommen.

Trotzdem waren in Berlin während der siebziger Jahre Überlegungen angestellt worden, ob mit der freiwilligen Rückgabe des westlichen Teils von Lothringen, wo die meisten Angehörigen der französischen Minderheit lebten, das revanchesüchtige Frankreich zur Aussöhnung veranlaßt werden könne. Doch Bismarck war nach langer Überlegung zu dem Schluß gekommen, daß bei der *fanatischen Veranlagung der französischen Führungsschicht* an einen Ausgleich einfach nicht geglaubt werden könne.

So blieb Rußlands gutes Verhältnis zu Preußen und dann zum Reich der Grundpfeiler der Bismarckschen Politik.

Panslawismus – Balkan – Berliner Kongreß 1878: Auf dem Balkan bestanden schon seit den dreißiger Jahren Bestrebungen, alle südslawischen Völker eines Tages in einem großen Balkanreich zu vereinigen. Die Bewegung nannte sich Panslawismus (= Allslawismus). Mit Hilfe dieser Zukunftswünsche gedachte nun der russische Zar *Alexander II.* wieder mehr Einfluß auf dem Balkan zu gewinnen und den Verlust des Krimkrieges von 1856 wieder wettzumachen. So führte er 1877/78 den *Russisch-Türkischen Krieg*, um die Türken weiter aus dem Balkan zu verdrängen. Ein russisches Heer, verstärkt durch Montenegriner, Serben, Rumänen und Bulgaren, besiegte die Türken und marschierte auf *Konstantinopel*. Doch die europäischen Mächte hielten eine zu starke Machtausdehnung Rußlands im Süden für bedrohlich und erzwangen Anfang März 1878 einen Waffenstillstand.

Zur Regelung der Balkanfrage kamen daraufhin – wie berichtet – die Vertreter der europäischen Großmächte einschließlich der Türkei und Rußlands nach Berlin. Unter dem Vorsitz Bismarcks wurde auf dem „Berliner Kongreß" folgende Regelung getroffen: Rußland erhielt das nach dem Krimkrieg abgetretene südliche *Bessarabien* nördlich der Donaumündung zurück, dazu von den Türken die Provinz *Georgien* zwischen dem Ostufer des Schwarzen Meeres und dem Kaukasus. *Bosnien mit der Herzegowina* nordöstlich des dalmatinischen Küstenstreifens an der Adria kam praktisch an Österreich-Ungarn. *Serbien* wurde selbständig, ebenso *Rumänien*, welches die *Dobrudscha* am Unterlauf der Donau dazubekam. *Bulgarien* erhielt endlich von den Türken die Unabhängigkeit zuerkannt, allerdings noch ohne den südlichen Teil, den man unter dem Namen „*Ostrumelien*" zu einer autonomen Provinz unter türkischer Oberhoheit erklärte. Albanien und das heutige Nordgriechenland verblieben unter dem Namen „*Türkisch-Rumelien*" bei der Türkei.

Damit wurden auf dem Berliner Kongreß die Interessengrenzen auf dem Balkan zwischen der Türkei, Österreich und Rußland abgesteckt. Rumänien, Serbien und Bulgarien waren seitdem russisches Einflußgebiet, und die Türkei blieb im Balkan nur noch auf einen schmalen Streifen vom Schwarzen Meer bis zur Adria beschränkt.

Bismarck hatte mit größtem Geschick und viel Geduld die Versammlung geleitet, wobei er sich auf Vorschläge beschränkte, die Entscheidungen aber den beteiligten Mächten überließ.

Die Landesgrenzen der neuen Balkanstaaten entsprachen nun keineswegs den Sprachgrenzen, was für die Zukunft Anlaß zu dauernden Streitigkeiten blieb. Der Balkan ist bis heute ein gefährlicher Unruheherd.

Zweibund 1879 – Dreibund 1882 – Rückversicherungsvertrag 1887: Bismarck war bestrebt, das Verhältnis zu Rußland auf bestem Stand zu halten. Doch gehören eben zwei Partner zu einer Freundschaft. 1881 war Zar Alexander II. von Revolutionären in Petersburg ermordet worden. Sein Sohn *Alexander III.* (1845–1894) folgte auf den russischen Thron. Schon vor dem Mord hatte Rußland Deutschland gegenüber zunehmende Verstimmung an den Tag gelegt. Der Zar gab sich unzufrieden, daß Bulgarien ohne Ostrumelien gegründet worden war. Was Deutschland damit zu tun hatte, war unerfindlich, denn dieses Problem hatten die Russen mit den Türken zwar in Berlin, aber schließlich unter sich ausgehandelt. Der Grund des russischen Mißvergnügens mußte an anderer Stelle gesucht werden: *Frankreich strebte ein Bündnis mit Rußland an,* und zwar eindeutig gegen Deutschland gerichtet. Der französische Botschafter in Petersburg arbeitete schon lange auf dieses Ziel hin, und das bei der neu heranwachsenden russischen Diplomatengeneration mit sichtbarem Erfolg. Bismarck sah die *Gefahr einer Einkreisung Deutschlands und Österreich-Ungarns.* Also entschloß er sich zum Bündnis mit Österreich-Ungarn, und 1879 kam der Zweibund zustande, der hinfort bei den Kaisern in Wien und Berlin zur Grundlage ihrer weiteren Politik wurde. 1882 schloß sich dem Bündnis auch Italien an. Der Dreibund entstand.

Gleichzeitig versicherte Bismarck den Russen bei jeder Gelegenheit seine Loyalität, und 1887 schlossen Deutschland und Rußland den *Rückversicherungsvertrag* ab. Danach verpflichteten sich beide Mächte alle drei Jahre neu zu gegenseitiger wohlwollender Neutralität, wenn einer der Vertragspartner von dritter Seite angegriffen werden sollte.

Der Vertrag war auf Bismarcks eifriges Bemühen zur rechten Zeit zustande gekommen, als nämlich 1887 der französische Kriegsminister und General *Boulanger* (gest. 1891) einen Revanchekrieg gegen das Deutsche Reich anzuzetteln versuchte. Unter dem Eindruck des Rückversicherungsvertrages gab er den Plan auf. Er wurde gestürzt und floh vor seinen innerpolitischen Gegnern ins Ausland.

Mittelmeerabkommen 1887: Bismarck brachte es zusätzlich fertig, daß England dem Dreibund im gleichen Jahr nähertrat, indem er zwischen Österreich-Ungarn, Italien und England das sogenannte Mittelmeerabkommen vom Frühjahr 1887 ermöglichte, wonach sich die Vertragspartner die dort bestehenden Machtverhältnisse garantierten. Für England war damit seine *Stützpunktkette* Gibraltar, Malta, Zypern, Suezkanal und Aden weitgehend abgesichert.

Balkanabkommen 1887: Ebenfalls 1887 kam es zwischen Rußland und Österreich zu einer Krise wegen der *bulgarischen Regentschaft.* Der erste Regent, ein deutscher Prinz von *Battenberg* (1857–1893), aus einem hessischen Fürstengeschlecht stammend, und Zar *Alexander III.* waren persönlich verfeindet, was zur Abdankung des Prinzen führte. Daraufhin wurde in Sofia mit Unterstützung Wiens der Prinz *Ferdinand von Sachsen-Coburg* (1861–1948) zum Nachfolger gewählt, der dem Zaren in Petersburg wieder nicht paßte. Der Streit berührte auch den Dreibund, dem ja Deutschland angehörte.

So trat Bismarck erneut auf den Plan, indem er mit Englands Einschaltung einen leichten Druck auf Rußland ausübte: Ende 1887 schloß der Dreibund mit England das Balkanabkommen, wodurch die Grenzziehungen auf dem Balkan nach dem russisch-türkischen Krieg auch von England bestätigt wurden.

Somit hatte *Bismarck* ein *Bündnissystem* geschaffen, welches den Frieden in Europa und die Sicherheit des Deutschen Reiches weitgehend gewährleisten sollte.

England verhielt sich trotzdem dem Reich gegenüber reserviert. Bismarcks vorsichtige Versuche, London politisch näherzukommen, hatten lediglich im Balkanabkommen bescheidene Auswirkungen gebracht. *„England will sich von uns nicht lieben lassen!"* bedauerte er. Immerhin war es von Bedeutung, daß der Inselstaat dem Deutschen Reich wenigstens nicht feindlich gesinnt war.

Deutschlands einziger wirklicher Feind war damals Frankreich, dessen Regierungen beharrlich nach schwachen Stellen des Reiches suchten. Deutschlands politische Hauptaufgabe war es also, für die Zukunft vor Frankreichs Rachsucht auf der Hut zu sein. Militärisch war Frankreich allein kein zu fürchtender Gegner, aber das Testament des Kardinals *Richelieu* hing immer im Raume, es hieß ganz einfach: *„Einkreisung."* Auch Englands *Gleichgewichtspolitik* blieb eine Tatsache.

Zwei innere Widersacher traten bald nach der Reichsgründung stark in Erscheinung: die *Zentrumspartei* als politische Vertretung des westdeutschen Katholizismus und die marxistische *Sozialdemokratische Partei.*

Der Kulturkampf 1871–1878: In Deutschland wohnten 62 % Protestanten, 33 % Katholiken und 5 % andere. Die Reichsgesetzgebung wurde also automatisch von der protestantischen Mehrheit stärker beeinflußt als von der katholischen Minderheit. Das war für Deutschlands Katholiken eine neue Lage, denn im Deutschen Bund hatten sie mehr als die Hälfte der Bevölkerung ausgemacht. Auch war damals Österreich die Führungsmacht in Deutschland.

Gleichzeitig mit der Reichsgründung war die katholische Zentrumspartei unter Führung von Ludwig *Windthorst* (1812–1891) aus Osnabrück entstanden. Sie trat als heftigster parlamentarischer Gegner Bismarcks auf. Die reichsfeindlichen Gruppen der hannoverschen „Welfen", der elsässischen „Protestler" und die polnische Minderheit war mit dem Zentrum im Bunde. Papst Pius IX., der 1870 die „Unfehlbarkeit des

Papstes" als Dogma verkündet hatte, zwang dadurch die Priesterschaft, gegen bestimmte Reichsgesetze aufzutreten. Z. B. wurde 1875 die *Zivilehe*, d. h. die weltliche Eheschließung vor dem Standesbeamten gesetzlich eingeführt. Die kirchliche Trauung war freigestellt. Die katholische Kirche erkannte nach *kanonischem* Recht nur die kirchliche Trauung an. Das Zentrum leistete deshalb erbitterten Widerstand, während Bismarck den Anspruch des Staates auf moderne Gesetzgebung hervorhob. Dabei konnte er sich auf die große Mehrheit im Reichstag berufen, die aus Nationalliberalen und Konservativen bestand. So entwickelte sich der Konflikt, der als „Kulturkampf" in die Geschichte einging:

1871 wurde der sog. *„Kanzelparagraph"* erlassen, der es den Pfarrern verbot, in der Kirche Politik gegen den Staat zu machen. So mancher Religionsdiener landete wegen Gesetzesübertretung in Gefängnis- oder Festungshaft. 1872 folgte das *„Jesuitengesetz"*, welches den Jesuitenorden im Reichsgebiet auflöste und verbot. Erst 1917 wurde es aufgehoben. Im gleichen Jahr wurde vorerst in Preußen das gesamte *Schulwesen unter Staatsaufsicht* gestellt. 1873 banden die *„Maigesetze"* das kirchliche Leben an staatliche Vorschriften. Wieder mußten Bischöfe und Geistliche Gefängnis- und Geldstrafen hinnehmen. Das *„Sperrgesetz"* von 1875 bestimmte die Einstellung der finanziellen Leistungen des Staates an die katholische Kirche. Es folgte die Auflösung fast aller geistlichen Orden in Preußen.

Papst *Pius IX.* aber blieb unnachgiebig, dementsprechend auch die Zentrumspartei. 1878 starb Pius IX. im Alter von 86 Jahren.

Sein Nachfolger, Papst *Leo XIII.* (gest. 1903), war von versöhnlicher Art, und er begann Friedensverhandlungen mit Bismarck. Beide gaben bereitwillig nach, die Schärfen der Maigesetze konnten abgebaut werden, und manche geistlichen Orden durften ihre Tätigkeit wieder aufnehmen. Leo XIII. willigte in die Anzeigepflicht bei Ernennung von Geistlichen ein. Obwohl der Kulturkampf praktisch schon seit Jahren erloschen war, wurde er erst im Friedensgesetz von 1887 für beendet erklärt. Zum Glück hatte er nur in Preußen, Baden und Hessen stattgefunden. Mit Leo XIII. wäre es niemals zu einem Kulturkampf gekommen.

Marxismus und Sozialdemokratie – Die Gewerkschaften: 1863 war in Preußen der *„Allgemeine Deutsche Arbeiterverein"* unter Ferdinand *Lassalle* (1825–1864) aus Breslau gegründet worden. Lassalle war jüdischer Herkunft und starb ein Jahr nach der Parteigründung im Duell. Er war Sozialist eigener Art und preußischer Patriot.

1869 entstand unter Führung des Drechslers August *Bebel* (1840–1913) aus Köln-Deutz die marxistische *Sozialdemokratische Partei* in Eisenach.

Beide Parteien vereinigten sich 1875, so daß die Sozialisten im Reichstag beträchtlich an Einfluß gewannen. Sie standen der Bismarckschen Gesetzgebung schroff entgegen. Die Sozialdemokratie strebte damals wie heute eine Staatsordnung an, die nach marxistischen Richtlinien geprägt sein sollte.

Mit dem stürmischen Aufkommen des Industriezeitalters in Europa entstand auch die *„Arbeiterklasse (= „Vierter Stand"* neben Adel, Geistlichkeit und Bürgertum, letzteres = *„Dritter Stand"*). Junge Männer und Mädchen zogen in Scharen vom Land in die Städte, wo sie Arbeit fanden. Auf dem Lande waren sie überzählig und leicht zu entbehren. Doch das „Glück" lag auch in den Städten nicht auf der Straße. Die Betriebe benötigten zwar mehr und mehr Arbeitskräfte, doch die Löhne waren äußerst bescheiden. Sie richteten sich nach den erzielbaren Preisen, und diese wiederum waren von der ausländischen Konkurrenz abhängig.

Es gab für die Industriearbeiter keine Organisationen, und auch die Kirchen standen dem Massenzustrom hilflos gegenüber. Zu viele neue Betriebe wurden gegründet, ein Teil davon ging bankrott, und das bedeutete Arbeitslosigkeit. So entstanden in großer Zahl echte Notfälle, vor allem in den schnellwachsenden Großstädten. Außerdem entwickelte sich manch schlimmer Mißbrauch, wie z. B. die *Kinderarbeit*, die besonders in England gang und gäbe war. Kinder waren billige Arbeitskräfte, und manche Eltern mußten machtlos zusehen, wie ihre Kinder arbeiteten, während der Vater zu Hause bleiben mußte. So bildete sich das sogenannte *„Proletariat"* heraus, hilflos und zornig. Was konnte solche Menschen das Staatsbewußtsein scheren, wenn sie nicht satt zu essen hatten?

Wohl gab es Großunternehmer, wie z. B. Werner *Siemens* in Berlin oder Karl *Zeiss* und Ernst Abbé in Jena sowie andere, die für ihre Betriebe soziale Einrichtungen schufen, aber das waren einzelne Versuche von nur örtlicher Wirkung. Die Staatsregierungen hätten sich sofort der sozialen Probleme annehmen müssen, aber die Notwendigkeit dazu war noch lange nicht in deren Bewußtsein gedrungen.

So nahm die Entwicklung von vornherein bedenkliche Formen an. Dabei gab es ein jahrhundertealtes gerechtes soziales System, welches nach Anpassung an die moderne Zeit mindestens als Vorbild hätte dienen können: das *Zunftwesen* der Handwerker. Als Hauptgrundsatz der Zünfte galt, daß Meister und Gesellen aufeinander angewiesen waren, sich achteten und gegenseitig als gleichberechtigt anerkannten.

Was aber geschah Mitte des 19. Jahrhunderts in der Arbeiterfrage? Karl *Marx* (1818 bis 1883) aus Trier, ein Mann jüdischer Herkunft, von Beruf Journalist, hatte Staatswissenschaft und Philosophie studiert, und Friedrich *Engels* (1820–1895) aus Barmen, Sohn eines Spinnereibesitzers, Journalist, Revolutionär und philosophischer Schriftsteller, faßten gemeinsam alle aufgestauten negativen Gefühlsregungen der unbewältigten Zeitprobleme zusammen, systematisierten sie und schleuderten Begriffe in die Welt, die geeignet sein sollten, die schöpferisch und praktisch arbeitende Menschheit in gegenseitige Feindschaft zu stürzen. Statt gemeinsam aufzubauen, machten sie den *„Klassenkampf"* zum Prinzip.

In Schriften wie *„Das kommunistische Manifest"* von 1847/48 und *„Das Kapital"* von 1867 und 1883 erschienen u. a. folgende Behauptungen und Grundsätze: Die *„Kapitalisten"* beuten die Arbeiter aus, indem sie sich den Gewinn aus deren Arbeit aneignen. Die Mittel-, Klein- und Handwerksbetriebe sollen vernichtet werden, bis alles Kapital in die Hände der Besitzer weniger Großbetriebe gelangt. Dagegen müsse sich die Arbeiterschaft in aller Welt zur Wehr setzen, entsprechend dem Kampfruf: *„Proletarier aller Länder, vereinigt euch!"*

Solche Leitsätze der *„Kommunistischen Internationale"* wurden später von dem russischen Revolutionär Iljitsch *Lenin* (1870–1924) noch wesentlich verschärft. Er schlug vor, durch andauernde politische Aufstände und Terror Andersdenkende schonungslos zu vernichten. Dazu gäben die Schwächen des Liberalismus die besten Möglichkeiten. Die Kirchen und Religionsgemeinschaften als Helfer des Kapitalismus müßten ausgeschaltet, die Kulturwerke und nationalen Eigenarten der Völker zerstört und ausgemerzt werden. Das Ziel des Marxismus sei die *„Weltherrschaft des Kommunismus"* und die *„Diktatur des Proletariats"*. Alle *Produktionsstätten*, vom kleinsten

Handwerksbetrieb bis zur größten Fabrik, sämtliche Landwirtschaften und Gärtnereien, Handelsgeschäfte, gleich welcher Größenordnung, Banken, Verkehrsbetriebe usw. seien *Besitz des Volkes* und unter die zentrale Verwaltung kommunistischer Funktionäre zu stellen, wobei jede Art von *Eigeninitiative* auszuschalten sei. Die Verbrauchsgüter, also Lebensmittel, Kleidung, Wohnungen, müßten gleichmäßig aufgeteilt werden. *„Besitz ist Diebstahl an der Allgemeinheit"*.

Der Marxismus spaltete sich später in zwei Hauptrichtungen: Einmal war das der Radikale *„Kommunismus"*, welcher im Falle der Machterringung den Marxismus sogleich und ohne Rücksicht auf Opfer an Menschen und Wirtschaftskraft einführen wollte. Zum anderen hatte sich die *„Sozialdemokratie"* zum Ziele gesetzt, die marxistischen Grundsätze zwar auch zu erreichen, aber mit Hilfe schrittweiser Reformen, welche Opfer auf ein Mindestmaß beschränken sollten.

Der Begriff *„Sozial"* im Sinne von gerecht, menschlich und volksverbunden hatte (und hat) einen völlig anderen Sinn als *„Sozialismus"*, denn dieser war rein ideologisch (Ideologie = „Weltfremde Theorie"). In vielen Ländern gab es eine „Sozialdemokratische Partei", aber diese hatte zum Teil mit Marxismus wenig zu tun, andere wieder waren rein marxistisch, wieder andere hatten nur einen marxistischen linken Flügel, der rechte wollte davon nichts wissen. Die Begriffe waren (und sind) also verschwommen.

Die deutsche Sozialdemokratische Partei von 1869 unter Führung Bebels war rein marxistisch und international ausgerichtet, weshalb sie vom Staat bekämpft werden mußte.

Parallel zur Sozialdemokratie entstand die Gewerkschaftsbewegung zuerst in England, in den sechziger Jahren auch in Deutschland, eng verbunden mit den Arbeiterparteien. Christliche Gewerkschaften bildeten sich erst in den neunziger Jahren in Anlehnung an das Zentrum. Das Ziel der Gewerkschaften war die soziale Besserstellung der Arbeiterklasse.

Auf Kaiser Wilhelm I. wurden 1878 zwei *Attentate* von Sozialisten verübt. Bei dem zweiten erlitt der Kaiser erhebliche Verletzungen. Das gab den Anlaß zu dem sogenannten *„Sozialistengesetz"*. Man verbot zwar die Partei nicht automatisch, setzte ihre Mitglieder aber unter Druck. Aufhetzerische Tätigkeiten in Vereinen und Gewerkschaftsversammlungen wurden untersagt und die Presse scharfer *Zensur* ausgesetzt. Dabei erwiesen sich die Nationalliberalen im Reichstag als halbherzig, weshalb der Kanzler nicht mehr auf deren volle Zustimmung rechnen konnte. Statt dessen unterstützte ihn nun mehrfach das Zentrum, seit es mit Rom zu einem Ausgleich gekommen war. Erst bei den Wahlen von 1887 gewannen die Konservativen eindeutige Mehrheiten. Die *Nationalliberale Partei* hatte seitdem ihre führende Rolle im Reichstag nie wieder zurückerlangt. Der politische Liberalismus begann trotz späterer Triumphe seinen Krebsgang.

Bismarcks Sozialgesetzgebung ab 1881: Der *Pragmatiker* (sachlicher Mensch) Bismarck erkannte bald die sozialen Notwendigkeiten. Es ging nicht an, daß bei Unfall oder Krankheit der arbeitende Mensch sich selbst überlassen blieb oder daß Hilfe nur auf einzelne beschränkt blieb. So kam es 1881 zur Verkündung der deutschen *„Sozialversicherungsgesetze"*, einer Schöpfung Bismarcks, die auf den Grundgedanken der schon bestehenden *Knappschaftsversicherung* aufbaute (*Knappen* = Bergleute).

Schon im 13. Jahrhundert hatten Kaiser Friedrich II. und einige deutsche Fürsten die immer gefährdeten Bergleute gegen Notfälle versichert, ähnlich auch die Handwerker in den *Zünften*.

Als erstes Land der modernen Industriegesellschaft setzte das Reich 1883 die *Kranken-*, 1884 die *Unfall-* und 1889 die *Invaliden- und Altersversicherung* in Kraft. Später, nach Bismarck, folgte 1911 die *Angestellten-* und 1927 schließlich die *Arbeitslosenversicherung*.

Der Wirtschaftsaufschwung nach 1873: Die 5 Milliarden Franken *Kriegsentschädigung*, die Frankreich laut Friedensvertrag 1871 an das Deutsche Reich zahlte, wurden zum guten Teil als Kredite zu geringen Zinsen an die Wirtschaft gegeben. Das führte zu den sogenannten *„Gründerjahren"*. Neugründungen schossen wie die Pilze aus der Erde. Aber für viele kam 1873 durch Massenkonkurse *„der große Krach"*. Dabei zogen viele Betrügereien gerichtliche Prozesse nach sich, denn auch solide Unternehmen waren in die Zusammenbrüche hineingezogen worden.

Nach diesem Auslesevorgang aber entwickelte sich die deutsche Wirtschaft stetig aufwärts. Die Bevölkerung nahm schnell zu, der Wohlstand wuchs spürbar in allen Volksschichten, und das Reich wurde ein wichtiges Aus- und Einfuhrland.

Ende der siebziger Jahre gerieten Industrie und besonders die Landwirtschaft wegen des ausländischen Wettbewerbs in vorübergehende Bedrängnis, so daß 1879 *Schutzzölle* eingeführt werden mußten.

Diese Maßnahme sollte auch der Eindämmung der *Massenauswanderung nach Amerika* dienen. Das „Land der unbegrenzten Möglichkeiten" übte auf Millionen Europäer seit etwa 1840 große Anziehungskraft aus. Erst in den neunziger Jahren, als das Deutsche Reich mit seiner *Qualitäts-Industrie* (*„made in Germany"* seit 1887) ein festgefügter Begriff in der Welt geworden war, versiegte die deutsche Auswanderung weithin. Deutschland konnte seiner Bevölkerung nun bessere Lebensbedingungen bieten als jedes andere Land. In den Jahren 1884/85 und danach erwarb das Deutsche Reich auch eine Anzahl von *Schutzgebieten* (Kolonien) in Afrika und in der Südsee, worüber im nächsten Kapitel genauer berichtet werden soll.

Friedrich III. (1831–1888), König von Preußen und Deutscher Kaiser 1888

Kaiser Wilhelm I. und Bismarck waren aufeinander angewiesen. Daß ihre Ansichten nicht immer die gleichen waren, verstand sich von selbst, und so blieben harte Auseinandersetzungen nicht aus. Die letzte Entscheidung traf aber stets Bismarck, da schließlich alles, was er bisher veranlaßte, zum Erfolg geführt hatte. Kronprinz Friedrich unterstützte den Kanzler eifrig. In der ganzen Welt wurde Bismarck als der *„Eiserne Kanzler"* bewundert und respektiert. Bismarck war als Reichskanzler der einzige Minister, und ihm unterstanden die Staatssekretäre, welche die einzelnen „Reichsämter" verwalteten.

Die Gemahlin Wilhelms I. war die Kaiserin und Königin von Preußen *Augusta* (1811–1890), eine geborene Prinzessin aus Sachsen-Weimar. Die Ehe wurde 1829 geschlossen, er war 32, und sie 18 Jahre alt. Beide genossen allgemeine Verehrung infolge ihres menschlich-schlichten und frommen Wesens sowie ihrer natürlich königlichen

Haltung. Die Kaiserin hatte beträchtlichen Einfluß, und bei den fachlichen Auseinandersetzungen der Männer entsprach vielfach die Meinung des Kaisers der der Kaiserin. So blieb es nicht aus, daß sie sich als manchmal heftige Gegnerin Bismarcks fühlte, doch kam es niemals zu würdelosen Anfeindungen.

Das „Dreikaiserjahr" 1888: Im März 1888 starb Kaiser Wilhelm I. im Alter von 91 Jahren in Berlin. Zwei Jahre später folgte ihm die Kaiserin nach. Ihre letzte Ruhe fanden beide im *Mausoleum* Friedrich Wilhelms III. und der Königin Luise im Schloßpark von Charlottenburg.

Nachfolger im Kaiseramt wurde der Kronprinz als *Friedrich III.* mit 57 Jahren. Er hatte sich in den Kriegen von 1866 und 1870/71 als erfolgreicher Heerführer hervorgetan, und seit der beschriebenen Auseinandersetzung bei Königgrätz über Fortsetzung oder Beendigung des Krieges herrschte zwischen ihm und Bismarck Einverständnis. Friedrich III. hatte sich 1858 mit der achtzehnjährigen englischen Prinzessin *Viktoria* (1840–1901) vermählt. Sie war die älteste Tochter der Königin Viktoria von England und galt als ehrgeizig und hochfahrend. Solche Eigenschaften veranlaßten Bismarck einmal zu der spöttischen Bemerkung: *„Die englische Stute wird uns noch die ganze Zucht verderben!"* In Deutschland nannte man sie die „Kaiserin Friedrich".

Als Friedrich III. auf den Thron kam, war er bereits vom Tod gezeichnet. Nach nur 99 Tagen Regierungszeit erlag er dem Kehlkopfkrebs, gegen den man damals noch keine Heilmöglichkeiten hatte. Seine Gemahlin starb im Jahre 1901, ein halbes Jahr nach ihrer Mutter.

Ihr gemeinsamer Sohn wurde mit 29 Jahren im Juni 1888 zum Kaiser *Wilhelm II.* ausgerufen.

Aufteilung Afrikas und Erwerb deutscher Kolonien in Afrika, der Südsee und China

Über die Kolonialreiche wurde bereits berichtet doch noch wenig über Afrika. Obwohl dieser gewaltige, zweitgrößte Erdteil von 30 Millionen km² Fläche Europa am nächsten lag, hatten sich bisher nur die Holländer, Portugiesen und Engländer für den Süden interessiert, die Türken, Franzosen, Engländer, Spanier nur für die Nordküste von Ägypten bis Marokko.

Daß vom Ende des Altertums an im 5. und 6. Jahrhundert n. Chr. vor allem in Tunis das ostgermanische Wandalenreich bestand, wurde erzählt.

Außer den arabisch besiedelten nördlichen Ländern Afrikas war die ganze übrige Landmasse südlich der Sahara von Negern bewohnt, deshalb der *„Schwarze Erdteil"*. Das lateinische „niger" heißt ja „schwarz". Eine weiße Minderheit setzte sich erst in der 2. Hälfte des 19. Jahrhunderts, überall verteilt, als herrschende Schicht, fest. Ferner wanderte im Osten eine begrenzte Anzahl Inder ein.

Die Engländer hatten schon vor 1800 mit der *Erforschung Innerafrikas* begonnen, doch bis 1830 kannte man nur den Verlauf des Niger-Stromes, der in Nigeria in den Atlantik fließt. In den vierziger Jahren durchreiste der schottische Missionar David *Livingstone* (1813–1873) das südliche Zentralafrika, entdeckte 1855 die Viktoriafälle, erforschte den Sambesistrom und andere Gebiete. Dann war er längere Jahre verschollen. Der Afrikaforscher und Journalist Sir Henry *Stanley* (1841–1904) unternahm 1871 eine Reise nach Ostafrika, um Livingstone zu suchen. Ende 1871 fand er den Schwererkrankten in einem Negerdorf. Livingstone war zur Rückkehr nicht zu bewegen und starb 1½ Jahre später. Seine Leiche wurde nach London überführt und in der *Westminsterabtei* beigesetzt.

Die deutschen afrikanischen Kolonien – auch Schutzgebiete genannt – 1884: An der Erforschung Afrikas war seit etwa 1840 eine beträchtliche Anzahl deutscher Forscher beteiligt, wovon hier die wichtigsten genannt werden sollen: Heinrich *Barth* (1821–1865) aus Hamburg gehörte einer internationalen Expedition an, die den Sudan sechs Jahre lang durchquerte. Am Schluß war er der Leiter des Unternehmens und überlebte als einziger Europäer. Gerhard *Rohlfs* (1831–1896) aus Bremen bereiste die Sahara, Marokko, den Niger und Abessinien. 1884/85 wurde er Reichskommissar für die ostafrikanische Insel *Sansibar* östlich *Daressalam*. Georg *Schweinfurth* (1836 bis 1925), Baltendeutscher aus Riga, forschte in der libyschen Wüste, im Nilgebiet und in Abessinien sowie auf der Insel *Sokotra* am Horn von Afrika.

Bismarck stand dem Erwerb von Kolonien skeptisch gegenüber. Er sah in den modernen Kolonialreichen keine großen Zukunftschancen, wohl aber beträchtliche Gefahren. Aus Prestigegründen stimmte er schließlich zu, wobei ihm Kolonien als austauschbare Pfandobjekte geeignet erschienen.

Gustav *Nachtigal* (1834–1885) aus Stendal nördlich Magdeburg war nicht nur Forscher. Er schloß 1884 mit den Stammeshäuptlingen von *Togo* und *Kamerun Schutzverträge* ab, womit er für das Deutsche Reich die ersten Schutzgebiete erwarb. Er wurde kaiserlicher Kommissar für Togo. Während der Heimreise starb er jedoch schon 1885 am Fieber.

Der Hauptverfechter einer deutschen Kolonialpolitik war Carl *Peters* (1856–1918) aus Neuhaus-Elbe in Mecklenburg. Er gründete 1884 die „Gesellschaft für deutsche Kolonisation" und erwarb ab 1884 einzelne Teile von Ostafrika als Schutzgebiete. 1891 bis 1893 war er Reichskommissar von *Deutsch-Ostafrika* (942 000 km² groß). Ihm schwebte eine große Kolonie in Mittelostafrika vor, die auch *Uganda* und weitere Gebiete einschließen sollte. Der oberste Stammesführer des ugandischen Negerreiches wurde schließlich für einen Schutzvertrag mit dem Deutschen Reich gewonnen.

Noch war Afrika unter den europäischen Mächten nicht vollständig aufgeteilt, aber in Uganda, am Äquator und am *Viktoriasee* gerieten Deutschlands und Englands Kolonialinteressen erstmals aneinander. Peters' Pläne wurden durch Englands viel weiter gesteckte Ziele gestört. Großbritannien strebte den Besitz von ganz Ostafrika von Ägypten bis einschließlich Südafrika an. Deutsch-Ostafrika in den Händen der deutschen Großmacht war deshalb den Briten von vornherein ein Dorn im Auge.

Der Helgoland-Sansibar-Vertrag 1890: Doch kam es zu einem Vergleich im Helgoland-Sansibar-Vertrag von Ende 1890: England übernahm die Insel Sansibar und Uganda, letzteres mit 244 000 km² fast so groß wie die heutige Bundesrepublik Deutschland. Das Deutsche Reich handelte dafür die kleine Insel Helgoland von ½ km² ein, die allerdings von großer strategischer Bedeutung war. Der damalige Reichskanzler Caprivi, unter dessen Regie dieser Vertrag geschlossen wurde, hatte nach strategischen Gesichtspunkten gehandelt, denn die Nordseeinsel Helgoland lag vor den Mündungen von Elbe und Weser. Sie hätte von England damals leicht zu einem Sperrfort ersten Ranges ausgebaut werden können. Caprivi war General und hatte entsprechend entschieden.

1883 erwarb der Bremer Großkaufmann Adolf *Lüderitz* (1834–1886) in Südwestafrika unter dem Schutz des Reiches einen Hafenplatz, der dann nach ihm *Lüderitzbucht* genannt wurde. Weiter nördlich hatten sich die Engländer fünf Jahre zuvor in der *Walfischbucht* festgesetzt, so daß auch hier Rivalität entstand. Lüderitz ertrank mit 52 Jahren im Oranjefluß, dem Grenzfluß zu Südafrika, 300 km südlich.

Von Lüderitzbucht aus entwickelte sich die Kolonie *Deutsch-Südwestafrika*, ein Land von über 820000 km^2 mit damals kaum 200000 Eingeborenen, also fast menschenleer. Allerdings waren die Stämme der Hereros und Hottentotten im Landesinneren jahrelang zu keinen Schutzverträgen zu bewegen, und 1904 kam es zu einem schweren *Herero-Aufstand.* Nach dessen Niederwerfung folgte ein verlustreicher *Kleinkrieg mit den Hottentotten,* der erst 1908 beendet werden konnte. Beide Stämme hatten bezeichnenderweise Waffen und Kampfausbildung von den Engländern erhalten.

Bekannte deutsche Niederlassungen in dieser Kolonie wurden der Hafen *Swakopmund* und 250 km östlich davon die Hauptstadt *Windhuk*, die noch heute ihr deutsches Aussehen bewahrt hat.

Ganz im Norden verband ein schmaler Landstreifen von 500 km Länge und 50 km Breite Südwestafrika mit dem Sambesistrom. Der Streifen erhielt den Namen *„Caprivi-Zipfel". Deutsch-Südwestafrika trägt heute bei den UN den Namen Namibia,* obwohl das Gebiet vom Stamme der de Namib unbewohnt ist.

Die deutschen Kolonien in der Südsee – auch Mandatsgebiete genannt – 1884/1899: In der Südsee erwarb Deutschland sogenannte *Mandatsgebiete.* Das waren völkerrechtlich Länder, die nur unter fremder Verwaltung standen, also keinen Besitz darstellten wie Kolonien. 1884 erfolgte der Erwerb von *Deutsch-Neuguinea*, welches den Namen Kaiser-Wilhelm-Land erhielt. Es handelte sich um das nordöstliche Viertel der großen Insel nördlich von Australien. Dort hatte der Völkerkundler und Zoologe Otto *Finsch* (1839–1917) eine Forschungsstation errichtet, die unter dem Schutz des Reiches stand. Dazu kamen in den folgenden Jahren noch einige östlich und nördlich gelegene Inselgruppen, und zwar 1885 die *Marshall-Inseln*, 1888 *der Bismarck-Archipel*, durch Kauf von Spanien die *Marianen-*, *Karolinen-*, *Palau-* und ein Teil der *Salomon-Inseln.*

Weiter östlich im großen Ozean lag die *Samoa*-Inselgruppe; dort unterhielt seit 1860 die Hamburger Schiffahrtsgesellschaft *Godefroy* eine Niederlassung mit Handelsrechten. Auch England und die USA erhoben dort Ansprüche, so daß es mehrfach zu Schießereien kam. 1899 einigte man sich in einem Teilungsvertrag, wonach etwa die Hälfte der Inseln unter deutsche Verwaltung kam.

Der deutsche Flottenstützpunkt Tsingtau in China 1897: Schließlich erwarb die Reichsregierung 1897 durch einen Pachtvertrag auf 99 Jahre mit China den Flottenstützpunkt Tsingtau auf der Halbinsel Schantung am Gelben Meer (ohne die Stadt Kiautschau). Die anderen Großmächte, England, Rußland und Frankreich, sicherten sich gleichfalls Stützpunkte entlang der chinesischen Küste.

China befand sich damals unter der *Mandschu-Dynastie* (1644–1912) auf einem erbärmlichen Tiefstand. Noch 100 Jahre früher hatte das Land höchste Machtfülle erreicht. Die Europäer und Japaner verfuhren mit China nach Belieben. Sie besetzten die Hafenplätze und zwangen nachträglich die Regierung in Peking zu Pachtverträgen. So kam auch das Deutsche Reich zu dem Stützpunkt Tsingtau.

Verständlicherweise machte sich in China Fremdenfeindlichkeit breit. Diese führte 1900 zum offenen Aufstand des *Boxer-Geheimbundes* gegen den Mandschu-Kaiser und zum Angriff auf das Gesandtschaftsviertel der fremden Mächte in *Peking*. Das zwang zum Gegenangriff, und unter dem Oberbefehl des deutschen Grafen Alfred von *Waldersee* (1832–1904) aus Potsdam schlugen die Truppen der vereinigten Europäer in langen Kämpfen den *Boxer-Aufstand* blutig nieder. Damit war auch die Pekinger Regierung entlastet, die nun ihrerseits versuchte, die verkommene Staatsordnung neu zu organisieren. Doch waren die Fremden an einem erstarkten China nicht interessiert und behinderten die Neuordnung durch entwürdigende finanzielle Sühneforderungen.

Die Größe der Kolonialreiche 1914

Vor 1914 war die *„Aufteilung der Welt"*, wenn man so sagen darf, in etwa beendet. Danach beherrschten die Kolonialmächte, die, außer den USA und Rußland, selbst gering an Ausdehnung, jedoch von hoher Bevölkerungsdichte waren, folgende Gebiete in km^2 und Einwohnern:

Großbritannien:	34,0 Mill. km^2	mit	458	Mill. Einwohnern
Rußland:	21,2 Mill. km^2	mit	170	Mill. Einwohnern
Frankreich:	10,9 Mill. km^2	mit	65	Mill. Einwohnern
Deutschland:	2,9 Mill. km^2	mit	16	Mill. Einwohnern
Belgien:	2,4 Mill. km^2	mit	14	Mill. Einwohnern
Italien:	2,2 Mill. km^2	mit	3	Mill. Einwohnern
Portugal:	2,1 Mill. km^2	mit	9	Mill. Einwohnern
Niederlande:	2,1 Mill. km^2	mit	61	Mill. Einwohnern
USA:	1,8 Mill. km^2	mit	16	Mill. Einwohnern
Japan:	0,3 Mill. km^2	mit	30	Mill. Einwohnern
Spanien:	0,3 Mill. km^2	mit	2	Mill. Einwohnern

Rußland nannte sich nicht „Kolonialreich", obwohl es eine Vielzahl von Völkerschaften unterjocht hatte und beherrschte.

Was wollten die Kolonialmächte eigentlich mit den riesigen Gebieten? Die Regierungen glaubten, bis in alle Ewigkeit *Rohstoffquellen* für ihre Industrien sicherstellen zu müssen. Je mehr Kolonien, desto mehr Rohstoffe, je mehr Rohstoffe, desto mehr Geld, je mehr Geld, desto mehr Macht. Großbritannien war ungeheuer stolz auf sein Weltreich. Man sprach vom *„stolzen Albion"* (Albion = ältester keltischer Name Englands). Frankreich war hungrig nach Ruhm, nach *„Gloire"*.

Man kann ruhig sagen, daß diese Staaten ihre Kolonien zumeist rücksichtslos ausbeuteten, ebenso die Holländer und Belgier.

Portugal und Spanien hatten das früher in ihren amerikanischen Kolonien auch so gehalten, bis die dortige Bevölkerung von den Mutterländern nichts mehr wissen wollte. Portugal hatte daraus gelernt und führte in seinen neuen afrikanischen

Besitzungen Gesetze ein, welche die Ausbeutung stark einschränkten, mit dem Ziel, die Eingeborenen am Erfolg teilhaben zu lassen.

Das Deutsche Reich verbot von Anfang an, *Gewinne* der in den Schutzgebieten errichteten Betriebe und Handelsunternehmungen außer Landes zu bringen. Die erwirtschafteten Gelder sollten dem Aufbau des Schutzgebietes und der einheimischen Bevölkerung zugute kommen. Die Deutschen, die dorthin auswanderten, taten dies in der festen Absicht, dort eine Existenz aufzubauen, zu bleiben und das Land zu einer neuen Heimat auf- und auszubauen. Das Verhältnis zu der Negerbevölkerung war recht gut. Noch heute sprechen uralte Einheimische in den ehemals deutschen Kolonien von „der guten Zeit", als die Deutschen im Lande waren. Neger-Politiker aus Togo, Kamerun und anderen früheren Kolonien, die in den Jahren nach dem Ersten und Zweiten Weltkrieg nach Deutschland kamen, haben das deutlich ausgesprochen.

Es sei hier im voraus berichtet: Im Versailler Vertrag nach dem Ersten Weltkrieg wurden alle deutschen Kolonien dem Reich abgesprochen mit der Begründung: *Deutschland wäre unfähig zu kolonisieren!* Es war dies eine der zahlreichen Demütigungen aus Zorn, daß sich das Reich nicht auch zur Ausplünderung der Kolonien bereitgefunden hatte. – Bald darauf begann allgemein das Ende der Kolonialherrschaft, und die Weltreiche zerfielen trotz erbitterten Widerstandes der Beherrscher.

Doch so weit war es noch lange nicht: Nach etwa 1890 begannen die Kolonialmächte eine fast euphorische (übermütige) sogenannte *„Weltpolitik"* zu betreiben. Weil aber die Staaten gegeneinander voller Mißtrauen steckten, glaubten sie ihre Kolonien und Handelsschiffe durch *Kriegsflotten* schützen zu müssen. Über deren Stärke gab es prompt erbitterten Streit.

Doch solange Bismarck im Amt war, galt der Grundsatz der *„Saturation"* nicht nur für das Reich, sondern auch in bezug auf den Kolonialbesitz und die Kriegsflotte. Wie sollte man im Kriegsfall die Schutzgebiete und Mandate halten können, wenn sich das Mutterland – im ungünstigsten Falle – nach allen Seiten verteidigen mußte? Eine starke Kriegsflotte half da auch nichts. So vermied Bismarck jede Art von Rivalität vor allem England gegenüber. „Weltpolitik" machte er nicht mit. Darauf ließen sich erst seine Nachfolger ein.

Wilhelm II. (1859–1941), letzter König von Preußen und letzter Deutscher Kaiser von 1888–1918

Wilhelm war der Sohn Friedrichs III. und der englischen Prinzessin Viktoria, von der Bismarck gesagt hatte, daß die englische Stute die Zucht verderbe. Wilhelm II. kam mit einem verkürzten Arm zur Welt, weshalb er zeitlebens von Minderwertigkeitsgefühlen geplagt war. Seine Mutter erzog ihn außerdem lieblos und streng, womit die ehrgeizige Frau den Geburtsfehler überspielen zu können glaubte.

Als Wilhelm mit 29 Jahren Kaiser wurde, hatte er mit Bismarck den großartigsten Kanzler zur Seite. Statt aber von diesem Manne zu lernen, wußte Wilhelm trotz Mangel an Erfahrungen alles besser. Er spielte sich sogleich als Regent und Herr auf. Da er vieles falsch sah, mußte ihn der Kanzler korrigieren, was den jungen Wilhelm zu der Bemerkung veranlaßte: *„Lassen Sie mich doch auch mal rechthaben."* Er pendelte trotz guter Begabung oft zwischen Unvermögen, vorgetäuschtem Selbstbewußtsein und „Gottesgnadentum" hin und her, weshalb er das leichte Opfer von Intriganten wurde.

Wer ihn reichlich mit unterwürfigem Lob und Bewunderung bedachte, hatte leichtes Spiel und konnte schnell befördert werden. Da solche Leute aber meist sehr wenig oder gar nichts taugten, was dann im Amt bald ans Licht kam, wechselten die höheren Beamten oft und schnell. Als man dem Kaiser das vorhielt, erklärte er, daß schlechte Ratgeber nicht schaden könnten, denn: *„Regieren tue ja ich."* Wilhelm feierte viel, hielt oft Ansprachen und hörte sich gern reden. Dabei sparte er nicht mit großsprecherischen Redensarten und mit manchmal geschmacklosen Handlungen: Bei einer Schiffsexplosion, die 40 Todesopfer forderte, hielt er die Trauerrede. Er endete mit den Worten: „Nun weiter mit Volldampf voraus!" „Viel Feind, viel Ehr" und ähnliches lag ihm leicht auf der Zunge. Dem wohlbeleibten Zaren von Bulgarien, der anläßlich eines Staatsbesuches in Berlin vom Balkon aus zum Volk auf die Straße grüßte, schlug er vor den Augen des Hofstaates lachend aufs Hinterteil.

Das Ausland nahm das alles kopfschüttelnd und voll Mißtrauen zur Kenntnis. Man wußte allgemein nicht, woran man mit ihm war. Manche der ausländischen Gesandten hielten ihn für einen Dummkopf, andere für gefährlich, wieder andere für harmlos.

In Wirklichkeit war er tatsächlich harmlos, soweit man solches Auftreten an der Spitze eines mächtigen Reiches, welches wegen seiner geographischen Binnenlage grundsätzlich immer gefährdet ist, noch als harmlos hinnehmen kann.

Aber Wilhelm II. hat niemals in Europa irgendwelche Gebietsansprüche gestellt, wodurch sich ein Nachbarland hätte bedroht fühlen können. Auch der *„Großdeutsche Gedanke"* war ihm so völlig fremd, daß das Ausland dadurch nicht in Unruhe geraten konnte. Mit Österreich bestand das Beistandsbündnis von 1879 und ansonsten ein gutnachbarliches Verhältnis. Der Kolonialbesitz genügte Wilhelm völlig, und außer den wenigen, fast unbedeutenden Mandats-Inselgruppen in der Südsee erwarb 1898/99 das Deutsche Reich während Wilhelms II. Regierungszeit keinen überseeischen Besitz mehr. Der Kaiser hielt sich an Bismarcks Grundsatz der *„Saturation"*.

1881 hatte der Kaiser die Prinzessin *Auguste Viktoria* von Schleswig-Holstein (1858 bis 1921) geheiratet, und er war seiner Gemahlin ein guter Ehemann wie auch seinen Kindern ein liebenswürdiger Vater. Man hat oft seinen Familiensinn hervorgehoben. Da er auch über ein ausgezeichnetes Wissen und hervorragendes Gedächtnis verfügte, kam man vielfach zu dem Schluß, daß Wilhelm zu einem hohen Beamten bestens geeignet gewesen wäre, nicht aber zum Kaiser.

Das Verhältnis zwischen Wilhelm und Bismarck war von Anfang an gespannt. Der Kaiser glaubte mittels weiterer *sozialer Reformen* den Marxismus ausschalten und die Sozialdemokraten für sich gewinnen zu können. Dasselbe hatten Bismarck und Kaiser Wilhelm I. bereits nach Schaffung der Sozialversicherungen erhofft, allerdings vergeblich. Im Gegenteil, die Partei der Arbeiterschaft war größer geworden und dem Reich feindlich gesinnt geblieben, weil sich die internationale Agitation nach der Sozialgesetzgebung in ganz Europa nun erst recht organisierte und die Arbeiterschaft noch immer nicht voll zur Gesellschaft gehörte.

Bismarcks Entlassung März 1890 – Zerstörung seines Vertragsnetzes: Bismarck war 74 Jahre alt, als der Konflikt zwischen ihm und Wilhelm II. ernste Formen annahm. Der junge Kaiser und sein intriganter Anhang hielten den Kanzler für zu alt und geistig unbeweglich. Im März 1890 zwang der Kaiser Bismarck zum Rücktritt, und zwar in einer derart beleidigenden Form, daß die ganze Welt den Atem anhielt. Der Mann, der das Zweite Deutsche Reich gegründet, 29 Jahre lang die Geschicke Europas gelenkt und eine einzigartige Stabilität geschaffen hatte, wurde buchstäblich *von heute auf morgen* aus dem Amt *entlassen*. Er konnte nicht einmal mehr seine persönlichen Sachen aus der Kanzlei wegbringen lassen. Eine ordnungsgemäße Amtsübergabe fand nicht statt.

Wilhelm II. hatte mit dieser Tat dem Reich einen ungeheuren Schaden zugefügt, und sich selber wie der hohenzollerschen Monarchie den Ast so stark angesägt, daß die Wunde unheilbar blieb.

Bismarck zog sich grollend nach *Friedrichsruh* in seinen Sachsenwald zurück, von wo aus er die weiteren Geschehnisse genau beobachtete und, wenn berechtigt, auch schonungslos öffentlich kritisierte.

Sein Nachfolger wurde General Graf *Caprivi* (1831–1899) aus Berlin; er entstammte einem österreichischen Adelsgeschlecht. Was er leistete, geschah nur aus dem Blickwinkel des Militärs, so der bereits erwähnte Helgoland-Sansibar-Vertrag und 1893 eine große Heeres-Aufstockung. Aber politisch war er unfähig. Er verkündete als Programm den sogenannten *„Neuen Kurs"*. Was er damit meinte, war unerfindlich.

Lange glaubte man, er habe auf Weisung des Kaisers begonnen Bismarcks Vertragssystem aufzuweichen, indem er den deutsch-russischen Geheimvertrag, den *„Rückversicherungsvertrag"*, der alle drei Jahre verlängert werden sollte, 1890 nicht mehr erneuerte. Die Dinge lagen offenkundig schwieriger. Es hätte wohl ein Bismarck dazugehört, um diesen Vertrag auch bei Verlängerung noch nützlich wirken zu lassen. Frankreich stand in Petersburg schon vor der Tür.

Bismarcks Entlassung machte es Rußland und Frankreich leicht, zu einer Annäherung zu gelangen, denn mit dem Reich verbündet war Österreich-Ungarn, ein natürlicher Gegenspieler Rußlands auf dem Balkan. So war Frankreich für das Zarenreich interessant geworden. Jedenfalls kam es schon 1891/92 zu einer *Militärkonvention Frankreich/Rußland*, die sich später zur *Einkreisung* Deutschlands und Österreich-Ungarns weiterentwickeln sollte.

Hinter dem Kaiser stand ein Mann, der als *„Graue Eminenz"* in die Geschichte einging, der „Diplomat" Friedrich von *Holstein* (1837–1909) aus Schwedt an der Oder. Er war ein erbitterter Feind Bismarcks, weil dieser ihn früher mehrmals wegen seines umstrittenen Leistungsniveaus und Charakters entsprechend beurteilt hatte. Holstein war wie eine Klette, die man nicht loswerden konnte. Seit 1878 schon stand er als „Vortragender Rat" im auswärtigen Dienst und blieb das bis 1906. Gleich nach dem Regierungsantritt Kaiser Wilhelms II. gehörte er zu dessen Umschmeichlern, die wesentlich zum Sturz Bismarcks beitrugen.

Holstein hatte auch eine haarsträubende Erklärung zurechtgebastelt, warum der „Rückversicherungsvertrag" nicht verlängert werden dürfe: England müßte sich vor den Kopf gestoßen fühlen, und schließlich sei ja die Königin von England auch des Kaisers Großmutter. England sei schon wegen dieser engen Verwandtschaft der natürliche Verbündete Deutschlands. Hier müsse ein Bündnis erreicht werden. Bismarck habe das nur nicht fertiggebracht. Solche Töne waren Musik in Wilhelms Ohren, und wenn er Holsteins Gründe auch nicht für stichhaltig anerkennen durfte, so taten sie seiner Rechthaberei doch sichtlich wohl. Bei solcher Verfassung des Kaisers mußte Holsteins Vorgehen schon fast als hinterhältig angesehen werden. Dieser Fall war Holsteins erster Streich, weitere sollten folgen.

In der Innenpolitik gab der Kaiser seine angekündigten „sozialen Reformen" bald wieder auf. Vom „Neuen Kurs" hörte man nichts mehr, dafür wurden Bismarcks Sozialversicherungsgesetze weiter planmäßig ausgebaut.

Versuche, mit England zu einem fundamentalen Bündnis zu kommen, gelangten über den Helogland-Sansibar-Vertrag und über die Schaffung des Caprivi-Zipfels in Deutsch-Südwestafrika nicht hinaus. Dieser war übrigens ohne praktische Bedeutung, denn die gedachte Verbindung zum Indischen Ozean durch den *Sambesi-Strom* war wegen der dazwischenliegenden *Viktoriafälle* unmöglich.

Die Engländer hatten 1896 erstmals versucht, den südafrikanischen Burenstaat zu erobern. Doch der Präsident Ohm *Krüger* hatte den Angriff siegreich abgewehrt. Aus diesem Anlaß schickte Kaiser Wilhelm II. ein Glückwunschtelegramm nach Transvaal, die sogenannte *„Krügerdepesche"*. Das mochte einer guten menschlichen Empfindung entsprochen haben, aber politisch war es eine Torheit, vor allem wenn man ein Bündnis mit England suchte. Die Briten hatten dem Kaiser diese Depesche nie verziehen.

Weit über solche Dinge des Gefühls hinaus spielte für Englands Überlegungen der mächtige wirtschaftliche Aufschwung Deutschlands eine entscheidende Rolle. Trotz seines gewaltigen Imperiums war es dem industriellen Wettbewerb gegenüber dem Deutschen Reich nicht überall gewachsen.

Als Wilhelm II. merkte, daß er Bismarcks Bündnissystem zerstört und nichts Gleichwertiges zustande gebracht hatte, schwebte ihm ein großes *Kontinentalbündnis* vor. Der arg vernachlässigte Dreibund zwischen Deutschland, Österreich-Ungarn und Italien sollte wieder aufgewertet, durch Rußland und wenn möglich auch durch Frankreich erweitert werden. Ein solches Bündnis konnte sich aber nur gegen England richten, weshalb nichts daraus wurde.

„Weltpolitik" ab 1890: Diese schlug in den neunziger Jahren in Deutschland hohe Wellen. Die Begeisterung im Volk war groß, und viele junge Leute übersiedelten in die menschenarmen Schutzgebiete, die glänzende Zukunftsaussichten zu bieten schienen. Der Überseehandel nahm Ausmaße an, auf die niemand zu hoffen gewagt hatte.

Den Kaiser selbst erfüllte der Besitz an Kolonien mit Stolz. *„Ich führe Euch herrlichen Zeiten entgegen!"* verkündete er voller Überzeugung bei einer Rede in Berlin. So entstand vorübergehend zwischen Kaiser und Volk ein gewisses Vertrauensverhältnis.

Bismarck in Friedrichsruh – Tod 1898: 1894 besuchte Wilhelm II. Bismarck in Friedrichsruh, was eine *„Versöhnung"* bedeuten sollte. Doch was war darunter zu verstehen? Das unglaubliche Benehmen des Kaisers 1890 hatte Bismarck großzügig verziehen. Aber dieser sah sorgenvoll das Reich von lauernden Wölfen umstanden, die von törichten Leuten nicht etwa klug besänftigt, sondern noch leichtfertig gereizt wurden.

Seit Bismarck im Sachsenwald lebte, wurde Schloß Friedrichsruh zunehmend eine Art *„Wallfahrtsort"* vieler Tausender Menschen aus allen Teilen des Reiches. An seinen Geburtstagen strömten Studenten, Privatpersonen und Abordnungen von Turn-, Gesangs- und anderen vaterländischen Vereinen zusammen, huldigten ihm begeistert und brachten so Dank und Verehrung dar.

1894 starb Bismarcks Lebensgefährtin Johanna von *Puttkamer* im Alter von 70 Jahren. Sie hatte ihm in 47 aufregenden Jahren treu und oft beratend zur Seite gestanden. Ihr ältester Sohn Herbert Fürst *Bismarck* (1849–1904) war der vertrauteste Mitarbeiter seines Vaters und jahrelang Staatssekretär des Auswärtigen Amtes. Er trat zurück, als der Vater entlassen wurde, übrigens gegen den Willen des Kaisers. Der zweite Sohn Wilhelm Fürst *Bismarck* (1852–1901) blieb im Staatsdienst, seit 1895 als Oberpräsident von Ostpreußen.

Fürst Otto von Bismarck, der „Eiserne Kanzler" und Gründer des Zweiten Deutschen Reiches, starb am 30. Juli 1898 in Friedrichsruh im Alter von 83 Jahren. Er ruht neben seiner Gemahlin in einem kunstvollen *Mausoleum im Park von Schloß Friedrichsruh.*

Sein Name ist für alle Zeiten mit Deutschland im In- und Ausland verbunden. In fast jeder deutschen Stadt gibt es eine Bismarck-Straße oder einen Bismarck-Platz, und auf vielen Höhen im ganzen Lande stehen Bismarck-Türme. In den USA im Staate Nord-Dakota heißt die Hauptstadt Bismarck. Eine Inselgruppe von Melanesien in der Südsee trägt den Namen Bismarck-Archipel, und eine Bergkette in Neu-Guinea heißt Bismarck-Gebirge.

Ausbau der Kriegsflotte ab 1898: Einige Jahre nach Bismarcks Tod glaubte Wilhelm II. eine große, mächtige Kriegsflotte schaffen zu müssen. Caprivi war schon 1894 in Ungnade gefallen, und sein Nachfolger im Kanzleramt wurde 1814 der Fürst zu *Hohenlohe-Schillingsfürst* (1819–1901), der aus der Nähe von Fulda stammte. Er war ein altgedienter, guter Beamter und die letzten zehn Jahre Reichsstatthalter in *Elsaß-Lothringen* gewesen. In seine Kanzlerschaft fiel die Einführung des deutschen Bürgerlichen Gesetzbuches als künftige Grundlage der Zivil-Rechtsprechung. Hohenlohes Ratschläge an den Kaiser in Dingen der Kriegsflotte waren nicht durchdacht. Er kam den Kaiserwünschen bedenkenlos entgegen mit der Begründung, daß die Kolonien nur durch Kriegsschiffe geschützt werden könnten. Um das jedoch wirksam durchführen zu können, hätte es einer Flotte an Größe ähnlich der englischen bedurft. England aber sah sich als Herr der Meere und wollte daran nicht rütteln lassen. Deutschlands Stärke war das Landheer, und eine begrenzte Kriegsflotte zum Schutze der Küsten an Nord- und Ostsee billigte ihm England ohne weiteres zu. Mehr nicht.

Daß der Kaiser eine große Flotte sozusagen als „sein ganz persönliches Spielzeug" und als Mittel zu großartigem Auftreten benötigte, wie man bald in Deutschland spöttisch zu hören bekam, soviel Torheit konnte man im Ausland unmöglich annehmen.

Doch Englands Gründe gegen die deutsche Seeaufrüstung waren ganz anderer Natur: Mit seiner weit überlegenen Flotte konnte England nämlich ungestört gegen Deutschland eine *Blockade* errichten, eine tödliche Bedrohung für das Reich. Auf deutscher Seite wurde dies erst 1904 voll erkannt.

Admiral Alfred von *Tirpitz* (1849–1930) aus Küstrin in Brandenburg hatte zu Bismarcks Zeiten für den *Küstenschutz* bereits eine schlagkräftige Torpedoboots-Flotte organisiert, und der Kaiser ernannte ihn 1898 zum Chef des Reichsmarineamtes. Er bekam den Auftrag, die neue Hochseeflotte zu schaffen.

Die nötigen Gesetze und Bewilligungen verstand Tirpitz im Reichstag durchzusetzen. Bis 1911 war das Deutsche Reich zur *zweitstärksten Seemacht* der Welt (nach England) emporgestiegen. Neben hochmodernen Schlachtschiffen, Großen Kreuzern, Kleinen Kreuzern, Zerstörern und Torpedobooten entstand ab 1900/1904 auch eine schlagkräftige *Unterseebootswaffe*. Diese war zur wirksamen Blockadebekämpfung allerdings von größter Bedeutung.

Zum wichtigsten *Seekriegshafen* wurde die Stadt *Kiel* in Holstein ausgebaut, von wo aus der *Große und der Kleine Belt* sowie der *Öresund* zwischen Dänemark und Schweden als Zufahrtsstraße zur Ostsee im Ernstfall leicht gesperrt werden konnten.

Von 1900 bis 1909 war Fürst Bernhard von *Bülow* (1849–1929) aus Hamburg-Altona Reichskanzler, ein ohne Zweifel gewandter Redner. Er wurde zeitweise irrtümlich als bedeutender Staatsmann gepriesen. Aus Mangel an eigenem politischem Instinkt geriet er stark unter den Einfluß des zwielichtigen *Holstein*. Bülow war nicht in der Lage, die Einkreisung Deutschlands zu verhindern:

Deutschlands Einkreisung 1904 und 1907

1904 kam es zwischen Frankreich und England zur sogenannten *„Entente Cordiale"* (= herzliches Einvernehmen), nachdem beide Staaten im Streit über ihren nordafrikanischen Kolonialbesitz zu einer Einigung gekommen waren. Nun arbeitete vor allem die französische Diplomatie an der Gewinnung Rußlands für das Bündnis. 1907 kam es schließlich zur *Tripelentente* (Dreierverband) zwischen den drei Großmächten.

Damit standen sich nun zwei Machtblöcke gegenüber: Der Dreibund, der *„Mittelmächte"*, bestehend aus dem Deutschen Reich, Österreich-Ungarn und Italien, sowie die Tripelentente aus Frankreich, England und Rußland. Im Ernstfalle drohte dem Dreibund also der *Zweifrontenkrieg*.

Das war die *„Einkreisung"*, genau der Zustand, den zu verhindern Bismarcks große politische Aufgabe und Sorge gewesen war und den herbeizuführen der Ungeist des einstigen Kardinals *Richelieu* als dauerndes Ziel der französischen Politik verkündet hatte.

Wegen seines großsprecherischen Wesens war Wilhelm II. bei den fremden Staatsmännern ausgesprochen unbeliebt. Daß er keinen Krieg wollte, wußten diese längst. Wozu auch, da er ja nichts forderte! Aber in eine Falle locken konnte man den Kaiser bestimmt, zumal seine politischen Ratgeber keine Genies waren. Allerdings hatten die Feinde großen Respekt vor den Militärs, denn der *deutsche Generalstab* war auf der Hut und das Heer im besten Zustand.

Im Gegensatz zum Deutschen Reich waren die Gegner außerordentlich begehrlich: *Frankreich wollte Elsaß-Lothringen und* einen Teil der *deutschen Kolonien* gewinnen. *England* ging es ebenfalls um *weiteren Kolonialbesitz*. Es hatte zwar mehr als genug, aber auf der Weltkarte sah dieser an manchen Stellen nicht abgerundet genug aus. Außerdem paßten die deutschen Schlachtschiffe nicht in das englische Selbstgefühl. Die *deutsche Wirtschaft* hatte führende Weltgeltung bekommen und die Engländer bereits mehrfach im Konkurrenzkampf verdrängt. Das lag aber daran, daß die Qualität der deutschen Maschinen, Elektromotoren, Meßgeräte, Kleinartikel, Textilien, Medikamente und vieles andere derart überzeugend war, daß man sie überall haben wollte. Daß die *Bagdad-Eisenbahn* im Türkischen Reich von Anatolien über Adana, Mossul, Bagdad nach Basra am Persischen Golf unter deutscher Regie gebaut wurde, traf Englands Stolz empfindlich.

Rußland schließlich hatte mit dem Deutschen Reich kaum Reibungspunkte. Seine Interessen lagen auf dem *Balkan*, wo es in Gegensatz zu Österreich-Ungarn und der

Türkei geriet. Doch Österreich und das Deutsche Reich waren seit 1879 eng miteinander verbündet, weshalb Rußland lediglich durch diese Tatsache einen Grund sah, sich gegen Deutschland zu stellen und der Tripelentente beizutreten.

Verständigungsversuche mit England ab 1910: 1909 wurde im Reichstag eine Verfassungsänderung, die sogenannte *Reichsfinanzreform* durchgesetzt. Bisher war das Reich finanziell von den Beiträgen der Einzelstaaten abhängig gewesen. Jetzt konnte es endlich eigene *Reichssteuern* erheben. Der Reichskanzler von Bülow verlor bei diesen Abstimmungen die Mehrheiten und trat zurück. Zu seinem Nachfolger ernannte der Kaiser den bisherigen Staatssekretär für Inneres, Theobald von *Bethmann-Hollweg* (1856–1921) aus Hohenfinow nordöstlich Berlin. Er entstammte einer bekannten Bankiersfamilie in Frankfurt am Main. Er versuchte ab 1910 beharrlich eine deutsch-englische Verständigung zu erreichen, die aber an der Flottenfrage scheiterte.

Marokkokrisen und „Panthersprung" 1905 und 1911: Ein in Europa strategisch bedeutender, deshalb auch politisch gefährlicher Punkt war die 15 km schmale Meerenge zwischen Gibraltar in Spanien und Ceuta in Marokko, also zwischen Europa und Afrika. Schon im Altertum spielten diese beiden Felsen, die *„Säulen des Herakles"*, eine Rolle. *Ceuta* befand sich seit 1580 in spanischem Besitz, *Gibraltar* wurde 1704 durch Handstreich englische Kolonie. Mehrere Rückeroberungsversuche scheiterten. 1905 kam es zwischen den europäischen Mächten zur 1. *Marokko-Krise*: Marokko bestand aus einer Anzahl sogenannter *Barbaresken-Staaten*, deren Hauptexistenz sich seit Jahrhunderten auf Seeräuberei gründete. Frankreich, Spanien, Deutschland und England hatten Handelsabkommen mit den Barbaresken getroffen. Nun aber verlangte Frankreich seit 1904 die Oberhoheit über ganz Marokko, nachdem es sich mit England gegen Austausch anderer kolonialer Interessen geeinigt hatte. Spanien verlangte die Nordküste, Deutschland ein Stück im Westen mit der Stadt *Tanger* zum Schutz seiner dort beachtlich gewordenen Wirtschaftsinteressen.

Um den Anspruch des Reiches zu unterstreichen, riet Reichskanzler Bülow auf Veranlassung Holsteins dem Kaiser, nach Marokko zu fahren. *Wilhelm II.* landete also 1905 in Tanger und veranstaltete mit seiner zahlreichen Begleitung einen pomphaften Ritt durch die Stadt. Der Barbareskenhäuptling mit seinem wohlhabenden Anhang wußte nicht, was er dazu sagen sollte, und an den dreckigen Straßen und Behausungen standen einige zerlumpte Gestalten, die schweigend und erstaunt den merkwürdigen Aufzug zur Kenntnis nahmen. Es war eine Blamage ersten Ranges, womit alle Welt etwas zu lachen hatte. Der Kaiser beklagte sich hernach, warum man ihm zu so etwas geraten habe.

Im folgenden Jahr 1906 legte man auf der *Konferenz von Algeciras* in Südspanien diese Marokkokrise bei: Spanien erhielt den gewünschten Nordstreifen, Frankreich einige Sonderrechte im übrigen Marokko, und Deutschland und England behielten ihre Handelsverträge.

Doch 1911 fühlte sich Frankreich – im Schutze der Tripelentente – bereits so sicher, daß es sich ohne große Bedenken erlaubte, das Algeciras-Abkommen zu brechen. Es besetzte kurzerhand die Hauptstadt Fes. Das löste die zweite *Marokko-Krise* aus. Bethmann-Hollweg entsandte im Auftrag des Kaisers – und wieder auf Anraten

Holsteins – das *Kanonenboot „Panther"* nach *Agadir* an der Atlantikküste im Süden Marokkos, um damit auf die Franzosen Druck und Drohung auszuüben. Dieser *„Panthersprung"*, wie er in die Geschichte einging, gab den Gegnern Deutschlands eine willkommene Handhabe, den Kaiser als Friedensbrecher hinzustellen. Zwar war Deutschland völlig im Recht, aber man war in Berlin wieder einmal ungeschickt vorgegangen, indem man die gefährliche Bündnissituation in Europa außer acht ließ. Durch Verhandlungen ohne Drohungen hätte das Reich eine bessere Figur gemacht. Schließlich kam es 1912 zu dem *Marokko-Kongo-Abkommen*, wonach Deutschland zugunsten Frankreichs in Marokko auf alle Rechte verzichten mußte. Tanger wurde internationalisiert. Frankreich trat ein Stück von *Französisch-Kongo* ab, welches der deutschen Kolonie *Kamerun* angegliedert wurde.

Angriffe gegen den Kaiser im Reichstag ab 1908: Im Reichstag hatte man schon 1908 das politische Ungeschick und die hochtrabende Ausdrucksweise des Kaisers schwer angegriffen, und das einstige gute Einvernehmen um die Jahrhundertwende zwischen ihm und dem Volk war aus den gleichen Gründen schon recht getrübt. So zog sich Wilhelm immer mehr zurück und überließ das Regieren seinen höchsten Beamten, denen aber nichts geriet. Der wirklich friedliebende *Kaiser wurde* nunmehr *zum Prügelknaben* gemacht, erst im Ausland, dann auch im Reich selbst.

Die politischen Spannungen in Europa verschärften sich immer mehr, so daß der Generalstab 1912 die *Verstärkung des Heeres auf 660000 Soldaten* durchsetzte.

Gleichzeitig unternahmen Kaiser und Kanzler nochmals *Verständigungsversuche* zu England, indem sie den englischen Politikern die Sinnlosigkeit eines möglichen Krieges zwischen beiden Staaten vor Augen führten. Auch rang die deutsche Politik in England darum, man möge sich doch der gemeinsamen germanischen Herkunft bewußt werden.

Doch England stellte Forderungen, die dem Reich wegen der möglichen Blockade unannehmbar erschienen. Das betraf die Pläne zur Erweiterung der deutschen Hochseeflotte. Zwar schlug die Reichsregierung eine Verlangsamung des Ausbaus vor, doch England verlangte eine vollständige Einstellung.

Das Mißtrauen gegen England wuchs in Deutschland immer stärker, und hätte man sich auf eine Einstellung des deutschen Flottenausbaus eingelassen, wäre den Entente-Mächten die spätere Blockade noch wesentlich erleichtert worden.

Sorgen mit Österreich-Ungarns Völkergemisch: Auch in Wien kam Kaiser Franz Joseph aus den Sorgen nicht heraus. Sein *Zwölf-Völker-Staat* Österreich-Ungarn befand sich in andauernder Unruhe. Das kulturell führende Deutschtum war zahlenmäßig immer mehr in die Minderheit geraten, besonders nach der Bosnien-Regelung von 1878. Das zeigte sich in der Besetzung der beiden Häuser des *Reichsrates*, der Vertretung der Völkerschaften. Die Ministerpräsidenten wurden mehrmals von Slawen gestellt, die dann die Interessen ihres Volkes vor die Reichsinteressen zu stellen wußten. Die Deutschen, die abgesehen von Österreich und dem Sudetenland im übrigen Land verstreut als Minderheiten lebten, wurden vielfach schwer bedrängt.

Vor allem in Böhmen versuchten die *fanatischen Tschechen* auf Grund einer verhängnisvollen *Sprachenverordnung von 1897*, die ein polnischstämmiger Ministerpräsident erlassen hatte, die zahlreichen deutschen Sprachinseln und sogar das rein deutsche Sudetenland zu *tschechisieren*. Auch die Slawenvölker, besonders die *ehrgei-*

zigen Serben, machten sich gegenseitig gleiche Schwierigkeiten, bis schließlich die verhängnisvolle Sprachenverordnung 1899 wieder aufgehoben und die deutsche Sprache abermals im ganzen Reich *Amtssprache* wurde.

Auch auf *kirchlichem* Gebiet gab es *Reibereien* ohne Ende, weil in vielen Gebieten der morgenländische, islamische, katholische und evangelische Glaube unterschiedlich stark vertreten war.

Die deutsche *Kommandosprache in der Reichsarmee* veranlaßte die nationalen Ungarn zu jahrelangem Widerstand, so daß die Einheit des Heeres in Gefahr geriet.

Die italienische *Irredenta* strebte Loslösung der italienischsprachigen Gebiete um Trient und Triest an.

Die europäischen Mächte und die USA von der zweiten Hälfte des 19. Jahrhunderts bis zum Ersten Weltkrieg 1914

Großbritannien: Die englische Königin Viktoria war 1901 im Alter von 82 Jahren gestorben. In ihrer 64jährigen Regierungszeit erlebte das britische Bürgertum einen hohen Stand. Man sprach vom *„Viktorianischen Zeitalter"*. Der Einfluß der Königin auf die Regierungsgeschäfte war wegen der parlamentarischen Verfassung recht eingeschränkt, aber ihre Persönlichkeit, dazu die gute (und einzige) Ehe mit ihrem deutschen Vetter Prinz *Albert* von Sachsen-Coburg-Gotha – der schon 1861 starb – wirkte sich in mehr als sechs Jahrzehnten stets stabilisierend für Großbritannien aus. Zu ihrer Zeit leiteten vier wichtige Premierminister die Staatsgeschäfte:

John *Palmerston* (1784–1865) war Liberaler und betrieb nach außen die sog. Gleichgewichtspolitik. Um Rußland nicht zu mächtig werden zu lassen, unterstützte er die Türken im Krimkrieg. Napoleons III. Streben nach der ersten Machtstellung in Europa stand er mißtrauisch gegenüber. Aber auch den deutschen Einigungsbestrebungen stellte er sich entgegen.

William *Gladstone* (1809–1898) war anfangs Konservativer, dann Liberaler. Er widmete sich den dringenden inneren Reformen, denn die sozialen Mißstände, welche die englische Arbeiterschaft – vor allem mit der *Kinderarbeit* – zu erdulden hatte, waren nirgends so zugespitzt wie hier. Auch versuchte Gladstone die schier unlösbare irische Frage zu klären, doch scheiterte er mehrmals. 1882 ließ Gladstone *Ägypten* besetzen, nachdem ein Aufstand der dortigen nationalen Bewegung gegen den Vizekönig, der unter türkischer Oberhoheit stand, in Alexandria mit englischer Hilfe niedergeschlagen worden war. Seitdem blieb Ägypten unter englischer Verwaltung. Frankreich verzichtete erst 1904 auf seine Ansprüche in Ägypten; das geschah im Austausch gegen den Entente-Vertrag, der gegen Deutschland gerichtet war.

Benjamin *Disraeli* (1804–1881) war ein Konservativer jüdischer Abstammung. Königin Viktoria und er standen in gutem Einverständnis zueinander. Disraeli war ein Hauptverfechter des *englischen Imperialismus*. 1875 erwarb er für England die Mehrheit der *Suezkanalaktien* vom ägyptischen Kediven *Ismail* und ließ den Kanal militärisch besetzen. Dadurch war der Seeweg nach Indien durch das Mittelmeer für Großbritannien gesichert.

Durch jahrzehntelange Kolonialkriege hatten sich die Engländer den riesigen *indischen Subkontinent* einschließlich Burma, der Insel Ceylon, Pakistan und Ost-Belutschistan unterworfen. Die englischen Soldaten führten die ungleichen Kämpfe äußerst blutig und grausam gegen die waffenmäßig weit unterlegenen Gegner. Scheußlichkeiten wie das Umbringen standhafter Feinde, die man vor die Kanonenrohre band, ehe man abfeuerte, sollten zur Abschreckung dienen. Disraeli erklärte schließlich ganz *Indien zum Kaiserreich*, und Viktoria nahm 1876 den Titel *„Königin von Großbritannien und Kaiserin von Indien"* an.

Auch *Afghanistan* versuchten die Engländer immer wieder zu erobern, doch trafen sie dort auf russische Interessen, die über dieses Land zum Arabischen Meer strebten. Zwischen beiden Mächten kämpften die Afghanen jedoch verbissen um ihre Selbständigkeit. England bekam 1880 schließlich den strategisch wichtigen *Khaiberpaß* an der Grenze zu Nordpakistan von den Russen zugesprochen. Doch in fast zehnjährigem Kampf gelang es den Engländern nicht, sich gegen die afghanischen Bergstämme durchzusetzen, so daß sie aufgeben mußten. Das Land blieb selbständiges Königreich, in dem aber Regierungs- und Thronstreitigkeiten bis zum heutigen Tag kein Ende nahmen.

Auf dem *Berliner Kongreß 1878* durchkreuzte Disraeli russische Ansprüche auf dem Balkan zugunsten der Türken, erreichte daher von diesen die Abtretung der Insel *Zypern* an Großbritannien.

Der vierte Minister und zeitweilige Premierminister zu Viktorias Zeiten war Cecil *Salisbury* (1830–1903). Er führte die imperialistische Politik fort und erwarb in den achtziger Jahren die afrikanischen Kolonien in Ostafrika, dem Sudan, Nigeria und dann im *Burenkrieg* Südafrika.

Außer den Kolonien in aller Welt beherrschte England auch große Gebiete mit vorwiegend eingewanderter europäischer Bevölkerung. Diesen Ländern wurde weitgehende Selbstverwaltung mit eigener Regierung und Volksvertretung zugestanden. Man nannte sie *Dominions*. Das waren Australien, Neuseeland, Kanada, Neufundland, ab 1910 auch die Südafrikanische Union und ab 1921 Irland. Auf der Reichskonferenz von 1926 wurden für das Mutterland, alle Dominions, Kolonien und Mandate der gemeinsame Name *„British Commonwealth of Nations"* festgelegt. Es war nicht nur ein Staatenbund, sondern auch eine Wirtschaftsgemeinschaft. Alles unterstand der englischen Krone.

Das gesamte Landgebiet des *Britischen Weltreiches*, dem größten aller Zeiten, war nach dem Ersten Weltkrieg auf rund 40 Mill. km² mit über ½ Milliarde Bevölkerung angewachsen. Das waren 27 % der Landfläche unserer Erde, die etwa 150 Mill. km² beträgt. (Die Wasserfläche ist rund 360 Mill. km² groß.)

Übrigens blieben nach der Aufteilung Afrikas unter den sieben europäischen Staaten England, Frankreich, Deutschland, Portugal, Italien, Belgien und Spanien als einzige selbständige afrikanische Staaten das koptisch-christliche Kaiserreich *Äthiopien* (Abessinien) und *Liberia* an der Westküste erhalten.

Salisbury und der Dreibund (Deutschland, Österreich, Italien) hatten 1887 (wie berichtet) das Mittelmeer- und das Balkanabkommen abgeschlossen, also noch zu Bismarcks Zeiten. Aber ein deutsch-englisches Bündnis hatte England stets abgelehnt.

Königin *Viktorias* Verhältnis zum Deutschen Reich war günstig-reserviert, auch wegen der ehelichen Verbindung ihrer Tochter mit dem deutschen Kronprinzen und Kaiser Friedrich III. Den Fürsten Bismarck schätzte sie nicht, denn die ehrgeizige Weltreichs-Königin fühlte sich persönlich Bismarck nicht gewachsen.

Doch als nun 1901 ihr ältester Sohn *Eduard VII.* (1841–1910) auf den englischen Thron kam, bestanden verwandtschaftliche Bindungen nur noch einseitig bei Wilhelm II. Eduard, der sich nebenbei gern als *„bestgekleidetster Gentleman Englands"* sah, empfand persönliche Abneigung gegen seinen Neffen. So wirkte er an der deutschfeindlichen Einkreisungspolitik eifrig mit. Seine Minister, der konservative Arthur *Balfour* (1848–1930), der liberale Edward *Grey* (1862–1933), überzeugter Imperialist, sowie der liberale Herbert *Asquith* (1852–1928) schmiedeten die Entente von 1904 und die Tripelentente von 1907.

1910 wurde nach Eduards VII. Tod sein zweiter Sohn *Georg V.* (1865–1936) englischer König. Er war vornehm und einfach, in seinem Lande sehr beliebt, tat aber zur Vermeidung des Weltkrieges nichts. Er gehörte sogar zu den Leuten, die den Kaiser Wilhelm II., seinen Vetter, später als „Kriegsverbrecher" hinstellten und dem Deutschen Reich die alleinige Kriegsschuld gaben. In „vornehmer Entrüstung" legte er sogar seinen deutschen Familiennamen ab. Das englische Königshaus nannte sich ab 1917 nicht mehr „Haus Sachsen-Coburg-Gotha", sondern *„Haus Windsor"* nach dem Schloß Windsor Castle, dem königlichen Wohnsitz westlich London. Schon der Normannenherzog Wilhelm der Eroberer hatte nach 1066 mit dem Bau begonnen.

Frankreich: Hier wurde Anfang 1912 ein entschiedener Deutschenfeind und rachsüchtiger Chauvinist zum Außenminister ernannt und ein Jahr danach Präsident der 3. französischen Republik. Das war der rechtsstehende Anwalt Raymond *Poincaré* (1860–1934), der als einer der Hauptschuldigen am Ausbruch des Ersten Weltkrieges gilt. An Deutschfeindlichkeit stand ihm der Sozialist Georges *Clemenceau* (1841–1929) nicht nach. Dieser war 1906–1909 Regierungschef und Hauptbetreiber der Einkreisung Deutschlands. Seine rücksichtlose Härte brachte ihm den Namen *„Tiger"* ein.

Rußland: Seit 1894 trug in Rußland *Nikolaus II.* (1868–1918) die Zarenkrone. Er war mit der großherzoglichen Prinzessin *Alice* von Hessen vermählt und dadurch mit Kaiser Wilhelm II. verwandt. Die beiden Monarchen nannten sich Vettern und „Niki" und „Willi". Der Zar war gutartig, schwach und politisch von seiner Umgebung abhängig. So bestimmte weitgehend sein Onkel, der Großfürst *Nikolai Nikolajewitsch* (1856–1929), die Geschehnisse. Er war General und krankhaft imperialistisch eingestellt, mit Eroberungsplänen im Fernen Osten, in Kleinasien wie in Europa. Er träumte davon, eines Tages siegreich in Berlin einzuziehen sowie Konstantinopel und die Dardanellen zu besetzen. Er war ein Mann von zwei Meter Länge, sehr selbstbewußt, kriegslüstern, aber ein schlechter, erfolgloser Heerführer.

Rußlands imperialistische Politik hatte 1904/05 zum *Russisch-Japanischen Krieg* geführt, der zu einer vollständigen Niederlage des Zaren in mehreren Schlachten zu Lande und zur See führte. Vor der Insel *Tsushima* in der Korea-Straße vernichtete der japanische Admiral *Togo* (1847–1934) die russische Kriegsflotte, die extra aus der Ostsee um Europa und Afrika herum in Marsch gesetzt worden war. Unter USA-Vermittlung kam es 1905 zum *Frieden von Portsmouth* (nördlich New York). Rußland mußte *Port Arthur* am Gelben Meer, den Süden der Insel *Sachalin* nördlich Japan abtreten, die *Mandschurei* räumen und *Korea* dem japanischen Einfluß überlassen. – Damit trat auch *Japan* in den Kreis der Weltmächte ein.

Nach dieser katastrophalen Niederlage sowie infolge dauernder sozialer Spannungen brach die *Russische Revolution von 1905/06* aus, die u. a. mit Bombenattentaten auf höchste Beamte durch *Anarchisten* in Erscheinung trat. Nun endlich verfügte der Zar die Errichtung einer Volksvertretung, der *„Reichsduma"*, die aber trotzdem keine Befriedung des Landes brachte.

Zwar hatte schon 1861 Alexander II. die Leibeigenschaft (80 % aller Russen waren Bauern) aufgehoben, aber die *Großfürsten* waren weder seit 1861 noch nach 1906 gewillt, ihre ausbeuterischen Herrenmethoden einzuschränken.

Auch am Zarenhof herrschten verworrene Verhältnisse. Die Zarin, ein Teil des Hofkreises und auch der Zar selbst hatten sich in bedenklicher Weise dem mystischen Wundertäter, Mönch, Säufer, Frauenhelden und Abenteurer Grigori *Rasputin* (1871 bis 1916) weitgehend ausgeliefert. In diesem äußeren und inneren Zustand trat Rußland 1907 der Tripelentente bei.

Rasputin wandte sich offen gegen einen neuen Krieg und prophezeite den Untergang des Zarenreiches, wenn es sich darauf einlassen sollte. Als es dann doch soweit gekommen war und der Mystiker dauernd zum Frieden mahnte, wurde er von Anhängern der Kriegspartei sowie Mitgliedern des Hochadels aus Rache wegen ihrer von Rasputin verführten Frauen auf unglaublich viehische Weise ermordet.

Italien: Es hatte sich 1882 unter König *Umberto I.* (1844–1900), dem Sohn Viktor Emanuels II., mit Österreich-Ungarn und dem Deutschen Reich zum *Dreibund* verbündet. Aus kolonialen Gründen kam es damals mit Frankreich zum Zerwürfnis, weil Paris 1881 *Tunis* besetzte, welches Italien beanspruchte, denn eine große Zahl von Italienern hatte sich dort angesiedelt. Tunis stand bis dahin unter loser türkischer Oberhoheit, von halbselbständigen *Beys* schlecht regiert.

Erst einige Jahre später besetzte *Italien* von 1885–1890 die abessinische Nordprovinz *Eritrea* und ab 1887 einen Teil von *Somalia* am *Horn von Ostafrika.* Zwischen 1893 und 1896 versuchten die Italiener auch ganz *Abessinien* zu erobern, doch erlitten sie in der Schlacht bei *Adua* im nördlichen Gebirgsland 1896 eine verheerende Niederlage, womit das Unternehmen scheiterte.

Italien war das schwache Glied im Dreibund. Die nationalistische *Irredenta* betrieb offen die Abkehr von Österreich wegen der italienisch besiedelten, aber unter österreichisch-ungarischer Herrschaft stehenden Provinzen Trient an der Etsch sowie Istrien mit der für die Doppelmonarchie einzigen Hafenstadt Triest am Mittelmeer. König Umberto I. hielt jedoch am Dreibund fest, weshalb er 1900 von einem Irredentisten ermordet wurde. Der Nachfolger im Königsamt war sein Sohn, *Viktor Emanuel III.* (1869–1946), von Gestalt nur 150 cm groß, von Charakter schwankend und unentschlossen. Von Anfang an ein Spielball der Nationalisten, schloß er unter deren Druck 1902 einen Geheimvertrag mit Frankreich, wagte aber nicht, den Dreibund aufzukündigen. Die Poliitk in Rom betrieb nun der Ministerpräsident Giovanni *Giolitti* (1842–1928), der allerdings ein überzeugter Anhänger des Dreibundes war.

1911/12 führte er den *Italienisch-Türkischen Krieg,* der Italien die Kolonie *Libyen* zwischen Tunis und Ägypten einbrachte, bestehend aus *Tripolitanien* im Westen, der *Cyrenaika* im Osten und dem Fessan im Süden, alles zusammen ein Gebiet von 1,7 Mill. km², wovon allerdings nur an einem schmalen Küstenstreifen knapp 1 Mill. Einwohner lebte. 95 % waren Sahara-Wüste mit wenigen Oasen. Außerdem mußten die Türken den griechisch besiedelten *Dodekanes* mit der Hauptinsel *Rhodos* vor der türkischen Südwestküste an Italien abtreten.

Die Türkei und die Balkanstaaten: Die einst mächtige und auf hoher Kulturstufe stehende Türkei erlebte seit der erfolglosen Belagerung Wiens 1683 einen unaufhaltsamen Abstieg. In den letzten Jahrzehnten wurde sie von Rußland auf dem Balkan und von England aus afrikanischer Richtung hart bedrängt. Vom *„kranken Mann am Bosporus"*, wie die Türkei seit langer Zeit schon genannt wurde, gab es trotzdem noch einiges zu erben, und viele Staaten hofften das Testament bald diktieren zu können.

Unterstützung konnte die Türkei höchstens vom Deutschen Reich und Österreich-Ungarn erhoffen, weshalb zwischen Konstantinopel, Wien und Berlin freundschaftliches Einvernehmen herrschte.

1912 erklärten die vier Balkan-Staaten Serbien, Bulgarien, Montenegro und Griechenland an die Türkei den Krieg *(Balkankrieg)* und gründeten den *„Balkanbund"*. Die Auseinandersetzung endete vorerst damit, daß bis auf einen schmalen Streifen als Hinterland von Konstantinopel alle türkischen Gebiete in Europa an den „Balkanbund" abgetreten werden mußten. Doch die vier Staaten fielen nun bei der Verteilung der Beute übereinander her. Im *Friedensschluß von Bukarest* und *Konstantinopel* vom Frühherbst 1913, woran auch Österreich, England und Rußland mitwirkten, erhielt Griechenland ganz Thessalien, also Nordgriechenland, ferner die Insel Kreta. Rumänien bekam die südliche Dobrudscha, und die Türkei hatte für sich Stadt und Provinz *Adrianopel* im zweiten Teil des Krieges zurückerobert. Außerdem war ein neuer Kleinstaat *Albanien* entstanden.

Trotz dieser Regelung herrschte auf dem Balkan weiter Unruhe. Die Völker dort wohnten nicht in eindeutigen Grenzen, überall gab es verstreute Minderheiten. *Serbien*, seit 1878 selbständig, hatte zwar im Süden Teile von Mazedonien mit vorwiegend slawischer Bevölkerung, aber darüber hinaus starke albanische, mazedonische und griechische Minderheiten bekommen. Daß nun im österreichischen Bosnien auch noch Serben wohnten, ließ der Regierung in Belgrad und den Nationalisten dort keine Ruhe.

Die Vereinigten Staaten von Amerika: Zur Zeit des republikanischen Präsidenten Theodor *Roosevelt* (1858–1919) nahm die Industrie und damit das Bankwesen nach 1900 schnellen Auftrieb. Es entstanden die ersten mächtigen Trusts, die ihre Hauptbüros – wie berichtet – in der New Yorker Wallstreet – wo sich auch die tonangebende Börse befand – eingerichtet hatten. Die *„Wallstreet"* war zum Begriff der USA-Dollarmacht geworden, so daß mit der Zeit auch das Gesamtgeschehen von Wirtschaft und Politik von dort aus weitgehend bestimmt wurde. 1911 erbaute man in New York den ersten *Wolkenkratzer* als Geschäftsgebäude, sozusagen als stolzes Symbol dieser Geldmacht.

1913 wurde der Demokrat Woodrow *Wilson* (1856–1924) Präsident und blieb es bis 1921. Da er dem *„Weltfriedensideal"* anhing, erklärte er *Amerikas Neutralität* in einem möglichen europäischen Krieg. Als es dann tatsächlich dazu kam, unterstützte er sofort die Gegner Deutschlands mit umfangreichen Waffenlieferungen. Dies stand zwar im Gegensatz zu seiner Vorstellung vom „Weltfrieden", aber er befand sich unter dem Druck der „Wallstreet", die ja nun einmal den Ton angab.

Vorfühlende Besprechungen zwischen der Entente und den Trusts hatte es natürlich längst gegeben, und in der „Wallstreet" sah man voraus, daß ein europäischer Krieg ein ungeheures Geschäft werden mußte. So hatten die USA zweifellos von vornherein Deutschlands Feinden den Rücken gestärkt und damit zum Kriegsausbruch beigetragen.

Wissenschaft, Industrie und das kulturelle Zeitalter des Naturalismus um 1885–1918 und später

Über die Entwicklung von Wissenschaft, Industrie und Kultur bis etwa 1885 wurde geschrieben. Seitdem war der technische Fortschritt auf allen Gebieten stürmisch weitergegangen:

Das *Telefon* war an Drahtleitungen gebunden. Die drahtlose Nachrichtenübermittlung, die *drahtlose Telegraphie* erfand 1897 der Italiener Guglielmo *Marconi* (1874 bis 1937). Beide Erfindungen gehören zu den großen Leistungen unserer Zeit.

Seit dem Altertum war es ein Traum der Menschheit, gleich den Vögeln fliegen zu können. In der griechischen Mythologie befestigte *Ikarus* mit Wachs Flügel an seinem Körper und flog über Wasser und Land. Doch als er der Sonne zu nahe kam, schmolz das Wachs, er stürzte ab und ertrank im Meer.

Nach der germanischen Sage kam *Wieland, der kunstreiche Schmied,* an einen nordischen Königshof. König *Niedung* ließ ihm die Kniekehlen durchschneiden, damit er nicht weiterziehen und nur noch für ihn Kunstwerke anfertigen sollte. Wieland sann auf Vergeltung. Er verführte die Königstochter, tötete heimlich ihre beiden Brüder und fertigte aus deren Schädelknochen zwei kunstvolle vergoldete Becher, die er dem Königspaar schickte. Heimlich hatte er sich gleichzeitig aus Vogelfedern und leichten Holzstangen ein *Fluggerät* gebaut, mit dem er durch die Lüfte entkam. Von oben rief er dem geschlagenen König zu, was er aus Rache seinen Kindern angetan hatte.

In vielen Ländern versuchten immer wieder einzelne Leute zu fliegen, wenn auch vergeblich und oft unter Verlust des Lebens. Im Jahre 1811 wagte der Schneider Albrecht *Berblinger* (1770–1829) aus Ulm mit einem selbstgebauten Fluggerät vom Donauufer über den Strom zu segeln. Er fiel ins Wasser, wurde gerettet – und verlacht. Doch viel später stellte sich heraus, daß *„der Schneider von Ulm"* mit seiner Konstruktion gar nicht so weit von der Flugfähigkeit entfernt gewesen war.

1782 erfanden die französischen Brüder *Montgolfier* den *Heißluftballon* und 1784 den *Fallschirm*. Ebenfalls ein Franzose füllte erstmals einen Ballon 1783 mit Leuchtgas. Diese Ballons waren die Vorläufer der starren *Luftschiffe* im Zellenbau. Das erste stieg 1900 auf, erbaut von *Graf Ferdinand von Zeppelin* (1838–1917) aus Konstanz am Bodensee.

Wegen der Explosionsgefahr der *Leuchtgasfüllung*, die zwar guten Auftrieb bewirkte, verwendete man später *Helium*. Dieses nichtbrennbare Gas ist aber viermal schwerer als Leuchtgas, weshalb auch der Auftrieb entsprechend nur ein Viertel beträgt. Im Ersten Weltkrieg wurden mehrere „Zeppeline" eingesetzt, und in den 1920er Jahren betrieb man die Luftschiffahrt in zunehmendem Maße. 1929 gelang dem Luftschiff-Pionier Hugo *Eckener* (1868–1954) aus Flensburg eine erste *Weltumfliegung* und die Überfliegung des Nordpols mit einem Luftschiff. Mit Südamerika gab es ab 1932 einen regelmäßigen Postdienst.

1936/37 flogen die zwei großartigen 240 m langen Luftschiffe *„Hindenburg"* und *„Graf Zeppelin"* regelmäßig mit 50 Passagieren von Friedrichshafen am Bodensee nach New York und zurück. Der Einfachflug dauerte knapp 50 Stunden. Nach einem schweren Unglück 1937 bei der Landung in *Lakehurst bei New York* kamen 38 Menschen ums Leben, und die mit Leuchtgas gefüllte „Hindenburg" verbrannte. Danach wurde die Luftschiffahrt ganz eingestellt.

Ebenfalls in Deutschland hatte 1891 der Ingenieur Otto *Lilienthal* (1848–1896) aus Anklam bei Stettin ein Fluggerät gebaut, mit dem ihm erstmals viele Gleitflüge gelangen, so daß er die wissenschaftlichen Grundlagen für das Flugwesen schaffen konnte. Er verunglückte tödlich westlich Berlin in den Havelhügeln, als eine Windböe seinen Apparat zum Absturz brachte.

Die Erfindung des *Verbrennungs-Motors* zum Antrieb von Fahrzeugen war eine rein deutsche Angelegenheit: Der Ingenieur Nikolaus *Otto* (1832–1929) aus Holzhausen bei Nassau hatte 1867 den Viertakt-Motor erfunden, und 1885 und 1886 konstruierten unabhängig voneinander die Ingenieure Carl *Benz* (1844–1929) aus Karlsruhe und Gottlieb *Daimler* (1834–1900) aus Schorndorf bei Stuttgart den ersten Vergasermotor. Die Energiequelle war für alle das Benzin.

Während nun Benz und Daimler gemeinsam ihren Vergasermotor dazu benutzten, einen Wagen anzutreiben, also das *Auto* erfanden, waren es in Amerika die Gebrüder *Wright* (1867–1912 bzw. 1871–1948), die eine Luftschraube (Propeller) mit einem schnellaufenden Daimler-Motor antrieben und in ein Fluggerät ensprechend Lilienthals Berechnungen einbauten. So erfanden sie 1903 das *Motorflugzeug.*

Auto und Flugzeug waren die beiden großen Erfindungen, die das Leben der Menschheit in der ersten Hälfte des 20. Jahrhunderts buchstäblich auf den Kopf stellten. In Europa und den USA wurde mit großer Energie der Bau von Automobilen aufgegriffen und in wenigen Jahren den breiten Volksmassen nutzbar gemacht.

In Deutschland entstanden die bekannten *Automobilwerke* „Daimler" (Mercedes-Benz) in Untertürkheim bei Stuttgart, „Horsch" in Zwickau in Sachsen, „Wanderer" in Chemnitz (später „Auto-Union"), „BMW" in Ingolstadt, „NSU" in Württemberg, „Hanomag" in Hannover und manche mehr sowie später (1938) das Volkswagenwerk in Wolfsburg bei Braunschweig. Auch in den anderen europäischen Staaten gründete man Automobilfabriken, deren Namen allgemein bekannt wurden.

Henry *Ford* (1863–1947) gründete 1903 in Detroit die Ford-Motor-Company, in der er die Automobile bald am – von ihm erfundenen – *Fließband* fabrizierte.

Bei MAN in Augsburg wurde 1897 erstmals ein Verbrennungsmotor ohne Vergaser in Betrieb genommen. Dafür konnten die billigen Erdöle, die sich nicht zur Benzingewinnung eigneten, verwendet werden, und der Wirkungsgrad des Motors betrug sogar 35 % statt 25 % beim Vergasermotor. Das war der erste *Diesel-Motor*:

Dem Ingenieur Rudolf *Diesel* (1858–1913) war nach jahrelangen Versuchsarbeiten die Lösung der selbstgestellten Aufgabe gelungen. Heute ist der Dieselmotor aus der Welt nicht mehr wegzudenken. Rudolf Diesel geriet später in finanzielle Schwierigkeiten, und bei einer Überfahrt nach England ertrank er auf ungeklärte Weise in der Nordsee.

Im technischen Bereich der Seefahrt hatte man das *Unterseeboot* (U-Boot) entwickelt. Der Amerikaner Robert *Fulton* (1765–1815), der schon 1807 das erste brauchbare *Dampfschiff* erbaute und auf dem Hudson-River erprobte, führte auch erste Versuche mit einem Unterwasserfahrzeug aus.

Der bayrische Unteroffizier Wilhelm *Bauer* (1822–1876) aus Dillingen an der Donau machte 1851 im Kieler Hafen die erste Probefahrt mit einem U-Boot. Doch sank es nach anfänglichem Erfolg. Bauer konnte sich retten. 1885 versuchte es der Schwede *Nordenfelt* mit ähnlichem Erfolgsgrad.

Wegen der hohen Kosten waren nur die Marineämter der Staaten in der Lage, brauchbare U-Boote zu entwickeln. 1906 wurde U-1 für die kaiserliche Marine in Dienst gestellt. 1914 hatte Deutschland 24, England 17 brauchbare Hochsee-U-Boote zur Verfügung.

Auf dem Gebiet der *chemischen Industrie* übernahm Deutschland dank bester Forschungsergebnisse und hervorragender Produkte eindeutig die Führung in der Welt.

Die Schul-Physiker glaubten eine Zeitlang ihr Gebiet restlos erforscht zu haben, so daß 1905 auf einem Kongreß in Paris der Eröffnungsredner mit dem Satz begann: „Die *Physik ist eine abgeschlossene Wissenschaft!*" Damals wußten die Herren von Elektronik-, Atom- und Strahlungsphysik fast nichts. Die polnische Physikerin Marie *Curie* (1867–1934) hatte aber schon 1898 gemeinsam mit ihrem französischen Mann die radioaktiven Grundstoffe *Polonium* und *Radium* entdeckt, womit der Physik ein neues weites Feld eröffnet wurde.

Die Stiftung zur Verleihung der sog. Nobelpreise 1901: In Schweden erfand Alfred *Nobel* (1833–1896) schon im Jahre 1867 das *Dynamit* und errichtete in vielen Ländern Sprengstoffabriken. Sein damals riesiges Vermögen von 32 Mill. Kronen hinterließ er der – von ihm gegründeten – *Nobelstiftung.* Aus den Zinsen sollten alljährlich Preise für hervorragende Leistungen auf den vier Gebieten der Physik, Chemie, Medizin sowie des Schrifttums verliehen werden. Außerdem sah Alfred Nobel auch einen „Friedensnobelpreis" vor, der aber bald politisch einseitig ausgenutzt wurde.

Es ist unmöglich, hier die vielen fortschrittlichen Leistungen auf allen Gebieten der Wissenschaft zu erwähnen. Doch ist es recht aufschlußreich, an den Zahlen zu erkennen, welch überdurchschnittlichen Anteil deutsche Menschen zum allgemeinen Fortschritt in der Welt beitrugen:

Von 1901 bis 1945 wurden für Physik, Chemie und Medizin an Forscher der ganzen Welt 140 Nobelpreise verliehen. Davon fielen 46 an Deutsche im Reich, in Österreich und der Schweiz. Das sind also 33 % der Nobelpreise bei nur 3 % Anteil an der Weltbevölkerung. Die Niederländer, Flamen, Dänen, Schweden und Norweger erhielten zusammen 21 Nobelpreise, die Engländer 24. Da dieses Buch über germanische und deutsche Geschichte berichtet, seien auch bei dieser Aufstellung alle germanischstämmigen Völker zusammengenommen: Sie brachten es gemeinsam auf 91 Nobelpreise oder 65 % bei nur 5,7 % der Weltbevölkerung. Forscher aus den USA bekamen 18 und aus Frankreich 17 Nobelpreise zugesprochen. Nach dem Zweiten Weltkrieg 1945 ging der größte Teil aller Nobelpreise an die USA.

Da die Forschungsergebnisse meist in den Heimatländern der Wissenschaftler ausgewertet wurden, entsprach die Häufigkeit der Nobelpreise in etwa dem Grad der Industrialisierung und damit dem Wohlstand dieser Nationen. So war Deutschland vor 1914 zu einem der wohlhabendsten Länder geworden.

Das *„Volk der Dichter und Denker"* wurde das deutsche Volk oft im Ausland genannt, und zwar dank seiner Philosophen, Schriftsteller, Künstler und Erfinder.

Der nationale Liberalismus hatte auch das Kunstschaffen mächtig beflügelt. Der großartige Tonsetzer und Dichter Richard *Wagner* (1813–1883) aus Leipzig verfaßte seine Operntexte selbst. Er gehörte ganz und gar zu den Romantikern, obwohl die Zeit der Romantik eigentlich längst vorüber war. Doch dürfte sie wohl zeitlos und unsterblich sein.

Wagner entnahm viele seiner Themen dem germanisch-heroischen Sagenkreis, wie der vierteilige „Ring der Nibelungen" und der „Fliegende Holländer". Die Opern „Lohengrin" und „Tannhäuser" erzählen Ereignisse aus dem Mittelalter, und die ungemein liebenswerte Oper „Die Meistersinger von Nürnberg" führt in diese Freie Reichsstadt zur Zeit des Dichters und Schuhmachers Hans *Sachs* (1494–1576).

In jungen Jahren hatte es Wagner schwer, sich mit seiner neuartigen Musik durchzusetzen. Doch ausgerechnet in Paris kam er mit seinen urdeutschen Werken zu ersten Erfolgen. Nach der Uraufführung des „Holländers" in Dresden wurde er dort 1843 Hofkapellmeister. 1849 beteiligte sich Wagner am Maiaufstand in Dresden, und um der Verhaftung zu entgehen, floh er nach Zürich, wo er bis 1858 lebte. Von der sächsischen Regierung wurde er steckbrieflich gesucht.

Bald erkannte man in ganz Europa, was dieses Genie für einzigartige Werke schuf. Der bayrische König *Ludwig II.* (1845–1886) berief ihn 1864 nach München. 1872 übersiedelte Wagner nach Bayreuth, wo er nun ein *Festspielhaus* nach seinen Plänen – und auf bayrische Kosten – errichten ließ. Die Einweihung erfolgte 1876 mit der Aufführung des „Ringes". Das Weihefestspiel „Parsifal" erlebte 1882 in Bayreuth seine Uraufführung.

Wagners zweite Frau war seit 1870 *Cosima* (1837–1930), die Tochter des ungarischen Komponisten Franz *Liszt* (1811–1866). Sie hatte sich von ihrem ersten Mann, dem Kapellmeister Hans von *Bülow* (1830–1894) scheiden lassen, nachdem sie ein Kind zur Welt gebracht hatte, dessen Vater Richard Wagner war. Hans von Bülow, ein glühender Verehrer der Wagnerschen Kunst, verzieh beiden großherzig, weil er erkannte, daß die Liebe zwischen den beiden der Schaffenskraft Wagners mächtige Förderung bringen werde. Er täuschte sich nicht: Während der vorbildlichen Ehe entstanden herrliche Werke. Ihr gemeinsamer Sohn Siegfried *Wagner* (1869–1930) wurde ebenfalls Musiker von Ruf.

Richard Wagner starb mit 70 Jahren 1883 in Venedig. Es gab – bis heute – kaum ein Opernhaus in der Welt, welches nicht alljährlich Wagner-Opern im Programm führte. Der Festspielgedanke von Bayreuth fand dank Cosima und Siegfried Wagner seine großartige Erfüllung.

Im gleichen Jahr wie Richard Wagner wurde bei Parma zwischen Mailand und Bologna der berühmte italienische Tonsetzer Giuseppe *Verdi* (1813–1901) geboren. Alle Welt kennt die Melodien aus seinen Opern „Nabucco", „Rigoletto", „Troubadour", „La Traviata", „Aida" u. a. Als 1842 in der *Mailänder „Scala"*, dem berühmten Opernhaus, bei der Uraufführung des „Nabucco" der „Gefangenenchor" verklungen war, verwandelte sich die „Scala" in einen Hexenkessel. Mit überschwenglichem, südlichem Temperament sprangen die Zuschauer von ihren Plätzen und feierten den erst 29jährigen Komponisten wie einen Freiheitshelden. Die Italiener standen nämlich damals mitten in ihren nationalen Einigungsbestrebungen, und der „Gefangenenchor" bekam für sie Symbolwert. Verdi – selbst glühender Nationalist – hatte die Befreiung aus der bedrückenden Kleinstaaterei seines Landes anprangern wollen, aber eine solche

Wirkung kaum erwartet. Alle Themen seiner Opern wendeten sich gegen die Willkür absolutistischer Herzöge und gegen Mißbräuche der damaligen Gesellschaft.

Zur Eröffnung des Suez-Kanals 1869 sollte Verdi im Auftrag des ägyptischen Vizekönigs eine Festoper komponieren. Verdi fand das Thema in der altägyptischen Geschichte. Die Oper „Aida" wurde nicht rechtzeitig fertig, weshalb die Uraufführung erst zwei Jahre später in Kairo stattfand. Sie erlebte einen Riesenerfolg.

Verdi war eine außerordentlich liebenswürdige Persönlichkeit von einfachem und bescheidenem Wesen, der nebenbei eine Landwirtschaft eigenhändig betrieb.

Der romantische Richard Wagner und der realistische Giuseppe Verdi führten die Opernkunst im 19. Jahrhundert auf den höchsten Gipfel.

Seit Mozarts Zeiten bestanden im deutschen Raum die erfolgreichsten Opernhäuser von Wien, Prag und Dresden. Nach 1870 kam noch die Berliner Staatsoper zur berühmten – nun vierteiligen – auf der Landkarte geradlinigen *„Opernkette"*. Die Mailänder „Scala" und die Staatsopern in Paris und St. Petersburg standen nicht nach.

Die *Reichshauptstadt Berlin* war überhaupt zu einem Mittelpunkt der Kunst, Wissenschaft, Hoch- und Fachschulen sowie der Industrie geworden. Studenten aus aller Welt strömten hier zusammen. Berlin, Wien, London und Paris standen in fruchtbarer Konkurrenz.

In ganz Europa machten sich aber die Schattenseiten der viel zu schnell gewachsenen *Industrialisierung* bemerkbar. Die Großstädte erweiterten sich unerwartet rasch, wobei lieblose Vororte wie Pilze aus der Erde schossen, die ohne Geschmack und Freundlichkeit vielfach nur aus hohen Häuserzeilen bestanden. Die sorgfältige Planung vergangener Jahrhunderte war reiner Sachlichkeit gewichen, angetrieben von der Notwendigkeit, nur schnell viele Wohnungen zu bauen. Solange die Menschen Arbeit und Brot hatten, wurde das Unbehagen überspielt, aber was würde geschehen, wenn eines Tages Arbeitslosigkeit und Not auftreten sollten? Die Landflucht hielt nach wie vor an, und das Handwerker- und Bürgertum wurde langsam unsicher. Es war eine unheilvolle Entwicklung, welche die Unzufriedenheit förderte. Die Arbeiter sammelten sich in der *Sozialdemokratie* – wo hätten sie sonst stehen sollen? –, so daß diese etwa ab 1912 in Deutschland zur stärksten Partei wurde. Im Ausland war diese Entwicklung z. T. noch betonter.

Kein Wunder, daß sich dieser Vorgang in Kunst und Geisteswissenschaft niederschlug. Es begann das *kulturelle Zeitalter des Naturalismus*, der den Realismus ablöste und sich bevorzugt in Romanen und Schauspielen darstellte, welche die entstandenen Zustände schilderten und kritisierten:

Theodor *Fontane* (1819–1898) aus Neuruppin in Brandenburg entstammte einer alten Hugenottenfamilie. Viele Balladen und Romane zeugten von sozialkritischem Empfinden, aber auch vaterländischem Stolz und humorvoller Lebensart. In Frankreich schrieb Emile *Zola* (1840–1902) gesellschaftskritische Romane. Der Norweger Henrik *Ibsen* (1828–1906) schuf aufrüttelnde Schauspiele. In Schweden erlebte August *Strindberg* (1849–1912) alle Wandlungen und Fragwürdigkeiten seiner Zeit an der eigenen Person. Gerhart *Hauptmann* (1862–1921) aus Schlesien verfaßte viele erregende sozialkritische Dramen und Romane, ebenso die russischen Schriftsteller *Tolstoi* (1817–1875) und *Dostojewski* (1821–1881). Auch des Philosophen Friedrich *Nietzsches* letzte Werke waren schon stark naturalistisch geprägt.

Der Naturalismus wollte die Wirklichkeit darstellen, auch das Abstoßende und

Gemeine, um sein Recht auf Kritik hervorzuheben. Doch auch die humorvolle Darstellung der Wirklichkeit hatte im Naturalismus ihren Platz, wie die Werke des bayrischen Dichters Ludwig *Thoma* (1867–1921) aus Oberammergau zeigten. Thoma war übrigens jahrelang vor dem Krieg Schriftleiter der satirischen Zeitschrift *„Simplizissimus"*, die in München herausgegeben wurde. Politische Ereignisse setzte er witziger, aber schonungsloser Kritik durch Wort und Karikatur aus. Ludwig *Ganghofer* (1855–1920) aus Kaufbeuren im Allgäu zeigte in seinen Erzählungen christianisiertes Germanentum in bäuerlicher Umgebung auf. Hermann *Hesse* (1877–1962) aus Calw am Schwarzwald schrieb seine Werke in philosophischem Stil.

Im *Sammelbecken des Naturalismus* fanden viele Richtungen und Formen der Darstellungskunst ihren Platz, u. a. im *„Impressionismus"* der Malerei, der vor allem in Paris zu Hause war (Manet, Renoir, Toulouse-Lautrec u. a.).

Eine weitere Abart des Naturalismus, der *„Expressionismus"*, setzte etwa 1910 ein, erklomm aber erst nach den beiden Weltkriegen seinen Gipfel. In schriller, überspitzter Einseitigkeit wurden oft unschöne Dinge beschrieben oder in Bildern dargestellt. Es gibt ein Gruselbild, welches ein von Granaten durchwühltes und von Stacheldraht durchzogenes Gelände bei düsterer Bewölkung zeigt. Im Stacheldraht hängt ein grellrot gemalter Fleischfetzen. Das Bild soll bedeuten: Nie wieder Krieg! Anders dagegen wirken expressionistische Bilder, auf denen in grellbunten Farben Dreiecke, Kreise, Kleckse und Striche lustig durcheinander wirbeln *(Kubismus)*. In Parks oder öffentlichen Gebäuden wurden – vielfach kurzlebige – Skulpturen aus Bronze, Blech oder Holz aufgestellt, deren Bedeutugn der Fantasie des Betrachters anheimgestellt blieb. Zu „Expression" oder „Ausdruck des Geistigen" sollen all solche Darstellungen anregen.

Der Erste Weltkrieg 1914–1918

Die Völker Europas erlebten in den Jahrzehnten vor dem Krieg eine Zeit des Aufstiegs, des wachsenden Wohlstandes, der dauernden Verbesserung der sozialen Verhältnisse und des nationalen Stolzes auf reichen Kolonialbesitz. Wer durch Europa reiste, geschäftlich oder im Urlaub, fand an den Ländergrenzen kein Hindernis. Zwischen russischer, deutscher, französischer, italienischer und englischer Bevölkerung bestand keine Feindschaft. Es herrschte schließlich seit über 40 Jahren Frieden.

Daß sich die Politiker der Nationen aber mißtrauisch belauerten, nahm die Bevölkerung höchstens kopfschüttelnd zur Kenntnis. An Krieg konnte oder wollte niemand glauben.

Zur Klarstellung seien hier nochmals die *Kriegsziele der einzelnen Nationen* wiederholt: Berlin stellte keinerlei Gebietsforderungen in Europa oder im Kolonialbereich. – Anders Paris, welches Elsaß-Lothringen beanspruchte, obwohl es sich um ein uraltes deutschsprachiges Reichsland handelte. – London paßten die deutschen Kolonien in Afrika, die moderne Kriegsflotte und schließlich die starke Wirtschaftskraft des Reiches nicht. Auch die türkischen Provinzen Palästina, Syrien und Mesopotamien erweckten seine Begehrlichkeit. – Petersburgs panslawistische Großfürsten schließlich verlangten mehr Einfluß auf dem Balkan auf Kosten Österreich-Ungarns und hatten Eroberungspläne gegen die Türkei. Weil aber Österreich und das Deutsche Reich verbündet waren, wünschte sich eine Gruppe leichtfertiger Großfürsten baldigen, siegreichen Einzug in Berlin. – Rom verlangte von Österreich zwar die beiden italienischsprachigen Provinzen Trient und Triest, doch waren Italien, Österreich und Deutschland seit 32 Jahren im „Dreibund" vereint.

Im selbständigen Serbien strebten der slawischstämmige König *Peter I.* (1844–1921) mit seinem Ministerpräsidenten *Paschitsch* (1846–1926) einen großen Staat an, der unter serbischer Führung alle südslawischen Völker des Balkans vereinigen sollte. Seit einigen Jahren bestand der radikale, *nationale Geheimbund*, der sich auf Rußland und Frankreich stützen konnte und über die Grenzen Serbiens hinaus wirkte. Beide Großmächte hetzten auch in Böhmen die Tschechen und an der unteren Donau die Rumänen auf. Letztere lösten daraufhin ihr gutes Einvernehmen zum „Dreibund".

Bedroht mußten sich also Deutschland, Österreich-Ungarn und die Türkei fühlen, denn diese Mittelmächte waren eingekreist. – So stellte sich die wirkliche politische Lage Anfang 1914 dar.

Das Attentat von Sarajewo 28. Juni 1914: Nach dem Selbstmord des Kronprinzen Rudolf, des einzigen Sohnes von Kaiser Franz Joseph, war dessen Neffe, der Erzherzog *Franz Ferdinand* (1863–1914), Thronfolger geworden. Er wollte die habsburgische Monarchie in einen Bundesstaat mit eigenen Landesparlamenten in allen zwölf Völkern umwandeln. Auch eine Verständigung mit Rußland durch mögliche Abtretung von Galizien strebte er an.

Bei einem offiziellen Besuch am 28. Juni 1914 in Sarajewo, der Provinzhauptstadt von Bosnien, erfolgte auf ihn und seine Gemahlin während der Fahrt durch die Stadt im offenen Auto ein Bombenanschlag, bei dem zwei Offiziere im nachfolgenden Wagen schwer verletzt wurden. Der Erzherzog ließ sofort anhalten und kümmerte sich um die Verwundeten, die schnellstens in ein Spital gefahren wurden. Anstatt das Zeremoniell abzubrechen, befahl er dessen geplante Durchführung. Im Rathaus verlas der Bürgermeister zitternd die Begrüßungsansprache, ehe die Fahrt vorbei an jubelnden Volksmengen weiterging. Bei einer kurzen Stockung sprang plötzlich ein junger Mensch aus der Menge und tötete mit zwei Pistolenschüssen Franz Ferdinand und seine Gemahlin. Der Mörder war der zwanzigjährige Serbe G. *Princip* (gest. 1918), der dem serbischen Geheimbund in Bosnien angehörte.

Wien verlangte energisch von Belgrad Genugtuung und drohte am 23. Juli in Form eines *Ultimatums* mit Krieg, wenn die Untersuchung des Mordplanes nicht sofort unter Mitwirkung österreichischer Kriminalbeamter auch in Serbien durchgeführt würde. Dort bejubelten die Zeitungen den Mörder als Freiheitshelden. Bosnische Polizei verhaftete einige der Hintermänner, die den gesamten Geheimbund verrieten. Daß der serbische König und sein Ministerpräsident Paschitsch auch hinter dem Mordplan standen, hatten die Geheimbündler nicht gewußt. Wäre das damals schon bekanntgeworden, hätten alle Regierungen Europas eine Bestrafung Serbiens „völkerrechtsmäßig" anerkennen müssen.

Hinter Paschitsch stand die russische Regierung mit deren Außenminister Sergei *Sasonow* (1860–1927), der Serbien im Kriegsfall Unterstützung zugesichert hatte. Paris und Petersburg gaben Serbien freie Hand.

Englands liberaler Ministerpräsident Herbert *Asquith* (1852–1928) und sein Außenminister Edward *Grey* (1862–1933) bestätigten Russen und Franzosen die Tripelentente. Der Regierung in Berlin aber ließen sie Verhandlungswillen durchblicken.

Der Reichskanzler *Bethmann-Hollweg* beabsichtigte, den Konflikt unbedingt auf

Serbien zu beschränken, und bestätigte in Wien den Bündnisfall für gegeben. Damit glaubte er, die Großmächte vom Äußersten abhalten zu können. Er beurteilte die Entente-Mächte also völlig falsch. Kaiser *Wilhelm* war im Urlaub und nahm die ganze Angelegenheit scheinbar nicht allzu ernst. Er kehrte erst am 27. Juli nach Berlin zurück, wo er die Antwortnote Serbiens auf das Wiener *Ultimatum vom 23. Juli* zu lesen bekam. Wien hatte Aufklärung gefordert, doch lehnte Belgrad jede Mitwirkung Wiens auf serbischem Boden ab. Das befriedigte Wien keineswegs.

Kaiser Wilhelm wollte unter gar keinen Umständen Krieg, deshalb entwickelte er persönlich schnellstens den sogenannten *„Faustpfandplan"*. Die Großmächte sollten zustimmen, daß Österreich die Stadt Belgrad kampflos besetzen solle, aber nur so lange, bis die Forderungen Wiens erfüllt seien.

Über diesen Vorschlag hätte sehr wohl verhandelt werden können, zumal *Grey* in London ähnliches vorbrachte. Aber die Diplomatie versagte gänzlich.

Kriegsausbruch 28. Juli 1914: Österreich erklärte am 28. Juli an Serbien den Krieg. Erwähnt sei hier, daß Wien in keiner Weise militärisch vorbereitet war, die Kriegserklärung sollte lediglich als politisches Druckmittel dienen. Deshalb erfolgte auch kein sofortiger Angriff.

Außenminister *Sasonow* in Petersburg begann nun unsicher zu werden, aber der damalige Generalstabchef *Januschkewitsch* verlangte noch am 28. Juli vom Zaren den *Mobilmachungsbefehl.* Auch Nikolaus wollte keinen Krieg, doch als Mann ohne Rückgrat gab er unter Druck den gewünschten Befehl für die gesamte österreichisch-deutsche Grenze, obwohl Sasonow vorerst nur für den Südabschnitt gegenüber Österreich war. Kaiser Wilhelm telegrafierte an seinen Vetter Nikolaus und verlangte die Rücknahme der Teilmobilisierung. Jeder wußte, daß die Mobilmachung praktisch den letzten Schritt zum Krieg bedeutete. Also widerrief der Zar seinen Befehl, doch die Mobilmachung war bereits angelaufen. Dasselbe wurde auch aus Frankreich gemeldet.

Nun verlangte die Reichsregierung von Rußland und Frankreich in ultimativer Form die Rücknahme ihrer Mobilisierungen, denn noch gab es letzte Möglichkeiten, den Krieg zu verhindern: England konnte der Tripelentente und Deutschland der Doppelmonarchie den Bündnisfall für nicht gegeben erklären, denn nach dem Wortlaut der Verträge hätte bei beiden kein Bündnisverrat vorgelegen. – Doch nichts geschah, und das Schicksal nahm seinen verhängnisvollen Lauf:

Am 30. Juli verkündete Rußland die *Generalmobilmachung.* Am 1. August, 16.00 Uhr, folgte Frankreich, gleichzeitig das Deutsche Reich.

Noch am selben Abend erfolgte die *Kriegserklärung Deutschlands an Rußland.* Bethmann-Hollweg und der Kaiser hielten das – gegen den Rat der Militärs – für zweckmäßig.

Am 2. August gab es Streit im Pariser Ministerrat. Poincaré betrachtete es als ehrenrührig, sich von Deutschland den Krieg erklären zu lassen, und wollte dem zuvorkommen, doch unterlag er bei der Abstimmung. – Ebenfalls am 2. August mobilisierte England seine Kriegsflotte.

Am 3. August erklärte *Deutschland an Frankreich* den Krieg und begann am 4. August mit den Kampfhandlungen, indem es in Vollzug des Schlieffen-Planes im neutralen Belgien einmarschierte.

Das nahm *England* zum offiziellen Anlaß, am 4. August *an Deutschland* den Krieg zu erklären.

Österreich-Ungarn gab jetzt erst den Generalmobilmachungsbefehl.

Italien, die dritte Macht im „Dreibund", hielt sich nicht an das Bündnis, sondern Ministerpräsident *Salandra* (1853–1931) erklärte im Einvernehmen mit König Emanuel III. die Neutralität.

Die *Türkei* unter dem Sultan *Mohammed V.* (1844–1918) trat auf die Seite der Mittelmächte.

Bulgarien schloß sich im Spätsommer 1915 den Mittelmächten an und half bei der jetzt beginnenden Niederwerfung Serbiens, Albaniens, Montenegros und Rumäniens. Der bulgarische Zar war *Ferdinand I.* (1861–1948), ehemals Prinz von Sachsen-Coburg.

Rumäniens König hieß auch *Ferdinand I.* (1865–1927) und entstammte dem Hause Hohenzollern-Sigmaringen. Er blieb vorerst neutral, schloß sich aber 1916 unter Druck der Entente an.

Griechenlands König *Konstantin I.* (1868–1923) erklärte die Neutralität, woran er sich bis 1917 hielt, um dann der Entente beizutreten. Konstantin entstammte dem dänischen Königshaus Oldenburg.

Serbien und *Montenegro* hielten natürlich zur Entente.

Albanien versuchte neutral zu bleiben, was ihm nur bis 1916 gelang. Dann besetzte das zur Entente umgeschwenkte Italien den Süden und Österreich den Norden.

Holland, Dänemark, Schweden, Norwegen, Spanien und die Schweiz blieben neutral, *Portugal* nur bis 1916, dann trat es der Entente bei. Auch die *USA* erklärten bei Ausbruch des Krieges ihre Neutralität.

Im Fernen Osten schlug sich das Kaiserreich *Japan* auf die Seite der Entente.

Das völlig zerrüttete *China* blieb vorerst neutral und wurde im Sommer 1917 gezwungen, den Mittelmächten den Krieg zu erklären.

Seit dem 4. August 1914 also rollte der Angriff nach Westen. Das deutsche Volk empörte sich einmütig über die Einkreisung und Provokation der Entente. *„Gott strafe das perfide (heimtückische) England!"* – las man in allen Zeitungen. In zorniger Begeisterung strömten die Kriegsfreiwilligen aus allen Bevölkerungsschichten zu den Meldeämtern. Keine Frau versuchte ihren Mann, kein Mädchen seinen Verlobten zurückzuhalten. Sie brachten ihren Soldaten Blumen, wenn die Regimenter mit klingendem Spiel zu den Bahnhöfen marschierten, um an die Fronten zu fahren. Es war eine einzige Volkserhebung, und man war überzeugt, daß zu Weihnachten die siegreiche Heimkehr stattfinden werde.

Im Reichstag herrschte völlige Einmütigkeit, und die Parteien schlossen einen Burgfrieden. So konnte der Kaiser ausrufen: *„Ich kenne keine Parteien mehr, ich kenne nur noch Deutsche!"*

Was sich im Reich abspielte, geschah in gleicher Weise in Österreich, Ungarn und Kroatien.

Die deutschen Armeen befanden sich im besten Zustand. Hervorragende Soldaten hatten Heer und Marine im preußischen Sinne geschult und ausgerüstet: Generalfeldmarschall Graf von *Schlieffen* (1833–1913) aus Berlin, Generalfeldmarschall Paul von Beneckendorff und von *Hindenburg* (1847–1934) aus Posen, Großadmiral Alfred von *Tirpitz* (1849–1930) aus Küstrin in Brandenburg, General Erich *Ludendorff* (1865 bis 1937) aus Posen und andere. Als Oberbefehlshaber über allem stand Kaiser Wilhelm II.

Lange nicht so gut sah es in der österreichisch-ungarischen Armee aus: Zwar standen hervorragende Heerführer zur Verfügung, die in den letzten Jahren immer wieder auf bessere Ausrüstung und Vorbereitung für den Ernstfall gedrängt hatten. Aber Kaiser Franz Joseph stützte sich auf die Regierungen, die das Militär oft vernachlässigten. So war man später im Laufe des Krieges in schwierigen Situationen immer wieder auf das Eingreifen reichsdeutscher Hilfsarmeen angewiesen. Die tüchtigsten Heerführer der Doppelmonarchie waren die Feldmarschälle Graf *Conrad von Hötzendorf* (1852–1925) aus Wien, der Freiherr Eduard von *Böhm-Ermolli* (geb. 1856) und Alfred *Kraus* (geb. 1862) aus Dalmatien. Die zuverlässigsten nichtdeutschen Soldaten im Vielvölkerstaat waren die Ungarn, Krainer und Kroaten.

Bei Kriegsbeginn hatte Hindenburg kein Kommando inne. Wilhelm II. mochte ihn nicht, weil er seine Meinung ohne jede Unterwürfigkeit sachlich vorzubringen pflegte und dem Kaiser widersprach, wenn es nötig war. Deshalb war er 1911 in Pension geschickt worden. Den genialen, unbequemen Ludendorff hielt der Kaiser trotz seiner 49 Jahre für zu jung und unerfahren, obwohl zwischen beiden nur sechs Jahre Altersunterschied bestand.

Der Schlieffenplan: Er sah vor, daß Frankreich und ein mögliches englisches Expeditionsheer innerhalb von acht Wochen geschlagen werden mußten, was den Einsatz von 80 % des gesamten deutschen Heeres allein im Westen nötig machte, den größten Teil davon auf dem rechten Flügel im Norden. Die Russen sollten mit geringen Kräften hingehalten werden, wobei sich auch das österreichisch-ungarische Ostheer im Süden auf Verteidigung beschränken sollte. Ferner war es nach dem Schlieffenplan nötig, durch die *neutralen Länder Belgien und Luxemburg* anzugreifen. Mehrere Armeen hatten nämlich auf dem rechten Flügel in breiter Front in Richtung Paris vorzugehen, die nördlichsten davon die Stadt zu umgehen, nach Süden einzuschwenken, Paris selbst und die französische Festungskette Verdun, Toul, Nancy, Epinal und Belfort von Westen her zu bestürmen. Gleichzeitig sollte dann die Kette von Norden her aufgerollt und aus dem Osten frontal angegriffen werden.

Ein ungemein kühner Plan, aber der große Generalstab war überzeugt, daß nur so der Krieg gewonnen werden könne, denn ein Frontalkrieg war nicht zu gewinnen, weil doppelte feindliche Übermacht von vornherein bestand.

Gelang dieser Schlachtplan, würde auch Rußland aufgeben, denn sein Heer galt als schlecht ausgerüstet und mangelhaft organisiert.

„Macht mir den rechten Flügel stark!" – sollen Schlieffens letzte Worte gewesen sein, als er 1913 starb.

Durch Verrat war der Schlieffenplan der Entente bekanntgeworden, weshalb diese darauf drängte, daß Belgien neutral blieb. Übrigens waren auch die feindlichen Pläne bei den Mittelmächten bekannt. Die Geheimdienste arbeiteten allgemein recht erfolgreich.

Der Gegenplan des französischen Oberkommandierenden Marschall Joseph *Joffre* (1852–1931) sah einen Angriff im Süden auf das Elsaß in Richtung Straßburg und die Pfalz vor, weiter nördlich auf Lothringen in Richtung Metz und das Saargebiet. Das englische Expeditionskorps unter Führung des Feldmarschalls John *French* (1852–1925) sollte dem deutschen Angriff, der aus Belgien heraus erwartet wurde, zusammen mit französischen Einheiten entgegentreten.

Der deutsche Oberkommandierende im Westen war seit 1906 der Generalfeldmarschall Helmuth von *Moltke* (1848–1916), ein Neffe des großen Moltke von 1871. Nur den Namen hatten beide gemeinsam, denn der Neffe war strategisch unbegabt, phlegmatisch und ängstlich, bei Kriegsausbruch 73 Jahre alt. Doch der Kaiser glaubte allen Ernstes, der Name allein genüge, um den Franzosen Angst und Schrecken einzujagen.

Moltke verwässerte den Schlieffenplan so stark, daß der Erfolg von vornherein in Frage gestellt war. Statt die vorgesehenen 80% des Gesamtheeres im Norden einzusetzen, glaubte er mit 50% auszukommen. Dafür setzte er wesentlich mehr in Elsaß-Lothringen ein, wo sie vorerst nicht voll gebraucht wurden.

Der deutsche Angriff im Westen und das „Marnewunder" vom 10. September 1914: Die belgische Sperrfestung *Lüttich* an den Maas-Übergängen war das erste Ziel des deutschen Angriffs. Nach tagelanger Beschießung mit den neuen 42-cm-Mörsern, bei den Krupp-Werken in Essen entwickelt (genannt *„Dicke Berta"* nach der Tochter des letzten Krupp), und infolge eines Handstreiches durch *Ludendorff* mit wenigen Männern kapitulierte Lüttich am 16. August.

Planmäßig am 18. August begann in 150 km breiter Front zwischen Lüttich und Diedenhofen nördlich Metz der große Angriff mit vier Armeen. Am 20. August fiel *Brüssel*, am 25. die belgische Festung *Namur* mit der Zerschlagung der französischen Besatzungsarmee.

Am 14. August hatte der Angriff der Franzosen gegen *Elsaß-Lothringen* begonnen, doch wurde er in fünf Schlachten zurückgeworfen. Den angreifenden Engländern widerfuhr das gleiche Schicksal südlich Brüssel. Daraufhin räumten Franzosen und Engländer Belgien und zogen sich auf eine neue Linie Verdun-Laon-Amiens 30–100 km südlich der belgischen Grenze zurück. Die belgische Armee hatte sich nach dem Fall von Lüttich gegen *Antwerpen* zu abgesetzt, wo sie von geringen deutschen Kräften im Halbkreis zur holländischen Grenze hin abgeriegelt wurde. Die französische Festung *Maubeuge* nahe der belgischen Grenze blieb hinter der Front, wurde belagert und mußte sich mit 45000 Mann am 7. September 1914 ergeben.

Der stürmische deutsche Vormarsch und weitere verlorene Schlachten veranlaßten Marschall Joffre, sich am 1. September bis zur Seine zurückzuziehen, in der Hoffnung, dort neu Fuß fassen zu können. Zwischen French und Joffre begannen bereits Meinungsverschiedenheiten, und French schlug in London vor, das englische Heer wieder nach England zurückzuverschiffen, was der schnell herbeigeeilte englische erfolgreiche Kolonialgeneral und derzeitige Kriegsminister Lord *Kitchener* (1850 bis 1916) allerdings für verfrüht hielt. (Er kam 1916 in der Nordsee beim Untergang eines Panzerkreuzers ums Leben.)

Die nordwestlichste französische 6. Armee versuchte durch einen verzweifelten Angriff in den Rücken der äußersten deutschen 1. Armee unter Generaloberst von *Kluck* (1846–1934) aus Münster in Westfalen zu gelangen. Von Kluck nahm eine Schwenkung seiner Armee nach rechts vor, fing den französischen Angriff ab und umfaßte seinerseits den Feind, der damit kurz vor die Niederlage geriet. Es war die Schlacht am *Quarcy*. Durch diesen Vorgang war zwischen der 1. Armee Klucks und der 2. Armee des Generals Karl von *Bülow* (1846–1921) aus Berlin eine *Frontlücke* von etwa 40 km Breite entstanden, die nur von schwachen Kräften ausgefüllt war. Kluck und

Bülow nahmen diese Lücke nicht tragisch, da die Schlacht am Quarcy in ein oder zwei Tagen beendet sein würde. Die Engländer, die südlich der Frontlücke lagen, dachten das gleiche, und sie trauten sich nicht, kurzentschlossen dort einzudringen, weil sie nicht Gefahr laufen wollten, möglicherweise zwischen zwei deutsche Armeen zu geraten. Außerdem sah der deutsche Plan vor, daß – wenn nötig – von Elsaß-Lothringen Verstärkungen schnell herangebracht werden konnten. Die Eisenbahnzüge standen bereit.

Moltkes Hauptquartier befand sich 400 km, d. h. viel zu weit hinter der Front in Koblenz, und der Nachrichtendienst klappte nicht einwandfrei. Moltke hatte gerade von der Frontlücke erfahren, und – ängstlich, wie er war – machte er sich ein falsches Bild der Lage. Statt nun persönlich schnellstens an die Front zu eilen, um entscheiden zu können, schickte er den Oberstleutnant Richard *Hentsch* (1869–1918). Dieser verfügte über keinen Gesamtüberblick und wurde deshalb „mit nicht eindeutigen Entscheidungsvollmachten" ausgestattet.

Hentsch – von gleich ängstlichem Charakter wie Moltke – schlug den Heerführern Kluck und Bülow den sofortigen Abbruch des Angriffs vor. Diese glaubten nicht recht zu hören, denn die Lage war doch äußerst günstig: In der weiteren Frontverlängerung nach Süden stand die deutsche 3. Armee unter dem sächsischen Generalobersten Freiherr von *Hausen* (1846–1922) zwei französischen Armeen gegenüber. Die eine davon unter Marschall Ferdinand *Foch* (1851–1921) war am 8. September zwischen Marne und Seine geschlagen und zum Rückzug gezwungen worden. An der südlichen Front fanden vor der französischen Festungslinie keine wesentlichen Kampfhandlungen statt.

Doch Hentsch berief sich auf seine „Vollmachten" und befahl nicht nur die *Einstellung des Angriffs*, sondern *Rücknahme des gesamten rechten Flügels.*

Als am Morgen des 10. September die eingeschlossene französische 6. Armee ihr Ende erwartete, hielt sie es nicht für möglich, daß die Deutschen, statt anzugreifen, abzogen. Dasselbe geschah auf einer Frontlänge von etwa 250 km. Das konnte doch gar nicht sein, das war doch ein Wunder! Der Vorgang ging tatsächlich als das *„Marnewunder"* in die Geschichte ein.

Die *deutsche militärische Führung hatte völlig versagt.* Bedeutende Militärrechtler und Soldaten des In- und Auslandes haben später erklärt, daß die Generäle von Kluck und von Bülow den Oberstleutnant Hentsch kurzerhand hätten verhaften müssen: einmal wegen Uberschreitung seiner „Vollmachten" und dann seines völligen Unvermögens, die strategische Lage zu beurteilen.

Die Aufgabe des Schlieffenplanes wirkte als Schock im Großen Generalstab. *Moltke wurde seines Postens enthoben*, brach nervlich zusammen und starb zwei Jahre später.

Die Propaganda der Entente arbeitete blitzschnell: „Die Deutschen in einer gewaltigen Abwehrschlacht geschlagen und zur Flucht gezwungen." – „Ungezählte Gefangene bei gleichzeitiger Erbeutung enormer Mengen von Kriegsmaterial." Solche und ähnliche Falschmeldungen gingen in alle Welt.

Am 14. September wurde Erich von *Falkenhayn* (1861–1922) aus Graudenz in Westpreußen neuer Generalstabschef. Er vollendete die eingeleitete Rückverlegung der Nordfront um 30 bis 70 km, was ohne jede Störung vonstatten ging.

Zwischen der Nordsee-Küste bis zur Armee Klucks – etwa 170 km – bestand noch keine feste Front. Franzosen und Engländer versuchten dort Umfassungsmanöver, die aber mit der Schlacht bei *Arras* Anfang Oktober erstmals scheiterten. Weitere Versuche mißglückten bei *Langemarck* und *Ypern* in Flandern, wo die jungen Freiwilligenregimenter unter dem Gesang des Deutschlandliedes todesmutig gegen den Feind stürmten, in dessen Maschinengewehrfeuer ungeheure Verluste erlitten, aber die Umfassung verhinderten.

Ende des Jahres 1914 verlief nun im Westen eine feste, 750 km lange Front, in einem südwestwärts ausgebeulten Bogen von Nieuwpoort bei Ostende in Belgien bis zur Festung Verdun, etwa entlang westlich den Vogesen bis zur Schweizer Grenze. Der Bewegungskrieg im Westen war damit beendet. Auf beiden Seiten erstarrte die *Westfront* zum *Stellungskrieg* mit einem weitverzweigten System von *Schützengräben.*

Ludendorff, der Bezwinger von Lüttich, gehörte bei Kriegsanfang zur Armee Bülows. Als Hentsch am 7. September dort auftauchte, war Ludendorff aber bereits zur Ostarmee Hindenburgs abkommandiert. Es ist erwiesen, daß man niemals den Schlieffenplan aufgegeben hätte, wenn Ludendorff noch anwesend gewesen wäre. Es war das der Fluch des Zweifrontenkrieges, der bald zum Dreifrontenkrieg werden sollte.

Die Schlachten in Ostpreußen bei Tannenberg und an den Masurischen Seen 18. August–15. September 1914: In Ostpreußen standen – wie geplant – bei Kriegsausbruch nur verhältnismäßig schwache deutsche Kräfte, und zwar unter dem General von *Prittwitz* (1848–1929). Am 16. August überschritt die Njemen-Armee unter dem russischen General Paul von *Rennenkampf* (1854–1918) die ostpreußische Grenze. Die oberste Heeresleitung hatte dort der Großfürst Nikolai *Nikolajewitsch* übernommen.

Am 19. August kam es bei *Gumbinnen* zwischen *Insterburg* und der russischen Grenze zur Schlacht. Als Prittwitz die Nachricht erhielt, daß auch die russische Narew-Armee unter General *Samsonow* (1859–1914) vom Süden her im Anmarsch sei, brach er den Kampf ab und beabsichtigte, hinter die Weichsel zurückzugehen, was die Preisgabe ganz Ostpreußens bedeutet hätte.

Dieser Entschluß rief sofort den Widerstand vieler Generäle an der *Ostfront* und in der Heeresleitung hervor. Man veranlaßte den Kaiser, Prittwitz sofort abzusetzen und statt dessen den General von *Hindenburg* zu berufen. Dieser bedingte sich aus, daß ihm *Ludendorff* zur Seite gestellt und schnellstens von der Westfront herbeigerufen werde.

In der Nacht zum 23. August fuhren beide im Zug an die ostpreußische Front und entwarfen unterwegs den Kriegsplan, der sofort in die Tat umgesetzt wurde.

Samsonow war inzwischen vom Südosten her in einer Breite von 70 km in Ostpreußen gegen die Stadt *Allenstein* eingebrochen. Schnell wurden aus allen Garnisonen West- und Ostpreußens sämtliche verfügbaren deutschen Kräfte zusammengezogen – einschließlich Kavallerie – und am 26. August zum Angriff angesetzt. Beide Flügel der russischen Armee kamen in Unordnung, und unter geschickter Ausnutzung der nur 250 m hohen Hügelketten bei *Tannenberg* und der zahlreichen Seen östlich davon war am 30. August fast die gesamte Narew-Armee eingeschlossen. Ein außerhalb gebliebener Teil versuchte vergeblich den Ring zu sprengen. Als Samsanow die hoffnungslose Lage überschaute, erschoß er sich am 30. August.

Diese Schlacht bei Tannenberg hatte sich aus einer Anzahl einzelner Gefechte innerhalb von neun Tagen entwickelt. Sie endete mit der völligen Ausschaltung einer ganzen russischen Armee. Über 100000 Soldaten mit Artillerie und Nachschub gerieten in Gefangenschaft. Es war eine klassische Vernichtungsschlacht nach der Strategie des Generals von Schlieffen – übrigens die einzige im Ersten Weltkrieg überhaupt.

100 km nordöstlich lag die russische Armee Rennenkampf mitten in den Masurischen Seen. Geringe deutsche Kräfte hatten die Aufgabe erfüllt, sie an der Hilfeleistung für Samsanow zu hindern. Sofort nach der Schlacht bei Tannenberg wandten sich Hindenburg und Ludendorff gegen Rennenkampf und versuchten dessen Südflügel zu umfassen. Doch die Russen zogen sich rechtzeitig zurück. Diese Schlacht an den *Masurischen Seen* vom 5. bis 15. September 1914 war für Rennenkampf sehr verlustreich und endete mit der Befreiung ganz Ostpreußens außer Ostmasurien.

Deutschland atmete auf, und Hindenburg mit Ludendorff waren seitdem die volkstümlichsten Heerführer. Der Kaiser ernannte Hindenburg zum Generalfeldmarschall und Ludendorff zum *„General-Quartiermeister"*. Oberbefehlshaber Ost wurde Hindenburg.

Die österreichisch-ungarischen Kämpfe gegen Serbien und Russisch-Polen August–Dezember 1914: Am 12. August 1914 kam es gegen Serbien zu ersten Kampfhandlungen. Der österreichische Angriff traf auf die gesamte serbische Streitmacht und wurde vorerst abgewiesen. Im September und November jedoch besiegte Feldmarschall *Kraus* die Serben und besetzte Anfang Dezember die Hauptstadt *Belgrad.* Da aber Teile der österreichischen Armeen zur galizischen Front abgezogen werden mußten, gab man Serbien mit Belgrad Ende Dezember vorerst wieder auf. Die 250 km lange serbische Front wurde mit nur geringen Kräften gehalten.

An der *ungarisch-galizischen Front* gelang es der K. + K. Armee anfangs, in den russischen Aufmarsch hineinzustoßen, doch im September erlitt sie bei *Lemberg* eine schwere Niederlage, so daß fast ganz *Galizien* aufgegeben werden mußte. Eine deutsche Armee kam aus Oberschlesien zu Hilfe. Ende September erfolgte unter Hindenburgs Oberleitung ein *erster* gemeinsamer *Großangriff an der ganzen Ostfront* tief nach Russisch-Polen hinein.

Südwestlich Warschau traf der Angriff auf weit überlegene russische Kräfte, die am linken deutschen Flügel eine entscheidende Umfassung versuchten, die aber der General August von *Mackensen* (1849–1945) aus der Nähe von Wittenberge an der Elbe vereiteln konnte. Zum Zwecke der Frontverkürzung wurde die ganze deutsch-österreichische Front in Polen und Galizien begradigt. Ende 1914 verlief eine 1250 km lange Front von der Ostsee bei Memel entlang etwa der ostpreußischen Grenze, dann westlich Warschau, östlich Krakau und durch die Karpaten bis zur rumänischen Grenze.

Alle am Krieg beteiligten Mächte benutzten nun eine Atempause von 2–3 Monaten, um ihre Rüstung auf einen vielleicht Jahre dauernden Krieg einzurichten.

Die Engländer beschlossen außerdem, die Mittelmächte durch eine *Seeblockade* soweit wie möglich auszuhungern, das hieß Ernährungs- und Rohstoffzufuhr von außen zu sperren.

Abwehr und Angriffe im Westen 1915: Im März versuchten die Franzosen im Mittelabschnitt zwischen Verdun und Reims die Front zu durchbrechen, im Mai und Juni auch an der Nordfront in Flandern, besonders bei der *Lorettohöhe.* Nicht weit davon erfolgten im Sommer deutsche Angriffe im *Argonnenwald* und ganz im Süden in den *Vogesen*. Im Herbst wollten die Engländer im Norden bei *Arras* und die Franzosen in der *Champagne* östlich Reims durchbrechen. Doch keiner der Angriffe war erfolgreich, es gab höchstens geringe Geländegewinne von nur wenigen km Tiefe. Bei allen Kämpfen ging den verlustreichen Infanterieangriffen stundenlanges Artillerie-*Trommelfeuer* voraus.

Zweiter Großangriff gegen Rußland 1915: An der Ostfront griffen die Russen im Karpatenabschnitt schon im Januar erfolglos an. Zur Verstärkung des K. + K.-Heeres stellte man die *deutsche Südarmee* neu auf, hauptsächlich aus Einheiten, die von der Westfront abgezogen werden mußten.

Es machte sich also bereits sehr deutlich die zahlenmäßige Unterlegenheit der Mittelmächte bemerkbar. Die Gesamtfrontlänge in West, Ost und Süd betrug etwa 2250 km. So reifte für den Hauptkriegsplan der Mittelmächte immer mehr die Überzeugung heran, zuerst Rußland mit der größten Frontlänge zu schlagen, um dann im Westen zu siegen.

Im Norden griff also Hindenburg im Februar 1915 an, und in einer fast dreiwöchigen *Winterschlacht in Masuren* wurden die Russen völlig geschlagen und weit nach Osten zurückgedrängt. Ab April erfolgte ein neuer Anlauf im Südabschnitt: Mackensen und Conrad von Hötzendorf durchbrachen die Mittelfront östlich Krakau bei *Gorlice-Tarnów*. Im Juni siegte auch Böhm-Ermolli ganz im Süden bei *Lemberg*. Die Verluste der Russen waren ungeheuer, doch mußten trotzdem im Sommer und Herbst alle Festungen in Westrußland erst gegen zähen Widerstand niedergerungen werden.

Ende 1915 verlief die Ostfront von der Ostsee bei Riga über Dünaburg und von dort fast geradlinig bis zum nordöstlichsten Zipfel Rumäniens. Statt 1250 km war nun die begradigte Ostfront nur noch etwa 1000 km lang.

Serbien-Feldzug im Herbst 1915: Im September 1915 hatte *Mackensen* den Oberbefehl an der serbischen Front übernommen. Unter seiner Führung besiegte eine Armee aus Österreichern, Ungarn, Bulgaren und Deutschen in einem zweimonatigen Feldzug Serbien zum zweiten Mal vollständig und besetzte das ganze Land.

Italiens Kriegserklärung an Österreich-Ungarn Mai 1915 – Die Isonzo-Front: Die Ententemächte hatten sich eifrig bemüht, die neutralen Staaten Italien, Rumänien und Griechenland zum Kriegseintritt auf ihrer Seite zu gewinnen. Im Gegenzug verhandelte Wien mit Rom und bot die Abtretung des italienisch-sprachigen *Trentino* im Etschtal südlich Salurn an, wenn Italien neutral bleibe. Die Entente dagegen versprach alles, was Rom forderte, nämlich Südtirol bis zum Brenner, die Gebiete östlich des Isonzo, also Triest, Istrien, einige dalmatinische Inseln und Stützpunkte in Albanien. So kam es Ende April 1915 zum *Londoner Vertrag* zwischen Italien, Frankreich, Rußland und England. Italien versprach, in wenigen Wochen aktiv in den Krieg einzutreten. Es *kündigte* Anfang Mai 1915 den *„Dreibund"* auf, und am 23. Mai erfolgte die Kriegserklärung an Österreich-Ungarn.

Der *Isonzo* war der nordöstlichste Grenzfluß zwischen Italien und der Doppelmonarchie. Im Juni 1915 griffen die Italiener dort mit ihrer Hauptmacht an, ohne etwas zu erreichen. Die Österreicher beschränkten sich auf die Verteidigung und behielten diese Strategie bis September 1917 bei.

Elfmal griffen die Italiener verbissen unter schwersten Verlusten an. Beim sechsten Angriff im August 1916 gelang ihnen lediglich die Einnahme der Stadt *Görz*, 4 km hinter der bisherigen Front und beim elften Versuch im Sommer 1917 die Eroberung der *Hochfläche von Heiligengeist* mit 7 km Geländegewinn. Das Ziel der Eroberung der 60 km entfernten Stadt Triest und die Besetzung der Halbinsel Istrien blieb den Italienern versagt. Die italienischen Verluste gingen in die Hunderttausende.

Bei Beginn des Krieges mit Italien hatten die Österreicher Bergstellungen in den *Südtiroler Dolomiten* nördlich des *Brentatales* und des *Gardasees* sowie im *Ortlergebiet* (Stilfser Joch) bezogen. Hier im Trentino beabsichtigten die Italiener durch das *Brenta-Tal* die Stadt *Trient* zu erobern, wo die Brenta in die *Etsch* mündet. Bei dem Städtchen Persen 20 km östlich Trient macht die Brenta einen Knick, und nördlich davon befindet sich der Berg *Frauwart*. Von einer natürlichen Plattform aus in etwa 2000 m Höhe war das Brentatal weit nach Süden und Westen einsehbar, ebenso die südwestlich liegenden niedrigeren italienischen Berge. Auf dieser Plattform, nicht größer als 100×20 m, brachten die Österreicher eine Batterie Geschütze in Stellung, die von oben durch überstehendes Felsgestein geschützt war. Eine natürliche uneinnehmbare *Riegelstellung* von größter strategischer Bedeutung.

Verbissene Versuche der Italiener, hier nach Trient durchzustoßen, wurden immer wieder vereitelt, und von anderer Seite her in Stadt und Provinz einzudringen, war wegen anderer natürlicher Hindernisse auch nicht durchführbar. So konnte Südtirol bis Kriegsende beschützt werden.

Den einzigen Vorteil, den die Feindmächte durch den italienischen Kriegseintritt hatten, war die Bindung einer österreichischen Armee am Isonzo bei etwa 100 km Frontlänge. Die weitere etwa 400 km lange Alpenfront war mit verhältnismäßig geringem Aufwand an Menschen und Material zu halten.

Anfang Juni 1916 versuchten die Österreicher vom Trentino aus in östlicher Richtung die italienische Isonzo-Armee im Rücken zu fassen. Wegen der inzwischen tobenden Schlachten um Verdun und an der Somme war dabei leider eine reichsdeutsche Unterstützung – wie ursprünglich geplant – nicht möglich. Die Städte *Arsiero* und *Asiago* am Südrand der Alpen wurden erobert. Doch da begannen die Russen die Brussilow-Offensive, woraufhin der österreichische Angriff auf der erreichten Linie eingestellt werden mußte.

Verdun Februar–Juni 1916: Im Februar 1916 beschloß *Falkenhayn* den Angriff auf die Festung Verdun. Er wußte, daß dieses starke, weitverzweigte Festungswerk schwer zu erstürmen war, doch ging es ihm vorerst darum, die französische Armee hier an dieser entscheidenden Schlüsselstellung langsam zu zermürben. Dafür glaubte er mit beschränkten Kräften auskommen zu können. Erst dann sollte der Durchbruch erfolgen und von Verdun aus mit voller Stärke die feindliche Front nach beiden Seiten hin aufgerollt werden.

Falkenhayn setzte mit Hilfe des Kaisers seinen *„Zermürbungsplan"* im Oberkommando durch, allerdings gegen den Widerstand des deutschen *Kronprinzen Wilhelm*, des Armeekommandanten vor Verdun. Der Kronprinz, auch Hindenburg und Ludendorff waren der Ansicht, Verdun mit allen verfügbaren Mitteln zu erstürmen und den

Durchbruch sofort zu erzwingen, zumal sich die Zermürbung auch auf deutscher Seite auswirken müsse.

Die Schlacht um Verdun entwickelte sich zur verbissensten und blutigsten, die je geführt wurde. 600 000 Franzosen und 600 000 deutsche Soldaten fielen zwischen Mitte Februar und September 1916 aus. Schon bald erwies sich, daß mit beschränkten Angriffskräften nichts zu erreichen war. Zwar gelang gleich im Februar die Erstürmung der Panzerfeste *Douaumont*, doch dann blieb der Angriff stecken, und die Franzosen fanden Zeit, Verstärkungen heranzubringen.

Die deutschen Hauptkräfte mußten nun doch eingesetzt werden, aber es war zu spät. Die erste entscheidende Stoßkraft war verpufft. Erst ein Vierteljahr später wurde noch das Fort *Vaux* erstürmt und bis Ende Juni auf 40 km Breite ein Vordringen um höchstens 8 km erzielt.

General *Joffre*, der bereits 1914 an der Marne die Nerven verloren hatte, wollte auch diesmal bei den ersten Erfolgen des deutschen Angriffs Verdun aufgeben, doch ließen das seine Generäle nicht zu. Im Mai übernahm General *Nivelle* (1858–1924) anstelle von Joffre den Oberbefehl bei Verdun.

Als Falkenhayn endlich seine falsche Kriegsführung eingestehen mußte, stellte er Ende Juni den Angriff ein und beschränkte sich auf die Verteidigung der erreichten Frontlinie, was bis Jahresende immer noch verlustreich genug war.

Somme Juli–November 1916: An der Nordfront begannen Engländer und Franzosen im Juli einen Entlastungsangriff auf 30 km Breite beiderseits der Somme. Diese *Somme-Schlacht* dauerte fünf Monate bis Ende November und war ähnlich verlustreich wie die Schlacht von Verdun. 700 000 Engländer und Franzosen sowie 500 000 Deutsche betrugen die Verluste. Gewonnene Geländetiefe des Feindes: 8–10 km.

Die russische Brussilow-Offensive Juli–September 1916 an der Südost-Front: Gleichzeitig mit der Somme-Schlacht begann ein großangelegter Angriff unter Führung des Generals Alexej *Brussilow* (1853–1926) gegen die südliche Hälfte der Ostfront, die von der K. + K.-Armee verteidigt wurde. Diese ungarische Front wurde von Mitte Juli bis Mitte September auf 500 km Länge zwischen 30 und 100 km eingedrückt, aber nicht durchbrochen. Die aus vielen Volksteilen bunt zusammengewürfelte K. + K.-Armee geriet dabei an manchen Stellen fast in Auflösung, und es entstanden schwerste Verluste. Eilig aus allen Frontabschnitten in Frankreich, Ostpreußen, Serbien und Italien herangeführte deutsche Einheiten brachten den gefährlichen Ansturm der Russen schließlich zum Stehen. Hier wendeten sie ihre berüchtigte *„Dampfwalze"* als Angriffsform im großen Stile an: Die Infanterie stürmte in dichten Wellen gegen die feindlichen Maschinengewehrstellungen und erlitten dabei Millionenverluste an Toten und Verwundeten. Doch schon rollte die nächste, nur teilweise bewaffnete Welle heran, bemächtigte sich der Gewehre von bereits Gefallenen, stürmte weiter und erlitt das gleiche Schicksal. Mehreren solcher Wellen hintereinander gelang gelegentlich doch ein örtlicher Durchbruch, wobei in hoffnungsloser Kampfeswut alles erschlagen wurde, was sich regte. Doch einmal mußten sich auch diese Massen russischer Soldaten erschöpfen, und so verebbte im September 1916 schließlich die Brussilow-Offensive; die Russen waren völlig ausgeblutet.

Feldzug in Rumänien August–November 1916: Rumänien konnte unter dem Eindruck des deutschen Mißerfolges vor Verdun sowie der Somme-Schlacht und der Brussilow-Offensive dem diplomatischen Druck der Feindmächte nicht mehr widerstehen und erklärte Ende August 1916 an Österreich-Ungarn den Krieg.

Hindenburg, Ludendorff und Kronprinz Wilhelm verlangten nun vom Kaiser den *Rücktritt Falkenhayns.* Die *militärische Gesamtführung* übernahmen am 29. August 1916 Generalfeldmarschall von *Hindenburg* und der „Erste Generalquartiermeister" *Ludendorff.* Zwei Jahre zu spät! Falkenhayn erhielt nun einen Befehl im Norden des neuen rumänischen Kriegsschauplatzes, also im ungarischen Siebenbürgen.

Die rumänische Armee war praktisch auf sich selbst gestellt. In dem mit den Mittelmächten verbündeten Bulgarien und dem 1915 besiegten Serbien hatte *Mackensen* den Oberbefehl, dessen Armee einsatzbereit war. Anfang September begann er den Feldzug gegen die rumänische *Dobrudscha* südwestlich der Donaumündung und beendete ihn vorerst Ende Oktober mit der Einnahme von *Konstanza* am Schwarzen Meer und *Cernavoda* an der Donau. Bis nördlich dieser Linie waren die Russen als rumänische Verbündete vorgerückt.

Bei Beginn dieses Feldzuges marschierten die Rumänen vom Süden her in Siebenbürgen ein, wo ihnen kein Gegner gegenüberstand. In aller Eile zog Falkenhayn Teile der deutschen Armee in Serbien sowie der K. + K.-Armee in Galizien zusammen, brachte den rumänischen Einmarsch zum Stillstand und ging selbst zum Angriff über. Ende September wurden die Rumänen bei *Hermannstadt* und Anfang Oktober bei *Kronstadt* besiegt und in die Berge der Südkarpaten getrieben. Siebenbürgen war befreit. Mitte November gaben die Rumänen ihren hartnäckigen Widerstand am *Roten Turmpaß* und anderen Pässen auf und zogen sich in die Ebenen der *Walachei* zurück. Ende November setzte Mackensen aus Bulgarien über die Donau in Richtung *Bukarest,* welches Anfang Dezember erobert wurde. Inzwischen hatten die Russen die rumänische *Moldau-Provinz* besetzt, wohin sich die Reste der rumänischen Armee zurückzogen. Anfang Januar fiel die Stadt *Braila* am Donauknick vor der Mündung, was die Russen veranlaßte, den letzten Teil der Dobrudscha bis hinter die Donau zu räumen.

Damit war in vier Monaten der Feldzug siegreich beendet. Die Russen hatten den Rumänen nicht helfen können, weil sie sich in der Brussilow-Offensive völlig verausgabt hatten.

Die Ostfront verlief Ende 1916 von Riga an der Ostsee ziemlich geradlinig bis zur Donaumündung am Schwarzen Meer; die Frontlänge betrug etwa 1600 km. Die Westfront hatte sich mit 750 km kaum verändert, die italienische Front war etwa 550 km lang, die serbische war weggefallen. Alle Fronten zusammen betrugen nun 2900 km. Die Feindmächte suchten nach Möglichkeiten, die Fronten immer weiter auszudehnen, um an zu schwach besetzten Stellen durchzubrechen.

Tod Kaiser Franz Josephs I. 1916: Kaiser Franz Joseph starb im November 1916 im Alter von 86 Jahren. Er war kein genialer, dafür aber ein unbestechlicher und zuverlässiger Charakter gewesen, an dessen Persönlichkeit sich der Zusammenhang der Doppelmonarchie und der Widerstandswille gegen die Feinde trotz der auseinanderstrebenden Kräfte immer wieder erneuert hatte. Seine Regierungszeit dauerte 68 Jahre, die längste, die je ein deutscher Kaiser erlebte.

Karl I. (1887–1922), letzter Kaiser von Österreich 1916–1918

Von ganz anderem Schlag war der Nachfolger Kaiser Karl I. Er war der Neffe des in Sarajewo ermordeten Erzherzogs Franz Ferdinand. Bald nach seinem Regierungsantritt begann er *Geheimverhandlungen* mit den Feinden. Er versprach Clemenceau, sich dafür einzusetzen, daß bei einem schnellen Friedensschluß Frankreichs „berechtigte Ansprüche" auf *Elsaß-Lothringen* erfüllt würden. Doch als Gegenleistung wollte Karl auf Kosten des Deutschen Reiches *Schlesien* zurückhaben. Ansonsten solle die Doppelmonarchie ungeschmälert bleiben, vielleicht mit Ausnahme des Trentino, wofür aber ein Ausgleich zu leisten sei.

So glaubte der unerfahrene, 29jährige Mann Österreich-Ungarn retten zu können, dessen Aufteilung ganz offiziell zu den erklärten Kriegszielen der Feindmächte gehörte. Dieser letzte Habsburger Kaiser *Karl betrieb* also *Verrat*, womit er seinem ruhmreichen Geschlecht den denkbar ehrlosesten Abgang aus dessen 745jährigen Anteil an der deutschen Geschichte verschaffte.

Die Entente reagierte auf Karls Anbiederungen kaum mehr als spöttisch und hinhaltend, zumal dieser im eigenen Lande doch nur begrenzten Einfluß hatte.

Wirkungen der feindlichen Seeblockade und der Hetzpropaganda: Das Jahr 1917 brachte in beiden Machtblöcken gewaltige Anstrengungen, um den Gegner zu Fall zu bringen, wobei die Hauptlast auf die Mittelmächte entfiel. Hier galt es auch, mit neuen inneren Problemen fertigzuwerden. In den Großstädten von Hamburg bis Wien und von Breslau bis Köln begann sich die englische Hungerblockade verhängnisvoll auszuwirken. In die Betriebe gingen nun viele Frauen statt ihrer Männer, weil diese an der Front standen. Wichtiger als Geld waren die Lebensmittelkarten, aber die Zuteilungen mußten mehr und mehr gekürzt werden, und für die Kinder gab es keine Milch. Es herrschte vielfach echte Hungersnot, obwohl die Eroberung Rumäniens für die Ernährung eine gewisse Entlastung gebracht hatte. Trotzdem arbeitete die Bevölkerung in der Heimat mit einem Fleiß ohnegleichen, so daß die Waffen, die an den Fronten gebraucht wurden, sogar in steigenden Mengen geliefert werden konnten. – Der Feind arbeitete zunehmend auch mit den Mitteln der Propaganda.

In der Donaumonarchie hatte dies bedenkliche Auswirkungen bei den slawischen Völkerschaften, denen der Feind mehr versprach, als sie je gefordert hatten. *Streiks* in den Provinzen wurden von marxistischen Helfershelfern organisiert, und an den Fronten hetzten Flugblätter zur Gehorsamsverweigerung und *Meuterei* auf. Die Verläßlichkeit der Vielvölkerarmee – nur verhältnismäßig dünn mit deutschstämmigen Soldaten durchsetzt – war immer schwieriger aufrechtzuerhalten.

Auch im Reich versuchten radikale Marxisten die Siegeszuversicht zu unterwühlen. Karl *Liebknecht* (1871–1919), seit 1912 sozialdemokratischer Reichstagsabgeordneter in Berlin, kam deshalb ins Zuchthaus. Von dort aus gründete er mit Hilfe der Kommunistin *Rosa Luxemburg* (1870–1919) 1917 vorerst den geheimen kommunistischen *Spartakusbund*, aus dem nach Kriegsende die kommunistische Partei hervorging. Bedenklich für die deutsche Front wirkte sich ein *Munitionsarbeiterstreik* aus, der die Folge solcher Machenschaften war. Es gab Frontabschnitte, in die wegen Munitionsmangel der Feind einbrechen konnte, was Tausende von Opfern kostete.

Auch die *Greuelpropaganda* wurde zu erstaunlicher Blüte gesteigert: In aller Welt wurde verbreitet, daß deutsche Soldaten in besetzten Gebieten den Kindern die Hände abhackten oder daß die Leichen gefallener Feinde zur Seifenherstellung ausgekocht würden. Solche Lügen benötigten die Regierungen mancher Staaten, um die von der Entente aufgezwungene Kriegserklärung an Deutschland ihren Völkern berechtigt erscheinen zu lassen. So schickten sie Regimenter an die Front zum „Kreuzzug" gegen die deutschen „Hunnen", „Barbaren" oder „Boches" (französisches Schimpfwort gegen die Deutschen). Doch kamen sie ausnahmsweise ins Kampfgeschehen, wurden sie schnell aufgerieben.

1916 erklärte *Portugal* dem Deutschen Reich den Krieg, 1917 folgten *Griechenland, China* und *Brasilien,* selbstverständlich auch die Dominions *Kanada, Australien* und *Neuseeland.*

Diesen Regierungen ging es natürlich nur um die beträchtlichen deutschen Vermögenswerte, die sich infolge jahrzehntelangen gegenseitigen Handels in ihren Ländern angesammelt hatten. Sie wurden als „Kriegsbeute" beschlagnahmt. Die eigenen Vermögenswerte, die in Deutschland entstanden waren, blieben nach dem Kriege natürlich ungeschmälert ihr Eigentum – dazu noch reichliche Kriegsentschädigungen.

Der Seekrieg: Der Seekrieg, den Deutschland zu führen gezwungen war, lief unter eigenen Gesetzen und erreichte dramatische Höhepunkte.

Das Reich hatte bisher seine stärkste Waffe gegen die Blockade nur begrenzt einsetzen können: die *U-Boot-Waffe.* England und Frankreich erhielten reichlich Lebensmittel, Rohstoffe und Waffen aus Übersee. Diese Zufuhr konnte bei starkem Einsatz deutscher U-Boote empfindlich gestört werden. Die *„Wallstreet"* in den USA hatte an einer solchen Unterbindung kein Interesse, denn sie wollte ihr riesiges Kriegsgeschäft weiter möglichst ungestört betreiben.

Die internationalen Bestimmungen waren folgende: Konterbandeverdächtige Handelsschiffe (*Konterbande* = Kriegsbedarf aller Art) konnten aufgehalten und von einem Prisenkommando untersucht werden. Fand man Kriegsmaterial, durfte das Schiff beschlagnahmt oder versenkt werden, nachdem die Besatzung in Sicherheit gebracht war. *Bewaffnete Handelsschiffe* galten als Kriegsschiffe. Kriegsschiffe mußten jederzeit Flagge zeigen. Passagierschiffen war es grundsätzlich nicht erlaubt, in Kriegsgebieten Konterbande mitzuführen.

Die Länder, die gegen die Mittelmächte Krieg führten und die sich jetzt „die Alliierten" nannten, besonders aber die Engländer hatten sich sog. *U-Boot-Fallen* erdacht, indem sie Handelsschiffe getarnt bewaffneten und irgendeine neutrale Flagge führten. Tauchte ein deutsches U-Boot auf, welches Überprüfung verlangte, ließen sie dieses nahe heranfahren und beschossen oder versenkten es plötzlich. Das war natürlich wider das internationale Seekriegsrecht, weshalb sich das Deutsche Reich nun ernstlich überlegen mußte, ob es den *„uneingeschränkten U-Boot-Krieg"* einführen sollte. Das hätte bedeutet, daß alle Handelsschiffe, welche die Feindländer ansteuerten, Gefahr liefen, ohne Warnung torpediert zu werden, auch wenn sie keine Konterbande mitführten.

Die gesamte deutsche Kriegsflotte, deren Größe und geplanter Ausbau für die Engländer ein Hauptkriegsgrund gewesen war, reichte keineswegs aus, die englische Blockade zu brechen. U-Boote kamen zwar unbemerkt durch die Sperren, kaum aber die Überwasserschiffe, die übrigens zum Schutz der deutschen Nordseeküsten und im Skagerrak und Kattegat vor den Zufahrten in die Ostsee benötigt wurden.

Schon 1914 hatten deutsche U-Boote viele englische Kriegsschiffe in der *Nordsee* versenkt. Das erfolgreichste U-Boot war „U 9" unter Kapitänleutnant Otto *Weddigen* (1882–1915) aus Herford bei Bielefeld. Im September 1914 gelang ihm bei einem Angriff die Versenkung von drei englischen Panzerkreuzern und im Oktober die eines weiteren. Bei einem Angriff auf englische *Schlachtschiffe* in der Nähe der *Orkney-Inseln* nördlich Schottland wurde „U 29" mit Weddigen und seiner Besatzung durch eine Wasserbombe 1915 versenkt.

Bei Ausbruch des Krieges befanden sich eine Menge deutsche und österreichisch-ungarische Handels- und Kriegsschiffe auf den Meeren. Die Handelsschiffe bekamen den Befehl, die Häfen der Kolonien oder anderer neutraler Länder anzulaufen.

Vizeadmiral Maximilian Graf *Spee* (1861–1914), in Kopenhagen geboren, war der Chef des deutschen *Ostasiengeschwaders* und versuchte durch den Stillen und Atlantischen Ozean nach Europa zu gelangen. Unterwegs betrieb er *„Kreuzerkrieg"* gegen feindliche Handelsschiffe.

Vor der Hafenstadt *Coronel* in Mittel-Chile traf er auf ein englisches Kreuzer-Geschwader, welches er besiegte, indem er zwei Panzerkreuzer versenkte und die übrigen beschädigte.

Bei den *Falklandinseln* traf er am 8. Dezember 1914 überraschend auf ein weit überlegenes Schlachtschiffgeschwader, welches der damalige englische *„Erste Lord der Admiralität"* (Marineminister) Winston *Churchill* (1874–1965) eiligst zusammengestellt und gegen Graf Spee geschickt hatte. Zum Rückzug war es zu spät. So befahl Spee den drei *Kleinen Kreuzern* „Leipzig", „Nürnberg" und „Dresden", sich in Sicherheit zu bringen; zugleich versuchte er mit den *Großen Kreuzern* „Scharnhorst" und „Gneisenau" deren Rückzug zu decken, indem er die Schlachtschiffe angriff. Doch diese ließen mit ihren weitertragenden Geschützen die Angreifer nicht nahe genug herankommen. Nach einigen Stunden sanken beide Großen Kreuzer. Die schnellen englischen Schlachtschiffe verfolgten anschließend die Kleinen Kreuzer und versenkten zwei von ihnen. Nur die „Dresden" entkam. Graf Spee ging mit seinem Flaggschiff „Scharnhorst" unter, seine zwei Söhne und der größte Teil der Besatzungen starben beim Untergang der anderen Schiffe.

Ursprünglich gehörte auch der Kleine Kreuzer „Emden" zum Ostasiengeschwader. Doch führte dieser selbständig unter dem Kommandanten Fregattenkapitän Karl von *Müller* (1873–1923) aus Hannover Kreuzerkrieg, brachte 22 englische Schiffe auf, versenkte im Hafen von *Penang* (nördlich Singapur) einen russischen Kreuzer sowie einen französischen Zerstörer und legte drei Monate lang den *Panama-Kanal* lahm. Anfang November 1914 lag die „Emden" vor den *Kokosinseln*, 500 km westlich Panama und hatte die Hälfte der Besatzung an Land geschickt, um die dortige Funkstation zu zerstören, als überraschend ein australisches Schlachtschiff – von der Funkstation gerade noch herangerufen – erschien. Die „Emden" griff sofort an, wurde aber schwer zusammengeschossen. Die Besatzung verließ das brennende Schiff und geriet mit dem Kommandanten in Gefangenschaft. Die vorher an Land gegangenen Seeleute entkamen währenddessen mit einem gekaperten englischen Segelschiff. Ihnen gelang es später, mit einem Kohlenfrachter die arabische Küste und nach langem Wüstenmarsch die befreundete Türkei zu erreichen. Dieses Abenteuer vollzog sich unter Führung des 1. Offiziers der „Emden", Helmut von *Mücke* (geb. 1881) aus Zwickau in Sachsen.

Auch andere Schiffe, z. B. die Kleinen Kreuzer „Karlsruhe" und „Königsberg", führten monatelang *Kaper-Krieg*, ebenso die *Hilfskreuzer* „Wolf" und „Möwe".

Mit einfachsten Mitteln betrieb der Kapitän zur See Graf Felix von *Luckner* (1881 bis 1966) aus Dresden erfolgreichsten Kreuzerkrieg. Sein Segelschiff „Seeadler" wurde zu einem Hilfskreuzer umgebaut, und in einer Sturmnacht durchbrach er 1916 die englische Seeblockade. Im Atlantik und in der Südsee versenkte er viele feindliche Handelsschiffe und machte immer so viele Gefangene, wie der „Seeadler" aufnehmen konnte. Dann setzte er sie in ein aufgebrachtes Schiff und ließ sie fahren, wohin sie wollten. Ende August 1917 lief sein Schiff in der Südsee bei der Insel Mopelia *(Gesellschaftsinseln)* auf Strand. Hier gerieten Graf Luckner und die gesamte Mannschaft in englische Gefangenschaft. Nach dem Kriege wurde Graf Luckner ein weltbekannter Mann. Er rüstete ein Motorsegelschiff *(„Seeteufel")* aus, fuhr damit in alle Welt, hielt Vorträge über den deutschen Seekrieg und warb so mit großem Erfolg für das Deutschtum, besonders in den USA.

Nach der Besetzung Belgiens hatte die deutsche Marineleitung die Häfen *Ostende* und Seebrügge zu Stützpunkten für U-Boote, Zerstörer und Kleine Kreuzer eingerichtet. Von hier aus wurde der Kanalverkehr der Engländer gestört und ein Teil des Aufklärungsdienstes in der Nordsee durchgeführt. Im Januar 1915 kam es bei der *Doggerbank* westlich des Skagerrak zu einem ersten Seegefecht, wobei der Kleine Kreuzer „Blücher" verlorenging.

In der Ostsee behauptete die deutsche Kriegsmarine gegen die russische während des ganzen Krieges die Vorherrschaft, weshalb der Handel mit dem neutralen Schweden, besonders die wichtige Erzeinfuhr aus *Gällivare* in Nordschweden gesichert war. Auch die Eroberung der baltischen Städte *Libau* und Windau in der lettischen Provinz *Kurland* im Sommer 1915 wurde von See her durch die Kleinen Kreuzer „Augsburg" und „Magdeburg" wesentlich erleichtert. Die Eroberung der Inseln *Oesel und Dagö* vor der Bucht von Riga gelang im Oktober 1917 unter Mitwirkung der Kriegsflotte.

Bei diesen Kämpfen fiel der Dichter Walter *Flex* (1887–1917) als Kompanieführer. Vor dem Krieg war er Hauslehrer in der Familie Bismarck gewesen. Er galt als Dichter der vaterländisch-christlich gesinnten Jugend.

Am 31. Mai 1916 begann im *Skagerrak* die größte Seeschlacht des Weltkrieges: Deutsche und englische Verbände von Aufklärungsschiffen befanden sich ununterbrochen in der Nordsee. Am Nachmittag traf das deutsche Geschwader von fünf Schlachtkreuzern unter Vizeadmiral Franz von *Hipper* (1863–1932) aus Weilheim in Württemberg auf sechs entsprechende feindliche Schiffe, wobei zwei englische Schlachtkreuzer versenkt wurden. Darauf zogen sich die Engländer zu ihrer in der Nähe liegenden Hauptflotte unter Admiral John *Jellicoe* (1859–1935) zurück. Inzwischen waren die deutschen Linienschiffe unter Admiral Reinhard *Scheer* (1863–1928) aus Schaumburg-Lippe herangekommen.

Es entwickelte sich ein schwerer, verlustreicher Seekampf, an dem fast alle Schlachtschiffe, Kreuzer, Zerstörer und Torpedoboote der deutschen und englischen Heimatflotten beteiligt waren. Die Schlacht dauerte die ganze Nacht, und vor Morgengrauen des 1. Juni drehte die englische Flotte in Richtung Schottland ab.

Der deutsche Sieg war eindeutig: Es hatten sich 38 englische und 21 deutsche

Großkampfschiffe gegenübergestanden, dazu eine Anzahl Zerstörer und Torpedoboote. Jellicoe verlor sieben Schlachtschiffe von 115 000 t mit 6100 Seeleuten, Scheer zwei Schlachtschiffe und vier Kleine Kreuzer von 61 000 t mit 2550 Seeleuten.

Übrigens befand sich unter den Opfern auch der Dichter *Gorch Fock* (1880–1916) aus Finkenwerder bei Hamburg. Er ging mit dem Kleinen Kreuzer „Wiesbaden" unter. Seine Erzählungen beschrieben das Leben der Seefahrer und Fischer.

Hermann *Löns* (1866–1914) aus Kulm in Westpreußen, volkstümlichster unter den drei hervorragendsten Dichtern und Schriftstellern, die im Ersten Weltkrieg fielen, hatte bereits Ende September 1914 bei den Kämpfen um *Reims* sein Leben verloren. Er war mit 48 Jahren als Kriegsfreiwilliger eingerückt.

Eröffnung des uneingeschränkten U-Boot-Kriegs Februar 1917: Am 1. Februar 1917 eröffnete das Deutsche Reich nach Abwägen aller zu erwartenden Vor- und Nachteile sowie nach Ablehnung eines deutschen Friedensangebotes nunmehr den „uneingeschränkten U-Boot-Krieg".

Die Verluste, die dadurch den Alliierten entstanden, nahmen riesige Ausmaße an. Die Lebensmittel auf der Insel wurden knapp. Das *„Stolze Albion"*, welches ein Viertel der ganzen Erde unter seine Fahne gebracht oder gezwungen hatte und welches es für sein selbstverständliches Recht hielt, ganz Mitteleuropa auszuhungern, mußte nun selbst den Leibriemen enger schnallen. Die Folge dieses gekränkten Stolzes war ein steigender Deutschenhaß.

Am besten stellen Zahlen dar, welche Auswirkungen der U-Boot-Krieg hatte:

Bei Beginn des Weltkrieges besaßen – wie gesagt – Deutschland 24 und England 17 einsatzfähige U-Boote. Im Laufe des Krieges wurden in Deutschland weitere 300 Boote in Dienst gestellt. 178 gingen im Einsatz verloren.

Der Feind verlor zu 95 % durch U-Boot-Einwirkung: 53 Kriegsschiffe und 34 Hilfskreuzer, davon 11 Schlachtschiffe, 12 Panzerkreuzer und einen Flugzeugträger. Ferner an Handelsschiffstonnage fast 19 Mill. Bruttoregistertonnen (1 BRT = 2,83 t), davon 10,7 Mill. englische. Die *Welttonnage* betrug 1914 etwa 22 Mill. BRT, die Tonnage des Deutschen Reiches gut 3 Mill.

Der Kolonialkrieg – Deutsch-Ostafrika kämpfte bis November 1918: Das Deutsche Reich war auch gezwungen, Kolonialkrieg zu führen. Im Jahre 1885 hatten die Kolonialmächte in einem Abkommen, den sogenannten *„Kongoakten"*, festgelegt, daß im Kriegsfalle alle Kolonien den Gesetzen der Neutralität unterliegen sollten. Auch England, Frankreich, Deutschland, Japan u. a. hatten den Vertrag unterschrieben. Das Reichskolonialamt teilte deshalb am 4. August 1914 den Kolonien mit, daß sie außer Kriegsgefahr stünden.

Doch Deutschlands Kriegsgegner dachten – entsprechend ihren Kriegszielen – gar nicht daran, die Kongoakte einzuhalten. Sie wurden vertragsbrüchig.

Die deutschen *Südseekolonien* hatten keine *Schutztruppe*, weshalb Japan und Australien noch 1914 diese Inseln kampflos besetzen konnten. Dabei ging es den Japanern um den Besitz eines Teiles der deutschen Inselgruppen und das Pachtgebiet von *Tsingtau* an der chinesischen Küste. Nur deshalb hatte Japan dem Deutschen Reich den Krieg erklärt. Doch um die Stadt Tsingtau entbrannten zwischen der dortigen deutschen Schutztruppe und den Japanern heftige Kämpfe. Weil aber keinerlei

Nachschub an Soldaten und Material möglich war, mußte die deutsche Schutztruppe Anfang November 1914 die Waffen strecken.

In *Deutsch-Südwestafrika* griffen vom Burenstaat aus die Engländer an. Die Schutztruppe verteidigte sich hinhaltend, mußte aber im Sommer 1915 im Norden des Landes bei *Otavi* vor der zehnfachen Übermacht aufgeben.

In *Kamerun* zog sich die zahlenmäßig unbedeutende Schutztruppe gegen große Übermacht der Engländer und Franzosen, die von drei Seiten her einmarschierten, langsam auf die kleine neutrale spanische Kolonie Rio Muni *(Spanisch Guinea)* zurück und trat Anfang 1916 über die Grenze.

Togo, die kleine deutsche Musterkolonie, hatte keine Schutztruppe. Das Land wurde bei Kriegsbeginn von Engländern und Franzosen besetzt.

Anders sah es in *Deutsch-Ostafrika* aus. Hier bestand eine gut ausgebildete Truppe aus deutschen Offizieren und Unteroffizieren sowie eingeborenen Soldaten, den *Askaris*. Der Befehlshaber war Generalmajor Paul von *Lettow-Vorbeck* (1870–1964) aus Saarlautern. Er wurde zu einer fast legendären Persönlichkeit, denn es gelang den Engländern, Belgiern und Portugiesen in vier Jahren nicht, ihn ein einziges Mal zu besiegen. Im Gegenteil, er errang im November 1914, im Januar 1915 und im August 1917 glänzende Siege. 1918 betrieb er Kleinkrieg mit bestem Erfolg und griff die Engländer sogar in *Rhodesien* an. Die Askaris hielten bis zum Kriegsende im November 1918 treu zu ihm, und die gesamte Schutztruppe war bis dahin eine verschworene Gemeinschaft.

Friedensbemühungen Ende 1916/Anfang 1917: Ende 1916 glaubten die Mittelmächte auf Grund des glänzenden Erfolges in Rumänien und der erfolgreichen Abwehr der wütenden Angriffe in Ost und West fest an einen Gesamtsieg. Aus diesem Gefühl der Stärke heraus schlugen sie im Dezember 1916 alsbaldige *Friedensverhandlungen* vor. Dabei gaben sie zu verstehen, daß Belgien nicht in der alten Form wiederhergestellt werden könne und Flandern eine Sonderstellung erhalten müsse: Einmal solle der Französisierung Flanderns von Wallonien aus Einhalt geboten werden. Sodann sei das Reich durch Belgien strategisch zu stark nach Westen eingeengt. Der Feind dagegen könne jederzeit das Reich von See her blockieren, ohne daß sich Deutschland aus der Enge heraus wirksam wehren könne.

Doch Frankreich und England deuteten die Friedensfühler als Schwäche der Mittelmächte und lehnten höhnisch ab.

Nur der USA-Präsident Woodrow *Wilson* (1856–1924) ging auf das deutsche Angebot ein und richtete Anfang Januar 1917 seinerseits eine Friedensnote an alle Kriegführenden. Die Mittelmächte reagierten zustimmend, aber die Feinde wichen einer Stellungnahme aus.

Auch Papst *Benedikt XV.* versuchte 1917 eine Friedensvermittlung, nachdem sein erster Versuch 1914 ohne Erfolg geblieben war. Doch auch jetzt blieben seine Anstrengungen ohne Widerhall.

Kriegserklärung der USA an die Mittelmächte 6. April 1917: Krieg und Kampf gingen also weiter. Seit Hindenburg und Ludendorff Ende August 1916 die Führung des Generalstabes übernommen hatten, wurde von diesen Männern auch die Militär- und Außenpolitik entscheidend mitbestimmt: Das *„Hindenburg-Programm“* von Ende

1916 lief spürbar an. Es sah die äußerste Anspannung der Kriegsindustrie und des Kriegseinsatzes vor.

Die Erklärung des *„uneingeschränkten U-Boot-Krieges"* war nicht nur eine militärische, sondern auch eine politische Entscheidung von größter Tragweite, denn sie barg die Gefahr in sich, daß die USA daraufhin aktiv auf seiten der Alliierten in den Krieg eintreten könnten. Diese Möglichkeit hatte folgende Vorgeschichte:

Nachdem Anfang 1915 die deutsche Regierung das Seegebiet um Großbritannien und Irland zum Kriegsgebiet erklärt hatte, war eine Protestnote der USA die Folge. Als nun aber Anfang Mai 1915 der englische 30000 t große Hilfskreuzer *„Lusitania"* von einem deutschen U-Boot versenkt wurde, protestierten die USA erneut in schärfster Form, denn eine große Zahl Amerikaner war mit ums Leben gekommen. Wie aber kamen Amerikaner auf einen englischen Hilfskreuzer? Die Engländer hatten das frühere große Passagierschiff zu einem Kriegsschiff umgebaut, weshalb es nach dem *„Völkerrecht"* keine Fahrgäste mehr befördern durfte, es sei denn auf deren eigene Gefahr. Die „Lusitania" war als Hilfskreuzer bekannt und durfte ohne Warnung torpediert werden. Daß außer vermutetem Kriegsmaterial noch 2160 Zivilpersonen an Bord waren, konnte kein U-Boots-Kommandant wissen oder annehmen. Mehr als 1300 davon fanden den Tod, darunter eben auch viele Amerikaner. Wie gesagt: „Völkerrecht" ist kein bindendes Recht, jeder legt es aus, wie es ihm paßt.

Der USA-Protest drohte bei Wiederholung mit Kriegseintritt, was die Mittelmächte natürlich unbedingt vermeiden wollten. Also wurde der U-Boot-Krieg 1915 stark eingeschränkt und damit fast wirkungslos. Trotzdem gab es im März 1916 einen ähnlichen Fall mit einem französischen Schiff, wobei auch Amerikaner ertranken. Es folgte zwischen Washington und Berlin ein scharfer Notenwechsel. Berlin war also von seiten der USA einer dauernden *„Erpressung"* ausgesetzt: Entweder ihr vermeidet Störungen unserer Kriegslieferungen an eure Feinde, oder wir erklären euch den Krieg.

Es blieb den Mittelmächten wegen der Seeblockade schließlich keine Wahl, und nach dem Scheitern aller Friedensbemühungen wurden nun die deutschen U-Boote ab 1. Februar 1917 voll eingesetzt. Über die ungeheure Wirkung wurde bereits berichtet.

Die USA brachen daraufhin am 3. Februar 1917 die diplomatischen Beziehungen zum Deutschen Reich ab, und am 6. April erklärten sie sich „als im Kriegszustand mit den Mittelmächten befindlich".

Doch auf einen aktiven Krieg mußte das amerikanische Volk erst propagandistisch vorbereitet werden. 1917 sah man an der Front noch keine amerikanischen Soldaten.

Griechenlands Kriegseintritt gegen die Mittelmächte April 1917: Das Jahr 1917 sollte nach den Plänen der Alliierten zum Entscheidungsjahr werden; sie unternahmen daher mit gewaltiger Übermacht größte Anstrengungen, die Riesenfestung der Mittelmächte zu erstürmen:

Zunächst versuchten sie die Front auf dem Balkan zu erweitern. Dem griechischen Politiker *Venizelos* (1864–1936), einem Feind der Mittelmächte, war es mit alliierter Hilfe gelungen, im nordgriechischen *Mazedonien*, in Saloniki, eine zweite griechische Regierung zu bilden, die Ende November 1916 Bulgarien und dem Deutschen Reich den Krieg erklärte. König *Konstantin I.* in Athen mußte schließlich Venizelos die Macht in ganz Griechenland überlassen, dankte im Juni 1917 ab und ging in die Verbannung.

Zwischen April und September griff die griechische Armee, verstärkt durch Engländer und Franzosen, in Mazedonien gegen Bulgarien und Serbien mehrmals erfolglos an. Doch wurde dadurch dauernd eine starke österreichisch-ungarisch-deutsche Armee gebunden, die auch noch die Front durch Albanien bis zur Adria gegen die Italiener, die Südalbanien besetzt hatten, halten mußte.

Materialschlachten im Westen – „Siegfriedstellung" März–Mai 1917: An der Westfront zogen Franzosen und Engländer im März 1917 ein noch nie dagewesenes Aufgebot an Artillerie zusammen, um im *Somme*-Gebiet einen Durchbruch zu erzielen. Hindenburg und Ludendorff ersetzten deshalb hier die „Starre Verteidigungsstrategie" durch die *„Bewegliche Verteidigung"*. Sie nahmen den Frontbogen von *Noyon* Ende März um etwa 30 km zurück und begradigten den Frontverlauf zwischen Arras und etwa Soissons. Diese 100 km lange Frontlinie erhielt den Namen *„Siegfriedstellung"*, die seit Wochen gut vorbereitet worden war. Die Straßen und Wege im verlassenen Gebiet wurden unbefahrbar gemacht.

Als der Feind Anfang April seinen Großangriff mit einem zwanzigstündigen Artilleriefeuer begann, zerstörte er zwar Dörfer und Städte, aber der deutschen Armee fügte er damit kaum Schaden zu. Der nun folgende Infanterie-Angriff stieß ins Leere, geriet selbst in schwerstes deutsches Artilleriefeuer und erlitt derartig starke Verluste, daß der Angriff verebbte.

Bei *Arras* griffen die Engländer im Mai erneut an, aber ein Durchbruch gelang nicht. Hier erlitten sie die schwersten Verluste an Soldaten während des ganzen Krieges.

Weiter südlich war seit April ein Großangriff des Generals Nivelle östlich *Reims* in der Champagne im Gange. Infolge der „Beweglichen Verteidigung" erzielten die Franzosen zwar wenige km Geländegewinn, erlitten aber ähnlich schwere Verluste wie sechs Wochen vorher vor der „Siegfriedstellung".

Meuterei im französischen Mittelabschnitt Mai 1917: Die verlustreichen Angriffe der französischen Armee hatten dort zu einer gefährlichen *Meuterei* geführt, welche diesen Frontabschnitt stark erschütterte. Die Disziplin konnte nur durch rücksichtslose *Massenerschießungen* – man sprach von 15000 Mann – wiederhergestellt werden. Es handelte sich um einen *kommunistischen Aufstand*, der sich über mehrere Divisionen ausbreitete. Die deutsche Heeresleitung erfuhr leider erst zu spät davon. *Nivelle verlor den Oberbefehl* des Heeres und mußte Ende Mai 1917 abtreten.

Die Tankschlacht von Cambrai November 1917: Die Erfolge des deutschen U-Boot-Krieges veranlaßten Engländer und Franzosen, in Flandern von Anfang Juni bis Dezember ununterbrochen anzugreifen, ohne daß ein Durchbruch gelang. Ende November überraschten die Engländer in der Tankschlacht von Cambrai erstmals mit dem Einsatz von 300 gepanzerten Kampfwagen, und es gelang ihnen tatsächlich an der nördlichen *„Siegfriedstellung"* ein Fronteinbruch von mehr als 10 km. Die Schlacht dauerte eine Woche, doch die Engländer wußten ihren Einbruch nicht zu nutzen.

Andererseits hatten die überraschten deutschen Landser bald herausgefunden, wie man mit Maschinengewehren den Tanks beikommen konnte. In der ersten Dezemberwoche 1917 erfolgte der deutsche Gegenangriff, in dem das verlorene Gelände zurückgewonnen wurde. Eine Anzahl Tanks fiel in deutsche Hand.

Rußlands 1. Revolution – Abdankung des Zaren Nikolaus II. März 1917: Während der Ereignisse im Westen und in Mazedonien traten im Osten tiefgreifende Veränderungen ein:

Ende Februar 1917 eröffneten die Russen südlich Lemberg in Galizien erneute Angriffe, die aber abgeschlagen wurden. Daraufhin brach im März die Revolution in Petersburg aus. Zar Nikolaus II. mußte am 16. März abdanken; Demokraten, Sozialisten und Bolschewisten übernahmen die Macht. Einer der neuen Männer, der Rechtsanwalt Alexander *Kerenski* (1881–1970), Führer des *Arbeiter- und Soldatenrates,* setzte einen gemäßigten Sozialismus durch und wurde Kriegsminister.

Bei den westlichen Alliierten war die Angst, daß Rußland aus dem Bündnis ausbrechen könnte, groß, doch gelang es, Kerenski bei der Stange zu halten.

Die Bolschewisten strebten einen schnellen Friedensschluß um jeden Preis an. Infolge der Millionenverluste an Soldaten erhielten sie immer mehr Unterstützung aus der Bevölkerung in Stadt und Land. Doch bestimmte Kerenski vorerst noch die Geschicke.

Inzwischen beabsichtigte Wladimir Iljitsch *Lenin* (1870–1924), der Gründer (1903) und Führer der im Zarenreich verbotenen *Bolschewistischen Partei,* aus dem Exil (seit 1900) nach Rußland zurückzukehren, um nun im eigenen Land politisch wirksam zu werden.

Lenin war ursprünglich Rechtsanwalt und entstammte einer adeligen Beamtenfamilie. Auch seine Frau kam aus dem Adel. Er war kein Russe, sondern Wolgatatare aus der Stadt Uljanowsk zwischen Ural und Moskau. Seit 1914 befand er sich im Exil in der Schweiz.

Die deutsche Heeresleitung erhoffte sich durch Lenins Eingreifen eine Schwächung der Stellung Kerenskis und stellte Lenin im April 1917 einen *versiegelten Eisenbahnwagen* für die Fahrt durch das Reich zur Verfügung. Die Fragwürdigkeit dieses Unternehmens schien sich zu bestätigen, als Lenins erster Putschversuch im Juli scheiterte und er erneut ins Ausland (Finnland) flüchten mußte.

Inzwischen ließ Kerenski einen neuen Großangriff vorbereiten, der am 1. Juli 1917 als *„Kerenski-Offensive"* losbrach. Der Oberbefehl lag abermals bei General Brussilow, der wieder mittels der russischen *„Dampfwalze"* rücksichtslos vorging. An der 400 km langen Nordfront zwischen Riga und Wilna erreichte er nichts gegen die deutschen Armeen, die unter dem Kommando des Generalfeldmarschalls Prinz *Leopold von Bayern* (1846–1930) standen. Jedoch erlitt er eine weitere Million an Verlusten. Es war ein unvorstellbar sinnloses Schlachten. Im Süden, in Galizien, wichen in den ersten Tagen die Österreicher und Ungarn dem Ansturm einige Kilometer tief aus, doch im Gegenstoß – und mit deutscher Unterstützung – wurde bei *Tarnopol* die russische Front durchbrochen und teilweise aufgerollt. Dabei machte man an diesem 200 km langen Frontabschnitt über 70000 Gefangene. Ganz Galizien war nun von den Russen befreit. General *Böhm-Ermolli* leitete diese erfolgreichen Kämpfe. Anfang August 1917 brach die „Kerenski-Offensive" infolge völliger Erschöpfung zusammen.

Nun bereiteten sich die deutschen und österreichisch-ungarischen Armeen an der gesamten Ostfront zwischen Ostsee und Schwarzem Meer auf einen Großangriff vor, mit dem Ziel, Rußland endgültig in die Knie zu zwingen. Doch brauchte dieses Unternehmen aufgrund der Vorgänge in Rußland nicht durchgekämpft zu werden.

Veränderungen in Regierungen und Heeresleitungen 1917 in Österreich-Ungarn, Deutschland, England, Frankreich – Rußlands Oktoberrevolution 1917: Im März trat *Conrad von Hötzendorf* wegen grundlegender Gegensätze zu dem jungen Kaiser *Karl I.* von der obersten Heeresleitung zurück, blieb aber Heerführer an der Front in Tirol.

Reichskanzler Bethmann-Hollweg geriet zunehmend in Widerspruch zu Hindenburg und Ludendorff. Die Generäle beabsichtigten, alle Kräfte zusammenzufassen, um den Krieg zu gewinnen. Der Kanzler schwankte in seinen Entschlüssen und hoffte trotz gegenteiliger Erfahrungen insgeheim auf Friedensverhandlungen. In dieser Richtung dachten auch die Linksparteien und das Zentrum, dessen Sprecher *Matthias Erzberger* (1875–1921) war. Am 19. Juni 1917 stimmte im Berliner Reichstag eine Mehrheit für die sogenannte *„Friedensresolution"*, die den Feinden vorschlug, daß Deutschland bei sofortigem Waffenstillstand auf Gebietsforderungen und Entschädigungen jeder Art verzichten wolle. Die Reaktion der Alliierten war erneut Ablehnung. Schließlich hatten sie ja seit einigen Monaten noch die USA-Karte im Spiel. *Bethmann-Hollweg mußte zurücktreten.* Zum Nachfolger berief Kaiser Wilhelm den 74jährigen Freiherrn *Georg von Hertling* (1843–1919) aus Darmstadt. Er war mehr Denker als Staatsmann und auch nicht geeignet, der obersten Heeresleitung im Reichstag eindeutigen Rückhalt zu verschaffen.

In England war anstelle von Asquith schon Ende 1916 David *Lloyd George* (1863 bis 1945) Ministerpräsident geworden, dessen Ziel die völlige Niederwerfung Deutschlands war. Wie sich bei solch einem entschlossenen Gegner Erzberger und seine Anhänger einen Erfolg ihrer „Friedensresolution" vorstellten, blieb unerfindlich.

In Frankreich mußte – wie berichtet – der oberste Befehlshaber des Heeres, Nivelle, zurücktreten. Sein Nachfolger wurde Marschall *Foch*. Poincaré, der Staatspräsident, berief 1917 – trotz persönlicher Feindschaft – im November den „Tiger" *Clemenceau* zum Ministerpräsidenten. In dem Wunsch, Deutschland unbedingt zu vernichten, waren sie sich einig.

In Petersburg schwelte nach der erfolglosen Kerenski-Offensive die Bolschewistische Revolution. Um einen baldigen Umsturz zu begünstigen, begann die deutsche Armee einen vorerst begrenzten Angriff gegen Livland und eroberte Anfang September die Stadt *Riga*. Mitte Oktober fielen auch die befestigten Inseln *Ösel, Dagö* und *Moon*.

Lenin kehrte aus Finnland zurück und betrieb mit Unterstützung Leib Bronsteins, genannt *Trotzki* (1879–1940), jüdischer Abstammung, und Jossif *Stalins* (1879–1953) aus Georgien im Kaukasus den Umsturz energisch weiter. Die Flotte im Ostseekriegshafen *Kronstadt meuterte*, und ganze Einheiten der Armee traten zu den Bolschewisten über. Kerenski versuchte vergeblich, den Bürgerkrieg in Petersburg und Moskau einzudämmen, der schließlich in der *„Oktoberrevolution"* seinen Höhepunkt erreichte: Am 7. November (nach russischer Zeitrechnung am 25. Oktober) erstürmten die Bolschewisten mit Hilfe der Petersburger Garnison das Winterpalais. *Kerenski konnte flüchten* und in England Schutz finden.

Der Friede von Brest-Litowsk 3. März 1918: „Alle Macht den Sowjets" hatte Lenin gefordert und dieses Ziel vorerst auch erreicht. In Rußland begann die brutale, blutige *Ausrottung des Bürgertums und des Adels*, die über 5 Millionen Todesopfer kosten sollte.

Den Mittelmächten bot Lenin zunächst Waffenruhe und *Friedensverhandlungen mit den Kommunisten* an, die am 22. Dezember 1917 in Brest-Litowsk in Gang kamen, aber dann von ihm – und vor allem Trotzki – in die Länge gezogen wurden. Schließlich erklärte Trotzki am 10. Februar 1918 den Krieg für beendet, und zwar unter Verzicht auf Friedensabmachungen.

Das war natürlich ein äußerst durchsichtiges Manöver, und die Mittelmächte betrachteten die Waffenruhe als aufgehoben. Eine Woche danach besetzten deutsche Truppen fast kampflos ganz *Livland, Estland* und bedrohten *Petersburg*.

Jetzt lenkte die Sowjetregierung, die inzwischen nach Moskau übersiedelt war, ein, und am 3. März 1918 wurde der Friede von Brest-Litowsk unterzeichnet. Danach erkannte *Sowjetrußland* die *Abtretung von Finnland, Estland, Lettland, Litauen, Polen, der Ukraine und Georgiens* an, die sämtlich selbständige Staaten wurden. Ferner mußte das armenische Gebiet von *Kars*, welches Rußland 1878 der Türkei abgenommen hatte, zurückgegeben werden. Bis zum Sommer 1918 besetzten die Mittelmächte und die Türkei widerstandslos die Grenzen all dieser Länder zu Sowjetrußland.

Der Grundgedanke bei diesen Staatenbildungen war, zwischen sich und dem russischen Koloß eine *Sicherheitszone* zu schaffen. Die gefährlichen Anstürme aus dem Osten, die von den germanischen Völkern und vom Deutschen Reich im Laufe von 1500 Jahren immer wieder opferreich abgewiesen werden mußten, sollten für die Zukunft vermieden werden.

Die Sowjetrussen hingegen beabsichtigten, mit diesem Verzicht vorerst die *Verankerung ihres kommunistischen Systems*. Später – so hoffte man – würde sich manches rückgängig machen lassen.

Die 12. Isonzoschlacht in Italien Ende Oktober 1917: Die verhältnismäßige Ruhe an der Ostfront ausnutzend, entschlossen sich die K. + K. sowie die deutsche oberste Heeresleitung, die italienische Front zu bereinigen und am Isonzo aus der Verteidigung zum Angriff überzugehen. Unter Führung des Generals Otto von *Below* (1857–1944) aus Danzig, der bereits an allen Fronten erfolgreich gewesen war, begann am 24. Oktober 1917 die entscheidende 12. Isonzoschlacht aus den Julischen Alpen heraus: Beiderseits der Stadt Karfreit am Isonzo lag eine starke italienische Heereseinheit. Von Flitsch her, 20 km flußaufwärts, und Tolmein, 15 km flußabwärts, wurden die Italiener in heftigem Angriff zusammengedrängt und am 27. Oktober in Karfreit vernichtet. Anschließend rollte Below die italienische Hauptarmee nach Süden auf. In den nächsten Wochen floh diese – immer hart bedrängt – durch Venetien bis hinter den 110 km entfernten *Piave*. Damit war das Ziel der Offensive erreicht, die Provinz *Friaul* besetzt und die Italienfront von der Adria bis zur Schweizer Grenze um 200 km verkürzt. Verluste an Soldaten und Kriegsmaterial bewirkten außerdem, daß die italienische Armee in den nächsten zehn Monaten nicht mehr kampffähig war.

Der türkische Kriegsschauplatz 1914–1918: Sultan *Mohammed V.* (1844–1918) war eine schwache Persönlichkeit, die den Verfall der osmanischen Macht nicht aufhalten konnte. Seit 1876 schon bestand die Partei der *„Jungtürken"*, welche eine innere Erneuerung mit moderner Verfassung anstrebte, aber erst 1908 durch einen Militäraufstand zur Herrschaft gelangte. Der Neuaufbau ging gegen das uralte bürokratische Sultan-System nur langsam voran.

Im Jahre 1912 war *Tripolis*, der letzte türkische Besitz in Nordafrika, an Italien verlorengegangen. Im gleichen Jahr wurden die Türken im *Balkankrieg* fast ganz aus Europa verdrängt; der Türkei verblieb nur die Hauptstadt Konstantinopel mit geringem Hinterland.

Der junge General *Enver Pascha* (1881–1922) – aus den Reihen der Jungtürken – eroberte aber 1913 Stadt und Provinz *Adrianopel* von Bulgarien zurück und damit die Nordküste des Marmarameeres mit der Halbinsel *Gallipoli*, so daß die wichtige Seestraße der *Dardanellen* für die Türkei gesichert war. Enver Pascha wurde Kriegsminister und Oberbefehlshaber der Streitkräfte.

Zu Beginn des Weltkrieges verbündete sich die Türkei mit den Mittelmächten, denn das erklärte Kriegsziel Rußlands war die langerstrebte Eroberung der Dardanellenstraße. England und Frankreich begehrten den Besitz der von den Türken beherrschten arabischen Länder *Syrien, Palästina* und *Mesopotamien* (das Zwischenstromland von Euphrat und Tigris, etwa der heutige Irak).

Mitte November 1914 erfolgte die *Kriegserklärung der Türkei an die Alliierten*. Die Türkei stand damit wie das Reich und Österreich-Ungarn vor der Notwendigkeit, einen *Mehrfrontenkrieg* führen zu müssen: im Nordosten gegen Rußland (Armenien und Georgien), im Osten und Süden gegen die Engländer, die von Persien, Arabien und Ägypten aus angriffen.

Eine Landverbindung zu den Mittelmächten bestand nicht, solange Bulgarien neutral blieb. Als dann im Oktober 1915 Bulgarien an die Seite der Mittelmächte trat und der Feldzug gegen Serbien siegreich beendet war, konnte die Türkei von den Mittelmächten auf dem Landweg mit dem nötigen Kriegsmaterial versorgt werden.

Die kleine *deutsche Mittelmeerflotte* wurde mit der recht unbedeutenden *türkischen Schwarzmeerflotte* dem deutsch/türkischen Admiral Wilhelm *Souchon* (geb. 1864) aus Leipzig unterstellt. Das Flaggschiff war der Schlachtkreuzer *„Goeben"*, und außer dem Troß der nötigen Begleitschiffe gehörte auch der Kleine Kreuzer *„Breslau"* dazu. Diese Flottendivision genügte, um während des ganzen Krieges die Vorherrschaft im Schwarzen Meer gegen die russische Flotte zu behaupten. Leider lief im Januar 1918 die „Breslau" vor den Dardanellen auf eine Mine und sank.

Enver Pascha kämpfte Anfang 1915 im Kaukasus gegen die Russen glücklos und wurde zurückgeschlagen. Auch sein Angriff aus Palästina gegen den Suezkanal im Frühjahr 1915 blieb in der *Sinai-Wüste* stecken. Die Engländer hatten Zeit gehabt, dort unüberwindliche Verteidigungsstellungen auszubauen.

Winston Churchills fehlgeschlagenes Gallipoli-Unternehmen März–Mai 1915: An der Dardanellenstraße waren mehrere Landungsunternehmen der Engländer fehlgeschlagen, weshalb der englische Marineminister Winston Churchill den Plan entwarf, mit einer gewaltigen englisch-französischen Flotte die Dardanellen zu durchstoßen. 15 Schlachtschiffe sowie eine große Zahl von Kleinen Kreuzern und Zerstörern sollten die Küstenbefestigungen beiderseits der Wasserstraße durch Geschützfeuer außer Gefecht setzen. Mitgeführte Landungstruppen hätten sodann die Forts zu nehmen. Gleichzeitig war vorgesehen, vom *Golf von Xaros* aus Brückenköpfe am West- und Nordufer von *Gallipoli* zu bilden, die Halbinsel zu erobern und über den Landweg ans Marmarameer zu gelangen.

Dieses „Dardanellen- und Gallipoli-Unternehmen" wurde für die Engländer ein verheerender Fehlschlag, dem eine große Zahl von Schiffen und Menschen zum Opfer fiel. Die Küstenbefestigungen der Türken waren nicht niederzukämpfen gewesen, und die türkischen Soldaten zerschlugen alle Bataillone, denen eine Landung gelungen war. Der wichtigste Lebensnerv der Türkei waren die Dardanellen. Das wußten die Verteidiger und kämpften entsprechend verbissen.

Auf Gallipoli befehligte der deutsche General und türkische Marschall Otto *Liman von Sanders* (1855–1929) aus Stolp in Pommern. Er vereitelte alle Versuche des Feindes, dort Geländegewinne zu machen.

Das Gesamtunternehmen war im Dezember 1915 endgültig abgeschlagen und wurde auch nicht wiederholt. *Churchill mußte* als „Erster Lord der Admiralität" *zurücktreten.*

Von Ende 1914 bis Mitte 1916 griffen *englisch-indische Truppen* vom Persischen Golf her im Süden von Mesopotamien an. Dort trat ihnen eine türkische Armee entgegen, die unter dem deutschen Feldmarschall und türkischen Pascha Freiherr von der *Goltz* (1843–1916) aus Ostpreußen stand. (Pascha = der türkische Titel für höchste Offiziere und Beamte.) Ende 1915 schlug er die Engländer bei der alten Königsstadt *Ktesiphon* südlich Bagdad am Tigris schwer und schloß die geflüchtete Armee zwei Wochen später 120 km südöstlich in *Kut el Amara* ein. Vier Monate danach, im April 1916, kapitulierten die Engländer, und die gesamte Armee kam in türkische Gefangenschaft. Eine Woche zuvor war von der Goltz am Fleckfieber gestorben.

Persien war zwar selbständiger Staat, aber Spielball zwischen Russen, Engländern und Türken. Im Sommer 1916 kam es zu türkisch-russischen Kämpfen auf persischem Boden.

Im Februar 1917 griffen die Engländer, wieder vom Persischen Golf kommend, das türkische Mesopotamien an und eroberten – erstaunlich schnell – Bagdad. Daraufhin wurde ein *deutsches Asienkorps* unter General *Falkenhayn* als Riegel nördlich an Bagdad herangeführt.

Die Engländer griffen nun mit einer großen Armee von Ägypten aus *Palästina* an und rückten entlang der Mittelmeerküste nach Norden vor. Teile des deutschen Asienkorps wurden schleunigst an die Palästinafront geworfen, wo die Engländer im November und Dezember 1917 gerade noch die Städte *Gaza, Jaffa* und *Jerusalem* einnehmen konnten, ehe ihr Angriff gestoppt wurde. Die deutsch/türkische Armee unterstand hier dem bewährten General *Liman von Sanders.*

Erst Mitte September 1918 kam wenige Wochen vor Kriegsende wieder Bewegung in die Fronten, als die Türken den Rückzug aus Palästina und Syrien antraten.

Wie war es den Engländern im Frühjahr 1917 so schnell gelungen, große Teile Mesopotamiens mit der Hauptstadt Bagdad in ihre Hand zu bekommen, ein Wüsten- und Steppengebiet halb so groß wie das Deutsche Reich?

Thomas *Lawrence* (1888–1935), Archäologe im englischen Kolonialdienst, organisierte im Auftrag der Londoner Regierung einen großen Beduinenaufstand. Diese Wüstenaraber hatten seit jeher zu den Türken gehalten, zumal beide Mohammedaner waren. Lawrence versprach dem persönlich befreundeten Stammeshäuptling Scheich *Faisal ibn Hussein* (1883–1933) die Gründung eines großen selbständigen *Araberstaates,* der alle türkisch beherrschten arabischen Gebiete umfassen sollte. Es handelte sich um die späteren Mandatsgebiete von Palästina, Syrien, Libanon, Transjordanien und Irak, doch wohl auch um Saudi-Arabien.

Eines Tages begann in den weit auseinanderliegenden türkischen Oasen-Stützpunkten und kleinen Städten gleichzeitig eine *Meuterei.* Die Beduinen-Besatzungen fielen überraschend über ihre türkischen Offiziere und Unteroffiziere her und metzelten sie nieder. Die Geheimhaltung hatte bestens geklappt. Die Engländer brauchten nun nur noch kampflos einzumarschieren.

Zur gleichen Zeit, als man Scheich Faisal die weitreichenden Zusagen machte, versprach der englische Außenminister Arthur *Balfour* (1848–1930) in der sogenannten *„Balfour-Deklaration von 1917"* auch den Juden das Land Palästina als zukünftiges „Nationales Heim", wenn die Organisation des internationalen Judentums bereit sei, sich weiterhin rückhaltlos für die Alliierten einzusetzen.

Jedenfalls zog dieses *Doppelversprechen der Engländer*, wovon keines gehalten wurde, eine lange Kette schwerer Verwicklungen nach sich, die noch heute – nach sieben Jahrzehnten – keineswegs ausgestanden sind.

Der Frieden von Brest-Litowsk am 3. März 1918 brachte der Türkei im Nordosten klare Grenzverhältnisse. Im Süden und Osten war jedoch noch alles in Fluß. Im Juli 1918 starb der Sultan, und sein Bruder *Mohammed VI.* (1861–1926) wurde Nachfolger. Er versuchte sofort, mit den Alliierten Verhandlungen aufzunehmen, um zu retten, was zu retten war, vor allem seinen Thron.

Doch damit geriet er in Gegensatz zu dem einflußreichen Mustafa Kemal *Atatürk* (1881–1938). Dieser General und Politiker stammte aus der Jungtürkenbewegung und war als Heerführer an allen Fronten beteiligt gewesen. Er strebte einen modernen *türkischen Nationalstaat* an, der alle türkischbevölkerten Provinzen vereinigen und auf die arabischen verzichten wollte. Unter dem Druck der militärischen und politischen Ereignisse ergab es sich aber von selbst, daß die Türken bis zum Herbst 1918 alle arabischen Provinzen räumen mußten. Im November 1918 kam es dann zum Waffenstillstand.

Die „Große Schlacht in Frankreich" März–Juli 1918 – Die USA entschieden den Krieg: Mehr als drei Jahre schwerster Kämpfe und Opfer bewirkten in allen beteiligten Staaten eine allgemeine Kriegsmüdigkeit.

Die große Hoffnung der Alliierten waren die USA, die andererseits die Hauptgefahr für die Mittelmächte darstellten. In Amerika lief die Propaganda und die Vorbereitung für den aktiven Kriegseinsatz gegen die „verbrecherischen Deutschen" auf vollen Touren.

So entschloß sich der deutsche Generalstab zu einer gewaltigen Kraftanstrengung im Westen, um dort eine Entscheidung zu erzwingen, ehe die Amerikaner in voller Stärke auf dem Kriegsschauplatz eintrafen. Ein Großteil der Streitkräfte konnte vom Osten nach dem Westen verlegt werden, aber bei weitem nicht alle, da dort trotz des Friedensschlusses nach wie vor unsichere Verhältnisse herrschten.

Am 21. März 1918 begann die „Große Schlacht in Frankreich" mit einem deutschen Angriff aus der „Siegfriedstellung" zwischen Arras und St. Quentin, um die Engländer von den Franzosen zu trennen und erstere gegen die Küste abzudrängen. Der Angriff kam überraschend, und der amerikanische Präsident wurde dringend um beschleunigte Hilfeleistung gebeten, obwohl Kriegsmaterial trotz großer Verluste durch deutsche U-Boote von Übersee laufend in Frankreich eintraf.

Nach zwei Wochen war bis Montdidier ein Einbruch von 60 km Tiefe gelungen. Der französische Oberbefehlshaber Marschall Foch hatte eine Auffangstellung – ähnlich der „Siegfriedstellung" – vorbereitet. Hier kam der Angriff vorerst zum Stillstand. Sofort aber begann am 9. April ein neuer im nördlichen Flandern, der einen Einbruch von 25 km bis Armentières brachte. Auch der schon früher umkämpfte *Kemmelberg* wurde in zehntägiger schwerster Schlacht den Engländern entrissen.

Um den Durchbruch in Flandern zu erreichen, sollte der Feind zum Abzug von Truppeneinheiten gezwungen werden, weshalb am 27. Mai südlich zwischen Reims und Soissons ein weiterer Großangriff erfolgte. In wenigen Tagen wurde die Marne überschritten und 50 km südwestlich Reims die Stadt Château-Thierry erobert.

Das 70 km weiter westlich liegende Paris geriet in Schrecken, doch Foch beruhigte Clemenceau mit dem Hinweis auf die nun endlich aufmarschierten Amerikaner, welche bereits die ganze Front laufend verstärkten.

Wieder griff ein deutsches Heer am 9. Juni an, diesmal bei Compiègne und Noyon. Im schwersten Artilleriefeuer der Amerikaner und Franzosen blieb der Angriff nach Anfangserfolgen am vierten Tag stecken. Ein fünfter deutscher Angriff erfolgte am 15. Juli beiderseits der Festung Reims auf Chalons und auf Epernay. Doch war das ein Stoß ins Leere, denn der Feind hatte das Gebiet geräumt und sich in rückwärtige Stellungen zurückgezogen. Der deutsche Großangriff wurde nach fast vier Monaten am 16. Juli abgeblasen.

Der Durchbruch in Flandern und der Ansturm Ende Mai in Paris hätten zum Erfolg geführt, denn die Alliierten waren – was ihre Kampffähigkeit betraf – am Ende, während die deutschen Heere mit dem Mut der Verzweiflung ums Überleben kämpften und Unglaubliches leisteten. Aber als nun das amerikanische Heer zum Einsatz kam, war die deutsche Kraft überfordert.

Nun begann der Feind – völlig neu bewaffnet – mit Gegenangriffen. Zuerst Ende Juli 1918 die Franzosen südlich Soissons, Anfang August die Engländer südlich Arras und Ende August die Amerikaner südlich Verdun. Sie alle kamen mit Massen *amerikanischer Tanks* und – was als Neuheit in Erscheinung trat – mit *USA-Schlachtfliegergeschwadern*. Das Ziel dieser *Sommeroffensive der Alliierten 1918* war der Frontdurchbruch an mehreren Stellen und die Vernichtung des deutschen Heeres. Bei dieser gewaltigen Überlegenheit an Waffen und Soldaten konnte ihrer Ansicht nach der Erfolg nicht ausbleiben. Er blieb aber trotzdem aus. Hindenburg und Ludendorff wendeten wieder die bewegliche Verteidigung an, mußten zwar die Eroberungen des Frühjahrs aufgeben, konnten aber die Front intakt halten und in die *„Siegfriedstellung"* zurückkehren.

Die Amerikaner versuchten in ihrem Kampfabschnitt die deutsche Armee zu umfassen. Das mißlang völlig. Sie hatten keine Fronterfahrung und liefen ahnungslos in das Abwehrfeuer der deutschen Maschinengewehre hinein. Den Hauptanteil ihres Blutzolls im Ersten Weltkrieg mußten die Amerikaner hier während dieser Kämpfe entrichten: 126000 Tote und 234000 Verwundete, lauter junge Männer als Opfer einer gewissenlosen Propaganda. Die ungeheuere Überlegenheit an Waffen nützte ihnen wenig, außer daß der vorspringende deutsche *Frontbogen am Priesterwald* südlich Verdun genommen wurde.

Den letzten großen Versuch, die deutsche Front zu durchbrechen, unternahmen Ende September die Engländer und Franzosen nochmals bei *Cambrai*, natürlich mit Massen amerikanischer Tanks und Flieger. Er wurde unter schweren Verlusten auf beiden Seiten abgewehrt. Damit war die Kampfkraft der englischen und französischen Soldaten erneut erlahmt.

Die deutschen Heere waren ebenfalls völlig erschöpft und beschränkten sich darauf, den *Frontzusammenhalt unbedingt aufrechtzuerhalten*, wobei sie langsam um durchschnittlich 60 km zurückgingen. Mitte Oktober verlief die Front noch immer von Gent in Westflandern nach Süden bis Laon in Frankreich, und von dort in 50 km Entfernung parallel zur belgischen Grenze bis Verdun und entlang den Vogesen zur Schweiz. Hindenburg und Ludendorff sorgten dafür, daß das Heer weiterhin intakt blieb, was ihnen auch bis zum letzten Kriegstag gelang.

Fortschritte der Waffentechnik während des Krieges: Während im Krieg 1870/71 das *Maschinengewehr* noch unbekannt war, gehörte es an der Jahrhundertwende als Selbstverständlichkeit in jede Armee. Wegen dieser schnell feuernden Waffe war die *Kavallerie als Kampfeinheit verschwunden.* Aber für die Infanterie blieb das Maschinengewehr Hauptwaffe in Angriff und Verteidigung.

1911 baute der österreichische Oberleutnant *Burstyn* einen *Kampfwagen* unter dem Grundgedanken, den Infanterieangriff weniger verlustreich zu gestalten. Im Schutze mehrerer solcher Kampfwagen sollten die Infanteristen angreifen. Doch weder in Wien noch in Berlin konnte Burstyn überzeugen.

Erst während des Weltkrieges griffen die Engländer die Idee wieder auf und entwickelten den *„Tank"* als bewaffnetes, gepanzertes Fahrzeug. Wie berichtet, kamen im November 1917 bei Cambrai erstmals 300 Stück zum Einsatz. Die Amerikaner brachten im Sommer 1918 eine große Anzahl Tanks mit über den Atlantik. Zum eigentlichen *Kampfpanzer,* wie wir ihn heute kennen, kam es erst Jahre nach dem Ersten Weltkrieg.

Die *Motorisierung der Artillerie* wurde ebenfalls während des Krieges weitgehend eingeführt. Das Pferd oder der Muli als Zugtier blieb nur noch in der *Gebirgsartillerie* unentbehrlich.

Fliegertruppen bestanden allgemein schon vor dem Krieg, wurden aber während seiner Dauer stark ausgebaut. Ursprünglich diente das Kriegsflugzeug nur der Aufklärung über dem feindlichen Hinterland. Es galt, das Feindflugzeug abzufangen und zu vernichten. Deshalb entwickelte man schnelle *Jagdflugzeuge* mit eingebautem Maschinengewehr. Die Besatzung bestand zuerst nur aus dem Piloten, später kam ein Schütze dazu.

Berühmte deutsche Jagdflieger: Hauptmann Oswald *Boelcke* (1891–1916) war einer der Schöpfer der deutschen Jagdfliegerei. Im Oktober kam es an der Somme im Luftkampf zu einem für beide Piloten tödlichen Zusammenstoß. Boelcke hatte 40 Luftsiege errungen, wofür er mit der höchsten deutschen Tapferkeitsauszeichnung, dem *„Pour le mérite"* (= „für das Verdienst", von Friedrich dem Großen 1740 gestiftet) ausgezeichnet wurde. Der *„Rote Kampfflieger"* Max *Immelmann* (1890–1916) aus Dresden, der seinen Dreidecker rot angestrichen hatte, stürzte nach 15 Siegen im Juli 1916 in Nordfrankreich ab. Manfred Freiherr von *Richthofen* (1892–1918) aus Breslau war mit 80 Abschüssen der erfolgreichste Jagdflieger des Ersten Weltkrieges. Seine Maschine erhielt schließlich einen Treffer vom Boden aus, und er mußte hinter der Westfront niedergehen. Kurz vor der Landung tötete ihn der Schuß eines kanadischen Soldaten. Die Fliegeroffiziere Ernst *Udet* (1896–1941) mit 62 und Hermann *Göring* (1893–1946) aus Rosenheim in Bayern mit 41 Luftsiegen überlebten den Krieg. Die höchste Abschußzahl, die ein feindlicher Jagdflieger erreichte, betrug 16. Die hier genannten fünf Namen sind nur eine kleine Auswahl aus der hervorragenden deutschen Fliegertruppe.

Die Amerikaner entwickelten während des Krieges als weiteren Typ eines Kampffliegers das *Bombenflugzeug*. Es sollte während der Schlacht feindliche Artillerie oder Infanteriebereitstellungen bombardieren.

Entscheidenden Einfluß hatte im Ersten Weltkrieg weder die Tankwaffe noch die Luftwaffe.

Auflösung der politischen Ordnung in Deutschland und Österreich-Ungarn ab Oktober 1918

Die „Vierzehn Punkte" des USA-Präsidenten Wilson und seine „Drei Grundsätze für einen allgemeinen Weltfrieden" vom Januar 1918: Wilson hing entsprechend seiner privaten Einstellung dem Pazifismus an, der die Ächtung des Krieges forderte. Die *„Wallstreet"*, in Kongreß und Senat immer genügend stark vertreten, wünschte den Eintritt der USA in den Krieg, und so mußte er ihn erklären. Eigentlich hätte Wilson seiner Überzeugung nach zurücktreten müssen, denn er war gerade als „Friedenspräsident" wiedergewählt worden. Er trat nicht zurück, und *Wilson erklärte im April 1917 unter Tränen den Krieg*, obwohl zwischen den USA und Deutschland keinerlei Gegensätze bestanden. Im Januar 1918, also noch ehe das USA-Millionenheer über den Atlantik kam, veröffentlichte Wilson ein *„Friedensprogramm"*, bestehend aus seinen berühmten „Vierzehn Punkten" und den bald danach folgenden „Drei Grundsätzen für einen allgemeinen Weltfrieden". Außer allgemeinen erstrebenswerten Wünschen, zu denen auch die Abrüstung gehörte, waren die wichtigsten Punkte folgende: Nr. 2: Freiheit der Meere. Nr. 5: Gerechter Ausgleich aller kolonialen Ansprüche. Nr. 6: Räumung aller von den Mittelmächten besetzten Gebiete in Ost, West und Süd. Nr. 8: Abtretung Elsaß-Lothringens an Frankreich. Nr. 9: Berichtigung der österreichisch-italienischen Grenzen nach der Sprache. Nr. 10: Autonomie für die Völker Österreich-Ungarns. Nr. 11: Autonomie für die Völker der Türkei. Nr. 13: Errichtung eines polnischen Staates mit Zugang zur See. Nr. 14: Gründung eines Völkerbundes. Die „Drei Grundsätze" besagten: Keine Gebietsannexionen. Keine Kriegsentschädigung. Kein Schadensersatz.

Die Ernährungsnot im Reich hatte in den Großstädten, Industriegebieten und an der Front derart schlimme Formen angenommen, daß Reichsregierung, Reichstag und oberste Heeresleitung nun einen Waffenstillstand anstrebten. Ende September erging ein entsprechendes Gesuch an Präsident Wilson. Als dieser jedoch mit der Forderung nach bedingungsloser Unterwerfung antwortete, trat Reichskanzler Hertling am 30. September zurück. Hindenburg und Ludendorff forderten daraufhin das Heer zum weiteren Durchhalten bis zu einem ehrenvollen Frieden auf.

Im Reichstag hatten die Linksparteien und das katholische Zentrum bereits innerpolitische Pläne über das Kriegsende hinaus und strebten jetzt schon eine neue parlamentarische Verfassung an.

Zum neuen Reichskanzler ernannte Kaiser Wilhelm am 3. Oktober den liberalen Prinzen *Max von Baden* (1867–1929), der nun mit sozialdemokratischen und Zentrums-Politikern regierte. Er richtete am 5. Oktober ein erneutes Waffenstillstands-Gesuch an Wilson, diesmal unter Hinweis auf sein „Friedensprogramm". Die Antwort enthielt folgende Forderungen: Einstellung des U-Boot-Krieges und Räumung aller von den Mittelmächten besetzten Gebiete. Außerdem wurde – wenn auch versteckt – die Abdankung des Kaisers und eine neue, rein parlamentarische Regierungsform verlangt.

Kaiser Wilhelm genehmigte die von der Reichstagsmehrheit gewünschte Verfassungsänderung, und am 22. Oktober forderten die Linksparteien offen den Rücktritt des Kaisers. Sodann bestimmte der Reichstag mit Mehrheit den Reichskanzler Max von Baden zum Mitverantwortlichen im militärischen Oberkommando, was *Ludendorff* am 26. Oktober zum Rücktritt veranlaßte. Sein Nachfolger wurde General Wilhelm *Groener* (1867–1939) aus Württemberg.

In der Zwischenzeit vollzog sich unter Hindenburgs unerschütterlicher Führung die weitere *Rücknahme des deutschen Heeres*, und zwar in manöverartiger mustergültiger Ordnung. Wo Engländer und Franzosen durch Angriffe den Rückmarsch zu stören wagten, wurden sie blutig abgewiesen. Noch herrschte Kriegszustand.

Revolution im Deutschen Reich ab 3. November 1918 – Abdankung Kaiser Wilhelms II. 10./28. November 1918: Laut dem Friedensvertrag von Brest-Litowsk waren die Russen verpflichtet, die Gefangenen der Mittelmächte schnellstens zu entlassen. Manche Männer, die sich zu Agitatoren eigneten, kamen erst nach Monaten heim, und zwar kommunistisch „umgeschult". Diese Leute wühlten nun in ihrer Heimat im Sinne des bolschewistischen Umsturzes.

Die ersten *Meutereien fanden in der deutschen Kriegsmarine* Ende Oktober statt, und am 3. November kam es zu blutigen *Straßenschlachten in Kiel* zwischen Kommunisten, Nationalen, Polizei und Militär. Das Kieler Rathaus geriet in die Hand der meuternden Marineeinheiten, und auf vielen Schiffen wurde die rote Fahne gehißt. Rasch griff die Revolte auf die meisten Großstädte des Reiches über, wo sogenannte „Arbeiter- und Soldatenräte" nach Moskauer Vorbild die Rathäuser zu beherrschen suchten. Doch die Deutschen eigneten sich nun einmal nicht für den radikalen Bolschewismus, und die *gemäßigten* Kräfte der *Sozialisten* und der Mitte gewannen bald die Oberhand.

Der Kaiser konnte sich noch nicht zum Rücktritt entschließen, und so erklärte der Reichskanzler Prinz Max von Baden am 9. November von sich aus die Abdankung Kaiser Wilhelms II. sowie den Thronverzicht des Kronprinzen Wilhelm.

Das Große Hauptquartier befand sich in *Spa in Ostbelgien*. Von dort aus fuhr der *Kaiser* in einem Sonderzug am 10. November nach den Niederlanden *ins Exil*. Auch der *Kronprinz* ging in die Niederlande. Die offizielle Verzichtserklärung, *also Abdankung* beider, erfolgte am 28. November 1918.

Das also war das ruhmlose Ende der Hohenzollern, eines Herrschergeschlechtes, welches einst den Großen Kurfürsten, den Soldatenkönig, Friedrich den Großen und Kaiser Wilhelm I. hervorgebracht hatte. Der Exkaiser konnte noch von Glück sagen, daß sich die niederländische Regierung später weigerte, seine im Versailler Vertrag verlangte Auslieferung an die Siegermächte vorzunehmen. *„Hang the Kaiser"* hatten Engländer und Franzosen seit Jahren gefordert.

Waffenstillstand am 11. November 1918: Noch ehe die Front hinter die deutsche Grenze zurückgenommen war, kam es im Wald von *Compiègne* nordöstlich Paris am

9. November nun doch zu Gesprächen. Einer deutschen Abordnung stand der Zentrumsführer Matthias *Erzberger* (1875–1921) aus Württemberg vor, welcher Minister in der Regierung des Prinzen Max von Baden geworden war. Am 11. November unterschrieb er die folgenden *Waffenstillstandsbedingungen*: Sofortige Räumung Frankreichs, Belgiens und Luxemburgs. Militärische Räumung Elsaß-Lothringens und des gesamten linksrheinischen deutschen Gebietes. Übergabe von je 5000 Lastkraftwagen und Lokomotiven sowie 150000 Eisenbahnwagen. Sofortige Entlassung der alliierten Kriegsgefangenen – ohne Freigabe der deutschen. Unverzügliche Rückführung deutscher Armee-Einheiten aus Österreich-Ungarn, dem Balkan und der Türkei. Ungültigkeitserklärung des Friedens von Brest-Litowsk und Zurückführung aller Truppen aus dem Osten. Aufgabe des Widerstandes in Deutsch-Ostafrika. Ablieferung aller U-Boote (etwa 170). Internierung sonstiger Kriegsschiffe (64 Einheiten) in neutralen Häfen oder Übergabe an die Alliierten. All diese Forderungen waren in wenigen Tagen zu erfüllen, die Übergabe der linksrheinischen Länder innerhalb eines Monats. Die Hungerblockade wurde aufrechterhalten, solange es den Alliierten gefiel.

Hindenburg beendete nun die *Heimführung der ungeschlagenen Millionenheere* in mustergültiger Ordnung, meist im Fußmarsch, bis zur endgültigen Entlassung aus den Heimatgarnisonen. Dabei kamen – trotz der revolutionären Umtriebe – keine Meutereien vor. Die Verabschiedung der Einheiten erfolgte überall mit großem Ernst und in feierlichem Gedenken an die zwei Millionen deutschen Gefallenen und fast vier Millionen Verwundeten.

Die Soldaten und das deutsche Volk fühlten sich natürlich befreit von dem jahrelangen Kriegsdruck, daß aber der ungeheure Kampf, wie ihn die Welt bisher noch nicht erlebt hatte, umsonst gewesen sein sollte, das konnte in Deutschland und Österreich kaum jemand glauben.

Die letzten Kriegsmonate an den Südfronten: Im Juni 1918 griffen die Österreicher in Italien noch einmal an, gleichzeitig mit den letzten deutschen Offensiven im Westen. Auch hier gab es Anfangserfolge.

Während dieser Tage erkannten Frankreich und England die Länder Böhmen und Mähren als selbständigen und mit ihnen verbündeten Staat unter dem Namen *„Tschechoslowakei“* an. Dies war auch für die südslawischen Völker das Signal zum Ausbruch aus der Doppelmonarchie. Die Soldaten verweigerten mehrfach den Gehorsam, so daß die ganze Armee verunsichert wurde.

Der Angriff gegen Italien mußte deshalb abgebrochen und die Front um 50 km vom Piave bis zum *Tagliamento* in Friaul zurückgenommen werden.

Kaiser *Karl I.* wandte sich am 17. Oktober 1918 an US-Präsident Wilson mit dem Vorschlag, die Doppelmonarchie in einen föderalistischen Staat umzuwandeln, also in einen Staatenbund mit beschränkter Selbstverwaltung. Kaisertum und Wien als zentrale Hauptstadt sollten bestehenbleiben. Wilson und die anderen Alliierten lehnten ab. So erfolgte am 28. Oktober 1918 *Karls Bitte um* Waffenstillstand und *Sonderfrieden.*

Um Mitternacht vom 2. zum 3. November trat in Italien der Waffenstillstand in Kraft; Österreich stellte alle Kampfhandlungen ein. Die Italiener erklärten sich nachträglich erst 40 Stunden später an den Waffenstillstand gebunden. Diese Zeit brauchten Marschall *Badoglio*, um Venetien bis zum Isonzo, das Trentino und Teile von Südtirol bis kurz vor Bozen kampflos zu besetzen.

Im Süden an der *Mazedonienfront* begann Mitte September 1918 Griechenland mit französischer und englischer Hilfe am Wardar-Fluß nördlich Saloniki einen Angriff gegen Bulgarien. Die österreichisch-ungarische Armee, bestehend aus allen möglichen Völkerschaften, löste sich sofort auf, die Bulgaren kämpften auch nicht, so daß das *deutsche Balkan-Hilfskorps* in seinem Frontabschnitt auf sich allein gestellt war. Es marschierte in voller Ordnung nach Norden ab, ohne daß es angegriffen worden wäre.

In Sofia dankte Anfang Oktober Zar Ferdinand zugunsten seines Sohnes *Boris III.* (1894–1943) ab, und gleichzeitig wurde ein *Waffenstillstand* zwischen *Bulgarien* und der *Entente* geschlossen.

Die *Türkei* war damit von den Mittelmächten wieder abgeschnitten. Mitte September 1918 griffen die Engländer erneut in Palästina an. Infolge der arabischen Aufstände löste sich die türkische Armee auf. Die wenigen rein türkischen Regimenter zusammen mit dem *deutschen Asienkorps* hielten zwar den Frontzusammenhalt, gingen aber langsam nach Norden ins türkische Kernland zurück. Im Oktober besetzten die Engländer Beirut, Damaskus, Aleppo und die Mittelmeer-Küstenstädte. Am 31. Oktober trat *der Waffenstillstand* zwischen der *Türkei* und der *Entente* in Kraft.

Ausrufung der Republik in Deutschland am 9. November 1918: Kaiser Wilhelm war noch nicht außer Landes gegangen, der Waffenstillstand noch nicht in Kraft, als in Berlin der sozialdemokratische Staatssekretär in der Regierung Max von Baden, Philipp *Scheidemann* (1865–1939) aus Kassel, ohne Auftrag des Regierungschefs von einem Fenster des Reichstagsgebäudes in Berlin die deutsche Republik ausrief.

Der Führer der im Reichstag stärksten Partei, der Sozialdemokraten, war der gelernte Sattler und Schriftleiter seiner Parteizeitung Friedrich *Ebert* (1871–1925) aus Heidelberg. Er war Anfang 1918 für die Aufrechterhaltung des Munitionsarbeiterstreiks eingetreten, unterstützte auch die Novemberrevolte, gehörte aber vom ersten Tag der Republik an zum gemäßigten Flügel seiner Partei. *Prinz Max von Baden trat am 12. November zurück* und übergab die politische Leitung an Ebert, der somit zum Chef des *„Rates der Volksbeauftragten“* wurde.

Auch in den einzelnen Reichsländern bestanden Mehrheiten in den Landtagen ähnlich wie im Reichstag, so daß überall Regierungen der Linken mit der Mitte entstanden. Im November mußten die Könige von Sachsen, Bayern und Württemberg abdanken. Die Wettiner und Wittelsbacher waren damit nach vielen Jahrhunderten Herrschaft ausgeschaltet. In Preußen erlosch das Königtum mit Wilhelm II., der ja auch König von Preußen war. Die Großherzöge von Baden, Hessen, Oldenburg und die thüringischen wettinischen Herzöge traten zurück. Alle diese Staaten nannten sich jetzt *„Freistaaten“*, und die *Monarchien in* ganz *Deutschland* waren endgültig *erloschen.*

Auflösung Österreich-Ungarns Ende Oktober 1918: In den letzten Oktobertagen geriet die österreichisch-ungarische Monarchie in völlige Auflösung: In der *Tschechoslowakei* wurde der nationalistische Universitätsprofessor Thomas *Masaryk* (1850 bis 1937), Sohn eines slowakischen Kutschers und einer deutschen Mutter, erster Präsident und Eduard *Benesch* (1884–1948), ebenfalls Professor in Prag, Außenminister. Beide hatten im Exil während des Krieges in Paris und Washington diese Staatenbildung längst vorbereitet.

Die Provinz *Galizien* schloß sich dem acht Monate zuvor neuentstandenen polnischen Staat an, dessen erstes Oberhaupt am 11. November 1918 der sozialistische Marschall Josef *Pilsudski* (1867–1935) war.

Slowenien, Kroatien und Bosnien verkündeten ihren Austritt aus Ungarn bzw. der Doppelmonarchie und schlossen sich Serbien und Montenegro an. Dieser neuentstandene Staat *Jugoslawien* entsprach den „großserbischen" Bestrebungen seit 1878.

Auch *Siebenbürgen* mit 58 % rumänischer Bevölkerung, 30 % ungarischer und 8 % deutscher Minderheit sagte sich Ende Dezember 1918 von Ungarn los und schloß sich dem Staat *Rumänien* an.

Das Königreich *Ungarn* war auf sein eigentliches Kernland zusammengeschrumpft, also auf etwa ein Drittel seines früheren Bestandes. Im November 1918 erlebte es eine sozialistische Revolte. Der liberale Graf Michael *Karolyi* (1875–1955), der im Krieg für ein selbständiges großes Ungarn eingetreten war und deshalb heimlich mit der Entente Verbindung aufgenommen hatte, wurde im Dezember 1918 erster Staatspräsident einer ungarischen Republik, nachdem Kaiser *Karl als ungarischer König* am 13. November hatte *abdanken* müssen.

Karolyi wurde bereits nach zehn Monaten von Nikolaus von *Horthy* (1868–1957) durch Waffengewalt gestürzt und ins Exil geschickt. Admiral Horthy war Oberbefehlshaber der K. + K. Kriegsflotte und enger Vertrauter von Kaiser Franz Joseph gewesen und stellte 1920 die Monarchie in Ungarn wieder her. Da es zu keiner Einigung über einen geeigneten Thronanwärter kam, wurde *Horthy* zum *Reichsverweser* bestellt. Exkönig Karl, der in der Schweiz in Verbannung lebte, versuchte 1921 zweimal durch Putschversuche seiner Anhänger in Budapest wieder die ungarische Königskrone zu erlangen. Doch scheiterte er an Horthy, der ihn wegen seiner Geheimkontakte mit dem Feind während des Krieges ablehnte. Horthy blieb Reichsverweser bis 1944.

Ende Oktober 1918 traten in Wien die deutschen Abgeordneten Österreichs zusammen und wählten mit Linksmittemehrheit eine eigene parlamentarische Regierung. Am 11. November 1918 mußte *Karl I. die österreichische Kaiserkrone niederlegen.*

Dieser letzte habsburgische Kaiser starb bereits im April 1922 – noch nicht ganz 35 Jahre alt. Sein Sohn, der letzte Erzherzog und Thronfolger, *Otto von Habsburg* (geb. 1912), durfte sich später offiziell nur noch *„Otto Habsburg"* nennen, weil der Adel in Österreich abgeschafft wurde.

Ausrufung der Republik Deutsch-Österreich am 12. November 1918: Am 12. November 1918 wurde in Wien die Republik ausgerufen, welche die zusammenhängenden Siedlungsgebiete der Alpen und des Sudetenlandes – der deutschbesiedelten Randgebiete von Böhmen und Mähren – einschloß. *Deutsch-Österreich* sollte nach dem Beschluß der Wiener Nationalversammlung ein Bestandteil des Deutschen Reiches sein. Die Wortführer waren die beiden Sozialdemokraten Otto *Bauer* (1882–1938) aus Wien und Karl *Renner* (1870–1950) aus Deutsch-Mähren.

Doch unter Duldung der Alliierten fielen die Tschechen über das Sudetenland her. Der deutsche Kampf dort war kurz und hoffnungslos, weil von keiner Seite Hilfe kam. Die Tschechei, die sich bei ihrer Staatsbildung auf das Selbstbestimmungsrecht der

Völker berufen hatte, mißachtete ihrerseits das Selbstbestimmungsrecht der Sudetendeutschen völlig.

Die neue Wiener Regierung *protestierte bei Präsident Wilson* unter Berufung auf seine „Vierzehn Punkte" und die „Drei Grundsätze". Doch Wilson verriet seine eigene „Friedensbotschaft" vom Januar 1918, seinen Pazifismus und seine angeblichen Völkerrechtsideale:

Eine Abordnung aus Wien, die ihm erklären wollte, daß alle Teile des Sudetenlandes nie von Tschechen bewohnt, die Ureinwohner keltische Boier und germanische Markomannen gewesen waren, wurde als unglaubwürdig abgewiesen. Daß das Egerland im Westen und Norden seit 1000 und der Osten seit 650 Jahren deutsch besiedelte Reichsgebiete waren, wußte der USA-Präsident nicht. Benesch und Masaryk hatten ihm anderes vorgegaukelt.

Die *Geschichte Südtirols war Wilson auch unbekannt*. Daß schon im 6. Jahrhundert n. Chr. das keltische Land – nach der Vertreibung der römischen Beherrscher – von den Baiern bei Vermischung mit Kelten und Germanen germanische Kultur angenommen hatte, hörte er zum ersten Mal.

Ein italienischer Professor, Ettore Tolomei, hatte eine Landkarte von Südtirol angefertigt, auf der alle Ortschaften und sogar die letzte Bergwiese mit italienischen Namen versehen waren. Er und andere Fälscher erklärten Wilson, daß Südtirol „uraltes" italienisches Land und die Bevölkerung Italiener seien, wie ja die Landkarte beweise. Von diesem „Geschichtsunterricht" sehr beeindruckt, versprach Wilson die Abtretung Deutsch-Südtirols an Italien. Als Wilson später von den Tirolern eines Besseren belehrt wurde, erklärte er ohne Skrupel, sein einmal gegebenes Wort nicht zurücknehmen zu können. Dasselbe hatte er den Sudetendeutschen sagen lassen.

In das Land *Kärnten* fielen die Südslawen mit französischer Unterstützung ein, weil dort geringe slowenische Minderheiten lebten. Doch bildeten sich Abwehrregimenter, die auch Unterstützung von Freischärlern aus Deutschland erhielten. Im Winter 1918/19 wurden die Eindringlinge in einem blutigen Kampf vertrieben.

Ungewißheit an den deutschen Ostgrenzen bis 1921: Die Ostgrenze des Deutschen Reiches zum neuentstandenen polnischen Staate waren im Frieden von Brest-Litowsk die alten Reichsgrenzen geblieben. Doch hatte Wilson schon im Waffenstillstandsabkommen auf Betreiben rühriger Polen und Franzosen den *Frieden von Brest-Litowsk* für *nichtig* erklärt. Daraufhin stellte der polnische Ministerpräsident *Pilsudski* überzogene Gebietsforderungen, denen aber der englische Premierminister *Lloyd George* entgegentrat.

Englands sogenannte *„Gleichgewichtspolitik"* war nämlich seit dem Sturze Marlboroughs 1711 nach wie vor gültig: Auf dem Festland durfte keine Macht so groß werden, daß sie England überflügeln konnte. Bei jedem Vormachtsstreit zweier Festlandsmächte unterstützten deshalb die Briten grundsätzlich den Schwächeren. Daß nun Frankreichs Macht, gestärkt durch das Bündnis mit einem vergrößerten Polen, überhandnahm, kam für England nicht in Frage. Also bremste Lloyd George wenigstens in bezug auf Landerwerbungen, so gut er konnte. Ganz vernichtet und entmachtet werden durfte das Deutsche Reich wegen des „Gleichgewichtes" nun doch nicht.

Die fünf Pariser Vorortverträge von Versailles mit Deutschland, St. Germain mit Österreich, Neuilly mit Bulgarien, Trianon mit Ungarn, Sèvres mit der Türkei

Während im Sudetenland, in Südtirol und teilweise im Osten unter Bruch des Waffenstillstandes mit Gewalt vollendete Tatsachen geschaffen wurden, hatten die Alliierten am 18. Januar 1919 in Paris offiziell mit den sogenannten *„Friedensverhandlungen"* begonnen. Die Regierungshäupter und Außenminister aus den USA, England, Frankreich, Italien, Belgien und Japan waren nach Paris gekommen, um der Welt nun endlich den „großen gerechten Frieden" zu bescheren. Clemenceau führte den Vorsitz, denn einen weniger Ungeeigneten gab es nicht.

Obwohl das Waffenstillstandsabkommen keine bedingungslose Kapitulation gewesen war, wurden die Politiker Deutschlands und der Mittelmächte zu den Verhandlungen nicht zugelassen.

Versailles 28. Juni 1919

Die Deutschenhasser Poincaré und Clemenceau kämpften verbissen und zäh, um soviel wie möglich herauszuschlagen. Dabei hielten sie sich wieder getreu an die jahrhundertealten Grundsätze des *Richelieuschen Testamentes* von 1642, des Leitfadens aller französischer Außenpolitik. Doch waren neue Gesichtspunkte hinzugekommen: „Vingt millions trop beaucoup!" (*„Zwanzig Millionen zuviel!"*) hatte Clemenceau über die deutsche Bevölkerungszahl geäußert. Deutschland mußte also verkleinert werden. Ferner forderte man die *Knebelung der deutschen Wirtschaft, Besetzung großer Teile des Landes* auf lange Zeit, schwerste *Reparationslasten* und *Wegnahme aller Kolonien.*

Dem Präsidenten Wilson stand als große „weltpolitische Tat" die *Gründung* eines für alle Zeiten friedenbringenden *Völkerbundes* vor Augen, wovon die anderen Regierungen nichts oder wenig hielten. Die Franzosen verkauften ihre Zustimmung teuer, und Wilson gab schließlich wegen dieses Wunschtraumes auf Kosten der Unterlegenen so viele seiner „Friedensgrundsätze" auf, daß fast keine übrigblieben. Es gab harte Auseinandersetzungen. Auch Lloyd George und Wilson gerieten aneinander: England wollte die meisten deutschen Kolonien ebenfalls als *„Kolonien"* in Besitz nehmen, aber Wilson setzte durch, daß es nur *„Mandatsverwaltungen"* wurden, im Auftrag und unter Vormundschaft des Völkerbundes. Kein großer Unterschied übrigens.

Am 7. Mai 1919 wurde endlich eine deutsche Abordnung unter Führung des nationalliberalen Außenministers Ulrich Graf von *Brockdorff-Rantzau* (1869–1928) nach Paris beordert, um über den „Vertrag" unterrichtet zu werden. Er war derartig empört über dieses Schandwerk, daß er eine Unterschrift rundweg ablehnte. In den Pariser Straßen, durch welche die Deutschen fuhren, mobilisierte man daraufhin den Pöbel, der grölend den Wagen des Ministers mit Steinen bewarf. In Berlin empfahl er die Ablehnung des Diktats. Als er damit in der Regierung nicht durchdrang, trat er zurück.

Die Alliierten drohten mit Besetzung und Auflösung des Deutschen Reiches, ferner mit *Verlängerung der Hungerblockade*, die nach wie vor rücksichtslos ausgeübt wurde. Es wurden nun mehrere *deutsche Denkschriften an* die *Friedenskonferenz* gerichtet, um unter Hinweis auf Wilsons „Friedensprogramm" mehr Gerechtigkeit zu erreichen. In manchen Punkten brachten diese auch Erfolg, wie z. B. bei der Durchsetzung von Volksabstimmungen in Oberschlesien und wenigen anderen Gebieten. Mündlich mit den Deutschen zu verhandeln, weigerten sich die Alliierten.

Schließlich reiste der neue Außenminister, der Sozialdemokrat Hermann *Müller* (1876–1931) aus Mannheim, nach Paris und unterschrieb am 28. Juni 1919 den Vertrag.

Bis zum heutigen Tag wurde im In- und Ausland diese Unterzeichnung als voreilig betrachtet, denn man war überzeugt, daß die Durchsetzung besserer Bedingungen möglich gewesen wäre.

Der Inhalt des Versailler Vertrages war in groben Zügen folgender:

a. Der Völkerbund

Das Kernstück – Wilsons „Lieblingskind" – war die Gründung eines Völkerbundes zur Sicherung des Weltfriedens mit Sitz *in Genf* in der neutralen Schweiz. Mitglieder waren vorerst nur die Alliierten und ihre Verbündeten, dazu ein Dutzend neutrale Staaten. Die *USA* konnte kurioserweise aber *nicht Völkerbunds-Mitglied* werden, weil eine Senatsmehrheit in Washington den Beitritt verweigerte. Deutschland und Österreich wurden nicht zugelassen, denn man verlangte von ihnen vorerst die Erfüllung der Verträge.

Der Völkerbund erhielt eine Reihe von Hilfsorganen, wie z. B. ein Amt für Flüchtlingshilfe, je eine *Kommission für Danzig* und das *Saarland*, ein Internationales Arbeitsamt und den *Internationalen Gerichtshof* mit Sitz *im* niederländischen *Den Haag*. Ihm wurde der Haager Schiedshof angegliedert, der bereits seit 1899 bestand und zwischenstaatliche Streitfälle schlichten sollte. Franzosen und Engländer sorgten von jetzt ab dafür, daß sie die Mehrheit der Schiedsrichter stellten.

b. Die Reichswehr

Deutschland wurde bis auf die sog. *Reichswehr* entwaffnet; was blieb, war ein *Berufsheer von 100000 Mann*. Tanks, schwere Artillerie und Luftabwehrgeschütze waren verboten. Die *Marine* wurde auf *15000 Mann* beschränkt; sie durfte sechs Schlachtschiffe, sechs Kleine Kreuzer und je zwölf Zerstörer und Torpedoboote nicht überschreiten. Unterseeboote waren untersagt. Eine Luftwaffe war ebenfalls verboten. Ferner mußten alle Festungen und Küstenbefestigungen sowie die Hafenanlagen Helgolands geschleift werden. Eine *„Militär-Kontroll-Kommission"* überwachte die Durchführung der Entwaffnung in Deutschland und in den Mittelmächten. Über das ganze Reich (und Österreich) wurde ein *„Rüstungskontrollsystem"* netzartig ausgebreitet, damit heimliche Herstellung verbotener Waffen unterbunden werden konnte. Damit war nebenbei den Feinden Tür und Tor für jede Art von Industriespionage geöffnet.

Im Vorwort zu diesen Bestimmungen war ausdrücklich erklärt, daß die Entwaffnung der Mittelmächte den „Anfang zu einer allgemeinen Rüstungsbeschränkung aller

Nationen" bilden sollte. So dehnbar dieser Punkt auch im Vertrag gehalten war, die Alliierten rüsteten nie ab.

c. Die Gebietsabtretungen

Der Vertrag verfügte Gebietsabtretungen und Einschränkungen von Rechten auf Selbstbestimmung des Deutschen Reiches, die dem Friedensplan Wilsons genau entgegengerichtet waren. Es fielen:

An Frankreich: Elsaß-Lothringen, 14510 km^2 mit 1,7 Mill. Deutschen und 0,2 Mill. Franzosen. Eine Volksbefragung fand nicht statt.

An Belgien: Eupen-Malmedy, 1040 km^2 mit 50000 Deutschen und 10000 Wallonen. Eine Abstimmung fand im Juli 1920 statt, die zum Erstaunen der dort ansässigen Deutschen zugunsten Belgiens ausgefallen sein sollte. Sie fand als Eintragung in offene Listen unter schwerem behördlichen Druck statt. Das Ergebnis war gefälscht.

An Dänemark: Nordschleswig, 3990 km^2 mit 40000 Deutschen und 135000 Dänen. Im Februar 1920 bestätigte eine Volksabstimmung dieses Verhältnis.

An Polen: Der Teil Westpreußens, in dem die Hauptmasse der polnischen Minderheit dieser Provinz lebte, der sogenannte *„Polnische Korridor"* mit 17400 km^2, 300000 Deutschen und 220000 Polen. Auf Wunsch Wilsons fand keine Abstimmung statt. Er hatte hier auch den Polen sein Wort gegeben. Die Provinz *Posen* wurde – außer einem rein deutschen Gebiet um Schneidemühl – ohne Abstimmung abgetreten, 26400 km^2 mit 610000 Deutschen und 1,3 Mill. Polen. Von *Oberschlesien* gingen etwa 3300 km^2 mit 300000 Deutschen und 230000 Polen verloren. Ursprünglich beanspruchte Polen ganz Oberschlesien einschließlich der Stadt Oppeln und setzte deshalb zwei polnische Aufstände in Szene. Im März 1921 kam es zur Abstimmung, die trotz schlimmsten polnischen Terrors 60 % für Deutschland erbrachte. Polen dachte nicht daran, das Ergebnis anzuerkennen, und veranlaßte einen dritten Aufstand. Dagegen bildete sich auf deutscher Seite der *„Oberschlesische Selbstschutz"*. Das *Freikorps Oberland* besiegte in einem blutigen Kampf die polnischen Aufständigen Ende Mai 1921 am *Annaberg* in Oberschlesien. Daraufhin fällte der von Frankreich gelenkte Völkerbundsrat in Genf im Oktober 1921 einen völlig willkürlichen Schiedsspruch und sprach 80 % des oberschlesischen Industriegebietes den Polen zu. So kamen die mehrheitlich deutsch besiedelten Städte Kattowitz, Königshütte, Tarnowitz, Pleß und andere in polnische Hand. (Das *oberschlesische Kohlen- und Erzgebiet* war schon ab 1623 unter den Grafen Donnersmarck und später auch unter den Grafen Pleß und anderen im Rahmen des Deutschen Reiches erschlossen worden. Im Industriezeitalter gelangte Oberschlesien zu großer wirtschaftlicher Bedeutung.

An die Tschechoslowakei: Diese besetzte schon 1919 das *Hultschiner Ländchen* bei Ratibor in Oberschlesien, 290 km^2 mit 50000 Einwohnern, einer Mischbevölkerung aus Deutschen und Mähren. Das wurde von den Alliierten sofort genehmigt und der Einspruch der Bevölkerung nicht zur Kenntnis genommen.

An Litauen mußte 1924 das 2650 km² große *Memelland* abgegeben werden. Dort lebten 105000 = 70% Deutsche und 45000 = 30% Litauer. Nach dem Versailler Diktat fiel das Land an die Alliierten. Franzosen besetzten es und duldeten dann die Machtergreifung durch litauische Freischärler. Das Land war genau wie Polen durch den Frieden von Brest-Litowsk nach 123jähriger (seit 1795) russischer Herrschaft auf Betreiben Deutschlands wieder selbständig geworden. Das hielt die Litauer aber nicht ab, sich gegen das Reich zu stellen und das Memelland zu fordern. Die Memelländer seien ja, beginnend vor 600 Jahren, vom Deutschen Orden mit Hilfe des Christentums „eingedeutscht" worden, aber im Grunde doch Litauer. Diese „Logik" leuchtete Herrn Wilson ein. Auf die Tatsache, daß die USA im Lande der Indianer selbst noch nicht einmal 150 Jahre alt waren, dürfte niemand aufmerksam gemacht haben.

Frankreich und Polen beanspruchten noch weitere Rechte auf Reichsgebiete, wobei sie aber auf harten Widerstand Englands und der USA stießen. Mit Fanatismus, der besonders ausgeprägten Eigenschaft im französischen wie polnischen Volkscharakter, setzte man aber gewisse weitere Sonderrechte durch:

Schon die Waffenstillstandsbedingungen hatten zur Folge gehabt, daß die Franzosen alles *deutsche Land links des Rheines besetzten.* Nach dem Versailler Vertrag sollte dieser Zustand 15 Jahre lang aufrechterhalten bleiben. Dazu kamen vier *Brückenköpfe am rechten Rheinufer* von *Köln, Koblenz, Mainz* und *Kehl.*

Weitere Einschränkungen der deutschen Eigenständigkeit waren: Die *Internationalisierung der deutschen Ströme* Rhein, Mosel, Donau, Elbe, Oder und Memel. Das bedeutete, daß alle Hafeneinrichtungen entlang der Flüsse sowie fremde und deutsche Schiffe den Weisungen einer internationalen Kommission unterworfen waren.

Das *Saarland* (oder Saargebiet), uraltes Reichsland seit Otto dem Großen, fast 2000 km² groß, wurde für 15 Jahre der Reichshoheit entzogen. Das alleinige Ausbeutungsrecht der Kohlengruben erhielten für diese Zeit die Franzosen unter militärischer Besetzung des Landes.

Das Saargebiet und die französische Besatzung wurden auf Englands Betreiben einer *Völkerbunds-Regierung* unterstellt, worin trotzdem der französische Einfluß vorherrschte.

1935 sollte eine Volksabstimmung entscheiden, ob das Saarland endgültig zu Frankreich kommen sollte. Die 800000 Einwohner waren zu 99,5% Deutsche, doch Clemenceau behauptete, es gebe über 150000 Saarfranzosen. (Die Abstimmung fand 1935 wie geplant statt und hatte folgendes Ergebnis: Wahlbeteiligung fast 100%, für Frankreich 0,25%, für Deutschland 90,8%. Die restlichen 8,8% waren die deutschen Marxisten, die vor der Volksbefragung für Beibehaltung der Völkerbundsverwaltung geworben hatten.

Stadt und Land *Danzig*, seit dem Jahre 1306 Teil des Deutschen Ordens, seit 1361 Hansestadt, 1960 km² groß mit 406000 Deutschen und nur 7000 Polen, wurde 1920 zu einem Freistaat erklärt und ebenfalls einer Völkerbundsregierung unterstellt.

Die Polen waren mit Danzig zäher als die Franzosen mit dem Saargebiet, denn eine spätere Volksabstimmung wurde nicht vorgesehen. Obwohl *Danzig* zu 98,3%

deutsch war, gliederte man es dem *polnischen Zollgebiet* ein. Diese unglückliche Konstruktion sollte später Anlaß zu schwersten politischen Folgen werden.

Auch auf die südliche Hälfte von Ostpreußen erhob Polen Ansprüche, so nebenbei runde 20000 km². Man behauptete, das Land sei vorwiegend polnisch besiedelt und die bisherigen deutschen Volkszählungen seien gefälscht gewesen. Clemenceau unterstützte diese Behauptungen eifrig. Wilson und sogar Lloyd George waren geneigt, den Polen Glauben zu schenken, doch verlangten beide eine Volksabstimmung. Diese fand im Juli 1920 statt: 97,5 % stimmten für Deutschland.

Der Versailler Vertrag brachte dem Reich Gebietsverluste von 71540 km². Während im alten Deutschen Reich knapp 2,2 Mill. Menschen fremder Sprache gelebt hatten, kamen nun fast 3,5 Mill. Deutsche unter Fremdherrschaft. Das verbliebene Reich hatte noch eine Größe von 471000 km² mit 62 Mill. Einwohnern, davon 310000 fremdsprachige Minderheiten, zu zwei Dritteln Polen.

Eine *Übersicht der abgetretenen deutschen Gebiete* ergab folgende Zusammenstellung:

Elsaß-Lothringen	mit	1 700 000	Deutschen	auf	14 510 km²
Eupen-Malmédy	mit	50 000	Deutschen	auf	1 040 km²
Nordschleswig	mit	40 000	Deutschen	auf	3 990 km²
Westpreußen ohne Ostteil und Danzig	mit	300 000	Deutschen	auf	17 400 km²
Posen	mit	610 000	Deutschen	auf	26 400 km²
Oberschlesien	mit	300 000	Deutschen	auf	3 300 km²
Hultschiner Ländchen	mit	50 000	Deutschen/ Mähren	auf	290 km²
Memelland	mit	105 000	Deutschen	auf	2 650 km²
Danzig	mit	406 000	Deutschen	auf	11 960 km²
		3 561 000	Deutschen	auf	71 540 km²

d. Verzicht auf alle Kolonien

Ferner mußte das Deutsche Reich auf alle seine Kolonien verzichten.

England erhielt: Deutsch-Ostafrika ohne das kleine, doch dichtbesiedelte Ruanda-Burundi. Den Nordzipfel, etwa ein Sechstel, aber das beste Stück von Kamerun, von Togo die westlichsten zwei Drittel. Deutsch-Südwestafrika kam an das englische Dominion Südafrikanische Union, Deutsch-Neuguinea mit den benachbarten Südseeinseln an das englische Dominion Australien und die deutschen Samoa-Inseln an das englische Dominion Neuseeland. – Eines der englischen kolonialen Kriegsziele, die Beherrschung ganz Ost- und Südafrikas vom Kap bis Kairo, war damit erreicht und der lästige deutsche Welthandel ausgeschaltet.

Japan erhielt: Alle Inselgruppen des deutschen Kolonialbesitzes im Stillen Ozean, also die Marianen-, Marschall-, Palau- und Karolineninseln, ferner das deutsche Pachtgebiet von Kiautschou, welches es aber Ende 1922 auf englischen Druck hin an China zurückgeben mußte, dem es ohne Zweifel gehörte.

Frankreich erhielt: Den größten Teil von Kamerun und das östliche Drittel von Togo.

Belgien erhielt: Ruanda-Burundi, welches an Belgisch-Kongo grenzt.

Wie hatte Punkt 5 der „Vierzehn Punkte" Wilsons gelautet? „Unparteiischer Ausgleich aller kolonialen Ansprüche". Dagegen stand dann im Versailler Vertragstext dem Sinne nach folgender Satz: „Das *Deutsche Reich* hat kein Recht auf Kolonien, weil es *unfähig ist zu kolonisieren."* Woher leiteten die Feinde Deutschlands diese Beleidigung ab?

Noch im alten Jahrhundert hatten der Reichstag und die Regierung in Berlin – wie schon erwähnt – ein Gesetz beschlossen, wonach alle Gewinne, die in den Kolonien durch Handel, Bergbau, Landwirtschaft, Industrie, Handwerk usw. erzielt wurden, im Lande bleiben und für den dortigen Aufbau zur Verfügung stehen mußten. Eine Ausbeutung der Kolonien sollte dadurch verhindert werden. Ein ähnliches Gesetz kannten die anderen Kolonialmächte (außer Portugal) nicht.

e. Reparationen

Der Vertrag enthielt Bestimmungen, die das Reich wirtschaftlich für Jahrzehnte lahmlegen und versklaven mußten: Deutschland sollte alle Jahre Reparationen von unbestimmter Höhe zahlen, eine Blanko-Summe also, die erst nach zwei Jahren durch eine *Reparationskommission* festgelegt werden sollte. Bis dahin war eine *Voraussumme von 20 Milliarden Goldmark* fällig.

f. Demütigungen

Der Versailler Vertrag bestand aus fast 500 Artikeln, davon eine Unzahl kleinlichster Demütigungen, die vielfach einzelne Personen, Erbschaftsangelegenheiten und andere Dinge betrafen, die mit dem Kriegsgeschehen nichts zu tun hatten. Z. B. hatte ein französischer Adeliger, Besitzer der dritt-wertvollsten *Briefmarkensammlung* der Welt, diese testamentarisch der Deutschen Reichspost vererbt, welche die zweitgrößte Briefmarkensammlung besaß. Dem englischen Königshaus gehörte die größte. Der Franzose hatte gewünscht, die britische Sammlung vom ersten Platz zu verdrängen, was durch die Zusammenlegung der beiden kleineren mit Abstand erreicht worden wäre. So absonderlich die Gedanken des Erblassers gewesen sein mochten, er wird seine Gründe gehabt haben. Laut Versailler Vertrag aber mußte die Deutsche Reichspost auf die Erbschaft verzichten.

Auch 800 sogenannte *„Kriegsverbrecher"* sollten ausgeliefert werden. Wie war man auf eine so runde Zahl gekommen? Der Feind hatte natürlich in seinen Reihen nur edle Helden gehabt. Auch der Kaiser sollte ja ausgeliefert werden, doch, wie berichtet, weigerte sich die niederländische Regierung, Wilhelm II. den Alliierten zu übergeben.

g. Die Kriegsschuld

Den Gipfel der Niedertracht des Versailler Vertrages aber bildeten schon die Einleitungsparagraphen und der Artikel 231: In der Einleitung wurden für den Ursprung des Krieges Österreich-Ungarn wegen der Kriegserklärung an Serbien und das Deutsche Reich wegen seiner Kriegserklärungen an Rußland und Frankreich sowie des Einmarsches in Belgien verantwortlich gemacht. Artikel 231 besagte wörtlich: „Die alliierten und assoziierten Regierungen erklären und Deutschland erkennt an, daß Deutschland und seine Verbündeten als Urheber für alle Verluste und Schäden verantwortlich sind, welche die alliierten und assoziierten Regierungen und ihre Staatsangehörigen infolge des Krieges, der ihnen durch den Angriff Deutschlands und seiner Verbündeten aufgezwungen wurde, erlitten haben."

Als sich die Reichsregierung und der Außenminister von *Brockdorff-Rantzau* weigerten, vor allem diese *Kriegsschuldlüge* anzuerkennen, hatten – wie berichtet – Clemenceau, Lloyd George und Wilson mit weiteren schwersten Maßnahmen gedroht und schließlich ein *Ultimatum* gestellt, auf Grund dessen der neue Außenminister Hermann *Müller unterschrieb.*

Die Verwahrung gegen die alleinige Kriegsschuld, die von späteren Regierungen immer wieder erneuert wurde, interessierte die Alliierten nicht. Der von deutscher Seite laufend vorgebrachte Hinweis, daß die Bedrohung Deutschlands durch die Einkreisung von 1907, ferner die französische Forderung auf das alte Reichsland Elsaß-Lothringen sowie der englische Wunsch nach deutschen Kolonien, die wirtschaftlichen Kriegsziele der Entente und schließlich der russische Ausdehnungsdrang in Richtung Balkan und Dardanellen den Krieg verursacht hätten, wurde stets zynisch mit dem Argument abgetan, daß Deutschland ja durch seine Unterschrift die Kriegsschuld längst anerkannt habe.

Die Kriegsschuldfrage wurde propagandistisch – auch heute noch – bis zum Äußersten ausgeschlachtet. Daß das benachbarte Ausland damit bei jeder Gelegenheit Vorteile herausschlug, lag auf der Hand. Aber manche deutschen Linksmarxisten bejahten wider besseres Wissen die angebliche deutsche alleinige Kriegsschuld prinzipiell, um der „Kommunistischen Internationale" Vorschub zu leisten.

St-Germain 10. September 1919

Ein anderer Vorort von Paris war Saint-Germain. Hier wurde Österreich am 10. September 1919 zur Unterschrift eines Vertrages gezwungen, der dem Versailler Diktat in nichts nachstand, es sogar sicher noch übertraf. Österreich mußte abtreten:

a. Die Gebietsabtretungen mit deutscher Bevölkerung

An die Tschechoslowakei: Das gesamte *Sudetenland* mit 20000 km² und 2,9 Mill. nur deutschen Einwohnern, die nicht gefragt wurden.

An Italien: Ohne Volksabstimmung *Deutsch-Südtirol* (Provinz Bozen) mit 7100 km² und 240000 Deutschen, 14000 Ladinern (damals wie heute der deutschen Kultur eng verbunden) und nur 24000 (also 9 %) Italienern, ferner das *Kanaltal* südlich Villach in Kärnten mit etwa 400 km² und 2000 deutschen Menschen.

An Jugoslawien: Ohne Volksabstimmung Südkärnten und Südsteiermark mit vorwiegend slowenischer Bevölkerung, aber im Grenzgebiet das überwiegend deutschbesiedelte *Mißtal* und die Stadt Marburg an der Drau mit etwa 2000 km² und 40000 Deutschen.

Die Jugoslawen beanspruchten ferner große Teile von Kärnten und setzten eine Volksabstimmung in und um Klagenfurt durch, die aber im Oktober 1920 trotz Terror und Fälschung 60 % für Österreich erbrachte. Der wirkliche Anteil der deutschen Stimmen betrug aber mehr als 90 %. Das Ergebnis mußte von Jugoslawien anerkannt werden.

An Ungarn: Dieser neuentstandene Kleinstaat forderte das Burgenland im Osten Deutsch-Österreichs am Neusiedlersee. Ursprünglich gehörte das Land in der Zeit der Doppelmonarchie zum Königreich Ungarn. Da aber von 350000 Einwohnern 270000 Deutsche waren, wurde es Österreich zugesprochen. Im 250 km² großen *Ödenburger Gebiet* waren die etwa 50000 Einwohner zur guten Hälfte Deutsche. Hier wurde im Dezember 1921 ebenfalls unter Druck abgestimmt. Durch Wahlfälschung kam dann eine Mehrheit für Ungarn zustande, und die Stadt Ödenburg mit Hinterland ging für Österreich verloren.

Durch den Vertrag von Saint-Germain wurde das Deutschtum weiter aufs schwerste geschädigt, wie folgende *Übersicht* der abgetretenen *deutsch-östereichischen Gebiete* zeigt:

Von den einst 12,3 Mill. Deutschen in der Doppelmonarchie verblieben nur 6,6 Mill. auf knapp 84000 km² im Restland Österreich. Etwa 3,2 Mill. auf knapp 29000 km² in fast rein deutsch besiedelten Gebieten

Sudetenland	mit	2900000	auf	20000 km²	28750 km²
Südtirol	mit	240000	auf	7100 km²	
Kanaltal	mit	2000	auf	400 km²	
Miß-Tal	mit	40000	auf	1000 km²	
Ödenburg	mit	25000	auf	250 km²	

Etwa 2,5 Mill. in größeren und kleineren Sprachinseln in allen Nachbarländern gerieten unter Fremdherrschaft:
800000 in Rumänien,
600000 in Ungarn,
500000 in Jugoslawien,
400000 in der Tschechoslowakei (außer Sudetenland),
200000 in Polen.
Die größten *Sprachinseln* waren:
Das *Banat*, welches auf Rumänien, Jugoslawien und Ungarn aufgeteilt wurde.
Teile Siebenbürgens, die zu Rumänien kamen, und
die *Batschka*, die an Jugoslawien und Ungarn kam.
Die *Zips* in der Slowakei.
Iglau und ein Gebiet westlich Prag in der Tschechei.

In der Republik Österreich verblieben in den Grenzgebieten zerstreut etwa nur 160000 Einwohner fremder Nationalität, also Minderheiten von zusammen 2,3 % Tschechen, Slowaken, Kroaten, Slowenen und Ungarn.

Hingegen gerieten etwa 5,7 Mill. Deutsche in fremde Länder.

In den Verträgen von Saint-Germain und Versailles wurde ferner ausdrücklich die *Vereinigung Österreichs mit Deutschland verboten*, obwohl das von beiden Ländern erwünscht war. Nur der Völkerbundsrat sollte berechtigt sein, durch Einstimmigkeit einen Zusammenschluß zu ermöglichen. Aber das Wort „einstimmig" bedeutete soviel wie niemals. Weiterhin war der selbstgewählte Name *„Deutsch-Österreich" verboten*. Die Alliierten bestimmten den Namen *„Österreich"* bzw. das lateinische „Austria".

b. Kriegsschuldbekenntnis, Söldnerheer, Reparationen

Auch Österreich mußte genau wie Deutschland ein gleichlautendes Bekenntnis zur alleinigen Kriegsschuld der Mittelmächte ablegen.

Zu seinem Schutz wurde ihm ein Söldnerheer von nur 30000 Mann zugestanden, also ein Freiwilligen-Berufsheer ohne Wehrpflicht genau wie die Reichswehr im Deutschen Reich. Eine *Kontrollkommission* sorgte für die Überwachung der Bestimmungen.

Wie der deutsche Teil der *Donau* wurde dieser Strom auch *in Österreich internationalisiert.*

Und schließlich mußte sich auch Österreich zur Leistung von Reparationen verpflichten. Weil das Land aber nie zahlungsfähig war und weil die Wiener Regierungen allmählich die Anschlußwünsche an das Deutsche Reich aufgegeben hatten, entließ man Österreich aus der Reparationspflicht.

Die Diktate von Versailles und Saint-Germain waren keine Friedensverträge, sondern das Ergebnis des bösen Geistes, der Rache und Ungerechtigkeit.

Die meisten Menschen im Reich und in Österreich waren nicht bereit, sich damit abzufinden. Die ungeheure Zahl an Toten und Verwundeten konnte unmöglich umsonst gebracht worden sein. Die Tapferkeit und Ehre der deutschen Soldaten waren aufs schwerste mißachtet worden und Millionen deutscher Menschen in Knechtschaft geraten. – Diese Verträge trugen den Keim des nächsten Krieges bereits in sich.

Neuilly 19. September 1919

Am 19. September 1919 mußte im Pariser Vorort Neuilly der bulgarische Außenminister des Königs Boris III. ebenfalls einen Vertrag unterschreiben. *Bulgarien* verzichtete auf die Süd-Dobrudscha zugunsten Rumäniens und trat mazedonische Gebiete an seiner Westgrenze den Jugoslawen ab. Vor allem aber ging sein Zugang zum Mittelmeer mit dem Seehafen Dedeagatsch (Alexandropel) nahe der türkischen Grenze an Griechenland verloren.

Trianon 4. Juni 1920

Die Grenzen *Ungarns* wurden in Trianon am 4. Juni 1920 festgelegt. Vom einstigen weitausgedehnten Königreich Ungarn, welches neun der 12 Völker der Doppelmonarchie in sich vereinigt hatte, blieb nur das eigentliche ungarische Kernland mit 93 000 km² und 9 Mill. Einwohnern übrig. Davon waren noch immer etwa 1,2 Mill. Nichtungarn, die verstreut im Land wohnten, die Hälfte davon Deutsche.

Von weiteren 2,8 Mill. Ungarn lebten 1,5 Mill. im nun rumänischen Siebenbürgen. Die Siebenbürger Ungarn (und auch Deutschen) waren evangelisch, während die Bevölkerung Ungarns zu 70 % aus Katholiken bestand. Der Reichsverweser Nikolaus Horthy war reformiert.

Ungarns Hauptstadt *Budapest* hatte sich in den letzten Jahrhunderten zu einer der schönsten Städte der Welt entwickelt. Man sprach von der *„schönsten Stadt des Abendlandes"*. U. a. entsprach ein prächtiges Parlamentsgebäude, an der Donau errichtet, der früheren Bedeutung des Landes. Von den Höhen des westlichen Donauufers, dem Stadtteil Buda = Ofen, hatte man von der alten Zitadelle und dem prächtigen Königsschloß aus einen freien Blick auf sechs elegante Donaubrükken, die bunte Margareteninsel im Strom und die breit angelegte Stadt mit vielen Türmen und dem Dom, dessen Kuppel der des Petersdomes in Rom nachgebildet war.

Die „Kleine Entente" gegen Ungarn, Österreich und Deutschland 1921–1938: Auch Ungarn wollte sich mit der Grenzziehung nicht abfinden. Deshalb gründeten die Nachbarstaaten Tschechoslowakei, Rumänien und Jugoslawien die sogenannte „Kleine Entente" (1921–1938), um ihre Raubgebiete nach allen Seiten zu behaupten. Abgesichert war dieser Bund noch zusätzlich durch Militärbündnisse mit Frankreich.

Alle drei Länder beherbergten mehrere Völker in ihren Grenzen, so daß sie seit Beginn ihrer Gründung mit Unzufriedenheiten belastet waren, nicht anders als früher die Doppelmonarchie. Der Balkan blieb der Unruheherd, der er seit der Völkerwanderung 376 immer gewesen war.

Sèvres 10. August 1920

In Sèvres nahe Paris, wo das bekannte französische Porzellan hergestellt wird, wurde das alte *Türkische oder Osmanische Reich* endgültig zerschlagen.

Es war 1288 aus den Trümmern der alten türkischen Seldschuken-Herrschaft in Kleinasien entstanden und mit der Eroberung Konstantinopels 1453 zur Großmacht aufgestiegen. Das alte Byzantinische Reich war damit erloschen, und die türkischen Sultane „erbten" allmählich dessen Besitzstand, indem die „frei" gewordenen Völker in Kleinasien, Arabien, Nordafrika und auf dem Balkan unter türkische statt byzantinische (neu-griechische) Herrschaft gerieten.

Das Türkische Reich fand die Grenzen seiner Macht am Deutschen Reich und an Rußland, wurde von beiden zurückgedrängt und traf anfangs des 19. Jahrhunderts auf französische, später englische Interessen in Nordafrika, Ägypten, Palästina, Syrien und Mesopotamien.

Der *Vertrag von Sèvres* sprach Palästina und Mesopotamien den Engländern, Syrien und die fruchtbare Ebene von *Adana* im Südosten der Halbinsel Kleinsasien den Franzosen zu. Die Westküste von Kleinasien mit Stadt und Provinz *Smyrna (Izmir)*, ferner die Provinz *Thrazien* (der europäische Zipfel der Türkei) einschließlich der Stadt Konstantinopel wurde Griechenland zugesprochen, weil in beiden Provinzen eine griechische Minderheit (15–20 %) seit altersher ansässig war. Im Osten sollte ein selbständiger Staat Armenien entstehen, obwohl die 70 000 dort noch übrigen verstreut lebenden Armenier eine bescheidene Minderheit darstellten. (Es gab alles zusammen 1,5 Mill. Armenier, die übrigens Christen waren. Sie wohnten – wie auch heute noch – in Sprachinseln oder als Minderheiten außerhalb der Türkei vor allem in Rußland, Iran, Irak und Syrien. In der Türkei hatte 1895/96 und 1914/15 ein Völkermord an ihnen stattgefunden.)

Für die eigentliche Türkei war nur *Anatolien* in Mittelkleinasien übriggeblieben, räumlich die Hälfte der heutigen Türkei mit immer noch etwa 400 000 km². Sultan *Mohammed VI.* wollte für sich retten, was zu retten war, weshalb er in Sèvres den Vertrag in der beschriebenen Form unterschreiben ließ.

Ablehnung des Vertrages von Sèvres 1921 durch Kemal Pascha Atatürk – Vertreibung der Franzosen und Griechen aus der Türkei – Gründung der Türkischen Republik 1922: Doch gegen dieses Diktat erhoben sich die nationalen Türken unter Führung von Mustafa Kemal Pascha Atatürk. Er berief in Ankara eine Nationalversammlung ein, die den Vertrag ablehnte und nicht bestätigte.

Kemal Atatürk sammelte die Reste der türkischen Armee und organisierte den Kampf gegen die Eindringlinge auf türkischem Boden. 1921 vertrieb er die Franzosen aus Adana und in einem blutigen Kampf auch die Griechen im Westen. Fast eine Million Griechen wurde aus der Türkei verjagt, auch die Nachkommen derjenigen, die seit 3000 Jahren ansässig waren. Die *traditionelle Feindschaft zwischen Griechen und Türken* war durch den Vertrag von Sèvres und seine Folgen mächtig angeheizt worden.

Auch die Armenier ließ Atatürk nicht dazu kommen, einen eigenen Staat zu gründen, und so entstand innerhalb eines Jahres das Gebiet der heutigen Türkei mit 763 000 km² und damals 17 Mill. Einwohnern. Zur Hauptstadt erklärte Atatürk das zentral gelegene *Ankara* anstelle des alten am Rande liegende Konstantinopel, welches nun den Namen *Istanbul* erhielt.

Im November 1922 wurde Sultan Mohammed VI. für abgesetzt erklärt und mit allen Mitgliedern des einstigen Herrscherhauses verbannt. Er starb 1926 im norditalienischen San Remo mit 65 Jahren.

Damit hatte auch diese 634 Jahre alte Monarchie einer republikanischen Staatsform weichen müssen. Aus der osmanischen Großmacht war der türkische Nationalstaat geworden, dessen erster Präsident Kemal Atatürk wurde. Er war bis zu seinem Tode 1938 ein hervorragender Staatsmann, der die von ihm geschaffene moderne Türkei zu einem wichtigen und anerkannten Platz unter den Völkern führte.

Rückblick auf den Ersten Weltkrieg

Es war notwendig, den Ersten Weltkrieg ausführlich zu beschreiben, weil er für Deutschland, Österreich und das übrige kriegführende Europa politisch umwälzende Verhältnisse schuf. Auch die Art der Kriegführung war völlig neuartig gewesen. Erstmals trat der *„totale Krieg"* in Erscheinung, denn die kriegführenden Völker waren gezwungen, alle verfügbaren Kräfte des Militärs, der Wirtschaft und der Propaganda zu mobilisieren.

Es gab keine örtlichen Entscheidungsschlachten mehr, sondern *zusammenhängende Fronten* von mehreren Tausend Kilometer Länge. Das erforderte *Millionenheere.* In der Heimat wurden für die Rüstung alle an der Front entbehrlichen Männer, ihre Frauen, Rentner sowie Jugendliche eingesetzt. Die *Staatsschulden erreichten Hunderte von Milliarden.*

Waffenlieferanten verdienten am Krieg im großen Stil, allen voran die in den USA. Da Amerika nur die Alliierten beliefert hatte, mußten diese den Krieg gewinnen, wenn die Bezahlung gesichert sein sollte. Weil die Alliierten aber den Krieg auf den Schlachtfeldern nicht gewinnen konnten, waren die Amerikaner schließlich gezwungen, doch noch aktiv in den Krieg einzugreifen.

Die Rechnung war also nicht aufgegangen, und die USA hatten fast 130000 Tote und 135000 Verwundete in das „Geschäft" einbringen müssen. Da aber später die europäischen Alliierten nie in die Lage kamen, ihre Schulden zu begleichen, zahlte das amerikanische Volk. Der Dollar verlor ein Drittel seiner Kaufkraft, d. h. alle Waren wurden entsprechend teurer.

Die großen Rüstungskonzerne aber waren regelmäßig zu ihrem Geld gekommen, denn die USA-Regierung hatte für alle Lieferungen die Bürgschaft übernommen. Die Konzerne verwendeten ihre Riesengewinne dazu, in aller Welt Rohstoffgebiete, Verkehrsunternehmen, Zeitungsverlage usw. anzukaufen. Damit war der Einfluß der *„Wallstreet"* in der Wirtschaft und ihre Macht in der Politik enorm gewachsen. Mit ihr waren die *USA zur entscheidenden Weltmacht* emporgestiegen.

Die Europäer, d. h. die Entente-Staaten, die bisher in der Weltgeschichte den Ton angaben, waren so kurzsichtig gewesen, die USA auf diesen Schild zu heben. Was sie das an *Kriegsopfern* gekostet hatte, zeigen die folgenden Aufzeichnungen:

Tabelle der Kriegsopfer von Weltkrieg I:

Es bedeuten:
- a. Heeresstärken bei Kriegsbeginn.
- b. Soldaten unter Waffen bei Kriegsende.
- c. Tote und Vermißte.
- d. Verwundete.
- e. Gefangene.
- f. Bevölkerung 1914 in Millionen.
- g. Kriegskosten in Milliarden.

Mittelmächte: in Millionen	a.	b.	c.	d.	e.	f.	g. (Milliarden)
Deutsche	3,80	13,20	2,04	4,25	0,99	67,8	150 etwa Mark

Österr.-Ung.	2,50	8,30	0,90	2,00	2,12	52,8	60
Türken	?	1,60	0,35	0,40	0,25	21,3	?
Bulgaren	?	0,40	0,09	0,16	0,03	4,9	?
zusammen	6,30	23,60	3,38	6,81	3,39	146,8	210

Man sieht, daß die Hauptlast des Krieges das Deutsche Reich zu tragen hatte.

Alliierte:

in Millionen	a.	b.	c.	d.	e.	f.	g.	(Milliarden)
Russen	4,80	15,00	2,76	5,00	2,50	178,00	?	etwa Mark
Franzosen	3,60	7,90	1,29	3,11	0,45	39,70	200 (Franzosen und Engländer zusammen)	
Engländer	0,35	5,70	0,80	1,70	0,36	46,50		
Italiener	?	5,60	0,65	0,95	0,60	35,80	30	
Amerikaner	?	4,30	0,13	0,23	0,01	100,00	?	
Sonstige	0,55	7,00	1,07	1,19	0,45	530,50*	?	
zusammen	9,30	45,50	6,70	12,18	4,37	930,00*	230	

(*mit Kolonialvölkern)

Die Möglichkeit, Soldaten aus den englischen und französischen Kolonien in Europa einzusetzen, war begrenzt, aber die Zahl der feindlichen Soldaten war trotzdem entsprechend der Bevölkerungszahl doppelt so hoch wie die der Mittelmächte (ohne USA).

Dagegen betrugen die Verluste der Alliierten ebenfalls das Doppelte, was auf die überlegene Kampfmoral und die Güte der Waffen bei den Mittelmächten schließen ließ.

Europa nach dem Ersten Weltkrieg 1919–1933

England: Es schien, als wäre England als Sieger aus dem Krieg hervorgegangen. Sein riesiges Kolonialreich hatte sich nochmals erweitert, und Deutschland, der große Rivale im Welthandel, lag am Boden.

Doch weltweit hatte man erkannt, daß Großbritanniens militärische und wirtschaftliche Macht recht begrenzt war. Trotz seiner Herrschaft über 27 % der Erde und damit leichten Zuganges zu allen Rohstoffen für seine Industrie und trotz der größten Flotte der Welt war es nicht fähig gewesen, allein mit dem Deutschen Reich fertigzuwerden. Zum „Sieg" bedurfte es der Hilfe fast der ganzen Welt.

So währte die Siegesfreude nicht allzu lange, denn im *englischen Weltreich begann es zu wetterleuchten*:

In *Irland* versuchte schon während des Krieges die nationalistische Sinn-Fein-Partei unter Führung des Dubliner Professors Eamon de *Valera* (1882–1975) im Osteraufstand von 1916 die Loslösung von Großbritannien durchzusetzen. Deutsche U-Boote hatten mit Waffenlieferungen die Aufständigen unterstützt. Die Revolte schlug fehl, und 15 der Anführer wurden hingerichtet. De Valera, der die amerikanische Staatsbürgerschaft besaß, mußte deshalb geschont werden. Aber gerade er trat nun in offenen

Kampf gegen die Londoner Zentralgewalt und wurde 1919 zum ersten Präsidenten des von ihm ausgerufenen Irischen Freistaates gewählt. Im nun ausbrechenden zweijährigen Krieg mußte Ende 1921 Lloyd George den Freistaat anerkennen, der als selbständiges Dominion vorerst noch im *Britischen Commonwealth* verblieb. – 1949 löste de Valera auch diese letzte Bindung an London.

Irland war rein katholisch und nur die Nordprovinz *Ulster* zu zwei Dritteln evangelisch, weshalb diese auf Wunsch des Volkes bei Großbritannien verblieb.

Auch im Kaiserreich *Britisch-Indien* mit seinen (1916) 330 Millionen Einwohnern wuchs die nationale Hindubewegung während des Ersten Weltkrieges mächtig an. Sie verlangte ein eigenes indisches Parlament mit Verfassung, welches die Engländer 1919 zugestehen mußten.

Doch die Nationalisten, angeführt von dem – zur obersten Kaste der Brahmanen gehörenden – Mahatma *Gandhi* (1869–1948), wollten schließlich die völlige Selbständigkeit. Gandhi verkündete 1920 den „waffenlosen Kampf des *gewaltlosen Widerstandes* und des bürgerlichen Ungehorsams gegen ungerechte Gesetze der Engländer". Mehrmals kam er ins Gefängnis, wo er durch lebensgefährliche *Hungerstreiks* die ganze Welt auf die „Indische Frage" aufmerksam machte. Schritt für Schritt mußten die Engländer indische Forderungen erfüllen. Es sei hier vorweggenommen: Im Zweiten Weltkrieg spitzte sich die Lage zu. Schließlich erzwangen Gandhi und die öffentliche Meinung für Indien 1947 die Selbständigkeit.

Aus dem britischen Kaiserreich Indien entstanden 1948 zwei Staaten: die vorwiegend hinduistische *Indische Union* mit über 3,1 Mill. km² Fläche und einer inzwischen auf etwa 380 Mill. angewachsenen Einwohnerzahl, sowie der – aus zwei Teilen bestehende – muslimische Staat *Pakistan* mit fast 1 Mill. km² und fast 80 Mill. Menschen.

Die *Trennung* beider Staaten und die Übergabe durch einen englischen Gouverneur sollte ordnungsgemäß und friedlich verlaufen. Doch sie ging wegen Gebietsstreitigkeiten unter schwersten Erschütterungen vor sich, die auf islamischer wie hinduistischer Seite je 4–5 *Mill. Menschenopfer* kostete.

Auch die anderen Dominions Kanada, Australien, Neuseeland und Südafrika verlangten und erhielten – als Lohn für ihre Mithilfe im Weltkrieg – gleiche staatliche Selbständigkeit wie das Mutterland. Sie erkannten lediglich an, daß der englische König allen repräsentativ vorstand. Außerdem blieben sie freiwillige Mitglieder des Commonwealth. Koloniale Abgaben an London gab es keine mehr.

Die *Südafrikanische Union* trat mit dem 1. Januar 1961 endgültig aus. *Kanada* kündigte 1982 – als letzte Bindung an England – die Anerkennung des englischen Königshauses auf.

USA-Präsident Wilson bestand 1921 England gegenüber auf *„Abrüstungsverhandlungen"*. Dahinter verbarg sich aber nichts anderes, als daß England Flottengleichheit mit den USA anerkennen sollte. Auch Japan meldete sich hierbei energisch zu Wort, und so kam auf der abschließenden *Flotten-Konferenz von Washington 1922* zwischen den USA, England und Japan ein Stärkeverhältnis der Kriegsflotten von 5:5:3 heraus. Eine bittere Pille für England, denn vor dem Krieg war zwischen England und Deutschland ein Verhältnis von 5:3 im Gespräch gewesen, was in London damals unannehmbar erschien.

Frankreich: fühlte sich – zum Unbehagen Englands – als unanfechtbarer Herr auf dem europäischen Festland. Seine Hauptsorge sah es in der Absicherung dieses Zustandes. Clemenceau und Poincaré nannten das die *„französische Sicherheitspolitik"*. Genau nach der Vorschrift *Richelieus* schlossen sie Militär- oder Freundschaftspakte mit fast allen Ländern ab, die deutsche Gebiete erhalten hatten, also mit Polen, Litauen, der Tschechoslowakei, Jugoslawien, Italien und Belgien. Die alte Entente mit England bestand außerdem nach wie vor.

In *Elsaß-Lothringen* begann eine rücksichtslose *Französisierung*, indem die gesamte höhere Verwaltung von aus Paris abgesandten Franzosen übernommen wurde. Die einzige zugelassene Sprache in allen Ämtern, bei Post und Bahn und vor allem in den Schulen war Französisch.

Doch als nach einiger Zeit in Elsaß-Lothringen der Schock des plötzlichen und radikalen Wandels überwunden war, standen die Franzosen vor gleichen Schwierigkeiten wie Deutschland 50 Jahre zuvor. Der Sonderstatus, der Elsaß-Lothringen im Reich durch seine selbständige Verwaltung und die starke Verbundenheit der dortigen katholischen Kirche mit der Zentrumspartei genossen hatte, war durch die vollständige Unterordnung unter die Pariser Zentralgewalt abgelöst worden. Der Widerstand der Bevölkerung bewirkte, daß der extra eingesetzte Generalkommissar von Paris zurückgezogen und die Gründung einer *Elsaß-Lothringischen Heimatbewegung* geduldet werden mußte.

Diese Bewegung arbeitete eng mit der größten Landespartei, der klerikalen Elsässischen Volkspartei, zusammen. Man forderte von Paris die *„Heimatrechte"*. Das waren: Anerkennung als nationale Minderheit, Gleichstellung der deutschen und französischen Sprache, Selbstregierung im Rahmen des französischen Staates und Wahrung der wirtschaftlichen Sonderinteressen. Paris bekämpfte die Heimatbewegung zeitweise mit großer Härte, was aber gerade das Gegenteil bewirkte. Wirtschaftlich war Elsaß-Lothringen die wichtigste und reichste Provinz Frankreichs. Dem mußte Paris Rechnung tragen, denn „passiver Widerstand" wie im Rheinland hätte schwerste Folgen gehabt.

In den Gemeindewahlen fielen in fast allen Ortschaften die meisten Sitze an die Elsässische Volkspartei und andere deutsche Parteien. Der französische Bevölkerungsanteil betrug damals im Elsaß 4,5 %. In Lothringen waren es 32 % – weit weniger im Ostteil. In Frankfurt am Main bestand seit 1920 das *„Wissenschaftliche Institut der Elsaß-Lothringer im Reich"*. Diese Einrichtung, die Wirtschaft und die Heimatbewegung pflegten eifrig die kulturellen Beziehungen in beiden Richtungen. Außerdem war die Bevölkerung im Elsaß und in Baden schon immer stark versippt.

So fanden die Französisierungsbestrebungen deutliche Grenzen, was die Pariser Regierungen aber nicht davon abhielt, mit immer neuen Tricks langsam und schrittweise ihren Einfluß zu erweitern. Wer in Elsaß-Lothringen im Verdacht stand, eine Rückgliederung ans Reich zu betreiben, oder dies gar öffentlich forderte, wurde erbarmungslos verfolgt und wegen Hochverrats eingekerkert.

Frankreich war sich des Besitzes von Elsaß-Lothringen keineswegs sicher. Daß es ein Raub Ludwig XIV. Ende des 17. Jahrhunderts gewesen war, wußte man genau. Deshalb verlangte Paris bei jeder Gelegenheit von Berlin Erklärungen, daß das Reich auf diese Provinz endgültig verzichte.

Polen: versuchte die Ostgrenzen des Friedens von Brest-Litowsk zu seinen Gunsten wieder zu verändern. Der Grenzverlauf zu Deutschland und der Tschechoslowakei lag nach den Volksabstimmungen fest.

Marschall *Pilsudski* hatte im Ersten Weltkrieg auf österreichischer Seite mit der von ihm geschaffenen „Polnischen Legion" gegen Rußland gekämpft, wurde 1917 abtrünnig, geriet aber in deutsche Gefangenschaft. Nach Kriegsschluß wurde er der erste Präsident der polnischen Republik.

Im Frühjahr 1920 kam es zu einem *Polnisch-Sowjetrussischen Krieg*. Polen beanspruchte die Ukraine, Weißrußland, Litauen und Teile von Lettland. Ein riesiges Gebiet, welches vor der ersten Teilung Polens 1772 zwar dem Namen nach zum Staatsgebiete „Polen" gehörte, aber nur zu einem Drittel wirklich polnisch besiedelt war, außerdem z. T. unter sächsischer, zum andern Teil unter russischer Herrschaft gestanden hatte.

Der polnische Angriff 1920 auf die ukrainische Hauptstadt Kiew scheiterte, und die Sowjets marschierten im Gegenangriff bis fast vor Warschau. Dort aber trat ihnen Pilsudski mit einer eilig neu aufgestellten Armee, die von Frankreich ausgerüstet worden war, entgegen und siegte. Man sprach vom *„Wunder an der Weichsel"*, und Pilsudski galt als der Retter Polens.

Im Herbst 1920 besetzte polnisches Militär die litauische Stadt *Wilna*, und die ganze zugehörige gemischtsprachige Provinz kam an Polen.

Im *Frieden von Riga*, März 1921, einigten sich Sowjetrußland und Polen auf einen Grenzverlauf, der immerhin zwei Fünftel des beanspruchten Gebietes an Polen brachte.

Baltikum = Litauen, Lettland und Estland: Zusammen lebten dort etwa 5,5 Mill. Einwohner auf etwa 166000 km^2 Fläche. Sie erklärten sich im November 1918 zu selbständigen Freistaaten, sagten sich also los von Rußland, zu dem sie teilweise vor 1815 und seitdem ganz gehört hatten.

In diesen drei Ländern war das *Deutsch-Baltentum* seit den Zeiten des Deutschen Ordens Anfang des 13. Jahrhunderts noch stark vertreten, vor allem bei den Großbauern, den städtischen Handelsherren und im Kulturwesen. Zwar wurde im Zarenreich seit 1815 ihr Einfluß eingeengt, doch hatte Bismarck dem Einhalt geboten.

Bedeutende Deutsch-Balten waren die Schriftstellerin Elisabeth von der *Recke* (1756–1833) aus Kurland, der Naturforscher Alexander Graf *Keyserling* (1855–1918) aus Kurland, der Dichter Werner *Bergengruen* (1892–1964) aus Riga, der Schriftsteller Frank *Thieß* (geb. 1890) aus Livland und viele andere.

Litauens Grenzen wurden Anfang 1923 auf einer Botschafterkonferenz festgelegt. Das *Memelgebiet* wurde ihm zu-, das Wilnaer Gebiet abgesprochen. Die neue Hauptstadt wurde nun Kaunas (= Kauen oder *Kowno*).

Lettland wurde gleich nach Ausrufung seiner Selbständigkeit von russischen Bolschewisten überfallen, Kurland und die Hauptstadt Riga besetzt. Im Frühjahr 1919 bildete sich aus Deutschbalten und Letten die *„Baltische Landeswehr"*, ein Freikorps, angeführt von noch anwesenden reichsdeutschen Baltikumtruppen. In wochenlangen Kämpfen gelang es, die russischen und einheimischen Bolschewisten zu besiegen und zu vertreiben. Im Jahr darauf dankten die Letten, deren Freiheit die Deutschen ermöglicht hatten, damit, daß der deutschbaltische Landbesitz entschädigungslos enteignet wurde. Viele Deutschbalten wanderten daraufhin aus.

Estland mit der Hauptstadt *Reval* (Tallinn) blieb ein Kampf mit den Bolschewisten erspart. Auch hier wurde der deutschbaltische Landbesitz enteignet, aber 1925 erhielt die deutsche Minderheit Schul- und *Kulturautonomie* zugestanden.

Sowjetrußland: Nach dem Frieden von Brest-Litowsk und nach der *Ermordung der Zarenfamilie* im Juli 1918 hatte Lenin die „Russische Sozialistische Föderative *Sowjetrepublik*" ausgerufen. Er machte *Moskau* anstelle von St. Petersburg (nun Leningrad) wieder zur Hauptstadt.

Doch erhoben sich zaristische Generäle gegen den Bolschewismus, und 1919/20 tobte ein grausamer, blutiger *Bürgerkrieg zwischen „Roten" und „Weißen"*, wobei über 6 Mill. Menschen ums Leben kamen. England und Frankreich unterstützten die „Weißen" allerdings nur halbherzig, so daß Ende 1920 die „Roten" die Oberhand gewannen.

Bis das ganze russische Reich fest in bolschewistischer Hand war, vergingen noch Jahre. Doch im Zuge dieser Bürgerkriege wurden die Ukraine, die Länder am Kaukasus, Sibirien und die Provinzen des Fernen Ostens, die sich bereits mit Japans Hilfe zur selbständigen Republik erklärt hatten, wieder dem Sowjetstaat eingegliedert.

Der gesamte russische Adel war entweder umgekommen oder ins Ausland geflüchtet. London, Berlin und besonders Paris wurden Sammelpunkte vieler geflüchteter *Großfürsten*. Einst hatte ein Teil von ihnen zum Krieg gegen das Deutsche Reich gehetzt und siegreich in Berlin einziehen wollen, doch nun bestritten sie als Kellner oder Butler ihren Lebensunterhalt.

Der Sowjetstaat brach infolge des Weltkrieges, der Bürgerkriege und der Durchführung des marxistischen Programms wirtschaftlich zusammen. Der *Rubel war wertlos*, und wegen fehlender ausländischer Beziehungen gab es keinerlei Außenhandel. Erst als im Innern der Bürgerkrieg langsam verebbte, kam es zu ersten *diplomatischen Anerkennungen* und Gesandtschaften: 1921 mit der Türkei, 1922 mit Deutschland (*Vertrag von Rapallo* zwischen Rathenau und Tschitscherin), 1924 mit England, Frankreich, Italien, 1925 mit Japan und mit den USA gar erst 1933.

Die Sowjets gaben sich 1923 eine *kommunistische Verfassung*: An die Stelle der privaten Landwirtschaft trat das staatliche *Kolchosensystem*. Industrie, Handel und Handwerk gingen ebenfalls in *Staatsregie* über. Der *Kirche und der Familie wurde der Kampf angesagt*. Das Präsidium der KP, der einzigen zugelassenen Partei, übte im ganzen Riesenreich die Macht aus. Die *Staatspolizei (GPU)* überwachte eisern Städte, Dörfer, Vereine, Gaststätten, Familien. Das Militär wurde im großen Stile ausgebaut. Nach außen hin war das Oberhaupt ein Staatspräsident, während der Chef des *Politbüros der KPdSU* die Macht ausübte.

Die Staats-Ideologie (Weltanschauung) war der *Marxismus-Leninismus*, die reine *„Diktatur des Proletariats"*. Moskau sollte die Zentrale des *„Weltkommunismus"* werden. Um dieses Ziel zu erreichen, unterstützte Moskau die Gründung kommunistischer Parteien in allen Staaten der Welt.

Als *Lenin im Januar 1924 starb*, setzte sich nach längerem blutigem Machtkampf Jossif Wissarionowitsch *Stalin* als Generalsekretär der Partei durch. Sein Hauptgegenspieler war der bisherige jüdische Volkskommissar des Äußeren (Außenminister) Bronstein-*Trotzki*, der die neue *„Rote Armee"* aufgebaut hatte. Stalin schickte ihn 1928 in ausländische Verbannung, wo er eine eigene kommunistische Welt-Organisation gegen die Moskauer Richtung aufzog – die *„Vierte Internationale"*. Im Auftrage Stalins wurde Trotzki 1940 in Mexiko ermordet.

Italien: Es hatte auf der Pariser Friedenskonferenz 1919 den nördlichen Teil von *Dalmatien* mit den Städten *Görz und Triest* sowie die Halbinsel *Istrien* von Österreich-Ungarn erhalten. Das Gebiet war zu 70 % slowenisch und kroatisch besiedelt. – Bei der Verteilung der deutschen Kolonien ging Italien leer aus.

Wie Präsident Wilson Deutsch-*Südtirol* an Italien verschenkte, wurde bereits berichtet.

Als „Siegermacht" konnte Italien kaum auftreten, denn wirtschaftlich und politisch befand es sich in keiner beneidenswerten Lage. Die *Inflation* nahm Ausmaße an wie in den einstigen Mittelmächten. *Arbeitslosigkeit* und *Hungersnot* verursachten bürgerkriegsähnliche Zustände.

Viktor Emanuel III. war ein König ohne Einfluß, eine Figur der Monarchisten und des Klerus. Sozialisten und Kommunisten versuchten die Republik durchzusetzen.

Der ehemalige vor dem Krieg jahrelang verbannte Sozialist und Sohn eines Schmiedes, Benito *Mussolini* (1883–1945), wechselte 1914 ins nationale Lager über und trat für den Kriegseintritt Italiens gegen die Mittelmächte ein. Als Unteroffizier wurde er 1917 am Isonzo verwundet und schied aus dem aktiven Dienst aus.

Im März 1919 gründete er die *Faschistische Partei*, die starken Zulauf von den Kriegsteilnehmern und der Jugend des Mittelstandes erhielt. Die faschistischen *„Schwarzhemden"* und die Marxisten bekämpften sich in den Straßen mit offener Gewalt. Das Parlament und die Regierung in Rom waren machtlos.

Im Oktober 1922 erfolgte der *„Marsch auf Rom"*, wo Mussolini die Macht in Italien an sich riß. Er stützte sich aufs *Militär und die Monarchie*.

Die Faschisten stellten im Parlament die stärkste Partei. Als die Linken und Klerikalen die Mitarbeit verweigerten, löste Mussolini 1926 alle Parteien – außer der faschistischen – auf und regierte seitdem diktatorisch. Er verpflichtete die Berufsstände der Arbeiter und Unternehmer gesetzlich zur Zusammenarbeit, um den vom Marxismus gepredigten *„Klassenkampf" auszuschalten*. Die Landwirtschaft förderte er eifrig mit dem Ziel weitgehender Selbstversorgung Italiens.

1929 kam es zur Verständigung mit der katholischen Kirche: Im sog. Lateranvertrag erkannte Italien die Unabhängigkeit des Papstes und den *Vatikanstaat* mit eigener Regierung und Verfassung an. Als Gegenleistung *verzichtete der Papst* endgültig *auf* die Oberhoheit über die *Stadt Rom und den Kirchenstaat*.

In der Außenpolitik betrieb *Mussolini reines Großmachtstreben*: 1924 erzwang er von Jugoslawien die Abtretung der Stadt *Fiume* im Osten der Halbinsel Istrien. 1926/27 mußte Staatspräsident Zogu von *Albanien* durch wirtschaftliche und militärische Verträge die vollkommene Abhängigkeit von Italien anerkennen. Als Trostpflaster erhielt er die Königswürde als *Zogu I.* zuerkannt.

Schließlich brach Mussolini 1934 einen Streit mit *Abessinien* (Äthiopien) vom Zaun, dem einzigen noch selbständigen Staat in Afrika. Marschall *Badoglio* marschierte – weit überlegen bewaffnet – ein, doch die Abessinier schlugen ihn erfolgreich zurück. Der weit tüchtigere General Rodolfo *Graziani* (1882–1955) griff 1935 von *Italienisch-Somalia* aus erneut an und eroberte die Hauptstadt *Addis Abeba*. Der Kaiser, der Negus *Haile Selassie* (1890–1975), floh nach England. Abessinien wurde mit Italienisch-Eritrea und Italienisch-Somalia zur Kolonie *Italienisch-Ostafrika* vereinigt, ein Gebiet von 1,7 Mill. km^2 und 13 Mill. Einwohnern. Zusammen mit der etwa gleichgroßen Wüstenkolonie Libyen mit nur 1,5 Mill. Einwohnern, die Italien seit 1912 besaß, hatte es sich nun den *„Platz an der Sonne"*, wie Mussolini es nannte, gesichert. Doch 1941 verlor es bereits wieder Abessinien und 1943 auch Libyen.

Doch interessiert uns besonders das Land *Deutsch-Südtirol*: Kaum war Mussolini an der Macht, als er 1922 versuchte, dieses urdeutsche Land auf härteste Weise zu *italianisieren*. Sämtliche Beamte entließ man und ersetzte sie durch Italiener. Die Anwendung der deutschen Sprache in der Öffentlichkeit wurde unter Strafe gestellt, der Schulunterricht in Italienisch gehalten. Es saßen sich also italienischsprachige Lehrer und nur deutschsprachige Schüler gegenüber. Ähnliches geschah in den Amtsstuben, in Eisenbahn und Post. Die Ortsnamen wurden italianisiert, und die Familien sollten gezwungen werden, sich neue italienische Namen zuzulegen.

Das alles führte zwangsläufig zum *passiven Widerstand*. Aktiver Widerstand war unmöglich, weil Polizei und Militär aus Italien in Überzahl eingerückt waren. Der schon erwähnte Prof. *Tolomei* war der Organisator dieses bösartigen Planes.

Als die Italianisierung trotzdem nicht vorankam, siedelte man in wenigen Jahren 120000 Italiener vor allem aus dem Süden neu an (bei 240000 Deutschen). Unmittelbar bei *Bozen* wurde eine Industrie aus dem Boden gestampft, um die Südländer zu beschäftigen. Richtig funktioniert hat diese nie, weil die Heranführung der Rohstoffe und Energie zu teuer kam. Auch waren die Süditaliener oft keine geeigneten Fachkräfte, so daß ohne die Hilfe der Tiroler gar nichts lief.

Die Prozentzahl der Italiener in Deutsch-Südtirol nahm deshalb langsam wieder ab.

Finanzieren mußte das Industrieprojekt in der Hauptsache Südtirol selbst, d. h. die alteingesessene und auf hohem Stand stehende Landwirtschaft (Obst- und Weinbau), Handwerk und Kleinindustrie. Proteste und Reibereien nahmen kein Ende.

Um über das Südtirol-Problem vollständig und zusammenhängend zu berichten, sei hier zeitlich vorgegriffen:

Eine ganz gefährliche Situation ergab sich für das Land, als ein *Abkommen* zwischen *Hitler* und *Mussolini* im Mai 1938 festlegte, daß nach einer Volksbefragung große Teile der deutsch-südtiroler Bevölkerung ins Reich umgesiedelt und die Verbliebenen radikal italianisiert werden sollten. Mussolinis Gegenleistung war im September 1938 sein Einverständnis zur Abtretung des Sudetenlandes von der Tschechoslowakei an das Reich.

Dieser Handel wurde aber in völlig falscher Einschätzung des Südtiroler Volkscharakters geschlossen. Die Südtiroler blieben zum größten Teil im Lande, um weiter für ihr Volkstum zu kämpfen. Der Zweite Weltkrieg kam ihnen buchstäblich zu Hilfe, denn Deutschland und Italien standen nun anderen, lebenswichtigeren Problemen gegenüber, so daß der *Umsiedlungsplan gestoppt* wurde. Nach dem Krieg kehrten etwa 30000 abgewanderte Südtiroler zurück. Weitere Abgewanderte ließ Italien nicht mehr ins Land.

Zwischen den Außenministern Österreichs und Italiens wurde 1946 das *Gruber-de-Gasperi-Abkommen von 1946* in Paris unterzeichnet. Danach sollte Deutsch-Südtirol die Autonomie, d. h. die Selbstverwaltung im italienischen Staatsverband erhalten. Italien dachte aber in den wichtigsten Bereichen gar nicht daran, das Abkommen einzulösen, und betrieb die Unterdrückung verhalten weiter.

Die Regierungen in Wien konnten infolge des Abkommens als Schutzmacht für Südtirol auftreten und taten dies auch regelmäßig, wenn auch vorerst erfolglos. Doch als Österreich 1955 von den alliierten Truppen geräumt wurde und der UNO (Vereinte Nationen) beitrat, konnte es dort mit gleichem Gewicht auftreten wie Italien. – 1960 brachte Österreich die *Südtirol-Frage vor die UNO.*

Gleichzeitig griffen in den Bergen um Bozen, Meran und anderswo *aufstandsähnliche Verhältnisse* um sich. Tiroler Bauern und Städter hatten sich im Untergrund gegen Italien organisiert. In vielen Einzelaktionen sprengten sie speziell Masten von Überland-Stromleitungen. Auch die verhaßten, oft protzigen „Siegesdenkmäler" aus faschistischer Zeit flogen in die Luft. Bei diesen Anschlägen wurde peinlich darauf geachtet, daß keine Menschen zu Schaden kamen. Als dann allerdings später die Italiener Herr der Lage geworden waren, kam es zu mehreren tödlichen *Folteropfern in Mailänder Gefängnissen*, und einige Hundert dieser Kämpfer für ihre Freiheit mußten auf Jahre ins Zuchthaus.

Der Einsatz dieser Männer machte die ganze Welt auf Südtirol aufmerksam, und es kam 1967 endlich zu einer UNO-Entschließung, die Italien verpflichtete, ein neu ausgehandeltes Vertragswerk, das sogenannte *„Paket"*, bis 1974 zu erfüllen. Der damalige österreichische Außenminister Bruno *Kreisky* (geb. 1911), ein Mann jüdischer Herkunft, von politischer Vernunft, hatte sich mit großer Energie für den neuen Vertrag eingesetzt, der den Südtirolern nun endlich weitgehende Autonomie zusicherte und sie wenigstens vor weiterer Italianisierung abschirmte. Die über 40 Punkte sind bis auf zwei erfüllt worden. Diese zwei sind allerdings die entscheidenden:

Die meisten *Beamten sind noch immer Italiener*, und ein Südtiroler oberster Gerichtshof ist noch nicht errichtet. Letzteres bedeutet, daß in Südtirol noch immer *Gerichtsverhandlungen nur in italienischer Sprache* geführt werden müssen.

Eines kann festgestellt werden: Die kämpferischen, zähen Südtiroler haben sich nicht italianisieren lassen. Nach 60 Jahren schwerster Prüfungen sind sie noch genauso deutsch wie eh und je, nur sprechen sie als Zweitsprache auch Italienisch, was in ihrem Kampf auch Vorteile bringt. Ihre Bevölkerungszahl hat sich bis 1981 sogar um fast 20 % erhöht, so daß nun 285000 Deutsche und 18000 Ladiner (die stets zum Deutschtum standen) im Lande leben. 112000 Italiener machen 27 % der Bevölkerung aus, doch spielen sie unter den heranwachsenden Jahrgängen eine ungleich geringere Rolle.

Das Ziel der Südtiroler ist die Wiederangliederung an Nordtirol, also ans Mutterland Österreich. Doch bekennt sich fast die gesamte deutsche Südtiroler Bevölkerung zum Deutschtum.

Das Zweite Deutsche Reich unter der Weimarer Republik 1919–1933

Friedrich Ebert (1871–1925), Reichspräsident seit 1919

Der Wirtschaftsaufschwung 1919/20: Kaum waren die Kampfhandlungen beendet, als auch schon in Deutschland eine lebhafte Tätigkeit auf allen Gebieten der Wirtschaft begann. Die Reichsmark hatte zwar beträchtlich vom Goldmarkwert eingebüßt, von einer auflösenden Inflation konnte aber noch keine Rede sein.

In ganz Europa bestand nach über vier Kriegsjahren ein ungeheurer Bedarf an Zivilgütern jeder Art. Die neutral gebliebenen Länder in der Welt, mit denen das Reich früher in reger wirtschaftlicher Verbindung gestanden hatte, warteten dringend auf deutsche Ersatzteile, Maschinen, Medikamente und vieles mehr, lieferten ihrerseits aber Rohstoffe und Landeserzeugnisse. So nahm Deutschlands Ein- und Ausfuhr erstaunlich schnell wieder beträchtlichen Umfang an, und der Zufluß an Devisen und Gold bei der Reichsbank bezeugte ansehnliche Gewinne.

Die Sieger hatten im Sommer 1919 endlich offiziell die *Hungerblockade aufgehoben*, was die deutsche Aktivität wesentlich erleichterte. Doch London und Paris schauten bereits wieder voller Mißgunst nach Deutschland und rechneten eifrig an der Reparationssumme, wofür sie ja die Blanko-Unterschrift besaßen. *„Le Boche payera tout!"* („Der Deutsche wird alles bezahlen!") rief der sozialistische Chauvinist Clemenceau aus.

Hätte man den nun einsetzenden *Reparationswahnsinn* nicht betrieben, sondern der europäischen Wirtschaft freie Hand gelassen, wären in wenigen Jahren die Kriegsschäden behoben worden.

Während sich im Reich die aufbauenden Kräfte also mächtig regten, unternahmen die *Kommunisten wieder Aufstände in Berlin und München*, die aber durch Freischärler niedergeworfen wurden.

Die Weimarer Verfassung August 1919: Am 11. August 1919 gab sich die *Nationalversammlung in Weimar* die sogenannte „Weimarer Verfassung", die der jüdische Demokrat Hugo *Preuß* entworfen hatte. Der Sozialdemokrat Friedrich *Ebert* aus Heidelberg wurde zum ersten Reichspräsidenten gewählt. Die Versammlung zog Ende September nach Berlin, wo der deutsche Reichstag im *Reichstagsgebäude* (1894 vollendet) zusammentrat. Die *erste Deutsche Republik* war ein parlamentarischer, demokratischer, gemäßigt föderalistischer Staat, bestehend aus den einzelnen Ländern, die eigene Parlamente besaßen. Die Länder entsprachen in etwa den früheren Königreichen und Großherzogtümern. Parteien konnte jedermann gründen; sie stellten für je 60000 abgegebene Stimmen einen Reichstagsabgeordneten, in den Länderparlamenten brauchten sie dazu weniger Stimmen. Der höchste Gerichtshof, das Reichsgericht, hatte – wie bisher – seinen Sitz in Leipzig. Das 100000-Mann-Heer – die Reichswehr – unterstand dem Reichspräsidenten, die neugegründeten Betriebe der Reichsbahn und Reichspost der Reichsregierung. Polizei und Schulwesen gehörten in den Hoheitsbereich der Länder. Die Weimarer Verfassung sah auch die Möglichkeit von Volksbegehren und Volksentscheid vor.

Der Kapp-Putsch März 1920: Aus Protest gegen die Anerkennung des Versailler Vertrages durch die Mitte-Links-Regierung unternahm im März 1920 der konservative Politiker Wolfgang *Kapp* (1858–1922) in Berlin den sog. Kapp-Putsch mit dem Ziel, eine nationale Rechts-Regierung zu bilden. *Ebert und die Reichsregierung flohen nach Stuttgart.*

Die neue *Kapp-Regierung in Berlin* scheiterte jedoch an einem sozialistisch-kommunistischen Generalstreik. Kapp setzte sich nach Schweden ab, kam aber 1922 zurück und stellte sich dem Reichsgericht. In der Untersuchungshaft starb er. Der Putsch hatte zur Folge, daß in Bayern eine Rechtsregierung und in Berlin im Sommer 1920 die Mittelparteien ans Ruder kamen, wobei das Zentrum den Ton angab.

Die parlamentarischen Parteien: In der Weimarer Republik hatten sich eine Anzahl von Parteien gebildet. Die wichtigsten waren von links nach rechts:
Kommunisten: Marxisten nach radikalem Moskauer Vorbild.
Sozialdemokraten: Sozialisten, die z. T. gleiche Ziele anstrebten, aber langsam durch eine sog. Reformpolitik und unter Schonung der Wirtschaft.
Bayrische Volkspartei: Die katholische Partei in Bayern.
Zentrum: Die katholische Partei vor allem in Westdeutschland.
Demokraten und Deutsche Volkspartei: Sie waren etwa den Nationalliberalen vor dem Krieg vergleichbar und meist Protestanten, vielfach auch Juden.
Deutsch-Nationale: Den Konservativen vor dem Krieg vergleichbar.
Nationalsozialisten (NSDAP = National-Sozialistische Deutsche Arbeiter-Partei): Adolf *Hitler* (1889–1945) aus Braunau am Inn in Österreich war der Mann dieser Partei, die im Februar 1920 erstmals in einer Massenversammlung im *Münchner Hofbräuhaus* ihr Programm verkündete. General *Ludendorff* gehörte anfangs auch dieser Partei an.

Die *NSDAP* breitete sich zuerst in Bayern, dann in Norddeutschland und den übrigen Reichsländern aus. Sie wurde langsam zum Sammelbecken aller der Menschen, die sich nicht mit dem Versailler Diktat, der Erfüllungspolitik, den Reparationszahlungen, der Separatistenbewegung im Rheinland und den Schikanen der sog. „Siegermächte" abfinden konnten. Doch im Berliner Reichstag begann diese Partei erst ab 1928 eine entscheidende Rolle zu spielen.

Die Reparationssumme: Während der Bemühungen, im Reich eine feste Ordnung herzustellen, drängten Engländer und Franzosen auf Erfüllung der im Versailler Vertrag geforderten *20 Milliarden Vorauszahlungen* in Gold, Devisen und Sachwerten.

Anfang Mai 1921 wurden endlich die *„Pariser Reparationsbeschlüsse"* bekanntgegeben: Deutschland sollte *226 Milliarden Goldmark* in von zwei auf sechs Milliarden steigenden Jahresraten *bis* zum Jahre *1963* zahlen (nach heutigem Wert etwa 1000 Milliarden DM). Der Vergleich des Goldmarktwertes von 1921 mit dem von heute trifft allerdings keineswegs die Ungeheuerlichkeit der Reparationssumme. Das Welt-Exporthandelsvolumen hatte sich nämlich von 1914 bis 1980 fast verzwanzigfacht (!). Diese gewaltige Ausweitung stellte sich schon in der *Welt-Schiffahrtstonnage* dar:
1914 etwa 22 Millionen BRT
1937 etwa 50 Millionen BRT
1980 etwa 380 Millionen BRT.

Die auf Reparationskonto bereits beschlagnahmten Auslandsguthaben, Schiffe, Saar-Kohlengruben, Lokomotiven usw. hatte die Kommission „großzügig" mit etwa 30 % des wirklichen Wertes in Rechnung gestellt.

Die Reichsregierung protestierte. Sofort *besetzten die Franzosen* die drei rechtsrheinischen Städte *Düsseldorf, Duisburg und Ruhrort.*

Kurz danach stellten die Alliierten unter Hinweis auf das gut angelaufene Wirtschaftsgeschehen am 4. Mai 1921 an Berlin ein *Ultimatum auf Anerkennung der Reparationssumme.* Der damals gerade ernannte Reichskanzler und Zentrumsmann Joseph *Wirth* (1879–1956) aus Freiburg i. Br. erkannte alles an und versprach gewissenhafte Erfüllung. Die drei rechtsrheinischen Städte blieben trotzdem besetzt.

Seitdem kennt man in Deutschland den Begriff der *„Erfüllungspolitik"*. Es muß festgestellt werden: Der Zentrums-Minister Erzberger willigte 1918 in die Waffenstillstandsbedingungen ein. Außenminister Hermann Müller, Sozialdemokrat, unterschrieb 1919 den Versailler Vertrag. Reichskanzler Wirth vom Zentrum erkannte 1921 die Reparationssumme an. Alle drei gaben den Erpressungen der Sieger ohne große Widerstände nach, anstatt zurückzutreten.

Die große Inflation 1921 – Ende 1923: Weil Gold und Devisen, sowie sie erwirtschaftet waren, sofort an Paris und London abgegeben werden mußten, begann zwangsläufig die Inflation: Die Reichsmark verlor laufend an Deckung, was ihren internationalen Wert immer mehr herabdrückte. Als die Zerrüttung der Finanzen nach 18monatiger Zahlung vieler Milliarden vollkommen war, trat Wirth im Oktober 1922 zurück.

Eine solche *Inflation mit totaler Geldentwertung* war bisher in der Welt noch nie dagewesen. Eine Million Reichsmark hatten Anfang 1923 den Wert von einer Goldmark. Die Notendruckereien kamen buchstäblich nicht mehr nach. Soweit die Fabriken noch in Betrieb waren – die Arbeitslosigkeit war hoch –, zahlten sie die Löhne täglich mittags aus. Die Hausfrauen warteten an den Fabriktoren, nahmen Bündel von Papiergeld in Empfang und eilten zum Bäcker, Metzger oder Händler. Täglich stiegen die Preise oft um 50 % und mehr.

Die Hauptleidtragenden waren Millionen von Sparern, also die älteren Kleinunternehmer wie Handwerker, Händler, Schausteller usw. Für sie bestand keine staatliche Altersversicherung wie für Arbeiter und Beamte, weshalb sie ja ein Leben lang Rücklagen gemacht hatten. Diese hatten sich in Nichts aufgelöst. Die Selbstmorde nahmen beängstigend zu.

Der Staat mußte eiligst eine „Fürsorge" organisieren, um der Hungersnot entgegenzuwirken.

Der nächste Reichskanzler war der parteilose bürgerliche Wirtschaftsmann Wilhelm *Cuno* (1876–1933) aus Thüringen. Ihm blieb keine andere Wahl, als zum Jahreswechsel 1922/23 *Deutschlands Zahlungsunfähigkeit* zu erklären.

Die Besetzung des Ruhrgebietes Januar 1923: Jetzt entrüstete sich *Poincaré* in Paris über den *„Vertragsbruch" des Deutschen Reiches.* Die Deutschen könnten sehr wohl zahlen, sie wollten nur nicht! Aus dieser Behauptung leitete er das Recht ab, im Januar 1923 das Ruhrgebiet von französischem und belgischem Militär besetzen zu lassen.

Gleichzeitig förderte er eifrig die von Frankreich sofort nach dem Krieg organisierte *Separatisten-Bewegung*, die das Rheinland, also das Ruhrgebiet und alles deutsche Land links des Rheines, als selbständigen, von Frankreich abhängigen Staat vom Deutschen Reich lostrennen wollte. So glaubte Poincaré Deutschland doch noch zerstückeln zu können und deutsche Länder unter Frankreichs Einfluß, wenn nicht sogar in seinen Besitz zu bekommen.

Lloyd George in London hatte die Reparationspolitik eifrig mitgeprägt und auch die Besetzung der drei rechtsrheinischen Städte durch die Franzosen gutgeheißen. Doch Ende 1922 mußte er deshalb und wegen schwerer außenpolitischer Mißerfolge im eigenen Weltreich zurücktreten. Seine Nachfolger lehnten wegen des *gestörten „Gleichgewichtes"* die Besetzung des Ruhrgebietes durch die Franzosen wie auch den rheinischen Separatismus strikt ab.

Abwehr des Separatismus durch den „Passiven Widerstand" 1923: Das Jahr 1923 wurde – mitten in der schlimmsten Inflation – das Jahr des Kampfes gegen den Separatismus im Rheinland.

Überall dort hatten sich kleine, oft kommunistisch unterwanderte Gruppen gebildet. In *Koblenz* kam es – mit französischer Unterstützung – zu einer *„Vorläufigen Regierung der Rheinischen Republik"*, die sofort von Paris anerkannt wurde.

Die Reichsregierung Cuno erklärte nach dem französisch-belgischen Einmarsch den „Passiven Widerstand". Jede Dienstleistung für die Besatzungsmächte war danach allen Beamten verboten.

Die Bevölkerung zog fast einmütig mit. Eisenbahnen und Post verweigerten jeden Befehl der „Koblenzer Regierung" oder der Besatzung. In den Kohlebergwerken fand sich kein Bergmann mehr, der für die Eindringlinge Kohle verlud. Der Handel bediente nur noch Einheimische, und die Hotels erlaubten keinem Franzosen oder Belgier den Zutritt.

Es kam deshalb zu offenen *Gewalttaten gegen die deutsche Bevölkerung*: Bei *Krupp in Essen* schossen die Franzosen in die Arbeitermassen, weil sie die Befehle der „Koblenzer Regierung" verweigerten. Dabei gab es 13 Tote und 29 Verletzte. In vielen Betrieben ereigneten sich ähnliche Vorkommnisse.

Albert Leo *Schlageter* (1894–1923) aus Baden, Kriegsfreiwilliger und Baltikumkämpfer, gehörte zum illegalen *„aktiven Widerstand"*, der französiche Fahrzeuge und andere Einrichtungen im Ruhrgebiet durch Sprengungen auszuschalten versuchte. Durch Verrat geriet Schlageter in französische Hände und wurde in der Golzheimer Heide bei Düsseldorf *standrechtlich erschossen*.

Separatisten versuchten im Oktober 1923 – vor allem in den linksrheinischen Gebieten – durch Putsche die Losreißung vom Reich zu erzwingen, alles unter französischer Regie. Deutsches Militär gab es dort nicht mehr, so daß sich die Bevölkerung selbst organisierte. Etwa gleichzeitig tobte der schwere Kommunisten-Aufstand an der Ruhr. Am Niederrhein, in Aachen, in der Eifel, an der Mosel, in Koblenz, im Hunsrück kam es zu Gefechten, und im Siebengebirge nahm der Kampf fast das Format einer Schlacht an. Überall wurden die Separatisten blutig besiegt und verjagt, so daß die „Regierung in Koblenz" auseinanderfiel, zumal die Rädelsführer *Dorten und Mathes* in französischen Schutz geflüchtet waren.

Natürlich gab es auch hier deutsche Menschen, die auf die Karte der Separatisten setzten. Der damalige Bürgermeister von Köln, Mitglied der Zentrumspartei und Präsident des preußischen Staatsrates, Konrad *Adenauer* (1876–1967) aus Köln, schloß sich den Separatisten an. Er rechtfertigte später diesen Beitritt mit der Darstellung, die Absicht gehabt zu haben, die „Rheinische Republik" persönlich zu beeinflussen und ihre antideutschen Ziele zu vereiteln.

Der erfolgreiche Ruhrkampf gegen Kommunisten und Franzosen hatte der Separatistenbewegung das Rückgrat gebrochen. Zwar versuchte ein französischer General mit separatistischer Hilfe nun in der bayrischen Rheinpfalz eine *„Autonome Pfälzische Republik"* zu gründen, aber in Speyer wurde er von Freischärlern Anfang Januar 1924 niedergeschossen, und die *Bürgerwehr vertrieb* den Separatistenführer Heinz *Orbis* aus der Stadt Pirmasens.

In Paris verlor Anfang 1924 *Poincaré* die Ministerpräsidentschaft, und Frankreich mußte – auch unter dem Druck Englands und der USA – seine Pläne zur Losreißung der Rheinlande vom Reich aufgeben. Doch das linksrheinische Gebiet blieb weiterhin von Franzosen, Belgiern und Engländern besetzt und laut Versailler Vertrag einer interalliierten Kommission unterstellt; geplant waren 15 Jahre. Eine *50 km breite Zone rechts des Rheines* blieb ebenfalls entsprechend dem Versailler Vertrag, für „immer" von deutschen Truppen entblößt, entmilitarisiert. Weiterhin hielten die Franzosen das rechtsrheinische *Ruhrgebiet vertragswidrig besetzt.*

Die politischen und wirtschaftlichen Mißverhältnisse hatten in Deutschland Mitte 1923 ihren Höhepunkt erreicht. *Marxistische Umsturzversuche* in Oberschlesien, Bayern, Sachsen, im Rheinland und in Hamburg waren zwar erstickt worden, doch auch der Parteienstreit zwischen Mitte und Rechts kam nicht zur Ruhe. Schon im August 1921 war der Zentrumsmann *Erzberger ermordet* worden, im Juli 1922 erreichte den Außenminister *Rathenau* das gleiche – in seinem Fall besonders unverdiente – Schicksal. Die Rechten in Deutschland konnten den Politikern der Mitte deren „Erfüllungspolitik" nicht verzeihen.

Der Hitler-Putsch November 1923: Am 8. und 9. November 1923 – während der Inflation – unternahmen *Hitler, Ludendorff, Göring* und viele andere in München einen Putschversuch mit dem Ziel, zuerst in Bayern eine deutsche Nationalregierung zu bilden. Anschließend war ein Marsch nach Berlin geplant, und Hitler glaubte, daß ihm dabei überall die Menschenmassen zuströmen würden, so wie es Mussolini bei seinem „Marsch auf Rom" erlebt hatte.

Im – bis zum letzten Platz gefüllten – *Bürgerbräukeller* von München hielt der konservative bayrische Regierungschef Ritter von *Kahr* anläßlich des Waffenstillstandes vor fünf Jahren eine zündende nationale Ansprache in Anwesenheit des bayrischen Generals von *Lossow,* des Befehlshabers der Reichswehr in Bayern. Plötzlich stürmten etwa 100 bewaffnete Nationalsozialisten den Bürgerbräukeller und brachten vor den Eingängen Maschinengewehre in Stellung. *Hitler* verschaffte sich im Saale mit einem blinden Pistolenschuß Ruhe und *verkündete die Nationale Revolution,* Reichswehr und Polizei seien gewonnen und bereit, in Berlin und den Landeshauptstädten die „Erfüllungspolitiker" und ihre Regierungen zu verjagen. Die Zuhörer im Saal brachen – nach einigen Minuten der Verblüffung – in Begeisterungsstürme aus, dieweil Kahr und Lossow zum Mitmachen aufgefordert und „gewonnen" wurden.

Am nächsten Tag unternahmen die Nationalsozialisten einen angekündigten Demonstrations-Marsch durch Münchens Innenstadt und wollten danach die Regierungsgebäude besetzen. Die Polizei verhielt sich vorerst unschlüssig, doch neben der *Feldherrnhalle* wurde der Demonstrationszug von Landespolizei aufgehalten und unter heftiges Feuer genommen. 16 Tote sowie eine noch größere Anzahl Verletzte lagen nach wenigen Minuten in ihrem Blute. Hermann *Göring* wurde ebenfalls schwer verwundet.

Viele warfen sich instinktiv schutzsuchend zu Boden, auch Hitler, doch *Ludendorff*, den jedermann kannte und achtete, ging aufrecht auf die schießenden Polizisten zu und *befahl die sofortige Feuereinstellung*, die auch befolgt wurde.

Daß *Kahr* in der Nacht entgegen seiner Zusage umgeschwenkt und der Landespolizei Befehl gegeben hatte, die beabsichtigte Demonstration mit Gewalt aufzulösen, war die verhängnisvolle Überraschung. Auch *Lossow* war mit Berlin in Kontakt getreten, und Reichspräsident Ebert hatte sofort dem Generalobersten Hans von *Seeckt* (1866–1936) aus Schleswig außerordentliche Vollmachten erteilt, um im Reich mit Hilfe der Reichswehr jeden Umsturzversuch zu vereiteln. Doch nach dem Blutbad an der Feldherrnhalle war der Putschversuch gescheitert, nur München glich noch einen Tag lang einem Hexenkessel. (Seeckt war bereits im Weltkrieg im deutschen Generalstab an der Ostfront erfolgreich tätig gewesen, hatte das 100000-Mann-Heer erfolgreich mit aufgebaut und war seit dem Kapp-Putsch Chef der Heeresleitung.)

Hitler wurde verhaftet und im folgenden Prozeß zu fünf Jahren *Festungshaft* verurteilt. Ludendorff erhielt Freispruch. Man wagte nicht, diesen hervorragenden Weltkriegsgeneral zu verurteilen. Hitler wurde bereits nach einem Jahr am 24. Dezember 1924 aus der Festung *Landsberg am Lech* entlassen. Dort hatte er sein berühmt und berüchtigt gewordenes Buch *„Mein Kampf"* entworfen.

Die Nationalsozialistische Deutsche Arbeiterpartei war laut Gerichtsbeschluß aufgelöst worden, doch im Februar 1925 setzte *Hitler* die Genehmigung zur Neugründung durch. Er verkündete als *Ziel die Machtergreifung auf legalem Wege.*

Innerhalb drei Jahren baute er im ganzen Reich die Partei gegen Widerstände von allen Seiten auf und zog nach der Wahl von 1928 mit 12 Abgeordneten in den Reichstag ein.

In allen Ländern des Reiches fand Hitler rührige Mitarbeiter. Die bekanntesten und im Aufbau der Partei erfolgreichsten waren: Joseph *Goebbels* (1897–1945) aus dem Rheinland, Hermann *Göring* (1893–1946) aus Rosenheim in Bayern, Wilhelm *Frick* (1877–1946) aus der Pfalz, Rudolf *Heß* (geb. 1894 in Alexandrien) und eine Menge anderer. Heß war im Weltkrieg Jagdflieger gewesen, verbrachte mit Hitler die Festungshaft in Landsberg wegen Teilnahme am Putsch und wurde dessen Vertrauensmann und Stellvertreter. (Frick befand sich ebenfalls mit Hitler in Festungshaft.)

Die Währungsreform 1. Januar 1924: Die Inflation war 1923 zur Rechenspielerei geworden: Wenn nämlich die *Reichsmark* Anfang 1923 das Nichts von einer Mill. Papiermark darstellte, so betrug ihr Wert Ende 1923 nur noch *eine Billion* (= 1 mit 12 Nullen). Diese Inflation hatte sich über Österreich, Polen, das Baltikum, den Balkan und Italien ausgebreitet, und auch in Frankreich und England war die Währung schwer erschüttert. Die deutschen Reparationsmilliarden halfen ihnen gar nichts, wenn im eigenen Land nicht energisch am Aufbau gearbeitet wurde. Weil Deutschlands Industrie schon lange vor dem Krieg der eigentliche Wirtschaftsmotor Europas gewesen war, konnte bei der gegenwärtigen Knebelung des Reiches nichts klappen.

Doch Poincaré, Lloyd George und die Militärs verstanden nichts von Volkswirtschaft. Die warnende Stimme des bekannten englischen Volkswirtschaftlers John Maynard *Keynes* (1883–1946), der den gesamten Friedens- und Reparationsplan für undurchführbar erklärte, wurde in den Wind geschlagen; Keynes war wirtschaftlicher Berater der Alliierten bei den Friedensverhandlungen gewesen und schließlich unter Protest zurückgetreten.

Zum Glück für Deutschland wurde im August 1923 der Wirtschaftsmann und Führer der Deutschen Volkspartei, Gustav *Stresemann* (1878–1929) aus Berlin, Reichskanzler, ab Dezember 1923 Außenminister. Gleichzeitig übernahm der Volkswirtschaftler und Bankier Hjalmar *Schacht* (1877–1970) aus Nordschleswig, das Reichsbankpräsidium.

Diese Männer wußten die Stunde zu nutzen, als die Franzosen gerade den Schock der mißlungenen Rheinland-Separation erlebten und als die von den Alliierten heraufbeschworene Inflation als Fehlunternehmen erkannt wurde.

Der Nachfolger Poincarés in Paris wurde Aristide *Briand* (1862–1932). Er führte und bestimmte bis zu seinem Tod die französische Außenpolitik, die nun realistischer wurde. Unterstützt wurde seine Politik durch den englischen konservativen Ministerpräsidenten Stanley *Baldwin* (1867–1947), den Nachfolger Lloyd Georges. Baldwin war von 1924 bis 1929 im Amt.

England und Frankreich steckten beide in großen wirtschaftlichen Schwierigkeiten, und das englische Weltreich war mit schwerwiegenden ungelösten Problemen belastet. So hielt man nun in London und Paris einen gewissen Ausgleich mit dem Deutschen Reich für dringend nötig, wobei allerdings eifrig darauf geachtet wurde, weiterhin soviel wie möglich an Reparations-Milliarden herauszuholen und dem Reich nur das Allernötigste an Luft zu geben.

In Deutschland konnten nun Stresemann und Schacht zusammen mit dem neuernannten Reichsfinanzminister Hans *Luther* (1879–1962) aus Berlin im November und Dezember 1923 aufgrund von Absprachen mit den USA die Währungsstabilisierung vorbereiten, die am 1. Januar 1924 in Kraft trat. An diesem Tag wurde neues Geld ausgegeben: 4,20 Goldmark entsprachen 1 Golddollar, das gleiche Verhältnis, wie es vor dem Kriege bestanden hatte. Die Goldmark erhielt den Namen Reichsmark und war durch eine USA-Anleihe von 800 Mill. Goldmark abgedeckt.

Der Wirtschaftsaufschwung 1924–1929 – Der Dawes-Plan 1924: Sofort konnte die deutsche Wirtschaft wieder auf einer festen Grundlage arbeiten, und es begann ein Wirtschaftsaufschwung gleich dem des Sommers 1919. Doch die Reparationsfrage blieb, und die USA beteiligten sich nun maßgebend an diesem Problem.

Ein Gutachten des amerikanischen Wirtschaftlers Charles *Dawes* (1865–1951) wurde zur Grundlage für den Dawes-Plan vom August 1924. Mit Hilfe regelmäßiger Anleihen sollte die deutsche Industrie in die Lage versetzt werden, erst weniger und nach fünf Jahren jährlich 2,5 Milliarden an Reparationen abzuführen, und das auf unbestimmte Zeit. Mit der Anerkennung des Dawes-Planes erkaufte sich *Stresemann* die *Räumung des Ruhrgebietes* einschließlich der drei Städte *Düsseldorf, Duisburg und Ruhrort.*

Vorerst spürte man nichts Nachteiliges, denn schnell entstand Vollbeschäftigung, und infolge des sprichwörtlichen deutschen Fleißes auch Wohlstand. Die Wirtschaft der europäischen Staaten nahm durch Handelsaustausch am Aufschwung teil. Gefährlich aber blieben die viel zu hohen Reparationszahlungen, wodurch Deutschland schon wieder in hohe *Staatsverschuldung* geriet.

Die neugebildete deutsche *Reichsbahn*-Gesellschaft – das größte Unternehmen der Welt – war ein Staatsunternehmen mit hohen Gewinnen. Doch die Alliierten benutzten die Reichsbahn als Pfand. Sie und die *Reichsbank* waren nämlich 1924 mit Inkrafttreten des Dawes-Planes ausländischer Überwachung unterstellt worden. Außerdem gründete man eine *Reparations-Bank* in Berlin, die dem Amerikaner Parker *Gilbert* unterstand. Der Dawes-Plan legte dem Reich also weiterhin schwere wirtschaftliche Fesseln an.

Im Februar 1925 starb Reichspräsident Friedrich Ebert im Alter von 54 Jahren. Laut Verfassung mußte ein neuer Präsident durch Volkswahl gewählt werden. Sozialdemokraten und Zentrum stellten im zweiten Wahlgang gemeinsam den Zentrumsführer Wilhelm *Marx* (1863–1946) als Bewerber auf.

Paul von Hindenburg (1847–1934), Reichspräsident seit 1925

Er trat gegen den Kandidaten der Mitte- und Rechtsparteien an, den bekannten Generalfeldmarschall Paul von *Hindenburg*, der die Wahl gewann. Er wurde in den schweren und aufregenden folgenden Jahren zum ruhenden Pol der Nation, der als solcher schnell im In- und Ausland anerkannt war. Bald verstummte das Geschrei, das sich in den Nachbarstaaten erhob, die deutsche Gebiete in Besitz genommen hatten. Dort hatte es geheißen, der General wolle Deutschland zu einem neuen „Militärstaat" ausbauen.

Locarno-Pakt 1925 – Kellogg-Pakt 1928: Ende 1925 trafen sich im Schweizer Kurort Locarno die Außenminister Stresemann, der Franzose Briand (1862–1932), der Engländer Austen Chamberlain (1863–1937), ein Stiefbruder des späteren Premiers Neville Chamberlain, sowie die Vertreter von Belgien und Italien. Das Ergebnis dieser Konferenz war der Locarno-Pakt. Er besagte dem Sinne nach:

a. Alle Westgrenzen des Deutschen Reiches sollen so bleiben, wie sie im Versailler Vertrag festgelegt wurden.

b. Die entmilitarisierte Zone von 50 km Breite entlang des rechten Rheinufers von Holland bis zur Schweiz muß erhalten bleiben.

c. Die *nördlichste* der drei besetzten *Zonen links des Rheines* bis zur Linie Bonn–Krefeld wird *von alliierter Besatzung geräumt.*

d. Das Deutsche Reich wird *Mitglied des Völkerbundes.* Stresemann sah darin eine Möglichkeit besseren internationalen Kontaktes und erhoffte gerechtere Verhandlungsergebnisse.

Das Ganze war also wieder eine erzwungene Bestätigung der abgetretenen deutschen Gebiete, allerdings gegen Freigabe eines – als Faustpfand benutzten – besetzten Landesteiles. Freilich hatte sich das Reich nur auf unveränderte Grenzen im Westen festgelegt.

Im August 1928 unterzeichneten fast alle Staaten der Welt den sogenannten Kellogg-Pakt, der vorsah, daß zwischenstaatliche Probleme unter Ächtung jeden Krieges friedlich ausgehandelt werden sollten. *Kellogg* war Außenminister unter dem amtierenden USA-Präsidenten Calvin *Coolidge* (1872–1933). Für diesen Pakt erhielt Kellogg den *Friedens-Nobelpreis.*

Der Kellogg-Pakt war zwar ein feierliches allgemeines Friedensversprechen, aber eine Zusage, politische Erpressung durch Militärpakte zu unterlassen oder geschehenes Unrecht rückgängig zu machen, enthielt er nicht. Das Unrecht sollte eben in voller Friedfertigkeit weiterbetrieben werden.

In den Jahren bis 1929 geriet das Reich infolge der Bestimmungen des Dawes-Planes an den Rand des Staatsbankrotts. Ein Glück, daß nicht die Reichsregierung, sondern der Amerikaner Gilbert die *Zahlungsunfähigkeit der Reparationsbank* erklären mußte und internationale Neuverhandlungen verlangte. Diese begannen 1929 unter dem Vorsitz des USA-Volkswirtschaftlers Owen *Young* (geb. 1874). *Schacht* nahm als Vertreter Deutschlands teil.

In England war nach dem Krieg die Labour Party in der Volksgunst gestiegen, so daß sie die Liberalen verdrängt hatte. Seitdem wurde diese Partei im Parlament bedeutungsarm, denn die Regierungen stellten entweder die Konservativen oder *Labour* (Arbeiterpartei). So wurde bei der Parlamentswahl 1929 der konservative Baldwin durch den Labour-Führer James *Mac Donald* (1866–1937) abgelöst. Er war vor 1914 entschieden gegen einen Krieg mit den Mittelmächten gewesen und danach für einen baldigen Ausgleich mit Deutschland eingetreten.

Etwa zur gleichen Zeit kamen Stresemann und Briand im Sommer 1929 überein, nun auch die *zweite Zone links des Rheines* zwischen Aachen und Koblenz sofort von belgischem und französischem Militär zu räumen. Auch über die Freigabe der *dritten Südzone* mit Eifel, Hunsrück und Pfalz wurde verhandelt, alles aber mit dem *Young-Plan* verknüpft.

Plötzlich lief die Nachricht vom *Tode des Reichsaußenministers Stresemann* (Oktober 1929) durch Europa. Er starb mit 51 Jahren an Herzversagen. Er ging als der Mann in die deutsche Geschichte ein, der zwischen Mitte 1923 und Oktober 1929 das Ende der großen Inflation herbeiführte, die Währung stabilisierte sowie das Ruhrgebiet und das linksrheinische Rheinland vorzeitig auf dem Verhandlungsweg von der Besatzung befreite.

Der Young-Plan März 1930 – Das Ende der Reparationszahlungen: Unter Stresemanns Nachfolger, dem Sozialdemokraten Hermann *Müller* (der den Versailler Vertrag unterschrieb), trat der Young-Plan in Kraft. Er sah folgende Regelung vor:

Der Dawes-Plan, der Zahlungen auf unbegrenzte Zeit vorgesehen hatte, wurde für ungültig erklärt. Statt dessen sollten 37 Jahre lang jährlich etwa 2,5 Milliarden in Devisen und Gold – also nicht in Reichsmark – und weitere 22 Jahre lang jährlich durchschnittlich 1,6 Milliarden direkt an die USA gezahlt werden. Diese 1,6 Milliarden jährlich waren die Kriegsschulden Frankreichs und Englands an die USA.

Als diese Zahlen in Deutschland bekannt wurden, erhob sich heftiger Widerstand, weil bis zum Jahre 1989 gezahlt werden sollte. Ein Volksbegehren wurde von den Rechtsparteien durchgesetzt und hatte Erfolg, doch scheiterte der folgende Volksentscheid. Die Rechte war dafür nicht stark genug. Im Reichstag fanden Tumulte statt; Hermann Müller wurde aus minimaler Ursache gestürzt. Reichsbankpräsident Schacht trat aus Protest gegen die Anerkennung des Young-Planes zurück.

Die „gute Seite" am Young-Plan war, daß die Reparationskommission, die Reparationsbank und die Pfand- und Kontrollrechte über Reichsbahn und Reichsbank erloschen. Ebenso wurde nun auch die dritte Zone links des Rheines, die Pfalz, von den Franzosen geräumt, was eine Bedingung Stresemanns bei Beginn der Verhandlungen gewesen war. Frankreich hielt nun nur noch das Saargebiet besetzt.

Doch sehr bald stellte sich heraus, daß der neue Plan genausowenig durchführbar war wie der alte. Die ausgebrochene Weltwirtschaftskrise lähmte den Handel immer mehr. Wie sollte da Deutschland die geforderten Milliarden aufbringen?

Der neue Reichskanzler und Zentrumsführer Heinrich *Brüning* (1874–1970) aus Münster in Westfalen protestierte energischst bei der Regierung in Washington, ebenso Schacht als Anhänger der aus Konservativen und der NSDAP bestehenden *„Harzburger Front"*.

Präsident Herbert *Hoover* (1874–1964) und seine republikanischen Wirtschaftsberater waren von vornherein gegen den Young-Plan gewesen, weil Amerika selbst schwer unter der Weltwirtschaftskrise litt. Nach langen, schwierigen Verhandlungen setzte Hoover 1932 gegen den Widerstand mancher Leute der *„Wallstreet"* und vieler Politiker Frankreichs und Englands die endgültige *Streichung aller deutschen Reparationsleistungen* durch. – Damit endete eine folgenschwere Fehlaktion.

Die Weltwirtschaftskrise Oktober 1929–Juli 1932/Januar 1933: Deutschland hatte vor dem Ersten Weltkrieg den zweithöchsten Platz im Welthandel nach den USA und vor England eingenommen. Um diese drei Stützen gruppierte sich die gesamte Weltwirtschaft. Jene Ordnung entsprang keiner gezielten Planung, sondern ergab sich aus der Fähigkeit der beteiligten Staaten. Undenkbar, daß z. B. Frankreich oder etwa Polen die Rolle Deutschlands hätten übernehmen können, vor allem nicht, wenn sie auf Jahrzehnte die Funktion ihrer Wirtschaft von deutschen Reparations-Milliarden abhängig machen wollten. Daß auch in der Wirtschaft ein dreibeiniger Schemel umfällt, wenn man ein Bein absägt, hatte man vor allem bei den republikanischen Volkswirtschaftlern der USA erkannt, aber leider sehr spät.

Anfang Oktober 1929, wenige Tage nach dem plötzlichen Tod Stresemanns, kamen aus den USA beunruhigende Nachrichten: Die *New Yorker Börse* hatte den sog. *„Schwarzen Freitag"* erlebt, das hieß: Plötzlicher allgemeiner Kursverfall der Aktien. Was war geschehen?

Eine amerikanische Großbank war infolge landesweiter Konjunkturabschwächung in Zahlungsschwierigkeiten geraten, weshalb die Sparkunden in Massen ihre Einlagen abhoben, so daß die Bank ihre ausgeliehenen Kredite kündigen mußte. Die Industriebetriebe suchten Ersatzkredite bei anderen Banken. Weil in den USA alle Bankinstitute Privatbanken ohne staatliche Oberaufsicht waren, geriet eine nach der anderen in den Sog des knappen Geldes. An besagtem „Schwarzem Freitag" nun schlossen sämtliche US-Großbanken ihre Schalter und verweigerten damit jegliche Auszahlung. Das bewirkte, daß die Betriebe keine Lohngelder zur Verfügung hatten, keine Rechnungen begleichen, finanziell also nichts mehr unternehmen konnten. Die Auswirkungen waren verheerend, denn Konkursanmeldungen erfolgten zu Hunderten, und Hunderttausende verloren von heute auf morgen ihre Arbeitsplätze. Die Lawine übertrug sich infolge der verflochtenen Weltwirtschaft aufs Ausland, und der Schiffsverkehr über die Meere kam weitgehend zum Erliegen.

So gerieten auch die europäischen Industriestaaten, vor allem aber das Deutsche Reich, dessen Wirtschaft weitgehend auf Export ausgerichtet war, in den Jahren 1930 bis Ende 1932 in eine nie gekannte *Massenarbeitslosigkeit*. Ende 1932 gab es in den wichtigsten Industriestaaten (ohne Rußland) über 33 Mill. Arbeitslose, davon in Deutschland 6,3 Mill., in Österreich 0,7, in der Schweiz 0,3, in den USA 15, in Frankreich 1,3, in England 3, in Italien 1,8, in Japan 3 usw.

Man muß sich vorstellen, was in *Deutschland und Österreich 7 Mill. Arbeitslose* bedeuteten: Das waren etwa 25 % (1982 = 8,5 %) aller Arbeitsfähigen; fast 20 Mill. Menschen hatten keinen Ernährer. Diese Massen lebten von einem erbärmlichen Arbeitslosengeld und nach einigen Wochen von der noch geringeren „Fürsorge". Die Staatskassen waren leer. Zehntausende von Betrieben, große wie kleine, mußten geschlossen werden, und ein Ende war nicht abzusehen.

Den Menschen dieser Generation wurde in Deutschland Unglaubliches an Not und Sorgen abverlangt: Geboren wurden sie im festgefügten und wohlhabenden Kaiserreich. Dann kam das vierjährige Erlebnis des Weltkrieges 1914–1918, dann die dreijährige Inflation 1921–1923 mit Massenverarmung. Endlich begann der hoffnungsvolle Aufschwung 1924–1929, der aber mit dem verheerenden Wirtschaftszusammenbruch in die schwerste Arbeitslosigkeit von 1930–1933 umschlug. Daß die Reparationsnot 1932 aufgehört hatte, merkte die Bevölkerung nicht, sie war so oder so hoffnungslos verarmt.

Vom März 1930 bis Mai 1932 versuchte *Brüning* vergebens der Schwierigkeiten Herr zu werden. Erbärmliche und erbitterte Streitigkeiten mit den Gewerkschaften um ein halbes Prozent Lohnerhöhung mehr oder weniger, kleine Vorteile, die Interessengruppen erzwingen wollten, usw. usw. lähmten die Handlungsfreiheit der Regierung. Korruptionsskandale in Parteien, der Industrie, Landwirtschaft oder von Einzelbetrügern blühten. Viele Gesetze wurden nicht mehr angewandt oder raffiniert umgangen. Die Polizei war machtlos und teilweise selbst korrumpiert.

Brüning mochte guten Willens gewesen sein, aber er war den Problemen keineswegs gewachsen.

Auf seinen Vorschlag erließ Hindenburg die sogenannten *„Notverordnungen"*. Es war das eine Art Ausnahmezustand zur Wiederherstellung von Gesetz und Ordnung. Mit Hilfe dieser Notverordnungen verbot Brüning die Kampforganisationen der NSDAP, die SA und SS, nicht aber den Kampfbund der SPD, das „Reichsbanner". Doch auch solche Maßnahmen führten zu nichts.

Die Opposition protestierte ununterbrochen gegen Unfähigkeit und Halbherzigkeit. Es kam so weit, daß Meinungsverschiedenheiten unter den Abgeordneten durch *Prügeleien im Reichstag* ausgetragen wurden. Die Tintenfässer an den Pulten waren bald beliebte Wurfgeschosse, um Redner zum Schweigen zu bringen.

Nach den Wahlen von September 1930 saßen statt bisher 12 jetzt 107 Nationalsozialisten, dazu 77 Kommunisten im Reichstag. Statt des früheren Dutzend gab es jetzt 36 Parteien, viele davon nur in einzelnen Ländern. Sie spielten freilich für den Weg der deutschen Geschichte keine Rolle.

Der Streit im Reichstag und in den Länderparlamenten setzte sich auf den Straßen der Großstädte fort. Die Massen der Arbeitslosen hatten Zeit, und Zusammenrottungen waren an der Tagesordnung. Sie veranstalteten sogenannte *„Hungermärsche"*: Einige zwanzig oder dreißig Leute, die irgendwo diskutierten, begannen zu marschieren und im Takt zu rufen: „Hunger, Hunger, Hunger!“ Bald waren es 100, dann 1 000 und schließlich 10 000, die die Straßen verstopften. Die Marschierer gehörten zur politischen Linken. Die Rechte zog in militärähnlichen Aufmärschen durch die Straßen, um für sich zu werben. Oft entstand Kampfstimmung, die meist in schwere, blutige Straßenschlachten ausartete.

Weil Großveranstaltungen der Nationalsozialisten zunächst häufig gewaltsam gestört wurden, stellte Hitler uniformierte Gruppen auf, die es freilich im linken wie im rechten Spektrum längst gab. Die Nationalsozialisten gründeten die braununiformierte *SA = Sturmabteilung*, die u. a. Versammlungsschutz war, und als Führerschutz die zunächst kleine *SS = Schutzstaffel*. Die Kommunisten bedienten sich des *„Rotfrontkämpferbundes“* und nach dessen Verbot der *„Antifa“*, die Sozialdemokraten des *„Reichsbanners schwarz-rot-gold“*. Zu ihm trat später die *„Eiserne Front“*, die nur noch kurze Zeit wirksam war. Außerdem hatten die Kommunisten örtliche Kampforganisationen aufgebaut, wie z. B. in Berlin die radikale Truppe *„Immertreu“*.

Die Unruhen in den Großstädten wurden immer unerträglicher, und die Anzahl der Todesopfer bei Straßenkämpfen nahm erschreckend zu. Die schwerste *Straßenschlacht erlebte Hamburg* zwischen Kommunisten und Polizei, als 103 Tote und ein Vielfaches an Verletzten zu beklagen waren, darunter viele Polizisten. Es herrschte eine Art innerdeutscher Bürgerkrieg. In ihm machten die Nationalsozialisten, die zunächst schwächer waren als die Linke, den Kommunisten nach und nach die Straße streitig.

Im April 1932 war Hindenburgs Amtszeit abgelaufen, und eine *Reichspräsidentenwahl* stand bevor. *Hindenburg, der „Getreue Eckart“*, stellte sich selbstlos trotz seiner fast 85 Jahre wieder zur Verfügung. Die Nationalsozialisten stellten Adolf *Hitler* als Kandidaten auf, die Kommunisten ihren Parteivorsitzenden Ernst *Thälmann* (1886 bis 1944), die Deutschnationalen Theodor *Düsterberg*, den Mitbegründer des *„Stahlhelm“, des Bundes der Frontsoldaten*. Der „Stahlhelm“ war gleich nach Kriegsende in Magdeburg gegründet worden, und seine Mitglieder kamen ursprünglich aus den Kreisen der Freikorpskämpfer, die in Oberschlesien, im Baltikum, in Kärnten und im Reich gegen die Kommunistenaufstände gekämpft hatten.

Hindenburg gewann im zweiten Wahlgang etwa 19 Millionen Stimmen, Hitler steigerte sich von 11 auf 13 Millionen, Thälmann lag weit zurück. Auch Düsterberg war ausgeschieden. Die verworrenen innenpolitischen Verhältnisse ergaben, daß diesmal die Sozialdemokraten Hindenburg wählten, den sie bisher einmütig abgelehnt hatten. Die Konservativen aber ließen ihn im Stich, obwohl er ja einer der Ihren war. Die Rechtsverschiebung in den Wählermassen, der eine Linksverschiebung bei starker Verdünnung der Mitte entsprach, war eindeutig.

Im Juli 1932 mußte aus Mehrheitsgründen eine vorzeitige Reichstagswahl stattfinden, bei der die NSDAP mit 38 % die stärkste Partei wurde. Auch die Kommunisten waren mit 15 % wieder stärker vertreten, die SPD kam auf 22 %. Was die KPD gewann, verlor die SPD, aber sie arbeiteten zusammen und strebten die *„Volksfront“* an, d. h. eine marxistische Regierung. Die mehr oder minder liberale Mitte war mit 3 % praktisch aufgerieben. Die Katholiken hatten sich mit 16 % zwar gehalten, aber Brüning brachte keine Mehrheit zustande und mußte zurücktreten.

Er hatte zwar behauptet, *„100 m vor dem Ziel“* zu stehen, aber welches Ziel er meinte, wußte niemand. Es hätte außerordentlicher Maßnahmen bedurft, um einen

Umschwung zu ermöglichen. Hatte Brüning an eine umwälzende Wirkung der von ihm in die Wege geleiteten *„Osthilfe"* gedacht? Milliarden – natürlich aus Auslandskrediten – waren an die verschuldeten großen Güter in Ostdeutschland zwecks *„Umschuldung"* gegangen. Die Güter sollten sich mit neuen Maschinen ausrüsten, da seit 1914 kaum modernisiert werden konnte. Eine *„Bodenreform"* war geplant, d. h. der Großgrundbesitz sollte aufgeteilt und an *„Neu-Bauern"* gegeben werden. Doch alles war so schlecht organisiert, daß der Korruption Tür und Tor offenstand.

Da aber die Nationalsozialisten zusammen mit den Deutschnationalen auch nur 43,5 % an Stimmen erzielt hatten, konnten auch sie keine Regierung bilden.

Hindenburg ernannte nun den parteilosen, konservativ eingestellten, früheren Generalstabsoffizier Franz von *Papen* (1879–1969) aus Westfalen zum Kanzler. Auch er kam mit seinem „Kabinett der Fachleute" nicht weiter, löste bereits sechs Monate später den Reichstag auf und trat zurück.

Wieder wurde der Reichstag neu gewählt. Das Ergebnis war aber praktisch das gleiche wie ein halbes Jahr zuvor. Nur hatte sich der linke Flügel verstärkt, eindeutig zuungunsten des rechten.

Als nächster Kanzler versuchte der ebenfalls parteilose General Kurt von *Schleicher* (1882–1934) aus Brandenburg eine Regierung aufzustellen. Da er aber keine Mehrheiten zur Verfügung hatte, hoffte er mit Tricks durchzukommen.

Ernennung Adolf Hitlers zum Reichskanzler am 30. Januar 1933: Die Nationalsozialisten drängten nun unbedingt zur Macht. Im ganzen Reich fanden Großveranstaltungen statt. Hitler, Göring, Goebbels und andere waren unermüdlich. Sie sprachen oft an einem Tage in mehreren Städten. Die SA war ungeachtet ihres Verbotes durch Brüning derweilen zur Millionenorganisation geworden und beherrschte überall das Feld. Deshalb hob von Papen ihr Verbot wieder auf. Es war sowieso illusorisch gewesen. Wo noch Kämpfe stattfanden, räumte SA die Straßen. Polizei schien überflüssig.

Hakenkreuzfahnen und die *schwarz-weiß-roten Fahnen* des Bismarck-Reiches wehten zu Tausenden, wenn die Redner auftraten. Die *schwarz-rot-goldene Reichsflagge* war praktisch verschwunden.

Hitler war der Mann, dem das nationalgesinnte Volk zujubelte, auf ihn und ein neues Deutschland setzte man alle Hoffnung. Die jugendlichen Arbeitslosen strömten ihm zu, manche Ältere folgten lieber den Versprechungen des Weltkommunismus, die politische Mitte hatte vollständig versagt, von ihr wollte man nichts mehr wissen.

Schleicher versuchte eine Koalition unter Einschluß der NSDAP mit dem Hintergedanken zu erreichen, diese Partei zu spalten. Einige Nationalsozialisten waren bereit mitzuregieren, aber Hitler lehnte jede Diskussion darüber ab. Er wollte erster Mann in der Regierung sein. Schleichers Trick-Politik war schnell am Ende. Er trat am 28. Januar 1933 zurück.

Herr von Papen empfahl nun Hindenburg, Hitler zum Reichskanzler zu ernennen. Er glaubte, daß die Nationalsozialisten – einmal an der Macht – bald erkennen müßten, daß zwischen ihren Versprechungen und den Möglichkeiten unüberwindliche Hindernisse lagen.

Am 30. Januar 1933 ernannte Hindenburg den Führer der NSDAP Adolf Hitler zum

Reichskanzler. Die Nationalsozialisten hatten nach 13 Jahren ihr Ziel erreicht und bejubelten die Machtübernahme im ganzen Reich mit Aufmärschen, Fackelzügen und Siegesfeiern. Die abgeschlagenen Linksparteien mußten sich zähneknirschend geschlagen geben. Die Mitte resignierte, blieb aber skeptisch.

Das Dritte Deutsche Reich 1933–1945

Adolf Hitler (1889–1945), Führer und Reichskanzler seit 1933/34

Das *Erste Deutsche Reich* bildete sich zwischen 843 und 936 von Ludwig dem Deutschen bis Heinrich I. Arnulf von Kärnten hatte schon 896 für sich und seine Nachfolger das Recht auf den Kaisertitel gesichert. Otto der Große wurde 936 Deutscher König, und mit seiner Kaiserkrönung in Rom 962 erneuerte er Arnulfs Bündnis mit den Päpsten. Die von ihm geschaffene Staatsordnung zerfiel erst beim Tode Kaiser Friedrich II. 1250 nach 175 Jahre dauerndem Streit mit dem nach alleiniger Weltmacht strebenden Papsttum. Seit Rudolf von Habsburg 1273 wandelte sich das bisherige *„absolute Kaisertun"* in das *„aufgelockerte Kaisertum der Kurfürsten"*, welches über fünf Jahrhunderte bis 1806 bestand. Das Ende kam aus innerer Schwäche und durch kriegerische Einwirkung von außen.

Das *Zweite Deutsche Reich* schuf Otto von Bismarck 1871 mit Wilhelm I. an der Spitze. Als Kaiserreich hielt es sich bis 1918. Es war föderalistisch aufgebaut und innerlich fest gefügt, erlag aber im Ersten Weltkrieg nach über vier Jahren feindlichen Angriffen von drei Seiten. Es war den Nachbarstaaten wirtschaftlich zu stark geworden. 1919 wurde die Republik ausgerufen mit einem Reichspräsidenten als Oberhaupt. Der „Weimarer Staat" versagte an innerer fehlerhafter Planung. Er war 1933 am Ende.

Das *Dritte Deutsche Reich* begann 1933 und endete 1945 mit Adolf Hitler, der 1934 den Titel „Führer und Reichskanzler" annahm. Auch dieser streng gelenkte *Einheitsstaat* war groß und mächtig. Er wurde das Opfer des über fünf Jahre dauernden Zweiten Weltkrieges, der ebenfalls nach allen Seiten hin geführt werden mußte, aber ebenso eines sinnwidrig geübten Rassismus, dem das schwer leidende Judentum mit USA-Hilfe am Ende triumphierend begegnete.

Der Aufbau des Dritten Reiches 1933–1935: Als erste Amtshandlung löste Hitler durch Mehrheitsbeschluß den Reichstag auf und bestimmte die Neuwahl auf den 5. März 1933. Bis dahin sollten alle Kommunisten aus Verwaltung und Schulen entfernt sein.

Die Straßenkämpfe hatten schlagartig ihr Ende gefunden, aber am 27. Februar flackerte der Widerstand von links noch einmal auf, als am 27. Februar durch *Brandstiftung das Berliner Reichstagsgebäude* in Flammen aufging.

Der neue Reichstag hatte folgende Zusammensetzung:

NSDAP	45 %	Katholische Parteien	14,0 %
Deutschnationale	8 %	Sozialdemokraten	18,5 %
Bürgerliche Mitte	2 %	Kommunisten	12,5%

Die zwei Rechtsparteien bildeten die neue Regierung.

Die Eröffnungssitzung des neuen Reichstages fand feierlich in der *Potsdamer Garnisonkirche* statt, der Ruhestätte Friedrichs des Großen und des Soldatenkönigs. Alle späteren Reichstagssitzungen wurden in der *Berliner Kroll-Oper* abgehalten.

In den vier Monaten nach Hitlers Ernennung zum Kanzler vollzog sich die eigentliche *„Nationalsozialistische Revolution“* auf unblutigem Wege, aber nicht ohne zahlreiche Maßnahmen an den Gegnern der NSDAP. Ihr Ende verkündete Hitler am 6. Juli 1933. – Die Welt schaute nun gespannt auf Berlin.

Das „Ermächtigungsgesetz“. – Das „Gesetz zum Neuaufbau des Reiches“ März 1933: Um freie Hand für schnelles, zweckmäßiges Handeln zu bekommen, ohne durch das bisherige übliche Parteiengezänk behindert zu werden, beantragte die neue Regierung im Reichstag ein „Ermächtigungsgesetz“, welches erlaubte, dringend nötige Gesetze ohne Befragung des Parlaments zu erlassen. Nach langer und hitziger Diskussion wurde die Ermächtigung am 24. März 1933 erteilt. Nur die SPD hatte mit „Nein“ gestimmt.

Damit war die Weimarer Verfassung praktisch außer Kraft gesetzt, was dazu führte, daß sich bis Juli 1933 alle Parteien – außer der NSDAP – selbst auflösten, teilweise unter Protest. Die Neubildung von Parteien wurde anschließend verboten.

Ende Januar 1934 folgte das „Gesetz zum Neuaufbau des Reiches“. Auch alle Länderparlamente hatten sich aufgelöst und waren durch *Reichsstatthalter* ersetzt worden. Diese hatten die speziellen Interessen der Länder und des Reiches aufeinander abzustimmen.

An der Spitze stand der *Reichspräsident von Hindenburg.* Am 2. August 1934 starb er im Alter von 87 Jahren. Seine Ruhestätte fand er im *Tannenberg-Nationaldenkmal,* wo er 1914 siegte und Ostpreußen befreite. Als Ende September 1927 das Ehrenmal eingeweiht wurde, hatte Hindenburg in seiner berühmten *Tannenberg-Ansprache“* gesagt: „Die Anklage, daß Deutschland schuld sei an diesem größten aller Kriege, weisen wir, weist das deutsche Volk in allen seinen Schichten einmütig zurück. Reinen Herzens sind wir zur Verteidigung des Vaterlandes ausgezogen, und mit reinen Händen hat das deutsche Heer das Schwert geführt. Deutschland ist jederzeit bereit, dies vor unparteiischen Richtern nachzuweisen!“ – Das Ausland reagierte auf diese Feststellung mit gespielter Empörung.

Der Reichstag bestimmte Hitler nach Hindenburgs Tod zum Reichspräsidenten, doch war sein offizieller Titel *„Führer und Reichskanzler“*. Wie jeder Kanzler bestimmte er die Politik nach innen und außen. Er übernahm auch das Oberkommando der Wehrmacht und faßte die drei Teile Heer, Marine und Luftwaffe organisatorisch fest zusammen.

Das *Reichsgericht in Leipzig* wurde zur obersten Justizbehörde aufgewertet, der alles unterstand, was mit dem Rechtswesen im ganzen Reich zusammenhing.

Die Sozialverfassung ab 1933: Als Leitlinie für alle Probleme zwischen Arbeitgebern und Arbeitnehmern wurde eine „Sozialverfassung“ geschaffen: Gewerkschaften und Unternehmerverbände verfielen der Auflösung. Statt dessen entstand die gemeinsame Organisation der *„Deutschen Arbeitsfront“*. Der marxistische Begriff des *Klassenkampfes war zutiefst verpönt,* und ein Streikrecht wurde nicht anerkannt. *Streik galt als eine Art Erpressung,* die den Arbeitsfrieden störte. *Lohnfragen wurden auf dem Gesetzeswege geregelt.* Streik und Aussperrung gaben es also nicht mehr. Die Sozialverfassung war eine vollständige Absage an die Ideologie des Marxismus.

Sonstige Gesetzgebung ab 1933: Mit Hilfe des *„Reichserbhofgesetzes“* schaffte man die Erbbauernhöfe, welche die Zukunft der Bauern absicherten. Diese Höfe hatten eine Größe von höchstens 125 Hektar, die bei Erbschaft unteilbar waren. Auch die Aufteilung des Großgrundbesitzes in Erbbauernhöfe wurde betrieben, und zwar auf der Basis freiwilligen Verkaufs seitens der Besitzer und günstiger Reichskredite für die Käufer.

Besonderer Aufmerksamkeit erfreute sich das Sportwesen: Die Deutsche Turnerschaft (DT) und sämtliche Sportarten wurden einem *Reichssportführer* unterstellt, ehemals parteigebundene Sportverbände aufgelöst.

Der frühere Freiwillige Arbeitsdienst (nach dem Ersten Weltkrieg in Deutschland und anderen europäischen Ländern als Mittel gegen Arbeitslosigkeit organisiert) wurde entsprechend dem neuen *„Reichsarbeitsdienstgesetz"* zur Dienstpflicht. Die gesamte männliche und weibliche deutsche Jugend zwischen 18 und 25 Jahren diente ein halbes Jahr lang als Landarbeiter, Krankenhaushilfe, Haushaltshilfe in kinderreichen Familien usw. Die Stadtjugend kam vorwiegend aufs Land, die Landjugend in die Städte.

Das *Polizeiwesen*, welches früher Angelegenheit der Länder war, unterstand nun der Regie des Reiches. – Alle Nationen der Welt unterhielten zu jeder Zeit auch eine politische Polizei, eine Geheimpolizei, oder wie man sie sonst nannte. Ihre Aufgabe war und ist die Verfolgung und Verhinderung von Verbrechen gegen den Staat im Inneren. In der Weimarer Republik hieß sie: Polizei-Abteilung IA, woraus im Dritten Reich die *Geheime Staatspolizei* hervorging, abgekürzt *„Gestapo"*. – In den USA heißt die Geheimpolizei abgekürzt derzeit „CIA", in Sowjetrußland „KGB", früher „Tscheka", „MWD", „NKGB", „GPU".

Das Außenministerium unterstand dem Deutschnationalen Konstantin Freiherr von *Neurath* (1873–1956) aus Württemberg, einem international anerkannten Politiker.

Hermann *Göring* Minister für Luftfahrt und Oberbefehlshaber der Luftwaffe, sowie Preußischer Ministerpräsident,

Wilhelm *Frick* (1877–1946) Reichsinnenminister.

Das Wirtschaftsministerium und die Leitung der Reichsbank übernahm wieder Hjalmar *Schacht*. Die *Reichsbank* unterstand als Währungs- und Notenbank der Reichskanzlei direkt und war selbständige *„juristische Person"* (= eine Personenvereinigung mit Rechten und Pflichten gegenüber der Allgemeinheit wie jeder einzelne Bürger auch. Aktiengesellschaften, Vereine usw. sind „juristische Personen".).

Neuentstanden war das Reichs-Propaganda-Ministerium unter dem erfolgreichen Redner Joseph *Goebbels*. Seine Aufgabe war die Volksaufklärung und die Verbreitung nationalsozialistischen Gedankengutes. Er gründete die *„Reichskulturkammer"* zur Förderung von Wissenschaft, Kunst und Film.

Das Reichs-Kultusministerium sorgte für ein *einheitliches Schulsystem*. Das Schulwesen war in der Weimarer Republik Sache der Länder gewesen. Es gab zu dieser Zeit (wie in der BRD wieder) ein Dutzend Kultusminister, und jeder bestimmte nach eigenem Gutdünken. Wenn eine Familie in ein anderes deutsches Land umzog, fanden die Kinder oft nur mangelhaften Anschluß an den dortigen Schulplan. Auch erkannten manche Kultusminister das Lehrerstudium anderer Reichsländer nicht an.

Das *„Ministerium für kirchliche Angelegenheiten"* bemühte sich, mit dem Vatikan zu einer Vereinbarung zu kommen. Hitler war ursprünglich katholisch gewesen, aber aus Protest gegen internationale Anfeindungen aus der Kirche ausgetreten. Doch Papst *Pius XI.* war auf Ausgleich bedacht, wie er es auch mit Mussolini gehalten hatte. So einigte man sich schon im Juli 1933 in einem Kirchenvertrag *(Konkordat)*: Danach gab es im Deutschen Reich nur noch *einen Nuntius* (= Botschafter des Vatikanstaates) in Berlin und nur noch einen deutschen Botschafter im Vatikan. Der Papst konnte Bischofs-Neubesetzungen nach Prüfung der Person und Bestätigung durch die Reichsregierung vornehmen. Der Bischof hatte den Treueid gegenüber dem Deutschen Reich zu leisten, und die Pfarrer mußten ins sonntägliche Kirchengebet auch die Bitte um den Segen für Volk und Reich einflechten. Politische Tätigkeit der Geistlichen war untersagt, unbehinderte seelsorgerische Tätigkeit der Kirche aber gewährleistet. Auch konnten katholische Bekenntnisschulen im Reich nach dem Vertragstext weiterbestehen oder neu eingerichtet werden. – Konkordate ähnlichen Inhalts bestanden zwischen dem Vatikan und anderen Staaten auf der ganzen Welt. – Es hatte sich seit den Jahren des *Investiturstreits* (1075–1122) viel geändert!

Schließlich gab es das *„Reichsministerium ohne Geschäftsbereich"*. Sein Leiter trug den Titel *„Stellvertreter des Führers"* und war Rudolf *Heß*.

Das Dritte Reich wurde zu einem streng gelenkten Einheitsstaat geformt, wie dies z. B. Frankreich, England und Rußland schon seit Jahrhunderten waren. Wie in der Sowjetunion bildete die einzige politische Partei zusammen mit Regierung und Staat eine Einheit. Die Gewährleistung dieses Prinzips gehörte zu den Aufgaben von Rudolf Heß. Auch die Reichsstatthalter der Länder unterstanden seinem Ministerium.

Eine eigentliche *Verfassung des Dritten Reiches* bestand nicht. Sie war zwar vorgesehen, doch sollte sie gegebenenfalls nach Zweckmäßigkeit noch verändert werden können. Zur Verwirklichung kam sie nicht.

Der Neuaufbau des Reiches laut Gesetz vom Januar 1934 war also in kurzer Zeit organisatorisch vollzogen, und es galt nun, dieses Gebilde mit Leben zu erfüllen. Das geschah auch, und zwar in einer Art und Weise, die die ganze Welt den Atem anhalten ließ.

Adolf *Hitler* pflegte in *großangelegten Reichstagsreden* die anstehenden Probleme dem Volke vorzutragen. Bei solchen Gelegenheiten hing buchstäblich die ganze deutschsprachige Bevölkerung am Radiogerät. Auch das Ausland hörte mit.

Beseitigung der Arbeitslosigkeit 1933–1937: Das Wichtigste war, die katastrophale Arbeitslosigkeit zu beseitigen. *„Gebt mir vier Jahre Zeit"* hatte Hitler ausgerufen.

Deutschland besaß weder *Gold noch Devisen*, und alle Kassen waren leer. Dagegen lag in der Bank von Frankreich der zweitgrößte Goldschatz der Welt nach der USA. Der Löwenanteil der deutschen Reparations-Milliarden war nach Paris gegangen. Aber mit noch soviel Gold konnte man die Weltwirtschaft nicht ankurbeln, wenn keine leistungsfähige Industrie vorhanden war und das allgemeine Vertrauen fehlte. So ging der Wirtschaftsminister Schacht neuartige Wege und löste die deutsche Währung vom Goldstandard. Als *Währungsdeckung* galt nun *die Arbeitskraft*, die bei über 6 Mill. Arbeitslosen ein gewaltiges brachliegendes Kapital darstellte, welches außerdem durch Fürsorgegelder in Milliardenhöhe strapaziert wurde. Schacht ging davon aus, daß sich die Wirtschaft ganz Europas von der Weltkrise erholen würde, wenn Deutschlands Industriekapazität wieder wirksam eingesetzt werden könne.

Er begann mit dem *„Tauschhandel"*, indem er in anderen Ländern große Bestellungen aufgab unter der Bedingung, daß gleichhohe Gegenaufträge erteilt wurden. Sofort konnten auf beiden Seiten viele Arbeitslose beschäftigt werden.

Auf diese Weise erfolgte nach kurzer Zeit am Arbeitsmarkt eine Umkehr. Weil

Deutschland hochwertigste Güter lieferte, blieben auch Überschüsse, mit denen infolge strenger *Devisenbewirtschaftung* äußerst sparsam umgegangen wurde. Wer z. B. ins Ausland reisen wollte, bekam nur Fremdgeld für zehn Reichsmark je Tag eingewechselt. Die Mitnahme von Geld ins Ausland hatte schon Brüning auf insgesamt 200 Reichsmark je Person beschränkt.

Sodann wirkten sich großzügige *Arbeitsbeschaffungsprogramme* und *zinsbillige Kredite*, besonders aber im Bauwesen und damit auf die meisten Handwerkszweige belebend aus. Allgemein war Vertrauen und Optimismus aufgekommen, und die Betriebe investierten.

Neben *Reichsbahn* und *Reichspost* entstand ein neues Staatsunternehmen, welches ein Heer von Arbeitskräften beschäftigte: Die *Reichsautobahn*. Sie stand unter Leitung des Generalinspektors für das deutsche Straßenwesen, Dr. Ing. Fritz *Todt* (1891–1942) aus Pforzheim.

Autobahnen waren eine neuartige Straßenform, fähig, den zu erwartenden Millionenverkehr von Automobilen zu bewältigen. *Bis 1939* entstanden im Reich rund *2 000 km Autobahnen*. Die Kraftwagenindustrie nahm schnellen Aufschwung, und zu den bekannten Marken wie Mercedes, Wanderer, BMW usw. kam später der *Volkswagen*, den der Ingenieur Ferdinand *Porsche* (1875–1951) aus Reichenberg im Sudetenland im Auftrag der Regierung entwickelt hatte.

Mitte 1936, also innerhalb von drei Jahren, war im Reich die Zahl der Arbeitslosen von 6,3 auf 1,3 Mill. gesunken, in Österreich wegen der wirtschaftlichen Verflechtung mit dem Reich von 0,7 auf 0,2 Mill. Der Welthandel war wieder zum Laufen gekommen, so daß in den USA die Arbeitslosen von 15 auf 12, in England von 3 auf 2, in Italien von 1,8 auf 1,2 usw. abgenommen hatten. Nur in Frankreich erfolgte ein Anstieg von 1,3 auf 1,8 Mill.

Ein Jahr später gab es im Reich keine Arbeitslosen mehr und im Ausland nur noch wenige. Bald fehlten sogar Arbeitskräfte, vor allem Fachleute. Ab Anfang 1937 hatte nämlich in der Welt die Zeit der militärischen Aufrüstung begonnen.

USA-Präsident Roosevelt und aufkommender Deutschenhaß in den USA seit 1933: 1933 war nicht nur Adolf Hitler an die Macht gekommen, sondern auch in den USA der neue Präsident, der Demokrat Franklin Delano Roosevelt, (1882–1945). Mit seinem *„New Deal-Plan"* ging er nur z. T. erfolgreich gegen Krise und Arbeitslosigkeit vor. Dieser Plan sah u. a. eine beträchtliche Aufrüstung vor, um die einschlägige Industrie zu beschäftigen.

Japan befand sich im *Krieg mit China* und hielt große Teile dieses Landes besetzt. Um dort einen Riegel vorzuschieben, erkannte die *USA 1933 die Sowjetunion diplomatisch an*, was zu tun sie sich wegen des dort herrschenden Kommunismus bisher entschieden geweigert hatte.

Ferner wurde der deutsche Nationalsozialismus in Amerika bald schärfer abgelehnt als der Kommunismus.

Man erkannte, daß sich *drei Weltanschauungen* gegenüberstanden. Neben *Demokratie* und *Kommunismus* war nach dem Ersten Weltkrieg der *Faschismus/Nationalsozialismus* neu entstanden.

Der Haß gegen den Nationalsozialismus wurde zum Haß gegen das Deutsche Reich, was wiederrum mit der Judenfrage zusammenhing.

Die Gründe für den Antisemitismus in der NSDAP – Die „Rassengesetze" September 1935: Der Antisemitismus im Nationalsozialismus hatte eine seiner Wurzeln in der Überzeugung, daß der Erste Weltkrieg für Deutschland nur durch das Eingreifen Amerikas verlorengegangen sei. Das finanziell sehr bedeutsame, oft maßgebliche Judentum der USA mit seinem großen Anteil an der „Wallstreet", der Propagandamaschinerie und der Rüstungsindustrie sei, so sagte die NSDAP, der Hauptschuldige an Deutschlands Unglück, d. h. am verlorenen Krieg, gewesen, obwohl im Kaiserreich kaum Antisemitismus geherrscht habe. Während der Weimarer Republik hatte außerdem der *Einfluß des Judentums im Reich* enorm zugenommen: Von den 66 Mill. Einwohnern waren etwa 500000 Glaubensjuden und 300000 getaufte Juden, also solche, die zum evangelischen oder katholischen Christentum übergetreten waren.

Der weitaus größte Teil aller Juden waren natürliche Bürger deutscher Staatsangehörigkeit, die fleißig ihrem Beruf nachgingen und loyal zum Reich hielten. Nur eine kleine Minderheit vor allem ausländischer Juden hatte sich vor 1933 bedenkenlos bereichert, indem sie Fabriken, Wohnhäuser, Kunstgegenstände usw. unter Ausnutzung der Notzeit für ein Spottgeld in Dollarwährung aufkauften. Doch waren auch viele ausländische Nichtjuden an diesen Machenschaften beteiligt. Auf diese Weise waren ganze Stadtviertel deutscher Großstädte in ausländischen Besitz geraten. Im Bankgeschäft, Zeitungswesen, in Warenhäusern und Kulturinstituten gaben Juden zunehmend den Ton an. Auch hatten sich zehnmal soviel jüdische Ärzte und Rechtsanwälte, als ihrem Bevölkerungsanteil entsprochen hätte, niedergelassen.

Der Unmut über diese Zustände hatte sich in Deutschland bedenklich angestaut, besonders als 6–7 Millionen Deutsche arbeitslos auf der Straße lagen. Antisemitismus verkaufte sich damals leichter als etwa noch 1928. Im April 1933 verkündete die neue Reichsregierung das *„Berufsbeamtengesetz"* mit dem sogenannten *„Arierparagraphen"*. Danach konnten Nichtarier keine Beamten werden, und wo sie es waren, wurden sie großenteils entlassen.

Unter „Ariern" verstand man die Angehörigen der europäischen Völker. Juden als Semiten oder Zigeuner (indischer unbestimmter Herkunft) leben zwar auch in Europa, sind aber dort nicht integrierbar. Deshalb galten sie nicht als Arier.

Im September 1935 folgten die *„Nürnberger Gesetze"*, auch *„Rassengesetze"* genannt. Unter anderen wurden Ehen zwischen einem „Arier" und einem „Nichtarier" verboten, bereits geschlossene konnten weiterbestehen, doch gab es immer mehr Schwierigkeiten für die Betroffenen. Jüdische Juristen wurden gezwungen, ihre Praxen zu schließen, und jüdische Ärzte durften nur noch Juden behandeln; jüdische Studenten erhielten an den Universitäten keine Studienerlaubnis mehr.

Schon 1933 hatte eine *Massenauswanderung von Juden* aus dem Reich begonnen, wobei sie offiziell nur einen kleinen Teil ihres Vermögens mitnehmen konnten. Nach Verkündung der „Nürnberger Gesetze" war dies nicht mehr möglich. Nun wollte man im Ausland Juden ohne Geldmittel nicht aufnehmen, so daß für diese eine verzweifelte Lage entstand. In den USA führte dieser Zustand – infolge des gut organisierten jüdischen Einflusses – zu immer frostigeren Beziehungen zu Berlin. Die Entwicklung einer Abwehrfront gegen den Antisemitismus in den – meist liberalen – Ländern mit viel jüdischer Bevölkerung konnte nicht überraschen.

Hitlers außenpolitisches Ziel der Errichtung des Großdeutschen Reiches

Hitlers weltweit deutlich erklärtes politisches Ziel war die Wiedererrichtung des Großdeutschen Reiches, wie dieses bereits jahrhundertelang bestanden hatte. Dabei war er sich der Bereitschaft des Volkes bewußt. Für die große Mehrheit galt:

Es ist der alte deutsche Traum,
daß sich die deutschen Stämme finden,
im ganzen deutsch bewohnten Raum
das große Deutsche Reich zu gründen!

Gegen solche Pläne stellte sich im Inneren eine nur sehr geringe Minderheit, die unterschwelligen Kontakt zum internationalen Sozialismus und Kommunismus sowie zu politischen Emigranten unterhielten. Auch gewisse Kreise der Kirchen gehörten nicht zu den begeisterten Fürsprechern. Der großdeutsche Gedanke strebte nicht nach Herrschaft über andere Völker, doch wollte er verhindern, daß Deutsche unter Fremdherrschaft leben mußten.

Natürlich standen Deutschlands und Österreichs Nachbarn den großdeutschen Plänen unbedingt feindlich gegenüber, denn fast alle hatten sich deutsche Länder angeeignet. Sie bangten vor Unterlaufung des Richelieuschen Prinzips.

Deutschlands Austritt aus dem Völkerbund Oktober 1933: Bereits im Oktober 1933 hatte Deutschlands Vertreter in Genf bei einer „Abrüstungsdebatte" energisch die Anerkennung als gleichberechtigter Verhandlungspartner verlangt, wogegen sich Frankreich unter Berufung auf den Versailler Vertrag genauso entschieden sträubte.

Daraufhin erklärte die Reichsregierung am 14. Oktober 1933 ihren Austritt aus dem Völkerbund, was große Aufregung hervorrief. Eine Volksabstimmung im Deutschen Reich Mitte November 1933 bestätigte diesen Schritt mit 95 % Ja-Stimmen. Deutschland hatte seit jeher den Völkerbund nur als Bestätigungsversammlung für Frankreichs und seiner Verbündeten unaufhörliche Schikanen empfunden.

Neue Einkreisungsbestrebungen gegen das Reich Februar 1934: Der französische Außenminister Louis *Barthou* (1862–1934) als alter Anhänger Poincarés hatte ab Februar 1934 die alte Einkreisungspolitik gegen Deutschland neuaufgelegt. Er beabsichtigte ein umfassendes Bündnis zwischen Frankreich, Italien, Jugoslawien, Polen und Rußland, also vom Faschismus über die Demokratie zum Bolschewismus. Deshalb kam im Oktober 1934 König *Alexander I.* (1888–1934) vom ewig unruhigem Jugoslawien zu einem Staatsbesuch nach Marsaille. Dieser endete aber bereits bei Beginn, weil ein nationalistischer Kroate den König und Barthou, die im offenen Wagen saßen, durch Pistolenschüsse ermordete.

Mit dem Tode Barthous war die für das Reich bedrohliche Lage vorerst beseitigt, zumal Frankreich innenpolitisch in neuen Parteienstreit geriet und schwer durch Skandale, steigende Wirtschaftsnöte und Arbeitslosigkeit geschüttelt wurde.

Der sog. Röhm-Putsch Juni 1934: Auch in Deutschland entstand im Juni 1934 eine gefährliche innenpolitische Krise: Die SA hatte sich zu einer beachtlichen Macht entwickelt, weil großen Teilen aller jüngeren Männer unter beträchtlichem Druck der

Beitritt recht nahegelegt wurde. Der Stabchef der SA war der ehemalige Berufs- und Freikorpsoffizier Ernst *Röhm* (1887–1934) aus München, der als Teilnehmer am Hitler-Putsch und später durch den Einsatz seiner Sturmabteilung (SA) viel zum Erfolg der NSDAP beigetragen hatte.

Nach der Machtübernahme geriet er in starken *Gegensatz zur Reichswehr,* weil er diese nicht für genug sozialistisch hielt, was ihre Führung in der Tat nur sehr zum Teil war. Er trat für ein *„Volksheer" mit der SA als Stamm-Gruppe* ein, wollte aber nicht sehen, daß die im inneren Bürgerkrieg erprobte SA nicht die Qualitäten besaß, ein Volksheer zu bilden und zu führen. Röhm glaubte aber diese Rolle mit der SA übernehmen zu können. Deshalb baute er die SA zur Millionen-Organisation in brauner Uniform aus. In alle Reichsländer setzte er als SA-Obergruppenführer seine persönlichen Freunde ein, die in bedenklichen Einzelfällen ebenso wie er selber *homosexuelle Neigungen* besaßen.

Der riesige Ausbau der SA erfolgte ohne die begeisterte Zustimmung Hitlers. Doch Röhm verfolgte seine Pläne weiter, er hoffte, vollendete Tatsachen schaffen zu können, denen sich Hitler nicht widersetzen würde. Um sich volkstümlich zu machen, trat Röhm bei SA-Aufmärschen, die oft und überall zu sehen waren, in der Rolle des Siegers auf, war doch Hitlers Machtübernahme ohne den vorher harten, verbissenen Kampf der SA gar nicht denkbar. Er stand aufrecht im offenen, langsamfahrenden Wagen mit einem goldverbrämten roten Überwurf und grüßte nach beiden Seiten, wo Tausende von SA-Männern in militärischer Ordnung aufgestellt waren. In weiteren Wagen folgte die örtliche SA-Führerschaft.

Noch galten der SA-Stabschef und seine Obergruppenführer nach außen als angesehene Männer, aber Reichspräsident Hindenburg, Regierung und Reichswehr wußten über Röhms Pläne Bescheid. Die Masse der SA ahnte nichts. Die „Alten Kämpfer" wunderten sich nur, weshalb ihre SA, nachdem ja die Macht seit gut einem Jahr errungen war, jetzt so enorm aufgebläht wurde.

Es gab vermutlich noch keinen Putschplan bei Röhm. Doch bestand die Gefahr, daß Hitler auf die Dauer gegen die Reichswehr und damit auch gegen Hindenburg gestellt werden sollte. Hitler schlug nun überraschend zu. In einer nächtlichen Blitzaktion erfolgte mit Hilfe der in ihrer Schlagkraft gewachsenen SS die *Verhaftung der höchsten und höheren SA-Führer,* die zu einem großen Teil in *Bad Wiessee* zusammengekommen waren. Man brachte sie in eine Strafanstalt, wo sie wegen Hochverrats *standrechtlich erschossen* wurden. Als Röhm der Aufforderung, Selbstmord zu begehen, nicht nachkam, ereilte ihn das gleiche Schicksal. In anderen Teilen des Reiches erfolgten gleichzeitig ähnliche Aktionen.

Auch General von *Schleicher* (mit Frau) kam unbeabsichtigt ums Leben: Ein Verhaftungskommando hatte sich in der Wohnung geirrt, und als sich Schleicher handgreiflich zur Wehr setzte, wurde er erschossen. Der „Röhm-Putsch" erforderte mehr als 400 Todesopfer.

Die herausragende Bedeutung der SA war damit gebrochen. Sie wurde zwar nicht aufgelöst, war künftig aber am ehesten eine Wehrsport-Organisation.

Die *SS* mit der Geheimorganisation *SD = Sicherheitsdienst* unterstellte Hitler seinem eigenen Kommando. *„Reichsführer SS"* Heinrich *Himmler* (1900–1945) aus München, ebenfalls Teilnehmer am Hitlerputsch 1923, wurde dadurch auf seinem Posten, den er seit 1929 innehatte, beachtlich aufgewertet. Auch die *„Gestapo"* unterstand ihm nun. Ferner war er Befehlshaber der *„Leibstandarte Adolf Hitler"* in Berlin-Lichterfelde, die unter dem Kommando des späteren Generalobersten der Waffen-SS, *Sepp Dietrich* (1892–1966) aus Ottobeuren, stand.

Die Entstehung des Großdeutschen Reiches 1935–1939

Die Volksabstimmung im Saarland 1935

15 Jahre lang sollte laut Versailler Vertrag das Saarland unter Völkerbundsverwaltung – sprich französischer Hoheit – stehen. Die nun vorgesehene Volksabstimmung brachte am 13. Januar 1935 eine 90,5 %ige Mehrheit für die Rückkehr zum Reich. 8,8 % Linksozialisten stimmten für die Beibehaltung des Völkerbundsmandats, und 2124 ansässige Franzosen (= ¼ %) hielten es für richtig, daß das Saarland zu einer Provinz Frankreichs werden sollte.

Als die Rückgliederung am 1. März 1935 offiziell erfolgte, herrschte im Saarland und im Deutschen Reich ein unbeschreiblicher Jubel. Endlich war eine der gebietsmäßigen Mißachtungen der Wilsonschen Grundsätze ausgeräumt.

Der Nationalsozialismus in Österreich 1923–1938: Hier ging es um das gleiche Ziel wie im Reich, um die Vereinigung beider Länder.

Rüdiger *Starhemberg* (1899–1956) aus Graz, Nachkomme eines alten Fürstengeschlechtes, hatte sich 1923 am Marsch an der Feldherrenhalle in München beteiligt, aber die NSDAP in Österreich trat vorerst nicht stark in Erscheinung.

Im März 1931 unterschrieben der österreichische Außenminister Johannes *Schober* (1874–1934) aus Oberösterreich und der deutsche Außenminister Julius *Curtius* (1877 bis 1948) aus Duisburg das *„Wiener Protokoll"*, welches eine *Zollunion* beider Länder vorsah.

Der Plan scheiterte am damaligen Widerstand Frankreichs und Italiens. Die einen bangten sogleich um Elsaß-Lothringen, die anderen um Südtirol. Sogar der *Haager Internationale Gerichtshof* in den Niederlanden wurde angerufen, der unter Frankreichs und Italiens Einfluß die geplante Zollunion für rechtswidrig erklärte.

Nachdem sich im Reich 1933 die NSDAP durchgesetzt hatte, drängten die österreichischen Nationalsozialisten nun mit größter Energie zur Macht. Ihnen standen vorerst die bürgerlichen *Heimwehren* unter Rüdiger Starhemberg, der die Hoffnung auf eine Einigung verloren hatte, entgegen. Die Heimwehren bekämpften erbittert die Marxisten, und in Wien war es schon 1927 zu blutigen Straßenschlachten zwischen beiden gekommen.

In der schweren Wirtschaftskrise vor und nach 1933 unterstützte Starhemberg zuerst Bundeskanzler Schober und nach dessen Tod den Nachfolger Engelbert *Dollfuß* (1892 bis 1934) aus Niederösterreich. Wie Starhemberg glaubte auch Dollfuß an die Undurchführbarkeit der Vereinigung Österreichs mit dem Deutschen Reich wegen des Widerstandes der europäischen Mächte.

Um Ordnung in das Land zu bringen, versuchte er deshalb mit Hilfe einer neuen *autoritären Verfassung* auf bürgerlich-christlicher Grundlage im Mai 1934 den Staat völlig umzubauen. Danach wäre eine Vereinigung mit dem Reich unmöglich geworden.

Das veranlaßte die österreichischen Nationalsozialisten zu einem Putschversuch, der zwar scheiterte, bei dem aber Dollfuß im Juli 1934 in Wien erschossen wurde.

Sein Mitarbeiter Kurt *Schuschnigg* (1897–1977), aus alter Adelsfamilie stammend, übernahm das Bundeskanzleramt und regierte im Sinne von Dollfuß weiter.

Das bedeutete Unterdrückung der Nationalsozialisten, aber auch Umgestaltung der Heimwehr. Letztere löste sich 1936 auf und ging in der sog. *„Vaterländischen Front"*, dem Kampfbund Schuschniggs auf. Starhemberg, der bisher Vizekanzler unter Schuschnigg war, trat daraufhin zurück.

Militärbündnis Frankreich/Italien 1935: Während der Putschversuche 1934 von Röhm in Deutschland und der österreichischen Nationalsozialisten in Wien beendete Frankreich den Bau seiner *„Maginotlinie"*, so genannt nach dem damaligen Kriegsminister. Jetzt fühlten sich die Franzosen unangreifbar. Dieses Befestigungswerk bestand aus einer großen Anzahl hochtechnisierter Artillerie-Beton-Bunker entlang der französischen Ostgrenze im Elsaß von der Schweizer Grenze bis gegenüber Karlsruhe und von da bis Sedan an der belgischen Südgrenze.

Die Maginot-Befestigungen hatten ihre Zielrichtung nach Osten bzw. Norden und galten als unverwundbar durch Flugzeugangriffe. Die Munitionslager befanden sich tief unter den Bunkern, nur erreichbar durch elektrisch betriebene Fahrstühle.

Trotz dieser militärischen Abschirmung geriet Frankreich infolge wirtschaftlicher Schwierigkeiten und wegen des Schocks der Saar-Abstimmung immer mehr in politische Unsicherheit. Es bangte nach wie vor um Elsaß-Lothringen und suchte deshalb sein Heil in *Militärbündnissen*, vorerst Frankreich/Italien im Januar 1935.

Auch *Mussolini* konnte sich des Raubes von Südtirol nie wirklich sicher sein. Eine Vereinigung Österreichs mit dem Reich versuchte er also weiterhin zu verhindern und *unterstützte* deshalb die betont eigenständigen Bestrebungen von *Dollfuß und Schuschnigg.*

Dies und das Bündnis mit Frankreich hatten natürlich empfindliche Gegensätze zu Hitler im Gefolge. Weltanschaulich zogen zwar beide am gleichen Strang, aber für Italien hatte die Machtpolitik Vorrang.

Das Deutsche Reich mußte seine militärische Stärke unbedingt wiederherstellen oder aber gänzlich auf seine außenpolitischen Ziele verzichten. Das aber konnte die nationale Regierung nicht, denn ihre Machtergreifung beruhte ja gerade auf der Nichtanerkennung des Versailler Diktates, der Ablehnung der Erfüllungspolitik, der Zurückweisung der Kriegsschuldlüge und der Forderung nach Gleichberechtigung.

Einführung der allgemeinen Wehrpflicht im Reich März 1935: Am 15. März 1935 verkündete Hitler in Berlin die Wiedereinführung der *Wehrhoheit* im Reich. Durch Gesetz galt nun die allgemeine Wehrpflicht.

Hitler erklärte im Reichstag – und ganz Deutschland saß vor den Radiogeräten –, daß die neuaufzustellende Wehrmacht an Größe und Ausrüstung einzig und allein Sache der Reichsregierung sei und daß sie sich nach den Sicherheitserfordernissen der schwierigen mitteleuropäischen Lage Deutschlands zu richten habe. Das 100000-Mann-Heer reiche nicht aus, zumal Frankreich seit über einem Jahr wieder Bündnispolitik gegen das Reich betreibe.

Neue Einkreisung des Reiches 1935: Daraufhin schloß sich im Mai 1935 die *Sowjetunion dem französisch-italienischen Bündnis* an. Nun glaubte der Pariser Ministerpräsident und Außenminister Pierre *Laval* (1883–1945) das Reich wieder in der Zange zu haben.

Doch bekam das alte *französisch-polnische Bündnis* einen argen Riß, weil Polen die Russen als Erbfeinde betrachtete. Für sie war das Bündnis mit Frankreich vorrangig als Schutz gegen die Sowjets gedacht. Schon während der Einkreisungs-Vorverhandlungen Anfang 1934 hatte *Pilsudski mit Hitler* einen *zehnjährigen Nichtangriffspakt* abgeschlossen, gleichzeitig einen solchen mit Stalin. Pilsudski suchte mit Deutschland unbedingt einen dauernden Ausgleich. Leider starb er im Mai 1935.

England hatte an Frankreichs Bündnispolitik zur Zeit kein Interesse. Ihm lag lediglich die Beschränkung der geplanten neuen deutschen Kriegsflotte am Herzen. *Berlin und London* einigten sich im *Flottenabkommen vom Juli 1935* auf ein Stärkeverhältnis von *35:100*.

Deutsche Besetzung der entmilitarisierten Zone März 1936

Der Locarno-Pakt von 1925 verbot dem Reich nicht etwa die Wehrhoheit, wohl aber die Aufhebung der entmilitarisierten Zone im Westen. Streitigkeiten sollten auf dem Verhandlungswege geschlichtet werden. Frankreichs neue Einkreisungspolitik mußte Deutschland aber als Bedrohung und entgegen den Bestimmungen des Paktes empfinden.

Berlin fand in London Bestätigung für diese Auffassung und erhielt Rückendeckung zur Wiederbesetzung der entmilitarisierten Zone. Am 7. März 1936 kündigte Hitler den Locarno-Pakt auf, und deutsches Militär marschierte unter dem Jubel der Bevölkerung in das 50 km breite rechtsrheinische sowie das gesamte linksrheinische Deutschland samt dem Saarland ein.

Auch diese wichtige Entscheidung ließ sich Hitler durch eine Volksbefragung bestätigen. Es machte im Ausland großen Eindruck, als 99 % zur Rheinlandbesetzung „ja" sagten.

Der Vorgang war ein Wagnis, weil außer der Reichswehr an militärischer Macht im Reich wenig vorhanden war. Doch Frankreich konnte nichts dagegen unternehmen, weil seine Bündnispartner Italien und Sowjetrußland weder gewillt noch fähig waren, für die Pariser Interessen Krieg zu führen.

Außerdem befand sich Frankreich im Wahlkampf. Die Nationalen hatten abgewirtschaftet, und die Sozialisten zusammen mit den Kommunisten gewannen im April 1936. Damit erlebte Frankreich unter Léon *Blum* (1872–1950), einem Sozialisten jüdischer Herkunft, seine erste *Volksfront-Regierung*. Hitler bot nun Paris ein Abkommen an, welches eine entmilitarisierte Sicherheitszone beiderseits der deutsch-französischen Grenze vorschlug. Doch die Sozialisten lehnten – genau wie die nationale Opposition – entrüstet ab.

Die Achse Berlin–Rom Oktober 1936: Mussolini hatte sich den Beitritt zum Bündnis mit Frankreich gut bezahlen lassen, in dem ihm Paris freie Hand bei der Eroberung des letzten selbständigen afrikanischen Staates Abessinien (Äthiopien) zusichern mußte.

Der Völkerbund jedoch verhängte unter englischer Führung *Wirtschafts-Sanktionen gegen Italien*, als dieses den Feldzug begann. Deutschland beteiligte sich nicht an diesen Maßnahmen, verlangte allerdings von Mussolini die *Aufkündigung des Einkreisungsbündnisses* mit Frankreich und den Sowjets, die auch erfolgte.

Das Reich lieferte nun alles, was notwendig war, um die italienische Wirtschaft funktionsfähig zu erhalten. Wie berichtet, entstand so das *„Faschistische Imperium"*, und König *Victor Emanuel II.* erhielt im Mai 1936 den zusätzlichen Titel eines *„Kaisers von Äthiopien"*. Der bisherige Kaiser, der *Negus*, flüchtete aus Addis Abeba und fand Aufnahme in London.

Das Verhältnis zwischen Deutschland und Italien mündete am 25. Oktober 1936 in einen Freundschaftsvertrag, die sog. „Achse Berlin–Rom". Im Spanischen Bürgerkrieg sollte dieser Vertrag bald Konturen gewinnen.

Die Bündnisse zwischen Frankreich und der Sowjetunion sowie zwischen Frankreich und Polen blieben bestehen, ebenso die zehnjährigen Nichtangriffspakte Polens mit Deutschland und mit der Sowjetunion.

Der Spanische Bürgerkrieg Juli 1936–März 1939: Im unruhigen Spanien regierte König *Alfons XIII.* (1886–1941) aus dem Hause Bourbon. 1923 hatte er dem General *Primo de Rivera* (1870–1930) nach dessen Staatsstreich diktatorische Vollmachten erteilt, der damit das Land zu befrieden suchte.

In Spanisch-Marokko und Französisch-Marokko brach 1925 der *Rifkabylen-Aufstand* unter *Abd el Krim* (1880–1963) aus, den Primo de Riveras Soldaten zusammen mit französischen Fremdenlegionären nach schweren Kämpfen niederschlugen. Doch in Spanien selbst konnte er sich gegen die Republikaner nicht mehr behaupten, so daß ihn der König 1930 entlassen mußte. Einen Monat später starb der General in Paris.

Eine Neuwahl brachte die Linksparteien an die Macht. Alfons XIII. dankte 1931 ab und flüchtete ins Ausland. Damit wurde *Spanien Republik.* In der neuen Volksfrontregierung wetteiferten auf der radikalen Linken die Kommunisten Moskauer Typs mit Anarcho-Syndikalisten. Etwa ab 1936 kam es zu bürgerkriegsähnlichen Zuständen. Klöster, Kirchen und Güter wurden niedergebrannt.

Die bürgerlichen Parteien konfessionellen oder liberalen Typs setzten sich zwar zur Wehr, doch im Februar 1936 wählte man den Linkssozialisten und Schriftsteller Manuel *Azana* (1880–1940) zum spanischen Staatspräsidenten. Das führte zu immer stärkerer Bolschewisierung Spaniens. Es organisierten sich links die *Anarcho-Syndikalisten, rechts die nationalistischen Falangisten* zu Wehrverbänden. Zusammenstöße zwischen Linken und Rechten nahmen überhand.

In dieser Situation begann im Juli 1936 der Befehlshaber der spanischen Truppen in Marokko, General Francisco *Franco* (1892–1975), die nationale Erhebung gegen das Madrider Volksfrontregiment. Daraus entwickelte sich der dreijährige grausame Spanische Bürgerkrieg.

Die Volksfront erhielt Waffen- und Geldhilfe von Stalin aus Moskau und von Léon Blum aus Paris. Außerdem organisierten diese Länder die sogenannten *„Internationalen Brigaden"*, die zur militärischen Unterstützung der Volksfront nach Spanien gebracht wurden.

Franco stützte sich auf die katholische Kirche, den Großgrundbesitz, auf die Falange und die Armee. Doch deren Ausrüstung befand sich durch jahrelange Vernachlässigung seitens der Madrider Links-Regierung in schlechtem Zustand, so daß Franco vorerst über Anfangserfolge nicht hinauskam.

Es bildete sich eine Front quer durch Spanien, wobei der Westen und der Hauptteil des Nordens sich in Francos Machtbereich befand, der Osten mit der Hauptstadt Madrid und den nördlichen Küstenstädten jedoch in Händen der Volksfront.

Franco errichtete in *Burgos* 250 km nördlich Madrid eine *nationalspanische Gegenregierung*, die von Deutschland und Italien sofort und von weiteren Staaten bald danach anerkannt wurde. Hitler, Mussolini und Salazar in Portugal unterstützten nun wirksam Franco mit Waffen und Truppen. Deutschland schickte die Freiwilligen-*Legion Condor* nach Spanien.

Bald nach Beginn des Spanischen Bürgerkrieges riefen mehrere Staaten in London den sog. *„Nichteinmischungsausschuß"* ins Leben, um den Krieg auf Spanien zu beschränken. Fast alle Staaten beteiligten sich, auch Sowjetrußland, Frankreich, das Deutsche Reich und Italien. Die Hilfstruppen dieser Länder galten nicht als „Einmischung", weil sie auf freiwilliger Basis beruhten.

Langsam setzte sich General Franco durch, doch mußte jede Stadt in zähem Kampf erobert werden. Ende Januar 1939 fiel Barcelona, und der Staatspräsident Azana floh nach Frankreich. Als letzte Stadt eroberte Franco am 28. März 1939 *Madrid*, wo sich die Verteidiger, Kommunisten und Sozialisten, in blutigen Kämpfen vorher noch selbst zerfleischt hatten.

Als neuer Staatschef mit dem offiziellen Titel *„Caudillo" regierte* Franco 36 Jahre lang absolutistisch und zentralistisch mit einem Einparteien-System ähnlich wie in Deutschland und Italien.

Das an Rohstoffen arme, karge Land erholte sich nur langsam. Doch verstand es Franco, sein Land aus den kriegerischen Konflikten, die bald über Europa hereinbrechen sollten, herauszuhalten und *Neutralität* zu wahren.

Gleich nach dem Fall von Madrid hatten die USA, Frankreich und England das neue Regime diplomatisch anerkannt, doch gerade England nahm jede Gelegenheit wahr, um Francos Regierungsform unter Beschuß zu nehmen. Aus diesem Grund verweigerte London auch jedes Gespräch über die Rückgabe *Gibraltars* an Spanien. Mit einem „Diktator" könne eine demokratisch-parlamentarische Nation niemals verhandeln. Eine gute Ausrede. Jedenfalls war das Spanien Francos eines der wenigen Länder, in welchen Ruhe und Ordnung herrschten, während fast ganz Europa ins Chaos geriet.

Stillhalteabkommen zwischen Deutschland und Österreich Juli 1936: Doch zurück zum Reich: Nach der Wiedererlangung der Wehrhoheit kam es zwischen Berlin und Wien zu Verhandlungen, welche im Juli 1936 zu einem Stillhalte-Abkommen führten. Das Reich fand sich vorerst mit Schuschniggs diktatorischer Politik ab. Alle Parteien waren in Österreich verboten, auch die NSDAP. Andererseits gab Schuschnigg die geschichtlich unhaltbare *„österreichische Eigenständigkeit"* auf und bekannte sich zu dem Grundsatz, daß Österreich immer ein deutscher Staat war und ist. Franz von *Papen* war zu dieser Zeit Botschafter in Wien.

Die Olympischen Spiele in Berlin 1936 – Die Reichsparteitage in Nürnberg: In den Sommer 1936 fiel das Ereignis der Olympischen Spiele von Berlin. Für diesen Zweck war ein *Olympiastadion* errichtet worden, eine Arena für 100000 Zuschauer. Es wurde ein Fest noch nie dagewesenen Ausmaßes. Die Gäste kamen aus der ganzen Welt. Zur Begrüßung kreuzten über Berlin und dem Stadion die beiden mächtigen Luftschiffe *„Graf Zeppelin"* und *„Hindenburg"*. An der obersten Rampe des Stadions war ein Kranz von Scheinwerfern angebracht, die des Abends einen mehrere hundert Meter hohen Lichtkegel erzeugten, der infolge des klaren Wetters noch im 900 km entfernten Paris zu erkennen war. Aber nicht nur der Rahmen der Gesamtanlage des *„Reichssportfeldes"*, wie es genannt wurde, war großartig, die Leistungen der Sportler übertrafen sich selbst. In sechswöchigem Lehrgang waren die deutschen Teilnehmer in der Reichssportschule trainiert worden, so daß sie mit 33 goldenen, 36 silbernen und 30 bronzenen Olympiamedaillien den Gesamtsieg errangen.

Im Organisieren von großen Festen oder politischen Massenveranstaltungen waren die Nationalsozialisten groß: So fanden alljährlich in Nürnberg die *Reichsparteitage* statt. Das waren Heerschauen aller NS-Organisationen; SS, SA, NSKK (= Nationalsozialistisches Kraftfahrkorps), Hitlerjugend mit BDM (= Bund Deutscher Mädchen), Reichs-Arbeitsdienst, die Deutsche Arbeitsfront (= Verband aller Berufstätigen als gemeinsamer Ersatz für Gewerkschaften und Arbeitgeberverbände) und andere marschierten auf breiten Straßen zu Hunderttausenden nach der Zeppelinwiese des Nürnberger Parteitagsgeländes. Diese Veranstaltungen dauerten mehrere Tage, und an einem – dem Tag der Wehrmacht – fand die große Militär-Parade statt, die alljährlich die verbesserte Ausrüstung an Panzern, Geschützen, Flugzeugen usw. zeigte. In Ansprachen gaben Hitler und seine engsten Mitarbeiter Rechenschaft über das vergangene Jahr und verkündeten Pläne für die Arbeit der nächsten Zeit.

Ende der Internationalen Kontrolle über die deutschen Ströme November 1936: Im November 1936 erklärte Hitler die Bestimmungen des Versailler Vertrages über die Internationalisierung der deutschen Ströme für hinfällig, veranlaßte die sofortige Schließung der *Kontrollbüros* und stellte die Verwaltung wieder unter Reichshoheit. Die Beamten der Kontrollstaaten mußten buchstäblich hinauskomplimentiert werden.

Solche Einstellung gegenüber dem Reich, dazu die Einkreisungsbündnisse, ferner der Zorn, daß es Hitler gelang, die Fesseln von Versailles nach und nach abzuwerfen, waren nicht dazu angetan, eine echte politische Beruhigung in Europa eintreten zu lassen.

Andererseits hatten die *überspitzten Freuden- und Siegeskundgebungen* in Deutschland zweifellos provokatorischen Charakter und waren ausgesprochen undiplomatisch. Die feindlich gesinnten Politiker des Aus- und Inlandes fühlten sich persönlich beleidigt. Dazu kam die *Behandlung der Juden* mit ihren schweren Ungerechtigkeiten. In den USA, wohin die meisten Juden emigrierten, staute sich ein immer verhängnisvollerer *Deutschenhaß* auf.

Die Machtverhältnisse im Fernen Osten

Zum besseren Verständnis der weiteren Ereignisse muß ein Blick auf den Fernen Osten geworfen werden:

Etwa 350 n. Chr. war durch kriegerische Zusammenfassung aller Stämme der *japanische Staat* entstanden. Um 400 n. Chr. eroberten die Japaner erstmals die Festlands-Halbinsel *Korea*, kamen dadurch mit der *chinesischen Kultur* in Kontakt, erlernten die Schrift und bekamen Kenntnis vom bereits 1000 Jahre alten *Buddhismus*, wovon sie einiges in ihre eigene uralte Religion, den *Schintoismus*, aufnahmen. Der Schintoismus verehrt die Sonne, Berge, Flüsse und Seen, gewisse Tiere und Bäume. Dazu kam die Ahnen- und Heldenverehrung. Der *Mikado* (= *Tenno* = Kaiser) wurde allezeit göttlich verehrt und bis heute als direkter Nachkomme der Sonnengöttin *Amaterasu* anerkannt.

Die folgenden 1000 Jahre waren von inneren Machtkämpfen der maßgebenden „Familien" (= Fürstenhäuser) geprägt.

Im Jahre 1543 „entdeckten" portugiesische Seefahrer die japanischen Inseln, woraus sich ein bescheidener Handel entwickelte. Auch kamen nach wenigen Jahren Jesuitenpatres ins Land, die eine strenge *christliche Missionstätigkeit* begannen, was die Schintoisten schließlich zur Gegenwehr veranlaßte. Seit 1640 schloß sich Japan weitgehend von der Außenwelt ab und duldete nur gelegentlich in einigen Häfen chinesische Schiffe. Das Christentum wurde – wo es Fuß gefaßt hatte – radikal ausgerottet.

Die nächsten 200 Jahre waren mit Standeskriegen zwischen den adeligen *Samurai* (= ursprünglich Palastwache des Kaisers), den Bauern und der rasch zunehmenden Stadtbevölkerung ausgefüllt.

1854 landeten amerikanische Schiffe und erzwangen einen *Handelsvertrag zwischen Japan und den USA*, der aber erst 14 Jahre später vom jungen japanischen Tenno *Mutsuhito* (1852–1912) anerkannt wurde.

Nun übernahm Japan in nur einer Generation viel von europäischer Zivilisation, was allerdings nicht ohne blutige Aufstände ablief. Schließlich setzte sich der fortschrittliche Mutsuhito 1889 endgültig durch und führte sein Land in den Rang einer modernen *Großmacht*.

Japans und Chinas Machtinteressen waren im Laufe der Jahrhunderte schon mehrmals aneinandergeraten, doch nahmen die Konflikte zu, je mehr Chinas Staatseinheit vor und nach 1900 zerfiel. Japans Bevölkerung stieg rapide an, und die Ernährung wurde knapp. So strebte der Inselstaat nach Ausdehnung auf das Festland.

Wegen Korea kam es deshalb 1894 zum *Chinesisch-Japanischen Krieg*. Der Sieg Japans bei *Port Arthur* führte zur Lostrennung *Koreas* und der Insel *Formosa* von China. Die Insel kam zu Japan, Korea wurde zwar selbständig, stand aber nun unter japanischem Einfluß, und viele Japaner wanderten dort ein. Port Arthur blieb bei China.

1897 trat auch *Rußland* auf den Plan und *besetzte die Mandschurei*, eines der wirtschaftlich bedeutendsten Gebiete Chinas, dazu Provinz und Stadt *Mukden* mit der Hafenstadt Port Arthur. Der russische Angriff erfolgte im Norden von Sibirien und im Osten von der Hafenstadt *Wladiwostok* (Wladiwostok = Beherrsche den Osten!) aus. Zur Absicherung dieser Eroberung begann Rußland sofort mit dem Bau der *Transsibirischen Eisenbahn*. Ein Teilstück führte nach Wladiwostok und wurde 1899 in Betrieb genommen.

Als 1900 der chinesische *Boxeraufstand* gegen die Europäer in Peking ausbrach, stellte sich Japan auf die europäische Seite. Nach der Niederwerfung kam es 1902 zu einem *englisch-japanischen Bündnis*, welches gegen die Ausbreitung Rußlands im Fernen Osten gerichtet war.

Als die Russen auch Korea angriffen, führte das 1904 zum *Russisch-Japanischen Krieg*, in welchem Rußland zur See *Tsushima* und auf dem Lande *(Port Arthur)* geschlagen wurde. Im *Frieden von Portsmouth* 1905 wurden Port Arthur, Mukden, die Südhälfte der Insel Sachalin sowie die beherrschende Stellung in Korea den Japanern zugesprochen. Die Mandschurei blieb zwar bei China, den wirtschaftlichen Einfluß aber teilten sich Japan und Rußland. 1910 verleibte Japan den koreanischen Staat seinem Inselreich als Provinz ein.

Doch auch die *USA* erhoben Machtansprüche im Fernen Osten. Sie konnten sich dabei auf Alaska mit den *Aleuten* vom amerikanischen Festland her und seit 1898 auf die von Spanien abgetretenen *Philippinen-Inseln* südlich Formosa stützen. Die USA standen dem japanischen Vormachtstreben im Fernen Osten grundsätzlich ablehnend gegenüber.

1912 starb der Tenno Mutsuhito, und sein Sohn *Johihito* (1879–1926) wurde Nachfolger. Dessen Regierung erklärte dem Deutschen Reich 1914 den Krieg, um das deutsche Pachtgebiet von Kiautschou sowie die deutschen Südseeinselgruppen in Besitz nehmen zu können.

Die Machtlosigkeit Chinas, welches unter Parteienstreit, Korruption und persönlichen Machtinteressen der *Provinz-Generäle* litt, ermöglichten es den Japanern 1915, von Kiautschou aus die ganze chinesische Provinz Schantung zu erobern und in der Inneren Mongolei Sonderrechte von der chinesischen Regierung zu erzwingen.

Schließlich verursachte 1918 der Zusammenbruch des russischen Zarenreiches den *japanischen Einmarsch in Sibirien* bis zum Baikalsee.

Doch reichte Japans Macht nicht aus, all diese Eroberungen zu halten, zumal die Kriegsflotte der USA eine drohende Haltung annahm. Das 20 Jahre alte englisch-japanische Bündnis war nun für Japan wertlos geworden, denn man erkannte, daß nicht England, sondern die USA die eigentlichen Sieger des Ersten Weltkrieges waren. Die *Konferenz von Washington* 1922 zwang Japan, alle Eroberungen in China – auch Kiautschou – und in Sibirien aufzugeben. Es behielt nur die ehemals deutschen Südsee-Mandate, die Marshall-Inseln, Marianen und Karolinen. Ansonsten galt der Besitzstand nach dem Russisch-Japanischen Krieg von 1905. Außerdem mußte sich Japan – wie schon berichtet – bei der Kriegsflotte mit einem Stärkeverhältnis von 30 : 50 : 50 zu den USA und England einverstanden erklären.

Den Washingtoner Vertrag empfand Japan als schimpflichen Verrat seiner einstigen Verbündeten, weshalb Tokio die Regierungen in Washington und London seitdem als Feinde betrachtete und wieder Anschluß an die sich langsam stabilisierende Sowjetunion suchte, was 1925 zur Wiederaufnahme der diplomatischen Beziehungen führte. Dieser Schritt brachte aber in den nächsten zwei Jahren schwere Unruhen mit von den Sowjets geschürten *marxistischen Umsturzversuchen in Japan.*

In China war es 1927 dem Marschall *Tschiang Kai-Schek* (1887–1975) gelungen, mit Hilfe der *Kuomintang* (auf deutsch: alles für das Land, eine z. T. = diktatorisch organisierte chinesische Nationalpartei), das auseinanderstrebende Reich vorrübergehend zu einigen und eine *Zentralregierung in Nanking* zu bilden. Nun wollte er auch die wichtige *Mandschurei,* die 1928 selbständig geworden war, wieder fest an China binden, wobei er aber auf die Interessen Japans stieß.

Die Großmacht Japan, arm an Rohstoffen, nur 388000 km² groß, mit 85 Mill. Einwohnern und einer Bevölkerungszunahme von jährlich 1 Mill., sah sich immer stärker von der reichen Mandschurei abhängig.

So durchkreuzte Tokio Tschiangs Pläne, indem es 1929 erneut in die Provinz Schantung einmarschierte.

Amerika griff nicht ein, weil es gerade in die gefährliche *Weltwirtschaftskrise* geraten war. Auch Japan litt darunter, doch wurde es durch Sparmaßnahmen und verbilligte Ausfuhren verhältnismäßig schnell damit fertig. Als 1931 in Kanton in Südchina eine Gegenregierung von der innerchinesischen Opposition ausgerufen wurde, benutzte Japan diese Gelegenheit, das Mandschurei-Problem „endgültig" zu regeln, und eroberte das ganze Land. Dabei zwang es auch die Sowjetunion, ihren wirtschaftlichen Besitz an Eisenbahnen und Rohstoffquellen in der Mandschurei an Japan zu verkaufen.

Tschiang Kai-Schek vollzog nun einen innenpolitisch geschickten Schachzug: Er unterstellte seine Nanking-Regierung derjenigen in *Kanton* und ließ sich zum Oberbefehlshaber aller chinesischen Heere ernennen.

Es kam ab 1932 zu dauernden japanisch-chinesischen Kriegsverhandlungen. Chinas Regierung erhob *Anklage beim Völkerbund* in Genf gegen Japan. Als zu erkennen war, daß die Versammlung gegen Japan entscheiden würde, erklärte dieses im März 1933 seinen Austritt bei gleichzeitiger Kündigung des *Washingtoner Flottenabkommens* vom Jahre 1922.

In der Mandschurei wurde ein einheimisches Heer unter japanischen Offizieren aufgestellt und 1934 das Land als Kaiserreich *Mandschukuo*, mit der beachtlichen Größe von 888000 km^2 und 50 Millionen Einwohnern ausgerufen. Es bestand bis 1945. Der letzte chinesische Kaiser *Pui* (geb. 1906) aus der Mandschu-Dynastie war als Kind von sechs Jahren durch die Revolution von 1912 aus der alten Hauptstadt *Peiping* (= Peking) verjagt worden, doch nun als 28jähriger Mann wurde er Kaiser von Mandschukuo, allerdings unter japanischer Schutzherrschaft.

Der ab 1937 dauernde allgemeine Krieg mit China brachte den Japanern zwar beachtliche Landgewinne in Nordchina, doch keine Entscheidung. China als Ganzes ließ sich nicht erobern und besetzen.

Andererseits war gegen Tschiang Kai-Schek ein neuer Widersacher aufgetreten, der Kommunistenführer *Mao Tse-Tung* (1893–1976). Dieser hatte schon 1931 in der Provinz *Kiangsi* 500 km nördlich Kanton eine kommunistische Regierung errichtet. Sein Ziel war die Machtergreifung über ganz China. In der Hoffnung, eine allgemeine kommunistische Volkserhebung zu entfachen, brach er im Oktober 1934 mit seinem Heer in Nordrichtung nach Mittelchina auf.

Dieser sogenannte *„lange Marsch"* stützte sich auf bäuerliche Bevölkerung, auf die Mao fest gezählt hatte; sie machte aber nur zum Teil mit. Dem marschierenden Heer wurden außerordentliche Strapazen zugemutet. Es mußte aus dem Lande leben und sich immer wieder der Truppen der Kuomintang-Regierung erwehren. Die Verluste der Mao-Truppen waren riesig. Zwar war nach 10000 km Marsch in mehr als einem Jahr von den ursprünglich Tausenden Mao-Soldaten nur ein kläglicher Rest in der Stadt Jenan im Norden Mittelchinas angekommen, doch war das Unternehmen dort beendet. Dem zähen Mao gelang es, von dort aus ein großes Gebiet in seinem Sinne erfolgreich zu organisieren. Waffen lieferte reichlich die Sowjetunion, deren Grenze nicht weit entfernt lag. So entstand bis 1936 ein neues kommunistisches Zentrum von beachtlicher militärischer Stärke, mit dem nun auch Japan rechnen mußte.

Japan begann jetzt mit Hilfe der mandschurischen Industrie eine großangelegte Aufrüstung.

Der Antikominternpakt zwischen Deutschland, Japan, Italien 1936/1937: Das geographisch kleine, politisch eingekesselte Deutsche Reich brauchte Verbündete von Gewicht, ebenso wie Japan, dessen Mutterland auch auf engen Raum beschränkt war. Es bot sich von selbst an, daß Deutschland und Japan in Bündnisverhandlungen traten, denn beide Staaten hatten die gleichen Gegner:

Die *„Komintern"* (= kommunistische Internationale), von Lenin bereits 1919 gegründet, verkündete lautstark den Weltkommunismus und hatte in vielen Ländern marxistische Parteien gegründet.

Seit Präsident *Roosevelt und Stalin* 1933 die diplomatischen Beziehungen aufgenommen hatten, sprach man in Japan und Deutschland von der *„Jüdisch-bolschewistischen Verschwörung"*, welche die Absicht verfolge, die Vormachtstellung Japans am Japanischen Meer und die Errichtung des Großdeutschen Reiches zu verhindern, selbst aber in Zukunft als Hauptmächte die Geschicke der Welt zu bestimmen.

In London, dem Zentrum des scheinbar so mächtigen englischen Weltreiches, und im ehrgeizigen Paris wollte man an eine solche „Verschwörung" nicht glauben, denn in der Tat hatten sich doch die internationalen Organisationen des Judentums vom Bolschewismus weithin ab- und der liberalen, westlichen Welt des großen Geldes zugewandt.

Jedenfalls traten Deutschland und Japan bald in Verhandlungen ein, die Ende 1936 in den „Antikominternpakt" mündeten, ein Abkommen zur Abwehr der kommunistischen Weltgefahr.

Das Bündnis begann mit gegenseitiger wirtschaftlicher Hilfe und mit regem militärischem Gedankenaustausch. 1937 trat Italien diesem Pakt bei. So entstand außer der *„Achse Berlin–Rom"* nun auch das *„Dreieck Tokio–Berlin–Rom"*.

Der Anschluß Österreichs an das Reich März 1938

Das Jahr 1938 brachte die Errichtung des Großdeutschen Reiches. Österreich und das Sudetenland wollten angegliedert werden. Die vorbereitenden Regierungs- und Militärbesprechungen in Berlin ergaben Meinungsverschiedenheiten und Bedenken einiger maßgebender Persönlichkeiten.

Reichswehrminister Werner von *Blomberg* (1878–1946) aus Pommern, der bis zum 4. Febr. 1938 im Amt war, und der Oberbefehlshaber des Heeres, Freiherr von *Fritsch* (1880–1939) aus Düsseldorf, die beiden Generäle, welche die Reichswehr zur neuen Wehrmacht umgewandelt hatten, erklärten, daß die militärische Stärke des Reiches von 300000 Mann nicht ausreiche, um einen möglichen Krieg in Europa zu überstehen. Auch der Reichsaußenminister von *Neurath* glaubte die Verantwortung nicht tragen zu können, nachdem die Gutachten der beiden höchsten Generäle vorgetragen worden waren. Neurath trat zurück, und der bisherige Botschafter in London, Joachim von *Ribbentrop* (1893–1946) aus Wesel am Niederrhein, wurde Nachfolger. Blomberg erhielt seine Entlassung, und Hitler selbst war ja schon seit 1934 oberster Befehlshaber der Wehrmacht. Fritsch geriet durch Namensverwechslung oder durch eine Intrige in einen Sittenprozeß, wurde aber vor einem Kriegsgericht voll rehabilitiert. Er suchte und fand 1939 im Polenfeldzug vor Warschau den Tod.

Hitlers Gegenargumente beruhten auf der Überzeugung, daß Frankreich einen Anschluß der rein deutschen Länder Österreich und Sudetenland aus moralischen Gründen nicht länger verhindern werde. Außerdem sei es wegen der Maginotbefestigungen zur Zeit nicht auf Angriff, sondern auf Verteidigung eingestellt. Wie weiterhin Herr von Ribbentrop aus London berichte, denke auch der Premierminister Neville *Chamberlain* (1867–1940) nicht daran, die Wiedervereinigung ganz Deutschlands durch Krieg zu verhindern. So könnten auch Frankreichs Bündnispartner Polen und die Sowjets den Krieg nicht wagen, meinte Hitler. Ein Risiko sei zwar vorhanden, aber das sei für jeden Politiker mit festen Zielen unvermeidbar.

In Österreich war die Bevölkerung zum größten Teil innerlich längst auf den Anschluß ans Reich vorbereitet. Der künstlich am Leben gehaltene autoritäre Staat, der von Krise zu Krise taumelte, war verhaßt. Seine einzige Stütze sah *Schuschnigg* nur noch in Teilen der katholischen Geistlichkeit, die sich aber in anderen Teilen bereits der Wirklichkeit angepaßt hatte.

Mitte Februar wurde Bundeskanzler Schuschnigg nach Berchtesgaden eingeladen, wo er sich unter anderem verpflichtete, das bisherige Verbot der NSDAP aufzuheben.

Doch kaum nach Wien zurückgekehrt, beschloß er die Durchführung einer *Volksabstimmung*. Die Bevölkerung sollte „für ein freies, deutsches, unabhängiges, soziales, christliches, einiges Österreich" abstimmen. Von der Verbotsaufhebung der NSDAP war nicht mehr die Rede.

Hitler hätte zwar ohne die geringsten Bedenken eine solche Abstimmung abwarten können, aber wegen des Risikos ausländischer Einmischung war Eile geboten.

Doch Schuschnigg wollte mit seinem Plan gerade wegen dieser möglichen Einmischung Zeit gewinnen. Berlin protestierte energisch mit dem Erfolg, daß Schuschnigg am 11. März zurücktrat und verkündete, daß er nur der Gewalt weiche. Den österreichischen Soldaten gab er noch den Befehl, sich im Falle eines deutschen Einmarsches zurückzuziehen, um beiderseits „kein deutsches Blut" zu vergießen.

Am 12. März 1938 marschierte die *deutsche Wehrmacht*, gerufen vom neuen nationalsozialistischen Minister *Seyß-Inquart* (1892–1946), *in Österreich* ein. Die österreichischen Soldaten begrüßten die deutschen Kameraden mit lautem Jubel, reihten sich in die Marschkolonnen ein und zogen mit ihnen, von der begeisterten Bevölkerung stürmisch begrüßt, durch Städte und Dörfer nach der Kaiserstadt *Wien*, die 1438, also genau vor 500 Jahren, Hauptstadt des Deutschen Reiches geworden war.

Adolf *Hitler*, der Österreicher, erlebte *in Wien* einen Empfang, wie er großartiger keinem Staatsmann vor und nach ihm jemals zuteil wurde. Wien befand sich in einem unbeschreiblichen Freudentaumel, die Menschen zogen singend, jauchzend, fahnenschwingend und Dank-rufend am Führer vorbei. Weit ruhiger, in ernster Form feierten alle österreichischen Kirchen vom Wiener Stephansdom bis zur kleinsten Dorfkapelle den Zusammenschluß. Die *Bischöfe ließen Hirtenbriefe verlesen*, worin die endliche Vereinigung begrüßt und der hochgeschichtliche Vorgang entsprechend gewürdigt wurde. – Im ganzen nun vergrößerten Reich hielt der Glücksrausch tagelang an.

Der Anschluß des Sudetenlandes an das Reich durch das Abkommen von München 1. Oktober 1938

Nun ging Hitler daran, auch das Problem des Sudetenlandes einer Lösung zuzuführen: Schaute man auf die Land- und Bevölkerungskarte Mitteleuropas, so sah man, daß die *Tschechoslowakei* mitten ins deutsche Siedlungsgebiet hineinragte. Der nördliche Teil, das ehemalige Land Böhmen und Mähren, war von 7 Mill. Tschechen und 3,5 Mill. Deutschen besiedelt. 3 Mill. Deutsche wohnten geschlossen und direkt anschließend an Schlesien, Sachsen, Bayern und Österreich; zusammengenommen wurden sie als *Sudetendeutsche* bezeichnet. Die restlichen 0,5 Mill. bildeten *Sprachinseln*. Praktisch waren die Tschechen ringsum von Deutschen umschlossen mit lediglich 50 bzw. 20 km breiten Lücken nach Südosten ins slowakische Siedlungsgebiet mit 3,5 Mill. Slowaken, einigen kleinen deutschen Sprachinseln und rund 800000 Ungarn.

Trotz teilweiser Wiederholung sei hier die *Geschichte des Tschechenproblems* zusammenhängend beschrieben:

Die keltischen Bojer und seit 60 v. Chr. die germanischen Markomannen hatten das Land um Christi Geburt besiedelt. Nach der Völkerwanderung zogen um 600 auch die slawischen Tschechen und Slowaken ein. Zur Zeit Karls des Großen, also etwa seit 800, stand das Land unter fränkischer Hoheit. Danach entwickelte sich kurzzeitig ein Großmährisches Reich, welches bald nach 900 von den Ungarn zerstört wurde. König Heinrich I. unterwarf das Land 929 der Oberhoheit der deutschen Könige und Kaiser. Seit Beginn des Deutschen Reiches also gehörte Böhmen/Mähren in den Verband dieses Staates.

Die tschechischen (böhmischen) Fürsten der Przemysliden wurden Reichsfürsten und erhielten kurz vor 1200 vom Kaiser sogar die erbliche Königs- und 1290 auch die Kurfürstenwürde. Die Markgrafschaft Mähren gehörte nicht zum Königreich Böhmen. Die Fürsten nahmen am inneren Aufbau oder an den Streitigkeiten des Deutschen Reiches genauso teil wie alle anderen Reichsfürsten. Durch Heirat waren sie mit deutschen Fürstenhäusern versippt und verschwägert, und so blieben auch die leidigen Erbstreitigkeiten nicht aus, an denen der Böhmenkönig Ottokar II. – wie berichtet – scheiterte. Die Przemysliden hatten schon bald die deutsche Sprache angenommen und förderten eifrig deutsche Kultur.

Als 1306 dieses böhmische Königshaus im Mannesstamme ausstarb, kam Böhmen durch Erbschaft an das Fürstengeschlecht der Luxemburger. Vier deutsche Könige und Kaiser stellten die Luxemburger; sie führten Böhmen mit der Stadt Prag zu hoher Blüte.

Der letzte Luxemburger Kaiser *Sigismund I.* ließ es zu, daß der Reformator Johannes *Hus* der katholischen Inquisition ausgeliefert und – trotz zugesicherten freien Geleits – 1415 in Konstanz verbrannt wurde. Die Folge waren die verheerenden nationaltschechischen Hussitenkriege von 1420–1436 und fortgesetzte Unruhen bis 1485.

In der Reformation wurde Böhmen evangelisch, in der Gegenreformation und im Dreißigjährigen Krieg vorwiegend wieder katholisch. Dies führte zu einem fast vollständigem Niedergang des tschechischen Nationalbewußtseins. *Zur Zeit Maria Theresias* sprach in Böhmen kaum noch jemand die *tschechische Sprache*.

Doch mit der Auflösung des Reiches 1806 – Böhmen und Mähren blieben wie bisher bei Österreich – und dem aufkommenden Liberalismus entstand eine neue tschechische

Bewegung, die in Böhmen langsam, aber stetig unter Führung der radikalen *„Jungtschechen"* an Boden gewann.

Die Habsburger in Wien und ihre Regierungen duldeten die laufend zunehmende Unterdrückung in Landesteilen, wo Deutsche in der Minderheit waren. So stellten die Tschechen 1880 im böhmischen Landtag die meisten Abgeordneten. Die Deutschen des Sudetenlandes und der Sprachinseln waren einem ständigen Druck ausgesetzt, und die fanatischen „Jungtschechen" lehnten jeden nationalen Ausgleich ab. Erfolgreich war vor allem ihre Jugendorganisation, der *Sokol.*

Im Ersten Weltkrieg waren die Nationaltschechen im österreichischen Heer der große Unsicherheitsfaktor, und Ende 1918 kam es bei der Auflösung der Österreich-ungarischen Monarchie mit französischer Hilfe zur Gründung der *Tschechoslowakei.* Man hatte kurzerhand einen Viervölkerstaat mit über 14 Mill. Einwohnern aus den Ländern Böhmen und Mähren mit dem Sudetenland, der Slowakei und einem Stück der Karpatenukraine gebildet. Im Sudetenland befand sich der Hauptteil der Industrie des Staates, so daß die meisten Staatssteuern von dort nach Prag flossen. Die Tschechoslowakei war ohne das Sudetenland wirtschaftlich nicht lebensfähig, weshalb die Sudetendeutschen ungefragt in das neue Staatsgebilde gezwungen worden waren.

Seit 1918 erlebte das Sudetenland eine Leidenszeit, die durch noch verstärkte *Tschechisierungsversuche,* Parteiverbote und Unfreiheit gekennzeichnet war. Obwohl die Deutschen in Ostböhmen seit 650 Jahren, in den anderen Teilen wie im Egerland seit mehr als 1000 Jahren ansässig waren, wurden sie von den Tschechen ganz offen als *„landfremde Kolonisten"* bezeichnet und behandelt, obwohl in diesen Gebieten niemals Tschechen gewohnt hatten.

Zum ersten Staatspräsidenten des neuen Landes hatte sich der Slowake *Masaryk* ernannt. Außenminister – später Ministerpräsident – war der Tscheche *Benesch* geworden. Letzterer schuf die „Kleine Entente", einen Militärpakt zwischen Tschechen, Jugoslawen und Rumänen mit fester Anlehnung an Frankreich. Auch mit den Sowjets kam es zu einem Beistandsabkommen.

Als 1933 die Nationalsozialisten in Deutschland an die Macht gekommen waren, erhielten die Sudetendeutschen einige Entlastung vom tschechischen Druck. Der *Deutsche Turnverband in der Tschechoslowakei* war seit 1920 das Herz des Widerstandes gegen die Unterdrückung. Verbandsführer war der Politiker Konrad *Henlein* (1898 bis 1945) aus Reichenberg in Böhmen. Er gründete nun im Oktober 1933 die Sudetendeutsche Heimatfront, die er 1935 zur *Sudetendeutschen Partei* umwandelte. Diese Partei sammelte bald alle Deutschen, die nicht Marxisten waren.

Wenige Wochen nach dem Anschluß Österreichs forderte Henlein offiziell das *Selbstbestimmungsrecht* auch für das Sudetenland. Eine solche Forderung galt – und gilt – vielfach als Hochverrat, doch Benesch wagte nicht, Henlein zu verhaften. Die Bevölkerung im Sudetenland verlangte in Massenversammlungen und Demonstrationen Freiheit von Prag und meinte damit den Anschluß an das Deutsche Reich.

Tschechisches Militär versuchte Ende Mai 1938 in Form einer Teilmobilmachung Stärke vorzutäuschen, nahm viele Verhaftungen vor, aber die Wirkung war genau gegenteilig. Konrad Henlein wiederholte laufend seine Forderungen. Die Menschen jubelten ihm zu, doch er mahnte eindringlich, keine Gewalt anzuwenden. Im großen und ganzen gelang das auch, aber die Demonstrationen nahmen immer stärkeren

Umfang an. Journalisten und Reporter aus aller Welt eilten in Scharen ins Land und berichteten über die dortigen Zustände.

Am 15. September besuchte der englische Premierminister *Chamberlain* Hitler *auf dem Obersalzberg.* Gleichzeitig schickte er den Lord *Runciman,* einen Beamten des Außenministeriums, nach Prag, um sich selbst über die Situation zu unterrichten und mit Benesch eine Vermittlungsmöglichkeit zu erkunden. Benesch lehnte jedes Einlenken brüsk ab.

Hitler forderte von Chamberlain die Anerkennung des Selbstbestimmungsrechtes der Sudetendeutschen. Chamberlain versprach Rücksprache mit Paris.

In London erklärte ihm Lord *Runciman,* daß den Sudetendeutschen ein Zusammenleben mit den Tschechen unter Prags Regie nicht mehr zugemutet werden könne und er deshalb die Abtretung des Landes an das Reich empfehle.

Am 18. September legten London und Paris der Prager Regierung die Einwilligung nahe. Die Prager Regierung gab daraufhin Frankreich und England die Ermächtigung, in ihrem Namen auf das Sudetenland zu verzichten. Eine Volksabstimmung solle aber vermieden werden, weil sonst Ukrainer und Slowaken ähnliche Forderungen stellen könnten. – Die UdSSR zeigte sich uninteressiert.

Am 22. September kam *Chamberlain nach Godesberg* am Rhein. Er erklärte das Londoner, Pariser und Prager Einverständnis zur Übergabe des Sudetenlandes, jedoch nicht sofort, sondern in Etappen von Monaten und Jahren, damit die restliche Tschechoslowakei Zeit habe, sich wirtschaftlich anzupassen. Hitler stimmte dem nicht zu und schlug sofortige Übernahme möglichst am 1. Oktober vor. Die ganze Tschechoslowakei gleiche einem brodelnden Kessel, der schnellstens zu beruhigen sei. Opfer an Menschenleben im Sudetenland müßten unbedingt vermieden werden.

Chamberlain nahm fernmündliche Verbindung mit dem französischen Ministerpräsidenten Edourd *Daladier* (1884–1970) und Benesch auf. Beide lehnten entrüstet ab. Sie gaben sich in ihrer persönlichen Ehre gekränkt.

Am 26. September erklärte Hitler in einer Rede dem Sinne nach: „Das *Sudetenland ist die letzte territoriale Forderung,* die ich in Europa zu stellen habe." Mit diesem Satz war er in eine Falle geraten, die sich durch die zögernde Verhandlungsweise Chamberlains gestellt hatte. Hitler hatte sehr wohl noch Forderungen im Osten zu stellen, wenn er sein Ziel, den Versailler Vertrag zu überwinden, erreichen wollte.

Am nächsten Tag ließ Chamberlain erklären, daß England Krieg führen werde, wenn Frankreich dasselbe tue. Gleichzeitig machte er in einer Rundfunkansprache den Engländern klar, daß es doch Wahnsinn sei, sich für einen schmalen Landstreifen, von dem die Engländer fast nichts wüßten, schlagen zu müssen.

Inzwischen verhandelten Hitler und *Mussolini* über das weitere Vorgehen, weil London und Paris den Duce um Vermittlung gebeten hatten. Chamberlain schlug vor, am 29. September in München eine Konferenz zwischen Chamberlain, Daladier, Mussolini und Hitler abzuhalten, um das Sudetenproblem endgültig zu lösen. Der Premier hielt im Unterhaus gerade wieder eine Rede, als ihm eine kurze schriftliche Mitteilung zugeschoben wurde: Paris, Berlin und Rom hatten sich mit der Münchener Konferenz einverstanden erklärt. Er brach seine Rede ab und verkündete dem Haus, daß es Frieden und keinen Krieg geben werde. Das brachte ihm einen nichtendenwollenden Beifall ein.

Die vier Staatsmänner trafen sich in München und unterschrieben am 29. September

1938 das „Münchener Abkommen“, welches dem Sinne nach bestimmte: „Das Sudetenland wird mit sofortiger Wirkung an das Deutsche Reich abgetreten“, „ferner die polnisch und ungarisch besiedelten Grenzstreifen an Polen bzw. Ungarn“. „Die übrige Tschechoslowakei bleibt bestehen.“ Benesch blieb keine andere Wahl, als zunächst sein Einverständnis zu geben.

Am 1. Oktober 1938 marschierten *deutsche Truppen ins Sudetenland* ein und besetzten es binnen weniger Tage. Das tschechische Militär wagte keinen Widerstand und wurde sofort heimgeschickt.

Was sich ein halbes Jahr zuvor an Begeisterung in Österreich abgespielt hatte, wiederholte sich nun im gleichen Maße im Sudetenland. Konrad Henlein wurde Gauleiter des neuen Reichsgaues.

Noch in der Nacht zum 1. Oktober hatten Chamberlain und Hitler ein *Freundschaftsabkommen unterzeichnet,* in welchem, auch unter Hinweis auf das englisch-deutsche Flottenabkommen von 1935, der Wunsch betont wurde, daß beide Völker nie wieder Krieg gegeneinander führen sollten.

Nach „München“ erklärte Chamberlain jedoch in seiner Umgebung, daß alle diese Ereignisse das *„Ende des britischen Prestiges“* bedeuteten, denn in wenigen Jahren sei England mehrmals zu Kreuze gekrochen. Er sei deshalb nicht bereit, einer Korrektur der deutschen Ostgrenzen zuzustimmen. Eine weitere Ausdehnung der Macht Deutschlands laufe der Gleichgewichtspolitik zuwider.

Der gerade erst abgeschlossene Freundschaftsvertrag mit Deutschland hatte England dazu gedient, das englisch-deutsche Flottenverhältnis 100 : 35 bestätigen zu lassen. Chamberlain veranlaßte ab sofort eine wesentliche Verstärkung der *Aufrüstung und* führte die allgemeine *Wehrpflicht ein.*

Auflösung der Rest-Tschechoslowakei – Protektorrat Böhmen–Mähren: In der Tschechoslowakei war Benesch nach dem Münchener Abkommen zurückgetreten, und sein Nachfolger als Staatspräsident wurde der Tscheche Emil *Hacha* (1872 bis 1945). Der innere Zusammenhalt der Rest-Tschechoslowakei war nicht mehr möglich. Die *Polen* besetzten gleich nach „München“ das Gebiet, welches früher zu Galizien gehört hatte, stellten aber weitere Ansprüche. *Ungarn* verlangte stürmisch die Grenzgebiete, in denen verstreut fast 500000 Ungarn wohnten. Die *Slowaken* drängten nach einem selbständigen Staat. Die polnische Regierung war der Hauptbetreiber der Auflösung der Rest-Tschechoslowakei.

Am 14. März erklärte sich die Slowakei für selbständig. Das Reich erkannte den neuen Staat sofort an. Daraufhin fuhr Hacha nach Berlin und bat Hitler zu retten, was zu retten war. Am Morgen des 15. März unterstellte Hacha den Rest des Staates, also Inner-Böhmen und Inner-Mähren, als „Protektorat“ unter den Schutz des Reiches.

In den folgenden Tagen besetzten deutsche Truppen das Land und stellten damit auch die verstreute Minderheit von einer halben Million Deutschen unter ihren Schutz.

In London verkündete Chamberlain am 15. März 1939 im Unterhaus, daß die *Münchener Garantie Englands* vom 29. September 1938 *für die Rest-Tschechoslowakei erloschen* sei, da sich der Staat selbst aufgelöst habe.

Als sein Hauptkritiker trat der konservative Abgeordnete Winston *Churchill* auf, der seit 1929 keinerlei Regierungsamt mehr innegehabt hatte. Er bestürmte seine Parteigenossen zu scharfem Vorgehen gegen das Reich und scharte eine immer zahlreichere *deutschfeindliche Anhängerschaft* um sich. Seine Mißerfolge im Ersten Weltkrieg, die ihn wegen des blutigen Gallipoli-Abenteuers 1915 zum Rücktritt vom Amt des Marineministers gezwungen hatten, waren längst vergessen.

Am 16. März 1939 erklärte Hitler auf dem Prager Burgplatz die neueingetretenen Umstände, erinnerte an die 900 Jahre währende Zusammenarbeit und Zugehörigkeit des alten Herzogtums und Königreichs Böhmen zum Deutschen Reich und versprach schnelle Befriedung im Lande. Der Jubel der Bevölkerung beschränkte sich diesmal allerdings auf die Deutschen, von denen etwa 55000 in der Stadt von 850000 Einwohnern lebten.

Die Rückgliederung des Memellandes an Ostpreußen März 1939

Die Reichsregierung war seit 1933 mehrmals, jedoch vergeblich, bei der *litauischen Regierung* in Kaunas (Kowno) vorstellig geworden, um wegen des zu 70 % deutsch besiedelten Landes zu verhandeln. Obwohl der neue litauische Staat mit deutscher Hilfe 1918 überhaupt erst entstanden war, *betrieb* man die *Litauisierung der* 105000 *Memelländer.*

Laut *„Memelstatut"* gab es dort einen Landtag der zwar stets eine deutsche Zweidrittelmehrheit aufwies, aber auch einen litauischen Gouverneur, der nach seinen Vorstellungen regierte. Das führte ununterbrochen zu Reibereien, denn die Deutschen setzten sich zur Wehr. Im Frühjahr 1935 verurteilte ein Kriegsgericht in Kaunas *85 aufsässige Memelländer* zu hohen *Zuchthausstrafen.* Die Verhandlungen wurden sehr willkürlich geführt, denn das Gericht wollte ein Exempel statuieren.

1937 kam es zu ersten Gesprächen mit Berlin, die von den Litauern hinhaltend betrieben wurden. Doch nach dem Anschluß Österreichs und des Sudetenlandes war der Widerstand gebrochen, und als sich gar die Tschechoslowakei auflöste, kamen Kompromißvorschläge aus Kaunas. Doch nun war kein Raum mehr für halbe Lösungen.

Wie berichtet, hatte 1226 der slawische Herzog von Masowien den Deutschen Ritterorden zu Hilfe gegen die heidnischen Pruzzen (Preußen) gerufen. In einem langen Kreuzzug wurde bis 1283 das ganze Preußen einschließlich seines nördlichen Teils, des Memellandes, christianisiert und mit Hilfe vieler Siedler und Handwerker aus dem Reich dem deutschen Kulturkreis eingegliedert. Der letzte Hochmeister des Ordens war seit 1511 der Markgraf Albrecht von Brandenburg, der 1525 den bisher katholischen Ordensstaat in ein protestantisches Herzogtum umwandelte. Seit 1618 war Ostpreußen mit Brandenburg in Personal-Union vereint. Aus diesem Vorgang entstand der preußische Staat und 1871 das Zweite Deutsche Reich. Das Memelland war unbestritten Teilhaber an dieser fast 700jährigen Entwicklung, bis 1918 die völlig willkürliche Abtrennung erfolgte.

Am 22. März 1939 gab Litauen das Memelland ans Deutsche Reich zurück. Wieder war ein Unrecht des Versailler Vertrages getilgt und die zwanzigjährige Last der Unterdrückung von 105000 Menschen genommen.

So stand es also in der Außenpolitik. Mit der Rückgewinnung des Saarlandes, Österreichs, des Sudetenlandes und des Memelgebietes war das *Großdeutsche Reich* in der Hauptsache *geschaffen,* und das alles *ohne Krieg.*

Ungereimtheiten innerhalb des Reiches: Diese großartigen Erfolge standen jedoch in keinem Verhältnis zu gewissen kleinlichen, unberechtigten Schikanen und kriminellen Handlungen. Der Haß gegen die Juden nahm immer groteskere Formen an: Mitte November 1938 kam es zum vorläufigen Höhepunkt der Judenfeindlichkeit in Deutschland: SA-Männer und andere Personen zerstörten in der sogenannten *„Kristallnacht"* Tausende von jüdischen Wohnungen, und viele *Synagogen* gingen in Flammen auf. Wer dies veranlaßte, ist noch immer umstritten. Vom September 1941 an mußten sich alle Juden durch einen an der Kleidung aufgenähten gelben *Judenstern* kenntlich machen, ähnlich wie im Mittelalter (um 1200) durch den *spitzen Judenhut.*

Andererseits betrieben ausländische Firmen in jüdischer Hand Handelsboykott und Hetze gegen deutsche Unternehmen und Privatpersonen. Die „Kristallnacht" war die wirkliche oder vorgegebene Folge des Mordes gewesen, den ein jüdischer Fanatiker an dem deutschen Botschaftsrat, Freiherr von *Rath,* in Paris begangen hatte. Jede Seite stellte ihre Handlungen als Repressalien gegen begangenes Unrecht der anderen hin.

Die amerikanischen Juden bestritten jede Schuld an Deutschlands Niederlage im Ersten Weltkrieg, bezeichneten die Waffenlieferungen an Deutschlands Feinde, die erpreßten Reparationsmilliarden und das Eindringen zahlreicher Juden in die deutsche Wirtschaft während der Notzeit der zwanziger Jahre als nach dem Völkerrecht legal.

Andererseits begannen die Nationalsozialisten ihre Herrschaft in Deutschland mit einer Anzahl von *Konzentrationslagern* (KZ), nach dem Muster der englischen KZ im Burenkrieg (1899–1902) in Südafrika: In diese KZ kamen die Männer und Frauen, die offen oder im Untergrund gegen Regime und Reich arbeiteten, meist Kommunisten. Die *„Gestapo"* duldete keine Unterminierung der Staatsordnung. Betroffen waren auch Juden vorerst nur dann, wenn sie zugleich aktive Gegner der NSDAP waren.

Hitler und die Thule-Gesellschaft ab 1919: Wie kam eigentlich Hitler zu seinem ungezügelten Antisemitismus und ausgeprägten Gegensatz zum Marxismus?

Adolf *Hitler* (1889–1945) stammte aus einfachen Verhältnissen, sein Vater war österreichischer Zollbeamter niederen Ranges in Braunau am Inn. Der Vater starb früh, noch ehe Hitler eine Berufsausbildung hatte. Hitler schlug sich als Kunstmaler und Gelegenheitsarbeiter einige Jahre durchs Leben; er wollte Künstler werden. Sein großes Ziel war die Architektur gewesen, doch hatte er trotz Begabung die für den Architektenberuf nötigen Schulen nicht besucht. 1912, mit 23 Jahren, übersiedelte er von Wien nach München, wo er sich mit Vorrang für Politik interessierte. Als *Kriegsfreiwilliger* machte er den Ersten Weltkrieg in einem bayrischen Infanterie-Regiment mit und wurde als Gefreiter mit dem *„Eisernen Kreuz" I. Klasse* ausgezeichnet. Eine Gasvergiftung im Oktober 1918 hatte eine vorübergehende Erblindung zur Folge, so daß er das Kriegsende im Lazarett erlebte. Nach seiner Wiederherstellung betätigte er sich ab 1919, also seit dem Alter von 30 Jahren, nur noch politisch.

So kam er auch mit der Geheimorganisation der „Thule-Gesellschaft" in Berührung. Der Name *„Thule"* bezeichnete im Altertum eine *mythologische „Insel des Glücks"* im hohen Norden. Man stellte sie sich als die *„Urheimat des reinen Germanentums"* vor.

Die Thule-Gesellschaft strebte ein großes, mächtiges Deutsches Reich unter Einbeziehung aller germanischen Länder *(Pangermanismus)* an. Die Jugend sollte im Sinne der Kampfbereitschaft, Tapferkeit, Standhaftigkeit, Treue und Kameradschaft erzogen werden. Verrat am Germanen- und Deutschtum galt als verwerflichste Tat. *Rassen-*

reinheit (Ariertum) war unbedingt zu erhalten und hatte automatisch *Antisemitismus und Antimarxismus* (Marx war Jude) zur Folge. Das *Hakenkreuz*, ein uraltes germanisches Heilszeichen, war das Symbol der Thule-Gesellschaft. Die Mitglieder kamen aus allen Schichten, darunter waren viele mit Einfluß oder Reichtum.

Hier also lag die Quelle eines Teiles des Hitlerschen bzw. nationalsozialistischen Gedankengutes. Die Thule-Gesellschaft war auch der erste *Geldgeber für den Aufbau der Partei Hitlers.*

Adolf Hitler regierte absolutistisch-diktatorisch. Er duldete kaum Kritik und schlug Ratschläge oder Mahnungen auch von wohlmeinenden und verantwortungsvollen Männern oft in den Wind. Seine Erfolge schienen ihm recht zu geben.

Von nun an machte der Führer den Eindruck, als beseele ihn eine Art von *„Sendungsbewußtsein"*, das er wohl als gottgewollt sah.

Das ungelöste Problem von Danzig und des polnischen Korridors 1939

Die europäischen Machtverhältnisse hatten sich in knapp sechs Jahren grundlegend geändert. Das Deutsche Reich mußte als führende Macht auf dem Festland anerkannt werden, und die Unrechtsverträge von Versailles und St. Germain waren weitgehend rückgängig gemacht. Das nahmen die alten Feinde im ewigen Machtspiel, die Anhänger Richelieus und die Gleichgewichtspolitiker, nur zähneknirschend hin.

Hitler hätte wissen müssen, daß der Bogen fast bis zum Brechen gespannt war. Viele verantwortungsvolle Männer rieten ihm deshalb, unbedingt einige Jahre stillzuhalten, das Gewonnene auszubauen und zu festigen, der Welt zu beweisen, daß Deutschland den Frieden brauche und wolle. In einigen Jahren konnten sich die *Probleme im Osten* möglicherweise unter anderen Voraussetzungen von selbst lösen.

Hitler freilich glaubte, die Danziger Frage und das Problem des Korridors zwischen Pommern und Danzig sofort lösen zu müssen, denn der Zweite Weltkrieg gegen das Reich schien ihm wohl schon beschlossene Sache.

Sowjetrußland wollte Polen keine Hilfe leisten, eine Hilfe, die Polen auch nicht haben wollte, weil sein östliches Drittel von den Sowjets beansprucht wurde. Dieses Gebiet war nämlich mit großer Mehrheit von Weißrussen und Ukrainern besiedelt. Andererseits wollten auch England und Frankreich für Polen zunächst nichts tun. Polen schien somit keine andere Wahl zu haben, als sich mit Deutschland zu einigen.

Hitlers Vorschlag vom Oktober 1938, die 1921 vorenthaltene Volksabstimmung in Westpreußen nachzuholen und Danzigs Zollunion mit Polen aufzuheben: Schon am 24. Oktober 1938 schlug deshalb Reichsaußenminister von Ribbentrop dem polnischen Botschafter in Berlin vor, die Zollunion mit dem rein deutschen Freistaat Danzig aufzuheben und in Westpreußen die 1920 dem Land vorenthaltene Volksabstimmung nachzuholen. Sollte diese zugunsten Polens ausfallen, sei ein *Damm für Eisenbahn und Autobahn* zwischen Bütow in Pommern und Dirschau im Freistaat Danzig zu errichten, der Ostpreußen mit dem Reich verbinde. Ergebe die Abstimmung eine Mehrheit für Deutschland, so müsse ein gleicher Damm von der polnischen Provinz Posen nach dem Hafen Gdingen – der in jedem Fall bei Polen verbleibe

– gebaut werden. Der deutsch-polnische Nichtangriffspakt von 1934 solle dann auf 25 Jahre verlängert werden.

Diese Vorschläge erzeugten in Polen einen Sturm der Entrüstung; sie wurden vom Außenminister Joseph *Beck* (1894–1944) im Namen seiner Regierung und dem polnischen Generalstab rundweg abgelehnt. Gleichzeitige militärische Demonstrationen in Warschau und anderen polnischen Städten sollten Polens Kampfbereitschaft kundtun.

Der englische Botschafter in Berlin, Neville *Henderson* (1882–1942), zeigte Verständnis für die deutschen Ansprüche, denn er meinte, daß Großbritannien weit höhere Forderungen stellen würde, wenn z. B. England und Schottland durch einen irischen Korridor getrennt wären. Anders Chamberlain, hinter dem nun immer mehr Winston Churchill hervortrat. Beide beklagten nach dem Münchener Abkommen das „angeschlagene englische Prestige" sowie den deutschen Machtzuwachs. Sie werteten dies stärker als den geretteten Frieden.

Während der folgenden Monate versuchte *Chamberlain den Polen ein Beistandsversprechen* aufzureden, wodurch dieses Land in eine Art von *polnischem Großmachtwahn* geriet: Es wollte keinen Beistand von England, denn Polens Armee sei stark genug, in zwei Wochen nach Berlin zu marschieren und die Deutschen vernichtend zu schlagen, so wie einst 1410 in der Schlacht bei Tannenberg.

Dieser Hinweis hinkte allerdings: Damals war der baltische Großfürst Jagiello (1350 bis 1434) Herr über das kurzlebige Großlitauische Reich, welches weit nach Rußland hineinragte. Da er die polnische Erbprinzessin geheiratet hatte, konnte er 1386 das Königreich Polen seinem Reiche einverleiben. Der Litauer Jagiello – ein Balte also, kein Pole – besiegte 1410 in der Schlacht bei Tannenberg den Deutschen Orden.

In der *polnischen* Presse erschienen *Landkarten*, die als Ostgrenzen Polens die des einstigen Großlitauischen Reiches, als Westgrenze aber Elbe und Saale angaben. Bis dahin hatte sich nämlich im Jahre 983 der große *Wendenaufstand* ausgewirkt, als das Deutsche Reich gerade der dreijährige Kaiser Otto III. nach dem frühen Tod seines Vaters geerbt hatte. Diese slawischen Wenden waren aber keine Polen gewesen, denn diese lebten östlich der Warthe. Auch die gesamte Ostseeküste von Mecklenburg bis Kurland war nach besagten Landkarten „polnisch", obwohl es dort keine Polen gab. Die polnische Gleichung Slawen = Polen stimmte eben hinten und vorne nicht.

Der polnische nationale Fanatismus des 20. Jahrhunderts nahm die wirklichen geschichtlichen Tatsachen nicht zur Kennnis, obwohl nach jahrhundertelanger Fremdherrschaft ein polnischer Staat 1916 durch deutsche Initiative gerade erst wieder erstanden war.

Polnischer Terror gegen die Volksdeutschen ab November 1938: Wesentlich schwerwiegender als solche Phantastereien wirkten sich nun die Untaten neugeschaffener *polnischer militanter Jugendorganisationen aus.* Sie zogen durchs Land, und wo die deutschen Bauern in Minderheiten waren oder gar auf Einzelhöfen lebten, bedrohten und bestahlen sie diese. Fanden sie Widerstand, wurde geprügelt und mit zunehmender politischer Spannung auch gemordet. Noch handelte es sich um Einzelaktionen. Nachdem der Staat aber in keiner Weise eingriff, nahmen die Verbrechen in erschreckender Weise überhand. Das sollte bald zum ernsten Politikum zwischen Berlin und Warschau werden.

Das Bündnis Frankreichs mit Polen stand seit Jahren auf schwankendem Boden. Den Franzosen ging es einzig und allein um Elsaß–Lothringen, Polen diente zur Einschüchterung des Reiches: Frankreichs Außenminister George *Bonnet* (geb. 1889) und Ministerpräsident *Daladier* hatten ihre Einkreisungspolitik gegen das Reich vorerst eingestellt und Verhandlungen mit Ribbentrop und Hitler über ein *Freundschaftsabkommen Frankreich/Deutschland* eingeleitet, welches am 6. Dezember 1938 in Paris unterschrieben wurde. Danach ließ man dem Reich im Osten freie Hand, und Deutschland bestätigte den Verzicht auf Elsaß-Lothringen. Frankreich bekam durch dieses Abkommen auch Luft gegen den Druck von *Mussolini,* der ganz offen *italienische Ansprüche auf* französische Gebiete erhob, nämlich auf die italienischstämmige Insel *Korsika,* auf das gemischtsprachige Gebiet um die Mittelmeerstadt *Nizza* sowie auf die Kolonie *Tunesien,* in der dreimal soviel italienische wie französische Kolonisten lebten.

Ende März 1939 verkündete Hitler nach Ablehnung seiner Vorschläge vom 24. Oktober 1938 in aller Form den *deutschen Anspruch auf Rückgabe Danzigs und* eine freie Bahn und *Straßenverbindung durch den Korridor.*

Die Wut Polens fand keine Grenzen.

Englands Hilfsversprechen und Grenzgarantie an Polen vom 31. März 1939: Nun erneuerte Chamberlain am 31. März 1939 seine mehrfachen Hilfsversprechen an Polen und garantierte dessen Grenzen. Frankreich bestätigte seinen Militärvertrag mit Polen von 1934. Polen nahm diesmal Englands Garantieversprechen an.

Damit heizte London die polnische Euphorie weiter auf, obwohl sich niemand vorstellen konnte, wie die Garantie zu verwirklichen sei. *Polen* merkte nicht, daß es – wie immer – erneut zum *Spielball der Großmächte* wurde. Die Morde an Volksdeutschen nahmen zu und gingen in viele Hunderte. Damit forderten sie das Reich buchstäblich zum Eingreifen heraus, denn welche Großmacht konnte solchem Geschehen tatenlos zusehen?

London hatte mit seinem Hilfsversprechen eine Falle gestellt, in der sich Warschau und Berlin bereits verfangen hatten. Das aber war Anstiftung zum Krieg.

Warschau sah sich bereits als Sieger in Berlin. Es hatte tatsächlich mehr Soldaten unter Waffen als das Reich, allerdings schätzte es die Qualität der Ausrüstung und Organisation völlig falsch ein. England – und damit Polen – hatten natürlich den Präsidenten *Roosevelt,* die „Wallstreet" – die auf das große Rüstungsgeschäft rechnen konnte – und das durch die Judenverfolgung im Reich deutschfeindlich gewordene Judentum auf seiner Seite.

Hitler hätte Danzig und den Korridor gern ohne Krieg zurückbekommen, aber wenn es sein mußte, scheute er auch davor nicht zurück. Er hoffte, jetzt besser wegzukommen als nach Vollendung der riesigen britischen Aufrüstung, die im Gange war. – Die Spannung in Europa stieg.

Verhandlungen Rußlands mit den Westmächten Juni 1939: In der Sowjetunion traten Anfang 1936 innerhalb der kommunistischen Partei und der Armee Richtungsgegensätze auf. Das Politbüro in Moskau schien nicht mehr Herr der Lage zu sein.

Doch Josef W. *Stalin* (1879–1953), seit 1928 uneingeschränkter Herr und Diktator, stellte zwischen 1936 und 1938 mit beispielloser Härte die rein marxistisch-leninistische „Ordnung" wieder her. In zweijährigen Säuberungen sowie dauernden *Schau- und Massenprozessen* ließ er um die 30 000 Menschen hinrichten, darunter viele seiner ältesten Mitstreiter. *Stalin* besaß ebenfalls ausgeprägtes *„Sendungsbewußtsein"*. Durch *Schreckensherrschaft* glaubte er die Ideologie des *Weltkommunismus* zum Siege führen zu können.

Sein engster Vertrauter war Wjatscheslaw *Molotow* (geb. 1890), Mitglied des Zentralkomitees der Partei, ein kluger, zäher Unterhändler. Er schlug den Westmächten einen Militärpakt vor, der für den Fall eines Angriffs gegen Deutschland freien Durchzug durch Polen erforderlich machte. Das aber war für die Polen undenkbar, denn die Russen waren ihre Erbfeinde. Außerdem hatten England und Frankreich gerade den Polen Hilfsversprechen gegeben. Auch verlangten Stalin und Molotow *freie Hand auf dem Balkan sowie gegen die Türkei.*

Was die Zaren seit 200 Jahren angestrebt hatten, nämlich die Herrschaft auf dem Balkan sowie über die Dardanellen und damit der Zugang zum Mittelmeer, entsprach auch unter den Sowjets dem Streben nach der größten Landmacht Eurasiens. Die Westmächte konnten die sowjetischen Wünsche nicht – noch nicht – erfüllen.

Der Deutsch-Sowjetische Nichtangriffspakt August 1939: Natürlich wußte die Reichsregierung vom Stand dieser Verhandlungen. Hitler beschwor in einer großangelegten Rede England, den Frieden zu wahren: Darin betonte er das Recht Deutschlands auf Danzig und den Korridor, bot ein Bündnis und deutsche Garantien für das englische Kolonialreich an. *Hitler prophezeite die Auflösung* dieses bisher größten *Weltreiches*, wenn sich die Briten in einen Krieg einlassen sollten. Er warnte Chamberlain vor Churchill, der den Krieg wolle. Er, Hitler, könne es einfach nicht glauben, daß Großbritannien wegen Danzig und dem Korridor bereit sei, sein Weltreich aufs Spiel zu setzen.

Lord *Vansittart* (1881–1957), diplomatischer Berater des Außenministeriums in London, stärkster Gegner eines Ausgleichs mit Deutschland, erklärte, daß nur die Erwähnung der Möglichkeit eines englisch-deutschen Bündnisses für England in den USA verheerende Folgen haben würde. – England ging also auf nichts ein.

Mitte August bot deshalb die Reichsregierung einen Besuch *Ribbentrops in Moskau* an, der sechs Tage später auch stattfand. Er endete mit einem Wirtschaftsabkommen und einem Nichtangriffspakt zwischen dem Deutschen Reich und der Sowjetunion.

Außerdem war ein Geheimabkommen eingeschlossen, welches eine gegenseitige *Abgrenzung der Einflußzonen* festlegte: Danach sollten im Falle von Grenzveränderungen Finnland, Estland, Lettland, Polen östlich Warschau und im Süden am Schwarzen Meer die rumänische Provinz Bessarabien russischen, Litauen und Polen westlich der Linie Warschau–Mittlere Weichsel–San deutschen Interessen vorbehalten bleiben. Die genauen Grenzen Polens waren später festzulegen. Weiteren Wünschen Moskaus in bezug auf den Balkan hatte Ribbentrop nicht entsprochen.

Rußland hatte somit im Kriegsfalle Chancen, bedeutende Gebiete Europas in Besitz zu nehmen – aber eben nicht auf dem Balkan.

So war als vierter Staat nun auch Sowjetrußland kein unbedingter Gegner eines möglichen Krieges. Als Polen von diesen Plänen erfuhr, hätte es umkehren können und dem Reich Danzig und den Korridor zurückgeben können. Jedenfalls gab es genug Stimmen in Polen und im Ausland, die dazu rieten. Statt dessen erfaßte die maßgebenden Leute und ihre Kriegsanhänger eine verstärkte Welle der Unvernunft, die sich an weiteren Untaten an Volksdeutschen auswirkte. Die englische Regierung *erweiterte ihre Hilfszusage an Polen* am 26. August noch zusätzlich durch einen förmlichen Vertrag.

Italien hatte – wie berichtet – eine Menge Gebietswünsche an Frankreich gestellt und war mit dem Reich durch die „Achse" Berlin–Rom verbündet. Doch ließ Mussolini durch seinen Außenminister Graf *Ciano* (1903–1944) in Berlin erklären, nur dann in einen Krieg eintreten zu können, wenn Deutschland eine *komplette Kriegsausrüstung für Italien* zur Verfügung stelle. Die eigene Rüstung sei nicht leistungsfähig genug.

Die Zustände in Polen – über 18000 *Volksdeutsche als Terroropfer* – Tote und Verletzte – hatte man schließlich gemeldet – setzten die Verantwortlichen in Berlin unter Druck. Nach dem Zweiten Weltkrieg wurden in Bonn die Fälle nochmals entsprechend den Berichten der Flüchtlinge amtlich registriert.

Der polnische Botschafter in Berlin, *Lipski*, hatte sich seit Monaten geweigert, mit irgendeinem Vertreter der Reichsregierung zu sprechen. Eine gewisse Verbindung kam nur über fremde Botschaften zustande, vor allem über den Engländer *Henderson*. Am 29. August versuchte Ribbentrop mit einem anderen polnischen Bevollmächtigten ins Gespräch zu kommen, weil Lipski erklären ließ, daß er keine Befugnis habe, Erklärungen gleich welcher Art entgegenzunehmen. Doch Ribbentrops Versuche blieben ergebnislos.

So gab er am 30. August Henderson die Erklärung zur Kenntnis, die er Lipski habe geben wollen. Sie war etwa eine Wiederholung der gleichen Forderungen vom 24. Oktober 1938 in bezug auf *Danzig und eine Volksabstimmung im Korridor*. Es war also nicht mehr die bedingungslose Forderung vom März 1939.

Als Henderson am 31. August mit Lipski sprach, gab dieser seiner Überzeugung Ausdruck, daß im Kriegsfalle „die viel zahlreichere polnische Armee" nach Berlin marschieren würde.

Der Zweite Weltkrieg 1939–1945

Der Polenfeldzug 1. September–6. Oktober 1939

Am 1. September 1939 marschierten die deutschen Truppen aus Ostpreußen, Pommern, Schlesien und der Slowakei in Polen ein. Damit war der Zweite Weltkrieg *ohne Kriegserklärung* ausgebrochen. Hitler betonte, die Not der Volksdeutschen nicht mehr hinnehmen zu können.

Am 3. September erklärten *England und Frankreich* dem Deutschen Reich *den Krieg*, ohne jedoch den Polen Hilfe zu leisten.

Der Polenfeldzug war am 18. Tag praktisch beendet. Die *Sowjets besetzten kampflos Ostpolen*.

Zwischen dem Reich und der UdSSR kam es am 28. September zu einem *vorläufigen Grenzvertrag*, worin Deutschland neben Lettland und Estland nun auch Litauen als sowjetisches Interessengebiet – unter Wahrung der Rechte der deutschen Minderheiten – anerkannte. Die *Sowjets besetzten auch die drei Baltenstaaten*. Die Interessen der deutschen Minderheiten blieben gewahrt.

Die deutsch-polnische Grenze von 1918 war damit wiederhergestellt, womit der *Versailler Vertrag auch im Osten außer Kraft gesetzt* war.

In den folgenden Tagen wurden laut Teilungsvertrag auch die Provinzen *Ost-Wartheland* mit der Stadt Litzmannstadt (Lodsch) sowie *Süd-Ostpreußen* dem Reich zugeschlagen. Beide waren je etwa 12000 km² groß und um Litzmannstadt von einer zahlreichen deutschen Minderheit bewohnt.

Restpolen zwischen den neuen Grenzen wurde „bis zu einem allgemeinen Friedensschluß" zum *Generalgouvernement* unter deutscher Besetzung erklärt.

Am 6. Oktober verkündete Hitler in einer Reichstagsrede die Beendigung des Polenfeldzuges und machte England und Frankreich ein Friedensangebot, welches sofort abgelehnt wurde.

Vorbereitungen zu weiterem Kriegseinsatz Oktober 1939–Mai 1940: Nun befand sich Europa im Kriegszustand, ohne daß nennenswerte Kampfhandlungen stattfanden.

Die nächsten sieben Monate dienten der Vorbereitung auf den wirklichen Krieg: Überall wurde die Rüstung in großem Stil vorangetrieben. Im Ausland begann ein noch nie dagewesener *Propagandafeldzug gegen das Reich,* der in alle Teile der Welt getragen wurde. Deutschland sei bis an die Zähne bewaffnet mit dem Ziel, die Welt zu unterjochen. Die millionenfache Wiederholung hatte zur Folge, daß sich bald allgemein die Übezeugung festsetzte, daß Deutschland ein Staat sei, der nur aus blutrünstigen Verbrechern bestehe. Über die tatsächlichen geschichtlichen Tatsachen wußte man nichts.

In Wirklichkeit betrug die Heeresstärke des Reiches während des Polenfeldzuges nur 400000 Mann. Zwei Drittel der wehrfähigen Bevölkerung waren ohne jede militärische Ausbildung. Die Zahl der Soldaten, Waffen, Munition und Kriegsschiffe betrug weniger als die Hälfte jener von 1914 und nur etwa ein Drittel der feindlichen Nachbarn im Westen.

Hitler hatte „geblufft", womit ihm die Errichtung des Großdeutschen Reiches gelungen war. Nun galt es, das Erreichte zu behaupten. Deshalb begann jetzt erst die Aufrüstung mit starkem Einsatz der Industrie. Der Erbauer der Reichsautobahnen, Dr. Fritz *Todt,* wurde Minister für Bewaffnung und Munition.

An den deutschen Westgrenzen war schon 1936 mit dem Bau des sog. *„Westwalls",* eines Verteidigungssystems von Betonbunkern und Panzersperren aus zwei Meter hohen Betonkegeln, begonnen worden, der von Holland bis zur Schweiz alle Ebenen und waldlosen Flächen durchzog. Todt vollendete nun dieses Befestigungswerk, welches im gewissen Sinne ein Gegenstück zur *Maginot-Linie* auf französischer Seite darstellte.

Die Feindpropaganda fand ihren Niederschlag auch in oppositionellen Kreisen des Reiches. So kam es am 9. November 1939 im *Münchener Bürgerbräukeller* zu einem *Attentat auf Hitler.* Eine Bombe explodierte wenige Minuten nachdem dieser den Raum verlassen hatte.

Um festzustellen, ob der Attentäter Georg *Elser* (1903–1945) Hintermänner hatte oder ein Einzelgänger war, wurde er jahrelang in Haft gehalten und kurz vor Kriegsende schließlich hingerichtet.

Der sowjetische Feldzug gegen Finnland November 1939–März 1940

Ende November 1939 griff die Sowjetunion Finnland an, was die Westmächte und die USA in höchste Empörung versetzte. Nach vier Monaten schlossen beide Frieden. Der finnische Marschall Carl Freiherr von *Mannerheim* (1867–1951) hatte die Angriffe der Roten Armee erfolgreich abgewehrt. Dieser Feldzug machte die Unzulänglichkeit von Stalins Armeen offenbar. Oder wollte er diese vortäuschen?

Der Feldzug in Norwegen und Dänemark 7. November 1939–8. Juni 1940

England stellte eine *Expeditionsarmee* auf, um *Mittelnorwegen* und im Norden die Stadt *Narvik*, den wichtigen *Ausfuhrhafen für schwedische Erze*, zu besetzen. Diese Eisenerze waren für die englische wie auch für die deutsche Stahlindustrie – und damit für die Rüstung – von größter Bedeutung.

England gab vor, das Expeditionskorps zur *„Hilfe für Finnland"* aufzustellen; doch war diese strategisch undurchführbar. Der deutsche Geheimdienst wurde wenige Tage vor Ende der englischen Vorbereitungen unterrichtet, was die sofortige Durchkreuzung durch deutsche Maßnahmen zur Folge hatte.

Auf den 8. April war das Auslaufen der Engländer festgelegt. Am 7. April liefen deshalb deutsche Kriegsschiffe aus. Ein *deutsches Schnellbootgeschwader* landete in Narvik, blockierte den Hafen, und Marineinfanterie besetzte die Stadt.

Die südnorwegischen und dänischen Häfen wurden gleichzeitig von deutschen Einheiten besetzt. In den nächsten Tagen landeten die Engländer in den Häfen Mittelnorwegens. Bei *Lillehammer* im Gudbrandsdal 150 km nördlich Oslo kam es zu harten Kämpfen zwischen Norwegern, unterstützt von Engländern und Franzosen, mit deutschen Gebirgsjägern. Doch nach wenigen Tagen mußten die Norweger mit ihren Verbündeten aufgeben. Deutsche Truppen strebten jetzt in Eilmärschen nach Norden und besetzten alle wichtigen Plätze. Die Engländer und Franzosen gingen wieder auf die Schiffe und fuhren ab. Außer in Narvik wurde seitdem in Norwegen nicht mehr gekämpft.

Es folgten schwere Tage für die deutschen Torpedoboote vor Narvik, die eines nach dem anderen durch Ferngeschütze der englischen Kreuzer ausgeschaltet wurden. Die überlebenden deutschen Seeleute verstärkten zwar die Gebirgsjäger in der Stadt, die aber über keine schwere Artillerie verfügten. Gegen die weittragenden Schiffsgeschütze der Engländer blieb ihnen keine andere Wahl, als Narvik zu räumen und sich in den Bergen hinter der Stadt zu verschanzen.

General *Dietl* (1890–1944) aus Bayern war der Befehlshaber der deutschen Gebirgsjäger. Von Bergstellungen aus beherrschte er die Eisenbahn, und kein Schwedenerz gelangte nach England. Verpflegung kam gerade genug über die nahe schwedische Grenze, um durchhalten zu können.

Der Winter hielt nämlich die deutschen Truppen in Mittelnorwegen fest, doch kaum war Schneeschmelze eingetreten, da wurde von *Bodö* aus fieberhaft am Ausbau vorhandener einfacher Fußpfade zu einer 250 km langen festen *Straße nach Narvik* gearbeitet. Mitte Mai 1940 war die Verbindung hergestellt.

Als nun Artillerie und Panzer anrollten, mußten die Engländer am 8. Juni 1940 die

Stadt Narvik räumen und auch ihre Flotte abziehen. Die Schwedenerze erhielt das Reich weiterhin auf dem Nordseeweg und über die Ostsee.

Der norwegische König *Haakon VII. und die Regierung gingen nach London*, so daß *Norwegen vom Deutschen Reich verwaltet* werden mußte. Vidkum *Quisling* (1945 „hingerichtet") war dabei wichtigste Hilfe. Dänemarks König *Christian XI. (gest. 1947) blieb im Lande*, und die *dänische Regierung besorgte die Verwaltung* wie bisher.

Den Westmächten war nun die Möglichkeit genommen, von Norden her das Reich zu bedrohen, zumal ihnen auch Landungsversuche in Dänemark durch die deutsche Besatzung verwehrt blieben.

Churchill war 1939 erster Lord der Admiralität geworden wie schon einmal 1911 bis 1915. Er hatte damals – wie berichtet – wegen des fehlgeschlagenen Gallipoli-Unternehmens zurücktreten müssen. Diesmal war sein erstes Unternehmen um Norwegen wieder ein Fehlschlag, wenn auch ein weniger verlustreicher. Doch *Churchill* löste nun im Mai 1940 den kranken Chamberlain als *Premier* ab. Er blieb es bis zum Kriegsschluß 1945. Anthony *Eden* (1897–1977) übernahm das Außenministerium. Chamberlain starb noch im Jahre 1940.

Bei seinem Regierungsantritt lehnte Churchill erneut einen Frieden mit dem Reich ab, verhieß statt dessen den Engländern *„Blut und Tränen"*.

Der Frankreichfeldzug 10. Mai–22. Juni 1940

Schon zum Jahreswechsel 1939/40 war ein *englisches Expeditionskorps von 250000 Mann* um Dünkirchen im französischen Flandern gelandet. Ebenso war der Aufmarsch der deutschen Armeen im Westen abgeschlossen. Entlang der belgischen Grenze stand auch die gesamte *französische Armee bereit*. Das Befestigungswerk der Maginotlinie im Süden galt als uneinnehmbar und bedurfte nur geringer Besatzungskräfte.

Die Situation war ähnlich der von 1914. Der französische Oberkommandierende, General *Gamelin* (1872–1958), war fest überzeugt, die Deutschen in Belgien schnell zu besiegen, vorausgesetzt, daß diese endlich dort angriffen.

Seit Monaten lagen beide Seiten in Wartestellung. Zwischen ihnen lagen Luxemburg, Belgien und Holland, die zwar Neutralität erklärt, aber ihre Streitkräfte – außer Luxemburg – gegen die Reichsgrenzen aufgestellt hatten.

Um Deutschland zum Angriff herauszufordern, veranlaßten Frankreich und England eine Verschärfung der seit einem Jahr bestehenden *Seeblockade*.

Mit einem Herüberziehen der Sowjets auf ihre Seite rechneten die Alliierten nicht mehr, im Gegenteil, ihr Blockadeplan sah eine Zerstörung der sowjetischen Erdölraffinerien von Baku am Kaspischen Meer vor, von wo das Reich seinen Ölbedarf vertragsmäßig bezog. Mit einer solchen Kriegshandlung wäre aus dem deutsch-sowjetischen Nichtangriffspakt im Osten allerdings ein Militärbündnis heraufbeschworen worden.

Ministerpräsident *Daladier* teilte die Sicherheit Gamelins keineswegs. Wenn es nach ihm gegangen wäre, hätte er lieber den Frieden gewählt. Aber gegen Chamberlain, Churchill und Gamelin war er nicht Persönlichkeit genug. Mitte März 1940 stürzte ihn die Kriegspartei der Pariser Nationalversammlung mit knapper Mehrheit. Nachfolger wurde Paul *Reynaud* (1878–1966) bei gleichzeitiger Übernahme des Kriegs- und des Außenministeriums.

Am 10. Mai 1940 im ersten Morgengrauen begann der *deutsche Angriff nach Westen* auf einer Frontbreite von 300 km zwischen Luxemburg und Ostfriesland. Schwärme von Flugzeugen bombardierten feindliche Flughäfen in Frankreich, Belgien und Holland, strategisch wichtige Brücken und Straßenkreuzungen. Teile der Hafenstadt *Rotterdam* gingen in Flammen auf. Erstmals in der Kriegsgeschichte wurden *Luftlandetruppen* im großen Stile abgesetzt. Die geplante Landung der Engländer in Holland wurde durch den schnellen Einsatz unmöglich gemacht. Die Luftwaffen Frankreichs, Belgiens und Hollands waren bereits nach Stunden ausgeschaltet.

Die deutsche Truppenstärke betrug etwa nur die Hälfte des Gegners. Der sogenannte *„Manstein-Plan"* (Generalfeldmarschall Erich von *Manstein* (1887–1973) aus Berlin, sah deshalb vor, mit starken Panzerkräften durch die Ardennen in Luxemburg und Südbelgien westwärts bis zur *Sommemündung bei Abbeville* durchzustoßen, damit den Großteil der französischen, englischen, belgischen und niederländischen Armeen abzuschneiden und zu vernichten. Panzer-General Heinz *Guderian* (1888–1954) aus Kulm hatte die dafür nötige moderne Panzerwaffe geschaffen.

Die große Flandernschlacht 20.–30. Mai 1940: Schon am 20. Mai war der Durchbruch gelungen und der Trennungsschnitt von 350 km Tiefe vollzogen. General Erwin *Rommel* (1891–1944) aus Heidenheim in Württemberg erreichte mit seiner Panzerdivision als Erster die Nordseeküste.

Die Franzosen hatten keine Streitkräfte zur Verfügung, um den entstandenen *Kessel in Flandern* zu entsetzen, der von Tag zu Tag immer stärker eingeengt wurde. Gegen die deutschen *Sturzkampfflugzeuge* und ihre gezielten Bombenabwürfe sowie das massierte Artilleriefeuer gab es keine Abwehr. Schnell löste sich jeder Widerstand auf, und viele Hunderttausende ergaben sich täglich.

Bei *Dünkirchen* waren die Engländer an die Küste geflüchtet in der Hoffnung auf Rettung über See. Waffen hatten sie seit Tagen nicht mehr, und ihre Flugzeuge hatten sich auf die Insel zurückgezogen. Von dort aus griffen sie nicht in die Kämpfe von Dünkirchen ein, sondern warfen nachts die ersten Bomben auf deutsche Städte am Niederrhein. Die Fliegerabwehr war noch keineswegs organisiert, doch die Vergeltung ließ nicht lange auf sich warten.

Es wäre ein leichtes gewesen, mit den Panzern vor den waffenlosen Engländern aufzufahren und alle gefangenzunehmen.

Doch jetzt glaubte Hitler eine Geste der Großzügigkeit machen zu können, in der Hoffnung, England zum Einlenken zu veranlassen. (Wir werden an Kaiser Wilhelm II. erinnert.) Gegen den Protest der Generäle ließ er den Panzerangriff stoppen und 170000 Engländer in Hunderten kleiner Schiffe entkommen. Hitler betonte, daß er *keine Demütigung der Engländer* wünsche, er verlange nur die Anerkennung der deutschen Vorrangstellung auf dem Festland.

Die Generäle Wilhelm *Keitel* (1882–1946) aus Helmscherode im Harz und *Guderian* erklärten, daß nur die Gefangennahme der ganzen Expeditionsarmee die englische Regierung unter dem Druck der öffentlichen Meinung zu Verhandlungen zwingen könne.

Nachdem die 170000 Briten das nackte Leben gerettet hatten, gelang es Churchill, für sich einen großen Erfolg daraus zu machen: Die Deutschen seien durch die englische Gegenwehr nicht in der Lage gewesen, die Armee an der Rückkehr auf die Insel zu hindern.

Diese Flandernschlacht vom 20. bis 30. Mai 1940, unter welchem Namen sie in die Geschichte einging, war die bisher *größte Vernichtungsschlacht des Kriegsgeschehens aller Zeiten.* Die Zahl der Menschenopfer blieb verhältnismäßig gering, aber über eine Mill. Gefangene bedeutete das Ende und die Ausschaltung vieler feindlicher Armeen mit ihrem gesamten Kriegsmaterial.

Schon am zweiten Tag der Kampfhandlungen war die *Regierung der Niederlande* und deren Königshaus mit Königin *Wilhelmine* (1880–1962) *nach England geflüchtet;* bereits am 15. Mai kapitulierte die Armee.

Auch die belgische Regierung unter Paul Henri *Spaak* (geb. 1899) war nach England gegangen, nicht aber König *Leopold III.* (1901–1983). Die Armee gab am 28. Mai den hoffnungslosen Kampf auf. Belgien behielt während des Krieges die Selbstverwaltung, während Holland einen deutschen *Generalgouverneur (Seyß-Inquart)* erhalten mußte (wie auch Norwegen). Die Gefangenen beider Länder erfreuten sich größter Freizügigkeit und wurden bald heimgeschickt. Viele blieben freiwillig im Reich, wo sie als Gleichgestellte Arbeit in Industrie und Landwirtschaft fanden.

In Frankreich bestand große Friedensbereitschaft, wofür sich besonders der alte Marschall *Pétain,* der als Held des Ersten Weltkrieges galt, einsetzte. Ministerpräsident Reynaud schwankte. Dagegen trat nun ein Mann in den Vordergrund, General Charles De *Gaulle* (1890–1970), der unbedingt den Krieg weiterführen wollte. Der 73jährige Oberkommandierende, General *Weygand* (1867–1965), kämpfte mehr aus Pflichtgefühl als aus Überzeugung weiter, obwohl sich Churchill weigerte, Frankreich wenigstens mit seiner intakten Luftwaffe zu Hilfe zu kommen.

Die Schlacht um die Maginot-Linie 5.–14. Juni 1940: Am 5. Juni 1940 traten die deutschen Armeen zum zweiten Angriff gegen Frankreich an. Dieser erfolgte aus der Linie Ardennen–Abbeville in südlicher Richtung. Schon im ersten Ansturm brach Weygands Verteidigungslinie zusammen. Die berühmte, angeblich uneinnehmbare *Máginot-Linie* wurde von Norden her aufgerollt. Die Geschütze ihrer Befestigungsanlagen konnten nur von Nordosten nach Südosten geschwenkt werden. Reynaud bat Roosevelt vergeblich um Hilfe, vor allem um Flugzeuge. Auch Churchill lehnte jedes Eingreifen ab, verlangte aber von den Franzosen, unbedingt weiterzukämpfen, die Städte zu verteidigen, vor allem aber Paris in eine Festung zu verwandeln.

Bald war halb Frankreich von der deutschen Wehrmacht besetzt. *Paris ergab sich am 14. Juni kampflos.*

Die Regierungen in Paris und London gerieten in bitteren Streit. Die Franzosen warfen den Briten Vertragsbruch vor, weil sie nicht in die Kämpfe eingriffen. Churchill erteilte „großmütig" seine Zustimmung zu einem französisch-deutschen Waffenstillstand, wenn die französische Kriegsflotte an England übergeben würde. Die Franzosen lehnten ab. – Paul Reynaud trat zurück, und der 84jährige *Pétain übernahm die Regierung.* Am 17. Juni bat er um Waffenstillstand.

Waffenstillstand am 22. Juni im Wald von Compiègne und Schaffung von „Vichy-Frankreich": Die französischen Unterhändler waren erstaunt über die maßvollen deutschen Forderungen, zumal die *„Ehre Frankreichs"* nicht angegriffen wurde. Nur daß als Verhandlungsort der Wald von *Compiègne* bestimmt wurde, wo 1918 der Waffenstillstand des Ersten Weltkrieges unterzeichnet worden war, sahen manche Franzosen als Beleidigung an. Damals war „Deutschlands Ehre" allerdings schwer gekränkt worden. – Am 22. Juni wurde der Waffenstillstand in Compiègne unterzeichnet.

Danach entstand das sogenannte „Vichy-Frankreich", welches den Süden zwischen Orléans und dem Mittelmeer einschloß. Nordfrankreich und einige Hafenstädte an der Süd- und Westküste sowie natürlich Elsaß-Lothringen blieben von deutschem Militär besetzt. In der Stadt Vichy (westlich Lyon) richtete Pétain seine Regierung ein, und am 5. Juli 1940 brach er die Beziehungen zu England ab.

Nach dem Waffenstillstand kam es zwischen Deutschland und Frankreich dennoch zu *keinem Friedensvertrag*. Das hatte seine Ursache in dem deutsch-italienischen Bündnis: So wie Hitler verbissen mit Englands schließlicher Einsicht rechnete, hatte er von *Mussolini* eine besonders merkwürdige Einschätzung. Er bezeichnete diesen als „den *größten Römer seit dem Altertum*". Dabei war Mussolini keineswegs als verläßlicher Bündnispartner aufgetreten, denn erst nachdem Frankreich keine Chancen mehr zu haben schien, hatte er am 10. Juni 1940 Paris und London den Krieg erklärt, also zu einer Zeit, da Deutschland kein Interesse mehr an einem solchen Schritt haben konnte.

Mussolini erhob zwar lautstark seine Gebietsforderungen auf Savoyen, Nizza und Korsika, aber zu Kampfhandlungen zwischen Italienern und Franzosen kam es nicht, denn nach zwölf Tagen schloß sich Mussolini dem deutsch-französischen Waffenstillstand vom 22. Juni an, bestand aber weiterhin auf seinen überzogenen Ansprüchen.

Weil Pétain diese nicht anerkannte und Hitler sich seinem „Freund" Mussolini zur „Treue" verpflichtet fühlte, blieb ein Friedensvertrag aus.

De Gaulle hatte weiterkämpfen wollen, und die Regierung sollte nach seinen Vorstellungen von Paris nach Algier ausweichen. Ein großes *Passagierschiff mit 5000 Regierungsbeamten* aller Ränge, Industriellen und anderen war bereits von Marsaille aus in Richtung Afrika in See gestochen. Es wurde von einem U-Boot torpediert und versenkt. Nur wenige Überlebende konnte das U-Boot retten. Ein Teil der *französischen Kriegsflotte endete* am 3. Juli nördlich *Oran durch Selbstversenkung*, um der Vernichtung seitens der angreifenden englischen Mittelmeerflotte zu entgehen.

De Gaulle ging nun mit einer Schar von Anhängern nach London, wo er eine Art Exilregierung bildete, der er die Bezeichnung *„Nationalkomitee Freies Frankreich"* gab.

Ungewißheit über einen Angriff auf die Britischen Inseln Juli–November 1940: Deutschlands Sieg über Frankreich in nur 44 Tagen brachte dem Reich eine weitere Stärkung seiner allgemeinen Stellung in Europa und der Welt: Erst Polen, dann Norwegen und nun Frankreich. England mußte doch Vernunft annehmen, zumal von Großbritannien nicht einmal die Rückgabe der deutschen Kolonien gefordert wurde. Die führende Stellung auf dem europäischen Festland hatte das Erste Deutsche Reich doch Jahrhunderte innegehabt, das Zweite Deutsche Reich bis 1914 doch schließlich auch; was sollte die englische Gleichgewichtspolitik überhaupt noch bedeuten? Einer mußte ja schließlich auf dem Festland das erste Wort sprechen, und Deutschland hatte mit Großbritannien keine Differenzen. Bis 1914 hatten Deutschland und England niemals gegeneinander Krieg geführt.

Das deutsche Oberkommando hatte Pläne ausgearbeitet, die Insel zu erobern. Die Schwierigkeiten konnten nicht allzu groß sein, zumal die Engländer ihren Hauptteil an schweren Waffen bei Dünkirchen verloren hatten. Nur die Luftwaffe und die Marine waren heil geblieben. Doch wegen der Stukas, die die Engländer nicht besaßen, wären die britischen Kriegsschiffe zur Untätigkeit gezwungen gewesen.

An der französischen Kanalküste wurde eine große Zahl von *Landungsbooten* zusammengezogen. Das waren Umbauten von vorhandenen Fähren und Neukonstruktionen, die motorisierte Artillerie und Panzer transportieren und schnell an Land setzen konnten. Die Welt rechnete mit einer deutschen Landung auf der Insel.

Am 19. Juli 1940 erneuerte *Hitler* in einer Reichstagsrede sein *Friedensangebot* und rief warnend aus: *„Es gibt keine Inseln mehr!"* Doch Churchill lehnte erneut ab. Solange die Deutschen nicht wirklich landeten, sah er keine Veranlassung, an Frieden zu denken.

So beschränkte sich der Krieg auf Luftangriffe gegen deutsche und englische Städte. Die Engländer nannten das propagandistisch die *„Schlacht um Großbritannien"*, obwohl von beiden Seiten nur mit verhaltenem Einsatz geflogen wurde, um die Luftwaffen zu schonen.

Rumänien, Ungarn und Bulgarien verbündeten sich Ende 1940 mit dem Reich: Rumänien war nach dem Ersten Weltkrieg stark vergrößert worden, indem es von Ungarn große Teile Siebenbürgens und von Rußland Bessarabien erhalten hatte. Im August 1940 kam auf Betreiben Italiens das etwa 50 % von Ungarn bewohnte Nord-Siebenbürgen wieder an Ungarn zurück. Diese neue Ordnung erkannte auch Rumäniens neuer Staatschef *Antonescu* (1946 „hingerichtet") an. Anfang September 1940 wurde ein Militärbündnis unterzeichnet.

Mussolinis Mißerfolg gegen Griechenland Oktober 1940

Griechenland war mit England durch einen Freundschaftspakt verbunden.

Zu Ostern 1939 hatte Mussolini *Albanien* im Handstreich militärisch besetzt. Wirtschaftlich war das Land bereits seit 1928 von Italien abhängig geworden, wobei der albanische Staatspräsident zum König *Zogu I.* aufgestiegen war. Als Zogu 1939 gegen die italienische Besetzung Einspruch erhob, wurde er vertrieben.

Mussolini beabsichtigte nun, von Albanien aus Griechenland zu erobern, um zu verhindern, daß sich dort die Engländer festsetzten. Der Generalstabschef *Badoglio* ließ also im Oktober 1940 angreifen, scheiterte aber am Widerstand der Griechen. Ihr Gegenstoß vertrieb Badoglios Armee weit hinter die albanische Grenze, wo sie erst im Schutze des Gebirges wieder Fuß fassen konnte.

Das italienische Griechenland-Abenteuer war ohne Wissen der deutschen Regierung begonnen worden. Statt die Achse Berlin–Rom zu stärken, stellte Italien jetzt ein hilfsbedürftiges Anhängsel dar.

England sah nun einen Zweck, den Griechen zu Hilfe zu kommen. Von Griechenland aus konnte die britische Luftwaffe die süditalienischen Häfen bombardieren, vor allem aber die wichtigen rumänischen Ölfelder von Ploesti am Südrand der Karpaten 70 km nördlich Bukarest. Auch von hier bezog die deutsche Kriegswirtschaft das lebenswichtige Öl. Die strategische Lage war also im Süden für das Reich gefährlich geworden. Die weltweite diplomatische Tätigkeit geriet nun auf Hochtouren.

Weitere Forderungen der UdSSR November 1940: In einem ausführlichen Schreiben hatte *Churchill* im Juni 1940 *Stalin* vorgeschlagen, gemeinsam die deutsche Vorherrschaft in Europa zu brechen, und ihm dabei großes Entgegenkommen zugesichert. Das ermutigte Stalin, trotz des Nichtangriffspaktes mit Deutschland und der daraus gewonnenen 180000 km^2 Ostpolen und trotz der festgesetzten Interessengrenzen mit neuen Ansprüchen an das Reich heranzutreten.

Er verlangte Deutschlands Einverständnis zu folgenden sowjetischen Forderungen: Endgültige Einverleibung der Baltenstaaten Litauen, Lettland und Estland in das Sowjetreich ohne Sonderrechte für die deutschen Minderheiten. Freie Entscheidung über Finnland. Oberherrschaft über Bulgarien. Abtretung Bessarabiens durch Rumänien. Überlassung von Hoheitsgebieten an Bosporus und Dardanellen, damit freien Zugang zum Mittelmeer.

Solche Forderungen waren unannehmbar, weil besonders das *Deutschtum in den Baltenstaaten* (120000 Deutsche) das wirtschaftliche und kulturelle Geschehen wesentlich bestimmte. Auch mit Finnland, Bulgarien, Rumänien und der Türkei war das Reich durch Bündnisse oder Abkommen, Handel und industrielle Investitionen eng verbunden.

Churchill triumphierte: „Nun muß Deutschland entweder Rußland oder England erobern!" Das bedeutete tatsächlich in beiden Fällen ein Bündnis zwischen der Sowjetunion mit dem Westen, also *Zweifrontenkrieg des Reiches.*

Die Forderungen der Sowjets hatte Churchill vorerst einmal alle anerkannt. Das fiel ihm um so leichter, als die Meerengenfrage wegen der Neutralität der Türkei nicht zur Entscheidung stand.

Der „Dreimächtepakt" zwischen Deutschland, Japan, Italien September 1940: Japan und Deutschland waren seit 1936 durch den *Antikominternpakt* verbunden, also nicht gegen Sowjetrußland, sondern gegen die kommunistische Internationale. Seit 1937 befand sich Japan im Krieg mit China und hatte dort große Gebiete erobert, vor allem die industriell wichtige Mandschurei von China abgetrennt und unter seiner Vormundschaft selbständig gemacht. Im September 1940 schlossen Deutschland, Japan und Italien den „Dreimächtepakt", der die Interessen der drei Staaten in Europa wie im Fernen Osten festlegte. In Europa traten Ungarn, Rumänien und die Slowakei nach wenigen Wochen bei, 1941 auch Bulgarien. Obwohl der *„Dreimächtepakt" nicht gegen Rußland* gerichtet war, stärkte er doch das Gewicht des Reiches.

Hitler lud am 12. November den sowjetischen Außenminister *Molotow* nach Berlin ein, wo er ihm den Beitritt zum „Dreimächtepakt" vorschlug. Wenn Großbritannien dann besiegt sei, könne sich die Sowjetunion aus der *„riesigen Konkursmasse" des englischen Weltreiches* – zum Indischen Ozean hin – die ersehnten *eisfreien Häfen* mit großem Hinterland nehmen anstelle der verhältnismäßig kleinen Staaten an der Ostsee und auf dem Balkan.

Am 26. November 1946 kam bereits die Antwort aus Moskau: Man sei bereit, dem „Dreimächtepakt" beizutreten, wenn die UdSSR freie Hand in Richtung Persischem Golf und Arabischem Meer zugebilligt bekomme. Die Türkei müsse zur Überlassung von Stützpunkten an Bosporus und Dardanellen, Bulgarien zur Anerkennung als sowjetisches Protektorat veranlaßt werden. Ferner solle Japan auf die südliche Hälfte der Insel Sachalin verzichten und Finnland aus dem Einflußbereich Deutschlands ganz ausscheiden.

Auf die englische „Konkursmasse" ging Stalin nicht ein. Dadurch hielt er sich alle Verhandlungsmöglichkeiten mit Großbritannien – und im Hintergrund den USA – offen.

Moskaus Forderungen waren für die Staaten des „Dreimächtepaktes" unannehmbar. Eine teilweise Umzingelung Mitteleuropas vom Norden, Osten und Mittelmeer aus sowie eine Bedrohung Japans wären die Folgen gewesen. *Hitler glaubte sich für Europa verantwortlich* fühlen zu müssen. Der große *Feind war der Bolschewismus,* nicht nur für Deutschland, sondern für die ganze westliche Welt und Kultur. Die Reichsregierung betrachtete die sowjetischen neuen Forderungen als einen *Bruch des deutsch-russischen Nichtangriffspaktes.*

Damit waren Anfang Dezember 1940 die Würfel gefallen. Ein deutscher Feldzug gegen England kam nicht mehr in Frage. Hitler beschloß einen gewaltigen *Blitzkrieg gegen die UdSSR.* Dann wäre England zum Frieden gezwungen. Napoleon hatte 1812 ebenso gedacht.

Das amerikanische „Pacht- und Leihgesetz" März 1941: Churchills Trumpf im Kartenspiel, die USA, spielten bei seinen Überlegungen die entscheidendste Rolle. Der Kongreß in Washington stimmte im März 1941 auf Antrag des Präsidenten Roosevelt und mit Unterstützung der allmächtigen „Wallstreet-Lobby" mit nur einer Stimme Mehrheit für das „Pacht- und Leihgesetz". Danach sollte England in großem Stile Lieferungen erhalten, die vorerst nicht zu bezahlen waren. Die Lieferfirmen wurden vom amerikanischen Staat abgefunden. Der jüdische „Kaiser-Konzern" war längst auf die zu erwartenden Massentransporte an Kriegsmaterial vorbereitet, denn die sogenannten *„Liberty-Schiffe"* (Billigbauten von etwa zehnjähriger Gebrauchsdauer) liefen bereits in Mengen vom Stapel.

Fürs erste sollte England 2000 Jagd- und Kampfflugzeuge zur Abwehr einer möglichen deutschen Landung erhalten. Darum hatte Churchill dringend gebeten. Es fuhren bald *Geleitzüge* – später mit bis zu 130 Schiffen – über den Atlantik. Diese Schiffe pachtete England in großer Zahl und ließ sie unter britischer Flagge fahren.

Die ersten Geleitzüge wurden von deutschen *U-Booten* fast vollständig vernichtet, doch gaben die Briten bald *Geleitschutz* durch Zerstörer, Torpedoboote und Kleine Kreuzer, welche mit *Wasserbomben* die U-Boote bekämpften. Trotzdem gingen weiterhin viele „Liberty-Schiffe" verloren, aber auch die deutschen U-Boot-Verluste nahmen zu.

Die Auswirkung der englischen *Hungerblockade* gegen das Reich war diesmal wesentlich geringer als im Ersten Weltkrieg, weil für die Ernährung Agrarländer wie Polen, Frankreich und bald auch der ganze Balkan herangezogen werden konnten. Unter dem Staatssekretär *Backe* (gest. 1945 durch Selbstmord) war eine Organisation entstanden, die bis zum Kriegsende eine ausreichende Ernährung sicherstellte. *Hungersnot* griff *erst nach der Feindbesetzung* Deutschlands ab Frühjahr 1945 um sich. Sie war eine Maßnahme der Vergeltung.

Das Afrika-Korps unter General Rommel in Libyen ab Februar 1941–1942

Mussolini hatte außer seinem Griechenland-Abenteuer einen zweiten schweren Fehler begangen: er befahl dem Gouverneur der italienischen Kolonie Libyen, General Graziani, das englische *Ägypten anzugreifen.* Der tat das widerstrebend und halbherzig, und sein Angriff blieb schon am ersten Tag stecken. Auch die Engländer waren dort nicht kriegsbereit, aber es war eine neue Front entstanden. Im Gegenstoß hatten sie den Ostteil der italienischen Kolonie, die *Cyrenaika,* ohne wesentlichen italienischen Widerstand besetzt.

Wieder mußten die Deutschen zu Hilfe kommen. General Rommel bekam im Januar 1941 den Auftrag, das „Afrika-Korps" aufzustellen, welches in wenigen Wochen stand. Bereits Mitte Februar 1941 gingen die ersten Truppen in *Tripolis* an Land, und bis Mitte April war nach den *Panzerschlachten von Bengasi, Tobruk und Sollum* die Cyrenaika zurückerobert. Rommel drang im folgenden Jahr noch weit nach Ägypten vor, über *Marsa Matruk* bis *El Alamein* 110 km westlich Alexandria.

Der Balkanfeldzug 6.–27. April 1941

Jugoslawiens Regierung war bereit, dem *„Dreimächtepakt"* beizutreten. Zu diesem Zweck begab sich Mitte März Ministerpräsident *Zwetkowitsch* nach Deutschland. Seine Abwesenheit benutzte – auf Betreiben Moskaus – die sowjetfreundliche Partei Ende März zu einem Staatsstreich. Sie schob dabei den jugoslawischen siebzehnjährigen König *Peter II.* vor.

Nun war das Reich gezwungen, die Lage auf dem Balkan zu bereinigen: Am 6. April 1941 erfolgte der deutsche Angriff. Am gleichen Tag schlossen *Moskau und Jugoslawien einen Beistandspakt.* Schon am 17. April kapitulierten die Jugoslawen, und König Peter floh nach London. Die Kroaten empfingen die Deutschen als Befreier von serbischer Unterdrückung. Jugoslawien löste sich auf, *Kroatien* erklärte sich zum *selbständigen Staat,* und die bulgarischen, ungarischen und italienischen Minderheiten sagten sich von Serbien los.

Bis zum 27. April war auch das griechische Festland mit *Athen besetzt,* und ein gelandetes *englisches Expeditionskorps* konnte gerade noch zurück auf die Schiffe flüchten und sich nach Kreta und Malta absetzen.

Die *italienische Kriegsflotte* war währenddessen von englischen Kreuzern und Schlachtschiffen schwer *dezimiert* worden. Doch hatten die Italiener ein *Kleinst-U-Boot* entwickelt und eine Spezialeinheit dafür ausgebildet. Sie pirschten sich mutig an den Feind, brachten Sprengladungen mit Zeitzündern unter Wasser an Feindschiffen an und setzten sich möglichst ab. Diese Truppe war Italiens einziger wirksamer militärischer Beitrag im Zweiten Weltkrieg, denn der englischen Flotte wurde beträchtlicher Schaden zugefügt. – Der Balkankrieg war schon nach drei Wochen beendet.

Die Eroberung Kretas 20.–31. Mai 1941

Die Insel Kreta, die der englischen Mittelmeerflotte als Stützpunkt diente, bildete ein entscheidendes Hindernis für den deutschen Nachschub nach Nordafrika. Deshalb erfolgte am 20. Mai 1941 das bisher größte Luftlandeunternehmen des Krieges unter Führung des Fallschirmjägergenerals Kurt *Student* (1890–1978): 20000 Fallschirmjäger mit leichten Waffen und Granatwerfern landeten und bildeten Brückenköpfe. Schon am zweiten Tag befanden sich einige Häfen in deutscher Hand, so daß Panzer und Artillerie mit Schiffen herangebracht werden konnten. Am elften Tag kapitulierten die Engländer und Kreter. Am 1. Juni 1941 war die ganze Insel besetzt.

Im Balkanfeldzug war der Verlust an gefallenen deutschen Soldaten mit 1300 verhältnismäßig gering, aber die Eroberung Kretas hatte über 4000 Opfer gefordert, davon die Hälfte beim Absprung der *Fallschirmjäger*. Deshalb untersagte das Führerhauptquartier den weiteren Einsatz von Fallschirmspringern.

Ausschaltung Maltas durch dauernde Luftangriffe seit Juni 1941 – Der Negus kehrte im Juli 1941 nach Addis-Abeba zurück: Ohne Fallschirmspringer konnte Malta nicht besetzt werden. Seine Hafenanlagen aber unterlagen seit Sommer 1941 immer wieder schweren Bombenangriffen aus der Luft, sobald ein englisches Schiff anzulegen suchte. Auf diese Weise gelang es, den strategischen Wert Maltas auszuschalten.

Die Engländer bekämpften gleichzeitig die Italiener in *Abessinien* und zwangen sie Mitte Mai 1941 zur Aufgabe. Der Negus, Kaiser Haile Selassie, der 1935 nach London geflüchtet war, wurde in Addis-Abeba wieder eingesetzt.

Rudolf Heß' Flug nach England 10. Mai 1941: Das Verhalten der UdSSR beim Putsch in Belgrad hatte in Berlin die Zweifel an der Zuverlässigkeit Moskaus endgültig bestätigt. Der sowjetisch-jugoslawische Beistandspakt vom 6. April machte klar, daß Moskau entgegen den Abmachungen des deutsch-sowjetischen Nichtangriffspaktes unter allen Umständen die Vormacht auf dem Balkan erzwingen wollte. Der Nichtangriffspakt hatte die Interessengebiete beider Staaten abgesteckt, Südslawien dabei allerdings ausgelassen.

Am 10. Mai 1941 flog Rudolf Heß, der Stellvertreter des Führers, im Alleinflug nach England. Er wollte der englischen Regierung, vor allem Churchill, die verheerenden Folgen für ganz Europa vor Augen führen, wenn der Krieg weiter ausgeweitet würde. Ob der Flug mit Wissen Hitlers stattfand, ist bis heute für die Öffentlichkeit ungeklärt. Heß wurde sofort interniert, ohne von Churchill überhaupt angehört zu werden. Noch jetzt 1982 befindet er sich mit 88 Jahren in nun *jahrzehntelanger Einzelhaft* der USA und der UdSSR, Britanniens und Frankreichs.

Beginn des Rußlandkrieges – „Unternehmen Barbarossa" – am 22. Juni 1941

Deutschland und die UdSSR hatten bereits seit November 1940 an der gemeinsamen Demarkationslinie als Vorbereitung auf einen Angriff und dessen Abwehr Truppen massiert. Seit Hitler den Plan, zuerst England zu erobern, aufgegeben hatte, wurde der Angriff auf die UdSSR energisch vorbereitet. Der Beginn war auf Anfang Mai 1941 vorgesehen. Der Balkanfeldzug bewirkte aber eine verhängnisvolle Verzögerung von sechs Wochen.

Am 22. Juni 1941 begann bald nach Sonnenaufgang der gewaltige Angriff auf einer Frontlänge von 1 300 km zwischen Memel und dem Schwarzen Meer. Die Heeresgruppen Nord, Mitte und Süd befehligten die Feldmarschälle von *Leeb* (1876–1956) aus Landsberg a. L., von *Bock* (1880–1945) aus Küstrin und von *Rundstedt* (1875–1958) aus Aschersleben.

Die Welt war überrascht und hielt den Atem an. Wohl war mit der Möglichkeit eines deutsch-sowjetischen Krieges gerechnet worden, doch nicht so bald und in diesem Ausmaße. Dem deutschen Volk wie den Völkern der Sowjetunion fuhr der Schreck in die Glieder. Den Engländern fiel ein Stein vom Herzen.

Bereits der 9. Juli brachte den ersten großen Erfolg mit der Doppelschlacht von *Bialystok und Minsk.* Es war dies eine der großen *Kesselschlachten* mit der ungeheueren Zahl von etwa 600000 Gefangenen. Es folgten noch im Juli je 500000 bei *Witebsk* und weiter südlich in der Ukraine bei *Uman.*

Militär-Bündnis England–Sowjetrußland 12. Juli 1941: Bald nach Beginn des neuen Feldzuges waren folgerichtig London und Moskau am 12. Juli 1941 ein Militär-Bündnis eingegangen. Stalin hatte die gleichen Forderungen erhoben wie schon im Sommer 1940. Hitler hatte abgelehnt, während schon damals Churchill alles bestätigte. Nun nach einem Jahr war er von Skrupeln noch weniger belastet und bereit, den *Balkan und das Baltikum dem Kommunismus auszuliefern.* Der Krieg im Osten lenkte von England ab, was Zeitgewinn bedeutete.

Roosevelt und die „Atlantik-Charta" 14. August 1941

Roosevelt war im November 1940 zum dritten Mal hintereinander Präsident der USA geworden, jedoch nach der Erneuerung des Versprechens, sich nicht aktiv am Krieg zu beteiligen. Die Waffenlieferungen aller Art an England erfolgten nach wie vor, wobei die *Geleitzüge* sogar *von amerikanischen Kriegsschiffen beschützt* wurden.

Am 14. August 1941 lud Roosevelt Churchill zu einer Besprechung auf ein amerikanisches Kriegsschiff. Hier mußte der Engländer unmißverständlich zur Kenntnis nehmen, daß er den Amerikanern völlig ausgeliefert war, denn der Präsident unterbreitete ihm die amerikanische Vorstellung der zukünftigen *„Weltordnung"*, die sogenannte „Atlantik-Charta". Sie besagte u. a.: *Selbstbestimmungsrecht aller* Völker, freie Wahl der Regierungsform, Verzicht auf Annexionen, dauernder Friede.

Das bedeutete nichts anderes als die *„Auflösung des englischen Weltreiches"*, überhaupt aller Kolonialreiche, denn keine Kolonie befand sich freiwillig unter fremder Herrschaft. *Churchill war erschüttert* und wollte protestieren, doch Roosevelt blieb unnachgiebig. Der Premier durfte am Text noch mitreden und mußte dann unterschreiben.

Alle gegen Deutschland Verbündeten mußten sich später der „Atlantik-Charta" anschließen, was nach dem Krieg zur Bildung der „Vereinten Nationen", der „UNO", mit Sitz in New York führte.

Deutscher Vormarsch in der Sowjetunion bis Ende November 1941 – Kessel-

schlachten – früher Wintereinbruch: In der Zwischenzeit ging der Vormarsch in Rußland unaufhaltsam weiter. Bis Ende August waren im Nordabschnitt die drei *Baltenstaaten befreit* und am 8. September *Leningrad eingeschlossen.* Am 20. September war die große Kesselschlacht von *Kiew* beendet.

Im Atlantik stieg die Zahl versenkter Geleitzugschiffe durch neue deutsche U-Boote beträchtlich an, so daß am 11. September 1941 *Roosevelt* seinen begleitenden Kriegsschiffen den Befehl gab, *ohne Warnung auf deutsche U-Boote* zu *feuern.* – Das kam praktisch dem aktiven Kriegsbeitritt der USA gleich.

Anfang Oktober gelang die erneute Einkesselung mehrerer Sowjet-Armeen im Mittelabschnitt bei *Brjansk* und *Orel,* die zur Waffenstreckung einiger 100000 Soldaten führte. Doch wenige Tage danach brachte unerwartet eine *frühzeitige Kältewelle* von mehr als 20 Grad unter Null in Nord und Mitte den stürmischen Vormarsch zum Stillstand.

Darauf waren die deutschen Armeen nicht vorbereitet, was zu einer Katastrophe führte. Zehntausende von Soldaten erlitten *Erfrierungen,* und die Kühlsysteme der *Panzer erstarrten,* wodurch die meisten unbrauchbar liegenblieben. Frostschutzmittel gab es noch nicht für diese Kältegrade. Der strenge Winter pflegte normalerweise erst Ende November zu beginnen, und so brachte dieses Naturereignis den Sowjets die entscheidende Atempause.

Nur im Südabschnitt ging der Vormarsch weiter. Mitte Oktober fiel die Stadt *Odessa* am Schwarzen Meer und wenige Tage danach die Halbinsel *Krim* mit Ausnahme der Festung Sewastopol. Mitte November wurde *Rostow* am Nordostende des Asowschen Meeres erobert. (Diese Kämpfe spielten sich in dem Gebiet ab, in welchem von 200 bis 375 n. Chr. das gotische Reich bestand, das bei Beginn der Völkerwanderung von den Hunnen überrannt wurde.)

Anfang Dezember 1941 war die *Ost-Front zum Stillstand* gekommen. Sie verlief von Leningrad bis Demjansk südlich des Ilmensees, dann südöstlich bis an die ersten Vororte von Moskau, weiter nach Süden über Tula, Charkow und entlang des Donez bis Rostow.

Japans Überfall auf den USA-Flottenstützpunkt Pearl Harbor im Pazifik am 7. Dezember 1941

Im Fernen Osten waren im Laufe des Jahres 1941 bedeutsame Entscheidungen gefallen: Mitte April kam es zu einem *Nichtangriffspakt Japan/UdSSR.*

Seit 1939 ruhten die Waffen in China, und Japan befand sich in Wartestellung. Die USA, England und Frankreich erkannten die errungene Vormachtstellung Japans im nordwestlichen Pazifik nicht an.

Der „Dreimächtepakt" Japan-Deutschland-Italien vom September 1940 sowie der Nichtangriffspakt Japan-Rußland dienten den Japanern zur Absicherung der japanischen Position bei der zu erwartenden Auseinandersetzung mit den USA und England.

Nachdem Verhandlungen zu nichts geführt hatten, verhängte Roosevelt Ende Juni 1941 über Japan eine Öl- und Rohstoffsperre, um Japans Wirtschaft abzudrosseln. Er nannte das *„Wirtschaftskrieg".*

Daraufhin bereitete sich Japan auf Krieg vor, d. h. auf die Eroberung seines Interessengebietes im nordwestpazifischen Raum.

Im Kriegshafen von Pearl Harbor auf den amerikanischen *Hawaii-Inseln* lag ein großer Teil der US-Flotte vor Anker. Diese Schiffe – von Zerstörern bis zu Flugzeugträgern – waren das größte Hindernis für Japans Pläne. Deshalb plante es einen Überraschungsangriff auf das 3500 km entfernte Pearl Harbor.

Das Unternehmen mußte geheim bleiben, wenn die Zerstörung der US-Pazifik-Flotte gelingen sollte. Ende November lief aus Nord-Japan ein *japanisches Flugzeugträgergeschwader* aus und näherte sich Pearl Harbor auf wenige hundert Kilometer. Am 7. Dezember 1941 erfolgte der Bombenangriff, der ein voller Erfolg wurde, denn fast alle anwesenden amerikanischen Schlachtschiffe, Flugzeugträger und Schweren Kreuzer wurden entweder versenkt oder für lange Zeit außer Gefecht gesetzt. Die Zahl der Todesopfer an Marinesoldaten betrug fast 2500, dazu kam ein Mehrfaches an Verwundeten.

Schon bald danach wurden in den USA und überall Zweifel daran laut, ob die US-Regierung den japanischen Überfall-Plan wirklich nicht gekannt hatte. Wie war es möglich, daß ein großer Flottenverband zwölf Tage lang unbemerkt unterwegs sein konnte, ohne daß in diesen gespannten Zeiten die US-Luftaufklärung – trotz mehrerer Stützpunkte (Midway-Inseln) in jenem Gebiet – nichts davon entdeckt haben sollte?

Wäre der Präsident unterrichtet gewesen, hätte er Alarm schlagen und die Schiffe aus Pearl Harbor entfernen müssen. Roosevelts Gegner behaupteten aber, der Präsident und seine Helfer hätten einen Grund gesucht, aktiv in den Krieg eingreifen zu können.

In Erfüllung des „Dreimächtepaktes" und wegen Roosevelts Schießbefehl, die seine Kriegsschiffe zwang, auf deutsche U-Boote zu feuern, folgte am 11. Dezember 1941 die *deutsche Kriegserklärung an die USA.* Italien schloß sich an.

Die japanische, sehr schlagkräftige Kriegsflotte konnte nach Ausschaltung der meisten US-Kriegsschiffe nun schnell handeln: Nord-Vietnam in *Französisch-Indochina* hatten die Franzosen 1940 geräumt. Nun überließen sie auch Süd-Vietnam, Kambodscha und Laos den Japanern noch im Dezember 1941. Bis Mitte 1942 eroberten diese auch Teile der *Philippinen, Guam* und die anderen US-Stützpunkte in diesem Raum. In mehreren Seegefechten ging dabei der Rest der amerikanischen Pazifik-Flotte verloren.

Ganz *Niederländisch-Indien* (Indonesien) wurde bis Februar 1942 eine Beute der Japaner.

Die englische Insel-Festung *Singapur* galt als uneinnehmbar, denn die Kanonen schwerer Befestigungswerke ließen kein feindliches Schiff in die Nähe. Doch Ende April griffen die Japaner vom Dschungel her an und setzten über die Meerenge. Die Festungsgeschütze waren nicht in diese Richtung schwenkbar, und Stadt mit Festung Singapur fiel im Sturmangriff.

Churchill betrauerte diesen Fall des fernsten der drei Hauptstützpunkte des britischen Weltreiches mit der ihm eigenen Redeweise über schwere Opfer, Wunden und Tränen sowie Kämpfe in Dreck und Schlamm.

Auch die *ehemaligen deutschen Südsee-Inseln* (nach 1919 australisch) und die britischen *Salomoninseln* fielen 1942 in japanische Hand. Die Kolonialreiche erlitten also empfindliche Einbußen und waren nicht in der Lage, dem entgegenzutreten. Alle hofften auf amerikanische Hilfe, doch Roosevelt hatte das Selbstbestimmungsrecht der Völker in der *„Atlantik-Charta"* verkündet. Wenn die USA den Japanern die besetzten Gebiete wieder abnehmen sollten, so bestimmt nicht zugunsten der alten Kolonialherren, sondern eher zur Verselbständigung der betreffenden Völker und damit nach Möglichkeit zu ihrer Einbeziehung in den US-Kapital-Einfluß.

Japans nun eroberter Herrschaftsbereich über Meere, Inseln, Küsten und Festland hatte eine Ausdehnung von etwa 9000 × 6000 km. Übervölkerung trieb die Japaner zu solchen Ansprüchen, die aber kaum aufrechtzuerhalten waren.

Bombenkrieg und U-Boot-Einsatz im Westen 1942: Der Kampf im Westen Europas beschränkte sich in der Hauptsache weiterhin auf Bombenkrieg gegen Städte und Eisenbahnen. Die *Warnsirenen* ertönten vielerorts fast täglich in Deutschland wie in England.

Im Atlantik herrschte U-Boot-Krieg, d. h. deutsche U-Boote fügten Geleitzügen weiter enorme Verluste zu. Doch die Abwehr hatte sich stark verbessert, so daß es schwieriger wurde, an die Feindschiffe heranzukommen. Eine Menge Zerstörer umkreisten wachsam unablässig die Geleitzüge.

Es gab aber eine Anzahl U-Boot-Spezialisten, die trotzdem mit viel Gespür ihre Torpedos erfolgreich ins Ziel brachten. Korvettenkapitän Günther *Prien* (1908–1941) aus Osterfeld bei Halle war einer dieser Seehelden, die unter dauerndem Einsatz mehrere Hunderttausend Tonnen feindlichen Schiffsraum versenkten. Schon bei Kriegsanfang war er mit seinem Boot *„U 47“* in den englischen Kriegshafen Scapa Flow eingedrungen, wo er drei schwere Kriegsschiffe versenkte. 1941 kam sein U-Boot von Feindfahrt nicht zurück, wie so viele seiner Kameraden.

Auch die Sowjets waren in den Genuß der *Pacht- und Leihlieferungen* aus den USA gekommen. Die Geleitzüge gingen nach dem Nordmeerhafen *Archangelsk*, der ab Anfang April eisfrei war. Wenn auch von den Liberty-Schiffen 20 % und oft mehr verlorengingen, so erreichten doch Hunderte mit ihrer Ladung das Ziel.

Neuer deutscher Großangriff im Osten Juni 1942: Hitler und manche seiner Generäle waren überzeugt, daß die Kraft der sowjetischen Kriegsmacht gebrochen sei und daß man 1942 dem bolschewistischen Reich den Todesstoß versetzen könne. Ein Großteil eroberter Rüstungsgebiete (Charkow, Stalino usw.), zwei Dutzend vernichteter Sowjet-Armeen, Millionen von Gefangenen und ungeheuere Mengen erbeuteten Kriegsmaterials schienen diese Annahmen zu bestätigen.

Andere Generäle, vor allem Generalfeldmarschall Walter von *Brauchitsch* (1881–1948) aus Berlin, Oberbefehlshaber des Heeres, waren allerdings nicht so optimistisch. Sie schlugen vor, die Front zurückzunehmen und zu verkürzen. Der Winter 1941/42 hätte das bequem zugelassen, denn die Russen konnten sich vorerst keine größeren Störangriffe leisten. Aus festen Stellungen heraus sollte dann im Frühjahr angegriffen und der neuformierten Roten Armee möglichst das gleiche Schicksal wie 1941 bereitet werden.

Die Gegenansicht führte ins Feld, daß sich die Russen nicht im preisgegebenen Gebiet sammeln würden, sondern weiter östlich, so daß dann der deutsche Angriff von 1942 ins Leere stoßen müsse.

Die *Meinungsverschiedenheiten* führten zu Umbesetzungen im Kommando, und *Hitler übernahm die Oberste Heeresleitung* selbst. Von Brauchitsch wurde entlassen.

Erst im Juni 1942 begann die zweite große Offensive, doch vorerst nur zwischen

Rostow im Süden und Woronez im Mittelabschnitt als Angelpunkt zwischen den Heeresgruppen Süd und Mitte.

Finnland hatte sich *mit dem Reich verbündet,* Teile der norwegischen Besatzungsarmee wurden deshalb gegen die Rote Armee in Karelien eingesetzt.

Der sowjetische Widerstand vor den Heeresgruppen Nord erlaubte keine Groß-Offensive. Die sibirischen Armeen, die voll intakt und gut bewaffnet waren, hatte man im Winter nach dem Westen geworfen. Durch den Nichtangriffspakt zwischen Japan und Rußland wurde das ermöglicht.

Nur im Süden gelang den deutschen Armeen ein großer Durchbruch. Die Festung *Sewastopol* auf der Krim fiel Anfang 1942, *Kertsch* im Osten der Halbinsel Ende Juli. Im August hißten deutsche Gebirgsjäger auf dem *Elbrus,* dem mit 5630 m höchsten Berg des Kaukasus, die deutsche Reichskriegsflagge. Die *Ölfelder von Maikop und Pjatigorsk* nördlich des Elbrus konnten in verhältnismäßig gutem Zustand erobert werden. Das Don-Ufer wurde bei *Woronesch* auf 500 km Länge besetzt. – Von dort bis *Stalingrad an der Wolga* waren es noch 50 km.

Im Norden bei *Demjansk* gelang es lediglich einen 100 km langen, schmalen Keil mit dem Fernziel auf Moskau vorzutreiben. Ein entscheidender Durchbruch gelang aber nicht.

Trotz großer Anstrengungen konnte auch *Leningrad* nicht erstürmt werden. In Finnland gelang es, die 1940 an Rußland abgetretenen Gebiete von *Karelien* zurückzuerobern und die Front über den *Ladogasee* ostwärts bis zum *Onegasee* vorzuschieben.

Die Sowjets hatten ihre Taktik geändert, denn wo Durchbruch oder Umgehung drohte, gingen sie zurück. Eine Kesselschlacht kam nicht mehr vor. Der Widerstand war derart hart geworden, daß die deutsche Seite schwerste Verluste hinnehmen mußte.

Stalingrad, September 1942–Februar 1943 und sowjetischer Gegenangriff: Das vorerst wichtigste Ziel der deutschen Heeresleitung war die Eroberung von Stalingrad, einem Mittelpunkt der sowjetischen Rüstungsindustrie und einem bedeutenden Umschlagplatz an der Wolga für den europäischen Süden der UdSSR.

Generalfeldmarschall Friedrich *Paulus* (1890–1957) aus Nordhessen, Befehlshaber der *6. Armee,* erreichte Stalingrad Mitte September. In wochenlangem Häuserkampf war der größte Teil der Stadt Ende Oktober erobert, aber der Rest wurde von der Roten Armee und von Zivilisten Haus für Haus verteidigt. Die ganze 6. Armee von ursprünglich 250000 Mann hatte sich an Stalingrad festgebissen.

Südlich und nördlich der Stadt bildeten *rumänische Streitkräfte* die Flankendeckung. Diese wurde sofort überrannt, als die Rote Armee am 20. November zur Entlastung Stalingrads angriff. Damit war die 6. Armee eingekesselt.

Die Sowjets warfen Dutzende von Divisionen in den Kampf. Ein Ausbrechen der 6. Armee untersagte Hitler, weil er hoffte, durch eine *deutsche Entsatzarmee* den Kessel zu sprengen und die *Wolga-Sperre von Stalingrad* zu erzwingen.

Als aber zu Weihnachten der Don im Nordwesten von den Russen überschritten wurde, mußte das Entsatzheer die entstandene Lücke sofort stopfen. Stalingrad war verloren. Doch kapitulierte die 6. Armee nicht, sie kämpfte weiter, um so lange wie möglich sowjetische Kräfte zu binden, bis die deutsche Front westlich neu stabilisiert war.

Der 2. Februar 1943 brachte das Ende der Schlacht von Stalingrad. 120000 deutsche Soldaten waren gefallen, 90000 in Gefangenschaft geraten, darunter Feldmarschall

Paulus. 40000 Verwundete hatte man während der Kämpfe ausfliegen können. Flugzeuge hatten Lebensmittel und Munition gebracht, bis der Kessel zu eng geworden war. Auf deutscher Seite ging der Kampf buchstäblich bis zur letzten Patrone. Die Verluste der Sowjets erreichten ein ähnlich hohes Ausmaß.

Dieser auf beiden Seiten heldenhaft geführte Kampf hatte 20 Wochen gedauert, anfangs im Morast, dann bei grimmiger Kälte.

Es war die zweite Schlacht in diesem bereits 3½ Jahre dauernden Krieg, die Deutschland verlor. Die erste war im Dezember 41 vor Moskau an General Winter verlorengegangen. Beide zusammen bedeuteten aber die Wende des ganzen Krieges.

Noch im Februar 1943 griff im Südabschnitt die Rote Armee auf breiter Front von Stalingrad bis Orel an. Die deutschen Truppen mußten eilig unter schweren Abwehrkämpfen ein Viertel des gesamten besetzten sowjetischen Raumes preisgeben. Es war der ganze Südabschnitt mit dem Kaukasus, das Donez-Becken sowie die Städte Rostow, Stalino, Charkow und Kursk. Erst am Dnejpr verlief sich Anfang März die Angriffswelle.

Im August 1943 versuchte Hitler noch einmal das Donez-Gebiet zurückzugewinnen, was zu schweren Kämpfen bei *Kursk*, Charkow und Stalino führte. Durch einen sowjetischen Gegenangriff weiter nördlich ging *Smolensk* verloren. Die deutschen Heere mußten im September den Angriff endgültig aufgeben und wieder über den Dnjepr zurückgehen.

Allgemeine Rüstungsanstrengungen 1943 – Zerstörung der deutschen Großstädte ab Sommer 1943: Hinter dem Ural war eine neue sowjetische Kriegsindustrie entstanden. Der *Panzer T 34* erschien zu Hunderten an allen Fronten. Auch die Artillerie der Sowjets war zahlenmäßig bald überlegen. Jagd- und Kampfflugzeuge, an denen es der Roten Armee bisher gefehlt hatte, griffen jetzt zahlreich an. Die UdSSR stellte die entscheidenden Waffen selbst her, um keinesfalls in volle Abhängigkeit von den Westmächten zu geraten. Im Augenblick ließ sie sich von den USA hauptsächlich Rohmaterial liefern, wobei sie größte Anstrengung machte, ihre eigenen reichen Rohstoffquellen stärker zu erschließen.

Aber auch in *Deutschland stieg 1943 der Rüstungsausstoß* gewaltig an, 1943 und 1944 waren hier die Jahre der größten Waffenerzeugung während des ganzen Krieges, dreimal so hoch wie 1940. Der *Tiger-Panzer* und Kampfflugzeuge stärkster Leistungsfähigkeit waren entwickelt worden. Aber ihre Anzahl reichte nicht aus. Der Weltkrieg hatte sich auch zu einer Weltrüstung gegen das Reich entwickelt.

Die *Amerikaner bauten Bombenflugzeuge* in unbegrenzten Mengen. Der Bombenkrieg gegen die deutschen Bevölkerung steigerte sich deshalb immer mehr. Nachts flogen *„Pulks"* bis zu 800 viermotorigen Flugzeugen ein. Deutsche Flakabwehr mit Geschützen und Scheinwerfern konnten nur wenig dagegen ausrichten.

Neuentwickelte *deutsche Nachtjäger* waren schon wesentlich erfolgreicher und schossen Dutzende der feindlichen Bombenflugzeuge ab. Aber was nützte es, wenn nur 10 % der Angreifer vernichtet wurden?

Ab Mitte 1943 nahm die Städtebombardierung verheerende Formen an. Sog. *„Bombenteppiche"* vernichteten erst Stadtviertel und mit der Zeit ganze Städte. Churchill verkündete, daß er die hundert deutschen Großstädte in Schutt und Asche legen werde. Das geschah natürlich vorwiegend mit amerikanischen Flugzeugen. Zu

Tausenden kamen bei diesen Angriffen die Einwohner ums Leben. Die Industriebetriebe litten vorerst wegen der Flak-Abwehr am wenigsten.

Der *materiellen Übermacht des Feindes* auf allen Seiten war nicht mehr beizukommen. Die Tapferkeit der Soldaten erbrachte kein entscheidendes Gegengewicht. Hitler hatte die Produktionskraft der USA völlig unterschätzt.

Auch ein Zusammenbruch des Bolschewismus, womit er fest gerechnet hatte, war nicht eingetreten. Im Gegenteil, der sowjetische Widerstandswille hatte ungeahnte Ausmaße angenommen. Zwar stellte der vom Kommunismus abgefallene russische General *Wlassow* (1900–1946) im besetzten Gebiet eine Armee aus gefangenen Russen gegen Stalin auf, natürlich mit deutscher Bewaffnung, aber dieses Unternehmen führte zu nichts und war lediglich eine weitere Belastung. Die deutschen Generäle trauten Wlassow und seiner Armee in keiner Weise, so daß Hitler im Juli 1943 ihren Einsatz verbot. Wlassow geriet Ende 1944 in kommunistische Hände und wurde 1946 hingerichtet, ebenso Tausende der Wlassow-Soldaten.

Die deutschen V-Waffen ab Herbst 1943: Die Reichsregierung glaubte aber noch an eine entscheidende Wirkung der in Entwicklung befindlichen Raketenwaffe. In der Forschungs- und Versuchsanstalt *Peenemünde* an der Ostseeküste südlich der Insel Rügen wurde fieberhaft daran gearbeitet. Professor Hermann *Oberth* (geb. 1894) aus Hermannstadt in Siebenbürgen und der Phyiker Wernher von *Braun* (1912–1977) aus Posen waren dort die maßgebenden Köpfe. Die sog. *„V1"* (Vergeltungswaffe) hatte eine Reichweite von 250 km bei knapp 600 km/h Geschwindigkeit für eine Sprengladung von 500 kg. Die *„V2"* war mit 100 km/h wesentlich langsamer, aber die Reichweite betrug 350 km und die Sprengladung 1000 kg.

Die Raketen-Abschußbasen entstanden im Herbst 1943 an der Küste der Normandie und bei Calais. Die Betroffenheit in London war groß, als die ersten V-Bomben einschlugen. Man hoffte England damit niederzuzwingen. Tausende Raketen wurden auf London und die südwestlichen Häfen abgefeuert. Zu wenige und zu spät!

Die „V2"-Rakete war übrigens die Vorläuferin der späteren *Weltraumraketen*, die Wernher von Braun nach dem Krieg in den USA entwickelte.

Die deutschen Düsen-Jagdflugzeuge ab 1944: Auf eine weitere Erfindung setzte das Führerhauptquartier größte Hoffnungen: das Düsenflugzeug. Bei Kriegsanfang waren solche Apparate bereits entworfen, aber nicht weiterentwickelt worden. Hitler glaubte damals mit den vorhandenen Typen wie Sturzkampfflugzeugen usw. den Krieg gewinnen zu können. Die Anfangserfolge schienen im recht zu geben. Erst 1943 trieb man die Entwicklung des Düsenantriebs voran. Ihr Hauptvorteil war hohe Geschwindigkeit zwischen 1500 und 2500 km/h.

Als 1944 wenige erste Düsenjagdflugzeute eingesetzt wurden, gelang die vollständige Vernichtung eines „Pulks" von 800 amerikanisch-englischen Bombern innerhalb einer Stunde. Das war ein gewaltiger Schreck für den Feind. Doch der Düsenjäger waren zu wenige. Also auch hier zu spät!

Hier trat außerdem der im Reich innere Zerfall durch Sabotage des „Widerstandes" zutage: Die Maschinen konnten nicht starten, weil zuwenig Treibstoff vorhanden war, der weit entfernt lagerte. Der Düsenantrieb löste übrigens nach dem Krieg die Luftschrauben (Propeller) – außer bei Sportflugzeugen – allgemein ab.

Die Atombombe 1944/45: Seit Jahrzehnten suchten die Physiker und Chemiker nach einer Möglichkeit der Atom-Spaltung. 1938 gelang dem deutschen Forscher Otto *Hahn* (1879–1968) aus Frankfurt die erste *Spaltung eines Uran-Atomkernes.* Obwohl die Erfindung der Energiegewinnung galt, erkannte man schnell die Möglichkeit der Herstellung von Atombomben.

Hitler lehnte diese Entwicklung ab. Andererseits organisierte der Amerikaner Robert *Oppenheimer* (1904–1967), ein jüdischer US-Bürger, im Auftrag der US-Regierung im wissenschaftlichen Laboratorium von Los Alamos die Herstellung der ersten Atombomben.

Das Radar-Funkmeßgerät ab 1940: Der deutsche Ingenieur Christian *Hülsmeyer* (1881–1957) hatte vor dem Zweiten Weltkrieg ein Funkmeßgerät zur Entfernungsmessung und Sichtbarmachung weit entfernter Gegenstände erfunden, doch noch nicht für praktischen Gebrauch fortentwickelt.

Die englische Regierung nahm sich der kostspieligen Sache an und nannte sie „Radar". Es gelang, damit auf große Entfernungen das Meer über Wasser nach Schiffen abzusuchen und zu orten. Im Zuge dieser Entwicklung entstand auch das *Sonar-Gerät,* welches die Ortung von Objekten unter Waser ermöglichte (akustische Peilung). Das geschah durch Messung des Rückstrahles vom Meeresboden mittels Ultraschallwellen. Weil die Briten vorerst als einzige solche Geräte besaßen, konnten sie sich feindlichen Schiffen nähern, ohne daß diese etwas davon merkten. Das wurde vielen deutschen U-Booten zum Verhängnis. Auch die *Schlachtschiffe „Bismarck" und „Scharnhorst"* wurden durch Radar im Atlantik (1941) bzw. am Nordkap (Dezember 1943) von den Engländern aufgespürt und schließlich vernichtet.

Das Ende des Afrika-Korps Herbst 1942–August 1943: Moskau verlangte immer wieder von London und Washington die Eröffnung einer *zweiten Front in Westeuropa.* Dieses Ansinnen wurde aber mit der Begründung abgelehnt, daß eine Landung in Frankreich zur Zeit noch nicht möglich sei.

In Nordafrika dagegen hatten die Engländer ab Ende Oktober 1942 mit Hilfe der Amerikaner die deutsche Bedrohung Ägyptens abgewendet. General *Montgomery* (1887–1976) griff bei *El Alamein* an. Rommel konnte erfolgreich abwehren. Aber Anfang November landeten *amerikanische Truppen in Marokko und Algerien,* also im Rücken des deutschen Afrika-Korps.

Deshalb entschloß sich das Führerhauptquartier, West-Ägypten und Libyen aufzugeben, dafür aber zu versuchen, in *Tunesien* den Amerikanern eine Landung in Sizilien und Süditalien zu verwehren.

Gleichzeitig marschierten deutsche Truppen im Einverständnis mit Marschall Pétain durch *Vichy-Frankreich* und besetzten die Südküsten, um auch dort einer möglichen amerikanischen Landung entgegenzutreten.

Der Vertreter Pétains, Admiral *Darlan* (1881–1942), ging daraufhin Ende November 1942 zu den Amerikanern über und beabsichtigte, diesen seine Flotte zu unterstellen. Die *französischen Kriegsschiffe* lagen im Hafen von *Toulon.* Noch ehe sie ausliefen, versuchten deutsche Soldaten die Flotte im Handstreich zu besetzen. Doch als Darlans Marineoffiziere merkten, was geplant war, vollführten sie durch Öffnung der Ventile *Selbstversenkung.*

Einen Monat später wurde Darlan von Anhängern De Gaulles ermordet. Churchill war wütend und verlangte – allerdings vergeblich –, man möge den Mord deutschen Stellen anlasten.

Im Mai 1943 griffen die Amerikaner von Algerien aus General *Rommel in Tunesien* mit einer gewaltigen Übermacht an Panzern und Flugzeugen an. Montgomery rückte gleichzeitig von Tripolis aus Richtung Süd-Tunesien nach. Rommel versuchte so viel wie möglich von seinem Afrikakorps nach *Sizilien* überzusetzen. 50000 Soldaten, etwa ein Drittel, gerieten dabei in amerikanische Gefangenschaft.

Im Juli 1943 landeten US-Truppen auf Sizilien, wo sich die Kämpfe bis Mitte August hinzogen. Ein zweites Drittel von Rommels Korps, dazu 100000 Italiener, mußten sich ergeben. Nur den letzten 50000 gelang es, über die *Straße von Messina* nach Süditalien zu entkommen, wo sie sich bei *Salerno* mit anderen deutschen Truppen vereinigten.

Machtwechsel in Italien – Deutsche Besetzung Nord- und Mittelitaliens Ende Juli 1943 – Landung der Amerikaner bei Salerno in Süditalien September 1943

Am 25. Juli 1943 brach das faschistische Regime in Italien zusammen. *Mussolini wurde gestürzt* und auf Befehl Viktor Emanuels verhaftet. Zum Nachfolger ernannte der König seinen Verwandten, den schon mehrmals erwähnten Marschall *Badoglio,* der mit den Alliierten sofort in Verhandlungen eintrat und die Kapitulation verkündete.

Die Folge war die Besetzung Nord- und Mittelitaliens durch deutsche Truppen in einer Blitzaktion von wenigen Tagen. Dabei wurde das gesamte italienische Heer von über 500000 Mann entwaffnet. Die Südfront führte nun südlich Neapel von Salerno über den Apennin nach Foggia in Apulien.

Anfang September 1943 landeten die ersten amerikanischen Verbände in der Bucht von Salerno. Das ging folgendermaßen zu: Ein Schiffsverband brachte starke Infanterie- und Panzerverbände in Hafennähe. Deutsche Flugabwehr wurde wegen der erdrückenden Übermacht des Feindes nicht eingesetzt. Die deutschen Soldaten lagen in Deckung auf den Höhen hinter der Stadt. Der Landeaktion ging ein sechsstündiges Bombardement durch Flugzeuge eines Trägerschiffes voraus. Danach Grabesstille. Es folgte die manövermäßige Landeaktion mit anschließendem Marsch gegen die Höhen, die von unzähligen Bombeneinschlägen zerwühlt waren.

Plötzlich gerieten die Amerikaner in schweres Maschinengewehrfeuer aus drei Richtungen, welches ihre kopflose Flucht zur Küste verursachte. Die kampferfahrenen deutschen Maschinengewehrschützen hatten sich vor dem Bombardement weitgehend zu decken gewußt.

Am nächsten Tag wiederholte sich der gleiche Vorgang im benachbarten Gelände, am dritten Tag nochmals, nur daß sich diesmal die deutschen Soldaten rechtzeitig abgesetzt hatten. Die Landung bei Salerno brachte den Amerikanern Tausende von Toten und Verwundeten – bei geringen deutschen Ausfällen.

Unter solcher und ähnlicher Taktik zogen sich die deutschen Truppen vor der Übermacht allmählich nach Norden zurück.

Während dies geschah, besetzte die deutsche Wehrmacht am 10. September die

Stadt *Rom*. Hitler hatte befohlen, jedes Bombardement und Zerstörungen in der Stadt zu unterlassen, um die Kulturwerte nicht zu gefährden. Der *König und Badoglio* waren mit einem Flugzeug zu den Alliierten *geflohen*.

Besonders zähe Abwehrkämpfe fanden im Februar 1944 bei *Monte Cassino* 120 km östlich Rom in den Bergen statt, wobei amerikanische Bomber das berühmte Kloster weitgehend zerstörten.

Mussolinis Befreiung durch den Waffen-SS-Offizier Otto Skorzenzy Sept. 1943: Die neue italienische Regierung hielt Mussolini seit 50 Tagen gefangen, wobei sie mehrfach den Aufenthaltsort wechselte. Zuletzt befand sich der Duce auf dem 2900 Meter hohen *Gran Sasso* nordöstlich von Rom in einem Carabinieri-Lager.

Hitler hatte den Hauptmann (später Oberst) der Waffen-SS Otto Skorzenzy (1908 bis 1975) aus Wien beauftragt, ein Kommandounternehmen mit dem Ziel zu organisieren, den Duce zu befreien. Am 12. September landeten einige Hubschrauber auf dem Hochplateau. Die überraschte Mannschaft wurde überwältigt und Mussolini nach Mailand gebracht.

Dort rief er am 15. September 1943 die *italienische Republik* aus. Sein langjähriger Außenminister und Schwiegersohn Graf *Ciano* (1903–1944), der alle Verträge mit dem Reich und Japan für Italien ausgehandelt hatte, war die treibende Kraft am Sturz Mussolinis gewesen. Ein Sondergericht verurteilte ihn als Verräter zum Tode. Er wurde erschossen.

Angriff der USA gegen Japan August 1942–April 1945

In Ostasien waren die Amerikaner aktiv geworden. Seit dem Schlag auf *Pearl Harbor* Anfang Dezember 1941 hatten sie fieberhaft daran gearbeitet, wieder eine schlagkräftige Flotte aufzustellen. Reparierte Schiffe und Neubauten – vor allem Flugzeugträger –, dazu viele Zerstörer und Kreuzer waren in Dienst gestellt worden.

Zwischen August 1942 und Februar 1943 gelang es ihnen, im Süden des japanischen Machtbereiches die britischen *Salomon-Inseln* zurückzuerobern. Dabei erlitten die Japaner in einer Seeschlacht im November 1942 eine erste empfindliche Niederlage.

Der amerikanische General *Mac Arthur* (1880–1964) hatte den Oberbefehl im Pazifik übernommen. In den nächsten zwölf Monaten bereitete er Kriegsflotte und Armee auf eine Großoffensive gegen Japan vor, an der sich auch der Rest der englischen Pazifikflotte unter seinem Oberbefehl beteiligte.

Zwischen November 1943 bis Ende 1944 mußten die Japaner fast alle Eroberungen von 1941/42 wieder aufgeben. Zuerst fielen die *Südseeinseln*, dann große Teile von *Niederländisch-Indien* und Burma in amerikanische Hand.

Um die *Philippinen* wurde besonders hart gekämpft. Dort verloren die Japaner Ende Oktober 1944 eine weitere verlustreiche Seeschlacht. Mit der Rückeroberung dieser Inselgruppe zeichnete sich bereits die Kriegsentscheidung zugunsten der USA ab. Doch kämpften die Japaner prinzipiell so lange, bis ihnen die letzte Munition ausgegangen war. In vielen Widerstandsnestern hielten sie sich bis zum Kriegsende im August 1945. Am schwersten umkämpft war die Stadt *Corregidor* in der *Bucht von Manila*, der Hauptstadt der Philippinen. Diese fiel erst Ende Februar 1945. 1946 wurden die vor dem Krieg amerikanischen Philippinen eine selbständige Republik.

Anfang 1945 verkündete in Niederländisch-Indien der einheimische Politiker Achmed *Sukarno* (1901–1970) die Republik Indonesien. Er enteignete und *vertrieb alle Holländer.*

Auch *Indochina* (Vietnam, Laos, Kambodscha) gründete Mitte 1945 eine Republik, die aber Frankreich durch Krieg 1946 wieder in Besitz nehmen konnte. Doch waren die nächsten acht Jahre mit dauernden Bürgerkriegen ausgefüllt, die 1954 mit der Niederlage von *Dien Bien Phu* im Norden des Landes endeten. Damit waren die Franzosen zur Aufgabe der Kolonie gezwungen.

Auch um die britische Kolonie *Burma* wurde 1944/45 hart gekämpft, und im März 1945 gaben die Japaner auf. Doch in der Hauptstadt *Rangun* bestanden starke Kräfte, die Selbständigkeit anstrebten. Ihnen mußte England drei Jahre später weichen.

Die Völker machten also von den Bestimmungen der Atlantik-Charta Gebrauch, was die früheren Kolonialherren – trotz ihrer Unterschrift – zu verhindern gehofft hatten.

Im Frühjahr 1945 griffen die Amerikaner die japanischen Inseln direkt an, und am 1. April eroberten sie den südlichen Flottenstützpunkt *Okinawa.*

Großoffensive der Sowjets Herbst 1943 bis Juli 1944: Die Rote Armee griff bestens ausgerüstet erneut ungestüm an.

Trotz bisher stärkster Waffenerzeugung im Reich waren die deutschen Armeen nicht mehr stark genug, der mehrfachen sowjetischen Überlegenheit standzuhalten. Kam es zu Duellen zwischen wenigen deutschen *Tiger-Panzern* und wesentlich zahlreicheren russischen *T34-Panzern,* blieben die „Tiger" stets Sieger. Aber es gab sie nicht an allen Frontabschnitten. Immerhin hatte ihre hervorragende Qualität zur Folge, daß den Sowjets vorerst kein entscheidender Durchbruch gelang und die deutsche Front zusammenhielt. Wo gefährliche Situationen entstanden, wurde eiligst eine der *Waffen-SS-Panzerdivisionen* herangeführt, welche in tapferstem Einsatz ohne Rücksicht auf eigene Verluste die Lage meist schnell wieder bereinigte. Aber auch von diesen Elitetruppen gab es viel zuwenige.

So waren die deutschen Heere gezwungen, das gesamte besetzte Sowjet-Gebiet (Weißrußland, Ukraine, die Halbinsel Krim und die Schwarzmeerküste) bis etwa an die Ostgrenze des sog. Generalgouvernements preiszugeben. Nur im Norden beherrschten deutsche Truppen noch die drei *Baltenstaaten.* Im Süden eroberten die Sowjets im Juli 1944 die Stadt *Lemberg* in Galizien.

Invasion der Amerikaner und Engländer in Nordfrankreich 6. Juni 1944 und in Südfrankreich 25. August 1944

Immer wieder hatte Stalin auf Eröffnung einer Front der Westalliierten in Frankreich gedrängt. Seit Anfang 1944 liefen nun in England die Vorbereitungen.

Die Amerikaner brachten ungeheure Mengen von Panzern, Flugzeugen, Artillerie und Kleinwaffen auf die Insel, dazu über 6000 neugebaute *Landeboote* und eine gleiche Zahl von *Lastenseglern.*

General Dwight *Eisenhower* (1890–1969) war Oberbefehlshaber der gesamten alliierten Streitkräfte in Europa und Nordafrika. (Seine Vorfahren waren Deutsche und stammten aus Thüringen.) Wegen des Oberbefehls über die Invasionstruppen hatte es harte Auseinandersetzungen gegeben. Churchill wollte einen Engländer an der Spitze sehen.

In der *Normandie* – beiderseits der Seine-Mündung – oder im französischen *Flandern* bei Calais erwartete das deutsche Oberkommando die Landung des Feindes. Deshalb waren in Küstennähe ausgedehnte Befestigungs- und Abwehranlagen, ähnlich denen des Westwalles, errichtet worden.

Am 6. Juni begann zwischen *Cherbourg und Le Havre* nach mehrstündigem Trommelfeuer auf die Küstenstreifen aus unzähligen schwersten Schiffsgeschützen und dauerndem Bombenhagel von einigen Tausend Flugzeugen bei Beginn der Ebbe die Landung.

Die Abwehr durch deutsche Artillerie verursachte anfangs schwerste Opfer. Doch durch tagelanges Bombardement auf die landeinwärts liegenden deutschen Stellungen gelang es den Angreifern, Brückenköpfe zu bilden und binnen einer Woche über 300000 Mann mit zahllosen Flugzeugen und Waffen jeder Art an Land zu bringen.

Die deutsche Luftwaffe hatte kaum 500 Maschinen zur Verfügung, der Feind 10000. Bei den Panzern war das Verhältnis ähnlich. Nach zehn Tagen bestand ein feindlicher Brückenkopf von 100 km Breite und 10–15 km Tiefe auf der Halbinsel *Cotentin*. Die deutsche Artillerie hielt zwar blutige Ernte unter den landenden Truppen, und der Kampf dauerte einige Wochen. Doch gelang es den deutschen Soldaten nicht, den Brückenkopf einzudrücken. Die Unterlegenheit an Kriegsmaterial war zu eindeutig.

Am 31. Juli erzielten die Amerikaner und Engländer bei *Avranches* an der Südwestecke der Halbinsel den entscheidenden Einbruch. Daraufhin beschloß das deutsche Oberkommando, Nord-Frankreich aufzugeben.

Die Festung Cherbourg an der Nordspitze von Cotentin kapitulierte erst nach Wochen, während Frankreich schon zum größten Teil geräumt war.

Am 25. August landeten die Amerikaner in Südfrankreich, das die deutschen Truppen nun auch aufgeben mußten.

Die deutsche *Biskaya-Armee*, die auf die westfranzösischen Hafenstädte verteilt war, konnte sich dem allgemeinen Rückzug nicht anschließen. Bordeaux fiel Ende August, anschließend La Rochelle, St. Nazaire und als letzte die Stadt Brest in der nordwestlichsten Provinz *Bretagne* Mitte September.

Der deutsche Rückzug aus Frankreich gelang in knapp vier Monaten. Die deutsche Front zerriß nicht. Alle Versuche des Feindes, diese zu durchbrechen oder aufzurollen, mißlangen. Doch war Frankreich verloren.

Die deutschen Armeen hinter dem Westwall Mitte September bis Ende November 1944: Im Norden hatte sich die Front an den holländischen Kanälen und weiter südlich am Westwall stabilisiert, als die Engländer am 17. September bei *Arnheim* ein großangelegtes *Luftlandeunternehmen* starteten, vergleichbar dem deutschen Angriff 1941 auf Kreta. Jedoch erlitten die englischen Fallschirmjäger ein Vielfaches an Verlusten. Der Angriff schlug fehl, und die deutsche Front blieb intakt.

Bei *Aachen* wurde hart am Westwall gekämpft. Am 23. November 1944 besetzten die Amerikaner *Straßburg*. Die deutschen Truppen gingen nun über den Rhein und hinter den Westwall.

Paris war bereits am 25. August geräumt worden. Einige Tage danach hatte General

De Gaulle dort Einzug gehalten und die Regierungsgeschäfte übernommen. Er oder französische Einheiten waren an den Kämpfen in Frankreich nicht beteiligt gewesen.

Als der Rückzug der deutschen Heere aus Frankreich für die Bevölkerung erkennbar wurde, begann die schon länger bestehende *„Resistance"* (= Widerständler) den zurückgehenden deutschen Truppen – ohne große Wirkung – Schwierigkeiten zu machen.

Nur in der südfranzösischen Gemeinde *Oradur sur Glane* hatten die Widerständler als Partisanen einen Hinterhalt gelegt und beträchtliche Verluste in einer SS-Division verursacht, die daraufhin den Ort niederbrannte, wobei ein Teil der Bevölkerung ums Leben kam. (Partisanen-Einsatz galt und gilt nach dem „Völkerrecht" als illegal.)

Die Franzosen, die mit der deutschen Besatzung zusammengearbeitet hatten, wurden nun von den Widerständlern zu Tausenden umgebracht, vielen Frauen schnitt man die Haare ab, um sie als „Verräterinnen" zu kennzeichnen. Etwa *100000 „Kollaborateure"* wurden ermordet oder hingerichtet.

De Gaulle ließ einige Monate später den Präsidenten von Vichy-Frankreich, Marschall *Pétain*, dessen Regierungschef *Laval* und andere von einem Kriegsgericht wegen Kollaboration (= Zusammenarbeit mit dem Feind) zum Tode verurteilen, doch Pétain zu lebenslanger Haft begnadigen. Dieser starb 1951 im Alter von 95 Jahren in der Verbannung. Laval wurde 1945 hingerichtet.

Das Attentat auf Hitler am 20. Juli 1944: Während im Westen die Invasion in vollem Gange und im Osten der Rückzug aus Rußland gerade abgeschlossen war, befanden sich Hitler und seine engsten Mitarbeiter am Morgen des 20. Juli im Führerhauptquartier, der sogenannten *„Wolfschanze" in Ostpreußen*, in einer Baracke bei Beratungen am Kartentisch.

Der Oberst Claus Graf Schenk von *Stauffenberg* (1907–20. Juli 1944) aus Günzburg bei Augsburg, der kraft seiner Stellung beim Oberbefehlshaber des Ersatzheeres direkten Zugang zum Führer-Hauptquartier hatte, betrat den Raum, sah die Herren beschäftigt, stellte seine Aktentasche unauffällig in der Nähe Hitlers unter den Kartentisch und entfernte sich. Eine Minute danach ließ eine Explosion die Baracke in sich zusammenstürzen. Stauffenberg war fest überzeugt, daß seine Bombe Hitler getötet hatte. In der allgemeinen Verwirrung begab er sich zu seinem bereitstehenden Flugzeug und ließ sich nach Berlin fliegen.

Wer war dieser Mann? Er gehörte einem bekannten süddeutschen Adels-Geschlecht an (Urenkel Gneisenaus) und wurde zum überzeugten Anhänger Hitlers. Bei Kämpfen in Nordafrika verlor er ein Auge und eine Hand. Bald danach zweifelte er am Führer wegen dessen Fehlentscheidungen und machte sich zum Oberhaupt einer geheimen Verschwörergruppe.

Man plante die Beseitigung Hitlers, die Gründung einer neuen Regierung und den Friedensschluß. Ein Generaloberst von *Beck* (1880–1944) aus Bieberich war als Reichspräsident vorgesehen, als Kanzler der ehemalige Bürgermeister von Leipzig Karl *Goerdeler* (1884–1945) aus Schlesien und als Oberbefehlshaber der Wehrmacht Feldmarschall von *Witzleben* (1881–1944) aus Breslau. Er und von Beck waren vor längerer Zeit auf Nebenposten in die Militärverwaltung versetzt worden.

Als v. Stauffenberg in Berlin landete, erfuhr er, daß Hitler das Attentat leicht verwundet überlebt hatte. Ein Toter und mehrere Verletzte waren zu beklagen. Daraufhin zögerten oder schwenkten die Mitverschwörer um.

Ganz geheim war das Treiben dieser Männer nicht geblieben, und die *„Gestapo"* beobachtete sie schon seit einiger Zeit mißtrauisch.

Sofort ließ *Goebbels* nach einem Ferngespräch mit Hitler in der „Wolfsschanze" das Hauptquartier der Verschwörer in der *Bendlerstraße* durch den Stadtkommandanten von Berlin stürmen und die Anwesenden verhaften. Generaloberst *Fromm*, der zur Verschwörergruppe gehörte, aber eiligst umschwenkte, ließ die Anwesenden, darunter auch v. *Stauffenberg*, im Hof des Gebäudes standrechtlich erschießen.

Nachdem bekanntgeworden war, daß Hitler lebte, hatte sich v. Witzleben auf sein Landgut abgesetzt, als ginge ihn die Sache nichts an. Doch am nächsten Tag holte man ihn ab, und der Volksgerichtshof ließ ihn hinrichten.

Der frühere Kommunist und damalige Chef des Volksgerichtshofes, Roland *Freisler*, verurteilte in großen Prozessen alle, denen man Beteiligung am Putsch nachweisen konnte. Hunderte wurden hingerichtet, Goerdeler im Februar, Fromm anfangs April 1945.

Sogar Feldmarschall *Rommel* wurde ein Opfer des Putsches: Ohne daran beteiligt gewesen zu sein, war er offen – auch Hitler gegenüber – für eine Friedenssuche eingetreten. Von dem Umsturzplan hatte er erfahren, die Beteiligten jedoch nicht gemeldet. Um dem Volksgerichtshof zu entgehen, trieb man ihn am 14. Oktober 1944 zum *Selbstmord*. Hitler ordnete heuchlerisch für ihn ein Staatsbegräbnis an.

Neue Angriffe der Roten Armee gegen Südpolen, Rumänien, Ungarn, Bulgarien und im Norden gegen die Baltenstaaten Juli bis Ende Dezember 1944: Während an der Westfront die amerikanisch-englische Invasion geglückt war und Frankreich langsam von den deutschen Armeen aufgegeben wurde, begannen die Sowjets eine erneute Offensive im Raume Südpolen, der die deutschen Truppen nur wenig entgegensetzen konnten. Vom Westen her kam keine Unterstützung, und die Soldaten im Osten waren nach jahrelangem Einsatz erschöpft. Die dezimierte Luftwaffe entschied nichts mehr. Es war schon eine bedeutende Leistung, daß der Rückzug weiterhin geordnet gelang.

Nachdem unter zähen Kämpfen Galizien aufgegeben worden war, blieb dem verbündeten *Rumänien* keine andere Wahl, als die Sowjets um Waffenstillstand zu bitten, der am 24. August zustande kam. Danach erklärte Rumänien dem Deutschen Reich den Krieg. Marschall *Antonescu* wurde verhaftet und 1946 getötet.

Ungarn war 1941 auf seiten der Achsenmächte in den Krieg eingetreten. Als sich die Kämpfe im September 1944 auf ungarischem Boden verlagerten, nahm der Reichsverweser *Horthy* Verbindung mit den Alliierten auf. Daraufhin verhaftete ihn ein deutsches Kommando. An seine Stelle trat eine faschistische Übergangsregierung.

Nach Internierung im Reich bis Kriegsende ging Horthy 1948 nach Portugal, wo er 1957 in *Estoril* im Alter von 89 Jahren starb. Nikolaus von Horthy war ein bedeutender Mann, der versucht hatte, das Friedensdiktat von Trianon des Jahres 1920 für sein Land zu erleichtern.

Im September besetzten die Sowjets *Bulgarien* und zogen in Sofia ein. Sie wurden von der Bevölkerung als Slawen begrüßt. Die KP Bulgariens regierte das Land seither völlig im Sinne Moskaus.

Waffenstillstand zwischen Finnland und den Sowjets September 1944: Rußland und Finnland schlossen am 19. September 1944 Waffenstillstand. Dieses Land hatte sich 1941 unter dem Marschall Freiherr von *Mannerheim* (1867–1951) den Achsenmächten angeschlossen.

Er war nicht nur ein hervorragender Feldherr, sondern auch ein erfolgreicher Diplomat. Ihm gelang es, *Finnlands Eigenstaatlichkeit* zu retten. Geschicktes Verhandeln mit den Westmächten, Stalin und den USA bewirkte dieses Kunststück. Erst im Frühjahr 1946 trat er mit 79 Jahren als Regierungschef ab; vier Jahre danach starb er.

Im Laufe des Herbstes 1944 gab das deutsche Oberkommando auch *Griechenland, Albanien,* fast ganz *Serbien* und *Dalmatien* kampflos auf.

Im September 1944 griffen starke Sowjet-Kräfte aus dem Raum Leningrad die *Baltenstaaten* an. Riga ging im Oktober verloren. Gleichzeitig drängten mehrere Sowjet-Armeen aus dem Mittelabschnitt von Dünaburg, Kowno und Bialystok her nach Westen und schnitten die Heeresgruppe Kurland in Lettland ab. Die Rücknahme der Nordfront war zu spät erfolgt.

„Kurland" wurde zu einer *heldenhaften Episode:* Mit Schiffen wollte man die etwa 50000 Soldaten und eine ähnlich große Zahl von Zivilpersonen – Deutschstämmige und Letten – über die Ostsee ins Reich bringen. Zwar gelang es während dieser Rettungsaktion deutschen Infanteristen, den Kessel vor dem Eindrücken zu bewahren, aber mehrere vollbesetzte Passagierschiffe wurden Opfer von U-Booten der Roten Flotte. Die *„Wilhelm Gustloff"* ging mit über 5000 Menschen nach mehreren Torpedotreffern unter. In Kurland engten die Sowjets den Kessel langsam immer mehr ein, aber die Verteidiger gaben erst nach sieben Monaten am 10. Mai 1945 – zwei Tage nach der allgemeinen Kapitulation – endgültig auf. Die meisten Zivilisten und Soldaten waren über See entkommen, dank der Flotteneinheiten des Großadmirals Karl Dönitz.

Seit 1942 hatte die KPdSU im besetzten Gebiet zunehmend Partisanengruppen organisiert, die sich durch Sprengungen von Eisenbahnlinien und Überfälle auf Dörfer, Nachschubtransporte usw. bemerkbar machten. Beim Rückzug der deutschen Armeen konnten die Partisanen oft wirksamen Schaden anrichten. Wenn sie allerdings gegriffen wurden, erfolgte laut internationalem „Völkerrecht" standrechtliche Erschießung.

Auch in Jugoslawien gab es seit 1943 starken Partisanenwiderstand. Der in Moskau ausgebildete kroatische Kommunist Josip Broz – *Tito* (1892–1980) war ihr Organisator, ein Partisan und militärisch begabter Führer.

Die letzte deutsche Offensive in den Ardennen 16.–30. Dezember 1944: Während in den Herbstmonaten 1944 Frankreich aufgegeben wurde, bereiteten Hitler, General-Feldmarschall von *Rundstedt* und Generaloberst Alfred *Jodl* (1890–1946) einen Entlastungsangriff vor. An der Grenze zu *Luxemburg* und bei *Malmedy und Eupen* war alles bereitgestellt worden, was an Truppen, Panzern, Artillerie und Flugzeugen noch zusammenzubringen war. Sogar vom hartbedrängten Osten und Südosten hatte man Einheiten herangezogen. Es war eine Streitmacht, stärker als die der Offensive von 1940. Nur die Luftwaffe war weit schwächer. Geplant war ein Durchbruch zur flandrischen Küste; man erhoffte ein ähnliches Ergebnis mit der Abschnürung starker Feindkräfte wie damals.

Am 16. Dezember begann unter Führung Rundstedts der für die Amerikaner überraschende Angriff. Schon am zweiten Tag gelang bei *Bastogne* die Einkesselung einer US-Armee. Doch war die Bewaffnung der Eingekesselten sowie der außerhalb stehenden Kräfte derart überlegen, daß der deutsche Angriff nicht wesentlich weiterkam. Die starke Luftwaffe der Amerikaner bewirkte am elften Tag die Befreiung der Armee in Bastogne. In der Zwischenzeit hatte der Feind einen neuen Frontbogen errichtet, an dem sich die zahlenmäßig unterlegenen deutschen Panzer festrannten.

Damit war die Offensive gescheitert; sie wurde am 30. Dezember abgebrochen. Die Amerikaner verloren knapp 10000 Tote und 70000 Verwundete. Die deutschen Verluste waren 50 % höher, verbunden mit der Unmöglichkeit, die Lücken wieder aufzufüllen.

1944 war für Deutschland das Jahr des allgemeinen Rückzugs. Trotzdem kämpften die deutschen Armeen zum Jahreswechsel 1944/45 – außer bei Aachen und im östlichen Ostpreußen – teilweise noch immer weit entfernt von den Reichsgrenzen: Norwegen, Dänemark und die Niederlande nördlich der Linie Arnheim-Rotterdam befanden sich in deutscher Hand.

An der Westfront war bereits am 21. Oktober 1944 die Stadt Aachen von Amerikanern besetzt worden, ebenso das Großherzogtum Luxemburg. Nur noch im Süden des Elsaß kämpften deutsche Soldaten, ansonsten standen sie am Westwall.

Die alliierten Konferenzen von Moskau Oktober 1943, Teheran November 1943, Moskau November 1944: Ab Herbst 1943 waren die Alliierten völlig überzeugt, den Krieg zu gewinnen und machten sich über die Zukunft Europas – besonders Deutschlands – und den Fernen Osten Gedanken.

So kamen Ende Oktober 1943 die Außenminister der Sowjetunion, Chinas, Großbritanniens und der USA in Moskau zusammen. In der sogenannten *„Moskauer Deklaration"* wurde u. a. beschlossen, daß Österreich als selbständiger Staat wiederhergestellt werden solle. Österreich sei erstes Opfer von Hitlers Angriffspolitik gewesen, sein Anschluß ans Reich vom März 1938 deshalb null und nichtig. Wir erinnern uns an die große Begeisterung in Österreich über die endliche Vereinigung.

Ferner beschloß man die Verurteilung der „Kriegsverbrecher" in Deutschland, Österreich, Japan und den mit diesen verbündeten Staaten. Auch die Gründung einer Weltorganisation (UNO = United Nations Organisation) anstelle des Völkerbundes faßte man ins Auge. Die anwesenden Minister waren für die UdSSR Molotow, für die USA Harry Hopkins (1890–1946) und für England Anthony Eden (1897–1977).

Schon Ende November 1943 trafen sich in Teheran, der Hauptstadt des Iran, Roosevelt, Stalin und Churchill. Sie nannten sich *„Die großen Drei"*. Damals beschloß man die baldige Eröffnung der zweiten Front in Frankreich sowie die Unterstützung und Anerkennung der Tito-Partisanen in Jugoslawien als reguläres Militär (unter Mißachtung des „Völkerrechts").

Ferner solle nach dem Sieg das Deutsche Reich zerschlagen und in Besatzungszonen aufgeteilt werden.

Ein Jahr danach trafen sich im November 1944 Churchill und Stalin erneut in Moskau, wo die *Einflußgebiete auf dem Balkan* festgelegt werden sollten. Churchill war bekannt als ungeschickt im Verhandeln, Stalin aber so raffiniert, daß später – außer Griechenland – der ganze Balkan und die Tschechoslowakei kommunistisch werden konnten.

Der Ministerpräsident der *polnischen* – nichtkommunistischen – *Exilregierung* in London hatte Churchill schon oft an den Beistandspakt, den England 1939 Warschau aufgedrängt hatte, erinnert und die Wiederherstellung der damaligen polnischen Ostgrenze verlangt. Stalin, darauf in Moskau von Churchill angesprochen, erklärte, daß er die Gebiete zu behalten gedenke.

Statt dessen rückte er jetzt offiziell mit dem Plan heraus, der schon seit Monaten im Gespräch war: Polen solle mit den deutschen Ost-Provinzen Schlesien, Pommern und der südlichen Hälfte von Ostpreußen entschädigt werden. Die nördliche Hälfte wolle er dem Sowjetreich einverleiben. Die 8,9 Mill. Deutschen seien aus diesen Ländern zu *vertreiben* und eine Minderheit von etwa zwei Mill. *Ostpolen* in die menschenleer gewordenen Provinzen umzusiedeln.

Churchill stimmte nach einigem Zögern diesem menschenverachtenden Plan zu. Als er – nach London zurückgekehrt – dem polnischen Exil-Ministerpräsidenten die Beschlüsse bekanntgab, lehnte dieser empört ab. Im Streit schrien sich beide wütend an. Stalin hatte nach seinem Einmarsch in Polen bereits eine neue polnische Regierung – eine kommunistische natürlich – eingesetzt, so daß ihn die im Londoner Exil nicht mehr interessierte.

Auch der deutsche linkssozialistische Emigrant in Norwegen und Schweden, Willi *Brandt, vormals Frahm,* schlug mündlich und schriftlich der US-Gesandtschaft in Stockholm vor, den größten Teil Ostpreußens mit der Hauptstadt Königsberg an Polen abzutreten und die *Bevölkerung „auszutauschen"*. (US-Geheimdokument Nr. 4027 vom 2. 9. 1944). Später darauf angesprochen, erklärte er, *„keine Beziehungen zu Grenzen"* zu haben. Wie sagte einst der französische Minister Talleyrand? *„Hochverrat ist eine Frage des Datums."*

Im zweiten Moskauer Treffen hatte Churchill auch zugestimmt, daß man die Austreibung der 3,2 Mill. Sudetendeutschen und nochmals 2,7 Mill. aus den deutschen Siedlungsinseln des Balkans, der Tschechslowakei und Polen dem Ermessen der einzelnen Regierungen überlassen solle.

Man war sich also in Ost und West und ebenso mit gewissen Leuten in Deutschland über den Plan der größten Vertreibungsaktion der Weltgeschichte einig.

Die Große Vertreibung ab Januar bis Juni 1945

Der Regierung in Berlin wurden die Beschlüsse von Moskau mitgeteilt. So hatte die NSDAP noch einmal Gelegenheit, eine Volksmassenbewegung im größten Stile zu organisieren. Alle Menschen im deutschen Land östlich der Oder und Neiße mußten sich darauf vorbereiten, nach Westen abzuziehen.

Noch zögerte man mit dem Abzug, da die Hoffnung, den sowjetischen Ansturm aufhalten zu können, noch nicht ganz erloschen war. Als aber Mitte Januar 1945 der Kanonendonner der Front in den Grenzgemeinden immer deutlicher zu hören war, begann am 16. Januar die große Flucht. In allen Dörfern setzten sich lange Schlangen von Pferdefuhrwerken, beladen mit dem nötigsten Hausrat, vor allem mit Bettzeug und Decken für Menschen und Pferde, in Bewegung. Lebensmittel hatte es auf den Dörfern noch genügend gegeben, und man lud soviel wie vorhanden auf. Niemand wußte, wie lange der Zug in die Ungewißheit dauern würde.

In den Städten erfolgte der Abtransport mit der Eisenbahn. Nach Plan räumte man ein Stadtviertel nach dem anderen. Auch überstürzte Flucht kam vor, was Zehntausende an Opfern kostete, wenn dann die Sowjets hereinbrachen. Das Sterben der Ostdeutschen begann.

Die herrlichen Kirchen im schlesischen *Breslau* (630000 Einwohner), im ostpreußischen *Königsberg* (300000) und überall dort, wo sie ein christliches, fleißiges Volk seit 700 Jahren Gott zu Ehren erbaut hatten, blieben zurück, dazu großartige weitere Kulturwerke, etwa die Rathäuser, die Zunfthäuser, aber auch die Millionen Wohnstätten der Bevölkerung. Fruchtbarste, voll erschlossene, von Kanälen durchzogene Ländereien mit einer großen Zahl von Vieh jeder Art mußte man dem Feind überlassen.

Zu allem Übel brach Mitte Januar eine Kältewelle mit großen Schneemassen herein, die Hunderttausende von Erfrierungsopfern, besonders unter Kindern, forderte. Wehe den Flüchtlingen, denen die Lebensmittel ausgingen!

Zwischen den Millionen der Vertriebenen und den nachdringenden Sowjets kämpften die deutschen Soldaten mit Tapferkeit ohnegleichen. Es galt, dem Gegner keinen Durchbruch gelingen zu lassen. Wo das doch vorübergehend geschah, brach das Chaos mit Tod und Verderben aus.

Dresden, die sächsische Hauptstadt, war einer der Knotenpunkte, von dem aus der Flüchtlingsstrom in alle Teile Deutschlands weitergeleitet wurde. Am 14. Februar 1945 ließ Churchill am hellen Tag einen Großangriff mit weit über 1000 Flugzeugen auf die mit einer Million Flüchtlingen überfüllte Stadt durchführen. Diese völlig überflüssige Untat forderte um 300000 Opfer und die Zerstörung einer der schönsten Städte der Welt durch Napalm-, Brand- und Sprengbomben.

Vier Jahre zuvor war dieser kleine, aber 250 Pfund schwere Mann in der *Westminster-Abtei* in London mit fremder Unterstützung auf die Knie gesunken und hatte um den „gerechten Sieg" gebetet. Solche Gesten der „Frömmigkeit" brauchte damals das englische Volk. Bald danach bestimmte er, daß die hundert deutschen Großstädte ohne Rücksicht auf die Bevölkerung zu zerstören seien.

In den Vertreibungsgebieten im Osten und Südosten wohnten über 15,5 Mill. Deutsche. *13,8 Mill. Flüchtlinge* mußten im Januar 1945 oder später ihre Heimat verlassen. *2,4 Mill. davon kamen* dabei durch Mord und die Unbilden des Winters ums Leben.

1960 lebten dort nur noch Minderheiten von Deutschen, und zwar:

in Rumänien	350 000	Deutsche
in Polen und Ostdeutschland	800 000	Deutsche
in Ungarn	420 000	Deutsche
in Jugoslawien	80 000	Deutsche
in der Tschechoslowakei	50 000	Deutsche
	1 700 000	

In den Jahren nach 1960 kam infolge zwischenstaatlicher Abkommen etwa eine weitere halbe Million Deutsche in die Bundesrepublik. Der größte Teil davon mußte *losgekauft* werden. Man gab die fleißigen und findigen Deutschen ungern frei.

Nur in Ungarn wurden die Deutschen der anderen Bevölkerung in etwa gleichgestellt. In den anderen Ländern leben die restlichen 800000 Deutschen unter schwierigsten Umständen.

Das Abkommen von Jalta 4.–12. Februar 1945

Im sowjetischen Seebad Jalta an der Südspitze der Krim-Halbinsel trafen sich im Februar 1945 die sog. „Großen Drei". Fast alles, was in den verschiedenen Konferenzen von Teheran und Moskau besprochen worden war, legte man als Zukunftsprogramm in einem Abkommen fest:

a. Die *Vertreibung* der Deutschen östlich der Oder-Neiße-Grenze und in anderen Gebieten ist Rechtens.
b. *Österreich* wird wiederhergestellt.
c. In Restdeutschland und Österreich werden je vier *Besatzungszonen* eingerichtet.
d. In Restdeutschland, Österreich und Japan werden *„Kriegsverbrecherprozesse"* stattfinden.
e. Das deutsch-sowjetische Abkommen über die *Teilung Polens ist hinfällig;* das 1939 von den Sowjets besetzte Ostpolen (180000 km²) soll zurückgegeben werden, wenn die Bevölkerung das wünscht.
(Polnisches Militär zog daraufhin unter russischer Duldung sofort in Ostpolen ein. Doch einige Monate später besetzten polnische, in Rußland ausgebildete kommunistische Freiwilligenverbände das Land und erklärten es als Teil der Sowjetunion. Stalin hatte seine Gesprächspartner geschickt überlistet. Man sagte später auch, daß diese Frage bewußt oberflächlich behandelt worden sei, damit Churchill behaupten könne, er habe das an Polen gegebene Beistandsversprechen eingehalten.)
f. Die *Baltenländer,* ferner die früher zur Tschechoslowakei gehörende *Karpato-Ukraine* und das bisher rumänische *Bessarabien* werden als sowjetische Provinzen anerkannt.
g. Polen, die Tschechoslowakei, Ungarn, Rumänien und Bulgarien sollen teils zur sowjetischen, teils zur westalliierten *Interessensphäre* gehören, ebenso Jugoslawien.
h. Alles, was westlich davon liegt, ist Einflußgebiet der Westmächte.
i. Die *Vereinten Nationen (UNO)* sollen mit Verwaltungssitz in New York baldigst ins Leben gerufen werden.
(Die *UdSSR* erklärte sich in einem geheimen Zusatzabkommen bereit, zu gegebener Zeit *Japan den Krieg zu erklären.)*
k. Über das *Schicksal des Deutschen Reiches* soll in einer weiteren Konferenz nach Kriegsende entschieden werden.

Den Ton in Jalta gab Stalin an. Churchill konnte von seinen Vorstellungen über das zukünftige Europa nichts durchsetzen. Er fand auch keine Unterstützung bei Roosevelt, der schwach, krank, gelähmt (seit 1921) und gar nicht mehr voll geistig einsatzfähig war. Er klopfte Stalin dauernd freundschaftlich auf die Schulter und nannte ihn *„Uncle Joe"*. Er stimmte bereitwillig Stalins Vorschlag zu, Hunderttausende kräftige *Deutsche als Zwangsarbeiter* nach der UdSSR zu verschicken. Roosevelt schlug vor, *die deutschen Männer zu sterilisieren* und die Frauen den Russen auszuliefern. Er brachte sogar zynisch einen Toast auf *50000 deutsche Offiziere* aus, die man *erschießen* müsse. Die Anwesenden lächelten betreten und nahmen ihn nicht mehr ernst.

Kriegsende an allen europäischen Fronten Februar bis 8. Mai 1945 – Tod Adolf Hitlers 30. April 1945: Anfang Januar 1945 griffen die Russen erneut auf breiter Front an. Im Februar wurde Ostpreußen abgeschnitten und Oberschlesien besetzt. Breslau hielt sich in harten Kämpfen bis zum 5. Mai. Im März standen die Russen überall an der Oder.

Himmler hatte nach den Juli-Vorgängen 1944 den Oberbefehl über das Heimatheer erhalten und den sog. *Volkssturm* organisiert. Dieser bestand aus älteren Männern und Jugendlichen unter 18 Jahren ohne militärische Ausbildung. Man setzte sie bei der Fliegerabwehr (Flak) als Handlanger ein, aber im Frontkampf – lediglich mit einem Gewehr ausgerüstet – wußten sie meist nicht, was sie tun sollten. Liefen sie dann kampflos weg, kam es vor, daß sie wegen *„Feigheit vor dem Feind"* erschossen oder gar gehängt wurden. Solche – zum Glück seltene Verbrechen – bewiesen die Auflösung jeder Ordnung.

Am 7. März erzwangen die Amerikaner bei *Ramagen* den Übergang über den Rhein und bald danach auch an vielen anderen Stellen. Ab Ende März gingen sie gegen Mitteldeutschland vor, und nur am Rande des Ruhrgebietes fanden sie noch ernsten Widerstand, welcher aber bis Mitte April gebrochen war. Ende des Monats besetzten die Amerikaner Bremen, Hamburg und im Süden Frankfurt, Stuttgart, München.

Anfang April zerbrach auch die *Südfront* gegen die Sowjets. *Budapest* fiel, und am 13. April eroberte die Rote Armee *Wien.*

In *Böhmen* kämpfte noch die Armee des Generalfeldmarschalls Ferdinand *Schörner* (1872–1973) aus München. Dadurch ermöglichte er Millionen von Flüchtlingen, aus Schlesien und Böhmen nach Bayern zu entkommen. Sowjetische und tschechische Kommunisten hatten bereits Hunderttausende der Vertriebenen umgebracht. Am 5. Mai fiel *Prag,* und Schörner geriet mit seiner Armee in sowjetische Gefangenschaft. In den letzten Apriltagen war die deutsche Kampfkraft gegen die Amerikaner auch in *Italien* am Ende. Drei Armeen setzten sich nach Norden ab und stauten sich am Ufer des *Po,* wo es seit langem weder intakte Brücken noch Fähren gab.

Es wäre für die feindliche Luftwaffe einfach gewesen, die Menschenansammlungen dort zu vernichten. Doch Generalfeldmarschall Albert *Kesselring* (1885–1960), der Oberbefehlshaber in Italien, hatte vorsorglich mit den Amerikanern Kontakt aufgenommen. Das Ergebnis war: Zurücklassung oder Vernichtung des gesamten schweren Kriegsmaterials südlich des Flusses, dafür ungehinderter Übergang der drei Armeen über den Po mit Hilfe von Booten oder Pionierbrücken. Es folgte der *Sonderwaffenstillstand vom 2. Mai 1945.*

Mussolini, der Staats-Chef der „Sozialen Republik", hatte gegen das Vordringen der Amerikaner nichts unternehmen können. Er war mit seinem Anhang seit der Befreiung am Gran Sasso für die Deutschen, die den Kampf führten, wie vorher schon, mehr Hindernis als Hilfe.

Immer weiter nach Norden gedrängt, versuchte er Ende April 1945 in die Schweiz zu flüchten. Dabei geriet er am Comersee in die Hände italienischer Kommunisten, die ihn am 28. April zusammen mit seiner Geliebten *Clara Petacci* erschossen.

Anschließend wurden die Leichen der Gemordeten nach Mailand gebracht, auf einem Platz inmitten der Stadt verkehrt aufgehängt und einer gröhlenden Volksmasse zur Schau gestellt. Die Toten wurden erst auf Befehl der Amerikaner entfernt, als diese Mailand besetzten.

Bei *Torgau* an der Elbe trafen am 25. April erstmals amerikanische und Truppen der Roten Armee zusammen.

Zu gleicher Zeit schlossen die Sowjets Berlin ein, wo heftig gekämpft wurde. Hitler und Goebbels befanden sich in der *Reichskanzlei*, die von SS-Soldaten verteidigt wurde.

Die *Schlacht um Berlin* dauerte eine Woche. Zuletzt ging der Kampf nur noch um den Führerbunker und angrenzende Gebäude.

Am 30. April 1945 nahm sich Hitler zusammen mit seiner Frau, geborene *Eva Braun* (1912–1945) aus München, das Leben. Noch einige Stunden zuvor hatten sich beide standesamtlich trauen lassen. Adolf *Hitler wurde 56 Jahre alt.*

Joseph *Goebbels tötete* am 1. Mai im Führerbunker *seine Frau und sechs Kinder* durch Gift, *danach* erschoß er *sich selbst.*

Als die Sowjets am 2. Mai in die Reichskanzlei eindrangen, fanden sie im Hof die verkohlten Leichen von Hitler, Goebbels und deren Frauen. Ihren letzten Wunsch, verbrannt zu werden, hatten einige Soldaten erfüllt.

Großadmiral Dönitz (1891–1980) aus Berlin, letztes Staatsoberhaupt des Deutschen Reiches vom 1.–23. Mai 1945

Laut *Hitlers jüngstem Testament* sollte Großadmiral Dönitz anstelle von Hermann Göring sein Nachfolger werden. Als Dönitz durch ein Funktelegramm aus der Reichskanzlei in Berlin vom Tode Hitlers erfuhr, bildete er in *Flensburg* sofort eine *Regierung* mit dem Grafen *Schwerin-Krosigk* als Außenminister. Er verkündete die Einstellung des Kampfes gegen den Westen, jedoch seine Fortführung gegen den Bolschewismus. In den beginnenden Kapitulationsverhandlungen mit Eisenhower hatte er gehofft, gewisses Verständnis bei den West-Alliierten zu finden. Doch diese waren längst durch Ost-West-Verträge gebunden und verpflichtet.

In *Schleswig-Holstein* befand sich die *letzte noch kampffähige deutsche Heereseinheit.* In einigen Ostseehäfen hielten sich außerdem Brückenköpfe zum Schutz und Abtransport von Soldaten und Flüchtlingen über See, auch aus Kurland. Diese Rettungsaktionen konnte Dönitz mit seinen Schiffen im Schutze von noch einsatzfähigen U-Booten tagelang erfolgreich durchführen.

Die chaotischen Verhältnisse im Reichsgebiet ermöglichten täglich großen Mengen von Flüchtlingen und Soldaten, nach Westdeutschland zu gelangen, weshalb Dönitz Zeit zu gewinnen suchte.

Doch Eisenhower stellte ein Ultimatum auf den 7. Mai und verlangte die *bedingungslose Kapitulation.* General *Jodl* unterschrieb daraufhin in *Reims* die Urkunde. Seine gleichzeitige Bitte, die deutschen Streitkräfte mit Großmut zu behandeln, wurde mit eisigem Schweigen zur Kenntnis genommen. Die Kapitulation der Roten Armee gegenüber vollzog sich in *Berlin-Karlshorst* kurz danach, die vor den Engländern in *Flensburg.*

Ab 8. Mai 1945, null Uhr, schwiegen an allen Fronten Europas die Waffen, außer in *Kurland,* wo sich die deutschen Truppen erst *am 10. Mai* ergaben.

Die Sieger waren sich nicht einig, was nun mit Deutschland geschehen sollte. Eine Reichsregierung war vorhanden, aber Amerikaner und Sowjetrussen weigerten sich, mit dieser zu verhandeln, weil sie das Reich als erloschen betrachteten. Beide wollten diktieren, allerdings mit verschiedenen Zielen. Die Sowjets erhofften mehrere kommunistische deutsche Staaten, die USA demokratische – was auch immer sie sich darunter vorstellten.

Churchill dachte im Sinne seiner Gleichgewichtspolitik. Ganz vernichten durfte man deshalb Deutschland nicht, doch gegen Eisenhower kam er nicht an und mußte einwilligen, die Regierung Dönitz ohne Nachfolger abzusetzen.

Die Auflösung des Deutschen Reiches 23. Mai 1945

Am 23. Mai veranstalteten Engländer *„ein putschähnliches Spektakel"*. Die Regierung Dönitz befand sich auf dem Schiff „Patria" im Flensburger Hafen, als ein starkes Aufgebot von Panzern und Militär aufzog, die Anwesenden kurzerhand verhaftete und in ein Gefängnis abführte. Außer Dönitz, Graf Schwerin-Krosigk und Minister *Friedeburg* mußten sich die anderen nackt ausziehen. Mit erhobenen Armen wurden sie dann zahlreichen Pressefotografen vorgeführt. Unter diesem entwürdigenden Eindruck tötete sich Friedeburg mit einer Zyankali-Kapsel.

Churchill behauptete später, wegen dieser Tat durch Engländer „bedrückt" gewesen zu sein.

Der Endkampf in Japan April–9. September 1945

Aufgrund der Kapitulation Deutschlands protestierten die Japaner und warfen der Regierung in Flensburg Vertragsbruch vor. Sie selbst gedachten weiterzukämpfen, zumal vom japanischen Mutterland – außer der Insel Okinawa – noch nichts vom Feind besetzt war.

Der amerikanische Oberbefehlshaber *Mac Arthur* änderte seine Taktik insofern, daß er nicht mehr Insel für Insel in schweren verlustreichen Kämpfen zu erobern suchte, sondern von Flugzeugträgern aus Luftangriffe auf japanische Städte organisierte, wie solche in Deutschland praktiziert worden waren. So hoffte er die Japaner zur Kapitulation zu zwingen. Außerdem arbeiteten die USA-Techniker noch an einer *amerikanischen Geheimwaffe*, die bald einsatzbereit sein würde.

Abwurf der ersten Atombomben am 6. und 9. August 1945: Als nach vier Monaten Japan noch immer nicht daran dachte aufzugeben, wurde die Welt vom ersten Atom-Bomben-Abwurf geschockt. Sie fiel am 6. August auf die Industriestadt *Hiroschima* im Süden des Landes.

Der Menschheit stand der Atem still: Eine einzige Bombe, die heute als Atombombe geringsten Ausmaßes gilt, tötete in Sekundenschnelle etwa 200000 Menschen, verwundete eine noch größere Anzahl, legte die ganze Stadt vollständig in Trümmer und verseuchte die Landschaft im Umkreis von 100 km radioaktiv, so daß dort monatelang niemand mehr leben konnte.

Am 8. August erklärte – wie in Jalta geheim abgesprochen – die UdSSR an Japan den Krieg, griff am gleichen Tag Mandschukuo an und besetzte Nordkorea.

Am 9. August explodierte in *Nagasaki* die zweite Atombombe. Die Opfer betrugen nur deshalb weniger, weil die Stadt entsprechend kleiner war. Am 10. August bot Japan Waffenstillstand an. Die Verhandlungen dauerten drei Wochen und führten am 2. September zur *Kapitulation der Japaner*. In China trat am 9. September Waffenruhe ein, und eine Million japanische Soldaten räumten das chinesische Festland oder gerieten in chinesische Gefangenschaft.

Amerikanisches Militär besetzte in der Zwischenzeit *Tokio* und die japanischen Inseln, wobei es noch bis Ende Oktober 1945 zu örtlichen Kämpfen kam. Damit war der Zweite Weltkrieg endgültig beendet.

Rückblick auf den Zweiten Weltkrieg

Das Deutsche Reich hatte 5½ Jahre lang ums Überleben mit einer Tapferkeit ohnegleichen gekämpft. Es siegte sich buchstäblich zu Tode.

Wieder hatte sich eine große Zahl heldenhafter Kämpfer besonders hervorgetan. Es können hier nur einige wenige für viele genannt werden. Bereits erwähnt wurden:

U-Boot-Kommandant Günter *Prien* mit seiner Mannschaft, General der Gebirgsjäger *Dietl* mit seinen Gebirgsjägern im Kampf um Narvik, Panzergeneral *Rommel*, der in Nordfrankreich bei Abbeville den Durchbruch erreichte und später das Afrikakorps aufstellte und führte.

Weiterhin eroberte Fallschirmgeneral *Student* mit seinen Fallschirmjägern unter schwersten Opfern die Insel Kreta. Generalfeldmarschall *Paulus* (1890–1957) aus Hessen kämpfte mit der 6. Armee die schicksalsschwere Schlacht um Stalingrad. Der höchstausgezeichnete Oberst *Hans-Ulrich Rudel* (1916–1982) aus Schlesien, mehrfach verwundet, zerstörte als Stuka-Flieger 519 russische Panzer und mehrere Kriegsschiffe. Der Jagdflieger Erich *Hartmann* (geb. 1922) aus Württemberg schoß im Luftkampf 352 Gegner ab. Der Kommandant des Schlachtschiffes „Bismarck", Admiral *Lütjens* (1889 bis 1941) aus Wiesbaden, ging mit über 1600 Seeleuten nach Vernichtung mehrerer großer englischer Kriegsschiffe unter.

7,9 Mill. Deutsche, Soldaten, Zivilpersonen und Flüchtlinge, verloren ihr Leben. Mehr als sechs Mill. opferten durch Verwundung ihre Gesundheit.

Wieder hatten die USA den Krieg entschieden. Mit ihrem unerschöpflichen Reichtum an Industriepotential lieferten sie jahrelang Waffen und Kriegsmaterial an Deutschlands Feinde, ehe sie auch noch aktiv in die Kämpfe eingriffen.

Die Propaganda gegen das Reich wurde in einer Weise geführt, welche die des Ersten Weltkrieges himmelweit in den Schatten stellte. Alle Deutschen stellte man als Mörder und Verbrecher dar, millionenfach, milliardenfach, in der ganzen Welt, bis es geglaubt wurde. Viele Staaten erklärten nun dem Reich den Krieg, deren bisherige Beziehungen nur im Handelsaustausch von Rohstoffen gegen gute deutsche Waren bestanden hatten. Man erfand den Begriff der *„Kollektivschuld"*.

Die Konzentrationslager: Hitler und ein Teil seiner Mitarbeiter in der NSDAP hatten allerdings dem Feind eine bequeme Handhabe zur Propaganda gegen das Reich gegeben: die Konzentrationslager.

Wie schon berichtet, gab es bereits vor dem Krieg eine Anzahl politischer KZ, in denen neben Verbrechern und Asozialen auch Kommunisten und Feinde des Regimes gefangengesetzt wurden. Das KZ bei *Dachau* (Nähe München) war eines von vielen unseligen Angedenkens.

Nach dem Polenfeldzug errichtete man in Polen mehrere KZ speziell für Juden. *Auschwitz* war das berüchtigste.

Hitler hatte vor dem Krieg dem Sinne nach gedroht, daß es das Ende der jüdischen Rasse in Europa bedeuten würde, wenn es dem internationalen Judentum erneut gelingen sollte, einen Krieg gegen das Reich zu entfesseln. Im *„Völkischen Beobachter"*, der maßgebenden Zeitung des Nationalsozialismus, war außerdem sinngemäß zu lesen: Wenn um der Geschäfte willen das deutsche Volk wieder rücksichtslos dezimiert werden soll, so gilt das auch für die Juden – mitgegangen, mitgehangen.

Nach dem Krieg verbreiteten die Juden in aller Welt riesige Zahlen über ihre Opfer. Vor dem Krieg wurde die Anzahl der *Juden in der ganzen Welt* auf etwa *16 Millionen* geschätzt. Der Präsident der Zionistischen Weltorganisation, *Nahum Goldmann* (gest. 1982) gab 1956, also zehn Jahre nach dem Krieg, eine Zahl von *„bald wieder 14 Millionen"* an. Über dieses Thema gibt es weltweit Forschung und Literatur mit völlig verschiedenen Ergebnissen.

Doch steht fest: Die Konzentrationslager waren Einrichtungen des Hasses und des Verbrechens, unbegreiflich für ein Kulturvolk wie das deutsche.

Die Kriegsopfer: Der Erste Weltkrieg hatte bereits bewirkt, daß sich die Machtverhältnisse in der Welt zugunsten der USA auf Kosten der europäischen Großmächte stark verschoben.

Der Zweite Weltkrieg hinterließ zwei *Supermächte* – die *USA* und die *Sowjetunion* – und stieß die Europäer in vollkommene Abhängigkeit.

Dieser Wandel forderte außerdem noch ungeheure Menschenopfer. Sie betrafen weitaus am meisten das Reich und die Sowjetunion. Die Amerikaner hatten infolge ihres gewaltigen Materialeinsatzes verhältnismäßig geringe Verluste.

Es bedeuten:
a. Soldaten unter Waffen bei Kriegsbeginn
b. Tote und vermißte Soldaten
c. Tote durch Bombenterror, Zivilisten
d. Tote durch Mord und Erfrierungen, zivile Vertriebene
e. zusammen b+c+d
f. Vertriebene
g. Verwundete

in Millionen	a.	b.	c.	d.	e.	f.	g.
Großdeutschland	0,40	3,10	2,40	2,40	7,90	13,50	6,10
Italien	0,30	0,40	0,17	—	0,57	—	0,80
Balkan und Polen	?	?	?	?	?	?	?
Westeuropa	1,50	0,86	0,70	—	1,56	—	1,70
USA	?	0,33	—	—	0,33	—	0,60
Sowjetunion	?	14,00	6,00	—	20,00	—	27,00
Ferner Osten, etwa ⅔ Japan	?	6,60	7,40	—	14,00	—	13,00
zusammen		25,29	16,67	2,40	44,36	13,50	49,20

Die Angaben schwanken innerhalb mehrerer Veröffentlichungen. Die oben angegebenen Zahlen dürften nicht weit von der Wirklichkeit entfernt liegen.

Die Feinde waren außer Japan die gleichen wie im Ersten Weltkrieg, und der Zweite Weltkrieg muß als seine Fortsetzung betrachtet werden.

Wenn nach 1918 die dauernde Knebelung des Reiches durch das Versailler Diktat zum großen Teil ohne Krieg durch Hitler überwunden werden konnte, so machten Deutschlands Gegner diesmal in ihrem Sinne reinen Tisch. Sie lösten das Reich auf, vertrieben Millionen von Deutschen östlich der Oder-Neiße-Linie und teilten das übrige Reich in drei Länder, in denen sie als Regierende nur Leute duldeten, die sich dem Siegerwillen weithin fügten.

Alles deutsche Land wurde militärisch besetzt und in vier Zonen aufgeteilt, eine amerikanische, englische, französische und sowjetische. Heute nach fast 40 Jahren hat sich – außer in Österreich – daran nichts geändert.

Hitler hatte leichtsinnig den Feinden die Handhabe gegeben, gegen das Reich vorzugehen, als er die Widerherstellung der deutschen Ostgrenzen von vor 1919 sofort nach „München" erzwingen wollte. An diesem Wendepunkt zeigten sich die Grenzen seines staatsmännischen Könnens. Was nützten gerechte, historische, kulturelle und völkische Ansprüche, wenn sie nicht durchsetzbar waren! *„Politik ist die Kunst des Möglichen"* – hatte Bismarck gesagt.

Was Hitler vor Kriegsbeginn verlangte, war gebietsmäßig verhältnismäßig wenig, gemessen an den Ansprüchen vieler Feindstaaten nach beiden Weltkriegen. Das *Großdeutsche Reich*, wie es während des Krieges 1939–1945 bestand, umfaßte im Osten nur etwa 25 000 km^2 mehr Land als das Reich Bismarcks. Ansonsten waren – außer dem Protektorat Böhmen/Mähren – nur deutschbesiedelte Gebiete zusammengeschlossen – mit geringen fremden Minderheiten in den Grenzgebieten. Die Deutschen Südtirols gehörten noch nicht einmal dazu.

Die *„Vereinigung aller deutschen Stämme"* war seit Jahrhunderten der größte Wunsch der Deutschen, sie zu verhindern jedoch das Hauptanliegen der Nachbarvölker.

So erfolgreich sich Hitlers Wirken anfangs darstellte, so vollkommen war die Katastrophe, in die er Deutschland schließlich führte.

Wenn Hitler in einer Rede bei Kriegsbeginn das Volk mit dem Hinweis beruhigte, daß nichts Ernstliches geschehen könne, weil „alle Eventualitäten" berücksichtigt seien, so hatte er sich in bezug auf die UdSSR und die USA ganz gewaltig vertan.

Aber auch England, Frankreich, Italien, Holland, Belgien und Polen verloren – entgegen ihren Vorausberechnungen – enorm von jener Bedeutung, die sie vor Beginn des Zweiten Weltkrieges hatten. Sie rückten alle auf niederen Rang und Abhängigkeit ab.

Deutschland und Europa nach dem Zweiten Weltkrieg 1945–1982

Wenn wir heute in der Bundesrepublik oder in Österreich eine Zeitung aufschlagen, oder Radio und Fernsehen einschalten, ist mit Sicherheit irgend etwas über die Juden zu lesen, zu hören oder zu sehen. Das Verhältnis zwischen Deutschen und Juden hatte sich in diesem 20. Jahrhundert zu *schicksalhafter Gegnerschaft* ausgewachsen.

Es ist deshalb nötig, hier eine kurze Abhandlung der Geschichte der Juden einzufügen.

Die Geschichte der Juden

Die Juden des Altertums gehörten der semitischen Völkergruppe des östlichen Mittelmeeres an, wie auch die Babylonier, Assyrer, Phönizier, Karthager und später die Araber.

Die ersten jüdischen Könige Saul (gest. um 1000 v.Chr.), David (gest. um 960 v. Chr.) und dessen Sohn Salomon (gest. 932 v. Chr.) regierten in den Gebieten Judaea, Samaria und Galilaea (etwa im heutigen Israel mit Westjordanland). Jerusalem in Judaea war Hauptstadt. Nach Salomons Tod erfolgten Jahrhunderte des inneren Zerfalls und seit 720 v. Chr. die assyrische Fremdherrschaft.

586 v. Chr. zerstörte Nebukadnezar Jerusalem und führte wesentliche Teile der Juden in die babylonische Gefangenschaft.

Damit wären sie normalerweise nun aus der Geschichte verschwunden. Aber eine Minderheit hielt unter dem jüdischen Glauben, der im Gegensatz zu den umliegenden Völkern nur den einzigen Gott Jehova kannte, fest zusammen.

Der Perserkönig Kyros hatte 539 v. Chr. Babylon erobert, und ein Jahr danach erlaubte er einem Teil der Juden (über 40000) die Rückkehr nach Jerusalem, um ihren zerstörten Tempel wieder aufzubauen. Palästina, wie das Land, zu dem Jerusalem gehörte, nun hieß, geriet nach der persischen Herrschaft 331 v. Chr. unter die Alexanders des Großen von Mazedonien. Anschließend folgten die Ptolemäer in Ägypten. Freilich lebten seit der babyl. Gefangenschaft auch Juden in den Großstädten des Orients außerhalb Palästinas.

Zu dieser Zeit begann in hebräischer Sprache die schriftliche Aufzeichnung des religiösen Gesetzeswerkes, des Talmud. Es beruhte auf dem Alten Testament. Am Talmud wurde 600 Jahre lang geändert.

Die jüdischen Makkabäer in Jerusalem weigerten sich, den griechischen Götterglauben der Mazedonier und Ptolemäer, der ihnen aufgezwungen werden sollte, anzunehmen. Sie erkämpften 168 v. Chr. erstmals nach 550 Jahren wieder religiöse Freiheit. Politische Selbständigkeit aber verhinderten innere Streitigkeiten.

63 v. Chr. eroberte der römische Feldherr Pompejus (gest. 48 v. Chr.) Jerusalem für das Römische Reich. König Herodes I. von Judaea (gest. 4 n. Chr.) leistete den Römern den Treueid. Doch hofften die Juden auf Befreiung und erwarteten den „Messias" (= Heilsbringer).

Herodes' Nachfolger empörten sich mehrfach gegen Rom, was 70 n. Chr. zur erneuten Zerstörung Jerusalems und des Tempels durch den römischen Feldherrn und späteren Kaiser Titus (gest. 81 n. Chr.) führte.

Viele Juden wurden in Gefangenschaft und Sklaverei weggeführt. Der letzte Aufstand fand unter Bar Kochba 135 n. Chr. statt, der unter Kaiser Hadrian (gest. 138) niedergeschlagen wurde. Die restlichen 200000–300000 Juden mußten den gleichen Weg antreten, wie schon 65 Jahre zuvor die Hälfte ihres Volkes. *Palästina wurde später Siedlungsgebiet der Araber.*

Die Römer brachten die jüdischen Gefangenen in viele Teile ihres Weltreiches, wo sie sich den Berufen zuwendeten, die am wenigsten ortsgebunden waren, vor allem dem Handel und dem Geldgeschäft. In Spanien waren die Glaubensjuden besonders zahlreich, zumal sie dort Zulauf von Nichtjuden erhielten, die der jüdischen Religion als sogenannte Proselyten = Übergetretene) beitraten. Die jüdische Verbreitung erfolgte durch die Handelstätigkeit im Laufe vieler Jahrhunderte praktisch über die ganze Welt.

Gleichzeitig hielt das Judentum durch seine Religion und strengen Glaubensvorschriften eng zusammen. Überall errichteten sie ihre Synagogen (= griech.: Versammlungshäuser), wo sie nach gleichem Ritus Gottesdienst unter Leitung von *Rabbinern* abhielten. So verhinderten sie das Aufgehen in den Wirtsvölkern, weshalb sie sich irgendwie immer absonderten. Das brachte ihnen oft Unwillen und Feindschaft ein.

Bei den vorchristlichen römischen Kaisern sowie unter dem Islam (nach 630) genossen die Juden Duldung und Religionsfreiheit.

Im Christentum galten die Juden als das Volk, welches Christus ans Kreuz genagelt hatte. Deshalb wurden sie durch Sondergesetze gesellschaftlich und bürgerlich eingeschränkt. Im Mittelalter waren sie in Europa als „Ungläubige" weitgehend rechtlos. Später kamen einige durch die Könige in die Gunst der sog. *„Kammerknechtschaft"*, das bedeutete, daß sie unter königlichem Schutz standen. (Schutzjuden): Den Christen war Geldverleih gegen Zins allgemein verboten, den „ungläubigen" Juden aber nicht. Deshalb bedienten sich in Finanzgeschäften Privatleute und die meist an Geldmangel leidenden Könige vielfach jüdischer Hilfe.

Das brachte den betreffenden Juden Vorteile, aber auch den Haß der Bevölkerung ein, denn der Zinswucher nahm oft schlimme Formen an. So entstand schon frühzeitig *„Antisemitismus"*.

Dieser machte sich gelegentlich in *Judenpogromen* Luft, was Vernichtung jüdischen Eigentums, Vertreibung und im schlimmsten Fall Massentotschlag bedeutete.

In Spanien und Portugal kam es 1492 zu Vertreibungen derjenigen, die sich nicht taufen ließen und im 17. Jahrhundert zu den *jesuitischen „Kreuzzügen"* gegen die Juden. In Rußland und Polen fanden noch im 19. und 20. Jahrhundert schwere Pogrome statt, zuletzt 1903. In der *„Kristallnacht"* 1938 in Deutschland wurden jüdische Geschäfte und Wohnungen verwüstet sowie Synagogen niedergebrannt, wobei es auch zu ersten Todesopfern kam. Der Zweite Weltkrieg führte dann zu Massentötungen von Juden.

Im frühen Mittelalter richteten sich die Juden freiwillig in *Gettos* (Gassen) ein, um ihre religiösen Bräuche ungestört ausüben zu können. Später verlangte die christliche Kirche den Gettozwang, schließlich auch mit Mauerabgrenzung gegen die christlichen Stadtteile.

Die meisten deutschen Juden kamen 1492–1497 als Vertriebene aus Spanien und

Portugal ins Reich. In den Ländern der Reformation genossen sie Freizügigkeit. Doch während der Gegenreformation und im Dreißigjährigen Krieg wanderten viele nach Polen und Rußland ab. Dort bedienten sie sich einer Sprache, die auf deutscher Basis auch hebräische, polnische, litauische und russische Wörter verwendet – das sogenannte *Jiddisch*, welches z. T. auch heute noch gesprochen wird.

Das Zeitalter der Aufklärung brachte eine grundlegende Änderung im Verhältnis des Judentums zu den Gastvölkern. Wie berichtet, übertrug z. B. Friedrich der Große jüdischen Bankleuten das Münzwesen in seinem Staate.

Der jüdische Philosoph Moses *Mendelssohn* (1729–1786) aus Dessau wollte den strengen religiösen Talmudgeist zugunsten der Emanzipation (Einfügung in die Gastvölker) mildern. Dies veranlaßte überall hervorragende Männer – in Deutschland z. B. Lessing oder Wilhelm von Humboldt –, für die völlige *Gleichstellung der Juden* einzutreten. Seit 1800 etwa erfolgte diese gesetzlich in allen europäischen Ländern, z. B. *1812 in Preußen.* (Nur das zaristische Rußland, zu dem auch Polen gehörte, verweigerte die Gleichstellung (bis 1918). So wurde es möglich, daß in London Benjamin *Disraeli* (1804–1881), jüdischer Herkunft, 1868 und 1874 bis 1880 Ministerpräsident werden konnte. Bismarck und der Sozialist Ferdinand *Lassalle* (1825–1864), jüdischer Herkunft, besprachen sich sachlich und in gegenseitiger Achtung. Amschel *Rothschild* (1743–1812), eröffnete in Frankfurt ein Bankgeschäft, und vier seiner Söhne gründeten in London, Paris, Wien und Neapel Filialen, die in engster Fühlung mit dem Frankfurter Stammhaus arbeiteten. Diese fünf Bankhäuser erlangten große internationale Bedeutung.

Die jüdischen Religionsvorschriften liberalisierten sich entsprechend, und es entstand das sog. Reformjudentum.

Allerdings hielt weiterhin ein starker Zweig streng am Althergebrachten fest.

Als dritte und zahlenmäßig stärkste Gruppe bildete sich die religiös gleichgültige heraus. Ihre Anhänger hielten sich an das praktische Leben und traten auch einer christlichen Konfession bei, wenn es z.B. bei Mischehen zweckmäßig erschien. Sie nannten sich dann *„getaufte Juden"*.

Doch Mendelssons Emanzipationspläne mit dem Ziel, das Judenproblem auf diese Weise zu lösen, erwiesen sich als nicht durchführbar. Im Gegenteil versuchten reiche, betont *„orthodoxe Juden"* nun ihren Einfluß in vielen Ländern auszuweiten. Im höchsten Maße gelang ihnen das in den USA („Wallstreet"). Auch im industrialisierten Deutschen Reich und in Österreich drangen sie immer stärker in die Wirtschaft ein, ebenso in die Berufsgruppen der Ärzte, Rechtsanwälte, Schauspieler, Musiker usw.

In den Notzeiten nach dem Ersten Weltkrieg nahm der jüdische Einfluß in Deutschland bedenkliche Ausmaße an, so daß sich Unbehagen auch in alteingesessenen jüdischen Familien des Mittelstandes ausbreitete.

Zur Vervollständigung des Wissens über das Judentum muß auf den *„Zionismus"* eingegangen werden: Im Gegensatz zur bisherigen Einstellung der Juden, überall in der Welt verstreut zu leben, lediglich verbunden durch die Glaubensgemeinschaft, kam um 1870 der Gedanke auf, daß die Juden auch ein Volk seien mit dem Recht auf einen *jüdischen Staat.* Dabei hatten sie die alte Heimat des Altertums, *Palästina*, vor Augen, das sie 1800 Jahre früher verlassen mußten. Das Problem war nur, daß dort über 1½ Jahrtausende Araber heimisch waren.

Theodor *Herzl* (gest. 1904) verkündete trotzdem auf dem 1. *Zionistenkongreß 1897 in Basel* das Ziel der Errichtung des politischen Judenstaates in Palästina. Der türkische Sultan (Palästina war türkisch) lehnte natürlich ab. England bot Herzl in der Kolonie *Uganda* 1903 ein autonomes Siedlungsgebiet an. In späteren Jahren war auch die Insel *Madagaskar* im Gespräch. Die Zionisten gingen auf solche Angebote nicht ein.

1905 kamen erste illegale jüdische Einwanderer nach Palästina, deren Zahl bis 1917 auf 60000 anstieg. Ende 1917, also im Ersten Weltkrieg, erreichte der Zionistenführer *Weizmann* (gest. 1952) vom Londoner Außenminister Balfour (gest. 1930) in der *„Balfour-Erklärung"* die Zustimmung für spätere „legale" Einwanderungen der Zionisten nach Palästina. Gleichzeitig versprach England aber auch – wie berichtet – den Arabern und damit den Palästinensern den selbständigen Staat, wenn sie sich gegen die Türkei und die deutsche Truppe stellen würden, was daraufhin auch geschah.

Palästina kam nach dem Ersten Weltkrieg unter englische Mandatsverwaltung, während welcher der Aufruhr der Palästinenser gegen die immer zahlreicher einwandernden Juden dauernd aufs neue ausbrach. 20 Jahre nach der „Balfour-Erklärung", also 1937, war die Zahl der Juden dort auf fast 400000 angewachsen, gegen 1,9 Mill. der palästinensischen Bevölkerung.

Erst 1948, als das englische Weltreich in Auflösung begriffen war, und das Mandat in Palästina erlosch, kam es mit Unterstützung der USA und der dortigen jüdischen Hochfinanz zur Gründung des Staates *Israel.* Über eine Million Araber wurden vertrieben. Der neue Staat war gut 20000 km² groß, mit anfänglich etwa je einer Million jüdischen und palästinensischen Einwohnern.

In kümmerlichen Lagern versuchten die Vertriebenen in den wüstenreichen Nachbarstaaten Jordanien, Syrien, Libanon und Ägypten zu überleben. Später gelang ihnen mit vorwiegend saudiarabischen Geldern die Bildung einer Organisation, der *PLO* (Palästinensische Befreiungsorganisation). Sie verlangte die Rückgabe Palästinas und wurde *von der UNO* in New York – gegen die Stimmen Israels und der USA – als rechtmäßige Vertretung der Palästinenser *anerkannt.*

Vier weitere Kriege haben nach 1948 im Nahen Osten stattgefunden, der letzte gerade in unseren Tagen, 1982 im Libanon.

Israel versuchte einen *„Großisraelischen Staat"* zu errichten, der in Zukunft 10 bis 12 Millionen Juden beherbergen sollte, alles natürlich in Gebieten, die den Arabern hätten abgenommen werden müssen.

An allen diesen Plänen hatten die USA nur noch zum Teil Interesse, seit die den vertriebenen Palästinensern befreundeten arabischen Ölstaaten die Ölpreise auf das Sechsfache erhöhten. Dadurch wurde das Wirtschaftsgefüge der Industriestaaten – auch der USA – die alle mehr oder weniger vom arabischen Öl teilweise abhängig waren, empfindlich durcheinander gebracht (Ölkrisen).

Die Israelis erhielten ihre Waffen von den USA, die Araber von den Sowjets. Alle Nahostkriege bewiesen – wie auf einem Versuchsgelände – die Überlegenheit der amerikanischen Waffen.

Zweimal hatten die Israelis mit dem besseren Kriegsgerät den Sinai bis zum Suezkanal besetzen können, doch auf Betreiben der Sowjets bzw. der USA mußten sie ihn wieder räumen.

1967 waren die Israelis im von 1,1 Mill. Palästinensern bewohnten, etwa 6000 km² großen Westjordanland (und Gaza an der Küste) mit Gewalt eingedrungen. Teilweise sind das die antiken Provinzen Juda und Samaria, um die es den Zionisten ursprünglich als „Heimstätte" gegangen war. Um den weiteren Besitz dieser Provinzen streiten heute die Israelis und die Araber heftig *(jüdische Siedlungspolitik im Westjordanland).*

In Israels Machtbereich (ohne Libanon) lebten 1982 etwa 2,8 Mill. Juden und 1,3 Mill. Palästinenser. 160 Mill. Araber in 14 Staaten sind sich nur in einem Punkte einig: „Die Israelis müssen wieder vertrieben werden!" Das kann nicht geschehen, solange die USA schützend ihre Hand über den Staat Israel halten.

Israel wurde zu einem *Militärstaat*, dem es ums Überleben geht. Es konnte sich keine gesunde Wirtschaft entwickeln, weil das Land von 1947 bis 1982 fünf Kriege führte. 1982 erreichte die Inflation, die weiter ansteigt 300 %.

„Wehe den Besiegten!"

„Vae victis" sagte der gallische Feldherr *Brennus*, als er um 390 v. Chr. Rom heimsuchte und sein Schwert auf die Waage legte. An dieses Prinzip der Rache pflegten sich mehr oder weniger die Sieger aller Kriege zu halten.

Die Alliierten hatten in ihren Reihen natürlich auch den Menschentyp des Schergen, der einen geringen, gleichmäßig verteilten Prozentsatz der Menschheit ausmacht. In Kriegszeiten blüht deren Weizen besonders, und manch einer gelangte an einflußreichste Stelle. Wenn Hitler „das Ende der jüdischen Rasse in Europa" ankündigte, stand das auf derselben geistigen Stufe wie Churchills *„Zerstörung der hundert größten deutschen Städte* ohne Rücksicht auf die Bevölkerung".

Die Alliierten nannten den Krieg einen *„Kreuzzug"*, um Europa vom Faschismus zu befreien. Was sie sich aber im Krieg und nach dessen Krieg an Haß und Verbrechen zuschulden kommen ließen, kann ebenfalls nur als unbegreiflich für Kulturvölker bezeichnet werden:

Der Einmarsch der Alliierten ins Reich war in ganz unterschiedlichem Ausmaß von Verbrechen begleitet. Disziplinierten Truppenteilen standen je nach Nation andere gegenüber, bei denen nach Bedarf *Plünderungen* und *Vergewaltigung* unbehindert stattfanden. Es wurde geraubt wie schon seit Napoleons Zeiten nicht mehr. Schmuck, Uhren, Taschenmesser, Radiogeräte, Schreibmaschinen, Musikinstrumente und alles, was brauchbar schien, wechselte den Besitzer vom Ostseestrand bis zum Burgenland.

Die Rote Armee hielt sich in den eroberten Gebieten eine Zeitlang an Plünderungsfreiheit, wie an etwas Selbstverständliches. Die *„Amis"*, wie sie nun in Deutschland genannt wurden, trieben die Freizügigkeit weniger ausgedehnt. Vor allem war die Vergewaltigung hier relativ selten. Der neue Oberbefehlshaber in der englischen Besatzungszone, *Montgomery*, der Gegner Rommels in Afrika, verbot grimmig jede Art von Verbrüderung, aber auch von „Besitzwechsel". Freilich gab es diesen auch dort, wo es um *„Kriegsbeute"* ging.

Das betraf Kunstwerke, Museen, Betriebe vieler Sorten, z. B. das Volkswagenwerk, Schiffe, Verkehrsflugzeuge usw. Sie alle und vieles mehr wurden „Kriegsbeute".

Das *Reichspatentamt* in München räumten die Amis restlos aus und beschlagnahmten die Patente. Nach ihren späteren eigenen Angaben war das der dickste Brocken, den sie vorfanden. Die Auswertung der Patente habe ihnen die „gesamten Kriegskosten" wieder eingebracht, stellten sie fest. Dazu gehörten aber auch die *Wissenschaftler* persönlich, auf die nun eine wahre Jagd veranstaltet wurde. Man bot ihnen manierliche Arbeitsverträge an, wußte man doch, daß man niemand zwingen kann zu denken. Ein bekanntes Beispiel wurde Wernher von *Braun*, der in Amerika die V-Raketen zu Weltraumraketen weiterentwickelte.

Auch die Sowjets nahmen teil am „Denkerklau". Sie bekamen hervorragende deutsche Wissenschaftler in ihre Hand. Nur war deren Behandlung wesentlich rauher und gewalttätiger.

Die innerhalb Deutschlands entwaffneten Soldaten sammelte man in von *Stacheldrahtverhauen gesicherten Lagern*. Ohne jeden Schutz vor Sonne und Regen überließ man sie monatelang der Witterung, bei einer „Verpflegung" weit unter dem Lebensminimum. Zu Tausenden starben in Ost und West täglich Menschen, die von den Überlebenden in *Massengräber* geworfen und vor dem Zuschaufeln mit Desinfektionsmitteln überstreut werden mußten. Der Krieg war vorüber, und man hätte die Soldaten nach sogenanntem „Völkerrecht" nach Hause schicken müssen.

Die Unzahl von ehemaligen Soldaten, die man auf diese Art umbrachte, wurde von deutscher Seite registriert. Die Unterlagen kamen in Bonn unter Verschluß. Es gibt keine Phantasiezahlen, aber „um des guten Einvernehmens willen" wurde bisher nichts veröffentlicht. So schrecklich müssen die Taten der Sieger gewesen sein.

Weiter lieferten die Amerikaner einige *Hunderttausend deutsche Soldaten* (wie in Jalta abgesprochen) als *Zwangsarbeiter an die Sowjetunion* aus. Die gute Hälfte kam um, der Rest kehrte nach vier bis sechs Jahren krank und unterernährt heim. Wer vorher während der Kampfhandlungen in Sowjetgefangenschaft geraten war, erlitt das gleiche Schicksal. Weil nach internationalem Recht Kriegsgefangene nicht als Zwangsarbeiter eingesetzt werden dürfen, *verurteilten die Sowjets* vielfach *komplette Truppenteile* – die ganze Waffen-SS und viele andere Formationen – in Bausch und Bogen als *„Kriegsverbrecher"* und behandelten sie entsprechend.

Nach dem Waffenstillstand befanden sich noch ganze Armeen außerhalb der deutschen Grenzen, wie z. B. in Italien. Es entstanden unter amerikanischer Regie mehrere Internierungslager mit je 100000 Insassen. Solange noch eigene Lebensmittel vorhanden waren, klappte die Verpflegung. Doch als nach Wochen die Vorräte zur Neige gingen, forderten die Amerikaner die deutschen Soldaten auf, sich *„freiwillig" für Arbeitskommandos* zu melden, – dann gebe es genug zu essen. Unter dem Zwang des Hungers meldeten sich in kurzer Zeit 97 bis 98 %. Den Rest brachte man in die Heimat zur Entlassung. Die „Freiwilligen" aber schickte man samt und sonders *nach Frankreich*, wo man sie in der Landwirtschaft, im Straßenbau, in Bergwerken usw. einsetzte. Nach drei Jahren endlich kamen die Überlebenden nach Hause, oder einen Teil hatte man überredet, in die *Fremdenlegion* zu gehen, wo viele etwa bei *Dien Bien Phu* – für Frankreichs „Gloire" fielen.

In der UdSSR, in den USA, in Frankreich und andernorts war Briefverkehr mit der Heimat oft erst nach Jahren gestattet.

Die Bevölkerung in Deutschland behandelte man noch volle drei Jahre schlimmer als Heloten (= Staatssklaven). Vor allem trat jetzt vielfach *Hungersnot* auf, was während des Zweiten Weltkrieges nie der Fall gewesen war. Lebensmittelkarten erhielt jeder, aber was man darauf bekam, war zum Sattwerden zuwenig und zum raschen Verhungern etwas zuviel. Papiergeld gab es genug, und so entwickelte sich ein üppiger Schwarzmarkt. Ein Pfund Butter oder Margarine kostete 250 Reichsmark. Für ein kg Nägel bezahlten die Bauern ein Pfund Speck. Die Städter liefen oft stundenlang mit einem Handwägelchen oder Rucksack aufs Dorf und gaben Wäsche – soweit vorhanden – gegen Kartoffeln, Mehl und Milch für die Kinder. Die Heimatvertriebenen, die Ausgebombten, die nichts mehr zu tauschen hatten, waren am härtesten getroffen.

Die Besatzungssoldaten aber schwelgten im Übermaß. In den Westzonen entstand eine Art *„Zigarettenwährung"*. Eine Zigarette war gleich einer Reichsmark (später zwei RM). Vergewaltigungen waren nicht mehr nötig. Viele Frauen ernährten sich und ihre Kinder mit Hilfe eines *Ami-Freundes*. Was sollte schon dabei sein, der Ehemann war ja gefallen oder in Gefangenschaft. Manche Mädchen wurden zu Schnallen. Sie takelten sich mächtig auf, wenn sie mit einem Ami durch die Straßen stolzierten, zuweilen mit einem *Negerbaby* im Kinderwagen, den der schwarze Papa bereitwillig schob. Kein Besatzungssoldat brauchte die *Vaterschaft* anzuerkennen, wenn er nicht wollte. Das bestimmte eine Verordnung der *Militärregierungen*. Der nationalsozialistischen Rassenpolitik wurde solcherart übel mitgespielt.

Unzerstörte Stadtviertel mußten vielfach von den Bewohnern geräumt werden, und die Besatzer zogen ein. Wo die Leute unterkamen, interessierte die *„Kreuzzügler" oder „Befreier"*, wie man sie spöttisch nannte, nicht im geringsten.

Die Potsdamer Konferenz 17. Juli–2. August 1945: Roosevelt war am 12. April 1945 mit 63 Jahren gestorben, also ohne das Kriegsende erlebt zu haben. Sein demokratischer Vizepräsident Harry *Truman* (1884–1972) folgte automatisch nach.

Kurz nach Kriegsende fanden *Parlamentswahlen in England* statt. Der Konservative *Churchill fiel durch*, und der neue Premier hieß Clement *Attlee* (1883–1967), der Chef der Labour-Party.

Frankreich war an den Konferenzen von Moskau, Teheran und Jalta unbeteiligt geblieben, weshalb sich in *De Gaulle* tiefe Abneigung – besonders gegen die Amerikaner – aufgestaut hatte.

Im Sommer 1945 trafen sich Truman, Stalin und Attlee in Potsdam, um eine gemeinsame Politik gegen Deutschland festzulegen. Auf Betreiben Attlees zog man nun aber auch Frankreich hinzu. Folgendes wurde beschlossen oder, wie schon in Jalta abgesprochen, bestätigt:

1. Deutschland wird in vier Besatzungszonen aufgeteilt, eine sowjetische, amerikanische, englische und französische. Die Abgrenzungen liegen bereits fest. Die Stadt *Berlin*, die in der Sowjetzone liegt, besteht in Zukunft aus *vier Sektoren.*
2. Im wiedererstandenen österreichischen Staat erhalten die vier Mächte Besatzungszonen. *Wien* erhält (wie Berlin) *vier Sektoren.*
3. Anstelle einer Regierung erhalten Restdeutschland und Österreich einen *alliierten Kontrollrat*, der aus den vier Befehlshabern der Besatzungsstreitkräfte besteht.
4. In jeder Besatzungszone Restdeutschlands wird eine eigene *Militärregierung (also vier)* gebildet.
5. Restdeutschland und Österreich werden total abgerüstet und erhalten keinerlei eigenes Militär.
6. Es erfolgt *Demontage aller modernen Betriebe* und dauernde *Industriekontrolle.* Man begann sofort mit der Durchkämmung sämtlicher Fabriken, und was den Militärbeamten brauchbar erschien, verfiel der Beschlagnahme. Hunderte von Güterzügen, voll beladen mit modernen Maschinen, rollten in den nächsten zwei Jahren in alle Nachbarländer, die damit neue Fabrikationen aufziehen wollten.

Dieser planlose Dilettantismus führte zu nichts, denn vieles verrostete zu Schrott, anderes erwies sich an Ort und Stelle als ungeeignet, für wiederum anderes fehlten die Spezialisten.

7. Die nationalsozialistische Gesetzgebung wird für ungültig erklärt.
8. Die *Kriegsschuld trägt allein Deutschland.* Kriegsverbrecher sind zu bestrafen.
9. Die „Entnazifizierung" ist durchzuführen.
   (Das bedeutete, daß jeder, der in der NSDAP oder einer ihrer Organisationen Mitglied war oder gar irgend einen Posten bekleidet hatte, – auch ein im Krieg für die nächtliche Verdunklung verantwortlicher Blockwart – mit Enteignung seines Besitzes und Geschäftes oder mit Gefängnis rechnen mußte. Der Kontrollrat verkündete ein sog. *„Entnazifizierungsgesetz"*, dessen Durchführung die Linkssozialisten eifrig in die Hand nahmen. Allerdings waren deren Hintergedanken, die allgemeinen Besitzverhältnisse nach kommunistischem Vorbild zu gestalten. Der linke SPD-Ministerpräsident *Högner* in Bayern unterstützte diesen Weg. Als das die Amerikaner erkannten, nahmen sie von der Durchführung des Gesetzes Abstand. In der britischen und französischen Zone begann man erst gar nicht damit. In der Sowjetzone dagegen bot das Gesetz eine willkommene Handhabe, den Kommunismus zu legalisieren.)
10. Die Austreibung der Bevölkerung aus den deutschen Gebieten östlich der Oder-Neiße-Linie ist vollständig durchzuführen. Der Nordteil von Ostpreußen mit der Stadt Königsberg wird „unter *sowjetischer*" der Südteil sowie Pommern einschließlich der Stadt Stettin und ganz Schlesien „unter *polnische Verwaltung*" gestellt. (Also keine endgültige Abtretung der Ostgebiete.)
11. Freie Gewerkschaften sind zu errichten.
12. *Deutschlands wirtschaftliche Einheit ist herzustellen.* Berlin wird Sitz des Alliierten Kontrollrates.
13. *Die endgültigen deutschen Grenzen werden in einem Friedensvertrag festgelegt.*

Die letzten drei Punkte waren von entscheidender Bedeutung, denn sie ließen nicht nur die zukünftige Struktur Deutschlands ungeklärt, sondern auch die Ostgrenzen.

Die Nürnberger „Prozesse" 1945–1948: Wie in Potsdam festgelegt, begann ein Militärtribunal mit der Vorbereitung der sog. *„Kriegsverbrecherprozesse"*. Der Hauptbetreiber war der amerikanische Bundesrichter Robert *Jackson* (1892–1954). Während man in der UdSSR, in England und auch in den USA dazu neigte, die maßgebenden Nationalsozialisten und Generäle mit dem „Recht des Siegers" kurzerhand zu erschießen, strebte Jackson einen Prozeß an, der mit großem Propagandaaufwand in Nürnberg – der Stadt der „Nürnberger Rassengesetze" – stattfinden sollte.

Dabei hatte sich Jackson eine juristische Neuheit ausgedacht: Weil es an nationalen und internationalen Gesetzen fehlte, die eine Verurteilung von Politikern und Militärs nach einem verlorenen Krieg ohne vorher dafür erlassene Gesetze ermöglichten, dachte er sich solche aus. Diese Gesetze sollten nun nachträglich angewendet werden.

Jackosn beabsichtigte, seine „Gesetze" gültiges Völkerrecht werden zu lassen, um zukünftige Kriege zu verhindern.

Es sei hier vorweggenommen: Seit 1945 sind in der Welt *143 kleine und große Kriege* mit ungezählten Millionen Menschenopfern ausgetragen worden. Einige wenige

Beispiele: Die Franzosen führten Krieg gegen Vietnam, Laos und Kambodscha. Indien und Pakistan erlebten einen furchtbaren Krieg nach der Lostrennung vom englischen Weltreich. England, Frankreich und die Israelis griffen Ägypten an, um den Suez-Kanal in ihre Gewalt zu bekommen. Israel führte noch drei weitere Kriege gegen seine Nachbarn. In Afrika folgte wegen Inanspruchnahme der Atlantik-Charta ein verheerender Krieg nach dem anderen. Die Amerikaner führten Krieg in Korea und Vietnam. 1980 besetzten die Sowjets das Land Afghanistan, in dem sie noch immer Krieg führen, usw. usw.

Nie ist dafür *jemand vor ein Gericht gestellt* worden. Die UNO in New York lehnte mehrere Anträge dieser Art – wegen fehlender juristischer Möglichkeiten – ab.

Das monatelange Nürnberger Spektakel gegen die NS-Führungskräfte mit einem amerikanischen, sowjetischen und britischen Ankläger stellte sich von Anfang an als reiner Racheakt dar.

Als Hermann Göring zeitweise den Spieß umdrehte und den Anklägern die Verbrechen der Alliierten vorwarf (Versailler Vertrag, Reparationspolitik, Hungerblockade in beiden Kriegen, Vernichtung der deutschen Großstädte, Millionenvertreibungen, „Dresden", Atombombenabwürfe usw.), entrüstete sich Jackson über *Görings „Anmaßung"*. Göring lachte ihn aus.

23 Männer waren angeklagt. Robert Ley – Führer der Arbeitsfront – beging während des Prozesses Selbstmord. Am 1. Oktober 1946 wurden elf Angeklagte zum Tode durch den Strang verurteilt. Völlig rechtswidrig war die *Unmöglichkeit der Appellation* (= Anfechtbarkeit) durch die Verteidiger. Hermann Göring vergiftete sich und entging damit der – für einen Soldaten würdelosen – Vollstreckungsart. Vermutlich hatte ihm ein amerikanischer Pfarrer die Zyankali-Kapsel zugesteckt. Die anderen zehn, darunter die Generäle Keitel und Jodl sowie die Minister Ribbentrop und Frick und der „Gestapo-Chef" Ernst Kaltenbrunner, starben mannhaft am 16. Oktober durch einen amerikanischen Army-Henker.

Schacht wurde freigesprochen, ebenso Papen und Fritsche. Die meisten anderen Angeklagten erhielten lange Haftstrafen wie Speer (20 Jahre), Dönitz (10 Jahre), und Rudolf Heß (lebenslänglich).

Ferner erklärte man im Nürnberger Prozeß die *Organisationen der SS, der NSDAP, des SD, der „Gestapo" und sogar das Oberkommando der Wehrmacht rückwirkend für „verbrecherisch"* und stellte ihren Mitgliedern Prozesse in Aussicht. Auch die SA und die „Reichsregierung" waren angeklagt, doch für beide erzielten die Verteidiger Freispruch.

Es folgten in Nürnberg 1947 bis 1948 noch eine Reihe weiterer „Prozesse", welche die Amerikaner allein durchführten: Im *„Ärzte-Prozeß"* ging es um die Euthanasie (Gnadentod). Man warf einer Anzahl von Ärzten vor, im Dritten Reich unter dem Deckmantel des Gnadentodes Morde an Juden und Ausländern begangen zu haben, ebenso gesetzeswidrig an Geisteskranken. Es wurden Todesurteile gefällt und lange Haftstrafen verhängt.

Auch ein *„Juristenprozeß"* mit gleichem Ergebnis fand statt. Falsche Gesetze geschaffen und ungerechte Urteile gefällt zu haben, lautete die Anklage.

In *„Generalsprozessen"* verurteilte das Militärtribunal viele deutsche Generäle, die an den Fronten gekämpft hatten. Man lastete ihnen letzten Endes an, daß sie

Soldaten waren und Hitler nicht umgebracht hatten. Zwischen 10 und 20 Jahren Freiheitsentzug lautete das übliche Urteil.

Die Rechtmäßigkeit fast all dieser Prozesse einschließlich des ersten wurde vielfach im In- und Ausland angefochten: Die Grundlagen der allgemeingültigen Rechtsauffassung, die sich seit 25 Jahrhunderten aus römischem und germanischem Recht entwickelt hatten, seien willkürlich mißachtet worden.

Unter dem Eindruck der massiven Proteste entließ man die meisten der zur Haft verurteilten Generäle, Juristen und Ärzte vorzeitig, nicht aber die des Nürnberger Hauptprozesses. Rudolf Heß, heute 88 Jahre alt, der mit seinem Flug nach England die Ausweitung des Krieges zu einem Weltkrieg verhindern wollte, befindet sich seit 36 Jahren im Gefängnis von Berlin-Spandau, wo er schon lange Jahre der einzige Gefangene ist.

In *Japan* veranstalteten die Amerikaner ebenfalls einen *„Kriegsverbrecherprozeß"*, der 1948 mit der Hinrichtung des japanischen Generals und Ministerpräsidenten Hideki *Tojo* (1884–1948) und sechs seiner engsten Mitarbeiter endete. In Japan steht für die „Hingerichteten" ein Denkmal!

Eine große Zahl von *Prozessen gegen deutsche Militär- und Zivilpersonen* fand *im Ausland* statt. Fast 9000 Personen wurden hingerichtet.

Eine besondere Rolle spielen *deutsche Prozesse noch heute* gegen ehemalige Kommandanten von Konzentrationslagern und deren Helfer, in die man vorwiegend Juden gebracht hatte. Eine *Verjährungsfrist für NS-Morde* ist in der Bundesrepublik und in Mitteldeutschland gesetzlich *aufgehoben.*

Deshalb ist ein Ende dieser Verfahren 1½ Generationen nach Kriegsende immer noch nicht abzusehen.

An *„Wiedergutmachung"* zahlte die Bundesrepublik *bis 1968* etwa *60 Milliarden DM*, ohne daß damit ein Schlußstrich gezogen wäre. Große Teile dieser Gelder landeten im Staate Israel, von dort gelangten gewaltige Summen durch Waffenkäufe wieder an die US-Rüstungsindustrie.

Der Welt-Zionismus verlangt von Österreich und von Mitteldeutschland ebenfalls Milliardenzahlungen, aber die dortigen Regierungen lehnen das strikt ab.

Teilung Restdeutschlands in die vier Staaten Bundesrepublik Österreich (BRÖ) 1946, Bundesrepublik Deutschland (BRD) Mai 1949, Deutsche Demokratische Republik (DDR) Oktober 1949 sowie den Stadtstaat West-Berlin 1950

Neugründung der Republik Österreich April 1946

Noch ehe der Zweite Weltkrieg beendet war, bildete man – wie in Jalta festgelegt – auf Veranlassung der Sowjets in Wien eine provisorische österreichische Regierung. Der Wiener Sozialist Karl *Renner* (1870–1950), bisher stets für den Anschluß ans Reich eingetreten, trat nun als Verfechter für eine unabhängige Republik Österreich auf.

Nachdem in Österreich die vier Besatzungszonen und neue politische Parteien gebildet worden waren, einigte man sich auf eine *parlamentarische Bundesverfassung.*

Der 75jährige Renner wurde Anfang 1946 Kanzler und Ende des Jahres Bundespräsident.

Im November 1947 trat eine *Währungsreform für Österreich* in Kraft: Drei alte Schillinge wurden gegen einen neuen Schilling eingetauscht, und der US-Dollar kostete 13 neue Schillinge. Einige Jahre später erfolgte die Abwertung auf 1 Dollar = 25 Schillinge.

Der Staat Österreich erhielt die gleichen Grenzen wie 1937. Auf 84000 km^2 wohnte 1962 eine Bevölkerung von 7,1 Millionen.

Uneinigkeit über Restdeutschlands Zukunft: Im und kurz nach dem Krieg wurden Pläne bekannt, Deutschland völlig aufzulösen. Hauptbetreiber war Frankreich. Der Rhein sollte wieder einmal französische Ostgrenze sein, aber auch das Land Süd-Baden sollte vereinnahmt werden. Die Niederlande beanspruchten Ostfriesland und die Stadt Münster i. W., die Dänen Südschleswig. Polens Westgrenze dachte man sich an Elbe und Saale. Der Rest sollte aus mehreren Kleinstaaten bestehen, der Name Deutschland ganz verschwinden.

Unter Hinweis auf Frankreichs als gering bezeichnete Leistung im Zweiten Weltkrieg weigerten sich Amerikaner und Engländer, solchen Gedanken näherzutreten. Das einzige, was man De Gaulle zugestand, waren bestimmte *Ausbeutungsrechte im Saarland.* 1947 wurde deshalb dieses Gebiet der Zuständigkeit des Alliierten Kontrollrates entzogen und dem französischen Wirtschafts- und Zollverband angeschlossen.

Die Sowjetunion wollte Restdeutschland ungeteilt kommunistisch sehen.

Die USA hatten über Deutschlands Zukunft keine festen Vorstellungen. Erst 1948 entstand der Plan, die drei westlichen Besatzungszonen zu einem Staatsgebilde zusammenzufügen.

Vorerst hatten gewisse einflußreiche Leute der USA beabsichtigt, Deutschland als Industriekonkurrenz ganz auszuschalten. Laut Atlantik-Charta sollten ja auch die Kolonialmächte ihre Kolonien aufgeben und selbständige Staaten werden lassen, wo dann die USA Rohstoffe zu billigen, diktierten Preisen kaufen wollten. So hoffte man den Welthandel zu beherrschen. Die sog. *„Insider"* planten sogar, die Sowjetunion als großen Rohstofflieferanten in diese abenteuerliche *„Weltordnung"* einzubeziehen. Danach wollte man auch ganz Westeuropa dem Bolschewismus ausliefern. Die Kommunisten seien sowieso die einzigen, die das ewig unruhige Europa in Schach halten könnten. Deutschland dachte man sich als *Agrarstaat,* dessen dann viel zu zahlreiche Bevölkerung in Form von Arbeitsheeren in die Sowjetunion abzuschieben sei, um dieses riesige Land zu erschließen.

Der Teil dieser Gedanken, der Deutschland betraf, war im sog. *„Morgenthau-Plan"* verankert. Henry *Morgenthau* (gest. 1967), jüdischer US-Bürger, war Freund und Finanzminister Roosevelts gewesen. Morgenthaus Plan lief bereits mit der Demontage der deutschen Industrie und der Auslieferung von mehreren 100000 Soldaten an die Sowjets auf vollen Touren. Ein anderer Mann, der Wirtschaftler B. *Baruch* (gest. 1965) gleichfalls ein jüdischer US-Bürger, der schon im Ersten Weltkrieg für den Eintritt der USA in den Krieg geworben hatte und im Zweiten Weltkrieg in der Kriegswirtschaft verantwortlich arbeitete, unterstützte Morgenthau eifrig.

Im zwiespältig gewordenen Amerika setzten sich nun doch realistisch denkende Männer gegen Morgenthau und Anhang durch: Truman ernannte den General und

Politiker George *Marshall* (1880–1959) 1947 zum neuen Außenminister. Dieser verwarf den Morgenthau-Plan gänzlich und leistete ein wirtschaftliches Hilfsprogramm, den sog. *„Marshall-Plan"*, in die Wege. 13 Milliarden an Krediten und Sachwerten sollten die europäischen Staaten wirtschaftlich wieder auf die Beine stellen.

Zwischen den Plänen und Zielen der Supermächte standen – nach dem Schock des Zusammenbruches – in Deutschland Männer, die mit Militärregierungen und Kontrollrat zu tun hatten: Z. B. setzten die Engländer den 70jährigen Konrad *Adenauer* erneut (vorübergehend) als Kölner Oberbürgermeister ein. Der Volkswirtschaftler Ludwig *Erhard* (1897–1977) aus Nürnberg/Fürth stellte sich als Wirtschaftsberater der amerikanischen Besatzungsbehörde zur Verfügung.

In den vier Zonen gründeten deutsche Politiker – auf Anregung der Sieger – Ende 1946 *demokratische Parteien;* es entstanden die CDU (= Christlich Demokratische-Union) mit der Schwesterpartei CSU in Bayern (= Christlich-Soziale Union), die FDP (= Freie Demokratische Partei), deren Schwesterpartei in der Sowjetzone sich LDP (= Liberal-Demokratische Partei), nannte, die SPD (= Sozialdemokratische Partei Deutschlands), und die KPD (= Kommunistische Partei Deutschlands). Selbstverständlich galt auch die KPD als demokratisch. Demokratie heißt „Volksherrschaft", doch herrschte in Restdeutschland nicht das eigene Volk, sondern die Vertreter der Sieger- und Besatzungsmächte, die ja noch heute in Westberlin nach wie vor der deutschen Verwaltung übergeordnet sind.

Ohne alliierte Lizenz entstanden später im Westen noch andere Parteien, auch solche der Rechten, doch sorgte die sog. *5-%-Klausel* dafür, daß sich am Parteienspektrum der Besatzungszeit nur wenig änderte.

In den zehn (erst 11) Ländern der Westzonen und den fünf der Sowjetzone entstanden *Landtage,* in welche die Parteien ihre Vertreter schickten.

Die Währungsreform Juni 1948: Ludwig *Erhard* bereitete die Währungsreform vor und setzte sie am 20. Juni 1948 für die drei Westzonen in Kraft. Berlin und die Sowjetzone folgten am 24. Juni. Die Reichsmark (Papiermark) wurde außer Kraft gesetzt und neues Geld, die *Deutsche Mark,* (DM), zum gesetzlichen Zahlungsmittel. Jeder Einwohner erhielt als Anfangsbargeld DM 40; Bank- und Sparguthaben, die vor dem 1. Januar 1940 bestanden hatten, wertete man im Verhältnis 100 : 6,5 um. 1 US-Dollar entsprach DM 4,20.

Die Deckungsgrundlage für die neuen Währungen in Deutschland (und Österreich) waren Kredite aus dem Marshall-Plan.

Sogleich begann eine wirtschaftliche Tätigkeit, die schon nach wenigen Monaten spürbare Erfolge brachte: Der Schwarzmarkt verschwand, geregelte Arbeit führte sich ein, und die Arbeitslosigkeit nahm schnell ab. Nun hätte Deutschland – trotz der vier Besatzungszonen – wiederaufbauen können.

Doch die *Sowjets verhinderten* die Durchführung der Abmachung von Potsdam, wonach Restdeutschlands *wirtschaftliche Einheit* herzustellen sei. Verhandlungen führten zu nichts. Stalin machte Scheinangebote ohne Inhalt. Er zielte nun auf die Umwandlung der Sowjetzone in einen selbständigen kommunistischen Staat.

Die Währungsreform mußte ein Schlag ins Wasser werden, wenn nicht baldig eine staatliche Ordnung herbeigeführt wurde.

Gründung der BRD am 23. Mai 1949

Unter dem Vorsitz Adenauers trat in Bonn der *„Parlamentarische Rat"* zusammen. Weil die Sowjetzone niemanden zur Teilnahme schickte, wurde auf dieser Versammlung ein *Grundgesetz* (= Verfassung) *nur für die drei Westzonen* von 68 Vertretern der elf Landtage ausgearbeitet. Das dauerte vom 1. September 1948 bis 23. Mai 1949.

Am gleichen Tag wurde die föderative (aus den Ländern bestehende) demokratische Bundesrepublik Deutschland (BRD) ausgerufen.

Das Bundesgebiet umfaßt 248500 km^2 (mit Saarland) und am 31. Dez. 1982 61,5 Millionen Einwohner. Die *Flagge* hat die Farben *Schwarz-Rot-Gold. Bonn ist vorläufige Hauptstadt.* Die „Bundesversammlung" besteht aus Bundestag (die gewählten Vertreter der Parteien) und Bundesrat (die gleiche Zahl Vertreter der Länder), zusammen 1036 Abgeordnete.

Der Bundespräsident wird von der Bundesversammlung gewählt. Der Präsident schlägt den Kanzler vor, den die Mehrheit des Bundestages anschließend zu bestätigen hat.

Der Kanzler bildet die Regierung und bestimmt die Richtlinien der Politik. In Karlsruhe befindet sich das *Bundesverfassungsgericht*, welches über rechtmäßiges Verhalten gemäß dem Grundgesetz zu entscheiden hat. Verfassungsänderungen sind nur mit Zwei-Drittel-Mehrheit des Bundestages möglich.

Schul- und Kulturwesen unterstehen den einzelnen Ländern. Die Bundesbank trägt die Verantwortung für die Währungsdeckung und ist von der Regierung unabhängig.

Die drei Westsektoren von *„West-Berlin"* sind ein deutsches Land, welches jedoch nicht zur Bundesrepublik gehört. Im Bonner Bundestag ist Westberlin beratend durch 22 Abgeordnete vertreten. Die meisten Gesetze des Bonner Bundestages werden auch im Westberliner Senat übernommen. Die West-Berliner Landesregierung trägt wie in den Ländern Hamburg und Bremen den Namen *„Senat"*. West-Berlin hat eine Größe von 480 km^2 mit 2 Mill. Einwohnern am 31. Dez. 1982.

Eine *Präambel* (Vorrede zur Urkunde) bezeichnet das Grundgesetz als Übergangsgesetz bis zum Inkrafttreten einer gesamtdeutschen Verfassung. Die *BRD erklärt* sich zum *Nachfolgestaat des Deutschen Reiches.* Deutsche Staatsbürger sind alle Deutschen und deren Nachkommen, die innerhalb der Reichsgrenzen von 1937 lebten. Weil bis heute (1982) kein deutscher Friedensvertrag abgeschlossen wurde, ist das Grundgesetz noch immer in Kraft.

Erster Bundespräsident wurde 1949 bis 1959 der Staatswissenschaftler und Gründer der FDP, *Theodor Heuss* (1884–1963) aus Württemberg. Er schlug Konrad *Adenauer als Kanzler* vor, den der Bundestag mit einer Stimme Mehrheit wählte. Er war 14 Jahre bis 1963 Kanzler.

Man hat Adenauer und Erhard vorgeworfen, mit der Gründung der BRD voreilig gewesen zu sein, ohne die Verhandlungsmöglichkeiten mit den Sowjets voll ausgeschöpft zu haben. Das Potsdamer Abkommen habe die Sowjets zur Errichtung der Einheit Deutschlands verpflichtet.

Jedenfalls war es Stalin und Molotow erneut gelungen, den Westen zu überspielen. Sie konnten sogar behaupten, daß der Westen die Abmachungen von Potsdam unterlaufen habe.

Die Gründung der DDR am 7. Oktober 1949

Zu gleicher Zeit, als der Parlamentarische Rat das Grundgesetz erstellte, tagte in *Ost-Berlin (Pankow)* der *„Volkskongreß"* der Sowjetzone. Er erstellte eine kommunistische Verfassung und nahm sie Ende Mai 1949 an. Darin wurde Deutschland ebenfalls zur unteilbaren Republik erklärt.

Diese Verfassung trat fünf Monate später, am 7. Oktober 1949, für die Sowjetzone in Kraft, womit die DDR ins Leben gerufen war. Ihre Größe beträgt 107500 km^2, ihre Einwohnerzahl betrug 1981 16,7 Millionen, Ost-Berlin mit 400 km^2 und 1,1 Mill. Bevölkerung eingeschlossen. Berlin ist, obwohl nicht zum DDR-Territorium gehörend, die von der DDR als solche bezeichnete Hauptstadt, die Staats*flagge Schwarz-Rot-Gold mit Hammer und Zirkel.* 1952 wurde die Föderation der fünf Länderparlamente aufgelöst und die *DDR zum Einheitsstaat* umgeformt.

In der Volkskammer sitzen 400 Abgeordnete. Nachdem sich KPD und SPD (unter Druck) zur SED (= Sozialistische Einheitspartei Deutschlands) vereinigt hatten, gibt diese mit großen Mehrheiten den Ton an. Um Parlamentarismus vorzutäuschen, bestehen die anderen Parteien, vor allem CDU und LDP nach wie vor, aber auch diese sind kommunistisch geführt. Deshalb gibt es praktisch nur Einstimmigkeit bei allen Beschlüssen.

Die *DDR* ist eine *kommunistisch-marxistische Diktatur.* Der Regierungschef trägt die Bezeichnung *„Staatsratsvorsitzender"* und bildet zusammen mit Ministern und Staatssekretären den *„Staatsrat"*.

Erster Staatsratsvorsitzender war der Tischler Walter *Ulbricht* (1893–1973) aus Leipzig. Bis 1933 in der KPD und Gewerkschaft tätig, emigrierte er ins Ausland. Während des Zweiten Weltkrieges lebte er in Moskau und kam 1945 mit der Roten Armee nach Berlin zurück. Sein Nachfolger wurde der Generalsekretär der SED, Erich Honecker, der aus dem Saarland stammt.

Berlin-Blockade im Sommer und Herbst 1948 – Anerkennung des Stadtstaates West-Berlin 1950 – Beginn des „Kalten Krieges" 1947–1961: Stalin ließ immer deutlicher erkennen, daß er an einer wirklichen Befriedung Europas und der Welt nicht interessiert war. Er verfolgte Lenins Weltbild der Ausbreitung der bolschewistischen Ideologie mit Moskau als Mittelpunkt. Lenin hatte gesagt: *„Wer Deutschland beherrscht, besitzt ganz Europa."* So schwebte Stalin ein kommunistisches Deutschland vor.

Aber schon die Sektorenstadt Berlin stand ihm dabei im Wege. Er beanspruchte Mitte 1947, ganz Berlin der Sowjetzone zuzuschlagen, was Truman im Namen der Westmächte ablehnte. Der Präsident verkündete 1947 sogar die *„Truman-Doktrin"*, die der Ausbreitung des sowjetischen Einflusses in Europa und Asien Einhalt gebieten sollte.

Mitte 1948 blockierten die Sowjets West-Berlin in der Absicht, die Versorgung der Stadt zu unterbinden und sie zur Aufgabe ihrer Selbständigkeit zu zwingen. Damit wurde der „Kalte Krieg" eingeleitet.

Sofort organisierten die Amerikaner eine *Luftbrücke.* Diese sicherte die Versorgung der Stadt mit den allernotwendigsten Gütern einschließlich Material für die Industrie. Als man erkannte, daß dies möglich war, ließ Stalin die Blockade Ende 1948 abbrechen. Doch verhinderte er weiterhin mit diplomatischen Mitteln jede Einigung über Deutschland, was – wie berichtet – 1949 die Gründung der BRD, der DDR und West-Berlins als Staat zur Folge hatte. Der „Kalte Krieg" ging mit anderen Mitteln weiter. Ein Angebot Stalins zur deutschen Einheit wurde vom westdeutschen Bundeskanzler Adenauer im Einvernehmen mit den westlichen Besatzungsmächten, da als Falle betrachtet, nicht geprüft.

Friedensverträge mit Deutschlands Verbündeten des Zweiten Weltkrieges Februar 1947

Im Februar 1947 schlossen die Alliierten in Paris eine Reihe von Friedensverträgen mit den ehemaligen Verbündeten des Reiches.

Italien: Obwohl das Land 1943 auf die Seite der Alliierten umgeschwenkt war, betrachteten diese Italien als *feindliche Nation.* Es mußte an Jugoslawien die Halbinsel Istrien abtreten und Triest als selbständigen Stadtstaat anerkennen, der aber 1954 an Italien zurückfiel. *Triest* hatte von 1382–1918, also *536 Jahre, zu Österreich als Mittelmeerhafen* gehört. Griechenland erhielt die bisher italienische Inselgruppe des Dodekanes im östlichen Mittelmeer. Frankreich bekam einige kleinere Grenzgebiete in den Alpen. Italien mußte Albanien und Äthiopien wieder als selbständige Staaten anerkennen, ebenso alle Kolonien. Die Mitgliedschaft in den Vereinten Nationen (UNO) erlaubte man vorerst nicht.

Italien war bereits *seit 1946* durch Volksabstimmung *Republik* geworden. König *Umberto II.* ging ins Exil. Die Außenminister von Italien und Österreich (de Gasperi und Gruber) trafen 1947 ein Abkommen über Deutsch-*Südtirol,* worin dem Land Autonomie im italienischen Staatsverband zugesagt – jedoch bis heute nicht voll verwirklicht wurde.

Finnland: Der *Friede von Moskau 1940* trat wieder in Kraft. Das bedeutete gegenüber 1937 den Verlust von Ostkarelien am Ladogasee und im Norden bei der Halbinsel Kola ein etwa gleichgroßes Gebiet. Außerdem bekam Finnland beträchtliche Reparationszahlungen auferlegt. Die Finnen begannen sofort mit großem Fleiß Kriegsschäden und Lasten zu tilgen, so daß sie bereits einige Jahre vor den vertraglichen Terminen ihre Verpflichtungen an die Sowjets erfüllt hatten.

Ungarn, Rumänien, Bulgarien: Auch mit diesen Staaten kam es in Paris zu Friedensverträgen. Ungarn wurde sein *Vorkriegsgebiet* zugesprochen, Rumänien verlor Bessarabien an die Sowjets und die Süddobrutscha an Bulgarien.

Tschechoslowakei: Dieses Land war 1945 erneut entstanden, allerdings ohne die Karpatoukraine, die es an die UdSSR verlor. Nach Vertreibung der Deutschen lebten im ehemaligen Viervölkerstaat noch etwa zwei Drittel Tschechen und ein Drittel Slowaken. Die stärkste Minderheit bilden rund 600000 Ungarn. Weil die Tschechen ihre Sprache in der Slowakei durchsetzen wollen, herrschte im 128000 km² großen Staat mit 14 Mill. Einwohnern bis 1968 dauernde Spannung. Dann wurde auf sowjetische Veranlassung ein *Staatenbund mit gleichen Rechten* geschaffen.

Jugoslawien und Albanien: Wie berichtet, wurden beide Staaten wieder in der ursprünglichen Form hergestellt, nur daß Istrien von Italien an Jugoslawien kam. Die Serben versuchten die *sieben Völkerschaften* aufs neue zu unterdrücken, obgleich sie etwa nur 40 % der Gesamteinwohner stellen. Die Kroaten mit 25 % sind die Hauptwidersacher. Im 255000 km^2 großen Land mit 18,5 Mill. Einwohnern gibt es nicht nur sehr verschiedene Sprachen, sondern neben der christlich-morgenländischen und katholischen auch die islamische Religion. Die Schwierigkeiten, die Völkerschaften zusammenzuhalten, erweisen sich als nicht geringer als vor und in den beiden Weltkriegen.

Die Kommunistische Machtergreifung in Osteuropa und im Balkan 1945–1948

Was sich in Polen abspielte, geschah unter der alleinigen Regie der Sowjets, denn die Westmächte hatten keinen Einfluß. Wie berichtet, waren polnische kommunistische Freiwilligenkorps in der UdSSR aufgestellt worden, die dann Ostpolen im Februar 1945 besetzten und zur sowjetischen Provinz erklärten. Der Hitler-Stalin-Vertrag blieb gewahrt. Monate später zogen die roten Polen weiter nach Warschau, wo sie die „Macht" übernahmen und die *Volksrepublik Polen* nach Moskauer Muster ausriefen. Weiterhin erklärten sie die deutschen Ostgebiete Schlesien, Pommern, Danzig und Süd-Ostpreußen als festen polnischen Besitz, was nur die kommunistischen Staaten, unter ihnen die DDR, anerkannten. Für den Westen galt das *Potsdamer Abkommen,* wonach die deutschen Ostgrenzen in einem späteren Friedensvertrag festzulegen seien.

Die Sowjets hatten in den letzten Kriegsmonaten den größten Teil des Balkans besetzt, weshalb sie bei den Regierungsbildungen der einzelnen Länder Einfluß ausüben konnten. Zudem war ihnen in Jalta der Balkan (außer Griechenland) als Interessengebiet zugesprochen.

In Bulgarien war Ende August 1943 Zar Boris III. aus dem Hause Sachsen-Coburg-Gotha gestorben. Sein Sohn und Nachfolger, *Simeon II.*, dankte ab, als in Sofia 1946 eine kommunistische Regierung die Macht übernahm und die *Volksrepublik Bulgarien* ausrief.

Im gleichen Jahr verkündete der Kommunist *Enver Hodscha* in Tirana die *Volksrepublik Albanien.*

Rumänien war immer noch Königreich, und seit 1940 saß als letzter König *Michael I.* aus dem Hause Hohenzollern-Sigmaringen auf dem Thron. Als die Sowjets im August 1944 Bukarest eroberten, zwangen sie den König, dem bisherigen deutschen Verbündeten, dem Reich, den Krieg zu erklären. Seinen deutschfreundlichen Ministerpräsidenten *Antonescu* verurteilte ein rumänisches Volksgericht 1946 als „Kriegsverbrecher" zum Tode. Nach dem Pariser Frieden im Februar 1947 zwang man Michael zum Rücktritt, und auch *Rumänien wurde Volksrepublik.*

In Ungarn sorgten 1947 die Sowjets vorerst für eine kommunistische Regierungsbeteiligung. Dann vereinigten sich unter massivem Druck Sozialisten und Kommunisten, die damit die Mehrheit im Parlament von Budapest erhielten und 1948 die *Volksrepublik Ungarn* ausriefen.

1944 besetzte die Rote Armee nach Abzug der Deutschen und Italiener ganz

Jugoslawien. 1945 setzten sie ihren Mann, den Partisanenführer Tito, in Belgrad als Ministerpräsidenten ein.

Auch die Tschechoslowakei besetzten 1945 vor allem die Sowjets. Die US-Truppen zogen sich zurück. *Benesch,* der nach dem „Münchener Abkommen" ins Exil gegangen war, trat wieder das Amt des Staatspräsidenten in Prag an. Als erstes befahl er die *Austreibung der Deutschen aus Böhmen.*

Er war seit 1940 Chef der tschechoslowakischen demokratischen Exilregierung in London gewesen, weshalb sich die Sowjets vorerst mit ihm abfinden mußten.

Doch legten sie ihm bald eine marxistische Verfassung vor *(Volksrepublik Tschechoslowakei),* die zu unterschreiben sich Benesch weigerte. Im Februar 1948 wurde er infolge eines kommunistischen Staatsstreiches, wobei es zum dritten Prager Fenstersturz kam, verjagt. Seine Anhänger kamen dabei teilweise um oder flohen ins Ausland. Benesch starb bald danach im September 1948 mit 64 Jahren.

Die Gegnerschaft der Weltmächte USA und UdSSR

Der *„Weltkommunismus"* und die sog. *„Demokratische Freie Welt"* hatten gemeinsam in über fünfjährigem Krieg den „Faschismus-Nationalsozialismus" als dritte Kraft in der Mitte zwischen beiden zerschlagen, aber nun hegten Osten und Westen tiefstes Mißtrauen gegeneinander.

Die USA besaßen als einzige Atombomben, womit sie sich die ganze Welt hörig machen konnten. Aber solche Pläne bestanden nicht im Traum. Doch die Sowjets setzten alles daran, ebenfalls hinter das Geheimnis der Atomspaltung zu kommen. Einige westliche Wissenschaftler verrieten die Formeln, und eines Tages 1953 explodierte in einem Versuchsgelände Sibiriens die erste „rote" Atombombe.

Außer den USA und der UdSSR besitzen heute auch England seit 1951, Frankreich seit 1960, China seit 1967 und Indien seit 1974 Atombomben.

Über die Zukunft Deutschlands kam – trotz der Potsdamer „Verpflichtung" – keine Entscheidung zustande. West und Ost unterbreiteten mehrere Vorschläge, die jeweils von der Gegenseite verworfen wurden. Die Sowjets weigerten sich, einen *Friedensvertrag mit Deutschland* abzuschließen, der nicht in allen Punkten ihren Vorstellungen entsprach.

Gründung des Nordatlantikpaktes (NATO) Ende 1949: Als man im Westen erkannte, daß der *„Kalte Krieg"* kein Ende nehmen konnte und der „Frieden" immer unsicherer zu werden schien, tauchten Gedanken an einen großen Verteidigungspakt auf. Ende 1949 unterzeichneten in Washington zwölf Staaten (USA, Kanada, Britannien, Frankreich, Italien, Belgien, Luxemburg, Niederlande, Norwegen, Dänemark, Island und Portugal) den sogenannten Nordatlantikpakt, kurz „NATO", oft nur *Atlantikpakt* genannt.

Der Pakt sah gegenseitige militärische, politische und wirtschaftliche Hilfe vor. Die Armeen der Unterzeichnerstaaten wurden ganz oder teilweise einem gemeinsamen Oberkommando unterstellt. Erster Chef der NATO-Streitkräfte war General *Eisenhower.* 1951 traten Griechenland und die Türkei der NATO bei.

Der Koreakrieg 1950–1953: Die japanische Außenbesitzung Korea war bereits

1945 – nach Rußlands Kriegserklärung an Japan – durch die Sowjets besetzt worden, und zwar nur der Norden bis zum 38. Breitengrad. Die Hauptstadt *Nordkoreas* ist Pjöngjang.

(Korea hat im Nordosten bei Wladiwostok eine 50 km lange gemeinsame Grenze mit der Sowjetunion). Den Süden hatten die Amerikaner vorher im Kampf gegen die Japaner eingenommen. Seoul ist die Hauptstadt *Südkoreas.*

Auch in Korea kam es zwischen den Besatzungsmächten zu keiner Einigung, und es entstanden die zwei Staaten Nord- und Südkorea. Nach Einsetzung einer kommunistischen Regierung in Pjöngjang zogen die Sowjets ihre Besatzungsarmee zurück.

Im Juli 1950 fielen die Nordkoreaner überraschend im Süden ein, und die amerikanische Armee mußte das Land bis auf die südliche Hafenstadt *Pusan* räumen. Nach Heranführung von Verstärkungen erfolgte aus diesem Brückenkopf im September 1950 der Gegenangriff. *MacArthur,* dem Oberbefehlshaber, gelang es, innerhalb eines Jahres Südkorea zurückzuerobern.

Als er im Zuge des nun raschen Vormarsches in Nord-Korea eingerückt war, um die Wiedervereinigung im westlichen Sinne herbeizuführen, berief ihn Präsident Truman ab: Die US-Regierung wollte einem Konflikt mit China ausweichen, welches sich mit dem benachbarten Nordkorea verbündet hatte.

1949 wurde *China kommunistische Volksrepublik* unter *Mao Tse-tung* (1893–1976). Dessen Gegenspieler *Tschiang Kai-schek* (1887–1975) war im Bürgerkrieg unterlegen und sein Herrschaftsbereich auf die Insel Formosa (Taiwan) beschränkt worden. Dort rief er 1950 als Staatspräsident die *„demokratische Republik Nationalchina"* aus. Der Westen erkannte Nationalchina als Vertreter ganz Chinas an.

Der Korea-Krieg wurde erst Mitte 1953 mit dem *Frieden von Panmunjom* (am 38. Grad) beendet. Die Grenze zwischen Nord- und Südkorea blieb der 38. Breitengrad.

Washington schloß 1952 mit Japan den *„Friedensvertrag von San Francisco"* unter Beteiligung vieler Staaten, nicht aber der Sowjetunion. Japan mußte sich auf das Gebiet seines ältesten Mutterlandes beschränken. Die Riukiu-Inselgruppe mit Okinawa und die 1919 abgetretenen deutschen Mandatsgebiete im Pazifik kamen in USA-Besitz. Die Insel Formosa (Taiwan) und alle japanischen Festlandsstützpunkte gingen an China zurück. Im Norden verzichteten die Japaner auf Süd-Sachalin und die Süd-Kurilen, welche die Sowjets in den letzten Kriegstagen erobert hatten. Man erkannte die neue japanische, liberale Verfassung an, worin die repräsentative Stellung des *Tenno* (Kaiser) verankert blieb.

Im Herbst 1952 wählte die republikanische Mehrheit der USA *Eisenhower zum Präsidenten* (bis Herbst 1960). John Foster *Dulles* (1888–1959) bekleidete das Amt des Außenministers bis zu seinem Tode.

Der Vietnam-Krieg 1954–1974: Eine Folge des Korea-Krieges war das Bündnis, welches 1954 Dulles im Fernen Osten gegen den Kommunismus zusammenbrachte. Die acht Staaten USA, Australien, Neuseeland, Philippinen, Pakistan, Thailand, England und Frankreich schlossen den *SEATO-Pakt* (Süd-Ost-Asiatische-Verteidigungs-Organisation), in Aufbau und Zweck der NATO ähnlich.

Die SEATO sollte sogleich auf die Probe gestellt werden: Indochina – besonders Vietnam – lehnte sich seit Jahren gegen die wiedergewonnene französische Herrschaft auf, unterstützt vom kommunistischen China. Im Mai 1954 fiel im Norden die französische Festung *Dien Bien Phu* in kommunistische Hände, wobei die Franzosen den Hauptteil ihrer Kolonialstreitkräfte verloren.

Nach dem *Genfer Abkommen vom Juli 1954* entstanden aus der Kolonie die ehemaligen Freistaaten *Kambodscha, Laos* und *Vietnam* aufs neue. Vietnam wurde aber noch zusätzlich in das kommunistische *Nordvietnam* (Hauptstadt Hanoi) und das westlich orientierte *Südvietnam* (Hauptstadt Saigon) aufgeteilt.

In Südvietnam begann sogleich Bürgerkrieg. Die Kommunisten (Vietkong) strebten Vereinigung mit dem Norden an. Die Franzosen gaben schließlich auf, und in Erfüllung des SEATO-Paktes *griffen 1957* die *Amerikaner* massiv *ein.*

Es kam zu einem erbitterten, verlustreichen Krieg zwischen Nord- und Südvietnam, in welchem die USA bis zu 500000 Soldaten einsetzten. Nach 17 Jahren gaben sie auf, und ganz *Vietnam wurde kommunistisch.*

Weil nun die *Kommunisten in Laos und Kambodscha* tatkräftige Hilfe aus Moskau erhielten und die SEATO zugunsten der dortigen demokratischen Kräfte nicht mehr eingriff, herrschten nach kurzer Zeit auch dort kommunistische Regierungen.

In den USA wirkte der Verlust des Vietnam-Krieges als Schock, denn es war der erste Krieg den sie verloren hatten.

Andererseits erwies sich der Kommunismus keineswegs als geeignet, die Welt „brüderlich" zu vereinigen. Die *kommunistischen Staaten* UdSSR, die VR China, Vietnam, Laos und Kambodscha hatten sich *untereinander bitter verfeindet:* Zwischen China und den Sowjets kam es zu Grenzzwischenfällen und schweren Anschuldigungen. Die drei kommunistischen Staaten Indochinas bekriegten sich fanatisch, und es gab Millionen von Opfern. Auch China und Vietnam gerieten in Krieg. Dieser Zustand des verbreiteten Unfriedens besteht dort noch heute.

Volksaufstände in der DDR 17. Juni 1953 und in Ungarn Oktober 1956 – Die Berliner Mauer 13. August 1961: Doch wir müssen 20 Jahre zurückschauen: Im März 1953 war Stalin im 74. Lebensjahr gestorben, und in Moskau folgten Führungskämpfe. Schließlich wurden Gregorij *Malenkow* (geb. 1902), Generalsekretär des Politbüros (= Zentralkomitee der Kommunistischen Partei) und sein Rivale *Berija* hingerichtet. Molotow blieb Außenminister bis 1956.

In diese Zeit fiel der Volksaufstand in der DDR vom 16.–18. Juni 1953: Die menschenverachtenden Zustände, die im sog. *„Arbeiter- und Bauernstaat DDR"* herrschten, waren die Bewohner, die ja schließlich einem Volke von höchstem Kulturstand angehörten, nicht gewöhnt. Der Krieg war seit acht Jahren beendet, und noch immer gab es Lebensmittelkarten mit denkbar geringsten Zuteilungen. Es war nicht möglich, z. B. Farbe, Nägel, Holz usw. zu bekommen, um die Wohnungen in Ordnung zu halten. Kleidung – vor allem Schuhe – gab es kaum, und wenn, dann nur in schlechtester Qualität. Außerdem waren diese Dinge unerschwinglich teuer.

Die Menschen mußten hart arbeiten, dafür wohnten sie billig, aber schlecht, denn alles verkam zusehends. Die nötigsten Lebensmittel waren billig, um einigermaßen die Stimmung aufrechtzuerhalten. Die Bauern wurden enteignet *(Kolchosensystem)* und konnten von Glück reden, wenn sie wenigstens auf ihrem Hof arbeiten und wohnen bleiben durften. Die Betriebe erklärte man zu Volkseigentum *(VEB)* und setzte kommunistische Funktionäre als Leiter ein. Natürlich lief nichts mehr richtig. Das also war das marxistische Ideal.

Ausgerechnet die Arbeiter traten in Aufstand. Nichts daran war landesweit organisiert, und trotzdem brach er überall kurz hintereinander wie eine Kettenreaktion aus. Ulbricht und seine Leute in Pankow wollten beruhigende Reden halten, doch brüllte man sie nieder. Nur die Flucht rettete sie vor einer Tracht Prügel.

Am dritten Tag rollten Sowjet-Panzer durch die Straßen. Die Aufständischen waren waffenlos. Sie gingen mit *Pflastersteinen gegen die Panzer* an. Doch nach wenigen Stunden war alles vorbei. Die Panzer schossen um sich und walzten jeden Widerstand nieder. Über 300 Tote und ein Mehrfaches an Verwundeten kostete der Versuch, mehr Freiheit zu ertrotzen. Massenverhaftungen folgten, und Tausende flüchteten in die Bundesrepublik.

Die Regierung in Berlin-Pankow heuchelte Einsicht und ließ drei Wochen lang reichlicher Lebensmittel verteilen. Doch als sich das Volk mit dem Fehlschlag abgefunden zu haben schien, zog man die „Daumenschrauben" wieder um so fester an.

Der *17. Juni* 1953 wurde in Westdeutschland zum *gesetzlichen Gedenk- und Trauertag* erklärt.

Im Oktober 1956 ereignete sich in Ungarn ein gleicher Volksaufstand. Auch dieser wurde von Panzern der UdSSR blutig niedergeschlagen, und *Hunderttausende flohen nach Österreich.*

Doch die Menschen in der DDR konnten und wollten sich mit ihrem Schicksal nicht abfinden, und es begann eine *Massenabwanderung in die BRD.* 2,8 Mill. meist junge Menschen verließen im Laufe der nächsten acht Jahre bei Nacht und Nebel oder via West-Berlin den „großen Kerker". Ein Ende war nicht abzusehen.

Das wuchs sich für die DDR mit ihren ursprünglich 18 Mill. Einwohnern zu einer Existenzfrage aus. Wenn es so weiter ging, mußte sich die DDR ohne Jugend und Nachwuchs auf die Dauer bedenklich entvölkern. Die Slawen im Osten lagen schon auf der Lauer, um nachzurücken.

Ein *„Republikfluchtgesetz"* bestrafte mit Zuchthaus jeden, den man beim Verlassen der DDR faßte. Die Grenzen zur BRD unterlagen hinfort strengster Bewachung durch die *Volkspolizei.*

Daraufhin verlegte sich der *Fluchtweg über Berlin,* wo das Überwechseln in die Westsektoren verhältnismäßig leicht war.

Am 13. August 1961 oberraschte Ulbricht Berlin mit der totalen Abriegelung des Ostsektors durch Errichtung der *„Berliner Mauer"*, womit der Flüchtlingsstrom schlagartig versiegte.

Um die Grenzen nach Bayern, Hessen und Niedersachsen noch undurchlässiger zu machen, entstand allmählich ein drei Meter hoher, dichter Stacheldrahtzaun mit einem 10 Meter breiten, von Minen gesicherten, abgeholzten oder frei überschaubaren Geländestreifen *(Todesstreifen)* auf östlicher Seite. Alle paar hundert Meter errichtete man einen Wachturm, dessen Besatzung seit dem *„Schießbefehl"* auf jeden schoß, der sich näherte.

Das Ganze wurde zu einem modernen Limes mitten durch Deutschland von der Ostsee bis Nordbayern, nur nennt man ihn heute *„Eiserner Vorhang"*.

Trotzdem versuchten immer wieder Menschen in die Bundesrepublik zu entkommen, und einigen Hundert gelang das auch alljährlich. Aber etwa 200 Flüchtlinge haben dabei ihr Leben verloren.

Die BRD wurde halbsouveräner Staat und NATO-Mitglied Anfang Mai 1955: Der „Kalte Krieg" nahm unter Malenkow bedrohliche Formen an. Das veranlaßte *Mr. Dulles,* 1954 von Adenauer die Aufstellung einer *modernen deutschen Wehrmacht* zu fordern, um die NATO zu verstärken. Adenauer sah vorerst keine Möglichkeit, für ein entsprechendes Gesetz die Mehrheit zu erreichen. Bisher war der BRD von den Besatzungsmächten verboten gewesen, militärische Verbände aufzustellen, geschweige denn Panzer, Artillerie und Kriegsflugzeuge zu besitzen. Diese Bestimmungen waren ganz im Sinne der SPD. Sie würde niemals zustimmen.

Trotzdem wurde verhandelt, und es kam zu den *„Pariser Verträgen von 1955".* Diese besagten dem Sinne nach: Das Besatzungsstatut ist beendet, und die BRD wird als beschränkt souverän anerkannt und Mitglied der NATO. Sie bringt eine *Armee von 500000 Mann* in das Bündnis ein, die voll dem NATO-Kommando untersteht. Die *BRD verzichtet auf alle ABC-Waffen* (= Atom-, biologische, chemische Waffen).

Nachdem im Bonner Bundestag trotz langer, heftiger Auseinandersetzungen die „Pariser Verträge" schließlich doch vom rechten Flügel der SPD mitangenommen wurden, trat die *Wehrpflicht im Juli 1956* in Kraft.

Gründung des Warschauer Paktes 14. Mai 1955: In Moskau hatte sich im Januar 1955 der Ukrainer, ehemalige Partisanenchef und General Nikita *Chruschtschow* (1894–1971) als Chef des Politbüros gegen Malenkow und dessen Außenminister Molotow durchgesetzt und war seitdem (bis 1964) die maßgebende Persönlichkeit.

Er schien einen Ausgleich mit dem Westen zu suchen und schlug den Zustand der *„friedlichen Koexistenz",* freie Wahlen und Wiedervereinigung Deutschlands vor. Allerdings verlangte er die Aufhebung der „Pariser Verträge", also Austritt der BRD aus der NATO und *„Deutschlands Neutralisierung".*

Gleichzeitig verkündete Moskau die Beendigung des Kriegszustandes zwischen der UdSSR und Restdeutschland.

In Chruschtschows Vorschlägen sahen die westlichen Staaten im Grunde nichts anderes als die früheren mit dem Ziel, ganz Restdeutschland zu bolschewisieren, weshalb die Verhandlungen zu nichts führten.

Daraufhin gründeten die Oststaaten am 14. Mai 1955 das Freundschafts- und Militärbündnis zwischen der UdSSR, Polen, Ungarn, Rumänien, Bulgarien, der Tschechoslowakei und der DDR, genannt Warschauer Pakt.

Jugoslawien wurde nicht Mitglied, denn schon 1949 hatte *Tito* mit dem Kominform gebrochen und den Freundschaftsvertrag mit der Sowjetunion aufgekündigt. Ihm schwebte ein Kommunismus frei von Moskauer Bevormundung vor.

Schon im März 1954 hatte Moskau die DDR als souveränen Staat anerkannt, was aber die Westmächte nicht bestätigten. Vor allem berief sich die BRD auf das Grundgesetz, nach dem nur sie Nachfolgestaat des Deutschen Reiches ist. Die BRD verkündete zusätzlich 1955 die sogenannte *„Hallstein-Doktrin".* Walter Hallstein (1901–1982) aus Stuttgart war zur Zeit Adenauers Staatssekretär im Bundeskanzleramt. Nach seiner Doktrin unterhielt die BRD keine diplomatischen Beziehungen zu Staaten, welche die DDR anerkannten – außer zur Sowjetunion. Die BRD erhob damit den *„Alleinvertretungsanspruch".*

Österreich von den Alliierten geräumt 15. Mai 1955: In Wien war seit 1951 der Sozialdemokrat und ehemalige General (Abwehr der elf italienischen Angriffe am Isonzo) Theodor *Körner* – Edler von Siegringen – (1873–1957) Bundespräsident. Er nutzte die politisch günstige Gelegenheit und fuhr nach Moskau. Mit dem sog. *„Staatsvertrag"* vom 15. Mai 1955 kehrte er zurück. Daraufhin zogen alle vier alliierten Mächte ihre Truppen aus Wien und dem ganzen Lande zurück. Österreich garantierte für die Zukunft strikte *Neutralität,* ähnlich wie die Schweiz. Nach zehnjähriger Besetzung war das Land endlich wieder frei. Nur war es nicht so frei sich an politischen Bestrebungen zu beteiligen, an denen die BRD beteiligt war. Das *Anschlußverbot* kam hinzu. Österreich wurde Mitglied der UNO.

An Österreichs Neutralität lag vor allem den sowjetischen Militärstrategen: Ein neutraler Riegel im Norden des von Rußland beherrschten Balkan lähmte in Zukunft die militärische Beweglichkeit Deutschlands bzw. der NATO beträchtlich.

Volksabstimmung im Saargebiet 23. Oktober 1955: Wie berichtet, war 1947 das Land der französischen Wirtschafts- und Zollhoheit unterstellt worden.

De Gaulle wurde *1946* vom Pariser Parlament *gestürzt.* Da auch seine gaullistische Sammlungsbewegung zu keinem Erfolg führte, trat er 1953 von der Politik zurück. Seit Kriegsende wechselten die Regierungen alle paar Monate, und *Frankreichs Politik war völlig gelähmt.*

In den nordafrikanischen Besitzungen herrschten andauernd blutige Aufstände. 1956 wurde *Marokko unabhängiges Königreich.* 1957 folgte *Tunesien als Republik.* Algerien war 1947 zur Provinz des Mutterlandes erklärt worden. Die *algerische* Bevölkerung eröffnete 1954 den *Befreiungskrieg.*

Das alles erschütterte Frankreich politisch und wirtschaftlich schwer.

Natürlich stand deshalb auch das *Saarland* unter Dauerkrise. Zwar trat die Bevölkerung nicht in offenen Aufruhr, aber die Unzufriedenheit mit der französischen Verwaltung barg bedenklichen Zündstoff. Es gab dort nur eine zugelassene Partei, die *CVP* (= Christliche Volkspartei), welche sich auf die katholische Kirche und natürlich auf die Franzosen stützte. Der Journalist Johannes *Hoffmann* regierte von 1947 bis 1955 als Saarländischer Ministerpräsident autoritär. Er verkündete 1950 die sogenannte *„Saarkonvention"*, die er und Paris sich ausgedacht hatten: Der gegenwärtige Zustand sollte bis zum Abschluß eines deutschen Friedensvertrages beibehalten und dann erst über die Zugehörigkeit des Saarlandes entschieden werden.

Die *Unruhen im Saarland* nahmen derart zu, daß der amtierende französische Ministerpräsident *Mendès-France,* jüdischer Herkunft *und Adenauer* 1955 beabsichtigte, der Saar ein *„europäisches Statut"* unter Beibehaltung wesentlicher französischer Vorrechte zu geben, jedoch deutsche politische Parteien zuzulassen. Das Volk sollte darüber schon nach acht Wochen abstimmen.

Hoffmann, Mendès-France und Adenauer glaubten nicht, daß in solch kurzer Zeit die neuzugründenden Parteien entscheidend wirksam werden konnten, und alle drei warben beim Saarvolk um Zustimmung für die „europäische Lösung".

Am 23. Oktober 1955 stimmten aber 68 % gegen das Statut! Hoffmanns CVP, Franzosen und Linksmarxisten kamen zusammen auf 32 %. Die Sieger waren die Führer der FDP (Schneider), der SPD (Conrad), und der CDU (Ney), die sich mit größter Energie im Wahlkampf eingesetzt hatten.

Ende Januar 1956 trat der neue Saarländische Landtag zusammen, der das *Saarland zum deutschen Bundesland* erklärte.

Das Wirtschaftswunder 1948–1966 und was bis 1982 daraus wurde

Kaum war Wirtschaftsminister *Erhards Währungsreform* 1948 in Kraft getreten, begann in der Bundesrepublik ein Aufbau, den nach dem Schock des verlorenen Krieges in der Welt niemand in diesem Ausmaß für möglich gehalten hatte.

Die erste Voraussetzung für diesen Aufschwung war der Arbeitswille der Bevölkerung. Die etwa 15 Mill. Menschen, die seit Jahren in Trümmern, Kellern oder sonst provisorisch hausten, dachten nicht daran, sich in ihr Schicksal zu ergeben. Jede Familie hatte im Krieg Opfer an Menschenleben zu beklagen, und diese waren nicht vergessen. So wie in den letzten Jahren sollten die Kinder nicht aufwachsen. Die zurückgekommenen Soldaten, die mehr oder weniger wiederhergestellten Kriegsversehrten, Kriegerwitwen wie überhaupt die tapferen Frauen und das Heer der Vertriebenen gingen an die Arbeit.

Die Gefahr der Massenumsiedlungen in die Sowjetunion entsprechend den teuflischen Plänen von Morgenthau, Baruch, Roosevelt usw. war seit dem Marshallplan 1947 gebannt.

Statt dessen organisierten und bauten Kaufleute, Techniker und Handwerker ihre Betriebe neu auf. Die Regierung vergab aus den *1,5 Milliarden Dollar Marshallplan-Krediten* billige eigene Kredite bei nur 1 % Zins, und bald kamen die Menschen wieder in Lohn und Brot. Man plante äußerst großzügig, denn der Bedarf an allen denkbaren Gütern im In- und Ausland war ungeheuer. Er war weit umfangreicher als nach dem Ersten Weltkrieg.

Als man 1945 begonnen hatte, die Maschinen aus den Betrieben abzutransportieren, dachte niemand, daß sich diese Maßnahme zum entscheidenden Vorteil für die deutsche Wirtschaft auswirken könnte: Die Unternehmen mußten notgedrungen neue Maschinen anschaffen, wenn auch mit geliehenen Geldern. Aber die Neuausrüstung bestand aus modernsten, rationellen Konstruktionen, während Engländer, Franzosen, Italiener usw. vorerst weiter mit ihren alten Modellen arbeiteten. Erst später kauften sie neue Maschinen, z. T. in Deutschland.

Im Welthandel hatte die BRD deshalb von vornherein einen Vorsprung, der bis heute nur von Japan aufgeholt und z. T. überholt werden konnte. Natürlich spielte auch deutsche Qualität und Zuverlässigkeit eine Rolle. So wurde die Bundesrepublik zur zweitwichtigsten Industrienation der westlichen Welt – nach den USA. Heute hat sie diesen Platz an Japan verloren.

1960 merkte man in der Weltwirtschaft erstmals, daß die Schäden des Zweiten Weltkrieges zum größten Teil behoben waren, weil eine Überproduktion mit Absatzschwierigkeiten spürbar wurde. Es gab wieder Arbeitslose.

Geldentwertung, Übersozialisierung, Ölkrisen, Rationalisierung, Gastarbeiter, Asylanten, Arbeitslosigkeit, Streiks, ausländische Konkurrenz und Staatsverschuldung: 1966 war auch in der BRD das Wirtschaftswunder vorbei. Ab 1969 schraubte die neue Regierung (Links-Mitte-Koalition, SPD/FDP) die Konjunktur durch *„Ankurbelungsprogramme mittels Krediten"* hoch. Der Inlandsverbrauch wurde durch Lohnsteigerungen, Übersozialisierung und Staatsaufträge (Bau von Straßen, öffentlichen Gebäuden usw.) drastisch angehoben. Dadurch entstand schleichende Inflation (1973 z. B. 11 %) und allgemeine Teuerung. Es war zuviel Geld im Umlauf, und die „DM" verlor laufend an Kaufkraft. Streiks beschleunigten die Entwicklung.

Auf die Dauer ließ sich die innere *Erkrankung der Wirtschaft* nicht vertuschen. Sie trat 1973/74 erneut und deutlicher in Erscheinung.

Beschleunigt allerdings wurde der Vorgang durch die „Ölkrisen": Die arabischen Öl-Lieferanten hatten die Preise seit vielen Jahren gleich niedrig gehalten. Obwohl alle Industrienationen mehr oder weniger vom arabischen Öl abhängig waren, unterstützten sie die Politik des Staates Israel gegen die Araber. Als Gegenmaßnahme erhöhten diese nun die Ölpreise auf das Zwei- bis Dreifache, später sogar um das Sechsfache. Die ganze Wirtschaft geriet schwer in Unordnung, und die Verschuldung der Industrieländer an die Araber wuchs bedenklich.

So blieben bald Großaufträge auch an die BRD aus, und viele deutsche Firmen der Stahlbranche, des Schiffs- und Maschinenbaus, der Elektroindustrie und andere mußten Mitarbeiter entlassen. Die Arbeitslosigkeit stieg von Jahr zu Jahr langsam an, 1982 schließlich auf zwei Millionen. (In England über 3, Frankreich 2,5, USA fast 12 usw.)

Sie verstärkte sich aber noch weiter durch den stürmischen technischen Fortschritt auf vielen Gebieten. *Rationalisierung* machte den Einsatz von Menschenhand oft überflüssig.

Ein zusätzliches nachhaltiges Problem war entstanden: Die Europäer und auch die BRD hatten in Zeiten des großen Nachholbedarfs Millionen von *Gastarbeitern* aus aller Herren Länder geholt, gleichzeitig aber – auf Drängen der Gewerkschaften – die Arbeitszeit mehr und mehr verkürzt, bei vollem Lohnausgleich und zusätzlichen Lohnerhöhungen. Dadurch wurden viele deutsche Waren im Ausland zu teuer und waren dort nicht mehr zu verkaufen.

Die Gastarbeiter in der BRD (und in manchen anderen Ländern) erwarben sich gesetzlich abgesicherte soziale Rechte, welche bei Arbeitslosigkeit dazu beitrugen, die Staatsverschuldung weiter zu steigern.

Dazu trat das Problem der *Asylanten* (um Schutz suchende, politisch Verfolgte): Laut Grundgesetz der BRD genießt jeder ausländische politisch Verfolgte Asyl, wenn er darum bittet. Das nutzen viele aus – besonders Orientalen. Sie erschienen an den Grenzen oder flogen ein und gaben sich einfach als Verfolgte aus. Der Nachweis dauerte oft Monate und gelang dann meist nicht. Wegen lascher Behandlung des Problems seitens Regierung und Behörden schätzt man in der BRD über eine Million illegaler „Asylanten". Die Kosten dafür gehen jährlich in die Milliarden.

Im Fernen Osten entstand außerdem die *japanische Konkurrenz* in größtem Stile, wogegen Europäer und Amerikaner in vielen Branchen nicht mehr ankamen. In Japan waren die Menschen bescheidener geblieben, und zwischen Arbeitnehmer und Arbeitgeber herrschte (und herrscht) ein völlig anderes Verhältnis als in Europa. Man war von jeher mit den Betrieben fest verwachsen, meist auf Lebenszeit. Marxismus mit Klassenkampf konnte dort kaum Fuß fassen.

Viele Länder der Welt haben heute ungeheure Auslandsschulden, und manche sind nicht mehr in der Lage, die Zinsen zu zahlen (z. B. Polen, Rumänien, Brasilien, Argentinien, Mexiko und andere).

Die BRD war Ende 1982 mit über 300 Milliarden DM verschuldet, die gleiche Summe hatten auch Länder und Gemeinden an Krediten aufgenommen. Diese *600 Milliarden DM* sind aber in der Hauptsache *Inlandschulden*, also Spargelder der Bürger.

Wie dieser Schuldenberg – auch bei steter schleichender Geldentwertung – ohne besondere Maßnahmen abgebaut werden kann, weiß jedoch niemand. In Deutschland gilt es z. Zt. als Erfolg, wenn statt 40 Milliarden Neukredite nur 30 im Jahr aufgenommen werden müssen, um allen sozialen Verpflichtungen und dem Zinsdienst trotzdem nachkommen zu können.

Das also ist das derzeitige Ergebnis, welches man aus dem „Wirtschaftswunder" erzielte. Man hat bedenkenlos weit *über die Verhältnisse gelebt* und viele Mittel dorthin verschleudert, woher sie nie zurückkehren werden.

Die Parole der neuen Koalition der Mitte (CDU/CSU + FDP), die seit 1982 in Bonn die Regierung übernommen hat, heißt deshalb *Sparsamkeit* auf allen Gebieten.

Versuche einer Einigung Europas seit 1949

Das politische Übergewicht der zwei Supermächte USA und UdSSR ließ die Europäer ihre Machtlosigkeit nach dem Krieg besonders schmerzlich empfinden. Vor allem war Churchill noch immer in Weltreichsgedanken verstrickt, obwohl er die Atlantik-Charta anerkannt hatte, die allen Kolonien Selbständigkeit zusicherte. Man dachte nun in Europa an ein gesamteuropäisches Gegengewicht zu den zwei Großmächten.

1949 entstand der *„Europarat"* mit Verwaltungssitz in *Straßburg*, eine Unionsbewegung, der vorerst Britannien, Frankreich, Italien, Schweden, Norwegen, Dänemark, Irland, Niederlande, Belgien und Luxemburg angehörten. 1951 wurde auch die inzwischen entstandene BRD Mitglied. Es folgten die Türkei, Griechenland und Island, 1956 Österreich und 1963 die Schweiz. Der „Europarat" hatte jedoch keine Durchschlagskraft im gedachten Sinne.

Gleichzeitig regten sich Bemühungen zur Schaffung einer *„Europäischen Verteidigungs-Gemeinschaft"* = EVG, die eine *„Europaarmee"* vorsah. Sie zerschlug sich aber, weil 1954 das französische Parlament mit Mehrheit ablehnte.

Gründung der Montan-Union 1952: Das Scheitern der politischen und militärischen Einigung bewirkte, daß man über die Wirtschaft zum Ziele gelangen wollte: Europäische Wirtschaftspolitiker entwickelten einen Plan, die recht unterschiedliche industrielle und landwirtschaftliche Leistungsfähigkeit ihrer Staaten möglichst auszugleichen.

Dafür war es allerdings nötig, politische Vorurteile untereinander abzubauen. Der französische Außenminister Robert *Schuman* (1886 – 1963), als Deutscher in Lothringen geboren, im Ersten Weltkrieg deutscher Soldat, trat für die französisch-deutsche Verständigung ein. Nach ihm benannte man den Plan einer übernationalen Wirtschaftseinheit mit *„Schuman-Plan"*.

1952 setzten die sechs Außenminister der BRD, Frankreichs, Italiens und der drei Benelux-Staaten (Belgien, Niederlande, Luxemburg) die sogenannte „Montan-Union", den gemeinsamen Markt vorerst nur für Kohle und Stahl, später noch Eisenerz und Schrott, in Kraft.

Das bedeutete gegenseitige *Zollfreiheit*, rationelle Versorgung der Industrie mit

Montanprodukten und Verminderung überspitzten Konkurrenzkampfes. Die Beschäftigten der einschlägigen Branchen sollten auf möglichst gleiche soziale Stufe gebracht werden.

In der Stadt *Luxemburg* wurde die *„Hohe Behörde"* mit *„Montan-Parlament"* und eigener Gerichtsbarkeit eingerichtet, der sich die vertragsschließenden Länder unterwarfen. Gleichzeitig erlosch die noch immer bestehende *alliierte Kontrolle über die Ruhrindustrie.*

Entstehung der Europäischen Wirtschaftsgemeinschaft EWG 1958 und der EG 1967: Das Funktionieren der „Montan-Union" ermunterte die sechs Staaten, auf dem Wege über die Wirtschaft weiterzugehen. 1957 schlossen sie die *Römischen Verträge,* was am 1. Januar 1958 zur Gründung der „Europäischen Wirtschaftsgemeinschaft" = EWG führte.

Als Ziel wurde die allmähliche Schaffung eines gemeinsamen Zoll- und Wirtschaftsraumes erklärt, dem die politische Einigung Europas folgen sollte. Der Beitritt blieb anderen Staaten offen.

In den folgenden zwölf Jahren (bis 1960) erfolgte der schrittweise Zollabbau auf Null für alle Waren.

Die Einwohner der Mitgliedsländer erhielten das Recht, sich nach Belieben in einem der sechs Staaten anzusiedeln. Das führte damals zu einer schnellen Zuwanderung von mehr als einer halben Million Italiener als Gastarbeiter in die BRD.

Gleichzeitig mit der EWG wurde die *Europäische Atomgemeinschaft = Euratom* ins Leben gerufen, welche die Versorgung mit Kernbrennstoffen für Energiezwecke sowie die Kernforschung regelte und überwachte. Zum Sitz der obersten Behörde der *Kommission für EWG und Euratom* bestimmte man *Brüssel,* ebenfalls mit eigenem Gerichtshof und sonstigen Organen wie bei der Montanunion.

Ein *Europäisches Parlament,* welches in allen Mitgliedsstaaten zu wählen war, wurde gleichzeitig in *Straßburg* geschaffen. Das Parlament hatte – wie auch die Kommission – für die Regierungen der einzelnen Länder jedoch nur empfehlende Rechte – bis heute noch immer.

Eine besondere Rolle in der EWG spielte (und spielt) die *„Agrarordnung",* welche große Preisschwankungen innerhalb der Gemeinschaft mittels *Subventionen* ausgleichen soll. Wegen verschiedener Ernteergebnisse innerhalb der Länder müssen die Partner an eine Subventionskasse (= Ausgleichskasse) Zahlungen leisten, die dann entsprechend verteilt werden. Hauptnutznießer dabei war Frankreich, welches stets eine Überproduktion an Agrarerzeugnissen aufweist. Die höchsten Zahlungen entfielen bisher regelmäßig auf die BRD, weshalb es mit Frankreich mehrfach zu Auseinandersetzungen kam.

Seit 1967 unterhielten Montan-Union, EWG und Euratom gemeinsame Verwaltungsorgane unter der Bezeichnung „EG". Trotzdem blieben die drei rechtlich unabhängige Gemeinschaften.

1973 traten Britannien, Irland und Dänemark, 1981 auch Griechenland der EG bei. Nach dem bisherigen Berechnungsschlüssel hatte nun auch England ähnlich hohe Beiträge wie die BRD zu leisten. Seit die Premierministerin Frau Margaret *Thatcher* (geb. 1925) im Amt ist, weigerte sich England, diese hohen Zahlungen zu leisten, und verlangte und erhielt Rückzahlungen von mehreren Milliarden. Die BRD sprang „um der Harmonie willen" in die Bresche und kam für den Hauptteil der Forderungen auf, was nur mit Hilfe neuer Kreditaufnahme möglich war.

Seit einigen Jahren zahlt die BRD jährlich etwa 13 Milliarden DM in die EG-Kasse ein und erhält um die 5 Milliarden zurück. Die BRD ist das Mitglied mit der negativsten Bilanz von 8 Milliarden DM jährlich.

1960 entstand übrigens – als Gegenstück zur EWG – noch eine zweite Wirtschaftsgemeinschaft zwischen Britannien, Dänemark, Norwegen, Schweden, Österreich, Liechtenstein, der Schweiz und Portugal, die *Europäische Freihandelszone = EFTA*. Da England, Irland und Dänemark 1972 der EG beitraten, mußten sie die Mitgliedschaft in der EFTA wieder aufgeben. EG und EFTA zahlen im gegenseitigen Handel nach wie vor Zoll.

Die politische Vereinigung Europas kam nicht voran. Immer wieder wurden diesbezügliche Forderungen besonders von der BRD und Italien gestellt, die aber stets an der Weigerung Frankreichs und seit 1973 auch Englands scheiterten.

Ursprünglich wollte man die politische Einigung dadurch ermöglichen, daß die großen *industriellen Unterschiede* der sechs EWG-Staaten auf möglichst gleiches Niveau zu bringen seien, und zwar mit deutscher finanzieller Unterstützung. Was mit Geld zu machen ist sollte getan werden – war Adenauers Ansicht.

Doch die industrielle Angleichung gelang bis heute nicht. Die Mentalität der EG-Völker ist zu verschieden. Käme es zu einer politischen Zusammenfassung, wären die Deutschen mit ihrer höchst entwickelten Wirtschaft und größten Einwohnerzahl in einem vereinigten Europa automatisch tonangebend. Und gerade das galt es ja – besonders für Frankreich und England – seit Jahrhunderten zu bekämpfen und zu verhindern.

Das europäische Parlament, tagend in Straßburg, Brüssel oder Luxemburg, ist gegen den *Ministerrat der 10 Außenminister* machtlos. Dort erweist sich immer wieder, daß die alten national-egoistischen Gegensätze wie bisher bestehen.

Die EG ist auf einen Weg der inneren Bürokratisierung geraten und geht schweren Zeiten entgegen. Die Verwaltungskosten verschlingen Milliardenbeträge. Der Ruf nach Reformen ertönt immer lauter.

Verwicklungen in der Weltpolitik – Ende der „Ära Adenauer" 1963/69

Adenauer schloß sich von vornherein fest den Westmächten an, weshalb es auch zur Mitgliedschaft im Europarat, der NATO und der EG kam. Zwischen ihm und dem US-Außenminister *Dulles* entwickelte sich eine recht fruchtbare Zusammenarbeit. Adenauer wurde in Amerika außerordentlich populär, was sich u. a. in mehr als einem Dutzend Ehrendoktor-Hüten der Universitäten ausdrückte.

Er lehnte beharrlich alle Moskauer Vorschläge ab, sich von dieser *„Politik der Stärke"* abbringen zu lassen.

In England war Churchill 1951 – 1955 nochmals Premierminister. Er fürchtete eine weitere Machtausweitung der Sowjets und befürwortete deshalb die Aufstellung einer Streitmacht in der BRD. Wegen seiner Aktivitäten für den „Europarat" erhielt er den *„Karlspreis" der Stadt Aachen* des Jahres 1956. (Karl der Große war im Jahre 800 Kaiser über das damalige Frankenreich mit Residenz in Aachen geworden). Churchill erhielt den Preis gegen stärksten Widerspruch, denn er war der Zerstörer der deutschen Städte einschließlich Aachen. Doch Adenauer – selbst Karlspreis-Träger von 1955 – trat für die Verleihung ein.

England geriet während Churchills letzter Amtszeit in eine bedenkliche wirtschaftliche Krise, weshalb er alle Chancen auf Wiederwahl verlor.

Sein Nachfolger wurde der ebenfalls Konservative Anthony *Eden* (1897–1977). Auch er wußte der Schwierigkeiten nicht Herr zu werden. Deshalb versuchte er seine Stellung durch die „Flucht nach vorn" zu retten, indem er sich auf ein außenpolitisches Abenteuer einließ:

Das englisch-französisch-israelische Suezkanal-Abenteuer 1956: In Ägypten hatte Staatspräsident Abd el *Nasser* (1918–1970) Anfang 1956 die Suez-Kanal-Gesellschaft verstaatlicht und in ägyptische Regie übernommen. Die bisherigen Herren des Kanals, Engländer und Franzosen, mußten abziehen. Aber Ende 1956 landeten England und Frankreich Fallschirmtruppen am Suez-Kanal, um dort erneut Fuß zu fassen. Gleichzeitig fiel Israel im Sinai ein.

Doch US-Präsident Eisenhower versagte den Angreifern sein Einverständnis, und auch die Sowjetunion verlangte unter Androhung militärischen Eingreifens sofortigen Rückzug. Das ganze Unternehmen mußte deshalb abgeblasen und die Besetzung rückgängig gemacht werden. Eden blieb nur noch der Rücktritt.

Freiheitskrieg in Algerien 1955–1962 – De Gaulles Rückkehr in die Politik 1958 bis 1969: De Gaulle war 1958 wieder in die Politik zurückgekehrt. In Frankreichs Parlamentarismus herrschten nämlich weiterhin verworrenste Verhältnisse, indem alle paar Monate die Regierung wechselte. De Gaulle setzte eine neue Präsidialverfassung *(Französische 5. Republik)* in Kraft, was ihm den Namen „Retter Frankreichs" einbrachte. Der eigentliche Grund von De Gaulles Rückkehr lag im Algerischen Freiheitskrieg. Dort war ein französischer Militärputsch ausgebrochen, weil die strategische Führung seit drei Jahren halbherzig vorging.

De Gaulle brachte die gesamte französische Armee von 400000 Mann nach Algerien. Doch diese erreichte in weiteren vier Jahren nichts, und 1962 mußte er Algeriens Selbständigkeit anerkennen. Die dort ansässigen Algerien-Franzosen (eine Million) mußten das Land verlassen. Eine Hälfte wanderte enttäuscht nach Amerika aus, die andere ging nach Frankreich.

Freundschaftsvertrag zwischen BRD und Frankreich 1962: Adenauer und De Gaulle schlossen 1962 den Deutsch-Französischen Freundschaftsvertrag, der enge Zusammenarbeit auf außen- und innenpolitischem Gebiet vorsah.

Trotz des Mißerfolges in Nordafrika betrieb De Gaulle nun *„Großmachtspolitik"* und erhob den Führungsanspruch in Westeuropa, ohne allerdings Anerkennung zu finden; er verhinderte immerhin Englands Eintritt in die EWG.

1966 entzog er die französische Armee dem Kommando der NATO, das hieß *Frankreichs NATO-Austritt.* Das NATO-Hauptquartier für Europa mußte aus Paris abziehen. Allerdings blieb die *Mitgliedschaft Frankreichs im Nordatlantikpakt* bestehen. Gleichzeitig verkündete De Gaulle den Aufbau einer eigenen *Atomstreitmacht (Force de frappe* = Schlagkraft).

Die innere Opposition gegen den autoritär regierenden Präsidenten nahm indessen

Ausmaße an, die 1968 zu schweren marxistischen Unruhen führte, bei denen der jüdische Studentenführer *Cohn-Bendit* eine entscheidende Rolle spielte. Sozialisten und Studenten veranlaßten einen achtwöchigen Generalstreik. Dieser kostete den französischen Staat gegen 40 Milliarden Franken. Paris mußte den größten Teil des Goldschatzes der Bank von Frankreich verkaufen.

Bei der folgenden Wahl 1969 erreichte *De Gaulle* nicht die geforderte Mehrheit, weshalb er *zurücktrat*. Er starb Ende 1970 achtzigjährig.

US-Präsident Kennedys Politik der „Detente" (= Entspannung) – Kuba-Krise 1962: Außenminister Dulles war 1959 in den USA gestorben, und der Republikaner Eisenhower erlebte im Lande heftige Opposition. Er war mit den versprochenen Sozialreformen und der Bürgerrechtsgesetzgebung (u. a. *Neger-Problem)* in Verzug geblieben. Was ihm die Bürger aber nicht verzeihen wollten, war die Tatsache, daß die Sowjets und nicht die Amerikaner 1957 die ersten Weltraumsatelliten *„Sputnik I"* und „Sputnik II" in den „Weltraum" geschossen hatten. Gewöhnt, immer die ersten zu sein, fühlten sich viele persönlich beleidigt. Außerdem ging manchen Wählern der andauernde „Kalte Krieg" auf die Nerven. Sie verlangten Ausgleich mit den *Sowjets*, die inzwischen eine großangelegte *Aufrüstung* in Raketen- und Atomwaffen betrieben.

Im Herbst 1960 wurde der Demokrat *John F. Kennedy* (1917–1963) neuer Präsident. Er verkündete sofort die Entspannungspolitik, welche unter dem Namen „Detente" ein Begriff wurde.

In Deutschland war es 1960/61 zu einer neuen *Berlin-Krise* mit dem Versuch der Sowjetunion, Westberlin doch noch der DDR einzuverleiben, gekommen. Man wollte die Massenflucht von DDR-Bewohnern über Westberlin endlich unterbinden. Der Versuch mißlang am Widerstand der Bundesrepublik und der Westmächte, endete aber mit der Errichtung der *„Berliner Mauer"* im August 1961.

Kennedy traf sich Ende 1961 *mit Chruschtschow* in Wien, wo ein Stillhalteabkommen über Berlin getroffen, die „Dritte Welt" (fast alle Entwicklungsländer) zur Neutralität aufgefordert und der *„Kalte Krieg" für beendet* erklärt wurde.

Trotz der guten Atmosphäre, die in Wien scheinbar geschaffen worden war, erwies sich schon bald die Raffinesse der sowjetischen Politik: Die Insel *Kuba* (südlich der USA) war nach längerem Bürgerkrieg 1960 durch *Fidel Castro* (geb. 1927) kommunistisch geworden. 1961 versuchten kubanische Flüchtlinge mit USA-Hilfe eine Rückeroberung, die jedoch schon bei der Landung in der *„Schweinebucht"* fehlschlug.

Nun bauten die Sowjets im Einverständnis mit Castro auf Kuba heimlich *Raketenbasen* mit Richtung auf die USA, was durch Luftaufklärung erst 1962 entdeckt wurde. Sofort errichteten die Amerikaner eine *Seeblockade rings um die Insel Kuba.* Es erfolgten Proteste hin und her, schließlich Verhandlungen mit folgendem Ergebnis: Die Sowjets bauen die Raketenbasen wieder ab, dagegen verpflichten sich die USA, das *kommunistische Regime in Kuba zu dulden* und nicht mit Gewalt zu beseitigen.

Damit hatte sich der Kommunismus einen festen Stützpunkt vor Mittelamerika geschaffen, von dem aus er weiter operierte. *Nicaragua* und später *El Salvador* sollten das zu spüren bekommen, wie auch die afrikanischen Staaten Mocambique, Angola und Äthiopien.

1963 bereiste Kennedy Europa, bekräftigte in Bonn die deutsch-amerikanische Zusammenarbeit, betonte den Sonderstatus Westberlins und die Gültigkeit des Viermächteabkommens von 1949 über die ganze Stadt (also einschließlich Ost-Berlin). Bei seinem folgenden Berlin-Besuch betonte er das Recht der Einwohner, stolz ausrufen zu können: *„Ich bin ein Berliner!"*

Im November 1963 wurde er anläßlich einer Staatsvisite in Dallas im Bundesstaat Texas bei der Fahrt durch die festlich geschmückten Straßen erschossen. Die Motive und der Hergang der *Ermordung Kennedys* blieben für die Öffentlichkeit bis heute im Dunkeln.

Chruschtschow: Diplomatische Beziehungen Moskau – Bonn 1955 – Entstalinisierung 1956 – Bruch mit China 1963 – Entmachtung 1964 durch Leonid Breschnjew

Chruschtschows Wirken in Rußland gipfelte mit der sog. „Entstalinisierung" des politischen Führungsstiles und der Anprangerung der Verbrechen Stalins. Es gelang ihm, frühere Mitarbeiter des Diktators wie Molotow, Malenkow usw. aus dem Politbüro zu entfernen und kaltzustellen.

Außerdem betrieb er die Lockerung der starren kommunistischen Doktrin, wonach sich alle kommunistischen Parteien der Welt nach Moskau zu richten hätten.

Ferner erkannte er verschiedene Gesellschaftsordnungen außerhalb des Ostblocks an und forderte die *„friedliche Koexistenz"*. Schon früher hatte er diese Gedanken angedeutet, als *Adenauer 1955 nach Moskau* reiste und diplomatische Beziehungen zwischen Bonn und Moskau vereinbarte. Der Kanzler erlangte dabei das Versprechen zur *Freilassung der letzten Kriegsgefangenen.* Aber nur etwa 10000 kehrten danach endlich in die Heimat zurück. Eine weit höhere Zahl hielten die Russen zurück.

Am China-Problem scheiterte Chruschtschow schließlich: Die Freundschaft der beiden kommunistischen Staaten bekam erste Risse, weil Mao Tse-Tung Chruschtschows liberalere Einstellung für Verrat an der echten Ideologie des Marxismus-Leninismus hielt. So nahm er auch keine Rücksicht und erneuerte alte *chinesische Gebietsansprüche.* Es kam zum Kleinkrieg am *Ussuri*, einem Grenzfluß nördlich Wladiwostok.

Peking forderte die geamte *Äußere Mongolei.* Dieses über 1,5 Millionen km² große Land mit nur 1,2 Millionen Einwohnern (nördlich der Inneren Mongolei) war – und ist – zwar selbständig, aber als Satellit eng an die UdSSR gebunden. Auch in *West-Turkistan* beanspruchte Mao ein Gebiet von einigen 100000 km² Größe anschließend an das chinesische Ost-Turkistan. Chinesische Landkarten zeigten seitdem diese Gebiete als zu China gehörig. Weitere Forderungen Chinas bestanden im *Amur-Ussuri-Raum.*

Chruschtschow schien es auf einen ernsten Konflikt ankommen lassen zu wollen. Doch die Mehrheit des Politbüros in Moskau war anderer Meinung und entmachtete ihn 1964. Er starb 1971 in Moskau. Sein Nachfolger wurde Leonid *Breschnjew* (1906 bis 1982).

Adenauers Rücktritt 1963 u. Tod 1967 – Ludwig Erhard Kanzler 1963 – Dezember 1966: In der Bundesrepublik Deutschland war 1961 Adenauer zum dritten Male Wahlsieger geworden. Die CDU/CSU besaß zwar nicht die absolute Mehrheit, aber zusammen mit der FDP konnte er – wie seither – weiterregieren.

Adenauer war 85 Jahre alt, weshalb man sich über die Nachfolge Gedanken machen mußte. Außer dem 66jährigen Ludwig Erhard schien kein geeigneter Mann zur Verfügung zu stehen. Doch Adenauer sperrte sich gegen Erhard. Er hielt ihn zwar für einen erstklassigen Wirtschaftsmann, aber nicht für geeignet als Kanzler in der großen Politik.

1963 trat Konrad Adenauer zurück. Im April 1967 starb er im Alter von 91 Jahren. Nach dem furchtbaren Zusammenbruch des Dritten Reiches war Adenauer der Mann, der Erhards Wirtschaftserfolge zu einem Teil politisch ummünzte. Die Hetze, die in aller Welt in noch nie gekannter Art gegen Deutschland betrieben wurde, konnte er nicht verhindern, aber er trat mit Würde den schlimmsten Übertreibungen entgegen, u. a. den Beschimpfungen der deutschen Soldaten des Zweiten Weltkrieges.

Der nächste Bundeskanzler wurde 1963 Ludwig Erhard. Er regierte weiterhin mit der Koalition aus CDU/CSU und FDP. Während sich Adenauer außenpolitisch enger an Frankreich hielt, zog Erhard die Engländer vor, was wiederum De Gaulle verschnupfte, der nicht gut auf England zu sprechen war. Weil ferner die jährliche Markabwertung von 1% 1966 auf über 2% gestiegen war, nahm die Opposition bei den Sozialdemokraten und auch bei der FDP zu. Die FDP-Minister kündigten die Koalition auf, und Erhard verfügte nur noch über eine Minderheitsregierung, die kaum wenige Monate zu halten war. Ende 1966 trat er zurück.

Georg Kiesingers „Große Koalition" aus CDU/CSU und SPD Dezember 1966 bis Oktober 1969: Damit war die *„Ära Adenauer"* endgültig vorüber, weil erstmals die Sozialisten an einer Regierung teilnahmen.

Vizekanzler und *Außenminister* im Kabinett Kiesinger wurde der bereits genannte Willy *Brandt*, der während des Krieges auf norwegischer Seite aktiv gegen das Reich tätig war. Ursprünglich hieß der einstige Lübecker Herbert Frahm. Brandt hatte ab 1949 den Kurs der SPD in der BRD maßgeblich beeinflußt. 1957 wählte man ihn zum Regierenden *Bürgermeister von West-Berlin.*

Zur Zeit der „Großen Koalition" spitzte sich das Verhältnis zwischen DDR und BRD zu. Ostberlin verlangte erneut volle Anerkennung als selbständiger deutscher Staat, was Kiesinger unter Hinweis auf das Grundgesetz – wie schon seine Vorgänger – erneut ablehnte.

Auf Betreiben seines Außenministers Brandt gab Kiesinger jedoch die *„Hallstein-Doktrin" preis,* indem er im Januar 1967 mit Rumänien und im Dezember des gleichen Jahres mit Jugoslawien diplomatische Beziehungen aufnahm. Daraufhin wurde die DDR auch im Westen anerkannt, nicht aber von der BRD.

Die linke „Außerparlamentarische Opposition" und die Notstandsgesetze 1968: An den Universitäten der BRD und in Berlin bildete sich die sogenannte „Außerparlamentarische Opposition". Das waren teils anarchistische, teils marxistische „Studenten", die zwar kostenlos in den Hochschulen immatrikuliert (eingeschrieben) waren, vom Staat außerdem monatliche Studienbeihilfen erhielten, aber großenteils gar nicht daran dachten, wirklich zu studieren. Sie legten immer wieder durch Krawalle, Brandstiftungen usw. den Lehrbetrieb lahm und stellten Forderungen ohne Ende. Die „Gesellschaft" paßte ihnen nicht, gaben sie vor.

Letzten Endes führten diese Zustände Mitte 1968 zu einer Grundgesetzänderung„ in welcher Bundestag und Bundesrat die „Notstandsgesetze" beschlossen.

Man strich zunächst die Studienbeihilfen, was bereits genügte, den Umstürzlern die Luft ausgehen zu lassen. Nachdem einer der Hauptdrahtzieher *(Rudi Dutschke)* seitens eines politischen Gegners durch Pistolenschuß am Kopf schwer verletzt wurde, verebbte diese Studentenbewegung bald.

Schikanen der DDR mit Passierscheinen vor und nach 1969: In der BRD war im März 1969 die Neuwahl eines Bundespräsidenten fällig. Der frühere Rheinstahl-Direktor und damalige SPD-Abgeordnete Gustav *Heinemann* (1899–1976), der nach 1945 der CDU angehört hatte, nach Streit mit Adenauer eine neue Partei gründete und nach deren Scheitern wieder zur SPD ging, wurde gewählt. Die Wahl fand – wie bisher – in Berlin-West statt, was die DDR als Provokation bezeichnete und zu Protesten mißbrauchte.

Zwischen den Bewohnern von West- und Ost-Berlin bestanden natürlich vielfältige verwandtschaftliche Beziehungen. Seit der Errichtung der „Berliner Mauer" 1961 waren gegenseitige Besuche nur mit Passierscheinen erlaubt. Immer wenn die DDR etwas durchsetzen wollte, komplizierte oder sperrte sie die Passierscheine. In mehreren Abkommen versuchte dann die Bonner Regierung Erleichterungen für die Bürger gegen oft recht kostspielige Zugeständnisse zu erhalten. Wenn dann an Weihnachten oder Ostern nach langem Hin und Her wieder Passierscheine ausgegeben wurden, galt das in der BRD als großer diplomatischer Erfolg. Es war das reine Katz- und Mausspiel.

Der „Prager Frühling" und sein jähes Ende 1968: In der Tschechoslowakei versuchte seit einiger Zeit der gemäßigte Kommunist Alexander *Dubček* – sozusagen auf kaltem Wege – ein Ausscheren aus dem Ostblock zu erreichen, indem er einen Kommunismus etwa nach jugoslawischem Muster anstrebte. Das versprach auch engere wirtschaftliche Kontakte zum Westen.

Nach längerer mißtraurischer Beobachtung der Entwicklung durch die Sowjetunion marschierten am 21. August 1968 Truppen des Warschauer Paktes ins Land. Starke Panzerverbände und die Androhung, die Tschechoslowakei aufzuteilen, verhinderten jeden aktiven Widerstand. Damit war der sogenannte „Prager Frühling" beendet. Dubček wurde entmachtet, aus der kommunistischen Partei ausgestoßen, und neue linientreue Leute übernahmen die Macht in Prag. Übrigens waren Truppen der „Nationalen Volksarmee" der DDR mit von der Partie.

Die Westmächte überboten sich gegenseitig mit scharfen Protesten, aber nach einigen Monaten wuchs bereits Gras über diese Vorfälle. Gewisse *Hoffnungen von Sudetendeutschen,* infolge möglicher ernsthafter Verwicklungen in die Heimat zurückkehren zu können, hatten sich schnell in nichts aufgelöst.

Das Ende der Kolonialreiche und die Ausbreitung des Marxismus/Kommunismus nach 1945

Die politische Grundlage für die Auflösung der Kolonialreiche bildete die *Atlantik-Charta* von 1941, die eine neue Weltordnung vorsah. Nach deren Unterzeichnung durch alle damaligen Alliierten sowie andere Staaten wurde den Völkern der Erde das Selbstbestimmungsrecht zugesprochen. Doch nach dem Krieg weigerten sich die meisten Kolonialmächte, ihr Versprechen einzulösen, so daß vielfach blutige Befreiungskriege ausbrachen.

Deutschland: Das deutsche Kolonialreich war – wie berichtet – schon 1919 in fremden Besitz übergegangen.

Japan: Dessen Außenbesitzungen gingen mit dem Zweiten Weltkrieg restlos verloren. Ähnlich wie bei Japan war die Lage nur bei einer einzigen „Mitsiegermacht", den

Niederlanden: Ihnen hatten die Japaner das riesige Indonesien 1942 abgenommen. Doch nach der Rückeroberung durch die Amerikaner wurde es selbständige Rupublik. Auch Hollands südamerikanische Besitzungen gingen nach dem Zweiten Weltkrieg der Reihe nach verloren. 1982 besaßen die Niederländer nur noch die Antillen-Insel Curaçao von knapp 1 km² Größe, deren Unabhängigkeit jedoch kurz bevorsteht.

USA: Die Amerikaner gaben 1946 ihre Haupt-Kolonie, die Philippinen, frei. Die Antillen-Insel *Puerto Rico* gehört zwar den Vereinigten Staaten, besitzt aber den Status eines *„Territoriums"* (= Gebiet mit eingeschränkter Selbstverwaltung). Den gleichen Status besaßen auch die Hawaii-Inseln im Pazifik, bis sie 1959 zum 50. Bundesstaat wurden. Die *Panama-Kanal-Zone* wird laut Vertrag im Jahre 2000 an Panama zurückgegeben. Die ehemaligen deutschen Mandatsgebiete im Pazifik (Marianen-, Palau-, Karolinen-, Marshall-Inseln) wurden 1981/82 unabhängig. Die USA unterhalten heute noch einige Stützpunkte im Pazifik von zusammen 1700 km², darunter die Insel Guam, und in der Karibik *Guantanamo auf Kuba.*

Belgien: Seine einzige, allerdings riesige Kolonie, der *Kongo* mit 2,35 Mill. km² und 15 Mill. Einwohnern, verlangte ab 1959 die Unabhängigkeit. Die an Rohstoffen reiche kongolesische Provinz *Katanga* im Landesinneren wollten die Belgier wenigstens behalten, daher versuchten sie, Katanga abzuspalten. Dafür gewannen sie den ersten – selbst ernannten – farbigen Staatspräsidenten *Tschombé* (1919–1969). Der farbige sozialistische Ministerpräsident *Lumumba* (1925–1961) trat dem Abspaltungsversuch entgegen und wurde deshalb von seinen Gegnern ermordet. In jahrelangem blutigem Bürgerkrieg, dem auch viele Belgier zum Opfer fielen, unterlag Tschombé und mußte mehrmals vorübergehend ins Ausland fliehen. In algerischer Haft starb er vermutlich durch Mord. Nach Eingreifen von UNO-Truppen ab 1963 beruhigte sich allmählich die Lage. Der Kongo gab sich den Namen Republik *Zaire.*

Portugal: Sein einst umfangreiches Kolonialreich schmolz auf die Kapverdischen

Inseln vor der westlichen Küste Afrikas, die Insel Madeira westlich Marokko und die 16 km² große Insel Macao an der südchinesischen Küste (westlich Hongkong) zusammen. China duldete diese Kolonie bisher aus handelspolitischen Gründen. Portugals große afrikanische Kolonien *Angola* und *Mozambique* suchte Ministerpräsident A. *Salazar* (1889–1970) dadurch zu retten, daß er sie als „Überseeprovinzen" dem Mutterland anschloß. Doch die schwarze Bevölkerung trat mehrmals in Aufstand, und in Angola kam es 1961 zum großen Bürgerkrieg. Nach Salazars Tod mußte sein Nachfolger die Unabhängigkeit beider Kolonien anerkennen. Ähnlich war es bei Port Guinea in Westafrika. Das portugiesische *Goa* holte sich die Indische Union.

Spanien: Vom spanischen Weltreich, in welchem „die Sonne nicht unterging", war schon lange vor dem Ersten Weltkrieg nur wenig in Westafrika übriggeblieben. 1956 entstand das Königreich *Marokko* aus dem spanischen Teil an der Nordküste (Ceuta und Melilla verblieben Spanien) und dem französischen Süden. Die Wüstenkolonie *Rio del Oro* (südlich Marokko), 273000 km² mit nur 50000 Einwohnern, wurde nach dem Tode des spanischen Staatschefs General Franco 1975 selbständig, kurz danach aber zwischen Marokko und Mauretanien aufgeteilt. Bis heute versucht die dortige Aufstandsbewegung *„Polisario"* einen eigenen Wüstenstaat durchzusetzen. Die kleine Kolonie Spanisch-Guinea (südlich Kamerun) erklärte sich zur unabhängigen Republik Äquatorial-Guinea.

Als Außenbesitz blieben Spanien nur die Städte Ceuta und Melilla (gegenüber Gibraltar) sowie die Kanarischen Inseln im Atlantik.

Frankreich: Das französische Kolonialreich betrug vor dem Zweiten Weltkrieg fast 12 Mill. km², 1982 etwa noch 18000 km². Dieser Rest besteht aus mehreren Inselgruppen im Pazifik und karibischem Raum. Ferner bestehen die „Außenprovinzen" Französisch-Guayana mit 91000 km² in Südamerika und Neukaledonien mit 19000 km² in der Südsee östlich Australien. Beiden mußte jedoch Selbständigkeit in Stufen bis 1990 zugesagt werden.

Frankreich gab seinen Widerstand gegen die Auflösung seines Kolonialreiches erst auf, als Indochina mit dem Verlust der Schlacht um Dien-Bien-Phu 1954 verloren war und nachdem Marokko 1956, Tunis 1957 und Algerien 1962 ihre Selbständigkeit errungen hatten. Bis heute versuchte Frankreich die Unabhängigkeit der wenigen verbliebenen Überseegebiete so lange wie möglich hinauszuschieben. Die französische sozialistische Regierung unter Mitterrand jedoch gab 1981 bereits weitere Zusagen an mehrere Gebiete.

Die meisten der früheren – jetzt selbständigen afrikanischen Kolonien sind mit Paris in der sogenannten *„Franc-Zone"* eine wirtschaftliche Verbindung eingegangen. Die Unternehmer bemühen sich, die einstige kaufmännische Zusammenarbeit nach Möglichkeit aufrechtzuerhalten. Auch kulturelle Kontakte werden betont gepflegt. Fast in allen einstigen Kolonien Frankreichs ist das Französische erste Fremdsprache.

Großbritannien: Das englische Weltreich erlebte ein schmerzliches Ende: Schon 1921 sagte sich – wie berichtet – Irland (ohne die Provinz Ulster im Norden) los und rief die unabhängige Republik Eire aus. Das 4,2 Mill. km² große Indien, mit damals über einer halben Milliarde Einwohnern (1961) verlangte schon zwischen den Weltkriegen immer energischer die Unabhängigkeit. Dies gelang 1947 dem Brahmanen Mahatma *Gandhi*. Wie bereits erwähnt, war die Trennung von Großbritannien mit einem furchtbaren Krieg (über 11 Mill. Opfer) zwischen den sich bildenden Staaten *Indische Union* und *Pakistan* verbunden.

In der ostafrikanischen Kolonie *Kenia* brach 1948 eine schwere Revolte der Bantu-Neger aus. Die Geheimorganisation *„Mau-Mau"* versuchte durch Mord und Terror die Engländer zu vertreiben. Zum Schutz und geregelten Abtransport vieler Weißer, die das Land verlassen wollten, mußte 1953 englisches Militär eingreifen. Die blutigen Unruhen gingen noch zehn Jahre lang weiter, bis London Kenias Unabhängigkeit anerkannte. Jomo *Kenyatta* (geb. 1900), vermuteter Organisator des „Mau-Mau-Bundes", von den Engländern von 1952 bis 1959 in Haft und weitere vier Jahre unter Bewachung gehalten, rief schließlich 1964 die Republik aus.

Südafrika, das England 1902 im Burenkrieg seinem Weltreich angegliedert hatte, erhielt 1906 Dominion-Status. Um 1960 wurde der Druck farbiger Commonwealth-Glieder auf London groß. Das zwang Südafrika 1961 zum Austritt aus dem Commonwealth und zur Bildung der *„Südafrikanischen Republik"*.

England geriet in dauernde wirtschaftliche Schwierigkeiten; denn die Kolonialpolitik kostete Unsummen. Daher gab Großbritannien die überseeischen Gebiete der Reihe nach auf und förderte sogar deren Unabhängigkeit. Dadurch gelang es, wenigstens einige Vorteile für die weißen Siedler auszuhandeln, die überall in den farbigen Kolonien nur eine verschwindend kleine Minderheit darstellten, aber die Wirtschaft stark beeinflußten.

In der Kolonie (Süd)-*Rhodesien* im Süden Afrikas (knapp 390000 km² und 4 Mill. Einwohner) lebten allerdings 220000 Weiße (5,5%), was weit über dem Durchschnitt lag. Hier war man mit der englischen Kolonialpolitik nicht einverstanden, erklärte sich nach 1965 für selbständig und bildete eine Regierung nur aus Weißen. Das erkannte London nicht an. Der Widerstand der Schwarzen machte dieser Regelung schließlich ein Ende, und nach Verhandlungen, an denen die Londoner Regierung wieder maßgeblich teilnahm, wurde Rhodesien 1980 zur Republik *Zimbabwe* unter einer im wesentlichen schwarzen Regierung.

Einfluß übt Britannien auch heute noch in seinen vormaligen Kolonien auf dem Weg über die Sprache. Englisch ist fast überall die zweite Sprache der farbigen Ober- und Mittelschicht.

1982 standen in Abhängigkeit verschiedenen Grades in der Karibik, im Pazifik und Atlantik nur noch zwölf Inselgruppen von zusammen knapp 14800 km², ferner das Ölland Brunei auf der Insel Borneo, das aber 1983 volle Selbständigkeit erhielt.

Von den 14800 km² der überseeischen Inseln ist die Falkland-Gruppe – die von Argentinien beansprucht wird – allein 12200 km² groß mit nur 1800 englischen Einwohnern, so daß tatsächlich unangefochten lediglich 2600 km² (so groß wie Luxemburg) von den einst etwa 35 Mill. km² übriggeblieben sind.

Der *Falkland-Krieg* 1982 war für England (eigentlich für die unsicher gewordene Stellung der Premierministerin Thatcher) eine Prestigeangelegenheit ohne echten Gewinn. Argentinien verlor etwa 2000 Soldaten an Toten und Verwundeten, England halb soviel. 38 große und kleine meist veraltete Kriegsschiffe, die zum Teil nicht mehr gebraucht und verschrottet werden sollten, dazu 12000 Soldaten schickte man von England nach den 13000 km entfernten Falkland-Inseln, welche die Argentinier besetzt hatten, aber kampflos aufgaben. Nur die argentinische Luftwaffe kämpfte und versenkte sechs englische Kriegsschiffe durch Raketenangriffe, darunter die moderne „Sheffield". Argentinien verlor ein altes Schlachtschiff mit dem größten Teil der Besatzung. Das südamerikanische Land beansprucht die Falkland-Inseln nach wie vor.

Die Kolonie *Hongkong* (etwa 1000 km^2, 5 Mill. Einwohner, nur 35 000 Weiße) ist von großer wirtschaftlicher Bedeutung, weil dort ein beträchtlicher Teil des China-Handels abgewickelt wird. Hongkong ist zu 97% von England auf 99 Jahre gepachtet, die im Jahre 1997 ablaufen. China hat bereits erklärt, daß es dann das Gebiet wieder unter seine Hoheit stellen wird.

Das *Commonwealth* besteht aber noch immer aus vielen der früheren Mitglieder, trotz der Auflösung des Weltreiches. Das englische Königshaus wurde zwar nicht mehr allgemein als politisches Bindeglied anerkannt, doch ist die Organisation wirtschaftlicher Natur, ähnlich der fanzösischen *„Franc-Zone"*. Die Bedeutung des Commonwealth ist stark zurückgegangen, so daß für Großbritannien die Mitgliedschaft in der EG weit wichtiger geworden ist.

Ausdehnung des Marxismus/Kommunismus: Dieser hatte durch die Auflösung der Kolonialreiche beste Gelegenheit, sich in vielen Teilen der Welt festzusetzen. Die Atlantik-Charta versprach ja den Völkern nicht nur Selbständigkeit, sondern auch freie Wahl der Regierungsform. Darüber entbrannten allerdings oft heftige Bürgerkriege, in denen Moskau oder der Westen jeweils seine Parteigänger mit Waffen, zuweilen durch Militär, unterstützte.

So wurden in Asien *Nordkorea, Indochina* (Vietnam, Laos, Kambodscha), *Afghanistan* kommunistisch. In Afrika entstanden die marxistischen bzw. kommunistischen Republiken *Algerien, Tansania* (das ehemalige Deutsch-Ostafrika), *Mozambique, Angola, Abessinien* und in Mittelamerika *Kuba* und *Nicaragua.*

In manchen dieser und weiterer Staaten sind blutige *Guerilla-Kämpfe* im Gange, mit dem Ziel, die jeweils ideologisch untermauerten Regierungen zu stürzen.

1982 wurden etwa zwei Drittel der 4,7 Milliarden Weltbevölkerung westlich-demokratisch regiert, wozu auch sozialistisch regierte Länder wie z. B. Frankreich, Spanien, Mexiko usw. gehören, und ein Drittel (davon 1 Milliarde Chinesen) marxistisch/kommunistisch. Doch ist es sinnlos, etwa die Sowjetunion und die VR China zu addieren. *China* geht heute eigene Wege und steuert bewußt den Rang als dritte Weltmacht unter eigener Ideologie an.

Die sozialliberale Koalition in der BRD 1969–1982 – Regierung Brandt/Scheel – Die Verzichtverträge 1970–1975

Ende September 1969 wurde ein neuer Bundestag gewählt. Die Große Koalition hatte sich zerstritten. CDU/CSU und SPD konnten mit keiner absoluten Mehrheit rechnen, waren also bei der Regierungsbildung auf die *FDP* angewiesen. Diese kleine Partei (um 8%) war schon oft das *„Zünglein an der Waage"* gewesen, doch war sie nun uneinig, mit wem sie zusammengehen sollte.

Walter Scheel (geb. 1919) aus Solingen setzte sich mit dem linken Parteiflügel schließlich durch und ging das Risiko ein, sich für die SPD zu erklären. Bei der Wahl verlor deshalb die FDP zwar ein Drittel ihrer Wähler, aber es reichte gerade noch, die

5%-Hürde zu überspringen, um in den Bundestag zu kommen. Die CDU/CSU blieb mit 48,8% der abgegebenen Stimmen stärkste Partei, aber SPD (45,1%) und FDP (6,1%) zusammen erreichten eine Mehrheit von 12 Abgeordneten. Brandt wurde Bundeskanzler, Scheel Außenminister.

Die Sowjets hatten seit 1949 von der BRD nach jeder Wahl beharrlich die Anerkennung der Ostgrenzen, also endgültigen Verzicht auf Ostpreußen, Pommern, Schlesien und das Sudetenland verlangt. Die DDR sollte als zweiter deutscher Staat anerkannt werden.

Als es während der Großen Koalition 1969 in der BRD so schien, als würden bei einer sozialliberalen Mehrheit die Moskauer Wünsche erfüllt werden, machte die neuaufgekommene *„Nationaldemokratische Partei Deutschlands" = NPD* größte Anstrengungen, in den Bundestag zu kommen, um ein Zusammengehen von SPD und FDP zu verhindern. In einigen Landtagen war die NPD mit 6 bis zu 9,5% bereits vertreten.

Doch die Parteien – voran der CDU-Innenminister, der spätere Vorsitzende des Bundesverfassungsgerichts, Benda – bemühten sich mit allen Mitteln, diese Partei zu verteufeln. Die Sowjetunion half nach, indem sie militärische Intervention nicht ausschloß, falls die NPD in den Bundestag käme. Obwohl die NATO ein solches Vorgehen verunmöglichte, wurde die deutsche Bevölkerung unsicher. So kam die NPD bei der Bundestagswahl nur auf 4,3%, scheiterte also an der 5%-Klausel. Danach erfuhr sie einen raschen Kräfteverfall auf heute 0,2%.

Der „Moskauer Vertrag" August 1970: Brandt war schon als Außenminister der Großen Koalition in Moskau gewesen, wo natürlich über die Anerkennung der Oder-Neiße-Grenze gesprochen wurde. Kiesinger, der als Kanzler die Politik zu bestimmen hatte, verteidigte sich später, daß er doch nicht habe wissen können, was Brandt mit den Sowjets abgesprochen hatte.

Kaum war die neue Regierung im Amt, begannen zwischen Bonn, Moskau, Warschau und der DDR offizielle Verhandlungen. Wegen des West-Berlin-Status zogen sich die Gespräche einige Monate in die Länge, denn die DDR und Moskau versuchten bei dieser Gelegenheit, das Problem der Anerkennung der DDR durch die BRD in ihrem Sinne gleich mit zu regeln. Doch dem standen die Verfassung der BRD, die nur mit Zwei-Drittel-Mehrheit zu ändern war, sowie der alliierte Viermächtevertrag über Berlin im Wege. Die USA, England und Frankreich waren also als Schutz- und Besatzungsmacht an allem interessiert, was West-Berlin betraf.

Im August 1970 fuhren Brandt und Scheel in die Sowjetunion und unterzeichneten den „Moskauer Vertrag". Dessen entscheidender Abschnitt lautete wörtlich: „In Übereinstimmung mit den vorstehenden Zielen und Prinzipien stimmen die BRD und die UdSSR in der Erkenntnis überein, daß der Friede in Europa nur erhalten werden kann, wenn niemand die *gegenwärtigen Grenzen* antastet."

Sie verpflichteten sich, die territoriale Integrität aller Staaten in Europa in ihren heutigen Grenzen uneingeschränkt zu achten.

Sie erklärten, daß sie keine Gebietsansprüche gegen irgend jemand haben und solche in Zukunft auch nicht erheben werden.

Sie betrachteten für heute und künftig die *Grenzen aller Staaten in Europa als unverletzlich*, wie sie am Tage der Unterzeichnung dieses Vertrages verliefen, einschließlich der *Oder-Neiße-Linie* als Westgrenze der Volksrepublik Polen sowie der Grenze zwischen der BRD und der DDR."

Ferner verpflichtete der Vertrag die BRD, auch mit Polen, der DDR und der Tschechoslowakei entsprechende Verträge abzuschließen, welche die Anerkennung der Oder-Neiße-Linie, den Verzicht auf das Sudetenland sowie die Bestätigung der DDR als selbständigen Staat und schließlich eine allgemeine Gewaltverzichtserklärung zum Inhalt hatten.

Weiter enthielt der *„Moskauer Vertrag"* das gegenseitige Versprechen, die baldige Einberufung einer *„Europäischen Sicherheitskonferenz"* zu unterstützen. Diese sollte die Beschlüsse über die Unverrückbarkeit der Grenzen in ganz Europa erklären. Da aber lediglich die deutschen Grenzen strittig waren, ging es Moskau praktisch nur darum, Deutschlands Verzicht auf die bisher unter fremder Verwaltung stehenden Ostprovinzen sowie seine eigene Teilung zu verewigen.

Im sog. *„Brief zur deutschen Einheit"* erkärte die BRD anläßlich der Unterzeichnung einseitig, daß der „Moskauer Vertrag" nicht dem Ziel der Wiedervereinigung entgegenstehe. Die Sowjetunion interessierte jedoch nur der Wortlaut des Vertrages, wie in der dortigen Presse verkündet wurde.

Der „Warschauer Vertrag" Dezember 1970: Scheel verhandelte nun mit Warschau. Er wollte wenigstens Zugeständnisse in der *„Familienzusammenführung"* erreichen, denn noch über eine Million Deutsche wurden von den Polen festgehalten. Diesen ging es aber nur um die Unantastbarkeit ihrer Westgrenzen, die ja praktisch im „Moskauer Vertrag" bereits gesichert war. So gab es für sie auch keinen Grund, irgendwelche Zugeständnisse zu machen. Man klammerte die Frage deshalb aus und überließ sie unverbindlich dem beiderseitigen *„Roten Kreuz"*.

Anfang Dezember 1970 unterschrieben Brandt und Scheel in Polens Hauptstadt den „Warschauer Vertrag", dessen Inhalt dem „Moskauer Vertrag" entsprach.

Das „Berliner Abkommen" Dezember 1971: In Verbindung mit den Gesprächen über die Ostverträge verhandelten schon seit Frühjahr 1970 die Botschafter der Besatzungsmächte über die Zukunft Berlins: Die Sowjets wollten West-Berlin zu einem selbständigen Stadtstaat machen und dessen Bindungen zur Bundesrepublik vollständig lösen. Die West-Mächte gedachten den gegenwärtigen Zustand beizubehalten und forderten zusätzlich *gesichertere Zufahrtswege* von der BRD nach Berlin. Die Bonner Regierung stellte keinerlei Forderungen, wie etwa die vollständige Verbindung Berlins oder West-Berlins mit der BRD als Bundesland. Sie überließ das Problem den Besatzungsmächten. Die DDR forderte ganz Berlin für ihr Staatsgebiet.

Erst im Dezember 1971 kam es zur Unterzeichnung des „Berliner Abkommens" *(„Transit-Abkommen"),* welches Anfang Juni 1972 in Kraft trat. Die westlichen Mächte hatten zwar erreicht, was sie wollten, allerdings gegen das Zugeständnis der baldigen Einberufung der „Europäischen Sicherheitskonferenz". Die Gewinner waren also Breschnjew und Außenminister Gromyko.

Der „Grundlagenvertrag" zwischen BRD und DDR Dezember 1972: Die Regierung Brandt/Scheel hatte jetzt das Abkommen mit der DDR zu treffen, wozu sie sich im „Moskauer Vertrag" verpflichtet hatte. Ende 1972 trat der sog. „Grundlagenvertrag" in Kraft: Er enthielt den Verzicht der BRD auf den *„Alleinvertretungsanspruch"* der BRD in deutschen Belangen, soweit solche nach Auflösung des Deutschen Reiches anfielen. Beide deutschen Staaten errichteten *„Ständige Vertretungen" in Berlin-Pankow bzw. Bonn,* erklärten die Unverletzlichkeit ihrer gemeinsamen Grenze und den Verzicht auf Gewaltanwendung. Mit der Anerkennung des West-Berlin-Status (allerdings nur mit Vorbehalten) hatte die DDR noch eine Menge Zugeständnisse im Post- und Eisenbahnwesen, Handel, Sport usw. eingehandelt.

Während der Verhandlungen war auch viel von den menschlichen Erleichterungen die Rede, welche die BRD-Regierung durchzusetzen gedenke. Doch nur die Möglichkeit der Zulassung des kleinen Grenzverkehrs war im Vertrag angedeutet. Der Text war sogar so abgefaßt, daß er den *„Schießbefehl"* sowie weiteren Ausbau des Todesstreifens entlang der Grenze ohne weiteres zuließ.

Der „Prager Vertrag" Dezember 1973: Schließlich war noch der Vertrag mit der Tschechoslowakei fällig, und Scheel fuhr nach Prag: Das *„Münchener Abkommen" von 1938 wurde für nichtig erklärt,* das Sudetenland den Tschechen zuerkannt und garantiert. Die Unterzeichnung erfolgte im Dezember 1973. Prag und Bonn richteten absprachegemäß gegenseitige *Botschaften* ein. Dasselbe geschah bald danach *mit den* anderen *Staaten des Ostblocks.*

Somit hatte die sozial-liberale Regierung Brandt/Scheel alle Wünsche Moskaus erfüllt und den *„Status quo"*, wie er nach dem Krieg eingetreten war, im Namen der Bundesrepublik vertragsmäßig voll anerkannt.

In der Politik gibt es nirgends ein Verhandeln ohne zweiseitige Zugeständnisse, aber hier verlangten Westdeutschlands Außenpolitiker keine ins Gewicht fallende Gegenleistung. Ein fast einmaliger Vorgang! Dabei war die BRD zu dieser Zeit ein wirtschaftlicher „Riese", der in Industrie und Handel die zweite Stelle in der westlichen Welt einnahm.

Adenauer und Erhard hatten sich stets energisch geweigert, die sowjetischen Forderungen anzuerkennen. Warum taten es aber Brandt und Scheel? Mehrere Gründe dürften darauf eingewirkt haben:

Die amerikanische Entspannungspolitik der *„Detente"*, die Präsident Kennedy begonnen hatte, wurde auch von seinen Nachfolgern Lyndon *Johnson* (1908–1973) und Richard *Nixon* (geb. 1913) fortgesetzt. Von ihnen kam keine Ermunterung zu weiterem deutschem Widerstand. Auch Kiesinger hatte bereits zur Zeit der Großen Koalition geäußert: „Wir täten uns in der Politik wesentlich leichter, wenn wir die Grenzen anerkennen würden." Ferner war Brandt früher Links-Marxist. Sein Staatssekretär *Bahr* hatte unter der Rassenpolitik des Hitlerreiches gelitten, und der tonangebende SPD-Fraktionsvorsitzende Herbert *Wehner* hatte im Krieg als einstiger Kommunist in Moskau gelebt. Von der KPJ hatte er sich getrennt, nachdem er von ihr ausgestoßen worden war. Die Sowjets betrachteten beide sicher nicht als Gegner.

Vor früheren Wahlen hatte Brandt den Vertriebenen versprochen, niemals die Oder-Neiße-Linie anzuerkennen! Doch als *Brandt* Kanzler geworden war, hatte er ausgerufen: *„Jetzt hat Hitler seinen Krieg endgültig verloren!"* Ferner fügte er hinzu: „Wir haben nichts hergegeben, was wir nicht schon vorher verloren hatten!"

Doch letzteres stimmte nicht, denn das *„Potsdamer Abkommen"* der Alliierten von 1945 war noch immer in Kraft. Es bestimmte, daß die Festlegung der deutschen

Grenzen einem späteren Friedensvertrag vorbehalten bleiben solle. Darin lagen große Zukunftsmöglichkeiten, die Brandt und Scheel nun verschenkt hatten.

Die Ratifizierung der Verzichtverträge Ende 1972: Die Ost-Verträge bedurften jedoch noch der Ratifizierung (Bestätigung durch das Parlament) in Bonn, ehe sie in Kraft treten konnten. Im Bundestag erlebten Brandt und Scheel handfeste Schmähungen. Überhaupt befand sich die ganze Bundesrepublik in großer Aufregung.

Es gab Übertritte von FDP-Abgeordneten zur CDU, so daß im Bundestag fast eine Patt-Situation (Gleichstand der Stimmen) entstand. Der Parteivorsitzende der CDU, *Rainer Barzel* (geb. 1924 in Ostpreußen), benutzte die Gelegenheit zu einem *„Konstruktiven Mißtrauensvotum"* gegen Brandt, welches nur deshalb mit einer Stimme scheiterte, weil ein CDU-Abgeordneter für Brandt gestimmt hatte. Ein anderer hatte sich für 50000 DM kaufen lassen.

Brandt war zunächst Kanzler ohne klare Mehrheit. Er ließ deshalb durch den Bundespräsidenten den Bundestag auflösen und schrieb Neuwahlen aus. Haupt-Wahlkampfthema waren natürlich die Ostverträge. Die CDU lehnte sie nur z. T. ab. Obwohl Europa seit 25 Jahren in Frieden lebte und auch keine Kriegsgefahr drohte, stellte die sozialliberale Regierung ihre Verzichtpolitik als denkwürdige Friedenstat dar.

So sah es auch eine vergrößerte Zahl der Wähler, denn die Wahl vom November 1972 brachte der FDP das vorher verlorene Drittel an Wählern zurück, und die SPD wurde sogar erstmals stärkste Partei knapp vor der CDU/CSU. Mit 46 Abgeordneten verfügte nun die Koalition über eine sichere Mehrheit.

Die Abstimmung über die Ost-Verträge ging somit glatt über die Bühne, zumal sich die CDU – nach innerem Streit – der Stimme enthielt. Nur die *CSU* des Parteivorsitzenden und Bayern Franz Josef *Strauß* (geb. 1915) stimmte mit „Nein".

Noch immer war die Ratifizierung nicht gesichert, denn die CSU hatte beim *Bundesverfassungsgericht in Karlsruhe Klage* erhoben.

Schließlich entschied das Gericht, daß die Verträge von Moskau und Warschau nicht gegen das Grundgesetz verstießen. Der *„Potsdamer Vertrag"* sei jedoch nach wie vor in Kraft, wonach die Grenzen Deutschlands in einem Friedensvertrag mit „ganz Deutschland" festzulegen seien. Das Grundgesetz gelte nur für die BRD. Wie eines Tages ein wiedervereinigtes Deutschland handeln werde bleibe der Zukunft überlassen. Danach stehen die deutschen Ostgebiete nach wie vor rechtlich unter *polnischer bzw. sowjetischer Verwaltung.*

Nach diesem Urteil traten im Juni 1972 die beiden Ostverträge gleichzeitig mit dem „Berlin-Abkommen" für die BRD in Kraft.

Die sowjetische Parteizeitung *„Prawda"* nahm sofort gegen das Karlsruher Urteil Stellung und erklärte diese Auslegung als für Moskau nicht verbindlich. Ähnlich empörte sich Warschau. Dort verlangte man von der BRD, daß auf Landkarten, Atlanten, Schulen und Zeitungen ab sofort die Ostgebiete als polnische Gebiete darzustellen seien. Dieses Verlangen wurde auf Veranlassung der Regierung Brandt-Scheel tatächlich weitgehend erfüllt.

Bandt erhielt nach den Verzichtsverträgen 1971 den *Friedensnobelpreis* mit Urkunde und DM 300000.–.

Was aus den abgetretenen deutschen Gebieten bis 1982 wurde: Im nördlichen Teil

Ostpreußens bauten die Sowjets die Stadt Königsberg zu einem strategischen Flottenstützpunkt aus. Die Sowjets besitzen heute unangefochten die Seeherrschaft im Ostseeraum.

Im südlichen Ostpreußen, Danzig, Pommern und Schlesien beschränkten sich die Polen auf Neubesiedlung und Instandsetzung der größeren Städte und betrieben Industrialisierung. Die Landgebiete verwahrlosten mehr und mehr, und besonders die Dörfer wurden vielfach nicht wieder besiedelt. Die deutschen Vertriebenen hatten bei ihrem Abzug nichts zerstört, und die Polen hätten sich in fertige Nester setzen können. Die einstigen fruchtbaren und voll erschlossenen Überschußgebiete brachten Polen nichts. Im Gegenteil herrscht dort Lebensmittelmangel. Die katholische Kirche der BRD (deren Bevölkerungsdichte weit mehr als doppelt so hoch ist) hat dafür gesorgt, daß jährlich 700000 bis 800000 Lebensmittelpakete in das katholische Polen als Geschenke versendet werden. Für die etwa 600000 Deutschen, die heute noch verstreut unter schwersten Bedingungen im Lande leben, sind diese Gaben nicht bestimmt.

Im Sudetenland hatte sich Ähnliches zugetragen. Statt der 3 Millionen Deutschen siedelten die Tschechen 1,8 Millionen ihrer Landsleute an, meist in den Städten. Die Zahl der Tschechen dort verringerte sich aber durch Abwanderung laufend, so daß die Landgebiete immer stärker verkamen und sich heute in hoffnungslosem Zustand befinden. Prag befürchtet nun, daß Moskau eine zwangsweise Besiedlung des Sudetenlandes mit Sowjetrussen organisieren könnte.

Die „Europäische Sicherheitskonferenz" von Helsinki Juli 1973 bis August 1975: Den Sowjets war es schließlich gelungen, für die Abhaltung dieser Konferenz die Westmächte zu gewinnen. 35 Staaten nahmen teil. Man beabsichtigte, in ganz Europa die *Ergebnisse des Zweiten Weltkrieges zu verewigen.* Dabei ging es nicht nur um Deutschlands Grenzen, sondern auch um Finnland, den Balkan, Italien usw. Auch sollte nach westlichem Wunsch die Einhaltung der *„Menschenrechte"* abgesichert werden. Im August 1975 schließlich unterzeichneten die Regierungschefs der europäischen Staaten, der USA und Kanadas die „Schlußakte der Konferenz für Sicherheit und Zusammenarbeit in Europa".

Für Deutschlands Zukunft war das Ergebnis insofern von bedenklicher Bedeutung, als alle Unterzeichner damit die Ostverträge bestätigten.

Brandt als Bundeskanzler gestürzt Mai 1974: Die ursprünglichen innerpolitischen Ziele der SPD waren undurchführbar, weil die Partei nicht über die absolute Mehrheit verfügte. Daß Brandt überhaupt regieren konnte, verdankte er der FDP, die sich als bürgerliche Partei sah und überzogenen Sozialisierungsplänen Zügel anlegte.

Der linke Flügel der SPD, den neben Brandt auch Wehner verkörperte – er sprach das aus – strebte einen *„Sozialstaat nach jugoslawischem Muster"* an. Aber gegen solche Absichten sträubte sich der rechte SPD-Flügel, dem u. a. Helmut *Schmidt* (geb. 1918) aus Hamburg angehörte.

Zu Brandts persönlichen Mitarbeitern und Freunden gehörte ein gewisser *Guillaume,* der vor Jahren aus Mitteldeutschland nach Bonn gekommen war. Als der Bundessicherheitsdienst diesen Mann als *östlichen Spion* entlarvte (er erhielt jahrelange Haft) mußte Brandt im Mai 1974 als Bundeskanzler zurücktreten, womit gleichzeitig schwerwiegende Streitigkeiten innerhalb der SPD-Führung ihr vorläufiges Ende fanden.

Doch *Brandt blieb Parteivorsitzender der SPD.* Außerdem wurde er 1976 zum Präsidenten der *„Sozialistischen Internationale"* gewählt. Beide Ämter bekleidet er noch heute.

Mit Brandts Rücktritt schied auch der Außenminister Scheel aus der Regierung. Doch wählte die Bundesversammlung im Mai 1974 *Scheel zum Bundespräsidenten.*

Helmut Schmidt wurde am 16. Mai 1974 Kanzler und der FDP-Politiker Hans Dietrich *Genscher* (geb. 1927) aus Halle-Saale, Außenminister.

Regierung Schmidt/Genscher Mai 1974 bis März 1982 – Allgemeine Wirtschaftskrise und Staatsverschuldung: Trotz des Widerstandes der FDP hatten die sozialen Ausgaben in der BRD weit größere Ausmaße angenommen, als die Kassen verkraften konnten: Die *Rentenanstalten* waren durch die bruttobezogene jährliche Aufstockung von wiederholt 8 – 10% in Zahlungsschwierigkeiten geraten, ebenso die *Krankenkassen* wegen großzügigster Übernahme der Kosten für Arzneien, Kuren u. a. Dabei spielten überzogene Aufwendungen für Gastarbeiter eine erhebliche Rolle. So mußten die Beiträge der arbeitenden Bevölkerung angehoben werden, was auf den Protest der Gewerkschaften stieß. Deshalb stiegen die Staatszuschüsse, was eine bedenkliche jährliche *Neuverschuldung von 25–35 Milliarden* durch Kredite zur Folge hatte. Die Arbeitslosenzahl war auf mehr als eine Million gestiegen, und die Inflation lag zeitweise bei über 10%.

Schmidt suchte die *Wirtschaft durch Staatsaufträge mit Krediten anzukurbeln* und durch hohe Zinsen die Geldumlaufmenge zusammen mit der Inflation zu verringern. Jeden Versuch, irgendwo an den aufgeblähten Sozialkosten zu sparen, vereitelten die *Gewerkschaften.* Es gelang Helmut Schmidt auch nicht in ausreichendem Umfang, deren *Lohnforderungen* abzuschwächen.

Andererseits mußten auch die *Steuern erhöht* werden, um den Staatshaushalt einigermaßen auszugleichen. Das aber erschwerte den Betrieben das Investieren, also den Neukauf von Geräten und Maschinen. Manche finanzschwache Unternehmen mußten ihre Tore schließen. Die *Konkurse* häuften sich bedenklich, und die Zahl der *Arbeitslosen* nahm weiter stetig zu. Es war eine Kettenreaktion.

Die anderen westlichen Industriestaaten hatten gleiche Nöte, oft sogar noch stärker als die BRD.

Obwohl es sich um eine *Weltwirtschaftskrise* handelte, war diese nicht vergleichbar mit der von 1930 bis 1933. Das Wachstum des Bruttosozialproduktes (Wert aller erzeugten Waren) der BRD betrug aber immer noch etwa 1% (in Zeiten der Hochkonjunktur waren es etwa 5 bis 6%). Doch das Absinken um einzelne Prozente genügte schon, die Arbeitslosenzahl stark zu steigern. Allerdings spielte dabei auch die hohe Zahl von Fremdarbeitern sowie die Modernisierung der Maschinen (Rationalisierung) eine gewichtige Rolle.

Freikauf von Volksdeutschen in Polen ab 1975 und Rumänien ab 1978: Der Osthandel mit der UdSSR war alljährlich langsam angestiegen. Nachdem Breschnjew in Helsinki den europäischen *„Status quo"* von 1945 durchgesetzt hatte, kam es im Oktober 1975 zwischen der *BRD und Polen* zu einem *Wirtschaftsabkommen,* das mit der *Ausreisegenehmigung* für Volksdeutsche verknüpft war: Gegen einen Kredit von 1 Milliarde DM sowie die Zahlung von 1,3 Milliarden Rentenausgleich gab Polen die Zusage, *120000 Volksdeutsche* in die BRD übersiedeln zu lassen. Diese trafen im Laufe der nächsten Jahre ein. Es handelte sich also um einen Freikauf.

Außenminister *Genscher* reiste im Januar 1978 *nach Bukarest*, wo er mit dem dortigen Staatschef *Ceausescu* (geb. 1918) ein *deutsch-rumänisches Abkommen* traf: 500 Millionen DM Kredit gegen die Ausreise von *jährlich 11000 Volksdeutschen*. Seitdem kamen allmählich auch Rumänien-Deutsche in die BRD. Vor Jahrhunderten waren ihre Vorfahren nach Siebenbürgen, in den Banat usw. geholt worden, um diese Länder zu kultivieren und sie zu ihrer Heimat zu machen.

In den folgenden Jahren steigerte Rumänien seine Forderungen und verlangte für manche Person bis zu DM 40000.- für angebliche „Ausbildungskosten". Darüber wird bis heute laufend verhandelt.

Erich Honecker 1976 Staatsratsvorsitzender der DDR – Transitabkommen BRD–DDR 1978: Erich Honecker übernahm im Oktober 1976 das Amt des Staatsratsvorsitzenden der DDR. Er schien mit der BRD etwas engere Kontakte anzustreben, doch hatte er als Kommunist und Moskauer Satellit wenig Spielraum, weil ohne Einwilligung Moskaus nichts Entscheidendes unternommen werden konnte.

Im Gegenteil, er verlangte erst einmal von Schmidt die Anerkennung einer *DDR-Staatsbürgerschaft* für die Deutschen der DDR. Obwohl sich im „Grundlagenvertrag" von 1972 die zwei deutschen Staaten gegenseitig bestätigt hatten, bestand doch laut Grundgesetz von 1949 für die BRD weiterhin die *gemeinsame deutsche Staatsbürgerschaft*.

Im Herbst 1976 fand eine Bundestagswahl statt, bei welcher die CDU/CSU mit Helmut *Kohl* als Kanzlerkandidat wieder stärkste Partei (243 Sitze) wurde. Doch kamen SPD und FDP mit 214 bzw. 39 zu einer Mehrheit von 10 Abgeordneten.

Die DDR litt wie der gesamte Ostblock unter stetigem Devisenmangel. Der Osthandel zwischen Polen/UdSSR und der BRD führte mit der Eisenbahn durch die DDR, wofür dort Transitgebühren zu zahlen waren.

Die bedeutenden Kohlelieferungen Polens aus Oberschlesien wären aber besser und billiger auf dem Wasserweg über die Oder, den Spree-, Teltow- und Havelkanal zur Elbe zu transportieren gewesen. Aber der *Teltowkanal* war seit dem Krieg nicht intakt.

So trafen Schmidt und Honecker ein Abkommen, wonach der Teltowkanal schnellstens wieder betriebsfähig zu machen sei. Ferner sah man den Bau einer *Autobahn Berlin-Hamburg* vor. Die Hauptkosten übernahm die BRD. Gleichzeitig erhöhte die DDR ihre Transitgebühren.

Die Wiedereröffnung des Teltowkanals erfolgte 1979, der letzte Teilabschnitt der Autobahn stand im Dezember 1982 kurz vor der Vollendung. Die Devisen-Mehreinnahmen der DDR stiegen spürbar, und die Kohlen wurden für die BRD billiger.

Eine zwar unregelmäßige, aber ergiebige Deviseneinnahme der DDR stellte übrigens der *Freikauf von politischen „Häftlingen"* durch die BRD dar. In den 20 Jahren kamen bis 1982 etwa 18000 Menschen frei für Summen zwischen DM 20000.– bis 150000.– je Person, Preise im Sklavenhandel des endenden 20. Jahrhunderts.

Bei der Bundestagsneuwahl 1980 war Franz Josef *Strauß Kanzlerkandidat* der

CDU/CSU. Schmidt gewann, und die Koalitionsmehrheit betrug nun 45 Abgeordnete. Der neuen radikalen Linkspartei, den *„Grünen"*, gelang der Einzug in den Bundestag zwar nicht, aber im Senat von Bremen und im Landtag von Baden-Württemberg saßen sie bereits seit einigen Monaten mit etwa 6% der Vertreter. Ihr Name leitete sich vom ursprünglich geforderten erhöhten *Umweltschutz* ab.

Die scheinbare Entspannung zwischen den beiden deutschen Staaten erwies sich als Trugschluß. Die DDR verlangte schon seit Inkrafttreten des Grundlagenvertrages von 1973 von jedem Besucher, der nach Ost-Berlin ging, je Tag einen Geld-Mindestumtausch von DM 6.50, und von denen, die in die DDR wollten, sogar DM 13.–. Das bedeutete, daß 13.– DM West in 13.– DM Ost umgetauscht werden mußten, wobei der Kaufwert der Ostmark weit geringer war (und ist).

Der Besucherstrom war trotzdem stärker, als den DDR-Behörden lieb war. Deshalb erhöhten sie im Oktober 1980 von heute auf morgen die *Umtauschpflicht* auf DM 25.– für alle Besucher nach der DDR und Ost-Berlin. Die Zahl der Grenzübergänger halbierte sich nun etwa, wobei die Deviseneinnahmen für die DDR fast gleich blieben. Die Proteste der BRD führten zu nichts; das Problem ist ungelöst, die Devisenmelkung ein dauerndes Ärgernis.

Erste Risse in der sozialliberalen Koalition 1981: In Berlin wurde im Januar 1981 der schwerwiegende *„Garski-Bauskandal"* aufgedeckt. Der Berliner Bau-Senator (SPD) hatte leichtfertig die Bürgschaften der Stadt für Kredite an Garski in Höhe von 120 Millionen DM übernommen. Garski machte Bankrott und setzte sich mit „unbekanntem" Ziel ins Ausland ab. Mehrere Senatoren und auch der SPD-Bürgermeister Stobbe mußten zurücktreten.

Schmidt schickte den SPD-Justizminister in Bonn, H. J. *Vogel*, als neuen Bürgermeister nach Berlin, um die SPD-Herrschaft dort zu retten. Die FDP-Senatoren, ohne die auch in Berlin nicht zu regieren war, sprangen teilweise ab, doch wollte Vogel nicht aufgeben. Daraufhin setzte der Berliner CDU-Vorsitzende Richard v. *Weizäcker* (geb. 1920) aus Stuttgart durch eine Unterschriftensammlung für ein Volksbegehren zur vorzeitigen Auflösung des Berliner Senats Neuwahlen durch. Die Bonner CDU hatte v. Weizsäcker nach Berlin geschickt, um dort die Regierung zu erringen. Die Wahlen fanden im Mai 1981 statt, und der neue Bürgermeister von West-Berlin hieß v. Weizsäcker.

Auch in der BRD wurde Helmut Schmidt der Schwierigkeiten nicht mehr Herr: Seit Jahren trieb die Terrorgruppe *RAF = „Rote Armee Fraktion"* ihr Unwesen mit Entführungen und Morden an höhergestellten Persönlichkeiten. Sie arbeitete mit einer italienischen Terror-Organisation zusammen, die dort noch schlimmer hauste. Auch setzte der linke SPD-Flügel Schmidt unter zunehmenden Druck. Man verlangte bei dauernden Demonstrationen die *Einstellung des Baues von Atomkraftwerken*, versuchte zusammen mit den *„Grünen"* die Errichtung der *dritten Startbahn am Frankfurter Flughafen* durch Krawalle zu verhindern und stellte sich massiv gegen den sogenannten *„NATO-Doppelbeschluß"*. Nach diesem sollen im Gegenzug zu den längst aufgestellten *sowjetischen SS-20-Mittelstrecken-Raketen* neue *amerikanische Pershing-Raketen* bis Ende 1983 in Europa (also auch in der BRD) stationiert werden (was auch durchgeführt wurde).

Die Zahl der *Arbeitslosen* stieg Anfang 1982 auf über *zwei Millionen*. Der *illegale*

Zuzug von Ausländern, darunter türkische und andere „Asylanten", nahm kein Ende. Die *Verschuldung des Bundes, der Länder und Gemeinden* hatte 600 Milliarden überschritten.

Durch den *sowjetischen Einmarsch in Afghanistan* (Mai 1980) fand die Politik der Detente (nach Angola und Äthiopien) ihr Ende. Die Sowjets hatten den „Status quo"-Vertrag von *Helsinki gebrochen*. Daraufhin boykottierten Teile der Westmächte die *Olympischen Spiele von Moskau* und verhängten Sanktionen.

Jedenfalls mußte die SPD/FDP-Koalition ihre *„Entspannungspolitik" als gescheitert* betrachten. Die FDP tat es, die SPD verschloß die Augen vor dieser bitteren Tatsache. Eine echte Verbesserung der Beziehungen zwischen BRD und DDR hatte überhaupt nicht stattgefunden.

So zerbrach die sozial-liberale Koalition, und die vier FDP-Minister schieden im September 1982 aus. Trotzdem gab Schmidt nicht auf. Erst ein *konstruktives Mißtrauensvotum* der CDU/CSU brachte ihn zu Fall.

Die neue Koalition CDU/CSU–FDP Oktober 1982 – Regierung Kohl/Genscher

Seit Oktober 1982 regiert in Bonn eine Koalition aus CDU/CSU und FDP. Helmut Kohl (geb. 1930) aus Ludwigshafen ist Kanzler, Außenminister blieb Hans Dietrich Genscher.

Die Bundespräsidenten der BRD 1949–1982
Die Präsidenten und Staatsratsvorsitzenden der DDR 1949–1982
Die Bundespräsidenten in Österreich 1919–1982

BRD: Ein Bundespräsident vertritt die BRD völkerrechtlich, bestätigt Verträge mit anderen Staaten und beglaubigt deren Botschafter. Er ernennt und entläßt den Bundeskanzler, die Minister, Verfassungsrichter, Bundesrichter, Beamten und Offiziere. Außerdem verleiht er Verdienstorden der BRD und übt das Begnadigungsrecht aus. All das geschieht zwar auf Grund irgendwelcher Vorschläge, hat aber nur Gültigkeit mit der Unterschrift eines Bundespräsidenten.

Gewählt wird der Präsident alle fünf Jahre von der Bundesversammlung, d. h. von den Mitgliedern des *Bundestages* und einer gleichen Zahl Vertreter der Landtage. Ein Präsident darf in der BRD nur zweimal hintereinander gewählt werden.

Die fünf Bundespräsidenten bis 1982 waren:

Theodor *Heuss* (1884–1963) aus Brackenheim bei Heilbronn in Württemberg. Volkswirtschaftler, Schriftsteller, Kunstgeschichtler und Politiker (FDP). Präsident von Mai 1949 bis Mai 1959.

Heinrich *Lübke* (1894–1972) aus Enkhausen bei Meschede in Westfalen. Vermessungsingenieur und Politiker (CDU). Präsident von Mai 1959 bis Mai 1969.

Gustav *Heinemann* (1899–1976) aus Schwelm in Westfalen. Volkswirtschaftler, Jurist und Politiker (erst CDU, dann Gesamtdeutsche Volkspartei, seit 1957 SPD). Präsident von Mai 1969 bis Mai 1974.

Walter *Scheel* (geb. 1919) aus Solingen in Rheinland-Westfalen. Politiker (FDP). Präsident von Mai 1974 bis Mai 1979.

Karl *Carstens* (geb. 1914) aus Bremen. Professor und Politiker (CDU). Präsident seit Mai 1979.

DDR: Gleich nach der Gründung der DDR 1949 wählte die Volkskammer, nach östlicher Art durch *Akklamation (= Zuruf) einen Präsidenten:*

Wilhelm Pieck (1876–1960) aus Guben an der Lausitzer Neiße. Tischler und Politiker. 1918 Mitbegründer der KPD, seit 1933 in Moskau, 1945 Rückkehr mit der Roten Armee. Präsident von 1949 bis 1960.

Walter Ulbricht (1893–1973) aus Leipzig. Tischler und Politiker. Seit 1919 Mitglied der KPD, 1933 Emigration nach Frankreich, 1936 bis 1938 Kommissar in Rot-Spanien (zusammen mit Willy Brandt), 1939 nach Moskau, 1949 Rückkehr mit der Roten Armee (zusammen mit Pieck u. a.), 1946 Mitbegründer der SED (Sozialistische Einheitspartei). Nach Piecks Tod bildete er als oberste Instanz der Volkskammer den sogenannten „Staatsrat" ähnlich dem „Politbüro" in Moskau. Staatsratsvorsitzender (neuer Titel) von 1960 bis 1973.

Willy Stoph (geb. 1914) aus Berlin. Maurer, Bautechniker, seit 1928 im kommunistischen Jugendverband, deutscher Soldat im Zweiten Weltkrieg. Staatsratsvorsitzender von August 1973 bis Oktober 1976.

Erich Honecker (geb. 1912) aus Neunkirchen/Saar. Dachdecker, seit 1924 im kommunistischen Jugendverband. Ab 1930 Leninschule in Moskau. Zehn Jahre Gefängnis in Deutschland bis 1945. Staatsratsvorsitzender seit Oktober 1976.

Österreich: Die Verfassung Österreichs ist der der BRD ähnlich. Sie wurde 1945 in Kraft gesetzt und entsprach fast der von 1919, kam aber erst 1955 nach dem Abzug der alliierten Besatzungsmächte voll zur Auswirkung.

Österreich ist eine Bundesrepublik mit neun Landesregierungen und Landtagen sowie der Bundesregierung in Wien. Die drei Hauptparteien sind von rechts nach links: ÖVP (= Österreichische Volkspartei), FPÖ (= Freiheitliche Partei Österreichs) und SPÖ (= Sozialdemokratische Partei Österreichs). Die kleine FPÖ ist bei der Regierungsbildung oft das Zünglein an der Waage.

Das Parlament heißt *Nationalrat,* die Ländervertretung *Bundesrat.* In diesem Zweikammersystem bilden beide zusammen die Bundesversammlung, welche die Gesetze bestimmt und auch den Bundespräsidenten wählt.

Es folgt eine Aufführung aller Bundespräsidenten Österreichs seit dem Jahre 1919:

Karl Seitz (1869–1950) aus Wien, Bürgermeister und Politiker (SPÖ). Präsident von 1919 bis 1920.

Michael Hainisch (1858–1940) aus Niederösterreich, Jurist, Landwirt, Schriftsteller, Politiker (parteilos). Präsident von 1920 bis 1928.

Wilhelm Niklas (1872–1956) aus Krems a. D., westlich Wien, Gymnasialdirektor, Politiker (ÖVP) Präsident von 1928 bis 1938. Trat zurück, weil er gegen den Anschluß ans Reich war.

In den Jahren 1938 bis 1945 war Österreich ein Teil des Deutschen Reiches, es gab also keinen Präsidenten.

Karl Renner (1870 – Dez. 1950) aus Untertanowitz in Südmähren, Jurist, Politiker (SPÖ), einst Befürworter des Anschlusses an das Deutsche Reich. Präsident von 1945 bis 1950.

Theodor Körner (1873–1957), geboren in Ungarn, Adeliger und Offizier, im Ersten Weltkrieg erfolgreicher Generalstabschef am Isonzo, Politiker (SPÖ). Präsident von 1951 bis 1957.

Adolf Schärf (1890–1965) aus Mähren, Jurist, Politiker (SPÖ). Präsident von 1957 bis 1965.

Franz Jonas (1899–1974) aus Wien, Volkswirtschaftler, Bürgermeister von Wien, Politiker (SPÖ). Präsident von 1965 bis 1974.

Rudolf Kirchschläger (geb. 1915) aus Oberösterreich, Politiker (parteilos). Präsident seit 1974.

Das Verhältnis zwischen Österreich und der BRD ist hervorragend. Außerdem hat sich eine enge wirtschaftliche Verflechtung herausgebildet, alles in allem ein Zustand, wie ihn sich diese beiden deutschen Staaten kaum besser wünschen können. Mehr als ein Schönheitsfehler ist es, daß Österreich nach dem Staatsvertrag von 1955 nicht der EG beitreten darf, daß also auch mit der BRD keine gegenseitige Zollfreiheit bestehen kann. Die Sowjets betrachten eine Mitgliedschaft Österreichs in der EG als einen Bruch der von Wien erklärten Neutralität.

Bedeutende Veränderungen im Ausland bis 1982

Frankreich: Der Nachfolger De Gaulles, George *Pompidou* (1911–1974), war im April 1974 gestorben. Neuer Staatspräsident wurde *Giscard d'Estaing* (geb. 1924), der mit seiner eigenen Partei (Giscardisten) und Unterstützung der Gaullisten regierte. Das Verhältnis zwischen ihm und Helmut Schmidt stützte sich auf den Freundschaftsvertrag von 1962 und galt als recht gut. Allerdings ging die „Freundschaft" nicht so weit, daß sich Giscard zu einer längst fälligen Reform des EG-Agrarmarktes bereitgefunden hätte. Schließlich brachte dieser den Franzosen alljährlich mehrere Milliarden ein, welche zum größten Teil die BRD aufzubringen hatte. Ende 1982 war die gesamte EG – außer Frankreich – von der Notwendigkeit einer Agrarreform überzeugt.

1981 verlor Giscard die Präsidentenwahl gegen den Sozialisten François *Mitterrand* (geb. 1916).

De Gaulle, Giscard und Mitterrand betrieben sog. *„Großmachtpolitik"*. Das stellte sich im Ausbau der Atomstreitmacht (Force de Frappe), neuerdings einschließlich der Neutronen-Waffe, dar, ferner durch einen starken Waffenexport und schließlich Engagements in politischen Krisenherden wie *Tschad und Libanon.*

Während dies alles ablief, litt Frankreich an hoher Arbeitslosigkeit, Überschuldung und zunehmender Wirtschaftskrise.

Polen: Obwohl der Handel zwischen der EG und den Ostblockstaaten noch keine 2% des gesamten Im- und Exports der EG betrug (und bis heute beträgt), machten alle westlichen Industrieländer – auch die USA – große Anstrengungen, um mit dem Ostblock ins Geschäft zu kommen. Dabei waren u. a. Überlegungen im Spiel, Beschäftigung für die eigenen Arbeitslosen zu finden. Über 400 Bankhäuser der westlichen Welt finanzierten die Geschäfte bedenkenlos. So verschuldete sich Polen z. B. bisher mit 54 Milliarden DM im Ausland, davon allein mit 23 in der BRD.

Während die polnische Regierung gerade dabei war, ihre Zahlungsunfähigkeit zu erklären, bildete sich im September 1980 eine neue Gewerkschaftsbewegung. Diese *„Solidarität“* (Solidarność) stand unter Führung des Danziger Werftarbeiters Lech *Walesa* (geb. 1943). Man verlangte mehr Lohn, kürzere Arbeitszeit, höhere Fleischzuteilungen und versuchte durch verbotene Streiks diese Forderungen zu erzwingen. Die katholische Kirche unterstützte die Bewegung, und ein Besuch des aus Polen stammenden Papstes *Johannes Paul II.* hatte ein übriges getan.

Das Ganze kam einem Aufstand gleich, ähnlich denen von 1968 in Prag, 1956 in Ungarn und 1953 in der DDR. Die Welt rechnete mit der Niederschlagung durch sowjetisches Militär, die aber nicht erfolgte.

Der polnische Machthaber Gierek mußte zurücktreten, sein Nachfolger war hilflos, und im Februar 1981 übernahm General *Jaruzelski* (geb. 1923) das Amt des Ministerpräsidenten. Im Dezember 1981 verhängte er das Kriegsrecht über ganz Polen, ließ Walesa verhaften und verbot die Gewerkschaft „Solidarität“.

Im Laufe von 15 Monaten gelang es dem General, ohne größere Zusammenstöße die Zügel in die Hand zu bekommen.

Der Papst reiste erneut nach Polen, sprach mit Jaruzelski und mahnte seine Landsleute zur Ruhe, die bis heute auch im großen und ganzen eingehalten wurde. Walesa wurde wieder auf freien Fuß gesetzt.

Anschließend besuchte der *Papst* den *Annaberg in Oberschlesien,* wo 1921 das deutsche Freikorps „Oberland“ die polnischen Aufständischen besiegt hatte und wo eine alte deutsche Wallfahrtskirche steht. In *Breslau* erklärte er, daß „Schlesien von altersher rechtmäßiger polnischer Besitz“ sei. Für die Millionen Vertriebenen dieses seit über sechs Jahrhunderten deutschen Landes, von denen die Hälfte gute Katholiken waren (und sind), verlor der Papst kein Wort, außer der unverbindlichen Aufforderung zur Versöhnung. Viele Äußerungen der Enttäuschung und des Zornes seitens der Vertriebenen gelangten in den Vatikan, eine Menge *Kirchenaustritte* erfolgten.

USA – UdSSR – China: In Washington war auf die demokratischen Präsidenten Kennedy und Johnson 1969 der Republikaner Richard *Nixon* (geb. 1913) gefolgt.

Seit Bestehen der kommunistischen *Volksrepublik China* (1949) sah man dort die USA als Feind Nr. 1. Ferner hatte sich Mao-Tse-tung wegen des Moskauer Imperialismus gegenüber China, doch auch aus ideologischen Gründen mit Chruschtschow zerstritten, als dieser die „Entstalinisierung“ 1956 in der Sowjetunion durchführte. 1966 bis 1969 ließ Mao eine *„Kulturrevolution“* gegen uralte chinesische Geisteshaltung zugunsten „reiner“ marxistisch-leninistischer Denkart betreiben. Das erwies sich jedoch als Fehlschlag.

Mao ließ dann bei einem *Tischtennis-Länderkampf* in den USA Gesprächsbereitschaft mit Nixon signalisieren. Das führte 1972 zu einem Besuch *Nixons in Peking.* Seitdem entwickelten sich zwischen beiden Staaten Beziehungen, die den chinesischen Plänen, bis zum Jahre 2000 den technischen Anschluß an die großen Industriestaaten zu erlangen, massive amerikanische Unterstützung zusicherten.

Breschnjew versuchte mehrmals, zu Mao und später zu *Deng-Xiao-ping* bessere Beziehungen herzustellen, doch bewahrten die Chinesen tiefstes Mißtrauen gegen die Sowjets. Diese hatten seit Jahren ein chinesisch-sowjetisches Abkommen über Hilfeleistung bei der Atomenergie-Entwicklung unterbrochen. Trotzdem überraschte China die Welt, als es mit eigenen Atomkraftwerken, Atomwaffen und Raketen an die Öffentlichkeit trat.

Nachdem Nixon über die *„Watergate-Affäre"* (von seinen Gegnern inszenierte Attacke wegen angeblich unwahrer Behauptungen des Präsidenten) gestolpert war, übernahm sein Vizepräsident, der Republikaner Gerald *Ford*, die Staatsführung. Nächster Nachfolger wurde der Demokrat Jimmy *Carter* (geb. 1924) im November 1977. In dessen Amtszeit fiel die Entwicklung der *Neutronenwaffe*, einer Bombe, mit der man in beträchtlichem Wirkungsbereich alles Leben vernichten kann, ohne Häuser, Panzer und sonstige feste Gegenstände zu zerstören. Breschnjew warnte Carter vor der Aufstellung.

Gleichzeitig hatten aber die Sowjets Mittelstrecken-Raketen SS 20 für Atomsprengköpfe entwickelt und bereits stationiert, mit denen sie jedes Ziel in Westeuropa erreichen konnten. Damit befanden sie sich in einem entscheidenden strategischen Vorteil. Carter hielt sich trotzdem an die Politik der „Detente" und verzichtete auf die Neutronenwaffe.

1975 hatten die Sowjets und Fidel Castro durch die Entsendung von 20000 mit Sowjet-Waffen ausgerüsteten Kubanern den Bürgerkrieg im früher portugiesischen Angola entschieden. *Angola* wurde marxistische Volksrepublik.

Auch Äthiopien *(Abessinien)* erlitt das gleiche Schicksal: Im jahrelangen Bürgerkrieg hatten die Westmächte – vor allem die USA – der Regierung in Addis-Abeba Hilfe durch Waffenlieferungen geleistet. Weil aber der Kongreß in Washington nur beschränkte Mittel bewilligte, blieb die Unterstützung halbherzig und unzureichend.

Die Sowjets, die bisher gegen Addis-Abeba eingestellt waren, schwenkten 1979 plötzlich um, versprachen und schickten Militärberater. Mit Schiffen und auf dem Lufwege erfolgten nun schnell enorme Anlieferungen von Kriegsmaterial, und schon bald wendete sich im Bürgerkrieg das Blatt zugunsten der Marxisten. 1980 war der Krieg entschieden und das Land kommunistische Volksrepublik. Der starke Mann dort war und ist Oberstleutnant *Menghistu* (geb. um 1938).

Die USA hatten erstmals in ihrer Geschichte durch die *Kuba-Krise 1962* eine direkte Bedrohung von außen erlebt. Die vertragliche Verpflichtung, Kubas kommunistisches Regime zu dulden, barg nun die Gefahr der weiteren Ausbreitung des Kommunismus in *Mittelamerika* in sich. Die sozialen Verhältnisse dort (Massenarmut und Reichtum in wenigen Händen) boten Zündstoff genug. Kuba organisierte gegen *Nicaragua Guerilla-Aufstände* und lieferte russische Waffen.

Nicaraguas Bevölkerung wurde unter dem Präsidenten *Somoza* von wenigen Großgrundbesitzern rücksichtslos ausgenutzt. Die „Guerilla-*Sandinisten*" vertrieben 1979 Somoza, der ins Ausland floh und Monate später ermordet wurde. Die neue links-*marxistische Regierung* tarnte ihre kommunistischen Ziele, indem sie einigen gemäßigten Personen Ministerposten gab. Auf diese Weise brachte es Nicaragua fertig, von den USA und anderen Westmächten – auch der BRD – große Summen Entwicklungsgelder zu erhalten. Damit kauften sie Waffen in der UdSSR und Kuba für Guerillas im Nachbarland *El Salvador*.

In der Republik *Afghanistan* – zwischen dem sowjetischen Mittelasien, dem Iran und Pakistan gelegen, 675000 km² groß mit 16,5 Millionen islamischen Einwohnern – fanden seit Jahren Machtkämpfe zwischen Demokraten und Marxisten statt. Der gemäßigte Marxist *Amin* kam im April 1978 durch Putsch an die Macht. Der

Kommunist *Kamal* (geb. 1929), Anhänger der Moskauer Richtung, putschte Ende Dezember 1979 erneut. Amin wurde verhaftet, bald danach ermordet. Kamals Aussichten, sich zu halten, waren gering, denn die streng moslemischen Bergstämme rings um die Hauptstadt Kabul traten in Aufstand.

Anfang 1980 mischten sich die Sowjets ein und besetzten mit 80000 Soldaten Kabul, andere Städte sowie die wichtigsten strategischen Punkte des Landes. Hunderttausende von Flüchtlingen kamen nach Pakistan, wo sich die wehrfähigen *afghanischen Männer zu Widerstandsgruppen* organisierten, zurück in ihr Land zogen und den Sowjets schwere Verluste beibrachten.

Westliche Länder – voran die USA – protestierten in Moskau zwar lautstark, verhängten Sanktionen gegen die Sowjets und sagten ihre Teilnahme an den Olympischen Spielen in Moskau ab. Aber Waffen an die aufständischen Afghanen lieferten sie wieder nur in unbedeutenden Mengen. Die *UNO verurteilte den sowjetischen Einmarsch* mit großer Mehrheit als Bruch der Verträge von Helsinki. Dabei blieb es, und Gromyko erklärte: *„Die marxistische Revolution in Afghanistan ist endgültig."*

Ein *Ziel* der *russischen* Politik war seit über 200 Jahren der *Zugang zum Indischen Ozean.* Jetzt verlegen nur noch 450 km in *Ost-Belutschistan,* welches zu Pakistan gehört, den Sowjets den Weg zu diesem immer eisfreien Meer.

Die Politik der Halbheiten, des Nachgebens und des Sichabfindens erregte in Kreisen des amerikanischen Militärs, der NATO und bei vielen USA-Bürgern Unruhe.

So fiel Carter bei der fälligen Präsidentenwahl 1980 durch, und der Republikaner Ronald *Reagan* (geb. 1911) übernahm am 20. Januar 1981 die Präsidentschaft. Die Politik der „Detente" war beendet, und Reagan rief zur *„nationalen Erneuerung"* auf. Er bekräftigte den sog. *„NATO-Doppelbeschluß"*, der im Dezember 1979 von den Regierungen der NATO-Staaten gefaßt worden war. Danach sollen vom 1. Dezember 1983 an 572 neu zu entwickelnde Mittelstreckenraketen in Westeuropa als Gegengewicht zu den 320 sowjetischen SS 20 stationiert werden, davon in der BRD 92 vom Typ *Cruise missiles (Marschflugkörper)* und 108 *Pershing II.* (Inzwischen planmäßig durchgeführt).

Sehr bald formierten sich im gesamten Westen und sogar teilweise im Ostblock sog. *„Friedensbewegungen"* gegen die Aufstellung der 572 neuen Raketen und für die Verschrottung wenigstens eines Teiles der SS 20. Aktionen solcher Art gegen die UdSSR hatte es zuvor nie gegeben.

Helmut *Schmidt* als SPD-Kanzler trat energisch *für den „Doppelbeschluß"* ein, ebenso seine Parteigenossen Brandt, Bahr, Vogel u. a. Doch nachdem die SPD nicht mehr regierte, schwenkten letztere mit dem linken Parteiflügel um und unterstützten die „Friedensbewegung". Diese argumentierte wie folgt:

Wenn bei uns keine Mittelstreckenraketen für Atomsprengköpfe aufgestellt werden, sind wir vor sowjetischen Atomangriffen sicher. Die in Westeuropa bereits seit langer Zeit vorhandenen amerikanischen Kurzstreckenraketen (180 km Reichweite) mit wahrscheinlich über 1000 Atomsprengköpfen werden allerdings bei diesem Optimismus außer acht gelassen.

Leonid *Breschnjew* und sein Außenminister *Gromyko* hatten eine recht erfolgreiche politische Laufbahn hinter sich, als Breschnjew im Herbst 1982 starb. Der neue Staatschef *Andropow* behielt aber den alternden Gromyko im Amt, der die imperialistische Politik im Sinne des Weltkommunismus fortsetzte. Die *Entspannungspolitik* hatte der Westen durch dauernde Vorleistungen einseitig betrieben, was allerdings mit dem neuen USA-Präsidenten aufhörte.

Der Kommunismus hatte sich zwar mit Gewalt und sowjetischer Hilfe in Asien, Afrika und Mittelamerika in weiteren Ländern festgesetzt, aber das riesige 22 Millionen km^2 große *Sowjetreich* war *unfähig*, seine 268 Millionen Menschen *selbst zu ernähren*, obwohl es fruchtbarste Gebiete wie das *„Land der schwarzen Erde", die Ukraine*, besaß. Fachleute behaupten, daß die Ukraine allein leicht 500 Millionen satt machen kann, wenn die Landwirtschaft dort nach mitteleuropäischen Methoden betrieben würde. Das ideologisch, marxistisch untermauerte *Kolchosen-System* aber war bisher dazu nicht fähig. Jedenfalls mußte die Sowjetunion jährlich zwischen 25–30 Millionen Tonnen Weizen im Ausland kaufen, dazu große Mengen Fleisch, Butter usw. Sie muß es auch weiterhin.

China hatte sich schon vor über 20 Jahren aus der sowjetischen Bevormundung gelöst. Nach dem *Irrweg der „Kulturrevolution"* geht nun dieses Volk von mehr als einer Milliarde Menschen auf einer Landfläche von fast 9,6 Millionen km^2 einer Zukunft entgegen, welche die Wahrscheinlichkeit in sich birgt, schon in wenigen Jahrzehnten die tonangebende Weltmacht zu werden. China verfügt über Atomwaffen mit Raketen, die es selbst entwickelte, und z. Z. baut es eine moderne Armee auf. *Hungersnöte*, die früher immer wieder verheerende Opfer forderten, sind seit Jahren *nicht mehr vorgekommen*. Man hat durch Vorratshaltung gelernt, mit den Unberechenbarkeiten der Wetterverhältnisse fertig zu werden. Die *Chinesen sind eines der ältesten Kulturvölker* der Erde, und dieses Kapital setzen die derzeitigen Machthaber – im Gegensatz zu Mao – voll ein.

Kurze Übersicht der Geschichte der Völker germanischen Ursprungs

Die nordgermanischen Völker der Dänen, Norweger, Färinger, Isländer und Schweden haben ihr Wohngebiet in Skandinavien (nach der römischen Bezeichnung „Scandia"). Alle fünf sprechen eigene Sprachen, die aus dem altnordischen Zweig der germanischen Sprachen entstanden. Daraus bildeten sich vom 15. Jahrhundert an eigene Schriftsprachen.

Dänemark im Schnittpunkt zwischen Nord- und Ostsee/Skandinavien und Deutschland

Die Dänen, aus Vermischung nord- und westgermanischer Stämme entstanden, hatten schon bald von Jütland und Schleswig-Holstein aus den Drang, ihr Wohngebiet zu erweitern. So segelten und ruderten die Stämme der Angeln und Sachsen bereits um 350 n. Chr. über die Nordsee und eroberten die von Kelten bewohnte britische Hauptinsel. Die Angelsachsen, wie sie sich dort nannten, herrschten mit Unterbrechungen bis 1066 und gaben England germanisches Gepräge und Sprache.

Das erste dänische Königreich entstand unter *Godfred* (gest. 810) durch Vereinigung vieler Stämme auf Jütland, den dänischen Inseln sowie in den Landschaften Schonen und Halland in Südschweden. Zum Schutz gegen die Franken errichtete Godfred den

Grenzwall *Danewerk* südlich der späteren Stadt Schleswig. Um 880 begannen die Dänen die stammverwandten Angelsachsen in England zu bekämpfen. Die Angriffe scheiterten am Widerstand *Alfreds des Großen* (849 – 901).

Der Dänenkönig Harald *Blauzahn* (gest. 986) nahm um 960 mit seinem Volk das Christentum an. Seine Nachfolger bekämpften die Angelsachsen erneut, was nach langwierigen Kriegen zur vollständigen Eroberung der Insel führte, endgültig durch König *Knut den Großen* (um 995–1035). Knut war damit seit 1018 König von Dänemark und England, seit 1028 auch noch von Norwegen, nachdem er dessen König *Olaf den Heiligen* (um 995–1030) vertrieben hatte. 1027 gab ihm der deutsche Kaiser *Konrad II.* – wie berichtet – die *Mark Schleswig* zwischen dem Danewerk-Wall und dem Fluß Eider. Gleizeitig erfolgte die Eheschließung zwischen Konrads Sohn und Knuts Tochter.

Doch nach Knuts Tod 1035 zerfiel sein Reich schnell. Bis 1042 waren Norwegen und England bereits wieder unabhängig.

120 Jahre danach nahm die Macht der Dänen einen erneuten Aufschwung. Zwischen 1160 und etwa 1225 eroberten sie im Kampf gegen die *Wenden* die mecklenburgische und pommersche Ostseeküste, ferner Holstein nördlich der Unterelbe und Estland am finnischen Meerbusen. Das war zur gleichen Zeit, als auch *Heinrich der Löwe* wie auch *Albrecht der Bär* große Teile von Mecklenburg und Brandenburg zurückeroberten.

1227 mußte der Dänenkönig *Waldemar II.* (gest. 1241) durch den Verlust der Schlacht von *Bornhöved* südlich von Kiel Holstein an den deutschen Besitzer Graf Adolf IV. wieder abgeben.

König *Waldemar IV. Atterdag* (gest. 1375) verkaufte Estland 1346 an den Deutschen Orden, und auch im Seekrieg gegen die Deutsche Hanse mußte er im Stralsunder Frieden von 1370 deren Handelsvorherrschaft anerkennen.

Der Schwedenkönig *Magnus Erikson* (gest. 1343) hatte die Königskrone Norwegens geerbt, so daß Schweden und Norwegen 1319 vereinigt wurden. Sein Sohn *Hakon VI.* (gest. 1380) heiratete des Dänenkönigs Atterdag einzige Tochter *Margarete* (1353 bis 1412). Als nach Hakons Tod auch bald sein und Margaretes Sohn Olaf starb, wurde Margarete 1387 Königin von Dänemark, Norwegen und Schweden.

Die Schweden versuchten sich zwar wieder selbständig zu machen, doch Margaretes Generäle siegten 1389 bei *Falköping* in Südwestschweden. Nach langen Verhandlungen kam es zur skandinavischen oder *Kalmarer Union* von 1397 zwischen Dänemark, Norwegen und Schweden (mit dem Herzogtum Finnland). Alle drei Länder blieben zwar eingeschränkt selbständig, unterstanden aber der Königin Margarete in Personalunion. Die Kalmarer Union hielt 126 Jahre. Schweden schied 1523 unter *Gustav I. Wasa* aus. Doch blieben Dänemark und Norwegen bis 1814 zusammen, also 434 Jahre lang.

1534–1536 herrschte in Dänemark Bürgerkrieg. In dieser sogenannten *„Grafenfehde"* ging es um Thronstreitigkeiten innerhalb des Herrscherhauses Oldenburg, wobei Schweden für die eine und die Hanse für die andere Seite Partei ergriff.

Christian IV. (1577 –1648) nahm ab 1625 auf protestantischer Seite am *Dreißigjährigen Krieg* teil, wurde aber vom kaiserlichen Feldherrn Tilly besiegt. In einem weiteren Krieg gegen Schweden (1643–1645) mußte Dänemark unter Christian die Inseln Gotland und Ösel abtreten.

Sein Nachfolger *Friedrich III.* (1609–1670) war gezwungen, 1658 auch *Südschweden*

(Schonen und Halland) zugunsten *Karls X.* von Schweden aufzugeben. In diesem Krieg war kurzfristig ganz Dänemark, nicht aber Kopenhagen bis zum Friedensschluß in schwedische Hand geraten.

Seit 1448 regierte in Dänemark (bis heute) das *Haus Oldenburg* (seit 1513 abwechselnd immer ein Christian und ein Friedrich.)

Durch Erbschaft kam 1674 die Grafschaft Oldenburg westlich der Unterweser an das dänische Königshaus.

Am *Nordischen Krieg* (1700–1721) beteiligte sich Dänemark auf preußisch-russisch-sächsischer Seite gegen Schweden. Obwohl die Herren von Südschleswig, die Gottorper, zur Verwandtschaft der dänischen Könige gehörten, standen diese auf schwedischer Seite. So verloren die Gottorper im Kampf Schleswig und behielten nur noch Holstein. 1773 einigte sich König *Christian VII.* (1749–1808) mit den Gottorpern und gab ihnen die Grafschaft Oldenburg, übernahm dafür aber Holstein. Weil Oldenburg und Holstein beide innerhalb des Deutschen Reiches lagen, hatte der Deutsche Kaiser *Joseph II.* in Wien keine Einwände.

Christian VII. war ein düsterer, streng absolutistisch regierender König, der schließlich in Geisteskrankheit verfiel. Sein Minister war der deutsche Graf von *Struensee* (1737–1772) aus Halle an der Saale. Dieser Politiker war auch Leibarzt des kranken Königs. Er versuchte Reformen im Sinne des aufgeklärten Absolutismus einzuführen. Mit der Königin Karoline Mathilde verband ihn bald ein Liebesverhältnis. Das gab den Gegnern einen willkommenen Vorwand zu seinem Sturze. Vor Gericht gestellt, wurde Struensee zum Tode verurteilt und hingerichtet. (Die deutschen Dichter Heinrich Laube und W. Möller haben 1847 bzw. 1937 diese Tragödie in Schauspielen dargestellt.)

Während der Regentschaft *Friedrichs VI.* überfiel England 1801 und nochmals 1807 *Kopenhagen* und raubte die dänische Flotte, um sie nicht in Napoleons Hände fallen zu lassen.

Die *Schleswig-Holsteinische Frage* führte 1848 bis 1850 zum Deutsch-Dänischen Krieg. Die deutschen Schleswig-Holsteiner (Südschleswig, Holstein und seit 1816 auch Lauenburg) traten in Aufstand gegen König *Friedrich VII.* (1808–1863). In Kopenhagen hatten die *„Eiderdänen"* – die Nationalliberalen – die Regierung übernommen. Sie wollten das deutsche Südschleswig bis zur Eider dem dänischen Staat einverleiben.

Preußen unterstützte anfänglich den Aufstand, zog sich aber dann zurück. So erreichten die „Eiderdänen" vorerst ihr Ziel. Doch 1864 lösten Bismarck und Moltke die Angelegenheit im deutschen und preußischen Sinne, und Dänemark verlor mit der Schlacht an den *Düppeler Schanzen* ganz Schleswig-Holstein und Lauenburg einschließlich des dänischsprachigen Nordschleswig.

Im *Ersten Weltkrieg* war Dänemark neutral, doch erhielt es 1920 Nordschleswig (nördlich der Flensburger Förde) zurück, allerdings mit Stadt und Umland Tondern, das vorwiegend deutsch war.

Im *Zweiten Weltkrieg* besetzte die deutsche Wehrmacht im März 1940 im Handstreich die strategisch wichtigsten Hafenplätze Dänemarks, um geplante Landungsversuche der Engländer unmöglich zu machen. Die dänische Regierung floh nicht ins Ausland, auch nicht König *Christian X.* (gest. 1947). So verwaltete sich das Land wie bisher selbst. Die Engländer verübelten diese Handlungsweise der Dänen, weshalb sie auch einen Wahltrick der „Eiderdänen" nach dem Krieg, Südschleswig zu gewinnen, nicht anerkannten: Mit der sogenannten *„Speckwahl"* 1947, welche die dänische Besatzung vorzeitig in Südschleswig ansetzte, versuchte man eine dänische Mehrheit vorzutäuschen. Hunderttausende deutsche ausgehungerte Vertriebene und viele Sozialisten wurden vor der Wahl mit üppigen Lebensmittelpaketen bedacht. Obwohl in ganz Schleswig nur etwa 30000 Dänen über das ganze Land verteilt lebten, wählte fast die halbe Bevölkerung die dänische Partei. Die fast rein deutsche Stadt Flensburg z. B. hatte plötzlich 33 dänische Stadtverordnete und nur 1 (!) deutschen. Bei der nächsten Wahl war es dann wieder umgekehrt.

Grönland, hauptsächlich von Grönländern, d. h. einer aus Eskimos und Weißen gemischten Bevölkerung bewohnt, war seit 1261 norwegische Kolonie. Es verlor Mitte des 15. Jahrhunderts die Verbindung zum Mutterland. Erst nach 1720 faßten die Dänen im Südwesten Grönlands Fuß. Außer den Küstenstreifen war nichts bekannt, man sah im Hinterland nur bis zu 3000 m aufragende Eismassen.

Von 1818 bis 1931 unternahmen nacheinander Engländer, Dänen, Amerikaner, Deutsche, Franzosen, Schweden und Norweger Forschungsreisen durch diese eisige größte Insel der Erde.

1953 wurde *Grönland gleichberechtigter Teil* des Königreichs *Dänemark.*

Die *Färöer-Inseln* (die Schafinseln) zwischen Schottland und Island wurden um 900 von norwegischen Wikingern besiedelt. Durch die Vereinigung Norwegens mit Dänemark 1380 kam die Inselgruppe an Dänemark, wozu sie noch heute gehört.

Das *konstitutionelle Königreich Dänemark* mit 43000 km² etwas größer als die Schweiz, hat heute über fünf Millionen Einwohner, davon 86000 Deutsche. Das Parlament *(Folketing)* bestimmt die Politik. Das fruchtbare Land ist in der Lage, beträchtliche Mengen an landwirtschaftlichen Erzeugnissen (Viehzucht) auszuführen. Eine kleine, leistungsfähige Maschinenindustrie beschränkt sich auf den bäuerlichen Bedarf und den Ernährungssektor, wobei sich ein gutes Exportgeschäft entwickelte. Auch Schiffbau und eine moderne Handelsflotte verbinden Dänemark gewinnbringend mit dem Ausland.

Norwegen zwischen europäischem Festland und Nördlichem Eismeer

1000 v. Chr. war das ganze Land schon lange von den norwegischen Normannen besiedelt. Ursprünglich gab es noch keine Länder Norwegen, Schweden und Dänemark, denn die normannischen Stämme ganz Skandinaviens bildeten mehr oder weniger eine Einheit. Die Seefahrt der norwegischen Normannen war ihr natürliches Betätigungsfeld, und so beteiligten sie sich an den Eroberungsfahrten der südlichen Stämme der Angeln nach England in den Jahren ab 350 n. Chr. Als kühne Seefahrer wurden sie später *„Wikinger"* genannt, die schon zu Karls des Großen Zeiten um 800 die Mündungen der Festlandsströme überfielen.

Wie berichtet, machten sie sich im Gebiet der späteren *französischen Normandie* seßhaft, ließen sich romanisieren und eroberten nach der Schlacht von *Hastings* 1066 das ganze angelsächsische England.

Zwischen 700 und 800 hatten norwegische Wikinger die bereits christliche Insel *Island,* auf der sich irisch-schottische Mönche befanden, erobert und germanisiert – bei gleichzeitiger Annahme des Christentums. Von Island aus wurden Siedlungen in Grönland errichtet, und *Erik der Rote* entdeckte um 1000 den Norden Amerikas. –

Island erlangte in den nächsten Jahrhunderten hohe Blüte in seiner nordisch-germanischen Kultur, vor allem um 1200 mit der Dichtung der „Edda".

Der erste norwegische König war *Harold I. Harfargr* (um 863–933). Er vereinigte mit kriegerischer Gewalt und Diplomatie die meisten Stämme im Gebiet von Norwegen. Wer nicht mitmachen wollte, wurde vertrieben, was notgedrungen zu Wikingerfahrten führte, also zu Raubzügen über See.

König *Olaf der Heilige* (um 995–1030) betrieb rücksichtslos die Christianisierung, die sein Vater 994 eingeführt hatte und wogegen sich das Volk anfangs heftig wehrte. Olaf war keineswegs ein „heiliger" Typ, sondern Gewaltmensch, der aus Gründen der Zweckmäßigkeit das Christentum im Lande ausbreiten half. Manche Könige in Europa, die vom Götterglauben zum Christentum übertraten, wurden von Rom zu Schutzheiligen ihrer Länder erklärt, so auch Olaf.

1261/62 kam es zur Vereinigung Grönlands und Islands mit Norwegen. Wie es dann 1380 für 434 Jahre, also bis 1814 zur Vereinigung mit Dänemark kam und 1397 zur *Kalmarer Union*, die ganz Skandinavien für 126 Jahre zusammenschloß, wurde im gleichen Kapitel bereits unter „Dänemark" beschrieben.

1536 führte Norwegen – gleichzeitig mit Dänemark – die *Reformation* ein. Island folgte 1550.

Wegen des *dänisch-schwedischen Krieges* 1643 bis 1645, den Dänemark/Norwegen verlor, mußte Norwegen das *Jämtland* nördlich Stockholm an Schweden abtreten, ein ausgedehntes Gebirgs- und Waldgebiet, so groß wie ganz Dänemark.

1458, als Schweden Schonen und Halland von Dänemark eroberte, verlor Norwegen auch den Küstenstreifen *Bohus am Kattegat*, wo später die heute zweitgrößte schwedische Hafen- und Industriestadt *Göteborg* entstand.

1814 zwang der schwedische Kronprinz, der adoptierte französische Marschall *Bernadotte*, Dänemark zur Abtretung ganz *Norwegens an Schweden*, zu einer losen Verbindung, die erst 1905 von norwegischer Seite unkriegerisch aufgelöst wurde.

Norwegen behielt mit der Übernahme seine bisherigen Freiheiten. Das neuerrichtete Parlament *(Storting)* gab sich eine eigene Verfassung, die im Kern noch heute gilt. 1821 beschloß man die *Abschaffung des Adels*, allerdings unter Beibehaltung des Königtums, welches in der Praxis auf repräsentative Aufgaben eingeschränkt wurde *(Konstitutionelle Monarchie)*.

Im *Ersten Weltkrieg* bewahrte Norwegen Neutralität, jedoch mit englandfreundlichem Vorzeichen. Das gleiche geschah im *Zweiten Weltkrieg*. Um einer englischen Landung in *Narvik*, dem wichtigen Erzhafen im Norden des Landes, zuvorzukommen, besetzte Anfang April 1940 die deutsche Wehrmacht – gleichzeitig in Dänemark – die wichtigsten Seehäfen. Kämpfe fanden nördlich der Hauptstadt *Oslo* bei *Lillehammer*, und um Narvik bis 8. Juni 1940 statt. König *Hakon VII.* (gest. 1957) und die norwegische Regierung flohen nach London, so daß hier eine deutsche Militärverwaltung nötig wurde.

Die Inselgruppe *Spitzbergen*, etwa 1000 km nördlich des Nordkap, befindet sich im norwegischen Besitz. Ferner hat das Land anerkannte Interessen im *Südpolargebiet*, wo norwegische Forscher wie Roald *Amundsen* (1872–1928) Entdeckungsfahrten durchführten. Amundsen erreichte mit Hundeschlitten im Dezember 1911 als erster den *Südpol*.

Norwegen ist mit 324 200 km^2 fast so groß wie die beiden deutschen Staaten BRD und

DDR zusammen, hat aber heute nur gut vier Millionen Einwohner (gegen 79 Mill. in Restdeutschland). Schiffbau, Schiffahrt und Fischerei sind Norwegens wichtigste Ernährungsquellen. Seine eigene *Handelsflotte* ist die fünftgrößte der Welt. In den 1970er Jahren fand man u. a. auch im norwegischen Hoheitsgebiet der Nordsee reiche *Erdölquellen*, die dem Land bedeutende Einnahmen bringen.

Island am nördlichen Polarkreis etwa dem 67. Längengrad

Islands Geschichte war – wie berichtet – eng an die Norwegens gebunden. Die isländische Sprache ist deshalb der Norwegischen verwandt. Seine kühnen Seefahrer um 1000 sowie bedeutende eigenständige Kultur im 12. Jahrhundert wurden ebenfalls erwähnt.

Nach der Vereinigung Norwegens mit Dänemark 1380 kam auch das seit 1262 norwegische Island unter die dänische Krone. Die Könige in Kopenhagen betrachteten Island als Kolonie und unterwarfen die Inselbewohner harten steuerlichen Abgaben.

Als sich Norwegen 1814 von Dänemark trennte, blieb Island bei Dänemark. Doch strebte die Insel Selbständigkeit an. 1874 gelang es, einen isländischen Landtag mit Verfassung durchzusetzen. 1918 wurde *Island eigenes Königreich*, jedoch in *Personalunion mit dem dänischen Königshaus.*

Im Zweiten Weltkrieg hatten die Amerikaner die Insel besetzt und als Marine- und Flugzeugbasis benutzt. Unter Ausnutzung dieser Besatzung sagte sich Island von Dänemark los. Eine Volksabstimmung ergab eine große Mehrheit für die *Isländische Republik*, die 1944 ausgerufen wurde. Im Parlament *(Althing)* wird die Politik bestimmt. Die internationale Anerkennung erfolgte sofort.

Die Insel hat eine Größe von 103 000 km^2, so groß wie die heutige DDR. Nur etwa 35% sind bewohnbar, alles andere ist unbewachsenes, gebirgiges Basaltgestein mit vielen ruhenden und tätigen Vulkanen und Gipfeln über 2000 m. Die Bevölkerungszahl beträgt nur etwas über 230000, wovon in der Hauptstadt *Reykjavik* über 85000 leben. Häufige Erdbeben und eine große Zahl von *Geysiren* (heiße Quellen) legen Zeugnis von der unruhigen Erdkruste der Insel ab.

Das Klima ist rauh und der Ackerbau karg. Schaf- und Pferdezucht beruhen auf magerem, aber verbreitetem Graswuchs. Wollerzeugnisse, Fischfang und alles, was damit zusammenhängt, sind die einzigen Ausfuhrartikel. Den *isländischen Energiebedarf* der bescheidenen Industrie sowie für die Heizung liefern die Geysire. Das Land lebt in einem befriedigenden Wohlstand.

Schweden, sein Zwischenspiel als Großmacht 1523–1721 und seine weitere Geschichte

Aus den normannischen Hauptstämmen der Gauten, Sveden und Waräger war das Volk der Schweden hervorgegangen. Gegen das Christentum wehrte es sich lange und erbittert. Erst 1164 wurde die Königsstadt *Uppsala* – der altgermanische Mittelpunkt des Götter- und Asenkultes – Sitz eines katholischen Erzbischofs. König *Birger Jarl* gründete die neue Hauptstadt *Stockholm* um 1260. Er war es auch, der die Herrschaft über *Finnland* sicherte, welches bald danach Herzogtum und 1581

Großherzogtum in Schweden wurde. Bis 1808 lebten Schweden und Finnen gemeinsam unter der schwedischen Krone.

Der Hauptfeind war Dänemark, welches die schwedischen Südprovinzen Schonen und Halland beherrschte, die erst 1658 an Schweden kamen. Lang anhaltende Adelskämpfe hatten das Land im Mittelalter so entscheidend geschwächt, daß schließlich 1387 die Schwedenkrone an Königin Margarete von Dänemark (1353–1412) verlorenging. Zehn Jahre später wurde dann Schweden Teil des skandinavischen Großstaates, der *Union von Kalmar* (südschwedische Stadt), welche Dänemark, Norwegen und Schweden mit Finnland unter dem dänischen Königshaus vereinigte.

Schwedens Adel gehörte der Union nur ungern an, verlangte und erhielt Sonderrechte und versuchte immer wieder auszubrechen. 1520 kam es deshalb zum *Stockholmer Blutbad* unter dem Dänenkönig *Christian II.* (gest. 1559), einer Maßnahme, mit der er seine Anerkennung erneut zu erzwingen hoffte.

Doch drei Jahre später zerbrach 1523 nach 126 Jahren die Union von Kalmar endgültig, als nämlich Gustav Wasa in einem Aufstand die Dänen vertrieb und selbst zum schwedischen König *Gustav I. Wasa* (1495–1560), ausgerufen wurde. Norwegen jedoch blieb bis 1814 mit Dänemark verbunden und kam dann an Schweden. Erst 1905 trennte sich Norwegen von Schweden und wurde nach 508 Jahren wieder selbständiger Staat. 1527 richtete Gustav I. in Schweden die evangelisch-lutherische *Reformation* ein. Dänemark und Norwegen folgten im Jahre 1536.

1561 erwarb Schweden *Estland* vom livländischen Zweig des Deutschen Ordensstaates.

König *Gustav II. Adolf* (1594–1632) führte seine Land zur maßgebenden Macht im Ostseeraum, indem er im Krieg mit Rußland (1614–1617) *Karelien und Ingermanland*, im Krieg mit Polen (1621–1629) *Livland* (Ost-Lettland) gewann. Damit hatte er die Beherrschung der baltisch-finnischen Länder rings um den *Finnischen Meerbusen* erreicht.

Sein Kanzler *Oxenstierna* erlangte 16 Jahre nach Gustav Adolfs Tod im Westfälischen Frieden von 1648 auch die Herrschaft über die *Mündungsgebiete der deutschen Ströme*, nämlich Vorpommern mit Stettin an der Oder, die Bucht von Wismar als strategisch wichtigen Hafen und das Herzogtum Bremen/Verden zwischen Elbe und Weser. Auch die wichtigen Ostseeinseln Gotland und Ösel, die bis 1645 dänisch waren, kamen an Schweden. Der *Ostseehandel* wurde von Schweden beherrscht, und damit hatte es die Nachfolge der einst mächtigen Deutschen Hanse übernommen.

Mit Königin *Christine* (1626–1689), der Tochter Gustav Adolfs, die 1654 abdankte, katholisch wurde und nach Rom übersiedelte, war das Haus Wasa nach 130 Jahren erloschen. Ein Vetter aus dem deutschen Hause Pfalz-Zweibrücken trat die Nachfolge als König *Karl X.* (1622–1660) an. Er vertrieb die Dänen aus *Südschweden*, in dessen größter Stadt *Malmö* sein stolzes Reiterstandbild errichtet wurde. Sein Heer überquerte den Sund und belagerte Kopenhagen, dessen Einnahme jedoch mißlang. Nach dem Friedensschluß starb Karl X.

Sein Sohn *Karl XI.* (1655–1697) verlor trotz eines Bündnisses mit Frankreich gegen den Großen Kurfürsten 1675 die Schlacht bei *Fehrbellin*, ohne jedoch Vorpommern aufgeben zu müssen. Doch konnte er die Dänen beim Versuch der Rückeroberung Südschwedens vertreiben. Den schwedischen Adel zwang er zum Verzicht auf dessen alte Vorrechte.

Karl XII. (1682–1718), Sohn und Nachfolger, war eine außerordentliche, abenteuerliche Persönlichkeit, wie sie manchen Völkern zu scheinbarem Glück, doch schließlichem Nachteil beschert wird. Mit 15 Jahren König geworden, geriet er schon drei Jahre später in den 21 Jahre dauernden *Nordischen Krieg* (1700–1721). Rußland unter Zar *Peter dem Großen*, Sachsen/Polen unter *August dem Starken* und Dänemark unter *Friedrich IV.* hatten gegen Schwedens Vormachtstellung im Ostseeraum ein Bündnis geschlossen.

Der junge Karl XII. ging im Bunde mit Frankreich kühn gegen diese schwere Bedrohung an und besiegte 1700 die Russen in der Schlacht bei *Narwa* zwischen Dorpat und Petersburg. 1703 segelte er erneut mit einer Armee über die Ostsee, landete in der Nähe von Danzig und drang nach Süden vor, ohne wesentlichen Widerstand zu finden. Bei Warschau verjagte er 1704 August den Starken und setzte als neuen König von Polen *Stanislaus* (1677–1766) ein. Das war jener Mann, der später vom deutschen Kaiser *Karl VI.* in Wien mit dem Herzogtum Lothringen entschädigt wurde, das nach Stanislaus' Tod an Frankreich kam. Die Gegenleistung hatte ja Frankreichs Anerkennung von Karls einziger Tochter Maria Theresia als deutsche Kaiserin sein sollen.

Weil August der Starke den Verlust der polnischen Krone nicht hinnahm, wandte sich Karl XII. nach Kursachsen und zwang 1706 August zum Verzicht auf Polen.

Nun zog Karl XII. ostwärts durch Polen nach Rußland, um Zar Peter auszuschalten. Bei *Poltawa* in der Ukraine kam es 1709 zur entscheidenden Schlacht, die mit der Vernichtung des schwedischen Heeres endete. August der Starke wurde 1709 wieder König von Polen. Karl XII. konnte fliehen und fand Zuflucht in der *Türkei*, wo er volle fünf Jahre blieb, ohne in Schweden abgesetzt zu werden.

1714 kehrte er auf Umwegen nach Stockholm zurück und mußte Krieg gegen Dänemark führen. Bei der Belagerung der südnorwegischen Festung *Frederikshold* nahe der schwedischen Grenze fiel König Karl XII. im Kampf, 1718 erst 36 Jahre alt.

Landgraf *Friedrich von Hessen* (1676–1751) heiratete Karls XII. einzige Schwester und wurde 1720 vom schwedischen Adel zum König *Friedrich I.* gewählt, wofür er der Adelspartei alle Macht überlassen mußte. Des Königs Hauptaufgabe bestand nun darin, mit den Festlandsmächten zu einem Frieden zu kommen. Dieser beendete 1720/21 *Schwedens Großmachtstellung* im Ostseeraum ein für allemal, denn Schweden verlor Karelien, Ingermannland, Estland und Livland an die Russen und das östliche Vorpommern mit Stettin an Preußen. Fünf Jahre zuvor war Bremen/Verden an das Kurfürstentum Hannover abgetreten worden. Das westliche Vorpommern mit der Insel Rügen blieb der einzige Festlandsstützpunkt, den Schweden noch behielt.

Erst 1772 gelang es dem König *Gustav III.* (1746–1792) aus dem Hause Holstein-Gottorp noch einmal, das Königtum zu stärken und absolutistisch zu regieren. Er versuchte 1788 bis 1790 durch einen Krieg gegen Rußland zur Zeit *Katharinas der Großen* Schwedens politische Nebenrolle wieder aufzuwerten, allerdings erfolglos. Seine Untertanen zeigten an solchen Bestrebungen kein Interesse. So fiel Gustav III. 1792 dem Mordanschlag eines entlassenen Offiziers zum Opfer, der ihn in Stockholm auf einem Maskenball erschoß. *(Verdis Oper „Ein Maskenball"* hatte diesen Mord zum Thema.) Übrigens war die Mutter Gustav III., *Luise Ulrike* (1720–1782), die Schwester Friedrichs des Großen. Durch Heirat war sie schwedische Königin geworden.

Der Adel in Schweden hegte viele Sympatien für Kaiser *Napoleon.* Doch der Nachfolger und Sohn von Gustav III., *Gustav IV.* (gest. 1837) weigerte sich, Frankreichs *Kontinentalsperre* (seit 1806) gegen England mitzumachen. Viele Staaten, auch Rußland, hatte Napoleon zur Beteiligung an der Handelssperre gewonnen. So kam es 1809 zum Krieg zwischen Schweden und Rußland, wobei ganz *Finnland* für Schweden *an die Russen verlorenging.*

Daraufhin brach in Stockholm eine Revolte aus, und der König wurde 1809 abgesetzt. Ein Oheim, *Karl XIII.* (gest. 1818), wurde Nachfolger. Napoleons Marschall Jean Baptiste *Bernadotte* (1764–1844) wurde von Karl XIII. adoptiert, womit er die Kronprinzenwürde erlangte. Das alles geschah unter der Regie Napoleons. Als dessen Stern zu sinken begann, beteiligte sich Bernadotte 1813 am Befreiungskrieg gegen Frankreich. 1814 erreichte er von Dänemark die Abtretung *Norwegens an Schweden,* womit ein Ausgleich gegen den Verlust Finnlands erfolgte.

Im Zuge der damaligen Umwälzungen in Europa hatte Schweden die deutsche Ostseebucht von Wismar 1803 an Mecklenburg und schließlich den Rest von Vorpommern 1815 an Preußen abtreten müssen.

Obwohl einstiger Günstling des gestürzten Napoleon, überlebte Bernadotte die allgemeine „Säuberungsaktion“ in Europa und wurde 1818 sogar zum König von Schweden ernannt. Er wählte den Namen *Karl XIV.* Das Haus Bernadotte regiert in Schweden noch heute.

Der Staat führte 1866 den Parlamentarismus mit einem Zweikammersystem ein. Der „Reichstag“ *(Riksdagen)* in Stockholm wurde zum Versammlungsort der gewählten Vertreter der Parteien. Ein *konstitutionelles Königtum* wurde beibehalten.

Im Jahre 1905 verkündete das „Storting“ in Oslo die *Loslösung Norwegens von Schweden,* die dann tatsächlich in friedlicher Form durchgeführt und anerkannt wurde. Nebenländer oder Außenbesitz hatte Schweden nun nicht mehr.

Schweden ist mit 449000 km² außer der UdSSR nach Frankreich (542000 km²) das zweitgrößte Land Europas, wird aber nur von 8,4 Millionen Menschen bewohnt. Eine breitgestreute Kleinindustrie, besonders Elektrogeräte, Ausfuhr von hochwertigen Eisenerzen aus dem Gebiet von *Gällivare und Kiruna* in Nordschweden sowie Holzwaren und Papiermasse, ferner auch Schiffbau und Seehandel sichern dem Lande einen bemerkenswerten Wohlstand.

Großbritannien, der Inselstaat mit England, Wales, Schottland und Irland

Im 7. Jahrhundert v. Chr. kamen *keltische* Völker über die Nordsee und vermischten sich mit den ansässigen Megalithstämmen. Daraus entwickelte sich eine Jahrhunderte dauernde Adels- und *Druidenpriester-Herrschaft.*

Nachdem Julius Cäsar die Gallier unterworfen hatte, setzte er 55 v. Chr. über den Ärmelkanal, und es gab erste Zusammenstöße mit den *keltischen Briten.* Ab 43 n. Chr. unterwarfen die *Römer* England sowie Wales und gliederten diese als Provinz *Britannia* ihrem Weltreich an.

Kaiser Hadrian ließ als Nordgrenze bis 122 n. Chr. den *Hadrianswall* (Piktenwall) zum Schutz gegen die keltischen Skoten und Pikten anlegen – zur gleichen Zeit, als er auch den Limes im Südwesten Germaniens vollendete.

Als das *Christentum* 376 zur *Staatsreligion* des Römischen Reiches erklärt wurde, galt das auch für die Provinz Britannia.

Doch 404 zogen die letzten Römer ab, und bis 450 beherrschten die germanischen, noch ungetauften *Angelsachsen* den größten Teil der Insel. Damit fand die Christianisierung vorerst ihr Ende. Erst um 600 erfolgte ihre Wiedereinführung durch Benediktinermönche.

Es entstanden nun 350 Jahre lang mehrere rivalisierende angelsächsische Herrschaftsbereiche in England wie Wessex, Sussex, Mercia u. a., bis 802 der Sachse *Egbert* (gest. 839) ganz England (ohne Wales und Schottland) zum Königreich vereinigte. Sitten und soziale Einrichtungen waren germanisch wie auf dem Festland. Das sächsische Königshaus regierte bis 1066.

König *Alfred der Große* (849–901) wehrte erfolgreich um 875 erste dänische Angriffe ab. Doch 1016 besiegte der Dänenkönig *Knut der Große* die Sachsen und machte sich auch zum englischen König. Nach Knuts Tod 1035 zerfiel sein Reich, und das sächsische Königshaus kam mit *Eduard dem Bekenner* (1002–1066) wieder zur Macht.

Sein Nachfolger König *Harald II.* jedoch wurde Monate nach seinem Amtsantritt im Oktober 1066 vom Normannenherzog Wilhelm (um 1027–1087) aus der Normandie in der Schlacht bei *Hastings* (westlich Dover) besiegt. *Wilhelm der Eroberer* wurde König von England.

Die Normannen herrschten bis 1154 und schufen eine straffe Zentralgewalt. Sie beeinflußten bleibend die Kultur in England und veränderten die Sprache durch viele französische Worte und Begriffe.

Das normannische Königsgeschlecht war ohne männliche Erben, als die Erbtochter Mathilde den westfranzösischen Grafen *Gottfried von Anjou* in Angers an der unteren Loire heiratete. Beider Sohn bestieg beim Tode seines normannischen Großvaters Stephan von Blois im Jahre 1154 unter dem Namen *Heinrich II. von Anjou-Plantagenet* (1133–1189) den Thron Englands. (Planta genista = Ginsterbusch; er war der Helmschmuck der Grafen von Anjou.) Durch Erbschaft und Heirat gewann Heinrich II. außerdem zusammen mit der *Normandie* die *westliche Hälfte von Frankreich.*

Nicht unter seiner Herrschaft standen auf der Insel das Fürstentum *Wales* im Westen sowie das Königreich *Schottland* im Norden. Doch über letzteres setzte er die Lehenshoheit durch. 1172 eroberte er einen Teil Irlands. Sein Machtzentrum war die Stadt *London.*

Wegen anhaltenden Streites mit dem Papsttum setzte er schließlich 1162 seinen Freund und Kanzler Thomas *Becket* (1118–1170) als neuen *Erzbischof von Canterbury* ein. Doch als dieser dann zur Papstpartei übertrat, ermordeten ihn im Dom Anhänger des Königs. Dies ereignete sich zur Zeit des Papstes *Alexander III.* und seiner Gegenpäpste, als im Deutschen Reich Kaiser *Friedrich I. Barbarossa* regierte.

Nachfolger Heinrichs II. war sein Sohn *Richard I. Löwenherz* (1157–1199). Er nahm am dritten Kreuzzug teil, wurde auf der Rückkehr in Österreich wegen übler Machenschaften gefangengenommen und erst gegen Lösegeld freigelassen.

Endlich heimgekehrt, gelang es ihm bald, die Folgen der Mißwirtschaft seines Bruders *Johann* zu beseitigen. Doch starb Richard I. schon mit 42 Jahren, und der Bruder – nun rechtmäßiger König – zerstritt sich mit Städten, Adel und Kirche. Der Großteil des französischen Besitzes ging verloren.

Schließlich zwangen ihn die Stände 1215, die sogenannte *„Magna Charta"* anzuerkennen, ein umfassendes Gesetz, welches auf alter angelsächsischer Rechtsauffassung beruhte. Es schränkte die Königsgewalt ein und bestätigte den Anspruch auf Sicherung der persönlichen Freiheit und des Besitzes.

Dieses Gesetz wurde zur Grundlage des sich später entwickelnden englischen Parlamentarismus. *Simon von Montfort* rief *1265 das erste Parlament* aus Vertretern von Städten und niederem Adel zusammen, ohne daß es allerdings vom König und Hochadel anerkannt worden wäre.

König *Eduard I.* (1272–1307) vergrößerte England durch Unterwerfung von Wales (1284) und Südschottland.

König *Philipp VI.* von Frankreich (1293–1350) versuchte den Engländern ihre immer noch beträchtlichen französischen Besitzungen streitig zu machen, was zum sog. *„100jährigen Krieg"* (1338–1453) führte.

Nach wechselndem Kriegsglück und langen Unterbrechungen mußten schließlich die Engländer durch das Eingreifen des Bauernmädchens *Jeanne d'Arc* (1412–1431) die entscheidende Niederlage in der Schlacht von *Orleans* 1429 hinnehmen.

Thronstreitigkeiten hatten bisher verhindert, daß der rechtmäßige Anwärter Karl von Valois zum französischen König ausgerufen worden war. Die Jungfrau, durch Gesichte und Träume – wohl auch Liebe – getrieben, sah sich berufen, für den jungen, erst 26jährigen Karl einzutreten. Nach dem Sieg führte sie ihn nach Reims, wo er als *Karl VII.* gekrönt wurde.

Ein französischer Ritter und Gegner Karls verriet Jeanne d'Arc an die Engländer, die das neunzehnjährige Mädchen 1431 auf dem Scheiterhaufen in Rouen als Hexe verbrannten. (Schauspiel von Friedrich Schiller.)

Karl VII. der Siegreiche (1403–1461) zwang nun in weiteren Kämpfen den englischen König *Heinrich VI.* (1421–1471) zur Preisgabe seiner französischen Besitzungen, was 1453 zum Ende des „100jährigen Krieges" führte. Nur die Stadt *Calais*, an der schmalsten Stelle des Ärmelkanals, blieb noch bis 1558 in englischer Hand.

Während des „100jährigen Krieges" veränderte sich das soziale Gefüge Englands: Wohlstand des Bürgertums und des hohen Adels, Verarmung der Bauern und der Massen in den Städten waren eingetreten, weil ein ordnendes Zunftwesen etwa nach dem Muster im Deutschen Reich nicht bestand. Es kam vielerorts zu Revolten und 1381 zu einem großen Bauernaufstand, der blutig niedergeschlagen wurde.

Ab 1400 befehdeten sich zwei Linien des Hauses Anjou-Plantagenet, was von 1455 bis 1485 zu den *„Rosenkriegen"* führte. Haus *Lancaster* führte eine rote Rose im Wappen, Haus *York* eine weiße.

Zunächst behauptete sich 60 Jahre lang Lancaster und dann für 25 Jahre York. *Richard III.* (1452–1485) ermordete die zwei Söhne seines Bruders im Kindesalter, um selbst König zu werden. Er regierte zwei Jahre als Gewaltherrscher, bis sich der Adel empörte. In der Schlacht von *Bosworth* kam er – 33 Jahre alt – ums Leben. (Schauspiel von Shakespeare).

Der Sieger und neue König seit 1485 hieß *Heinrich VII.* aus dem Hause *Tudor*, welches bis 1603 die Könige bzw. Königinnen stellte. Er regierte mit Unterstützung des niederen Adels und des Bürgertums, vermied auswärtige Kriege und galt deshalb bald als der „reichste Fürst der Christenheit". Dadurch machte er sich vom langsam einflußreicher gewordenen Parlament unabhängig.

Sein Sohn *Heinrich VIII.* (1491–1547) – ein echter Renaissancefürst – war prachtliebend und gewalttätig. Gegen König *Franz I.* von Frankreich zog er als Verbündeter des deutschen Kaisers *Karl V.* zu Felde. Er regierte von 1509 bis 1547.

Seine Gemahlin schenkte ihm keinen Sohn, weshalb er sich scheiden lassen wollte, was der Papst aber nicht bewilligte. Daraufhin brach er mit der katholischen Kirche, gründete die protestantische, doch nicht evangelische *„Anglikanische Staatskirche"* und ließ alle Klöster einziehen. Die *„Suprematsakte"* von 1534 bestimmte den englischen König als Kirchenoberhaupt. Weil sein Staatskanzler Thomas *More* gegen diese Vorgänge auftrat, wurde er enthauptet. Heinrich war sechs Mal verheiratet. Zwei seiner Frauen ließ er wegen angeblicher Untreue hinrichten.

Sein Sohn *Eduard VI.* (1537–1533) kam mit zehn Jahren auf den Thron. Schwach an Gesundheit, starb er bereits mit 16 Jahren.

Heinrichs älteste Tochter wurde nun 1533 Königin *Maria I.* (1516–1558). Unter dem Einfluß ihres Gemahls, des spanischen Königs *Philipp II.* (seit 1554), gedachte sie die Abkehr von Rom rückgängig zu machen. Hunderte Protestanten wurden verfolgt und verbrannt, was ihr den Namen *„die Blutige"* und „die Katholische" einbrachte. Doch starb sie nach fünfjähriger Regierungszeit.

Nun folgte 1558 Marias Halbschwester *Elisabeth I.* (1533–1603). Sie war die Tochter Heinrichs und der schönen *Anna Boleyn,* die enthauptet worden war. Elisabeth führte die Reformation sofort wieder ein und konsequent durch. An den umstürzlerischen Katholiken ließ sie schwere Rache üben.

Vor Elisabeths Thronbesteigung hatte die katholische Königin von Schottland *Maria Stuart* (1542–1587) ebenfalls Ansprüche auf England erhoben. Wegen konfessioneller, politischer und familiärer skandalöser Verwicklungen mußte sie aus Schottland fliehen und suchte Schutz ausgerechnet bei ihrer Rivalin Elisabeth in London. Dort wurde sie 19 Jahre lang unter Bewachung gehalten und schließlich wegen undurchsichtiger Machenschaften 1587 hingerichtet. (Schauspiel von Friedrich Schiller.)

Elisabeth und ihr Kanzler William *Cecil* (Lord Burleigh) (1520–1598) betrieben Überseepolitik und stellten zahlreiche Freibeuter in den Dienst des Staates, wobei ganze Flotten operierten: So segelte Walter *Raleigh* nach Nordamerika und erklärte 1584 die Ostküste als englischen Besitz (Virginia). Francis *Drake* verübte während seiner Weltumseglung (der zweiten überhaupt) Seeräuberei mit Vorrang gegen spanische Schiffe. Weitere Kaperfahrten wurden regelmäßig im Atlantik bis in die Karibik organisiert.

Das bedeutete Krieg mit Spanien: König Philipp II. stellte nun eine riesige Flotte auf, *die Armada.* Er wollte Englands Seemacht ein für allemal brechen. Elisabeth verbündete sich mit den nicht mehr in spanischem Besitz befindlichen, aufständischen Niederlanden.

Die Armada (150 Schiffe mit 30000 Soldaten) ging in Stürmen wegen schlechter Strategie und englischer Gegenangriffe 1588 verloren. England beherrschte somit die Seewege über den Atlantik.

Elisabeth trieb nun auch die *Eroberung ganz Irlands* voran, die zwar gelang, aber einen dauernden Unruheherd schuf. 1603 starb die Königin im Alter von 70 Jahren.

Nachfolger wurde der Sohn der Maria Stuart, welcher bereits König von Schottland war. *Jakob I.* (1566–1625) war der erste Regent aus dem Hause *Stuart,* welches bis 1688 regierte. Jakob I. war Herr über England, Schottland, Wales und ganz Irland. Seit 1603 sprach man deshalb von *„Großbritannien"*.

Das *Parlament,* welches nun schon seit 340 Jahren bestand, war langsam unter ständigem Streit mit den Königen zu hohem Einfluß gekommen.

Doch Jakob I. und Sohn *Karl I.* (1600–1649) schalteten das Parlament in London 1629 aus, aber die schottischen Presbyterianer (Calvinisten) verlangten vom König 1640 die Wiedereinberufung. Der nun ausbrechende Bürgerkrieg zwang Karl I. zur Flucht. Er geriet dabei in schottisch-presbyterianische Gefangenschaft und wurde dem Londoner Parlament ausgeliefert.

Dort gab der Landedelmann und Staatsmann Oliver *Cromwell* (1599–1658) den Ton an, der Führer des streng puritanisch ausgerichteten Parlaments-Reiterheeres, der sogenannten *„Eisenseiten"* (sie hießen so wegen des Harnischs, den sie im Kampf trugen).

Cromwell geriet jedoch in Gegensatz zur presbyterianischen Mehrheit des Parlaments. Für ihn waren beide Richtungen protestantisch, und er verlangte gegenseitige Duldung, jedoch ohne Erfolg. Deshalb vertrieb er eines Tages im Jahre 1648 die *Presbyterianer* gewaltsam aus dem Parlament und regierte nur noch mit den *Anglikanern.*

Die presbyterianischen Schotten verbündeten sich nun mit König Karl. Es begann ein erbitterter Aufstand, dem 1649 auch das katholische Irland beitrat. Daraufhin ließ Cromwell 1649 König Karl I. hinrichten. Den irischen Aufstand schlugen seine „Eisenseiten" schnell und blutig nieder, den englischen erst nach hartem Kampf 1651.

Damit war *Großbritannien zur Republik unter Cromwells* Leitung geworden (1649–1660). Er führte den Titel *„Protektor"*. Zwar trug ihm das Parlament 1657 den Königstitel an, doch lehnte er ihn ab. Er wußte, daß er wegen seiner Grausamkeiten im Bürgerkrieg verhaßt war und im Volk keinen Rückhalt hatte.

Große Erfolge hatte Cromwell in der auswärtigen Politik. Unter ihm war *Großbritannien* gegen die Niederlande und Spanien zur *ersten Seehandelsmacht* emporgestiegen. Er erließ 1651 die *„Navigationsakte"*, welche bestimmte, daß die Einfuhr nach England nur auf englischen Schiffen oder solchen des Ursprungslandes der Waren erfolgen durfte. Damit war der Zwischenhandel ausgeschaltet, was besonders die Niederländer hart traf. Das Gesetz bewährte sich für England hervorragend, so daß es in den nächsten 20 Jahren noch mehrmals verschärft wurde. Es blieb bis 1848 in Kraft, als sich schließlich das Freihandelsprinzip durchsetzte. Gegen die Niederlande führte Cromwell 1652 bis 1654 und gegen Spanien 1655 erfolgreich Seekriege. Dabei nahm er den Spaniern die Insel Jamaika weg.

Nach Cromwells Tod 1658 wurde sein Sohn *Richard Cromwell* (1626–1712) Nachfolger als „Protektor". Doch war dieser zu unfähig, um seines Vaters Werk fortzusetzen, und dankte schon nach einem Jahr ab.

1660 wurde das Königtum unter *Karl II.* (1630–1685), dem Sohn des hingerichteten Karl I., wiederhergestellt. Damit begann der alte Streit um die katholische Frage erneut, denn Karl II. verdankte seine Krone katholischen Anhängern. Karl selbst war zwar nicht katholisch, neigte aber dazu. Karl verbündete sich mit *Ludwig XIV.* von Frankreich und führte 1665 bis 1667 einen Kolonialkrieg gegen Holland, wobei seine Flotte Stadt und Kolonie Neu-Amsterdam eroberte. Seitdem hieß die Stadt *New York.* Damit beherrschte England die lange, zusammenhängende *nordamerikanische Ostküste* von Florida (ohne dieses) über Virginia, New York bis Neu-England mit weitem Hinterland.

Wegen seiner katholikenfreundlichen Innenpolitik geriet Karl II. in heftigen Streit mit dem Parlament, welches 1673 die *„Testakte"* erließ, ein Gesetz, das alle Katholiken von Staatsämtern ausschloß. In dieser Zeit entstanden auch die beiden parlamentarischen Parteien der *Tories* und der *Whigs.* Die Tories traten für eine strengrechtliche Thronerbfolge ein, selbst wenn der Monarch Katholik war. Die Whigs waren in jedem Fall gegen einen katholischen König. Damals war das englische *Parlament rein aristokratisch,* also adelig.

Karl II. starb 1680 infolge lasterhaften Lebenswandels. Der Bruder, *Jakob II.,* führte die Innenpolitik weiter und trat schließlich zum Katholizismus über. Damit setzte er sich über die „Testakte" von 1673 hinweg und regierte willkürlich über die Mehrheit des Parlaments hinweg.

Dies führte 1688 zur Herbeirufung des protestantischen Erbstatthalters der Niederlande, *Wilhelms III. von Oranien,* der seinen Schwiegervater Jakob II. vertrieb und selbst König von England wurde. Er regierte zusammen mit seiner englischen Gemahlin, der Königin Maria II. (gest. 1694) in Personalunion gleichzeitig in den Niederlanden.

Parlament und Krone regelten nun mit der *„Bill of rights"* von 1689 einer Verfassung, die Rechte und Pflichten der Königsgewalt festlegte. Gleichzeitig wurde in der *„Toleranzakte"* auch allen protestantischen Gruppen außerhalb der anglikanischen Staatskirche religiöse Freiheit zuerkannt.

Jakob II. versuchte zwar mit französischer Hilfe nochmals seine Krone zurückzugewinnen und sammelte in Südirland ein irisch-französisches Heer. Doch Wilhelm III. siegte 1690 am Fluß *Boyne.* Jakob floh erneut nach Frankreich und trat von der politischen Bühne ab. Noch vor Wilhelms III. Tod erließ das Parlament zur Sicherung der protestantischen Thronfolge die *„Act of Settlement"* von 1701.

Wilhelms III. Gemahlin Maria war schon 1694 gestorben. Ihre jüngere Schwester *Anna* (1665–1714) wurde nach Wilhelms III. Tod 1702 bis 1714 letzte Königin von Großbritannien aus dem Hause Stuart.

Während sich im England des 17. Jahrhunderts dies alles zutrug, tobte im Deutschen Reich der *Dreißigjährige Krieg,* und bald danach führte Frankreichs König *Ludwig XIV. seine Raubkriege* gegen die Niederlande und das Reich.

Englands und der Niederlande König Wilhelm III. hatte sich mit dem Reich gegen Ludwig XV. verbündet. 1701 brach auch der Erbfolgekrieg um die spanischen Besitzungen in Europa aus.

Der deutsche Reichsmarschall *Prinz Eugen* und der englische Feldherr und Staatsmann Herzog von *Marlborough* besiegten die Franzosen 1704 bei *Donauwörth* in Bayern, 1706 südlich *Brüssel* und 1709 entscheidend in den Niederlanden. Nun wäre Ludwig gezwungen gewesen, alle eroberten Gebiete zurückzugeben, wenn nicht Marlborough 1710 vom Londoner Parlament abberufen und gestürzt worden wäre. Eine Mehrheit, die sich *„Friedenspartei"* nannte, wünschte eine weitere Schwächung Frankreichs genausowenig wie eine Stärkung des Deutschen Reiches. Im *Frieden von Utrecht* 1713 durfte deshalb Frankreich fast seinen ganzen Raub behalten, vor allem das Elsaß. Seitdem betrieb Großbritannien die sog. *„Gleichgewichtspolitik".*

Spanien bedeutete für England keinen gefährlichen Gegner mehr. Der Felsen von *Gibraltar* am Eingang zum Mittelmeer blieb seit 1704 unangefochten englischer Stützpunkt, seit 1708 auch die spanische Insel *Menorca.* England beherrschte damit das westliche Mittelmeer.

Großbritannien sah sich nun als erste Seemacht und verstärkte systematisch seine Kolonialpolitik. Deshalb plante es mit Hilfe der neuen „Gleichgewichtspolitik", keine der Festlandsmächte zu überragender Stärke aufsteigen zu lassen.

1714 starb Königin Anna Stuart. Entsprechend dem „Act of Settlement" durfte nur ein Protestant König werden. Erbrechte besaß der welfische *Kurfürst von Hannover*, und so kam dieser als *Georg I.* auf den englischen Thron, wobei er gleichzeitig Kurfürst von Hannover blieb. Er war dem Parlament ein angenehmer König, denn er befand sich meistens in Deutschland und überließ das Regieren den Whigs, die gerade die Mehrheit im Parlemant bildeten.

Für England herrschte jahrzehntelang Frieden, doch als das europäische Bündnis gegen *Friedrich den Großen* zustande kam, trat es im *Siebenjährigen Krieg* (1756–1763) an Preußens Seite, denn in England ging es um mehr: Sein leitender Staatsmann war der *ältere William Pitt* (1708–1778). Er unterstützte Friedrich mit Hilfsgeldern, während er die französische Kolonialmacht in Nordamerika und Ostindien zerstörte. England gewann dadurch *Kanada* und die Vorherrschaft in *Indien.* Die schon 1600 gegründete *„Ostindische Kompanie"* wurde mit staatlichen Machtrechten ausgestattet und erreichte damit hochpolitische Bedeutung. Der Widerstand der indischen Hauptgegner, der *Sultane von Mysore* (im Süden Indiens) und von *Bengalen* (im Osten) sowie der *Maharadschas* in Mittelindien wurde erst in Jahrzehnten (bis etwa 1800) mit grausamsten Methoden gebrochen.

Auf Grund der Forschungsfahrten des englischen Seeoffiziers James *Cook* kam 1770 Australien in den Besitz Großbritanniens.

Einen schweren Schlag erlitt die englische Kolonialpolitik durch den *Unabhängigkeitskrieg* der nordamerikanischen Besitzungen: König *Georg III.* (1738–1820) verursachte durch unkluge Steuerpolitik 1775 den Aufstand der reichen Überseefarmer. Nach langem Kampf wurde 1789 George *Washington* (1732–1799) erster Präsident der Vereinigten Staaten von Nordamerika *(USA).*

Doch der *jüngere William Pitt* (1759–1806) machte geschickt das Beste aus der Niederlage, indem er ein freundschaftliches Verhältnis zu den USA herstellte, das fast ungetrübt über 200 Jahre bis heute erhalten blieb.

Während der Französischen Revolution flüchteten Tausende von Adeligen nach England, und William Pitt trat 1793 dem militärischen Festlandsbündnis gegen *Napoleon I.* bei. Nach der Vernichtung der französischen Kriegsflotten durch Admiral *Nelson* (1758–1805) im Jahre 1798 bei *Abukir* vor Ägypten und 1805 bei *Trafalgar* vor Südspanien verhängte Napoleon I. über England die sog. *Kontinentalsperre:* Er zwang die europäischen Staaten, den Handel mit England einzustellen, und hoffte, den Inselstaat so zum Frieden zu zwingen. Als Rußland nicht mehr mitmachte, kam es zum *Rußlandfeldzug 1812,* der das Ende Napoleons einleitete.

Am *Wiener Kongreß* 1814–15 war Großbritannien durch den Feldherrn Herzog von *Wellington* (1769–1852) vertreten. Als dieser dann zusammen mit Feldmarschall *Blücher* bei *Belle Alliance (Waterloo)* in Belgien den von Elba zurückgekehrten Napoleon endgültig besiegte, floh Napoleon nach Westfrankreich und kam in englische Gefangenschaft. Die Briten brachten ihn auf ihre Insel *St. Helena* im Südatlantik, wo er 1821 starb.

Als die drei Monarchen von Österreich, Rußland und Preußen nach 1815 die *„Heilige Allianz"* ausriefen, stand England vorerst abseits. Doch traten später fast alle europäischen Staaten bei. Der Bund beschwor Christentum, Menschenliebe, Recht und Frieden. Man kann ihn als eine Art Vorläufer des Völkerbundes nach dem Ersten Weltkrieg und der UNO nach dem Zweiten Weltkrieg sehen. Doch schon 1822 zerbrach die „Heilige Allianz" am Streit zwischen Rußland und Österreich.

Das aufkommende *Industriezeitalter* hatte in England besonders schwere soziale Mißstände mit Kinderarbeit und Hungerlöhnen zur Folge. Auch die unaufhörlichen *Kolonialkriege* verursachten dauernde *Wirtschaftskrisen.* All das hatte schon 1805 zu einem *Aufstand in Irland* geführt, der zwar niedergeworfen wurde, aber dort niemals echte Befriedigung aufkommen ließ.

Im Parlament saßen nur Adelige, die bedenkenlos ihre Vorteile auf Kosten des Volkes wahrten. Es kam zu *Arbeiteraufständen,* die mit Hilfe der sog. *„Knebelgesetze"* gewaltsam aufgelöst wurden. Die Auswanderung nach Kanada nahm bisher noch nicht gekannte Ausmaße an. 1824 bildeten sich erste *Gewerkschaften,* und auch die liberale Bewegung gewann immer mehr an Boden.

Schließlich setzte der einsichtige Tory-Politiker Sir Robert *Peel* (1788–1850) 1832 eine *Parlamentsreform* durch, wobei die aristokratischen Vorrechte zugunsten der Stadt- und Landbevölkerung beseitigt wurden. Aus den „Tories" wurden die *Konservativen* und aus den „Whigs" entstand bald die *Liberale Partei.* Als erstes sorgte man – spät, aber doch – durch Gesetze für menschlichere Arbeitsbedingungen in den Fabriken.

Königin *Viktoria* (1819–1901) kam 1837 als letzte aus dem Hause Hannover auf den englischen Thron. Sie heiratete 1840 den deutschen Prinzen *Albert von Sachsen-Coburg-Gotha* (1819–1861). Diese sehr glückliche Ehe fand durch den frühen Tod Alberts schon 1861 ihr Ende. Viktoria hatte zum Deutschen Reich zeitlebens ein gutes Verhältnis, und weil sie in England geachtet und volkstümlich war, blieb dieses Verhalten nicht ohne Einfluß auf die Politik.

Zu ihren Lebzeiten vollzog sich die Neugründung des Deutschen Reiches durch *Bismarck.* Ihre älteste *Tochter* – ebenfalls *Viktoria* mit Namen (1840–1901) – wurde 1858 die Gemahlin des deutschen Kronprinzen, des späteren Kaisers *Friedrich III.* Ihrer beider Sohn war der letzte deutsche Kaiser *Wilhelm II.*

Das englische Kolonialreich nahm inzwischen Ausmaße an, wie sie bisher noch kein Weltreich erreicht hatte. In früheren Kapiteln wurde diese Entwicklung beschrieben.

Nach Königin Viktorias Tod liefen die Beziehungen zwischen Großbritannien und dem Deutschen Reich mit Riesenschritten auf den Ersten Weltkrieg zu. Das politische *„Gleichgewicht"* auf dem Festland und das wirtschaftliche in ganz Europa war infolge der industriellen Fortschritte Deutschlands nach englischer Ansicht *gestört.*

Das *englische Kolonialreich* hatte sich zwar nach dem Ersten Weltkrieg nochmals bis auf *27% der Erde* vergrößert, weil es die meisten deutschen Kolonien gewonnen hatte, aber im Inneren *lockerte sich sein Zusammenhalt:* Irland (außer Nordirland) sagte sich 1921 entgültig los, Indien und Ägypten verlangten Selbständigkeit. Die Dominions erhielten 1926/31 gleiche Rechte wie das Mutterland, und das „Empire" mußte in einen Staatenbund umgewandelt werden, das *British Commonwealth of Nations.* Macht und Finanzen Großbritanniens waren nicht mehr in der Lage, das Weltreich zusammenzuhalten.

Deutschland hatte sich im Dritten Reich wieder zur *führenden Macht des Festlandes* erhoben und das *„Großdeutsche Reich"* errichtet.

Man kann die *englische Politik,* die mit zum *Zweiten Weltkrieg* führte, als *„Flucht* *nach vorn"* sehen, um aus ihren Schwierigkeiten außen und innen herauszukommen. Doch die USA verlangte für ihr Eingreifen gegen das Deutsche Reich 1941 von Churchill die Anerkennung der *„Atlantik-Charta"*, was die Auflösung des englischen Weltreiches bedeutete. Damit gehörte England schon mitten im Krieg zu den großen Verlierern, wie alle westeuropäischen Staaten.

Nach 1945 erfolgte der Reihe nach die Ablösung der Kolonien, obwohl sich Großbritannien trotz „Atlantik-Charta" anfangs heftig dagegen sträubte. Das *Commonwealth of Nations* besteht, nach zahlreichen Austritten, zwar noch heute, aber nur als eine Wirtschaftsvereinigung, die an Weltbedeutung weit hinter der „EG" steht. Den Namensteil „British" hat es verloren.

Der *Falklandkrieg* im Südatlantik mit Argentinien 1982 wirkte wie ein letztes Aufbäumen gegen den unabänderlichen Lauf der Entwicklung. Er war ein Krieg um eine fast unbewohnte, arme Inselgruppe (12000 km² mit nur 1800 Bewohnern, die von Schafzucht leben).

Den äußeren Wandlungen entsprachen die inneren. 1906 war die *Labour-Party* (= Arbeiterpartei) gegründet worden, welche nach 1919 die liberale Partei verdrängte. Seit 1923 regierten abwechselnd Labour und Konservative.

In der nordirischen Provinz *Ulster* herrschen seit 1956 bürgerkriegsähnliche Zustände, ohne daß es den Regierungen in London gelänge, die Ordnung herzustellen. Eine Million Briten (Protestanten) vor allem aus Schottland in der Neuzeit eingewandert und eine halbe Million Iren (Katholiken) liegen in heftigem Streit, weil nach dem englischen Mehrheitswahlrecht die Katholiken in der Minderheit nicht an der Regierungsverantwortung beteiligt werden. Die katholischen Iren Ulsters verlangen die Vereinigung mi dem rein katholischen Irland, was die protestantischen Briten ablehnen, um nicht in ganz Irland selbst zur Minderheit zu werden.

England kam seit 1945 aus den *Wirtschaftsnöten* nicht mehr heraus. Der entscheidende Konkurrent blieb – trotz der Kriege – nach wie vor Deutschland, d. h. die Bundesrepublik, obwohl nur ein Teil Restdeutschlands.

Das Königreich Großbritannien mit Nordirland hat eine Größe von 244000 km² mit 55,8 Millionen Einwohnern, davon 4,0 Millionen Farbigen. Das entspricht einer Bevölkerungsdichte von 229 je km² (in der BRD 248 je km²).

An Überseebesitzungen verblieben knapp 15000 km², verteilt auf zahlreiche Inseln in der Karibik, im Südatlantik und Pazifik.

Rohstoffe besitzt der Staat mit großen *Kohlelagern um Cardiff* in Wales und neuerdings mit ergiebigen *Erdölquellen in der Nordsee*. Der eigene Bedarf an Energie ist somit bis etwa 1995 gesichert, dazu ein beträchtlicher Ölexport. Hauptkunde in diesem Geschäft ist die BRD.

Belgien, Niederlande, Luxemburg (Benelux)

Den südlichen Teil des Benelux-Raumes bewohnte seit dem 2. Jahrhundert v. Chr. der germanische Stamm der *Bataver* beiderseits der Rheinmündung. Durch Cäsar gerieten sie unter römische Herrschaft. Von den berühmten batavischen Reitern und deren Aufstand 69 n. Chr. war schon die Rede. Nördlich schloß sich bis zur Elbmündung das Wohngebiet der germanischen *Friesen* an.

Ab 400 n. Chr. nahm vom Stamm der *Salier* an der Maas das Merowingisch/

Karolingisch/Fränkische Reich seinen Anfang. Karl der Große war Franke, geb. in oder bei Herstal westlich Aachen.

Mit Beginn des Mittelalters (ab 500) entstanden allmählich aus Vermischung von Franken, Friesen und Sachsen die germanischen *Flamen* und *Niederländer.* Ihre Mundart gehörte der *niederdeutschen Sprachgruppe* an, die schließlich entlang der Nord- und Ostseeküste bis nach Estland von den Deutschen mit nur geringen mundartlichen Abweichungen gesprochen wurde. Dies ergab sich daraus, daß die Bevölkerung dort mehr zur See hin als zum Inland orientiert war. Der Begriff *„Platt"* ist noch heute gebräuchlich.

Noch vor Martin Luther begannen sich flämische und niederländische Mundart stärker herauszubilden, die dann viel später aus politischen Gründen bewußt zu selbständigen Schriftsprachen gemacht wurden.

Die Benelux-Staaten gehörten zum Deutschen Reich seit Anbeginn, weshalb in diesem Buch ihre geschichtlichen Ereignisse wie die aller anderen deutschen Länder beschrieben wurden.

Zu den Niederlanden gehörten ursprünglich nur die Grafschaften *Holland* und *Seeland* an der Küste. Doch Kaiser Karl V. vergrößerte das Land ab 1543 wesentlich *(Geldern).* 1579 kam auch die *westliche Hälfte von Friesland (Groningen, Drenthe u. a.)* zur „Utrechter Union". Das spielte sich aber noch im Rahmen des Deutschen Reiches ab.

Im *Westfälischen Frieden* von 1648, der den Dreißigjährigen Krieg abschloß, schied das Land unter dem Nassauer Statthalter *Wilhelm II.* (1626–1650) mit kräftiger französischer Unterstützung endgültig aus dem Deutschen Reich aus, womit es den gleichen Weg wie die Schweiz einschlug.

Belgien mit Luxemburg verblieben damals noch im Reich. Napoleon I. verleibte 1797 beide Länder und 1810 auch die Niederlande Frankreich ein. Doch nach seinem Zusammenbruch machte der Spruch des Wiener Kongresses 1815 Belgien und die Niederlande zum selbständigen Königreich *„Vereinigte Niederlande".* Aus konfessionellen und dynastischen Gründen sagte sich aber 1830 das katholische *Belgien* los und gründete ein Königreich.

Luxemburg war 1815 als Großherzogtum neu entstanden, aber in Personalunion mit den „Vereinigten Niederlanden". Doch gehörte es zum Deutschen Bund. 1839 löste sich die westliche, wallonische, katholische Hälfte des Landes und schloß sich Belgien an. Der östliche deutschsprachige Teil blieb das Großherzogtum Luxemburg, wie es noch heute besteht. *Bis 1918* blieb es im *deutschen Zollverband,* 1921 kam es zum *belgischen.* Die Bevölkerung spricht eine *moselfränkische Mundart,* die der mitteldeutschen ähnelt, also nicht der niederdeutschen.

Die bedeutenden Kolonien der Niederlande und Belgiens gingen im und nach dem Zweiten Weltkrieg verloren. Den Holländern blieb bis 1982 lediglich die kleine Antilleninsel Curaçao, allerdings, wie abgesprochen, nur noch für wenige Jahre.

Belgien ist Monarchie unter dem Königshaus Sachsen-Coburg (seit 1831). Mit seinen 9,8 Millionen Einwohnern auf 30500 km^2 ist es mit 322/km^2 äußerst dicht besiedelt. Es besitzt eine hochwertige Industrie und reiche *Kohlevorkommen* sowie eine intensive Landwirtschaft, die sogar noch einen Teil ihrer Erzeugnisse ausführt. Das Hauptproblem im Lande ist die Auseinandersetzung zwischen den heute 33% Wallonen im Süden und den 58% Flamen im Norden. Bis etwa 1950 betrieben die Wallonen systematisch *Französisierung,* wobei sich das einst flämische *Brüssel* großenteils als französisch sprechende Stadt darstellte. Seitdem hat sich aber das Blatt gewendet, die Flamen nahmen an Zahl prozentual zu und versuchen nun die Hauptstadt zurückzugewinnen.

Der Landstrich *Eupen-Malmedy* im Osten wurde 1919 vom Deutschen Reich an Belgien abgetreten. Er ist mit 65000 Bewohnern rein deutsch. Die Errichtung einer deutschsprachigen Landesregierung für 1984 ist dort vorgesehen.

In den Niederlanden werden Könige und Königinnen noch immer aus dem Hause Nassau gestellt (seit 1572). Das Land hat eine Größe von 40800 km^2 mit 14,2 Millionen Einwohnern, ist also mit 349/km^2 das dichtestbesiedelte Land Europas. Trotzdem ist es bei gleichzeitiger bedeutender Industrie noch Ausfuhrland für Gemüse und Schweinefleisch. In Westfriesland fand man nach 1950 reiche Erdgasvorkommen, wovon große Mengen in die BRD verkauft werden.

Die Großherzöge von Luxemburg entstammen einer Nebenlinie der niederländischen Nassauer. Der Kleinstaat hat eine Größe von 2600 km^2 mit 370000 Einwohnern. Die Hauptstadt *Luxemburg ist Sitz der Montan-Union* in der EG.

Die Schweiz

Die heutige *deutsche Schweiz* wurde 100 bis 60 v. Chr. von keltischen *Helvetiern* bewohnt, besonders im Gebiet zwischen Alpen und *Hochrhein* (vom Bodensee bis Basel). Vorher lebten diese helvetischen Stämme weiter nördlich zwischen Hochrhein und Main, wo sie durch germanische Sweben aufgesogen oder nach Süden verdrängt wurden.

Im Jahre 59 v. Chr. zog das gesamte Helvetiervolk unter Führung der Nachfolger seines durch Selbstmord ums Leben gekommenen Königs *Orgetorix* nach Gallien weiter, in der Absicht, Mittelgallien zu erobern. Vorher brannten sie alle ihre zwölf Städte und etwa 400 Dörfer nieder. Doch 58 v. Chr. wurden sie von Julius *Cäsar* bei *Bibracte* am Nordwestrand Burgunds in einer schweren Schlacht besiegt. Die etwa 110000 überlebenden Frauen, Kinder, Greise und waffenfähigen Männer schickte Cäsar nach Helvetien zurück, wo sie hauptsächlich in der heutigen französisch sprechenden Westschweiz blieben. Die wenigen, die noch weiter nach Osten zogen, vermischten sich bald mit den vom Norden eindringenden Sweben. Cäsar persönlich hat das Wissen über die helvetische Tragödie mit Zahlenangaben in seinem Buch *„Der gallische Krieg"* beschrieben.

Die nun germanisch/keltische Bevölkerung der späteren Deutsch-Schweiz geriet bald unter römische Herrschaft. Bis etwa 260 n. Chr. gehörte der östliche Teil zur römischen Provinz *Rätia,* der westliche – von den Römern Helvetia genannt – zu *Gallia.* Dann stürmten die Alemannen um 260 den römischen *Limes,* den Grenzwall zwischen dem heutigen Koblenz am Mittelrhein und Regensburg an der Donau, und besetzten das Land bis weit hinein in die Alpen.

In der Völkerwanderung wurde die *deutsche Schweiz* bis zum Genfer See *alemannisch.* Westlich und nördlich davon hatten sich ab 443 die germanischen *Burgunder* festgesetzt. Der westliche Teil davon verfiel viel später allmählicher Französisierung, so daß die heutige deutsch-französische Sprachgrenze entstand. Die Deutsch-Schweizer sind also die Nachkommen eines Teiles des alemannischen Großstammes wie die

Württemberger, Südbadener, die Elsässer, die Vorarlberger und die Schwaben des gleichnamigen Regierungsbezirks in Bayern mit der Hauptstadt Augsburg.

Bis 568 unterwarfen die merowingischen Franken (Chlotar I. und Nachfolger) ganz Gallien, Burgund und Alemannien bis zur Grenze des Langobardenreiches im Süden. Nach mehreren Teilungen kam 1034 *Burgund zum Deutschen Reich* und damit auch die ganze *deutsche Schweiz.*

Kaiser *Friedrich II.* verlieh den zwei Waldstätten (= Bauerngemeinden) *Uri und Schwyz* 1231 bzw. 1240 die *Reichsunmittelbarkeit* entsprechend den freien Reichsstädten, die nur dem Kaiser unterstanden. Die *Habsburger* Fürsten erkannten später die Reichsunmittelbarkeit der Waldstätte nicht an, womit das Unheil begann: Die drei *Urkantone* Uri, Schwyz und Niedwalden schlossen 1291 den *„Ewigen Bund"*. (Rütli-Schwur und Wilhelm Tell sind sagenhaft und durch Friedrich Schillers Schauspiel seit 1804 weit verbreitet worden.)

Bei *Morgarten* kam es 1315 zur ersten Schlacht, in welcher die Bauern ein habsburgisches Ritterheer besiegten. Später traten Luzern (1332), Zürich (1351), Glarus (1352), Zug und Bern (1353) dem Bund bei, und diese *„Acht alten Orte"* bildeten die *„Eidgenossenschaft"*. Im *Schwäbischen Städtekrieg* kam es bei *Sempach* 1386 zum Sieg über den Habsburger Herzog *Leopold III.* (Winkelried). Es folgten Jahrzehnte, in denen der Krieg gegen die Habsburger immer neu aufflammte, ebenso gegen Franzosen und Bourgogner. *Karl der Kühne* wurde 1477 bei *Nanzig* (Nancy) von den Eidgenossen besiegt und getötet.

Der Bund erweiterte sich auf *„13 Orte"*, nachdem Freiburg und Solothurn 1481, Basel und Schaffhausen 1501 sowie Appenzell 1513 beigetreten waren. Als sogenannte *„Zugewandte Orte"* verbündeten sich eine Anzahl weiterer Kantone, wie das Wallis, St. Gallen, Graubünden und die Stadt Mülhausen im Elsaß.

Die Eidgenossen wollten nichts von *Reichsreform* wissen. Vor allem erzürnten sie sich über den *„Gemeinen Pfennig"*, eine Steuer, die doch nur den verhaßten Habsburgern zugute komme.

1499 kam es zum *Schwabenkrieg*, der von allen schwäbischen Städten (Schwäbischer Bund) in Württemberg, Baden, dem Elsaß und den Schweizer Eidgenossen gemeinsam gegen Kaiser *Maximilian I.* und die Fürsten geführt wurde.

Die Fürsten konnten Landsknechtsheere aus der Landbevölkerung aufstellen, waren deshalb den Städten überlegen und siegten schließlich. Nur in der Schweiz hatten sich Stadt und Land verbündet, so daß die Fürsten dort geschlagen und verjagt wurden.

Das bedeutete eigentlich schon die *faktische Loslösung vom Deutschen Reich.*

Die Eidgenossen betrieben von da an eigene Politik. 1515 kämpften sie in einem Krieg auf Seiten Mailands gegen die Franzosen, wurden bei *Marignano* zwar besiegt, gewannen aber 1516 das italienischsprachige *Tessin* und das *Veltlin.* Das Engadin im Süden Graubündens spricht rätoromanisch. 1526 wurde Genf im Krieg gegen Savoyen „zugewandter Ort". Bern verleibte sich 1536 den Kanton Waadt nördlich des Genfer Sees ein. *Waadt und Genf* sprachen französisch.

So entstand die Schweiz etwa in den Grenzen, die noch heute bestehen. Nur das Veltlin ging 1797 wieder an die Lombardei verloren.

Die *Reformation* brachte auch hier die konfessionelle Spaltung. *Zwingli* in Zürich bewirkte die Ausbreitung des Protestantismus im Norden, *Calvin* im Westen. Im *Kappeler Krieg* von 1531 siegten die Katholiken über Zwingli, der im Kampf fiel. Damit war dem Vordringen der Reformation in der Schweiz ein Ende gesetzt. Die Ost- und Innerschweiz blieben weithin katholisch, ebenso die Südschweiz.

Die *völkerrechtliche Anerkennung der Schweiz* erreichte nach dem Dreißigjährigen Krieg im Westfälischen Frieden von 1648 der Baseler Bürgermeister Hans *Wettstein* mit französischer Hilfe gegen den zähen Widerstand der kaiserlichen Unterhändler.

Das innere Gefüge der Schweiz war locker, und daß sie trotz Viersprachigkeit, Religionsspaltung und dauerndem innerem Hader zusammenhielt, verdankt sie hauptsächlich den verworrenen Zuständen in den Nachbarstaaten.

Das gemeinsame Verwaltungs- und Regierungsorgan war seit 1499 die sogenannte *„Tagsatzung"*, eine Gesandten-Versammlung der Kantone. Der Treffpunkt wechselte von Baden bei Zürich ab 1700 nach Frauenfeld nordöstlich Zürich.

Nach der Französischen Revolution rief ein Aufstand im Kanton Waadt die Franzosen ins Land. Der Krieg war schnell beendet, und *Napoleon* ließ die *„Helvetische Republik"* ausrufen, ein demokratischer Einheitsstaat nach Pariser Muster. Eine entsprechende Verfassung (Sitz in Bern) arbeitete der Baseler Oberzunftmeister Peter *Ochs* (gest. 1821) aus, welche die Form der alten Eidgenossenschaft abschaffte. Die elsässische Stadt Mülhausen (früher Freie Reichsstadt), Genf und das Bistum Basel (ohne die Stadt selbst) kamen an Frankreich, das Veltlin an Oberitalien.

Das alles paßte den Schweizern nicht, und eine allgemeine Revolte brach aus. Napoleon gab nach, hob die „Helvetische Republik" auf und stellte mit der *„Mediationsakte"* von 1803 die frühere kantonale Ordnung wieder her. Dafür aber trennte er den Kanton Wallis und die Stadt Genf ab und verleibte beide Frankreich ein. Auch den Kanton *Neuenburg* mit dem heutigen *Jura* machte er zu einem französischen Fürstentum.

Nach dem Sturz Napoleons stellte der Wiener Kongreß 1815 das alte Staatsgebiet außer dem Veltlin wieder her. Die Schweiz erklärte *„dauernde Neutralität"* und errichtete 1815 einen Staatenbund mit weitreichenden Freiheiten für die Aristokratie der Kantone.

Kurioserweise kam das französischsprachige *Fürstentum Neuenburg* an Preußen, weil dessen erster König *Friedrich I. 1707* auf Grund von Erbrechten von den Neuenburgern schon einmal zum Fürsten gewählt worden war. 1857 verzichtete Preußen, und Neuenburg wurde Schweizer Kanton.

Der aufkommende Liberalismus breitete sich auch in der Schweiz aus, und als 1830 in Paris die Revolution des „Bürgerkönigs" Louis Philipp ausbrach, liberalisierten auch mehrere Kantone ihre Verfassungen.

Gegen solche Bestrebungen stellten sich die katholischen Kantone, die 1845 einen „Sonderbund" gründeten, den aber Bundestruppen im sog. *„Sonderbundkrieg"* unblutig auflösten.

Nun stand einer Bundesreform nichts mehr im Wege, und im Herbst 1848 verkündete man eine *liberale Verfassung:* Die Schweiz wurde Bundesstaat mit *Bern* als Hauptstadt. Das Parlament bestand aus zwei Kammern, dem Nationalrat (eine von den Bürgern gewählte Volksvertretung) und dem Ständerat (= Vertretung der Kantone). Die siebenköpfige Regierung wurde von den Abgeordneten beider Kammern gewählt und hieß „Bundesrat". Einer der sieben übernahm jeweils für ein Jahr das Amt des Bundespräsidenten.

Diese 1848er-Verfassung gilt im wesentlichen noch heute. Sie wurde durch mehrere

Änderungen (vor allem 1874) ergänzt, welche die Bundesgewalt gegenüber den Kantonen stärkte.

In den meisten Kantonen besteht *Trennung zwischen Kirche und Staat.* Gleichzeitig mit dem Bismarckschen Reich fand auch in der Schweiz der *„Kulturkampf"* mit der katholischen Kirche unter Papst Pius IX. statt.

In beiden Weltkriegen hielt sich die Schweiz an die verfassungsmäßig festgelegte Neutralität. Doch wurden alle Grenzen militärisch besetzt, um die Nachbarn aufzufordern, auch ihrerseits diese Neutralität zu respektieren. Einen Truppenaufmarsch auf deutscher Seite gab es nicht.

1920 wurde der *Völkerbund mit Sitz in Genf* eröffnet, dem mit der Zeit 59 Staaten als Mitglieder angehörten. Die USA als Initiator dieser Organisation traten aber selbst nicht bei. Nachdem die *„Vereinten Nationen"* (UNO) mit Sitz in New York 1945 ins Leben gerufen waren, löste man den Völkerbund auf.

Die amtliche Bezeichnung der Schweiz lautet: „Schweizerische Eidgenossenschaft". Diese Bundesrepublik hat eine Größe von 41 300 km² mit 6,4 Millionen Einwohnern (1980), davon gut 900 000 Ausländer (über die Hälfte Italiener). Das Land ist ohne Berücksichtigung der Ausländer etwa zu 55% protestantisch und 45% katholisch.

70% der Fläche ist deutschbesiedelt und über 72% der Bevölkerung (ohne Ausländer) sprechen alemannische Mundart ähnlich der schwäbischen. Das Hochdeutsche ist für sie Schriftsprache. 21% sprechen französisch, 6% italienisch, 1% rätoromanisch.

An Rohstoffen ist die Schweiz sehr arm. Trotzdem lebt sie zur Hauptsache von einer hochentwickelten Maschinen-, chemischen und Nahrungsmittelindustrie, Uhrenherstellung und Feinmechanik. Das Land ist auf den Export angewiesen, und seine Erzeugnisse sind in der ganzen Welt wegen bester Qualität hoch geschätzt. Die zweitwichtigste Einnahmequelle ist der *Fremdenverkehr*, der sich in der Schönheit der alpinen Bergwelt schon vor mehr als 100 Jahren stark entwickelt hatte.

Als internationalem *Finanzplatz* ersten Ranges fließen dem Lande Kapitalien aus aller Welt zu. Dieser Spekulation folgend, ist der Kurs des Schweizer Franken meist weit über seine Kaufkraft hinaus erhöht.

Die schweizerische Wirtschaft ist mit der der Bundesrepublik und Österreichs eng verflochten, und auf den Gebieten von Kunst und Wissenschaft herrscht zwischen den drei Staaten enge Zusammenarbeit. Die Schweiz gehört aus Neutralitätsgründen der EG (wie Österreich) nicht an; somit bestehen zwischen der Schweiz einerseits, der BRD, Frankreich und Italien andererseits Zollgrenzen. Doch ist die *Schweiz Mitglied der EFTA*, der Europäischen Freihandelszone.

Elsaß-Lothringen

Über die Geschichte dieser Provinz *alemannischer Abstammung* von 14 000 km² mit heute 1,8 Mill. Einwohnern meist deutscher Muttersprache wurde ausführlich berichtet. Industriell ist sie die bedeutendste Provinz Frankreichs. In *Lothringen* lagern bedeutende Mengen an Eisenerz *(Minette-Erz)* und *Kohle.*

Südtirol

Auch der anhaltende Kampf dieses Gebirgslandes um seine Zugehörigkeit zum Deutschtum gehört zum Inhalt des vorliegenden Buches. Auf 7100 km^2 erreichte die Zahl der *Südtiroler bajuwarischer Mundart* 270000, dazu noch etwa 110000 Italiener, also weniger als Mussolini seinerzeit angesiedelt hatte. Italien will Südtirol nicht an Nordtirol – also Österreich – zurückgeben, u. a. weil es je Einwohner den höchsten Steuersatz und ferner wegen des hochentwickelten *Fremdenverkehrs* beträchtliche *Deviseneinnahmen* bringt.

Wie groß ist der Lebensraum aller Völker germanischen Ursprungs?

Die BRD, DDR, Österreich, Südtirol, die deutsche Schweiz, Elsaß-Lothringen (ohne Westlothringen), Eupen-Malmedy, Luxemburg und die Deutschen von Tondern in Nordschleswig haben die gemeinsame deutsche Muttersprache. Ihr zusammenhängender Lebensraum beträgt etwa 496000 km^2 und die Einwohnerzahl 87,6 Mill. (1982).

Norwegen, Schweden, Dänemark, Island, Britannien, die Niederlande und der flämische Teil Belgiens sind auf einer Fläche von 1223000 km^2 von 89,2 Mill. Menschen bewohnt (1982).

Zusammen leben also 177 Mill. germanisch-stämmige Menschen auf 1718000 km^2. (Ferner leben auf diesem Gebiet noch über 10 Mill. Türken, Asiaten, Mittelmeerbewohner und Farbige.)

Die gesamte Landfläche der Erde beträgt knapp 150 Mill. km^2 ohne die unbewohnbare Antarktis 135. (Die Meeresfläche bedeckt 360 Mill. km^2.)

Der Lebensraum aller germanischstämmigen Völker zusammen hat damit nur einen Anteil von 1,27%, jener der deutschsprachigen allein gar nur von 0,37% an der Landfläche der Erde. An der Weltbevölkerung sind es 3,77% bzw. 1,87%.

Diese Zahlen stehen in keinem Verhältnis zu den bedeutenden kulturellen Leistungen, die von kleinem Raum und verhältnismäßig wenig germanischen Menschen immer wieder die Welt befruchtet haben.

Deutschland wurde in den vergangenen Jahrhunderten immer weiter verkleinert und in jüngster Vergangenheit in furchtbaren Kriegen zerschlagen, von Millionenvertreibungen heimgesucht und schließlich als Reich aufgelöst. Doch die BRD und Österreich haben sich aus schier hoffnungsloser Lage, die DDR aus einer noch viel hoffnungsloseren mit Fleiß und Klugheit wieder zu einem der wohlhabendsten Völker emporgearbeitet, wenn sie auch durch Grenzen geteilt sind.

Entstehung der deutschen Sprachgrenzen

Als in Italien die 300 Jahre dauernde germanische Herrschaft der Goten und Langobarden mit dem letzten langobardischen König Desiderius im Jahre 774 erlosch, verschwand dort im 9. Jahrhundert auch die deutsche Sprache. Viele Mundarten in Norditalien, die sich aus lateinischen oder romanischen Volkssprachen gebildet hatten, waren vom Germanisch-Deutschen nur unwesentlich beeinflußt worden. Es gab zwar noch in Teilen Norditaliens eine Mischbevölkerung, zumal die neuen Herren dort, die Franken, ebenfalls Germanen waren. Doch bis etwa 1000 hatten sich die letzten langobardischen Familien *romanisiert.* So bestand zwischen Deutschen und Romanen schon seit der Jahrtausendwende eine Sprachgrenze, obwohl Deutsche und Italiener viele Jahrhunderte in einem Kaiserreich vereint leben sollten.

Zur gleichen Zeit bildete sich eine erste italienische Schriftsprache, die sich aber nicht durchsetzte. Unter dem Staufer-Kaiser Friedrich II. versuchten um 1230 Schriftsteller aus Sizilien, Florenz und Bologna erneut ein Schriftitalienisch festzulegen. Doch erst der Florentiner Dichter *Dante Alighieri* schuf nach 1300 aus seiner heimischen Mundart die *italienische Schriftsprache,* die bis heute der gebildete Italiener schreibt und spricht. Doch hat sich auch diese nie in ganz Italien durchgesetzt, vor allem nicht im Süden sowie auf den Inseln Sizilien, Sardinien und Korsika.

Die französischen Mundarten entstanden nach der Eroberung Galliens durch Julius Cäsar vorerst aus keltischen Sprachen in Verbindung mit dem Lateinischen. Eine Schrift kannten die Gallier nicht. Später entwickelte sich im Süden eine Sprache, die *provençalische,* die dort im Volke noch heute stark verbreitet ist.

Infolge des Frankenreiches der Merowinger und Karolinger kam es im Norden und Osten bis nach Mittelfrankreich zu einer *französisch-germanischen Mischbevölkerung* mit jeweils eigener Sprache. Nach den Reichsteilungen von Wirten (Verdun) 843 und Meersen 870, dem Beginn der europäischen Nationalstaaten, *französisierte* sich der germanische Teil der Mischbevölkerung bald, und bis etwa 1000 entstand eine Art Sprachgrenze zwischen Frankreich und dem Deutschen Reich, die etwa 100 km östlich der Seine, quer durch Burgund bis zur Lombardei verlief.

Als 1033 Kaiser Konrad II. durch Heirat das ganze Königreich Burgund, also Hochburgund mit dem französischsprachigen Niederburgund bis zum Mittelmeer, für das Reich erwarb, kam ihm und seinen Nachfolgern nicht in den Sinn, dort irgendwelche sprachliche Beeinflussung auszuüben.

Bis zum Jahre 1300 war in Nordfrankreich die *nordfranzösische Mundart* entstanden, welche sich von Paris aus als Schrift- und Amtssprache in ganz Frankreich durchsetzte.

Frankreich aber betrieb seit etwa 1300 zunehmende Ausdehnungspolitik nach Osten. Deshalb und infolge der Gleichgültigkeit, die man im Reich gegenüber der sprachlichen Entwicklung walten ließ, verschob sich die französisch-deutsche Sprachgrenze immer weiter in Richtung Rhein. Bis etwa 1700 verfielen deshalb große Gebiete in Hochburgund, Lothringen, Südbelgien und Flandern der *Französisierung.* Richelieu und Ludwig XIV. führten dies als entscheidende politische Aufgabe fort, wohl wissend, daß eine Provinz erst dann als gesichert gelten konnte, wenn auch die Bevölkerung die französische Sprache als Muttersprache anerkannte.

Im *Elsaß* hielten sich Napoleon I. und Napoleon III. ebenfalls an diese Politik, und erst als Elsaß-Lothringen 1871 ans Reich zurückkam, wurde die deutsche Sprache der Bewohner wieder uneingeschränkt Amts- und Umgangssprache. Doch 1918 sowie 1945 kehrten sich dort die Machtverhältnisse erneut um, und in Schulen und Verwaltungen durfte nur noch Französisch gesprochen werden. Teile der Bevölkerung sind bemüht, wenigstens ihre deutsche Mundart aufrechtzuerhalten.

Die deutsch/niederländische Sprachgrenze entstand auf unnatürliche Weise: Die niederdeutsche Mundart *(Platt)* wurde nicht nur in Holland und in leichter Abwandlung in Flandern gesprochen, sondern auch im Reich am Niederrhein, in Friesland und entlang der Ostküste. Um die Trennung von Deutschland ab 1648 zu unterstreichen, sorgte das Fürstenhaus Nassau/Oranje dafür, daß Hochdeutsch keinesfalls Amtssprache wurde. Statt dessen entwickelte man *Niederdeutsch* zu einer eigenen Schriftsprache und nannte sie *Holländisch.* Sogar *Flämisch* mußte selbstständige Schriftsprache werden, weil die Flamen katholisch und die Niederländer vorwiegend protestantisch waren.

Die deutsch/dänische Sprachgrenze lag seit jeher einige Kilometer nördlich der Flensburger Förde. Im schmalen dazwischenliegenden Streifen wohnt ab 1919 Mischbevölkerung mit *Dänisch* als Amtssprache.

An den deutschen Ostgrenzen lagen die Verhältnisse – wie schon berichtet – anders. Hier bestand seit Karl dem Großen ein langfristiges Programm mit zwei Fernzielen: Einmal sollten die benachbarten „heidnischen" Völker christianisiert werden, und dann galt es, die einst ostgermanischen Gebiete zwischen Elbe und Weichsel zurückzugewinnen.

Seit etwa 550 waren im Nordosten baltische Pruzzen und Litauer, im Osten die slawischen Polen und Wenden (Sammelname für viele angeblich slawische Stämme), im Südosten die slawischen Tschechen, Slowaken und Slowenen in die 200 bis 350 Jahre zuvor von den Ostgermanen aus klimatischen Gründen weitgehend geräumten Gebiete langsam eingewandert. Sie vermischten sich weithin mit verbliebenen Germanen.

In den betreffenden Ländern war immer noch ein erheblicher Rest der Ostgermanen verblieben, und die neuzugewanderten Völker waren zahlenmäßig so gering, daß der größte Teil des weitläufigen Lebensraumes unerschlossen war.

Deutsche Mönche drangen also vor, ohne zunächst wesentlichen Widerstand zu finden, gründeten Klöster und erschlossen Urwälder und Sümpfe. Weil sie aber allein nur langsam vorankamen und weil Deutschland damals überbesiedelt war, zogen sie Handwerker und Bauern aus dem Reich nach, so daß überall neue Siedlungen und Dörfer entstanden. Die kirchliche Organisation des weit ausgebreiteten Netzes von Klöstern ging von den *Erzbistümern Regensburg, Salzburg* (beide von Bonifatius 739 gegründet) und *Magdeburg* aus und lief unter dem Namen *Heidenmission* oder *Ostmission.*

Von Baiern aus betrieb bereits Herzog *Tassilo III.* um 770 – 780 die *Slowenenmission* in Kärnten, der Steiermark und in Niederösterreich, die Karl der Große vollendete. Otto der Große gründete die *Bairische Ostmark* beiderseits der Donau bis östlich Wien im Kampf gegen Ungarn.

Er berief ferner 937 den Markgrafen *Gero* und 950 den Herzog Hermann *Billung* zur militärischen Unterstützung der Ostmission in Norddeutschland. So entstanden zwischen Ostsee und dem sächsischen Erzgebirge sowie Saale und Oder verschiedene Marken, so die *Billunger Mark,* die *Nordmark,* die *Mark Meißen* und die *Mark Lausitz.*

Das *Egerland* südlich des Erzgebirges, also das nördliche Sudetenland, kam auf gleiche Weise zwischen 900–970 ans Deutsche Reich.

Als Otto der Große 973 starb, war das Christentum mit der deutschen Sprache und Kultur bis an die mittlere und untere Oder vorgedrungen, jedoch nicht gesichert. Als Otto II. in Süditalien 983 eine Rebellion niederzuschlagen versuchte, nutzten die *Wenden* seine Abwesenheit zu einem großen *Aufstand,* der zum Verlust fast aller ostelbischen Marken führte. Der junge Kaiser starb kurz danach in Italien. Sein Sohn war erst drei Jahre alt.

Vorerst geschah nichts für die Wiederherstellung der Lage. Endlich mündig, durchstieß *Otto III.* auch noch das Prinzip der Christianisierung mit gleichzeitiger deutscher Besiedlung, indem er mit Hilfe des Papstes im polnischen *Gnesen* 1000 und ungarischen *Gran* 1001 selbständige Erzbistümer gründete, so daß von dort aus ohne deutsche Zuständigkeit die Christianisierung geleitet werden konnte. Besonders von Gnesen aus wandte sich diese Entwicklung gegen das Deutsche Reich, weil nun Polen nach Westen wirksam werden konnte. Ottos Nachfolger hatte harte Kämpfe durchzustehen, um dieser Schwierigkeiten einigermaßen Herr zu werden.

Erst seit Kaiser Friedrich I. Barbarossa konnte die Ostpolitik wieder zielbewußt aufgenommen werden. *Albrecht der Bär* und *Heinrich der Löwe* sicherten bis 1167 endgültig den Besitz der Marken östlich der Elbe/Saale bis zur Oder.

Die tschechischen Fürsten von *Böhmen/Mähren* nahmen 929 das Christentum an, wurden Reichsfürsten und gründeten 975 das Bistum Prag. Die deutsche Sprache breitete sich aus, bis nach 1400 Johannes Hus einen reichsfeindlichen tschechischen Nationalismus erweckte, der zwar in wenigen Jahrzehnten verblaßte, jedoch nach 1815 wieder heftig auflebte. Dieses Land hatte die deutsche Kultur angenommen, aber großenteils nicht die deutsche Sprache, eine Tatsache, die Tschechen und Deutschen großes Mißgeschick bringen sollte.

Pommern war nach Gründung des Erzbistums Gnesen sogleich von Polen besetzt worden (1000–1025), doch der Christianisierungsversuch mit Einführung der polnischen Sprache mißlang. Erst 1128 nötigte Bischof *Otto von Bamberg* die Pommern, das Christentum anzunehmen. Die dortigen slawischen Herzöge wurden Reichsfürsten, und das Land, das viel von seiner germanischen Geschichte bewahrt hatte, nahm allmählich deutsche Kultur und Sprache an.

Schlesien war nach Abzug eines Teiles der Ostgermanen nach 550 zusätzlich von Wenden-Stämmen besiedelt worden, nicht aber von Polen, deren Kerngebiet östlich der Warthe lag. Wie Pommern hatten die Polen auch Schlesien um das Jahr 1000 besetzt und versucht, das Land zu polonisieren. Doch Kaiser Friedrich Barbarossa trennte 1163 Schlesien von Polen und gliederte es dem Deutschen Reich an. Die schlesischen *Piasten*, aus einem polnischen Königsgeschlecht stammend, leisteten dem Kaiser den Treueid. Sie nahmen mit der Bevölkerung bald deutsche Kultur und Sprache an, und Schlesien gehörte seitdem zu den zuverlässigsten Gebieten des Reiches.

Die baltischen Pruzzen im späteren Ostpreußen sollten von den masowischen Herzögen (auch zu den polnischen Piasten gehörend) seit etwa 1200 zum Christentum gezwungen werden, was mißlang. Sie riefen deshalb den *deutschen Ritterorden* aus Siebenbürgen zu Hilfe, der zwischen 1226 und 1283 große Gebiete eroberte und durch Herbeirufung deutscher Siedler und Mönche das Land in wenigen Jahrzehnten deutsch kultivierte.

In Livland kämpfte schon seit 1202 der deutsche *Schwertbrüder-Orden* gegen die „Heiden". Er ging 1237 im deutschen Ritterorden auf. Die Balten, also Litauer, Kuren und Liven, ebenso die finnischen Esten wurden allmählich nach harten Kämpfen dem Christentum zugeführt und mit Ostpreußen zum *Deutschen Ordensstaat* vereinigt. Sie nahmen auch weitgehend deutsche Kultur an, nicht aber die deutsche Sprache. Es kam in diesen Ländern durch Städtegründungen nur zu deutschen Sprachinseln.

Nach 1400 bis 1461 zerfiel der Ordensstaat langsam, weil er nicht zum Verband des Deutschen Reiches gehörte und durch die damaligen Kaiser und Fürsten keine Unterstützung erhielt.

Zwischen Pommern und Ostpreußen lag das slawische Herzogtum *Pomerellen*, das spätere westliche *Westpreußen*, welches der Ordensstaat 1309 eroberte. Der Hauptort Westpreußens, *Danzig*, entwickelte sich seitdem zu einer bedeutenden deutschen Stadt, die in der Hanse eine wichtige Rolle spielte.

Der etwa 100 km schmale Streifen zwischen Pommern und Danzig wurde vom Ordensstaat vernachlässigt und geriet nach der Niederlage des Ordens bei Tannenberg 1410 ab 1466 an Polen. Das Gebiet verkam zusehends, aber die polnische Sprache faßte Fuß. So entstand dort eine *deutsch/polnische Mischbevölkerung*. Als Friedrich der Große 1772 durch die erste Teilung Polens Westpreußen erhielt, nahm die Provinz durch großangelegte Entsumpfung und Neuansiedlung von Deutschen einen bedeutenden Aufschwung.

Die Provinz *Posen* kam mit der zweiten Teilung Polens 1793 an Preußen. Hier herrschte abgesehen von den Randgebieten polnische und jüdische Bevölkerung vor. Der westliche Teil des Gebietes war vorwiegend deutsch, der größere östliche polnisch. Auch Posen befand sich zur Zeit der Übernahme in trostlosem Zustand, was sich nun grundlegend änderte. Den entscheidenden Aufschwung nahm die Provinz im Deutschen Reich Bismarcks ab 1871.

Eine wichtige Rolle spielten auch die *deutschen Sprachinseln auf dem Balkan:* Von den Siebenbürger Sachsen, dem Burzenland, der Zips, den Banater Schwaben, der Batschka und einer Menge anderer ging sternförmig eine Kultivierung aus. Diese wurde von den während der Türkenkriege schwer heimgesuchten Ländern dringend benötigt. Schon seit etwa 1150 hatten ungarische Könige und immer wieder die Kaiser in Wien bis zu Joseph II. solche Ansiedlungen gefördert. 1914 lebten in diesen Sprachinseln über 2,5 Millionen Deutsche.

Ein Grund für die Zerklüftung der deutschen Sprachgrenze im Osten war das Nichtbestehen einer einheitlichen *deutschen Schriftsprache.* Diese entwickelte sich erst nach Martin Luthers Bibelübersetzung ab 1521 und erreichte ihren in ganz Deutschland anerkannten Höchststand um 1700.

Schlußwort

Wissenschaft und Technik haben in einem Tempo von nur wenigen Jahrzehnten der Natur erstaunliche „Geheimnisse" entrissen, damit aber die Menschheit an einen Scheideweg geführt:

Die eine Richtung weist in die Selbstzerstörung, denn die Entdeckung der Atomspaltung brachte nicht nur eine neue Energiequelle, sondern auch die Atombomben. Und von diesen gibt es bereits so viele, daß man damit mehrmals das Leben von Mensch, Tier und Pflanzen innerhalb weniger Stunden weltweit vernichten kann.

Die Macht, die als erste Atomwaffen einsetzen würde, um ihren politischen Willen durchzusetzen, müßte in Kauf nehmen, im Gegenschlag als zweite vernichtet zu werden. Mit einem Leichtsinn ohnegleichen wird aber indirekt mit dem Einsatz gedroht, indem immer neue, noch wirksamere Atomwaffen hergestellt werden. Gleichzeitig ermahnt man sich gegenseitig zum Nachgeben und zum Frieden.

In Dutzenden Staaten liegen Atomwaffen, auch auf vielen Atom-U-Booten, und eine bestimmte Anzahl von Männern besitzt die Macht, den Einsatzbefehl zu geben.

Wir wissen aus der Geschichte, daß oftmals Geisteskranke, Böswillige oder Dummköpfe an der Spitze eines Staates standen. Anzunehmen, daß eine solche Möglichkeit nicht mehr besteht, wäre Vermessenheit.

Die Atomwaffen in aller Welt abzuschaffen, entspricht dem Wunsch jedes vernünftigen Menschen. Bei der Machtbesessenheit einiger weniger Politiker ist dies aber nicht durchführbar, sonst wären diese Waffen gar nicht erst hergestellt worden.

Also besteht nur die Möglichkeit, der anderen Richtung des Scheideweges zu folgen, der Organisation der Welt als Ganzes.

Es gibt eine Menge lebenswichtiger Dinge, die bereits weltumspannend in allen Nationen gleich behandelt werden, so der Post-, Telefon-, Telegrafen-, Eisenbahn-, Schiffs- und zivile Flugverkehr. Der Wetterdienst, das Sanitätswesen, das „Rote Kreuz", Radio, Fernsehen, Handel, Kunst, Wissenschaft und Sport sind nicht an Grenzen gebunden. Dies und vieles andere ist für die Menschheit längst zur Selbstverständlichkeit geworden. Der ehemalige „Völkerbund" und die gegenwärtigen „Vereinten Nationen = UNO" sind Versuche, die Interessen aller Staaten aufeinander abzustimmen.

Mit Hilfe der Technik wäre es heute (um 1980) durchaus möglich, die *„Welt als Ganzes"* zu organisieren und in wenigen Jahrzehnten eine Ordnung herzustellen, welche keine Kriege mehr aufkommen ließe.

So bleibt nur die Hoffnung, daß die verhältnismäßig kleine Zahl von Verantwortlichen diesen oder einen ähnlichen Weg der Einsicht einschlägt, denn wenn auch niemand weiß, was wirklich geschehen wird, so muß doch die Masse der Menschheit tun, was „für den nächsten Tag" nötig ist, ohne dauernd unter dem Druck von Weltuntergangsängsten zu stehen.

Dieses Buch, das die Vergangenheit und das gegenwärtige Weltgeschehen beschreibt, zeigt das ständige Auf und Ab der Geschichte der Völker. Man sieht, daß ein dauernder Kräfteausgleich stattfindet, mit dem Bestreben, dem „Gegner" seinen Willen aufzuzwingen. So ist jedes Volk gezwungen, allezeit auf Kampfbereitschaft – geistig wie bewaffnet – eingestellt zu sein. Das gilt besonders für ein Volk, dessen Land eine Mittellage einnimmt, wie das deutsche. Findet eine Nation dazu nicht mehr die Kraft, muß sie untergehen.

Irgendwie wird aber das deutsche Volk nach den Katastrophen des 20. Jahrhunderts seine derzeitige Aufteilung und Fremdherrschaft zu überwinden wissen wie schon mehrmals in seiner Vergangenheit. Zwar versuchen starke Mächte im Aus- und Inland, dies zu verhindern oder zu verzögern, aber spürbare Kräfte sind dennoch seit Jahrzehnten bemüht, Deutschland aus der Zwangsjacke wieder zu befreien.

Allen voran ging dabei das arbeitende Volk, welches in der BRD und Österreich das Wirtschaftswunder vollbrachte. Auch in der DDR geschah vieles trotz der geringen Möglichkeiten, die man dort den Menschen ließ.

Ferner erhoben Parteien, Flüchtlingsorganisationen, Soldatenverbände, Sprachvereine, Regierungen und Einzelpersonen immer wieder folgende Forderungen, oder – je nach Einstellung – einen Teil davon:

An erster Stelle steht die innere Befreiung der Deutschen vom sog. „Schuldkomplex". Andere Völker sind nicht besser als das Deutsche. – Nur dann wird es möglich sein, die Wiedervereinigung zu verlangen und durch Einsatz diplomatischer und wirtschaftlicher Mittel auch durchzusetzen.

Für die Ostgebiete erklärt man dem Sinne nach immer wieder: „Was man nicht aufgibt, hat man nicht verloren."

Eindringlich wird ferner gemahnt:

Wenn Deutschland aufhört, fremdartigen Ideologien, Doktrinen und Einflüsterungen zu folgen,

wenn die Interessenverbände bei ihren dauernden materiellen Forderungen mehr Rücksicht auf die allgemeinen nationalen Notwendigkeiten nehmen,

wenn die Familien wieder gesund werden, d. h., wenn Deutschland nicht mehr als kinderärmstes Volk der Erde an Bevölkerungsschwund leidet,

wenn wir unsere Sprache – das wichtigste Bindeglied – reinhalten,

wenn wir mit dem rechten Maß an Selbstbewußtsein die eigenen – aus unserer Vergangenheit gewachsenen – Werte voll einsetzen,

dann – aber nur dann – wird Deutschland in Zukunft den Platz wieder erringen, der ihm – auf Grund seiner Leistungen für die ganze Welt – zukommt. Der derzeitige Zustand wird sich sowieso ändern, denn alles ist einem ewigen Wandel unterworfen!

Tabelle von Daten einiger im Buch erwähnter Staaten (Stand um 1980)

Land u. Hauptstadt	Einwohner Mill.	Größe km² x 1000	Einw. je km²	Staatsform	Religion	Lebens-erwart. Jahre	Wachs-tum / Jahr
Afghanistan, Kabul	16,4	647,5	25,3	Volksrepublik	Islam. Suniten 98%	41	2,6%
Ägypten, Kairo	43,5	1001,5	43,4	Präsidiale Rep.	Islam. Suniten 93%	57	2,3%
Albanien, Tirana	2,8	28,7	97,4	Volksrepublik	Moslems u. a.	70	2,5%
Äthiopien, Addis-Abeba	32,1	1222,0	26,2	Volksrepublik	Kopt. Christ. 55% Sun. 35%	40	2,1%
Australien, Canberra	14,9	7686,0	1,9	Demokratie	Christl. Protest.	74	1,5%
Belgien, Brüssel	9,8	30,5	323,0	Demokr. Rep. 57% Flamen, 33% Wallonen	Christl. Kath. 90%	72	0,2%
Brasilien, Brasilia	122,0	8512,0	14,3	Präsidiale Rep.	Christl. Kath. 90%	63	2,2%
Bulgarien, Sofia	8,9	111,0	80,1	Volksrepublik	Christl. Morgenl. 96%	73	0,6%
China, Peking	1000,0	9561,0	116,0	Volksrepublik	Buddhisten	65	1,4%
Dänemark, Kopenhagen	5,0 davon 86 000 Deutsche	43,0	116,0	Monarchie	Christl. Protest.	75	0,4%
Deutschland							
BRD (m. West-Berl.) Bonn	61,7 davon: 4,7 Ausl.	248,7	248,0	Demokr. Rep.	Prot. 49% Kath. 44,5%	73	−0,2% d. dtsch. Bevölk.
DDR, Berlin-Pankow	16,7	108,2	155,0	Volksrepublik	Prot. 84% Kath. 14%	72	−0,1%
Finnland, Helsinki	4,8	337,0	14,2	Demokr. Rep.	Prot. 92%	73	0,5%
Frankreich, Paris	54,1 davon: 1,8 Deut. 5,3 Algerier und Farbige	547,0	99,0	Demokr. Rep.	Kath. 90% 0,7 Mill. Juden	74	0,6%
Griechenland, Athen	9,7	132,0	74,0	Demokr. Rep.	Christl. Morgenl. 97%	74	0,6%
Großbritannien, London	55,8 davon: 4,0 Farb.	244,0	229,0	Demokr. Monarch.	0,4 Mill. Jud. Anglik. 90%	73	0,1%
Indien, Neu-Delhi	684,0	3150,0	215,0	Präsidiale Rep.	Hindus 83% Moslems 11%	52	2,1%
Iran, Teheran	39,4	1648,0	23,9	Islam. Rep.	Schiiten 90%	54	2,9%
Irland, Dublin	3,5	70,3	49,0	Demokr. Rep.	Kath. 94%	73	1,1%
Island, Reykjavik	0,23	103,0	2,3	Demokr. Rep.	Prot. 90%	73	1,2%
Israel, Jerusalem	4,1	20,8	216,0	Demokr. Rep.	Juden 73% Araber 27%	?	2,7% durch Einwand.
Italien, Rom	57,2 0,3 Deut. 0,5 Andere	301,2	190,0	Demokr. Rep.	Kath. 99%	73	0,6%
Japan, Tokio	118,0	372,3	316,0	Demokr. Monarch.	Buddhisten u. Schinto 80%	76	1,1%
Jugoslawien, Belgrad	22,4	256,0	87,0	Volksrepublik	Christl. Morgenl. 42% and. Chr. 32% Moslems 13%	70	0,9%

Land u. Hauptstadt	Einwohner Mill.	Größe km² x 1000	Einw. je km²	Staatsform	Religion	Lebenserwart. Jahre	Wachstum / Jahr
Kanada, Ottawa	24,2	9976,0	2,4	Demokr. Rep.	Christen	74	1,1% Einwand.
Korea-Süd, Seoul	38,7	98,5	393,0	Präsidiale Rep.	Buddhisten u. Christen	63	1,9%
Korea, Nord Pjöngjang	18,4	120,5	153,0	Volksrepublik	Buddhisten u. Christen	63	2,5%
Kuba, Havanna	9,7	115,0	85,0	Volksrepublik	Kath. 90%	72	1,4%
Libanon, Beirut	2,7 o. Paläst.	10,4	260,0	Präsidiale Rep.	Moslems u. Christen	66	0,8%
Libyen, Tripolis	3,1	1760,0	1,8	Volksrepublik	Moslems 98%	56	4,1%
Luxemburg, Luxemburg	0,37 Deutsche	2,6	141,0	Demokr. Monarch.	Kath. 95%	73	−0,4%
Mexiko, Mexiko Stadt	72,9	1973,0	37,0	Präsidiale Rep.	Kath. 98%	66	2,9%
Nicaragua, Managua	2,8	130,0	2,2	Präsidiale Volksrepublik	Kath. 95%	56	3,3%
Niederlande, Den Haag	14,2 davon: 0,5 Farb.	40,8	349,0	Demokr. Monarch.	Kath. 40% Prot. 36%	75	0,8%
Norwegen, Oslo	4,1	324,2	12,7	Demokr. Monarch.	Prot. 94 %	75	0,5%
Österreich, Wien	7,6	83,8	90,0	Demokr. Rep.	Kath. 90%	72	0,1%
Pakistan, Islamabad	85,0	804,0	105,0	Islam. Rep.	Moslems 97% Sunniten	52	3,1%
Polen, Warschau	34,0	313,0	109,0	Volksrepublik	Kath. 90%	72	0,9%
Portugal, Lissabon	10,0	92,1	108,0	Demokr. Rep.	Kath. 99%	71	1,4%
Rumänien, Bukarest	23,0	238,0	97,0	Volksrepublik	Christl. Morgenl. 88%	71	0,9%
Saudi-Arabien Rijad	9,5	2150,0	4,4	Islam. Monarch.	Moslems 98% Wahhabiten	54	4,5%
Schweden, Stockholm	8,4	450,0	18,6	Demokr. Monarch.	Prot. 99%	76	0,3%
Schweiz, Bern	6,4 davon: 0,91 Ausl. 71% deutschspr.	41,3	154,0	Demokr. Rep.	Kath. 49% Prot. 48% 0,4 Mill. Juden	75	0,3%
Sowjetunion, Moskau	268,0 davon europ. 200,0	22275,0 5570,0	1,2 36,0	Volksrepublik	Christl. Morgenl. 82% Moslems 15% Juden 1%	73	0,9%
Spanien, Madrid	37,7	505,0	75,0	Demokr. Monarch.	Kath. 99%	73	1,0%
Tschechoslowakei, Prag	15,3	127,9	120,0	Volksrepublik	Kath. 83%	71	0,7%
Türkei, Ankara	47,0	781,0	60,0	Demokr. Rep.	Moslems 98% Sunniten	62	2,5%
Ungarn, Budapest	10,7	93,0	115,0	Volksrepublik	Kath. 48% Prot. 29%	71	0,4%
USA, Washington	231,0	9363,0	25,0	Präsidiale Rep.	Prot. 32% Kath. 21% Juden 5,8 Mill. geschätzt: 8–9 Mill.	74	1,0% Einwand.
Vietnam, Hanoi	55,0	333,0	166,0	Volksrepublik	Buddhisten 93%	63	2,9%

Aufstellung von Namen germanischer und anderer Stämme

Ambronen (Jütland)
Angeln (Schleswig-Holstein)
Angrivarer (südlich der Chauken)
Bataver (beiderseits der Rheinmündung)
Brukterer (westlich der Cherusker)
Burgunder (zw. Oder und Warthe, später nördl. Genfer See)
Chatten (südlich der Cherusker = Hessen)
Chauken (östl. der Friesen)
Cherusker (südl. der Angrivarer)
Dänen
Eburonen u. Kondrusen (a. d. Maas, linksrheinisch)
Euten (Stadt Eutin in Holstein)
Friesen
Gauten (Südschweden)
Gepiden (Pommern)
Goten (Weichselmündung)
Hermunduren (beiderseits d. Saale, später Teil d. Thüringer)
Holsten (Holstein)
Kimbern (Jütland)
Langobarden (Stadt Bardowick, urspr. zw. Weser u. Elbe, später i. Norditalien)
Markomannen (urspr. am Main, dann Böhmen, dann Baiern)
Norweger (Normannen u. Wikinger i. Skandinavien)
Quaden (nördl. Wien)
Rugier (Oder-Mündung, Insel Rügen)
Sachsen (a. d. untern Elbe)
Semnonen (zw. Elbe u. Spree)
Sveden (Nord-Schweden)
Sweben = Alemannen = Schwaben (urspr. a. d. Havel, dann nordöstl. Rheinknie, teilw. Nordwestspanien = Galicien)
Tenkterer u. Usipeter (nördl. Mainz)
Teutonen (Jütland)
Treverer (Stadt Trier, linksrheinisch)
Triboker (bei Straßburg, linksrheinisch)
Tungrer u. Ubier oder Germanen (?) (östl. Köln u. Düsseldorf u. linksrheinisch)
Ubier (wie vor)
Wandalen (zw. Warthe u. Weichsel, später Nordafrika)
Waräger (Mittelschweden)
Warner (Mecklenburg)

Namen einiger keltischer Stämme

Äduer (zw. Loire u. Saone = Gallier), auch Häduer
Belger (keltisch/germanischer Stamm i. Belgien)
Briten (i. späteren England)
Helvetier (urspr. südl. d. Maines, dann i. d. Schweiz, dann nördl. Genfer See)
Sequaner (zw. Saone u. Rheinknie = Gallier)
Skoten (urspr. i. Schottland u. Irland)
Walen (i. Wales u. Gälen die späteren Iren)

Namen slawischer Stämme

Ostslawen (Sammelname f. Russen, Weißrussen, Ukrainer)
Skythen (i. Altertum i. Süd- u. Mittelrußland)
Südslawen (Sammelname f. Slowenen, Slavonen, Kroaten, Serben, u. a.)
Wenden (Sammelname f. Wagrier, Abodriten, Liutizen, Heveller, Sorben)
Westslawen (Sammelname f. Wenden, Polen, Pomorjaner, Tschechen, Slowaken)

Namen baltisch/finnischer Stämme

Esten (Estland)
Finnen (Finnland)
Letten (Liven u. Kuren i. Livland u. Kurland = Lettland)
Litauer (Litauen)
Pruzzen (Preußen)

Quellenangaben

Bainville Ch. Frankreichs Kriegsziel, Hanseatische Verlangsanstalt, Hamburg 1940
v. Bismarck. O. Gedanken und Erinnerungen, Cottas'che Buchh. Stuttg./Berlin 1919
Bosel K. Bayrische Geschichte, Deutscher Taschenbuchverlag, München 1980
Braunfeld W., Karl der Große, Rowohlt-Verlag, Hamburg 1972
V. Bülow, Denkwürdigkeiten.
Bundesanstalt für gesamtdeutsche Aufgaben. Die Ostverträge
Cäsar J. Der Gallische Krieg, Goldmann-Verlag Münschen
Dauthage H. Brennendes Land – Land am Brenner, Typogr. Anstalt Wien, nach 1960
Diewald H. Geschichte der Deutschen, Prophyläen-Verlag
Döbler H. Die Germanen, Heyne-Verlag, München 1979
Dos Passos J. Wilsons, Verlorener Friede, H. Deutsch-Verlag, Wien/Stuttg./Basel 1964
Engler A. Europas Stunde Null, Türmer-Verlag, Berg/Starnberger See, 1983
Fischer Weltalmanach. Fischer-Taschenbuch-Verl. Frankfurt 1982–1984
Freytag G. Bilder aus deutscher Vergangenheit, Hesse- u. Becker-Verl. Leipzig
Friedrich der Große. Anti-Machiavel oder Prüfung d. Regeln Nic. Machiavells, Königl. Universitäts-Buchhandlung, Göttingen 1741
Freund M. Deutsche Geschichte, Goldmann-Verlag, München 1981
Gebhardt. Handbuch der deutschen Geschichte, Stuttgart 1956–1959
Genzmer F. Die Edda 1 u 2, Diederichs-Verlag, Düsseldorf-Köln 1979
Goldmanns illustrierte Weltgeschichte. Goldmann-Verlag, München 1958
Grundgesetz mit Grundvertrag. Verlag C. H. Beck, München
Haushofer K. Weltmeere u. Weltmächte, Zeitgeschichte-Verlag, Berlin 1937
Gielen V. Im Banne des Kaiserdomes, Verl. J. A. Mayer, Aachen 1978
Heer F. Das Heilige Römische Reich, Heyne-Verlag, München 1978
Herm G. Die Kelten, Rowohlt-Verlag, Hamburg 1975
Hoch/Gruchmann, Georg Elser, Fischer-Verlag, Frankfurt 1980
Hürlimann M. Richard Wagner, Manesse-Verlag, Zürich
Irving D. Der Nürnberger Prozeß, Heyne-Verlag, München 1979
Kaiser E. Grundzüge der Geschichte, Verl. Diesterweg, Frankfurt 1968
Kesting H. Der Befreier Arminius, Verlag Bösmann, Detmold 1968
Kusenberg K. Dante Alighieri, Rowohlt-Verlag, Hamburg 1970
Landesamt Regensburg. Walhalla, Bosse-Verlag, Regensburg
Lewis B. Die Wikinger, Tesslow-Verlag, Hamburg 1976
List/Oldenbourg. Atlas der Universalgeschichte, Verl. List/Oldenburg, München
Maser W. Adolf Hitler: Mein Kampf, Moewig-Verlag, Rastatt 1981
V. Massenbach H. Die Hohenzollern einst und jetzt, Verl. Tradition u. Leben, Schleching
Menzel C. F. Geschichte des Großpreusischen Staates, Breslau um 1890
Mühr A. Die Deutschen Kaiser, VMA-Verlag, Wiesbaden 1971
Müller/Valentin. Deutsche Dichtung – Literaturgeschichte, Verl. Schöningh Paderborn nach 1950
Nölle W. Wörterbuch der Religionen, Goldmann-Verlag, München 1960
Personenlexikon. Chronik-Verlag, Braunschweig 1983
Ploetz K. Hauptdaten d. Weltgeschichte, Verlag Ploetz, Berlin 1938

Pool I. u. S. Hitlers Wegbereiter zur Macht, Moewig-Verlag, Rastatt 1982
Putzger F. W. Historischer Schulatlas, Verlag Velhagen u. Klasing, Leipzig 1913
Reclams Opernführer, Ph. Reclam Jun., Stuttgart 1969
Reichardt H. Die Germanen, Tesslow-Verlag, Hamburg 1978
Reiners L. Friedrich, Deutscher Taschenbuch-Verlag, München 1952
Reiners L. In Europa gehen die Lichter aus, Dt. Taschenb.-Verl. München 1981
Z. Reventlow E. Von Potsdam nach Doorn, Berlin 1940
Schacht H. Das Ende der Reparationen, Oldenburg 1931
Schmidt H. Lebendige Vergangenheit, Klett-Verlag, Stuttgart
Schreiber H. Auf den Spuren der Goten, Rowohlt-Verlag, Hamburg 1979
Schweizer Brevier. Verlag Kümmerli u. Frey, Bern 1967
Sethe P. Schicksalsstunden der Weltgeschichte, Scheffler-Verlag, Frankfurt 1952
Stegmann H. Geschichte des Krieges, Dt. Verlagsanstalt, Stuttgart 1921
Suchenwirth R. Der deutsche Osten, Türmer-Verlag, Berg/Starnberger See 1978
Stürmer M. Bismarck u. d. preußisch-deutsche Politik, DTV, München 1978
Tacitus P. C. Germania: Bericht über Germanien, DTV, München 1979
Thorwald J. Das Gewürz, Exlibris-Verlag, München 1980
Villitz H. Die Schatzkammer in Wien, Schrollenverlag, Wien/München 1964
Weltgeschichte in Charakterbildern. Verl. Fr. Kirchheim, Mainz 1902
Wörterbuch zur Geschichte. DTV, München 1977
Zimmermann L. Deutsche Außenpolitik i. d., Ära d. Weimarer Republik, 1957

Register

Sch

T

Inhalt des Geschichtsatlas

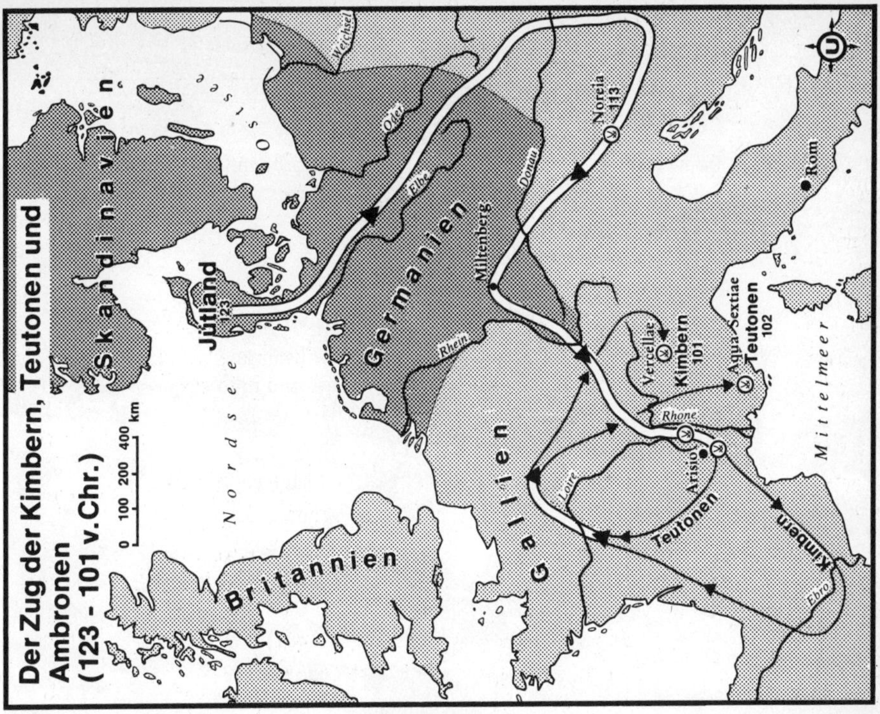

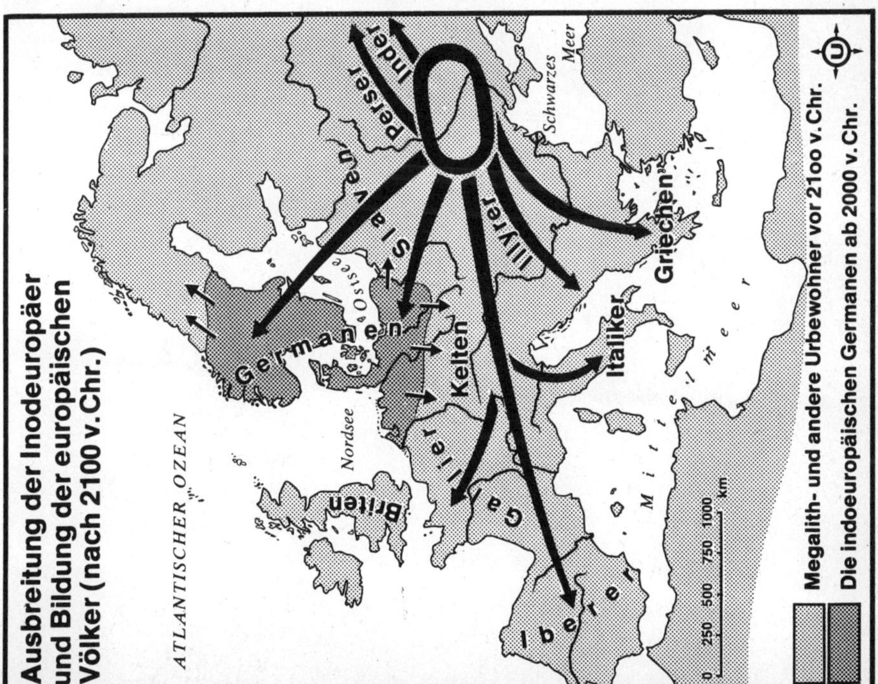

Karten 1 und 2

Sitz der germanischen Stämme v. Chr.
Ariovist gegen Julius Caesar
(58 v. Chr.)
0 100 200 300 400 Km
Germanen
Sveden
Waräger
Norweger
Finnen
Gauten
Skoten
Esten
Kimbern
Teutonen
NORDSEE
Ambronen
Dänen
Letten
OSTSEE
Walen
Angeln
Holsten
Euten
Warner
Gepiden
Goten
Litauer
Sachsen
Pruzzen
Friesen
Rugier
Briten
Langobarden
Chauken
Slawen
Bataver
Wandalen
Angrivarer
Brukterer
Sweben
Burgunder
Tungrer
Cherusker
Ostslaven
Belger
Semnonen
Eburonen
Chatten
Hermunduren
Westslaven
Tenkterer
Treverer
Markomannen
Gallien
Triboker
Sweben = Alemannen
Quaden
Mülhausen 58 v. Chr.
Aduer
Sequaner
Kelten
Magedobrica 61 v. Chr.
Bibracte 58 v. Chr.
Helvetier
Kelten
Galia (röm.)
Vercellae 101 v. Chr.
Römer
Aqua Sextiae 102 v. Chr.
ADRIA
Südslaven
Illyrer
Seine
Loire
Rhône
Maas
Rhein
Ems
Weser
Elbe
Havel
Spree
Warthe
Oder
Weichsel
Main
Donau
Drau
Save
Theiß
Po
Etsch

Karte 3

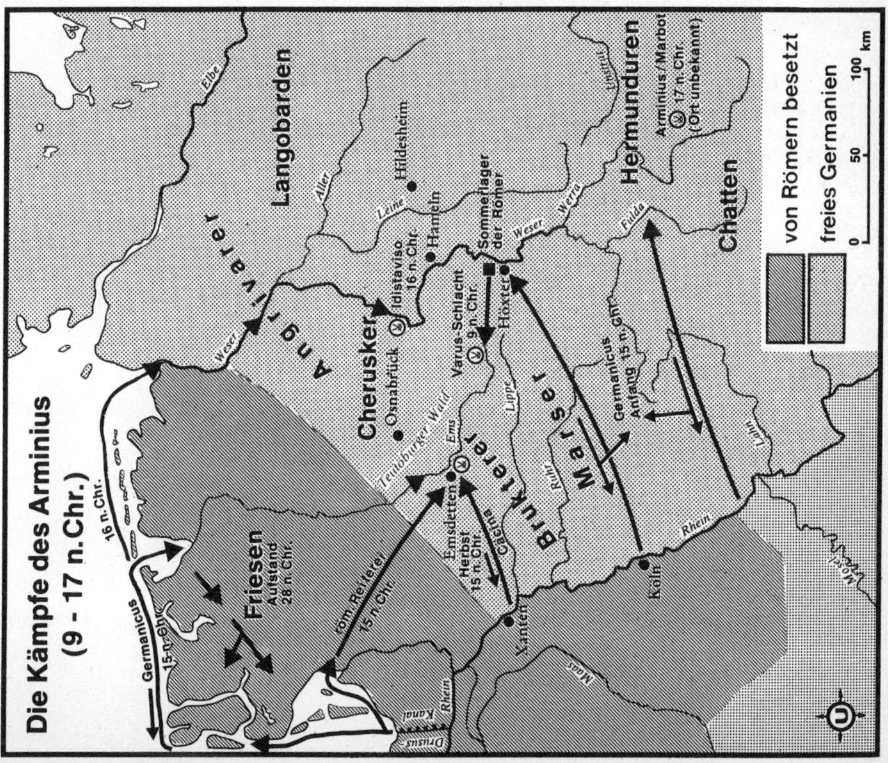

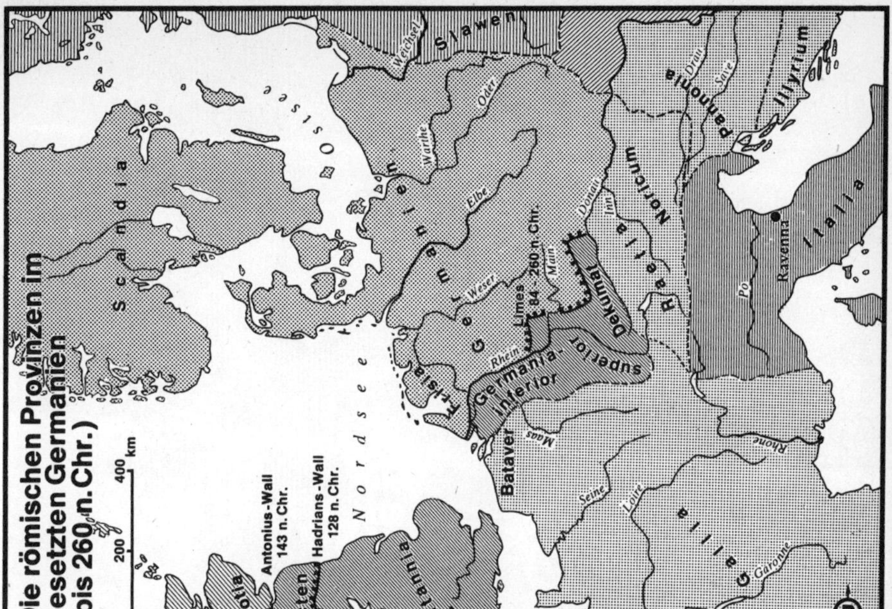

Karten 4 und 5

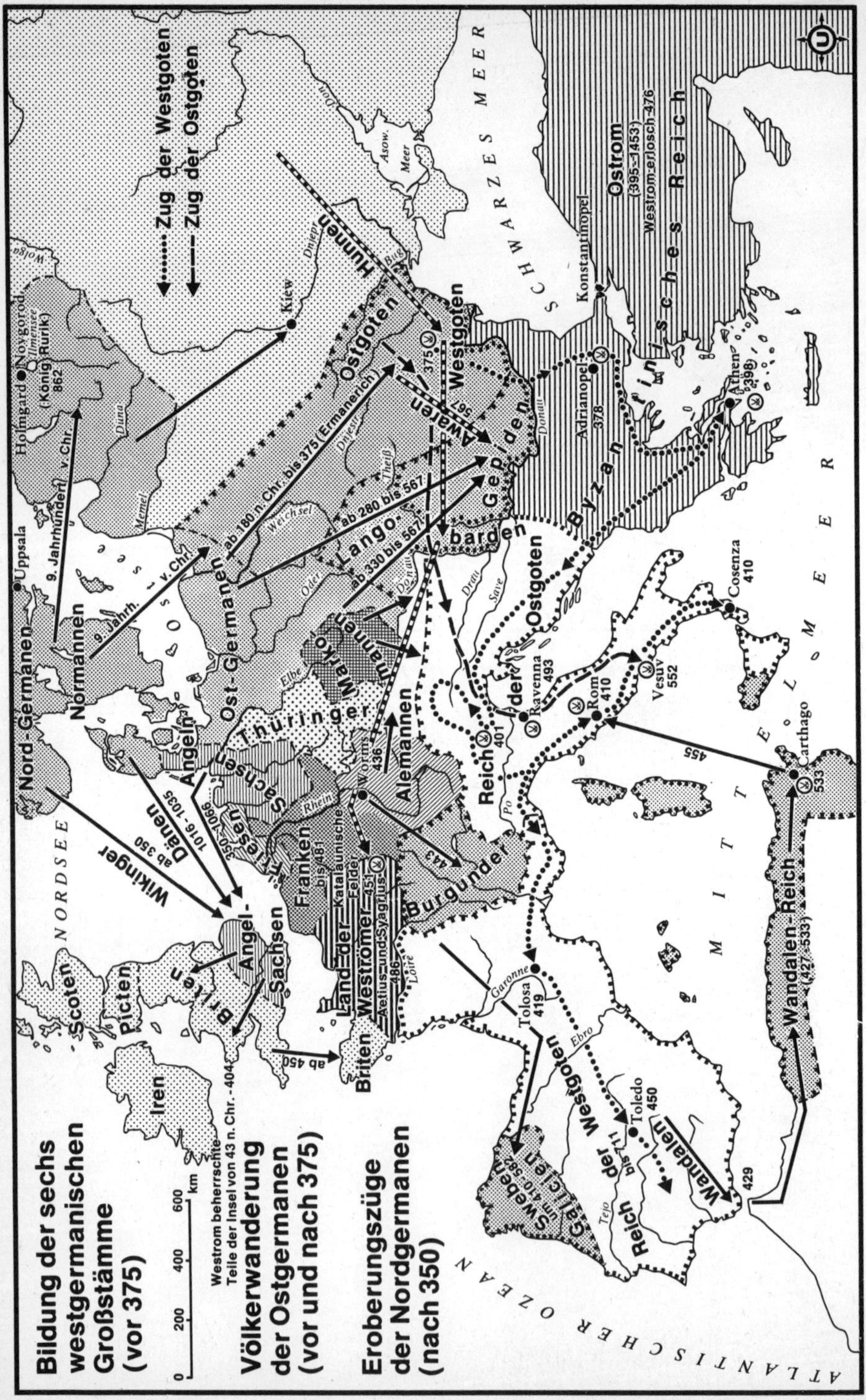

Bildung der sechs westgermanischen Großstämme (vor 375)
Völkerwanderung der Ostgermanen (vor und nach 375)
Eroberungszüge der Nordgermanen (nach 350)
Zug der Westgoten
Zug der Ostgoten
0 200 400 600 km
Westrom beherrschte Teile der Insel von 43 n. Chr. - 404
NORDSEE
O s t s e e
S C H W A R Z E S M E E R
Asow. Meer
M I T T E L M E E R
ATLANTISCHER OZEAN
Nord-Germanen
Normannen
9. Jahrh. v. Chr.
9. Jahrhundert v. Chr.
Uppsala
Holmgard
Nowgorod
Ilmensee
(König Rurik) 862
Kiew
Hunnen
Ost-Germanen
Wikinger ab 350
Dänen 1016-1035
Angeln
Sachsen
Friesen 350-1066
Thüringer
Franken bis 481
Land der Weströmer Aetius und Syagrius 486
Katalaunische Felder 451
Worms 436
Burgunder 443
Alemannen
Markomannen
Lango-barden ab 330 bis 567
Gepiden ab 280 bis 567
Ostgoten ab 180 n. Chr. bis 375 (Ermanerich)
Westgoten 375
Awaren 567
Scoten
Picten
Iren
Briten
Angel-Sachsen
ab 450
Briten
Reich der Ostgoten
Reich 401
Ravenna 493
Rom 410
Vesuv 552
Cosenza 410
Carthago 533
455
Wandalen-Reich (427-533)
Wandalen
429
Reich der Westgoten bis 711
Toledo 450
Tolosa 419
Sweben
Galicien um 410-582
Ostrom (395-1453)
Westrom erlosch 476
Byzantinisches Reich
Konstantinopel
Adrianopel 378
Athen 398
Wolga
Dnjepr
Don
Bug
Düna
Memel
Weichsel
Oder
Elbe
Rhein
Donau
Dnjestr
Theiß
Drau
Save
Po
Loire
Garonne
Ebro
Tejo

Karte 6

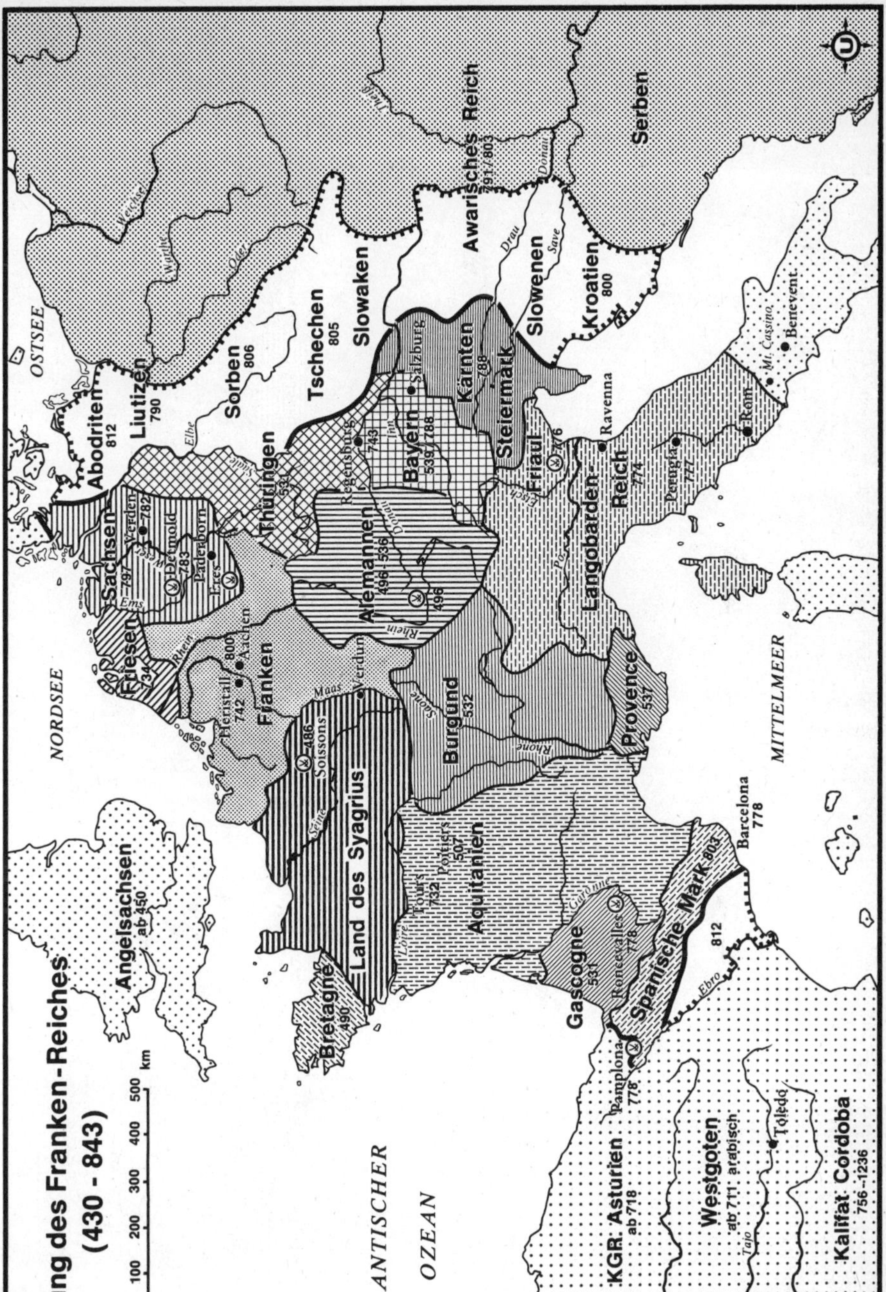
Entstehung des Franken-Reiches
(430 - 843)
0 100 200 300 400 500 km
ATLANTISCHER
OZEAN
NORDSEE
OSTSEE
MITTELMEER
Angelsachsen
ab 450
Bretagne
490
Land des Syagrius
Soissons
486
Seine
Loire
Tours
732
Poitiers
507
Aquitanien
Gascogne
531
Garonne
Roncevalles
778
Spanische Mark
803
Barcelona
778
Ebro
812
Pamplona
778
KGR. Asturien
ab 718
Westgoten
ab 711 arabisch
Toledo
Tajo
Kalifat Cordoba
756-1236
Franken
Heristall
742
Aachen
800
Maas
Verdun
Rhein
Friesen
Sachsen
797
Ems
Verden
782
Detmold
783
Paderborn
Weser
Abodriten
812
Liutizen
790
Elbe
Sorben
806
Saale
Thüringen
531
Regensburg
743
Inn
Donau
Alemannen
496-536
496
Bayern
539/788
Salzburg
Kärnten
788
Steiermark
Tschechen
805
Slowaken
Awarisches Reich
791/803
Drau
Save
Slowenen
Kroatien
800
Serben
Weichsel
Warthe
Oder
Theiß
Burgund
532
Saone
Rhone
Provence
537
Friaul
776
Etsch
Po
Ravenna
Langobarden-
Reich
774
Perugia
Rom
Mt. Cassino
Benevent

Karte 7

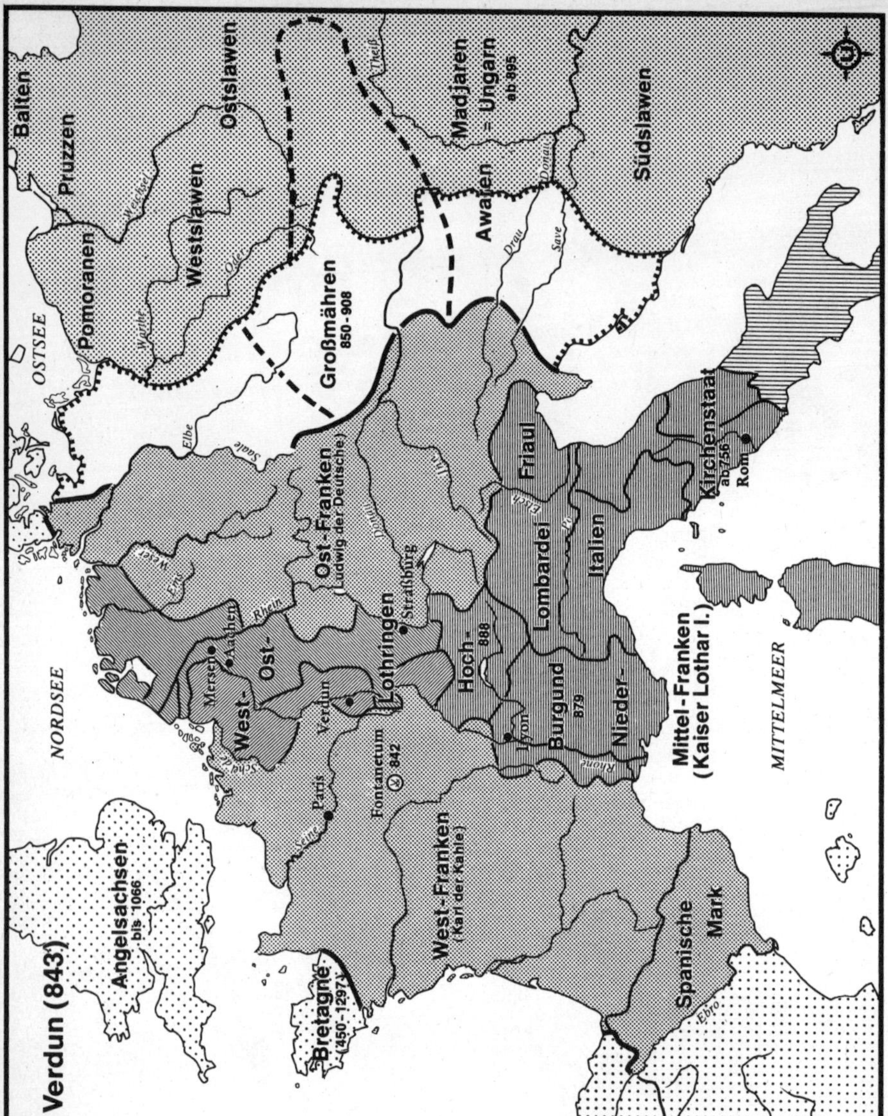
Teilungsverträge von Verdun (843)
und Mersen (870)
0 100 200 300 400 500 km
ATLANTISCHER
OZEAN
NORDSEE
OSTSEE
MITTELMEER
Angelsachsen
bis 1066
Bretagne
(450-1297)
West-Franken
(Karl der Kahle)
Spanische
Mark
Asturien
(Galicien)
Kalifat Cordoba
756-1236
Paris
Fontanetum
842
Verdun
Mersen
Aachen
West-
Ost-
Lothringen
Straßburg
Hoch-
888
Burgund
879
Nieder-
Lyon
Mittel-Franken
(Kaiser Lothar I.)
Lombardei
Italien
Friaul
Kirchenstaat
ab 756
Rom
Ost-Franken
(Ludwig der Deutsche)
Großmähren
850-908
Pomoranen
Westslawen
Pruzzen
Balten
Ostslawen
Madjaren
= Ungarn
ab 895
Awaren
Südslawen
Seine
Schelde
Rhein
Ems
Weser
Elbe
Saale
Donau
Rhone
Etsch
Po
Drau
Save
Theiß
Oder
Warthe
Weichsel
Ebro
Tajo

Karte 8

Das Erste Deutsche Reich
im Hochmittelalter
(843-1268)
0 100 200 300 400 500 km
KGR. Norwegen
ab 900
KGR. Schweden
ab 850
Finnen
Esten
Liven
Kuren
Düna
Litauer
Memel
NORDSEE
OSTSEE
KGR. Dänemark
ab 800
Mark
Schleswig
934
Billung-
Mark
937-1029
937-
Pommern
Pomerellen
1000-1025 poln.
Pruzzen
KGR. England
Friesland
Bremen
Nord-Mark
983
Brennabor
928
Magdeburg
937
Lausitz
1031
Gnesen
1000
Warthe
Oder
Polen
992-1025
Weichsel
Nieder-
Aachen
Köln
Bonn
Rhein
Meißen
Bautzen
1018
Saale
Hennegau
Schlesien
1163
zum
Reich
Lothringen
Frankfurt
Eger
1003
929/950
Prag
Mainz
Bamberg
Lützelburg
Verdun
843
Böhmen und
Mähren
1030
Regensburg
Seine
Hiersau
Ober-
Elsaß
Lechfeld
955
Bayr.
Zips
1150
Theiß
Loire
Hohen-Twiel
Augsburg
Wien
Gran 1001
Budapest
Frankreich
Bisanz
St. Gallen
Salzburg
Ostmark
Zürich
Cluny
910
KGR.
Tirol
Steiermark
KGR. Ungarn
1001
Burgund
Verona
Kärnten
Lyon
Mailand
Friaul
Krain
Drau
Venedig
Pavia
Po
(Arelat)
1032
zum
Reich
Garonne
Rhone
Lombard. KGR.
Istrien
Save
Donau
Siebenbürgen
1150
Kroaten
Tuszien
Kirchenstaat
Serben
Nursia
Korsika
ab 1020
(vorh. arab.)
Viterbo
1002
Rom
Bulgarien
969-1018
Lucera
Benevent
Neapel
Apulien
Sardinien
ab 1050
(vorh. arab.)
Byzantisches Reich
395-1453
MITTELMEER
Palermo
Sizilien
ab 1061
(vorh. arab.)

Karte 9

Schlachten und Friedensschlüsse (843 - 1268)
Norwegen
Schweden
NORDSEE
OSTSEE
Dänemark
Danewerk 934
Litauen
Ordensstaat
955
FRIESLAND 1256
Brennabor 928
Harzburg 1074
OSTMARK
Weltesh. 929 1115
Saucourt 881
Löwen 891
Aachen 978
Bonn 939
H.-Mölsen 1080
Liegnitz 1241
Polen
Bouvines 1214
Andernach 876
Bleichfeld 1086
Prag 929/950
Soisson 833
Reims 1029
Paris 885
Weinsberg 1140
Straßburg 842
Lügenfeld 835
Augsburg
Lechfeld 955
BAYERN 938
Fontanetum 842
Basel 1030
Konstanz 1183
Menfö 1044
Buda-Pest
Frankreich
Awarenreich = Ungarn seit 815
Cortenouva 1237
Legnano 1176
Mailand 1162
Pavia 1154
Alessandria 1174
Parma 1246
Bologna 1249
Genua
Canossa 1177
Pisa 1241
Byzantinisches Reich
Tagliacozzo 1268
Rom 1136 1155
Tusculum 1167
Benevent 1266
Neapel 1268
Lavello 1254
Cotrone 982
Palermo 1197
Messina 1197
MITTELMEER
0 100 200 300 400 500 km

Karte 10

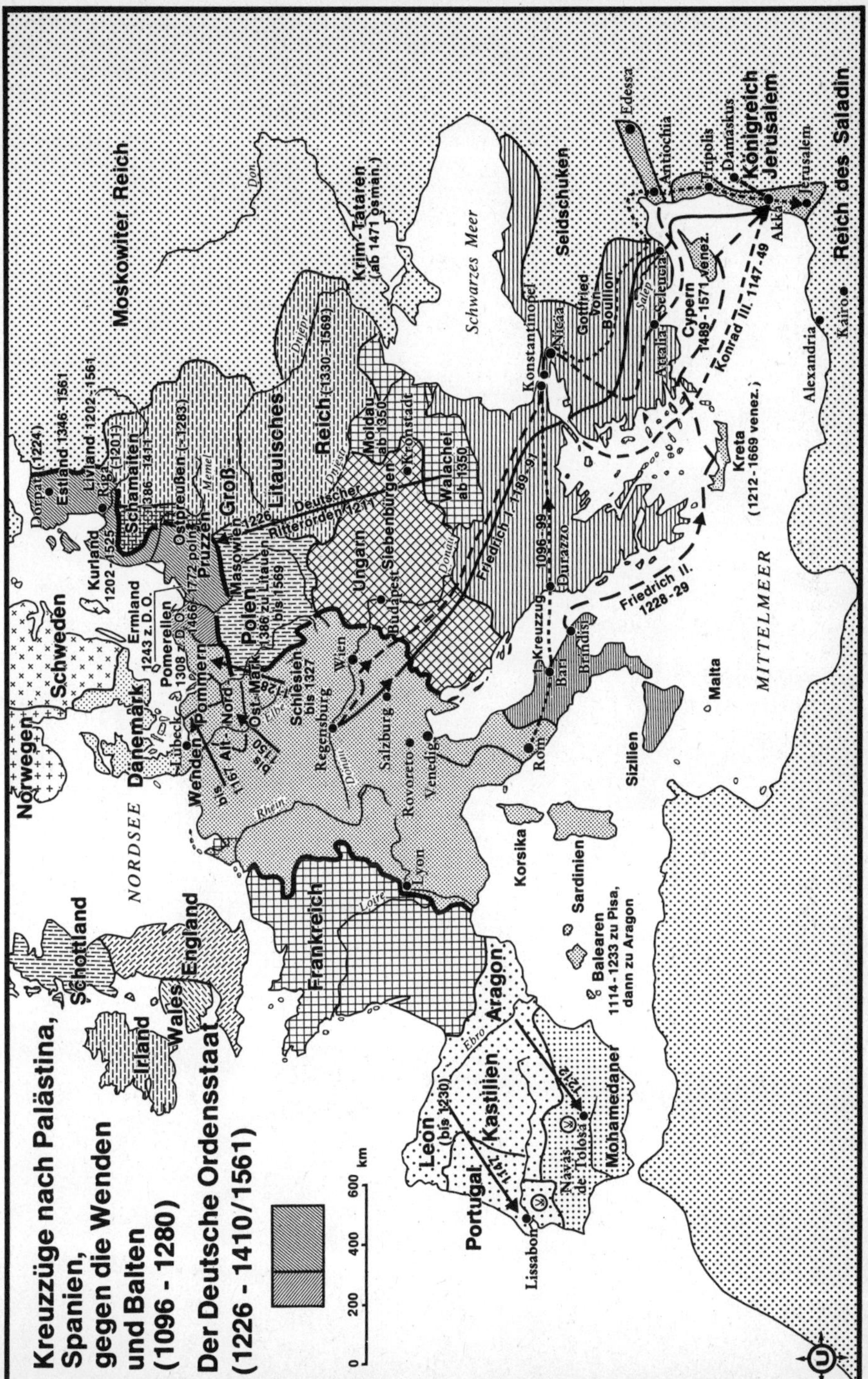
Kreuzzüge nach Palästina, Spanien, gegen die Wenden und Balten (1096 - 1280)
Der Deutsche Ordensstaat (1226 - 1410/1561)
0 200 400 600 km
Moskowiter Reich
Norwegen
Schweden
Dänemark
Schottland
Irland
Wales
England
NORDSEE
Frankreich
Portugal
Leon (bis 1230)
Kastilien
Aragon
Mohamedaner
Navas de Tolosa
Lissabon
1147
1212
Ebro
Loire
Rhein
Donau
Elbe
Lyon
Korsika
Sardinien
Balearen 1114 - 1233 zu Pisa, dann zu Aragon
Sizilien
Malta
MITTELMEER
Rom
Bari
Brindisi
Rovoreto
Venedig
Salzburg
Regensburg
Wien
Budapest
Ungarn
Siebenbürgen
Kronstadt
Walachei ab 1350
Moldau ab 1350
Lübeck
Wenden
Pommern
Alt-Nord
Ost-Mark
Schlesien bis 1327
Polen 1386 zu Litauen bis 1569
Masowien 1226
Pommerellen 1308 z. D. O.
Ermland 1243 z. D. O.
1466 - 1772 poln.
Pruzzen
Ostpreußen (-1283)
Schamaiten 1386 - 1411
Kurland 1202 - 1525
Livland 1202 - 1561
Riga (1201)
Estland 1346 - 1561
Dorpat (1224)
Memel
Deutscher Ritterorden 1211
Groß-Litauisches Reich (1330 - 1569)
Dnjepr
Dnjestr
Don
Krim-Tataren (ab 1471 osman.)
Schwarzes Meer
Konstantinopel
Nicäa
Durazzo
1. Kreuzzug 1096 - 99
Friedrich I. 1189 - 91
Friedrich II. 1228 - 29
Konrad III. 1147 - 49
Gottfried von Bouillon
Seldschuken
Attalia
Seleucia
Saleph
Cypern 1489 - 1571 venez.
Kreta (1212 - 1669 venez.)
Edessa
Antiochia
Tripolis
Damaskus
Akkon
Königreich Jerusalem
Jerusalem
Alexandria
Kairo
Reich des Saladin

Karte 11

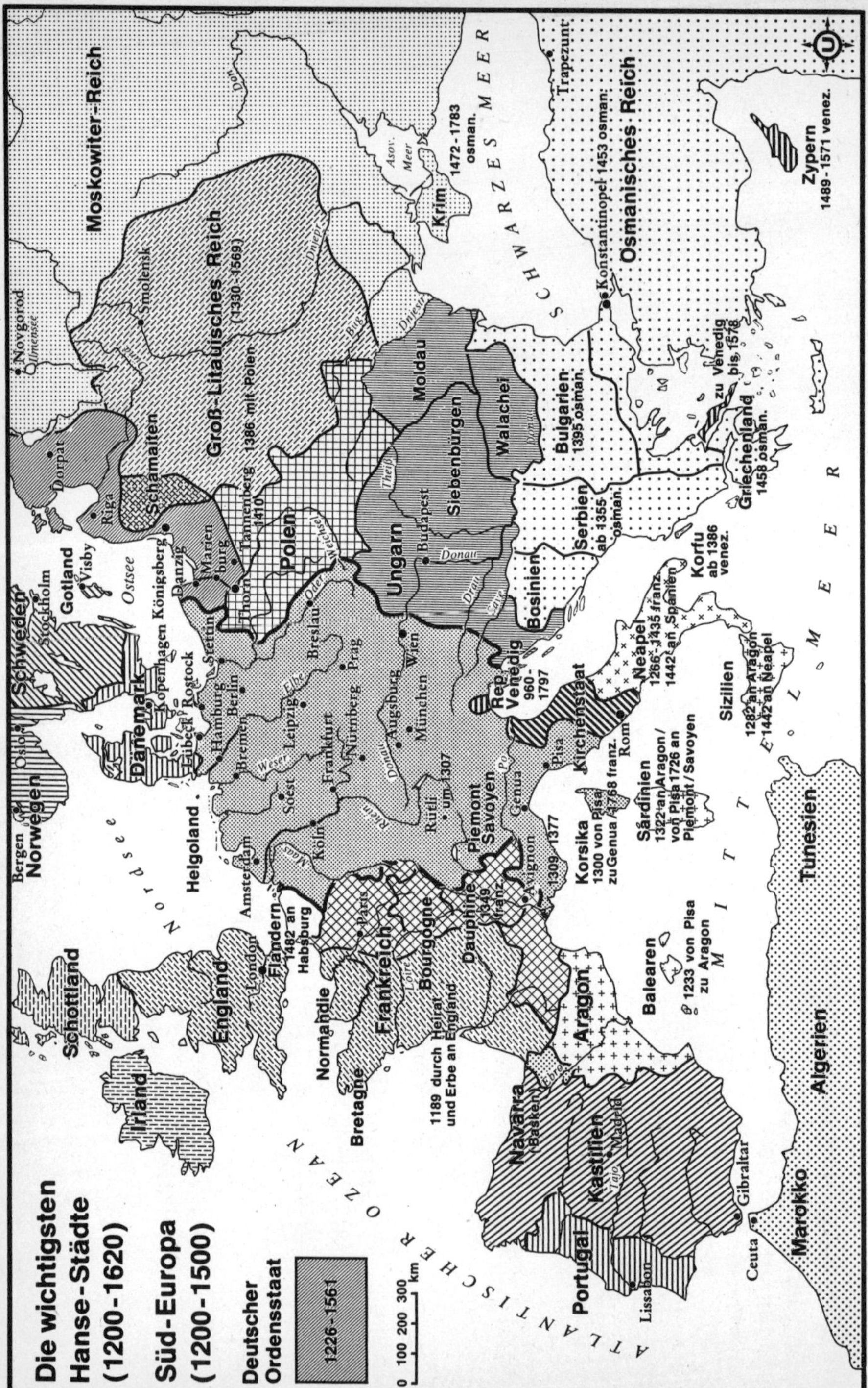

Die wichtigsten Hanse-Städte (1200-1620)
Süd-Europa (1200-1500)
Deutscher Ordensstaat
1226-1561
0 100 200 300 km
ATLANTISCHER OZEAN
Nordsee
Ostsee
SCHWARZES MEER
MITTELMEER
Asov. Meer
Irland
Schottland
England
London
Flandern 1482 an Habsburg
Amsterdam
Helgoland
Norwegen
Bergen
Oslo
Schweden
Stockholm
Gotland
Visby
Dänemark
Kopenhagen
Lübeck
Hamburg
Rostock
Stettin
Bremen
Berlin
Danzig
Königsberg
Marienburg
Thorn
Tannenberg 1410
Riga
Dorpat
Schamaiten
Novgorod
Ilmensee
Smolensk
Moskowiter-Reich
Groß-Litauisches Reich (1330-1569)
1386 mit Polen
Polen
Breslau
Oder
Weichsel
Memel
Bug
Dnjepr
Dnjestr
Don
Soest
Köln
Leipzig
Frankfurt
Nürnberg
Prag
Elbe
Weser
Rhein
Maas
Donau
Augsburg
München
Wien
Rütli um 1307
Ungarn
Budapest
Theiß
Drau
Save
Moldau
Siebenbürgen
Walachei
Bulgarien 1395 osman.
Serbien ab 1355 osman.
Bosinien
Griechenland 1458 osman.
zu Venedig bis 1578
Krim
1472-1783 osman.
Konstantinopel 1453 osman.
Trapezunt
Osmanisches Reich
Zypern 1489-1571 venez.
Korfu ab 1386 venez.
Rep. Venedig 960-1797
Kirchenstaat
Rom
Pisa
Genua
Po
Piemont Savoyen
Neapel 1266-1435 franz. 1442 an Spanien
Sizilien 1282 an Aragon 1442 an Neapel
Sardinien 1322 an Aragon / von Pisa 1726 an Piemont / Savoyen
Korsika 1300 von Pisa zu Genua / 1768 franz.
Avignon 1309-1377
Dauphiné 1349 franz.
Bourgogne
Paris
Frankreich
Loire
Normandie
Bretagne
1189 durch Heirat und Erbe an England
Aragon
Ebro
Balearen 1233 von Pisa zu Aragon
Navarra
Basken
Kastilien
Madrid
Tajo
Portugal
Lissabon
Gibraltar
Ceuta
Marokko
Algerien
Tunesien

Karte 12

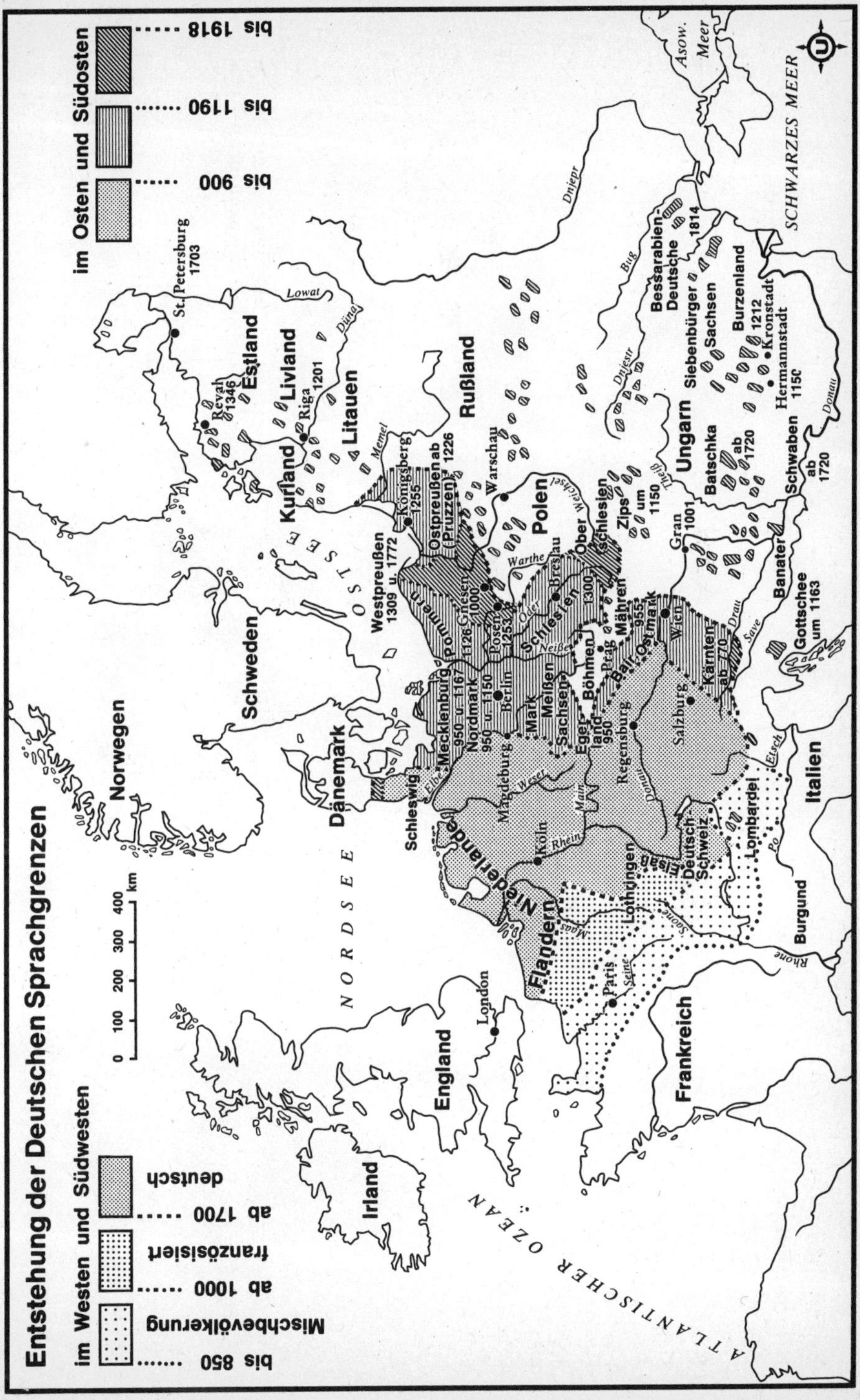
Entstehung der Deutschen Sprachgrenzen
im Westen und Südwesten
bis 850 .... Mischbevölkerung
ab 1000 ..... französisiert
ab 1700 ..... deutsch
im Osten und Südosten
bis 900 ......
bis 1190 ......
bis 1918 .....
0 100 200 300 400 km
NORDSEE
OSTSEE
ATLANTISCHER OZEAN
SCHWARZES MEER
Asow. Meer
Irland
England
London
Frankreich
Paris
Seine
Flandern
Niederlande
Lothringen
Elsaß
Burgund
Deutsch-Schweiz
Lombardei
Italien
Norwegen
Schweden
Dänemark
Schleswig
Köln
Rhein
Main
Magdeburg
Weser
Elbe
Regensburg
Donau
Salzburg
Kärnten ab 770
Bair. Ostmark 955
Wien
Eger-land 950
Böhmen
Prag
Mähren
Sachsen
Meißen
Mark
Nordmark 950 u. 1150
Berlin
Mecklenburg 950 u. 1167
Pommern 1126
Gnesen 1000
Posen 1253
Schlesien
Breslau
Oder
Neiße
Ober Schlesien
Warthe
Westpreußen 1309 u. 1772
Ostpreußen (Pruzzen) ab 1226
Königsberg 1255
Memel
Polen
Warschau
Weichsel
Kurland
Litauen
Livland
Riga 1201
Estland
Reval 1346
St. Petersburg 1703
Lowat
Düna
Rußland
Dnjepr
Bug
Dnjestr
Zips um 1150
Gran 1001
Ungarn
Theiß
Batschka ab 1720
Schwaben ab 1720
Banater
Gottschee um 1163
Drau
Save
Siebenbürger Sachsen
Burzenland 1212
Kronstadt
Hermannstadt 1150
Bessarabien-Deutsche 1814
Etsch
Po
Rhone
Saone
Maas

Karte 13

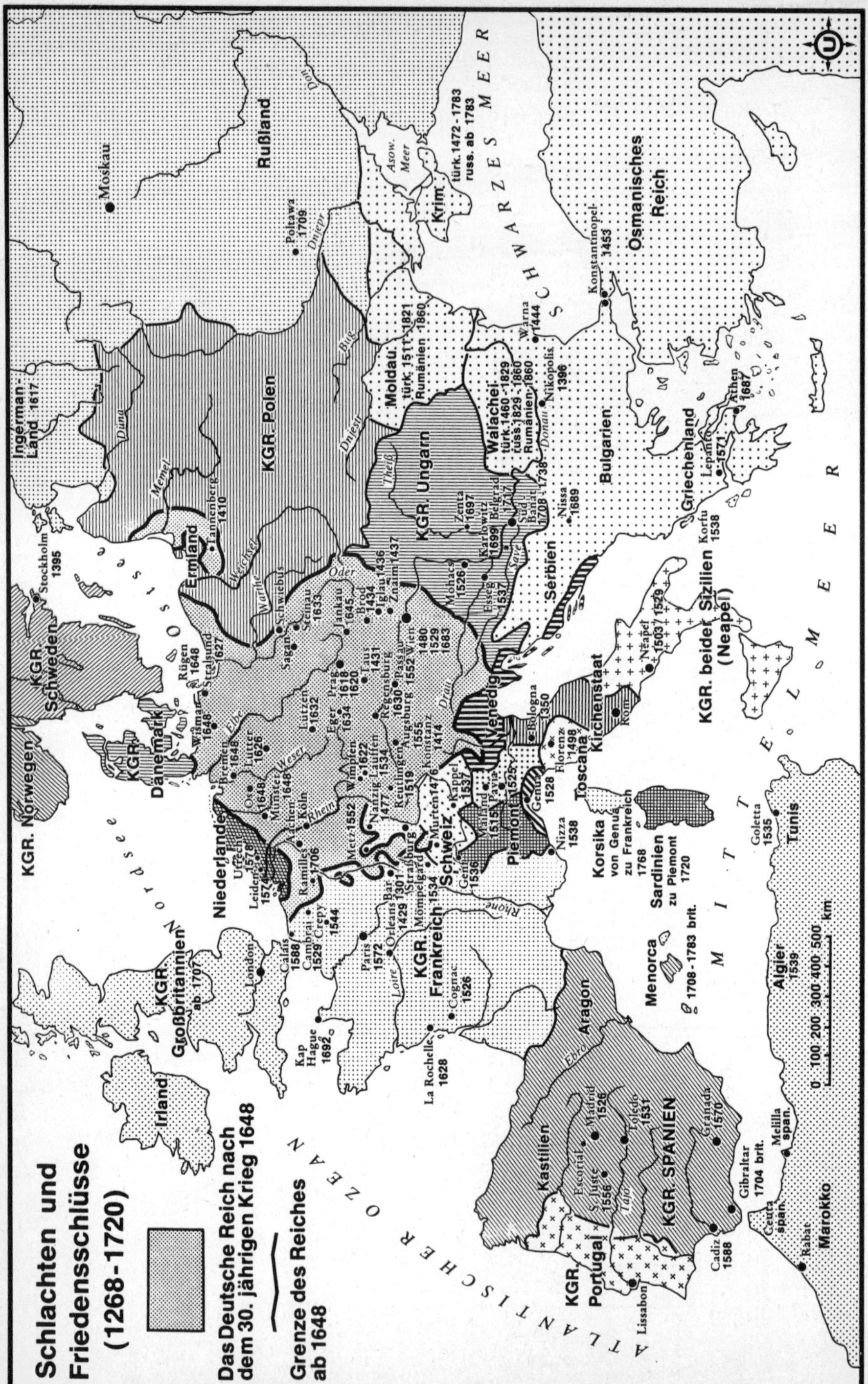
Schlachten und Friedensschlüsse (1268-1720)
Das Deutsche Reich nach dem 30. jährigen Krieg 1648
Grenze des Reiches ab 1648
KGR. Großbritannien ab 1707
Irland
KGR. Norwegen
KGR. Schweden
KGR. Dänemark
Niederlande
KGR. Frankreich
Schweiz
Piemont
Toscana
Kirchenstaat
Venedig
KGR. beider Sizilien (Neapel)
Korsika von Genua zu Frankreich 1768
Sardinien zu Piemont 1720
Menorca 1708-1783 brit.
KGR. Portugal
KGR. SPANIEN
Kastilien
Aragon
Marokko
Algier 1539
Tunis
KGR. Polen
Ermland
Ingermanland 1617
Rußland
Moskau
Poltawa 1709
KGR. Ungarn
Moldau türk. 1511-1821 Rumänien 1860
Walachei türk. 1460-1829 russ. 1829-1860 Rumänien 1860
Krim türk. 1472-1783 russ. ab 1783
Serbien
Bulgarien
Griechenland
Osmanisches Reich
Konstantinopel 1453
Nordsee
Ostsee
ATLANTISCHER OZEAN
MITTELMEER
SCHWARZES MEER
Asow. Meer
0 100 200 300 400 500 km

Karte 14

Karte 15

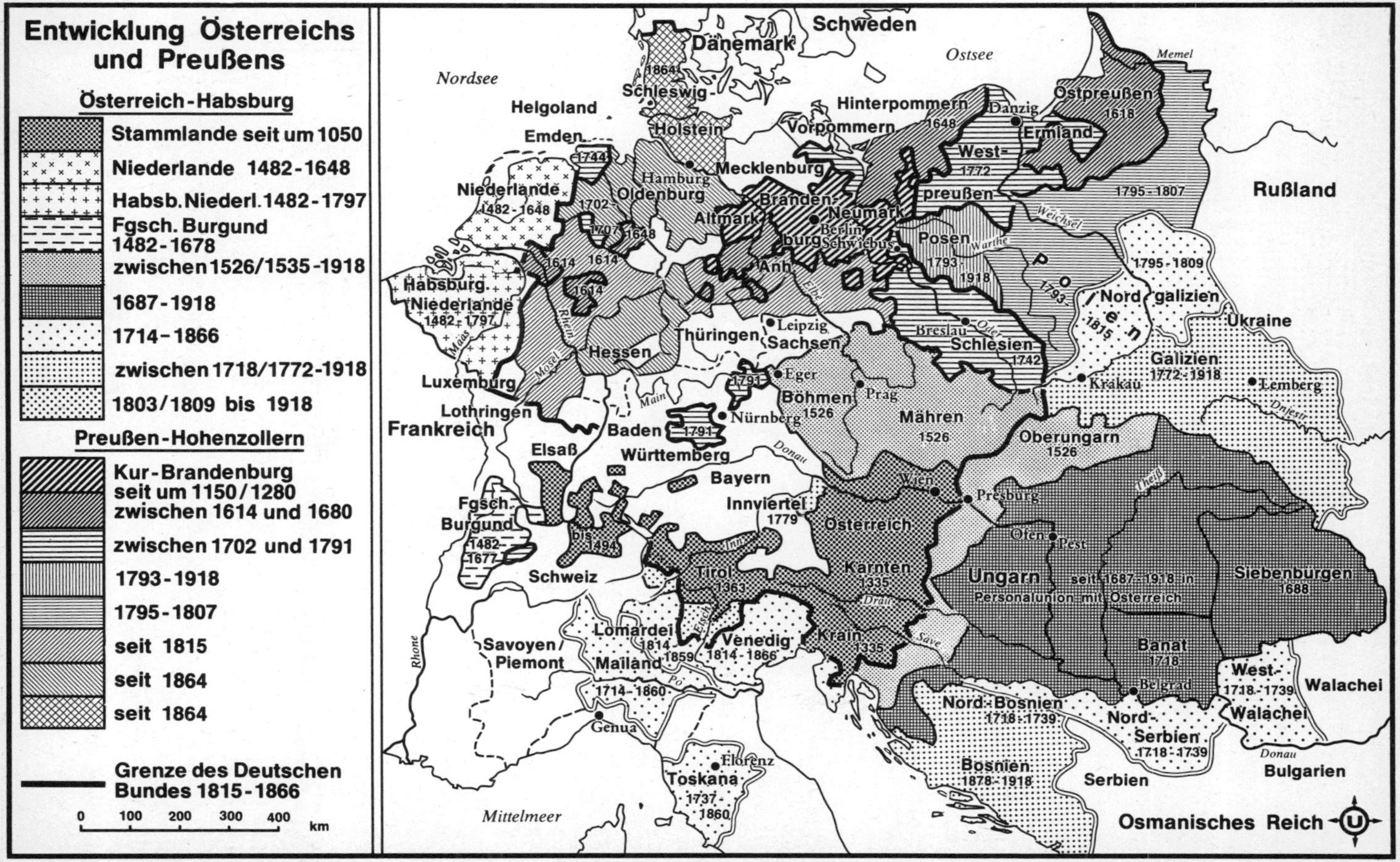

Entwicklung Österreichs und Preußens
Österreich-Habsburg
Stammlande seit um 1050
Niederlande 1482-1648
Habsb. Niederl. 1482-1797
Fgsch. Burgund 1482-1678
zwischen 1526/1535-1918
1687-1918
1714-1866
zwischen 1718/1772-1918
1803/1809 bis 1918
Preußen-Hohenzollern
Kur-Brandenburg seit um 1150/1280
zwischen 1614 und 1680
zwischen 1702 und 1791
1793-1918
1795-1807
seit 1815
seit 1864
seit 1864
Grenze des Deutschen Bundes 1815-1866
0 100 200 300 400 km
Nordsee
Ostsee
Schweden
Dänemark
Schleswig-
1864
Holstein
Helgoland
Emden
1744
Niederlande
1482-1648
Habsburg. Niederlande
1482-1797
Hamburg
Oldenburg
Mecklenburg
Vorpommern
Hinterpommern
1648
Danzig
Ostpreußen
1618
Ermland
Memel
West-
1772
preußen
1795-1807
Rußland
Weichsel
Altmark
Branden-
burg
Berlin
Neumark
Schwiebus
Anh.
Posen
Warthe
1793-1918
Polen
1793-
1815
1795-1809
Nord-
galizien
Ukraine
Galizien
1772-1918
Krakau
Lemberg
Dnjestr
Breslau
Oder
Schlesien
1742
1702
1707
1648
1614
1614
1614
1614
Rhein
Mosel
Maas
Hessen
Thüringen
Leipzig
Sachsen
Elbe
Eger
1791
Böhmen
1526
Prag
Mähren
1526
Luxemburg
Lothringen
Frankreich
Main
Nürnberg
1791
Baden
Württemberg
Donau
Bayern
Elsaß
Innviertel
1779
Wien
Presburg
Oberungarn
1526
Theiß
Fgsch.
Burgund
1482-
1677
bis
1494
Schweiz
Inn
Österreich
Tirol
1363
Kärnten
1335
Drau
Krain
1335
Save
Etsch
Ofen
Pest
Ungarn
seit 1687-1918 in
Personalunion mit Österreich
Siebenbürgen
1688
Banat
1718
Belgrad
West-
1718-1739
Walachei
Walachei
Savoyen/
Piemont
Rhone
Lomardei
1814-
1859
Mailand
Venedig
1814-1866
Po
1714-1860
Genua
Nord-Bosnien
1718-1739
Nord-
Serbien
1718-1739
Donau
Bulgarien
Florenz
Toskana
1737-
1860
Bosnien
1878-1918
Serbien
Mittelmeer
Osmanisches Reich

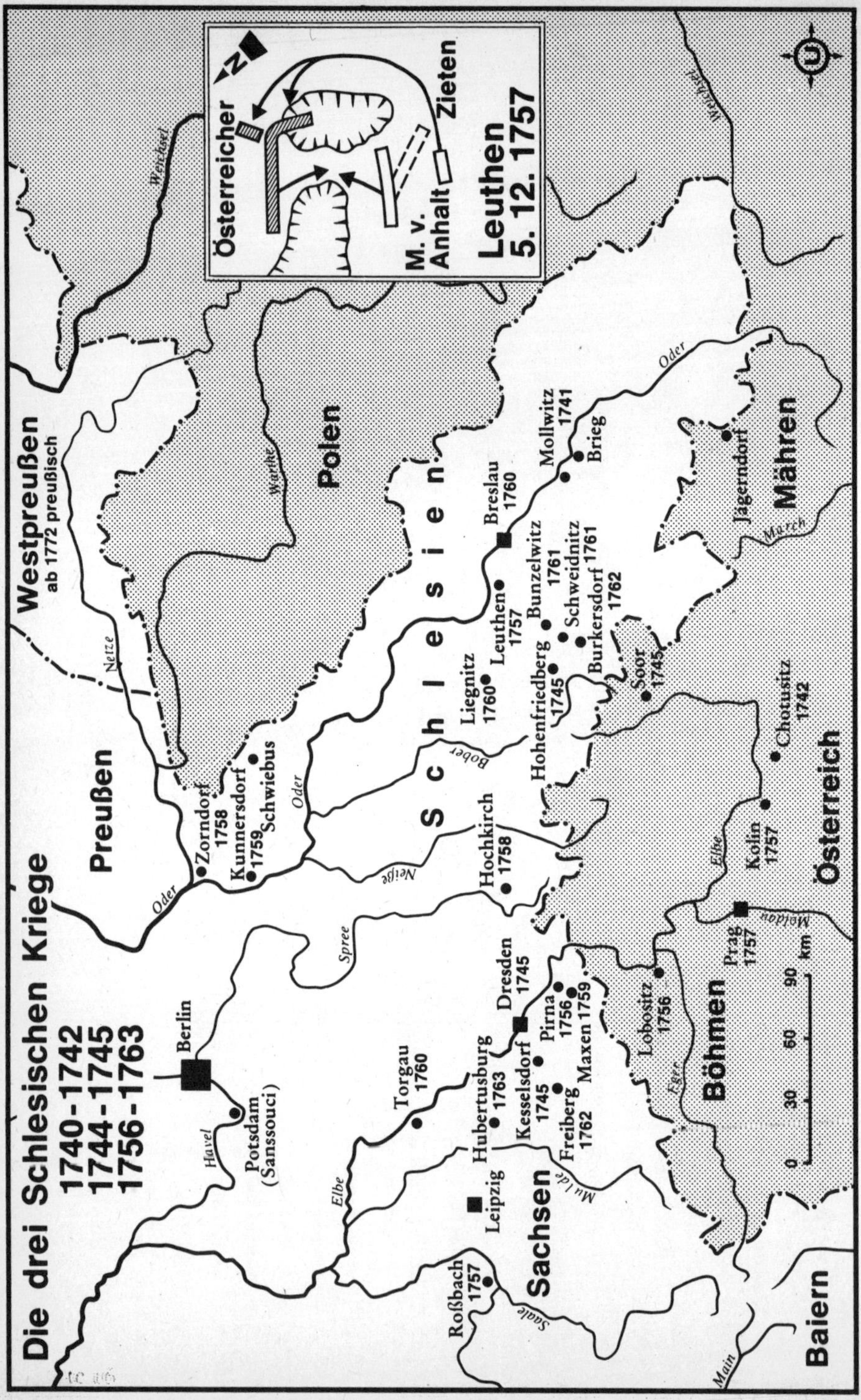

Die drei Schlesischen Kriege
1740-1742
1744-1745
1756-1763
Westpreußen
ab 1772 preußisch
Preußen
Polen
Schlesien
Sachsen
Böhmen
Mähren
Österreich
Baiern
Berlin
Potsdam (Sanssouci)
Havel
Oder
Spree
Elbe
Neiße
Bober
Netze
Warthe
Weichsel
Mulde
Saale
Main
Eger
Moldau
March
Zorndorf 1758
Kunnersdorf 1759
Schwiebus
Hochkirch 1758
Liegnitz 1760
Leuthen 1757
Breslau 1760
Mollwitz 1741
Brieg
Hohenfriedberg 1745
Bunzelwitz 1761
Schweidnitz 1761
Burkersdorf 1762
Soor 1745
Jägerndorf
Chotusitz 1742
Kolin 1757
Prag 1757
Lobositz 1756
Dresden 1745
Pirna 1756
Maxen 1759
Kesselsdorf 1745
Freiberg 1762
Torgau 1760
Hubertusburg 1763
Leipzig
Roßbach 1757
0 30 60 90 km
Österreicher
M. v. Anhalt
Zieten
Leuthen 5. 12. 1757
N

Karte 16

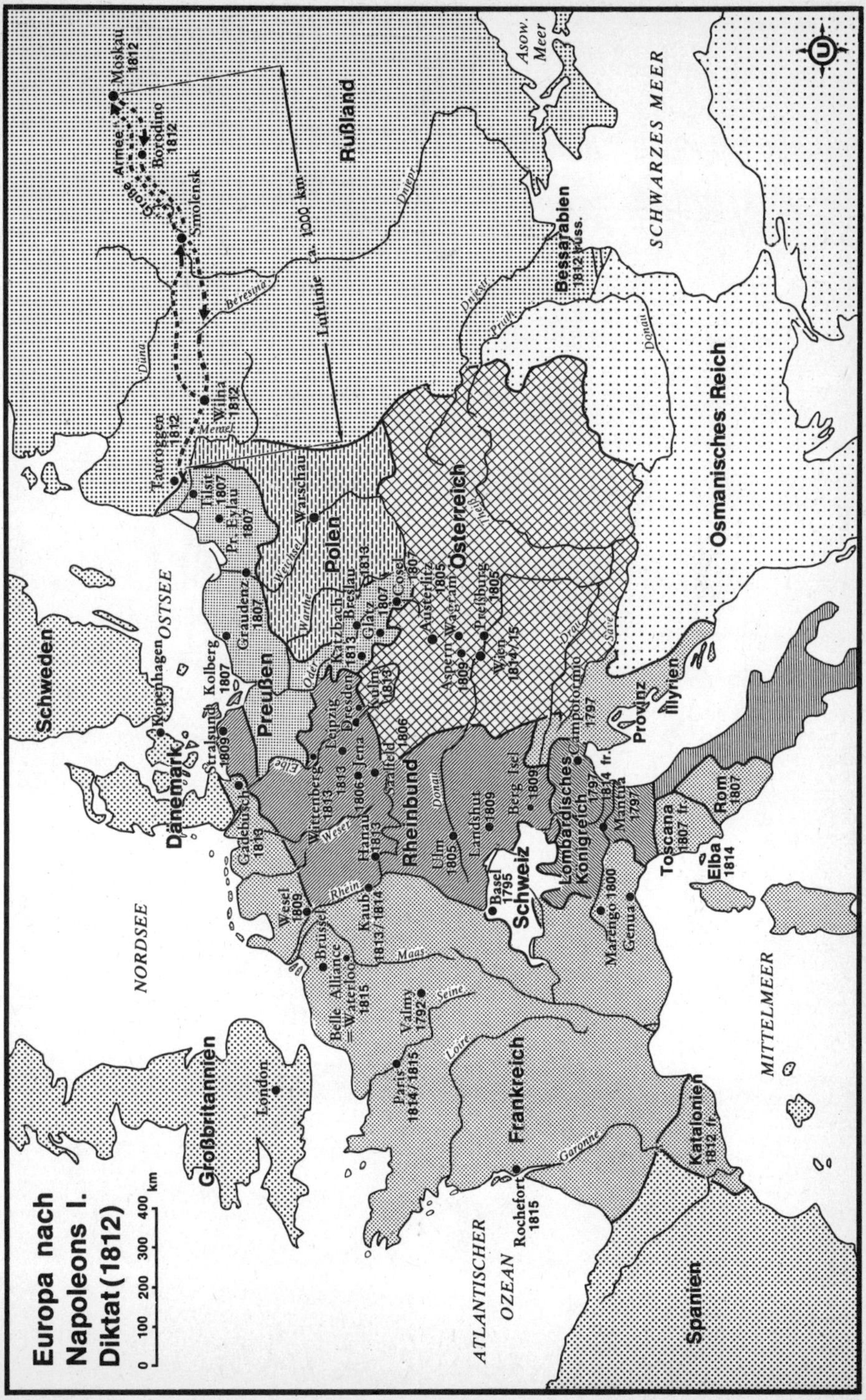
Europa nach Napoleons I. Diktat (1812)
0 100 200 300 400 km
Großbritannien
London
NORDSEE
Frankreich
Paris 1814/1815
Valmy 1792
Belle Alliance = Waterloo 1815
Brüssel
Wesel 1809
Kaub 1813/1814
Hanau 1813
Rheinbund
Ulm 1805
Landshut 1809
Berg Isel 1809
Basel 1795
Schweiz
Lombardisches Königreich
Marengo 1800
Genua
Mantua 1797
Campoformio 1797
Toscana 1807 fr.
Elba 1814
Rom 1807
Provinz Illyrien
Osmanisches Reich
SCHWARZES MEER
Asow. Meer
Bessarabien 1812 russ.
Rußland
Moskau 1812
Borodino 1812
Smolensk
Große Armee
Wilna 1812
Tauroggen 1812
Luftlinie ca. 1000 km
Tilsit 1807
Pr. Eylau 1807
Warschau
Polen
Preußen
Graudenz 1807
Kolberg 1807
Stralsund 1809
Kopenhagen
Dänemark
Schweden
OSTSEE
Gadebusch 1813
Wittenberg 1813
Leipzig 1813
Dresden 1813
Jena 1806
Saalfeld 1806
Katzbach 1813
Breslau 1813
Glatz 1807
Cosel 1807
Kulm 1813
Österreich
Austerlitz 1805
Aspern 1809
Wagram
Preßburg 1805
Wien 1814/15
Spanien
Katalonien 1812 fr.
Rochefort 1815
ATLANTISCHER OZEAN
MITTELMEER
Rhein
Weser
Elbe
Oder
Weichsel
Warthe
Memel
Düna
Beresina
Dnjepr
Dnjestr
Pruth
Donau
Maas
Seine
Loire
Garonne
Drau
Save
Theiß

Karte 17

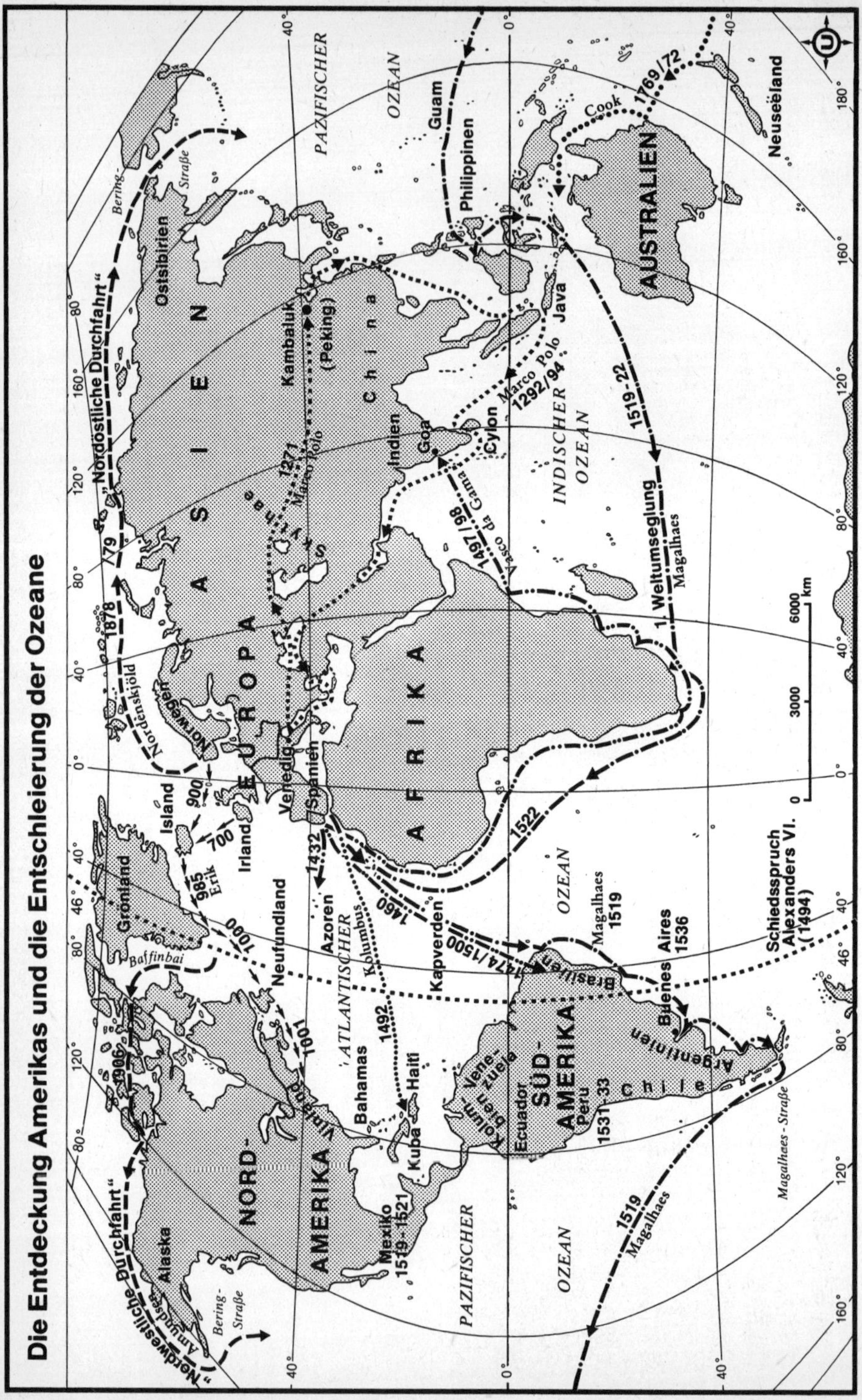
Die Entdeckung Amerikas und die Entschleierung der Ozeane
NORD-
AMERIKA
SÜD-
AMERIKA
EUROPA
A S I E N
A F R I K A
AUSTRALIEN
PAZIFISCHER
OZEAN
ATLANTISCHER
OZEAN
INDISCHER
OZEAN
Alaska
Grönland
Island
Irland
Norwegen
Neufundland
Vinland
Bahamas
Kuba
Haiti
Mexiko
1519-1521
Azoren
Kapverden
Spanien
Venedig
Kolumbien
Venezuela
Ecuador
Peru
1531-33
Brasilien
Buenes Aires
1536
Argentinien
Chile
Magalhaes-Straße
Ostsibirien
Bering-Straße
Kambaluk
(Peking)
China
Indien
Goa
Ceylon
Java
Philippinen
Guam
Neuseeland
Baffinbai
„Nordwestliche Durchfahrt“
Amundsen
1906
„Nordöstliche Durchfahrt“
Nordenskjöld
1878/79
Erik
985
900
700
1000
1001
Kolumbus
1492
1432
1460
1474/1500
1497/98
Vasco da Gama
Marco Polo
1271
Marco Polo
1292/94
Skythae
1. Weltumseglung
Magalhaes
1519-22
1522
Magalhaes
1519
Cook
1769/72
Schiedsspruch
Alexanders VI.
(1494)
0
3000
6000
km

Karte 18

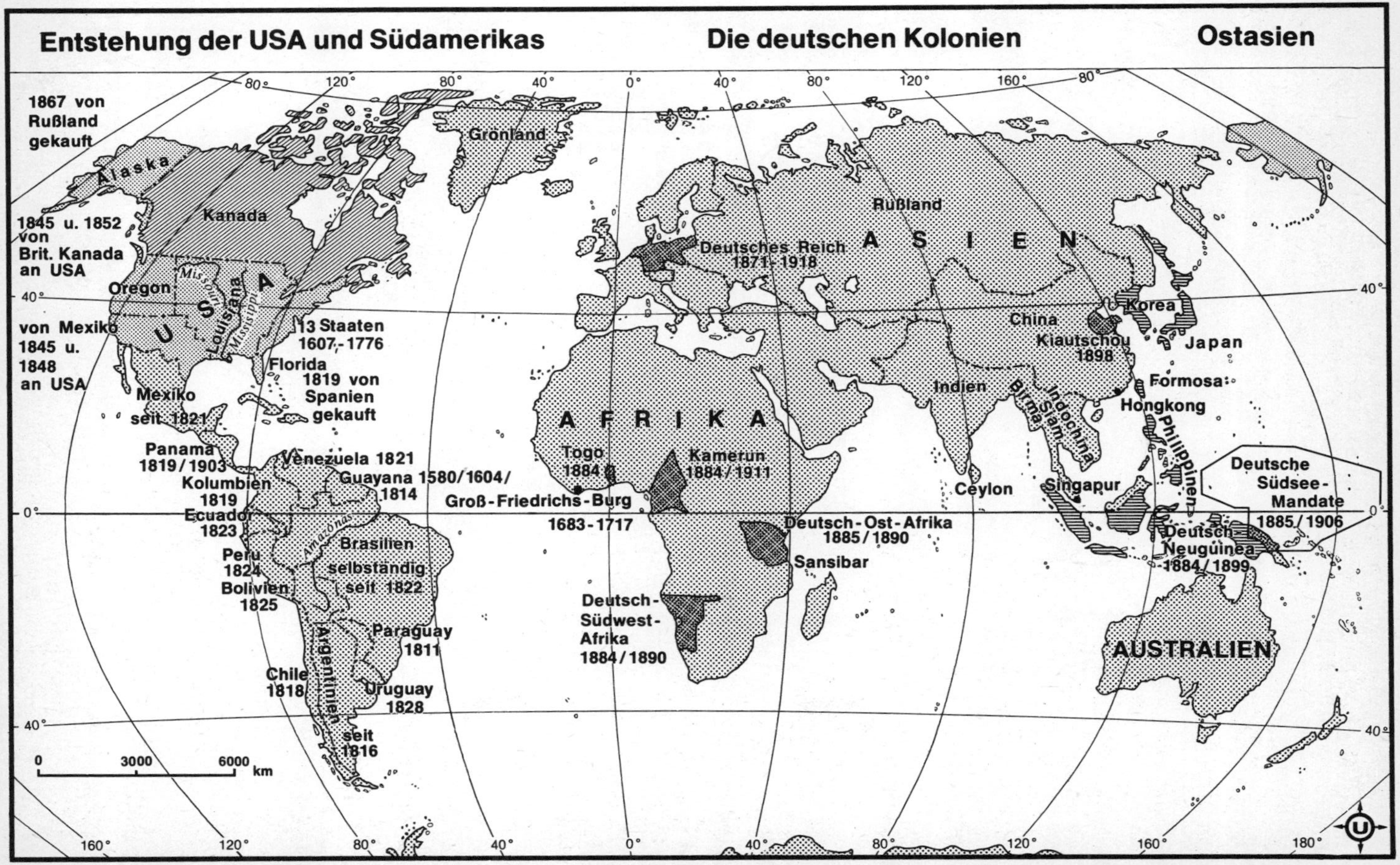
Entstehung der USA und Südamerikas
Die deutschen Kolonien
Ostasien
1867 von Rußland gekauft
Alaska
Kanada
1845 u. 1852 von Brit. Kanada an USA
Oregon
Missouri
Louisiana
Mississippi
U S A
von Mexiko 1845 u. 1848 an USA
13 Staaten 1607-1776
Florida 1819 von Spanien gekauft
Mexiko seit 1821
Panama 1819/1903
Venezuela 1821
Guayana 1580/1604/1814
Kolumbien 1819
Ecuador 1823
Amazonas
Brasilien selbständig seit 1822
Peru 1824
Bolivien 1825
Paraguay 1811
Chile 1818
Argentinien seit 1816
Uruguay 1828
Grönland
Deutsches Reich 1871-1918
Rußland
A S I E N
A F R I K A
Togo 1884
Groß-Friedrichs-Burg 1683-1717
Kamerun 1884/1911
Deutsch-Ost-Afrika 1885/1890
Sansibar
Deutsch-Südwest-Afrika 1884/1890
Indien
Ceylon
China
Kiautschou 1898
Korea
Japan
Formosa
Hongkong
Birma
Siam
Indochina
Singapur
Philippinen
Deutsche Südsee-Mandate 1885/1906
Deutsch-Neuguinea 1884/1899
AUSTRALIEN
0 3000 6000 km

Karte 19

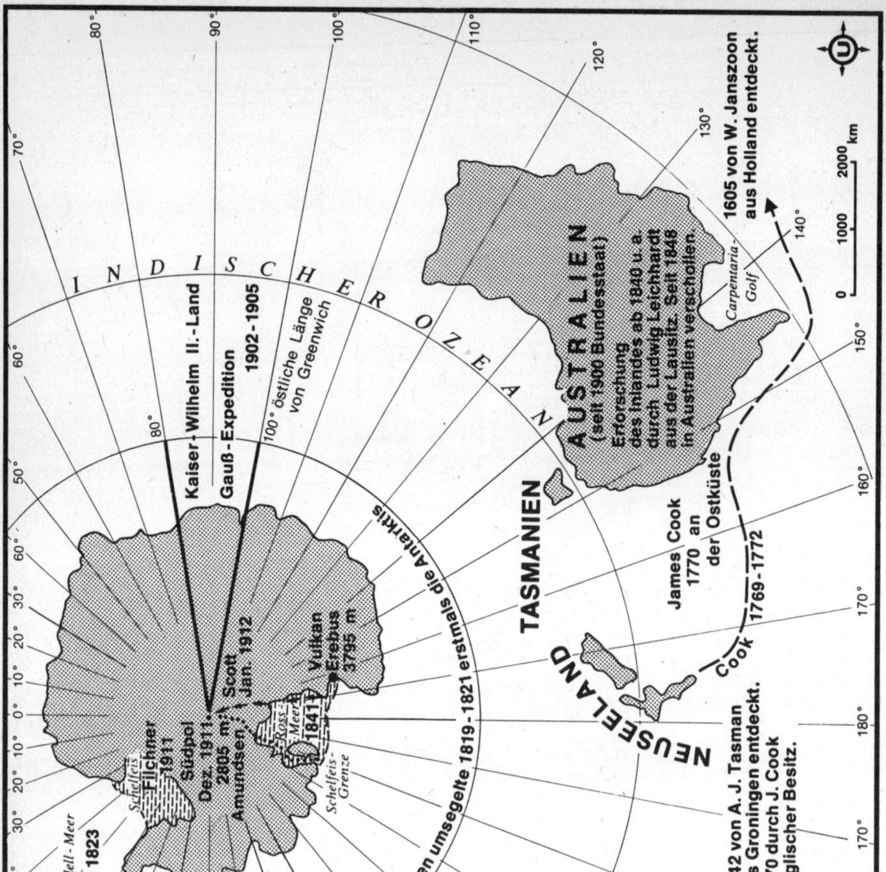
Erforschung der Antarktis und Australiens
INDISCHER OZEAN
PAZIFISCHER OZEAN
ARGENTINIEN
CHILE
Magalhaes-Straße
1000 km
Wedell-Meer
1823
Schelfeis
Filchner 1911
Südpol Dez. 1911
2805 m
Amundsen
Scott Jan. 1912
Ross-Meer
1841
Schelfeis-Grenze
Vulkan Erebus 3795 m
Kaiser-Wilhelm II.-Land
Gauß-Expedition 1902-1905
100° östliche Länge von Greenwich
S. Bellinghausen umsegelte 1819-1821 erstmals die Antarktis
TASMANIEN
NEUSEELAND
AUSTRALIEN
(seit 1900 Bundesstaat)
Erforschung des Inlandes ab 1840 u.a. durch Ludwig Leichhardt aus der Lausitz. Seit 1848 in Australien verschollen.
Carpentaria-Golf
1605 von W. Janszoon aus Holland entdeckt.
James Cook 1770 an der Ostküste
Cook 1769-1772
1642 von A. J. Tasman aus Groningen entdeckt. 1770 durch J. Cook englischer Besitz.
0 1000 2000 km

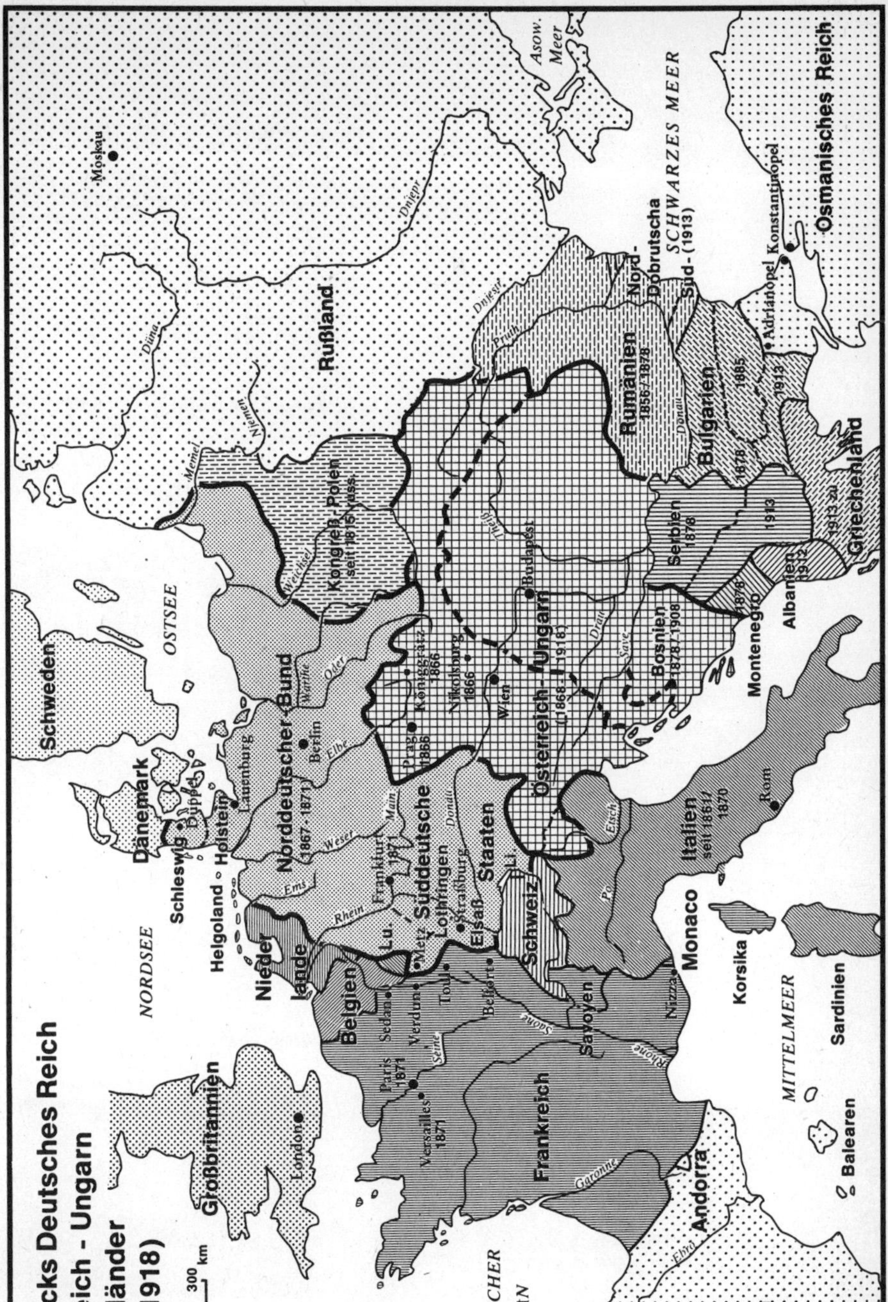
Bismarcks Deutsches Reich
Österreich - Ungarn
Balkanländer
(1871-1918)
0 100 200 300 km
Schweden
Dänemark
Schleswig
Holstein
Helgoland
Düppel
Lauenburg
NORDSEE
OSTSEE
Großbritannien
London
Nieder lande
Belgien
Sedan
Paris 1871
Versailles 1871
Verdun
Toul
Metz
Lu.
Belfort
Frankreich
Seine
Saône
Rhône
Garonne
Savoyen
Nizza
Monaco
Andorra
Spanien
Ebro
Balearen
Korsika
Sardinien
MITTELMEER
ATLANTISCHER OZEAN
Norddeutscher Bund (1867-1871)
Berlin
Elbe
Weser
Ems
Rhein
Main
Oder
Warthe
Frankfurt 1871
Süddeutsche Staaten
Lothringen
Elsaß
Straßburg
Donau
Li.
Schweiz
Italien seit 1861/1870
Rom
Po
Etsch
Österreich - Ungarn (1868-1918)
Prag 1866
Königgrätz 1866
Nikolsburg 1866
Wien
Budapest
Theiß
Drau
Save
Bosnien 1878/1908
Montenegro
1878
Albanien 1912
Serbien 1878
1913
Griechenland
1913 20
Bulgarien
1878
1885
1913
Adrianopel
Konstantinopel
Osmanisches Reich
Rumänien 1856/1878
Donau
Nord-Dobrutscha
Süd-(1913)
SCHWARZES MEER
Asow. Meer
Kongreß-Polen seit 1815 russ.
Weichsel
Memel
Njemen
Düna
Rußland
Dnjestr
Pruth
Dnjepr
Moskau

Karte 21

Der Erste Weltkrieg in Europa (1914 - 1918)
Mittelmächte
Entente-Mächte
Neutrale Staaten
Staatsgrenzen der Mittelmächte und der Türkei
Front am 9. September 1914
Fronten bis 1917
Fronten vor dem Waffenstillstand am 9. November 1918
Skagerrak 1916
Doggerbank 1915
Schweden
Finnland
Helsinki
St. Petersburg
Kronstadt
Novgorod
Dagö
Ösel
Estland
Pleskau
Riga
Lettland
Düna
Dünaburg
Moskau
Litauen
Smolensk
Rußland
Königsberg
Insterburg
Danzig
Masur. Seen
Tannenberg 1914
Memel
Frontlinie / Ende 1917
Kursk
Frontlinie 1918
Dänemark
Niederlande
Berlin
Weichsel
Warschau
Brest-Litowsk
März 1918
Pripjet
Polen
Antwerpen
Lüttich
Brüssel
Belgien
Koblenz
Deutsches Reich
Kiew
Charkow
Luxemburg
Paris
Versailles
Verdun
Frankreich
Toul
Vogesen
Epinal
Belfort
Prag
Gorlico-Tarnow
Lemberg
Dnjepr
Ukraine
Galizien
Wien
Schweiz
Budapest
Österreich
Ungarn
Asow. Meer
Krim
Bozen
Tagliamento
Isonzo
Görz
Triest
Agram = Zagreb
Kronstadt
Hermannstadt
Po
Etsch
Venedig
Rumänien
Braila
Dobrutscha
Roter Turm-Paß
Bukarest
Konstanza
Cernamodu
Italien
Belgrad
Serbien
Bulgarien
Korsika
Monte negro
Ragusa
Sofia
Maritza
Rom
Tirana
Front 1918
Mazedonien
Türkei
Konstantinopel
Albanien
Griechenland
Sardinien
0 200 400 km
Ostende
Langemarck
Kemmel
Lorettohöhe
Arras
Cambrai
Somme
St. Quentin
Compiègne
Soissans
Ourcq
Reims
Marne
Paris
Seine
Namur
Maubeuge
Rhein
1. Armee
2. Armee
3. Armee
4. Armee
5. Armee
6. Armee
7. Armee
Verdun
Toul
Epinal
Belfort
Deutscher Vormarsch 1914

Karte 22

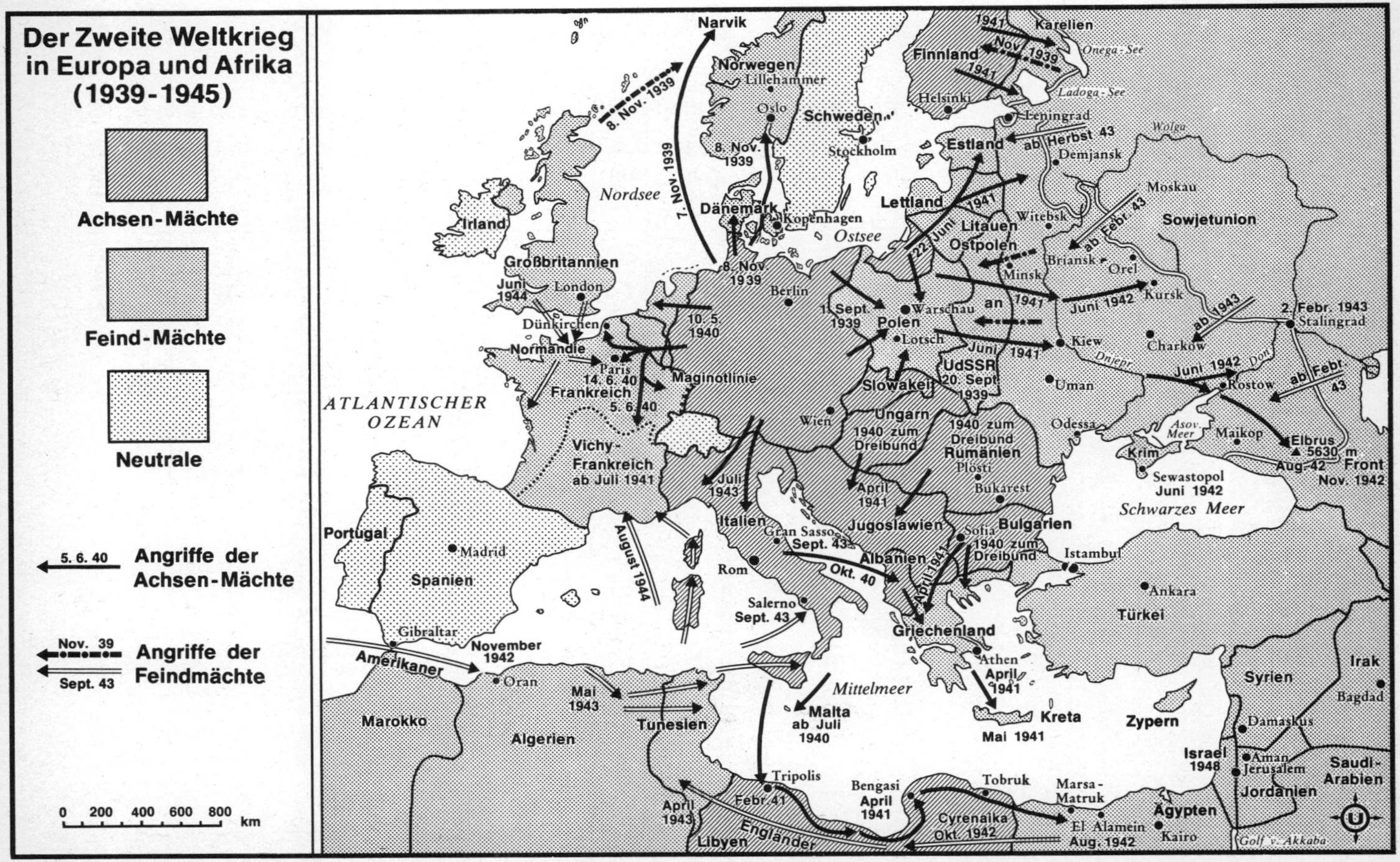

Der Zweite Weltkrieg in Europa und Afrika (1939-1945)
Achsen-Mächte
Feind-Mächte
Neutrale
5. 6. 40
Angriffe der Achsen-Mächte
Nov. 39
Sept. 43
Angriffe der Feindmächte
0 200 400 600 800 km
Narvik
Norwegen
Lillehammer
Oslo
8. Nov. 1939
7. Nov. 1939
Schweden
Stockholm
Finnland
Helsinki
Karelien
Onega-See
Ladoga-See
1941
Nov. 1939
Leningrad
ab Herbst 43
Demjansk
Estland
Lettland
Litauen
Ostpolen
22. Juni 1941
Witebsk
Minsk
Briansk
Orel
ab Febr. 43
Moskau
Wolga
Sowjetunion
Kursk
Juni 1942
an 1941
2. Febr. 1943
Stalingrad
ab 1943
Charkow
Kiew
Juni 1941
Dnjepr
Don
Rostow
ab Febr. 43
Uman
Odessa
Asov. Meer
Krim
Maikop
Elbrus 5630 m
Aug. 42
Front Nov. 1942
Sewastopol Juni 1942
Schwarzes Meer
Irland
Großbritannien
London
Juni 1944
Nordsee
Dänemark
Kopenhagen
Ostsee
8. Nov. 1939
Berlin
1. Sept. 1939
Warschau
Polen
Lotsch
UdSSR 20. Sept. 1939
Slowakei
Dünkirchen
Normandie
Paris
14. 6. 40
Frankreich
5. 6. 40
10. 5. 1940
Maginotlinie
ATLANTISCHER OZEAN
Vichy-Frankreich ab Juli 1941
Wien
Ungarn 1940 zum Dreibund
1940 zum Dreibund Rumänien
Plösti
Bukarest
Juli 1943
April 1941
Jugoslawien
Bulgarien
Sofia
1940 zum Dreibund
Istambul
Ankara
Türkei
Portugal
Madrid
Spanien
August 1944
Italien
Gran Sasso
Sept. 43
Rom
Albanien
Okt. 40
April 1941
Salerno Sept. 43
Griechenland
Athen
April 1941
Kreta
Mai 1941
Gibraltar
November 1942
Amerikaner
Oran
Mai 1943
Tunesien
Mittelmeer
Malta ab Juli 1940
Zypern
Syrien
Irak
Bagdad
Damaskus
Israel 1948
Aman
Jerusalem
Jordanien
Saudi-Arabien
Marokko
Algerien
Tripolis
Febr. 41
April 1943
Libyen
Engländer
Bengasi
April 1941
Tobruk
Cyrenaika Okt. 1942
Marsa-Matruk
El Alamein
Aug. 1942
Ägypten
Kairo
Golf v. Akkaba

Karte 23

Karten 24 und 25

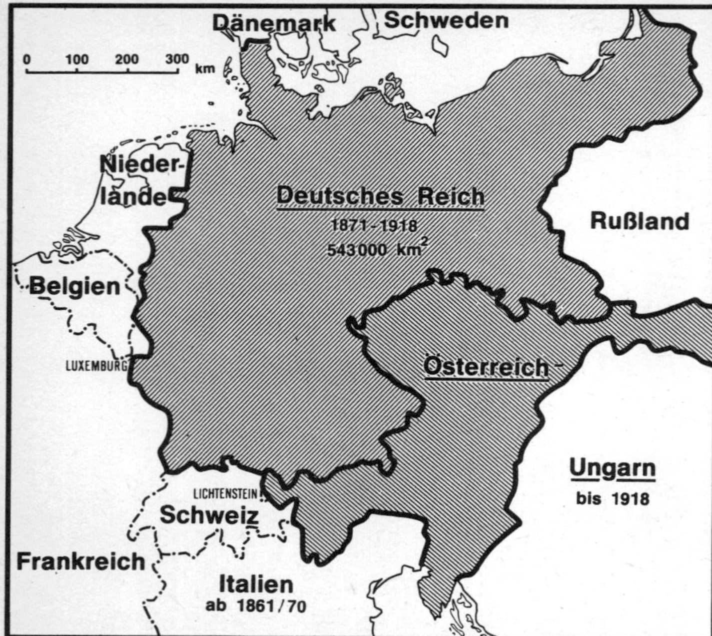

Das Deutsche Reich Bismarcks wurde 1919 um 71600 qkm teils rein deutsch, teils über die Hälfte oder von starker Minderheit deutsch besiedelter Gebiete auf 471000 qkm verkleinert.

Deutsch-Österreich verlor 29000 qkm fast rein deutsch besiedelte Gebiete und behielt 84000 qkm.

Das Großdeutsche Reich wurde 1945 aufgelöst, doch besteht das Deutsche Reich völkerrechtlich noch in den Grenzen von 1937 bis zum Abschluß eines Friedensvertrages. Als „vorläufige Regelung“ entstanden vier Staaten: „Österreich, Bundesrepublik Deutschland, Deutsche Demokratische Republik und West-Berlin.
Aus Ostpreußen, Pommern, Schlesien und dem Sudetenland wurde 1945 fast die gesamte Bevölkerung von 13 Millionen (13000000) Deutschen vertrieben. Diese Länder stehen unter sowjetischer bzw. polnischer Verwaltung.